# Richtig leben nach den Sternen

Astrologie und Horoskopie
für jedermann

Der Verlag dankt
Alfred P. Zeller
für seine Arbeit
an diesem Buch.

Lizenzausgabe mit Genehmigung der Pamir Verlag AG, Erlenbach
für die Bertelsmann Club GmbH, Gütersloh
die Europäische Bildungsgemeinschaft Verlags-GmbH, Stuttgart
die Buchgemeinschaft Donauland Kremayr & Scheriau, Wien
und die Buch- und Schallplattenfreunde GmbH, Zug/Schweiz
Diese Lizenz gilt auch für die Deutsche Buch-Gemeinschaft
C. A. Koch's Verlag Nachf., Berlin – Darmstadt – Wien
© 1979 by Pamir Verlag AG
Gesamtherstellung: Mohndruck Graphische Betriebe GmbH, Gütersloh
Printed in Germany · Buch-Nr. 06748 8

# Was bringt dieses Buch?

Daß an der Astrologie »was dran« ist, haben Sie, lieber Leser, eigentlich schon immer gewußt oder zumindest geahnt. *Was* dran ist, sagt Ihnen dieses Buch. Astrologie ist weder ein allwissendes Orakel noch eine nur wenigen zugängliche Geheimlehre. Sie ist keine von Geheimnissen umwobene Zukunftsdeuterei und erst recht kein bequemer Ausweg, mit dem Hinweis auf ein angeblich unausweichbares Schicksal Verantwortungen abzuschieben. Sie nimmt Ihnen Entscheidungen nicht ab, aber sie hilft, die richtigen Entscheidungen zu treffen.

Denn hier lernen Sie Astrologie als das kennen, was sie in erster Linie sein will und sein kann: praktische Lebenshilfe. Sie ist ein im Lauf von Jahrtausenden entwickeltes und verfeinertes Mittel, sich selbst und die Mitmenschen besser begreifen und verstehen zu lernen. Sie weist Ihnen Wege, wie Sie Ihr Leben glücklicher und erfolgreicher gestalten können, indem sie aufzeigt, welche Fähigkeiten und Möglichkeiten in Ihnen angelegt sind — Gaben, von denen Sie vielleicht gar nichts wissen, weil sie durch Umweltzwänge verschüttet oder verfremdet wurden. Nur wenn Sie Ihren ureigensten Wesenskern samt Ihren Schwächen und Grenzen kennen, können Sie sich so verwirklichen, daß Ihnen das Leben Erfüllung und Zufriedenheit schenkt. Aber weil die Astrologie in Ihnen auch Verständnis für die Eigenart Ihrer Mitmenschen weckt, kann sie Brücken vom Ich zum Du schlagen und so das menschliche Zusammenleben reibungsloser und harmonischer machen.

Wenn Sie nur gut informiert sein wollen, lesen Sie die ersten sechs Kapitel, die kein Fachwissen voraussetzen. Dort können Sie nachlesen, was es mit der Astrologie auf sich hat, wo ihre Möglichkeiten und Grenzen liegen. Sie erfahren, in welcher Weise der Wesenskern eines jeden Menschen gemäß dem Tierkreiszeichen, unter dem er geboren wurde, geprägt ist und welche Gaben und Fähigkeiten mit dieser Prägung einhergehen. Sie können sich darüber unterrichten, wie sich die Wesensunterschiede in zwischenmenschlichen Beziehungen auswirken, beispielsweise in Freundschaft, Liebe und Ehe, aber auch im Verhältnis zwischen Eltern und Kindern.

Wir zeigen auf, wo die Grenzen zwischen seriöser Astrologie und Aberglauben bzw. Scharlatanerie verlaufen. Wir erläutern Ihnen wichtige astrologische Begriffe, sagen Ihnen beispielsweise, was unter Jahresregenten und Monatssteinen zu verstehen ist. Ferner geben wir Ihnen einen Überblick über zwei bedeutsame Teilgebiete der Astrologie, die Astrometeorologie und die Astromedizin.

Wenn Sie sich ausführlicher mit Astrologie beschäftigen und selbst Horoskope erstellen wollen, finden Sie in den Kapiteln 7 bis 10 alles, was Sie dazu wissen müssen. Die übersichtlichen Tabellen ermöglichen eine genaue Gestirnstand- und Häuserspitzenberechnung. Alle Elemente des Horoskops sind klar und umfassend erläutert. Mit ein wenig Übung werden Sie sicherlich bald imstande sein, ein Horoskopschema auszufüllen. Aber dann kommt das Schwierigste: die Horoskopdeutung. Außer dem erlernbaren Fachwissen braucht man hierzu Begabungen wie Einfühlungsgabe, Intuition, Kombinationsvermögen und Ganzheitsverständnis.

Unsere Deutungstabellen in den Kapiteln 11 bis 13 für die Planetenpositionen, die Aspekte, für Direktionen und Transite sind als Hilfsmittel zu verstehen, deren sich der Anfänger bedienen kann, um sein Gespür und Verständnis zu schulen. Im 14. Kapitel sind alle wichtigen Fachbegriffe in alphabetischer Reihenfolge zusammengefaßt und erläutert.

Das 15. Kapitel bringt Horoskopformulare und als zusätzliche Hilfe Tabellen, die Ihnen die Erfassung und Bewertung der Horoskopelemente erleichtern. Sie können die Formulare im Buch ausfüllen, aber wenn Sie viel horoskopieren möchten, empfiehlt es sich, einen kleinen Vorrat an Fotokopien dieser Buchseiten anzulegen. Ein abschließendes ausführliches Inhaltsverzeichnis ermöglicht es Ihnen, die Fülle des gebotenen Stoffes rasch zu überblicken.

Wie immer Sie zur Astrologie stehen − hier haben Sie ein Buch zur Hand, das Sie mit diesem uralten Erfahrungsschatz der Menschheit bekannt macht. Das Jahrtausende zurückreichende Wissen der Astrologen läßt sich, wie die Erkenntnisse und Entdeckungen der modernen Wissenschaft zeigen, nicht in Bausch und Bogen als Aberglauben abtun.

*Seriöse* Astrologie ist eine wertvolle praktische Lebenshilfe; wer sich mit ihr beschäftigt, wird den Beweis erhalten. Nutzen Sie das Buch in diesem Sinne.

**Die Uhren des Kosmos**
Irdisches Leben im Spannungsfeld kosmischer Kräfte

**1**

**Wer bin ich?**
Anlagen und Möglichkeiten gemäß der kosmischen Prägung

**2**

**Was kann ich?**
Hinweise zur Erkennung und Nutzung der Fähigkeiten

**3**

**Wer mit wem?**
Partnerschaftsvergleiche in allen Kombinationen

**4**

**Eltern und Kinder**
Anleitungen für ein ausgewogenes Eltern-Kind-Verhältnis

**5**

**Wissenschaft oder Aberglaube?**
Weltzeitalter, Jahresregenten, Astromedizin u.a.

**6**

**So erstellen Sie Ihr Horoskop**
Grundkurs der Horoskopie mit Beispielhoroskop

**7**

**Tabellen**
Alle Hilfsmittel für die Horoskopberechnung

**8**

**Ephemeriden und Mondstandstabellen**
Tabellen für die Gestirnstandberechnung 1900-1999

**9**

**Die Elemente des Horoskops**
Tierkreis, Häuser, Planeten: Charakteristik und Gewichtung

**10**

**Die Planetenpositionen in den 12 Zeichen und Häusern**
Übersicht zur Deutung der Gestirnstände im Horoskop

**11**

**Die Aspekte**
Eigenart der Aspekte mit Anleitung zur Deutung

**12**

**Methoden der Prognose**
Direktionen und Transite mit Deutungsübersicht

**13**

**Lexikon der Fachbegriffe**
Kurzdefinitionen wichtiger Begriffe alphabetisch

**14**

**Horoskopschema**
Formulare mit Hilfstabellen für Berechnung und Deutung

**15**

*Ausführliches Inhaltsverzeichnis*
*am Schluß des Buches*

# Die Uhren des Kosmos

Erst in neuerer Zeit hat der Mensch mit Hilfe seines »wissenschaftlichen« Denkens eine Tatsache wiederentdeckt, die seine Vorfahren, die eine ganz andere Denk- und Erlebensweise besaßen, schon vor vielen Jahrtausenden intuitiv erkannt hatten: Wir sind nicht nur in eine soziale und geographische, sondern auch in eine kosmische Umwelt eingebunden, der eine nicht minder reale Wirkkraft zugeschrieben werden muß wie unserem irdischen Umfeld. Der Planet Erde, auf dem wir leben, ist weder der Mittelpunkt des Universums noch ein isoliertes, selbständiges Gebilde im All, das nur eigenen Gesetzen gehorcht. Vielmehr ist er ein winziges Teilchen eines gewaltigen Organismus, dessen Bestandteile in ständiger Wechselbeziehung zueinander stehen — vergleichbar dem menschlichen Körper, dessen Organe und Glieder in ihren Funktionen engstens miteinander verbunden sind.

Das Leben, das sich im Lauf von vielen Jahrmillionen auf unserer Erde entwickelt hat, ist auf kosmische Rhythmen abgestimmt, wird durch die Uhren des Kosmos geregelt: durch den Wechsel von Tag und Nacht, der auf der Rotation der Erde um ihre Achse beruht; durch den Wechsel der Jahreszeiten, der sich bei dem Umlauf unseres Planeten um die Sonne mit gegen die Erdbahn geneigter Achse ergibt; durch den Wechsel der Mondphasen, der aus dem Zusammenspiel von Erd- und Mondbewegung resultiert. Diese und andere kosmische Rhythmen und Einflüsse steuern das irdische Leben, im Pflanzen- und Tierreich ebenso wie das Leben des Menschen. Wie präzis und tiefgreifend diese Steuerung ist, haben Forschungen aus jüngster Zeit gezeigt. So ergaben Untersuchungen in West und Ost, daß selbst weitgehende Umweltveränderungen die eingespielten kosmischen Steuerungsmechanismen nicht außer Kraft setzen können: Grundlegende Lebensvorgänge sind zutiefst kosmisch geprägt.

Aber noch etwas anderes hat die moderne Wissenschaft mit ihren hochentwickelten Hilfsmitteln wiederentdeckt, das unsere Vorfahren schon vor langem geahnt hatten: Nicht nur kosmische Rhythmen, sondern auch andere kosmische Einflüsse wirken auf das irdische Leben ein. Unser Planet ist einem pausenlosen Bombardement von Energie- und Teilchenstrahlungen ausgesetzt, die aus dem Weltall zu uns kommen. Und seit die Weltraumfahrt den Vorstoß über die Erdatmosphäre hinaus gewagt hat, wissen wir, daß die Erde und andere Himmelskörper von magnetischen Feldern umgeben sind, ja, daß nicht nur unser Sonnensystem, sondern das ganze Universum ein magnetisches Feld enthält, in dem alle Teile aufeinander und auf das Ganze bezogen sind, jeder Teil auf den anderen zurückwirkt. So befindet sich die Magnetosphäre der Erde in einer ständigen Veränderung, bewirkt durch die Eigenbewegungen unseres Planeten, aber auch die der anderen Gestirne des Sonnensystems und nicht zuletzt durch die Strahlungen, die teils von innerhalb (z.B. durch die Sonnenaktivität), teils von außerhalb unseres Sonnensystems zu uns gelangen. Und diese Veränderung des irdischen Magnetfelds ist nur einer der vielen Einflüsse, die dauernd oder in stetem Wechsel auf unsere Erde einwirken.

Diese Entdeckungen allein waren schon aufsehenerregend genug. Aber geradezu eine Sensation bedeutete es, als man 1972 feststellte, daß nicht nur die Erde, sondern auch der Mensch von einem Magnetfeld umgeben ist, das von den die Herztätigkeit regulierenden Strömen erzeugt wird. Und wie alle Magnetfelder, die die Himmelskörper umschließen, in einer ständigen Wechselbeziehung zueinander stehen, so gibt es eine — bislang allerdings nur in Ansätzen erforschte — Abhängigkeit des menschlichen Magnetfelds von der irdischen Magnetosphäre und damit von außerirdischen Einflüssen! Nach Untersuchungen vor allem sowjetischer Wissenschaftler ist es wahrscheinlich, daß über das menschliche Magnetfeld ein »Informationsaustausch« zwischen der Magnetosphäre und dem menschlichen Organismus stattfindet, ein Austausch, durch den besonders die Regelmechanismen der Lebensfunktionen gesteuert werden.

Schon längst bekannt, wenngleich in ihrer komplizierten Vielschichtigkeit und gegenseitigen Abhängigkeit noch keineswegs vollständig erforscht ist die Tatsache, daß alle autonomen, d.h. nicht willentlich gesteuerten, Lebensvorgänge rhythmisch ablaufen, wobei wiederum vielfache Beziehungen zu kosmischen Rhythmen gegeben sind. Aber auch die menschliche Psyche ist solchen Einwirkungen unterstellt. Mediziner und Psychologen wissen, daß das feinfühlige leibseelische Gefüge des Menschen auf kosmische Einflüsse wie beispielsweise den Wechsel der Mondphasen oder durch die Sonnentätigkeit freigesetzte Strahlungen unseres Zentralgestirns stark ansprechen kann.

Die wissenschaftliche Erforschung der kosmischen Bezogenheit des Menschen steht heute erst in ihren Anfängen. Noch wissen wir nicht, welche neuen Erkenntnisse und Folgerungen sich aus diesen Forschungsarbeiten ergeben werden. Aber eines läßt sich schon heute mit Sicherheit sagen: Wir können nicht mehr, wie es lange der Fall war und teilweise auch noch in unserer Zeit geschieht, das intuitive Wissen unserer Vorfahren um die Eingebundenheit des Menschen in kosmisches Geschehen in Bausch und Bogen verwerfen. Dieses aus Erfahrung und Einsicht gewonnene Wissen, die älteste »Wissenschaft« überhaupt, ist die Astrologie.

**Kurze Geschichte der Astrologie**

Die Anfänge der Astrologie verlieren sich in grauer Vorzeit, aus der uns keine schriftlichen Aufzeichungen überliefert sind. Deshalb läßt sich nicht mit Sicherheit sagen, wo ihre Wiege stand. Vermutlich entwickelte sie sich in Mesopotamien, dem Land zwischen Euphrat und Tigris (dem heutigen Irak), wo sich nach Seßhaftwerden des Menschen eine der frühen jungsteinzeitlichen Hochkulturen ausbildete. Im 4. vorchristlichen Jahrtausend, als die Sumerer im südlichen Mesopotamien siedelten, stand sie jedenfall bereits in voller Blüte.

Über die Möglichkeit einer gegenseitigen Beeinflussung der jungsteinzeitlichen Kulturkreise wissen wir nichts, aber es steht fest, daß in allen frühen Hochkulturen die Himmelsbeobachtung eine wichtige Rolle spielte. Sie lag in der Hand einer privilegierten Kaste, meistens der Priester. Zu ihren Aufgaben gehörte es, aufgrund der Gestirnsbewegungen die günstigsten Zeiten beispielsweise für Aussaat und Ernte zu ermitteln. Aus in langen Zeiträumen gewonnener Erfahrung entwickelte sich daraus ein System von Vorhersagen, die nicht mehr nur das Gedeihen von Frucht und Vieh oder die Gefahr von Dürren und Überschwemmungen, sondern auch das Wohl und Wehe des Volkes und besonders des Herrscherhauses betrafen. Solche aus Himmelsbeobachtungen abgeleitete Aussagen waren im 3. vorchristlichen Jahrtausend nicht nur in Mesopotamien, sondern vermutlich auch in China und Ägypten üblich. Schriftliche Beweise dafür haben wir allerdings erst aus dem 7. Jahrhundert v.Chr.: Aus dieser Zeit stammt die »Bibliothek« des assyrischen Königs Assurbanipal (688—626 v.Chr.), eine Sammlung von Tontafeln mit Texten in Keilschrift, darunter fast 70 Tafeln mit etwa 1000 Vorhersagen (Omina) aufgrund von Himmelserscheinungen. Die Texte gehen auf das vor 1000 v.Chr. aus erheblich älteren Quellen zusammengestellte Werk »Enūma Anu Enlil« zurück. Die Omina beziehen sich nicht auf Einzelpersonen, sondern auf das ganze Land und auf das Herrscherhaus, auf Ereignisse wie Krieg und Frieden, Dürren und Überschwemmungen, Seuchen und Hungersnöte. Das älteste Individualhoroskop, das wir kennen, stammt erst aus dem Jahr 409 v.Chr.

Bereits vorher, etwa im 6. Jahrhundert v.Chr., hatte die mesopotamische Astrologie in Persien, Indien, China und Griechenland Eingang gefunden. Seit dem 5. Jahrhundert standen die Himmelskundigen Griechenlands und Mesopotamiens in engen Beziehungen. Aus dieser Zeit stammt die noch heute übliche Unterteilung des Tierkreises in zwölf gleich große, je 30 Grad umfassende Abschnitte, die Tierkreiszeichen. Griechische Ärzte begannen, für Diagnose und Therapie den Erfahrungsschatz der Astrologie heranzuziehen; griechische Philosophenschulen wie die Pythagoreer und Stoiker übernahmen das astrologische Weltbild der Chaldäer und entwickelten es weiter. Ihre höchste Blüte erreichte die Astrologie in hellenistischer Zeit: Sie war die Grundlage eines umfassenden Weltbildes von einmaliger Geschlossenheit.

Damals war die Astrologie schon längst kein hermetisches, einer privilegierten Klasse vorbehaltenes und von dieser sorgsam gehütetes Wissen mehr. In der Zeit des Hellenismus ging man dazu über, Astrologenschulen einzurichten; die erste, von der wir wissen, gründete um 270 v.Chr. der aus Babylon stammende Bel-Priester Berossos auf der griechischen Insel Kos. Die berühmteste Schule der Antike aber entstand in Alexandria, das immer mehr zum Zentrum nicht nur der Astrologie, sondern der gesamten hellenistischen Gelehrsamkeit wurde. Dort wurde im 2. nachchristlichen Jahrhundert eines der wichtigsten astrologischen Werke aller Zeiten verfaßt, die »Tetrabiblos« (Apostelesmatica) des Ptolemäus, jenes großen Gelehrten, nach dem das anderthalb Jahrtausende gültige geozentrische (»ptolemäische«) Weltbild benannt wurde.

Ehe wir ausführlicher auf dieses Standardwerk eingehen, sei noch kurz die Ausbreitung der Astrologie im Römerreich skizziert. Sklaven aus dem Osten brachten sie auf die Apenninenhalbinsel, und zwar in Form einer Wahrsagerei, die ihre Aussagen von den Gestirnständen ableitete. Beim niederen Volk fand dies ungeheuren Anklang, hatte aber mit seriöser Astrologie nichts zu tun. Es war nichts als Beutelschneiderei, die auf die Unwissenheit und Leichtgläubigkeit der einfachen Menschen zielte und solche Auswüchse trieb, daß durch ein Edikt des Jahres 139 v.Chr. alle Astrologen nicht nur aus Rom, sondern aus ganz Italien ausgewiesen wurden. Erst dem aus Syrien stammenden Stoiker Poseidonios gelang es im 1. vorchristlichen Jahrhundert, durch seine überzeugenden Untersuchungen über die Auswirkungen der Gestirnstände auf Klimata und Menschen der seriösen Astrologie in den gebildeten römischen Kreisen Eingang zu verschaffen. Alle Kaiser Roms mit Ausnahme Trajans waren Anhänger der Astrologie. Es entstand eine reichhaltige astrologische Literatur, die bis nach Indien Verbreitung fand.

Doch kehren wir zu den »Tetrabiblos« des Ptolemäus zurück. Er faßte — im Gegensatz zu vielen Vorgängern und Zeitgenossen — die Astrologie weder als Astralmythik noch als Hilfsmittel spekulativer Wahrsagerei auf; vielmehr besaß er die Einstellung des kritischen Gelehrten, denn er war ja nicht nur Astrologe, sondern einer der bedeutendsten Astronomen und Naturwissenschaftler der Antike (in seinem »Almagest« ist das gesamte astronomische Wissen seiner Zeit zusammengefaßt). Ptolemäus war zwar davon überzeugt, daß von den Planeten und von Fixsternkonstellationen Einflüsse auf das Menschenleben und auf irdische Vorgänge allgemein ausgehen, doch diese Einflüsse schrieb er nicht irgendwelchen Schicksalsgewalten astraler Gottheiten oder astraler Intelligenzen zu. Auch leitete er die Wirkungen der Planeten und Sternbilder nicht vom Wesen der antiken Götter ab, deren Namen sie im griechisch-römischen Kulturkreis trugen. Er arbeitete vielmehr auf der Grundlage der uralten chaldäischen Überlieferung unter rein physikalischen Gesichtspunkten ein System von Zuordnungen aus, das sich ausschließlich auf die beobachtbaren Eigenschaften der Planeten bezog, auf ihre Bahngeschwindigkeit, Helligkeit, Farbe usw.

Zwar erkannte er dem Kosmos eine große Wirkkraft zu, aber nicht im Sinn eines zwingenden Determinismus (einer unausweichlichen Vorherbestimmung allen Geschehens), wie er vor allem von der orientalischen Astrologie postuliert wurde. Nach seiner Auffassung wirkt sich der Einfluß des Kosmos je nach Volk, Klima und Erdort auf die Menschen unterschiedlich aus; die Gestirne zwingen nicht, sondern sie geben dem irdischen Leben nur »Anstöße, die es, dem Lauf des Lebens entsprechend, immer wieder zu einem Ereignis formt«.

Eine streng deterministische Auffassung hingegen vertraten die syrischen und persischen Astrologen, die später, nach dem Zerfall des Weströmischen Reiches, in großer Zahl am Hof von Byzanz (Ostrom) tätig waren: Nach ihnen werden menschliches Wesen und Schicksal unabänderlich von kosmischen Kräften festgelegt und gesteuert. Daß die christliche Kirche eine solche, jede Willensfreiheit und Eigenverantwortlichkeit ausschließende Lehre nicht billigen konnte, liegt auf der Hand. Eine auf Ptolemäus gründende Astrologie jedoch, die sich nicht in fatalistischem Zwang und zweifelhafter Wahrsagerei erschöpfte, sondern deren Hauptziel die Erforschung der in der Welt herrschenden göttlichen Ordnung war, wurde von vielen Kirchenvätern, aber beispielsweise auch auf dem Tridentiner Konzil ausdrücklich anerkannt.

An die Astrologie der Syrer und Perser knüpften die Araber an, die ab dem 8. Jahrhundert das Erbe der Antike antraten und auf vielen Gebieten der Gelehrsamkeit führend wurden. Sie entwickelten hochkomplizierte astronomische Berechnungs- und astrologische Deutungssysteme, die sie an das frühmittelalterliche Abendland weitergaben. Das hatte zur Folge, daß dort zur Zeit Karls des Großen (um 800) die Astrologie zu neuer Blüte kam. Doch bald versank sie wieder in einen Dornröschenschlaf — im Gegensatz zur arabischen Welt mit ihren berühmten Astrologenschulen, deren wichtigste in Bagdad ihren Sitz hatten.

Erst im 13. Jahrhundert wurden seriöse astrologische Studien zunächst in Byzanz und dann auch im Abendland wieder aufgenommen. An vielen der seit dem 12. Jahrhundert gegründeten Universitäten richtete man Lehrstühle für Astrologie ein, so in Paris, Padua, Bologna, Florenz und Oxford. Im Zeitalter der Renaissance zählten nicht nur fast alle weltlichen, sondern auch hohe Kirchenfürsten und sogar Päpste zu den überzeugten Anhängern der Astrologie. Diese hatte sich zur damaligen Zeit in vier Zweige aufgespalten. Die Geburtsastrologie (Individualhoroskopie) machte auf der

Grundlage des Geburtshoroskops Aussagen über Charakter und Schicksal von Einzelmenschen. Die Mundan-Astrologie befaßte sich mit Vorhersagen, die ganze Völker oder große Gebiete betrafen (Krieg und Frieden, Hungersnöte, Seuchen, Naturkatastrophen usw.). Die Stundenastrologie beantwortete Fragen aufgrund eines Horoskops, das für den Augenblick und Ort der Fragestellung berechnet wurde. Die Wahlastrologie hatte die Aufgabe, günstige Zeitpunkte für Unternehmungen aller Art (Hochzeiten, Vertragsabschlüsse usw.) festzulegen.

Die Astrologie, für deren seriöse Vertreter Ptolemäus die große Autorität blieb, umfaßte damals alle Lebensbereiche. Nicht zuletzt in der Medizin spielte sie eine bedeutsame Rolle. Astrologische Kenntnisse brauchten die Ärzte jener Zeiten nicht nur für die Diagnose, sondern in erster Linie für die Therapie, mußten doch die »Wesenheiten« der mineralischen und pflanzlichen Heilmittel sowohl der gegebenen Krankheitssituation als auch dem »inneren Firmament« des Patienten entsprechen. Dieser Ausdruck stammt von dem Arzt, Naturforscher und Philosophen Paracelsus (1493 bis 1541), der entschieden die Meinung vertrat, kein Kranker könne ohne Berücksichtigung der Gestirnstellungen erfolgreich behandelt werden. Ein anderer großer Zeitgenosse, der humanistische Gelehrte Philipp Melanchthon (1497–1560), hielt an der Universität Wittenberg Vorlesungen über Astrologie und besorgte eine Neuauflage der »Tetrabiblos« des Ptolemäus.

Als im 16. Jahrhundert das geozentrische Weltbild durch das heliozentrische abgelöst wurde, das statt der Erde die Sonne in den Mittelpunkt unseres Planetensystems rückte, bedeutete das zwar eine Revolutionierung der damaligen »Weltanschauung«, nicht aber das Ende der Astrologie. Sowohl der (Wieder-)Entdecker des heliozentrischen Weltsystems, Nikolaus Kopernikus (1473–1543), als auch zahlreiche Gelehrte, die in der Folgezeit der Himmelskunde ganz neue Dimensionen erschlossen — etwa Tycho de Brahe (1546 — 1601), Galileo Galilei (1564–1642) und Johannes Kepler (1571–1630) — befaßten sich mit praktischer Astrologie. In die Geschichte eingegangen ist das Horoskop, das Kepler für Albrecht von Wallenstein erstellte, ohne den Namen des Auftraggebers zu kennen; er sagte das Schicksal des Herzogs mit erstaunlicher Treffsicherheit voraus.

Noch im ganzen 17. Jahrhundert erfreute sich die Astrologie großer Beliebtheit. In dieser Zeit schuf der Italiener Placidus de Titis eine moderne Horoskoptechnik, die weitgehend noch heute angewandt wird. Der Niedergang der Astrologie setzte im 18. Jahrhundert mit der rationalistischen Aufklärung ein, die alles ablehnte, was nicht streng verstandesmäßig zu begründen und experimentell exakt nachzuweisen war. Man setzte Astrologie mit Alchimie, Okkultismus und Magie gleich und bemühte sich, sie unglaubwürdig und lächerlich zu machen. Ganz gelang das allerdings nicht. Einige der größten Geister jener Zeit, unter ihnen Johann Wolfgang von Goethe, pflegten astrologisches Gedankengut. So stellte Goethe seiner unter dem Titel »Dichtung und Wahrheit« veröffentlichten Autobiographie sein Geburtshoroskop voran, und in vielen seiner Werke, nicht zuletzt in zahlreichen Gedichten, finden sich deutliche astrologische Bezüge, die erkennen lassen, daß astrologisches Wissen in den gebildeten Kreisen seiner Zeit mit Sicherheit noch sehr weit verbreitet war.

Mit den neu aufkommenden exakten Naturwissenschaften jedoch nahm die mit deren strengen Grundsätzen, aber auch mit dem sich ausbreitenden materiellen Fortschrittsglauben damals unvereinbare Astrologie ihr Ende und durfte nicht mehr an den Universitäten gelehrt werden. Der letzte Lehrstuhl für Astrologie an einer deutschen Universität (Würzburg) wurde 1817 aufgehoben. Nur in Großbritannien setzten sich auch weiterhin angesehene Gelehrte für die verfemte Astrologie ein und arbeiteten an einer Erneuerung ihrer Grundlagen. Beachtung und Anerkennung über die Grenzen des Landes hinaus fand an der Schwelle zum 20. Jahrhundert erst Alan Leo (1860–1917) mit seinen in viele Sprachen übersetzten Schriften, die den bedeutsamsten Anstoß für eine Neubelebung der Astrologie zunächst in den Niederlanden und in Frankreich und dann auch in Deutschland gaben. Auf historische Studien folgte eine Erweiterung der Grundlagenforschung; man erarbeitete verfeinerte Deutungs- und Prognosemethoden. Neue Entdeckungen und Erkenntnisse der Biologie, der Genetik, der Astrophysik und der Psychologie warfen ein neues Licht auf uralte Aussagen der Astrologie, gaben diesem in Jahrtausenden gesammelten Erfahrungswissen der Menschheit neues Gewicht.

Heute kann man die Astrologie nicht mehr in Bausch und Bogen verwerfen. Man mag zu ihr stehen, wie man will — sie verdient es gewiß, daß man sich ernsthaft mit ihr auseinandersetzt. Diese Auseinandersetzung und Klärung ist in unseren Tagen in vollem Gange. Um was es dabei geht, sei auf den folgenden Seiten kurz skizziert, doch zunächst fassen wir die Geschichte der Astrologie noch einmal tabellarisch zusammen.

| | |
|---|---|
| 4. Jtsd v.Chr. | *Mesopotamien:* In Stein gehauene Tierkreissymbole, Himmelsbeobachtungen und das Herrscherhaus und das Volk betreffende Voraussagen aufgrund von Gestirnständen und Gestirnbewegungen durch die Priesterschaft |
| 3. Jtsd v.Chr. | *China:* Entwicklung einer Sternkunde mit Voraussagen astrologischen Charakters *Ägypten:* Sonnenreligion mit astrologischen Elementen |
| 2. Jtsd v.Chr. | *Indien:* Astrologische Texte in den Veden *Mesopotamien:* »Enūma Anu Enlil«, Sammlung von aus Himmelsbeobachtungen abgeleiteten Voraussagen auf Tontafeln |
| 7. Jh. v.Chr. | *Mesopotamien:* Bibliothek Assurbanipals in Ninive mit astrologischen Texten |
| 6. Jh. v.Chr. | Verbreitung der mesopotamischen Astrologie nach Persien, Indien, China und Griechenland |
| 5. Jh. v.Chr. | *Griechenland und Mesopotamien:* Enge Zusammenarbeit der Astrologen; Zwölfteilung des Tierkreises in heutiger Form. Ärzte bedienen sich der Astrologie |
| 409 v.Chr. | *Mesopotamien:* Erstes Individualhoroskop nachweisbar |
| um 270 v.Chr. | *Griechenland:* Gründung einer Astrologenschule auf Kos durch den Bel-Priester Berossos aus Babylon |
| ab 3. Jh. v.Chr. | *Ägypten:* Blüte der Astrologie unter hellenistischem Einfluß, Zentrum Alexandria |
| 2. Jh. v.Chr. | *Griechenland:* Übernahme und Weiterentwicklung des astrologischen Weltbilds der Chaldäer durch die Stoiker *Italien:* Verbreitung der Astrologie im Römerreich |
| 150 v.Chr. | *Griechenland:* »Nechepo-Petosiris«, Grundwerk der griechischen Astrologie |
| 1. Jh. v.Chr. | *Römerreich:* Nach verschiedenen Verboten Blüte der durch die Kaiser geförderten Astrologie |

| | |
|---|---|
| 2. Jh. n.Chr. | *Alexandria:* »Tetrabiblos« des Ptolemäus |
| Mittelalter | *Abendland:* Ablehnung der wahrsagenden, deterministischen Astrologie durch die Kirche |
| 770 n.Chr. | *Bagdad:* Gründung einer Schule für Astronomie und Astrologie |
| um 800 n.Chr. | *Abendland:* Wiederbelebung der Astrologie unter Karl dem Großen |
| Spätes Mittelalter | *Abendland:* Zunehmender Einfluß der Astrologie durch Vermittlung der Araber |
| 13. Jh. | *Byzanz:* Wiederaufnahme systematischer astrologischer Studien |
| 14. Jh. | *Abendland:* Lehrstühle für Astrologie an vielen Universitäten (Paris, Padua, Bologna, Florenz, Oxford u.a.) |
| 16./17. Jh. | Durchsetzung des heliozentrischen Weltbilds, doch bleiben auch große Astronomen wie Kopernikus, Tycho de Brahe und Kepler der Astrologie verhaftet. Der humanistische Gelehrte Melanchthon hält an der Universität Wittenberg Vorlesungen über Astrologie und gibt die »Tetrabiblos« des Ptolemäus neu heraus |
| 17. Jh. | *Italien:* Placidus de Titis entwickelt die moderne Horoskoptechnik |
| 18./19. Jh. | Zunehmende Ablehnung der Astrologie durch die technisch-materialistische Fortschrittsgläubigkeit |
| 1817 | *Deutschland:* Der letzte Lehrstuhl für Astrologie an einer deutschen Universität (Würzburg) wird abgeschafft |
| Spätes 19. Jh. | Langsame Renaissance der Astrologie, ausgehend von Großbritannien (Alan Leo). Ernsthafte Auseinandersetzungen mit Astrologie vor allem in Großbritannien, den Niederlanden, Frankreich und Deutschland |
| 20. Jh. | Gründung astrologischer Institute, Weiterentwicklung der Grundlagenforschung, Verfeinerung der Deutungs- und Prognosemethoden, Brückenschlag zur Psychologie (C.G. Jung) und zu anderen Wissenschaften |

## Das Welt- und Menschenbild der modernen Astrologie

Die Astrologie unserer Zeit befaßt sich in erster Linie mit dem einzelnen Menschen; demgegenüber sind Mundan-, Stunden- und Wahlhoroskopie fast völlig in den Hintergrund getreten. Ausgangs- und Angelpunkt der Astrologie ist die Tatsache, daß der Mensch nicht nur in eine geographische und soziale, sondern auch in eine kosmische Umwelt hineingeboren und durch alle drei Faktoren geprägt und zeitlebens beeinflußt wird. Die Astrologie sieht das Universum, in dem unser Heimatplanet nur ein winziges Stäubchen darstellt, als einen gewaltigen Organismus, dessen sämtliche Teile untereinander und zum Ganzen in steter Wechselbeziehung stehen. Noch kennen wir vermutlich erst einen kleinen Teil der das Universum erfüllenden Kräfte — jenen Teil, den die hochempfindlichen Meßinstrumente unserer Zeit einzufangen vermögen. Aber eines ist klar: Kosmische Rhythmen und Kräfte wirken pausenlos auf unsere Erde und damit auch auf alle sie bevölkernden Lebewesen ein.

Daß sich das irdische Leben im Einklang mit den kosmischen Rhythmen entwickelt hat und in seinen autonomen, d.h. willentlich nicht beeinflußbaren, Abläufen weitgehend durch sie gesteuert wird, ist keineswegs erst eine Erkenntnis unserer Tage, aber nur die moderne Wissenschaft mit ihren hochentwickelten Hilfsmitteln konnte die kosmischen Steuerungskräfte zumindest teilweise erfassen und ihre Wirkmechanismen durchleuchten. Was die kosmische Eingebundenheit des Menschen angeht, so stecken die Forschungen freilich noch in ihren Anfängen. Dennoch wird Schritt für Schritt deutlicher: Das empirische Wissen, das die Astrologie aus in Jahrtausenden gesammelten Erfahrungen gewonnen hat, ist weder Humbug noch Aberglaube. Intuitiv erkennend haben die Menschen früherer Zeiten Gegebenheiten und Zusammenhänge entdeckt, die es ihnen erlaubten, die Vielschichtigkeit und Mehrdimensionalität des Lebens mit verblüffender Vollständigkeit zu erfassen. So ist es der Astrologie möglich, in bestimmten Grenzen treffsichere Aussagen über Wesen und Anlagen, Fähigkeiten und Möglichkeiten eines Menschen zu machen.

Die seriöse Astrologie behauptet keineswegs, daß der Mensch ausschließlich aufgrund seiner kosmischen Prägung und Beeinflussung erklärt werden kann. Neben der kosmischen Prägung steht die individuelle Erbanlage, wobei über das Verhältnis beider Faktoren zueinander noch kein abschließendes Urteil möglich ist. In welchem Umfang und in welcher Weise diese Anlagen verwirklicht werden können, hängt erheblich von der sozialen Umwelt, aber auch von der Realisierungskraft des jeweiligen Menschen ab. Darunter versteht man, vereinfachend gesagt, sein Durchsetzungsvermögen, das allerdings wiederum wesentlich von der Veranlagung abhängig ist. Auch hier haben wir es also mit einem Geflecht von Wirkungen und Rückwirkungen zu tun — Lebendes und vor allem höheres Leben ist, wenn überhaupt, nur sehr schwer faßbar. Das wissen die sogenannten exakten Naturwissenschaften (Biologie, Chemie, Physik usw.) schon seit langem. Was sie in den Griff bekommen, in Gesetze und Formeln fassen können, ist stets nur *ein* Aspekt der Natur. Wer gar den Menschen zu fassen versucht, braucht mehr als nur exakte Naturwissenschaften, feste Formeln und starre Gesetze. Mediziner und Psychotherapeuten beispielsweise kommen ohne Intuition, Einfühlung und Kombinationsvermögen nicht aus, die zum reinen Fachwissen treten müssen.

## Das Horoskop als Schaubild

Faßbar wird die kosmische Prägung eines Menschen in seinem Geburtshoroskop, in dem die Gestirnstände, bezogen auf den Augenblick und Ort seiner Geburt, festgehalten sind. Die Erstellung eines Horoskops ist eine mechanisch durchführbare Arbeit; wie dabei verfahren wird, können Sie im 7. Kapitel nachlesen. In einer ganz anderen Dimension jedoch vollzieht sich die »Umsetzung« der mit astronomischen Methoden ermittelten Himmelsvorgänge in Lebensvorgänge, anders gesagt, die Ableitung charakterlicher, psychischer, konstitutioneller usw. Aussagen aus Konstellationen und Bewegungen von Himmelskörpern. Um zu Schlüssen finden zu können, die dem Einzelfall gerecht werden, muß zum Fachwissen, zur gründlichen Kenntnis des reichen Erfahrungsschatzes der Astrologie das hinzukommen, was wir bereits beim Mediziner und Psychotherapeuten genannt haben: Intuition, Einfühlungsgabe und Kombinationsvermögen.

Das Horoskop ist ein Schaubild, in dem die kosmische Prägung eines Menschen gefaßt ist, aber es ist nicht unmittelbar ablesbar. Um es entschlüsseln zu können, braucht man außer einem geschulten Auge die Fähigkeit zu symbolhaftem Ganzheitsdenken, aber auch ein empfindsames Gespür. Nur dann erschließt sich das im Horoskop enthaltene Urmuster eines leib-seelischen Gefüges, in das man sich vor jedem konkreten Deutungsversuch zunächst einfühlen muß. Erst wenn man imstande ist, sich in ein Horoskop so zu versenken und gleichsam einzuleben, daß der betreffende Mensch vor dem inneren Auge Form und Gestalt annimmt, darf man es wagen, Aussagen zu machen.

Um ein Horoskop zu deuten, genügt es also nicht, die exakte Gestirnstand- und Aspekteberechnung zu erlernen und sich im übrigen auf Deutungstabellen zu verlassen, wie sie auch in unserem Buch gegeben sind. Solche Tabellen sind bloß Hilfsmittel für den interessierten Laien, die es ihm ermöglichen sollen, im Laufe der Zeit ein Gespür für den Klang und Symbolgehalt jener astronomisch faßbaren Horoskopelemente zu bekommen, die es in ein leib-seelisches Gefüge zu übersetzen gilt. Deutungstabellen enthalten zwangsläufig nur generelle Aussagen über Einzelelemente. Aber für eine gültige Aussage darf kein Element für sich bewertet werden: Stets muß es im Zusammenhang mit dem Ganzen und mit jedem anderen Element gesehen werden, denn durch dieses Geflecht vielfältiger Bezüge wird es in seiner Grundcharakteristik mehr oder weniger modifiziert. Nur im Zusammenklang des Ganzen erschließt sich der eigentliche Klang eines Einzelelements.

Aber mehr noch: Nach Ansicht der modernen Astrologie läßt sich die ganze Vielschichtigkeit eines Menschen durch das Horoskop allein nicht erfassen und aufschlüsseln. Aussagen, die lediglich aufgrund eines Horoskops ohne Kenntnis des Geschlechts, des sozialen Umfelds und des Horoskopeigners selbst gemacht werden, bezeichnet sie als »Blinddeutungen«. Sicherlich ist die kosmische Prägung bedeutsam, aber sie erklärt nicht den ganzen Menschen; dazu muß man auch seine Erbanlagen, die Umwelt, in der ein Mensch seine Anlagen zu verwirklichen hat, und die Kraft, mit der er dies vermag, in Rechnung stellen. Blinddeutungen ermöglichen lediglich unspezifische Allgemeinaussagen, die freilich dem tatsächlichen Wesen des Horoskopeigners ziemlich nahekommen können und auch einiges über die wahrscheinlichen Auswirkungen der Gegebenheiten des Geburtshoroskops verraten.

### Charakter und Schicksal

Die Aussagen des Individualhoroskops betreffen nicht nur das Wesen, die Anlagen, Fähigkeiten und Grenzen eines Menschen, wie sie durch die kosmische Prägung im Augenblick der Geburt gegeben sind, sondern auch in bestimmten Grenzen seinen Lebensweg, sein Schicksal. Das bedeutet jedoch keine fatalistische, hinzunehmende Festlegung, wie viele Menschen glauben und leider auch noch manche Astrologen den Anschein erwecken. Konstellationen und Aspekte sind nicht schicksalhaft in dem Sinn, daß sie den Horoskopeigner unerbittlich auf ein bestimmtes Schicksal festlegen, ihm einen im voraus in allen Einzelheiten erkennbaren Lebensweg aufzwingen. Was das Horoskop anzeigt, ist vielmehr die kernhafte Anlage eines Menschen und die auf dieser Anlage gründende Entwicklungstendenz.

Daß das, was uns »in die Wiege gelegt« wurde, unseren Lebensweg wesentlich beeinflußt, liegt auf der Hand. Unser Charakter bestimmt weitgehend unser Verhalten, und dieses wiederum steht in einer ständigen Wechselwirkung mit äußerem Geschehen. Johannes Kepler formulierte dies in seiner Schrift »Tertius interveniens« folgendermaßen: »Ich mag mich dieser Experienz (Erfahrung) mit Wahrheit rühmen, daß der Mensch in der ersten Entzündung seines Lebens, wenn er nun für sich selbst lebt und nicht mehr im Mutterleib bleiben kann, einen Charakter und eine Abbildung empfange aller himmlischen Konstellationen... und denselben bis in sein Grab hinein behalte: der sich hernach in Formierung des Angesichts und der übrigen Leibsgestalt wie auch in des Menschen Handel und Wandel, Sitten und Gebärden merklich spüren lasse.«

Zur kosmischen Prägung eines Menschen gehören also auch ganz bestimmte Verhaltensmuster, nach denen sein Agieren und Reagieren abläuft. Es ist leicht einzusehen, daß sich solche Abläufe, wenn sie sich immer und immer wiederholen, zu »Schicksal« verdichten, sich im Lebensweg »merklich spüren lassen«, diesen erheblich beeinflussen.

Das bedeutet jedoch nicht, daß alles Geschehen im voraus unabänderlich festgelegt wäre, erlaubt niemandem, sich unter Berufung auf sein Horoskop aller Eigenverantwortung zu entziehen. Die Willensfreiheit des Menschen wird durch die kosmische Prägung ebensowenig aufgehoben wie durch die genotypische Prägung. Kosmische Prägung ist nicht im fatalistischen Sinn Schicksal, sondern ist zusammen mit der individuellen Erbanlage der »Rohstoff«, aus dem jeder im Rahmen seines sozialen Umfeldes und gemäß der ihm eigenen Realisationskraft sein Schicksal zu gestalten hat, ist eine zugeteilte Aufgabe, mit der jeder sich auseinandersetzen muß.

Gewiß, es gab und gibt Astrologen, die die Aussagemöglichkeiten des Horoskops überschätzen und sich zu Schicksalsverkündern erheben; zudem sind nur allzu viele Menschen gern bereit, sich im Glauben an schicksalhafte Festlegung diesen angeblich unausweichbaren Voraussagen zu unterwerfen, um so jeder Eigenverantwortung für ihr Leben ledig zu sein. Mit seriöser Astrologie hat das nichts zu tun. Diese betont seit alters, daß die Sterne nicht zwingen, sondern lediglich Dispositionen, Möglichkeiten oder Tendenzen anzeigen, doch: »Der Weise regiert seine Sterne!« Zweifellos sind ihm im Augenblick der Geburt bestimmte Anlagen und Entwicklungsmöglichkeiten gegeben, aber es liegt weitgehend an ihm, wie er diese entfaltet. Goethe spricht in seinem Gedicht »Urworte Orphisch« sehr anschaulich von der »geprägten Form, die lebend sich entwickelt«. Allerdings spielt dabei die soziale Umwelt eine bedeutsame Rolle: Es ist ein gewaltiger Unterschied, ob ich mit sonst gleichen Anlagen in einen vaterlosen Haushalt in einem Elendsviertel, in eine wohlgeordnete mittelständische Beamtenfamilie oder in Millionärskreise hineingeboren werde, ob ich einer herrschenden Mehrheit oder einer unterdrückten Minderheit angehöre. Der durch die kosmische Prägung gegebene Kosmotypus kann sowohl durch die individuellen Erbanlagen als auch durch die Eigenarten und Zwänge des sozialen Umfeldes mehr oder weniger stark überlagert sein.

## Die Möglichkeiten der Astrologie

Die Astrologie schränkt also den Menschen in seiner Freiheit und Eigenverantwortung nicht ein, sondern will ihm vielmehr dadurch mehr Freiheit schenken, daß sie ihm hilft, sich selbst besser kennenzulernen und zu verstehen, unbewußte Abhängigkeiten bewußt zu machen, um ihm die Möglichkeit zu geben, sich von negativen Abhängigkeiten zu lösen. Sie hilft ihm dadurch, daß sie ihm aufzeigt, was in ihm angelegt, aber vielleicht aus inneren oder äußeren Zwängen nicht verwirklicht worden ist. Solche Hemmungen oder Überfremdungen der ursprünglichen Anlage durch Erziehung, Milieu oder soziale Lage können den Menschen zu einer Anpassung zwingen, die im Laufe der Zeit zu starken seelischen Spannungen bis hin zu Neurosen führen kann. Vor deren möglichem Abbau steht das Wissen um ihre Ursache. Aus der Kenntnis der im Horoskop faßbaren Struktureigentümlichkeiten und Grundgegebenheiten eines Menschen lassen sich wertvolle Schlüsse ziehen.

Völlig falsch wäre es, die Astrologie als eine Zukunftsdeuterei mißzuverstehen, die einem eigene Entscheidungen abnimmt. Gewiß ist es dem geschulten Astrologen möglich, mit Hilfe seiner Prognosemethoden Entwicklungstrends, kommende Möglichkeiten und Gefahren aufzuzeigen, aber durch seine Aussagen wird zukünftiges Geschehen nicht festgelegt: Dem Horoskopeigner bleibt es überlassen, frei zu entscheiden, wie er sich auf mögliche Chancen oder Bedrohungen einstellt. In der Regel geht der Astrologe noch einen Schritt weiter und informiert den Ratsuchenden auch darüber, welche Chancen einer Problemlösung auf den verschiedenen kosmischen Ebenen bestehen. Mit einer Manipulation des Klienten hat das nichts zu tun: Wie er sich auf die Gegebenheiten und Trends einstellen will, liegt einzig und allein bei ihm. In einem solchen Fall hat der Astrologe in erster Linie die Aufgabe, dem Ratsuchenden dadurch zu helfen, daß er ihm seine Probleme als lösbar aufzeigt und ihn in den Stand versetzt, aus eigener Kraft seine Möglichkeiten voll zu nutzen oder auch seine Schwierigkeiten zu überwinden.

Astrologen sind also keine Magier oder Wahrsager, sondern Helfer und Berater, deren Möglichkeiten durch die Grenzen der Astrologie und ihrer Eigenpersönlichkeit abgesteckt sind. Allerdings sehen sie sich nur allzuoft Klienten gegenüber, die mit viel zu hohen Erwartungen kommen, die keine Beratung, sondern ein Orakel wünschen, das sie jeder eigenen Entscheidung und Verantwortlichkeit enthebt. Das aber will und kann die seriöse Astrologie nicht bieten. Ihre Aufgabe ist die praktische Hilfe in den verschiedensten Lebensbereichen.

Das weitestgesteckte Aufgabengebiet ist die allgemeine Lebensberatung. Viele Menschen suchen einen Astrologen auf, wenn sie sich in einer Krisensituation befinden oder vor wichtigen Entscheidungen stehen. Im ersten Fall ist es nötig, den Zusammenhang zwischen Anlagen, Verhalten, Umfeld und Krise deutlich zu machen, um bestimmen zu können, welche Veränderungen oder Kurskorrekturen eine Konfliktlösung ermöglichen. Im zweiten Fall geht es darum, dem Ratsuchenden aufzuzeigen, was aufgrund der horoskopischen Gegebenheiten für oder gegen die anstehende Entscheidung spricht. Meist hofft der Klient insgeheim, daß der Astrologe ihm die Entscheidung abnimmt, ihm eine »Patentlösung« bietet, die ihn aus der Eigenverantwortung entläßt. Der verantwortungsbewußte Astrologe tut nichts dergleichen. Er bemüht sich vielmehr, den Ratsuchenden zu befähigen, aufgrund einer vertieften Kenntnis der Sachlage und der möglichen Konsequenzen eigene und eigenverantwortliche Entscheidungen zu treffen.

Von großer Bedeutung ist die Erziehungsberatung, denn auf diesem Gebiet wird viel gesündigt. Häufig versuchen Eltern besten Willens, aber in Unkenntnis der wahren Gegebenheiten und Möglichkeiten ihres Kindes, dieses nach einem Wunschbild zu erziehen, das sie sich von ihm machen. Das kann für beide Seiten eine Fülle von Schwierigkeiten und Konflikten heraufbeschwören. Bei der Erziehungsberatung ist es nicht nur wichtig, den Eltern die Eigenart ihres Kindes, seine Fähigkeiten und Grenzen aufzuzeigen, wie sie aus seinem Geburtshoroskop ablesbar sind, sondern auch die Horoskope von Eltern und Kind zu vergleichen, um zu erkennen, in welcher Richtung möglicherweise Konflikte geradezu vorprogrammiert sind. Mit diesem Wissen läßt sich viel verhüten oder ändern.

Die astrologische Berufsberatung kann schon im Schulalter einsetzen, um eine schulische Ausbildung zu wählen, die den Neigungen und Fähigkeiten des Kindes entspricht. Häufiger ist jedoch die astrologische Berufsberatung zur Zeit des Schulaustritts, wenn entscheidende Weichen für den weiteren Lebensweg gestellt werden. Allerdings sollten solche Entscheidungen nie allein aufgrund von »Blinddeutungen« aus dem Horoskop getroffen werden, sondern stets im Gespräch mit den Eltern und dem jungen Menschen selbst, denn außer den horoskopisch faßbaren Anlagen sollte der Astrologe auch die im konkreten Fall tatsächlich gegebenen (sozialen usw.) Möglichkeiten kennen.

Eine Beratung kann aber auch noch sinnvoll sein, wenn man bereits im Berufsleben steht, jedoch mit der getroffenen Berufswahl nicht glücklich ist. Das kann unter Umständen zu einer völligen Umorientierung führen. Häufiger jedoch stellt sich heraus, daß Menschen zwar nicht den Beruf ausüben, der ihren eigentlichen Neigungen und Fähigkeiten entspricht, aber daran nicht viel ändern können. In dieser Situation vermag der Astrologe Wege aufzuzeigen, wie sich außerhalb des Berufslebens ein Ausgleich schaffen läßt, der innere Unzufriedenheit und Spannungen abzubauen hilft.

Problematisch ist oft die Partnerschafts- und Eheberatung. Ein rein schematischer Wesensvergleich (z.B. auf der Grundlage der Sonnenstandszeichen) hilft im konkreten Fall kaum weiter. Voraussetzung für eine ernsthafte Beratung ist ein genauer Vergleich der Horoskope beider Partner in allen Elementen, aber nicht minder wichtig ist das offene

Gespräch. Es kann nicht Aufgabe des Astrologen sein, zu einer Bindung zu- oder von ihr abzuraten oder eine Trennung zu empfehlen. Seine Aufgabe ist es, sich mit den Möglichkeiten und Problemen einer Partnerschaft auseinanderzusetzen. Bei Schwierigkeiten hilft es oft schon viel, wenn man beiden Partnern mehr Verständnis für die Eigenart des anderen vermittelt und damit Mißverständnisse ausräumt, die in einer engen Bindung immer neue Konflikte heraufbeschwören können. Dieses vertiefte Verständnis kann der erste Schritt zu einer nachhaltigen Umstellung im Miteinander sein. Voraussetzung für jede erfolgversprechende Partnerschafts- und Eheberatung ist freilich das beiderseitige Bemühen um eine Konfliktlösung. Wenn nur einer der Partner bereit ist, sich mit den Problemen ernsthaft auseinanderzusetzen und einen Ausweg zu suchen, sind die Möglichkeiten der astrologischen Beratung, helfend einzugreifen, stark beschnitten.

**Wege zur Astrologie**

Die erste Begegnung mit Astrologie erfolgt meist durch Zeitungs- und Zeitschriftenhoroskope, die bei uns von über der Hälfte aller Menschen mehr oder weniger regelmäßig gelesen werden. Wie viele von ihnen sich tatsächlich danach richten, ist statistisch freilich nicht erfaßt. Mit seriöser Astrologie haben solche Horoskope nichts zu tun. In der Regel bringen sie nicht mehr als gute Ratschläge, die kaum an einen bestimmten Tag und oft nicht einmal an ein bestimmtes Sonnenstandszeichen gebunden sind. Man kann sie als allgemein gehaltene Lebenshilfe ohne echten astrologischen Bezug bezeichnen. Bestenfalls sind die Ratschläge so auf die zwölf Tierkreiszeichen verteilt, daß die Grundcharakteristiken der einzelnen Zeichen berücksichtigt werden. Dementsprechend wird vielleicht einem Widder-Geborenen mehr Vorsicht und Überlegung, einem Stier-Geborenen hingegen mehr Aktivität und Spontaneität empfohlen. Zum Unding und Unsinn wird jedoch die Zeitungshoroskopie, wenn für bestimmte Tage ganz konkrete Ereignisse (Trennung, neue Partnerschaft, Geldsegen usw.) vorausgesagt werden. Da die Menschen in diesen Horoskopen meist nur nach den zwölf Tierkreiszeichen unterteilt werden, in denen am Tag ihrer Geburt die Sonne stand, würde das bedeuten, daß jeweils etwa ein Zwölftel der Menschheit an diesem bestimmten Tag eine Bindung lösen, eine neue Bindung eingehen, im Lotto gewinnen usw. würden. Je konkretere Angaben gemacht werden, desto unwahrscheinlicher, ja, unmöglicher sind sie.

Einen ernsthafteren Kontakt mit Astrologie ermöglichen Bücher, die sich auf astrologischer Grundlage mit bestimmten Themenkreisen befassen (Partnerschaft, Ehe, Erziehung usw.). Allerdings wird auch in diesen Büchern die Menschheit meist nur nach den Sonnenstandszeichen unterteilt, also nach den zwölf Tierkreiszeichen, die die Sonne während des Jahres durchläuft. Auf dieser Grundlage lassen sich jedoch nur allgemeine Aussagen machen, die für viele Millionen Menschen gleichermaßen gültig sind. Konkrete Einzelprobleme können mit Hilfe solcher Bücher kaum gelöst werden.

Der dritte Weg besteht darin, sich ernsthaft und gründlich mit Astrologie zu befassen, die Techniken der Horoskop-Erstellung zu erlernen und sich ausführlich über die Grundlagen, Möglichkeiten und Grenzen der Astrologie zu informieren. Dieses Wissen braucht man, ehe man überhaupt daran denken kann, sich an Horoskopauswertungen zu wagen, aber es allein reicht nicht aus. Deutungstabellen für Gestirnstände und Aspekte sind lediglich Hilfsmittel für den interessierten Laien. Für eine aussagekräftige Horoskopdeutung benötigt man sehr viel mehr, nämlich Intuition, Einfühlungsgabe, Kombinationsvermögen, die Fähigkeit symbolischen Ganzheitsdenkens. All das aber ist nicht aus Büchern erlernbar, sondern muß einem Menschen gegeben sein. Wenn dies der Fall ist, kann man die Fähigkeiten freilich entwickeln. Eine Hilfe hierbei will dieses Buch sein: Seine Übersichten und Tabellen sind kein fertiges Arbeitsinstrument, sondern wollen das Gespür wecken und schärfen für die Klänge, die Ober- und Untertöne, die es in einem Horoskop zu erkennen gilt.

Wer die genannten Fähigkeiten nicht besitzt oder die Mühe, sie zu entwickeln, nicht auf sich nehmen will, kann heutzutage auch den Computer befragen: Computer-Horoskope sind, wenn man genaue Angaben liefert, mit Sicherheit exakt berechnet, und man erhält für einen vernünftigen Preis eine Charakterskizze. Aber mit persönlichen Problemen kann man nicht zum Computer kommen.

Der fünfte Weg zur Astrologie ist schließlich der Gang zum Fachastrologen. Ihn tritt man meistens an, wenn man vor Schwierigkeiten und Entscheidungen steht, mit denen man allein nicht fertig wird. Da es für Astrologen immer noch kein einheitliches Berufsbild gibt, ist es für Ratsuchende freilich nicht ganz einfach, die richtige Adresse zu finden. Es

**1** fehlt nicht an Menschen, die sich aus Büchern ein oberflächliches astrologisches Wissen erworben haben, aber es verstehen, sich den Nimbus eines allwissenden Orakels zu geben. Von ihnen ist eine Beratung, die wirklich hilft, nicht zu erwarten. Ein verantwortungsbewußter, geschulter, erfahrener Astrologe hingegen, der die Möglichkeiten und Grenzen der Horoskopie genau kennt und sich als Helfer und Berater versteht, wird in den meisten Fällen imstande sein, dem Ratsuchenden beizustehen und ihm Wege zur Lösung seiner Probleme zu zeigen.

# Wer bin ich?

Es gehört zu den wesentlichen Aufgaben der seriösen Astrologie, den Menschen praktische Lebenshilfe zu leisten, indem sie ihnen die Möglichkeit gibt, sich selbst besser kennenzulernen, sich ihrer Stärken und Schwächen bewußt zu werden, um durch einsichtiges Verstehen ihrer Anlagen, ihrer kosmischen Prägung, ihrer Fähigkeiten und Grenzen zu einer freien Entfaltung ihrer Persönlichkeit zu gelangen.

Um scharf abgegrenzte, auf den Einzelfall exakt zugeschnittene Aussagen machen zu können, braucht man ein auf der Grundlage von Zeit und Ort der Geburt berechnetes Individualhoroskop. In ihm ist, eingebettet in die beiden Bezugssysteme des Tierkreises und der Häuser, der genaue Stand der Gestirne für diesen Ort und Zeitpunkt festgehalten. Aus den vielfältigen Wechselbeziehungen aller Elemente des Horoskops (siehe 10. Kapitel) lassen sich Aussagen ableiten, die in ihrer Differenziertheit der Vielschichtigkeit des Menschen gerecht werden. Freilich gehört dazu ebensoviel Erfahrung wie Einfühlungsvermögen; sorgfältige Berechnung ist ebenso wichtig wie das intuitive Erfassen von Zusammenhängen und das sensible Erspüren von Harmonien und Spannungen. In den Kapiteln 7 bis 9 geben wir das Rüstzeug, das zum Erstellen eines Horoskops notwendig ist; Hilfen für die Deutung des Horoskops bringen die Kapitel 10 bis 13. Um zu wirklich fundierten, treffenden Aussagen zu kommen, muß man sich allerdings gründlich mit der Materie beschäftigen. Angelesenes Wissen allein genügt nicht.

Aber auch ohne Individualhoroskop sind zumindest allgemeine Aussagen über Wesen und Anlagen eines Menschen möglich. Wenn lediglich der Tag, nicht aber der Zeitpunkt der Geburt bekannt ist, stellt das Sonnenzeichen den einzigen Anhaltspunkt dar. Darunter verstehen wir das Zeichen des Tierkreises, in dem zur Zeit der Geburt die Sonne stand. Wie das Sonnenzeichen zu ermitteln ist und welche Aussagen sich daraus ableiten lassen, ist im folgenden Abschnitt ausgeführt.

Kennt man darüber hinaus die Stunde (und vielleicht sogar die Minute) der Geburt, so läßt sich auch das Aszendentenzeichen bestimmen — jenes Zeichen des Tierkreises, das im Augenblick der Geburt am östlichen Horizont aufstieg. Es ermöglicht detailliertere Aussagen über viele Eigenheiten des betreffenden Menschen, über seine Persönlichkeit, wie sie sich der Mitwelt darbietet. Im zweiten Hauptabschnitt dieses Kapitels erfahren Sie, wie Sie das Aszendentenzeichen ermitteln können und in welcher Richtung es einen Menschen prägt.

## Die Prägung durch das Sonnenzeichen

Das Sonnenzeichen prägt den Kern eines Menschen, bestimmt sein innerstes Wesen. Heutzutage, da fast in allen Zeitungen und Zeitschriften Tages-, Wochen- und Monatshoroskope zu finden sind, weiß beinahe jeder, in welchem Zeichen des Tierkreises die Sonne am Tag seiner Geburt stand. Die Sonne steht im Zeichen

*Widder* vom 21. März bis 20. April;
*Stier* vom 21. April bis 21. Mai;
*Zwillinge* vom 22. Mai bis 21. Juni;
*Krebs* vom 22. Juni bis 22. Juli;
*Löwe* vom 23. Juli bis 23. August;
*Jungfrau* vom 24. August bis 23. September;
*Waage* vom 24. September bis 23. Oktober;
*Skorpion* vom 24. Oktober bis 22. November;
*Schütze* vom 23. November bis 21. Dezember;
*Steinbock* vom 22. Dezember bis 20. Januar;
*Wassermann* vom 21. Januar bis 19. Februar;
*Fische* vom 20. Februar bis 20. März.

Dies sind allerdings nur ungefähre Werte, denn die Sonne wechselt nicht in jedem Jahr zur gleichen Zeit von einem in ein anderes Tierkreiszeichen über. So zählt beispielsweise schon zu den »Widder-Geborenen«, wer am 20. März 1956 nach 15.21 Uhr geboren wurde, und wer am 20. April des gleichen Jahres nach 2.44 Uhr geboren wurde, ist kein Widder mehr, sondern bereits ein Stier. Wenn Sie um eine Zeit herum geboren wurden, in der die Sonne das Tierkreiszeichen wechselt, können Sie Ihr Sonnenzeichen mit Sicherheit bestimmen, wenn Sie sich der Tabelle V im 8. Kapitel bedienen: Dort ist für die Jahre 1900 bis 1999 Monat für Monat angegeben, an welchem Tag und zu welcher Zeit die Sonne in ein neues Tierkreiszeichen eintritt. Die Angaben sind in

Weltzeit gemacht; wenn Sie im deutschsprachigen Raum geboren sind, müssen Sie von Ihrer Geburtszeit eine Stunde abziehen, in Zeiträumen, in denen die Sommerzeit galt, zwei bzw. gar drei Stunden (siehe Tabelle II im 8. Kapitel), um Ihre in MEZ angegebene Geburtszeit in Weltzeit umzuwandeln.

Wenn Sie kurz vor oder nach dem Übergang der Sonne in ein anderes Tierkreiszeichen geboren wurden, unterstehen Sie nicht nur dem Einfluß »Ihres«, sondern auch dem des folgenden bzw. davorliegenden Zeichens. Wie stark der jeweilige Einfluß ist, kann freilich nur ein vollständiges Geburtshoroskop zeigen. Überdies wird kein Mensch ausschließlich durch sein Sonnenzeichen geprägt. Von kaum minder großer Bedeutung ist das Aszendentenzeichen, von dem im folgenden Hauptabschnitt dieses Kapitels die Rede sein wird. Wie ein Mensch seine Kräfte und Fähigkeiten einsetzt und wie er sich durchzusetzen vermag, verrät das Zeichen, in dem sich der Meridian befindet (siehe 3. Kapitel: »Was kann ich?«).

In unserer Übersicht finden Sie allgemeine Aussagen, die sich auf der Grundlage der Sonnenzeichen machen lassen. Sie gelten für alle in den entsprechenden Zeiträumen geborenen Menschen mit der Einschränkung, daß die jeweiligen Gegebenheiten des Individualhoroskops das Bild verändern können.

**Sonnenzeichen Widder**

Zu Ihren positiven Eigenschaften gehören Dynamik, Tatkraft, Mut, Entschlossenheit, Zielstrebigkeit, Geradlinigkeit, Offenheit, Freiheitsliebe, Selbständigkeit, Unternehmungslust, Ehrgeiz, Selbstsicherheit. In Übersteigerung können sie ins Negative umschlagen und werden dann zu unüberlegtem Draufgängertum, Aggressivität, Starrköpfigkeit, Streitsucht, Taktlosigkeit, Überheblichkeit, Gewalttätigkeit, Strebertum, Rücksichtslosigkeit. Welche dieser Eigenschaften bei Ihnen im Vordergrund stehen, läßt sich nur aus Ihrem Geburtshoroskop genauer ersehen. In jedem Fall aber steht bei Ihnen die Praxis vor und über der Theorie, halten Sie von der entschiedenen, rasch zupackenden Tat mehr als vom vorsichtig abwartenden Abwägen. Sie wissen im allgemeinen recht genau, was Sie wollen, und steuern Ihre Ziele geradlinig und mit viel Dynamik an. Freilich kann es Ihnen passieren, daß Sie mangels gründlicher Vorausplanung auf Irrwege geraten, daß Hindernisse auftauchen, mit denen Sie nicht gerechnet haben. Sie lassen sich dadurch aber selten entmutigen. Entweder nehmen Sie kurzentschlossen Kurskorrekturen vor, oder Sie versuchen, die Hemmnisse durch geballten Kraft-einsatz zu beseitigen. Unterkriegen lassen Sie sich auch durch Fehlschläge auf Dauer nicht.

**2** Mit Ihrer klaren Zielsetzung und Ihrem bestimmten Wesen können Sie andere begeistern und mitreißen. Oft sind Sie eine geborene Führernatur. Sie lassen sich nicht gängeln, können sich nur schwer unterordnen, es sei denn, jemand ist nach Ihrer Ansicht Ihnen ebenbürtig oder gar überlegen. Sie haben ein scharfes Auge für den Wert oder Unwert anderer; selten lassen Sie sich in dieser Hinsicht täuschen. Ob die dominierende Rolle, die Sie anstreben und oft auch errei-chen, Ihnen und anderen zum Besten gedeiht, hängt aller-dings von Ihren eigenen Charaktereigenschaften ab. Es besteht die Gefahr, daß Sie sich selbst überschätzen, sich auf falsche Standpunkte versteifen, sich auch dann nicht von dem eingeschlagenen Weg abbringen lassen, wenn er erkennbar in die Irre führt. Wenn Ihre Selbstsicherheit in Überheblichkeit, Ihre Impulsivität in unbedachte Voreilig-keit umschlagen, können Sie sich immer wieder die Finger verbrennen und sich und anderen schaden. Versuchen Sie deshalb, selbstkritischer zu sein, begangene Fehler einzuge-stehen und daraus zu lernen!

Sie denken und handeln großzügig. Vergessen Sie aber nicht, daß gerade im Detail manchmal der Teufel stecken kann, daß schon große Pläne an scheinbaren Nebensächlichkeiten gescheitert sind! Sie versuchen, gesteckte Ziele auf dem kür-zesten Weg zu erreichen. Oft könnten Sie jedoch mit weniger Kraftaufwand mehr vollbringen, wenn Sie diplomatischer vorgehen würden. Das bedeutet nicht, daß Sie krumme Wege beschreiten müßten, die Sie prinzipiell ablehnen, sondern nur, daß Sie mit mehr Überlegung und Rücksichtnahme auf die Gegebenheiten und Menschen eingehen sollten, mit denen Sie zu tun haben. Zügeln Sie also Ihre Ungeduld und Rastlosigkeit, und Sie werden sich manchen Ärger und so manche Enttäuschung ersparen!

Sie sind geistig aufgeschlossen, denken rasch und scharf. Sie können schnell das Wesentliche eines Problems oder einer Situation erfassen, und meist ziehen Sie ebenso unverzüg-lich Ihre Konsequenzen daraus, lassen der raschen Einsicht die rasche Tat folgen. Bei dieser Impulsivität sind Fehl-schlüsse und Fehlhandlungen nicht ausgeschlossen. Neh-men Sie sich etwas mehr Zeit zum Nachdenken und Abwä-gen, und Sie werden seltener erleben, daß Sie in Sackgassen geraten. Auf Mißerfolge sollten Sie nicht mit Starrsinn und

Gereiztheit reagieren. So schwer es Ihnen auch fällt, einmal klein beigeben zu müssen — das ist immer noch besser, als durch Unnachgiebigkeit ständigen Streit mit der Umwelt herauszufordern, sich im ewigen Kampf zu zerreiben. Es zeugt von mehr innerer Größe, sich und anderen begangene Fehler einzugestehen, als wenn man immer und unter allen Umständen die absolut sichere Autorität, den »starken Max« markieren will.

In der Regel sind Sie betont ichbezogen. Egozentrik ist keinesfalls von vornherein mit Egoismus gleichzusetzen, aber es besteht die Gefahr, daß sie in Selbstsucht ausartet. In diesem Fall fällt es Ihnen schwer oder ist es Ihnen sogar unmöglich, sich in andere einzufühlen und hineinzudenken, die Welt mit den Augen anderer zu sehen, auf ihre Interessen und Ansprüche Rücksicht zu nehmen. Dennoch sind Sie kein eigenbrötlerischer, unverbesserlicher Egoist: Wenn man Ihnen einsichtig zu machen versteht, wie ungerecht Sie sich verhalten, ändern Sie sich, denn Sie haben meist einen ausgeprägten Gerechtigkeitssinn.

Ihr reger Geist und starker Tätigkeitsdrang braucht viele Anregungen und Betätigungsfelder. Nichts ödet Sie mehr an als eine langweilige Umgebung und festgelegte Routine. Nach Möglichkeit vermeiden Sie ausgefahrene Geleise. Das gilt im Privatleben ebenso wie im Beruf. Am liebsten nehmen Sie immer wieder neue Dinge in Angriff, bringen Pläne und Unternehmungen in Schwung, doch wenn alles erst einmal problemlos läuft, verlieren Sie rasch das Interesse, lassen andere das zur Gewohnheit Gewordene weiterführen. Sie brauchen das Wagnis, das Abenteuer. Untätigkeit erdrückt Sie, macht Sie rastlos, unzufrieden und gereizt.

Ganz und gar nicht können Sie es ertragen, wenn Sie sich eingeengt, bevormundet, unterdrückt fühlen. Sie brauchen im Privatleben wie im Beruf einen gewissen Freiraum; wenn er Ihnen nicht gewährt wird, brechen Sie aus.

Sie sind praktisch veranlagt, stehen mit beiden Beinen auf dem Boden der Tatsachen, aber Sie können auch ein Idealist sein, der sich selbstlos für andere einsetzt, für Freunde ebenso wie für Arbeitskollegen oder auch für Fremde, die Ihr Interesse geweckt haben. Sie sind aber häufig zu unkritisch: Da Sie die Ihnen eigene Geradlinigkeit und Offenheit auch bei anderen voraussetzen, besteht die Gefahr, daß Ihr Vertrauen und Ihre Hilfsbereitschaft mißbraucht werden, daß man Sie schamlos ausnützt. Verfallen Sie aber dann nicht ins andere Extrem, alle Menschen durchweg für schlecht zu halten und ihnen künftig generell mit Mißtrauen und Ablehnung zu begegnen!

Sie haben viele gute und vielleicht manche weniger guten Seiten. Nutzen Sie Ihre positiven Anlagen, und bauen Sie die negativen nach Möglichkeit ab!

## Sonnenzeichen Stier

Zu Ihren positiven Eigenschaften gehören Sachlichkeit, praktisches Denken und Handeln, Ausdauer, Zuverlässigkeit, Strebsamkeit, Geschäftstüchtigkeit, Willenskraft, Beherrschtheit, Konzentration, Schönheitssinn, Warmherzigkeit. In Übersteigerung können daraus negative Eigenschaften werden wie kühle Nüchternheit, Materialismus, Sturheit, mangelnde Anpassungsfähigkeit, Schwerfälligkeit, Fanatismus, Trägheit, Egoismus, übertriebener Konservatismus, Habgier, Genußsucht. Nur Ihr Individualhoroskop verrät, welche dieser Gegebenheiten bei Ihnen vorherrschen.

In der Regel sind Sie seßhaft, stabil, eigenwillig, auf Sicherung und Sicherheit bedacht, arbeitsam, zäh, ruhig und Konventionen und Traditionen verhaftet. Sie denken gründlich und handeln methodisch. Meist besitzen Sie ein ausgeprägtes Organisationstalent.

Sie sind kein Freund schneller Entschlüsse und impulsiver Taten, sondern bevorzugen das wohlüberlegte, systematische Vorgehen, die Taktik der kleinen, aber bedachten Schritte, die Sie vor Irrwegen und Fehlschlägen bewahrt. Sie planen auf lange Sicht, und wenn Sie sich erst einmal etwas in den Kopf gesetzt haben, lassen Sie sich nur schwer wieder davon abbringen. Hindernisse versuchen Sie nicht schwungvoll zu überspringen, sondern Sie setzen Ihre ganze Kraft und Ausdauer daran, um sie aus dem Weg zu räumen. Es fällt Ihnen schwer, sich auf plötzlich auftretende neue Situationen einzustellen; das Improvisieren ist nicht Ihre Stärke. Sie brauchen eine gewisse Zeit, um die Gegebenheiten zu erfassen und sich danach einzurichten. Da Sie recht eigenwillig sind, nehmen Sie Ratschläge von anderen nur ungern an. Und wenn Sie sich in eine Sache verrannt haben, können Sie trotzig auf Ihrem Standpunkt verharren, selbst wenn Sie merken, daß er falsch ist. Es fällt schwer, Sie zu überzeugen, und noch schwerer, Sie zu überreden. Wenn Sie im Recht zu sein glauben, dulden Sie keinen Widerspruch und können sehr aufbrausend reagieren, wenn man Sie zu korrigieren versucht. Und wenn Sie sich gar verletzt fühlen, können Sie auch nachtragend sein. Unrecht und Beleidigungen vergessen Sie lange nicht; man kann Sie nur schwer wieder versöhnen.

Sie sind tiefer Gefühle fähig, aber wenn Sie jemanden in Ihr Herz geschlossen haben, neigen Sie dazu, von ihm ganz Besitz ergreifen zu wollen, Ausschließlichkeitsansprüche zu stellen, die den anderen übermäßig einengen, ja, erdrücken können. Auf jede tatsächliche oder vermeintliche Verletzung Ihres »Besitzanspruchs« reagieren Sie mit Eifersucht. Das kann sich in zwischenmenschlichen Beziehungen schädlich auswirken, denn jeder Mensch braucht seinen Freiraum.

Das Besitzstreben zeigt sich auch auf materieller Ebene als ausgeprägtes Interesse an finanzieller Absicherung und an irdischen Gütern. Sie lieben die Annehmlichkeiten und Schönheiten des Lebens. Gern sorgen Sie für ein reich ausgestattetes, bequemes Heim, dessen Bestand nach Möglichkeit durch ein wohlgepolstertes Bankkonto gewährleistet wird. Auch wenn Sie es nicht zu Luxus und Reichtum bringen, sind Sie doch imstande, Erreichtes zusammenzuhalten, Ihren Besitz wenn auch vielleicht langsam, so doch sicher zu mehren. Manchmal wird freilich aus Sparsamkeit und wirtschaftlichem Denken ausgesprochener Geiz. Davor sollten Sie sich hüten.

Natürlich gibt es auch das andere Extrem, daß nämlich die Liebe zu den Annehmlichkeiten des Lebens in Genuß- und Verschwendungssucht ausartet. Ein echter Stier mit seinem starken, auf das Praktische und Sinnvolle gerichteten Willen sollte allerdings imstande sein, solche Neigungen zu bekämpfen.

Stark ausgeprägt ist Ihr Selbstwertgefühl. Lassen Sie nicht zu, daß es in Dünkel und Rechthaberei übersteigert wird. Denken Sie daran, daß es außer Ihrem Standpunkt durchaus noch andere Meinungen geben kann, die ihre eigene Berechtigung haben. Jeder Mensch kann sich irren — das gilt auch für den Stier-Geborenen, nur fällt es ihm vielleicht schwerer als anderen, sich und der Mitwelt dies einzugestehen. Niemandem fällt ein Stein aus der Krone, der einen begangenen Fehler offen und ehrlich zugibt. Wer jedoch stur an falschen oder überholten Positionen festhält, schadet sich selbst.

Sie verschwenden Ihre Kräfte nicht, sondern setzen sie zielgerichtet und wohldosiert ein. Zu impulsiven Kräfteballungen kommt es meist nur, wenn man Sie übermäßig reizt: In Ihrem Zorn sind Sie einem wilden Stier nicht unähnlich. Sonst wirken Sie eher verhalten, besonnen, ruhig. Sie lieben Tätigkeiten, die in ihrem Ablauf überschaubar sind, und bevorzugen beruflich Positionen, die Ihnen die erstrebte Sicherheit bieten. Vor Routinearbeiten schrecken Sie keineswegs zurück: Die gleichmäßige Abwicklung von klar umrissenen Aufgaben liegt Ihnen deshalb, weil unliebsame Überraschungen und plötzliche Schwierigkeiten dabei weitgehend ausgeschaltet sind. Sie bevorzugen das Durchplanbare, Berechenbare. Mit Risiken verbundene Experimente sind nicht nach Ihrem Geschmack. Sie brauchen festen Boden unter den Füßen, um ein solides Fundament legen und darauf ein ebenso solides Gebäude errichten zu können. Sie gehen dabei mit viel gesundem Menschenverstand vor, und wo scharfes Nachdenken nicht weiterhilft, verlassen Sie sich auf Ihren meist sicheren Instinkt. Mit zäher Ausdauer steuern Sie Ihre Ziele an.

Sie sind warmherzig und freundlich und lassen gern andere an den Annehmlichkeiten teilhaben, die Sie für sich geschaffen haben. Wenn Sie ein schönes Zuhause haben, laden Sie Gäste ein, um sie großzügig zu bewirten. In der Regel haben Sie einen sicheren Geschmack, was sich sowohl in Ihrer Wohnung als auch in Ihrer Kleidung spiegelt. Freilich können Sie es nicht leiden, wenn man sich Ihnen aufdrängen will. Sie können gastfreundlich, umgänglich, liebevoll und treu sein, aber wenn Sie sich ausgenützt, übervorteilt oder getäuscht fühlen, brechen Sie die Beziehungen ohne lange Diskussionen ein für allemal ab.

Sie sind auf das Solide, Dauerhafte, Sichere aus, wollen festhalten und bewahren. Hüten Sie sich jedoch vor der Gefahr der Erstarrung, vor übertriebenem Konservatismus, vor übersteigertem Besitzdenken. Lassen Sie sich von Ihrem gesunden Menschenverstand und Ihrem sicheren Instinkt leiten, und versuchen Sie, etwas wendiger zu sein, mehr auf die Mitwelt einzugehen.

### Sonnenzeichen Zwillinge

Zu Ihren positiven Eigenschaften gehören rasche Auffassungsgabe, Wendigkeit, Anpassungsfähigkeit, Kontaktfreude, Vielseitigkeit, Spontaneität, Scharfsinn, Logik, Diplomatie, Geselligkeit, Unterhaltsamkeit. In Übersteigerung können daraus negative Eigenschaften werden wie Oberflächlichkeit, Unrast, Labilität, Berechnung, Unzuverlässigkeit, Geschwätzigkeit, Unbesonnenheit, Unaufrichtigkeit. Welche Gegebenheiten bei Ihnen überwiegen, läßt nur Ihr Geburtshoroskop erkennen.

Sie lassen sich eher von Ihrem Verstand als durch Gefühle leiten, können aber stark von Stimmungen beeinflußt werden. Sie gleichen weniger der knorrigen Eiche, die jedem Sturm trotzt und lieber bricht, als sich ihm zu beugen, sondern halten es eher mit dem Schilfrohr, das durch Nachgiebigkeit die Stürme schadlos übersteht. Das heißt nicht unbedingt, daß Sie Ihr Mäntelchen nach jedem Wind drehen, aber Sie sind klug genug, um zu wissen, daß man durch Wendigkeit und Anpassungsfähigkeit oft sehr viel mehr erreicht als durch stures Beharren, durch dickköpfige Hartnäckigkeit.

Sie halten nicht sonderlich viel von festen Geleisen und ausgefahrenen Bahnen, von strenger Methodik und eisernen Prinzipien. Es fällt Ihnen schwer, sich für längere Zeit zu konzentrieren, sei es auf ein Ziel, eine Arbeit oder auch auf einen Menschen. Sie sind vielseitig, brauchen die Abwechslung, brauchen vielfache Anstöße und Anregungen, um Ihr Interesse und Ihren Tatendrang in Schwung zu halten. Ihr Geist ist wendig, aber nicht unbedingt gründlich. Sie können sich sehr rasch auf neue Gegebenheiten, neue Aufgaben oder neue Menschen einstellen, aber sonderlich ausdauernd und geduldig sind Sie nicht, und sobald Ihr Interesse erlahmt, erlahmen auch Ihre Kräfte. Deshalb führen Sie immer wieder Begonnenes nicht zu Ende, springen auf halbem Wege ab, um sich etwas Neuem zuzuwenden.

Sie sind keine ausgesprochene Kämpfernatur, sondern versuchen, Probleme und Schwierigkeiten aus dem Weg zu gehen oder sie durch Diplomatie abzubauen. Wenn Ihnen jedoch Unrecht widerfährt, wenn man Sie bewußt verletzt und kränkt, stellen Sie sich auf die »Hinterbeine«, setzen alles daran, es dem Übeltäter heimzuzahlen, und dabei greifen Sie notfalls auch zu weniger edlen Mitteln, scheuen nicht vor Intrigen zurück. In einem solchen Fall erweisen Sie sich als nachtragend und ruhen nicht, bis Ihr Rachedurst gestillt ist.

Ihre Interessen gehen weniger in die Tiefe als in die Breite. Deshalb vermeiden Sie Einseitigkeit, sind imstande, Probleme von mehreren Seiten her zu sehen, wobei Ihnen die Gabe zugute kommt, sich in Dinge (und Menschen) einfühlen zu können. Ihr weitgefächertes Streben nach Weltergreifung erklärt Ihr Bedürfnis nach vielfältigen Kontakten und steter Horizonterweiterung, sei es durch Reisen, sei es durch Bildung, sei es durch rege Anteilnahme an Menschen und Geschehnissen.

Mit Ihrem lebhaften, geselligen Wesen fällt es Ihnen nicht schwer, Bekanntschaften und Freundschaften zu schließen, neue Menschen kennenzulernen. Sie sind redegewandt, können anregend plaudern, und aufgrund Ihrer vielseitigen Interessen geht Ihnen der Gesprächsstoff kaum jemals aus; die tiefschürfende, einem Thema auf den Grund gehende Diskussion ist allerdings nicht Ihre Stärke. Am besten liegt Ihnen der dem Florettfechten vergleichbare rasche geistige »Schlagabtausch«, das muntere, spritzige Hinundher der Argumente, das Springen von Thema zu Thema.

Auf andere wirken Sie oft selbstsicher, gelassen, jeder Situation gewachsen, aber nicht selten verbirgt sich hinter dieser Fassade eine nervöse Labilität, eine tiefe Unsicherheit, die zu Angstzuständen, zu innerer Gehetztheit und auch zu Depressionen führen kann. Starke Nervenanspannungen können dann einen körperlichen oder seelischen Zusammenbruch zur Folge haben. Lassen Sie es nicht so weit kommen. Versuchen Sie, mehr Ruhe in Ihr Leben zu bringen, zügeln Sie Ihre Sprunghaftigkeit, und vermeiden Sie zuviel Trubel und Aufregungen. Achten Sie rechtzeitig auf die Warnzeichen, und handeln Sie entsprechend, ehe Ihre Nerven zu flattern beginnen, ehe Sie Ihre Gesundheit untergraben haben! Ein zwar anregender, aber nicht aufregender Urlaub oder eine ausgleichende Freizeitbeschäftigung kann helfen, wieder ins Gleichgewicht zu kommen.

Sie haben die Fähigkeit, mehrere Dinge zur gleichen Zeit zu tun. Solange Sie Ihr Interesse gleichmäßig verteilen, kommen Sie damit ganz gut zurecht. Wenn jedoch in irgendeiner Richtung Ihre Anteilnahme erlahmt, lassen Sie das Angefangene einfach liegen, oder Sie führen es lustlos mehr schlecht als recht zu Ende. Hüten Sie sich vor allzu starker Zersplitterung; versuchen Sie nicht, auf sämtlichen erreichbaren Sätteln reiten zu wollen!

Jegliche Einengung und Bevormundung vertragen Sie schlecht. Sie brauchen Ihren Freiraum, sei es in einer menschlichen Beziehung, sei es in der Gesellschaft oder im Beruf. Sie wollen sich nicht an die Kandare nehmen, nicht in eine Routine zwängen lassen. Achten Sie darauf, daß dieser Freiheitsdrang nicht zu Egoismus wird. Kein Mensch lebt im luftleeren Raum, sondern ist eingeflochten in ein Gefüge sozialer Bindungen. Das bedeutet, daß man Kompromisse schließen, zu Konzessionen bereit sein muß. Versuchen Sie doch Ihrerseits, statt immer neue Kontakte zu suchen, die Bindungen, in denen Sie leben, durch frische Impulse interessant und abwechslungsreich zu gestalten. Dazu sind Sie mit Ihrer Dynamik und Vielseitigkeit durchaus imstande.

Konzentration und ausdauernde Zielstrebigkeit sind Eigenschaften, die Sie sich anerziehen sollten. Wenn Sie Ihre Interessen und Kräfte ständig verzetteln, werden Sie häufig in Schwierigkeiten geraten. Allzuleicht verfallen Sie dann in hektische Betriebsamkeit und innere Unrast, die an Ihren Nerven übermäßig zehren; Sie treiben einen Raubbau, der zum Zusammenbruch führen kann. Versuchen Sie, sich klare Ziele zu stecken und die dorthin führenden Wege gründlich zu durchdenken. Setzen Sie dann alle Kräfte daran, auf dem gewählten Weg geradlinig voranzukommen. Sie haben viele Eigenschaften, die Sie zum Erfolg führen können. Setzen Sie sie mit Überlegung und Besonnenheit ein — und Sie werden Erfolg haben.

**Sonnenzeichen Krebs**

Zu Ihren positiven Eigenschaften gehören Feinfühligkeit, Freundlichkeit, Phantasie, Mitgefühl, Vorsicht, Ausdauer, Klugheit, Häuslichkeit, ein ausgeprägter Beschützerinstinkt, ein reiches Gefühlsleben. Daraus können in Übersteigerung negative Eigenschaften werden wie Überempfindlichkeit, Launenhaftigkeit, Sentimentalität, Wankelmut, Neigung zur Selbstbemitleidung, Beeinflußbarkeit, Habgier gegenüber Dingen und Menschen, Trägheit. Welche Eigenschaften bei Ihnen im Vordergrund stehen, läßt sich nur Ihrem Geburtshoroskop entnehmen.

In jedem Fall aber sind Sie eher gefühls- als verstandesorientiert. Da Ihre Gefühlslage nicht konstant ist, wirken Sie oft launenhaft und unbeständig, wissen Ihre Mitmenschen manchmal nicht recht genau, woran sie mit Ihnen sind, und auch Sie selbst erschweren sich durch diese Unbeständigkeit Ihr Leben. Sie sind leicht erregbar, reagieren sehr impulsiv und können dann über jedes Ziel hinausschießen, sich zu unbedachten Äußerungen und Handlungen hinreißen lassen. Vor derartigen Überreaktionen sollten Sie sich hüten.

Sie zeigen sich in der Regel freundlich, hilfsbereit, rücksichtsvoll, vorsichtig zurückhaltend, aber Ihre Haltung und Stimmung kann ohne ersichtlichen Grund rasch umschlagen. Dann sind Sie kurz angebunden, geben schnippische Antworten oder sprechen überhaupt nicht mehr, ziehen sich in Ihre Schale zurück. Rasch kann auch Ihr Zorn auflodern, aber in der Regel verraucht er bald. Wenn man Sie jedoch beleidigt und verletzt, können Sie recht nachtragend sein und mit List und Schläue sich zu rächen versuchen; der offene Kampf liegt Ihnen weniger. Bei kleineren Meinungsverschiedenheiten hingegen sind Sie schnell zur Versöhnung bereit, und während die Gegenseite noch grollt, gelingt es Ihnen häufig, mit diplomatischem Geschick einzulenken und die Sache zu bereinigen.

Sonderlich standhaft und ausdauernd sind Sie nicht. Sie lassen sich leicht beeinflussen und vermögen sich gut anzupassen, weshalb man Ihnen Mangel an Selbständigkeit nachsagt. Aber Sie haben durchaus Ihren eigenen Willen. Es liegt Ihnen nicht, sich bedingungslos unterzuordnen, sich herumkommandieren und beaufsichtigen zu lassen. Und wenn es um Ihre Ideale geht, zeigen Sie echte Standhaftigkeit. Überdies sind Sie sehr ehrgeizig, strebsam und leistungswillig, ja, können sich in Aufgaben, die Ihnen zusagen, geradezu fanatisch verbeißen.

Großen Wert legen Sie auf eine gepflegte, anheimelnde Häuslichkeit, und stark ist Ihr Drang, andere zu umsorgen und zu bemuttern. Allerdings sind Sie dabei sehr besitzergreifend: Menschen, deren Sie sich annehmen, wollen Sie ganz für sich haben, und jeder Kontakt nach anderen Seiten weckt Ihre Eifersucht. Häufig engen Sie dadurch die Menschen, denen Ihre Fürsorge gilt, allzusehr ein, lassen ihnen keinerlei persönlichen Freiraum. Viele ertragen das nicht und versuchen, dem »goldenen Käfig« zu entfliehen. Sie können das nicht verstehen und werten es als krasse Undankbarkeit. So gut Sie sich in vielen Situationen in andere einfühlen können — in diesem Fall begreifen Sie nicht, daß Ihr Ausschließlichkeitsanspruch den anderen erdrückt, eine Art von »Freiheitsberaubung« ist.

Einerseits lieben Sie die sichere Häuslichkeit, aber anderseits besteht bei Ihnen eine Neigung zum Wechsel, zu häufigen Veränderungen. Symptomatisch dafür ist Ihre Reiselust, Ihre Suche nach neuen Horizonten. Aber Sie wechseln auch nicht selten Ihre Freunde und Bekannten, da sich Ihre Sympathien rasch verändern können und es Ihnen oft schwerfällt, sich längere Zeit auf ein und denselben Menschen zu konzentrieren. Auf diese Weise können Sie sich, ohne es zu wollen, Feinde schaffen, die Ihnen das Leben erschweren. Ganz allgemein sind Sie der Gefahr ausgesetzt, im Laufe des Lebens immer wieder Verluste zu erleiden, sei es im familiären und persönlichen Bereich, sei es in Rechtsstreitigkeiten oder materiellen Dingen. Sie müssen etliche Mühe aufwenden, um einen gewissen Wohlstand zu erreichen und eine sichere materielle Basis zu schaffen. In der Regel gelingt Ihnen das erst im zweiten Drittel Ihres Lebens.

Sie haben ein weiches Gemüt, sind sehr empfänglich, können sich gut in andere einfühlen, aber sehr stabil sind Ihre Seelenlagen und auch Ihre Nerven nicht. Sie können unvermittelt von gelöster, heiterer Aktivität in melancholisches Brüten verfallen; immer wieder gibt es Zeiten, in denen Sie ein tiefer Pessimismus erfaßt. Dann wäre es gut, wenn Sie in einem mitfühlenden Menschen einen Rückhalt, wenn Sie eine starke Schulter fänden, an die Sie sich anlehnen, an der Sie sich wieder aufrichten könnten. Im Grunde Ihres Herzens sehnen Sie sich nach schützender Geborgenheit, wie Sie Ihrerseits anderen Schutz schenken möchten.

Ihre Anteilnahme, Ihre Opferbereitschaft und die Fürsorge, die Sie anderen gern angedeihen lassen, sind allerdings keineswegs ganz und gar altruistisch — im Gegenteil, unbewußt ist das eine Art Investition, die Sie in der Hoffnung machen, Ihre Einlage eines Tages mit Zins und Zinseszins zurückzuerhalten. Sie schenken nicht um des Schenkens willen, sondern in der Erwartung des Wiedererhaltens, das für Ihre Selbstbestätigung wichtig ist. Wenn diese Bestätigung ausbleibt, empfinden Sie das als krasse Undankbarkeit. Im Grunde ist Ihr Altruismus ein getarnter Egoismus, was Sie sich allerdings kaum je eingestehen werden.

Sie stecken sich oft ehrgeizige Ziele, sind aber nicht immer fähig, sie aus eigener Kraft und mit beharrlicher Ausdauer zu erreichen. Am besten gelingt es Ihnen, wenn Sie immer wieder durch Lob und Anerkennung angespornt werden. Wenn Sie sich innerlich sehr stark für etwas engagieren, können Sie allerdings Kräfte mobilisieren, die man Ihnen nicht zugetraut hätte. Besonders für eine gepflegte Häuslichkeit sorgen Sie durch einsatzfreudige Arbeit und wohlüberlegte Sparsamkeit.

Bemühen Sie sich um mehr Ausgeglichenheit. Regen Sie sich nicht unnötig auf; geben Sie sich keinen Launen hin. Kalkulieren Sie, wenn Sie schenken, nicht von vornherein den Dank mit ein. Zeigen Sie mehr Beständigkeit in Ihrem Wollen und Tun. Und ziehen Sie sich nicht allzuoft in Ihre Schale zurück.

**Sonnenzeichen Löwe**

Zu Ihren positiven Eigenschaften gehören Kreativität, Organisationstalent, Großzügigkeit, Begeisterungsfähigkeit, viel Fleiß, Selbstsicherheit, Offenheit, Zielstrebigkeit, Tatendrang und Optimismus. In Übersteigerung können daraus negative Eigenschaften werden wie Triebhaftigkeit, Herrschsucht, Verschwendungs- und Vergnügungssucht, Dünkel, Selbstüberschätzung bis zum Größenwahn, Rücksichtslosigkeit und krasser Egoismus. Nur Ihrem Individualhoroskop ist zu entnehmen, welche Eigenschaften bei Ihnen überwiegen.

Sie fühlen sich weniger zum Dienen als zum Herrschen geboren. Sie lieben es, im Mittelpunkt zu stehen. Sie brauchen Beachtung und Anerkennung; Ihr Selbstwertgefühl ist davon abhängig. Sie sind kein Mensch, der gern im stillen Kämmerlein vor sich hinbrütet, sondern ein Mensch der Tat, praktisch eingestellt und oft mit hochgesteckten Zielen. Sie wissen meist genau, was Sie wollen, und Sie setzen Ihre starken Kräfte daran, es auch zu erreichen. Sie sind in der Regel überdurchschnittlich leistungsfähig und schrecken vor Risiken nicht zurück. Allerdings besteht die Gefahr, daß Sie unüberlegt oder in falscher Einschätzung der Gegebenheiten Wagnisse auf sich nehmen, die Sie nicht übersehen und die Ihnen Schaden bringen. Im schlimmsten Fall können Sie sogar zum bedenkenlosen Hasardeur werden, der auf nichts und niemanden Rücksicht nimmt.

Sie sind selbständig und unabhängig und deshalb oft imstande, andere zu führen. Als starker Persönlichkeit werden sich andere Ihnen willig unterordnen und sich Ihrer Leitung anvertrauen. Ihnen selbst fällt es meist schwer, Anordnungen und Befehle entgegennehmen und ausführen zu müssen; oft tun Sie dies notgedrungen nur insoweit, als es Ihrem eigenen Aufstieg dient. Sie streben nach Erfolg, Ansehen, Ehren und Würden. Häufig erreichen Sie die gesteckten Ziele mit Hilfe Ihrer positiven Eigenschaften, aber nicht selten tendieren Sie auch dazu, andere als Sprossen der Leiter zu Ihrem Erfolg zu benützen, bedenkenlos über sie hinwegzusteigen, wenn sie Ihnen nicht mehr dienlich sein können. Manchmal kommen Sie auch in Versuchung, durch Großspurigkeit und Bluff etwas erreichen zu wollen, wozu Ihre Kräfte nicht ausreichen. Solche »Erfolge« sind jedoch oft nicht von Dauer. Obendrein können Sie Erreichtes dadurch gefährden, daß Sie übermütig und unbesonnen werden. In Gelddingen haben Sie manchmal eine recht lockere Hand, und da Sie stark auf äußere Effekte und auf einen Ihren Ansprüchen gemäßen Rahmen bedacht sind, kann es geschehen, daß Sie ein durch zielstrebigen Krafteinsatz erworbenes Vermögen nicht zusammenhalten können, sondern es, um sich prunkvoll in Szene zu setzen, unbedacht durch die Finger rinnen lassen.

Nach außen wirken Sie meist umgänglich, freundlich, herzlich, optimistisch. Sie sind gutherzig und auf keinen Fall kleinlich. Auch wenn Sie einmal der Zorn packt, wissen Sie sich meist zu beherrschen. Feinden gegenüber sind Sie großmütig, Rivalen gegenüber kennen Sie keinen kleinlichen Neid. Zwar sind Sie durchaus verletzlich, aber Sie zeigen das selten. Nur wenn Ihnen einmal »der Kragen platzt«, können Sie Ihren aufgestauten Gefühlen mit einem echten »Löwengebrüll« Luft machen, das die Wände erzittern läßt. Ein reifer Löwe hält mit solchen Ausbrüchen zurück, doch gibt es unreife Löwen, denen es gefällt, ihre Umwelt dadurch »auf Vordermann« zu bringen.

Besonders schmerzt es Sie, wenn Ihre Kenntnisse, Fähigkeiten und Taten von der Mitwelt nicht gebührend beachtet und anerkannt werden. Hüten Sie sich jedoch vor berechnender Schmeichelei! Sie fallen sehr leicht darauf herein, denn in diesem Fall versagt oft Ihre Kritikfähigkeit. Man kann durch gezielte Lobeshymnen bei Ihnen viel erreichen, denn Sie revanchieren sich großzügig dafür. Nicht selten lassen Sie sich dann schamlos ausnutzen. Auch wenn Ihnen Bewunderung guttut, sollten Sie sich dadurch nicht in Ihrer sachlichen Urteilsfähigkeit beeinträchtigen, Ihren kritischen Blick trüben lassen.

Sie lieben die Zurschaustellung. Meist kleiden Sie sich geschmackvoll, gelegentlich auch auffällig. Manchmal sind Sie schauspielerisch begabt und geraten in Versuchung, sich mit theatralischen Mitteln in den Mittelpunkt der Aufmerksamkeit zu rücken. Hüten Sie sich vor Übertreibungen, denn solche »Szenen« nützen sich rasch ab, und dann besteht die Gefahr, daß man Sie durchschaut und nicht mehr ernstnimmt.

Oft bilden Sie sich schon in jungen Jahren Ihre eigenen Meinungen, beziehen feste Standpunkte. Vergessen Sie aber nicht, sie von Zeit zu Zeit zu revidieren, sie notfalls veränderten Gegebenheiten anzupassen. Beharren Sie nicht selbstherrlich und stur auf Positionen, die vielleicht früher einmal, als Sie sich für sie entschieden, sehr fortschrittlich waren, die jedoch inzwischen längst überholt sind! In dieser Hinsicht ist Anpassungsfähigkeit durchaus nicht von Schaden; das hat nichts mit »Wetterwendigkeit« zu tun, sondern ist nur vernünftig. Die Zeiten ändern sich, und deshalb dürfen auch wir nicht stehenbleiben.

Sie haben einen Blick für die großen Zusammenhänge, und oft verstehen Sie es meisterlich, weitgespannte Pläne zu entwerfen, großangelegte Vorhaben zu organisieren. Was Ihnen häufig fehlt, ist der Sinn fürs Detail. Unwillkürlich sträuben Sie sich gegen die »Kleinlichkeitskrämerei«, die Ihnen ganz und gar nicht liegt. Vergessen Sie aber nicht, daß schon große Projekte an Kleinigkeiten gescheitert sind, die man übersehen oder falsch eingeschätzt hatte!

Nicht selten sind Sie so sehr mit sich selbst beschäftigt, daß Sie für die Gefühle und Interessen anderer nicht viel übrig haben. Dann können Sie sich trotz aller Warmherzigkeit und Großzügigkeit unwillentlich Feinde schaffen, denn Ihre Mitwelt deutet Ihre Selbstbezogenheit vielleicht als verbohrten Egoismus. Versuchen Sie, etwas mehr auf Ihre Mitmenschen einzugehen, sie in ihrem Eigenwert gelten zu lassen. Setzen Sie Ihre positiven Eigenschaften nicht nur im eigenen Interesse, sondern auch zugunsten und zum Nutzen Ihrer Umwelt ein!

**Sonnenzeichen Jungfrau**

Zu Ihren positiven Eigenschaften gehören klares Denken, Ordnungsliebe, Pflichtbewußtsein, Scharfblick, Methodik, Zuverlässigkeit, Anpassungsfähigkeit, vorsichtige Zurückhaltung, Fleiß, kritisches Unterscheidungsvermögen. In Übersteigerung können daraus negative Eigenschaften werden wie Gefühlskälte, Berechnung, Pedanterie, Nörgelsucht, Unentschlossenheit, Egoismus, Selbstquälerei und Tendenz zur Abkapselung. Welche Eigenschaften bei Ihnen im Vordergrund stehen, läßt sich Ihrem Geburtshoroskop entnehmen.

In der Regel sind Sie anderen gegenüber rücksichtsvoll und hilfsbereit, setzen sich gern für sie ein, wobei Sie stets auf die Wahrung einer gewissen Distanz bedacht sind. In Ihrem Bemühen, anderen zu helfen, neigen Sie jedoch oft zu allzu offener Kritik, die verletzend wirkt, ohne daß Sie dies merken: Sie beurteilen Menschen mit scharfem Blick häufig recht zutreffend, äußern dann aber Ihr Urteil mit übertriebener Härte und verscherzen sich dadurch so manche Sympathie. Das läßt sich vermeiden, wenn Sie stets daran denken, wie verletzlich Ihr eigener Stolz ist, wie empfindlich Sie selbst auf kritische Äußerungen reagieren, auch wenn sie noch so gut gemeint sind.

Selbst wenn es Ihnen schwerfällt, sich dies einzugestehen: Sie können Ihren Mitmenschen gelegentlich ganz schön auf die Nerven gehen, denn Ihre Stimmungslagen sind starken Schwankungen unterworfen. Sie sind nicht selten launenhaft und reizbar. Oft weiß man nicht so recht, woran man mit Ihnen ist, wie man Sie anfassen soll. Sie lassen sich nicht gern ins Innere schauen, sprechen ungern über Ihre Gefühle und seelischen Zustände. Nur wenn Sie zu jemandem volles Vertrauen und echte Zuneigung gefaßt haben, sind Sie bereit, sich ihm zu offenbaren.

Sie haben ein rasches Auffassungsvermögen und einen wendigen Verstand. Es liegt Ihnen nicht, untätig herumzusitzen; Sie kämen sich dann nutzlos und überflüssig vor. Aber Sie wollen ja nützlich sein, gebraucht werden. Sie können sich in eine Aufgabe oder Arbeit regelrecht verbeißen und achten dabei auch auf die kleinsten Details; freilich besteht dann die Gefahr, daß Sie das Ganze aus den Augen verlieren, »den Wald vor lauter Bäumen nicht mehr sehen«, wie es so anschaulich im Sprichwort heißt. Vielleicht ist es Ihnen möglich, sich in dieser Hinsicht eine gewisse Großzügigkeit anzuerziehen, die mit Oberflächlichkeit und Verantwortungslosigkeit nichts zu tun hat.

Sie sind sehr wißbegierig, streben danach, Ihre Kenntnisse zu erweitern, möglichst umfassend informiert zu sein. Anderseits sind Sie Ihrerseits häufig imstande, Ihren Mitmenschen Kenntnisse zu vermitteln, denn in der Regel können Sie sich mündlich und schriftlich klar ausdrücken, scharf argumentieren und unermüdlich diskutieren. Wenn Sie sich für eine Sache einsetzen, sind Sie imstande, sie überzeugend zu verfechten. Sie können präzis definieren, anschaulich formulieren und logisch folgern. Dabei kommt Ihnen zugute, daß Sie jederzeit auf Ihr in der Regel sehr gutes Gedächtnis zurückgreifen können, fast wie auf den Speicher eines Computers. Sie sind vorwiegend ein Verstandesmensch, bei dem Gefühlsgründe nur eine untergeordnete Rolle spielen — ja, Sie können in Ihren Überlegungen und Entscheidungen Emotionen völlig ausschalten.

Risiken und Experimente lieben Sie nicht. Sie bevorzugen das Überschaubare, das Berechenbare, das keine Überraschungen birgt. Sie nehmen fast alles sehr ernst und vieles sogar zu ernst. Dadurch kann es zu unnötigen inneren Spannungen, zu gesundheitlichen Beeinträchtigungen kommen. Zähmen Sie Ihren Hang zum Perfektionismus! Wenn Sie ihm nachgeben, besteht die Gefahr, daß Sie an sich und an andere Anforderungen stellen, die in der Praxis nicht erfüllbar sind. Dann entsteht in Ihnen ein Gefühl des Ungenügens, und in Ihren Mitmenschen sehen Sie klägliche Versager. Nichts auf dieser Welt ist makellos. Warum wollen ausgerechnet Sie das unmögliche Wunder einer absolut vollkommenen Welt verwirklichen? Durch Ihren übertriebenen Drang zum Perfektionismus erreichen Sie nicht mehr, als daß andere Sie als pedantisch, kleinkariert und unvernünftig einschätzen.

Für phantastische Träume und utopische Höhenflüge haben Sie nichts übrig. Sie stehen fest auf dem Boden der Tatsachen, lassen nur gelten, was Ihrem kritischen Verstand zugänglich ist. Spontane leidenschaftliche Ausbrüche liegen Ihnen nicht. Es kann lange dauern, bis Sie in Zorn geraten, aber wenn Sie erst einmal »in Fahrt« sind, dauert es noch länger, bis Sie sich wieder beruhigt haben.

Wenn Sie sich einem Problem gegenübersehen, neigen Sie dazu, es Stück für Stück auseinanderzunehmen, es analytisch »aufzuknacken«, um sich dann systematisch mit jedem Einzelteil zu beschäftigen. Sie gehen dabei ungemein methodisch vor, übersehen keine noch so winzige und scheinbar unbedeutende Kleinigkeit. Freilich kann es Ihnen dabei passieren, daß Sie sich an einem Detail so festbeißen, daß daran die Problemlösung scheitert. Bewahren Sie sich den Blick fürs Ganze!

Nicht selten vermissen Ihre Mitmenschen bei Ihnen warme Herzlichkeit. Sie sind hilfsbereit, aber oft hat man den Eindruck, als ob zwischen Ihnen und Ihrer Umwelt eine unsichtbare Wand stünde, die einen direkten Kontakt verhindert. Häufig wirken Sie unterkühlt, distanziert; nicht selten hat man den Eindruck, daß Sie von inneren Sorgen aufgefressen werden, unter irgendwelchen Belastungen leiden, die Ihre ganzen Kräfte so in Anspruch nehmen, daß Sie nicht mehr fähig sind, sich anderen zuzuwenden. Versuchen Sie doch, Ihre Anspannung und Verkrampfung zu lösen, sich zu lokkern, sich stärker Ihrer Mitwelt und dem Leben zu öffnen! Stellen Sie an sich und andere nicht zu hohe Ansprüche: Sie sind doch ansonsten ein Realist — warum nicht auch in dieser Hinsicht? Leben ist nicht nur Pflicht und Verantwortung; es besteht nicht nur aus Aufgaben und Zwängen. Scheuen Sie sich nicht, Gefühle zu haben und zu zeigen! Das gilt besonders für zwischenmenschliche Partnerschaften, für Liebe und Ehe, die oft darunter leiden, daß Sie unfähig sind, aus sich herauszugehen, sich ganz dem anderen anzuvertrauen und hinzugeben.

## Sonnenzeichen Waage

Zu Ihren positiven Eigenschaften gehören Charme, Natürlichkeit, Liebenswürdigkeit, Anpassungsfähigkeit, Diplomatie, Streben nach Harmonie und Ausgleich, Feinsinnigkeit, Idealismus, Hilfsbereitschaft, Gerechtigkeitssinn. In Übersteigerung können daraus negative Eigenschaften werden wie Leichtlebigkeit, Leichtsinn, Bequemlichkeit, Eitelkeit, Beeinflußbarkeit, Oberflächlichkeit, Passivität, Entschlußlosigkeit, Gleichgültigkeit. Über die Eigenschaften, die bei Ihnen im Vordergrund stehen, vermag Ihr Individualhoroskop Aufschluß zu geben.

In der Regel sind Sie wegen Ihres charmanten und gewinnenden Wesens bei Ihren Mitmenschen sehr beliebt. Sie sind friedfertig, versuchen allen Auseinandersetzungen aus dem Weg zu gehen. Um Streitigkeiten zu vermeiden, sind Sie bemüht, sich auf jeden einzustellen; Sie beharren nicht unbedingt auf Ihren Standpunkten, sondern sind je nach den Gegebenheiten zu Konzessionen bereit. Das bedeutet nicht, daß man Sie als »Wetterfahne« bezeichnen dürfte, aber Sie wissen, daß es oft sinnvoller ist, nachzugeben und sich notfalls anzupassen, als es auf einen Kampf auf Biegen oder Brechen ankommen zu lassen. Mit Ihrem ausgeprägten Gerechtigkeitssinn und Ihrem diplomatischen Geschick sind Sie ein guter Vermittler und Friedensstifter und können zu Kompromissen finden, die beiden Seiten entgegenkommen.

Hingegen geraten Sie häufig in Schwierigkeiten, wenn Sie Entscheidungen treffen, Entschlüsse fassen sollen. Sie brauchen erst Zeit, die Gegebenheiten abzuwägen (schließlich sind Sie ja eine »Waage«), sich das Für und Wider genau zu überlegen. Sie wollen nichts Falsches tun, nichts übersehen, allen Erfordernissen gerecht werden — und aus lauter Angst vor einer falschen Weichenstellung kann es dann geschehen, daß Sie überhaupt nichts entscheiden, sondern versuchen, die Entscheidung anderen zuzuschieben, oder Sie schieben sie zumindest so lange wie möglich vor sich her. Dabei hätten Sie durchaus die Voraussetzungen für klare Entschlüsse: Ihr Geist ist wendig, Sie können scharf beobachten und sich gut in Menschen und Situationen hineinfühlen. Vielleicht gelingt es Ihnen, Ihre Entschlußkraft zu stärken; versuchen Sie es!

Auch Arbeiten, die Ihnen nicht liegen, schieben Sie gern vor sich her oder anderen zu. Zwar sind Sie ehrgeizig, verlangen nach sozialem Aufstieg und Erfolg, aber Sie haben weder sonderlich viel Ausdauer noch geballte Energien oder Durchsetzungsvermögen. Deshalb versuchen Sie oft, durch kluges Taktieren, Wendigkeit und Diplomatie weiterzukommen, oder Sie bedienen sich fremder Kräfte, die Sie geschickt für den eigenen Aufstieg nutzen.

Zu Ihren Mitmenschen finden Sie rasch Kontakt, denn Sie sind umgänglich, zuvorkommend, gesellig, höflich, treten gewandt auf, drängen sich aber nicht in den Vordergrund. Scharfsichtig und einfühlsam können Sie auf andere eingehen, wissen genau, wie Sie sie zu nehmen haben, um sie für sich zu gewinnen. Deshalb haben Sie einen großen Bekannten- und Freundeskreis, in dem Sie sehr beliebt sind. Sie brauchen zahlreiche persönliche Verbindungen, um sich wohl zu fühlen; Einsamkeit ertragen Sie nur schwer. Sie müssen aus sich herausgehen, sich mitteilen können, und Sie benötigen das Echo, die Reaktion Ihrer Mitwelt.

Dabei laufen Sie gelegentlich Gefahr, allzu kontaktsüchtig zu werden, auf die Gesellschaft anderer angewiesen zu sein, mit sich selbst nichts mehr anfangen zu können, wenn Sie auf sich gestellt sind. Dann werden Sie vielleicht fremden Einflüssen allzu zugänglich, lassen sich durch Schmeicheleien betören, verlieren Ihre Kritikfähigkeit, werden oberflächlich und unsicher. Soweit dürfen Sie es nicht kommen lassen. Pflegen Sie eine vernünftige, maßvolle Geselligkeit. Sie sind in der Regel ein gerngesehener, charmanter Gast und ein bezaubernder, umsichtiger Gastgeber. Sie richten Ihr Zuhause wohnlich und komfortabel ein, so daß sich Ihre Gäste bei Ihnen wohl fühlen und gern zu Ihnen kommen. Sie verstehen es, eine entspannte, harmonische Atmosphäre zu schaffen. Und Sie haben für die schönen und guten Dinge des Lebens sehr viel übrig, haben einen sicheren Geschmack und sind oft künstlerisch begabt oder kunstsinnig.

Oft sind Sie sehr naturverbunden und ein ausgesprochener Sinnenmensch. Sie können die Schönheit einer Landschaft ebenso genießen wie die Schönheit eines Kunstwerks; Vogelgezwitscher bezaubert Sie ebenso wie ein Konzert. Selbst das Rauschen eines Baches oder das Spiel der Wolken wird Ihnen zum Erlebnis. Mit allen Sinnen erfassen Sie die Pracht dieser Welt. Auch die Liebe ist für Sie vielleicht in erster Linie eine Sache der Sinne, der Gefühle. Auf diesem Gebiet suchen Sie vielfältige Anregungen und Reize, und das kann dazu führen, daß es Ihnen schwerfällt, sich auf einen einzigen Partner zu konzentrieren, eine dauerhafte tiefe Bindung einzugehen. Hier wie in vielen anderen Bereichen sind für Sie Gewöhnung, Routine und Langeweile tödlich. Freilich kann Ihre Entschlußschwäche dazu führen, daß Sie auch an einer nicht mehr intakten Verbindung noch längere Zeit festhalten. Eher neigen Sie allerdings dazu, sich von vornherein nicht völlig festzulegen, eine abwartende Distanz einzuhalten. In diesem Fall sind Sie durchaus imstande, eine Verbindung Knall auf Fall zu lösen, ohne im Nachhinein unter Wehmutsgefühlen zu leiden: Dinge, die Sie enttäuscht haben oder die Ihnen unangenehm waren, vergessen Sie ganz einfach.

Da Sie weder harte Ellenbogen haben noch an Schwerarbeit sonderlich interessiert sind, fällt es Ihnen oft nicht leicht, eine stabile materielle Basis zu schaffen. Erschwert wird Ihnen dies zusätzlich durch Ihre eher gleichgültige Einstellung zum Geld. Gewiß, man sollte es haben, um sich an den vielen schönen Dingen erfreuen zu können, die es schafft, aber der Gelderwerb als Lebenszweck ist nicht Ihre Sache. Und wenn Sie Geld haben, rinnt es Ihnen leicht wieder durch die Finger. Am besten wäre für Sie ein Partner, der sich Ihrer materiellen Belange mit Vernunft und Überlegung annimmt und Ihnen hilft, den Rahmen zu schaffen, in dem Sie sich mit allen Ihren guten Eigenschaften voll und ganz entfalten können.

**Sonnenzeichen Skorpion**

Zu Ihren positiven Eigenschaften gehören Gefühlsstärke, Phantasie, Scharfsinn, Ehrgeiz, Mut, Energie, Ausdauer, Entschlossenheit, Tiefgründigkeit. In Übersteigerung können daraus negative Eigenschaften werden wie Zügellosigkeit, Verschlossenheit, Überkritik, unbedachtes Draufgängertum, Ungeduld, Eifersucht, Sturheit, Heimtücke. Welche Eigenschaften bei Ihnen vorwiegen, verrät Ihr Individualhoroskop.

Sie sind in der Regel sehr leidenschaftlich und willensstark — leidenschaftlich nicht nur, wie man den Skorpion-Geborenen oft nachsagt, auf sexuellem Gebiet, sondern in jeder Hinsicht. Leidenschaftlich setzen Sie sich für Ideen und Vorhaben ein, mit Leidenschaft können Sie sich in Arbeiten wie in Vergnügen stürzen. Sie verabscheuen es, Dinge nur halb oder halbherzig zu tun: Sie arbeiten, leben und lieben mit einer Intensität, die andere nicht kennen. Sie wollen das Leben voll ausschöpfen, und das nicht nur im Genuß. Dabei kann es freilich vorkommen, daß Sie sich übernehmen, daß Sie sich mehr zumuten und zutrauen, als Sie zu leisten vermögen.

Sie stellen hohe Ansprüche an sich, aber auch an Ihre Mitmenschen. Wenn diesen Ansprüchen nicht genügt wird, reagieren Sie mit Ungeduld und Härte — sowohl sich selbst als auch anderen gegenüber. In zwischenmenschlichen Beziehungen verlangen Sie vom Partner Unterwerfung und Ausschließlichkeit. Sie sind ungemein eifersüchtig, und das nicht nur in der Liebe. Wenn im Berufsleben ein anderer die Position erhält, die Sie erstreben, können Sie sehr böse reagieren, und ebenso übel nehmen Sie es, wenn sich ein Mitarbeiter, dem Sie sich aus irgendeinem Grund besonders zugewandt haben, nicht ganz und gar auf Sie ausrichtet. Sie merken gar nicht, daß Sie mit Ihrem Ausschließlichkeitsanspruch andere einengen, von ihnen im Extremfall sogar verlangen, ihre Eigenpersönlichkeit aufzugeben. Lassen Sie Ihren Mitmenschen ihren Freiraum. Zwischenmenschliche Bindungen dürfen nie zu Fesseln und Knebeln werden!

In der Regel wissen Sie genau, was Sie wollen, haben Ihre festen Meinungen und Standpunkte, auf denen Sie häufig sehr eigensinnig, unnachgiebig und streitlustig beharren. Vernünftigen Argumenten sind Sie allerdings zugänglich: Wenn man Sie davon überzeugt hat, daß Ihr Standpunkt falsch ist, werden Sie zwar noch etliche »Nachhutsgefechte« liefern, aber Ihre Meinung schließlich doch revidieren. Ganz kampflos geben Sie keine Position auf.

Geheimnisse ziehen Sie magisch an, die Geheimnisse der Natur und des Lebens ebenso wie die Geheimnisse anderer Menschen. Mit Ihrem bohrenden, forschenden Geist können Sie vieles ergründen. Ihre eigenen Geheimnisse allerdings behalten Sie für sich; ungern lassen Sie sich in die Karten schauen. Anderseits können Sie sehr verschwiegen sein, wenn man Ihnen Persönliches anvertraut. Diskretion ist für Sie selbstverständliche Ehrensache.

Selbst wenn man es Ihnen vielleicht nicht ansieht, haben Sie außergewöhnlich große Kraftreserven. Wenn Ihre Energien in die richtigen Bahnen gelenkt werden, können Sie, angetrieben durch Ihren ausgeprägten Ehrgeiz und durch Ihre wahrscheinlich beachtliche Tüchtigkeit, vieles erreichen, was anderen versagt bleibt. Gewöhnlich sind Sie, wenn Sie irgendwelche Ziele ansteuern, ebenso geradlinig wie ausdauernd. Gefahren und Hindernisse schrecken Sie nicht ab, sondern fordern Sie heraus, und Sie nehmen die Herausforderung im Bewußtsein Ihrer Kräfte ohne Zögern an. Bei der Verfolgung Ihrer Ziele können Sie gelegentlich eine gewisse Rücksichtslosigkeit an den Tag legen; wer Ihnen im Wege steht, muß weichen — oder Sie schreiten kurzerhand über ihn hinweg. Ein unreifer Skorpion greift dabei auch zu wenig schönen Mitteln, arbeitet notfalls mit Hinterlist und Tücke, um Konkurrenten auszuschalten und Gegner zu vernichten.

Jede Routine und allzu bequeme Wege öden Sie an. Sie brauchen An- und Aufregungen, scheuen keine Anstrengungen und Mühen. Was Ihnen zu leicht fällt, vermag Ihr Interesse nicht zu fesseln. So kann es durchaus geschehen, daß Sie, wenn Ihnen auf dem eingeschlagenen Weg Eintönigkeit und Langeweile drohen, unversehens die Richtung ändern, ganz neue Pfade beschreiten, auf denen noch Abenteuer und Abwechslungen zu erwarten sind. Notfalls schrecken Sie nicht davor zurück, eine aussichtsreiche Laufbahn aufzugeben oder zu zerstören, was Sie sich zuvor mühsam aufgebaut hatten: In ausgefahrenen Geleisen fühlen Sie sich nicht wohl.

Mit Ihrer Dynamik und Ihren verborgenen Tiefen üben Sie auf andere Menschen eine starke Anziehungskraft aus; nicht zuletzt Personen des anderen Geschlechts sind von Ihnen häufig fasziniert. Manchen hingegen sind Sie eher unheimlich; sie fühlen sich in Ihrer Gegenwart wie auf einem grollenden Vulkan, der in jedem Augenblick ausbrechen kann. In der Tat sind Sie schwer durchschau- und berechenbar. Leidenschaftliche Ausbrüche können bei Ihnen mit Eiseskälte abwechseln; Sie schwanken oft zwischen Extremen. Gelegentlich neigen Sie auch zur Gewalttätigkeit, besonders wenn es zu Gefühlsstauungen kommt oder innere Ungeduld sich Luft machen muß. Manchmal können Sie rücksichtslos und grausam sein, nicht nur anderen, sondern auch sich selbst gegenüber: Ein gewisser Masochismus ist Ihnen nicht ganz fremd.

Mit der Ihnen eigenen Intensität können Sie sich in Aufgaben und Arbeiten geradezu verbeißen. Sie verfügen nicht nur über viel Ehrgeiz, sondern auch über ein starkes Durchsetzungsvermögen. Sie streben nach Anerkennung und Auszeichnung und können verbissen darum kämpfen; oft brauchen Sie den Kampf, um sich selbst zu bestätigen. Mit gleicher Leidenschaftlichkeit können Sie sich selbstlos für Ideale einsetzen, für die Sie sich begeistern. In diesem Fall sind Sie auch bereit, Opfer zu bringen. Und je mehr Hindernisse sich Ihnen entgegenstellen, desto zäher und unnachgiebiger werden Sie.

Für Schmeicheleien sind Sie sehr anfällig. Wer diese Schwäche geschickt auszunutzen weiß, kann bei Ihnen viel erreichen — im Guten wie im Bösen. Seien Sie also auf der Hut! Und versuchen Sie, unbeherrschte Leidenschaften zu zügeln, Ihre Eifersucht zu bekämpfen, Ihre Energien sinnvoll zu kanalisieren — sich und der Mitwelt zuliebe.

**2**

## Sonnenzeichen Schütze

Zu Ihren positiven Eigenschaften gehören Jovialität, Großmut, Vielseitigkeit, Optimismus, Anpassungsfähigkeit, Aufgeschlossenheit, Urteilsfähigkeit, Offenheit, Freiheitsliebe, Zuverlässigkeit, Gewissenhaftigkeit. In Übersteigerung können daraus negative Eigenschaften werden wie Großspurigkeit, Verschwendungssucht, Ziellosigkeit, Leichtsinn, Labilität, Taktlosigkeit, Verantwortungslosigkeit, Dogmatismus, Heuchelei. Nur aus Ihrem Geburtshoroskop lassen sich Aussagen darüber ableiten, welche Eigenschaften bei Ihnen überwiegen.

Sie sind darauf bedacht, Ihren Horizont in jeder Hinsicht zu erweitern: Das Neue, Unbekannte, Ferne übt auf Sie eine starke Anziehung aus. Sie reisen gern, aber ebensoviel liegt Ihnen an immer neuen Kontakten zu anderen Menschen, und auch auf intellektueller Ebene ist Ihre Neugier stets wach: Sie lesen gern, bilden sich weiter, können ein enormes Wissen speichern, um es im richtigen Augenblick zielgerichtet einzusetzen. Häufig gilt Ihr besonderes Interesse fremden Sprachen, Ländern und Kulturen, die Sie sich durch Bücher und Reisen erschließen. Auch für die Schönheiten und Geheimnisse der Natur sind Sie wahrscheinlich aufgeschlossen.

Häufig halten sich bei Ihnen Gefühl und Vernunft die Waage. Deshalb wirken Sie recht ausgeglichen und ruhig, offen und selbstsicher. Doch ganz so abgeklärt, wie Sie zu sein scheinen, sind Sie nicht. Immer wieder leiden Sie unter scheinbar grundloser Gereiztheit, reagieren unversehens heftig und erregt; dann wieder kapseln Sie sich ebenso plötzlich ab und verschließen sich vor der Umwelt. Das Zeichen Schütze gehört zu den Doppelzeichen, und das äußert sich darin, daß Schütze-Geborene oft unter einem inneren Zwiespalt leiden, der sie von einem Extrem ins andere fallen läßt. Der reife Schütze ist allerdings in der Regel ausgewogener.

Viel liegt Ihnen an Ruhe und Behaglichkeit, noch mehr an Freiheit und Unabhängigkeit. Sie fühlen sich als geborene Führernatur und zögern nicht, sich an die Spitze zu stellen; mit Ihrer Selbstsicherheit können Sie Ihren Führungsanspruch häufig durchsetzen. Ob das Ihnen und Ihrer Mitwelt stets zum Besten gereicht, ist eine andere Sache, denn im Grunde sind Sie weder sonderlich entschlußfreudig noch zielsicher, und da Sie nicht gern in ausgefahrenen Geleisen wandeln, können Sie plötzlich die Richtung ändern, wenn Ihnen der eingeschlagene Weg nicht mehr paßt. Sie haben zwar zuweilen geniale Ideen und Pläne, für die Sie auch andere zu begeistern vermögen, aber wenn die Dinge erst einmal in Gang gekommen sind, kann es geschehen, daß Sie mittendrin das Interesse verlieren; dann ist es Ihnen völlig gleichgültig, ob das Begonnene auch vollendet wird. Diese Gefahr besteht besonders dann, wenn Sie merken, daß ein Vorhaben oder eine Aufgabe Sie allzu stark bindet, zu sehr in Ihrer Freiheit und Unabhängigkeit einschränkt.

Nicht selten sind Sie ein begeisterter Sammler. Objekt Ihres Sammeleifers kann alles mögliche sein — Bücher, Briefmarken, Bierdeckel, Antiquitäten, Porzellan, Postkarten, auch Schmetterlinge, Pflanzen, Devotionalien, Gläser usw. Der materielle Wert steht selten im Vordergrund; Befriedigung schenkt in erster Linie das Sammeln an sich. Eifersüchtig werden die gehorteten Schätze gehütet; wehe dem, der sich daran zu vergreifen, die wohldurchdachte Ordnung (die für andere vielleicht gar nicht erkennbar ist) zu stören wagt!

Ihren Mitmenschen begegnen Sie in der Regel freundlich und aufgeschlossen. Sie sind starker Leidenschaften fähig, scheuen aber vor festen Bindungen zurück, die Sie in Ihrem Freiraum einengen könnten. Wenn Sie Feuer gefangen haben, geben Sie dies offen zu erkennen; an romantischem Schmachten liegt Ihnen wenig. Wenn Sie eine feste Bindung eingegangen sind, können Sie sehr eifersüchtig sein, ohne jedoch Ihrerseits sich auf unverbrüchliche Treue festzulegen, denn Ihre stets wache Neugier und Begeisterungsfähigkeit kann Sie rasch in eine andere Richtung locken. Ein sonderlich stabiler, verläßlicher Partner sind Sie meist nicht; es ist kaum möglich, Sie an die Kette zu legen.

Sie lieben Gerechtigkeit und Offenheit. Mit Ihren Meinungen halten Sie nicht hinterm Berg, auch dann nicht, wenn Sie andere dadurch verletzen. Nicht, daß Sie ihnen bewußt wehtun wollten — es ist nicht böse Absicht, sondern einfach Gedankenlosigkeit. Auf der anderen Seite können Sie sehr gereizt und verstimmt reagieren, wenn Sie sich verletzt fühlen. Hier wären etwas mehr Bedachtsamkeit und Sensibilität gegenüber der Mitwelt und weniger Empfindlichkeit in eigenen Belangen angebracht. Hüten Sie sich vor allem vor der bei manchen Schütze-Geborenen anzutreffenden Neigung, eigenes Unrecht anderen anzukreiden, für eigene Fehler stets nach einem Sündenbock zu suchen!

Meist sind Sie sehr widerstandsfähig und zäh und besitzen eine überdurchschnittliche Regenerationsfähigkeit. Lassen Sie sich dadurch nicht dazu verleiten, allzu großzügig und unbedacht mit Ihren Kräften umzugehen! Achten Sie auf Ihre Gesundheit. Viel Bewegung in frischer Luft ist für Sie besonders wichtig. Da Sie in der Regel sportlich sind (zahlreiche Schütze-Geborene sind begeisterte Pferdesportler), sollte es Ihnen nicht schwerfallen, Ihrem Körper regelmäßig den notwendigen Sauerstoff zuzuführen und dadurch Ihre Spannkraft zu erhalten.

Sie sind abenteuerlustig und scheuen nicht das Risiko. Begeben Sie sich aber nicht mutwillig in Gefahren! Lassen Sie nicht die in Ihnen vielleicht im Keim angelegte Spielernatur durchbrechen, denn nur allzu leicht verlieren Sie dann das Maß, lassen sich in Wagnisse ein, die Ihnen zum Schaden gereichen. Das gilt nicht nur für Glücksspiele, sondern für alle Bereiche des Lebens. Wenn Sie sich in unüberlegte Abenteuer stürzen, laufen Sie große Gefahr, betrogen und hintergangen zu werden.

Denken Sie bei allem Unabhängigkeitsstreben daran, daß Sie in ein soziales Ordnungsgefüge hineingeboren wurden, das jedem gewisse Beschränkungen auferlegt. Ohne Rücksichtnahme und Konzessionen ist ein einigermaßen reibungsfreies Zusammenleben nicht möglich. Das bedeutet keinen Verzicht auf den zur Persönlichkeitsentwicklung notwendigen Freiraum.

**Sonnenzeichen Steinbock**

Zu Ihren positiven Eigenschaften gehören Ausdauer, Zielstrebigkeit, Ehrgeiz, Entschlossenheit, Zuverlässigkeit, Vorsicht, Geduld, Beherrschtheit, Sorgfalt, Konzentration. Daraus können in Übersteigerung negative Eigenschaften werden wie Verbissenheit, Rücksichtslosigkeit, Verknöcherung, Geiz, Zaudern, Verschlossenheit, Kleinlichkeit, Eigenbrötelei. Welche Eigenschaften bei Ihnen im Vordergrund stehen, läßt sich aus Ihrem Individualhoroskop erkennen.

In der Regel sind Sie ausgesprochen ehrgeizig, streben nach sozialem und beruflichem Aufstieg. Sie gehen dabei ebenso überlegt wie zielstrebig vor, lassen sich auf keine Risiken und Experimente ein, sondern schaffen Stück für Stück ein stabiles Fundament, auf dem Sie mit Ausdauer, Geduld und viel Fleiß ein nicht minder stabiles, nach allen Seiten hin abgesichertes Gebäude errichten. Darin sind Sie den Stier-Geborenen ähnlich, aber während diese, wenn sie eine bestimmte Stufe erreicht haben, sich mit dem Erreichten begnügen, streben Sie rastlos weiter, wollen bis zum Gipfel emporklimmen. Ob Sie allerdings Ihre hochgesteckten Ziele erreichen, ist nicht sicher, denn der Aufstieg ist für Sie mit viel Mühe und Anstrengung verbunden und verlangt Ihnen manche Entbehrungen ab. Sie lassen sich jedoch durch Hindernisse und Schwierigkeiten nicht beirren: Sie wissen, daß der Weg nach oben mit harten Steinen gepflastert ist, und mit Zähigkeit kämpfen Sie sich empor.

Sie sind ebenso arbeitsam wie pflichtbewußt. Dabei laufen Sie Gefahr, sich allzu ausschließlich auf Ihren Aufstieg zu konzentrieren, zum Streber und Arbeitstier zu werden und sowohl Ihr Seelenleben als auch alle zwischenmenschlichen Beziehungen verkümmern zu lassen. Denken Sie stets daran, daß der materielle Erfolg nicht alles ist! Das Leben soll nicht nur Arbeit und Pflicht sein. Wer nichts anderes sieht und kennt, ist bedauernswert.

Häufig wird es Ihnen nicht leicht gemacht. Sie müssen so manchen Kampf ausfechten und finden wahrscheinlich nur wenig Hilfe von außen, sind auf Ihre eigenen Kräfte und Fähigkeiten angewiesen. Sie stellen sich allen Herausforderungen und boxen sich mit erstaunlicher Ausdauer durch, auch wenn Sie dabei oft anecken. Dadurch entwickeln Sie leicht eine gewisse Härte und Verbissenheit, einen Lebensernst, der Sie häufig schweigsam und verschlossen macht. Sie öffnen sich anderen nur zögernd, bewahren stets ein gewisses Mißtrauen. Deshalb fällt es Ihnen schwer, Freunde zu gewinnen und zu halten. Bei starker Ichbezogenheit macht das Ihnen allerdings wenig aus; Sie sind es gewöhnt, auf sich gestellt zu sein. Manchmal errichten Sie sogar bewußt eine unsichtbare Mauer um sich herum, die enge zwischenmenschliche Kontakte weitgehend verhindert.

Sie verfolgen Ihren Weg geradlinig, aber meist nicht in großen Sprüngen, sondern in kleinen, im voraus wohldurchdachten Schritten. Sie wägen genau Ihre Ziele ab, verrennen sich nicht in utopisches Wunschdenken, sondern richten sich nach den realen Gegebenheiten. Was immer Sie beginnen, führen Sie auch konsequent zu Ende. Hindernissen und Kämpfen weichen Sie nicht aus, sondern stellen sich Ihnen. Mit Ihrer geduldigen Zähigkeit sind Sie durchaus imstande, Mißerfolge zu verkraften. Auch Rückschläge bringen Sie von einem als richtig erkannten Ziel nicht ab. Durch diese Einstellung, mit Ihrem Fleiß und Ihrem scharfen Verstand gelingt es Ihnen meist, die Leiter zum Erfolg Stufe für Stufe zu erklimmen, systematisch Karriere zu machen. Trotz aller Schwierigkeiten und Mühen erreichen Sie in der Regel die angestrebten Positionen, erarbeiten sich die sichere materielle Basis, die für Sie unerläßlich ist. Beim wirtschaftlichen Aufbau kommt Ihnen Ihre Sparsamkeit zugute, die allerdings auch zum Geiz ausarten kann, im schlimmsten Fall sogar zu einer egoistischen Raffgier, die Sie zu einem recht unerfreulichen Zeitgenossen machen würde.

Sie sind weit mehr verstandes- als gefühlsbestimmt. Das heißt nicht, daß Sie keine Gefühle haben, aber Sie tragen Ihr Herz nicht auf der Zunge, scheuen davor zurück, sich anderen zu öffnen. Deshalb sind Sie in Ihren Gefühlsäußerungen eher zurückhaltend bis karg. Sie wirken häufig verschlossen, streng und unterkühlt. Wenn Sie aber eine zwischenmenschliche Bindung eingehen, nehmen Sie diese ebenso ernst wie alles im Leben und erweisen sich als ebenso zuverlässig wie treu. Glühende Leidenschaften sind Ihnen fremd, aber Ihre Gefühle sind echt und tief. Für unverbindliche Abenteuer sind Sie nicht zu haben.

Untüchtige, bequeme oder verschwenderische Menschen mögen Sie nicht, denn diese Charakterzüge sind Ihrer Natur zuwider. Zuweilen beurteilen Sie jedoch andere Menschen allzu hart, sind allzu intolerant, haben für die Schwächen anderer keinerlei Verständnis. Sie fühlen sich dabei im Recht, weil Sie an sich selbst sehr hohe Anforderungen stellen, sich selbst gegenüber sehr streng sind. Versuchen Sie, sich etwas mehr in andere einzufühlen, mehr Toleranz zu zeigen, für das Anderssein Ihrer Mitmenschen mehr Duldsamkeit aufzubringen. Dann werden Sie auch mit Ihrer Umwelt besser zurecht kommen, werden nicht so häufig anecken.

Oft sind Sie bei aller Disziplin und Strenge recht humorvoll. Sie sind zwar wenig wortreich, machen keine Witze und schon gar keine Possen, aber Sie verfügen über die Gabe, mit Ihrem trockenen Humor Verkrampfungen zu lösen, verfahrene Situationen zu retten. Hüten Sie sich jedoch vor Ironie und Sarkasmus!

Ihre Gedanken sind weitgehend auf eine stabile materielle Basis und auf eine sichere Zukunft gerichtet. Vergessen Sie aber nicht, daß Sie in der Gegenwart leben; vernachlässigen Sie nicht das Hier und Heute! Auch wenn Sie glauben, auf andere nicht angewiesen zu sein, von anderen nicht abhängig sein möchten — pflegen Sie zwischenmenschliche Kontakte, gehen Sie mehr auf Ihre Mitmenschen ein, und versuchen Sie, sich ihnen stärker zu öffnen. Seien Sie sich selbst und anderen gegenüber nicht allzu streng und hart; bringen Sie mehr Verständnis auf für menschliche Fehler und Schwächen. Konzentrieren Sie Ihre Kräfte und Interessen nicht ausschließlich auf Ihren Aufstieg; erfreuen Sie sich auch der Schönheiten und Annehmlichkeiten, die das Leben zu bieten hat!

## Sonnenzeichen Wassermann

Zu Ihren positiven Eigenschaften gehören Eigenständigkeit, Originalität, Einfallsreichtum, Fortschrittlichkeit, Idealismus, Entschlossenheit, Weitsicht, Mut, Loyalität, Toleranz. In Übersteigerung können daraus negative Eigenschaften werden wie Eigensinn, Exzentrik, Verworrenheit, Überspanntheit, Extremismus, Starrköpfigkeit, Waghalsigkeit, Taktlosigkeit, Zerstörungswut. Welche Eigenschaften bei Ihnen im Vordergrund stehen, ist aus Ihrem Geburtshoroskop ersichtlich.

Sie geben sich freundlich und liebenswürdig, aber eher etwas distanziert; manchmal neigen Sie zur Einsamkeit, doch sind Sie im Grunde alles andere als menschenscheu oder gar weltfremd. Im Gegenteil, Sie wurzeln fest im Boden der Tatsachen, sind ein Mensch rascher und meist auch sicherer Entschlüsse, der sich ziemlich schnell auf veränderte Gegebenheiten einzustellen vermag und sich notfalls nicht scheut, seine Standpunkte zu revidieren und seine Marschrichtung zu ändern. Das kann Ihnen den Ruf der Sprunghaftigkeit und Unberechenbarkeit einbringen — zu Unrecht: Sie handeln nicht sprunghaft, sondern mit Überlegung und nach vorwiegend praktischen Kriterien. Nützlichkeitserwägungen spielen eine bedeutsame Rolle. Sie denken logisch, sind aber auch intuitiver Einsichten und Erkenntnisse fähig. Ausgeprägt sind häufig Ihre Methodik und Ihr Organisationstalent. Sie verschließen sich nicht Vorschlägen von anderer Seite, wenn Sie sie als sinnvoll und nützlich erkannt haben, hassen es aber, wenn man Ihnen ständig dreinreden will: Sie sind selbständig und selbstsicher genug, um Ihren eigenen Weg zu finden.

In jeder Hinsicht sind Sie auf persönliche Unabhängigkeit bedacht. Sie brauchen Ihren Freiraum, in dem Sie sich ungehindert entfalten können, doch räumen Sie auch Ihren Mitmenschen entsprechende Freiheiten ein, lehnen nicht nur für sich selbst, sondern auch für andere unnötige Einengungen und Begrenzungen ab. Sie sind zwar ichbezogen, aber selten ein Egoist: Sie interessieren sich für die großen Fragen der Menschheit, treten für echte Humanität ein, richten den Blick in eine für alle Erdenbewohner bessere, glücklichere Zukunft. Häufig sind Sie sogar ein ausgesprochener Idealist, aber kein Utopist, auch wenn gelegentlich die Ziele, die Sie sich stecken, allzu hoch sind und Sie dadurch öfter Enttäuschungen erleben. Entmutigen lassen Sie sich jedoch dadurch nicht.

Streitigkeiten versuchen Sie nach Möglichkeiten zu vermeiden. Wenn Sie in Auseinandersetzungen hineingezogen werden, halten Sie sich im allgemeinen klug zurück, bemühen sich, durch diplomatisches Geschick Lösungen zu finden, sind bestrebt, sich nicht zu unbedachten Impulshandlungen hinreißen zu lassen. Auch wenn die Wogen der Erregung noch so hoch schlagen — Sie verlieren nur selten die Fassung.

Sie planen besonnen und sehr methodisch. Oft kommt Ihnen dabei Ihre Intuition zugute: Sie spüren, was machbar und sinnvoll ist, was den Gegebenheiten und Erfordernissen entspricht. Oft finden Sie zu unkonventionellen, wegweisenden Lösungen. Freilich kann es immer wieder einmal geschehen, daß Sie versuchen, Unmögliches möglich zu machen. Sie glauben an die Macht des Geistes über die Materie; für Sie sind Hindernisse dazu da, um überwunden zu werden, und Grenzen, um überschritten zu werden. Wenn Ihnen die Möglichkeit zu kreativem Schaffen gegeben ist, entwickeln Sie oft ungewöhnliche Methoden, um Neues, noch nicht Dagewesenes Wirklichkeit werden zu lassen. In Extremfällen kann freilich Originalität in Verschrobenheit und Exzentrik ausarten, doch davor sollten Sie eigentlich Ihr logischer Verstand und Ihre praktische realitätsbezogene Einstellung bewahren.

Ihr Streben nach persönlicher Unabhängigkeit kann so weit gehen, daß Sie vor engen zwischenmenschlichen Bindungen zurückscheuen, eine unsichtbare Mauer um sich errichten, die die Distanz zur Mitwelt wahrt. Dennoch sind Sie neugierig genug, um diese selbstgeschaffene Barriere immer wieder zu durchbrechen, den Kontakt zu suchen und zu pflegen, solange daraus kein Zwang, keine Fessel wird. Gern schließen Sie sich Gruppen an, solange diese sich auf freiwilliger Basis zusammenfinden. Hingegen ist Ihnen jeder gewaltsam erzwungene Zusammenschluß ein Greuel. Sie sind kein braver Untertan, der vor Autoritäten kuscht und sich willig unterwirft. Auf Druck von »oben« reagieren Sie mit Gegendruck, lehnen sich auf, brechen aus. Wenn Sie allerdings selbst in eine Machtposition kommen, kann es sein, daß Sie sich zum Tyrannen und Despoten entwickeln.

Erstarrte, überholte Konventionen lehnen Sie ab; alles Kleinkarierte ist Ihnen verhaßt. Nichts ödet Sie mehr an als geistlose Routine. Sie brauchen die Abwechslung, scheuen nicht das Wagnis, lieben die Überraschung. Sie sind kein Hasardeur, der sich bedenkenlos auf riskante Abenteuer einläßt, aber Sie sind durchaus bereit, viel aufs Spiel zu setzen, wenn Sie sich davon etwas versprechen. Und da Sie nicht ins Blaue hinein handeln, sondern mit Überlegung und Intuition vorausplanen, erleben Sie immer wieder, daß sich der Einsatz lohnt. Nur wenn Sie sich allzu hohe Ziele stecken, über die Grenzen des Möglichen hinausgehen, kann es zu Fehlschlägen kommen.

Snobismus ist Ihnen fremd. Sie behandeln alle Menschen als Ihresgleichen, erkennen ihre Individualität an. Auf diese Weise verstehen Sie es, in zwischenmenschlichen Beziehungen eine entspannte, zwanglose, harmonische Atmosphäre zu schaffen, die jedoch mit »herzlicher Kumpanei« nichts zu tun hat, denn Sie sind stets darauf bedacht, eine gewisse Distanz zu wahren. Sie wollen in keiner Beziehung ganz und gar aufgehen, sich mit Haut und Haaren »vereinnahmen« lassen. Ihre Freiheit und Selbständigkeit geht Ihnen über alles. In dieser Hinsicht sind Sie wenig kompromißbereit.

Hüten Sie sich vor Übertreibungen! Beharren Sie nicht starrsinnig darauf, immer und überall Ihre Ansichten durchsetzen zu wollen. Lehnen Sie nicht rundweg alle Normen und Spielregeln nur deshalb ab, weil sie in Ihren Augen konventionell oder nicht fortschrittlich genug sind. Werden Sie nicht in Ihrem Streben nach Originalität und Einzigartigkeit zum exzentrischen Außenseiter. Gewiß Sie sind vorwiegend verstandesorientiert — aber vernachlässigen Sie Ihr Gefühlsleben nicht allzu sehr!

**Sonnenzeichen Fische**

Zu Ihren positiven Eigenschaften gehören Gefühlstiefe, Einfühlsamkeit, Hilfsbereitschaft, Freundlichkeit, Fürsorglichkeit, Anpassungsfähigkeit, Intuition, Phantasie. Daraus können in Übersteigerung negative Eigenschaften werden wie Sentimentalität, Überempfindlichkeit, Entschlußlosigkeit, Überbesorgtheit, Verschwommenheit, Verträumtheit, Selbsttäuschung. Welche Eigenschaften bei Ihnen im Vordergrund stehen, ist aus Ihrem Individualhoroskop zu ersehen.

Sie sind gefühlvoll und sensibel, sind das, was man als »zart besaitet« bezeichnet. Mit Ihrem feinen Empfinden erleben Sie die Welt in Nuancen, die dem Durchschnittsmenschen nicht zugänglich sind. In der Regel sind Sie sehr kunstsinnig, lieben die Musik und die Dichtkunst. Sie sind leicht verwundbar; es ist Ihnen nicht gegeben, sich eine seelische »Hornhaut« zuzulegen. Kummer und Leid empfinden Sie sehr viel stärker als andere Menschen; aus diesem Grund haben Sie wahrscheinlich eine tiefgründende Angst vor körperlichen und seelischen Schmerzen. Das hat mit Feigheit und Schwäche nichts zu tun, sondern beruht einfach darauf, daß Sie viel sensibler sind als andere. Im Extremfall freilich kann es so weit kommen, daß Sie auch vor eingebildeten Schmerzen zittern, daß diese Angst zum Komplex wird. Wappnen Sie sich nach Kräften dagegen!

Mit großer Sensibilität treten Sie Ihren Mitmenschen gegenüber. Sie können sich sehr gut in andere einfühlen, sich vollkommen auf andere einstellen. Für Sie ist das Wort »Mitleid« keine leere Floskel: Wenn andere leiden, leiden Sie regelrecht mit, empfinden den Schmerz mit gleicher Intensität. Gern sind Sie bereit, anderen zu helfen, doch nicht immer sind Sie dazu imstande; wegen Ihrer inneren Unsicherheit und Labilität sind Sie anderen selten eine starke Stütze. Sie können trösten, können Opfer bringen, Wohltaten erweisen, aber über überschüssige Energien, die Sie anderen zukommen lassen könnten, verfügen Sie nicht.

Sie sind wahrscheinlich ziemlich beeinflußbar; es besteht die Gefahr, daß andere sich diese Tatsache zunutze machen. Nicht selten lassen Sie sich täuschen, hintergehen oder ausbeuten, denn Sie sind anderen gegenüber ziemlich unkritisch und übersehen leicht ihre Fehler, besonders wenn es sich um mehr oder weniger gute Freunde handelt. Durch die Enttäuschungen, die Ihnen bereitet werden, können Sie im Lauf der Zeit Ihrer Mitwelt gegenüber immer mißtrauischer werden. Im Bemühen, sich abzuschirmen, schießen Sie dann oft über das Ziel hinaus und begegnen auch jenen Menschen mit Argwohn, die Ihnen wohlwollen. Soweit sollten Sie es nicht kommen lassen. Seien Sie vorsichtig, aber übertreiben Sie Ihr Mißtrauen nicht.

Ihre lebhafte Phantasie könnte Sie dazu verleiten, sich eine Traum- und Scheinwelt aufzubauen, in die Sie sich angesichts der harten Alltagswirklichkeit, die Ihnen viel zu schaffen macht, immer häufiger flüchten. Dann besteht die Gefahr, daß Sie den Boden unter den Füßen verlieren, besonders wenn Sie, was bei Menschen Ihres Tierkreiszeichens nicht selten ist, für Alkohol oder Drogen anfällig sind. Dieser Versuchung zur Flucht müssen Sie unbedingt widerstehen. Man kann auf diese Weise die Realität weder ändern noch mildern.

Die Tendenz zur Realitätsflucht wurzelt darin, daß Sie es aufgrund Ihres Wesens wahrscheinlich schwerer als andere haben, sich im Leben durchzusetzen. Harte Ellenbogen sind Ihnen nicht gegeben; Ihr Kräftereservoir ist begrenzt. Wenn Sie auf Widerstände und Hindernisse stoßen, lassen Sie sich leicht entmutigen und geben oft vorschnell auf. Zähes Beharrungsvermögen und entschlußfreudige Zielstrebigkeit haben Sie meist nicht, zumindest nicht auf längere Dauer. Auseinandersetzungen weichen Sie nach Möglichkeit aus, weil Ihnen der harte Kampf nicht liegt. Sie passen sich zwar notfalls an, leiden dann aber oft an einem Gefühl des Ungenügens und an einer inneren Unzufriedenheit. Zu Recht fühlen Sie sich immer wieder zurückgesetzt oder unterbewertet: Da Sie sich nicht in den Vordergrund drängen, sich nicht ins Rampenlicht stellen wollen, werden Sie nicht selten verkannt. Sie sollten sich bemühen, mehr Selbstsicherheit zu gewinnen, und Ihr Licht nicht unter den Scheffel stellen. Zeigen Sie, was Sie sind und was Sie können! Mit Ihrer Intuition und Ihren Verstandeskräften können Sie es weit bringen, auch ohne rücksichtslos die Ellenbogen einzusetzen.

Oft haben Sie schauspielerisches Talent. Das bedeutet nicht, daß das Theater Ihre Welt sein muß: Sie schauspielern auch im Alltag ganz gern. Und manchmal gehen Sie so vollständig in Ihren selbstgewählten Rollen auf, daß Sie Schein und Wirklichkeit nicht mehr auseinanderhalten können. Sie täuschen nicht nur andere, sondern auch sich selbst über Ihre Motive, Absichten und Ziele. Ihrer Umwelt fällt es dann schwer, herauszufinden, woran sie mit Ihnen ist. Und das macht Ihnen nicht selten Spaß, denn Sie lieben es, sich mit dem Schleier des Geheimnisvollen zu umgeben, den Undurchschaubaren zu spielen.

Sie wollen anderen helfen, für andere Opfer bringen. Freilich werden Sie, wenn Sie sich selbst gegenüber ganz ehrlich sind, öfter eingestehen müssen, daß auch hier ein bißchen Schau dabei ist, daß Ihre Absichten und Taten nicht ganz so selbstlos sind, wie es vielleicht den Anschein hat. Insgeheim hoffen Sie meist auf einen Lohn für Ihr Tun, wollen sich Dank, Anerkennung und Zuwendung verschaffen.

Da Sie stark gefühlsbetont sind, können sich Stimmungsschwankungen bei Ihnen als Launenhaftigkeit äußern. Wenn dazu noch die Neigung kommt, sich immer wieder in eine Traumwelt zu flüchten und sich stunden- oder tagelang innerlich abzuschließen, können Sie für Ihre Umwelt recht anstrengend sein. Bemühen Sie sich um mehr Ausgewogenheit, und laufen Sie vor der Wirklichkeit nicht davon! Mit Ihrer Intuition und Ihrem Einfühlungsvermögen können Sie vielen Menschen sehr viel helfen, und auch wenn Sie selbst immer wieder Schutz und Trost brauchen, sind Sie doch Ihrerseits imstande, anderen in ihren Nöten beizustehen, sie aufzurichten und zu trösten. Wenn Sie es wirklich wollen, können Sie mehr Kraft mobilisieren, als Sie vielleicht glauben.

# Die Persönlichkeit nach dem Aszendentenzeichen

Vielleicht haben Sie in Ihrem Bekanntenkreis einen »typischen Widder«, der ebenso rasch entscheidet wie handelt, zur Impulsivität und Unbedachtsamkeit neigt, schnell ungeduldig wird, keinen Widerspruch duldet, sein Selbstgefühl deutlich zur Schau stellt. Möglicherweise kennen Sie aber auch einen Widder-Geborenen, der zwar die gleichen Anlagen und Wesenszüge aufweist, aber sich doch sehr viel verhaltener, verbindlicher gibt, so daß man ihn auf den ersten Blick gar nicht für einen Widder halten würde. Das beweist, daß ein Mensch keineswegs ausschließlich durch sein Sonnenzeichen geprägt wird, denn sonst müßten ja alle Menschen, deren Geburtssonne im gleichen Zeichen des Tierkreises stand, in ihrem Wesenskern und in ihren Grundverhaltensweisen völlig übereinstimmen: Dann könnte man jedem Menschen sofort sein Sonnenzeichen ansehen. Aber das ist nur selten der Fall.

Der zweite wichtige Prägefaktor ist, wie schon gesagt wurde, das Aszendentenzeichen. Darunter verstehen wir jenes Zeichen des Tierkreises, das im Augenblick der Geburt am Osthorizont erscheint. Als Folge der Erdumdrehung scheint sich der ganze Tierkreis im Laufe von 24 Stunden einmal um die Erde zu drehen; im Durchschnitt steigt alle zwei Stunden ein neues Bild am Osthorizont auf.

Das Aszendentenzeichen kann nur mit Sicherheit bestimmt werden, wenn die genaue Geburtszeit bekannt ist. Eine Unsicherheit von ein bis zwei Stunden macht eine exakte Festlegung bereits unmöglich, weil dann der Schnittpunkt von Osthorizont und Ekliptik bereits in einem anderen Zeichen liegen kann. Ist die ·Geburtszeit bekannt, so kann man mit Hilfe der Anweisungen im 7. Kapitel und der Häusertabelle im 8. Kapitel eine präzise Berechnung des Aszendenten erstellen, der der Spitze des 1. Hauses entspricht. Wenn Sie auf diese Berechnung verzichten wollen, können Sie mit Hilfe der Übersicht auf den folgenden Seiten Ihr Aszendentenzeichen mit ausreichender Genauigkeit bestimmen.

Die Geburtszeiten werden in MEZ, der Mitteleuropäischen Zeit, angegeben, die im deutschsprachigen Raum zwischen 1891 und 1894 eingeführt wurde. Wenn Sie in einem Zeitraum geboren sind, in dem Sommerzeit galt, müssen Sie von Ihrer Geburtszeit eine Stunde (bei doppelter Sommerzeit zwei Stunden) abziehen (siehe Tabelle II im 8. Kapitel). Für eine exakte Bestimmung müßten Sie auch die geographische Länge des Geburtsortes berücksichtigen und für jeden Grad Längendifferenz von 15° östlicher Länge 4 Minuten von der Geburtszeit abziehen. Die folgende Tabelle ist etwa auf die geographische Breite von Frankfurt/Main ausgerichtet. Das ergibt eine für den Bereich der Bundesrepublik Deutschland ausreichende Genauigkeit. Wenn Sie es ganz exakt haben möchten, müssen Sie Ihren Aszendenten nach den Anweisungen in Kapitel 7 und 8 errechnen. Nur dann wissen Sie auch, ob das aufsteigende Zeichen das ganze 1. Haus Ihres Geburtshoroskops füllt und damit besonders stark wirkt oder ob noch ein zweites oder gar drittes Zeichen ins 1. Haus fallen, die dann als mitprägende Faktoren berücksichtigt werden müßten. Wenn Ihr Aszendent an der Grenze zweier Zeichen liegt, spielen für Ihre Persönlichkeitsprägung beide Zeichen eine Rolle.

Um Ihr Aszendentenzeichen mit Hilfe der Tabelle zu bestimmen, gehen Sie folgendermaßen vor: Zunächst suchen Sie Ihren Geburtsmonat. Wenn Sie am 1., 11. oder 21. eines Monats geboren sind, können Sie der Tabelle unmittelbar entnehmen, zu welcher genauen Zeit ein Tierkreiszeichen am Osthorizont aufsteigt: Der angegebene Zeitpunkt besagt, daß in diesem Augenblick der Osthorizont die Ekliptik in 0° des vor der Spalte zu findenden Tierkreiszeichens schneidet. Sind Sie beispielsweise am 1. Juni um 7 Uhr geboren, so ist Krebs Ihr Aszendentenzeichen: Es ist an diesem Tag um 5.15

# Aszendentenzeichen

**2**

| | Januar | | | Februar | | | März | | |
|---|---|---|---|---|---|---|---|---|---|
| | 1. | 11. | 21. | 1. | 11. | 21. | 1. | 11. | 21. |
| Widder | 11.20 | 10.40 | 10.00 | 9.20 | 8.40 | 8.00 | 7.25 | 6.45 | 6.05 |
| Stier | 12.15 | 11.30 | 10.50 | 10.15 | 9.30 | 9.00 | 8.15 | 7.35 | 6.57 |
| Zwillinge | 13.20 | 12.45 | 12.00 | 11.20 | 10.40 | 10.00 | 9.30 | 8.45 | 8.06 |
| Krebs | 15.10 | 14.30 | 13.50 | 13.10 | 12.30 | 12.00 | 11.15 | 10.35 | 9.55 |
| Löwe | 17.40 | 17.00 | 16.20 | 15.40 | 15.00 | 14.30 | 13.45 | 13.05 | 12.26 |
| Jungfrau | 20.30 | 19.50 | 19.10 | 18.30 | 17.50 | 17.15 | 16.35 | 16.00 | 15.15 |
| Waage | 23.20 | 22.40 | 22.00 | 21.20 | 20.40 | 20.00 | 19.25 | 18.45 | 18.05 |
| Skorpion | 2.10 | 1.30 | 0.50 | 0.10 | 23.30 | 23.00 | 22.15 | 21.35 | 20.55 |
| Schütze | 5.00 | 4.20 | 3.40 | 3.00 | 2.20 | 1.45 | 1.00 | 0.25 | 23.44 |
| Steinbock | 7.30 | 6.50 | 6.10 | 5.30 | 4.50 | 4.15 | 3.35 | 2.55 | 2.15 |
| Wassermann | 9.20 | 8.40 | 8.00 | 7.20 | 6.40 | 6.00 | 5.25 | 4.45 | 4.04 |
| Fische | 10.30 | 9.45 | 9.10 | 8.30 | 7.45 | 7.15 | 6.35 | 5.50 | 5.13 |

| | April | | | Mai | | | Juni | | |
|---|---|---|---|---|---|---|---|---|---|
| | 1. | 11. | 21. | 1. | 11. | 21. | 1. | 11. | 21. |
| Widder | 5.25 | 4.45 | 4.00 | 3.25 | 2.45 | 2.00 | 1.25 | 0.45 | 0.00 |
| Stier | 6.17 | 5.35 | 5.00 | 4.15 | 3.35 | 3.00 | 2.15 | 1.35 | 0.50 |
| Zwillinge | 7.26 | 6.45 | 6.00 | 5.25 | 4.45 | 4.00 | 3.25 | 2.45 | 2.00 |
| Krebs | 9.15 | 8.35 | 8.00 | 7.15 | 6.35 | 6.00 | 5.15 | 4.35 | 3.50 |
| Löwe | 11.45 | 11.00 | 10.30 | 9.45 | 9.00 | 8.25 | 7.45 | 7.00 | 6.20 |
| Jungfrau | 14.35 | 14.00 | 13.15 | 12.35 | 12.00 | 11.15 | 10.35 | 10.00 | 9.10 |
| Waage | 17.25 | 16.45 | 16.00 | 15.25 | 14.45 | 14.00 | 13.25 | 12.45 | 12.00 |
| Skorpion | 20.15 | 19.35 | 19.00 | 18.15 | 17.30 | 17.00 | 16.15 | 15.35 | 14.50 |
| Schütze | 23.00 | 22.25 | 21.45 | 21.00 | 20.20 | 19.45 | 19.00 | 18.25 | 17.40 |
| Steinbock | 1.35 | 0.55 | 0.15 | 23.35 | 22.50 | 22.15 | 21.35 | 21.00 | 20.10 |
| Wassermann | 3.25 | 2.45 | 2.00 | 1.25 | 0.45 | 0.00 | 23.25 | 22.45 | 22.00 |
| Fische | 4.35 | 3.50 | 3.15 | 2.30 | 1.50 | 1.15 | 0.30 | 23.50 | 23.08 |

| | Juli | | | August | | | September | | |
|---|---|---|---|---|---|---|---|---|---|
| | 1. | 11. | 21. | 1. | 11. | 21. | 1. | 11. | 21. |
| Widder | 23.20 | 22.40 | 22.00 | 21.20 | 20.40 | 19.50 | 19.15 | 18.35 | 17.50 |
| Stier | 0.15 | 23.30 | 22.50 | 22.10 | 21.30 | 20.45 | 20.10 | 19.25 | 18.45 |
| Zwillinge | 1.20 | 0.40 | 0.00 | 23.20 | 22.40 | 22.00 | 21.15 | 20.35 | 19.50 |
| Krebs | 3.10 | 2.30 | 1.50 | 1.10 | 0.30 | 23.45 | 23.00 | 22.25 | 21.40 |
| Löwe | 5.40 | 5.00 | 4.20 | 3.40 | 3.00 | 2.15 | 1.35 | 1.00 | 0.15 |
| Jungfrau | 8.30 | 7.50 | 7.10 | 6.30 | 5.50 | 5.00 | 4.25 | 3.45 | 3.00 |
| Waage | 11.20 | 10.40 | 10.00 | 9.20 | 8.40 | 8.00 | 7.15 | 6.35 | 5.50 |
| Skorpion | 14.10 | 13.30 | 12.50 | 12.10 | 11.30 | 10.45 | 10.00 | 9.25 | 8.40 |
| Schütze | 17.00 | 16.20 | 15.40 | 15.00 | 14.20 | 13.35 | 12.50 | 12.15 | 11.30 |
| Steinbock | 19.30 | 18.50 | 18.10 | 17.30 | 16.50 | 16.00 | 15.25 | 14.45 | 14.00 |
| Wassermann | 21.20 | 20.40 | 20.00 | 19.20 | 18.40 | 17.50 | 17.15 | 16.35 | 15.50 |
| Fische | 22.30 | 21.45 | 21.10 | 20.30 | 19.45 | 19.00 | 18.20 | 17.45 | 17.00 |

| | Oktober | | | November | | | Dezember | | |
|---|---|---|---|---|---|---|---|---|---|
| | 1. | 11. | 21. | 1. | 11. | 21. | 1. | 11. | 21. |
| Widder | 17.15 | 16.30 | 15.50 | 15.15 | 14.35 | 13.55 | 13.15 | 12.35 | 12.00 |
| Stier | 18.00 | 17.25 | 16.45 | 16.10 | 15.30 | 14.45 | 14.10 | 13.30 | 12.55 |
| Zwillinge | 19.15 | 18.30 | 17.50 | 17.15 | 16.35 | 16.00 | 15.15 | 14.35 | 14.00 |
| Krebs | 21.00 | 20.20 | 19.40 | 19.00 | 18.25 | 17.45 | 17.00 | 16.25 | 15.50 |
| Löwe | 23.30 | 22.50 | 22.15 | 21.35 | 21.00 | 20.15 | 19.35 | 19.00 | 18.20 |
| Jungfrau | 2.20 | 1.40 | 1.00 | 0.25 | 23.45 | 23.00 | 22.25 | 21.45 | 21.10 |
| Waage | 5.15 | 4.30 | 3.50 | 3.15 | 2.35 | 2.00 | 1.15 | 0.35 | 0.00 |
| Skorpion | 8.00 | 7.20 | 6.40 | 6.00 | 5.25 | 4.45 | 4.00 | 3.25 | 2.50 |
| Schütze | 10.50 | 10.10 | 9.30 | 8.50 | 8.15 | 7.30 | 6.50 | 6.15 | 5.40 |
| Steinbock | 13.20 | 12.40 | 12.00 | 11.25 | 10.45 | 10.00 | 9.25 | 8.45 | 8.10 |
| Wassermann | 15.10 | 14.30 | 13.50 | 13.15 | 12.30 | 11.50 | 11.15 | 10.35 | 10.00 |
| Fische | 16.20 | 15.40 | 15.00 | 14.20 | 13.45 | 13.00 | 12.20 | 11.45 | 11.10 |

Uhr im Osten erschienen, und erst um 7.45 Uhr steigt als nächstes Zeichen Löwe empor. Je näher aber Ihr Geburtszeitpunkt bei 7.45 Uhr liegt, desto stärker werden Sie durch das Zeichen Löwe mitgeprägt. In der folgenden Übersicht sind jedem Aszendentenzeichen Kurzdefinitionen der beiden jeweils möglichen Mischtypen beigegeben. Obendrein ist es sinnvoll, wenn Ihre Geburtszeit dicht bei einem der in der Tabelle angegebenen Zeitpunkte liegt, die Ausführungen unter beiden Tierkreiszeichen zu lesen. Sie werden dann feststellen, daß bei Ihnen Einflüsse beider Zeichen gegeben sind, wobei freilich in der Regel die Prägung durch das eigentliche Aszendentenzeichen überwiegt.

Wie verfahren Sie aber, wenn Sie nicht am 1., 11. oder 21. eines Monats geboren sind und es ganz genau wissen wollen? Dann müssen Sie ein bißchen rechnen, aber es ist ganz einfach. Die Tabelle bringt die Zeiten für das Aufsteigen der Tierkreiszeichen am Osthorizont in Abständen von 10 Tagen (vom 21. bis zum 1. des Folgemonats in Monaten mit 31 Tagen in Abständen von 11 Tagen, vom 21. Februar bis zum 1. März im Abstand von 8 Tagen, in Schaltjahren im Abstand von 9 Tagen). Bestimmen Sie den Zeitunterschied zwischen den Angaben für die beiden Richttage, zwischen die Ihr Geburtstag fällt. Teilen Sie den Zeitunterschied durch 10 (in den oben genannten Ausnahmefällen je nachdem durch 11, 8 oder 9), multiplizieren Sie das Ergebnis mit der Zahl der Tage vom davorliegenden Richttag bis zu Ihrem Geburtstag, und ziehen Sie die so erhaltene Zahl von der Zeitangabe des davorliegenden Richttags ab.

Hierfür ein Beispiel:

Wann steigt am 4. April das Zeichen Widder im Osten auf? Am 1. April geschieht dies um 5.25 Uhr, am 11. April um 4.45 Uhr. Die Zeitdifferenz beträgt 40 Minuten. 40 : 10 = 4. Zahl der Tage: 4 − 1 = 3. Also rechne ich: 3 × 4 = 12 Minuten. Diese ziehe ich von der Zeitangabe für den 1. April ab: 5.25 − 0.12 = 5.13 Uhr. Also steigt am 4. April das Zeichen Widder um 5.13 Uhr am Osthorizont auf. Allerdings kennen nur die wenigsten Menschen die genaue Minute ihrer Geburt, und häufig wissen sie nicht einmal mit Sicherheit ihre Geburtsstunde. Wenn nur der ungefähre Zeitpunkt bekannt ist, kann man sich damit behelfen, daß man die Angaben für alle in Frage kommenden Tierkreiszeichen nachliest. Das Zeichen, dessen Charakteristiken man am ehesten bei sich wiedererkennt, ist mit großer Wahrscheinlichkeit das Aszendentenzeichen. Freilich können seine Merkmale durch eine starke

Planetenbesetzung des 1. Hauses verändert werden; Aufschlüsse darüber gibt das Individualhoroskop.

## Aszendentenzeichen Widder

Sie sind energisch, impulsiv, ungeduldig, selbstsicher, freiheitsliebend, zeigen sich Ihren Mitmenschen gegenüber offen und entschieden. Das kann durchaus bis zur Taktlosigkeit und Schroffheit gehen, ohne daß Sie selbst es merken. Selten wollen Sie andere bewußt verletzen (wenn Sie es tun, dann häufig mit beißendem Sarkasmus); in Konfliktsituationen ziehen Sie den offenen Schlagabtausch irgendwelchen Hinterhältigkeiten oder Finten vor. Und für Konflikte sind Sie geradezu vorprogrammiert, denn in Ihrer Impulsivität schießen Sie nicht selten über das Ziel hinaus, neigen zu unbedachtem Draufgängertum und zu übertriebenen Kräfteballungen, zu überstürztem Handeln, bei dem das Denken erst nach dem Tun kommt. In solchen Fällen ecken Sie häufig an, beschwören Reibereien und Auseinandersetzungen herauf, die mit etwas mehr Überlegung vermeidbar gewesen wären. Mit Streitsucht hat das nichts zu tun; an sich sind Sie ein friedfertiger Mensch, aber wegen Ihrer inneren Unrast sind Sie leicht erregbar, neigen nicht selten zum Jähzorn, obwohl Sie weit eher verstandes- als gefühlsorientiert sind. Sie halten in der Regel mit Gefühlsäußerungen zurück, aber wenn Sie erst einmal im positiven wie im negativen Sinn Ihren Gefühlen freien Lauf lassen, kommt bei Ihnen eine »Alles-oder-nichts«-Einstellung zum Durchbruch. Wenn Sie stark erregt sind, kann es geschehen, daß Ihre Fähigkeit, sich klar und präzis auszudrücken, darunter leidet: Sie sprechen überstürzt, kommen vielleicht sogar ins Stottern, und oft lassen Sie sich in solchen Situationen zu unbedachten Äußerungen hinreißen, die Sie hinterher bereuen und die Ihnen möglicherweise sehr schaden.

Wenn Sie Ihrerseits verletzt oder beleidigt werden, schlagen Sie meist rasch zurück, und damit ist die Sache für Sie in der Regel aus der Welt geschafft, denn Sie sind nur wenig nachtragend. Es liegt Ihnen nicht, insgeheim Rachepläne zu schmieden: Sie sind kein Intrigant, sondern ein Mensch der Tat, der die Dinge nicht in der Schwebe lassen, sondern möglichst rasch bereinigen will. Hüten Sie sich aber vor Unüberlegtheiten, und schlagen Sie nicht allzu hart zurück, damit nicht eine Kettenreaktion ausgelöst wird, die die Konflikte eher aufschaukelt, als sie zu lösen!

Sie sind willensstark und tatkräftig, aber kein Meister der langfristigen, detailbewußten Planung. Sie entwerfen Projekte in großen Zügen und hoffen, daß ein anderer die Einzelheiten ausarbeitet. Sie bringen gern Dinge in Schwung, aber wenn sie erst einmal im Laufen sind, erlahmt Ihr Interesse bald, und Sie überlassen es nach Möglichkeit anderen, sie weiterzuführen. Sobald etwas zur Routine wird, ödet es Sie an. Sie suchen das Neue, die Abwechslung, das, was Ansprüche an Sie stellt; je größer die Herausforderung ist, desto stärker sind der Tatwille und die Begeisterung Ihrerseits. Sie scheuen vor einer Aufgabe auch dann nicht zurück, wenn sie mit einem gewissen Risiko verbunden ist, denn Sie trauen sich viel zu. Sie »zünden« rasch und stark, aber wenn etwas auf lange Sicht durchzuführen ist, fehlen Ihnen Ausdauer und Geduld. Versuchen Sie, in dieser Hinsicht an sich zu arbeiten, und lernen Sie, sich für längere Zeit auf Dinge und Aufgaben zu konzentrieren.

Sie können intensiv, mit Schwung und viel Geschick arbeiten und sich rasch auf Neues einstellen. Sie verstehen es aber oft auch, Arbeiten, die Sie wenig interessieren, zu delegieren oder andere für Arbeiten einzusetzen, die Ihnen nicht liegen. Dabei kommen Ihnen Ihr Führungs- und ein gewisses Organisationstalent zugute. Schwer fällt es Ihnen, sich in erstarrte Hierarchien einzufügen, sich bürokratisch »verwalten« zu lassen, sich lebenslang anzupassen und unterzuordnen. Schuld daran ist Ihr ausgeprägter Freiheits- und Unabhängigkeitsdrang. Jede Abhängigkeit ist Ihnen zuwider, sowohl im persönlichen als auch im beruflichen Bereich. Wenn man Sie gängeln, in Ihrem Freiraum einengen will, versuchen Sie auszubrechen, werden aufsässig und widerspenstig.

In der Regel verstehen Sie es recht gut, Ihre materiellen Belange zu wahren. In geschäftlichen Verhandlungen erweisen Sie sich als hart und zäh. Sie decken Ihre Karten nicht auf, sondern versuchen, Ihren Gegenspieler zu zermürben und dann durch überraschende Vorstöße Ihre Ziele zu erreichen. Ihre Gefahr besteht darin, daß Sie hier wie in anderen Lebensbereichen zu Impulshandlungen neigen. Durch Fehlschläge lassen Sie sich kaum entmutigen; Hindernisse reizen Sie zu noch größerem Willens- und Krafteinsatz. Finanziell können Sie sehr geschickt taktieren, um Ihren Besitz zu mehren. Geld auf der Bank bedeutet Ihnen weniger als Sachvermögen, das Ihnen eine stabile materielle Basis sichert; wenn möglich, erwerben Sie Grund- und Hausbesitz oder zumindest eine Eigentumswohnung. Und was Sie haben, halten Sie gut in Schuß, um seinen Wert zu wahren.

Die gleiche Einstellung haben Sie auch zu Ihrem Körper. Sie sind in der Regel gesundheitsbewußt und darauf bedacht, sich fit zu halten. Um Ihre innere Unrast abzubauen, brauchen Sie viel körperliche Bewegung, und wenn Sie ein »Geistesarbeiter« sind, sollten Sie in der Freizeit die Möglichkeit haben, sich immer wieder richtig auszutoben, sei es durch ein entsprechendes Hobby, sei es durch sportliche Betätigung. Denken Sie jedoch daran, daß Sie mit Ihrer Impulsivität und Ungeduld unfallgefährdet sind. Und Unfälle und Erkrankungen sind genau das, was Sie am wenigsten brauchen können: Wenn Sie dadurch ans Bett gefesselt und zur Untätigkeit verdammt werden, sind Sie meist »ungenießbar«, werden nervös und reizbar. Allerdings erholen Sie sich meist ziemlich rasch.

Ihre Unruhe und Impulsivität bedingen, daß Sie auch in zwischenmenschlichen Kontakten immer wieder nach neuen Anregungen, nach Abwechslung suchen. Hier wie in anderen Lebensbereichen ist Routine für Sie eine schwer erträgliche Last. Wenn eine Beziehung nicht ständig vielseitige Anstöße bringt, neigen Sie dazu, sie abzubrechen, sich nach neuen Kontakten umzusehen. Das gilt für Freundschaften und auch für Liebesbeziehungen. Für eine Eheschließung ist es sehr wichtig, daß Sie einen interessanten, wandelbaren Partner finden, der es versteht, keinen langweiligen Alltagstrott aufkommen zu lassen. Es darf, ja sollte in dieser Ehe durchaus »knistern«. Eine gewisse Spannung muß vorhanden sein, die die Partnerschaft belebt. Daraus werden kaum schädliche Gewitter, denn im Grunde sind Sie ein friedliebender Mensch, auch wenn es Ihnen manchmal an Fingerspitzengefühl fehlt. Bei Meinungsverschiedenheiten sind Sie in der Regel imstande, auch die Ansichten und Gründe der Gegenseite zu erkennen und sie gelten zu lassen, wenn sie berechtigt sind. Allerdings sollte der Partner sich hüten, Sie einengen und gängeln zu wollen. Eine solche Beeinträchtigung Ihrer Freiheit ertragen Sie ebensowenig wie eine spannungslose, langweilige Atmosphäre, die Ihnen keinerlei Anstöße und Anregungen mehr zu bringen vermag.

Diese allgemeinen Aussagen sind je nach der Planetenkonstellation im Geburtshoroskop zu modifizieren. Von besonderer Bedeutung ist die Position des im Zeichen Widder herrschenden Planeten Mars. Durch einen schwach gestellten Mars werden die typischen Widder-Eigenschaften abgeschwächt; ein schlecht aspektierter stark gestellter Mars kann sie teilweise ins Negative übersteigern. Ein schlechter Saturnaspekt deutet auf Gewalttätigkeit und negative Willensübersteigerungen hin. Für eine differenzierte, auf den Einzelfall abgestimmte Aussage sind sämtliche Elemente des Horoskops genau zu untersuchen; nur auf dieser Grundlage wird man dem einzelnen Menschen gerecht.

## Grenzfälle

Wenn der Aszendent am Anfang oder Ende eines Tierkreiszeichens liegt, dann wird auch das vorangehende bzw. das folgende Zeichen wirksam. Die typischen Wirkmerkmale des Aszendentenzeichens werden im Sinne des anderen Zeichens verändert. Dadurch ergeben sich »Mischtypen«, die an den Wirkqualitäten beider Zeichen teilhaben. Lesen Sie in einem solchen Fall die Ausführungen zu beiden Zeichen. Dabei kommt dem Aszendentenzeichen stets das Hauptgewicht zu. Wir bringen zusätzlich im Anschluß an jedes Tierkreiszeichen Kurzcharakteristiken der durch das vorangehende bzw. folgende Zeichen beeinflußten Mischtypen.

### Mischtyp Widder/Fische

Viele typische Widder-Eigenschaften werden durch den konträren Fische-Einfluß merklich abgeschwächt. Der impulsive Durchsetzungswille wird durch vorsichtigere Überlegung gehemmt. Sie stellen sich nicht mehr so bedingungslos und risikofreudig jedem Kampf, wollen unbedingt mit dem Kopf durch die Wand gehen, sondern versuchen eher, Konflikte zu vermeiden, Hindernisse diplomatisch zu umgehen. Ihre Anpassungsbereitschaft ist wesentlich größer, sei es in zwischenmenschlichen Beziehungen oder im Beruf. Sie reagieren weit weniger heftig, sind nachgiebiger, bemühen sich stärker, sich in andere einzufühlen. Der Fische-Einfluß wird um so deutlicher, je näher der Aszendent diesem Zeichen steht und je stärker es durch Planeten besetzt ist.

### Mischtyp Widder/Stier

Das Zeichen Stier symbolisiert Beharrung, Ausdauer, Bedächtigkeit, Zurückhaltung, Disziplin. Es bewirkt, daß die dem Widder eigene Impulsivität und Spontaneität stark abgeschwächt wird. Für beide Zeichen kennzeichnend ist die starke Willensbetontheit: Der Wille des Widders wird durch den Stier-Einfluß gestärkt, gewinnt aber gleichzeitig an Beständigkeit. An die Stelle plötzlicher Kräfteballungen tritt die Fähigkeit des ausdauernden, zielgerichteten Willenseinsatzes, wobei die stabile Absicherung des Erreichten einen Erfolg auf Dauer in der Regel gewährleistet.

## Aszendentenzeichen Stier

Sie sind willensstark, ausdauernd, auf Sicherheit und Absicherung bedacht. Ihren Mitmenschen gegenüber sind Sie meist ruhig und gelassen; Sie wirken freundlich und sympathisch. Sie vertrauen auf die eigenen Fähigkeiten und Kräfte und sind imstande, lange Zeit angestrengt zu arbeiten, um die von Ihnen angestrebten Ziele zu erreichen. Diese Ziele stehen vorwiegend in Zusammenhang mit der Schaffung einer stabilen materiellen Basis, die für Sie unerläßlich ist: Sie wollen nicht »in der Luft hängen«, sondern alle materiellen Voraussetzungen schaffen, die notwendig sind, um sich der schönen und angenehmen Dinge des Lebens erfreuen zu können. In dieser Hinsicht sind Sie sehr erdgebunden: Sie sind, wenn Ihnen die Möglichkeiten dazu geboten werden, der geborene Genießer. Ein gepflegtes Zuhause schätzen Sie ebenso wie alle Gaumenfreuden und auch die Freuden der Liebe, doch sind Sie häufig auch ein Natur-, Kunst- oder Musikfreund. Je nach Ihren Gegebenheiten und Ihrer Entwicklungsstufe stehen die einen oder anderen Freuden im Vordergrund; es kann auch sein, daß die Lust am Geld und am materiellen Besitz schlechthin alle anderen Freuden überwiegt.

Nicht der Geld- und Vermögenserwerb an sich verschafft Ihnen Befriedigung, sondern Ihnen geht es dabei stets um das Gefühl der Sicherheit, das Ihnen Besitz gibt. Sachwerte sind Ihnen lieber als ein wohlgepolstertes Bankkonto, weil Sie diese für stabiler halten. Sie vermeiden jedes Risiko, setzen das Erworbene nicht durch Leichtsinn oder Wagemut aufs Spiel. Spekulationen sind nicht Ihre Sache, auch dann nicht, wenn sie leichten und großen Gewinn versprechen, denn Sie lassen sich nicht auf unberechenbare Wagnisse ein. Diese Vorsicht hat nichts mit Feigheit zu tun, aber Sie wissen, wie leicht man sich verspekulieren kann. Sie ziehen es vor, Ihren Besitzstand durch harte, ausdauernde Arbeit vielleicht langsamer, aber weit sicherer zu mehren.

Sie sind im Grunde gutmütig und bemühen sich, Streitigkeiten und unnötigen Auseinandersetzungen aus dem Weg zu gehen. Wenn Sie sich Hindernissen gegenübersehen, entwickkeln Sie eine erstaunliche Hartnäckigkeit. Sie versuchen nicht, ihnen auszuweichen, sie durch diplomatisches Taktie-

ren zu umgehen, sondern Sie setzen Ihre ganzen Kräfte
daran, sie beiseite zu räumen. Dabei liegt Ihnen der spontane
Frontalangriff wenig. Ehe Sie handeln, brauchen Sie eine
gewisse Zeit, um das Pro und Kontra abzuwägen, von den
Gegebenheiten eine Bestandsaufnahme zu machen. Manche
Menschen mißverstehen das als Umständlichkeit und Entschlußlosigkeit, aber Ihre Handlungsweise entspricht vollkommen Ihrem Grundbedürfnis nach Absicherung, von dem
bereits die Rede war: Erst wenn Sie sich vergewissert haben,
wo Sie stehen und womit Sie es zu tun haben, wenn Sie die
möglichen Risiken kennen und Gang und Ausgang der Konfrontation ungefähr überblicken können, werden Sie aktiv.
Und da Sie sich so gründlich vorbereitet haben, erleben Sie
seltener Fehlschläge als andere, die schwungvoller, aber
unbedachter vorgehen. Zudem sind Sie starker Kräfteballungen fähig, die Ihnen das nötige Durchsetzungsvermögen
geben.

Sie sind freundlich und gelassen, wirken oft wie die Ruhe
selbst. Sie versuchen, jedem Ärger aus dem Weg zu gehen.
Dabei zeigen Sie sich sehr geduldig und lassen sich nicht
leicht provozieren oder aus der Fassung bringen. Aber wenn
man den Bogen überspannt, können sich Ihre zurückgehal-
tenen, aufgestauten Gefühle in einem explosionsartigen
Wutanfall entladen, den man Ihnen vielleicht gar nicht zugetraut hätte. Unreife Stier-Geborene lassen sich dann unter
Umständen zu Überreaktionen hinreißen, die schlimme Auswirkungen haben können.

Es fällt Ihnen meist nicht leicht, sich auf neue Gegebenheiten, Aufgaben und Menschen einzustellen, denn Ihnen fehlt
die rasche Anpassungsfähigkeit. Das zeigt sich auch darin,
daß Sie an einmal gefaßten Meinungen und bezogenen
Standpunkten hartnäckig festhalten. Sie tun das manchmal
sogar noch dann, wenn diese Meinungen und Standpunkte
längst überholt sind und Sie dies genau wissen: Sie können
so eigensinnig und »verbohrt« sein, daß jede fremde Meinung
und auch jeder gutgemeinte Ratschlag an Ihnen wie an einer
Stahlbetonmauer abprallt. Daraus ergeben sich manche
Schwierigkeiten im Privatleben und Beruf, und auch Ihr
Ehepartner kann unter Ihrer Starrköpfigkeit sehr leiden.
Versuchen Sie, in dieser Hinsicht flexibler zu sein. Sie vergeben sich nichts, wenn Sie je nach den Gegebenheiten Ihre
Standpunkte von Zeit zu Zeit revidieren! Das ist für Sie auch
deshalb wichtig, weil Sie generell zu einem gewissen Konser-

vatismus neigen, also höchst selten sonderlich fortschrittliche Positionen beziehen.

Durch Veränderungen oder Umbrüche werden Sie häufig
verunsichert, sehen darin eine Gefährdung der von Ihnen so
hochgeschätzten Stabilität. Viel sicherer und wohler fühlen
Sie sich in einem festgefügten Rahmen, in etablierten Gegebenheiten, die Sie kennen und die Sie überschauen können.
Dies ist die Ursache Ihres Konservatismus. Deshalb sind Sie
auch, wenn Sie Verluste oder Fehlschläge erlitten haben, mit
aller Kraft bemüht, den »Status quo« wiederherzustellen,
einen Ausgleich zu schaffen, der Ihre materielle Sicherheit
wieder gewährleistet. Sie lassen sich dabei nicht leicht entmutigen, geben nicht auf, sondern bauen notfalls Ihr erschüt-
tertes oder zusammengestürztes materielles Fundament
Stein für Stein von neuem auf.

Sie denken realistisch und handeln praktisch, sind aber keineswegs ein eiskalter Materialist. Ihre Diesseitsfreudigkeit
beschränkt sich nicht auf leibliche Genüsse; oft sind Sie sehr
kunstsinnig, lieben Musik, haben für die Schönheiten der
Natur viel übrig. Ihre Warmherzigkeit tut anderen Menschen
gut. Sie können sehr mitfühlend sein und durch Ihr ausgewogenes, ruhiges Wesen nervösen und gereizten Zeitgenossen
sehr viel helfen. Und in engen Beziehungen offenbaren Sie
häufig eine erstaunliche Zärtlichkeit. Sie sind darauf
bedacht, Ihren Lieben ein schönes, wohnliches Zuhause zu
bieten, fühlen doch Sie selbst sich in einem behaglichen
Heim am wohlsten. Gern empfangen Sie auch Gäste, die Sie
fürsorglich und liebenswürdig bewirten. Allerdings sind Sie
in Liebe und Ehe sehr besitzergreifend: Entsprechend Ihrem
Wunsch nach Sicherheit und Absicherung wollen Sie die von
Ihnen geliebten Menschen ganz und gar in Beschlag nehmen, und wenn Ihr Ausschließlichkeitsanspruch verletzt
wird, können Sie ungemein eifersüchtig sein. Im Grunde
sehen Sie sie als Ihren »Besitz« an, den Sie mit allen Kräften
verteidigen. Sie denken nicht daran, daß Sie dadurch persön-
liche Freiheiten in unzulässiger Weise beschneiden, daß Sie
Menschen zu Objekten machen. Zwischenmenschliche
Beziehungen sollten jedoch stets so gestaltet sein, daß jedem
Partner ein persönlicher Freiraum bleibt, der für sein
Menschsein unabdingbar ist. Wenn Sie an Ihren Partner
Ausschließlichkeitsansprüche stellen, dann entspringt Ihre
Eifersucht nicht übergroßer Liebe, sondern einem krassen
Besitzdenken. Das ist keine tragfähige Basis für eine beide

Seiten beglückende und erfüllende Liebesbeziehung oder gar für eine Ehe!

Sie setzen sich keine utopischen Ziele, sondern begnügen sich mit dem Erreichbaren. Dabei kommen Ihnen nicht selten Ihre gute Spürnase in finanziellen Dingen und Ihr Organisationstalent zugute. Sie streben zwar nach Ansehen und Anerkennung, aber in erster Linie nach Sicherheit. Sie sind vertrauenswürdig, zuverlässig und verschwiegen, deshalb kommen Sie im Berufleben mit Vorgesetzten und Arbeitskollegen meist gut aus. Sie können sehr gut im Team arbeiten, da Sie umgänglich und taktvoll sind, viel Ausdauer beweisen und auch vor anstrengenden Arbeiten nicht zurückscheuen. Wichtig ist für Sie allerdings eine harmonische Atmosphäre am Arbeitsplatz. Wenn diese nicht gegeben ist, kann darunter Ihre Gesundheit sehr leiden, und Ihre Leistungsfähigkeit läßt merklich nach. Achten Sie darauf, daß Sie nicht Ihrerseits durch mangelnden Anpassungswillen und durch zu hartnäckiges Verfechten Ihrer Meinungen und Standpunkte Spannungen schaffen!

*Mischtyp Stier/Widder*

Wenn der Aszendent in den Anfang des Zeichens Stier fällt, wirkt sich auch noch das vorangehende Zeichen Widder aus. Da bedeutet gesteigerte Tatkraft, raschere Entscheidungsfähigkeit, aber auch eine Tendenz zu mehr Unrast und Ungeduld. Anderseits wird die sowieso schwache Anpassungsfähigkeit des Stiers weiter eingeschränkt, die Ichbezogenheit verstärkt, die Widersetzlichkeit gesteigert. Nicht selten werden andere Menschen mit mehr oder weniger Druck in den Dienst der eigenen Interessen gestellt, wird versucht, die Durchsetzung der eigenen Persönlichkeit durch Willensballungen zu erzwingen. Diese Tendenzen erklären sich durch die Einwirkung des im Zeichen Widder herrschenden Planeten Mars.

*Mischtyp Stier/Zwillinge*

Befindet sich der Aszendent am Ende des Zeichens Stier, so werden dessen Wirkcharakteristiken durch den Einfluß des folgenden Zeichens Zwillinge teilweise verändert. Das macht sich merkbar in einer stärkeren Auflockerung, einer gesteigerten Beweglichkeit. Freilich büßt der Stier-Geborene dadurch auch an Ruhe und Stabilität ein. Genauere Aussagen sind nur aufgrund der Position und Aspektierung des im Zeichen Zwillinge herrschenden Planeten Merkur möglich:

Ein gut gestellter Merkur bringt durch mehr Wendigkeit und Anpassungsfähigkeit positive Einflüsse, während ein schlecht gestellter Merkur zu starker Unruhe und Zerrissenheit führen und damit negative Folgen haben kann.

## Aszendentenzeichen Zwillinge

Sie sind dynamisch, wendig, vielseitig, wißbegierig, schlagfertig und ehrgeizig. Sie suchen und brauchen vielfältige Anregungen und Anstöße und sind deshalb ungewöhnlich kontaktfreudig. Ihren Mitmenschen gegenüber sind Sie umgänglich, lebhaft, begeisterungsfähig. Es fällt Ihnen leicht, sich auf neue Situationen und Menschen einzustellen; oft können Sie jeden Menschen so nehmen, wie er gern genommen werden möchte, und erfreuen sich deshalb großer Beliebtheit. Sie denken scharf und rasch, wenn auch nicht unbedingt tief; oft sprühen Sie vor Ideen und Einfällen und sind deshalb ein interessanter Gesprächspartner, um so mehr, als Sie sich in der Regel flüssig und farbig auszudrükken vermögen. Zudem haben Sie ein ausgesprochenes Talent zur Selbstdarstellung, können sich, ohne aufdringlich zu wirken, geschickt in den Mittelpunkt der Aufmerksamkeit rükken. Sie können nicht nur Erlebtes ausdrucksvoll wiedergeben, sondern auch spannende Geschichten erzählen. Wenn Ihre Phantasie und Begeisterung mit Ihnen durchgehen, passiert es nicht selten, daß Ihnen Ihre Umwelt aufgrund Ihres überzeugenden Erzählstils frei Erfundenes als Tatsache abnimmt. Hüten Sie sich jedoch davor, diese nicht ungefährliche Begabung zur bewußten Täuschung und Irreführung zu gebrauchen!

Sie sind in Ihren Möglichkeiten, Interessen und Zielsetzungen so vielseitig, daß Sie oft nicht recht wissen, für was Sie sich entscheiden sollen. Wenn Sie in wichtigen Dingen konkret vor die Wahl zwischen Alternativen gestellt werden, verläßt Sie häufig Ihre im Alltagsleben so nützliche rasche Entschlußkraft; Sie werden unsicher, leiden unter einem inneren Zwiespalt, der Ihnen die richtige Entscheidung erschwert, und so kommt es immer wieder vor, daß Sie am Ende zwischen allen Stühlen sitzen. Freilich bleibt das für Sie kein Dauerzustand, denn mit der Ihnen eigenen Dynamik rappeln Sie sich bald wieder empor, lassen sich durch Mißerfolgserlebnisse nicht lange entmutigen. Zudem finden Sie in solchen Lagen häufig Hilfe von außen.

Für Sie wäre es unerträglich, längere Zeit im stillen Kämmerlein untätig herumsitzen zu müssen. Sie brauchen den ständigen Kontakt zu Ihren Mitmenschen, den regen Gedankenaustausch und vor allem die Möglichkeit, sich zu betätigen. Sie werden von einer inneren Unrast getrieben, die sich als Vielgeschäftigkeit äußern kann. In diesem Fall sind Sie ein »Hansdampf in allen Gassen«, der allerdings seiner Mitwelt dann auf die Nerven geht, wenn er Nase und Finger überall drinhaben möchte. Hüten Sie sich vor dieser Übersteigerung Ihres Aktivitätsdrangs!

Sie beobachten gut; Ihr wacher Geist erfaßt rasch, und Sie reagieren schnell, wenn auch nicht immer mit ausreichender Überlegung. Sie sind anpassungs- und wandlungsfähig. Rasch finden Sie auch in neue Aufgaben und Gegebenheiten hinein. Was Ihnen aber in der Regel fehlt, sind Geduld und zielstrebige Zähigkeit. Es fällt Ihnen schwer, sich für längere Zeit auf einen bestimmten Gegenstand, eine Aufgabe oder einen Menschen zu konzentrieren. Wenn Sie Hindernisse nicht mit einem Schwung überwinden können, werden Sie leicht mutlos, werfen die Flinte ins Korn. Das hängt auch mit Ihrer labilen Gemütslage zusammen, die durch äußere Gegebenheiten stark beeinflußt werden kann. Solange alles glatt läuft, sind Sie gelöst und heiter, umgänglich und optimistisch, doch wenn es Schwierigkeiten gibt, werden Sie nervös, reizbar und versinken oft völlig unmotiviert in schwärzesten Pessimismus. Versuchen Sie, zu mehr Stabilität zu finden, und verfallen Sie nicht allzu schnell von einem Extrem ins andere! Denken Sie an den sprichwörtlichen »goldenen Mittelweg«, auf dem man häufig rascher und weiter vorankommt!

Ihren Mitmenschen gegenüber zeigen Sie sich verständnisvoll und mitfühlend; rasch erkennen Sie ihre Einstellungen und Gefühlslagen. Das hat freilich weniger mit Intuition als mit Ihrem wachen Intellekt zu tun, denn Sie sind weit mehr ein Verstandes- als ein Gefühlsmensch. Das bedeutet, daß Sie sich weniger in andere einfühlen, als daß Sie sie scharf beobachten und aus dem, was Sie sehen, Ihre Schlüsse ziehen. Mit dieser Gabe können Sie vor allem jenen Menschen helfen, die nicht fähig oder bereit sind, aus sich herauszugehen, denn Ihr Intellekt vermag den Panzer zu durchdringen, hinter dem sie sich verbergen. Trotzdem sind Sie kein ausgesprochener »Seelentröster« oder »Seelenmasseur«, denn Sie sind nicht unbedingt tiefgründig und selten bereit, sich für längere Zeit auf einen anderen Menschen so zu konzentrieren, daß seine Probleme wirklich gelöst werden könnten.

Sie brauchen ständig neue Anstöße. Das kann sich in einer intellektuellen Wißbegier äußern: Sie interessieren sich für zahlreiche Wissensgebiete, lesen viel, nehmen an vielem Anteil, sind stets gut informiert. Häufig sind Sie auch ausgesprochen reisefreudig, brauchen viel Tapetenwechsel, suchen in fremden Gegenden und Ländern neue Eindrücke. Eine Übersteigerung dieser Tendenz führt allerdings manchmal zu einer wahren Veränderungssucht: Nirgends halten Sie es lange aus. Sie langweilen sich unsäglich, wenn Sie längere Zeit in der gleichen Umgebung bleiben müssen, und sind deshalb nach Möglichkeit unentwegt »auf Achse«. Ebenso rasch wechseln Sie Ihre zwischenmenschlichen Kontakte, weil jedes Gesicht Sie anödet, sobald es Ihnen völlig vertraut geworden ist. Und im beruflichen Bereich kann diese Sucht dazu führen, daß Sie immer wieder die Stellung oder sogar den Beruf wechseln, weil jegliche Routine, jegliches eingefahrene Geleise für Sie unerträglich ist. Daß diese Gehetztheit auf die Dauer Ihr gesamtes Nervenkostüm verschleißt, steht außer Frage. Gewiß, ganz zur Ruhe werden Sie nie und nirgendwo kommen, aber ein wenig mehr Stabilität wäre gut für Sie.

Ihre geistige Wendigkeit befähigt Sie, die Meinungen und Standpunkte anderer rasch zu erfassen und bei Problemen nicht nur eine, sondern viele Seiten zu sehen. Diese Gabe bewahrt Sie davor, zum einseitigen Dogmatiker oder gar zum Fanatiker zu werden oder sich verbissen und eingleisig für eine Idee oder eine Ideologie einzusetzen. Das bringt Ihnen gelegentlich den Vorwurf innerer Bindungslosigkeit oder Seichtheit ein. In Wirklichkeit aber beruht Ihre Einstellung auf der Erkenntnis, daß in dieser Welt alles in stetem Fluß ist, woraus sich die Notwendigkeit ergibt, seine Positionen aufgrund der veränderten Gegebenheiten immer wieder zu revidieren.

Wenn Sie beruflich und sozial aufsteigen, dann weniger durch zähes Beharrungsvermögen, harte Ellenbogen oder großen Krafteinsatz als durch Wendigkeit, Anpassungsfähigkeit, rasche Auffassungsgabe und Überzeugungskraft. Nicht selten gelingt es Ihnen, sich den Weg nach oben zu »erreden«, sei es in einem publizistischen Beruf, sei es durch den geschickten Einsatz Ihrer Ausdrucksfähigkeiten in jeder Position. Allerdings fällt es Ihnen oft nicht leicht, sich eine stabile materielle Basis zu schaffen, und noch schwerer kann es für Sie sein, das Erworbene und Erreichte zusammenzuhalten; zumindest zeitweise sind finanzielle Krisen und Engpässe wahrscheinlich. In der Regel sind Sie freilich darauf bedacht, Ihre Familie gut zu versorgen, und großen Wert legen Sie auf ein gemütliches Zuhause, auch wenn Sie sich dort keineswegs festnageln lassen, weil »aushäusige« vielfältige Kontakte zur Umwelt für Sie einfach lebensnotwendig sind. Wenn man Sie an die »kurze Leine« legen will, brechen Sie aus; nichts hassen Sie mehr, als wenn jemand versucht, Sie in Ihrem Freiraum einzuengen, Sie völlig in Beschlag zu nehmen, Ihnen die Flügel zu stutzen. Anderseits brauchen Sie ein Refugium, in das Sie sich von Zeit zu Zeit zurückziehen können, um sich von den Strapazen Ihrer vielen Außenweltkontakte zu erholen. Und es würde Ihnen nicht schaden, einen Partner zu haben, der Ihnen mehr innere Ruhe, Konzentration und Zielstrebigkeit vermittelt und der Ihnen auch manchmal Entscheidungen abnimmt, mit denen Sie nicht zurechtkommen und bei denen die Gefahr besteht, daß Sie sich zwischen die Stühle setzen. Solange Ihnen dabei genügend Spielraum bleibt, werden Sie eine solche Bindung nicht als Fessel empfinden und sich für diese Unterstützung dankbar zeigen.

Verändert werden können diese Grundcharakteristiken durch die vielfältigen Einflüsse des Gesamthoroskops, vor allem durch das Sonnenzeichen und die Positionen und Aspektierungen der Gestirne.

## Mischtyp Zwillinge/Stier

Das vorausgehende Zeichen Stier wirkt sich um so stärker aus, je näher der Aszendent ihm im Zeichen Zwillinge steht. Insgesamt zielt die Wirkung auf Ausgleich und Beruhigung, auf mehr Stabilität und Zielstrebigkeit. Das zeigt sich in sämtlichen Lebensbereichen, in den zwischenmenschlichen Beziehungen und in der Alltagspraxis ebenso wie im Beruf. Allerdings kann durch eine entsprechende Planetenbesetzung der Stier-Einfluß mehr oder weniger stark eingedämmt werden, besonders wenn die Zwillingsherrscher Merkur oder Sonne oder der Mond im Zeichen Zwillinge steht. Wenn sich Sonnen- und Aszendentenzeichen decken, ist der Zwillings-Typ besonders deutlich ausgeprägt.

## Mischtyp Zwillinge/Krebs

Je weiter der Aszendent im Zeichen Zwillinge vorrückt, desto stärker wird der Einfluß des nachfolgenden Zeichens Krebs. Die Vorherrschaft des Intellekts wird zugunsten des Gefühls abgeschwächt, was sich angesichts der Zwillinge-Labilität in starker Launenhaftigkeit äußern kann; Umwelteinflüsse gewinnen mehr Gewicht. Die Empfindsamkeit, aber auch die innere Verletzlichkeit wächst mit zunehmender Krebs-Einwirkung. Verstärkt werden kann dadurch auch die Unstetigkeit der Ziele, herrscht doch im Zeichen Krebs der wandelbare Mond. Es kann lange dauern, bis ein diesem Einfluß unterstehender Mensch seinen Weg im Leben gefunden hat.

## Aszendentenzeichen Krebs

Sie sind gefühlsbetont und sensibel, seelisch leicht verwundbar und Stimmungsschwankungen unterworfen, die sich oft als Launenhaftigkeit äußern. Sie sind zwar strebsam, ja, ehrgeizig, verstehen es aber in der Regel nicht, Ihre Ellenbogen zu gebrauchen; auch fehlt Ihnen oft Durchsetzungskraft. Auf Ihre Mitmenschen wirken Sie verhalten, eher pessimistisch als optimistisch, doch können Sie auch versuchen, Ihre mangelde Härte und Zielstrebigkeit durch übersteigert selbstbewußtes Auftreten und eine gewisse Überheblichkeit zu kaschieren. Sie brauchen immer wieder die Bestätigung durch andere, brauchen Ermutigung, Lob und Anerkennung zur Hebung Ihres Selbstbewußtseins; eine solche Förderung kann Sie zu großen Leistungen anspornen und zu beachtlichen Erfolgen führen. Bleibt allerdings die Bestätigung aus, dann neigen Sie zu Depressionen, und auch Ihre Gesundheit wird dadurch nicht selten in Mitleidenschaft gezogen: Es kommt zu seelisch bedingten (psychosomatischen) Erkrankungen und nervösen Störungen, die bei Ihnen in erster Linie auf den Magen schlagen. Wenn Sie das Gefühl haben, daß Ihnen die Mitwelt verdiente Anerkennung versagt, kann das bei Ihnen Minderwertigkeitskomplexe auslösen, unter denen Sie sehr leiden. Dann besteht die Gefahr, daß Sie sich in Ihr »Gehäuse« zurückziehen und sowohl Ihr Leistungswille als auch Ihre Leistungsfähigkeit erschlaffen.

Sie sind also keineswegs ein unkomplizierter, unproblematischer Mensch, und da Sie selten von sich aus über Ihre Schwierigkeiten und Probleme sprechen, ist Ihr Verhalten für Ihre Mitwelt häufig nicht durchschaubar; Sie können als launenhaft und eigenbrötlerisch angesehen werden. In der Tat sind plötzliche Schwankungen in Ihren Stimmungen und Verhaltensweisen immer wieder zu beobachten: Sie wechseln unversehens zwischen Hochstimmung und Depressionen, zwischen ehrgeiziger Aktivität und scheinbar interesselosem Phlegma. Es gibt bei Ihnen oft eine Kluft zwischen Wollen und Tun, die Ihnen schwer zu schaffen macht. Das erzeugt innere und äußere Unruhe, bedingt eine Labilität, die zu vielen Umbrüchen, Umstellungen und Veränderungen im privaten wie im beruflichen Leben führen kann. Im Zeichen Krebs regiert der Mond, das Symbol des Wechsels und der Veränderungen.

Sie sind gefühlsbetont, wirken umgänglich, nachgiebig und weich. Wer jedoch meint, Sie mühelos beherrschen und gängeln zu können, hat sich gründlich getäuscht, denn Sie legen überaus großen Wert auf persönliche Freiheit und Unabhängigkeit, können Bevormundung nicht ertragen, lassen sich nicht unterdrücken und zwingen. Wenn man versucht, Ihre vermeintliche Weichheit und Schwäche auszunützen, entwickeln Sie eine überraschende Zähigkeit und Hartnäckigkeit, oder Sie reagieren mit einer Arroganz, die Ihre Widersacher verblüfft. Erstaunlich tatkräftig werden Sie auch, wenn Sie glauben, daß jemand Ihre Hilfe braucht, der Ihnen sympathisch ist (Zu- und Abneigung entstehen bei Ihnen meist schon auf den ersten Blick; Sie lassen sich dabei fast ausschließlich von Ihrem Gefühl leiten). Sie können sich gut in andere einfühlen, viel Verständnis für sie aufbringen, werden aber auch nicht selten ausgenützt und betrogen, da Sie sich allzu sehr auf Ihre Intuition verlassen und zu unkritisch sind, wenn Sie sich von jemandem angezogen fühlen. Wenn Ihnen jemand auf Anhieb unsympathisch ist, revidieren Sie Ihre Einstellung nur selten, zeigen aber Ihre Abneigung nicht offen, sondern können, trotz aller inneren Ablehnung, äußerlich freundlich, aber kühl und distanziert sein. Vor allem Menschen, von denen Sie einmal gekränkt oder innerlich verletzt wurden, sind für Sie in der Regel für alle Zeiten »abgeschrieben«, auch wenn Sie sich vielleicht nur wenig anmerken lassen, wie tief die Kränkung Sie getroffen hat. Sie vergessen nicht, und Sie vergeben selten.

Ihr materielles Streben ist auf Absicherung gerichtet. Sie können mit viel Fleiß und großer Sorgfalt arbeiten, um sich eine stabile finanzielle Basis zu schaffen. Das gilt besonders dann, wenn Sie eine Familie haben, die Sie gut versorgt wissen wollen. In jungen Jahren kann freilich Ihr beruflicher Aufstieg durch die bereits erwähnte Tendenz zu Unrast und Wechsel gehemmt werden. Diese veranlaßt Sie, öfter die Stellung oder gar den Beruf zu wechseln. Allerdings finden Sie in der Regel auch nach solchen Veränderungen immer wieder einen Ansatzpunkt für einen neuen Aufstieg, der mit zunehmendem Alter planvoller wird. So erlangen Sie im Laufe der Zeit trotz mancher Hindernisse die materielle Stabilität, die

Sie von Anfang an erstrebt hatten, und da Sie sehr wohl imstande sind, Geld und erworbenen Besitz zusammenzuhalten, haben Sie in der zweiten Lebenshälfte meist keine größeren finanziellen Sorgen mehr: Für eventuelle schlechte Zeiten sorgen Sie planvoll und wohlbedacht vor.

Im Berufsleben ist ein harmonisches, spannungsfreies Betriebsklima für Sie sehr wichtig. In einer unerfreulichen Atmosphäre mit viel Rivalitäten und Anfeindungen können Sie ebenso krank werden wie in einer Position, in der Ihnen die für Sie so notwendige Anerkennung versagt bleibt. Sie brauchen einen gewissen Freiraum. Als reiner Befehlsempfänger in einer völlig abhängigen, unselbständigen Stelle halten Sie es selten lange aus. Statt durch Ellenbogen, die Ihnen nicht gegeben sind, versuchen Sie, den Aufstieg durch Einsatz und Diplomatie zu schaffen; auch sind Sie recht geschickt darin, Beziehungen zu höhergestellten, einflußreichen Menschen zu nutzen. Auf der anderen Seite sind Sie öfter Anfeindungen aus dem Hinterhalt ausgesetzt oder werden gegen Ihren Willen in Auseinandersetzungen zwischen Arbeitskollegen hineingezogen und kommen dabei zu Schaden. Davor kann Sie auch Ihr zurückhaltendes, diplomatisches Verhalten nicht völlig schützen.

Sie wollen sich nicht in den Vordergrund drängen und werden manchmal von Zweifeln an Ihren Fähigkeiten und Kräften geplagt, aber Sie entwickeln einen gesunden Ehrgeiz und wollen es zu etwas bringen, wollen sich Anerkennung verschaffen. Es kann durchaus sein, daß Sie bei der Verfolgung dieses Zieles nicht bei Ihrem erlernten Beruf bleiben, sondern »umsatteln«, wenn Ihnen der Erfolg versagt bleibt. Sie können sich auf veränderte Gegebenheiten und Anforderungen gut und rasch einstellen; es macht Ihnen nicht sehr viel aus, wenn Sie notfalls ganz von vorn anfangen müssen — vorausgesetzt, der Neuanfang verheißt den erstrebten Aufstieg.

Trotz Ihres zurückhaltenden Wesens und Ihrer zeitweisen Tendenz zur Abkapselung brauchen Sie Freunde, brauchen Menschen, denen Sie sich zuwenden und von denen Sie Zuwendung empfangen können. Freundschaften, die Ihnen viel bedeuten, halten fürs ganze Leben. Für gute Freunde (wie natürlich auch für Ihre Familie) können Sie sich selbstlos und tatkräftig einsetzen. Sie helfen ihnen in seelischen und materiellen Notlagen. Treue ist für Sie kein leeres Wort. Allerdings besteht gelegentlich die Gefahr, daß Sie in solchen Bindungen allzu besitzergreifend sind, ungerechtfertigte

Ausschließlichkeitsansprüche stellen. Vor einer solchen Einengung des Freiraums Ihrer Mitmenschen sollten Sie sich hüten: Sie selbst können es ja auch nicht ertragen, gegängelt zu werden, Zwängen von außen unterworfen zu sein.

Immer wieder gibt es Zeiten, in denen Sie sich abschließen, sich in Ihre Schale zurückziehen. Sie brauchen die Einsamkeit, um sich vom Kampf des Daseins zu erholen, sich auf sich selbst besinnen zu können. In diesen Phasen schöpfen Sie aus Ihrem reichen Innenleben neue Kraft, bauen durch die innere Einkehr seelische Spannungen ab, finden zur Ruhe. Das hat nichts mit Eigenbrötelei und schon gar nichts mit Realitätsflucht zu tun, auch wenn Ihre Mitmenschen Ihr Verhalten vielleicht in dieser Richtung mißverstehen. Achten Sie aber darauf, daß der Drang zur Abkapselung nicht übermächtig wird und Sie nicht zum seelischen »Einsiedler« werden!

*Mischtyp Krebs/Zwillinge*

Je näher der Aszendent dem vorangehenden Tierkreiszeichen Zwillinge liegt, desto deutlicher wird dessen Einfluß spürbar. Er äußert sich in erster Linie als Verstärkung der dem Krebs eigenen Rastlosigkeit und Unruhe, kann zu erhöhter Reizbarkeit und Nervosität führen, was sich im persönlichen und auch im beruflichen Bereich nachteilig auswirken kann. Auf der anderen Seite fördert der Zwillinge-Einfluß die geistige Beweglichkeit und die Lernfähigkeit, gibt mehr Schwung und Tatendrang. Mit Hilfe der positiven Gegebenheiten sollten Sie versuchen, der negativen Faktoren Herr zu werden, durch starken Willen und Selbstdisziplin zu mehr Stabilität zu finden und sich so weitgehend wie möglich in den Griff zu bekommen.

*Mischtyp Krebs/Löwe*

Festigend und aktivierend wirkt sich der Einfluß des nachfolgenden Zeichens Löwe aus, wenn der Aszendent in dessen Nähe rückt. Gesteigert wird in erster Linie das Selbstvertrauen und damit die Durchsetzungskraft; dies äußert sich in größerer Härte, Entschlossenheit und Zielstrebigkeit. Die Stimmungslagen sind stabiler; die beim reinen Krebs-Typ häufig zu beobachtende Launenhaftigkeit ist stark abgeschwächt. Die Gefahr, daß aus Sensibilität mimosenhafte Überempfindlichkeit wird, ist kaum mehr gegeben. Beim Mischtyp Krebs/Löwe können ausgeprägte künstlerische und schauspielerische Neigungen und Begabungen vorhanden sein. Insgesamt unterscheidet sich dieser Typ sehr deutlich vom reinen Krebs-Typ.

## Aszendentenzeichen Löwe

Sie sind selbstsicher, ichbetont, fleißig, ehrgeizig, freiheitsliebend, extravertiert und großzügig. Ihren Mitmenschen gegenüber sind Sie in der Regel offen und herzlich. Gern lassen Sie sich bewundern und sind für Schmeicheleien durchaus anfällig. Wer Sie richtig zu nehmen und zu loben versteht, kann bei Ihnen viel erreichen. Das ist für Sie unter Umständen nicht ganz ungefährlich, denn wenn Sie sich bewundert fühlen, trübt sich allzu leicht Ihr kritischer Blick, und Sie lassen sich dann, großzügig, wie Sie sind, von falschen Freunden nach Strich und Faden ausnehmen. Am liebsten ist es Ihnen, wenn Sie im Mittelpunkt der Aufmerksamkeit stehen. Häufig ziehen Sie die Blicke der Mitwelt auf sich, weil von Ihnen eine gewisse Autorität ausgeht oder weil Sie es verstehen, sich einen außergewöhnlichen Rahmen zu schaffen, der Ihrem Selbstverständnis entspricht und für Ihre Ichdarstellung notwendig ist. Sie verabscheuen für sich und bei anderen alles Kleinkarierte. Ihnen liegt der große Gedanke, die große Tat. Meist stark ausgeprägt ist Ihr Streben nach Macht, aber auch nach Luxus; oft sind Sie eine geborene Führernatur. Vor Risiken scheuen Sie nicht zurück, wenn sie zur Erreichung Ihrer hochgesteckten Ziele notwendig sind. Am wohlsten fühlen Sie sich, wenn Sie aus dem vollen schöpfen können, und das nicht nur, aber stets auch in materieller Hinsicht. Sie wollen im Leben, in der Gesellschaft und im Beruf eine tragende Rolle spielen; als Komparse taugen Sie nicht. Sie beanspruchen für sich einen großen Freiraum, können sich nur sehr schwer unterordnen, sind stets auf Ihre Unabhängigkeit und Freiheit bedacht.

Kleinlichkeitskrämerei und Hinterhältigkeit sind Ihnen zuwider. Sie kämpfen mit »offenem Visier« und weichen Auseinandersetzungen nicht aus. Zwar können Sie eine gewisse Diplomatie entwickeln, aber im allgemeinen ist Ihnen ehrliche Direktheit lieber als vorsichtiges Taktieren. In Ihren Äußerungen nehmen Sie kein Blatt vor den Mund, und so geschieht es nicht selten, daß Sie andere durch Ihre Offenheit schockieren, ja, Sie können es sogar bewußt darauf anlegen, nicht weil Sie beleidigen oder verletzen wollen, sondern weil Sie glauben, daß auf diese Weise Differenzen am klarsten und raschesten bereinigt werden. Dabei sind Sie selbst seelisch keineswegs unverwundbar: Es tut Ihnen weh, wenn Sie in Ihrem Stolz beleidigt werden. Zwar sind Sie meist nicht sonderlich nachtragend, doch können Sie notfalls hart und rücksichtslos zurückschlagen.

Sie sind voller Tatendrang und Tatkraft. Wenn Sie sich für etwas interessieren, können Sie viel Energie investieren und gehen dabei mit Ihren Kräften nicht eben haushälterisch um. Zwar sind Sie im allgemeinen körperlich robust, aber wenn Sie allzu unbedacht vorgehen, besteht die Gefahr, daß Sie auf Dauer Ihre Gesundheit untergraben. Lernen Sie also, Ihre Kräfte einzuteilen, und lassen Sie sich nicht durch übersteigertes Selbstgefühl und falsche Selbsteinschätzung zu einem Raubbau verleiten, den Sie bald bereuen müssen. Sie können sich viel, aber dürfen sich nicht alles zutrauen. Auch Ihre Risikobereitschaft sollten Sie in Zaum halten, um nicht durch Tollkühnheit und Fehlspekulationen Schaden zu erleiden.

Sie sind ein Optimist, solang die Sonne scheint, neigen jedoch zu übertriebenen Sorgen, wenn dunkle Wolken am Himmel aufziehen, wenn Probleme auftauchen. In einem solchen Fall können Sie sich in die Probleme derart verbeißen, daß Sie den Überblick verlieren und sich zu Fehlhandlungen hinreißen lassen. Besonders nahe gehen Ihnen finanzielle Schwierigkeiten, die Sie regelrecht krank machen können. In der Regel sind Sie bei aller Großzügigkeit und Liebe zu den schönen und angenehmen Dingen des Lebens kein unbedachter Verschwender, sondern Sie kalkulieren Ihre materiellen Gegebenheiten und Möglichkeiten sehr genau durch und achten darauf, daß der Rahmen gewahrt bleibt, den Sie zu Ihrer Persönlichkeitsdarstellung brauchen.

Sie streben nach Anerkennung und Erfolg und besitzen meist die Eigenschaften, die es Ihnen ermöglichen, sich durchzusetzen. Das tun Sie weniger durch den rücksichtslosen Einsatz harter Ellenbogen als durch Fleiß, gewissenhafte Arbeit und Ihre Führungsqualitäten. Sie sind zuverlässig und darauf bedacht, alles, was Sie in die Hand nehmen, möglichst gut auszuführen. Meist sind Sie auch kreativ begabt, haben Ideen, können Neues in Gang bringen. In einer abhängigen, untergeordneten Position, die Ihnen wenig Möglichkeit zur Entfaltung von Eigeninitiative gibt, fühlen Sie sich nicht wohl und leisten lange nicht das, was Ihnen am richtigen Platz möglich wäre. Auch mangelnde Anerkennung dämpft Ihren Arbeitseifer ganz erheblich. Als Vorgesetzter sind Sie zwar meist umgänglich, doch achten Sie darauf, daß

Ihre Stellung respektiert wird. Es fällt Ihnen schwer, Aufgaben zu delegieren; Sie wollen alles selbst in der Hand behalten. Das ist freilich oft weder sinnvoll noch notwendig. Und obendrein ist es Ihrer Gesundheit wenig zuträglich, wenn Sie sich ständig allzuviel aufhalsen. Es fällt Ihnen kein Zacken aus der Krone, wenn Sie auch anderen Verantwortung überlassen und sie entsprechend ihren Fähigkeiten in Ihre Arbeit integrieren.

Auch in zwischenmenschlichen Beziehungen streben Sie instinktiv nach der Führungsrolle; Sie übernehmen sie häufig mit geradezu verblüffender Selbstverständlichkeit. Sie verstehen es, Aufmerksamkeit zu wecken, können ein faszinierender Gesprächspartner und ein charmanter Gastgeber sein. Sie vertreten Ihre Standpunkte mit großer Überzeugungskraft, können sich für vieles so begeistern, daß andere unwillkürlich mitgerissen werden. Sie wirken zuverlässig und vertrauenerweckend, und so sucht man häufig Ihren Rat. Sehr viel liegt Ihnen an einer harmonischen Atmosphäre. Sie versuchen, in Ihrer Umgebung ausbrechende Streitigkeiten zu schlichten; heimliche Anfeindungen unterbinden Sie nach Möglichkeit durch offene Aussprachen. Daß Sie auch in einer Liebesverbindung und in der Ehe die führende Rolle spielen wollen, liegt auf der Hand. Sie sind leidenschaftlich und treu, wenn Sie sich anerkannt und bewundert fühlen, und umsorgen Ihren Partner mit Hingabe. Wenn man jedoch Ihren Führungsanspruch streitig macht, sich nicht anpaßt und unterordnet, gibt es Schwierigkeiten, kann es zu einem Kampf um die Macht kommen, an dem die Bindung zerbricht. Ganz und gar unerträglich ist für Sie jede Beeinträchtigung Ihrer Freiheit. Da Sie anderseits selbständige Menschen schätzen, die nicht bereit sind, sich zu unterwerfen, geraten Sie oft an den falschen Partner. Aus diesem Grund sind die Liebes- und Ehebeziehungen des Löwe-Typs häufig nicht unproblematisch. Das ist besonders dann der Fall, wenn es ihm an menschlicher Reife und an Qualität fehlt.

Die typischen Löwe-Eigenschaften können je nach der Gesamtkonstellation des Horoskops vielfältig abgewandelt sein. So kann sich die Selbstsicherheit in Überheblichkeit und Dünkel übersteigern; an die Stelle wirklicher Qualitäten tritt die Schau, die Täuschung, die Fassade. Aus Großzügigkeit wird Verschwendungssucht, aus Offenheit verletzende Rücksichtslosigkeit, aus Risikobereitschaft hemmungsloses Spekulantentum. Man versucht, die fehlenden Eigenschaften durch Aufschneiderei und großspuriges Benehmen auszugleichen, bemüht sich, die Umwelt durch Theaterdonner (das typische »Löwengebrüll«) zu beeindrucken, mit allen Mitteln die Aufmerksamkeit auf sich zu ziehen. Man lebt über seine Verhältnisse, spielt sich als Tyrann und Despot auf. Ob und in welchem Ausmaß solche negativen Tendenzen gegeben sind, läßt sich allerdings nur dem genau berechneten Geburtshoroskop entnehmen. Das bedeutet nicht, daß ungünstige Aspekte zwangsläufig schlechte Eigenschaften zur Folge haben müßten, sondern lediglich, daß eine Gefahr in dieser Richtung besteht. Und wenn man das weiß, kann man sehr wohl gezielt gegensteuern, um sie zu bannen.

*Mischtyp Löwe/Krebs*

Liegt der Aszendent in der Nähe des vorangehenden Tierkreiszeichens Krebs, so macht sich dessen Einfluß spürbar. Abgeschwächt werden die Selbstsicherheit und das Durchsetzungsvermögen; der Mischtyp ist wesentlich vorsichtiger, zurückhaltender, berechnender. Er ist physisch und psychisch weniger robust als der reine Löwe-Typ. Er will keineswegs unbedingt im Rampenlicht stehen, drängt nicht mit Macht nach der Führungsrolle. Unverändert ist die Freude an den schönen und angenehmen Dingen des Lebens, doch wird deshalb die materielle Sicherheit nie vernachlässigt. Nicht selten erzeugen die widerstrebenden Tendenzen der beiden Zeichen innere Spannungen, die sehr belastend sein können.

*Mischtyp Löwe/Jungfrau*

Sehr deutlich ist auch die Wirkung des nachfolgenden Tierkreiszeichens Jungfrau, wenn der Aszendent in seiner Nähe liegt. Sie äußert sich als Einschränkung und Abschwächung typischer Löwe-Charakteristiken. In den Vordergrund treten zielgerichtetes, methodisches, gründliches Planen und Handeln und eine verstärkte Ichbezogenheit; das Denken und Fühlen gewinnt an Tiefe. Weit mehr als der reine Löwe-Typ ist der Mischtyp auf langfristige materielle Absicherung bedacht. An die Stelle des selbstsicheren Elans tritt der systematische Kräfteeinsatz, der nicht unbedingt auf eine führende Position gerichtet ist. Der Drang zur Selbstdarstellung ist erheblich geringer; man schiebt sich nicht gern in den Vordergrund. Der Mischtyp ist wesentlich introvertierter, verhaltener, zeigt sich weniger umgänglich und weniger herzlich.

## Aszendentenzeichen Jungfrau

Sie sind vorsichtig, praktisch eingestellt, stehen fest auf dem Boden der Tatsachen, planen auf lange Sicht, sind zuverlässig und sehr methodisch. Ihren Mitmenschen gegenüber zeigen Sie sich zurückhaltend, fast spröde; Sie beobachten sie scharf und schätzen sie meist richtig ein. Sie lassen sich in erster Linie vom Verstand leiten; Gefühle beeinflussen Ihr Denken und Handeln nur wenig. Deshalb denken Sie nüchtern und realistisch, lassen sich auf keinerlei Spekulationen ein, sondern setzen sich klar umrissene Ziele und stecken die dorthin führenden Wege mit System und Methode genau ab. Sie gehen absolut logisch vor; zwar fehlt Ihnen manchmal der Blick fürs Ganze, für die großen Zusammenhänge, aber dafür übersehen Sie keine Einzelheit, beachten jede Kleinigkeit. Sie sehen die Welt gleichsam durch eine Lupe, die Ihnen stets nur einen kleinen Sektor zeigt, aber diesen dafür bis ins winzigste. Das erklärt Ihre Fähigkeit zur exakten Detailplanung. Sie sind bestrebt, dem Zufall keine Chance zu lassen, und berechnen deshalb Ihr ganzes Tun, ja, Ihr ganzes Leben gewissenhaft voraus. Die zu Ihren Zielen führenden Wege unterteilen Sie in überschaubare Etappen, in Einzelabschnitte, die man sorgfältig durchplanen kann. Sie lassen sich nicht zu Impulshandlungen hinreißen, sondern stellen jedem Tun das Denken voraus, wägen die Risiken und möglichen Folgen ab.

Sie nehmen nichts ungeprüft hin, sondern sind kritisch. Das gilt auch für die Beziehungen zu Ihren Mitmenschen. Freilich besteht die Gefahr, daß Sie Ihre kritische Einstellung übersteigern, daß Sie wie die ganze Welt, so auch die Schwächen und Fehler Ihrer Mitmenschen gleichsam durch ein Vergrößerungsglas sehen und sich zum ewig nörgelnden Pedanten entwickeln. Zwar verfolgen Sie dabei an sich die lobenswerte Absicht, Ihre Mitmenschen zu bessern, sie in ihrem eigenen Interesse auf ihre Mängel hinzuweisen, damit sie sie beheben können, aber das dankt man Ihnen selten. Sie streben nach Perfektion, wollen den Menschen in Ihrer Umwelt zur Vollkommenheit verhelfen, eine Welt schaffen, in der Ordnung herrscht. Aber es liegt nun einmal in der Natur des Menschen, unvollkommen zu sein, und man nimmt Ihnen Ihre Kritik und Verbesserungssucht um so mehr übel, als Sie selbst ja auch nicht perfekt sind, auch wenn Sie es vielleicht glauben oder zumindest erstreben. Denken Sie daran, und seien Sie deshalb zurückhaltend mit unerbetener Kritik!

Sie haben eine rasche Auffassungsgabe, lernen schnell und gründlich und arbeiten genau und gewissenhaft. Dabei können Sie eine erstaunliche Ausdauer entwickeln. Wenn Sie etwas in die Hand nehmen, planen Sie methodisch voraus; Arbeiten werden mit System und Fleiß erledigt. Gern arbeiten Sie im Team und sind darauf bedacht, mit Vorgesetzten und Kollegen gut auszukommen. Sie sind nicht unbedingt auf Lob und Anerkennung angewiesen; allein das Bewußtsein, eine Aufgabe gut erledigt zu haben, verschafft Ihnen Befriedigung und Selbstbestätigung.

Sie sind deutlich ichbetont und verlieren das eigene Interesse kaum je aus den Augen. Oft sind Sie in den Beziehungen zu Ihren Mitmenschen sehr berechnend: Sie verstehen es, Beziehungen zu höhergestellten und einflußreichen Persönlichkeiten zu nutzen, und bei der Festlegung Ihrer kleinen und großen Ziele planen Sie gern andere mit ein, die Ihnen irgendwie behilflich sein können. Fördernde Gelegenheiten erkennen Sie mit raschem Blick und bedienen sich ihrer mit viel Geschick. Dabei achten Sie sehr darauf, keine unberechenbaren Risiken einzugehen: Was sich nicht genau vorausplanen läßt, ist für Ihre Zwecke nicht tauglich. Auf diese Weise schützen Sie sich vor unliebsamen Überraschungen, vor Fehl- und Rückschlägen. Vor allem lassen Sie sich auf keinerlei finanzielle Abenteuer ein: Sie schaffen sich wohlüberlegt eine tragfähige materielle Basis, und was Sie erworben haben, halten Sie fest. Sie sind sparsam; leichtsinnige oder spekulative Geldausgaben kommen bei Ihnen kaum je vor. So können Sie es im Laufe der Jahre zu einem wohlgepolsterten Bankkonto oder zu beträchtlichem Sachvermögen bringen.

Vorsichtig wie in Gelddingen sind Sie in der gesamten Lebensführung. Sie achten auf Ihre Gesundheit und legen großen Wert auf Hygiene. Sie wissen, welche Ernährung Ihrem Körper am besten bekommt. Vielleicht halten Sie Diät oder sind Vegetarier; auf jeden Fall hüten Sie sich vor alkoholischen Exzessen und sind wahrscheinlich auch Nichtraucher. Sie wissen, daß jedes Übermaß der Gesundheit schadet, und richten sich nach dieser Erkenntnis. Sie verstehen es, Ihre Kräfte richtig einzuteilen, und vermeiden nach Möglichkeit schädlichen Streß, körperliche und geistige Überanstrengung. Aber auch in Ihrem Seelenleben sind Sie auf Ausgewogenheit bedacht, lassen sich selten von Stürmen der Leidenschaft aufwühlen oder fortreißen. Deshalb sind bei Ihnen Gefühlsausbrüche ziemlich selten, werden Ihre Emotionen durch Ihren gesunden Menschenverstand in Zaum gehalten. Sie lassen sich nicht von Gefühlen überrumpeln.

Deshalb gelten Sie oft als spröde und auch als reichlich humorlos. Dieser Eindruck kann dadurch verstärkt werden, daß Sie nicht sonderlich redselig sind und sich in Gesellschaft meist zurückhalten. Sie wollen nicht auffallen, nicht im Mittelpunkt des Interesses stehen, sondern lieber andere aus der Distanz beobachten und analysieren. Wenn Sie Humor zeigen, neigen Sie zum Sarkasmus oder zum trockenen Witz, denn völlig humorlos sind Sie selten, aber Ihr Humor ist durch Ihr sachliches, kritisches Wesen geprägt. Sie lieben es, feste Standpunkte zu beziehen, laufen aber Gefahr, allzu eigensinnig darauf zu beharren. Wenn man Ihre Ansichten in Frage stellt, kann es durchaus geschehen, daß Sie jede Diskussion darüber kurzerhand ablehnen und kategorisch auf der Richtigkeit Ihrer Meinungen beharren. In dieser Hinsicht sollten Sie sich bemühen, flexibler zu werden. Lernen Sie, auch unterschiedliche Meinungen anzuhören und gelten zu lassen, und seien Sie bereit, die eigenen Standpunkte zu revidieren, wenn sie falsch sind. Seien Sie nicht nur anderen, sondern auch sich selbst gegenüber kritisch, und gestehen Sie Fehler ein, so schwer Ihnen das fallen mag. Und wenn Sie andere kritisieren, sollten Sie stets willens sein, diese Kritik ausführlich zu begründen, anstatt sie einfach kategorisch in den Raum zu stellen. Nur so können Sie deutlich machen, daß es Ihnen nicht um Kritik um der Kritik willen geht, sondern daß Sie es mit den Kritisierten gut meinen, daß Sie ihnen helfen wollen. Tun Sie das nicht, kommen Sie rasch in den Ruf eines nörgelnden Kritikasters, dem man am besten aus dem Weg gehen sollte.

In Ihren Ansichten sind Sie meist ziemlich orthodox. Sie legen großen Wert auf Konventionen und Förmlichkeiten, weil Sie glauben, daß diese Ihnen Sicherheit geben. Sie bemühen sich, auf den gesellschaftlich akzeptierten Wegen zu bleiben in der Hoffnung, auf diese Weise möglichst wenig anzuecken. Ganz allgemein lieben Sie die überschaubare Ordnung, sei es in Ihrem Leben, im häuslichen Bereich oder am Arbeitsplatz. Sie kümmern sich gewissenhaft um den Haushalt, planen sorgfältig das Haushaltsgeld und alle Anschaffungen und mühen sich nach Kräften um eine intakte Familie, die Ihnen Sicherheit und Geborgenheit gibt. Nur ungern sind Sie für längere Zeit allein auf Reisen unterwegs, es sei denn, daß solche Reisen Ihnen helfen, Ihre materiellen Ziele zu erreichen. In zwischenmenschlichen Beziehungen streben Sie nach Harmonie und sind bereit und fähig, sich anzupassen, wodurch Ihre Bindungen in der Regel von bemerkenswerter Stabilität sind. Spannungen im persönlichen, aber auch im beruflichen Bereich können psychosomatische Erkrankungen und nervöse Störungen zur Folge haben. Unsicherheiten auf jedem Lebensgebiet wirken sich negativ auf Ihre Gesundheit aus. Insgesamt ist Ihr Nervenkostüm nicht sonderlich stabil und belastungsfähig. Seien Sie deshalb auf entsprechende Schonung bedacht!

*Mischtyp Jungfrau/Löwe*

Der Einfluß des vorangehenden Tierkreiszeichens Löwe ist um so deutlicher, je näher der Aszendent an der Spitze des Zeichens Jungfrau liegt. Dadurch wird die Vorherrschaft des logischen, kühl berechnenden Verstandes abgeschwächt; die Gefühle treten stärker in den Vordergrund. Das kann zu nervösen Spannungen, zu ausgeprägter innerer Unrast führen. Zwar bleibt das Streben nach materieller Absicherung bestehen, aber während dieses beim reinen Jungfrau-Typ mehr in die Zukunft gerichtet ist, konzentriert der Mischtyp seine Aufmerksamkeit stärker auf das Heute, achtet auf den unmittelbaren finanziellen Ertrag gegenwärtiger Unternehmungen. Ein weiteres Kennzeichen des Mischtyps ist die häufig zu beobachtende Unzufriedenheit mit sich und seinen Lebensumständen.

*Mischtyp Jungfrau/Waage*

Liegt der Aszendent in der Nähe des folgenden Tierkreiszeichens Waage, so kommen auch dessen Charakteristiken zur Auswirkung. Nach außen hin gibt sich der Mischtyp verbindlicher, aufgeschlossener, sensibler, aber unverändert bleiben die Gabe der scharfen Beobachtung und der methodischen Berechnung. Deutlich verstärkt wird der Wunsch nach Beachtung und Anerkennung, der beim reinen Jungfrau-Typ im Hintergrund steht. Allerdings fällt es dem Mischtyp nicht leicht, den angestrebten Aufstieg zu verwirklichen. Er ist seelisch leicht verwundbar und bei verletztem Stolz ziemlich nachtragend. Die realistische Grundeinstellung und wohlbedachte Planung des reinen Jungfrau-Typs bleiben erhalten.

**Aszendentenzeichen Waage**

Sie sind vorsichtig und diplomatisch, auf Ausgleich und Harmonie bedacht, anpassungsfähig und verschwiegen. Gegenüber Ihren Mitmenschen sind Sie umgänglich, ja, charmant.

Sie vermeiden es, aufzufallen oder anzuecken. In der Regel ist Ihre Kleidung ebenso geschmackvoll wie die Einrichtung Ihrer Wohnung: Sie haben einen Sinn für Schönheit und Ausgewogenheit. Anstatt von sich aus aktiv zu werden, lassen Sie lieber die Dinge an sich herankommen, denn das gibt Ihnen die für Sie notwendige Zeit, Gegebenheiten abzuwägen, um sich richtig entscheiden zu können. Es ist für Sie oft eine Belastung, sich verbindlich festlegen, eine endgültige Entscheidung treffen zu müssen, denn Sie sehen stets alle Seiten eines Problems oder eines Menschen und wissen genau, wie schwierig es ist, ihm wirklich gerecht zu werden. Deshalb betrachtet man Sie häufig als entschlußschwach und schwankend, als den geborenen Zögerer. Mit Feigheit oder Trägheit hat diese Ihre Haltung nichts zu tun, auch wenn man dies manchmal fälschlicherweise annimmt. Sie wollen ganz einfach nach Möglichkeit stets sich richtig verhalten. Sie agieren weniger, als daß Sie reagieren. Das bedeutet, daß Sie kein Mensch der spontanen Tat sind, durch die Dinge in Gang gebracht oder verändert werden, sondern sich eher auf Gegebenheiten einstellen. Sie rufen keine neuen Bewegungen ins Leben, sondern schließen sich dort an, wo der meiste Zulauf zu erwarten ist. Das tun Sie nie impulsiv, sondern Sie prüfen erst sorgfältig, aus welcher Richtung der Wind weht, damit Sie ja keinen falschen Schritt tun, der Ihnen Nachteile bringt.

Sie lieben den Frieden, weichen Auseinandersetzungen und Streitigkeiten nach Möglichkeit aus. Wenn es in Ihrer Umgebung Spannungen gibt, sind Sie bemüht, sie abzubauen, die Gegensätze zu überbrücken, Aussöhnungen herbeizuführen. Da Sie sich sehr gut in andere einfühlen können und sich diplomatisch verhalten, gelingt es Ihnen in der Regel, bei Streitigkeiten Lösungen zu finden, die beiden Parteien gerecht werden. Sie sind ein Mensch des wohlabgewogenen Kompromisses und damit der geborene Friedensstifter. Wenn Sie selbst in Auseinandersetzungen hineingezogen werden, können Sie durch geschicktes Taktieren, zu dem vor allem rechtzeitiges Nachgeben gehört, dem Widersacher jeglichen Wind aus den Segeln nehmen, ihm gleichsam den Boden unter den Füßen wegziehen, so daß es rasch zur Versöhnung kommt. Nur wenige Menschen können Ihnen auf Dauer gram sein. Es fällt Ihnen nicht schwer, neue Kontakte zu knüpfen und alte Kontakte zu pflegen: Bei Ihren Mitmenschen kommen Sie gut an, sind Sie sehr beliebt, man sucht Ihre Gesellschaft und Bekanntschaft.

Ungern beziehen Sie feste Standpunkte. Sie wollen sich nicht festlegen, nicht festnageln lassen, denn dadurch würde Ihre Möglichkeit zum anpassungsfähigen Taktieren eingeschränkt. Am liebsten möchten Sie allen Menschen gleichzeitig gefallen, es allen recht machen. Sie beobachten genau und verstehen es, andere zum Reden zu bringen. Dadurch sind Sie imstande, sie zu beurteilen, sich ein meist recht treffendes Bild von ihnen zu machen. Entsprechend gut können Sie sich auf Ihre Mitmenschen einstellen. Eine große Hilfe ist dabei Ihr feines Gespür für den Wesenskern anderer.

Sie sind zwar nicht sonderlich tatenfreudig, aber im Grunde Ihres Herzens doch sehr ehrgeizig, verlangen nach Anerkennung und Lob, streben nach sozialem und beruflichem Aufstieg. Sie versuchen selten, Ihre Ziele durch anstrengende Arbeit oder zähe Beharrlichkeit zu erreichen; beides liegt Ihnen nicht. Dennoch kommen Sie mit den Ihnen eigenen Gaben, vor allem mit Ihrer Diplomatie und Kontaktfreude, häufig sehr weit. Zudem können Sie sich meist ausgezeichnet ausdrücken, können andere überzeugen und überreden. In vielen Fällen erleichtern Ihnen Ihr Charme und Ihre Liebenswürdigkeit den Aufstieg, ebnen Ihnen den Weg nach oben. Wenn Sie jedoch glauben, nicht gebührend gewürdigt oder gar übersehen, benachteiligt oder herabgesetzt zu werden, schnappen Sie rasch ein, sind gekränkt. Sie sind leicht verletzlich, und wenn man bei Ihnen den falschen »Nerv« trifft, ist von Ihrer Friedensliebe nicht mehr viel zu merken. Zwar lassen Sie es nicht zur offenen Auseinandersetzung kommen, aber Sie brechen unverzüglich den Kontakt zu Menschen ab, von denen Sie sich ungerecht behandelt fühlen. Oft wissen diese gar nicht den Grund für Ihr Verhalten, besonders dann, wenn sie überhaupt keine bösen Absichten hatten. Sie sollten sich bemühen, in solchen Situationen die klärende Aussprache zu suchen, durch die wahrscheinlich manches Mißverständnis vermieden werden könnte.

Das fällt Ihnen allerdings deshalb schwer, weil Sie sich nur ungern offenbaren: Über verletzten Stolz oder ganz allgemein über tiefere Dinge, die Sie betreffen, sprechen Sie nicht gern. Sie können angenehm plaudern, aber Sie bleiben dabei meist an der Oberfläche, halten das Gespräch im Unverbindlichen. Eine Parallele dazu bietet Ihr Gefühlsleben. So leicht Ihre Gefühle auch ansprechbar sind, so gehen sie doch selten tief, und Sie sind Ihrerseits nicht sonderlich daran interessiert, in die Seelentiefen anderer einzudringen. Sie wollen sich hier wie in anderen Bereichen nur ungern festlegen, weichen endgültigen Entscheidungen aus, wollen der Oberfläche verhaftet bleiben, um sich mehr Bewegungsfreiheit zu wahren. Viel mehr liegt Ihnen der unbeschwerte Kontakt, das fröhliche, eher unverbindliche Zusammensein. Sie lieben den Flirt, scheuen aber vor engen Bindungen zurück. Sie verstehen es besser, andere Menschen zusammenzubringen und in fremden Ehen für Harmonie zu sorgen und notfalls Frieden zu stiften, als in der eigenen Ehe zu einer harmonischen, tiefgründenden Gemeinschaft zu finden. Nicht selten wekken Sie, beispielsweise durch übertriebenen Ordnungssinn oder durch die Unfähigkeit, klare Entscheidungen zu treffen, in Ihrem Partner Aggressionen, die die Ehe gefährden können. Nicht wenige Menschen mit dem Aszendentenzeichen Waage bringen es im Laufe ihres Lebens auf eine oder gar mehrere Scheidungen.

Sie sind kunstsinnig, lieben alles Schöne und haben Geschmack. Großen Wert legen Sie auf gute Umgangsformen, auf kultiviertes Benehmen. Sie sind darauf bedacht, in einem schönen, nach Möglichkeit luxuriösen Rahmen zu leben, und geben dafür, falls vorhanden, viel Geld aus. Nicht selten leben Sie über Ihre Verhältnisse, um sich eine Umgebung schaffen zu können, die Ihren Wünschen und Bedürfnissen entspricht. Angespannt werden kann die finanzielle Lage obendrein durch einen allzugroßen Drang nach irdischen Freuden. Sie lieben nicht nur die Liebe, sondern alle Annehmlichkeiten, die das Leben zu bieten hat. Nicht zuletzt von der Konstellation des im Tierkreiszeichen Waage herrschenden Planeten Venus hängt es ab, ob Sie dabei über die Stränge schlagen, ob Sie zu übertriebener Genußsucht, Bequemlichkeit und Eitelkeit neigen. In einem solchen Fall sind Sie auch für Schmeicheleien sehr zugänglich, was für Sie nicht ganz ungefährlich ist. Sie können sich aber nicht darauf hinausreden, daß Ihnen die Sterne dieses Schicksal aufgezwungen hätten: Die Gegebenheiten des Horoskops zeigen zwar Tendenzen und Gefährdungen an, doch ob diese zur Wirklichkeit werden, liegt weitgehend an Ihnen. Der Wert des Horoskops besteht darin, daß Sie Ihre Schwachpunkte und Gefahrenstellen erkennen. Damit haben Sie die Möglichkeit zur gezielten Mobilisierung Ihrer Kräfte und Fähigkeiten, um einer drohenden negativen Entwicklung rechtzeitig steuern zu können.

Oft haben Sie eine lebhafte Phantasie. Gelegentlich neigen Sie zu übersteigertem Wunschdenken, kompensieren Entschlußschwäche und mangelnde Aktivität durch breit ausgemalte Projekte, mit denen Sie sich stundenlang beschäftigen können, mit Tagträumen, die im Grunde nichts anderes sind als eine Flucht vor den Anforderungen der Wirklichkeit. Stellen Sie lieber Ihre rege Einbildungskraft in den Dienst Ihres realen Lebens, sei es in einem kreativen Beruf, sei es in einem entsprechenden Hobby oder allgemein in einem Tun, das dazu beiträgt, sich selbst und anderen diese Welt zu verschönern.

### Mischtyp Waage/Jungfrau

Je näher der Aszendent dem vorangehenden Tierkreiszeichen Jungfrau steht, desto deutlicher wird dessen Einfluß spürbar. Das äußert sich in erster Linie in stärkerer Wirklichkeitsbezogenheit, in praktischer orientiertem Denken und in zielstrebigerem Handeln. Zwar bleibt das Bemühen um Frieden und Harmonie erhalten, doch ist es mit mehr Selbstverantwortlichkeit verbunden. Das Aufstiegsstreben wird durch den Jungfrau-Einfluß planvoller und berechnender, zielt stärker auf den persönlichen Vorteil und die materielle Absicherung. Besonders deutlich zeigt sich dies im Berufsleben. Abgeschwächt sind die Kontaktfreude und die Umgänglichkeit in zwischenmenschlichen Beziehungen.

### Mischtyp Waage/Skorpion

Wenn der Aszendent in die Nähe des folgenden Tierkreiszeichens Skorpion rückt, werden wesentliche Charakteristiken des Waage-Typs durch den Einfluß des im Skorpion herrschenden Planeten Mars abgewandelt. Das äußert sich als stärkere Eigenwilligkeit, größere Ausdauer und energischeren Krafteinsatz. Die Gefühle werden leidenschaftlicher, aber auch dauerhafter. Man scheut vor Entscheidungen weit weniger zurück, ist durchaus willens, eigene Positionen zu beziehen und zu verteidigen. Erheblich geringer als beim reinen Waage-Typ ist die auf Harmonie und Entspannung zielende Anpassungsbereitschaft.

### Aszendentenzeichen Skorpion

Sie sind selbstbewußt, entschlossen, willensstark, zielstrebig, von zäher Ausdauer, scheuen vor keinen Hindernissen und Schwierigkeiten zurück, lassen sich durch Rückschläge nicht entmutigen. Im Umgang mit Ihren Mitmenschen geben Sie sich zurückhaltend, zeigen nur selten Gefühle, sind manchmal schonungslos offen in Ihren Äußerungen, wahren aber häufig ein gewisses Mißtrauen und sind auf Distanz bedacht.

Sie gelten vielen als kühl und undurchschaubar. In der Tat bleiben Sie auch dann noch gelassen, wenn anderen die Nerven durchgehen; Sie sind nur schwer zu erschüttern, weil Sie darauf vertrauen, daß Sie mit Ihren Kräften und Fähigkeiten so ziemlich jede Situation meistern können. In Übersteigerung kann aus dieser Einstellung eine herrische Überheblichkeit werden, die Sie dazu treibt, Ihre Mitmenschen durch ruppiges Verhalten einzuschüchtern und herumzukommandieren. In diesem Fall schrecken Sie nicht vor Gewaltanwendung zurück, um Ihre Interessen durchzusetzen. Aber auch wenn Sie nur ein »gemäßigter« Skorpion sind, können Sie ungemein hart und unnachgiebig sein, und das nicht nur anderen, sondern auch sich selbst gegenüber. Sie sind überdurchschnittlich willensstark: Was Sie sich in den Kopf gesetzt haben, werden Sie in der Regel erreichen. Vor Risiken scheuen Sie ebensowenig zurück wie vor großen Kraftanstrengungen. Sie sind mutig, aber auch ein ausdauernder Arbeiter. Sogar unter Druck und Streß bleibt Ihre Leistungsfähigkeit lange erhalten.

Widerstände wecken Ihre Willenskräfte, Anfeindungen Ihre Widerspenstigkeit. Auf keinen Fall geben Sie klein bei, sondern Sie setzen alles daran, um Hemmnisse aus dem Weg zu räumen und Ihre Gegner außer Gefecht zu setzen. Wenn Sie in Ihrem persönlichen Stolz verletzt werden, sind Sie sehr nachtragend: Beleidigungen und Zurücksetzungen vergessen Sie nie. Vielleicht tritt dann Ihr gefürchteter »Stachel« in Aktion: Sie arbeiten rachsüchtig mit Sticheleien oder treffen den Gegner aus dem Hinterhalt, wenn er es am wenigsten erwartet, oder Sie untergraben zielbewußt seine Position und sein Ansehen. Es kann aber auch geschehen, daß Sie die selbstauferlegte Selbstbeherrschung aufgeben und in hemmungsloser Wut den Gegner zu zerschmettern versuchen. In jedem Fall sind Sie ein gefährlicher und oft auch gefürchteter Feind.

Es fällt Ihnen nicht leicht, Kontakte zu knüpfen, denn dazu müssen Sie zunächst Ihr angeborenes Mißtrauen überwinden. In der Regel verhalten Sie sich neuen Bekannten gegenüber zurückhaltend und abwartend: Sie brauchen zunächst einige Zeit, um sie unter die Lupe zu nehmen, bis Sie wissen, woran Sie mit ihnen sind. Wenn Sie jedoch Freundschaften schließen, so erweisen Sie sich als zuverlässig und treu. Für einen guten Freund sind Sie zu vielen Opfern bereit, können sich selbstlos für ihn einsetzen. Schädlich kann allerdings Ihre Neigung zur Eifersucht sein:

Wenn Sie eine Bindung eingehen, wünschen und erwarten Sie, daß sich der Partner ganz auf Sie konzentriert. Daß Sie ihn durch diesen Ausschließlichkeitsanspruch in seiner persönlichen Freiheit beschneiden, kümmert Sie wenig. Sie selbst jedoch geben auch in einer engen Bindung nie eine gewisse Zurückhaltung auf, behalten sich Freiräume vor, zu denen Sie dem Partner den Zugang verwehren. Sie brauchen geradezu Ihre wohlabgeschirmten Geheimnisse, eine letzte Schranke zwischen sich und der Umwelt. In die tiefsten Tiefen Ihrer Seele lassen Sie niemanden hineinblicken, auch nicht einen Partner, mit dem Sie leidenschaftliche Gefühle verbinden. Und Sie können, wenn Sie erst einmal entflammt sind, sehr leidenschaftlich sein.

Sie arbeiten mit bemerkenswerter Ausdauer und sind bestrebt, alles zu Ende zu führen, was Sie angefangen haben, vorausgesetzt, daß Ihr Interesse an der Aufgabe, die Sie übernommen haben oder mit der Sie betraut wurden, nicht aus irgendwelchen Gründen erlahmt. Dinge, die Sie nicht interessieren, erledigen Sie lustlos oder überhaupt nicht. Ungern arbeiten Sie im Team, denn Sie sind im Grunde ein Einzelgänger, dem es schwerfällt, sich unterzuordnen und anzupassen. Viel lieber ergreifen Sie im Vertrauen auf die eigene Kraft selbst Initiativen, übernehmen die Führung. Sie wollen nicht von anderen abhängig sein, sich dirigieren lassen. Sie streben nach Macht und Einfluß, stecken sich hohe Ziele, auf die Sie mit zielstrebiger Entschlossenheit zusteuern. Sie planen auf lange Sicht und halten sich nach Möglichkeit an die von Ihnen aufgestellten Pläne. Wenn sich Ihnen ein lohnendes Ziel bietet, sind Sie imstande, erstaunliche Willens- und Kraftreserven zu mobilisieren. In einem solchen Fall schonen Sie sich nicht, setzen sogar Ihre Gesundheit und gelegentlich Ihr Leben aufs Spiel. Aber Sie gehen keineswegs nur mit Willensballungen und roher Kraft vor, sondern Sie haben obendrein das, was man einen »guten Riecher« nennt, nämlich die Fähigkeit, Trends intuitiv zu erkennen, zukünftige Entwicklungen vorauszuahnen, große Zusammenhänge zu sehen, die sich erst langfristig auswirken werden.

Dieses Gespür für Zukünftiges bewirkt auch, daß Sie trotz einer mehr oder weniger konservativen Grundeinstellung in vielen Bereichen durchaus fortschrittlich und unkonventionell sind. Meist sind Sie technisch interessiert und schaffen sich modernste Geräte an, die das Leben und die Arbeit erleichtern, rationalisieren oder effizienter machen. Sie beziehen zwar feste Standpunkte, für die Sie sich mit Überzeugung und oft auch sehr streitbar einsetzen, sind jedoch bereit, notfalls Ihre Positionen zu revidieren, wenn Sie erkennen, daß sie durch die fortschreitende Entwicklung überholt sind. Sie sind darauf bedacht, mit der Zeit stets Schritt zu halten, auf dem laufenden zu bleiben.

Geld gilt Ihnen als ein Zeichen von Macht und Ansehen, und deshalb sind ein wohlgepolstertes Bankkonto und materieller Besitz für Sie unabdingbar. Wenn möglich, erwerben Sie sich Haus- und Grundbesitz oder zumindest eine Eigentumswohnung. Auf dieses Ziel, das Sie langfristig planen, arbeiten Sie mit viel Energie hin. Und in der Regel erreichen Sie es auch. Nicht selten kommt Ihnen dabei Ihre Spürnase zugute, die es Ihnen ermöglicht, durch geschickte Investitionen Ihren Besitzstand zu mehren. Sie halten zusammen, was Sie haben, sind jedoch nicht geizig. Und wenn ein guter Freund finanzielle Hilfe braucht, sind Sie jederzeit bereit, ihm beizustehen.

Manche Skorpion-Eigenschaften können je nach der Konstellation des Gesamthoroskops ins Negative übersteigert werden. Dann wird aus vorsichtiger Zurückhaltung mißtrauische Verschlossenheit, aus selbstbewußter Bestimmtheit arrogante Herrschsucht, aus zäher Ausdauer verbohrte Sturheit, aus tiefer Leidenschaftlichkeit ungehemmte Triebhaftigkeit. Aus Reserviertheit wird Geheimniskrämerei, aus zielstrebigem Ehrgeiz rücksichtsloser Durchsetzungswille, der notfalls über Leichen geht. Freilich kann man solchen Tendenzen und Fehlentwicklungen, wenn sie rechtzeitig erkannt werden, durchaus steuern. Mit dem starken Willen, den der Skorpion besitzt, sollte es ihm möglich sein, dagegen anzukämpfen, so daß seine positiven Eigenschaften sein Tun und Lassen bestimmen.

Noch ein Wesenszug verdient Erwähnung: So sehr Sie darauf bedacht sind, Ihre eigenen Geheimnisse zu wahren, so stark faszinieren Sie die Geheimnisse anderer. Das ist nicht bloße Neugier, sondern eine Art Forscherdrang, der Sie antreibt, durch Oberflächen und Fassaden zum Kern der Dinge vorzustoßen. Vielleicht interessieren Sie sich deshalb auch für Grenzwissenschaften wie die Parapsychologie, für Okkultismus, Magie oder für Mystizismus. Nicht wenige Menschen mit dem Aszendentenzeichen Skorpion sind übrigens in kriminalistischen Berufen tätig, die es ihnen ermöglichen, ihr feines Gespür, ihren Scharfsinn und ihr Kombinationsvermögen in den Dienst der Allgemeinheit zu stellen.

*Mischtyp Skorpion/Waage*

Wenn der Aszendent in der Nähe des vorangehenden Tierkreiszeichens Waage, also am Anfang des Zeichens Skorpion,
steht, verändern sich die Charakteristiken des reinen Skor-
pion-Typs teilweise durch den Waage-Einfluß. Die dem Skorpion eigene Härte und Bedingungslosigkeit werden gemildert; er wird umgänglicher und anpassungswilliger, geht auf
seine Mitmenschen besser ein. Verstärkt wird das Streben
nach gesellschaftlichem und beruflichem Aufstieg, doch wird
dieses Ziel mit mehr Diplomatie angesteuert. Die Sexualsphäre kann größere Bedeutung gewinnen, regiert doch im
Zeichen Waage der Planet Venus; unter Umständen lassen
sich die drängenden Triebkräfte nur schwer bändigen und
kanalisieren.

*Mischtyp Skorpion/Schütze*

Je näher der Aszendent dem folgenden Tierkreiszeichen
Schütze steht, desto fühlbarer wird dessen Einfluß. An die
Stelle vorsichtig abwartender Zurückhaltung tritt aktivere
Offenheit. Weniger bedacht planend als energisch handelnd
werden die gesteckten Ziele angesteuert; dabei ist eine
gewisse Rücksichtslosigkeit nicht selten, denn der soziale
und berufliche Aufstieg ist für das Selbstverständnis und die
Selbstbestätigung des Mischtyps noch wichtiger als für den
reinen Skorpion-Typ. Das kann zu mancherlei Konflikten
mit der Umwelt führen, die mit Zähigkeit und eisernem Willen, oft auch mit Heftigkeit durchgefochten werden. Positiv
ist die größere Beweglichkeit und Wendigkeit in jeder Hinsicht, die der Schütze-Einfluß verleiht.

**Aszendentenzeichen Schütze**

Sie sind in jeder Hinsicht beweglich und schwungvoll, lieben
Freiheit und Unabhängigkeit, sind optimistisch und großzügig, streben nach Erweiterung Ihres Horizonts und sind in
der Regel sehr sportlich. Ihren Mitmenschen gegenüber sind
Sie umgänglich und hilfsbereit. Sie halten mit Ihrer Meinung
nicht hinterm Berg und schätzen es Ihrerseits, wenn man
Ihnen offen und aufrichtig begegnet. Sie stecken voller Ideen
und schmieden gern vielfältige Pläne. Sie lieben es ganz und
gar nicht, gegängelt oder herumkommandiert zu werden; es
fällt Ihnen schwer, sich unterzuordnen und Befehle auszuführen. Dabei streben Sie selbst nicht unbedingt nach einer
Führerrolle, sondern können ausgezeichnet in einem Team
arbeiten, in dem echte Gleichberechtigung herrscht. Sie

müssen immer etwas zu tun haben; nichts langweilt Sie mehr als Untätigkeit. Manchmal resultiert freilich aus diesem Drang eine innere Rastlosigkeit, die Sie nervös und fahrig wirken läßt. Selbst im Alter wollen Sie sich nicht zur Ruhe setzen, in tatenloser Behäbigkeit versinken. Sie haben Schwung, und Sie brauchen Schwung, um sich wohl zu fühlen.

Ihr Streben nach Horizonterweiterung ist sowohl wörtlich als auch im übertragenen Sinn zu verstehen. Sie reisen gern, möchten fremde Länder, andere Kulturen und neue Menschen kennenlernen. Sie sind nicht der Typ des Massentouristen, der die Welt nur durch die Linse des Fotoapparates oder der Filmkamera sieht und der von seinen Reisen nichts mitbringt als stapelweise bunte Bilder und Filme: Sie interessieren sich wirklich für das Fremde und Andersartige, wollen es begreifen und verstehen, und Sie versuchen, sich in andere Kulturen regelrecht einzuleben. Sie wollen immer gründlich informiert sein, um sich eine eigene Meinung bilden zu können. Im übertragenen Sinn erweitern Sie Ihren Horizont durch Lektüre, Studium, weiterführende Kurse und alles, was Ihr Wissen bereichern kann. Sie fassen rasch auf und sind imstande, sich auch aus bruchstückhaftem Wissen über ein Thema ein einigermaßen abgerundetes Bild zu machen. Deshalb können Sie anschaulich über alles mögliche reden und sind ein interessanter Gesprächspartner. Gern teilen Sie das, was Sie wissen, anderen mit; Sie können häufig mit Ihren Worten überzeugen und mitreißen.

Sie streben zielbewußt nach sozialem und beruflichem Aufstieg und nach materieller Absicherung. Sie wollen in der Gesellschaft etwas gelten, suchen Anerkennung und Auszeichnung. Und mit Ihrem nahezu unerschütterlichen Optimismus zweifeln Sie nicht daran, daß Sie die gesteckten Ziele erreichen können. Freilich kann Ihre überzeugte Ichbezogenheit zu Selbstüberschätzung führen, so daß Sie sich mehr zutrauen, als Sie tatsächlich können, und Fehlschläge erleiden. Gefährdet wird Ihr Aufstieg besonders auf dem beruflichen Sektor auch durch die Vielfalt Ihrer Interessen, die eine Verzettelung Ihrer Kräfte zur Folge haben kann, sowie durch Ihren ausgeprägten Freiheitswillen, der es Ihnen schwermacht, sich unterzuordnen und anzupassen. Sie haben nicht viel »Sitzfleisch«, können sich nur mit Mühe längere Zeit auf eine einzige Aufgabe konzentrieren. Es kann einige Zeit dauern, bis Sie in einer abhängigen Stellung »zu Stuhle« kommen, und wenn sich eine Möglichkeit zur Selbständigkeit bietet, zögern Sie selten, die erreichte Position aufzugeben. Das kann auch der Fall sein, wenn die Atmosphäre am Arbeitsplatz spannungsgeladen und unerfreulich ist oder eingefahrene Geleise jede Bewegungsfreiheit hemmen.

Beweglich wie Ihr Geist ist auch Ihr Gemüt. Anders gesagt: Sie leiden unter häufigen und plötzlichen Stimmungsschwankungen, sind in einer Minute gelöst und heiter, um in der nächsten unversehens in Unruhe, Zorn oder Trauer zu verfallen. Überdies sind Sie sehr leicht verwundbar, reagieren heftig auf Verletzungen Ihres Ichgefühls. Aber nie kämen Sie auf den Gedanken, sich durch Heimtücke oder Hinterlist für eine tatsächlich oder vermeintlich erlittene Schmach zu rächen. Sie schlagen in einem solchen Fall offen zurück, sind jedoch nicht nachtragend.

Stark ausgeprägt ist Ihr Gerechtigkeitssinn. Unerschrocken treten Sie auch für die Rechte anderer ein und helfen selbstlos Schwächeren, denen Unrecht geschieht. Wenn Sie Ihre Ansichten und Standpunkte vertreten, tun Sie dies ebenso bestimmt wie offen. Sie legen Ihre Worte selten auf die Waagschale, sondern sagen Ihre Meinung frei heraus, auch wenn Sie vielleicht andere dadurch verletzen oder sich selbst schaden. In dieser Hinsicht sind Sie von erstaunlicher Unbekümmertheit. Andere halten Sie deshalb manchmal für rücksichtslos und ungehobelt. In der Tat können Sie beim Verfechten Ihrer Ansichten weit über das Ziel hinausschießen und nicht nur unbesonnen, sondern auch taktlos und beleidigend sein. Halten Sie Ihre Zunge im Zaum!

Sie reden gern und meist auch gut, sind gewandt im Ausdruck, können überzeugen. Allerdings besteht die Gefahr allzu großer Redseligkeit, die sich in Banalitäten erschöpft: Unreife Schütze-Typen gefallen sich in einem leeren Wortgeklingel, in dem das eigene, maßlos überschätzte Ich das Zentralthema bildet. Die Kunst des Zuhörens ist ihnen fremd. Der reife Schütze hingegen nützt sein Talent im persönlichen wie im beruflichen Bereich: Er kann geschickt verhandeln, trefflich argumentieren und unermüdlich diskutieren. Er ist ein ideenreicher, beliebter Gesprächspartner.

In der Regel sind Sie sehr sportlich und auch in dieser Hinsicht vielseitig interessiert. Sie lieben und brauchen viel Bewegung, um Ihre innere Unruhe ausleben zu können. Wenn Sie ein ganz typischer Schütze sind, bevorzugen Sie den Pferdesport, denn zu Pferden (vielleicht auch zu Hunden) fühlen Sie sich besonders hingezogen. Ihr Ehrgeiz lockt

Sie, an sportlichen Wettkämpfen teilzunehmen; Wendigkeit und Geschicklichkeit zählen zu Ihren hervorstechendsten Eigenschaften. Um sich fit zu halten, treiben Sie vielleicht Ausgleichssport und achten auf Ihre Ernährung. Denken Sie jedoch bei Ihrer sportlichen Betätigung daran, Maß zu halten und sich nicht zu unbesonnenen Kräfteballungen hinreißen zu lassen! Bei Ihnen besteht die Gefahr von Sportunfällen, die hauptsächlich die Beine und den Rücken betreffen.

Sie sind umgänglich und dynamisch, und so finden Sie rasch Kontakt zu anderen Menschen. Sie warten nicht ab, bis man auf Sie zukommt, sondern tun von sich aus den ersten Schritt, um einen Menschen, für den Sie sich interessieren, näher kennenzulernen. Meist haben Sie einen recht großen Bekannten- und Freundeskreis, denn Sie brauchen vielfältige Anregungen durch möglichst unterschiedliche Menschen. Aus diesem Grund lassen Sie sich in keiner zwischenmenschlichen Beziehung ganz und gar in Beschlag nehmen — auch nicht in der Ehe. Hier brauchen Sie einen Partner, der keinen Ausschließlichkeitsanspruch an Sie stellt, sondern Ihnen den für Sie unbedingt notwendigen persönlichen Freiraum läßt. Anderseits sollten Sie Ihrerseits darauf achten, daß Sie den Partner nicht wegen Ihrer vielen Kontakte mit anderen Menschen vernachlässigen. Eine Ehe bedeutet zwar nicht Freiheitsverzicht, aber doch Bindung. Wenn Sie nicht fähig sind, eine solche Bindung auf längere Sicht einzugehen, sollten Sie besser nicht heiraten, denn Sie machen dadurch auf Dauer weder sich noch Ihren Partner glücklich.

Sie haben eine ganze Reihe von guten Eigenschaften, aber auch etliche Schwächen, zu denen vor allem Ihre mangelnde Konzentrationsfähigkeit auf Dinge und Menschen und Ihre geringe Stabilität gehören. Sie können diese Schwächen gezielt bekämpfen, denn Sie sind nicht nur klug und einsichtig, sondern Sie haben auch Kraft genug, um dagegen anzugehen. Je früher Sie sich bemühen, Ihre Unrast zu dämpfen, der Zersplitterung Ihrer Interessen und Aktivitäten zu steuern und mit mehr Überzeugung zu handeln, desto sicherer wird Ihnen dies gelingen.

*Mischtyp Schütze/Skorpion*

Liegt der Aszendent in der Nähe des vorangehenden Tierkreiszeichens Skorpion, so äußert sich dessen Einfluß als verstärkte Ichbezogenheit, größere Verschlossenheit, verminderte Umgänglichkeit. Mehr als beim reinen Schütze-

Typ ist das Interesse auf das persönliche Fortkommen konzentriert; notfalls wird zur Durchsetzung der eigenen Interessen mit »harten Bandagen« gearbeitet. Dem Mischtyp liegt wenig daran, sich in andere einzufühlen oder sich für andere einzusetzen. Bei der geringsten Verletzung seines Stolzes reagiert er beleidigt und kann sehr nachtragend sein. Anpassung liegt ihm ganz und gar nicht; seine Kontaktfähigkeit ist um so stärker eingeschränkt, je näher der Aszendent an der Spitze des Zeichens Schütze liegt.

*Mischtyp Schütze/Steinbock*

Je näher der Aszendent dem folgenden Tierkreiszeichen Steinbock liegt, desto deutlicher wird dessen hemmender, verzögernder Einfluß. Der dem reinen Schützen eigene Schwung läßt erheblich nach; bei der Verfolgung der Ziele können vielfältige Schwierigkeiten auftauchen, die erhöhten Krafteinsatz erfordern. Dafür hat der Mischtyp mehr Ausdauer und Zähigkeit und kann mit Fehlschlägen besser fertig werden. Er ist nicht mehr so offen und freimütig, sondern diplomatischer, und die eigenen Möglichkeiten werden nicht mehr so optimistisch gesehen; ein gewisses Mißtrauen erwacht, das vorsichtig und manchmal auch ziemlich berechnend macht.

**Aszendentenzeichen Steinbock**

Sie sind vorsichtig, sachlich, gründlich, systematisch, konzentriert, denken und handeln wohlüberlegt und realitätsbezogen. Im Umgang mit Ihren Mitmenschen sind Sie verschlossen, wirken nüchtern und gefühlsarm und meist sehr ernst. Sie sind weder sonderlich anpassungswillig noch anpassungsfähig. Früh schon beziehen Sie feste Standpunkte, doch sind Sie wenig bereit, diese im Laufe der Zeit zu revidieren; vielmehr neigen Sie zu festgefahrenen Ansichten und Ideen, die Sie mit großer Hartnäckigkeit verfechten. Für neue Ideen und andere Ansichten sind Sie wenig aufgeschlossen. Sie bestehen autoritär auf dem, was Sie für richtig halten. Deshalb gelten Sie häufig als starrsinnig und unbelehrbar stur. Mehrgleisigkeit liegt Ihnen nicht. Sie sind ein Realist, der mit beiden Beinen fest auf dem Boden der Tatsachen steht. Für Utopien und Phantastereien haben Sie nichts übrig. Ihre Grundhaltung der Welt und den Menschen gegenüber ist abwartend, kritisch prüfend und mißtrauisch. Es ist schwer, Sie für irgend etwas zu begeistern. Sie haben zwar Gefühle, doch zeigen Sie wenig davon. Jeglicher Überschwang ist Ihnen fremd. Selbst Menschen, die Ihnen nahestehen, wissen häufig nicht, was in Ihnen vorgeht, denn Sie kapseln sich ab, verschließen sich Ihrer Mitwelt, lassen andere nicht in sich hineinschauen.

Im Gegensatz zu den meisten anderen Menschen macht es Ihnen geradezu Freude, sich mit Schwierigkeiten auseinanderzusetzen, Hindernisse zu überwinden, Widerstand zu brechen. Sie gehen dabei weniger mit geballter Kraft als mit Ausdauer und Hartnäckigkeit vor. Stets bleiben Sie vorsichtig, planen Ihr Vorgehen Schritt für Schritt im voraus, berechnen genau die Möglichkeiten und Notwendigkeiten. Nie stürzen Sie sich Hals über Kopf in den Kampf, sondern Sie warten den richtigen Augenblick ab, um dann entschlossen zu handeln. Durch Fehl- und Rückschläge lassen Sie sich nicht entmutigen, sondern werden dadurch zu noch größerem Einsatz angestachelt. Wenn Sie etwas in die Hand genommen haben, dann wollen Sie es auch zu Ende führen. Halbe Sachen liegen Ihnen ganz und gar nicht.

Sie sind geistig vielleicht nicht übermäßig wendig, aber Sie denken konzentriert und gründlich, ja, oft bohrend, wollen den Dingen auf den Grund gehen. Hier wie in Ihrem Handeln gehen Sie methodisch vor, entwickeln Systeme, die es Ihnen erlauben, Ihr Wissen in einer logischen Ordnung zu speichern, um es jederzeit bestmöglich einsetzen zu können. Da Sie sehr viel mehr verstandes- als gefühlsorientiert sind, lassen Sie sich bei Ihren Überlegungen und Entscheidungen nur von Vernunftsargumenten leiten, nicht aber von Gefühlen beeinflussen oder gar mitreißen. Sie bewahren fast immer den sprichwörtlichen »kühlen Kopf«, der leidenschaftslos beobachtet, prüft und berechnet, sorgfältig plant und klug organisiert, wobei Sie stets auf dem Boden der Wirklichkeit bleiben. Bei Ihren Entscheidungen kommt Ihnen häufig die Gabe zugute, Situationen und Gegebenheiten auf einen Blick zu erfassen, auch wenn sie in den Augen anderer noch so verworren erscheinen. So kann es immer wieder geschehen, daß Sie bereits die ersten Taten geplant und eingeleitet haben, während andere noch vollauf damit beschäftigt sind, die Lage zu analysieren.

Sie zeigen wenig Gefühle, sind aber seelisch leicht verwundbar. Da Sie selbst in der Regel jedes Ihrer Worte genau abwägen und sich selten zu unüberlegten Äußerungen hinreißen lassen, nehmen Sie Ihrerseits auch alle Äußerungen Ihrer Mitmenschen ernst und reagieren empfindlich, wenn ein unbedachtes Wort Sie beleidigt. Wenn Sie gar meinen, daß man Sie absichtlich in Ihrem Stolz treffen, Ihr Ehrgefühl verletzen will, wenn Sie sich zurückgesetzt oder mißachtet glauben, nehmen Sie das sehr übel. Solche Kränkungen können Sie nicht vergessen. Wann immer möglich, nehmen Sie dafür Rache, und wenn es erst nach Jahren ist. Wer Sie in Ihrem Stolz und Ihrer Ehre kränkt, schafft sich einen unversöhnlichen Feind — oft auf Lebenszeit.

Sie wollen sich zwar nicht in den Vordergrund stellen, sind aber ungemein ehrgeizig. Ihr Streben zielt weniger auf materielle Güter als auf eine einflußreiche Position und auf gesellschaftliches Ansehen. Um dieses Ziel zu erreichen, nehmen Sie nicht nur schwere Anstrengungen, sondern notfalls auch Entbehrungen auf sich: Sie können auf viele Annehmlichkeiten verzichten, wenn das Ihrem Aufstieg nützt. Auf Besitzerwerb sind Sie nur insofern aus, als Sie sich für das Alter materiell absichern wollen. An einem wohlgepolsterten Bankkonto liegt Ihnen weniger als an »festen« Werten: Wenn möglich, erwerben Sie Haus- und Grundbesitz, oder Sie kaufen krisensichere Wertpapiere. Auf Spekulationsgeschäfte lassen Sie sich nicht ein, auch wenn sie möglicherweise einen schnellen Gewinn versprechen, denn Ihnen geht Sicherheit über alles. Sie bauen Ihren Besitz planmäßig Schritt für Schritt auf. Wenn Sie Kraft, Zeit und Geld investieren, sind Sie stets auf Rentabilität bedacht: Es muß sich für Sie lohnen. Sorgfältige Planung schützt Sie weitgehend vor Fehlschlägen. Sie geben niemals leichtsinnig Geld aus; Sie sind sparsam und manchmal sogar ausgesprochen geizig.

Es kann lange dauern, bis Sie zu anderen Menschen einen engeren Kontakt finden. Sie verhalten sich zunächst abwartend, kritisch prüfend, wenig gesprächig. Erst wenn Sie die Überzeugung gewonnen haben, daß Ihr Gegenüber Ihres Vertrauens würdig ist, tauen Sie auf. Doch selbst dann halten Sie mit Gefühlsäußerungen zurück, wirken oft kühl und förmlich, wahren stets eine gewisse Distanz. Niemals biedern Sie sich an. Wenn Sie eine engere Bindung eingehen, sind Sie ein treuer und zuverlässiger Partner. In zwischenmenschlichen Beziehungen bezeugen Sie ein ungewöhnliches Feingefühl: Sie sind imstande, aus Gesprächen die leisesten Untertöne herauszuhören, in schriftlichen Äußerungen zwischen den Zeilen zu lesen, Geheimnisse anderer zu enträtseln. Sich selbst lassen Sie jedoch nicht in die Karten schauen; Ihre eigenen Geheimnisse geben Sie niemals preis. Sie sind sparsam mit Worten und Gesten, und so weiß man oft nicht recht, woran man mit Ihnen ist. Sogar in einer Liebesbeziehung öffnen Sie sich dem Partner nicht ganz und gar, wenngleich vielleicht Ihre starke Sinnlichkeit den inneren Abstand, auf dessen Wahrung Sie unbewußt bedacht sind, nicht spürbar werden läßt. Wenn Sie sich gebunden haben, sind Sie sehr anhänglich; oft halten Sie an der Verbindung auch dann noch fest, wenn sie in den Augen anderer als gescheitert gilt: Ein echter Steinbock gibt nichts und niemals auf!

Was Ihnen manchmal fehlt, ist Selbstvertrauen. Wenn das für Sie zutrifft, dann leiden Sie nicht selten an Anfällen von Mutlosigkeit, neigen zu Depressionen, die Sie seelisch stark belasten. Das kann sich schon in jungen Jahren äußern. Sie können dagegen ankämpfen. Am ehesten haben Sie Erfolg, wenn Sie jemanden finden, der Ihnen den Rücken steift, Sie ermutigt und festigt. Die Belastung durch Depressionen ist freilich eine Tendenz, die bei den meisten Menschen mit dem Aszendentenzeichen Steinbock festzustellen ist.

Sie brauchen kein »Bruder Leichtfuß« zu werden, aber Sie sollten doch versuchen, etwas von Ihrer Erdenschwere abzustreifen, sich Ihrer Umwelt mehr zu öffnen, Ihre Strenge und Härte zu mildern. Sie können ausdauernd und angestrengt arbeiten: Achten Sie darauf, daß Sie nicht zum »Arbeitstier« werden, dem die berufliche Karriere über alles geht! Sie sind zurückhaltend und vorsichtig: Lassen Sie sich in zwischenmenschlichen Beziehungen nicht vorwiegend von Mißtrauen und Argwohn leiten! Sie sind ein Verstandesmensch: Werden Sie nicht zum gefühllosen Eisberg, der andere frösteln macht! Sie sind ein sachlicher Realist: Werden Sie nicht zum kalt berechnenden Egoisten! Nutzen Sie die vielen guten Eigenschaften, die Ihnen gegeben sind, doch hüten Sie sich vor Übersteigerungen, durch die sie allzu leicht ins Negative umschlagen können!

*Mischtyp Steinbock/Schütze*

Befindet sich der Aszendent in der Nähe des vorangehenden Tierkreiszeichens Schütze, so wird auch dessen Einfluß deutlich. Das äußert sich in einer Steigerung des sowieso schon starken Ehrgeizes: Der berufliche und soziale Aufstieg rückt in den Mittelpunkt der Interessen. Die Durchsetzung der gesteckten Ziele wird jedoch mit weniger Konzentration und Zähigkeit betrieben. Der Mischtyp gibt sich im Umgang mit anderen aufgeschlossener, herzlicher, ohne eine vorsichtige Verhaltenheit gänzlich zu verlieren. Er ist wie der reine Steinbock-Typ zwar auf materielle Absicherung bedacht, aber wendiger und risikofreudiger. Nicht selten leidet er unter starken inneren Spannungen.

*Mischtyp Steinbock/Wassermann*

Wenn sich der Aszendent am Ende des Zeichens Steinbock, also nahe dem folgenden Zeichen Wassermann befindet, werden die typischen Steinbock-Eigenschaften mehr oder weniger verändert. Festzustellen sind eine gesteigerte Kontaktfähigkeit und -willigkeit, größere Aufgeschlossenheit gegenüber den Mitmenschen und eine Abschwächung der Ichbezogenheit. Der Mischtyp neigt häufig zu Täuschungsmanövern, arbeitet gern mit List und Schläue, um seine Ziele zu erreichen. Er versteht es, andere hinters Licht zu führen oder zu überrumpeln. Er hat eine feine Nase für Gegebenheiten und Möglichkeiten und ist oft ein hervorragender Menschenkenner, der scharf beobachtet und treffsicher urteilt.

## Aszendentenzeichen Wassermann

Sie sind selbstbewußt, eigenwillig, entschlossen, auf Ihre Freiheit und Unabhängigkeit bedacht, humanitär und fortschrittlich eingestellt, allem Neuen aufgeschlossen, phantasievoll und originell. Im Umgang mit Ihren Mitmenschen sind Sie liebenswürdig, entgegenkommend, kontaktfreudig; man findet Sie sympathisch. Sie sind im Grunde Ihres Herzens ein Optimist, glauben an das Gute im Menschen und wollen die Entwicklung der Menschheit zu mehr Gerechtigkeit und Freiheit fördern. Sie kennen keine Standesunterschiede, halten nichts von leeren Formeln und überholten Traditionen, verabscheuen hohle Konventionen. Sie sind notfalls bereit, für mehr Humanität zu kämpfen. Sie sind zwar kein Utopist, aber gelegentlich steigern Sie sich durch Ihre rege Phantasie in Wunschvorstellungen hinein, die sich nicht verwirklichen lassen; Enttäuschungen bleiben in diesem Fall nicht aus. In der Regel allerdings stehen Sie auf dem Boden der Tatsachen und konzentrieren sich auf das, was unter den gegebenen Umständen machbar ist, wobei Sie oft versuchen, die Grenzen des Machbaren zu erweitern, Neuland zu erschließen. In Ihrem Denken und Tun bleiben Sie nicht der Vergangenheit verhaftet, sondern sind dem Kommenden zugewandt. Nicht selten beseelt Sie ein ausgesprochener Pioniergeist.

So verbindlich und entgegenkommend Sie sich Ihren Mitmenschen gegenüber auch geben, so sind Sie doch nicht bereit, sich von anderen gängeln oder herumkommandieren zu lassen: Sie wissen genau, was Sie wollen, haben fest umrissene Ziele und stehen sicher auf eigenen Füßen. Sie wollen sich Ihr Leben nach Ihren eigenen Vorstellungen einrichten und gestalten. Zwang in jeder Form lehnen Sie entschieden ab, nicht nur für sich, sondern für jedermann. Sie fordern für alle Menschen die Chance, sich frei entwickeln zu können. Zwar wissen Sie, daß das soziale Gefüge, in das jeder hineingeboren wird, zwangsläufig gewisse Beschränkungen auferlegt und Konzessionen erfordert, aber Sie bestehen darauf, daß die Rechte des einzelnen so wenig wie möglich beschnitten werden. Sie achten die Gesetze, denn Ordnung muß sein, aber Sie sind bestrebt, sie zum Besseren zu verändern, und dabei entwickeln Sie manchmal Ideen, die in den Augen Ihrer Umwelt als revolutionär erscheinen.

Ihre Kontaktfreudigkeit sichert Ihnen meist einen großen Bekannten- und Freundeskreis, doch sind Sie bei aller Herzlichkeit stets auf eine gewisse Distanz bedacht. Sie können sich zwar in andere gut einfühlen, haben viel Verständnis für Ihre Mitmenschen, aber Sie wollen sich ebensowenig in das Leben anderer eindrängen, wie Sie jede Einmischung in Ihr Leben ablehnen. Sie sind mehr verstandes- als gefühlsorientiert. Bei Ihrem Denken und Tun lassen Sie sich von Ihrer Vernunft und Ihrem gesunden Menschenverstand leiten. Sie wirken ruhig und überlegt; Ihre Äußerungen sind klar und einprägsam. Sie haben ein Gespür für Möglichkeiten, die »in der Luft« liegen, und dank Ihrer kritischen Urteilskraft wissen Sie meist genau, was realisierbar ist.

Sie lassen sich in Ihre Pläne und Unternehmungen nicht dreinreden. Gesteckte Ziele verfolgen Sie mit zäher Ausdauer selbst dann noch, wenn Ihnen Zweifel kommen: Sie wollen ausprobieren, ob Sie nicht vielleicht dennoch zum Erfolg kommen. Auf jeden Fall lassen Sie sich nicht durch andere Menschen, sondern nur durch eigene Erfahrung belehren. Fehlschläge entmutigen Sie nicht. Auch wenn Sie ganz von vorn beginnen müssen, machen Sie sich unverdrossen und energisch an die Arbeit. Sie lernen aus Ihren Fehlern; nur ganz selten machen Sie denselben Fehler zweimal.

So ruhig Sie nach außen hin auch meist wirken, so geht es doch in Ihrem Inneren ziemlich unruhig zu: Sie leiden an einer seelischen Unrast, die oft starke Spannungen erzeugt. Nicht selten schlagen Ihre Simmungen ohne offenkundigen Anlaß sprunghaft um; Sie zeigen Launen, die für Sie und Ihre Mitwelt eine große Belastung sein können. Ihr Gemüt kann sich verdüstern, ohne daß eine konkrete Ursache erkennbar ist. In solchen Situationen treffen Sie manchmal Entscheidungen, die unter Umständen zu schicksalhaften Umbrüchen in Ihrem Leben führen.

Die seelische Unrast, die den Menschen mit dem Aszendentenzeichen Wassermann zu eigen ist, kann bei ungünstiger Konstellation und mangelnder Reife die ganze Persönlichkeit erfassen. Der unreife Wassermanntyp ist auffallend labil. Im Berufsleben hält er es bei keiner Aufgabe und in keiner Position lange aus; er ist wenig zuverlässig, denkt und handelt sprunghaft, wirkt nicht selten desinteressiert und wirklichkeitsfremd. Die Ziele, die er sich steckt, wechseln häufig und werden nicht sonderlich ausdauernd und geradlinig verfolgt. Er weicht jeder festen Bindung nach Möglichkeit aus, will absolut frei und unabhängig sein. Häufige Ortswechsel können ein äußeres Zeichen seiner Ruhelosigkeit sein. In keinem Lebensbereich faßt er festen Fuß, mit nichts ist er wirklich zufrieden. Ständig ist er auf der Suche nach dem Andersartigen, Außergewöhnlichen; häufig hängt er verschwommenen romantischen Vorstellungen nach. An stabilen zwischenmenschlichen Beziehungen liegt ihm wenig. Oft lebt er über seine Verhältnisse, ohne sich darüber viel Gedanken zu machen. Manchmal schließt er sich revolutionären Bewegungen an oder ruft solche ins Leben, oder er beschäftigt sich mit ungewöhnlichen Erfahrungsbereichen, interessiert sich für Okkultismus und Spiritismus. Auffallend ist auch die sehr starke Ichbezogenheit, die bis zum krassen Egoismus reichen kann. In diesem Fall lebt er nur für seine eigenen Interessen, zeigt nichts von der für den reifen Wassermann-Typ charakteristischen altruistischen Einstellung.

Doch kehren wir zu den positiven Eigenschaften des reifen Wassermanns zurück. Er ist weltoffen und von starkem Wissensdrang erfüllt. Stets ist er bereit, anderen zu helfen, wobei er nicht selten Gefahr läuft, von seiner Umwelt ausgenützt zu werden. Man kann bei ihm sehr viel erreichen, wenn man seine Sympathie gewonnen hat, aber wer ihn zu etwas zwingen, ihm etwas abtrotzen möchte, der stößt auf Granit. Mit Gewalt läßt sich bei ihm nichts ausrichten. Unter Zwang wird er widerspenstig, setzt ihm eisernen Widerstand entgegen. Dann erwacht in ihm eine Kämpfernatur, die man ihm angesichts seiner sonstigen Verhaltenheit kaum zugetraut hätte.

Er kann in Aufgaben und Arbeiten, die ihn interessieren, völlig aufgehen und dabei sogar jedes Zeitgefühl verlieren. In diesem Fall besteht die Gefahr, daß er seine Gesundheit vernachlässigt, seinem Körper nicht die Bewegung verschafft, die er unbedingt braucht (häufig leiden Menschen mit dem Aszendentenzeichen Wassermann an Kreislaufstörungen, besonders an Unterdruck, aber auch an Krampfadern und anderen Erkrankungen, die durch Bewegungsmangel bedingt sind). Oft kommt die Einsicht, daß auch der Körper seine Rechte fordert und jede Vernachlässigung der Gesundheit sich rächt, erst reichlich spät — dann nämlich, wenn sich bereits Schäden eingestellt haben, die nicht mehr übersehen werden können. Lassen Sie es nicht so weit kommen, sondern entwickeln und befolgen Sie rechtzeitig Ihr Fitneß-Programm, bei dem viel körperliche Bewegung in frischer Luft unbedingt an erster Stelle stehen sollte!

Bei all Ihrem Denken und Tun sind Sie nie hauptsächlich auf den materiellen Gewinn bedacht; Sie wollen zwar soviel erwirtschaften, daß Sie sorglos davon leben können, aber Sie häufen selten Reichtümer an. Geldmangel bedrückt Sie, weil Sie dann nicht den Kopf für Dinge frei haben, die für Sie wichtiger sind. Ungern nehmen Sie Kredite auf, denn Sie wollen niemandem etwas schuldig sein, auch nicht einer Bank. Es fällt Ihnen schwer, kaufmännisch zu denken, weil Sie bei all Ihrem Tun den finanziellen Ertrag immer erst in zweiter Linie im Auge haben. Aber da man in dieser Welt nun einmal ohne Geld nicht auskommt, sollten Sie darauf achten, sich rechtzeitig eine stabile materielle Basis zu schaffen, die Ihnen die gewünschte und für Sie notwendige Bewegungsfreiheit sichert.

*Mischtyp Wassermann/Steinbock*

Liegt der Aszendent in der Nähe des vorangehenden Tierkreiszeichens Steinbock, so äußert sich auch dessen stabilisierender, eindämmender Einfluß. Verstärkt werden Zielstrebigkeit, Pflichtbewußtsein und Konzentration, abgeschwächt die Weltoffenheit und die sympathische Verbindlichkeit im Umgang mit den Mitmenschen. Ehrgeiziger wird der berufliche und soziale Aufstieg angestrebt; das Gewinndenken tritt stärker in den Vordergrund. Anderseits können sich durch den Einfluß des im Zeichen Steinbock herrschenden Planeten Saturn Hemmungen und Erschwernisse ergeben, die sich auf vielen Gebieten auswirken; Erfolge müssen mit mehr Einsatz erkämpft werden. Im Gefühlsleben tritt häufig eine sich durchaus positiv auswirkende Stabilisierung und Beruhigung ein.

## Mischtyp Wassermann/Fische

Je näher der Aszendent dem folgenden Tierkreiszeichen Fische steht, desto deutlicher wird dessen Einfluß. Im seelischen Bereich wirkt er sich als Verstärkung der inneren Spannungen aus; die Stimmungen schwanken stark. Die gesteckten Ziele sind häufig wenig scharf umrissen oder werden oft gewechselt. Abgeschwächt sind die Einsatzfreude und die Verantwortungsbereitschaft; der Mischtyp verläßt sich weniger auf seine eigenen Kräfte und Fähigkeiten als auf Hilfe von außen. Seine Durchsetzungskraft ist nicht sonderlich groß. Immerhin hat er eine feine Nase und kann sich bietende Gelegenheiten klug nutzen.

### Aszendentenzeichen Fische

Sie sind sehr gefühlsbetont, sensibel, mitfühlend, zurückhaltend, gutmütig, höflich, hilfsbereit, beeindruckbar und phantasievoll. Im Umgang mit Ihren Mitmenschen sind Sie freundlich, oft unsicher und fast schüchtern; ungern stehen Sie im Mittelpunkt des Interesses, und kaum je versuchen Sie, sich in den Vordergrund zu schieben. Sie entfalten keine besonders große Aktivität, sondern lassen die Menschen und Dinge lieber auf sich zukommen. Sie wirken weich, haben oft wenig Durchsetzungsvermögen und -willen, und deshalb ergreifen Sie selten die Initiative, scheuen den Kampf, die kräftefordernde Auseinandersetzung. Sie sind bestrebt, Schwierigkeiten auszuweichen; wann immer möglich, bevorzugen Sie den Weg des geringsten Widerstands. Sie sind zwar in der Regel nicht feig, aber sehr unsicher und deshalb oft unentschlossen, mutlos oder überängstlich; Sie trauen sich weniger zu, als Sie in Wirklichkeit können. Mehr Selbstvertrauen und Selbstsicherheit würde Ihnen so manches im Leben ganz erheblich erleichtern.

Sie sind sehr sensibel, haben ein feines Gespür. Vieles erfassen Sie nicht mit dem Verstand, sondern ausschließlich mit dem Gefühl. Sie haben die Gabe des intuitiven Erkennens und können auf diese Weise Einsichten gewinnen, die dem reinen Verstandesmenschen verborgen bleiben. Häufig können Sie Entwicklungen vorausahnen, Zusammenhänge erspüren, Möglichkeiten erfühlen, doch nicht immer wissen Sie diese Fähigkeit zu Ihrem Nutzen zu gebrauchen. Wenn der harte Lebenskampf in der rauhen Welt des Wirklichen Sie überfordert, neigen Sie manchmal zur Realitätsflucht: Mit Hilfe Ihrer ungemein regen Phantasie bauen Sie sich eine Wunschwelt auf, in die Sie sich immer wieder zurückziehen. Dadurch aber wird keines Ihrer Probleme gelöst: Man muß sich der Wirklichkeit stellen. Ein anderer Ausgleich für mangelndes Durchsetzungsvermögen kann darin bestehen, daß Sie Anschluß an stärkere Menschen suchen, die Ihnen den Rücken steifen. Wenn Sie den oder die richtigen Partner gefunden haben, kann Ihnen das sehr viel helfen.

Sie legen großen Wert auf eine harmonische, konfliktfreie Atmosphäre. Das ist für Sie besonders in engen Bindungen wichtig, aber auch im Berufsleben können Sie keine Spannungen brauchen. Notfalls sind Sie bereit, sich anderen Menschen und nicht veränderbaren Gegebenheiten anzupassen, um Reibereien zu vermeiden und Gegensätze zu überbrükken. Dann kann es freilich geschehen, daß man Ihre Passivität und scheinbare (oder echte) Furchtsamkeit ausnützt, Sie benachteiligt oder in den Hintergrund drängt. Sie können sich jedoch notfalls durchaus auch »auf die Hinterbeine stellen«, recht starrsinnig und resolut sein. Lassen Sie sich bei aller Kompromißbereitschaft Ihrerseits nicht ausbeuten, zurücksetzen oder übervorteilen!

Sie können sehr viel leisten, wenn Sie sich mit Aufgaben befassen, die Ihnen liegen und die Sie beherrschen. Gesteigert werden Leistungsfähigkeit und Leistungswille durch Lob und Anerkennung, die für Sie sehr wichtig sind: Wenn Sie sich bestätigt sehen, wächst auch Ihre Selbstsicherheit. Im Berufsleben streben Sie zwar nach einer Position, die Ihnen Ansehen bringt, aber nur zögernd übernehmen Sie Stellungen, in denen Sie eigene Verantwortung tragen müssen, Entscheidungen zu treffen haben, die mit einem Risiko verbunden sind. Aus diesem Grund sind Menschen mit dem Aszendentenzeichen Fische in freien Berufen seltener anzutreffen als Menschen mit anderen Aszendentenzeichen. Sie fühlen sich dem harten Konkurrenzkampf nicht gewachsen, in dem man nur mit stabilen Ellenbogen bestehen kann. Häufig liegen Ihnen Berufe am meisten, in denen Sie anderen Menschen irgendwie helfen können.

Sie sind zwar vielleicht geduldig, doch fehlt es Ihnen an Ausdauer und Beharrlichkeit. Manchmal mobilisieren Sie starke Willenskräfte, doch lange halten Sie das nicht durch, besonders dann nicht, wenn Sie auf Schwierigkeiten und Widerstände stoßen. So kann es geschehen, daß Sie manches nicht zu Ende führen, was einen verheißungsvollen Anfang genommen hatte. Manchmal sind Sie auch regelrecht bequem, lassen die Dinge ihren Lauf nehmen, setzen sich von vornherein keine sonderlich hohen Ziele. Oder Sie zersplittern Ihre Interessen, haben mehrere Eisen gleichzeitig im Feuer und verlieren dann den Überblick. Zwar verwenden Sie einige Mühe auf den Gelderwerb und können es zu einem ansehnlichen Vermögen bringen, aber es fällt Ihnen oft schwer, Ihr Geld zusammenzuhalten. Im Geldausgeben haben Sie nicht immer eine glückliche Hand; nicht selten sind Sie ziemlich großzügig und obendrein unüberlegt. Wenn Sie zu dieser Gruppe von Fische-Menschen gehören, wäre es für Sie am besten, wenn Sie Ihre Einkünfte in festen Werten anlegten, also in Haus- und Grundbesitz oder in krisensicheren Wertpapieren, die Ihnen eine tragfähige, stabile materielle Basis auf Dauer sichern.

Sie sind ein Gemütsmensch, der die Welt gefühlsmäßig erfaßt. In der Regel sind Sie tief beeindruckbar, aber auch leicht beeinflußbar. Sie agieren weniger, als daß Sie reagieren. Stark abhängig sind Sie von Stimmungsschwankungen, die Sie nur schwer steuern oder dämpfen können; deshalb gelten Sie unter Ihren Mitmenschen als launenhaft und ziemlich unberechenbar. Wenn die seelischen Spannungen übermächtig werden, kann es durchaus sein, daß Sie sich völlig aus Ihrer Umwelt zurückziehen, sich in die Wunschwelt flüchten, die Sie mit Ihrer regen Phantasie aufbauen. Auf der anderen Seite können Sie sich aber auch mit viel Gefühl, Verständnis und Engagement Ihren Mitmenschen zuwenden: Sie fühlen und leiden mit ihnen, wollen helfen, ja, Sie sind bereit, sich für Menschen aufzuopfern, die Ihnen sehr nahe stehen. Allerdings entspringt diese Opferbereitschaft häufig dem unbewußten oder uneingestandenen Wunsch nach Belohnung und Anerkennung, nach einer Gegengabe; sie ist also keineswegs ganz und gar selbstlos.

Ihre Gefühle sind nicht nur leicht ansprechbar, sondern Sie neigen auch Ihrerseits dazu, Ihre Gefühle »aufzuschaukeln«, sich in Stimmungen oder gefühlsbetonte Vorstellungen hineinzusteigern. Das zeigt sich beispielsweise auch dann, wenn Sie über Erlebnisse sprechen, die Sie aus irgendeinem Grund tief berührt, aufgewühlt oder besonders erregt haben. Dann geben Sie Ihre übliche Zurückhaltung auf und steigern sich in einen regelrechten Redestrom. Dabei passiert es Ihnen nicht selten, daß Sie Ihre Erzählung phantasievoll ausschmücken; besonders leicht erliegen Sie der Versuchung, Ihre eigene Rolle im Geschehen aufzuwerten, sich größer, wichtiger oder heldenhafter erscheinen zu lassen, als Sie in Wirklichkeit waren.

Ihre Anfälligkeit für starke Stimmungsschwankungen, Ihre mangelnde Ausdauer und Ihre nicht sonderlich starke Willenskraft sowie Ihre Neigung, beim Auftreten von Schwierigkeiten und Hindernissen die Flinte vorschnell ins Korn zu werfen, kann zu manchen Umbrüchen in Ihrem Leben führen, im persönlichen Bereich ebenso wie im Berufsleben. Unbewußt suchen Sie vielleicht sogar immer wieder die Chance für einen Neubeginn, wenn Sie vom Gang der Dinge enttäuscht werden und die Wirklichkeit nicht hält, was Ihnen Ihre Träume vorgegaukelt hatten. Irgendwann, so hoffen Sie, werden sich Ihre Träume schon noch verwirklichen lassen, und wenn es auf dem eingeschlagenen Weg nicht möglich war, zögern Sie nicht, ihn aufzugeben und einen neuen Anfang zu machen.

Für Sie wäre es wichtig, einen zuverlässigen, starken Partner zu haben, auf den Sie sich stützen können, der Ihnen Mut gibt und Ihr Selbstvertrauen stärkt. Sie müssen aber Ihrerseits darauf achten, Ihre sich in zwischenmenschliche Beziehungen negativ auswirkenden Anlagen und Eigenschaften so weit wie möglich in den Griff zu bekommen; nur dann sind Stabilität und Dauer der Partnerschaft gewährleistet.

## Mischtyp Fische/Wassermann

Je näher der Aszendent dem vorangehenden Tierkreiszeichen Wassermann steht, desto mehr wirkt dessen verfestigender, stabilisierender Einfluß. Das äußert sich in stärkerer Selbstsicherheit, mehr Zielstrebigkeit und erhöhter Ausdauer und Zähigkeit. Der Mischtyp vermag sich wesentlich besser durchzusetzen als der reine Fische-Typ. Er vertritt mit größerer Entschlossenheit seine Standpunkte und Interessen, ist weit weniger schwankend in seinen Zielsetzungen und läßt sich durch Hindernisse und Schwierigkeiten weniger leicht entmutigen. Erhalten bleiben das Interesse und der Einsatz für die Mitmenschen und ein Idealismus, dem krasses Profitdenken und materielle Erwägungen weitgehend fremd sind.

## Mischtyp Fische/Widder

Befindet sich der Aszendent in der Nähe des folgenden Tierkreiszeichens Widder, so wird auch dessen Einfluß wirksam, doch behalten in der Regel die Fische-Charakteristiken die Oberhand. Ehrgeiz und Willenskraft sind zwar stärker, doch reichen sie oft dennoch nicht aus, um die gesteckten Ziele zu erreichen. Die Passivität ist abgeschwächt, aber harte Ellenbogen hat auch der Mischtyp nicht. Der Widder-Einfluß kann zu starken inneren Spannungen führen: Die Kluft zwischen Wollen und Können, zwischen Wunsch und Wirklichkeit erzeugt Unzufriedenheit mit sich selbst, ein Gefühl des Ungenügens, das mutlos und unglücklich machen kann.

# Was kann ich?

Das Individualhoroskop vermag über Anlagen, Fähigkeiten und Entwicklungsmöglichkeiten eines Menschen sehr genaue Auskünfte zu geben. Ein erfahrener Astrologe ist deshalb imstande, zu sagen, welche schulische Ausbildung und welche Berufe den Gegebenheiten eines bestimmten Menschen am besten entsprechen. Die Grundlage einer derart scharf eingegrenzten Aussage ist stets das vollständige Geburtshoroskop. Ohne dieses sind nur allgemeinere Hinweise zulässig, die jeweils für einen größeren Personenkreis zutreffen, aber dennoch sinnvoll sind, weil sie prinzipielle Neigungen und Eignungen deutlich machen. Wie wichtig es ist, schon im Schulalter darauf Rücksicht zu nehmen, liegt auf der Hand: Wenn man ein Kind, das eher gefühls- als verstandesorientiert ist und große Mühe hat, in abstrakten Begriffen zu denken, auf eine Schule schickt, in deren Lehrplänen Mathematik und andere exakte Wissenschaften an erster Stelle stehen, ist ein Mißerfolg geradezu vorprogrammiert. Das Kind muß sich unendlich abmühen, um dem Unterricht überhaupt folgen zu können; zum sowieso schon gegebenen Schulstreß kommt die ständige Angst vor dem Versagen, kommt die dauernde Überforderung seiner Fähigkeiten. Trotz allen guten Willens und Fleißes sind herausragende Zeugnisse unter solchen Umständen kaum zu erwarten. An einer Schule mit musischem Schwergewicht hingegen könnte das Kind gute oder gar ausgezeichnete Leistungen erbringen, und der Unterricht würde ihm zusagen und Freude machen.

Auch hinsichtlich der Berufswahl sind ohne Individualhoroskop nur allgemeine Betrachtungen erlaubt. In manchen astrologischen Büchern werden zu den Tierkreiszeichen ganz bestimmte Berufe in Bezug gebracht, etwa in dem Sinn, daß Widder-Geborene am besten Elektrotechniker, Chauffeure, Monteure, Schmiede, Schweißer, Heizer oder auch Feuerwehrleute werden sollten, da diese Berufe ihrem Naturell entsprächen. Solche Behauptungen haben wenig Sinn. Die Berufseignung hängt ja nicht nur vom Sonnenzeichen ab, sondern von vielen anderen Elementen des Horoskops, beispielsweise von der Position der Spitze des 10. Hauses und von dessen Planetenbesetzung, aber auch von den Grundtendenzen des ganzen Horoskops. Nur die Zusammenschau aller Faktoren erlaubt eine exakt abgegrenzte Prognose.

In unserer Übersicht geben wir daher Hinweise allgemeiner Natur, die auf den drei astrologisch wichtigsten Bestandteilen für die Bestimmung der Anlagen und Fähigkeiten eines Menschen beruhen: nach den Sonnenzeichen, nach den Zeichen der 10. Häuserspitze und nach der Planetenbesetzung des 10. Hauses. Sein Sonnenzeichen kennt jeder; für die beiden anderen Faktoren ist ein Geburtshoroskop nötig (siehe 7. Kapitel).

## Aussagen nach Sonnenzeichen

### Sonnenzeichen Widder

Der typische Widder-Geborene ist weit mehr willens- und verstandesbestimmt als gefühlsorientiert. Er ist extravertiert, lebt von innen nach außen. Das bedeutet, daß er Dinge, Menschen und Ereignisse nicht passiv auf sich zukommen läßt, sondern als aktiv Handelnder sein Leben gestaltet. Früh schon erwachen in ihm Leistungswille und Ehrgeiz. Gern nimmt er Herausforderungen an, die ihm die Möglichkeit geben, sich zu bestätigen, vor anderen auszuzeichnen. Er scheut nicht den Kampf, weicht Schwierigkeiten nicht aus. Das Bewußtsein, etwas geleistet zu haben, ist für ihn ebenso wichtig wie die Anerkennung durch die Mitwelt.

In seinem Denken wie in seinen Äußerungen ist er direkt, offen, unkompliziert und schnell. Er haßt Lügen und Heimtücke. In der Regel steuert er geradewegs auf seine Ziele zu; taktische oder diplomatische Umwege sind ihm zu umständlich. Lieber nimmt er in Kauf, daß er hin und wieder mit dem Kopf gegen die Wand rennt. Mißerfolgen trauert er nicht lange nach, sondern er nimmt kurzerhand einen neuen Anlauf, um im zweiten Ansturm zum Erfolg zu kommen, oder er verliert das Interesse und schlägt eine völlig andere Richtung ein.

Widder-Geborene sind meist nicht nur sehr sicher und selbstbewußt, sondern oft stark auf ihre persönlichen Interessen zentriert. Diese Egozentrik darf jedoch nicht als Egoismus (Selbstsucht) mißverstanden werden; es fällt ihnen einfach schwer, die Welt mit den Augen anderer zu sehen, sich in andere einzufühlen. Sie sind nicht eigenbrötlerisch (dazu sind sie zu extravertiert), aber sie sind ungemein eigenwillig. Gerade beim noch unreifen Widder kann das dazu führen, daß er meint, alles müsse nach seiner Pfeife tanzen. Und auch der reife Widder hat Mühe, sich dem Willen anderer unterzuordnen. Er fühlt sich für Führungsaufgaben und führende Positionen geboren. In der Tat ist er dafür geeignet, wenn er die negativen Widder-Züge einzudämmen vermag: unbedachte Impulsivität, Ungeduld, mangelnde Bereitschaft zur Zusammenarbeit.

In der Regel sind die unter diesem Zeichen Geborenen sehr selbständig. Selten wünschen und brauchen sie die Hilfe anderer. Sie scheuen nicht davor zurück, große Verantwortung zu übernehmen; im Vertrauen auf ihre Kraftreserven wagen sie sich auch an Aufgaben, die ihre augenblicklichen Fähigkeiten übersteigen, und häufig wachsen ihnen in der Auseinandersetzung mit diesen Aufgaben die nötigen Kräfte zu. Ganz und gar nicht liegt ihnen alles, was Routine bedeutet: Sie brauchen stets neue Ziele, neue Tätigkeiten, die ihr Interesse fesseln. Nicht selten wenden sie sich bereits wieder Neuem zu, noch ehe das Angefangene erledigt ist — dann nämlich, wenn es keine Probleme mehr stellt, wenn es von selbst läuft und damit auch von anderen weitergeführt werden kann. Sie wollen ankurbeln, planen, organisieren, leiten, Pionierarbeit leisten.

Die Praxis liegt ihnen weit mehr als die Theorie; sie arbeiten lieber mit Fakten als mit Vermutungen. Sie denken konkret, und ebenso konkret sind sie in ihren mündlichen und schriftlichen Äußerungen. Sonderlich phantasievoll sind sie in der Regel nicht. Deshalb fällt es ihnen auch schwer, sich in andere Menschen einzufühlen, ihre Gedanken zu erraten, ihre Stimmungen zu verstehen.

Am besten liegen den Widder-Geborenen Berufe, die viel Abwechslung bringen und die ihnen die Möglichkeit bieten, Eigeninitiative zu entfalten. Wenn Reisen damit verbunden sind — um so besser, denn der Widder liebt den Ortswechsel, braucht immer wieder neue Eindrücke und Anregungen. Ein lebendiges Betriebsklima ist für ihn fast lebensnotwendig; in staubiger, schläfriger Enge kann er sich nicht entfalten. Gern übernimmt er Aufgaben, die hohe Anforderungen an seine Kräfte und Fähigkeiten stellen; es fehlt ihm nicht an Mut und Selbstvertrauen, und so wagt er sich auch in Neuland, scheut kein vernünftiges Risiko. Praxisorientierte Tätigkeiten liegen ihm weit mehr als Beschäftigungen, die ihn zwingen, sich mit Theorien zu befassen. Auch fällt es ihm schwer, sich längere Zeit ausschließlich auf eine Sache zu konzentrieren. Seine Direktheit und mangelndes Einfühlungsvermögen können sein Verhältnis zu Vorgesetzten, Kollegen und Untergebenen belasten; oft brüskiert er sie, ohne das zu wollen. Ganz und gar nicht erträgt er es, gegängelt, bevormundet oder gar unterdrückt zu werden. Er braucht auch im Beruf seinen persönlichen Freiraum. Auf eine unkündbare, aber dafür langweilige Position legt er keinen Wert; die materielle Absicherung steht bei ihm nicht im Vordergrund, wenngleich er in der Regel darauf bedacht ist, daß von ihm erbrachte Leistungen angemessen honoriert werden.

Manche an sich löbliche Widder-Eigenschaften schlagen ins Negative um, wenn sie übersteigert werden. So kann ungezügelter Freiheits- und Unabhängigkeitsdrang dazu führen, daß sie es in keiner Stellung lang aushalten. Mangelnde Geduld und fehlendes Beharrungsvermögen bewirken, daß keine Aufgabe ordnungsgemäß und vollständig erledigt wird. Willensübersteigerungen verleiten zu Selbstüberschätzung und unbedachten Impulshandlungen, die daraus resultierenden Schwierigkeiten können die Nerven überstrapazieren; wenn dann noch durch einen bedingungslosen Raubbau an den Kräften versucht wird, den Erfolg mit Gewalt herbeizuzwingen, kann das zu einem verhängnisvollen Zusammenbruch führen. Der Durchsetzungswille, der dem Widder eigen ist, kann mit Rücksichtslosigkeit gepaart sein. Kräftezehrende Auseinandersetzungen mit der Umwelt können die Folge sein.

Früh schon sollte der Widder-Geborene sich bemühen, seinen ausgeprägten Willen, seine ungestümen Energien und seine Impulsivität zu zügeln, seinen Unabhängigkeitsdrang zu mäßigen, seine Konzentrationsfähigkeit zu üben. Er muß sich davor hüten, durch allzu große Interessenvielfalt seine Kräfte zu zersplittern, muß lernen, bei einer Sache zu bleiben und sich notfalls auch mit Details zu befassen. Er muß sich darauf einstellen, daß er in der Lebenspraxis nicht stets die erste Geige spielen kann, sondern sich in Ordnungen und Gemeinschaften einfügen muß. Unbedacht-hektische Kraftakte liefern meist nicht den erwünschten Erfolg; mehr Überlegung und Diplomatie bringen oft schneller ans Ziel. Ehrlichkeit ist gut, aber mit brutaler Offenheit tritt man in viele Fettnäpfchen. Alles in allem sollte sich der Widder-Geborene mehr Mäßigung, Geduld und Überlegung anerziehen.

## Sonnenzeichen Stier

Der Stier-Geborene ist mehr gefühls- als verstandesbestimmt, jedoch durchaus willensstark. Er ist introvertiert, lebt von außen nach innen. Das bedeutet, daß er sich eher passiv verhält, die Dinge auf sich zukommen läßt, seine Ziele weniger durch die zugreifende Tat als durch Zähigkeit und Ausdauer zu erreichen versucht. Sein Ehrgeiz ist nicht sonderlich groß, doch ist er darauf bedacht, sich eine stabile materielle Basis zu sichern, »beständige Werte« (vor allem Haus- und Grundbesitz, Sparkapital u.ä.) zu schaffen, die es ihm erlauben, das Leben mit seinen Annehmlichkeiten zu genießen. Als geborener Lebenspraktiker ist er meist imstande, seine diesbezüglichen Pläne mit ausdauernder Stetigkeit zu verwirklichen. Obwohl gefühlsbestimmt, ist er doch in praktischen Dingen ein nüchterner Realist, der mit »dickem Schädel« alle Hindernisse beiseite zu räumen versucht — und es oft auch kann.

Seine Zähigkeit ist mit Geduld und Gutmütigkeit gepaart. In der Regel ist er sehr beherrscht, oft auch reserviert, auf Distanz bedacht und nicht selten sehr mißtrauisch. Wenn er sich etwas in den Kopf gesetzt hat, ist er nur schwer wieder davon abzubringen, auch wenn er eingesehen hat, daß er sich irrt. Ein Stier-Geborener kann außerordentlich starrköpfig sein. Wenn man ihn reizt, dauert es lange, bis er die Selbstbeherrschung verliert, doch dann kann es zu verheerenden Zornesausbrüchen kommen, zu Gefühlsexplosionen, die man dem sonst so ruhig wirkenden Menschen nie zugetraut hätte. Und wenn sein Stolz verletzt ist, kann er sogar nachtragend, fast rachsüchtig sein.

Das dem Sier eigene Streben nach Besitz und Absicherung erstreckt sich auch auf seine unmittelbare Umwelt: Sowohl als Freund und Kollege wie als Liebes- und Ehepartner ist er sehr besitzergreifend, stellt Ausschließlichkeitsansprüche, die viele Menschen nur schwer ertragen, weil sie sich dadurch eingeengt fühlen. Eifersüchtig versucht er, jeden Schulkameraden oder Arbeitsgefährten, den er sich als Freund oder Vertrauten erwählt, ganz für sich mit Beschlag zu belegen.

Stier-Geborene sind meist weder sonderlich dynamisch noch geborene Führernaturen. Sie drängen sich nicht in den Vordergrund und schrecken vor Risiken und Experimenten zurück. In ihren Ansichten sind sie konservativ, ein Zug, der sich mit zunehmendem Alter noch verstärkt. Dann besteht auch die Gefahr, daß ihr Hang zur Bequemlichkeit und ihre angeborene Genußfreude sie auf dem Erreichten ausruhen, ihren ohnehin schwach entwickelten Ehrgeiz gänzlich erlahmen lassen. Voraussetzung ist, daß die geschaffene materielle Basis ausreicht, um die laufenden Bedürfnisse zu befriedigen und die Altersversorgung zu sichern.

Am besten liegt dem Stier-Geborenen eine Berufstätigkeit in einer sicheren Position, die keine Risiken mit sich bringt, keine raschen Entscheidungen abverlangt und keine allzu großen Verantwortungen aufbürdet. Es stört ihn nicht im mindesten, wenn der Beruf viel Routinearbeit mit sich bringt. Meist versteht er es gut, mit Geld umzugehen, nicht nur seinen eigenen Besitz zu mehren, sondern auch fremde Gelder zu verwalten. (Nicht wenige Stier-Geborene sind im Bankfach oder in Buchhaltungen tätig.) Die Bodenständigkeit und Erdverbundenheit des Stiers äußert sich in einer Neigung für Berufe, die mit Landwirtschaft und Gartenbau zu tun haben, aber auch mit dem Handel mit entsprechenden Produkten oder mit der Gastronomie.

Obwohl in praktischen Dingen ein Realist, ist der Stier-Geborene häufig musisch begabt oder zumindest kunstinteressiert. Das zeigt sich zunächst in der Gestaltung seiner unmittelbaren Umgebung, die häufig viel Schönheitssinn und guten Geschmack verrät, und es gibt nicht wenige Vertreter dieses Tierkreiszeichens, die sich künstlerisch betätigen. Am meisten liegen ihnen Landschaftsmalerei, Bildhauerei und Architektur. Unter den Künstlern zählen sie weniger zu den kühnen Neuerern als zu den Traditionalisten mit solidem handwerklichem Können. Auch für Musik haben sie viel übrig. Wenn sie nicht selbst musizieren, besuchen sie Konzerte oder genießen Musik in den eigenen vier Wänden durch Vermittlung einer hochwertigen Hifi-Anlage. Viele Stier-Geborene pflegen kunsthandwerkliche Hobbys, malen, schnitzen, modellieren.

Eine ganze Reihe von Eigenschaften kann dem Stier-Geborenen in Schule und Beruf zu schaffen machen. Seine geringe Flexibilität erschwert es ihm, sich auf Neues einzustellen. Ein Schulwechsel kann für ihn ebenso ein Problem sein wie ein Arbeitsplatzwechsel, denn wenn er aus seiner vertrauten Umgebung herausgerissen wird und einen Neubeginn wagen muß, bedeutet das für ihn eine große Belastung. Er lernt nicht leicht, aber was er aufgenommen hat, sitzt für alle Zeiten. Was ihm an geistiger Wendigkeit fehlt, ersetzt er durch Beharrlichkeit und Ausdauer. Die »genialische« Problemlösung ist nicht seine Sache, aber notfalls vergräbt er sich so lange mit ungeheurer Verbissenheit in eine Aufgabe, bis er sie bewältigt hat. Die einigen anderen Sternzeichen eigene Sprunghaftigkeit der Interessen gibt es bei ihm nicht. Wenig günstig kann sich auch sein Hang zur Bequemlichkeit auswirken; sein Ehrgeiz ist nicht sonderlich stark, und so besteht die Gefahr, daß er lieber auf errungenen Lorbeeren ausruht, als weiter nach oben zu streben. Ein echter Stier leidet selten an Managerkrankheit.

Originelle, brillante Ideen sollte man von ihm nicht erwarten, und schon gar nicht darf man ihm zumuten, seine Meinungen und Ansichten zu überprüfen und zu ändern. Sein Hang zu besitzergreifendem Bewahren kann zu starrköpfiger Hartnäckigkeit werden; manchmal versteift er sich auch dann noch auf seine Positionen, wenn er selbst eingesehen hat, daß sie unhaltbar sind. Das heißt nicht, daß er besonders streitsüchtig wäre. Er kommt mit Schulkameraden und Arbeitskollegen meist gut aus, da er sich nicht in den Vordergrund drängt, Geduld zeigt und warmherziger Freundschaft fähig ist. Konkurrenzneid liegt ihm fern.

Gut wäre es für ihn, wenn er etwas mehr Spontaneität und Wagemut entwickeln, seine Dickköpfigkeit zügeln und seine »Erdenschwere« auflockern würde. Ferner sollte er davon absehen, andere ausschließlich in Belag nehmen zu wollen. Und er sollte bedenken: Abgesicherte Routine ist gut, doch lohnt es sich auch oft, neue Wege zu beschreiten.

### Sonnenzeichen Zwillinge

Der Zwillinge-Geborene ist mehr verstandes- als gefühlsbestimmt. Er ist extravertiert, lebt von innen nach außen. Das zeigt sich in seiner außerordentlichen Kontaktfreudigkeit: Er versteht es, zu einer Vielzahl von Menschen schnell Beziehungen aufzunehmen — und er weiß diese Beziehungen für seine eigenen Ziele und Interessen geschickt einzusetzen, ohne andere auszunützen. Dabei kommen ihm sein umgängliches Wesen und seine geistige Wendigkeit sehr zugute. Er beobachtet scharf und zieht rasch seine Schlüsse, die freilich des öfteren falsch sein können, denn Tiefblick und Gründlichkeit sind nicht unbedingt seine Sache. Seine Interessenvielfalt ist insofern eine Gefahr, als sie ihn zur Oberflächlichkeit verleitet; auch fällt es ihm schwer, sich für längere Zeit auf etwas (oder auf jemanden) zu konzentrieren. Routine mag er nicht; er braucht immer wieder neue Anregungen und Anstöße.

Diese Eigenschaften zeigen sich schon in der Schule recht deutlich: Das Zwillinge-Kind begreift rasch, lernt schnell, aber wenig gründlich; was es nicht interessiert, ist bald wieder vergessen. Mechanische Zwänge, etwa Auswendiglernen, sind ihm ein Greuel. Oft lernt es mehr aus den Büchern, die es mit echtem Interesse liest, als im Unterricht, wenn dieser nicht lebendig und abwechslungsreich gestaltet ist. Außerschulische Erlebnisse und Tätigkeiten können das Kind start ablenken; es ist meist ausgesprochen erlebnishungrig. Früh schon kann es sich mündlich und schriftlich gewandt ausdrücken. Wenn man seinen Mitteilungsdrang nicht bremst und steuert, wird es oft ziemlich geschwätzig. Stillsitzen liegt ihm ganz und gar nicht; Geduld ist ihm ein Fremdwort. Auch hier sollte man mäßigend einwirken, denn sonst besteht die Gefahr, daß das Kind übernervös wird.

Selten versteift sich ein Zwillinge-Geborener auf einen unverrückbaren Standpunkt. In der Regel läßt er die Gegenseite zu Wort kommen, und wenn man ihn überzeugt hat, zögert er nicht, seine Meinung zu ändern. Überhaupt ist Standhaftigkeit nicht seine Sache, und nur ungern übernimmt er schwere Verantwortungen. Wann immer es geht, weicht er lästigen Pflichten aus und schiebt sie anderen zu. Er will sich nicht zwingen, nicht drängen und nicht einengen lassen. Wenn er eine Bindung eingeht, schaut er darauf, daß ihm irgendwo und irgendwie immer noch ein Hintertürchen offen bleibt, durch das er notfalls fliehen kann.

Er ist sehr gesellig und kommt bei seinen Mitmenschen gut an. In der Schule wie im Berufsleben schart er Mitschüler und Kollegen um sich, doch sind ihm »gute Kumpels« weit lieber als enge Freunde, die ihn in Beschlag nehmen wollen. Mit seinem raschen, schlagfertigen Mundwerk, seinen vielseitigen Interessen und seinen oft originellen Ideen steht er häufig im Mittelpunkt — eine Rolle, in der er sich wohl fühlt, solange ihm daraus keine Verantwortungen und Pflichten erwachsen. Er wird dafür sorgen, daß in seinem Umfeld immer etwas los ist; nichts haßt er mehr als Stagnation und Langeweile. Er kann Dinge und Menschen in Bewegung bringen, ist aber keine geborene Führernatur. Gern sieht er sich im Mittelpunkt, aber ungern steht er an der Spitze.

Die Vielfältigkeit seiner Interessen stürzt ihn oft in Entscheidungsschwierigkeiten; er fühlt sich auf so vielen Sätteln gerecht, daß er nicht mehr weiß, auf welchen er sich setzen soll. Das kann sich im Berufsleben negativ auswirken. Es beginnt schon bei der Unsicherheit in der Berufswahl; später sind Stellen- und Berufswechsel nicht selten. Daß das einer zielstrebigen Karriere nicht dienlich ist, liegt auf der Hand. Im schlimmsten Fall kann die Unentschlossenheit das ganze Handeln lähmen. Deshalb sollte er schon in frühen Jahren sich konsequent dazu erziehen, sich auf ein bestimmtes Ziel zu konzentrieren.

Die unter dem Zeichen Zwillinge Geborenen neigen zu Berufen, in denen es auf Vielseitigkeit und geistige Wendigkeit ankommt. Da sie gern mit vielen Menschen Kontakt pflegen, liegt ihnen eine Tätigkeit im »stillen Kämmerlein« wenig. Sie brauchen Abwechslungen und Anregungen. Ein Beruf, der mit viel Routinearbeit verbunden ist, wird meist bald wieder aufgegeben. Da sie sich gut mündlich und schriftlich ausdrücken können, findet man sie nicht selten in publizistischen Berufen. Auf ständige Horizonterweiterung bedacht, sind sie außerordentlich reisefreudig. Entsprechend wählen sie sehr gern Berufe, die viele Reisen mit sich bringen oder die zumindest mit Reisen zu tun haben (Reisebüros u.a.). Ihre Wißbegier und rasche Auffassungsgabe kann sie zu einer Karriere in Forschung und Wissenschaft veranlassen, wenn nicht allzuviel »Sitzfleisch« und tiefschürfende Gründlichkeit verlangt werden. Zahlreiche progressive und wegen ihres lebendigen Unterrichts bei ihren Schülern beliebte Lehrer sind unter dem Zeichen Zwillinge geboren.

Von ihren Interessen und Fähigkeiten her sind Zwillinge-Geborene fast universell, und so kommt es ihnen weniger auf den Beruf an als auf die Umstände, unter denen er ausgeübt wird. Sie sind recht anpassungsfähig und können notfalls rasch umsatteln, sei es von Stellung zu Stellung, sei es von einem Beruf auf einen anderen. Sie haben keine Schwierigkeiten, sich in einer neuen Umgebung zurechtzufinden, sich auf neue Menschen einzustellen. Mit ihrer umgänglichen Art kommen sie bei Vorgesetzten und Arbeitskollegen meist sehr gut an. Gesucht sind sie auch, weil sie vielfältig einsetzbar sind und sich in neue Aufgaben rasch einarbeiten.

Freilich sollten sie lernen, mehr Sitzfleisch zu gewinnen, sich mehr Gründlichkeit und Ausdauer anzuerziehen, sich auf die ihnen gestellten Aufgaben intensiver zu konzentrieren. Nicht unproblematisch kann im Berufsleben auch ihr Hang zur Geschwätzigkeit sein; es ist oft nicht ratsam, ihnen Geheimnisse anzuvertrauen, weil sie sie allzu leichtfertig wieder ausplaudern. Dahinter steckt kein böser Wille, keine Absicht, jemandem zu schaden, sondern einfach ihr ungezügelter Mitteilungsdrang. Bekämpfen sollten sie auch ihre ausgeprägte Ablenkbarkeit, das Verzetteln der Kräfte durch Unentschlossenheit und mangelnde Zielstrebigkeit. Eine stabile berufliche Karriere setzt Stabilität im Wollen und Handeln voraus.

## Sonnenzeichen Krebs

Der Krebs-Geborene ist mehr gefühls- als verstandesorientiert. Er ist introvertiert, lebt von außen nach innen. Dies zeigt sich in seiner vorsichtig abwartenden Haltung; er läßt die Dinge auf sich zukommen, ehe er — manchmal nur notgedrungen — selber aktiv wird. Auf der anderen Seite kann er sich im praktischen Alltagsleben durchaus als geschäftig und betriebsam erweisen, also weit weniger passiv wirken, als er eigentlich ist. Er möchte gerne Beachtung und Anerkennung finden, scheut es aber, im hellen Rampenlicht zu stehen, sich in den Vordergrund zu drängen. Ellenbogenkraft hat er meistens wenig.

Seine Phantasie ist stark ausgeprägt. Er lebt zwar keineswegs in einer Traumwelt, doch braucht er seine Träume und Ideale, um sich in sie hineinzuflüchten, wenn die Härte der Realität seiner empfindsamen Seele Wunden schlägt. Der junge Krebs hat häufig sehr idealistisch oder romantisch gefärbte Berufspläne. Sein Beschützerinstinkt treibt ihn, anderen zu helfen, Not zu lindern, Ungerechtigkeit zu bekämpfen. In späteren Jahren setzt sich eine realistischere Einschätzung der Möglichkeiten durch, doch wählen verhältnismäßig viele Krebs-Geborene soziale Berufe, bleiben also ihren Jugendträumen treu.

Für ihre Umwelt können sie manchmal problematisch sein, denn es fällt ihnen schwer, ihre Gefühle in den Griff zu bekommen, und so wirken sie nicht selten launenhaft, können ohne erkennbaren Grund von einer Minute zur anderen von gelöster Fröhlichkeit in kratzbürstige Abweisung oder finsteres Brüten verfallen. Manchmal nehmen sie regen Anteil an den Problemen anderer, bemühen sich, nach Kräften zu trösten und zu helfen; dann wieder zeigen sie sich völlig desinteressiert oder reagieren gereizt und ungeduldig auf die Zumutung, sich mit fremden Problemen befassen zu sollen. Auch wenn sie öfter eine harte Schale zeigen, sind sie doch im Kern leicht verwundbar. Vermeintliche oder tatsächliche Ungerechtigkeiten treffen sie tief. Wenn sie verletzt werden, können sie nur schwer vergessen und verwenden viele Gedanken und Kräfte darauf, es dem Übeltäter heimzuzahlen. Auf der anderen Seite passiert es ihnen

immer wieder, daß sie ihre Mitmenschen durch gedanken-
lose Äußerungen und unberechtigte Kritik vor den Kopf stoßen und sich dann wundern, daß diese gekränkt sind.

In der Schule wie im Beruf läßt sich bei Krebs-Geborenen
häufig ein Auf und Ab beobachten: Sie sind in ihren Leistungen nicht konstant, sondern diese sind wie ihre Seelenlage
ständigen Schwankungen unterworfen. Eine klare Zielsetzung und die Einhaltung eines geradlinigen Weges zum Ziel
fällt ihnen besonders in jungen Jahren schwer. Oft geraten
sie auf Um- oder Irrwege, die ihr Fortkommen verlangsamen.
Zudem sind sie von Natur aus nicht sonderlich dynamisch.
Sie spüren ihre Mängel und werden dadurch verunsichert;
nicht selten ziehen sie sich dann in ihr Krebs-Gehäuse
zurück und verfallen in zweifelnde Passivität. Wegen ihrer
mangelnden Kontaktbereitschaft ist es dann für andere oft
schwer, sie wieder zu aktivieren, ihnen zu Erfolgserlebnissen
zu verhelfen, die ihre Selbstsicherheit stärken könnten. Und
wenn sie von sich aus einen neuen Anlauf nehmen, kann es
immer wieder passieren, daß sie nach kurzer Zeit den
Schwung verlieren und erneut stecken bleiben. Immerhin
sind Krebs-Geborene meist recht zäh, und so schaffen sie
den Aufstieg schließlich doch, wenn auch unter mehr Mühen
als Menschen mit ausgeprägterer Zielstrebigkeit.

Am besten kommen sie in Berufen und Positionen zur Entfaltung, in denen sie nicht in ein Korsett von Vorschriften
und Regeln eingespannt sind, denn es fällt ihnen schwer, sich
dirigieren oder gar herumkommandieren zu lassen. Wichtig
ist für sie eine gefühlsmäßige Beziehung zum Beruf; wenn
die Art der Tätigkeit oder auch die Arbeitsatmosphäre ihnen
nicht entspricht, fühlen sie sich unglücklich und sind dann
auch meist rasch zum Wechsel bereit. Freie Berufe, in denen
sie ihre Arbeitswelt weitgehend selbst gestalten können, liegen vielen Krebs-Geborenen am besten.

Daß sie häufig ein ausgezeichnetes Gedächtnis haben, hängt
damit zusammen, daß sie der Vergangenheit verhaftet sind,
nicht nur der eigenen Kindheit und dem Elternhaus, sondern
auch der Vergangenheit ihrer Heimat. Oft interessieren sie
sich sehr für Geschichte und Zeugnisse vergangener Zeiten,
beispielsweise für Antiquitäten, alte Bilder und Bücher oder
historische Bauten. In diesem Fall neigen sie zu Berufen, die
mit der Vergangenheit zu tun haben (Archäologie, Geschichte, Kunstgeschichte, Museen, Sammlungen). Manchmal betätigen sie sich auch als Sammler.

Zahlreiche Krebs-Geborene besitzen viel gesunden Menschenverstand, doch selten sind sie originelle Denker. Lieber greifen sie Gedanken und Pläne anderer auf, um sie dann, wenn sie sie gründlich durchdacht haben, als eigene zu »entdecken«. Mit ihrem guten Gedächtnis können sie aus den verschiedensten Quellen Anregungen sammeln, um sie dann für ihre Zwecke zu verwerten. Viel weiter als durch Scharfsinn und Geistesblitze kommen sie durch ihr inneres Gespür und ihren meist sicheren Instinkt. Oft sind sie auch sehr kunstsinnig und entscheiden sich für einen entsprechenden Beruf.

In späteren Jahren sind Krebs-Geborene stärker auf materielle Absicherung bedacht als in der Jugend. Sie tendieren dann zu einem stabilen Arbeitsplatz, etwa bei einer Behörde, auch wenn ihnen die Arbeit nicht unbedingt zusagen mag. Sie passen sich den Gegebenheiten mehr oder weniger an, doch kann eine spannungsvolle, disharmonische Arbeitsatmosphäre zu seelischen Belastungen und Gefühlsstauungen führen, die einen Zusammenbruch oder explosive Gefühlsentladungen zur Folge haben. Besonders bei ungerechter Behandlung, bei Zurücksetzungen (vermeintlichen und tatsächlichen) und Verletzungen ihres Selbstwertgefühls leiden sie sehr. Sie können dann die Arbeit vernachlässigen und sich mit Vorgesetzten und Kollegen überwerfen, was ihre Lage nur verschlimmert.

Krebs-Geborene sollten also darauf achten, daß sie einen Beruf wählen, der nicht nur mit ihren Kenntnissen und Fähigkeiten, sondern auch mit ihrem Gemüt und mit ihrer Gefühlswelt so weitgehend wie möglich harmoniert.

**Sonnenzeichen Löwe**

Der Löwe ist eher verstandes- als gefühlsorientiert. Er ist extravertiert, lebt von innen nach außen. Als im verborgenen blühendes Veilchen würde er rasch verkümmern: Er braucht das Rampenlicht, braucht Anerkennung, ja, Bewunderung. Geschickt vermag er sich in Szene zu setzen; Selbstdarstellung ist für ihn eine Lebensnotwendigkeit. Daß es ihm nicht an Selbstsicherheit fehlt, versteht sich von selbst. Und mit viel tatkräftiger Energie und Durchsetzungsvermögen erringt er sehr häufig die Führerrolle, nach der er strebt.

Allerdings sind es nicht nur seine Ellenbogen, die ihn nach oben bringen. Er ist durchaus bereit, hart zu arbeiten und seine ganzen Kräfte einzusetzen, um seine Ziele zu erreichen. Er tut dies auch in einer untergeordneten Position, wenn er die Arbeit als ihm angemessen und seinen Plänen dienlich erachtet und er keine Vorgesetzten hat, die ihn herumkommandieren oder die er nicht respektieren kann. Er geht außerordentlich methodisch vor und ist ein ausgezeichneter Organisator — Fähigkeiten, die ihm in vielen Berufen zugute kommen. Sein wacher Intellekt ist sehr aufnahmefähig, ermangelt aber der Tiefe. Er hat einen weiten Horizont, doch fehlt ihm der Blick für das Detail. Ihn selbst bekümmert das freilich wenig, da er sich sowieso nicht gern mit Kleinigkeiten abgibt — im Denken, in der Arbeit und im Leben.

Wenn alles nach seinen Wünschen und Plänen läuft, ist er sehr umgänglich. Wer ihn anerkennt, wird durch Großzügigkeit belohnt; die Warmherzigkeit des Löwe-Geborenen zieht viele Menschen an. Häufig ist er freilich ziemlich kritiklos und fällt auf plumpste Schmeicheleien herein, die auf seine Eitelkeit und keineswegs seltene Selbstüberschätzung abzielen. Da es ihm schwer fällt, Geld zusammenzuhalten, kann man ihm durch solche Tricks die Taschen leeren. Wenn er dann merkt, daß man ihn getäuscht und ausgenützt hat, ist er in seinem Stolz zutiefst verletzt, doch das zeigt er selten. Wenn er sich aber vor der Mitwelt bloßgestellt fühlt, schlägt er unerbittlich zu. Es gibt für ihn kaum etwas schlimmeres, als das Gesicht zu verlieren.

Trotz aller zur Schau gestellten Selbstsicherheit kann es für den Löwe-Geborenen Zeiten geben, in denen er in Depression verfällt. Ganz gegen seine Natur zieht er sich dann in sich zurück, kapselt sich ab, und es fällt ihm schwer, diesen Zustand aus eigener Kraft zu überwinden. Jetzt braucht er die Hilfe der Mitwelt, die er sonst meist ablehnt.

In der Regel ist er ehrgeizig, doch verfolgt er seine Ziele nicht mit egoistischer Rücksichtslosigkeit. Er kann sich mit Begeisterung in eine Arbeit stürzen, die ihm gefällt, ja, eine Aufgabe zum Lebenszweck machen, der ihn völlig erfüllt, besonders wenn es sich um eine kreative Tätigkeit handelt. In solchen Fällen ist er bereit, ihr seine ganze Freizeit zu widmen, sich ganz und gar auf sie einzustellen. Jegliches Stümpertum ist ihm verhaßt — bei sich und bei anderen. Das kann, wenn er im Team arbeitet, so manche Konflikte heraufbeschwören, denn er hält mit seiner Meinung nicht hinterm Berg und kann seine Kritik sehr scharf formulieren.

In seinen Ansichten und Einstellungen ist der Löwe-Geborene nicht sehr beweglich. Wenn er eine Position bezogen hat, bleibt er dabei und läßt sich auch durch überzeugende Argumente nur schwer davon abbringen. Deshalb wirken viele ältere Löwen mehr oder weniger konservativ: Die Standpunkte, die sie in jungen Jahren eingenommen hatten, waren damals vielleicht recht progressiv, doch da sie Jahr für Jahr hartnäckig daran festhielten, sind sie inzwischen reichlich angestaubt.

In einer kleinkarierten, kleinlichen Atmosphäre fühlt sich der Löwe-Geborene nicht wohl. Das gilt für sein Privatleben ebenso wie für seinen Arbeitsplatz. Unterordnung liegt ihm nicht; wenn möglich, erstrebt er eine führende Position oder ergreift einen selbständigen Beruf, in dem er sein eigener Herr ist. Durch Ehrgeiz, Dynamik und sicheres Auftreten gelingt ihm meistens die Karriere, die er sich wünscht. Vor Risiken scheut er nicht zurück, doch schätzt er sie nicht selten falsch ein und erleidet dadurch Verluste.

Manche an sich positiven Löwe-Eigenschaften wirken sich negativ aus, wenn sie übersteigert zur Geltung kommen. Selbstsicherheit kann in Überheblichkeit und Arroganz ausarten, Ichbezogenheit zu krassem Egoismus werden. Übermäßige Großzügigkeit wird zu Verschwendungssucht oder Spekulantentum, Selbstbewußtsein zu Dünkel und Prahlerei. Solche »entartete« Löwen leben gern über ihre Verhältnisse, bluffen die Mitmenschen hemmungslos und errichten eine Scheinwelt, in der sie schließlich selbst Lüge und Wahrheit nicht mehr auseinanderhalten können.

Um solche Fehlentwicklungen zu vermeiden, sollten Löwe-Geborene früh eine gewisse Selbstbeherrschung lernen. Sie müssen einsehen, daß sie nicht der Mittelpunkt der Welt sind, um den alles andere zu kreisen hat, sondern sich in eine Gesellschaftsordnung einfügen müssen, in der von jedem Konzessionen verlangt werden, in der einer auf den anderen Rücksicht zu nehmen hat. Mit Überheblichkeit und Bluff kann man zwar in gewissen Situationen etwas erreichen, aber ein ganzes Leben ist damit nicht zu bestreiten. Feste Ansichten und Überzeugungen sind nur etwas wert, wenn man ihre Berechtigung immer wieder überprüft. Jeder Löwe-Geborene strebt nach führenden Positionen, nach Autorität, aber echte Autorität setzt hohes Können, fundierte Führungsqualitäten und nicht zuletzt tiefe Menschlichkeit voraus. Nur mit Ellenbogen und »Löwengebrüll« schafft man den Aufstieg nicht, und wenn man durch Bluff nach oben kommt, wird man sich doch nicht lange halten können. Entwickeln muß der Löwe-Geborene auch die Fähigkeit zur Selbstkritik.

Wenn es ihm gelingt, seine Tatkraft, seinen Ehrgeiz und seine vielfältigen Fähigkeiten in die richtigen Bahnen zu lenken, hat der Löwe-Geborene in Beruf und Leben sehr gute Aufstiegschancen. In der Regel braucht er eine gewisse Anlaufzeit, um seine Möglichkeiten zu entfalten und seine Kräfte richtig einzusetzen, doch wenn er erst einmal in Schwung gekommen ist, wird er wahrscheinlich die Position erreichen, die er sich als Berufs- und Lebensziel gesetzt hat.

**Sonnenzeichen Jungfrau**

Der Jungfrau-Geborene ist überwiegend verstandesbestimmt; das Gefühl tritt bei ihm in der Regel stark in den Hintergrund. Er ist introvertiert, lebt von außen nach innen. Er hält zu den Dingen und Menschen eine vorsichtig-kritische Distanz, die es ihm erlaubt, sie zunächst scharfsichtig zu analysieren, ehe er sie an sich herankommen läßt. Nach außen hin wirkt er eher verhalten und kühl, zeigt wenig Herzlichkeit und Anteilnahme. Er drängt sich nicht in den Vordergrund, sondern begnügt sich willig mit einer Position im zweiten Glied; er ist nicht auf die Bewunderung anderer angewiesen. Er ist meist nicht sonderlich selbstsicher, vor allem nicht in Situationen, denen er sich nicht ganz gewachsen fühlt. Er versteht es aber recht gut, dies zu verbergen oder auch zu überspielen.

Er kann ausdauernd und intensiv arbeiten und ist sehr praktisch eingestellt. Besondere Aufmerksamkeit widmet er den Details, die von anderen leicht übersehen werden. Wenn er etwas in die Hand nimmt, ist er bestrebt, das Beste daraus zu machen — der Hang zum Perfektionismus ist ihm angeboren. Allerdings läuft er Gefahr, vor lauter Einzelheiten den Blick für das Ganze zu verlieren, gleichsam am Buchstaben kleben zu bleiben, ohne den Sinn zu erfassen. Er neigt dazu, seine Arbeit, aber auch sein ganzes Leben gewissenhaft Schritt für Schritt vorauszuplanen und sich ebenso methodisch wie hartnäckig an diese Planung zu halten. Dementsprechend sind ihm Impulsivität und Spontaneität meist fremd. Mit Vorsicht und Ausdauer erreicht er die Ziele, die er sich gesetzt hat; er geht so realitätsbezogen vor, daß er sich selten in Sackgassen verirrt. Da er alle Mittel, Wege und Menschen, die ihn zum Ziel bringen sollen, genau analysiert, schaltet er unvorhergesehene Risiken und Zufälle weitgehend aus. Durch diese Vorsicht wirkt er oft berechnend, kühl auf seinen eigenen Nutzen bedacht, doch benützt er diese

Fähigkeiten auch dann, wenn er sich für die Interessen anderer einzusetzen hat.

Er versucht nie, mit dem Kopf durch die Wand zu gehen, sondern bringt sein Anpassungsvermögen und sein diplomatisches Geschick ins Spiel, wenn er auf Hindernisse und Schwierigkeiten stößt. Notfalls verfolgt er in solchen Fällen seine Ziele vorläufig nicht weiter, sondern wartet ab, bis sich ihm günstigere Gegebenheiten bieten. Er kennt die Grenzen seiner Möglichkeiten und seiner Leistungsfähigkeit, so daß er kaum je daran scheitert, daß er sich zuviel zutraut oder zumutet.

In der Regel sind Jungfrau-Geborene nicht übermäßig ichbezogen; ihre Egozentrik nimmt bestenfalls die Form einer subtilen Überheblichkeit an, einer unaufdringlichen Besserwisserei, die freilich feinfühligen Mitmenschen ziemlich auf die Nerven gehen kann. Auf die Nerven gehen können sie auch, wenn ihr Hang zum Perfektionismus in Pedanterie, ihre kritische Einstellung zur Nörgelei ausartet.

In Schule, Beruf und Leben zeichnen sie sich durch Ordnungsliebe, systematische Arbeit und Zuverlässigkeit aus. Sie denken und handeln realitätsbezogen und sind in allem auf Effizienz und Wirtschaftlichkeit bedacht. Sie wissen, was sie wollen, versuchen jedoch nicht, sich mit Gewalt und ohne jede Rücksichtnahme durchzusetzen, sondern greifen lieber zu vorsichtigem, überlegtem Taktieren und notfalls zur Anpassung an das schwer oder nicht zu Ändernde. Dabei kommt ihnen ihre Fähigkeit der methodischen Vorausplanung zugute. Sie bemühen sich, jede ihnen übertragene Aufgabe gewissenhaft und möglichst vollkommen zu lösen, weniger, um den Auftraggeber zufriedenzustellen, als um dem eigenen Hang zum Perfektionismus zu genügen. Bei allem Handeln werden Gefühlsimpulse weitgehend ausgeschaltet; durch Stimmungen und Launen lassen sie sich nur wenig beeinflussen. Sie denken logisch und analytisch.

Kritisch sind sie nicht nur anderen, sondern auch sich selbst gegenüber, was zu Selbstzweifeln und innerer Unsicherheit führen kann. Dadurch können nervöse Spannungen entstehen, die oft die Gesundheit beeinträchtigen und die Leistungsfähigkeit mehr oder weniger mindern.

Führende Positionen liegen den Jungfrau-Geborenen wenig, da ihnen häufig der Blick für das große Ganze fehlt und ihr Organisationstalent nicht übermäßig gut entwickelt ist. Zudem strahlen sie in der Regel wenig Autorität, aber auch wenig menschliche Wärme aus, so daß es ihnen schwer fällt, andere zu führen, sich in einem größeren Mitarbeiterkreis durchzusetzen, andere zu begeistern oder für eine gemeinsame Aufgabe zu motivieren. In freien Berufen haben sie es manchmal zunächst schwer, sich die finanzielle Sicherheit zu erarbeiten, die materielle Basis zu schaffen, die für eine unabhängige Berufsausübung unerläßlich ist. Am wohlsten fühlen sie sich als Angestellte, Beamte usw.; an einem sicheren Arbeitsplatz ohne allzuviel Konkurrenzkampf können sie ihre Fähigkeiten am besten entfalten.

Jungfrau-Geborene sollten versuchen, ihren Blick fürs Ganze zu schulen und den Details kein übertriebenes Gewicht beizumessen. Wichtig ist, daß ihr Perfektionsdrang nicht in kleinkarierte Pedanterie ausartet. Ihre kritische Einstellung darf nicht zu ständiger Nörgelei werden und ihre Selbstkritik nicht dazu führen, daß sie Minderwertigkeitskomplexe bekommen. Unbedingt sollten sie sich davor hüten, ganz im Beruf aufzugehen und darob das Privatleben und die zwischenmenschlichen Beziehungen zu vernachlässigen. Sie sollten sich nicht scheuen, auch einmal Gefühle zu zeigen, warme Herzlichkeit auszustrahlen, zu zeigen, daß sie nicht nur einen scharfen, methodischen Verstand, sondern auch Empfindungen und Herz haben.

### Sonnenzeichen Waage

Der Waage-Geborene ist eher gefühls- als verstandesorientiert. In der Regel ist er charmant und gesellig, hat ein ausgeprägtes Mitteilungsbedürfnis, legt großen Wert auf gute Umgangsformen und hat einen hochentwickelten Sinn für Schönheit und Harmonie. Er ist geistig beweglich und vielfältig interessiert, doch oft hat er wenig »Tiefgang«: Anstatt den Dingen auf den Grund zu gehen, begnügt er sich mit dem, was die Oberfläche zu bieten hat. Das bedeutet freilich nicht, daß er im üblichen Sinn »oberflächlich« wäre; zwar kann er in Ausnahmefällen zum Blender werden, aber das ist für den Waage-Geborenen nicht typisch.

Sehr wichtig ist es für ihn, daß er in der Familie, in der Schule und später im Beruf Beachtung und Anerkennung findet. Er will zwar keineswegs stets an der Spitze oder im Mittelpunkt stehen (er ist keine geborene Führernatur), aber er braucht zur Stärkung seines Selbstwertgefühls die positive Reaktion der Mitwelt auf all sein Tun und Wollen. Er kann es nur schwer verkraften, wenn er sich vernachlässigt und unbeachtet fühlt.

Stark ausgeprägt ist sein Gerechtigkeitssinn. In ihm wurzelt aber auch eine seiner wesentlichen Schwächen — seine Entschlußlosigkeit. Es fällt ihm schwer, Entscheidungen zu treffen, nicht weil er feige ist oder die Verantwortung scheut, sondern weil er bei jeder Entscheidung alle nur denkbaren Gesichtspunkte und Interessen berücksichtigen will und gewissenhaft darauf bedacht ist, das Für und Wider abzuwägen. Er sieht stets alle Seiten eines Problems, und da es so viele sind, kann es lange dauern, bis er zu einer Lösung findet. Aus dem gleichen Grund ist er bemüht, Konflikten und Streitigkeiten aus dem Weg zu gehen. Er kann nicht, wie viele andere Menschen, sich in solchen Fällen geradlinig durchboxen, sondern muß alle Elemente gegeneinander abwägen, will allen Seiten gerecht werden. Dadurch ist er anderseits imstande, bei fremden Auseinandersetzungen eine Vermittlerrolle zu spielen und Kompromisse aufzuzeigen, die allen Kontrahenten genügen. Dabei kommt ihm sein angeborenes diplomatisches Geschick zugute, aber auch die Wortgewandtheit, die er meist besitzt.

Harte Ellenbogen hat der Waage-Geborene in der Regel nicht, und auch seine Willenskraft und sein Durchsetzungsvermögen sind nicht übermäßig entwickelt. Oft fehlen ihm auch Geduld und Ausdauer. Es wird behauptet, der Waage-Typ neige zur Bequemlichkeit und Trägheit, doch das stimmt nicht: Wenn er passiv erscheint, dann meist wegen seiner Unentschlossenheit, von deren Gründen bereits die Rede war. Aber wenn er sich etwas in den Kopf gesetzt hat, ist er durchaus imstande, es mit seinen Mitteln und auf seinen Wegen zu erreichen. Gewöhnlich weiß er recht gut, was er will.

Risiken geht er nicht ein; unbedachte Abenteuer sind ihm ebenso fremd wie jegliche Übertreibungen. Er bevorzugt, wo immer es geht, den »goldenen Mittelweg«, auf dem er möglichst wenig aneckt. In Gelddingen hat er nicht unbedingt eine glückliche Hand; er ist großzügig und manchmal auch leichtsinnig. Am liebsten ist es ihm, wenn er sich über materielle Fragen keine Gedanken zu machen braucht und aus dem vollen wirtschaften kann. Dann kommen auch seine Vergnügungsliebe und sein Bedürfnis nach persönlicher Eleganz zur Geltung, die er in beschränkten finanziellen Verhältnissen nicht richtig ausleben kann.

Viele Waage-Geborene sind künstlerisch oder musikalisch begabt. Wenn dieses Talent entsprechend gefördert wird, können sie eine erfolgreiche Karriere in dieser Richtung machen. Ihr Sinn für Ästhetik führt sie oft zu Berufen in der Modebranche. Für juristische Berufe prädestinieren sie ihr Gerechtigkeitssinn und ihre Fähigkeit, bei Streitigkeiten zu vermitteln. Oft sind sie recht geschäftstüchtig, doch wenn sie sich selbständig machen, sollten sie sich einen Partner suchen, weil ihre Entschlußschwäche einem Erfolg im Wege stehen könnte. Auch fehlt ihnen das Durchsetzungsvermögen, um sich, ganz auf sich gestellt, im harten Konkurrenzkampf behaupten zu können; sie sind Rivalen gegenüber eher zu nachsichtig. Mit ihren sehr guten Umgangsformen, ihrem charmanten Wesen, ihrer Redegewandtheit und ihrer Modebewußtheit eignen sie sich hervorragend für Berufe, die mit Publikum zu tun haben, sei es als Verkäufer, Vertreter oder bei Behörden.

Wichtig ist für sie allerdings das Betriebsklima. Ihre Position muß ihnen zu Anerkennung verhelfen, ohne daß ihnen allzuviel Verantwortung aufgebürdet wird. Fehl am Platz sind sie dort, wo rasche Entscheidungen gefordert werden, doch wenn es darum geht, vor einer Entscheidung Argumente abzuwägen, die verschiedenen möglichen Standpunkte zu beleuchten, können sie ungemein wertvoll sein. Was ihnen wenig liegt, ist eine mit Schmutz und großer körperlicher Anstrengung verbundene Arbeit; sie sind zwar nicht faul, aber solche Arbeiten widern sie instinktiv an. Das Betriebsklima muß harmonisch sein; wenn ständige Spannungen herrschen und es an Menschlichkeit und Freundlichkeit fehlt, leiden sie seelisch, und ihr Leistungsvermögen wird dadurch erheblich beeinträchtigt.

Der Waage-Geborene muß früh lernen, sich eigene Meinungen zu bilden, um nicht Gefahr zu laufen, fremden Einflüssen zu unterliegen. Er sollte sich bemühen, seine Entscheidungsprozesse abzukürzen, vor allem jedoch, nicht jeglichen Problemen ausweichen, sie nach Möglichkeit anderen zuschieben zu wollen. Man kann vor dem Leben mit seinen Schwierigkeiten nicht einfach davonlaufen, sondern muß sich ihm stellen, muß sich mit ihm auseinandersetzen. Der Waage-Geborene sollte sich in Geduld und Ausdauer üben, denn diese fehlen ihm meist. Beide Eigenschaften sind im Beruf wie im Leben unerläßlich. Das ihm angeborene Geltungsbedürfnis darf nicht in Überempfindlichkeit gegenüber vermeintlichen oder tatsächlichen Zurücksetzungen ausarten; wenn er glaubt, nicht die gebührende Beachtung zu finden, sollte er nicht versuchen, sich mit allen Mitteln ins Blickfeld zu rücken. Das Mitteilungsbedürfnis sollte so gezügelt werden, daß daraus nicht ungehemmte Schwatzsucht wird. Wichtig ist es auch, einmal bezogene Positionen nicht allzu leicht wieder aufzugeben und sein Mäntelchen nicht nach dem Wind zu hängen.

## Sonnenzeichen Skorpion

**3**

Der Skorpion-Geborene ist mehr verstandes- als gefühlsbestimmt und sehr willensstark. Er ist extravertiert, lebt von innen nach außen. Kennzeichnend ist die Intensität seines Wollens und Fühlens, die sich keineswegs, wie oft behauptet wird, auf seine Sexualsphäre beschränkt: In allen Lebensbereichen, bei der Arbeit ebenso wie im Umgang mit Menschen und auch bei seinen Freizeitbeschäftigungen, entfaltet er eine Willenskraft, die sich nicht mit Halbem begnügt. Er weiß stets genau, was er will, und steuert geradlinig seine Ziele an. Er ist ein Meister der wohldurchdachten Planung und der methodischen Organisation, der es versteht, seine Kräfte optimal einzusetzen. Sein Aufstieg vollzieht sich selten sprunghaft oder sehr rasch, aber dafür steigt er fast mit Sicherheit nach oben, denn sein Ehrgeiz ist ebenso groß wie seine Ausdauer und Hartnäckigkeit. Er fühlt sich zum Führen geboren und versucht früh schon, diesen Führungsanspruch durchzusetzen. Weil er dabei häufig wenig diplomatisch vorgeht, sind Konflikte mit der Umwelt nicht selten.

Der Skorpion-Geborene äußert sich ungern über sich selbst, über seine Gefühle und Absichten. Er lebt aus den Tiefen seiner Existenz heraus, hält aber diese Tiefen vor der Mitwelt verborgen. Deshalb gilt er vielen als unberechenbar. Ein Schleier des Geheimnisses umweht ihn, der zusammen mit der stets spürbaren Dynamik auf andere Menschen eine starke Anziehung ausüben kann. Wenn er den Hang, sich abzuschließen, nicht mäßigt, wird daraus berechnende Verschlossenheit: Der Skorpion-Geborene umgibt sich mit einem undurchdringlichen Panzer, unter dessen Schutz er intrigiert und agiert. Der negative Skorpion-Typ ist schlau, ja, gerissen, und rücksichtslos verfolgt er seine Ziele. Er schreckt nicht davor zurück, mit unfairen Mitteln zu arbeiten, andere, die ihm im Wege stehen, bewußt zu schädigen, ihre Position zu untergraben, um sich freie Bahn zu schaffen. Er hat nur eines im Kopf: sich und seinen Führungsanspruch unter allen Umständen durchzusetzen.

Das ist freilich das Extrem, nicht die Regel. Immerhin: Ehrgeizig ist jeder Skorpion-Geborene, auch wenn dieser Ehrgeiz vielleicht nicht offen zutage tritt. Um seine Ziele zu erreichen, braucht er nicht nur auf seine Dynamik und seinen starken Willen zu bauen, sondern er kann auch viele andere Fähigkeiten einsetzen: Er ist scharfsichtig, faßt rasch auf, kann jedem Problem, dem er sich gegenübersieht, mit seinen durchdringenden Verstandeskräften auf den Grund gehen, aber er vermag auch intuitiv Problemlösungen zu erkennen, die sich in der Regel als richtig erweisen. Eine Gefahr dabei ist allerdings seine starke Ichbezogenheit: Er kann nie völlig objektiv sein, weil er, was immer er auch denkt oder tut, sein eigenes Ich und sein Eigeninteresse nie ganz auszuschalten vermag.

Ichbezogenheit bedeutet aber keineswegs Egoismus, also Ichsucht: Es gibt zahlreiche Skorpion-Geborene mit großer Hingabe- und Opferfähigkeit, die man häufig in medizinischen und Krankenhausberufen findet. Hier setzen sie sich selbstlos für andere ein, stellen ihre Fähigkeiten und Kräfte ganz in den Dienst am Nächsten. Auch in Polizeiberufen sind sie nicht für eigene Interessen, sondern für die der Allgemeinheit tätig. Hier kommt ihnen ihr Drang zustatten, Problemen auf den Grund zu gehen, Verborgenes ans Licht zu bringen.

Wer sich einen Skorpion-Geborenen zum Feind gemacht hat, sollte auf der Hut sein. Und es braucht nicht sonderlich viel, um sich mit ihm zu überwerfen: Wenn man ihm eine Position oder Aufgabe wegnimmt, die er gern gehabt hätte, wenn man ihm eine Anerkennung vorenthält, zu der er sich berechtigt glaubt, wenn man seine Eifersucht weckt oder wenn er sich benachteiligt fühlt, reagiert er sehr böse. Er tut das aber selten offen, sondern plant sorgfältig seine Rache, um dann unversehens zuzuschlagen, oder er rächt sich, indem er durch Intrigen den Widersacher zu Fall bringt. Eines kann er nicht: eine ihm angetane Schmach, ein ihm zugefügtes tatsächliches oder vermeintliches Unrecht vergessen. Er ist ungemein nachtragend und in dieser Stimmung oft nicht nur rücksichtslos, sondern sogar ausgesprochen grausam.

Im Berufsleben braucht er Aufgaben, die ihn wirklich interessieren; öde Routinearbeit liegt ihm ganz und gar nicht. Je mehr Probleme eine Aufgabe aufwirft, desto mehr vermag sie ihn zu faszinieren; was allzu leicht ist, langweilt ihn. Besonders gern übernimmt er Tätigkeiten, die es ihm erlauben, seinen Horizont zu erweitern, neue Erkenntnisse zu gewinnen. Manchmal kommt es vor, daß er sich zielstrebig eine Karriere aufbaut, aber dann ohne erkennbaren Grund das Interesse verliert und etwas ganz Neues anfängt. Was ihn dazu motiviert, weiß er meist selbst nicht genau; selten ist es der Zweifel am Erfolg oder ein Versagen seiner Kräfte. Vielleicht hängt es mit seiner Abneigung vor eingefahrenen Geleisen zusammen: Was zu glatt und zu problemlos läuft, ist für ihn uninteressant.

Der Skorpion-Geborene muß lernen, seine starken Willenskräfte zu bändigen und sie in die richtigen Bahnen zu lenken. Er muß sich davor hüten, seinen Ehrgeiz und seinen Führungsanspruch rücksichtslos durchsetzen zu wollen, denn sonst besteht die Gefahr von Konflikten und Feindschaften, die ihm den Aufstieg sehr erschweren können. Durch Intrigen schadet er sich letzten Endes selbst, beruflich und privat. Es ist gut, eigene Meinungen und Standpunkte zu haben, aber schlecht, starrköpfig auch dann noch darauf zu beharren, wenn man erkannt hat, daß sie falsch sind. Der Skorpion-Geborene sollte mehr Flexibilität zeigen und imstande sein, sich notfalls zu korrigieren oder korrigieren zu lassen. Kein Mensch vergibt sich etwas, wenn er einen Irrtum eingesteht. Hüten muß sich der Skorpion ferner vor der Neigung zur Heimlichtuerei: Man kommt mit der Umwelt besser aus, wenn man offen ist; nur dann darf man seinerseits Offenheit erwarten. Zu bekämpfen ist übermäßige Eifersucht, die sich im Berufsleben als Konkurrenzneid äußern kann: Anstatt Ausschließlichkeitsansprüche zu stellen, ist es besser, vernünftige Kompromisse zu schließen. Kein Mensch lebt für sich allein, sondern jeder ist in ein Gefüge sozialer Beziehungen eingebunden und muß Rücksicht auf seine Mitwelt nehmen.

**Sonnenzeichen Schütze**

Der Schütze-Geborene liebt die Freiheit, ist ungemein wißbegierig, strebt unablässig nach neuen Horizonten. Er ist vielseitig interessiert und beschäftigt sich häufig mit mehreren Dingen gleichzeitig; manchmal übt er sogar zwei Berufe nebeneinander aus. Er ist beweglich und anpassungsfähig, kann sich schnell auf neue Gegebenheiten einstellen und diese mit scharfem Blick durchleuchten. Sehr gut vermag er Pläne in großen Zügen zu schmieden, doch fällt es ihm schwer, sich mit Einzelheiten zu befassen; wenn möglich, überläßt er das anderen. Er weist die Richtung, steckt die großen Ziele, doch die kleinen Schritte, mit denen man dorthin gelangt, kümmern ihn wenig. Generell haßt er alles Kleinkarierte, jede Kleinlichkeitskrämerei. Auch hält er nicht sonderlich viel von erstarrten Traditionen und Konventionen: Er ist für Freiheit und Fortschritt. Wenn ihm Zwänge auferlegt werden, verkümmert er ebenso, wie wenn er in kleinlichen Verhältnissen und unter kleinlichen Menschen leben muß.

Durch seine unkonventionellen Einstellungen und Handlungsweisen eckt er nicht selten an, ebenso durch seine gelegentlich rücksichtslose Ehrlichkeit, mit der er manchen Zeitgenossen vor den Kopf stößt. Er hält nicht viel von höflichen Lügen und berechnender Diplomatie; notfalls geht er mit scharfer Zunge dagegen an. In der Regel ist er sehr wortgewandt, redet gern und viel, und nicht selten ist er selbst das Hauptthema seiner Gespräche, denn er hat nichts dagegen, im Mittelpunkt oder an der Spitze zu stehen, und wenn andere ihn nicht dorthin stellen, tut er es selbst. Gefahr droht ihm dabei durch seine Impulsivität, die in Unbeherrschtheit ausarten kann. Dann handelt er unbedacht und beschwört unnötige Konflikte herauf. Feinde kann er sich auch machen, wenn er sein Selbstwertgefühl zur Anmaßung übersteigert. Gewiß, man sollte sein Licht nicht unter den Scheffel stellen, aber man darf sich auch nicht als Nabel der Welt fühlen, sondern muß bei allem Durchsetzungswillen sich und seine Mitmenschen realistisch einschätzen.

Die Vielfalt der Interessen kann zu einer Zersplitterung der Kräfte führen, zu einem Zwiespalt der Gefühle, der die Entscheidungskraft schwächt. Aus diesem Grund wirken manche Schütze-Geborenen unentschlossen und labil. Sie müssen lernen, sich stärker zu konzentrieren und den Blick für das Wesentliche zu schulen: Wenn eine Aufgabe gut gelöst werden soll, ist es notwendig, sich ganz mit ihr zu befassen.

Der Drang zur Horizonterweiterung äußert sich oft in großer Reisefreudigkeit. Viele Schütze-Geborene bevorzugen Berufe, die mit Reisen verbunden sind. Aber sie sind auch darauf bedacht, ihren geistigen Horizont zu erweitern. Sie lernen in der Regel gut, und wenn sie nicht die erwünschte und ihren Fähigkeiten entsprechende Schulbildung erhalten haben, bilden sie sich auf eigene Faust weiter, besuchen Kurse und Vorlesungen. Ihr Intellekt ist sehr aufnahmefähig. Enge Spezialisierung liegt ihnen meist nicht, weder in der Schule oder der Ausbildung noch im Beruf. Je verschiedenartiger die Aufgaben sind, die ihnen gestellt werden, desto lebhafter ist ihr Interesse, desto mehr fühlen sie sich in ihrem Element. Sie brauchen die Herausforderung durch das Neue, Unbekannte, durch das zu lösende Problem.

Beruflich kann ihre Dynamik und Impulsivität manchen Wechsel bedingen. Wenn man versucht, sie in öde, kleinkarierte Routine zu zwingen, sind sie rasch bereit, die Stellung zu wechseln. Ihr unkonventionelles Denken und Verhalten und ihre manchmal brutale Offenheit können zu mancherlei Konflikten führen. Jede gleichbleibende Tätigkeit über längere Zeit ist ihnen ein Greuel. Manche Schütze-Typen fallen durch ihre Unrast, ja, Hektik auf; sie machen viel Wind, reden pausenlos und gehen dadurch ihrer Mitwelt auf die Nerven. Wenn sie sich dann noch als ewige Besserwisser aufspielen, ist die Wahrscheinlichkeit groß, daß sie ihre Stellung rasch verlieren. Diese negativen Züge zeigen sich hauptsächlich bei jungen, noch sehr unreifen Schützen.

Schütze-Geborene sind in der Regel Optimisten, die sich wegen möglicher Fehlschläge nicht allzu viele Sorgen machen. Diese positive Einstellung befähigt sie auch, unvoreingenommen an Probleme heranzugehen. Häufig sind sie imstande, sich Problemen, an denen sich andere bereits die Zähne ausgebissen haben, auf eine ganz neue, unkonventionelle Art zu nähern und sie auf diese Weise zu lösen. Sie scheuen nicht davor zurück, Aufgaben zu übernehmen, die Anforderungen stellen, denen sie eigentlich noch nicht ganz gewachsen sind, weil solche Herausforderungen sie reizen; sie setzen ihre ganzen Kräfte daran, mit ihrer Aufgabe zu wachsen, und häufig gelingt es ihnen so auch, sie zu meistern. Dabei geht es ihnen weniger um die Anerkennung durch andere und um einen möglichen Aufstieg als um die innere Befriedigung und das gesteigerte Selbstbewußtsein, die ihnen die Lösung anspruchsvoller Aufgaben verschafft.

Zahlreiche Schütze-Geborene sind entweder begeisterte aktive Sportler oder interessieren sich stark für alle möglichen Sportarten. Auch findet man unter ihnen leidenschaftliche Jäger. Nicht wenige lieben das Abenteuer, und da es heute keine »weißen Flecken« auf der Landkarte mehr zu entdecken gibt, befriedigen sie ihre Abenteuerlust durch ungewöhnliche Urlaubsreisen.

In Übersteigerung äußern sich die Schütze-Eigenschaften als Spekulier- und Spieltrieb oder als hemmungslose Wettleidenschaft. Das kann nicht nur die berufliche Position untergraben, sondern auch finanziell zur Katastrophe werden, wenn sich ein Schütze-Geborener nicht zu bremsen weiß oder niemanden hat, der ihn energisch zügelt. Besonders gefährdet ist er, wenn seine angeborene positive Lebenseinstellung zum blinden Optimismus wird und er ohne Rücksicht auf eigene und fremde Verluste einem vermeintlichen Glück nachjagt.

Seine Ansichten und Standpunkte vertritt er mit Entschiedenheit, doch besteht die Gefahr, daß aus dieser Entschlossenheit ein einseitiger, starrköpfiger Extremismus wird. Er sollte sich angewöhnen, auch andere Meinungen anzuhören und gelten zu lassen und gegebenenfalls die eigene Position zu korrigieren.

## Sonnenzeichen Steinbock

Der Steinbock-Geborene ist introvertiert, er lebt von außen nach innen. Er trägt sein Herz nicht auf der Zunge, läßt sich nicht in die Karten schauen. Meist ist er ein entschiedener Anhänger des alten Sprichworts, daß Reden zwar Silber, Schweigen jedoch Gold sei. Deshalb wirkt er auf seine Mitmenschen zurückhaltend, ja, verschlossen, und da man bei ihm nie ganz weiß, woran man mit ihm ist, hält man instinktiv mehr oder weniger Distanz. Er scheut die offene Auseinandersetzung, die geradlinige Konfrontation. Anstatt sich dem Kampf zu stellen, versucht er es lieber mit List und Schläue, gelegentlich sogar mit Hinterlist, oder er vermeidet einen Zusammenprall, indem er Umwege einschlägt, die ihn an seinem Widersacher vorbeiführen. Er tut das nicht, weil er feige ist, aber der offene Kampf liegt ihm nicht.

Er ist ungemein ehrgeizig und strebsam und früh schon auf Aufstieg, gleichzeitig aber auch auf materielle Absicherung bedacht; häufig hat er bereits zu Beginn seines Berufslebens die Altersversorgung im Sinn, wählt einen Beruf, der ihm in dieser Hinsicht größtmögliche Sicherheit bietet. Die Ziele, die er sich setzt, verfolgt er mit hartnäckiger Ausdauer. Fehlschläge können ihn nicht entmutigen; wenn ein Plan scheitert, trauert er nicht den verlorenen Möglichkeiten nach, sondern macht sich unverzüglich daran, einen neuen, sichereren Plan zu schmieden. Der erstrebte Aufstieg vollzieht sich in der Regel nicht sprunghaft (»Blitzkarrieren« sind unter diesem Zeichen selten), sondern wird Schritt für Schritt geschafft, systematisch aufgebaut und mit großer Konzentration auf das Ziel erreicht. Mißtrauische Vorsicht und Skepsis bewahren ihn weitgehend vor Hereinfällen. Er plant auf lange Sicht und setzt dabei seinen klaren, nüchternen Verstand zielvoll ein. Er ist großer Selbstdisziplin fähig, kann sich selbst gegenüber sehr fordernd und unerbittlich sein.

So ist es kein Wunder, daß er auf seine Mitmenschen oft recht nüchtern und hart wirkt und enge Freundschaften mit

Schulkameraden und Arbeitskollegen eher die Ausnahme sind. Er gilt nicht selten als humorlos, was aber keineswegs stimmt. Freilich merkt man das nur dann, wenn sich seine äußere Starre bei näherer Bekanntschaft lockert; Fremden gegenüber äußert sich der Steinbock-Humor häufig als bissige Satire, die wenig geschätzt wird.

In jungen Jahren wirkt der Steinbock-Geborene oft unsicher, schüchtern, wenig selbstbewußt. Man hat den Eindruck, er sei ständig darauf bedacht, sich vor der Umwelt abzuschirmen, einen Schutzwall um sich aufzubauen. Erst in den Jahren um 20 herum treten seine wahren Eigenschaften in Erscheinung, zeigt er Entschlossenheit, Ehrgeiz, Strebsamkeit, zielgerichtetes Denken und Handeln und ein zähes Durchsetzungsvermögen. In der Regel beginnt sein eigentlicher beruflicher Aufstieg erst, wenn er das dreißigste Lebensjahr überschritten hat. Klug und nüchtern planend ebnet er sich die Wege zum Erfolg, die keineswegs geradlinig verlaufen müssen: Er weiß, daß man manchmal auf Umwegen rascher und weiter vorankommt als auf dem direkten Weg. Auftretende Hindernisse räumt er mit zäher Beharrlichkeit aus dem Weg. Auf einen offenen Konkurrenzkampf läßt er sich selten ein; wenn es zur Auseinandersetzung kommt, kann er sich auch unredlicher Mittel bedienen, um den Konkurrenten auszuschalten, oder er versucht, ihn durch passiven, aber unbeugsamen Widerstand zu zermürben.

Seine Ausdauer und Konzentrationskraft kann zu Starrsinn und Egoismus werden. Seine Anpassungsfähigkeit ist nur gering. Er fällt ihm schwer, sich rasch auf neue Situationen oder Menschen einzustellen. Sein Ichgefühl ist trotz seiner scheinbar nüchternen und harten Fassade ungemein verletzbar. Tatsächliches oder vermeintliches Unrecht, das ihm widerfährt, kann er niemals vergessen. Es fällt ihm schwer, Konzessionen zu machen oder Kompromisse zu schließen, wenn er dabei auch nur um ein geringes von seinen Positionen abrücken muß. Stark ausgeprägt ist sein Gerechtigkeitssinn, aber auch sein Verantwortungsbewußtsein. Daraus kann in späteren Jahren ein übertriebener Dogmatismus werden, der sich allem Neuen verschließt. Auch besteht bei manchen Steinbock-Geborenen die Gefahr, daß ihnen ihr beruflicher Aufstieg so wichtig wird, daß sie ihm ihr ganzes Privatleben opfern und dabei ihre partnerschaftlichen oder familiären Bindungen und Verpflichtungen vernachlässigen. Der ohnehin zum Extrem neigende Steinbock wird dann zum »Arbeitstier«, das ganz und gar im Beruf aufgeht, dem der Beruf zum Lebenszweck wird.

Es gibt auch Steinbock-Typen, denen es bei allem Ehrgeiz an Durchsetzungsvermögen fehlt. Für sie ist es am besten, einen Beruf zu wählen, der ihnen die materielle Sicherheit gibt, nach der sie streben, gleichzeitig aber ihnen Konkurrenzkämpfe erspart. Nach Möglichkeit sollten sie Aufgaben zugewiesen erhalten, die sie selbständig ausführen können. So wird ihr Ehrgeiz zufriedengestellt, und sie haben ihre persönlichen Erfolgserlebnisse. Mit ihrem sachlichen Denken und ihrer methodischen, pragmatischen Arbeitsweise sind sie vielseitig einsetzbar.

Steinbock-Geborene neigen dazu, sich übertriebene und unnötige Sorgen zu machen. Da sie davor zurückscheuen, über die Sorgen offen zu sprechen, und sie diese deshalb nicht mit Hilfe anderer abbauen können, steigern sie sich manchmal in Depressionen hinein, die ihnen schwer zu schaffen machen.

Finanziell gehen sie keine Risiken ein. Zielstrebig bauen sie sich eine stabile materielle Basis auf, die gewährleistet, daß sie in späteren Jahren abgesichert sind. Ihre Sparsamkeit kann bis zum Geiz reichen; geizig sind sie freilich nicht nur gegenüber anderen, sondern sie legen auch sich selbst Beschränkungen auf, um die für sie so wichtige finanzielle Sicherheit nie zu gefährden.

Der Steinbock-Geborene sollte darauf achten, daß ihm Beruf und Karriere nicht zum einzigen oder höchsten Lebensinhalt werden. Er sollte sich etwas mehr Flexibilität und Diplomatie anerziehen, um bessere Beziehungen zu seiner Mitwelt herstellen zu können. Er darf seine angeborene Ichbezogenheit nicht zum rücksichtslosen Egoismus werden lassen. Vorsicht ist klug, aber ständiges Mißtrauen ist schlecht. Und: Je mehr man sich der Mitwelt öffnet, desto mehr kann man auch von ihr empfangen.

### Sonnenzeichen Wassermann

Der Wassermann-Geborene ist mehr verstandes- als gefühlsbestimmt. Er ist extravertiert, lebt von innen nach außen. Er liebt die Freiheit und Unabhängigkeit, hat seine eigenen Ansichten und Standpunkte, kümmert sich wenig um die Meinungen und Kritiken anderer und erträgt es nur schwer, sich in ausgefahrenen Geleisen bewegen zu müssen, in Routine eingezwängt zu sein.

Das gilt auch für sein Denken: Er haßt jede Schablone, ist ungemein ideenreich, denkt progressiv und oft recht originell. Er scheut nicht davor zurück, neue Wege zu beschreiten, in Neuland vorzustoßen. Dabei kommt ihm neben seinem scharfen, wendigen Geist seine Intuition zugute, die ihn neue Möglichkeiten erspüren, unkonventionelle Problemlösungen finden läßt. Das kann dazu führen, daß er urplötzlich und für die Umwelt völlig überraschend die Richtung ändert, bisherige Standpunkte oder auch eine erreichte Position aufgibt. Er ist jedoch an sich keineswegs sprunghaft; wenn er eine neue Richtung einschlägt, dann nicht aus einer Laune, sondern stets mit guten Gründen. Er lebt und arbeitet nicht ziellos, auch wenn er seine Ziele nicht immer geradlinig verfolgt, sondern manchmal Umwege wählt, die seine Mitmenschen verwirren.

Er ist darauf bedacht, nach Möglichkeit eigene Wege zu gehen. Nur höchst ungern läßt er sich Vorschriften machen; jede Gängelung lehnt er ab. Er hält nichts von erstarrten Konventionen oder inhaltlos gewordenen Traditionen; was überholt ist oder sich überlebt hat, muß nach seiner Überzeugung fallen. Dadurch kommt er oft in den Ruf eines Rebellen oder Revolutionärs, und in der Tat kann er sich für fortschrittliche Bewegungen und Ideen stark engagieren. Er scheut sich nicht, als auf sich gestellter, angefeindeter Vorkämpfer aufzutreten, doch selten wird er zum hemmungslosen Fanatiker, der rücksichtslos ein »Anliegen« durchzupeitschen versucht und dabei jedes Maß verliert.

Er setzt sich für andere Menschen und für wohlfundierte Interessen der Allgemeinheit ein, ist aber alles andere als ein Massenmensch, der das Kollektiv sucht, um sich wohlzufühlen oder sich zu bestätigen. Im Gegenteil: Lob und Anerkennung braucht er nicht, wenn er selbst vom Wert und von der Richtigkeit seines Tuns überzeugt ist. Was andere denken, kümmert ihn herzlich wenig. Dadurch weckt er den Eindruck großer Toleranz gegenüber den Meinungen anderer, aber in Wirklichkeit ist es meist nichts anderes als Gleichgültigkeit. Nicht daß er andere Meinungen akzeptiert — ihm ist ganz einfach im Grund egal, was andere denken.

Was er im Berufsleben — wie allgemein im Leben — nicht brauchen kann, sind Zwang, Einengung und Routine. Wirtschaftliche Absicherung ist für ihn keineswegs das höchste erstrebenswerte Ziel; lieber ist ihm ein abwechslungsreicher Beruf, der ihm viele Freiheiten läßt, auch wenn er noch so unsicher ist, als eine gesicherte Stellung mit Versorgung bis ans Lebensende, die ihn in eingefahrene Geleise zwingt und Unterwerfung und Anpassung fordert. Wenn er sich in seiner freien Entfaltung bedroht fühlt und ihm Zwänge auferlegt werden, zögert er nicht, die Stellung oder gar den Beruf zu wechseln. Selbst wenn er eine aussichtsreiche Karriere vor sich hat, bricht er diese unter solchen Umständen ab.

Im persönlichen Umgang zeigt sich der Wassermann-Geborene freundlich, aber etwas distanziert. Er wirkt ruhig und überlegt; Gefühlsüberschwang ist bei ihm selten. Bei seinen Kollegen ist er in der Regel beliebt, doch es dauert lange, bis man richtig »warm« mit ihm wird. Ihm macht das nichts aus — er schätzt einen gewissen Abstand. Anderseits ist er durchaus mitfühlend und an seinen Mitmenschen interessiert; in Notfällen ist er ganz spontan hilfsbereit und bemüht sich, für andere einzutreten, ihnen beizustehen, aber das geschieht eher auf einer unpersönlichen, sachlichen Ebene. Es fällt ihm schwer, Herzlichkeit zu offenbaren. Er scheut Bindungen aller Art, nicht zuletzt auch Gefühlsbindungen, die seinen persönlichen Freiraum einengen könnten. Er möchte in jeder Hinsicht unabhängig sein, seine Selbständigkeit bewahren.

In manchen Fällen übersteigert er seine Originalität zur Exzentrik, stellt sich in seinem Streben nach Distanz bewußt ins Abseits. Dann kann er zum Einzelgänger und schrulligen Sonderling werden, der seine Mitmenschen zu schockieren versucht, sei es durch verrückte Einfälle und Handlungen, sei es durch Launen oder Taktlosigkeiten. Solche Entgleisungen sind allerdings nicht sehr häufig.

Er ist progressiv in seinen Ansichten, aber wenn er erst einmal eine feste Position bezogen hat, ist er manchmal nur schwer wieder davon abzubringen, auch wenn er noch so sehr im Unrecht ist oder seine Stellung durch den Gang der Dinge überholt wurde. Da er auf die Meinungen anderer nur wenig gibt, fällt es schwer, ihn zu überzeugen. Nur allzu leicht fühlt er sich bevormundet oder gegängelt und versteift sich dann erst recht auf seinen Standpunkt. Am besten kommt man ihm bei, wenn man ebenso kühl und scharfsinnig argumentiert, wie er denkt, und ihm dabei das Gefühl gibt, daß man sich nur sachlich mit ihm auseinandersetzen, ihn aber nicht belehren oder korrigieren will.

Wassermann-Geborene sollten lernen, sich stärker auf ihre Mitmenschen einzustellen, indem sie sich mit ihren Meinungen auseinandersetzen, statt eigensinnig auf dem eigenen Standpunkt zu beharren. Sie sollten erkennen, daß das

Leben in einer menschlichen Gemeinschaft jedem Beschränkungen auferlegt und Kompromisse und Konzessionen abfordert. Ihrer beruflichen Laufbahn käme es zugute, wenn sie überlegter vorausplanen und sich Vorgesetzten und Kollegen gegenüber diplomatischer verhalten würden. Um sich vor wiederkehrenden finanziellen Krisen zu schützen, sollten sie etwas mehr Wert auf materielle Absicherung legen; das liebe Geld spielt nun mal im Leben eine Rolle, und wenn man auch noch so idealistisch oder romantisch veranlagt ist, kommt man nicht ohne es aus. Im Beruf wie im Leben muß man sich in gegebene Ordnungen einfügen, also eine gewisse Flexibilität zeigen. Das hat mit unwürdigem Kriechertum nichts zu tun. Wer all das außer acht läßt, macht sich und vielleicht auch so manchem Mitmenschen das Leben unnötig schwer.

**Sonnenzeichen Fische**

Der Fische-Geborene ist stärker gefühls- als verstandesorientiert. Er ist introvertiert, lebt von außen nach innen. Das bedeutet, daß er von sich aus wenig Aktivität und Initiative entfaltet, sondern eher die Dinge auf sich zukommen läßt. Er ist weniger ein Mensch der Tat als ein Mensch der Gefühle, Vorstellungen, Träume und Wünsche. Seine Stärke ist das geduldige Abwarten, doch daß man damit in der rauhen Wirklichkeit des Lebens nicht von selbst zum Erfolg kommt, liegt auf der Hand. Deshalb ist der Fische-Geborene darauf angewiesen, sich Ziele zu setzen, die er mit seinen Möglichkeiten und Kräften erreichen kann. Selten ist es ihm gegeben, weitgesteckte Pläne in einem Schwung zu verwirklichen; er braucht vielmehr eine Abfolge von kleinen, genau überschaubaren Schritten, die ihn etappenweise ans Ziel bringen und ihm dabei immer wieder die vielleicht kleinen, aber für sein Selbstbewußtsein ungeheuer wichtigen Erfolgserlebnisse verschaffen, ohne die seine ohnehin nicht allzu starke Energie rasch erlahmt. Von Natur aus hat er nicht sonderlich viel Selbstvertrauen. Er braucht Erfahrungen, die ihm Selbstsicherheit schenken, die seine inneren Kräfte stärken. Nur so gewinnt er allmählich den Halt, der ihn befähigt, sich fest auf die eigenen Beine zu stellen. Mißerfolge verträgt er schlecht. Entweder veranlassen sie ihn aus einer Art Trotzhaltung heraus zu utopischen Zielsetzungen, die dann erst recht nicht verwirklichbar sind, oder er wirft die Flinte ganz einfach ins Korn und versucht, vor der Realität zu fliehen, sei es in eine Welt der Träume oder in eine Welt der Selbsttäuschung, wobei Alkohol oder auch Drogen eine große Rolle spielen können.

Der Fische-Geborene ist sehr sensibel. Er kann sich gut in andere Menschen einfühlen und ist so imstande, ihnen zu helfen. Gern leistet er auch praktische Hilfe, wenn andere in Not sind. Viele Fische-Geborene sind in Krankenberufen oder im Fürsorgewesen tätig. In solchen Berufen sind sie bereit, sich einer Disziplin zu unterwerfen, die sie ansonsten nur schwer ertragen, sich in ein Ordnungsgefüge eingliedern zu lassen, das sie in ihrem Privatleben ablehnen würden. Denn an sich zählen Disziplin und Ordnungsliebe nicht zu den Stärken der Fische-Geborenen; in der Regel fehlt es ihnen an Methodik und ausdauernder Zielstrebigkeit.

Oft sind sie künstlerisch begabt. Wenn sie einen entsprechenden Beruf ergreifen, haben sie die Möglichkeit, den Härten der Realität auszuweichen; die Kunstwerke, die sie schaffen, geben ihnen vielleicht den notwendigen Fluchtweg aus der Wirklichkeit. Zugute kommen ihnen in künstlerischen Berufen ihre rege Phantasie, ihre Sensibilität und ihre tiefen Gefühle, denen sie im schöpferischen Tun Ausdruck verleihen können. Auch die Musik eröffnet ihnen ein weites, ihren Anlagen entsprechendes Betätigungsfeld. Wenn sie in ihnen wenig zusagenden Berufen tätig sind, können Kunst und Musik als Freizeitbetätigung für sie ein wichtiger Ausgleich sein, der ihnen hilft, die Zwänge des Lebens zu ertragen.

Selten hat der Fische-Geborene die »harten Ellenbogen«, die man braucht, um sich im Leben entschlossen durchzusetzen. Deshalb hat er es im beruflichen Konkurrenzkampf oft schwer. Von Natur aus ist er nicht besonders ehrgeizig. Oft erwacht sein Ehrgeiz erst, wenn er eine Tätigkeit gefunden hat, die ihn wirklich erfüllt, an der er innerlich voll und ganz Anteil nimmt. In einem aufgezwungenen Beruf tut er sich schwer, weil er ihm im Grunde genommen gleichgültig ist; er fühlt sich darin fremd und hilflos. Der Zwang wird für ihn häufig zu einer so großen Belastung, daß die Nerven versagen; Fische-Geborene in »falschen« Berufen können zu Neurotikern werden. Das andere Extrem ist apathisches Desinteresse: Man fügt sich dem Zwang, fühlt sich höheren Gewalten ausgeliefert und macht gar keinen Versuch, die Dinge in die eigenen Hände zu nehmen und entweder eine Änderung herbeizuführen oder aus den Gegebenheiten das Beste zu machen. In beiden Fällen ist eine erfolgreiche Karriere kaum zu erwarten.

Fische-Geborene sind leicht zu beeinflussen, im Positiven wie im Negativen. Wer es versteht, sie behutsam zu lenken (behutsam deshalb, weil sie empfindlich sind) und vor allem ihre Selbstsicherheit zu stärken, kann ihnen sehr viel helfen. Es ist für sie wichtig, daß man ihnen immer wieder den Rükken steift, ihnen Erfolgserlebnisse vermittelt, die ihre inneren Kräfte wachsen lassen und ihnen mehr Selbstvertrauen geben. Sie brauchen Anstöße, um ihre naturgegebene passiv abwartende Haltung zu überwinden und ihr ewiges Zaudern aufzugeben.

Klare Entscheidungen zu treffen und rasche Entschlüsse zu fassen liegt vielen Fische-Geborenen wenig. In ihrem Denken und Planen beziehen sie häufig die realen Gegebenheiten nicht ausreichend ein, sondern lassen Wunschvorstellungen und Phantasien einen zu breiten Raum. Hier sollte man darauf sehen, daß sie auf dem Boden der Tatsachen bleiben und sich nicht in unpraktikable Ideen verrennen. Anderseits haben sie oft intuitive Einsichten, die sie befähigen, für anstehende Probleme überraschende Lösungen zu finden. Wenn sie sich für längere Zeit auf eine einzige Aufgabe konzentrieren müssen, erlahmt ihr Interesse meist rasch, und dann fällt es ihnen sehr schwer, die notwendigen Kräfte zu mobilisieren. Stimmungsschwankungen können ihre Leistungsfähigkeit unter Umständen stark beeinträchtigen. Die Atmosphäre am Arbeitsplatz und das Verhältnis zu den Kollegen spielt dabei eine wichtige Rolle.

Fische-Geborene sollten früh schon lernen, ihre Unsicherheit zu überwinden, sich mehr zuzutrauen, sich »auf die Hinterbeine« zu stellen. Sie sollten erkennen, daß vernünftige, realistische Planung viel zum Erfolg in Beruf und Leben beizutragen vermag. Auf keinen Fall dürfen sie sich durch die Angst vor einem möglichen Versagen lähmen lassen: Wer nichts tut, kann zwar nichts falsch machen, aber er wird auch nie und nimmer etwas erreichen! Ohne Mut zum Tun und zielstrebige Ausdauer kommt man an kein Ziel. Flucht vor der Realität ist kein Ausweg: Wer leben will, muß sich dem Leben stellen!

# Der Meridian in den zwölf Zeichen des Tierkreises

Wie im 10. Kapitel (»Die Elemente des Horoskops«) ausführlich erläutert wird, finden wir im Individualhoroskop zwei durch den Zeitpunkt und den Ort der Geburt bestimmte Hauptachsen: die Verbindungslinie zwischen Aszendent und Deszendent als Horizontalachse und die als Meridian bezeichnete Verbindungslinie zwischen Himmelsmitte und Himmelstiefe (MC und IC) als Vertikalachse. Dadurch ergeben sich vier Quadranten mit je drei Häusern. Der Aszendent ist die Spitze des 1. Hauses, die Himmelstiefe ist die Spitze des 4. Hauses, der Deszendent ist die Spitze des 7. Hauses, die Himmelsmitte bzw. der obere Meridian ist die Spitze des 10. Hauses. In unserem Zusammenhang interessiert uns nur dieses 10. Haus: es gibt Aufschluß über die Stellung des betreffenden Menschen in der Umwelt, in Beruf und Leben, über seine Laufbahn, seine gesellschaftliche Position, seinen Einfluß und Erfolg. Man bezeichnet es deshalb auch als »Berufshaus«.

Die Aussagen, die sich aus dem 10. Feld ableiten lassen, gründen auf zwei Gegebenheiten: einmal auf der Lage der Felderspitze innerhalb des Tierkreises und zum anderen auf der Planetenbesetzung des 10. Hauses. Beide Elemente dürfen nicht isoliert betrachtet werden, sondern hängen eng zusammen. Für eine differenzierte, auf den Einzelfall zugeschnittene Deutung müssen darüber hinaus die übrigen Horoskopelemente in Betracht gezogen werden: Nur das Gesamthoroskop ergibt ein abgerundetes, vollständiges Bild.

Das Zeichen des Tierkreises, in dem die Spitze des 10. Hauses liegt, gibt Auskunft darüber, wie ein Mensch seine Fähigkeiten einzusetzen vermag, in welche Richtung sein materielles und berufliches Streben geht. Das besagt freilich noch nichts über den Beruf an sich. Bei der Berufswahl ist das Tierkreiszeichen des oberen Meridians nur insofern zu berücksichtigen, als man beispielsweise für einen Beruf mit großer Konkurrenz Dynamik und Durchsetzungsvermögen braucht und das Meridianzeichen erkennen läßt, ob diese Eigenschaften vorhanden sind.

Präzisiert werden die Aussagen durch die Planetenbesetzung des 10. Hauses, die wir im folgenden Abschnitt darstellen. Unsere Übersicht kann allerdings nur Anhaltspunkte geben, denn genaugenommen müßte jede Planetendeutung entsprechend der möglichen Häuserspitzenposition in einem der zwölf Tierkreiszeichen in zwölf Abschnitte unterteilt werden, was den Rahmen des Buches sprengen würde. Wenn beispielsweise die Sonne im 10. Haus steht, ist es keineswegs gleichgültig, ob die Häuserspitze im Widder, Stier, Krebs oder Skorpion liegt: In einem Wasserzeichen schwächt sich die Wirkung des Gestirns ab, in einem Feuerzeichen wird sie verstärkt. Sie können sich damit behelfen, daß Sie die Deutungen dieses und des folgenden Abschnitts kombinieren. Wenn Sie nach Durcharbeitung der Kapitel 7 bis 11 mehr Erfahrung in der Horoskopdeutung gewonnen haben, sind Sie sicher imstande, entsprechend den Inhalten der einzelnen Horoskopelemente (siehe 10. Kapitel, »Die Elemente des Horoskops«) auf eigene Faust zu treffenden, fundierten Aussagen zu gelangen.

## Meridian im Zeichen Widder

Kennwort der drei Frühlingszeichen (Widder, Stier, Zwillinge) ist die extravertierende Weltergreifung, die im Widder unter der Herrschaft des Mars steht. Die Fähigkeiten und Kräfte werden mit starker Dynamik und Impulsivität eingesetzt; das Streben richtet sich auf Durchsetzung der Persönlichkeit und Eroberung der Umwelt. Die dazu notwendigen Willenskräfte und der Unternehmungsgeist sind gegeben. Stark ausgeprägt ist die Ichbetontheit. Der Mars-Einfluß bedingt, daß es nicht ohne Widerstände und Auseinandersetzungen abgeht, daß aber auch das kämpferische Element vorhanden ist, das ihre Überwindung ermöglicht. Angestrebt wird eine führende Position, die Anerkennung und gesellschaftliche Geltung mit sich bringt. Wichtig ist die Position des Mars im Horoskop. Bei negativer Konstellation werden die Ziele eventuell unbedacht, voreilig, aggressiv oder gar rücksichtslos verfolgt. Willensübersteigerungen können Schädigungen zur Folge haben.

## Meridian im Zeichen Stier

Unter diesem Zeichen streben die weltergreifenden Kräfte in die Tiefe, drängen nach Verwurzelung, Absicherung, Stabilität. Alle Kräfte und Fähigkeiten werden in den Dienst der materiellen Sicherung und Besitznahme gestellt. Dieses Ziel wird mit ausdauerndem Ehrgeiz angesteuert. Denken und Handeln sind realitätsbezogen und praktisch orientiert. Das Ichgefühl ist ebenso betont, aber weniger aggressiv als unter dem Zeichen Widder. Unbedachte Impulsivität wird durch maßvolle Planung weitgehend ausgeschaltet. Die Schönheiten und Annehmlichkeiten des Lebens werden geschätzt, doch werden sie in der Regel nur auf einer stabilen materiellen Basis genossen. Entsprechend dem Zug zum Bewahren herrschen konservative Meinungen und Haltungen vor. Mangelnder Wagemut kann unter Umständen den Aufstieg verlangsamen, aber durch zielstrebige Ausdauer werden die gesteckten Ziele erreicht, und das Erworbene hat auch meist Bestand.

## Meridian im Zeichen Zwillinge

Unter diesem Zeichen erfolgt die Weltergreifung durch in die Breite strebende Kräfte, durch eine vielseitige Hinwendung zur Um- und Mitwelt. Entsprechend vielfältig sind die Interessen, Neigungen und Strebungen. Die Kräfte und Fähigkeiten werden mit großer Dynamik und Beweglichkeit eingesetzt; die Geistes- und Willenskräfte sind wendig, aber nicht sonderlich beharrlich. Es besteht die Gefahr der Zersplitterung, die den beruflichen Aufstieg verzögern kann. Immer wieder kann es infolge mangelnder Ausdauer und Zähigkeit zu Rückschlägen kommen, die Unzufriedenheit und ein Gefühl des Ungenügens zur Folge haben können. Nicht selten ist auch mangelnde Entschlußkraft eine Hemmung auf dem Weg nach oben. Die Zielstrebigkeit ist begrenzt, da neue Interessen auftauchen und vom eingeschlagenen Weg abbringen können. Je nach Position und Aspektierung des im Zeichen Zwillinge herrschenden Merkur können Unrast, Wechselhaftigkeit und Oberflächlichkeit mehr oder weniger stark ausgeprägt sein.

## Meridian im Zeichen Krebs

Die Kräfte und Fähigkeiten werden eher nach gefühls- als nach verstandesbetonten Kriterien eingesetzt; da die Gefühle nicht unbedingt stabil sind, können Wege und Ziele manchen Schwankungen ausgesetzt sein. Man versucht weniger, gegebene Verhältnisse zu verändern, als sich ihnen diplomatisch anzupassen, um sich vermeidbare Auseinandersetzungen und Schwierigkeiten zu ersparen. Diese Bereitschaft zur Nachgiebigkeit ist jedoch durchaus mit zielstrebigem Ehrgeiz gepaart, und wenn etwas erreicht wird, so ist man stark auf Sicherung und Bewahrenwollen bedacht. Materielle Stabilität wird stets angestrebt, aber nicht immer erreicht, da weder das Durchsetzungsvermögen noch die Energien ausreichen, um über längere Zeiten mit auftretenden Hindernissen und Schwierigkeiten fertigzuwerden. Sowohl im Beruf als auch hinsichtlich der materiellen Sicherheit können Rückschläge eintreten. Wichtig sind stetes Bemühen und eine zielstrebige, anhaltende Aktivierung der Willenskräfte.

## Meridian im Zeichen Löwe

Das Streben ist auf Geltung und Beachtung der Persönlichkeit gerichtet; ein Platz im Rampenlicht ist das Ziel, für das die Kräfte und Fähigkeiten eingesetzt werden. Das eigene Ich steht weitgehend im Mittelpunkt, doch ist diese Egozentrik keineswegs unbedingt mit Egoismus gleichzusetzen. Die ausgeprägte Selbstsicherheit erleichtert das Erreichen der gesteckten Ziele, wenn sie nicht in Überheblichkeit und Arroganz ausartet. Beziehungen und Verbindungen werden geschickt genutzt, um den Aufstieg zu beschleunigen. Für die volle Persönlichkeitsentfaltung braucht er nach seiner Meinung unbedingt einen luxuriösen Rahmen. In seinen Einstellungen ist er großzügig; an das Leben werden hohe Erwartungen gestellt. Bei Fehlschlägen und Fehlentwicklungen können die Eigenschaften dieses Zeichens durch Übersteigerung ins Negative umschlagen: in Verschwendungssucht, Großsprecherei und Neigung zum Bluff.

## Meridian im Zeichen Jungfrau

Unter diesem Zeichen werden die Kräfte und Fähigkeiten zielstrebig, aber mit vorsichtiger Zurückhaltung und wohldurchdachter Methodik eingesetzt. Man ist auf größtmögliche Absicherung bedacht und steckt sich lieber nicht allzu hohe, aber dafür sicher erreichbare Ziele. Dabei kommt die Fähigkeit zur realistischen Selbsteinschätzung und zur kritischen Erkenntnis der Möglichkeiten und Gegebenheiten zugute. Man versteht es, gebotene Chancen zu nutzen. Die Pläne werden gewissenhaft auf die Wirklichkeit abgestimmt und mit kluger Berechnung durchgeführt. Die Energien werden so eingeteilt, daß keine »Durststrecken« auftreten können. Mag auch der berufliche Aufstieg nicht unbedingt steil verlaufen, so erfolgt er doch stetig; größere Rückschläge werden durch das vorsichtige Vorgehen vermieden. Am liebsten ist eine sichere Position, die es ermöglicht, sich ein stabiles materielles Fundament zu schaffen. Auf Risiken läßt sich der kühle Verstand nicht ein.

## Meridian im Zeichen Waage

Mit großer Zielstrebigkeit werden unter diesem Zeichen die Fähigkeiten und Kräfte eingesetzt, um eine repräsentative Position zu erringen, die mit Anerkennung, Popularität und Ehrungen verbunden ist. Ein stark ausgeprägter Ehrgeiz steckt die Ziele, die jedoch weniger durch den Einsatz der Ellenbogen und ausdauernde Bemühungen als durch Diplomatie, entgegenkommendes, gewinnendes Verhalten und kluge Berechnung erreicht werden. Sich bietende Chancen und persönliche Beziehungen werden genutzt und geschickt in die Pläne eingebaut. Wenn die eigenen Möglichkeiten nicht ausreichen, sucht man den Anschluß an andere, die weiterhelfen können, doch versteht man den Eindruck zu vermeiden, sie nur als Sprossen auf der Leiter zum Erfolg zu benutzen. Widerstände werden häufiger umgangen als gebrochen, Auseinandersetzungen meist rechtzeitig durch Diplomatie abgebogen. Die abwägende Berechnung spielt eine sehr große Rolle.

## Meridian im Zeichen Skorpion

Dieses Zeichen steht unter der Herrschaft des Planeten Mars. Das bedeutet Krafteinsätze, Schwierigkeiten, Auseinandersetzungen. Vor diesen schreckt jedoch der ausgeprägte, zielstrebige Ehrgeiz keineswegs zurück. Die Herausforderungen werden angenommen, die großen Leistungsreserven mobilisiert, um alle Hemmnisse aus dem Weg zu räumen. Die gesteckten Ziele werden mit zäher Beharrlichkeit und notfalls mit enormem Krafteinsatz verfolgt und meist trotz aller Widerstände erreicht. Weil man zu jedem Einsatz bereit ist, können Selbstschädigungen durch Überanstrengung eintreten. Die starke Ichbezogenheit kann sich als Rücksichtslosigkeit äußern. Nicht immer wird mit offenen Karten gespielt, besonders nicht in problematischen Situationen; dann zeigt sich eine Tendenz zur Heimlichkeit. In Übersteigerung können aus verschwiegener List Tücke und Unredlichkeit werden, die zu Reibungen mit der Umwelt und zu Rückschlägen führen.

## Meridian im Zeichen Schütze

Das Streben ist unter diesem Zeichen auf eine einflußreiche Position gerichtet, die gesellschaftliche Anerkennung sichert und mit Ansehen und Ehren verbunden ist. Die konkrete Zielsetzung ist jedoch keineswegs stabil, die Wege, auf denen der Aufstieg gesucht wird, sind nicht unbedingt geradlinig, denn vielseitige Interessen, Neigungen und Wünsche können zu einer Zersplitterung führen. Auch kann das starke Unabhängigkeitsstreben sich störend auf die berufliche Karriere auswirken. Ein ausgeprägter Gerechtigkeitssinn verhindert, daß Ziele auf Kosten anderer angepeilt werden; als »Aufstiegshilfen« werden andere nur insofern benutzt, als sie durch fördernden Einfluß nützlich sein können. Für die beruflichen Ziele wesentlich ist auch das diesem Zeichen eigene Streben nach Horizonterweiterung, sei es durch Reisen, sei es durch vielfältige Anstöße und Anregungen durch neue Situationen und Menschen.

## Meridian im Zeichen Steinbock

Die Kräfte und Fähigkeiten werden unter diesem Zeichen niemals gefühls-, sondern stets verstandesbestimmt eingesetzt. Der Ehrgeiz ist außerordentlich stark. Erstrebt wird eine Position, die einerseits weitestgehende materielle Absicherung, anderseits aber auch Macht und Einfluß gewährleistet. Auf öffentliche Anerkennung und äußerliche Ehren kommt es dabei weniger an. Die machtvolle Willenskraft gibt dem Streben Nachdruck und kann ihm eine gewisse Härte und Rücksichtslosigkeit verleihen. Hindernisse und Schwierigkeiten werden mit Energie und Zähigkeit aus dem Weg geräumt; sie können den Aufstieg zwar bremsen, aber nicht vereiteln. Die Planung erfolgt auf lange Sicht; die Ziele werden bei allen Wechselfällen niemals aus dem Auge verloren. Die Zielsetzung ist stets realistisch. Ichbetontheit ist unter diesem Zeichen mit Pflichtbewußtsein und großer Zuverlässigkeit gepaart.

## Meridian im Zeichen Wassermann

Eigenständigkeit, Eigenwilligkeit und Vielseitigkeit sind für dieses Zeichen charakteristisch. Die Interessen sind auf das Neue, Ungewöhnliche, Originelle gerichtet. Zielstrebigkeit ist zwar vorhanden, doch kann die Zersplitterung der Strebungen zu schwankenden Zielsetzungen führen. Plötzliche Veränderungen im beruflichen Aufstieg und in den Interessen sind keineswegs ungewöhnlich. Daß dies der materiellen Stabilität und auch dem Beruf abträglich sein kann, liegt auf der Hand. Da das Alltägliche, Banale wenig befriedigt, ist ein »Routineberuf« nur dann auf Dauer erträglich, wenn in der Freizeit ein entsprechender Ausgleich möglich ist. Wichtig ist in jedem Beruf ein lebendiges Betriebsklima; persönliche, anregende Beziehungen zu Kollegen können auch einen ungeliebten »Brotberuf« annehmbar machen. Wegen der wechselnden Ziele verläuft der Aufstieg nur selten geradlinig.

## Meridian im Zeichen Fische

Unter diesem Zeichen erfolgt der Einsatz der Fähigkeiten und Kräfte weniger nach verstandes- als nach gefühlsbestimmten Kriterien. Generell fällt die Mobilisierung der Kräfte eher schwer, weil es oft an genau umrissenen Zielen und wohldurchdachter Planung fehlt. Die Entschlußkraft ist eher schwach; harte Ellenbogen, mit denen man sich durchsetzen könnte, sind meist nicht vorhanden. Hindernissen und Schwierigkeiten weicht man nach Möglichkeit aus; wenn sie sich nicht umgehen lassen, können sie den Aufstieg erheblich beeinträchtigen, da es an der Kraft und Entschlossenheit fehlt, sie aus dem Weg zu räumen. Es besteht die Gefahr, daß man von anderen in den Hintergrund gedrängt oder ausgenützt wird, weil man nicht die im Konkurrenzkampf nötige Härte aufbringt. Anderseits können sich unerwartete Chancen und Hilfen bieten, die beruflichen Auftrieb bringen. Mehr Ehrgeiz und Willenskraft können den Aufstieg beschleunigen.

## Planetenbesetzung des 10. Hauses

Wie schon in der Einleitung zum vorangehenden Abschnitt gesagt wurde, ermöglicht die Planetenbesetzung des 10. Hauses zusätzliche Aussagen darüber, in welcher Weise und Richtung die vorhandenen Anlagen, Möglichkeiten und Kräfte eingesetzt werden. Freilich ist für den Laien die Deutung recht kompliziert, da außer dem Planeten selbst dessen Aspektierung sowie die Lage der Häuserspitze innerhalb des Tierkreises in Betracht gezogen werden müssen. Es ist unzulässig, aus einem einzelnen Horoskopelement Schlüsse darauf ableiten zu wollen, ob die Eignung für einen bestimmten Beruf gegeben ist; eine solche Aussage kann nur ein erfahrener Astrologe auf der Grundlage des gesamten Horoskops machen.

In der folgenden Übersicht sind dementsprechend nur Grundtendenzen angegeben, die je nach Lage des Meridians im Tierkreis zu modifizieren sind. Wer bereits Erfahrung in der Horoskopdeutung hat, kann auch noch die Aspektierung der betreffenden Gestirne berücksichtigen. Stehen mehrere Planeten im 10. Haus, so lassen sich die Aussagen nicht einfach summieren, sondern sie sind entsprechend der Wirkqualität der Planeten abzuwandeln. Im 10. Kapitel können Sie nachlesen, welche Gesichtspunkte dabei zu beachten sind.

## Sonne im 10. Haus

Die Strebungen sind stark auf den beruflichen und sozialen Aufstieg gerichtet. Im Extremfall kann das zu einer Vernachlässigung des Privatlebens führen; daß darunter Ehe und Familie leiden, liegt auf der Hand. Ob es soweit kommt, hängt nicht nur von dem Tierkreiszeichen ab, in dem die Sonne steht, sondern auch von ihrer Aspektierung. In der Regel bedeutet die Sonne im 10. Haus überdurchschnittliches Karrieredenken, aber auch überdurchschnittliche Durchsetzungskraft. Der Beruf kann zur echten Berufung werden, für die man sich mit ganzem Herzen einsetzt. Meist gelangt man bei diesem Sonnenstand zu Erfolg und Ansehen und kann sich eine sichere materielle Basis schaffen. Die Mittel werden je nach Tierkreiszeichen eingesetzt, im Zeichen Widder beispielsweise dynamisch-aggressiv, im Zeichen Jungfrau vorsichtig berechnend, im Zeichen Stier mit hartnäckiger Zähigkeit. In den Wasserzeichen (Krebs, Jungfrau, Fische) schwächt sich die Wirkkraft der Sonne ab; das Durchsetzungsvermögen ist geringer. In einem Zeichen wie Löwe oder Steinbock kann der Beruf völlig im Mittelpunkt der Interessen stehen. Bei schlechter Aspektierung der Sonne können Übersteigerungen, Anmaßung oder Rücksichtslosigkeit zu Reibereien und Auseinandersetzungen mit der Umwelt führen und dem Aufstieg schaden. Allein die Tatsache, daß im Geburtshoroskop die Sonne im 10. Haus steht, garantiert also noch keineswegs den Erfolg im Beruf und Leben.

## Mond im 10. Haus

Bei dieser Mondposition werden die Kräfte und Fähigkeiten eher nach Gefühl und Intuition als nach verstandesmäßigen Kriterien eingesetzt. Je nach Stabilität bzw. Labilität der Gefühlslagen können sich Schwankungen in der Zielsetzung, aber auch bei der Verfolgung der Aufstiegswege ergeben. Es fehlt mehr oder weniger an geradliniger Zielstrebigkeit. Auch der Kräfteeinsatz erfolgt nicht mit konsequenter Ausdauer, sondern eher schubweise. Man ist sich seiner selbst und seiner Sache nicht immer sicher. Mangelnde Konsequenz und Standhaftigkeit können zu Verzögerungen, Rückschlägen oder Richtungsänderungen führen; Wechsel in Beruf und Leben sind wahrscheinlich. (Nicht umsonst ist der Mond seit alters das Symbol der Veränderung und Veränderlichkeit!) Bei der Berufswahl und -ausübung können Gefühle und Empfindungen eine wesentliche Rolle spielen. Oft besteht eine Neigung zu Berufen mit typisch lunaren (den Mond-Charakteristiken entsprechenden) Qualitäten: Lehr- und Pflegeberufe, Fürsorge usw., aber auch Reisender, Agent, Beruf mit viel Publikumskontakt u.a. Trotz möglicher Wechsel und Veränderungen kann der Aufstieg bei guter Konstellation zum Erfolg und zu Ansehen führen; bei ungünstiger Aspektierung ist ein befriedigendes Berufsleben weniger wahrscheinlich. Entweder entspricht der ausgeübte Beruf nicht den wahren Interessen und Fähigkeiten, oder der Berufsweg ist mit mancherlei Schwierigkeiten gepflastert und macht wenig Freude.

## Merkur im 10. Haus

Dieser Planet symbolisiert Beweglichkeit, Rastlosigkeit, Veränderlichkeit, Anpassungsfähigkeit, Eigenschaften, die sich, steht Merkur im 10. Haus, im Berufsleben auswirken. Vorhanden sind in der Regel geistige Wendigkeit, praktisches Urteilsvermögen, Streben nach Horizonterweiterung durch vielfältige Kontakte und Reisen, Begeisterungsfähigkeit, oft auch Geschäftssinn und ausgeprägte Vielseitigkeit. Es mangelt hingegen häufig an Beständigkeit und Ausdauer, überlegter Planung und konsequenter Ausführung. Die gesteckten Ziele können rasch wechseln; das Handeln kann der Geradlinigkeit ermangeln. Eine starke Triebfeder ist der ausgeprägte Ehrgeiz, der für einen raschen Aufstieg sorgt, doch kann auch, wenn der Beruf nicht befriedigt, ebenso schnell eine neue Position oder auch ein anderer Beruf ergriffen werden; sich auf die neuen Gegebenheiten einzustellen, fällt nicht besonders schwer. Sehr bedeutsam sind eventuell vorhandene Aspektierungen des Merkur durch andere Planeten, die sich meistens günstig auswirken. Ein nicht aspektierter Merkur bedeutet Einengung, Beschränkung, Beeinträchtigung der Erfolgsaussichten. Gefördert werden die positiven Merkur-Eigenschaften, wenn die Spitze des 10. Hauses in einem Luftzeichen (Zwillinge, Waage, Wassermann) liegt.

## Venus im 10. Haus

Gefühle und Stimmungen spielen bei allen Strebungen und Zielsetzungen eine bedeutsame Rolle; rein verstandesmäßige Argumente und nüchtern-sachliche Erwägungen sind demgegenüber untergeordnet. Rücksichtsloses Durchsetzungsvermögen tritt zugunsten anpassungsfähiger Diplomatie weitgehend in den Hintergrund. Oft werden künstlerische oder kunsthandwerkliche Berufe angestrebt, aber auch Berufe, die mit Mode, Kosmetik, Körperkultur, Schmuck, Inneneinrichtung, Tanz usw. zu tun haben; im männlichen Horoskop weist Venus im 10. Haus zudem auf Berufe hin, die in Kontakt zu Frauen bringen. Wenn kein venusbezogener Beruf ausgeübt wird, bietet häufig ein musisches Hobby den notwendigen Ausgleich. Das Karrierebewußtsein ist nicht sonderlich stark, doch ist bei günstiger Konstellation eine erfolgreiche Laufbahn wahrscheinlich, die nicht selten Anerkennung in der Öffentlichkeit bringt. Bei ungünstiger Konstellation sind Glück und Erfolg wenig stabil.

## Mars im 10. Haus

Starke Willenskraft bewirkt Zielstrebigkeit, Durchsetzungsvermögen, Tatendrang, rasche Entschlossenheit, Aufstiegs- und Machtstreben. Man will eine führende Position erlangen und scheut dabei weder Konkurrenzkämpfe noch Widersacher und Hindernisse. Meist paart sich ein wendiger Geist mit Vielseitigkeit der Interessen. Hingegen fehlt es nicht selten an Ausdauer und Konzentration; man neigt zum geballten Krafteinsatz, um die gesteckten Ziele möglichst rasch und geradlinig zu erreichen. Bei Aspektverletzungen kann es zu mancherlei Voreiligkeiten und Fehlgriffen kommen; mangelnde Urteilskraft und Besonnenheit können das Fortkommen durch häufige Konflikte und Irrwege erschweren. Oft ist es auch nicht leicht, einen Beruf zu finden, der den Anlagen und Fähigkeiten voll und ganz entspricht. Wenn die Kräfte verzettelt werden, fehlt es der beruflichen Karriere an Stabilität; nicht selten muß die Position erkämpft oder durch Kämpfe behauptet werden.

## Jupiter im 10. Haus

Wenn keine Aspektverletzungen vorliegen, ist die Wahrscheinlichkeit groß, daß der berufliche und gesellschaftliche Aufstieg zu Ansehen und Anerkennung führen und in der Öffentlichkeit Beachtung finden wird. Der Aufstieg geht sehr häufig rasch und ohne größere Hindernisse vor sich. Es kann durchaus sein, daß fremde Förderung dabei hilft. Die errungene Position, die mit materieller Sicherheit verbunden ist, wird gehalten. Ungünstiger sieht es bei Aspektverletzungen aus: Es fehlt an Durchsetzungsvermögen, und obendrein besteht die Gefahr, daß man sich durch Unbedachtsamkeit, Übertreibungen, Unaufrichtigkeit und zu starke Ichbetontheit schadet; Dünkel und übertriebenes Geltungsbedürfnis schaffen Feinde. Selbst wenn die Karriere zunächst steil nach oben geht, wird man das Erreichte oft nicht halten können; dann endet der scheinbar mühelose, rasche Aufstieg mit einem jähen Sturz.

### Saturn im 10. Haus

Die Fähigkeiten und Kräfte werden bei einem gut aspektierten Saturn mit großem Selbstvertrauen, viel Ehrgeiz und ausdauerndem Fleiß eingesetzt. Zwar fällt nichts in den Schoß, müssen manche Hindernisse überwunden werden, aber die gesteckten Ziele werden in der Regel erreicht, auch wenn es großer Krafteinsätze und vieler Kämpfe bedarf, um zu der angestrebten Position emporzusteigen und sie zu halten. Oft ist sie mit Machtausübung und bedeutendem materiellem Besitz verbunden. Ein schlecht aspektierter Saturn bringt viele Erschwernisse. Durch Fehleinschätzung der eigenen Kräfte und Möglichkeiten wird der Aufstieg ganz erheblich behindert; das kann zu Ressentiments und zur Resignation führen. Oder man wird rücksichtslos, arbeitet mit Gewalt und Täuschungsmanövern. Nicht selten wird dann zwar eine Machtposition erreicht, aber zum Schluß sind die ehrgeizigen Pläne doch zum Scheitern verurteilt.

### Uranus im 10. Haus

Eine Routinelaufbahn ist nicht zu erwarten: Uranus weist auf Originalität, Freiheitsliebe, Unabhängigkeitsdrang, Oppositionsgeist und Neuerungsstreben hin. In jedem Fall bedeutet das ein recht bewegtes, nicht alltägliches Leben. Die berufliche Karriere kann entweder zu großen Höhen, zu Ruf und Ansehen und Beachtung durch die Öffentlichkeit führen, oder sie zeichnet sich durch mangelnde Stabilität aus, ist zahlreichen Schwankungen unterworfen, bringt viel Unrast und Aufregungen. In der Regel plant man weitsichtig, steckt sich ehrgeizige Ziele, die man mit konzentrierter Energie und viel Einfallsreichtum verfolgt. Durch Hemmnisse und Fehlschläge läßt man sich selten entmutigen. Wenn plötzliche Änderungen eintreten, kann man sich rasch auf die neuen Gegebenheiten einstellen. Bei schlechter Aspektierung überwiegen Konflikte, Auseinandersetzungen und karrierehemmende Umbrüche.

### Neptun im 10. Haus

Bei dieser Planetenbesetzung des 10. Hauses fällt es häufig schwer, sich klar umrissene Ziele zu setzen und sie auf geradem Wege anzusteuern. Zwar hat man hohe Ideale und will hoch hinaus, aber das gelingt nur, wenn keinerlei Aspektverletzungen vorliegen. Dann kann man große Leistungen erbringen und zu außergewöhnlichem Ansehen kommen. Freilich kann es auch geschehen, daß man mitten in einer erfolgversprechenden Karriere den Mut oder das Interesse verliert und sie unversehens abbricht. Bei Aspektverletzungen besteht die Gefahr, daß man das Augenmaß für die realen Möglichkeiten verliert und sich in Pläne verrennt, die außer viel Unruhe und Sorgen nichts einbringen. Man läßt sich von Wunschträumen und Illusionen leiten, baut eine Scheinwelt auf, die früher oder später unter dem Druck der Wirklichkeit zusammenbricht. Oder man schadet sich durch Unaufrichtigkeit, Täuschungsmanöver und betrügerische Handlungen.

## Pluto im 10. Haus

Das Streben zielt auf eine führende Position, die Macht und Autorität bringt. Man stellt hohe Forderungen, an andere wie auch an sich selbst. Oft konzentriert man sich voll und ganz auf die berufliche Karriere, wendet alle seine Kräfte auf sie, empfindet den Beruf als Berufung. Bei guter Aspektierung führt dies zu einer Entfaltung aller Möglichkeiten und zu einem ungewöhnlichen Aufstieg in eine Position, die häufig mit der Allgemeinheit zu tun hat. Allerdings kann die Interessenvielfalt eine gewisse Zersplitterung im Berufsleben zur Folge haben. Ungünstige Aspektierungen verweisen auf Schwierigkeiten, Kraftproben, viele Kämpfe oder Feindschaften, im ungünstigsten Fall auf einen Sturz aus der erreichten Position, durch den sich die gesamten Lebensverhältnisse tiefgreifend verändern können. Wichtig für die Deutung ist auch das Tierkreiszeichen, in dem sich die Häuserspitze befindet.

# Wer mit wem?

Das weite Feld der zwischenmenschlichen Beziehungen ist eines der Hauptgebiete, auf denen die seriöse Astrologie praktische Lebenshilfe zu geben vermag. Dem Geburtshoroskop kann der Astrologe differenzierte Informationen über Sein und Werden eines Menschen entnehmen, über sein Wesen, seine Anlagen, seine Fähigkeiten. Wenn ihm ein Partnerhoroskop vorliegt, kann er durch den Vergleich beider Horoskope erkennen, wie weit Übereinstimmungen vorliegen, welche Wesensverwandtschaften und -gegensätze vorhanden sind, ob eine Partnerschaft zwischen diesen beiden Menschen harmonisch oder spannungsgeladen sein wird. Mehr noch: Mit Hilfe seiner Prognosemethoden ist es ihm möglich, festzustellen, wie sich die Partnerschaft entwickeln, wann es Höhepunkte und Krisen geben wird, wann Spannungen zu Zerreißproben führen werden; häufig ist auch das Ende einer Partnerschaft aus der Bezugsetzung der Partnerhoroskope ablesbar. Freilich braucht man, um präzise Aussagen machen zu können, viel Erfahrung.

Astrologische Partnerschaftsvergleiche sind zu einem beliebten »Spielzeug« der Vulgärastrologie geworden — Spielzeug deshalb, weil man es sich dabei in der Regel allzu leicht macht: Man berücksichtigt ausschließlich den Sonnenstand im Geburtshoroskop und setzt die Charakteristiken der entsprechenden Tierkreiszeichen zueinander in Beziehung. Benutzt werden dabei die Grundqualitäten der Aspekte: Stehen die Sonnen der Partner in den Geburtshoroskopen in Quadrat oder Opposition, so wird die Beziehung bestenfalls sehr spannungsgeladen, in der Regel aber problematisch und wenig dauerhaft sein. Stehen sie im Trigon, so ist eine weitgehend harmonische Partnerschaft gesichert. Auch ein Sextilaspekt verheißt Glück. Ein Halbsextil hingegen ist deshalb kritisch, weil dann die Sonnen in benachbarten Tierkreiszeichen stehen, und da diese nicht nur eine unterschiedliche Polarität, sondern auch ansonsten starke Gegensätze aufweisen, kann eine solche Verbindung auf Dauer kaum gutgehen. Ein Quinkunxaspekt wird in der Regel als negativ gewertet, doch gesteht man hier je nach Tierkreiszeichen einige Ausnahmen zu.

Daß bei einer nur losen Freundschaft oder bei einer Liebesbeziehung von kurzer Dauer solche Erwägungen überflüssig sind, liegt auf der Hand. Wenn man sich lediglich hin und wieder ein paar Stunden lang sieht, treten Wesensgegensätze und Unverträglichkeiten zweier Menschen kaum störend an den Tag. Anders ist es bei einer echten, tieferen, auf Dauer angelegten Bindung und erst recht dann, wenn zwei Menschen beschließen, ihren Lebensweg gemeinsam zu gehen. Je zahlreicher, breiter und tiefer die Kontakte zwischen zwei Menschen werden, desto deutlicher werden Harmonien und Disharmonien, die sich bis in die kleinsten Dinge des Alltags hinein zeigen.

Aufgrund der Aspekte, die die Sonnen zweier Menschen in den Geburtshoroskopen bilden, kann man eine »Verträglichkeitstabelle« der Tierkreiszeichen erstellen. Da wohl jeder Mensch weiß, unter welchem Zeichen er geboren wurde, ist eine solche Tabelle von jedermann benutzbar, auch wenn er keinerlei astrologische Vorkenntnisse besitzt. Aus diesem Grund erfreut sie sich großer Beliebtheit, obwohl sie, wie wir noch sehen werden, für einen wirklichen Partnerschaftsvergleich keineswegs ausreicht.

Die Verträglichkeit wird nach einem von 1 bis 6 reichenden Punktesystem bewertet: Je höher die Punktzahl, desto besser die Verträglichkeit, desto besser also auch die Aussichten für die Partnerschaft zwischen zwei unter den betreffenden Zeichen geborenen Menschen. Die Tabelle finden Sie rechts oben.

Aber so überzeugend sie auf den ersten Blick auch wirken mag, so krankt sie doch daran, daß mit den Aspekten hier recht großzügig verfahren wird. Wie Sie an anderer Stelle in diesem Buch nachlesen können, bilden zwei Gestirne nur dann einen Aspekt, wenn sie in einem bestimmten Abstand stehen, wobei eine gewisse Streuungsbreite (Orbis) zulässig ist. Wird dieser Wert (beim Partnerschaftsvergleich höchstens 8 Grad) überschritten, so ist kein Aspekt mehr gegeben. Ein Trigonalaspekt liegt beispielsweise vor, wenn die Sonne des einen Partners in 10 Grad Widder und die des anderen in 2 bis 18 Grad Löwe steht; steht sie jedoch in 25 Grad Löwe, kann man nicht mehr von einem Trigon sprechen. Manche Astrologen lassen sogar einen Aspekt nur dann gelten, wenn er »exakt« (gradgenau) ist, also ein Trigon beispielsweise nur

|  | Widder | Stier | Zwillinge | Krebs | Löwe | Jungfrau | Waage | Skorpion | Schütze | Steinbock | Wassermann | Fische |
|---|---|---|---|---|---|---|---|---|---|---|---|---|
| Widder | 4 | 2 | 5 | 1 | 6 | 3 | 4 | 3 | 6 | 2 | 5 | 1 |
| Stier | 2 | 5 | 1 | 4 | 3 | 6 | 3 | 2 | 5 | 6 | 1 | 4 |
| Zwillinge | 5 | 1 | 5 | 3 | 4 | 2 | 6 | 4 | 3 | 1 | 6 | 2 |
| Krebs | 1 | 4 | 3 | 5 | 2 | 4 | 3 | 6 | 1 | 5 | 2 | 6 |
| Löwe | 6 | 3 | 4 | 2 | 5 | 1 | 5 | 4 | 6 | 3 | 2 | 1 |
| Jungfrau | 3 | 6 | 2 | 4 | 1 | 5 | 1 | 5 | 2 | 6 | 4 | 3 |
| Waage | 4 | 3 | 6 | 3 | 5 | 1 | 4 | 2 | 5 | 1 | 6 | 2 |
| Skorpion | 3 | 2 | 4 | 6 | 4 | 5 | 2 | 1 | 3 | 4 | 1 | 6 |
| Schütze | 6 | 5 | 3 | 1 | 6 | 2 | 5 | 3 | 1 | 2 | 4 | 4 |
| Steinbock | 2 | 6 | 1 | 5 | 3 | 6 | 1 | 4 | 2 | 4 | 3 | 5 |
| Wassermann | 5 | 1 | 6 | 2 | 2 | 4 | 6 | 1 | 4 | 3 | 5 | 3 |
| Fische | 1 | 4 | 2 | 6 | 1 | 3 | 2 | 6 | 4 | 5 | 3 | 5 |

dann, wenn die Winkelgröße zwischen zwei Gestirnen genau 120 Grad beträgt.

Für einen seriösen astrologischen Partnervergleich genügen also derartige summarische Tabellen nicht. Hierfür muß man sich die Mühe machen, die Geburtshoroskope beider Partner exakt zu berechnen und sie dann zueinander in Beziehung zu setzen, und wer es genau wissen will, braucht noch für beide je ein Direktionshoroskop, um über die weitere Entwicklung der Partnerschaft Aussagen machen zu können.

## Der Horoskopvergleich

Wenn wir die Horoskope beider Partner erstellt haben, prüfen wir rechnerisch oder zeichnerisch (in diesem Fall zeichnen wir beide Horoskope mit verschiedenen Farben auf einem Horoskopformular ein), ob und welche Aspekte zwischen den Planeten und Kardinalpunkten beider Partner gegeben sind. Zur Bewertung der Aspekte können wir die Deutungstabelle im 12. Kapitel heranziehen, doch müssen wir die dort gemachten Aussagen sinngemäß abändern, da sie sich nun ja nicht mehr auf einen Menschen, sondern auf zwei miteinander in Verbindung gebrachte Menschen beziehen. Um Ihnen eine Hilfestellung zu geben, wollen wir erläutern, welche Grundbedeutung den Planeten beim Partnerschaftsvergleich zukommt, und einige wichtige Aspekte anführen, die erste Hinweise über Art und Aussichten einer Verbindung geben.

Die *Sonne* symbolisiert die Persönlichkeit, vornehmlich jene Schichten, mit denen ein Mensch nach außen hin in Erscheinung tritt.

Der *Mond* symbolisiert die Psyche, aber auch Gewohnheiten und Verhaltensweisen.

*Merkur* gibt Aufschluß über geistige Übereinstimmung, über Meinungen und Überzeugungen.

*Venus* ist für Liebe, Zärtlichkeit, Rücksichtnahme auf den Partner und echte Partnerbindung zuständig.

*Mars* verrät einiges über die sexuellen Triebkräfte, über Aggressivität und die Gefahr von Auseinandersetzungen und Streitereien.

*Jupiter* verweist auf die Möglichkeiten gemeinsamer Freuden, auch auf echten Humor.

*Saturn* zeigt Erschwernisse an, Verlangsamungen, aber auch Frustrationen, Unglück.

*Uranus* ist der Planet der Originalität, aber auch überraschender Ereignisse und Spannungen.

*Neptun* bezieht sich auf Idealismus, Intuition, aber auch auf Täuschung und Wirklichkeitsflucht.

*Pluto* gibt Auskunft über die Fähigkeit zu einem Neubeginn nach Enttäuschungen oder Fehlschlägen.

Wenn man die Horoskope zweier Menschen vergleicht, kann man häufig schon auf den ersten Blick eine ganze Reihe von Aufschlüssen gewinnen, sofern man weiß, welchen Horoskopelementen besondere Beachtung geschenkt werden muß. Hier einige Hauptpunkte:

Eine Verbindung wird mit großer Wahrscheinlichkeit harmonisch sein,

— wenn die Sonne im Horoskop von Partner (1) im gleichen Zeichen steht wie der Aszendent im Horoskop von Partner (2);

— wenn das Sonnenzeichen von (1) dem Zeichen entspricht, in das im Horoskop von (2) die Spitze des 7. Hauses (der Deszendent) fällt;

— wenn die Sonne im Horoskop des weiblichen Partners in dem Zeichen steht, in dem im Horoskop des männlichen Partners die Himmelsmitte liegt.

Die Aussagen gelten auch dann, wenn es sich nicht um das gleiche Zeichen, sondern um das im Horoskop genau gegenüberliegende Zeichen handelt, also statt Widder Waage, statt Stier Skorpion usw.

Sonne und Aszendent in entgegengesetzten Zeichen gilt als günstig, weil dies auf eine starke Bindung zwischen den beiden Partnern hinweist.

Bilden Sonne von (1) und Aszendent von (2) einen Quadraturaspekt, so zeigt dies Spannungen an, was aber keineswegs ungünstig sein muß: Die Verbindung kann zwar gelegentlich stürmisch, insgesamt jedoch sehr aktiv, spannend und interessant sein. Ob ein Quadrat eher als günstig oder als ungünstig zu bewerten ist, zeigen die anderen Elemente der beiden Horoskope.

Bilden Sonne und Aszendent ein Trigon oder Sextil, so dürfte die Verbindung weitgehend reibungslos, aber vielleicht auch etwas spannungsarm sein. Menschen, die eine gewisse Spannung brauchen, sind in einer solchen Partnerschaft wahrscheinlich gar nicht so glücklich. Aber auch hier muß man anhand der übrigen Horoskopelemente prüfen, ob nicht andere Gegebenheiten für die notwendige Belebung sorgen.

Ein Halbsextil zwischen Sonne und Aszendent ist meist wenig günstig, da in diesem Fall die beiden Menschen sehr wenig gemeinsam haben, aber wieder können andere Horoskopelemente darauf hinweisen, daß dennoch eine glückliche Verbindung möglich ist, beispielsweise wenn die Himmelsmitte von (1) ins gleiche Zeichen fällt wie der Aszendent von (2). Als nicht negativ gilt ein Halbsextil, wenn es sich bei den beiden Zeichen um Steinbock und Wassermann handelt. Zwar kann es auf gewissen Gebieten einige Schwierigkeiten geben, aber insgesamt ist zu erwarten, daß sich die Partner gut verstehen.

Beträgt der Abstand zwischen Sonne und Aszendent 150 Grad (Quinkunx), dürfte die Partnerschaft meist wenig harmonisch sein. Das gilt allerdings nicht, wenn durch diesen Aspekt die Zeichen Widder und Skorpion, Stier und Waage oder Löwe und Fische verbunden sind.

Wenn sich beim Horoskopvergleich zwischen den Sonnen und den wichtigsten Häuserspitzen (Aszendent, Deszendent, Himmelsmitte) der beiden Partner keine Verbindungen ergeben, ist die Wahrscheinlichkeit einer glücklichen, dauerhaften Verbindung nicht allzu groß.

Auf jeden Fall muß aber auch festgestellt werden, ob und welche Aspekte die Planeten untereinander bilden, wobei Konjunktionen, Trigone und Sextile im allgemeinen auf Übereinstimmungen und Harmonie, Quadrate und Oppositionen auf Gegensätze und Spannungen verweisen. Bildet der Mars des männlichen Partners Aspekte zur Venus der Partnerin, so ist eine starke sexuelle Bindung zu erwarten. Aspekte zwischen Merkur und Mars können sowohl auf eine interessante geistige Beziehung als auch auf die Gefahr von Streitereien verweisen.

Natürlich können Horoskopvergleiche nur vorgenommen werden, wenn man die genauen Geburtszeiten beider Partner kennt. Ansonsten gibt ein Vergleich der Charakterisierungen nach Sonnenzeichen trotz der Unzulänglichkeiten dieses Verfahrens zumindest aufschlußreiche Hinweise.

# Freundschaft nach Sonnenzeichen

### Widder

Der dynamische, selbstbewußte, ehrgeizige Widder kann sich oft nur schwer anderen unterordnen; überdies neigt er dazu, mit seiner Meinung nicht hinterm Berg zu halten, und so tritt er immer wieder in die verschiedensten »Fettnäpfchen«. Deshalb sind seine Beziehungen zur Mitwelt nicht gerade unproblematisch. Er will unablässig Neues in Gang bringen, will organisieren, verändern, bewegen. Als Optimist fürchtet er sich nicht vor Fehlschlägen; da er viel mehr Praktiker als Theoretiker ist, macht er sich im voraus wenig Gedanken darüber. Und wenn mal etwas schiefgeht, läßt er sich dadurch nicht unterkriegen.

Der Widder ist, weil aufrichtig, ehrlich und kaum je nachtragend, ein guter Freund. Allerdings wählt er sich seine Freunde recht kritisch aus; wirklich gute Freunde hat er meist nur wenige. Für diese aber kann er sich selbstlos einsetzen; stets ist er bereit, ihnen praktische Hilfe zu gewähren und ihnen mit seiner Tatkraft und seinem unbekümmerten Optimismus über Probleme hinwegzuhelfen (als einfühlsamer »Seelenmasseur« eignet sich der Widder freilich kaum).

Mit einem *Widder* verträgt er sich so lange gut, wie es nicht wegen beider Führungsanspruch zur Rivalität kommt. Bei gegenseitiger Rücksichtnahme werden sie einander anspornen.

Der meist etwas konservative und schwerblütige *Stier* fühlt sich durch den impulsiven, geradlinigen Widder öfter »überfahren« und ist dann gekränkt. Eine solche Freundschaft hat nur Bestand, wenn beide Konzessionen machen.

Der *Zwilling* ist dem Widder darin ähnlich, daß auch er sich rasch für Neues begeistert. Wenn er diplomatisch genug ist, dem Widder die Führungsrolle (tatsächlich oder vermeintlich) zu überlassen, wird die Freundschaft für beide anregend und beglückend sein.

Der gefühlsbetonte *Krebs* ist meist gern bereit, die Führerrolle des Widders zu akzeptieren. In diesem Fall werden beide sich trotz vieler Gegensätze gut verstehen.

*Löwe* und Widder haben vieles gemeinsam; deshalb verstehen sie sich oft auf Anhieb. Von Dauer aber wird eine solche Freundschaft nur sein, wenn der Widder bereit ist, seine Tatkraft für die Ziele des Löwen einzusetzen.

Die kritisch abwägende, vorsichtige *Jungfrau* verträgt sich mit dem Widder nur dann gut, wenn dieser seine oft unbedachte Impulsivität bremst und sich auf die methodische Sachlichkeit der Jungfrau einstellt.

*Waage* und Widder ziehen sich durch ihre Gegensätzlichkeit an; der Widder schätzt das verständnisvolle Waage-Wesen, und die Waage läßt sich gern von der Begeisterung des Widders mitreißen.

Der *Skorpion* ist ebenso ehrgeizig und aktiv wie der Widder, aber verschlossener, was den Widder oft stört. Nur bei gemeinsamen Interessen ist eine solche Freundschaft von Dauer.

Viele Übereinstimmungen bestehen zwischen Widder und *Schütze*, weshalb sie sich meist ausgezeichnet verstehen, besonders wenn der Schütze sich nicht in den Vordergrund zu drängen versucht.

Der zielstrebig planende *Steinbock* kann den dynamischen Widder gut ergänzen, wenn sie gemeinsame Interessen verfolgen, doch kann es ihnen wegen der gegensätzlichen Temperamente immer wieder passieren, daß sie sich in die Haare geraten.

Da der *Wassermann* meist gern viele, der Widder aber nur wenige, dafür enge Freunde haben möchte, kann eine

Freundschaft zwischen ihnen problematisch werden, weil sich der Widder vielleicht vernachlässigt fühlt.

Den ihm wesensfremden, gefühlsbetonten *Fisch* kann der Widder nur selten verstehen; dennoch kann eine dauerhafte Freundschaft bestehen, da sich der Fisch gern unterordnet und viel Einfühlungsvermögen zeigt.

## Stier

Bedächtig, beharrlich, direkt und diesseitsverbunden — das sind Grundeigenschaften des Stiers. Er strebt danach, Wurzeln zu schlagen, Besitz zu ergreifen, und das auch in einer Freundschaft. Von Gleichberechtigung hält er nicht allzu viel. Wenn der Stier mit jemandem Freundschaft geschlossen hat, dann hält er an dieser Freundschaft fest, wobei er freilich oft vergißt, sie von Zeit zu Zeit durch neue Impulse zu beleben. Dieses Festhalten ist teilweise auch dadurch bedingt, daß es dem eher unsicheren und zurückhaltenden Stier schwerfällt, neue Freundschaften zu schließen, und er deshalb Bestehendes bewahren möchte. Enttäuschungen können Stiere nur schwer verkraften; meist lösen sie dann die Bindung unwiderruflich auf.

Gern lädt der Stier seine Freunde zu sich ein, denn er ist mit seinem ausgeprägten Sinn für die guten und schönen Dinge des Lebens in der Regel ein hervorragender Gastgeber. Er verabscheut Freundschaften, die nur um persönlicher Vorteile willen gesucht werden. Gefährdet werden seine Freundschaften außer durch seine Tendenz zum Besitzergreifen durch seine Neigung, in einen für andere Menschen ermüdenden Trott, in langweilende Routine zu verfallen.

Mit dem tatenlustigen, auf Abwechslung bedachten *Widder* versteht sich der Stier auf Dauer meist nicht sonderlich gut, weil es ihm selten gelingt, ihn an die Kette zu legen.

*Stiere* unter sich vertragen sich meistens sehr gut, denn sie denken, fühlen und handeln auf gleicher »Wellenlänge«.

Dem wendigen, vielseitig interessierten *Zwilling* ist der bedächtige Stier oft zu unbeweglich; sie könnten sich zwar gut ergänzen, aber daraus erwachsen nur selten Dauerfreundschaften.

Der gefühlsbetonte *Krebs* übt auf den gemütvollen Stier eine starke Anziehungskraft aus. Zudem ordnet sich der Krebs gern dem so stabilen und ausdauernden Stier unter.

Der *Löwe* ist ebenso genußfreudig wie der Stier, aber da beide dominieren wollen, kann es bei aller gegenseitigen

Faszination zu Problemen kommen, die sich schwer lösen lassen, weil beide recht halsstarrig sind.

Die praktisch veranlagte, sachlich analysierende *Jungfrau* kann dem ehrgeizigen Stier eine große Hilfe sein; ihre Freundschaft wird eher ruhig als temperamentvoll, aber dafür von Dauer sein.

Die *Waage* verhält sich im praktischen Leben ganz anders als der Stier; eine Freundschaft wird nur halten, wenn der Waage-Partner sehr diplomatisch ist und der Stier-Partner seinen Trieb zur vollständigen Besitzergreifung zügelt.

Da der *Skorpion* fast ebenso besitzergreifend ist wie der Stier, kann eine Freundschaft trotz vieler grundsätzlicher Gemeinsamkeiten problematisch sein. Mit gutem Willen lassen sich die Probleme freilich lösen.

Der direkte, manchmal taktlose *Schütze* vermag den empfindlichen Stier tief zu verletzen, und auch seine Höhenflüge gehen gegen die Stier-Natur. Nur bei starken gemeinsamen Interessen ist eine dauerhafte Freundschaft wahrscheinlich.

Realitätsbezogen und vorwiegend materiell orientiert wie der Stier ist auch der *Steinbock*. Deshalb verstehen sie sich und können sich zusammentun, wenn beide Konzessionen machen.

Der *Wassermann* schätzt persönliche Freiheit und Gleichberechtigung; beides vermag ihm der Stier nur schwer zuzugestehen, weshalb Freundschaften zwischen beiden eher selten sind.

Der gefühlsbestimmte, anpassungswillige *Fisch* ist für den Stier beinahe der ideale Partner: Der Fisch fühlt sich beim Stier geborgen, und dieser fühlt sich in der Beschützerrolle wohl.

## Zwillinge

Wendig, beweglich und ungemein neugierig, hat der Zwilling zwar in der Regel viele Bekannte, aber nur wenige echte Freunde. Meist liegt ihm an bindenden, verpflichtenden Freundschaften ohnehin nicht allzu viel. Er braucht seinen Freiraum, wünscht viele, aber eher lose Kontakte. Und wenn er sich schon Freunde sucht, dann möglichst unterschiedliche, denn nichts ödet ihn mehr an als Gleichförmigkeit — auch bei seinen Mitmenschen.

Seine geistige Regsamkeit macht ihn zu einem interessanten Diskussionspartner, der allerdings gelegentlich eine recht spitze Zunge haben kann. Er sucht den Gedankenaustausch und Menschen, die bereit sind, ihm auf seinen geistigen

Exkursen zu folgen. Sobald er sich zu langweilen beginnt, sieht er sich nach neuen Anregungen um. Ernsthaften Zusammenstößen weicht er meist geschickt aus; nachtragend ist er nicht. Da er rasch neue Kontakte knüpfen kann, verschmerzt er das Auseinandergehen von Freundschaften ziemlich bald.

Mit dem *Widder* versteht er sich gut, weil dessen Dynamik und Spontaneität seiner eigenen Wendigkeit entsprechen; gern läßt er sich von einem Widder-Freund anregen oder stellt dessen Tatkraft in den Dienst seiner Pläne.

Weniger gut kommt er mit dem *Stier* zurecht, der ihm viel zu besitzergreifend und zu unbeweglich ist. Zwar wird er die Wesensunterschiede mit Diplomatie eine Zeitlang überbrücken können, aber auf Dauer klappt es selten.

*Zwillinge* unter sich leiden selten an Langeweile; nicht nur bringen sie gemeinsam viele Dinge in Schwung, sondern sie sind auch glücklich, im anderen einen Gesprächspartner gefunden zu haben, der ebenso gern und unermüdlich diskutiert wie sie selbst.

Die Freundschaft mit einem *Krebs* ist eine Verbindung von Herz und Intelligenz, bei der sich der Zwilling davor hüten muß, mit seinem nüchtern-sachlichen Verstand die Gefühle des Krebses zu verletzen.

Mit dem Feuerzeichen *Löwe* kann das Luftzeichen Zwillinge gut auskommen, wenn der Zwilling es versteht, auf die meist starke Ichbezogenheit des Löwen Rücksicht zu nehmen.

Die Freundschaft mit einer *Jungfrau* wird sich zwar häufig nicht sonderlich herzlich gestalten, aber wenn sich die beiden vorwiegend verstandesorientierten Zeichen für gemeinsame Ziele einsetzen, kann das für beide befriedigend sein.

Für die gesellige *Waage* ist ein verständnisvoller Zwilling der richtige Freund: Der Zwilling sorgt für die geistigen Anstöße, die Waage für Harmonie und menschliche Wärme. Streit wird es zwischen ihnen nur selten geben; nachtragend sind sie nicht.

Auf geistiger Ebene verstehen sich *Skorpion* und Zwilling recht gut, denn beide debattieren gern und sind sehr neugierig. Auf lange Sicht freilich kann es sein, daß das besitzergreifende, eifersüchtige Wesen des Skorpions dem Zwilling nicht behagt.

Trotz wesensmäßiger Verschiedenheit kann ein *Schütze* den Zwilling nahezu magisch anziehen. Gemeinsam sind ihnen ihre Neugier und ihre Begeisterungsfähigkeit. Wenn sich ihre Interessen decken, kann eine solche Beziehung von Dauer sein.

Intellektuell wie der Zwilling ist auch der *Steinbock*, doch während der Zwilling in die Breite strebt, strebt der Steinbock in die Tiefe. So kann der eine durch seine Dynamik, der andere durch seine Konzentrationskraft den Partner bereichern.

Vorzüglich ergänzen sich auch Zwilling und *Wassermann*, der »Entdecker« und der »Erfinder«. Ihre Freundschaft beruht weniger auf Gefühlen als auf der intellektuellen Übereinstimmung und gegenseitigen Anregung.

Der gefühlsbetonte *Fisch* scheint auf den ersten Blick als Zwillings-Partner denkbar ungeeignet zu sein, doch seine Anpassungsfähigkeit macht eine Freundschaft durchaus möglich. Ohne viel Toleranz wird die Verbindung freilich kaum von langer Dauer sein.

## Krebs

Der gefühlsbetonte, meist eher zurückhaltende Krebs fühlt sich in den eigenen vier Wänden am wohlsten und stellt die Geborgenheit innerhalb der Familie über Freundschaften, die ihn aus seinem »Gehäuse« holen möchten. Zwar kann er durchaus gesellig sein, aber seine große Verletzlichkeit läßt ihn lauten Trubel meiden.

Für seine — in der Regel wenigen — echten Freunde ist der einfühlsame Krebs ein ausgezeichneter Ratgeber in Seelennöten und ein treuer Gefährte. Oft vereinigt er Geduld mit gesundem Menschenverstand und viel Verständnis. Streit und Hinterhältigkeit sind ihm zuwider. Auseinandersetzungen geht er nach Möglichkeit aus dem Weg. Oft bemüht er sich, seinen weichen Kern hinter einer harten Schale zu verbergen, wodurch sich mancher täuschen läßt. Spätestens wenn ihm der Krebs in aller Stille die Freundschaft aufgekündigt hat, merkt er dann, wie falsch er ihn eingeschätzt hatte. Wer einen Krebs zum Freund hat, sollte sich in Rücksichtnahme und Herzenstakt üben.

Der geradlinige *Widder* wird Schwierigkeiten haben, für die von ihm als Launen bewerteten Gefühlsschwankungen des Krebses Verständnis aufzubringen. Beide müssen etliche Zugeständnisse machen, wenn die Freundschaft halten soll.

Mit dem bedächtigen, gemütvollen *Stier* hingegen kommt der Krebs gut zurecht. Beide fühlen sich in einer häuslichen Atmosphäre wohl. Die Realitätsbezogenheit des Stiers kann dem eher wirklichkeitsfremden Krebs in vielen Situationen eine große Hilfe sein.

Auf einen *Zwilling* spricht der Krebs häufig stark an; was ihn reizt, ist dessen ganz anderes Wesen. Dem Gefühlsüberschwang des Krebses setzt der Zwilling seinen wendigen Verstand entgegen — eine gute Paarung, wenn beide auf die Eigenart des anderen Rücksicht nehmen.

*Krebse* unter sich haben viele gemeinsame Wesenszüge und Interessen. Beide sind häuslich, fürsorglich, oft kunstsinnig, doch wenn die bei ihnen so stark dominierenden Seelenkurven in unterschiedlichen Rhythmen schwingen, kann es Schwierigkeiten geben.

Der selbstbewußte, auf Wirkung bedachte *Löwe* liegt dem zurückhaltenden Krebs meist nur wenig. Nur wenn der Krebs etwas von der Sicherheit des Löwen und dieser etwas von der Sensibilität des Krebses annimmt, ist eine dauerhafte Verbindung wahrscheinlich.

Die *Jungfrau* ist ebenso verhalten wie der Krebs, aber weltoffener und kann ihm deshalb wertvolle Impulse geben. Beide verstehen sich in der Regel sehr gut, weil jeder den anderen gelten läßt und sich um Verständnis und Anpassung bemüht.

Die extravertierte *Waage* ist für den eher introvertierten und in persönlichen Beziehungen häufig besitzergreifenden Krebs meist schon nach kurzer Zeit zu anstrengend, es sei denn, es gelingt der Waage, den Krebs geschickt aus seiner Schale zu locken.

Stark emotionell wie der Krebs ist auch der *Skorpion*, weshalb bei einer Freundschaft zwischen diesen beiden Sternzeichen häufig eine erotische Komponente zu beobachten ist. Wesensmäßig verstehen sie sich meist sehr gut und können sich ergänzen.

Daß sich das Feuerzeichen *Schütze* durchaus mit dem Wasserzeichen Krebs vertragen kann, ist erstaunlich, aber eine Tatsache, denn bei allen Wesensunterschieden haben sie doch manches gemeinsam; der zurückhaltende Krebs wird durch eine solche Verbindung meist zu seinem Besten aktiviert.

Der zielstrebige, nüchterne *Steinbock* ist in vielem das genaue Gegenteil des Krebses, zieht aber gerade deshalb diesen oft magisch an. Hier findet der Krebs die Klarheit und den Halt, die er vielleicht bei sich selbst vermißt, eine starke Schulter, an die er sich anlehnen kann.

Phantasievoll, nach dem Du strebend wie der Krebs ist der *Wassermann*, doch während der Krebs den kleinen Kreis bevorzugt, sucht der Wassermann die große Gemeinschaft. Wenn der Krebs seine Neigung, vom anderen Besitz zu ergreifen, zügeln kann, werden beide sich gut verstehen.

*Fische* sind ebenso gefühlsbestimmt wie Krebse; dadurch ist von vornherein eine gemeinsame Wellenlänge vorhanden. Beide verstehen sich, nehmen aufeinander Rücksicht. Häufig findet sich auch eine erotische Komponente, doch bestehen darüber hinaus viele übereinstimmende Interessen, die einer Freundschaft Dauer verleihen.

## Löwe

Den Löwen erkennt man häufig an seinem selbstsicheren, auf Wirkung bedachten Auftreten — kein Wunder, fühlt er sich doch gern in jeder Hinsicht als Mittelpunkt, um den alles zu kreisen hat. Im Grunde ist der Löwe unkompliziert, meist herzlich, großzügig und treu. Solange sein ausgeprägtes Selbstwertgefühl nicht in Überheblichkeit, seine Offenheit nicht in geschwätzige Aufdringlichkeit und seine Großzügigkeit nicht in angeberische Verschwendungssucht ausarten, wird man mit dem Löwen ausgezeichnet auskommen, wenn man auch nur ein bißchen auf seine Eigenarten eingeht. Er möchte immer irgendwie im Zentrum stehen, möchte das Gefühl haben, stets der Gebende, niemals der Nehmende zu sein — nun, darauf kann man sich einstellen, wenn man einen Löwen als Freund hat. Gern spielt er bzw. sie die autoritäre Vater- oder Mutterfigur; daß es ihnen auch einmal schlecht geht oder daß sie in Nöten sind, gestehen sie ungern ein. Wenn man ihnen dann diskret aus der Patsche hilft, kann man ihrer Dankbarkeit gewiß sein. Der Löwe gewinnt durch seine starke Ausstrahlung rasch Freunde, aber das ist für ihn nicht ganz ungefährlich: Da er meist ziemlich unkritisch ist, solange man ihm Bewunderung zollt, gerät er leicht in falsche Gesellschaft.

Der tatkräftige *Widder* sagt dem extravertierten Löwen sehr zu, besonders wenn er sich seiner Führung unterstellt. Wenn sie ihre Kräfte auf ein gemeinsames Ziel richten, haben sie mit Sicherheit Erfolg.

Mit dem *Stier* versteht sich der Löwe insofern, als beide an den schönen Dingen des Lebens stark interessiert sind und der Gefühlstiefe des Stiers die Herzenswärme des Löwen zusagt, doch kann die starke Ichbezogenheit beider Probleme aufwerfen.

Der bewegliche, dynamische *Zwilling* kann dem eher bequemen Löwen wertvolle Impulse geben, doch einer dauerhaften

Beziehung steht der eifersüchtige Besitzanspruch des Löwen entgegen, dem sich der kontaktfreudige, vielseitige Zwilling nur schwer unterordnen kann.

Gefühls- und Gemütstiefe verbinden den Löwen mit dem *Krebs*. Gefährdet werden kann eine Freundschaft allerdings ebensosehr durch die wechselnden Stimmungen des Krebses als durch die den Krebs verletzende selbstsichere Offenheit des Löwen.

*Löwen* unter sich haben es schwer, denn wie sollen zwei Mittelpunkte des Universums nebeneinander existieren, wer soll wen bewundern? Wenn sie allerdings ein gemeinsames materielles Ziel haben, können sie als gleichberechtigte Partner gut miteinander auskommen.

Die kritische, verstandesorientierte *Jungfrau* sagt dem Löwen wenig zu, wenn sie nicht diplomatische Zurückhaltung pflegt. Dabei wäre es für ihn oft gut, wenn er jemanden hätte, der seinen unbedachten Expansionsdrang ein wenig bremst.

Die meist kunstsinnige, aber wenig aktive *Waage* spricht den für das Schöne des Lebens begeisterten Löwen sehr an, zumal sie in der Regel bereit ist, sich ihm unterzuordnen. Kritisch wird es nur, wenn die Kontaktfreudigkeit der Waage den Ausschließlichkeitsanspruch des Löwen überstrapaziert.

Der introvertierte *Skorpion* paßt schlecht zu dem extravertierten Löwen, der ihm zu oberflächlich erscheint, und da beide von ihrem Selbst überzeugt sind, also keiner sich unterordnen will, sind dauerhafte Freundschaften beider Zeichen selten.

Daß sich die beiden Feuerzeichen Löwe und *Schütze* wesensmäßig sehr gut ergänzen, leuchtet ein. Der Schütze ist mehr ideell, der Löwe mehr materiell ausgerichtet, aber jeder läßt den anderen gelten, und so kommen sie ausgezeichnet miteinander aus.

Der pflichtbewußte, fleißige *Steinbock* fühlt sich eher von dem warmherzigen, großzügigen Löwen angezogen als umgekehrt. Trotz ihres unterschiedlichen Wesens können sie sich viel geben: Was dem einen fehlt, das hat der andere.

Völlig verschieden sind *Wassermann* und Löwe, aber gerade daraus resultiert eine starke Anziehungskraft, die zu einer dauerhaften Bindung führen kann, wenn sie sich bemühen, einander nicht ins Gehege zu kommen. Freilich können ihre Wesensunterschiede in den kleinen Alltagsdingen zu Reibereien führen.

Der zurückhaltende, gefühlsselige *Fisch* kann mit dem so ganz anderen Löwen oft gut auskommen, weil er sich anzupassen und unterzuordnen vermag; den Löwen seinerseits fasziniert das Tiefgründige des Fisches. In einer Freundschaft zwischen den beiden Zeichen spielen Gefühle eine große Rolle.

## Jungfrau

Ehrlich, offen, ordentlich, halten die unter diesem Zeichen Geborenen gern eine kritische Distanz zu ihrer Mitwelt ein. Wenn sie Freundschaft schließen, dann eher auf intellektueller Basis; an einer »herzlichen Kumpanei« ist ihnen meist wenig gelegen. Zwar können sie durchaus charmant und freundlich sein, aber stets bewahren sie eine gewisse Zurückhaltung. Nach außen hin wirken sie oft bescheiden, aber sie sind durchaus selbstsicher und meist überdurchschnittlich gescheit. Ihre Strebsamkeit und ihr Ordnungssinn wecken nicht selten den Eindruck, als seien sie etwas kleinlich und kleinkariert, und in der Tat können Jungfrau-Geborene ihrer Mitwelt durch Kritiksucht und Pedanterie auf die Nerven fallen. Häufig vertreten sie ihre Überzeugungen mit großer Starrheit. Anderseits sind sie hilfsbereit, können auch komplizierte Probleme rasch durchschauen und haben Organisationstalent, wobei sie keine Details übersehen. Für einen guten Freund können sie sich rückhaltlos einsetzen, wenn dieser von anderer Seite angegriffen wird.

Am *Widder* fasziniert die Jungfrau der dynamische Schwung, der ihr selbst meist fehlt. Von einer Widder-Jungfrau-Verbindung profitieren beide: Er wird durch sie vor unüberlegten Impulshandlungen bewahrt; sie erhält den Antrieb, den sie braucht.

Der *Stier* ist ähnlich sachlich und realistisch eingestellt wie die Jungfrau; beide passen gut zusammen, wenn die Jungfrau ihre Kritiklust, Neugierde und scharfe Zunge im Zaum hält.

Der wendige Geist des *Zwillings* ergänzt sich gut mit dem klaren analytischen Denken der Jungfrau. Deshalb verstehen sie sich auf geistiger Ebene sehr gut. Ein herzlicher menschlicher Kontakt zwischen diesen beiden Zeichen ist allerdings selten.

Der gefühlsbetonte *Krebs* liegt der Jungfrau recht gut; oft reizt es sie, ihn aus seiner Schale hervorzulocken. Beide geben sich meist zurückhaltend, sind anpassungswillig, können sich gut aufeinander einstellen.

4

Mit dem *Löwen* hat die Jungfrau meist nur wenige gemeinsame Interessengebiete, so daß die Voraussetzungen für eine dauerhafte Freundschaft nicht allzu gut sind. Doch wenn sich die Jungfrau anpaßt, ist eine Verbindung möglich, die beiden Nutzen bringt.

*Jungfrauen* unter sich haben so viel gemeinsam, daß es wenig Reibungen gibt, doch kann eine solche Verbindung auch langweilig sein, es sei denn, sie richten ihre Kräfte und Fähigkeiten auf ein gemeinsames Ziel, das es ihnen erlaubt, ihren Hang zum Perfektionismus auszuleben.

Obwohl (oder weil) wesensmäßig sehr unterschiedlich, können sich *Waage* und Jungfrau ausgezeichnet ergänzen: Die diplomatische, charmante, weltoffene Waage kann auf die eher sachliche, kühl-zurückhaltende Jungfrau auflockernd und belebend einwirken.

Intellektuell treffen sich *Skorpion* und Jungfrau fast auf der gleichen Wellenlänge, und da beide ehrlich und hilfsbereit sind, verstehen sie sich gut. Tiefere Gefühle spielen allerdings in ihrer Freundschaft bestenfalls eine untergeordnete Rolle.

Der begeisterungsfähige, expansionswillige *Schütze* spricht die kühl analysierende, verhaltene Jungfrau an sich weniger an; echte Freundschaften zwischen beiden sind selten, aber dank der Anpassungsfähigkeit der Jungfrau durchaus möglich.

Auch zum *Steinbock* fühlt sich die Jungfrau gefühlsmäßig wenig hingezogen, doch können sie sich, wenn sie ein gemeinsames Ziel verfolgen, sehr gut ergänzen: Er hat den nötigen Schwung und Fleiß, sie den kritischen, detailbewußten Verstand.

Wesensmäßig ist der *Wassermann* ganz anders als die Jungfrau, doch können gemeinsame Interessen zu dauerhaften Freundschaften führen. Dabei kommt die Realitätsbezogenheit der Jungfrau dem manchmal wirklichkeitsfremden Wassermann zugute.

Der gefühlsbetonte, manchmal verworrene, sich meist willig unterordnende *Fisch* übt auf die sachliche, ordentliche, kritische Jungfrau als vollständiger Gegensatz einen starken Reiz aus. Gemeinsam sind ihnen Hilfsbereitschaft und Zurückhaltung.

## Waage

Waage-Menschen sind in der Regel gesellig: Sie brauchen den Kontakt zu anderen Menschen, denn sie sind extravertiert und würden im stillen Kämmerlein verkümmern. Mit ihrem wendigen Geist suchen sie die Diskussion, die ihnen die Möglichkeit gibt, die für sie wichtige Anerkennung der Mitwelt zu erringen. Aber selten ergreifen sie Initiativen: Lieber warten sie ab, lassen die anderen auf sich zukommen, um sie inzwischen analysieren, abwägen zu können. Empfindlich reagieren sie, wenn ihr Gerechtigkeitssinn verletzt wird; dann können sie durchaus aktiv werden. Bei Streitigkeiten verstehen sie zu vermitteln, Ausgleiche zu finden, die beiden Seiten gerecht werden. Wichtige Entscheidungen für sich selbst treffen zu müssen, ist für sie ungemein qualvoll; wenn es irgend geht, schieben sie Entscheidungen anderen zu.

Nach außen hin wirkt die Waage entgegenkommend, unbekümmert, ist charmant und höflich, meist auch sehr kunstsinnig. Sie gewinnt rasch Freunde, bindet sich aber ungern fester, weil sie ihre Freiheit behalten will.

Der dynamische Schwung des *Widders* und die abwägende Vorsicht der Waage können sich ausgezeichnet ergänzen; bei der Verfolgung gemeinsamer Ziele kann ein Widder-Waage-Team sehr erfolgreich sein.

Der Sinn für das Schöne verbindet *Stier* und Waage; ansonsten aber sind sie in vielem recht gegensätzlich. Das kann eine spannungsvolle, aber auch manchmal problematische Freundschaft bedeuten.

Waage und *Zwilling* bilden ein gutes Gespann. Beide sind gesellig, haben gemeinsame Interessen; der wendige Zwilling trifft die Entscheidungen, deren Richtigkeit die vorsichtige Waage prüft.

Dem verhaltenen, besitzergreifenden *Krebs* liegt die extravertierte Waage meist wenig; die Waage fühlt sich in einer Krebs-Bindung oft beengt. Freundschaften zwischen beiden sind möglich, aber ziemlich selten.

Von dem selbstsicheren *Löwen* läßt sich die eher unsichere Waage gern lenken: Er nimmt ihr Entscheidungen ab, und seine warme Herzlichkeit spricht sie sehr an. Die vielseitige Kontaktfreudigkeit der Waage kann allerdings Probleme aufwerfen.

Die kritisch analysierende, meist intelligente *Jungfrau* und die abwägende, ausgleichende Waage können sich sehr gut ergänzen; trotz aller Wesensunterschiede ist ihre Freundschaft meist von Dauer.

*Waagen* unter sich können sich wegen ihrer Gemeinsamkeiten gut verstehen, aber sonderlich spannungsvoll und interessant sind ihre Verbindungen meist nicht. Freundschaften sind unproblematisch und deshalb dauerhaft, wenn auch nicht sehr anregend.

Der oft wenig kontaktfreudige *Skorpion* ist in vielem das Gegenteil der Waage, und so ist von beiden Seiten sehr viel Kompromißbereitschaft nötig, wenn eine Freundschaft zwischen ihnen halten soll.

Der gern zu Höhenflügen ansetzende *Schütze* liegt der Waage ausgezeichnet; beide sind gesellig, lieben viele Kontakte, haben ähnlich ausgerichtete Gefühle und werden durch den anderen angeregt und glänzend unterhalten.

Der zurückhaltende, ichbezogene *Steinbock* hat wesensmäßig mit der extravertierten Waage nicht viel gemeinsam, doch wenn beide (was freilich ziemlich selten ist) einen gleichen Nenner gefunden haben, ist ihre Freundschaft meist dauerhaft.

Der idealistische, einfallsreiche *Wassermann* und die phantasiebegabte Waage verstehen sich gut, und da jeder dem anderen die Freiheiten läßt, die er braucht, gibt es in ihrer Freundschaft nur selten Probleme.

Der introvertierte, gefühlsbestimmte *Fisch* vermag der zwar extravertierten, aber wenig dynamischen Waage keine Anstöße zu geben, die eine Freundschaft beleben. Eine dauerhafte Bindung ist nur wahrscheinlich, wenn auf der Gefühlsebene große Übereinstimmung herrscht.

## Skorpion

Der introvertierte, sich selbst genügende, beherrschte, oft sehr verschlossen wirkende Skorpion drängt niemandem seine Freundschaft auf, doch wenn er sich erst einmal gebunden hat, ist er ein treuer, opferbereiter Freund. Allerdings versucht er manchmal auch Kontakte zu knüpfen, um sich materielle Vorteile zu verschaffen; in diesen Fällen geht er mit einer raffinierten, kühl abwägenden Geschicklichkeit vor, die man ihm nicht zugetraut hätte. Im übrigen benützt er seinen sprichwörtlichen Stachel niemals heimtückisch und mutwillig, sondern nur, wenn man zuvor ihn (oder einen guten Freund) verletzt hat; in solchen Situationen kann er ungemein nachtragend sein. Da er das Herz nicht auf der Zunge trägt, erkennt man freilich nur schwer, woran man mit ihm ist. Am besten kommt mit ihm aus, wer ihn anerkennt, ohne ihm zu schmeicheln (Schmeicheleien haßt er!), wer sich ihm anpassen und auf ihn eingehen kann. Schwachen und Hilfsbedürftigen steht er bereitwillig bei. Häufig ist in seinen

Partnerbeziehungen eine starke erotische Komponente zu finden.

Mit dem tatenfrohen *Widder* versteht sich der Skorpion gut, wenn es um gemeinsame Unternehmungen geht. In einer engeren Bindung können der Ausschließlichkeitsanspruch und die Verschlossenheit des Skorpions problematisch werden und die Freundschaft zerbrechen lassen.

Wesensmäßig hat der *Stier* manches mit dem Skorpion gemeinsam, aber da beide sehr besitzergreifend (und deshalb eifersüchtig) sind, ist die Wahrscheinlichkeit von Auseinandersetzungen nicht gering.

Der bewegliche, neugierige Geist des *Zwillings* ergänzt sich gut mit dem gründlich forschenden Geist des Skorpions. Auf dieser Ebene verstehen sie sich prächtig. In einer engeren Bindung sollte der Skorpion nicht auf seinem Ausschließlichkeitsanspruch beharren.

Die Verbindung mit dem gefühlsstarken *Krebs* hat oft einen deutlichen erotischen Unterton, auch wenn sie nicht zu einer Liebesbeziehung wird. Beide Zeichen verstehen sich in der Regel sehr gut.

Stolz und selbstsicher wie der Skorpion ist der *Löwe*, und da keiner sich unterordnen will, kann ihre Beziehung schwierig sein. Auch liegen ihre Interessengebiete so weit auseinander, daß echte Dauerfreundschaften ziemlich selten sind.

Auf intellektueller Ebene verstehen sich Skorpion und *Jungfrau* prächtig, wenngleich sie in unterschiedlichen Gefühlswelten leben. So ist eine für beide Seiten geistig anregende Freundschaft auf Dauer wahrscheinlich.

Die extravertierte *Waage* paßt wesensmäßig schlecht zum Skorpion, doch kann eine Verbindung für beide von Nutzen sein: Die Waage kann die Ichbezogenheit des Skorpions lockern, der Skorpion die Entscheidungsschwäche der Waage abbauen.

*Skorpione* unter sich müssen lernen, die persönliche Eigenart des anderen gelten zu lassen und ihm Freiraum zu gewähren; dann werden sie meist sehr gut miteinander auskommen.

Der auf seine Freiheit bedachte *Schütze* fühlt sich leicht durch die besitzergreifende Haltung des Skorpions eingeengt. Eine enge Bindung kann problematisch sein, aber auf geistiger Ebene ergänzen sie sich gut.

Methodisch, gründlich und ehrgeizig wie der Skorpion ist auch der *Steinbock*. Sie können ausgezeichnet zusammenarbeiten, und auch in ihren persönlichen Beziehungen verstehen sie sich in der Regel blendend.

Wenn sich Skorpion und *Wassermann* einer gemeinsamen Aufgabe verschreiben, bilden sie meist ein erfolgreiches Team. Ihre Wesensverschiedenheit macht allerdings eine enge Dauerfreundschaft wenig wahrscheinlich.

Introvertiert wie der Skorpion ist der *Fisch*. Beide verstehen sich meist intuitiv und spontan. Da sich der anpassungswillige Fisch gern dem selbstbewußteren Partner unterordnet, tauchen in ihrer Verbindung kaum schwerwiegende zwischenmenschliche Probleme auf.

## Schütze

Der Schütze ist ebenso unternehmungslustig wie kontaktfreudig — kein Wunder, daß er meist einen großen Bekannten- und Freundeskreis um sich schart. Er ist ein guter, interessanter Gesellschafter, für den Langeweile ein Fremdwort ist; freilich besteht für ihn die Gefahr allzu großer Unbekümmertheit und Oberflächlichkeit. Als Freund ist er in jeder Hinsicht großzügig: Er ist nicht nur freigebig, sondern stets auch bereit, anderen bei der Lösung ihrer Probleme zu helfen. Ansteckend wirkt sein ungetrübter Optimismus, der häufig durch scheinbar mühelos errungene Erfolge gerechtfertigt wird. Er äußert stets offen seine Meinung; prinzipiell nimmt er es mit der Wahrheit recht genau, auch wenn ihm seine reiche Phantasie gelegentlich einen Streich spielt. Da er selbst großen Wert auf Freiheit legt, denkt er nicht daran, andere zu unterdrücken, sondern räumt jedem die Entfaltungsmöglichkeiten ein, die er für sich selbst in Anspruch nimmt.

Der Tatendrang des *Widders* entspricht der Unternehmungslust des Schützen; beide sind extravertiert, dynamisch, abenteuerlustig. So sind sie für gemeinsame Unternehmungen geradezu prädestiniert.

Der *Stier* ist dem Schützen meist zu unbeweglich und besitzergreifend; zwar kann seine stabile Erdgebundenheit eine Anziehungskraft auf ihn ausüben, aber auf Dauer wird er sich in der Regel in einer solchen Verbindung zu stark eingeengt fühlen.

Stets auf Neues aus wie der Schütze ist der *Zwilling*. Beide lieben Kontakte, streben in die Welt hinaus. In einer engen Bindung muß sich der tieferdenkende Schütze allerdings hüten, den Partner schulmeistern zu wollen.

Der gemütstiefe *Krebs* kann einen Schützen trotz aller wesensmäßigen Verschiedenheiten durchaus anziehen; wenn der Schütze die Verletzbarkeit des Krebses berücksichtigt, ist eine Dauerfreundschaft möglich.

Mit dem extravertierten, weltgewandten *Löwen* versteht sich der Schütze in der Regel prächtig. Da der Schütze klug genug ist, dem Löwen (tatsächlich oder scheinbar) die Führung zu überlassen, kann eine Bindung von Dauer sein, wenn gemeinsame Unternehmungen im Mittelpunkt stehen.

Die verhaltene, analysierende *Jungfrau* ist ganz anders als der weltoffene, begeisterungsfähige Schütze; da aber Gegensätze sich anziehen, können sie durchaus Freunde werden und sich in vielem gegenseitig ergänzen.

Mit der *Waage* versteht sich der Schütze meist auf Anhieb, denn beide haben viel gemeinsam. Der Schütze befreit die Waage von ihren Entscheidungszweifeln und erhält seinerseits befruchtende Impulse.

Mit dem *Skorpion* fühlt sich der Schütze geistesverwandt, aber in einer engeren Beziehung stört ihn meist dessen Ausschließlichkeitsanspruch. Daraus können sich manche Probleme ergeben.

*Schützen* unter sich denken und handeln auf gleichen Ebenen, können sich also gegenseitig einträchtig unterstützen, doch besteht die Gefahr, daß ihre Freundschaft auf die Dauer an Spannungslosigkeit leidet.

Zu dem zurückhaltenden *Steinbock* findet der Schütze nur schwer engeren Kontakt; deshalb sind Freundschaften eher selten. Wenn jedoch eine Bindung geschaffen wurde, ist sie in der Regel tief und von Dauer.

Der freiheitsliebende *Wassermann* paßt zum selbstbewußten Schützen als gleichberechtigter Partner; jeder läßt den anderen gelten, und für eine die Freundschaft belebende Spannung sorgen ihre Wesensgegensätze.

Das tiefe Gefühlsleben des *Fisches* übt auf den Schützen eine starke Anziehungskraft aus, auch wenn ihm ansonsten vieles am Fische-Verhalten nicht paßt. Bei gegenseitiger Toleranz sind Freundschaften für beide Partner bereichernd.

## Steinbock

Der verantwortungsbewußte, meist sehr strebsame, auf sich und seine Arbeit konzentrierte Steinbock hat oft nur wenige enge Freunde. Er ist reserviert, ja, verschlossen, hält sich im Hintergrund, zeigt wenig Herzlichkeit. Dadurch ist von vornherein eine gewisse Distanz zu den Mitmenschen gegeben, die von beiden Seiten nur schwer überwunden wird. Wenn jedoch der Kontakt erst einmal hergestellt ist, merkt man sehr bald, daß der Steinbock keineswegs so gefühlsarm ist, wie er sich gibt. In Wirklichkeit ist er höchst sensibel und leicht verwundbar. Als Freund ist er absolut zuverlässig und diskret. Freilich ist er selbst oft innerlich zu unsicher, als daß er einem schwachen Freund eine echte Stütze sein könnte. Zudem kann sein häufig ausgeprägter Starrsinn, verbunden mit sehr konventionellen Ansichten und Einstellungen, manchen zur Verzweiflung bringen. Da der Steinbock in der Regel sich selbst genügt und nur wenig Kontakt sucht, ist sein Freundeskreis fast stets klein.

Eine Interessengemeinschaft mit dem aktiven *Widder* kann für den Steinbock sehr nützlich sein, doch in einer engeren Verbindung können ihre Wesensgegensätze hart aufeinanderprallen, wenn beide nicht zu weitgehenden Konzessionen bereit sind.

Der *Stier* ist ähnlich strebsam und verhalten wie der Steinbock und ebenso auf materiellen Erfolg bedacht. Deshalb verstehen sich beide gut, auch wenn manchmal den strengen Steinbock die Genußfreude des Stiers stört.

Der wendige, verstandesorientierte *Zwilling* vermag den Steinbock aus seiner Reserve zu locken; sie sind hervorragende Diskussionspartner. In einer engeren Beziehung kann die Eingleisigkeit des Steinbocks den vielseitigen Zwilling sehr stören.

Die Gefühlstiefe des *Krebses* spricht den sensiblen Steinbock oft sehr an, und der Krebs kann dann die einseitige Zielstrebigkeit des Steinbocks zugunsten wärmerer Menschlichkeit bremsen.

Mit dem selbstsicheren, wie er selbst oft materiell ausgerichteten *Löwen* tut sich der Steinbock gern zusammen; er steuert in der Verbindung die Beharrlichkeit bei, die dem Löwen fehlt.

Die *Jungfrau* ist ebenso verhalten wie der Steinbock, doch ihre Gefühlswelt ist völlig anders. Wenn aber gemeinsame Interessen vorliegen, können sie ein sehr erfolgreiches Team bilden, weil sie sich gut ergänzen.

*Waage* und Steinbock sind wesensmäßig völlig verschieden und gehen sich meist aus dem Weg, doch manchmal fühlt sich eine Waage von den wohlabgeschirmten Tiefen des Steinbocks angezogen. Ob die Freundschaft von Dauer ist, hängt von beider Konzessionsbereitschaft ab.

Viele Gemeinsamkeiten hat der Steinbock mit dem *Skorpion*. Beide kommen persönlich gut miteinander aus, und wenn sie ein gemeinsames Ziel anpeilen, können sie als sich gut ergänzende Partner es in der Regel erreichen.

Der lebhafte, neugierige *Schütze* spricht den verschlossenen Steinbock an sich wenig an, aber wenn der Schütze genügend Geduld hat, um den Steinbock aus der Reserve zu locken, kann eine enge Freundschaft entstehen, die meist von Dauer ist.

*Steinböcke* unter sich können viel erreichen, wenn sie ihre Zielstrebigkeit und ihren Fleiß auf ein gemeinsames Ziel richten. Vielleicht geben sie ihre Zurückhaltung auf, doch werden sie starke Gefühle auch dann kaum zeigen.

Mit dem selbstbewußten, oft originellen *Wassermann* unterhält sich der Steinbock gern, aber eine engere Bindung kann wegen der starken Wesensgegensätze problematisch sein, so daß Dauerfreundschaften zwischen diesen beiden Zeichen eher die Ausnahme sind.

Die tiefe Gefühlswelt des *Fisches* kann den hinter seiner abweisenden Schale sensiblen Steinbock durchaus ansprechen. Auf dieser Ebene verstehen sie sich sehr gut. Problematisch wird es hingegen meist, wenn beide in praktischen Dingen zusammenarbeiten sollen.

**Wassermann**

Der vielseitige, stets auf Neues bedachte, extravertierte Wassermann sucht nicht feste, besitzergreifende Bindungen, sondern die nach allen Seiten hin offene Kameradschaft. Er interessiert sich stark für zwischenmenschliche Beziehungen und braucht viele Kontakte mit der Umwelt. Gleichberechtigung ist für ihn keine leere Floskel; er gesteht jedem seinen Freiraum zu und ist seinerseits auf seine persönliche Freiheit bedacht. Er ist vernunftorientiert, oft intellektuell, erfinderisch, reformfreudig, nicht selten avantgardistisch, aber kaum je ein Utopist.

Er ist ein angenehmer, großzügiger Freund, der auf Individualität großen Wert legt, gern diskutiert, geistige Anstöße gibt, auf seine Partner eingeht, aber seinerseits keine Ansprüche an sie stellt. Er kann es allerdings nicht leiden, wenn man sich an ihn zu klammern versucht, ihn ganz und gar in Beschlag nehmen will. Meist hat er einen großen Bekannten- und Freundeskreis.

Eine *Widder*-Wassermann-Verbindung kann für beide sehr anregend sein; der Wassermann liefert die Ideen, der Widder die Tatkraft. In einer engen Bindung kann den Widder die Kontaktfreudigkeit des Wassermanns stören.

Der besitzergreifende *Stier* liegt dem freiheitsliebenden Wassermann nicht sonderlich; eine Freundschaft ist nur von Dauer, wenn der Stier auf seinen Ausschließlichkeitsanspruch verzichtet und der Wassermann sich stärker auf den Partner konzentriert.

Wesensmäßig hat der *Zwilling* vieles mit dem Wassermann gemeinsam. Starke Gefühlsspannungen wird es zwischen ihnen selten geben, aber intellektuell und bei der Verfolgung gemeinsamer Ziele können sie sich gegenseitig wertvolle Anstöße geben.

Mit dem gemütvollen *Krebs* versteht sich der Wassermann recht gut, aber seine Neigung, vom Partner Besitz zu ergreifen, paßt dem Wassermann ganz und gar nicht. Allerdings sind beide anpassungsfähig, so daß eine Freundschaft durchaus möglich ist.

Zum *Löwen* fühlt sich der Wassermann oft gerade wegen der Wesensverschiedenheit hingezogen, aber nur wenn beide bereit sind, Konzessionen zu machen, wird daraus eine enge Freundschaft, die von Dauer ist.

Mit der *Jungfrau* harmoniert der Wassermann ausgezeichnet auf intellektueller Ebene, so daß trotz ihrer Wesensunterschiede dauerhafte Freundschaften möglich sind; Gefühle spielen meistens keine oder nur eine sehr untergeordnete Rolle.

*Waage* und Wassermann verstehen sich meist auf Anhieb. Da beide extravertiert, geistvoll und freiheitsliebend sind, kommen sie auch auf Dauer hervorragend miteinander aus.

Der besitzergreifende, introvertierte *Skorpion* liegt nur intellektuell auf gleicher Wellenlänge wie der Wassermann. Auf dieser Ebene können sie erfolgreich gemeinsame Ziele ansteuern. Ansonsten aber ist eine enge Bindung meist problematisch.

Eine auf Gleichberechtigung beruhende, befruchtende Partnerschaft ist mit dem *Schützen* möglich, solange dieser den Wassermann nicht an die kurze Leine zu nehmen versucht.

Der *Steinbock* wird vom Wassermann als anregender Gesprächspartner geschätzt, aber im übrigen sind sie wesensmäßig so verschieden, daß sich enge Freundschaften zwischen ihnen nur selten bilden können.

*Wassermänner* unter sich verstehen sich ausgezeichnet, fühlen sich gegenseitig bestätigt, doch fehlt ihrer Verbindung meist die belebende, anregende Spannung, und von einem mitreißenden Gefühlsschwung kann zwischen ihnen kaum je die Rede sein.

Wesensmäßig hat der introvertierte *Fisch* mit dem Wassermann kaum etwas gemeinsam. Immerhin sind beide oft ausgeprägte Individualisten und können sich auf dieser Ebene näherkommen.

**Fische**

Einfühlsam, introvertiert, hilfsbereit, anpassungswillig sind die meisten unter diesem Zeichen geborenen Menschen. Gefühle spielen bei ihnen eine sehr große Rolle, ihre eigenen Gefühle und die Gefühle anderer. Sie suchen zwischenmenschliche Kontakte und sind dabei oft allzu vertrauensselig; nicht selten geraten sie an die falschen Menschen. Das kann für sie gefährlich sein, weil sie leicht zu beeinflussen sind.

Oft neigen sie dazu, ihre Umwelt allzu kritiklos zu sehen, und erleben deshalb immer wieder Enttäuschungen. Ihre hohen Ideale werden von der Wirklichkeit häufig zerstört — kein Wunder, daß seelische Tiefs die Folge sind. Auch in Freundschaften setzen sie oft zu hohe Erwartungen, so daß es zum Bruch kommt.

Der extravertierte *Widder* mit seiner unermüdlichen Energie ist dem eher passiven Fisch zwar fremd, aber gerade diese Gegensätzlichkeit kann für den Fisch ein starker Anreiz sein. Wenn es zu einer engeren Bindung kommt, ist sie meist von Dauer.

Der stabile, gemütvolle *Stier* kann dem meist unsicheren Fisch die Geborgenheit schenken, nach der er sich sehnt, und da er seinerseits tief empfindet, verstehen sie sich meist ausgezeichnet.

Der lebhafte, extravertierte *Zwilling* hat wesensmäßig mit dem ruhigen, in sich gekehrten Fisch wenig gemeinsam, aber weil beide anpassungsfähig sind, kann trotz aller Gegensätzlichkeiten eine enge Freundschaft entstehen, wenn beide genügend Verständnis für die Eigenart des anderen aufbringen.

Mit dem gefühlsbetonten *Krebs* versteht sich der Fisch hervorragend; beide fühlen, empfinden und denken sehr ähnlich. Deshalb ist es ihnen möglich, ihre angeborene Zurückhaltung und Schüchternheit zu überwinden. Krebs-Fische-Freundschaften sind meist sehr eng und von Dauer.

*Löwe* und Fisch ziehen sich wegen der Gegensätzlichkeit ihres Wesens stark an; gern überläßt in einer solchen Verbin-

4

dung der anpassungsfähige, eher unsichere Fisch dem selbstsicheren Löwen die Führungsrolle.

Gut versteht sich der Fisch auch mit der wesensmäßig so verschiedenen *Jungfrau*; was sie verbindet, sind viele gemeinsame Interessen und ihre ausgeprägte Hilfsbereitschaft.

Auf der Ebene der Gefühle spricht die *Waage* den Fisch stark an, jedoch ansonsten sind beide meist zu passiv, um sich gegenseitig Anregungen und Anstöße geben zu können. Dauerfreundschaften sind deshalb nicht sehr häufig.

Seelenverwandt fühlt sich der Fisch dem *Skorpion*. Eine engere Verbindung wird selten durch zwischenmenschliche Probleme belastet; nur wenn der Fisch Ausschließlichkeitsansprüche erhebt, kann es kritisch werden.

Der zielstrebige, freiheitsliebende *Schütze* paßt wesensmäßig zum Fisch nur schlecht. Bei gemeinsamen Interessen und gegenseitiger Rücksichtnahme ist eine Freundschaft jedoch durchaus möglich.

In den Tiefen ihrer Seelen harmonieren *Steinbock* und Fisch trotz ihrer äußeren wesensmäßigen Gegensätzlichkeit; im praktischen Alltag freilich können ihre Gegensätze immer wieder Probleme heraufbeschwören.

Dem extravertierten *Wassermann* kann der Fisch helfen, sein eigenes Ich zu entdecken, anstatt sich ausschließlich mit seiner Umwelt zu beschäftigen; der Fisch wird durch den Wassermann aus seiner Passivität gelockt.

*Fische* unter sich erleben beglückt den Gleichklang ihrer Seelen, aber im übrigen können sie sich gegenseitig kaum Impulse geben. Das kann sich auf Dauer in einer engen Beziehung negativ auswirken.

## Liebe und Ehe

Hier gelten mehr noch als für den Abschnitt »Freundschaft nach Sonnenzeichen« die Einschränkungen, die zu Beginn dieses Kapitels gemacht wurden: Aussagen über Menschen und Beziehungen ausschließlich auf der Grundlage des Tierkreiszeichens, in dem im Augenblick der Geburt dieser Menschen die Sonne stand, sind zwangsläufig unvollständig, ja, können sogar ein schiefes Bild ergeben. Wie im Kapitel »Die Elemente des Horoskops« ganz deutlich gemacht wird, ist das Sonnenzeichen zwar ein wichtiger, aber keineswegs der einzige bedeutsame Faktor im Horoskop. Das Zeichen, in dem der Aszendent liegt, muß bei der Deutung ebenso berücksichtigt werden wie eine mögliche Planetenballung in einem

Tierkreiszeichen, das dadurch in den Vordergrund treten kann. Zu beachten sind neben den Planetenpositionen nicht nur die Häuserspitzen, sondern auch die Aspekte, die Winkel, die zwischen den Planeten und zwischen Planeten und Häuserspitzen gegeben sind. Erst dieses vielschichtige Bezugssystem führt zu Aussagen, die sich nicht in Allgemeinplätzen erschöpfen, sondern dem Einzelfall gerecht werden. Daß eine tabellarische Auffächerung eines so differenzierten Aussagenkatalogs im Rahmen unseres Buches nicht möglich ist, liegt auf der Hand.

Auch wenn Sie nicht die Absicht haben, sich zum Fachastrologen auszubilden, können Sie mit Hilfe dieses Buches lernen, ein Horoskop zu erstellen und seine Elemente zu gewichten. Wenn Sie das ausgefüllte Horoskopformular vor sich sehen, erkennen Sie unschwer, daß es einen »reinen« Widder- oder Stier-Typ usw. gar nicht gibt. Diese Typen sind Abstraktionen, Fiktionen der Vulgärastrologie. Zwar haben alle Menschen, deren Geburtssonne in einem bestimmten Tierkreiszeichen steht, gewisse Gemeinsamkeiten, aber im Einzelfall reicht das Sonnenzeichen keineswegs aus, um ein auch nur einigermaßen vollständiges, wirklich treffendes Bild eines Menschen zu zeichnen.

Immerhin ist, um dem Laien zumindest Anhaltspunkte für eine Partnerschaftsanalyse an die Hand zu geben, ein Kompromiß möglich: Wir können die fundamentalen Einstellungen und Verhaltensweisen der Menschen im Bereich Liebe und Ehe entsprechend den Grundcharakteristiken der Tierkreiszeichen in ein Ordnungsschema bringen, das in den großen Zügen den Tatsachen gerecht wird. Wenn Sie gewichtete Partnerhoroskope vorliegen haben, wissen Sie, welchen Tierkreiszeichen die größte Bedeutung zukommt. Lesen Sie unter diesen Zeichen nach; über die Partnerschaft gibt Ihnen der Abschnitt Auskunft, in dem die Zeichen beider Partner in Beziehung gestellt sind. Wer nicht über Horoskope verfügt und sie nicht erstellen kann, orientiert sich nach den allgemein bekannten Sonnenzeichen.

Noch einmal: Ein solches schematisches, summarisches Vorgehen ergibt lediglich Anhaltspunkte, nicht aber eine präzise, für jeden Einzelfall vollständig zutreffende Aussage. Nur wenn Sie sich diese Einschränkung vor Augen halten, können Sie aus der nachfolgenden Übersicht für sich (und Ihren Partner bzw. Ihre Partnerin) Nutzen ziehen.

## Widder

Allgemein symbolisiert dieses Tierkreiszeichen einen ausgeprägten Persönlichkeitswillen, starke Durchsetzungskraft, Entschlossenheit, Unternehmungsgeist, Mut, Selbstbewußtsein, Zielstrebigkeit, aber auch Impulsivität, Unrast, Unbedachtsamkeit, leichte Erregbarkeit, mangelnde Anpassungsfähigkeit.

Im Bereich Liebe und Ehe bedeutet das: Der Widder, ob Mann oder Frau, will sich nicht lenken und schon gar nicht bevormunden lassen, sondern will führen, die Richtung angeben. Er ist von seinen Führungs- und sonstigen Qualitäten überzeugt, und in der Tat befähigen ihn sein starker Wille, sein unbekümmerter Schwung und sein Fleiß nicht selten zu ungewöhnlichen Leistungen. Befehlen läßt sich der Widder ungern, wohl aber begeistern: Wer mit Fingerspitzengefühl diesen Nerv bei ihm zu treffen vermag, hat durchaus die Möglichkeit, seinen Tatendrang in gewünschte Richtungen zu leiten.

Der Widder ist in der Regel offen und ehrlich und steuert seine Ziele auf direktem Weg an. Geduld ist für ihn ein Fremdwort; Gefühle äußert er nur ungern, auch wenn er durchaus welche hat. So kann es zu Gefühlsstauungen kommen, die sich immer wieder explosiv entladen. Mimosenhafte Seelen können unter diesen oft unvorhersehbaren Stürmen sehr leiden.

In einer Bindung sucht der Widder weniger Geborgenheit und »ewige« Haltbarkeit als Anregung, vielfältige Impulse. Das bedeutet aber nicht, daß er von vornherein zur Abwechslung und Untreue neigt: Wenn der Partner imstande ist, ihm die gewünschte Vielfalt zu geben, ist er durchaus treu. Ein langweiliger Partner freilich wird einen Widder kaum lange halten können.

Wer einen männlichen oder weiblichen Widder als Partner hat, sollte über ein stabiles Nervenkostüm verfügen, um die vielen An- und Aufregungen dieser Partnerschaft verkraften zu können. Mit großer Wahrscheinlichkeit wird er auf sexuellem Gebiet keine Enttäuschungen erleben: Der Widder will Liebe geben, will seinen Partner befriedigen und beglücken und ist meist ein ebenso leidenschaftlicher wie potenter Liebhaber (das gilt für die Widder-Frau ebenso wie für den Widder-Mann).

Wer sich einen Widder angeln möchte, muß sich auf dessen Eigenart einstellen. Ein interessantes Gespräch kann ein erster Anknüpfungspunkt sein: Widder lieben geistreiche, geistig wendige Partner. Offenheit, Vielseitigkeit und Temperament imponieren ihnen; rechthaberische oder sich überlegen gebende Menschen lehnen sie ab. Wer ihnen widersprechen will, muß schon sehr gute Argumente ins Feld führen. Keine Chance hat bei ihnen, wer ihnen seine Meinung aufzuzwingen oder sie gar zu lenken versucht. Am besten liegt ihnen ein anpassungsfähiger, aber keineswegs passiver Partner, der ihnen das Gefühl gibt, der Beste und Größte zu sein, ein vielseitiger Partner, der imstande ist, immer wieder neue Impulse und Anregungen zu geben, das Zusammenleben interessant und abwechslungsreich zu gestalten und sie so stets aufs neue zu fesseln. Im Liebesleben sollte man dem Widder die Führung überlassen, ohne freilich in Passivität zu verfallen, die den Widder langweilt: Auch im Bett läßt er sich sehr gern begeistern.

4

## Widder mit Widder

Gottlob ist Widder nicht gleich Widder, weil der Stand der Geburtssonne im Tierkreis nur eines von vielen Horoskopelementen ist, und so kann es durchaus sein, daß zwei Widder, die sich zusammentun, so verschieden sind, daß sie sich in vielem glücklich ergänzen. In diesem Fall werden sie, anstatt in einem unablässigen, meist mit einem gewaltigen Knall endenden Tauziehen um die Vorherrschaft zu kämpfen, ihre Kräfte vereinen. Zwar wird immer wieder der eine oder die andere explodieren, aber auf das reinigende Gewitter folgt dann doch wieder der — freilich öfter getrübte — Sonnenschein. Ein bißchen Anpassungswille und Verständnisbereitschaft muß allerdings beidseits vorhanden sein.

## Widder mit Stier

Wesensmäßig bestehen zwischen dem impulsiven, offenen, rasch zupackenden Widder und dem verhaltenen, gemütvollen, tief wurzelnden Stier erhebliche Unterschiede. Der Widder liebt Beweglichkeit und Freiheit über alles, der Stier sucht Stabilität, will Besitz ergreifen — auch vom Partner. Gerade das jedoch mag der Widder ganz und gar nicht. In einer solchen Verbindung ist es wichtig, daß der Widder die Sensibilität des Partners achtet und der Stier seinen eifersüchtigen Ausschließlichkeitsanspruch zügelt. Bei gegenseitiger Rücksichtnahme ist die freilich nicht unproblematische Widder-Stier-Verbindung für beide von Nutzen: Der Stier schafft den soliden, gepflegten Rahmen, der Widder sorgt mit

Phantasie und Tatkraft dafür, daß dieser Rahmen nicht zu eintönig wird.

## Widder mit Zwilling

Wenn sich der tatkräftige, dynamische Widder mit dem wendigen, vielseitigen Zwilling zusammentut, kommt eines bestimmt nie auf: Langeweile. Der Zwilling liefert Ideen im Überfluß, der Widder führt sie aus. Ungeduldig sind sie beide, und so ist bei ihnen immer etwas los. Der Zwilling liebt das interessante, zündende Gespräch; wer da nicht mithält, kann leicht ins Abseits kommen. Er ist meist heiter und unterhaltsam; Gefühlsduselei liebt er nicht. Der Widder-Partner sollte sich hüten, ihn allzu offensichtlich leiten oder gar beherrschen zu wollen. Sonderlich viel »Sitzfleisch« haben beide nicht; sie lieben und brauchen die anregende Abwechslung. Es gibt genügend gemeinsame Interessen, um eine solche Verbindung trotz ausgeprägter »aushäusiger« Tendenzen des Zwillinge-Partners dauerhaft zu machen.

## Widder mit Krebs

Der Krebs will Wurzeln schlagen, Besitz ergreifen, ist auf Sicherung bedacht, liebt die gepflegte Häuslichkeit und sehnt sich nach Harmonie der Gefühle. Nicht selten zieht er sich, um seine Verletzlichkeit zu verbergen, in seine Schale zurück. Er ist gemütstief, anhänglich, beschützend. Dem Widder fällt es meist schwer, sich auf den Krebs einzustellen. Oft fühlt er sich in einer solchen Beziehung eingeengt, an die Leine gelegt; er muß seinen Schwung bremsen, seine Worte abwägen, sich die Zeit nehmen, dem Krebs-Partner die für diesen fast lebensnotwendigen »Streichel-Einheiten« zu geben. Wenn beide sich jedoch um gegenseitiges Verständnis bemühen, profitieren sie beide: Der Krebs sorgt für ein schönes Heim und einen stabilen Lebensrahmen, und der Widder bewahrt seinen Partner davor, in seiner Gefühls- und Grübelwelt zu versinken. Wegen der Wesensverschiedenheit kann es freilich immer wieder zu Spannungen kommen.

## Widder mit Löwe

Beide sind geborene Führer, sind aktiv, ehrgeizig, selbstsicher, wollen ihre Umgebung prägen. Wenn zwei gereifte Menschen, die unter diesen Zeichen geboren sind, ihre Kräfte vereinen, können sie sehr viel erreichen. Gemeinsame Ziele und Interessen gibt es in einer solchen Partnerschaft meist genug. Freilich darf der Widder nie vergessen, daß der

Löwe sehr viel Anerkennung und Beifall braucht; es tut ihm gut, wenn man ihm schmeichelt. Und der Löwe muß daran denken, daß sich ein Widder nie bevormundet, beherrscht fühlen will. Wenn sich ein Löwe vernachlässigt glaubt, besteht durchaus die Gefahr, daß er sich anderswo seine Bestätigung sucht. Von Zeit zu Zeit kann ein liebevoll ausgesuchtes, großzügiges Geschenk bei ihm Wunder wirken. Anderseits sollte der eher vernunftorientierte Widder die manchmal übertriebene Großzügigkeit des Löwen zu steuern wissen. Wenn jeder den anderen gelten läßt, wird die Verbindung meist von Dauer sein.

## Widder mit Jungfrau

Die kritisch abwägende, vorsichtig zurückhaltende Jungfrau erscheint dem impulsiven, eher handelnden als nachdenkenden Widder oft zu kühl, besonders da sie mit Gefühlsäußerungen sehr sparsam ist. Die Jungfrau kann sehr zärtlich sein, ist aber nicht sinnlich; ihre Verhaltenheit wirkt nicht selten abweisend. Widder-Jungfrau-Verbindungen sind wegen dieser Wesensunterschiede nicht allzu häufig. Dennoch können sie sehr dauerhaft sein, wenn gemeinsame Gewohnheiten und Interessen bestehen. In der Regel liegt es am Widder, den Partner zu aktivieren, sei es für Reisen, Sport oder eine gute Sache (die Jungfrau ist mitfühlend und hilfsbereit). Der Widder seinerseits kann lernen, mit Hilfe seines Partners sein Seelenleben, aber auch seine Einstellung zur Mitwelt zu vertiefen. Wenn er sich auf den Jungfrau-Partner einzustellen vermag, kann er sich dessen Hingabe und Treue sicher sein.

## Widder mit Waage

Eine solche Verbindung beruht auf der Anziehungskraft der Gegensätze, denn wesensmäßig sind beide sehr verschieden. Dem aktiven, oft auch aggressiven Widder steht die auf Ausgleich und Harmonie bedachte Waage gegenüber. Anderseits kann sich der Widder für die meist amüsante, interessante, charmante Waage rasch entflammen. Die starke erotische Spannung zwischen beiden kann zu einer tiefen Bindung werden, die freilich dadurch gefährdet ist, daß das Liebesleben der Waage ausgeprägten Schwankungen zwischen Leidenschaft und abweisender Kühle unterworfen sein kann. Und unter Streß kann die Waage völlig außer Fassung geraten und muß mit Samthandschuhen angefaßt werden. Ob der Widder imstande ist, sich darauf einzustellen, hängt von seiner Reife ab; wenn er vehement reagiert, kann es zu einer plötzlichen Trennung kommen. Bei vielen gemeinsamen Interessen bildet sich meist ein tiefes, dauerhaftes Zusammengehörigkeitsgefühl.

## Widder mit Skorpion

Gemeinsam ist beiden ihr Tätigkeitsdrang, aber der Skorpion ist verschlossener und gleichzeitig besitzergreifender, was in einer engen Verbindung Schwierigkeiten bereiten kann. Wenn er versucht, seinen Widder-Partner zu beherrschen und seinen Ausschließlichkeitsanspruch durchzusetzen, kann es zu erbitterten Auseinandersetzungen und schließlich zur Trennung kommen. Wenn der Widder die nötige Diplomatie aufbringt und sich bemüht, dem Partner keinen — auch nur scheinbaren — Grund zur Eifersucht zu liefern, wird er durch die leidenschaftliche Liebe »seines« Skorpions, durch dessen unermüdliches Streben nach einem schönen Zuhause und durch eine überraschende Großzügigkeit belohnt werden. Freilich, ganz einfach ist es nicht, sich auf die Eigenarten des Skorpions einzustellen, denn er ist oft recht kompliziert, und die Direktheit und Offenheit des Widders kann ihn rasch zutiefst verletzen.

## Widder mit Schütze

In einer solchen Verbindung ist Langeweile ein Fremdwort: Wenn sich zwei Menschen finden, die gleichermaßen tatenfreudig, begeisterungsfähig und schwungvoll sind, die obendrein noch viele Interessen teilen, sich stets offen die Meinung sagen und sich auf vielen Gebieten ausgezeichnet ergänzen, kann eigentlich nicht viel schiefgehen. Immerhin muß der Widder immer mal wieder ein Auge zudrücken können, wenn sich der Schütze in — meist harmlose — Abenteuer oder — oft weniger harmlose — Risiken zu stürzen droht, aber um so schärfer sollte sein anderes Auge darüber wachen, daß der Partner nicht zu hart auf die Nase fällt. Der Schütze dankt es durch viel Liebe (darin ist er, ob Mann oder Frau, häufig ein Meister); warme Sinnlichkeit steht bei ihm allerdings über purer Sexualität. In jedem Fall sollte, wer sich mit einem Schützen zusammentut, sich darauf einstellen, daß ihm (oder ihr) immer wieder Überraschungen blühen können; gute Nerven sollte man haben.

*Widder mit Steinbock*

Der Widder bewundert die stabile, verläßliche Zielstrebigkeit des Steinbocks, dieser die dynamische Tatkraft des Widders. Bei erster Bekanntschaft wirkt der Steinbock meist verschlossen und ungemein nüchtern, auf Karriere und materielle Absicherung bedacht, doch wenn er sich erst einmal öffnet, überraschen die Wärme und Tiefe seines Gefühls. Wenn Widder und Steinbock sich zusammentun, können sie materiell viel erreichen. Fleißig sind sie beide; der Steinbock weist die Ziele und die gutgeplanten Wege dorthin, und der Widder sorgt mit seinem Schwung dafür, daß die Ziele auch erreicht werden. Freilich müssen beide Konzessionen machen: Der Steinbock darf nicht versuchen, den Widder an eine allzu kurze Leine zu nehmen, und der Widder muß sich auf die wirklichkeitsverhaftete Bodenständigkeit des Steinbock-Partners einstellen. Da für beide Gleichberechtigung kein leeres Wort ist, können sie gut miteinander auskommen.

*Widder mit Wassermann*

Beide können sich trotz aller wesensmäßigen Unterschiede sehr rasch finden: Den Widder faszinieren die oft originellen Ideen, die Großzügigkeit und der Charme des Wassermanns, dieser fühlt sich von der Dynamik des Widders angezogen. Auf Dauer freilich können ihre Gegensätzlichkeiten Probleme aufwerfen: Der Widder schätzt es wenig, wenn sich sein Partner viel mehr für Gruppen, Vereine, Außenseiter der Gesellschaft und die Weltverbesserung als für ihn interessiert, und der Wassermann fühlt sich durch den realitätsbezogeneren Partner in seinen Höhenflügen eingeschränkt. Es kann zu hitzigen Auseinandersetzungen kommen, die freilich nicht zur Trennung führen müssen, denn ein reinigendes Gewitter können beide verkraften. Und letztlich tut es dem Wassermann gut, wenn ihn sein mehr vernunftorientierter Partner immer wieder auf den Boden der Tatsachen zurückbringt. Mit Geduld und Verständnis wird die Verbindung halten.

*Widder mit Fisch*

Solche Ehen gründen in der Regel auf tiefen Gefühlsbindungen, die meistens durch den anpassungsfähigen, opferbereiten, gemütvollen Fische-Partner erhalten werden. In ihren Einstellungen und Verhaltensweisen sind Widder und Fisch grundverschieden. Der Fisch liebt die Welt der Gefühle und Träume, ist passiv und wenig wirklichkeitsbezogen; der Widder lebt in der Welt der Dinge und Taten, ist aktiv und dynamisch. In allen materiellen Angelegenheiten sollte der Widder-Partner stets die Führung übernehmen, ohne dem Fisch das Gefühl zu geben, gegängelt zu werden. Er sollte für die Phantasiewelt des Fische-Partners Verständnis aufbringen, aber ihm auch helfen, sich stärker auf die Wirklichkeit einzustellen. Das setzt viel Einfühlungsvermögen und Rücksichtnahme voraus. Trotz aller Schwierigkeiten kann die Verbindung für beide beglückend sein, wenn die Gefühlsbindungen stark genug sind.

## Stier

Dieses Tierkreiszeichen symbolisiert besitzergreifende Verwurzelung in der Umwelt mit ausgeprägtem Beharrungsvermögen, Stabilität, Überlegtheit, Geduld, Fleiß, Realismus, aber auch Starrheit, Konservativismus, mangelnden Wagemut, starke Subjektivität.

Im Bereich Liebe und Ehe bedeutet das: Der Stier, ob Mann oder Frau, ist weder ein »Schnellzünder« noch sonderlich feurig in der Liebe. Er ist der sachliche Realist und in allen Lebensbereichen darauf bedacht, zunächst ein stabiles Fundament zu schaffen, um darauf mit Ausdauer und Methode ein nicht minder stabiles Gebäude zu errichten. Und da er meist häuslich ist, versteht er es, dieses Gebäude wohnlich zu gestalten. Er liebt die schönen und guten Dinge des Lebens, gutes Essen und Trinken ebenso wie die Liebe, aber als echtem Genießer liegt ihm nichts am »raschen Verzehr«: Er will auskosten, was er sich leistet. Und wenn immer möglich, will er es ganz und gar für sich allein haben. Hat er gefunden, was ihm zusagt, so bleibt er dabei.

Ein Stier braucht geraume Zeit, bis er Gefühle zeigt: Da er stets auf Sicherheit bedacht ist, will er auch hier sicher sein, die richtige Wahl getroffen zu haben. Doch wenn der passende Partner gefunden ist, legt der Stier wenig Wert auf Flirt oder eine lose Verbindung: Zielbewußt strebt er zum Standesamt, um den Partner endgültig an sich zu binden. Wer sich mit einem Stier zusammengetan hat, darf sich keine Seitensprünge mehr erlauben.

Auch auf sexuellem Gebiet ist der Stier meist konservativ, bleibt in den einmal eingefahrenen Geleisen, doch da er von Natur aus genußfreudig ist, wird es seinem Partner an körperlicher Liebe gewiß nicht fehlen. Seine schwach entwickelte Phantasie macht er durch sein Durchhaltevermögen mehr als wett. Wer mehr Abwechslung wünscht, muß diplomatisch vorgehen, wenn er beim Stier etwas erreichen will. Von Grund auf umkrempeln kann man den Stier mit seinem großen Beharrungsvermögen nicht.

Ein Stier verlangt unbedingte Treue, aber wenn er sich erst einmal gebunden hat, ist er ebenfalls treu. Selbst wenn die Liebe erkalten sollte, wird der Stier-Partner bestrebt sein, die Ehe zumindest als Zweckverband aufrechtzuerhalten.

Wer sich einen Stier auf Dauer angeln will, erreicht mit Überrumpelungstaktiken nur wenig. Am raschesten findet man Kontakt, wenn man die Genußfreude des Stiers in Rechnung stellt: Ein vorzügliches (nicht unbedingt sündteures) Essen in einem schönen Rahmen wird ein Stier, ob Mann oder Frau, selten verschmähen, wenn ihm der (die) Einladende auch nur einigermaßen sympathisch ist. Mit geheuchelten Gefühlen kommt man nicht sehr weit: Der realistische Stier durchschaut solche Manöver sehr bald. Am besten liegt dem Stier ein Partner, der bereit ist, sich ihm »mit Haut und Haar« zu verschreiben, der seine Liebe zur gepflegten Häuslichkeit teilt und der wie er die Annehmlichkeiten des Lebens und den gesicherten Besitz schätzt. Sexuell wünscht er viel Lust, Liebe und Ausdauer, aber keine Experimente.

*Stier mit Widder* siehe Widder mit Stier.

### Stier mit Stier

Eine gleichgerichtete Sinnlichkeit in der Liebe, ein gleicher Wunsch nach Häuslichkeit und Sicherheit in der Ehe, eine gleiche Freude an den schönen und guten Dingen des Lebens — das sind vorzügliche Voraussetzungen für eine dauerhafte Verbindung. Zwei Stier-Partner, die ihren Fleiß und ihr Beharrungsvermögen auf die gleichen Ziele richten, können es materiell sehr weit bringen.

Schwierigkeiten könnte in einer solchen Verbindung die beidseits vorhandene Tendenz zur Eifersucht bereiten, aber auch eine gewisse Starrköpfigkeit und Rechthaberei, die zu heftigen Auseinandersetzungen führen kann. Mit der dem Stier eigenen Herzenswärme und etwas Nachsicht dürfte es jedoch möglich sein, über derartige Stürme oder Reibereien ohne nachhaltige Schäden hinwegzukommen.

### Stier mit Zwilling

Ob der stabile, gemütstiefe Stier mit dem wendigen, intellektuellen Zwilling auf Dauer auskommt, hängt davon ab, zu welchen Konzessionen beide bereit sind. Diese sind auf jeden Fall nötig: Der Stier-Partner muß seinen Ausschließlichkeitsanspruch in Grenzen halten, denn nichts haßt der Zwilling mehr, als wenn jemand ihn ganz besitzen möchte; der Zwilling muß sich bemühen, sich mehr auf seinen Partner zu konzentrieren, anstatt überall neue Anregungen zu suchen. Wenn sich die Partner aufeinander einstellen, können in einer Stier-Zwilling-Verbindung beide profitieren: Die vielfältigen Anregungen, die vom Zwilling ausgehen, eröffnen dem Stier neue Horizonte und Welten; der Zwilling findet Geborgenheit in einem kultivierten Heim und in der materiellen Sicherheit, für die der Stier-Partner mit Ausdauer und Hingabe sorgt.

## Stier mit Krebs

Auf der Gefühlsebene besteht in einer solchen Verbindung weitgehende Harmonie: Beide wünschen Geborgenheit und Sicherheit, empfinden tief, leben aber nicht in einer Traumwelt, sondern sind durchaus der Realität verhaftet. Beide sind häuslich, lieben und brauchen Nestwärme. Der Stier-Partner ist imstande, dem oft unsicheren Krebs den Rücken zu steifen und ihm zu helfen, mit seinen nicht seltenen seelischen Krisen fertigzuwerden. Der Krebs lohnt solche Hilfe durch Zuverlässigkeit und Anhänglichkeit. Daß der Stier in der Verbindung die führende Rolle übernimmt, stört den Krebs nicht, solange er sich nicht allzusehr eingeengt fühlt. Dann freilich kann er versuchen, aus den vier Wänden auszubrechen. Manchmal kann eine Stier-Krebs-Verbindung bei aller Seelenverwandtschaft unter Spannungslosigkeit leiden; gemeinsame Unternehmungen und ein anregender Freundeskreis können der Beziehung belebende Anstöße geben.

## Stier mit Löwe

Der selbstsichere, energische Löwe vermag den Stier zu faszinieren, und da beide eine schöne Umwelt und materielle Machtentfaltung lieben, können sie rasch Kontakt finden. In der gepflegten Häuslichkeit des Stiers fühlt sich der Löwe wohl. Fleißig und strebsam sind sie beide, und der Löwe erkennt, daß er mit Hilfe des beharrlichen Stiers viele der Pläne verwirklichen kann, die er mit großer Dynamik entwirft, aber mangels Ausdauer kaum selbst durchführt. Doch wenn die Verbindung enger wird, kann es bald zu Reibereien und Zusammenstößen kommen: Der Stier will vom Partner

Besitz ergreifen, der Löwe will den Partner beherrschen. Der Stier möchte den Besitz zusammenhalten und mehren, während der Löwe in Gelddingen eher eine lockere Hand hat. Da beide recht halsstarrig sind, fällt es oft schwer, einen gemeinsamen Nenner zu finden. Völlig konfliktfrei wird eine Stier-Löwe-Verbindung kaum je sein.

## Stier mit Jungfrau

Beide haben sehr viel gemeinsam: Sie handeln überlegt und vorsichtig, sind praktisch und sparsam, lieben ein gepflegtes Heim, haben für wirklichkeitsfremde Höhenflüge nichts übrig. Mit kritischem Verstand erkundet die Jungfrau die Möglichkeiten, die dann der beharrliche Stier zu verwirklichen hilft. Der Hingabebereitschaft der Jungfrau entspricht die Gemütswärme des Stiers. Das sind in den meisten Fällen sehr gute Voraussetzungen für eine dauerhafte, harmonische Verbindung. Allerdings kann den Stier-Partner der Perfektionsdrang der Jungfrau stören; auch eine gewisse Kühle und Kritiklust können dem Stier zu schaffen machen. Der Jungfrau ihrerseits erscheint der Stier oft zu unbeweglich und zu eifersüchtig. Meist fehlt es in ihrer Beziehung auch an erotischer Spannung, aber das macht ihnen weniger aus, da beide auf diesem Gebiet eher verhalten sind. Insgesamt jedenfalls sind die Chancen für eine glückliche Verbindung recht gut.

## Stier mit Waage

Die Waage ist für die tiefen Gefühle des Stiers sehr empfänglich. Beide lieben das Schöne und Gute, sind oft sehr kunstsinnig. Aber während der Stier stark ichverhaftet ist, strebt die Waage zum Du, sucht vielfältige Kontakte zur Mitwelt. Und das kann zusammen mit manchen anderen wesensmäßigen Gegensätzen in einer engen Verbindung viele Probleme aufwerfen. Der Stier möchte den Partner für sich haben, ihn nicht mit der ganzen Welt teilen müssen; die Waage will nicht eingeengt, bevormundet werden. Die Waage ist leichtfüßig, der Stier eher tapsig. Der Stier sucht die sichere, langfristig festgelegte Einbahnstraße, die Waage findet solche Festlegungen beengend. Es ist sehr viel Diplomatie und Rücksichtnahme nötig, um eine Stier-Waage-Verbindung durch die zahlreichen Klippen zu steuern, die durch die wesensmäßige Verschiedenheit der Partner gegeben sind. Abstriche müssen beide machen.

## Stier mit Skorpion

Beide sind für Zärtlichkeit empfänglich, sind tiefer Gefühle fähig, und so verstehen sie sich meistens auf sexuellem Gebiet sehr gut. Darüber hinaus kann die Gegensätzlichkeit des Wesens und der Interessen zunächst eine starke Anziehungskraft ausüben, die freilich in der Routine des praktischen Ehealltags oft rasch schwindet und schließlich einer mehr oder weniger konfliktreichen Spannung weicht. Da beide Partner zur Eifersucht neigen, besitzergreifend und reichlich starrköpfig sind, geht es in einer Stier-Skorpion-Verbindung nur selten ohne Gewitter ab. Den Stier stören die wirklichkeitsfremden Höhenflüge des Skorpions und sein Hang zur Besserwisserei, den Skorpion bringt der Materialismus des Stiers zur Verzweiflung. Wenn sich jedoch beide darum bemühen, ihre Gegensätzlichkeiten zu überbrücken, wird ihnen ihre Gefühlsverbundenheit eine festgefügte Gemeinschaft sichern.

## Stier mit Schütze

Es ist kaum möglich, den freiheitsliebenden, rastlosen, extravertierten Schützen an die kurze Leine zu nehmen — aber gerade das muß der Stier, seiner Natur entsprechend, mit jedem Partner versuchen. So anregend und belebend der Stier die Freundschaft mit dem wesensmäßig so unterschiedlichen Schützen empfinden mag, fällt es doch sehr schwer, in einer engen Verbindung einen gemeinsamen Nenner zu finden. Den Schützen seinerseits stören die Eifersucht und mangelnde Kontaktfreude des Stiers, seine Neigung, sich in seiner Häuslichkeit und seinen Gefühlen zu vergraben. Auf sexuellem Gebiet können in dieser Verbindung beide Befriedigung finden, aber im Alltagsleben kann es problematisch werden. Am ehesten können die Gegensätze noch überwunden werden, wenn viele gemeinsame Interessen vorhanden sind und beide gegenseitig viel Rücksicht üben.

## Stier mit Steinbock

Beide sind erdverbundene, zielstrebige Realisten, beide schätzen materielle Güter. Wenn sie sich zusammentun, bringen sie es höchstwahrscheinlich zu einem ansehnlichen Besitz. Freilich gibt es bei aller Gemeinsamkeit einen wesentlichen Unterschied: Hat sich der Stier erst einmal materiell abgesichert, neigt er dazu, sich mit dem Erreichten zufrieden zu geben. Der Steinbock jedoch strebt weiter, ihn treibt sein Ehrgeiz immer höher hinauf. Aber in einer engen

Gemeinschaft ergänzen sie sich ausgezeichnet: Der Steinbock kann dem Stier die Antriebe geben, die ihm fehlen, und ihm in Gefühlstiefs die nötige starke Schulter zum Anlehnen bieten; anderseits findet er beim Stier die ersehnte Wärme und verläßliche Häuslichkeit, in der ihm sein seelischer Ballast abgenommen wird. Mag auch in der Verbindung die große Leidenschaft oft fehlen — dafür ist sie in der Regel dauerhaft.

### Stier mit Wassermann

Der Wassermann muß keineswegs ein unverbesserlicher Utopist und Phantast sein, aber er wurzelt nicht so sehr im »Boden der Tatsachen« wie der Stier. Er ist neugierig, kontaktfreudig, phantasievoll, legt wenig Wert auf Konventionen und materiellen Erfolg. Manchmal tut es ihm sehr gut, wenn ihn ein realistischer Stier-Partner daran erinnert, daß man von schönen Plänen und geistreichen Reden allein nicht leben kann, und für den eher passiven Stier kann ein Wassermann-Partner sehr an- und aufregend sein. In einer Ehe freilich muß der Stier auf seinen Ausschließlichkeitsanspruch tunlichst verzichten, und der Wassermann muß lernen, daß ein Zusammenleben Rücksichtnahme und Disziplin verlangt. Immerhin gehört Verständnisbereitschaft zu den Grundeigenschaften beider, und so fällt es ihnen zwar vermutlich nicht leicht, ist ihnen aber durchaus möglich, sich auf die Eigenheiten des Partners einzustellen.

### Stier mit Fisch

Die Gemütswärme des Stiers und die Gefühlstiefe des Fisches harmonieren ausgezeichnet miteinander. Beide lieben Annehmlichkeit und Sicherheit. In einer engen Verbindung gibt es meist wenig Schwierigkeiten, weil der passive, anpassungswillige Fisch dem Stier-Partner gern die Führung überläßt. Störend kann sich allerdings die Unbeständigkeit, ja, Ziellosigkeit des Fisches auswirken, die dem praktischen, strebsamen Stier häufig auf die Nerven geht. In der Regel muß er die Entscheidungen treffen, muß dafür sorgen, daß die materiellen Interessen gewahrt werden. Manchmal kann die Fähigkeit intuitiver Erkenntnisse und Problemlösungen, die dem Fisch zu eigen ist, dabei helfen. Auseinandersetzungen sind selten, denn der Fische-Partner ist rasch zum Einlenken bereit, doch sollte sich der Stier-Geborene davor hüten, seine Geduld und Nachsicht allzusehr zu strapazieren.

## Zwillinge

Das Zeichen symbolisiert vielfältige Hinwendung zur Um- und Mitwelt, Beweglichkeit, Kontaktfähigkeit, Neugier, Aufgeschlossenheit, Mitteilsamkeit, aber auch Unrast, Wechselhaftigkeit, mangelnde Stabilität.

Im Bereich Liebe und Ehe bedeutet das: Der redegewandte, meist witzige und amüsante Zwilling findet sehr rasch Kontakt. Sein wacher, wendiger, wenngleich nicht unbedingt tiefschürfender Geist macht ihn zu einem faszinierenden Gesprächspartner. Seine Neugier veranlaßt den Zwilling, ob Mann oder Frau, schon früh möglichst viele Erfahrungen zu sammeln, nicht zuletzt auch auf erotisch-sexuellem Gebiet. Dabei interessiert ihn weniger die Sexualität an sich als das Gefühlsleben — das eigene wie das des Partners: Er sammelt Gefühle, wie der Stier-Geborene materielle Schätze sammelt. Sehr tief gehen diese Bindungen freilich meist nicht.

Auch innerhalb einer Ehe fällt es dem Zwilling schwer, sich auf einen einzigen Partner zu konzentrieren, nicht weil er untreu ist, sondern er empfindet das als schwer erträgliche Einengung seines Erlebensbereiches. Für den Partner ist die Ehe mit einem Zwilling außergewöhnlich anregend und belebend; die Dynamik des Zwillings kann ansteckend, aber unter Umständen auch anstrengend sein. Wer sehr eifersüchtig ist, wird in einer Zwillinge-Partnerschaft oft auf harte Proben gestellt. Problematisch kann auch die Unbeständigkeit und Sprunghaftigkeit des Zwillings sein. Hingegen ist es maßlos übertrieben, die Zwillinge als Weltmeister im Seitensprung zu bezeichnen: Zwar lieben sie vielfältige Kontakte und auch hin und wieder einen prickelnden Flirt, aber solche »aushäusigen« Gefühle gehen nicht tief, und wenn eine starke Partnerbindung vorhanden ist, wird diese dadurch nicht gefährdet. Vor allem die Zwillinge-Frau wird, wenn sie erst einmal den Richtigen gefunden hat (was allerdings einige Zeit dauern kann), in der Liebe zu ihm ganz aufgehen, wenn er ihr den nötigen persönlichen Freiraum läßt.

An die Launenhaftigkeit, die vielen Zwillingen eigen ist, muß man sich freilich gewöhnen und auch auf ihre oft überraschende Sensibilität Rücksicht nehmen. Doch dafür darf man sicher sein: In der ungemein belebenden, anregenden, immer wieder Neues bringenden Partnerschaft mit einem Zwilling bleibt der Kreislauf in Schwung!

Wer sich einen Zwilling angeln will, darf kein Langweiler sein. Mit Witz, Schlagfertigkeit und neuen Ideen kommt man rasch ins Gespräch. Das Thema ist zweitrangig, da der Zwilling sowieso bald die Gesprächsführung übernehmen wird. Wer ihm gut zuhören, aber auch immer wieder neue Gedanken in die Unterhaltung einbringen kann, darf seiner Sympathie sicher sein. Ganz aufdecken sollte man seine Karten nie, denn den Zwilling reizt das Rätselhafte, das seine Neugier weckt. Engstirnigkeit ist ihm ebenso verhaßt wie Fanatismus. Nie darf man versuchen, ihn an die kurze Leine zu nehmen; wenn man ihm nicht eine gewisse Freiheit läßt, bricht er aus. Auch in einer festen Bindung darf man keine Ausschließlichkeitsansprüche stellen, muß ihm die Möglichkeit zu vielfältigen Kontakten lassen. Er wird es zu würdigen wissen und in einer intakten Partnerschaft das Vertrauen nicht mißbrauchen.

**4**

*Zwilling mit Widder* siehe Widder mit Zwilling; *Zwilling mit Stier* siehe Stier mit Zwilling.

### Zwilling mit Zwilling

Eine solche Verbindung wird wohl niemals in einen langweiligen Alltagstrott geraten. Beide Partner sind vielseitig interessiert und nicht auf den Mund gefallen; nie fehlt es ihnen an interessantem Gesprächsstoff. Zwar können sich an Meinungsverschiedenheiten oft die Leidenschaften entzünden, aber da beide nicht nachtragend und meist recht intelligent sind, werden solche Ausbrüche ohne schlimme Folgen bleiben. Ihre Kontaktfreudigkeit sichert einen großen Bekannten- und Freundeskreis. Daß der eine oder andere oder auch beide immer wieder in einem harmlosen, wenngleich oft intensiven Flirt nach Selbstbestätigung sucht, kann sich auf die Partnerschaft durchaus belebend auswirken, wenn eine stabile Vertrauensbasis vorhanden ist. Es gibt allerdings Zwillinge, die den Partner mit Nichtbeachtung bestrafen, wenn sie sich von ihm verletzt fühlen; daran kann eine Bindung leicht zerbrechen.

### Zwilling mit Krebs

Der Zwilling fühlt sich zu dem gefühlvollen, warmherzigen, oft verhaltenen Krebs hingezogen; diesen fasziniert die geistige Wendigkeit des Zwillings. In einer engen Verbindung kann ihre Gegensätzlichkeit freilich Probleme aufwerfen. Der Krebs läßt sich, so intelligent er meist ist, nicht vom Verstand, sondern vom Gefühl leiten. Er liebt die Häuslichkeit, zieht sich immer wieder in seine Schale zurück, ist leicht verwundbar. Für das Kontaktbedürfnis des Zwillings hat er in der Regel wenig Verständnis. Der Zwilling ist in seinem Gefühlsleben meist nüchterner, direkter, entscheidet verstandesmäßig, spielt nicht gern das »Heimchen am Herde«, will Probleme nicht auf der Gefühlsebene verarbeiten, sondern im offenen Gespräch klären. Dennoch kann eine Zwilling-Krebs-Verbindung von Dauer sein, wenn der Zwilling auf die Gefühle des Krebses Rücksicht nimmt und dieser dem Partner den nötigen Freiraum läßt. Verbindend sind auf jeden Fall gemeinsame Interessen (Beruf, Reisen usw.).

**4**

### Zwilling mit Löwe

Der Löwe schätzt die geistige Beweglichkeit und den Ideenreichtum des Zwillings; diesen beeindrucken die Selbstsicherheit, Herzlichkeit und Großzügigkeit des Löwen. Die Verbindung von Geist und Charme, Einfällen und Tatkraft bringt beiden Nutzen. Dem anpassungsfähigen, diplomatischen Zwilling fällt es nicht allzu schwer, auf die Eigenheiten seines Löwe-Partners einzugehen, ihm den Eindruck zu geben, stets im Mittelpunkt zu stehen, und auch sein gelegentliches »Löwengebrüll« zu ertragen. Dafür ist anderseits der Löwe meist großzügig genug, dem Partner gewisse Freiheiten einzuräumen und sich mit dessen gar nicht so seltenen Stimmungsschwankungen abzufinden. Ein sehr eifersüchtiger Löwe freilich, der zudem pausenlose Bewunderung verlangt, wird den wesensmäßig aller Unterordnung und Gängelung abholden Zwilling auf Dauer nicht halten können.

### Zwilling mit Jungfrau

Wilde Leidenschaft wird kaum ausbrechen, wenn zwei unter diesen Tierkreiszeichen geborene Menschen zusammenfinden, denn beide sind weitgehend verstandesbestimmt. An sich liegt die zurückhaltende Jungfrau dem wendigen, aber eher oberflächlichen Zwilling nicht sonderlich, und die Jungfrau bringt für die oft unrealistischen Höhenflüge des Zwillings wenig Verständnis auf. Wenn beide einen gemeinsamen Nenner finden (wozu eher der Zwilling als die Jungfrau beiträgt), kann die Verbindung interessant und zugleich nutzbringend sein: Der Zwilling sorgt für die nötige Dynamik, die Jungfrau für die gründliche Planung, die zum Erfolg führt. Unproblematisch ist die Partnerschaft wegen der starken Wesensunterschiede nicht, doch die positiven Grundeigenschaften beider — Loyalität beim Zwilling, Geduld und Treue

bei der Jungfrau — können, wenn sich beide bemühen, ihr
Kraft und Dauer verleihen.

## Zwilling mit Waage

Beide stimmen in vieler Hinsicht gut überein: Sie sind gesellig, unterhalten sich gern, lieben die Freiheit, sind nicht sonderlich besitzergreifend, stehen aber gern im Mittelpunkt.
Sie haben gemeinsame Ansichten und Interessen. Der
Waage-Mensch ist weder körperlich noch seelisch sonderlich
robust und ein geborener Zweifler; der Zwillinge-Partner
kann ihm den Rücken steifen. Den Zwilling faszinieren der
Charme und Schönheitssinn der Waage; deren Wärme und
Lebendigkeit tun ihm gut. Wenn die Verbindung von Dauer
sein soll, muß sich der Zwillinge-Partner davor hüten, Eifersucht zu zeigen, zornig zu explodieren oder die weniger
aktive Waage ständig antreiben zu wollen; Drängelei verträgt
sie ganz und gar nicht. Der Waage-Partner sollte nicht unentschlossen schwanken und auch nicht versuchen, den Zwilling an eine allzu kurze Leine zu nehmen. Aber bei den vielen
Gemeinsamkeiten wird es sicherlich möglich sein, die Verbindung harmonisch zu gestalten.

## Zwilling mit Skorpion

Auf intellektueller Ebene verstehen sich beide ausgezeichnet: Der Skorpion denkt tief, der Zwilling rasch; der Skorpion bringt die gedankliche Substanz ein, der Zwilling liefert
die präzise Formulierung. In einer engen Verbindung genügen freilich anregende Gespräche nicht, um die Harmonie zu
sichern. Starke Wesensunterschiede können hart aufeinanderprallen. Der ichbezogene Skorpion sehnt sich nach fried-
licher Häuslichkeit, der extravertierte Zwilling braucht vielfältige Kontakte zur Umwelt und weckt damit die Eifersucht
des Partners. Dessen Besitzanspruch kann für den Zwilling
unerträglich werden, auch wenn er spürt, daß der andere nur
sein Glück will, und seine leidenschaftliche Sexualität ihm
neue Erlebniswelten erschließt. Damit die Beziehung von
Dauer ist, müssen beide sich bemühen, auf die Eigenheiten
des Partners einzugehen und viele geistige Interessengebiete für anregende Gespräche zu finden.

## Zwilling mit Schütze

Gemeinsam sind beiden ihre Begeisterungsfähigkeit und
Entdeckerfreude, ihr Tatendrang und ihre Ruhelosigkeit.
Auch auf erotischem Gebiet harmonieren sie gut: Sie schät-

zen — auch noch in der Ehe — den verspielten Flirt und die unbeschwerte, phantasievolle Sinnlichkeit. Beider Kontaktfreudigkeit sorgt für einen großen Bekannten- und Freundeskreis. Dadurch besteht freilich die Gefahr, daß die Zweisamkeit zu kurz kommt und sich die inneren Bindungen lockern; gefährlich ist auch die bei beiden ausgeprägte Neigung zum »aushäusigen« Flirt. Da der Schütze noch freiheitsliebender ist als der Zwilling, nimmt er jede — tatsächliche oder scheinbare — Einengung übel. Umgekehrt legt er in seiner Geradlinigkeit seine Worte selten auf die Goldwaage, so daß er den Zwillinge-Partner durch Taktlosigkeiten beleidigen kann. Diese und andere wesensmäßigen Gegensätze können jedoch überbrückt werden, wenn jeder die Individualität des anderen respektiert und echte Liebe die Verbindung trägt.

## Zwilling mit Steinbock

Beide sind in vieler Hinsicht Gegensätze, aber gerade deshalb können sie sich auf manchen Gebieten ausgezeichnet ergänzen. Der Zwilling ist vielseitig, aktiv, kontaktfreudig, der Steinbock konzentriert, zurückhaltend, ernst. Der Zwilling hat in Gelddingen oft eine lockere Hand, der Steinbock ist auf materielle Absicherung bedacht und deshalb in der Regel recht sparsam. Mit seinem wendigen Geist kann der Zwilling den Partner aus der Reserve locken, ihm einen größeren intellektuellen Aktionsradius verschaffen; auf den Zwilling wirkt der Steinbock stabilisierend und vertiefend, aber selten nur einengend. Den Steinbock belebt das anregende Gespräch, dem manchmal chaotischen Zwilling hilft das Organisationstalent des Partners. Zwilling-Steinbock-Verbindungen sind zwar wegen der Gegensätzlichkeit der Charaktere verhältnismäßig selten, können aber bei beidseitiger Toleranz dauerhaft, recht glücklich und für beide Partner von großem Nutzen sein.

## Zwilling mit Wassermann

In einer solchen Verbindung zwischen zwei extravertierten Menschen wird Langeweile kaum aufkommen: Der stets neugierige, vielseitige Geist des Zwillings erhält durch die originellen, oft reformerischen oder gar revolutionären Ideen des Wassermanns überreichlich Nahrung. Freilich muß sich der Zwilling auf die Eigenwilligkeit des Partners und dessen zeitweises überraschendes Bedürfnis nach Einsamkeit einstellen, und der Wassermann muß versuchen, seinem Partner zu mehr Beständigkeit zu verhelfen. Übereinstimmung herrscht vorwiegend auf intellektuellem Gebiet; in Liebesdingen harmonieren zwar beide, aber sehr leidenschaftlich sind sie gewiß nicht. Da beide auf Individualität großen Wert legen, ist die Verbindung nach außen hin oft wenig konventionell; außerdem scheut der Wassermann den Gang zum Standesamt, da er jedes Muß ablehnt. Dennoch ist eine Gemeinsamkeit, weil lebendig, anregend, dynamisch und originell, meist von Dauer.

*Zwilling mit Fisch*

Der gefühlvolle, einfühlsame Fisch übt auf den Zwilling oft eine starke Faszination aus, und die vielseitige Gedankenwelt des Zwillings regt die Phantasie des Fisches an. Beide fühlen sich zueinander hingezogen, doch wenn sie erst einmal eine enge Bindung eingegangen sind, folgt nicht selten ein böses Erwachen, denn ihre Temperamente lassen sich kaum auf einen Nenner bringen. Der Fisch braucht Ruhe, Behaglichkeit, Harmonie und Zuverlässigkeit, der Zwilling Anregungen, vielseitige Kontakte, Freiheit. Die Rastlosigkeit des Zwillings, seine Sprunghaftigkeit und Dynamik gehen dem Fisch auf die Nerven; den Zwilling stören die Unsicherheit und Anfälle von Selbstmitleid des Fisches. Der anpassungsfähigere Fische-Partner ist meist imstande, sich auf die Eigenart des anderen einzustellen; dem Zwilling fällt das erheblich schwerer. Bei echter Liebe und gutem Willen können sie jedoch zu einer harmonischen, gefühlstiefen Gemeinschaft finden.

## Krebs

Das Zeichen symbolisiert Weltoffenheit, aber gleichzeitig Wendung nach innen, Gefühlsstärke, Empfindsamkeit, Phantasie, ausdauerndes Streben, Fähigkeit zu Verzicht und Einsamkeit, eher passive als aktive Lebenseinstellung.

Im Bereich Liebe und Ehe bedeutet das: Im Zeichen Krebs herrscht der Mond, und wechselhaft wie dieser ist das Gefühlsleben der Krebs-Geborenen. Himmelhoch jauchzend — zu Tode betrübt: Dazwischen kann bei ihnen eine Spanne von wenigen Stunden, ja, Minuten liegen. Nach außen zeigen sie das meist kaum, neigen sie doch dazu, ihre empfindsame Seele hinter einem mehr oder weniger harten Panzer zu verbergen. Oft geben sie sich selbstbewußt, auch wenn sie innerlich ziemlich unsicher sind. Anderen zu helfen, sie zu umsorgen und zu fördern ist ihnen ein Seelenbedürfnis. Früh schon gehen sie auf die Suche nach dem »richtigen« Partner, aber da ihre Wünsche und Erwartungen oft enttäuscht werden, weil sie meist wenig realistisch sind und von zu hohen Idealen ausgehen, dauert es in der Regel einige Zeit, bis sie eine dauerhafte Bindung finden.

Jeder Krebs-Geborene, ob Mann oder Frau, strebt nach sicherer, geborgener Häuslichkeit. Er braucht einen Partner, der sich einerseits umsorgen läßt, der aber andererseits fest auf beiden Beinen steht und eine starke Schulter zu bieten hat. Ihm schenkt der Krebs nicht nur ein schönes Zuhause, sondern auch viel Fürsorglichkeit und eine einfühlsame, warme Sinnlichkeit. Allerdings hat das seinen Preis: Der Partner muß willens und fähig sein, mit den Gefühlsschwankungen und Launen des Krebses zu leben, und er muß bereit sein, von sich Besitz ergreifen zu lassen, seinen persönlichen Freiraum einzuschränken. Man muß sich darauf einstellen können, daß der Krebs von fröhlicher, ja hektischer Betriebsamkeit urplötzlich zu niedergedrückter Teilnahmslosigkeit wechselt oder gar in tiefsten Pessimismus versinkt. In solchen Situationen ist es notwendig, liebevoll ermutigend auf den Partner einwirken zu können.

Wenn sich ein Krebs gebunden hat, kommen seine vielen guten Eigenschaften zum Tragen: Er ist treu, ausdauernd, einfühlsam, strebsam, kunstsinnig und auf Bewahren bedacht (eine Sammlung, seien es Antiquitäten, Briefmarken, Porzellan oder Bilder, kann viel zu seinem seelischen Gleichgewicht beitragen).

Einen Krebs, ob männlich oder weiblich, bekommt man oft leicht an die Angel, wenn man an seine mitfühlende Seele appelliert, ihm das Gefühl gibt, daß er raten und helfen kann. Viele Krebse lieben Musik und/oder Schöpfungen der bildenden Künste oder des Kunsthandwerks, interessieren sich für Sammlungen. Gespräche über diese Themen oder auch eine Einladung in ein Konzert oder ein gemeinsamer Museumsbesuch können Kontakte knüpfen. Stets sollte man auf die Sensibilität der Krebs-Geborenen Rücksicht nehmen: Ein falsches Wort oder eine taktlose Geste können sie so verletzen, daß sie sich in ihre Schale zurückziehen — und dann ist es schwer bis unmöglich, sie wieder hervorzulocken. In der Liebe sollte man dem Krebs-Partner keine Vorschriften machen und ihn auf gar keinen Fall besserwisserisch oder nörgelnd kritisieren: Das würde ihn unversöhnbar kränken.

*Krebs mit Widder* siehe Widder mit Krebs; *Krebs mit Stier* siehe Stier mit Krebs; *Krebs mit Zwilling* siehe Zwilling mit Krebs.

## Krebs mit Krebs

Wenn sich zwei Krebse binden, wird ihr gemeinsamer Traum von häuslicher Geborgenheit höchstwahrscheinlich Wirklichkeit werden. Da sie auf der gleichen Wellenlänge denken und fühlen, ist die Gefahr geringer, daß sie sich seelisch gegenseitig wundscheuern, als dies mit Partnern eines anderen Zeichens der Fall sein könnte. Wenn beide ihre Fürsorglichkeit auf ein gemeinsames Ziel richten, gibt es kaum Probleme. Sobald sie jedoch anfangen, sich gegenseitig übermäßig zu bemuttern, besteht die Möglichkeit, daß die unterschiedlichen Rhythmen der Gefühlslagen zu einer zeitweiligen Entfremdung und gegenseitigen Abkapselung führen. Krebse sind sehr leicht verletzlich und selten objektiv, und so kann es bei einem unbedachten Wort oder einer falschen Geste rasch zu Spannungen kommen. In solchen Fällen sollten sie nicht warten, bis sich daraus ein kalter Krieg entwickelt, sondern unverzüglich die Versöhnung anstreben.

## Krebs mit Löwe

Beide sind wesensmäßig sehr verschieden, aber gerade deshalb können sie sich in mancher Hinsicht ausgezeichnet ergänzen. Die Gemeinschaft mit dem selbstbewußten Löwen gibt dem eher schüchternen Krebs innere Sicherheit, und der nicht unbedingt sonderlich tiefgründende Löwe entwickkelt häufig eine überraschende Sensibilität und Feinfühligkeit. Gemeinsam ist ihnen die Liebe zur gepflegten Häuslichkeit. Freilich wird die Geduld des Löwen durch die Unentschlossenheit und die schwankenden Stimmungen des Krebses stark strapaziert, und es bringt ihn zur Verzweiflung, wenn sich sein Partner in seine Schale zurückzieht. Und für den Krebs kann es ziemlich anstrengend sein, den Löwen stets so zu bewundern, wie er es verlangt. Deshalb kann eine enge Bindung für beide anstrengend sein. Wenn sie sich aber aufeinander eingestellt haben, werden sie — auch in der Liebe — gut miteinander auskommen.

## Krebs mit Jungfrau

Dem empfindsamen, gefühlsbestimmten Krebs liegt die kritische, verstandesorientierte Jungfrau auf den ersten Blick meist wenig. Und doch haben sie mehr gemeinsam, als man zunächst annehmen möchte: Beide sind zurückhaltend, vorsichtig, sparsam, und wenn sie den richtigen Partner gefunden haben, stehen sie treu zu ihm, helfen ihm in allen Schwierigkeiten, umsorgen ihn. Zu Reibereien kann es kommen, wenn der Krebs an einen jener kritisierenden, ewig herumnörgelnden Partner gerät, die es unter dem Zeichen Jungfrau gibt, oder wenn sich die Jungfrau einen allzu gefühlsseligen, mimosenhaft empfindlichen Krebs geangelt hat. Gewöhnlich jedoch verstehen sich Krebs und Jungfrau recht gut, wenn sie sich erst einmal aneinander gewöhnt haben. Der Jungfrau-Partner sorgt für gründliche, wohldurchdachte Planung und materielle Absicherung, der Krebs für ein schönes Zuhause, in dem beide sich wohl fühlen.

## Krebs mit Waage

Von der charmanten, umgänglichen Waage fühlt sich der Krebs angesprochen, und da beide meistens sexuell sehr gut harmonieren, kommt es oft rasch zu einer Bindung. Ob diese von Dauer ist, hängt jedoch stark davon ab, wie gut beide sich aufeinander einstellen können, denn in einer engen Verbindung treten viele Reibungsflächen an den Tag. Die Kontaktfreudigkeit der Waage kann im Krebs nagende Eifersucht wecken; die Gefühlsschwankungen des Krebses gehen dem Waage-Partner auf die Nerven. Und da beide wenig geduldig und sehr reizbar sind, kann es, da keiner gern nachgibt, zum großen Krach kommen. Wenn jedoch der Krebs seinen Ausschließlichkeitsanspruch aufgibt und sich bemüht, die Interessen des Partners zu teilen, und wenn die Waage auf die Empfindsamkeit des Krebses Rücksicht nimmt und die Zweisamkeit pflegt, kann eine Krebs-Waage-Verbindung durchaus von Dauer und für beide Partner beglückend sein

## Krebs mit Skorpion

Bindungen zwischen Menschen, die unter diesen beiden Zeichen geboren sind, basieren meist auf einer starken erotischen Spannung, die vom Krebs mit seiner Wärme und vom Skorpion mit seiner Leidenschaft lebendig erhalten wird. Aber auch auf anderen Gebieten ergänzen sich beide ausgezeichnet: Der zielstrebige, auf Ordnung bedachte Skorpion gibt dem schwankenden, stark von Stimmungen abhängigen Krebs Sicherheit; dem Skorpion tut es gut, umsorgt zu werden. Beide schätzen eine kultivierte Häuslichkeit, in die sie gern Gäste einladen. Eine Gefahr ist allerdings die beidseits leicht aufkeimende Eifersucht, die beim Skorpion noch schlimmer sein kann als beim Krebs: Wer sich an ihn bindet, muß bereit sein, sich ihm mit Haut und Haaren zu verschreiben. Dennoch gehören Krebs-Skorpion-Verbindungen zu den dauerhaftesten, die es gibt, nicht nur wegen der lebendigen erotischen Spannung, sondern auch, weil die Gefühlswelten beider gut harmonieren.

## Krebs mit Schütze

Der muntere, kontaktfreudige Schütze geht mit Geld und Liebe großzügig um. In dieser Hinsicht und in vielem anderen ist er das genaue Gegenteil des Krebs-Geborenen, und doch gibt es erstaunlich viele Verbindungen zwischen Menschen beider Zeichen. Der feinfühlige Krebs spürt, daß der extravertierte Schütze durchaus tiefer, echter Gefühle fähig ist; die offene, unverklemmte Art des Schützen spricht ihn an. Den Schützen reizt es, den Partner aus seiner Krebsschale herauszuholen, ihm neue Horizonte zu eröffnen. In einer engen Bindung sind allerdings Auseinandersetzungen möglich: Der Schütze braucht die Selbstbestätigung durch viele Kontakte und Flirts, die die Eifersucht des Krebses wecken, und da ihm seine Freiheit über alles geht, ist es unmöglich, ihm Fesseln anzulegen. Dennoch kann die Verbindung dauerhaft sein, wenn der Krebs-Partner seine Kontaktscheu überwindet; förderlich sind auch gemeinsame Unternehmungen, besonders Reisen.

## Krebs mit Steinbock

Oft fühlt sich der seelenvolle, labile, weiche Krebs von dem selbstsicheren, disziplinierten, hart wirkenden Steinbock magisch angezogen, glaubt er doch, bei ihm den Halt zu finden, der ihm fehlt. Dem Steinbock tut die menschliche Wärme gut, die der Krebs ihm entgegenbringt. Aber in einer engen Bindung können ihre Wesensgegensätze hart aufeinanderprallen. Dann sieht der Krebs im fleißigen, methodischen Steinbock nur noch den langweiligen Streber, und der Steinbock stößt sich an der Sentimentalität, Launenhaftigkeit und vermeintlichen Untüchtigkeit des Partners. Doch wenn beide sich erst einmal gebunden haben, bleiben sie trotz aller Reibereien meist zusammen, denn der verantwortungsbewußte Steinbock ist treu und steht auch unter Schwierigkeiten zum einmal gegebenen Wort, und den Krebs entschädigt für manches die überraschend tiefe Leidenschaft des Partners, die offenbar wird, wenn die ersten Stürme überstanden sind.

## Krebs mit Wassermann

Freundschaften und unverbindliche Flirts sind zwischen unter diesen beiden Zeichen geborenen Menschen weit häufiger als Ehen. Das hat seine guten Gründe. Zwar verstehen sie sich auf geistiger Ebene recht gut, aber in einer engen Verbindung wirken sich ihre Wesensgegensätze und völlig verschiedenen Einstellungen zur Mitwelt oft negativ aus. Der freiheitsliebende Wassermann fühlt sich von dem besitzergreifenden Krebs gegängelt; diesen stört die ewige Besserwisserei und Reformsucht des Partners. Die dem Krebs so wichtige gemütliche Häuslichkeit läßt den Wassermann weitgehend kalt. Er braucht die Mitwelt, braucht immer wieder neue Kontakte und Anregungen. Auf die Dauer geht eine Krebs-Wassermann-Verbindung meist nur dann gut, wenn entweder eine gemeinsame Arbeit die Gegensätze zu überbrücken hilft oder wenn beide sich so aneinander anpassen lernen, daß dieReibungsflächen auf einMinimum beschränkt werden.

## Krebs mit Fisch

Beide legen mehr Wert auf eine ruhige, zufriedene Häuslichkeit als auf materiellen Gewinn und Reichtum. Beide sind gefühlsbetont, haben eine stark entwickelte Phantasie, sind mitfühlend und eher weich. Schon bei der ersten Begegnung spüren sie diesen Gleichklang der Seelen. Aber auch körperlich fühlen sie sich stark zueinander hingezogen. In einer engen Verbindung harmonieren sie auf Dauer gut miteinander. Gewisse Schwierigkeiten kann einerseits der Hang des Fisches zu übertriebenem Pessimismus, anderseits die Launenhaftigkeit des Krebses bringen; eine Gefahr ist auch beider Neigung, sich in ein Phantasiereich zurückzuziehen und dabei den Partner zeitweise zu vernachlässigen. Aber da beide viel Verständnis aufbringen, wachsen sich diese Schwächen kaum zu größeren Krisen aus. In einer Ehe sollte in der Regel der Krebs-Partner das Haushaltsbudget verwalten und auch darauf achten, daß sein Fisch in Schwierigkeiten nicht zu trinken anfängt (Fische sind für alkoholische Wässerchen anfällig).

## Löwe

Dieses Tierkreiszeichen symbolisiert Selbstbewußtsein, Äußerungsdrang, Entschlossenheit, Ehrgeiz, Fleiß, Mut, Eigenwille, Ausdauer, Autorität, Unternehmungsgeist, Ichbetontheit.

Im Bereich Liebe und Ehe bedeutet das: Der echte Löwe, ob Mann oder Frau, ist leidenschaftlich, willensstark und großzügig, will lieber geben als nehmen, verabscheut alles Kleinkarierte, schenkt gern dem Partner Sicherheit und Geborgenheit, erwartet aber dafür Anerkennung und Bewunderung. Kein Löwe steht gern im Hintergrund; wenn es ihm irgendwo nicht gelingt, der strahlende Mittelpunkt zu sein, dann sucht er sich anderswo einen Ausgleich. Für ihn ist das Rampenlicht geradezu lebensnotwendig.

In der Liebe ist der Löwe ungestüm, unberechenbar und sehr besitzergreifend. Wenn seine Eifersucht geweckt wird, kann er gewalttätig reagieren. Für sich selbst beansprucht er hingegen einen Freiraum, vor allem wenn er glaubt, von seinem Partner nicht gebührend aufs Podest gehoben zu werden. Wer ihn gehörig bewundert, darf seines großzügigen Schutzes und seiner Fürsorge sicher sein. Das beginnt mit Geschenken und endet noch lange nicht mit dem meist schönen, glanzvollen Heim, in dem der Löwe gern Gäste bewirtet.

Von vielen Löwen geht eine starke erotische Ausstrahlung aus, die es ihnen leicht macht, Kontakt zum anderen Geschlecht zu finden. In jungen Jahren gehen sie oft zahlreiche, eher lockere Bindungen ein. Selbstbewußt steuern sie auf direktem Weg auf ihr Ziel zu. Löwe-Männer sind meist recht potent, aber da sie wenig Einfühlungsvermögen haben, entsteht bei ihren Partnerinnen der Eindruck, sie seien nur an der eigenen sexuellen Befriedigung interessiert. Löwe-Frauen verhalten sich, ihrer verführerischen Ausstrahlung gewiß, eher passiv, aber wenn sie erst einmal Feuer gefangen haben, bricht rasch ihre Leidenschaftlichkeit durch.

In der Ehe möchte der Löwe-Partner der Gebende sein, aber dafür auch die dominierende Rolle spielen können. Immer wieder braucht er Lob und Anerkennung, und es tut ihm ungemein gut, wenn man ihn bewundert. Tatkräftig trägt er, ob Mann oder Frau, dazu bei, den glanzvollen Rahmen zu schaffen und zu sichern, in dem allein sich ein echter Löwe voll entfalten kann. Und mag auch ein Löwe nicht unbedingt treu sein — loyal und großzügig ist er stets, auch wenn er manchmal mit typischem »Löwen-Gebrüll« ein eheliches Gewitter inszeniert, wenn ihm etwas nicht paßt.

Einen Löwe-Mann angelt man sich am leichtesten, wenn man ihn bewundert und ihm Gelegenheit gibt, sich als Mittelpunkt zu fühlen. Als Mauerblümchen hat man nur wenig Chancen bei ihm: Er ist auf Wirkung und Repräsentation bedacht und bevorzugt deshalb Frauen, die er vorzeigen kann. Auch die Löwin will bewundert werden und schätzt den glanzvollen Rahmen. Wer mit dem Pfennig rechnen muß oder will, sollte sich erst gar nicht um sie bemühen. Wenn schon Geschenke, dann nur vom Besten und Schönsten. Der Versuch, einen Löwen, ob Mann oder Frau, dadurch gewinnen zu wollen, daß man ihn eifersüchtig macht, bringt nichts ein: Seiner Wirkung sicher, wendet er sich anderen Jagdgründen zu.

*Löwe mit Widder* siehe Widder mit Löwe; *Löwe mit Stier* siehe Stier mit Löwe; *Löwe mit Zwilling* siehe Zwilling mit Löwe; *Löwe mit Krebs* siehe Krebs mit Löwe.

## Löwe mit Löwe

Beiden eigen ist eine gewisse »Alles-oder-Nichts«-Einstellung; beide stehen gern im Mittelpunkt, wollen herrschen, beide wollen lieber geben als nehmen, beide sind eifersüchtig, beide brauchen Bewunderung und neigen dazu, sie sich anderswo zu suchen, wenn sie vom Partner sich nicht ausreichend anerkannt fühlen. Diese Übereinstimmungen können in einer engen Bindung sehr störend zutage treten. Das heißt jedoch nicht, daß Löwen in Liebe und Ehe prinzipiell nicht miteinander auskommen können, denn zum Glück haben sie noch andere Eigenschaften gemeinsam, die dem Zusammenleben förderlich sind: Beide lieben den gepflegten Rahmen, sorgen für materielle Absicherung, sind unbedingt loyal, haben keine Hemmungen, über Schwierigkeiten offen zu sprechen. Besonders wenn gemeinsame äußere Ziele vorhanden sind, können beide mit viel Erfolg Hand in Hand darauf hinarbeiten; gelegentliche eheliche Krisen werden dann meist rasch und schadlos überstanden.

## Löwe mit Jungfrau

Eine Freundschaft zwischen beiden ist problemloser als eine enge Verbindung, die durch zahlreiche Gegensätze belastet werden kann: Der dynamische Löwe verträgt nur schlecht die kritische Zurückhaltung des Jungfrau-Partners; seiner Großzügigkeit widerspricht die Sparsamkeit der Jungfrau; dieser wiederum fällt es schwer, den Löwen unentwegt zu bewundern. Anderseits können sie sich gerade wegen ihrer Gegensätzlichkeit auf vielen Gebieten gut ergänzen: Die überlegte und überlegende Jungfrau kann dem Löwen so manchen Reinfall ersparen, und der Löwe kann dem Partner zeigen, daß Arbeit und Pflichterfüllung nicht alles sind, sondern daß man das Leben auch genießen, sich immer wieder entspannen sollte. Rangeleien um den Führungsanspruch gibt es in einer solchen Verbindung selten, da der Jungfrau-Partner meist dem Löwen die Leitung überläßt. Wenn die Jungfrau mit ihrer kühlen, manchmal entnervenden Kritik zurückhält und der Löwe sich auf die verhaltenere Art des Partners einzustellen vermag, kann die Verbindung von Dauer sein.

*Löwe mit Waage*

Beide lieben die Annehmlichkeiten, die guten und schönen Dinge des Lebens, beide sind ehrgeizig, reisen gern, lieben alles Neue, streben nach sozialem Aufstieg, schätzen ein kultiviertes Heim. Die charmante Waage und der selbstsichere, großzügige Löwe finden schnell Kontakt. In einer engen Verbindung kommen allerdings so manche Wesensgegensätze an den Tag: Die Entschlußschwäche der Waage kann den Löwe-Partner ebenso zur Verzweiflung bringen wie ihre Neigung, wegen vielfältiger anderweitiger Kontakte ihn zu vernachlässigen; die auf Ausgleich und Verbindlichkeit bedachte Waage stören der manchmal rücksichtslose, egoistische Ungestüm des Löwen und seine Sucht, sich stets ins Rampenlicht zu stellen. Dennoch ist eine dauerhafte, glückbringende Verbindung möglich, wenn der Löwe seine Egozentrik zügelt und die Waage sich stärker auf den Partner konzentriert, zumal sich die beiden auf sexuellem Gebiet meist ausgezeichnet verstehen.

*Löwe mit Skorpion*

Wenn der tiefgründige, spannungsgeladene Skorpion eine enge Bindung eingeht, will er den Partner ganz in Besitz nehmen, wünscht, daß dieser ganz in ihm aufgeht. Ein Löwe jedoch ist so stark und selbstsicher, daß eine solche vollkommene Hingabe ihm fremd ist. Die warme Herzlichkeit des Löwen empfindet der gefühlstiefe Skorpion als zu oberflächlich; dessen Neigung, sein Innerstes zu verbergen, stört den offenen Löwen. Da beide einer lautstarken Auseinandersetzung niemals aus dem Weg gehen, sind grollende Gewitter recht häufig. Beide besitzen ein ausgeprägtes Selbstbewußtsein, das ihnen Nachgeben unmöglich macht. Das alles erklärt, warum dauerhafte Löwe-Skorpion-Verbindungen nicht allzu häufig sind. Wenn beide sich bemühen, die persönliche Eigenart des anderen gelten zu lassen und sich nicht in einem endlosen Kampf um die Herrschaft aufzureiben, ist eine — freilich recht wechselhafte und oft anstrengende — Verbindung durchaus möglich.

## Löwe mit Schütze

Beide stecken sich ehrgeizige Ziele, sind kontaktfreudig, lieben den Luxus, sind umgänglich, haben Schwung und Temperament, können fröhlich und amüsant sein. Auf sexuellem Gebiet sind sie ähnlich feurig und begeisterungsfähig. Deshalb sind Löwe und Schütze oft schon bei der ersten Begegnung Feuer und Flamme füreinander. Und angesichts der weitgehenden Übereinstimmung in Gefühlen, Gedanken und Zielen kommt es rasch zu einer engen Bindung. Diese wird von Dauer und recht harmonisch sein, wenn beide Partner die Wesenszüge, deren Gegensätzlichkeiten Reibereien verursachen können, zurückdämmen: Das vielseitige Kontaktbedürfnis des Schützen könnte die Geduld des eifersüchtigen Löwen überstrapazieren, seine bedenkenlose Offenheit ihn verletzen; den Schütze-Partner könnte der Autoritätsanspruch des Löwen stören, er könnte müde werden, ihn immer wieder loben und bewundern zu sollen. In der Regel aber sind Löwe-Schütze-Verbindungen glücklich.

## Löwe mit Steinbock

Der zurückhaltende, grübelnde Steinbock und der extravertierte, herzliche, meist wenig tiefgründende Löwe haben nicht sehr viel gemeinsam. Zwar fühlt sich der eher gehemmte Steinbock nicht selten zu dem selbstsicheren, strahlenden Löwen hingezogen, und dieser schätzt die aufrichtige Zuverlässigkeit des Steinbocks, aber in einer engen Verbindung können sich viele Probleme ergeben. Nur schwer unterwirft sich der Steinbock dem Herrschaftsanspruch des Löwen; den Löwen bringen die Verhaltenheit und »Knauserei« des Steinbocks zum Rasen. Enttäuschungen können dazu führen, daß beide in tiefe Depressionen verfallen, und dann ist die Verbindung aus eigener Kraft kaum mehr zu retten. Gegensätzlich ist häufig auch beider Einstellung zur Sexualität. Es gehören viel guter Wille, Loyalität und Rücksichtnahme dazu, eine Löwe-Steinbock-Verbindung dauerhaft zu gestalten; gemeinsame Interessen (Reisen, Sport, Naturliebe) können dabei helfen.

*Löwe mit Wassermann*

Der Löwe ist im Grunde seines Herzens konservativ, der Wassermann progressiv; der Löwe will herrschen, der Wassermann braucht viel Freiheit; der Löwe ist konkret und auf seine Umwelt konzentriert, der Wassermann denkt abstrakt und ist weltweit interessiert. Gewiß, Gegensätze ziehen sich an, und so kann es durchaus sein, daß beide zunächst voneinander fasziniert sind, aber in einer engen Verbindung müssen sie doch ein nicht geringes Maß an Selbstüberwindung aufbringen, um die Partnerschaft nicht zu einem zermürbenden Tauziehen werden zu lassen. Am besten werden die Gegensätze überbrückt, wenn der Löwe-Partner die vielfältigen Interessen des Wassermanns teilt und dieser sich bemüht, sich stärker auf seinen Partner zu konzentrieren, als ihm von Natur aus behagt. Aber wenn es auch öfter zu Auseinandersetzungen kommt: Die Verbindung ist meist haltbar, denn weder der Löwe noch der Wassermann gibt in Schwierigkeiten leicht auf.

*Löwe mit Fisch*

Der gemütstiefe Fisch fühlt sich von dem warmherzigen, großzügigen Löwen stark angesprochen und ist gern bereit, in einer engen Bindung ihm die Führung zu überlassen. Dem Löwen tun die Bewunderung und Anschmiegsamkeit des Fisches wohl. Das erklärt, warum trotz vieler Gegensätze in Wesen und Verhalten Löwe-Fisch-Bindungen zum Erstaunen der Mitwelt recht dauerhaft und glücklich sind. Freilich geht das nicht ohne gegenseitige Rücksichtnahme: Der Löwe sollte seinen Partner nicht allzusehr in den für ihn notwendigen Trubel hineinziehen und ihn nicht allzu offen beherrschen wollen, denn sonst kann es passieren, daß der Fisch ihm still und klaglos davonschwimmt. Und der Fisch sollte sich dem großzügigen Rahmen, in dem ein Löwe sich wohlfühlt, nach Kräften anpassen und auch das gelegentliche »Löwen-Gebrüll« verkraften, das meist nicht so schlimm gemeint ist, wie es sich anhört. Sowohl in ihren Plänen und Träumen als auch im Alltagsleben harmonieren sie dann gut.

**Jungfrau**

Allgemein symbolisiert dieses Tierkreiszeichen Zurückhaltung, Vorsicht, Beharrungsvermögen, Geduld, Anpassungsfähigkeit, Fleiß, Zuverlässigkeit, Methodik, kritische Vernunft, Gebundenheit an Konventionen.

Im Bereich Liebe und Ehe bedeutet das: Die Jungfrau, ob Mann oder Frau, ist kein tollkühner Draufgänger, sondern verhält sich hier wie auf anderen Gebieten eher kritisch abwartend. Der Verstand beherrscht und lenkt die Gefühle. Auf Sicherheit bedacht, geht die Jungfrau keine raschen Bindungen ein, sondern prüft sachlich und in jeder nur erdenklichen Hinsicht, ob die oder der Richtige gefunden ist. Dabei macht sie es weder sich noch dem Partner leicht, denn mit ihrem angeborenen Hang zum Perfektionismus hängt sie oft an Idealvorstellungen, die mit den realen Möglichkeiten wenig zu tun haben. Das hält freilich weder Herrn noch Fräulein Jungfrau davon ab, das weite Feld »Liebe« methodisch zu erkunden, systematisch Erfahrungen zu sammeln, wobei sie nur selten Leidenschaften auflodern lassen. Niemals drängen sie sich auf, stets wahren sie die Form, sind darauf bedacht, eine gewisse Distanz zu halten. Das heißt allerdings nicht, daß ihr Herz unbeteiligt wäre, aber sie fürchten, die von ihnen so geschätzte Sicherheit zu verlieren, falls sie sich zu sehr gehenlassen.

Wenn sich ein Jungfrau-Geborener bindet, kann man fast sicher sein, daß die Ehe haltbar sein wird, ist doch, ob es der Partner gemerkt hat oder nicht, ein gründlicher Prüfungsprozeß vorangegangen: Die Jungfrau plant sorgfältig auf lange Sicht. In einer engen Bindung erweist sie sich als absolut treu, aufrichtig, hilfsbereit und opferwillig. Allerdings besteht die Gefahr, daß der Hang zum Perfektionismus übermächtig wird und jede auch noch so kleine Unordnung und Nachlässigkeit des Partners bekrittelt wird. Jungfrauen sind nicht nur meist hervorragende Pädagogen, sondern können im häuslichen Bereich arge Schulmeister sein. Und stets geschulmeistert zu werden, ist nicht jedermanns Sache. Die Leidenschaften des Jungfrau-Geborenen sind wohltemperiert. Zwar bemüht er sich auch auf diesem Gebiet sehr um den Partner, will ihm Freude und Befriedigung schenken, doch geht er hierbei eher methodisch vor und wirkt nicht selten unterkühlt. Wenn der Partner behutsam die Führung übernimmt, ist es freilich durchaus möglich, die Jungfrau aus ihrer Reserve hervorzulocken. Nur wenn Jungfrau-Geborene darangehen, die Liebe mit ihrem kritischen Verstand zu zerpflücken und zu zerreden, sind die Aussichten für eine dauerhafte Verbindung schlecht.

Der Ausdruck »einen Partner angeln« hat unter dem Zeichen Jungfrau volle Berechtigung, denn nur zögernd ergreift der Jungfrau-Geborene seinerseits die Initiative. Den besten Anknüpfungspunkt bilden geistreiche Gespräche über nicht alltägliche Themen; angeberische Prunkentfaltung kommt nicht an. Ordnung, Organisation und methodisch sparsame, aber nicht knauserige Häuslichkeit imponieren ihm. Drängeln darf man ihn nicht, denn er braucht Zeit, um seine kritische »Bestandsaufnahme« abzuschließen. Um ihn »anzukurbeln«, ist behut- und einfühlsames Vorgehen ratsam.

*Jungfrau mit Widder* siehe Widder mit Jungfrau; *Jungfrau mit Stier* siehe Stier mit Jungfrau; *Jungfrau mit Zwilling* siehe Zwilling mit Jungfrau; *Jungfrau mit Krebs* siehe Krebs mit Jungfrau; *Jungfrau mit Löwe* siehe Löwe mit Jungfrau.

## Jungfrau mit Jungfrau

Wenn zwei unter diesem Zeichen geborene Menschen sich ein gemeinsames materielles Ziel setzen, haben sie fast immer Erfolg: Zwei kritische, nüchterne, zielbewußte Realisten, die auf gleicher Wellenlänge denken und jeden Schritt vorsichtig abwägen, um vor unliebsamen Überraschungen sicher zu sein, erleiden nur ganz selten Schiffbruch. Ihr gemeinsamer Haushalt ist methodisch durchorganisiert. Jeder hat vor dem Eingehen der Bindung den anderen gründlich analysiert und weiß deshalb, woran er mit ihm ist. Wenn beide ihre Kritiklust nur in positiver, aufbauender Kritik ausleben, verstehen sie sich hervorragend. Die große Leidenschaft wird allerdings kaum je aufflammen; an ihre Stelle tritt die verhaltene Zärtlichkeit. Wenn Schwierigkeiten auftauchen, finden beide Partner fast immer Wege, um sich zu arrangieren. Eine Jungfrau-Jungfrau-Verbindung bringt meist ein beständiges, wenn auch nicht »himmelhoch jauchzendes« Glück.

## Jungfrau mit Waage

Die charmante, weltoffene, eher leichtlebige Waage und die vorsichtige, klug berechnende Jungfrau können ein gutes Gespann abgeben, wenn sie es verstehen, sich aufeinander einzustellen: Die Jungfrau bringt Ordnung in das meist etwas zerfahrene Leben der Waage, und diese lockert das nüchtern-strenge Seelengefüge der Jungfrau auf. So erlangen sie häufig dank der Weltoffenheit auf der einen und des Organisationstalents auf der anderen Seite die Möglichkeiten zu kultiviertem Lebensgenuß. Freilich gibt es etliche Klippen, die es zu umschiffen gilt: Wenn die Jungfrau sich allzu spröde und zurückhaltend — sprich: sexmüde — zeigt, wird sich die kontaktfreudige Waage bald ohne große Szenen woanders holen, was ihr versagt wird. Und wenn sich der Waage-Partner nicht zu einer gewissen Ordnung und Pünktlichkeit zwingen kann, braucht er sich nicht zu wundern, wenn die Kritiklust der Jungfrau durchbricht. Daran kann die Bindung leicht zerbrechen.

### Jungfrau mit Skorpion

Auf geistiger Ebene verstehen sich beide auf Anhieb: Das scharfe, sachbezogene Denken der Jungfrau ergänzt ausgezeichnet den gründlichen, forschenden Intellekt des Skorpions. Häufig ist der Jungfrau-Partner von der erotischen Ausstrahlungskraft des Skorpions fasziniert und gibt seine übliche kritisch abwartende Haltung rasch auf. In einer engen Bindung freilich zeigt sich dann, daß geistige Übereinstimmung und sexuelle Faszination nicht unbedingt dauerhaftes Glück garantieren können. Die glasklar analysierende Logik der Jungfrau, ihre Nüchternheit und Verhaltenheit gehen dem Skorpion in Krisenzeiten ebenso stark an die Nerven wie der Jungfrau die Gefahr, daß der Partner durch grundlose Eifersucht beiden das Leben zur Hölle macht, sich abkapselt, einen Berg von Mißverständnissen aufhäuft. Damit die Verbindung ohne allzu schmerzhafte Reibungen von Dauer ist, müssen beide Seiten Verständnis und Geduld aufbringen.

### Jungfrau mit Schütze

Der impulsive, freiheitsliebende, kontaktfreudige Schütze und die vorsichtige, auf Sicherung bedachte, zurückhaltende Jungfrau sind auf vielen Ebenen so verschieden, daß enge Verbindungen meist problematisch und deshalb nicht allzu häufig sind. Zwar kann es durchaus sein, daß ein feuriger, energiegeladener Schütze eine Jungfrau-Frau fasziniert; seltener fühlt sich der kritisch abwägende Jungfrau-Mann zu einer für seinen Geschmack zu »unsicheren« Schützin hingezogen. Wenn allerdings beide so reif sind, daß sie aufeinander einzugehen vermögen, und wenn sie möglichst vielfältige gemeinsame Interessen haben, kann sich die Mühe lohnen. Der Schütze gewinnt an Stabilität, innerer und äußerer Ordnung, die Jungfrau an Schwung und Weltoffenheit. Dennoch kann es immer wieder Schwierigkeiten und Krisen geben, weil sich die Unterschiede in Wesen, Einstellungen und Lebensrhythmen nur schwer überbrücken lassen.

*Jungfrau mit Steinbock*

Beide sind praktisch eingestellte, verstandesorientierte Realisten, die logisch denken, gründlich planen und methodisch vorgehen können. Wenn sie gemeinsam materielle Ziele erstreben, ist ihnen der Erfolg so gut wie sicher. Und da Erfolg verbindet, gehen Jungfrau-Steinbock-Ehen, wenn sie sich erst einmal gefestigt haben, selten auseinander. Dennoch hat auch eine Jungfrau-Steinbock-Verbindung ihre Probleme. Der ehrgeizige Steinbock neigt zu Depressionen; kritische Bemerkungen des Jungfrau-Partners können ihn zutiefst verletzen. Sexuell kann es zu Spannungen kommen, wenn die verhaltene Jungfrau nicht fähig ist, die natürliche Einstellung des Steinbocks zur Sexualität zu teilen. Aber insgesamt überwiegen die Gemeinsamkeiten bei weitem; es ist beinahe die Regel, daß beide nicht nur ihre materiellen Ziele, sondern auch ihre beruflichen Interessen und sogar ihre Hobbys teilen. Das sichert eine dauerhafte Verbindung.

*Jungfrau mit Wassermann*

Die Jungfrau konzentriert sich gern auf ihre eigene Welt, will diese sinnvoll durchorganisieren und ordnen. Der Wassermann hingegen strebt danach, die ganze Welt zu verbessern. Der Wassermann ist häufig ein Idealist, der im praktischen Alltagsleben weder sonderlich pünktlich noch sehr zuverlässig ist. Die Jungfrau hat dafür kein Verständnis; sie ist der Wirklichkeit verhaftet und legt Wert auf berechenbare Sicherheit. Auf beruflicher Ebene können sich Jungfrau und Wassermann gut ergänzen, aber in einer engen Verbindung prallen die Gegensätze hart aufeinander. Wenn auch beide tolerant sind, fällt es ihnen doch meist sehr schwer, die wesensmäßige Verschiedenheit zu überbrücken. Zudem ist die erotische Spannung oft nicht sonderlich stark; feurige Leidenschaft ist in einer Jungfrau-Wassermann-Verbindung die Ausnahme. Bei zahlreichen gemeinsamen geistigen und seelischen Interessen und mit gegenseitiger Achtung kann die Verbindung dennoch von Dauer sein.

*Jungfrau mit Fisch*

Beide sind in vieler Hinsicht vollkommene Gegensätze: Die Jungfrau ist ordnungsliebend bis zur Pedanterie, kritisch, methodisch, nüchtern, realistisch, der Fisch hingegen eher ziellos, anpassungswillig, gefühlsbestimmt, phantasievoll, traumverhaftet. Aber bekanntlich ziehen Gegensätze sich an, und so sind Jungfrau-Fisch-Verbindungen, die ebenso dauerhaft wie glücklich sind, keineswegs selten. Die aufrichtigen Gefühle des Fisches wärmen das Herz der verhaltenen Jungfrau, die ihrerseits dem oft ziellosen Fisch Halt gibt. Zwar wird der Fische-Partner einige Zeit brauchen, bis sich sein Ordungssinn soweit entwickelt hat, daß Reibungen vermieden werden, und die eher sachliche Jungfrau muß sich auf das Zärtlichkeitsbedürfnis des Fisches einstellen, doch ihrer beider Fairneß, Hilfsbereitschaft und Loyalität können alle Gegensätzlichkeiten überbrücken helfen. Bei Spannungen sollte die seelisch stärkere Jungfrau als erste einlenken.

## Waage

Grundsätzlich symbolisiert dieses Tierkreiszeichen Streben nach Harmonie und Gleichgewicht, Beweglichkeit, Einfühlungsvermögen, Anteilnahme, Diplomatie, Gerechtigkeitssinn, Entschlußschwäche, Abwarten.

Im Bereich Liebe und Ehe bedeutet das: Der Waage-Mensch geht ungern aktiv an Menschen und Dinge heran; lieber läßt er sie auf sich zukommen. Anders gesagt: Er reagiert lieber, als daß er agiert. Das hängt mit seiner Schwierigkeit zusammen, Entscheidungen zu treffen — vor jeder Entscheidung braucht er Zeit, um abwägen zu können. Seiner Umwelt gegenüber gibt er sich charmant und gesellig. Er liebt einen gepflegten Rahmen. Bei seinen Mitmenschen ist er wegen seiner Fähigkeit beliebt, eine harmonische Atmosphäre zu schaffen, Gegensätze zu überspielen, verständnisvolle Toleranz zu üben. Sonderlich arbeitsam ist er nicht; diplomatisch versteht er es, schwere und schwierige Dinge anderen aufzuhalsen.

Der Waage-Geborene, ob Mann oder Frau, liebt die schönen und guten Dinge des Lebens, nicht zuletzt auch die Liebe; der mehr oder weniger unverbindliche Flirt ist sein Lieblingssport (ansonsten ist er nicht sonderlich sportlich). Da er nicht sehr entschlußfreudig ist, kann es geraume Zeit dauern, bis er eine feste Bindung eingeht. Hat er sich aber gebunden, so ist er ein guter Partner: Mit seinem Einfühlungsvermögen kann er sich in den anderen hineinversetzen; in Schwierigkeiten wird er alles tun, um ihm zu helfen; er ist auch dann noch gerecht und fair, wenn der Haussegen mal schief hängt. Freilich braucht er, auch wenn er gebunden ist, noch einen gewissen Freiraum, braucht seine lockeren Flirts, die ihm

216

Selbstbestätigung bringen. Vor allem aber braucht er immer wieder neue Anregungen und Anstöße: Langeweile ist ein Zustand, den er nicht ertragen kann. Weder im Beruf noch in Liebe und Ehe hält er einen eintönigen Alltagstrott lange durch; notfalls wechselt er die Stelle — oder die Frau bzw. den Mann.

Am materiellen Erfolg liegt dem Waage-Menschen wenig, sofern er erarbeitet werden muß, doch weiß er Geld und die Annehmlichkeiten, die es verschafft, durchaus zu schätzen. In der Liebe ist er, ob Mann oder Frau, darauf bedacht, den Partner zu beglücken, ihm alles zu schenken, was er wünscht oder braucht. Er ist hier wie stets im Leben für absolute Gleichberechtigung. In Auseinandersetzungen versucht er zu vermitteln; Streit ist ihm verhaßt. Um den Partner zu korrigieren, nörgelt er nicht an ihm herum, sondern versucht, ihn mit Samthandschuhen (in denen allerdings eine stahlharte Faust stecken kann) dorthin zu lenken, wo er ihn haben will.

Die charmanten, geselligen Waage-Menschen finden rasch Kontakt. Wer sich einen Vertreter dieses Zeichens angeln möchte, sollte ihm als anregender Gesprächspartner mit festen Standpunkten entgegentreten und sich durchaus auch auf Streitgespräche einlassen: Waage-Menschen lieben die geistige Auseinandersetzung. Wer ein Langweiler ist, braucht sich erst gar nicht zu bemühen. Auch schätzen sie es nicht, gedrängelt und zu raschen Entscheidungen gezwungen zu werden. Sehr empfänglich sind sie für Bewunderung und Anerkennung.

*Waage mit Widder* siehe Widder mit Waage; *Waage mit Stier* siehe Stier mit Waage; *Waage mit Zwilling* siehe Zwilling mit Waage; *Waage mit Krebs* siehe Krebs mit Waage; *Waage mit Löwe* siehe Löwe mit Waage; *Waage mit Jungfrau* siehe Jungfrau mit Waage.

### *Waage mit Waage*

Zwei in Denken, Fühlen und Verhalten weitgehend übereinstimmende Menschen, die beide einfühlsam und diplomatisch sind, umgänglich und gesellig, auf Harmonie und Ausgleich bedacht — zwei solche Menschen müßten eigentlich in einer engen Bindung ausgezeichnet miteinander auskommen. In der Tat gelten sie im Freundes- und Bekanntenkreis meist als ideales Paar. Sie harmonieren im Alltag und in der Liebe. Freilich neigen sie nicht nur im ehelichen Bett zu

Experimenten, und so können »aushäusige« Flirts die Bindung lockern. Schwierigkeiten kann es geben, wenn beide einen hohen Lebensstandard erstreben, aber dessen Finanzierung nicht gesichert ist, weil im Berufsleben dem Waage-Geborenen die zum materiellen Erfolg oft notwendigen harten Ellenbogen fehlen und ihm anstrengende, ausdauernde Arbeit wenig liegt. Doch in der Regel werden solche Klippen mit gegenseitiger Toleranz und Verständnisbereitschaft schadlos umschifft.

### Waage mit Skorpion

Der selbstsichere, lebensvolle Skorpion und die charmante, verständnisvolle Waage ziehen sich gegenseitig an; diskussionsfreudig sind sie beide, und so finden sie rasch Kontakt. In einer engen Bindung jedoch treten oft starke Gegensätzlichkeiten an den Tag: Der parteiische, nicht selten starrsinnige Skorpion hält das abwägende Gerechtigkeitsstreben des Partners für feige Unentschlossenheit und sein Kontaktbedürfnis für Flatterhaftigkeit; die Waage leidet unter der Eifersucht, die aus dem unverbindlichsten Flirt einen Ehebruch macht, aber auch unter dem vielen Skorpionen eigenen Drang, den Partner zu beherrschen. Wenn sie sich nicht gleich nach den ersten, durch den Zynismus des Skorpions häufig scharfen Auseinandersetzungen trennen, sondern sich zu verstehen versuchen, entdecken sie, daß ihre Verbindung beiden Nutzen bringt. Die Zuverlässigkeit und die aufrichtigen Gefühle des Skorpions geben der Waage Halt und Sicherheit; die liebevolle Wärme der Waage hilft dem Skorpion zu innerer Auflockerung und größerer Aufgeschlossenheit.

### Waage mit Schütze

Zwei extravertierte, gesellige Menschen, die jederzeit gern zu einem Flirt bereit sind, finden meist rasch zusammen. Häufig zögern sie jedoch, eine feste Bindung einzugehen, die Waage, weil sie nicht sonderlich entschlußfreudig ist, der Schütze, weil er sich seinen Freiraum nicht einengen lassen möchte. Im Bett klappt es in der Regel auf Anhieb, und viele gemeinsame Interessen verbinden mehr und mehr, so daß schließlich oft doch der Gang zum Standesamt gewagt und selten bereut wird. Mit großer Wahrscheinlichkeit wird es eine außergewöhnlich lebendige, abwechslungsreiche, stark erotische Ehe sein, die beide jung erhält. Eine gewisse Gefahr bildet die Flirtlust beider Partner, aber auch die

Direktheit und Offenheit des Schützen, die bis zur Taktlosigkeit gehen kann, sowie die Unentschlossenheit der Waage, die dem aktiven, entschiedenen Schützen vielleicht auf die Nerven geht. In der Regel ist die Bindung jedoch stark genug, um diese Reibungsflächen abzuschleifen.

## Waage mit Steinbock

Beide sind in vieler Hinsicht Gegensätze: Der Steinbock ist sachlich, nüchtern, strebsam, oft arbeitswütig, auf materiellen Erfolg und Absicherung bedacht, ein Organisator; die Waage ist verbindlich, umgänglich, nicht unbedingt fleißig, wenig zielstrebig und improvisiert gern. Freilich haben sie auch Gemeinsamkeiten: Beide sind in der Regel intelligent, geduldig und gut gelaunt. Die Waage erhält durch den Steinbock Stabilität und den von ihr so geschätzten kultivierten materiellen Rahmen und darf der Treue und Loyalität des Partners sicher sein; der Steinbock lernt die Früchte seiner Arbeit genießen und in jeder Hinsicht seinen Horizont mit Hilfe des Waage-Partners zu erweitern. Problematisch kann die unterschiedliche Einstellung zur Sexualität werden, die beim Steinbock oft nur eine untergeordnete Rolle spielt. Eine erfüllende, dauerhafte Verbindung setzt bei beiden viel guten Willen, Verständnis und Kompromißbereitschaft voraus.

## Waage mit Wassermann

Die umgängliche, phantasievolle Waage und der lebhafte, erfinderische Wassermann kommen meist auf Anhieb gut miteinander aus. Lebhafte Gespräche geben beiden vielfältige Denkanstöße; gemeinsame Interessen verbinden ebenso wie die beiderseitige Neigung zum Flirt. Den Gang zum Standesamt freilich muß die Waage mit viel diplomatischem Geschick vorbereiten, denn der Wassermann liebt die Ungebundenheit und sieht nicht ein, warum man sich nicht auch ohne Formalitäten gemeinsam des Lebens freuen könnte. In einer engen Verbindung lassen die zahlreichen Übereinstimmungen meist wenig Konflikte aufkommen. Stören können den Waage-Partner die mangelnde Anpassungsfähigkeit und zeitweise Verschlossenheit des Wassermanns; diesem kann die Labilität der Waage auf die Nerven gehen. Meist ist jedoch die diplomatische Waage imstande, drohende Wolken am Ehehimmel zu verscheuchen oder den schiefen Haussegen wieder gerade zu rücken.

*Waage mit Fisch*

So verschieden ihre Temperamente auch sind, auf der Ebene der Empfindungen und nicht zuletzt auf sexuellem Gebiet stimmen Waage und Fisch weitgehend überein. Für eine lose Beziehung reicht diese Harmonie aus, aber selten wird daraus eine dauerhafte Bindung, die sich auch im Alltagsleben bewährt. Die extravertierte Waage braucht viele Kontakte und Anregungen, der introvertierte Fisch schließt sich gern ab, und wenn er auch nicht unbedingt besitzergreifend ist, möchte er doch, daß der Partner sich auf ihn konzentriert. Auch materiell kann eine solche Verbindung auf schwachen Beinen stehen, da beiden der zum Erfolg nötige Durchsetzungswille und zielstrebige Fleiß fehlt. Es braucht Zeit, bis beide sich so aufeinander eingestellt haben, daß ein harmonisches Zusammenleben gewährleistet ist. Beide werden bereit sein müssen, dafür Kompromisse zu schließen und von ihren Vorstellungen vom »Idealpartner« Abstriche zu machen.

## Skorpion

Dieses Tierkreiszeichen symbolisiert Gefühlskraft, starken Willen, Hartnäckigkeit, Tendenz zur Abkapselung, innere Problematik, Undurchschaubarkeit, Selbstbewußtsein und Treue.

Im Bereich Liebe und Ehe bedeutet das: Der Skorpion, ob Mann oder Frau, ist kein bequemer, anpassungswilliger, lenkbarer Partner — im Gegenteil, er kann sehr anstrengend sein. Er ist ein Mensch der Extreme, der nur schwer durchschaubar ist: Von einem Augenblick zum anderen kann bei ihm Liebe in Haß, aufopfernde Hilfsbereitschaft in Selbstsucht und Rücksichtslosigkeit, Großzügigkeit in Knausrigkeit umschlagen. Er braucht den Kampf, die Auseinandersetzung mit der Umwelt, mit den Mitmenschen und mit sich selbst. Jeder Widerstand verdoppelt seine Kräfte. Durch seine Unergründlichkeit fasziniert er die Mitwelt; ihn faszinieren seinerseits jegliche Geheimnisse und die Tiefen der Gefühlswelt. Liebe und Sexualität sind für ihn kein unverbindliches romantisches Spiel. Hier wie auf vielen anderen Gebieten gibt es für ihn keine Halbheiten, sondern nur das »Alles oder Nichts«. In der Liebe ist er zupackend, besitzergreifend, festhaltend. Wer eine Bindung mit einem Skorpion-Geborenen eingeht, muß sich darauf einrichten, ganz in Besitz genommen zu werden; Seitensprünge darf es nicht geben, weil der Skorpion sie mit seinem kriminalistischen

Spürsinn rasch entdecken und unerbittlich ahnden würde. Am besten kommt mit ihm aus, wer ihm absolut offen entgegentritt. Schmeicheleien prallen an ihm ab, nicht aber Beleidigungen, die sein Ehrgefühl verletzen: Dann setzt er rücksichtslos seinen gefürchteten Stachel ein. Und da er sehr nachtragend ist, kann er dem, der ihn verletzt hat, das Leben zur Hölle machen.

Wer sich auf ihn einstellt, lernt seine vielen guten Seiten kennen: Er ist grundanständig, mitfühlend, hilfsbereit, opferwillig und bedingungslos treu. In einer Liebesverbindung vermag er den Partner zu Höhen der Sinnlichkeit und Leidenschaft zu führen. Oft ist er ein fesselnder Gesprächspartner mit außergewöhnlichen Interessen. Sein gelassenes Auftreten strahlt Selbstsicherheit und Ruhe aus. Er kann unermüdlich arbeiten und gibt nie auf — auch nicht in einer Ehe, und wenn sie noch so verfahren erscheint.

In einer engen Verbindung sollte sich der Partner um eine friedliche Koexistenz bemühen; wenig Sinn hätte es, einen Skorpion umwandeln zu wollen. Manche Wünsche wird man abschreiben müssen, muß in Kauf nehmen, daß der persönliche Freiraum in manchem eingeengt wird. Dafür kann man sicher sein, einen unbedingt verläßlichen Partner zu haben, dessen erotische Faszination, unerschütterliche Stabilität und aufrichtige Loyalität für viele Entsagungen entschädigen.

Einen Skorpion kann man durch keinerlei »Schau« oder Täuschungsmanöver umgarnen. Offenheit und Geradlinigkeit imponieren ihm am meisten. Zwar ist er empfänglich für ehrliche Bewunderung, durchschaut und verachtet jedoch jede Schmeichelei. Langweilige Menschen liegen ihm nicht. Eingefleischte »Sex-Muffel« sind für jeden Skorpion ein Greuel. Widerspruch kann er durchaus vertragen, ist er doch seinerseits alles andere als ein Ja-Sager, aber er reagiert empfindlich auf Beleidigungen und Hinterhältigkeit.

*Skorpion mit Widder* siehe Widder mit Skorpion; *Skorpion mit Stier* siehe Stier mit Skorpion; *Skorpion mit Zwilling* siehe Zwilling mit Skorpion; *Skorpion mit Krebs* siehe Krebs mit Skorpion; *Skorpion mit Löwe* siehe Löwe mit Skorpion; *Skorpion mit Jungfrau* siehe Jungfrau mit Skorpion; *Skorpion mit Waage* siehe Waage mit Skorpion.

## Skorpion mit Skorpion

Eine solche Verbindung kann im günstigsten Fall der Himmel, im ungünstigsten Fall die Hölle auf Erden sein: Wenn zwei noch unreife Partner zusammenfinden, die streitsüchtig und intolerant auf ihren Rechten beharren, ungeduldig und erbarmungslos jeden Fehler des anderen mit beißender Ironie kritisieren, den Partner nach ihren Vorstellungen ummodeln wollen, kann die Ehe zu einer Schlacht ohne Pardon werden, die beide zermürbt. Reife Partner hingegen werden, besonders wenn gemeinsame Interessen sie verbinden, ein Zusammengehörigkeitsgefühl entwickeln, das unter anderen Zeichen selten ist. Es beruht nicht nur auf einer außergewöhnlich starken erotischen Bindung, sondern auf tiefer Liebe, echter Einfühlung in den anderen und in der Regel auch auf geistiger Übereinstimmung. Natürlich gibt es viele Zwischenstufen, auf denen die Koexistenz zweier so marsbetonter Partner mehr oder weniger schwierig ist.

## Skorpion mit Schütze

Nicht allzu häufig gelingt es dem besitzergreifenden, eher konservativen Skorpion, den freiheitsliebenden, extravertierten Schützen auf Dauer zu halten. Zwar fühlt sich der kontakt- und lebensfreudige Schütze von dem meist interessanten Skorpion mit seiner starken erotischen Ausstrahlung angezogen, aber in einer engen Verbindung geht ihm der Ausschließlichkeitsanspruch des Partners bald auf die Nerven. Da beide nicht eben schweigsam sind, kann es angesichts der mangelnden Diplomatie und Unnachgiebigkeit des Skorpions und der oft verletzenden Offenheit des Schützen zu ebenso lautstarken wie unschönen Szenen kommen. Ein beleidigter oder gar gedemütigter Skorpion vergißt nie; eine Versöhnung ist ungemein schwierig. Nur wenn beide sich um Rücksichtnahme und Verständnis bemühen, der Skorpion seine Eifersucht und der Schütze seinen Freiheitsdrang zähmt und außer erotischer Spannung gemeinsame Interessen beide verbinden, wird ein harmonisches Zusammenleben wahrscheinlich sein.

## Skorpion mit Steinbock

Beide haben vieles gemeinsam: den zielstrebigen Ehrgeiz, das Durchhaltevermögen, die Unnachgiebigkeit, die Tendenz zur Absicherung. Wenn sie ihre Kräfte auf ein gemeinsames Ziel richten, werden sie es mit großer Wahrscheinlichkeit erreichen. Andererseits sind beide recht komplizierte

Charaktere, die sich nur ungern in die Tiefe ihres Herzens sehen lassen. Dadurch kann eine enge Verbindung für beide ziemlich anstrengend sein. Zwar legen beide großen Wert auf Treue, aber in ihrer Einstellung zur Sexualität unterscheiden sie sich deutlich; nicht selten wird sich der Skorpion-Partner auf diesem Gebiet vernachlässigt fühlen. Den Steinbock seinerseits stört die Neigung des Skorpions, von ihm ganz Besitz ergreifen, ihn ändern, in ein Korsett zwängen zu wollen. Sehr viele Reibungsflächen können jedoch durch gemeinsame Interessen, Arbeiten und Ziele abgeschliffen werden — falls nicht einer der Partner schon vorher die Flinte ins Korn geworfen hat.

*Skorpion mit Wassermann*

Der weltoffene, unbeschwert genießende Wassermann hat für den auf sich und seine nächste Umgebung konzentrierten Skorpion mit seiner dramatischen Leidenschaftlichkeit oft nur wenig Verständnis — und umgekehrt. Der Skorpion will Besitz ergreifen, auch und sogar in erster Linie vom Partner; der Wassermann ist geradezu fanatisch auf seine Freiheit bedacht. In einer engen Verbindung kann der Wassermann durch den Partner mehr Realitätsbezogenheit, Ordnung und Stabilität erlangen, der Skorpion seinen Horizont auf vielen Gebieten erweitern, aber von Dauer ist die Verbindung nur, wenn beide zu Kompromissen bereit und fähig sind: Der Skorpion sollte seinen Ausschließlichkeitsanspruch einschränken und sich für die Ideen und Aktivitäten des Partners interessieren; dieser sollte sich stärker auf die Partnerschaft konzentrieren, anstatt Luftschlösser zu bauen und die Welt verbessern zu wollen.

*Skorpion mit Fisch*

Beide sind eher gefühls- als verstandesbetont, beide sehnen sich nach inniger Gemeinschaft. Der arbeitsame, zielbewußte Skorpion vermag dem Partner die Geborgenheit und Sicherheit zu geben, die er braucht; den Skorpion wärmt die Gefühlstiefe des Fisches. Beide fühlen sich seelenverwandt. Oft finden sie spontan zueinander; ihre Verbindung ist meist von Dauer. Das heißt freilich nicht, daß es immer ganz ohne Spannungen abgeht: Den tatkräftigen Skorpion stört die Verträumtheit des Fisches; diesen kann die ungestüme Sexualität des Partners überfordern. Beide leiden unter Stimmungsschwankungen, und wenn ihre Seelenkurven sehr unterschiedlich schwingen, kann das zu Reibereien führen. Der Fische-Geborene ist zwar anpassungswillig, erträgt es aber nicht, ständig organisiert und verwaltet zu werden. Wenn er sich ausgenützt fühlt, schwimmt er enttäuscht davon. Allerdings kommt das selten vor: Skorpion-Fische-Verbindungen sind haltbar.

## Schütze

Im wesentlichen symbolisiert dieses Tierkreiszeichen Zentrierung des Lebens in der eigenen Persönlichkeit, innere Freiheit, starken Willen, Entschlossenheit, Ehrgeiz, Selbstbewußtsein, Vielseitigkeit, Phantasie, Unternehmungsgeist.

Im Bereich Liebe und Ehe bedeutet das: Der abenteuerlustige, entdeckungsfreudige, auf stete Horizonterweiterung bedachte Schütze, ob männlich oder weiblich, beginnt in der Regel schon früh, das Reich der Liebe zu erkunden. Aber auf Suchen und Probieren folgt meist rasch wieder das Verlieren — vor allem, wenn der Partner versucht, ihn, den Freiheitsdurstigen, an die kurze Leine zu nehmen. Trennungen überwindet er rasch, denn mit seiner Vitalität findet er bald neuen Anschluß; vor allem die Schütze-Damen kommen in der Männerwelt ausgezeichnet an, aber auch die unter diesem Zeichen geborenen Herren der Schöpfung sind mit ihrem unbekümmerten Optimismus und ihrem Schwung sehr beliebt. Beide Geschlechter sind obendrein meist überdurchschnittlich redebegabt, was verständlicherweise ihre Kontaktfähigkeit fördert. Beiden fällt es — besonders in jüngeren Jahren — schwer, sich auf einen einzigen Partner zu konzentrieren: Wie sie viele Ortswechsel (Reisen) brauchen, so brauchen sie auch viele möglichst unterschiedliche Menschen um sich. Deshalb sind sie bemüht, sich die Junggesellenfreiheiten so lange wie möglich zu erhalten. Wenn sie eine feste Bindung eingehen, ehe sie gelernt haben, ihren Expansionsdrang zu zügeln, kommt es nicht selten zur Scheidung.

Der gereifte Schütze wird schließlich erkennen, daß es ihm nicht schadet, irgendwann zu einer gewissen Ruhe zu kommen. Wenn er in dieser Lage einen Partner findet, bei dem er sich in seiner Freiheit nicht beschnitten fühlt, wird er den Gang zum Standesamt wagen. Man kann sicher sein, daß die Ehe mit einem Schütze-Geborenen niemals langweilig, meist für den Partner allerdings nervlich strapaziös wird. In einer solchen Ehe ist immer etwas los, seien es Reisen, Umzüge, vielfältigste Pläne und Unternehmungen — der echte Schütze ist rastlos, muß stets tätig sein. Was er anpackt, wird zwar nicht immer zu Ende geführt, aber wenn er bei einer

Sache bleibt, hat er mit viel Intuition, aber auch Organisationstalent meist Erfolg. Meinungsverschiedenheiten werden nie mit unfairen Mitteln ausgetragen, denn der Schütze ist geradlinig und offen (bis zur Taktlosigkeit) und hält weder mit Lob noch mit Kritik zurück. Dem Partner gegenüber ist er in der Regel großzügig und tolerant, aber er tendiert in einer engen Verbindung dazu, die Führung zu übernehmen. Beruflich sind Schütze-Geborene, wenn sie »bei der Stange bleiben« können, häufig erfolgreich.

Wer sich einen Schützen angeln möchte, sollte humorvoll sein, anregende Gespräche über interessante Themen führen können, naturliebend und sportlich oder sportbegeistert sein (das sind nämlich die meisten Schütze-Geborenen). Um einen Schützen auf Dauer zu halten, muß man ihm das Gefühl geben, daß er in seinen Freiheiten nicht beschnitten wird; man sollte seine vielfältigen Interessen teilen und seinen Drang nach Horizonterweiterung durch gemeinsame Reisen, aber auch durch einen anregenden Bekanntenkreis stillen. Gut wird mit einem Schütze-Partner auskommen, wer geduldig zuhören kann — das ist freilich nicht jedermanns Sache.

*Schütze mit Widder* siehe Widder mit Schütze; *Schütze mit Stier* siehe Stier mit Schütze; *Schütze mit Zwilling* siehe Zwilling mit Schütze; *Schütze mit Krebs* siehe Krebs mit Schütze; *Schütze mit Löwe* siehe Löwe mit Schütze; *Schütze mit Jungfrau* siehe Jungfrau mit Schütze; *Schütze mit Waage* siehe Waage mit Schütze; *Schütze mit Skorpion* siehe Skorpion mit Schütze.

### Schütze mit Schütze

In der Regel kommen zwei Schützen sehr gut miteinander aus; sie denken und fühlen auf gleichen Wellenlängen und haben viele gemeinsame Interessen. Da beide sehr mitteilungsfreudig sind, spielen Gespräche in ihrer Beziehung eine bedeutsame Rolle. Freilich kann die manchmal geradezu fanatische Wahrheitsliebe der Schütze-Geborenen aus Gesprächen rasch Dispute und aus diesen lautstarke Auseinandersetzungen werden lassen, aber selten führen diese zur Trennung, wenn auch an sich das Nervenkostüm der Schützen nicht allzu stabil ist. Nicht immer fällt es zwei Schütze-Geborenen leicht, die materielle Basis für ihre Verbindung zu schaffen; häufig herrscht in der Haushaltskasse Ebbe. Reibereien können sich auch aus dem starken Unabhängigkeitswillen beider Partner ergeben; Erfahrungen sollten möglichst gemeinsam gesammelt werden, damit sich die Partner nicht im Laufe der Zeit auseinanderleben.

## Schütze mit Steinbock

Obwohl wesensmäßig sehr verschieden, können beide viel voneinander profitieren: Der zurückhaltende Steinbock kann den impulsiven Schützen vor voreiligen, unbedachten Handlungen bewahren und ihm helfen, eine stabile materielle Basis zu schaffen; anderseits braucht der oft pessimistische, grübelnde Steinbock immer wieder Aufmunterung und Ermutigung, und beides kann ihm der optimistische Schütze geben. In der Regel entwickeln sich Schütze-Steinbock-Verbindungen nur langsam, weil zunächst viel Trennendes abgebaut werden muß. Der Schütze muß eine gewisse Ordnung und Sparsamkeit erlernen, der Steinbock etwas von seiner inneren Distanz zur Mitwelt aufgeben. Ob ihre Verbindung von Dauer ist, hängt weitgehend davon ab, wie gut sie sich aufeinander einzustellen vermögen und wie sehr sie die zahlreichen möglichen Reibungsflächen abschleifen können. Ganz leicht wird es den beiden bestimmt nicht fallen.

## Schütze mit Wassermann

Beide sind unabhängig und freiheitsliebend, beide halten viel von Gleichberechtigung, unterhalten sich gern, schmieden gern Pläne, haben zahlreiche gemeinsame Interessen (Sport, Reisen, Theater usw.). Deshalb verstehen sie sich meist auf Anhieb ausgezeichnet. In einer engen Verbindung kann es freilich geschehen, daß der Betrieb und Wirbel, den der Schütze zu machen pflegt, dem Wassermann auf die Dauer auf die Nerven geht; den Schützen stört vielleicht das Interesse des Partners für Weltverbesserung, das ihn oft davon abhält, sich auf seine nächste Umgebung zu konzentrieren. In der Liebe ist der Schütze leidenschaftlich, der Wassermann eher kühl. Auch das kann im Laufe der Zeit zu Dissonanzen führen. In einer Schütze-Wassermann-Verbindung hat stets der Schütze die tragende Rolle; es hängt von vielen Faktoren, nicht zuletzt vom Bemühen des Wassermanns, ab, ob er dieser Aufgabe auf Dauer gewachsen ist.

## Schütze mit Fisch

Das tiefgründige Seelenleben des Fisches reizt den neugierigen, von stetem Forscherdrang getriebenen Schützen, der seinerseits den Partner aus seiner vielleicht zu starken Ichbezogenheit und Passivität zu lösen vermag. In einer engen Verbindung treten allerdings Wesensgegensätze zutage, die problematisch werden können: Den gemütstiefen, aber eher kühlen Fisch stößt möglicherweise die direkte Leidenschaftlichkeit des Partners ab; diesen stören die Stimmungsschwankungen, die Ziellosigkeit und Unsicherheit des Fisches. Die Rastlosigkeit des Schützen geht dem ruhigen Fisch auf die Nerven, doch ist es auch möglich, daß er sich vom Schwung des Partners anstecken läßt. Gemeinsame Interessen und Aktivitäten, möglichst auf humanitärem Gebiet, könnten viel dazu beitragen, die Gegensätzlichkeiten zu überbrücken. Auch die Anpassungsfähigkeit des Fische-Geborenen trägt dazu bei, Reibungen zu vermeiden und so der Verbindung Dauer zu verleihen.

## Steinbock

Dieses Tierkreiszeichen symbolisiert emporstrebende Willenskraft mit Tendenz zu verfestigendem Bewahren, planvolles Streben auf lange Sicht, Ichbetontheit, Verantwortlichkeit, Abstraktionsvermögen, Zielstrebigkeit, Fleiß, Geduld, mangelnde Anpassungsfähigkeit, Konservativismus.

Im Bereich Liebe und Ehe bedeutet das: Der Steinbock, ob männlich oder weiblich, ist meist ebenso zielstrebig wie vorsichtig. Er wirkt ruhig und selbstsicher und kann recht charmant sein, doch trägt er Gefühle kaum je zur Schau. Der unverbindliche Flirt liegt ihm wenig, und in der Liebe kann es einige Zeit dauern, bis er Feuer fängt. In jungen Jahren steht bei ihm häufig der Beruf völlig im Vordergrund: Mit zäher Ausdauer legt er das Fundament für den Aufstieg, der ihm fast immer gelingt. Auch Vertreterinnen des schönen Geschlechts können es in dieser Hinsicht weit bringen.

In der Liebe sind echte Steinböcke reichlich konservativ, aber auch erstaunlich ausdauernd. Sie lieben keine Experimente, sind jedoch darauf bedacht, den Partner zu befriedigen. Glutvolle Leidenschaft zeigen sie selten, aber dafür lieben sie häufig und intensiv, und meist bleiben sie auf diesem Gebiet bis ins Alter recht aktiv.

In einer festen Bindung liegt ihnen sehr viel an Stabilität und Absicherung; sie sind dem Partner gegenüber ziemlich besitzergreifend und neigen dementsprechend zur Eifersucht. Anderseits sind sie stets fürsorglich und in der Regel treu. Ihr Leistungsehrgeiz kann für den Partner ebenso eine Belastung sein wie ihre Unfähigkeit, sich herzlich zu geben und Gefühle zu zeigen, obwohl sie durchaus welche haben: Wer es versteht, ihre Zurückhaltung zu brechen, entdeckt ein warmes, mitfühlendes Herz. Aber da viele Steinböcke geborene Einzelgänger sind, ist es schwierig, ihre Seelentiefen zu ergründen. Auch in einer engen Bindung ist ihr Mitteilungsbedürfnis gering; Aussprachen sind selten. Dadurch besteht die Gefahr, daß sich die Partner im Laufe der Zeit auseinanderleben oder daß zumindest die Beziehung kühler und sachlicher wird. Vielleicht macht das dem nüchternen, mit der materiellen Absicherung und dem beruflichen oder gesellschaftlichen Aufstieg vollauf beschäftigten Steinbock wenig aus, aber ein sensibler, zärtlichkeitsbedürftiger Partner wird darunter leiden.

Mit Schmeicheleien oder geheuchelten Komplimenten kann man sich keinen Steinbock angeln; mit seiner kritischen Sachlichkeit durchschaut er alle billigen Manöver. Ebenso wenig hält ein Steinbock, ob männlich oder weiblich, von überschwenglichen Liebesbeteuerungen und aufdringlichen Gefühlsbezeugungen. Ehrgeizige Steinböcke bilden sich gern weiter und lesen deshalb Bücher; das ist ein guter Anknüpfungspunkt. Oft interessieren sie sich für kulturelle Veranstaltungen und Ausstellungen; wer in dieser Hinsicht auf dem laufenden ist, hat Kontaktchancen. Ein weiterer Berührungspunkt könnte der Sport sein, denn viele Steinböcke sind aktive Sportler oder zumindest sportinteressiert. Wenn man sie einlädt, sollte man stets daran denken, daß sie zwar einen kultivierten, gepflegten Rahmen schätzen, aber übermäßige Großzügigkeit und vor allem unnötige Verschwendung verabscheuen.

*Steinbock mit Widder* siehe Widder mit Steinbock; *Steinbock mit Stier* siehe Stier mit Steinbock; *Steinbock mit Zwilling* siehe Zwilling mit Steinbock; *Steinbock mit Krebs* siehe Krebs mit Steinbock; *Steinbock mit Löwe* siehe Löwe mit Steinbock; *Steinbock mit Jungfrau* siehe Jungfrau mit Steinbock; *Steinbock mit Waage* siehe Waage mit Steinbock; *Steinbock mit Skorpion* siehe Skorpion mit Steinbock; *Steinbock mit Schütze* siehe Schütze mit Steinbock.

## Steinbock mit Steinbock

Wenn zwei Steinböcke ihren Fleiß, ihre Zielstrebigkeit und ihren Ehrgeiz vereinen, steht außer Frage, daß sie es weit bringen. Am Anfang steht die gemeinsame Planung, bei deren Zielsetzung es kaum Meinungsverschiedenheit gibt.

Dann folgen die gemeinsame Arbeit und der gemeinsame Aufstieg — eine Phase, die zeitlebens dauern kann, denn vielen Steinböcken ist es nicht gegeben, sich irgendwann mit dem Erreichten zufrieden zu geben und die Früchte all ihrer Mühen zu genießen. In einer engen Bindung werden kaum Stürme der Leidenschaft ausbrechen; selten gibt einer der Partner dem anderen Grund zur Eifersucht. Beide werden in ihrer sexuellen Beziehung Befriedigung finden, haben sie doch die gleichen Wünsche und Bedürfnisse. Insgesamt ist die Verbindung freilich oft ziemlich spannungslos. Es wäre gut, wenn von außen Anstöße kämen, um die häufig drohende Einseitigkeit der Interessen in einer Steinbock-Steinbock-Beziehung abzubauen.

## Steinbock mit Wassermann

Enge Verbindungen zwischen Menschen, die unter diesen beiden Zeichen geboren wurden, sind nicht allzu häufig und auch nicht allzu dauerhaft, denn die Wesensunterschiede sind beträchtlich. Anders verhält es sich mit Freundschaften: Gemeinsame Interessen können die Abkapselungstendenz und Einseitigkeit des Steinbocks mildern, während der originelle Wassermann sich von seinem tiefgründigen Freund verstanden fühlt. In einer Ehe allerdings ist der Ausschließlichkeitsanspruch des Steinbocks für den freiheitsliebenden Wassermann auf die Dauer ebenso unerträglich wie die ihm aufgezwungene Ordnung und Pünktlichkeit, und den Steinbock stören die Launenhaftigkeit, Unbeständigkeit und oft ziellose Weltoffenheit des Partners, der keineswegs die Meinung teilt, daß materieller Erfolg der eigentliche Lebenszweck sei. Mit viel gutem Willen, tiefer Liebe und redlichem Bemühen kann die Bindung dennoch halten.

## Steinbock mit Fisch

Fische-Geborene sind selten ehrgeizig; es liegt ihnen kaum, hartnäckig auf ein genau umrissenes Ziel hinzuarbeiten. Steinböcke haben für Träume und Gefühlsäußerungen wenig übrig. Und doch können beide in einer engen Bindung ihr Glück finden, so verschieden sie auch sind. Denn auch der Steinbock hat, wenngleich tief verborgen, eine Gefühlswelt, in die der einfühlsame Fisch vorzudringen vermag, und andererseits fühlt sich der Fisch bei einem selbstsicheren, klug planenden und klar denkenden Partner geborgen. In einer solchen Verbindung ist praktisch stets der Steinbock-Geborene der Führende, der den Partner oft bis zu einem gewissen Grad umzuwandeln vermag; anderseits lernt er von diesem, wie wichtig Zärtlichkeit für eine enge Bindung ist. Wenn auch Außenstehende oft nicht verstehen können, warum zwei so gegensätzliche Menschen so gut harmonieren — Steinbock-Fisch-Verbindungen sind meist von Dauer.

## Wassermann

Grundsätzlich symbolisiert dieses Tierkreiszeichen Eigenständigkeit, Eigenwilligkeit, Aufgeschlossenheit, Verständnisbereitschaft, Mitteilsamkeit, Beweglichkeit, Zuverlässigkeit, Einfühlungskraft, Beeinflußbarkeit, Phantasie, Freiheitsliebe, Reformergeist.

Im Bereich Liebe und Ehe bedeutet das: Der Wassermann-Geborene, ob Mann oder Frau, interessiert sich stark für seine Umwelt und seine Mitmenschen. Auch in einer Liebesbeziehung sieht er im anderen zunächst den Menschen und Freund und erst in zweiter Linie den Geschlechtspartner. Das heißt nicht, daß die Wassermänner einem Flirt abhold wären — im Gegenteil, ihre Neugier und ihr Lernhunger kann sie veranlassen, auch die Liebe als Experimentierfeld zu betrachten (Wassermänner sind in jeder Hinsicht sehr experimentierfreudig) und in immer neuen Beziehungen zum anderen Geschlecht reiche Erfahrungen zu sammeln. Die Freiheitsliebe der Wassermänner läßt sie vor dem Gang zum Standesamt zurückschrecken; eine Bindung, in der der Partner von ihnen ganz Besitz zu ergreifen, sie in eine noch so gepflegte Häuslichkeit einzuengen versucht, ist ihnen ein Greuel. Auch wenn sie sich fest gebunden haben, brauchen sie einen gewissen persönlichen Freiraum, müssen sie ihre vielfältigen Kontakte zur Umwelt aufrechterhalten können. Sie brauchen einen Partner, der für ihre weltoffenen Interessen Verständnis hat, ja, sie nach Möglichkeit teilt. Wenn sie in eine Ehe »eingesperrt« werden, kann man ziemlich sicher sein, daß sie über kurz oder lang aus dem Gefängnis fliehen, auch wenn man es ihnen noch so prächtig vergoldet.

In der Liebe ist der Wassermann kein stürmischer Draufgänger, sondern ein verständnisvoller, einfühlsamer Partner. Man darf ihn nicht drängen oder antreiben wollen, denn er braucht Zeit, um sich auf die Beziehung einzustimmen. Aber die Geduld lohnt sich: Echte Wassermänner können mit ihrer Zärtlichkeit, Gefühlskraft und Phantasie, die keinerlei Tabus kennt, selbst die frigideste Frau bzw. den gehemmtesten Mann in Trab bringen, ihnen ungeahnte Höhen der Sinneslust und Tiefen der Leidenschaft eröffnen. Nichts bereitet ihnen mehr Vergnügen, als den Partner glücklich zu machen. Ein phantasieloser, langweiliger Partner wird allerdings rasch abgeschoben, wenn der Versuch, ihn umzukrempeln, nicht nach kurzer Zeit zum Erfolg führt. Der Wassermann ist zwar immer bereit, zu helfen, zu verbessern, aber er ist weder ein Utopist noch sehr ausdauernd; langwierige Bemühungen am untauglichen Objekt sind nicht seine Sache.

Wassermänner sind freundlich, aber meist distanziert. Am ehesten findet man Kontakt, wenn man mit einem interessanten Gesprächsthema aufwarten kann. Sie schätzen Intelligenz und Selbstsicherheit; Gleichberechtigung ist für sie keine leere Floskel. Da sie sich für die Probleme anderer mit echter Anteilnahme interessieren, kann man ihre Aufmerksamkeit wecken, indem man sie um Rat frägt. Oft sind sie an Kunst und Kunstgewerbe interessiert; wer auf diesen Gebieten mitreden kann, hat damit einen weiteren Anknüpfungspunkt. Konventionelle, engstirnige und pedantische Menschen haben bei Wassermännern keine Chance.

*Wassermann mit Widder* siehe Widder mit Wassermann; *Wassermann mit Stier* siehe Stier mit Wassermann; *Wassermann mit Zwilling* siehe Zwilling mit Wassermann; *Wassermann mit Krebs* siehe Krebs mit Wassermann; *Wassermann mit Löwe* siehe Löwe mit Wassermann; *Wassermann mit Jungfrau* siehe Jungfrau mit Wassermann; *Wassermann mit Waage* siehe Waage mit Wassermann; *Wassermann mit Skorpion* siehe Skorpion mit Wassermann; *Wassermann mit Schütze* siehe Schütze mit Wassermann; *Wassermann mit Steinbock* siehe Steinbock mit Wassermann.

## Wassermann mit Wassermann

Man kann ziemlich sicher sein, daß eine solche Verbindung weder konventionell noch langweilig sein wird. Beide sind weltoffen, kontaktbedürftig, vielseitig interessiert, können sich stundenlang unterhalten, sich immer wieder neuen Wissensgebieten zuwenden und gegenseitig zahlreiche geistige Anstöße geben. Weniger eng ist hingegen häufig der körperliche Kontakt: Es kann einige Zeit dauern, bis die typische Wassermann-Distanz abgebaut ist. In einer engen Bindung ist es wesentlich, daß jeder dem anderen seinen persönlichen Freiraum läßt; nichts erträgt ein Wassermann weniger, als an die kurze Leine genommen zu werden. Beide sollten sich bemühen, dem anderen gegenüber wandelbar, vielseitig, anregend zu bleiben, denn ein Wassermann, der sich ständig einem eintönigen Alltagsgesicht gegenübersieht, wird bald die Flucht ergreifen und anderswo die Vielfalt suchen, die für ihn eine Lebensnotwendigkeit ist.

## Wassermann mit Fisch

Auf der Ebene der Ideen und Ideale verstehen sich beide oft ausgezeichnet; den Fische-Geborenen fasziniert die Originalität des Wassermanns, diesen spricht die Hilfs- und Liebesbedürftigkeit des Fisches an. Eine Freundschaft kann sehr harmonisch und für beide bereichernd sein. In einer engen Bindung jedoch offenbaren sich Wesensgegensätze, die manchmal nur schwer überbrückbar sind. Die Weichheit und Entschlußlosigkeit des Fisches kann die Wassermann-Nerven arg strapazieren; den verwundbaren, ichbezogenen Fisch stört es, daß sich sein Partner mehr auf Gott und die Welt als auf ihn konzentriert; oft schockieren ihn auch dessen unkonventionelle Ansichten und Verhaltensweisen. Weil in der Regel beide in materiellen Dingen nicht genügend Durchsetzungsvermögen haben, kann in der Haushaltskasse öfter Ebbe herrschen. Nur wenn jeder die Eigenheiten des anderen respektiert und sich darauf einstellt, wird die Verbindung von Dauer sein.

## Fische

Dieses Tierkreiszeichen symbolisiert Empfindsamkeit, Idealismus, Anpassungsfähigkeit, Zurückhaltung, Opferbereitschaft, starke Phantasie und Intuition, Vorsicht, schwaches Durchsetzungsvermögen, Passivität, wenig Kraftreserven.

Im Bereich Liebe und Ehe bedeutet das: Mit ihrem Einfühlungsvermögen, ihrem intuitiven Verständnis und ihrer verhaltenen Gefühlstiefe üben Fische-Geborene auf ihre Mitmenschen oft eine starke Faszination aus. Ihre — scheinbare oder wirkliche — Hilflosigkeit gegenüber Forderungen des praktischen Alltagslebens, ihre Verletzlichkeit und Weichheit wecken Beschützerinstinkte. Trotz aller Zurückhaltung ist ihre warme Sinnlichkeit spürbar. Zudem sind Fische-Geborene anpassungsfähig und -willig und nicht selten ausgezeichnete Schauspieler, die ihrer Mitwelt, aber auch ihrem Partner genau das vorspielen können, was diese erwarten — und was dies ist, erspürt der Fisch mit sicherem Instinkt.

In der Liebe sind die Fische-Geborenen sehr oft ideale Partner: einfühlsam, rücksichtsvoll, warm, gefühlvoll, sinnlich, phantasiebegabt, und wenn sie erst einmal in Fahrt geraten sind, können sie erstaunlich ungehemmt und leidenschaftlich sein. Der Fische-Mann übernimmt gern die Führung in den ersten Phasen des Zusammenseins, doch dann braucht er eine aktive, manchmal sogar dominierende Partnerin, die ihm ihre Wünsche und Bedürfnisse offenbart, aber auch bereit ist, mit ihm seine erotischen Phantasien zu verwirklichen. Die Fische-Frau will stimuliert werden, braucht eine gewisse Anlaufzeit, um sich auf den Partner einzustellen, kann aber dann mit ihrer reichen Einbildungskraft und ihrer Sinnlichkeit durchaus ihrerseits die Initiative ergreifen, damit beide das Zusammensein bis ins letzte auskosten können.

**4**

Im Alltag einer engen Verbindung zeigen sich freilich auch Wesenszüge, die manchen Partner stören. Wenn eine durchaus noch liebenswerte Verträumtheit zu untätiger Passivität wird, wenn Gefühlsschwankungen zu unberechenbaren Launen werden, wenn man den gestörten Seelenfrieden durch den Griff zur Flasche wiederherstellen will, Entscheidungen vor sich herschiebt und die materiellen Pflichten, den Beruf oder Haushalt vernachlässigt, braucht man sich nicht zu wundern, wenn schon nach kurzer Zeit der Haussegen schiefhängt. Nicht wenige Fische neigen zur Heimlichkeit. Solange sie nur bestimmte Seelenwinkel für sich behalten wollen, ist das nicht schlimm, aber wenn sie in aller Stille die Treue brechen, nimmt dies der Partner meist übel, zumal der Fisch seinerseits recht eifersüchtig sein kann.

Fische interessieren sich häufig für Theater, Kino, Ballett und Bücher, so daß es, wenn man sich einen Fisch angeln will, an Gesprächsthemen nicht fehlt; gemeinsame Theater- und Kinobesuche können den Kontakt vertiefen. Meist sind sie auch tanzfreudig, was eine Vielzahl von Möglichkeiten eröffnet. Weibliche Fische haben es gern, wenn man ihnen gegenüber die Beschützerrolle spielt und mit Komplimenten nicht spart, die ihr oft unterentwickeltes Selbstbewußtsein heben. Takt ist wichtig, denn Fische sind leicht verwundbar.

*Fisch mit Widder* siehe Widder mit Fisch; *Fisch mit Stier* siehe Stier mit Fisch; *Fisch mit Zwilling* siehe Zwilling mit Fisch; *Fisch mit Krebs* siehe Krebs mit Fisch; *Fisch mit Löwe* siehe Löwe mit Fisch; *Fisch mit Jungfrau* siehe Jungfrau mit Fisch; *Fisch mit Waage* siehe Waage mit Fisch; *Fisch mit Skorpion* siehe Skorpion mit Fisch; *Fisch mit Schütze* siehe Schütze mit Fisch; *Fisch mit Steinbock* siehe Steinbock mit Fisch; *Fisch mit Wassermann* siehe Wassermann mit Fisch.

*Fisch mit Fisch*

Körperlich, geistig und seelisch stimmen beide weitgehend überein; wenn sie eine enge Bindung eingehen, spielen Herz und Gemüt eine große Rolle. Selten steht am Anfang die große Leidenschaft; meist wird erst im Lauf der Zeit aus Zärtlichkeit und Zusammengehörigkeitsgefühl heiße Liebe, doch kann es durchaus auch sein, daß die erotische Spannung ausbleibt oder bald wieder abflacht. Wenn die Gefühlskurven in unterschiedlichen Rhythmen verlaufen, kann es immer wieder Zeiten geben, in denen sich beide ausweichen, sich vom Partner im Stich gelassen fühlen; Mißverständnisse oder Fehlhandlungen (z.B. der berühmte Griff zur Flasche) haben dann leicht eine Entfremdung zur Folge, die bei der den Fischen eigenen Überempfindlichkeit zur Trennung führen kann. Häufig fehlt in einer Fische-Fische-Verbindung die gegenseitige Anregung, der Antrieb zum Handeln. Das Einfühlungsvermögen und die gegenseitige Hilfsbereitschaft der Fische-Geborenen können jedoch helfen, diese Probleme zu überwinden.

# Eltern und Kinder

Je nach dem in ihrem Horoskop vorherrschenden Tierkreiszeichen (es kann, muß aber nicht das Zeichen sein, in dem zum Zeitpunkt ihrer Geburt die Sonne stand) unterscheiden sich die Menschen in ihrem Wesen, in ihren Anlagen, Fähigkeiten und Neigungen, in ihren Verhaltensweisen. Genaugenommen reicht natürlich ein einzelnes Zeichen nicht aus, um einen bestimmten Menschen treffend und umfassend zu charakterisieren. Wer dem Einzelfall wirklich gerecht werden will, muß sämtliche Elemente des Individualhoroskops kennen und berücksichtigen. Aus der fast endlosen Vielfalt der Kombinationsmöglichkeiten ergeben sich so viele Varianten, daß es aus Platzgründen unmöglich ist, im Rahmen unseres Buches darauf einzugehen: Man bräuchte tausende von Seiten, um alle Möglichkeiten zu besprechen.

Die Beschränkung auf die zwölf Zeichen des Tierkreises bedeutet, daß wir hier nicht mehr geben können als skizzenhafte, in groben Umrissen gezeichnete Darstellungen von fundamentalen Verhaltensweisen, wie sie jeweils bei großen Menschengruppen zu finden sind. Dabei müssen wir uns stets vor Augen halten, daß diese Grundtendenzen im Einzelfall je nach den übrigen, hier nicht berücksichtigten Horoskopelementen mehr oder weniger stark abgewandelt sein können.

Kein Mensch lebt für sich allein, sondern jeder ist in eine Vielzahl von sozialen Bezügen hineingestellt. Dementsprechend spielt oder, besser gesagt, lebt er die verschiedensten »Rollen«: als Kind, als Freund, als Schulkamerad, als Berufskollege, als Arbeitnehmer oder Arbeitgeber, als Geliebte oder Geliebter, als Ehepartner, als Vater oder Mutter usw. Seine Verhaltensweisen in jeder dieser Rollen sind durch seine kosmischen Gegebenheiten mit geprägt. Über jeden Lebensbereich vermag das Horoskop Aufschlüsse zu geben.

Das Thema dieses Kapitels ist das Verhalten in der Elternrolle und das Verhalten als Kind entsprechend dem im Horoskop vorherrschenden Tierkreiszeichen. Das Wissen um diese Grundgegebenheiten kann für die Erziehung sehr hilfreich sein: Wer seine eigenen Stärken und Schwächen kennt, hat es leichter, Nützliches zu fördern und Unnützes oder Schädliches abzubauen. Nicht minder wichtig ist es für die Erziehung, auf die Eigenart eines Kindes einzugehen, seine Anlagen und Fähigkeiten zu erkennen. Mit diesem Wissen kann man so manchen Irrweg vermeiden. Man soll dem Kind nichts abfordern, was es beim besten Willen nicht bringen kann, ihm aber dort fördernd beistehen, wo seine eigenen Kräfte nicht ausreichen. Man sollte ihm helfen, die in ihm angelegten Möglichkeiten zu entwickeln, ihm den Weg weisen (und notfalls ebnen), auf dem es Glück und Erfüllung finden kann.

# 5

# Verhalten in der Elternrolle

### Widder

Von einer Erziehung am Gängelband hält der *Widder-Vater* nur sehr wenig. Er ist der Meinung, daß Kinder schon früh ihren persönlichen Freiraum brauchen, um sich zu lebenstüchtigen Menschen entwickeln zu können. Am besten und nachhaltigsten, so meint er, lernt man durch Erfahrung: Sollen die Kinder ruhig mal auf die Nase fallen oder sich die Finger verbrennen — hinterher sind sie klüger und werden sich vorsichtiger verhalten. Das heißt natürlich nicht, daß ihm die Kinder gleichgültig sind: Er ist sehr stolz auf sie, will ihr Bestes und sorgt dafür, daß es ihnen materiell nach Möglichkeit an nichts fehlt. Auf ihre seelischen Bedürfnisse allerdings vermag er weniger gut einzugehen: Meist hat er viel zu tun und wenig Zeit, aber abgesehen davon ist er prinzipiell der Meinung, daß man Zuwendung eher durch die Tat als durch Worte und Gefühle zeigen sollte. Daß vielen Kindern mehr Zärtlichkeit guttun würde, erkennt er oft nicht. Immerhin entschädigt er sie häufig dadurch, daß er ihnen spontan Freuden bereitet, vor allem aber auch dadurch, daß er sie nie im Stich läßt, wenn er merkt, daß sie seine Hilfe brauchen.

Kein Widder ist mit sonderlich viel Geduld gesegnet. Wenn die Kinder mit dauernden, nach seiner Meinung ungerechtfertigten oder läppischen Forderungen an ihn herantreten, kann der Widder-Vater gereizt werden und aufbrausen. Allerdings ziehen die Gewitter meist rasch vorüber. Nachtragend ist der Widder nicht. Mit seiner Tatkraft, Zielstrebigkeit und Unabhängigkeit ist der Widder in der Regel ein gutes Beispiel für seine heranwachsenden Kinder.

Auch die *Widder-Mutter* ist darauf bedacht, daß ihre Kinder lernen, früh auf eigenen Füßen zu stehen. Sie kümmert sich aber gründlicher um die Erziehung ihrer Sprößlinge als ein Widder-Vater. Meist hat sie recht fortschrittliche Vorstellungen von Kindererziehung und wendet entsprechend unkonventionelle Methoden an. Sie will den Kindern beibringen, sich in selbstverantwortlicher Freiheit zu entwickeln, was nach ihrer Meinung am besten an einer verhältnismäßig lokkeren Leine möglich ist, aber keineswegs antiautoritäre Erziehung bedeutet, denn sie weiß genau, daß innerhalb der sozialen Bezüge auch der eigenständigste Mensch an Regeln gebunden ist.

Großen Wert legt sie darauf, daß sich ihre Kinder im praktischen Leben zurechtfinden, dessen Probleme aus eigener Kraft zu bewältigen lernen. Hier hilft sie ihnen nicht nur durch ihr eigenes Beispiel, sondern auch dadurch, daß sie die Persönlichkeitsentwicklung fördert, Selbständigkeit und Entschlußfreude stärkt und nur dann Hilfestellung gibt, wenn das Kind aus eigener Kraft nicht mehr weiter kann.

Sie zeigt Fürsorge und Liebe, aber es fällt ihr meist schwer, sich wirklich in ein Kind einzufühlen, seine Seelenregungen und geheimen Sehnsüchte zu erkennen, die Welt von Zeit zu Zeit mit den Augen des Kindes zu sehen. Es könnte ihr und dem Kind viel bringen, wenn sie sich darum bemühen würde.

**Stier**

Bei den unter diesem Zeichen geborenen Menschen gibt es, was das Verhalten in der Elternrolle angeht, zwischen Mann und Frau praktisch keinen Unterschied. Stier-Geborene lieben die materielle Sicherheit und die häusliche Geborgenheit. Ein schönes, gemütliches Zuhause ist für sie eines der wichtigsten Bedürfnisse. Nicht weniger wichtig ist für sie eine stabile Harmonie im häuslichen Kreis. Wenn Kinder kommen, werden sie zum Mittelpunkt der Familie, doch selten wird darob der Ehepartner vernachlässigt. Meist versteht es der Stier-Geborene problemlos, Eltern und Kinder zu einer Einheit zusammenwachsen zu lassen, in der jedem das zukommt, was er braucht.

Stier-Geborene legen sehr großen Wert auf ein spannungsfreies, beglückendes Familienleben und bemühen sich, auch ihre Kinder in diesem Sinn zu erziehen. Wenn es in der Ehe Schwierigkeiten gibt — und das kommt immer und überall einmal vor —, werden diese nach Möglichkeit in aller Stille bereinigt, damit die Kinder nicht durch elterliche Auseinandersetzungen Schaden nehmen und ihnen kein negatives Beispiel gegeben wird. In solchen Fällen ist selbst ein hartnäckiger Stier zum Einlenken und Nachgeben bereit. Und auch wenn die Probleme übermächtig werden, schreckt er vor einer Scheidung zurück, solange die Kinder nicht reif genug sind, um die Trennung der Eltern seelisch verkraften zu können: Der Stier-Geborene ist notfalls bereit, zum Wohl der Kinder in jeder Hinsicht große Belastungen auf sich zu nehmen.

Kinder von Stier-Eltern wachsen in einer gefühlswarmen, wohlgeordneten Atmosphäre auf. Die Erziehungsmethoden sind in der Regel ziemlich konventionell; Experimente liegen dem Stier wenig. In der Welt der Stiere spielen stabile Normen, bewährte Verhaltensregeln und oft auch ein gewisser Moralkodex eine große Rolle. Sie sind vom Sinn und Wert solcher innerer und äußerer Vorschriften überzeugt und darauf bedacht, sie früh schon auch ihren Kindern nahezubringen, ohne ihre persönliche Freiheit zu stark zu beschneiden. Sie versuchen, ihren Kindern zu zeigen, daß man in der Welt weniger aneckt, wenn man den Mitmenschen gegenüber freundlich und geduldig ist, aber auch, daß Beharrlichkeit und Ausdauer wichtig sind, um eine stabile Lebensbasis zu schaffen. In der Regel können sie diese Lehren durch ihr eigenes Beispiel veranschaulichen.

Meist sorgen Stier-Geborene hingebungsvoll und einsatzfreudig für das materielle Wohl ihrer Kinder; häufig haben sie es schon zum Zeitpunkt der Familiengründung zu einem schönen, wohnlichen Heim gebracht oder sind im Begriff, es zu schaffen. Auch finanziell sind sie auf Absicherung bedacht. Dazu gehören die verschiedensten Versicherungen, um sich und die Kinder bei überraschenden Schicksalsschlägen zu sichern. Stiere legen Wert auf einen musterhaft geführten, aber anheimelnden Haushalt, in dem alle sich wohlfühlen können. Wenn möglich, wohnen sie im Grünen, auf dem Land oder am Stadtrand. Natürlich kommt es den Kindern sehr zugute, wenn sie nicht im Lärm und Schmutz eines Stadtkerns aufwachsen müssen und echten »Spielraum« haben.

### Zwillinge

In der Regel sind Zwillinge-Geborene weder mit Geduld noch mit ruhiger Ausdauer übermäßig gesegnet; die geradlinige, gleichzeitig sichere und einfühlsame psychologische Führung, die ein Kind zu seiner Persönlichkeitsentwicklung braucht, ist nicht ihre Sache. Bei ihnen besteht die Gefahr, daß ihre dynamische Wendigkeit und Vielseitigkeit zu rastloser Aktivität und innerer Labilität ausartet – ein Beispiel, das für in der Entwicklung befindliche Kinder nicht unbedingt förderlich ist. Hier liegt es dann am Ehepartner, seinen ausgleichenden Einfluß geltend zu machen und den Kindern die Stabilität zu geben, die sie brauchen.

Der *Zwillinge-Vater* fühlt sich oft in der Vaterrolle nicht ganz wohl. Zwar liebt er die Kinder, aber er ist keineswegs bereit, sein Leben durch sie verändern zu lassen, sich nach ihnen zu richten. Herzliche Gefühle zeigt er wenig; seine Beziehungen zu den Kindern sind genauso wie seine Beziehungen zur Mitwelt mehr vom Verstand als vom Gefühl bestimmt – was freilich keineswegs heißt, daß er kein Herz hat. Stark interessiert ist er an der geistigen Entwicklung seiner Kinder. Dauernden »hautnahen« Kontakt mag er nicht; wenn ihm das alltägliche Zusammensein zuviel wird, sucht er das Weite, entweder am Stammtisch oder bei den Kegelbrüdern oder gar – wenn er ein ganz typischer Zwilling ist – in einem Beruf, der ihn tagelang von zu Hause fernhält. Wenn er dann wieder im häuslichen Kreis auftaucht, hat er sich von den Strapazen der Vaterrolle erholt und nimmt wieder gutgelaunt am Familienleben teil. Bei einem innerlich sehr unsicheren Zwillinge-Vater besteht zuweilen die Gefahr, daß er seine eigene Labilität durch übermäßige Strenge gegenüber den Kindern zu verdecken sucht und seinen Mangel an echter Autorität durch einen autoritären Erziehungsstil ersetzt. Ein echter Zwilling allerdings ist bereit, den persönlichen Freiraum, den er für sich beansprucht, auch seinen Sprößlingen zu gewähren und ihnen verhältnismäßig viel Leine zu lassen.

Die *Zwillinge-Mutter* konzentriert sich stärker auf ihre Kinder, obwohl es auch ihr meist schwerfällt, durch sie an den Haushalt gefesselt zu sein. Sie wird versuchen, trotz der Nachkommenschaft ihre Umweltkontakte aufrechtzuerhalten, durch eine Teilzeitarbeit weiterhin am Berufsleben teilzuhaben (Zwillinge-Frauen sind meist auch noch nach ihrer Heirat berufstätig, selbst wenn sie es finanziell nicht nötig hätten, weil sie die dadurch gegebenen Kontakte zu anderen Menschen nicht missen wollen). Meist sind sie so tatkräftig und erfindungsreich, daß sie Haushalt, Mann, Kinder und Beruf durchaus unter einen Hut bringen können. Zwar liegt ihnen an einem »Musterhaushalt« wenig, aber wohnlich und heimelig ist ihr Zuhause fast immer. Bei ihnen lernen die Kinder früh, sich auf die eigenen Füße zu stellen; was ihnen im Zwillinge-Haushalt an ruhiger, gefühlswarmer Geborgenheit fehlt, wird durch Weltoffenheit, Selbständigkeit, Beweglichkeit und innere Freiheit kompensiert. Es würde allerdings den Kindern und auch den Zwillinge-Eltern nicht schaden, wenn diese zu mehr Ruhe und zu einer innigeren Du-Bezogenheit finden könnten.

## Krebs

Krebs-Geborene sind im Gegensatz zu den Zwillingen weit mehr gefühls- als verstandesorientiert. Sie haben Gefühle, sie zeigen Gefühle, und sie brauchen Gefühle. Freilich ist ihre Seelenlage oft nicht sonderlich stabil, sondern kann starken Schwankungen unterworfen sein, wodurch Krebs-Geborene nicht selten launenhaft und unberechenbar wirken. In ihren Ansichten sind sie im Grundsätzlichen konservativ; Krebs-Geborene wollen erhalten, bewahren. Deshalb sind sie in zwischenmenschlichen Beziehungen besitzergreifend. Das äußert sich auch in ihrem Verhalten zu ihren Kindern. Sie lieben sie fast überschwenglich, aber ihre beschützende Fürsorge kann für die Kinder manchmal erdrückend sein. Für sie ist ihnen kein Opfer zuviel, keine Anstrengung zu groß. Selten aber gestehen sie sich ein, daß sie nicht aus reiner Selbstlosigkeit so handeln, sondern insgeheim erwarten, für ihre Hingabe und Mühen durch die bedingungslose Anhänglichkeit und Dankbarkeit ihrer Familie belohnt zu werden. Sie sind bitter enttäuscht, wenn diese Rechnung nicht aufgeht, wenn der erwartete Lohn ausbleibt.

In der Erziehung sind Krebs-Geborene darauf bedacht, ihre Kinder auf die konventionellen Verhaltensnormen einzustellen, nach denen sie selbst sich richten. Sie sind zwar um Gradlinigkeit bemüht, aber da ihr Gefühlsleben ziemlich labil ist, kann auf übertriebene Verhätschelung abrupt ein lautstarker Wutausbruch folgen, besonders wenn sie sich ärgern, weil nach ihrer Meinung die Kinder zu wenig Dankbarkeit zeigen oder gegen ihre wohlgemeinte Besitzergreifung aufmucken. Daß diese unvorhersehbaren seelischen »Wechselbäder« einem Kind nicht sonderlich gut bekommen, sondern es verunsichern, nervös und gehemmt machen können, bedenken die Krebs-Eltern nicht: Sie wollen ja nur das Beste.

Aber wenn sie auch den seelischen Bedürfnissen ihrer Sprößlinge nicht immer gerecht werden können, werden sie doch dafür sorgen, daß es ihnen materiell nach Möglichkeit an nichts fehlt. Sie versuchen, in dieser Hinsicht alle vernünftigen Wünsche ihrer Kinder zu erfüllen, und sind notfalls bereit, eigene Wünsche hintan zu stellen. Insgeheim schwingt freilich auch hier die — uneingestandene — Erwartung mit, daß die Kinder das irgendwann einmal anerkennen und sich dankbar zeigen werden. Tun sie es nicht, ist die Enttäuschung groß. Und leider müssen recht viele Krebs-Geborene diese Enttäuschung erleben.

Gut bekommt es den Kindern, daß Krebs-Eltern auf ein wohnliches Zuhause als Mittelpunkt des Familienlebens großen Wert legen; eine Krebs-Frau ist, wenn sie Kinder hat, meist gern bereit, aus dem Berufsleben zumindest vorübergehend auszuscheiden, um sich ganz dem Heim und der Familie zu widmen. Erst wenn die Kinder groß sind und ihrer Fürsorge weniger bedürfen, kehrt sie — vielleicht — in ihren Beruf zurück.

Krebs-Eltern sollten sich um innere Ausgeglichenheit bemühen, um ihren Kindern mehr Ruhe und Sicherheit vermitteln zu können. Sie sollten ihnen gegenüber nicht allzu besitzergreifend sein, sondern ihnen den Freiraum lassen, den sie für die freie Entfaltung ihrer Eigenpersönlichkeit unbedingt brauchen.

**Löwe**

Löwe-Geborene sind nicht nur großherzig und großzügig, sondern auch ehrgeizig und auf Anerkennung bedacht. Gern stehen sie im Mittelpunkt, doch anderseits sind sie meist warmherzig und gefühlsstark. Alle diese Eigenschaften prägen ihr Verhältnis zu ihren Kindern. In der Regel verbindet sie mit diesen eine tiefe Zuneigung. Hingebungsvoll sorgen sie für ihre Sprößlinge und sind durchaus imstande, sich in die Kinderseele einzufühlen, mit viel Verständnis auf die Wünsche und Bedürfnisse des Nachwuchses einzugehen. Sie lassen den Kindern den für sie notwendigen Freiraum, den sie auch für sich selbst in jeder zwischenmenschlichen Beziehung brauchen, damit sie die für die Persönlichkeitsentwicklung so wichtige Eigeninitiative entfalten können.

Der Ehrgeiz der Löwe-Geborenen äußert sich in der Kindererziehung darin, daß sie ihr eigenes Erfolgsstreben den Kindern einzuprägen versuchen: Ihre Kinder sollen unter Spielkameraden oder in der Schule herausragen, im Mittelpunkt stehen, sollen Erfolge vorweisen können. Und wenn sie nicht von sich aus den nötigen Ehrgeiz entwickeln, versuchen die Löwe-Eltern, sie dadurch anzutreiben, daß sie entsprechende Forderungen an sie stellen. Dabei vergessen sie nur allzu leicht, daß es einem Kind keineswegs gut tut, wenn man es überfordert, wenn man ständig zuviel von ihm verlangt. So gut sich Löwe-Geborene ansonsten in die Kinderseele einzufühlen vermögen — wenn es um ihren Ehrgeiz geht, wägen sie manchmal die Möglichkeiten und Fähigkeiten, über die das Kind verfügt, nicht ausreichend ab. Sie bedenken beispielsweise nicht, daß es für ein manuell außergewöhnlich geschicktes, aber nicht für abstraktes Denken begabtes Kind eine endlose Marter sein kann, sich durch sämtliche Klassen eines Gymnasiums zu quälen, während es in einer handwerklichen oder kunstgewerblichen Lehre zufrieden und glücklich wäre. Aber nein: Höhere Schulbildung und möglichst noch ein Studium — das muß für den ehrgeizigen Löwen einfach sein.

Löwe-Eltern sollten in solchen Fällen ihre hochgesteckten Erwartungen hintanstellen und im Interesse ihrer Kinder diesen jene Wege weisen und ebnen, die ihren Anlagen und Fähigkeiten entsprechen. Sie sollten berücksichtigen, daß für viele Menschen Glück und Zufriedenheit mehr zählen als Titel und Ruhm. Einem ständig überforderten Kind wird nicht nur die Kindheit zur Qual, sondern es wird im Endeffekt auch erheblich weniger leisten können, als es, falls es sich in der ihm gemäßen Richtung frei entwickeln dürfte, leisten würde.

Besonders der Löwe-Vater neigt dazu, auch innerhalb der Familie stets im Mittelpunkt stehen zu wollen. Wenn er sich unbeachtet und vernachlässigt fühlt, ist er gekränkt. Dann macht er entweder durch das typische »Löwengebrüll« auf sich aufmerksam, oder er zieht sich schmollend zurück. Das ist für Kinder nicht unbedingt ein nachahmenswertes Vorbild; ein reifer, vernünftiger Löwe sollte auf solche Theatralik verzichten. Ein gutes Beispiel hingegen gibt der Löwe seinen Kindern durch die Herzlichkeit und Selbstsicherheit, die er im Umgang mit anderen Menschen zeigt.

## Jungfrau

Sehr viele Jungfrau-Geborene haben zwar ein reiches, tiefes Gefühlsleben, zeigen aber nach außen davon nur wenig. Auf ihre Mitmenschen wirken sie verhalten, distanziert, kühl und sachlich. Auch in einer engen Bindung und gegenüber eigenen Kindern fällt es Jungfrau-Eltern schwer, Gefühle zu äußern. Sie sind keineswegs herzlos oder empfindungsarm, aber vor Zärtlichkeitsbeweisen und hautengem Körperkontakt scheuen sie oft zurück. Gerade das aber brauchen Kinder, wenn sie sich seelisch frei entfalten können sollen. Wenn ihnen die für sie so notwendigen ständigen Liebesbeweise fehlen, können sie emotionell verkümmern. In einem solchen Fall ist es die Aufgabe des anderen Elternteils, das »Zärtlichkeitsmanko« auszugleichen und dem Kind die Gefühlswärme zu schenken, die es braucht.

Ein weiterer Fehler, in den Jungfrau-Geborene leicht verfallen, ist ihre Kritiksucht. Gewiß, im Alltagsleben ist eine kritische Einstellung von Nutzen, und auch einem Kind gegenüber darf man nicht unkritisch sein, doch darf das nie zu Nörgelei und ständiger Unzufriedenheit ausarten. Dadurch wird nicht nur das Kind belastet, sondern es besteht die Gefahr, daß die Angst vor Kritik seinen persönlichen Freiraum einengt, daß es verunsichert, eingeschüchtert, gehemmt wird. Ein Kind, das sein ganzes Verhalten nur darauf ausrichtet, einem überkritischen Elternteil keine Angriffsflächen zu bieten, kann sich nicht frei entwickeln.

In anderer Hinsicht jedoch geben Jungfrau-Geborene ihren Kindern ein gutes Beispiel: Sie sind praktisch veranlagt, organisationsbegabt, packen die Dinge richtig an, können auch im größten Chaos rasch Ordnung schaffen, handeln zielbewußt, achten auf Sauberkeit und eine angenehme Erscheinung und pflegen verbindliche Umgangsformen. Sie sorgen für eine gesunde Ernährung und bringen früh schon ihren Kindern bei, wie wichtig Hygiene und Sauberkeit sind. Sie machen ihnen klar, daß gute Manieren und Höflichkeit wichtige Tugenden sind, die man in der Welt braucht, aber sie lehren sie auch die Nützlichkeit methodischen Denkens und Arbeitens, indem sie ihnen schon in jungen Jahren bestimmte Aufgaben im Haushalt übertragen.

Wenn auch Jungfrau-Geborene materiell nicht sonderlich erfolgreich (und ehrgeizig) sind, wissen sie doch eine solide materielle Absicherung zu schätzen. Damit die Kinder es im Leben zu etwas bringen, gönnen Jungfrau-Eltern ihnen eine möglichst gute Ausbildung und achten darauf, daß sie die Schule ernstnehmen. Ein guter Schulabschluß ist in ihren Augen eine wesentliche Voraussetzung für den Start ins Leben; deshalb legen sie auf ordentliche Noten meist viel Wert. Da sie darauf bedacht sind, die Kinder auch auf das

praktische Leben vorzubereiten, wird eine einseitige Über-
betonung schulischer Leistungen allerdings vermieden.

Wichtig ist es für Jungfrau-Eltern, nicht nur auf die geistige,
sondern auch auf die seelische Entwicklung ihrer Kinder zu
achten, sie nicht nur zu lebenstüchtigen, sondern auch zu
lebensfrohen Menschen zu erziehen, die in ihren mit-
menschlichen Beziehungen nicht nur gute Manieren, sondern auch Herzenswärme zeigen.

## Waage

Die vorsichtig abwägenden, auf Harmonie, Mäßigung und
Ausgleich bedachten Waage-Geborenen sind bestrebt, auch
ihre Kinder in diesem Sinne zu erziehen. Sie versuchen
nicht, ihnen ihren Willen aufzuzwingen, sondern sie wollen
sie durch Wort und Beispiel unaufdringlich lenken und überzeugen. Sie nehmen auf die Eigenpersönlichkeit des Kindes
Rücksicht, lassen ihm seinen Freiraum und versuchen nicht,
die Entwicklung in eine Richtung zu steuern, die den Anlagen und Neigungen des Kindes nicht entspricht. Früh halten
sie es an, eigene Entscheidungen zu treffen, und fördern
dadurch seine Eigenständigkeit. Sie wollen ihre Kinder
nicht, wie es häufig geschieht, vor vollendete Tatsachen stellen, ohne ihnen eine Erklärung zu geben. Wenn das Kind
noch nicht imstande ist, selbst eine Wahl zu treffen, versuchen sie oft mit Geduld, ihm die verschiedenen Möglichkeiten zu erklären.

Waage-Geborene sind in der Regel verhalten, fair und geduldig. Heftig reagieren sie jedoch auf Ungerechtigkeit und
Unterdrückung. Sosehr sie ansonsten Auseinandersetzungen scheuen — wenn jemand versucht, ihre Kinder zu schi-
kanieren oder ihnen seinen Willen aufzuzwingen, schreiten
sie energisch ein. Das tun sie übrigens oft auch, wenn irgend
jemandem außerhalb des Familenkreises Unrecht geschieht,
denn sie sind von Natur aus hilfsbereit und haben einen ausgeprägten Gerechtigkeitssinn.

Sie lieben Harmonie und Schönheit und sind deshalb häufig
an Musik und bildender Kunst interessiert. In diesem Fall
streben sie danach, auch den Schönheitssinn ihrer Kinder zu
wecken, ihr Kunstverständnis zu fördern. Wiederum geschieht dies meist ohne Zwang, sondern durch das Beispiel,
durch Anregungen (Hausmusik, Besuche von Museen, Ausstellungen, Theatern usw.) und gezielte Förderung von musi-
kalischen oder künstlerischen Anlagen. Die in einem Waage-

Haushalt oft herrschende kultivierte Atmosphäre übt auf die Sprößlinge schon ab frühester Kindheit ihren Einfluß aus.

Waage-Eltern tragen ihr Herz nicht in der Hand, kennen keine überschwenglichen Gefühlsäußerungen, aber sie lieben ihre Kinder und versuchen, ihnen alles zu geben, was sie brauchen. Auch dabei wägen sie überlegt ab, was die Kinder fördert und was ihnen schadet: Sie verhätscheln ihre Sprößlinge nicht, versuchen nicht, ihnen jeden Wunsch von den Augen abzulesen, ihnen jede Entscheidung oder Anstrengung abzunehmen. Mäßigung ist für Waage-Geborene eine Kardinaltugend, die sie auch ihren Kindern vermitteln möchten. Und weil es ihnen selbst manchmal schwer fällt, Entscheidungen zu treffen, und sie durchaus wissen, daß das im praktischen Leben von Nachteil sein kann, versuchen sie früh, in ihren Sprößlingen die Entscheidungsfähigkeit und -freude zu stärken.

Manche Waage-Menschen halten mit ihren Gefühlen auch gegenüber den eigenen Kindern zu sehr zurück. Ein Kind will und muß aber spüren, daß es geliebt wird, braucht Herzlichkeit und menschliche Wärme. Das ist für seine Entwicklung noch wichtiger als materielle Fürsorge und geistige Förderung; ohne vielfältige Beweise steter Hinwendung und Liebe verkümmert ein Kind seelisch.

## Skorpion

Skorpion-Geborene sind häufig etwas problematische Menschen. Sie sind vorwiegend verstandes- und vernunftorientiert, denken klar und scharf, sprechen offen und geradlinig und geben sich sehr selbstsicher. Mit Gefühlsäußerungen halten sie zurück; nicht selten erscheinen sie nach außen hin hart und gefühlsarm. Dennoch sind sie leicht verwundbar; wenn sie glauben, daß ihnen Unrecht widerfahren ist, können sie sehr rachsüchtig sein und mit ihrem sprichwörtlichen Stachel erbarmungslos zurückstechen. Andererseits können sie sich selbstlos für Menschen einsetzen, die ihre Hilfe brauchen, und sind durchaus bereit, für andere Opfer zu bringen. Diese teils recht widersprüchlichen Eigenschaften machen den Skorpion-Geborenen auch in der Elternrolle zu schaffen.

Beim Skorpion-Vater sind die Widersprüche meist ausgeprägter als bei der *Skorpion-Mutter*. Diese kümmert sich ebenso tatkräftig wie fürsorglich um den Haushalt und die Kinder, an denen sie sehr hängt, ohne sie freilich mit Liebesbeweisen zu überschütten. Sie sorgt dafür, daß es ihnen an nichts fehlt. Wenn die Kinder älter werden, kann freilich eine andere Skorpion-Eigenschaft in Erscheinung treten: die Eifersucht. Es schmerzt die Skorpion-Mutter, wenn sich die Kinder immer mehr von ihr lösen und neue Bindungen eingehen.

Der *Skorpion-Vater* führt häufig in der Familie eine despotische Herrschaft: Er allein bestimmt, was für seine Lieben gut und nützlich ist, und duldet keine Widerrede. Entsprechend streng erzieht er die Kinder. Es fällt ihm schwer, sich in ein Kind einzufühlen, es wirklich zu verstehen. Oft nimmt er sich auch gar nicht die Zeit dazu, macht sich nicht die Mühe, seine Bedürfnisse zu erkunden. Er stellt die Normen auf, nach denen sich die Kinder zu richten haben, wobei er sich nicht von Gefühlen, sondern nur von seinem Verstand leiten läßt. Daß ein solches Korsett der seelischen Entwicklung des Kindes alles andere als förderlich ist, vermag er nur schwer einzusehen. Strenge Disziplin, die bedingungslosen Gehorsam fordert, hemmt die Persönlichkeitsentfaltung und richtet in der Kinderseele schwere Schäden an. Jede Eigeninitiative wird dadurch unterbunden, und nicht selten werden Kinder, die in einer solchen Atmosphäre aufwachsen müssen, zu unsicheren, unselbständigen Duckmäusern.

Da hilft es dem Kind wenig, wenn es ihm im Skorpion-Haushalt meist materiell an nichts fehlt, wenn die Skorpion-Eltern für ein gepflegtes, modernes Zuhause sorgen. Körperlich wird es gedeihen, aber sowohl geistig als auch seelisch wird es sich nicht so entfalten können, wie es seinen Anlagen und Bedürfnissen gemäß wäre.

Skorpion-Eltern müssen sich also bemühen, auf ihre Kinder mehr einzugehen, sich besser in sie einzufühlen, sie verstehen zu lernen. Sie sollten erkennen, daß man mit Liebe und Güte in der Regel viel mehr erreicht als mit Strenge und Disziplin. Ein Kind kann sich nur dann zu einem vollwertigen Menschen entwickeln, wenn es die Möglichkeit hat, sich in einem gewissen — inneren und äußeren — Freiraum zu entfalten. Kinder verkümmern, wenn man sie in ein starres Korsett von Zwängen und Regeln hineinpreßt.

## Schütze

Mit ihrer Offenheit, Großzügigkeit und Toleranz geben Schütze-Geborene ihren Kindern ein gutes Beispiel. Ihre vielseitigen Interessen beleben die Familienatmosphäre und sorgen dafür, daß es im häuslichen Kreis selten langweilig wird. Sie sind nicht rechthaberisch, sondern akzeptieren auch andere Standpunkte und Meinungen; diese Toleranz versuchen sie früh schon ihren Kindern zu vermitteln. Ihre Freiheitsliebe bewahrt sie davor, die Kinder in ihrer Entwicklung einzuengen; vielmehr legen sie Wert darauf, sie zu Eigenständigkeit und Entscheidungsfähigkeit zu erziehen. Da sie für rückhaltlose Offenheit (die freilich manchmal bis zur Taktlosigkeit ausufern kann) eintreten, verabscheuen sie Unehrlichkeit, Hinterhältigkeit und Duckmäusertum. In einer Schütze-Familie sagt man sich auch unangenehme und unerfreuliche Dinge frei ins Gesicht.

Die Schütze-Mutter kümmert sich mehr um die Erziehung der Kinder als der *Schütze-Vater*. Dieser kann sich zwar mit seinen Sprößlingen angeregt unterhalten, sei es im Gespräch (er ist gewöhnlich über alles mögliche sehr gut informiert und vielseitig interessiert), sei es in der Freizeit (er liebt den Sport, sei es aktiv oder als Zuschauer bei Sportveranstaltungen), aber er haßt es, allzusehr an die Familie gebunden zu sein, und wenn er sich in seinen Freiheiten eingeschränkt fühlt, verschwindet er aus dem häuslichen Kreis, um sich auf dem Sportplatz oder in der Stammkneipe zu »erholen«. Das ist nicht bös gemeint, aber bei ihm gibt es immer wieder Zeiten, an denen ihm die Familie an die Nerven geht, so sehr er auch an ihr hängt.

Er ist seinen Kindern, besonders wenn diese größer sind, eher ein guter Kumpel als ein liebevoller Vater. Deshalb wenden sich seine Sprößlinge, wenn sie Probleme haben, eher an die Mutter als an ihn. In allen Wissensdingen ist er jederzeit gern bereit, Auskünfte und Erklärungen zu geben, aber für die Herzensdinge seiner Kinder fühlt er sich nicht zuständig; er möchte instinktiv einen gewissen emotionellen Abstand wahren, was nicht heißt, daß den seelischen Problemen seiner Kinder gegenüber gleichgültig wäre: Wenn sie sich der Mutter offenbart haben, läßt er sich von ihr berichten und setzt sich dann damit auseinander. Oft findet er mit seinem gesunden Menschenverstand die Lösung, die er den Kindern dann wiederum über die Mutter mitteilen läßt.

In ihren Ansichten über Erziehung sind Schütze-Eltern meist wenig konservativ. Sie achten darauf, daß sich ihre Kinder frei entfalten können, engen sie also nicht unnötig ein, was nicht bedeutet, daß sie auf jegliche Regeln und Disziplin verzichten. Häufig legen sie großen Wert auf eine gesunde Lebensweise, zu der auch sportliche Betätigung gehört. In diesem Fall ermuntern sie die Kinder, sich viel im Freien aufzuhalten; in zahlreichen Schütze-Familien ist der

Sonntagsspaziergang in frischer Luft obligatorisch. Oft sind Schütze-Geborene sehr tierliebend und übertragen diese Liebe auf ihre Kinder. Manchmal verbinden sie Tierliebe und Sport, indem sie reiten und auch den Kindern schon früh Reitunterricht geben lassen.

## Steinbock

Der typische Steinbock-Geborene ist ungemein strebsam und ehrgeizig, drängt sich jedoch nicht in den Vordergrund, sondern wirkt eher verhalten. Auch seine Gefühle verbirgt er meist tief in seinem Inneren, weshalb er nicht selten gefühl- oder herzlos wirkt. Er ist diszipliniert und konservativ, höflich und verschwiegen. Er freut sich über Anerkennung, ist aber keineswegs davon abhängig, denn er ist sich seines eigenen Wertes sehr wohl bewußt. Insgesamt wirkt er eher reserviert, gehemmt, manchmal auch schüchtern, obwohl er das in Wirklichkeit keineswegs ist.

Bei Steinbock-Eltern finden wir zwei Extreme: Entweder verziehen sie ihre Kinder, anstatt sie zu erziehen, verhätscheln sie, verwöhnen sie maßlos, oder sie sind überaus streng zu ihnen, zwängen sie in starre Regeln, stellen übermäßig hohe Anforderungen und sind mit Strafen rasch zur Hand. In beiden Fällen beruht ihr Verhalten und Handeln, so überraschend das klingen mag, auf einer tiefen Liebe zu den Kindern: Sie wollen das Beste für sie, wollen, daß sie eines Tages mehr haben, es besser haben als die Eltern. Im ersten Fall möchten sie dem Kind einen Überfluß schenken, den sie selbst in ihrer Kindheit vielleicht entbehrt haben; im zweiten Fall wollen sie durch ihre Strenge und Härte die Kinder auf den Weg zum Erfolg zwingen, zu dem sie selbst unermüdlich emporstreben. Unerfreuliche Kindheitserinnerungen und frühe Entbehrungen wirken bei Steinbock-Geborenen länger und nachhaltiger nach als bei Menschen, die unter anderen Tierkreiszeichen geboren sind.

Besonders für den *Steinbock-Vater* sind Verantwortung und Pflichterfüllung hohe Werte, die er auch seinen Kindern übermitteln will. Dazu gehört die Bereitschaft, Beschränkungen auf sich zu nehmen, Opfer zu bringen, sich Zwängen zu unterwerfen. Einfühlung und Toleranz sind ihm fremd. Er stellt starre Normen auf und erwartet von seinen Kindern, daß sie sich bedingungslos danach richten. Jeden Verstoß ahndet er mit Strenge. Er will von seinen Kindern respektiert werden, ohne zu bedenken, daß sein Verhalten nicht Respekt, sondern meist nur Angst weckt, daß er in Wirklichkeit von den Kindern nicht als Autorität geachtet, sondern nur als Tyrann gefürchtet wird. Daß unter solchen Umständen niemals eine echte Kind-Vater-Beziehung erwachsen kann, wird ihm nur selten bewußt.

Bei der *Steinbock-Mutter* kann sich dieser Wesenszug auf etwas andere Weise äußern. Sie ist bemüht, ihren eigenen Ehrgeiz auf die Kinder zu übertragen. Sie achtet streng auf gutes Aussehen, gute Manieren und gute schulische Leistungen; jede Nachlässigkeit wird scharf kritisiert, was nicht selten in ein ständiges Herumnörgeln ausarten kann. Im Haushalt werden den Kindern bestimmte Pflichten zugewiesen, deren Erfüllung die Mutter gewissenhaft überwacht. Durch diese Reglementierungen wird die freie Persönlichkeitsentfaltung der Kinder mehr oder weniger stark gehemmt.

Steinbock-Eltern sollten sich vor übertriebener Nachsicht genauso hüten wie vor übertriebener Strenge: Beides schadet den Kindern. Mehr Einfühlungsvermögen und Verständnis nicht nur für die leiblichen, sondern auch für die seelischen Bedürfnisse sind nötig.

## Wassermann

Zu den Eigenschaften der unter dem Zeichen Wassermann geborenen Menschen zählen Idealismus, Verständnis, Vernunft und Fortschrittlichkeit. Sie sind eigenständig, selbstbewußt, lehnen alle faulen Kompromisse ab und billigen jedem seinen Freiraum zu. Damit bringen sie für die Elternrolle die besten Voraussetzungen mit.

Sie hängen sehr an ihren Kindern, erdrücken sie jedoch nicht durch Gefühlsüberschwang oder übergroße Fürsorglichkeit. Sie sind in erster Linie darauf bedacht, die Persönlichkeitsentfaltung der Kinder zu fördern, und wissen genau, daß eine volle Entfaltung nur in Freiheit möglich ist. Anderseits aber wissen sie auch, daß das Kind eine lenkende Hand und den Ansporn braucht, der es veranlaßt, Eigeninitiative zu entwickeln, seine Selbständigkeit zu gewinnen. Sie sind darauf bedacht, die Anlagen und Neigungen ihrer Kinder zu erkennen, aber auch, in ihnen Interesse für die Dinge zu wecken, die nach ihrer Meinung im Leben wichtig sind. Sie lehnen jede Gängelei ab: Zwar brauchen Kinder eine gewisse Führung, aber sie sollen stets ermutigt werden, auf eigenen Beinen zu stehen, ihren eigenen Weg zu finden.

Auch im Denken legen sie großen Wert auf Selbständigkeit. Sie versuchen, ihren Kindern beizubringen, daß man nie fremde Meinungen ungeprüft übernehmen und sich keinem

Meinungsterror beugen sollte, sondern es ruhig wagen kann, erstarrte, überholte Dogmen in Frage zu stellen. Um die Denkfähigkeit anzuregen, ermuntern sie ihre Kinder, sich oft mit ihnen zu unterhalten, sie zu fragen, sich mit ihnen auseinanderzusetzen. Dabei verstehen sie es meist gut, auf die Entwicklungsstufe der Kinder Rücksicht zu nehmen und ihnen nicht mehr abzuverlangen, als sie aufgrund ihres Entwicklungsstandes aufbringen können.

Ihre Ansichten über Erziehung sind meist recht unkonventionell. Die autoritäre Erziehung früherer Zeiten lehnen sie entschieden ab, halten aber andererseits wenig von ziellosen »antiautoritären« Experimenten, weil sie wissen, daß jedes Kind einer gewissen Führung bedarf, um möglichst problemlos in die Gesellschaft hineinwachsen zu können. Wassermann-Geborene wollen mit Vernunft, nicht mit Strenge und harter Disziplin erziehen. Meist sind sie Gegner körperlicher Züchtigung und versuchen lieber, in einer dem Entwicklungsstand angemessenen Form an die Einsicht und Vernunft der Kinder zu appellieren. Natürlich kann es auch einem Wassermann-Vater einmal passieren, daß ihm »die Hand ausrutscht«, wenn die Sprößlinge seine Geduld allzu stark strapazieren. Aber das ist bei ihm nicht die Regel, sondern die Ausnahme.

Konkurrenzneid und Hinterhältigkeit können Wassermann-Geborene nicht ertragen. Materieller Erfolg ist in ihren Augen zwar wünschenswert, sollte aber nie das wichtigste Ziel im Leben sein. Diese Erkenntnis versuchen sie auch ihren Kindern zu vermitteln. Ihre Erziehung ist sehr vernunftorientiert. Es kann sein, daß die seelischen Bedürfnisse des Kindes dabei zu kurz kommen. Wassermann-Eltern sollten darauf achten, daß dies nicht geschieht.

### Fische

Fische-Geborene lassen sich weitgehend von ihren Gefühlen leiten — von Gefühlen freilich, die starken Schwankungen unterworfen sein können. In diesem Fall erscheinen sie in den Augen ihrer Mitwelt als launenhaft, wankelmütig, widersprüchlich. Anderseits sind sie aufgrund ihrer Gefühlstiefe imstande, sich in andere Menschen einzufühlen, ihnen viel Verständnis entgegenzubringen.

Fische-Eltern lieben ihre Kinder meistens heiß und innig und laufen deshalb Gefahr, sie grenzenlos zu verwöhnen. Oft bemühen sie sich, ihren Sprößlingen jeden Wunsch von den Augen abzulesen und ihn im Rahmen der gegebenen Möglichkeiten zu verwirklichen, auch wenn sie selbst dafür Opfer bringen, Verzicht üben müssen. Glücklich sind sie nur, wenn sie das Gefühl haben, ihre Kinder glücklich machen zu können. Da sie selbst meist nicht sonderlich diszipliniert sind, fällt es ihnen schwer, ihren Kindern Selbstzucht beizubringen; Strenge liegt ihnen nicht.

Daß eine solche Erziehung, so liebevoll und gutgemeint sie auch sein mag, für die Kinder keineswegs das Beste ist, steht außer Frage. Sie werden zu verzogenen Egoisten, die auch später erwarten, daß alles um sie kreist und daß man ihnen jedes Steinchen aus dem Lebensweg räumt. Die rauhe Wirklichkeit aber ist ganz anders, und wenn die Kinder dann aus der schützenden Glasglocke heraustreten müssen, die überbesorgte Fische-Eltern über sie gestülpt haben, erleben sie böse Überraschungen. Um das zu verhindern, sollte der Ehepartner des Fische-Geborenen in der Erziehung für den notwendigen Ausgleich sorgen. Viel Liebe und Gefühl — ja, aber anderseits auch Vernunft, Disziplin und Führung. Kinder müssen lernen, daß sie sich in eine soziale Ordnung einzufügen haben, die ihre Zwänge mit sich bringt; sie müssen einsehen, daß sich nicht jedermann nach ihren Wünschen richtet, daß man in den Beziehungen zur Mitwelt nicht nur nehmen darf, sondern auch geben muß. Mögen auch Fische-Eltern bereit sein, auf jeden ihrer Wünsche einzugehen — in der Wirklichkeit des Lebens gibt es keine automatische Wunscherfüllung. Auch hat es ein Kind schwer, eine eigenständige Persönlichkeit zu werden, wenn es ständig verhätschelt und gegängelt wird.

Fische-Eltern sollten also darauf achten, daß sie ihre Kinder nicht durch ihren Gefühlsüberschwang erdrücken, sie allzusehr verwöhnen und ihnen alles durchgehen lassen. Vielmehr sollten sie sich bemühen, ihnen den notwendigen — inneren und äußeren — Freiraum zu lassen, damit sie lernen können, sich auf die eigenen Füße zu stellen. Auf Strenge kann man in der Erziehung zwar verzichten, nicht aber auf eine gewisse Disziplin und Lenkung. Kinder müssen lernen, Aufgaben und Pflichten zu übernehmen, sich mit Problemen auseinanderzusetzen, eigenverantwortlich zu handeln und so nach und nach selbständig zu werden. Dem Fische-Geborenen fällt es oft schwer, sich mit dem Gedanken abzufinden, daß die Kinder eines Tages erwachsen sein, fortgehen werden. Bei richtiger Erziehung wird aber die innere Bindung weiterbestehen.

# Verhalten als Kind

### Widder

Die unter diesem Tierkreiszeichen geborenen Kinder sind in der Regel sehr lebhaft, geistig wendig und für ihr Alter gut entwickelt. Sie brauchen viel Bewegung; bei Bewegungsmangel werden sie leicht reizbar und nervös. Meist zeigen sich schon früh sportliche Anlagen, die man gezielt fördern sollte: Der Sport bietet dem älteren Kind nicht nur die Möglichkeit, überschüssige Kräfte abzureagieren, sondern ist auch ein gutes Betätigungsfeld für seinen Leistungswillen und Ehrgeiz. Daß ein Widder-Kind meist irgendwo eine Beule, blaue Flecken oder eine Schramme hat, erklärt sich aus seiner impulsiven, oft unbedachten Handlungsweise, braucht aber die Eltern nicht zu beunruhigen, denn gesundheitlich können die Kinder solche kleinen Unfälle ohne weiteres verkraften. Wenn es gar zu arg wird, sollte man sie zu mehr Besonnenheit anhalten; ob die guten Ratschläge Gehör finden, ist freilich fraglich.

Eine Haftpflichtversicherung für das Kind und eine Glasversicherung für den Haushalt können nicht schaden: Wenn ein Widder-Kind richtig in Schwung ist, kann so manches zu Bruch gehen, denn es fällt ihm schwer, seinen Tatendrang zu bremsen. Glasscheiben scheinen auf Bälle, mit denen Widder-Kinder spielen, eine magische Anziehungskraft auszuüben.

Selten konzentriert sich ein Widder-Kind längere Zeit auf eine einzige Sache. Es braucht Abwechslung, immer wieder neue Anregungen. So kann es unversehens eine angefangene Aufgabe liegen lassen, wenn es merkt, daß es sie beherrscht, daß sie keine Forderungen an seinen Leistungsehrgeiz mehr stellt. Es wünscht sich nach Möglichkeit Aufgaben und Tätigkeiten, die ihm etwas abverlangen, an denen es seine Kräfte und Fähigkeiten messen kann. Monotone, sich gleichmäßig wiederholende Tätigkeiten liegen ihm ganz und gar nicht. Je neuer und anspruchsvoller etwas ist, desto mehr Interesse findet es beim Widder-Kind.

Erst im Lesealter gibt es etwas, das seine Aufmerksamkeit für längere Zeit fesseln kann: spannende Bücher, die seinem regen Geist und seiner lebhaften Phantasie Nahrung geben, neue Welten eröffnen. Hier können die Eltern durch eine wohldurchdachte Auswahl der Lektüre auf die geistige Entwicklung einen ganz erheblichen Einfluß ausüben. Widder-

Kinder lesen meist gern — und viel, so daß es sich empfiehlt, das notwendige »Lesefutter« aus einer öffentlichen Bibliothek heranzuschaffen. Die Auswahl sollte jedoch so getroffen werden, daß die Phantasie des Kindes nicht überreizt, seine sowieso verhandene Nervosität nicht gesteigert wird.

Ein Widder-Kind hat es nicht gern, wenn es gegängelt wird. Es möchte Dinge und Menschen auf eigene Faust erkunden, seine eigenen Erfahrungen sammeln. Es ist recht experimentierfreudig und oft wagemutig, was manchmal die Nerven der Eltern ziemlich strapazieren kann. Man sollte Übertreibungen, nicht aber jede Eigeninitiative unterbinden; Vorschriften und Verbote erzielen nur vorübergehende Erfolge. Besser ist es, die Energien und den Ehrgeiz des Widder-Kindes behutsam zu steuern, so daß es sich nicht bevormundet fühlt.

Viele Widder-Kinder zeigen schon in jungen Jahren künstlerische Begabungen und/oder manuelle Geschicklichkeit. Diese Anlagen sollte man fördern, indem man ihnen die Möglichkeit gibt, zu basteln, zu malen, zu modellieren, oder indem man sie, falls sie musikalisch begabt sind, ein Musikinstrument spielenlernen läßt.

Die Eltern sollten darauf achten, daß das lebhafte, oft nervöse Widder-Kind ausreichend lange schläft. Bei Schlafmangel wird es überreizt und quengelig. Ferner sollten sie darauf hinwirken, daß es angefangene Aufgaben und Tätigkeiten zu Ende führt. Seine unbedachte Impulsivität sollte gebremst werden, nicht aber sein Schwung. Viel Bewegung an frischer Luft ist für das Widder-Kind sehr wichtig. Allzu starke Einengung und Bevormundung treffen es ebenso wie ungerechte Behandlung; sein Stolz ist leicht verletzbar. Wenn man ihm die Möglichkeit gibt, sich früh auf eigene Beine zu stellen, eigene Erfahrungen zu sammeln, seine Kräfte zu messen und sich zu bewähren, wird es zu einem selbständigen, selbstsicheren Menschen heranwachsen.

### Stier

Bei Kindern, die unter diesem Zeichen geboren sind, spielt das Gefühl eine bedeutsamere Rolle als der Intellekt. Das zeigt sich meist schon früh: Das Stier-Kind ist sehr liebebedürftig, braucht viel Herzenswärme und Zärtlichkeit und als deren spürbare Äußerung viel Körperkontakt. Es reicht für seine seelischen Bedürfnisse nicht aus, wenn man ihm Liebe nur mit Worten schenkt: Das Kind muß die Zuwendung körperlich spüren können. Wenn es Liebe entbehren muß, besteht die Gefahr, daß es sich abkapselt, seinen Liebeshunger hinter einer scheinbaren Kühle und Gleichgültigkeit verbirgt.

Stier-Kinder geben sich häufig etwas verhalten, und Fremden gegenüber können sie sogar abweisend wirken. Das hängt mit ihrer inneren Verletzlichkeit und oft auch mit einer gewissen Unsicherheit zusammen, die sie sich freilich in der Regel nicht anmerken lassen. Aus dem gleichen Grund neigen sie dazu, ihre Fähigkeiten zu unterschätzen, sich weniger zuzutrauen, als sie eigentlich könnten. Erwachsene sollten dies auf keinen Fall als Feigheit mißverstehen; dies würde vom Kind als ungerechte Kritik aufgefaßt werden und es noch mehr verunsichern. Generell sprechen Stier-Kinder auf Kritik und belehrende Ermahnungen nicht allzu gut an. Besser ist es, durch Lob und Ermutigung ihren Leistungsehrgeiz zu fördern. Man kann ihr Selbstbewußtsein und ihre Selbstsicherheit dadurch gezielt entwickeln, daß man sie zu Aufgaben hinführt, die ihnen Erfolgserlebnisse verschaffen. Wenn sie immer wieder sehen, daß sie entgegen ihren eigenen Befürchtungen gesteckte Ziele erreichen können, werden ihre Selbstzweifel weitgehend verschwinden.

In der Schule sind Stier-Kinder oft nicht besonders lernfreudig. Theoretisches Denken liegt ihnen wenig. Am besten fassen sie alles auf, was sie mit ihren Sinnen begreifen können. Deshalb sollten Lehrer und Eltern versuchen, ihnen Abstraktes anschaulich zu machen, in Begriffe umzusetzen, die ihren Sinneserfahrungen zugänglich sind. Diese konkrete Sinngebundenheit hat die Stier-Kinder in den Ruf gebracht, langsame Lerner zu sein, schwer begreifen zu können. Das gilt aber nur für abstrakten Lernstoff. Hat das Stier-Kind jedoch etwas aufgenommen, Zusammenhänge erkannt, den Kern des zu Lernenden begriffen, so »sitzt« es für alle Zeiten. Allgemein sind Menschen, die unter dem Tierkreiszeichen Stier geboren sind, keine Theoretiker, sondern Praktiker, die sich, auch wenn sie vielleicht in der Schule Schwierigkeiten hatten, in der Praxis des Lebens meist sehr gut bewähren.

Wie alle Kinder sollten auch Stier-Kinder viel Kontakt zu Spielgefährten und Freunden haben. Für sie sind solche Kontakte deshalb wichtig, weil sie ihrer Tendenz zur Abkapselung und Bequemlichkeit entgegenwirken. Allgemein besteht bei unter diesem Zeichen geborenen Kindern die Gefahr, daß sie mangelnde Zuwendung und Ermunterung kompensieren, indem sie sich sinnliche Genüsse verschaffen: Sie werden zu Leckermäulern oder Vielfraßen. Aber auch ein seelisch intakter Stier-Geborener hat für die schönen und guten Dinge des Lebens viel übrig. Jedoch wird er selten deshalb zum Verschwender: Ein echter Stier weiß sein Geld zusammenzuhalten. Schon das Stier-Kind ist in der Regel bemüht, sein Sparschweinchen tüchtig zu füttern — nichts geht dem Stier über eine stabile materielle (= finanzielle) Basis!

Schon in sehr jungen Jahren zeigt sich die Willenskraft des Stiers. Wenn sich ein Stier-Kind einmal etwas in den Kopf gesetzt hat, ist es kaum mehr davon abzubringen. Und wenn ihm etwas gegen den Strich geht, wird es bockig und widerspenstig und kann nur mit viel guten Worten — und am besten durch Nachgeben zum Einlenken gebracht werden. Manchmal geht seine Halsstarrigkeit den Eltern auf die Nerven, doch sollten sie stets bedenken, daß sie in einem solchen Fall mit Gewalt nicht viel erreichen. Auch mit überzeugenden Gegenargumenten kommt man oft nicht weit, wenn sich ein Stier-Kind erst einmal auf eine Position versteift hat — am ehesten noch hat man mit Humor Erfolg.

Zusammenfassend kann gesagt werden: Stier-Kinder brauchen viel Liebe und Zärtlichkeit; ihre Unsicherheit sollte durch gezielte Förderung ihrer Anlagen und Fähigkeiten abgebaut werden. Strenger Tadel hat bei ihnen fast keinen, herzliches Lob und stete Ermunterung dagegen viel Erfolg.

## Zwillinge

Die diesem Tierkreiszeichen eigene Wendigkeit und Neugier zeigt sich beim jungen Zwilling schon früh. Er ist mehr verstandes- als gefühlsorientiert. Überschwengliche Liebesbezeugungen liegen ihm nicht; selten zeigt er ausgesprochene Zärtlichkeit. Vor allem gegenüber Fremden wirkt das Zwillinge-Kind verhalten, manchmal fast gehemmt. Von einer ganz anderen Seite lernt man es kennen, wenn man es allein oder mit Spielgefährten beobachtet: Ständig ist es in Bewegung, wendet sich voller Neugier allem zu, was sein Interesse weckt, seien es Dinge oder Menschen. Mit seinem wachen Verstand will es die Welt ergreifen und begreifen, und so stellt es unermüdlich Fragen, die die Geduld der Eltern manchmal arg strapazieren können. Dennoch sollte man sich die Mühe machen, die Fragen möglichst erschöpfend zu beantworten, auch wenn es sich nach der Ansicht Erwachsener um Bagatellen handelt: Für ein Zwillinge-Kind ist alles wichtig, was seine Aufmerksamkeit erregt hat.

In der Schule lernt es rasch und scheinbar mühelos. Negativ wirkt sich allerdings häufig die Tatsache aus, daß Zwillinge-Geborene schnell das Interesse an einer Sache verlieren können; Konzentration für längere Zeit liegt ihnen nicht. Deshalb fehlt ihnen in der Schule auch die Gründlichkeit, und nicht selten ist das leicht Erlernte rasch wieder vergessen. Daher bringen sie oft nicht die guten Zeugnisse mit nach Hause, die man aufgrund ihrer Lernfähigkeit von ihnen erwartet, doch hat es wenig Sinn, hier mit Zwang und Strafen nachhelfen zu wollen. Man kann sich mit dem Bewußtsein trösten, daß der Zwilling das, was ihm an Gedankentiefe und Konzentration fehlt, durch die Weite seines Horizonts und durch seine Vielseitigkeit kompensiert; damit kommt er auch im späteren Leben weiter als durch bohrendes Nachdenken.

Nicht sonderlich gut entwickelt ist der Zeitsinn des Zwillinge-Kindes; Pünktlichkeit ist eine Tugend, die man bei ihm nicht erwarten darf. Das zeigt sich auch, wenn es mit einer Sache aufhören soll: Solange sein Interesse wach ist, ist ihm jeder Zeitbegriff fremd. Man sollte sich bemühen, ihm etwas mehr Pünktlichkeit beizubringen; ob man damit Erfolg hat, ist freilich fraglich.

In jungen Jahren sind Zwillinge-Kinder körperlich meist nicht sonderlich widerstandsfähig; nervöse Störungen und psychosomatische Erkrankungen sind bei ihnen nicht selten. Erst wenn ihre nervösen Spannungen kanalisiert und dadurch wenigstens teilweise abgebaut sind, kräftigt sich der Körper, doch kann eine psychosomatische Anfälligkeit zeitlebens bestehen bleiben. Die seelische Verfassung übt bei Zwillinge-Geborenen auf das körperliche Wohlbefinden einen sehr starken Einfluß aus.

Viel Bewegung in frischer Luft tut Zwillinge-Kindern gut. Betätigungen und Sportarten, die viel Anstrengung und Kraft erfordern, liegen ihnen nicht so sehr; ihre Ausdauer ist meist gering. Am liebsten haben sie Spiele und sportliche Betätigungen, bei denen es auf rasche Auffassungsgabe und körperliche Wendigkeit ankommt; hierin zeichnen sie sich aus. Stark entwickelt ist bei ihnen die Phantasie, der sie häufig durch viel Lesen reichlich Nahrung verschaffen. Die Kehrseite der Medaille: Sie neigen in Erzählungen und Berichten zu Übertreibungen und Ausschmückungen, in denen die meisten Erwachsenen Lügen sehen. Die Kinder selbst sind sich jedoch oft gar nicht bewußt, daß sie eine Unwahrheit sagen; in dem Augenblick, in dem sie eine aufgebauschte Geschichte erzählen, glauben sie daran, weil bei ihnen Wirklichkeit und Einbildung nahtlos ineinander übergehen können. Man sollte in solchen Fällen keine allzu strengen Maßstäbe anlegen. Etwas anderes sind bewußte Zwecklügen: Diese sollte man keinem Kind durchgehen lassen, denn wenn es sieht, daß es damit etwas erreicht, besteht die Gefahr, daß es später öfters mit der Wahrheit reichlich großzügig verfährt.

Angesichts der nervösen Spannung, die bei vielen Zwillinge-Kindern festzustellen ist, sollte man darauf achten, daß sie ausreichend schlafen. Man sollte in der Zeit vor dem Schlafengehen ihren Fernsehkonsum drosseln und dafür sorgen, daß sie keine aufregenden Filme ansehen, denn sonst ist es um ihre Nachtruhe schlecht bestellt: Ihre rege Phantasie kann sich noch stundenlang mit dem Gesehenen beschäftigen, und nach dem Einschlafen werden sie von Alpträumen geplagt. Auch aufregende Bücher sind keine geeignete Bettlektüre.

## Krebs

Gefühle spielen im Leben eines Krebs-Kindes eine fast übermächtig große Rolle. Es braucht viel Liebe, Zuwendung und Geborgenheit. Und es braucht Bezugspersonen, denen es seine Liebe schenken, an die es sich aber auch anklammern kann. Dieses Sichanklammern ist ein natürlicher Reflex: Einerseits ist das Krebs-Kind innerlich unsicher, braucht einen Halt, und anderseits ist es besitzergreifend, auf Festhalten und Sicherung bedacht. Das zeigt sich häufig schon in frühester Kindheit.

Das Krebs-Kind ist sehr empfindsam und feinfühlig. Es tritt seiner Umwelt mit vorsichtiger Zurückhaltung gegenüber, als hätte es stets Angst, von der rauhen Wirklichkeit verletzt zu werden. Schon bei kleinen Schwierigkeiten verliert es rasch den Mut und versucht, sich in sein Gehäuse zurückzuziehen. Es hat Schwierigkeiten, sich unter Spiel- und Schulkameraden zu behaupten, denn es hat wenig Durchsetzungsvermögen und ist weder seelisch noch (meist) körperlich robust. Man sollte Kontakte zu Kindern fördern, von denen es anerkannt wird, denn sonst läuft es Gefahr, aus Unsicherheit und Angst zum Eigenbrötler und Einzelgänger zu werden. Unter Kindern, die ihm entsprechen, tritt es jedoch bald aus seiner Reserve heraus.

Vielleicht wegen ihrer Verhaltenheit und Gehemmtheit sind viele Krebs-Geborene in mancherlei Hinsicht Spätentwickler. Verständnisvolle Eltern werden sich bemühen, die Entwicklung ihres Kindes gezielt zu fördern, ohne jedoch etwas erzwingen zu wollen, was es noch nicht leisten kann. Auf Drängen und Kritik reagiert es negativ: Es wird dadurch nicht angespornt, sondern entmutigt. Weit besser ist es, ihm entsprechend seinem Entwicklungsstand Aufgaben zu stellen, die es bewältigen kann, damit es stets neue Erfolgserlebnisse hat, und wenn ihm etwas geglückt ist, sollte man mit Lob und Anerkennung nicht sparen: Das hebt sein Selbstbewußtsein und spornt es zu neuen Bemühungen an. Wichtig ist beim Krebs-Kind auch die Erziehung zur Selbständigkeit, die Hand in Hand mit einer Förderung seines Selbstbewußtseins und seiner Selbstsicherheit gehen muß.

In der Schule zeigen sich Krebs-Kinder nicht sonderlich lerneifrig, doch bemühen sie sich, es dem Lehrer recht zu machen, nie negativ aufzufallen. Sie tun sich deshalb schwer, weil abstrakte Begriffe und Gedankengänge ihnen fremd sind. Ihnen sollte der Lehrstoff nach Möglichkeit über die Sinne nahegebracht werden: Was sie mit den Sinnen ergreifen können, das können sie auch gedanklich begreifen. Da im heutigen Schulbetrieb die Lehrer oft nicht die Möglichkeit haben, auf jedes einzelne Kind einzugehen, sollten die Eltern hier helfend einspringen, nicht indem sie dem Kind die Schulaufgaben abnehmen, sondern indem sie es anleiten, sie zu bewältigen. Das setzt Einfühlungsvermögen und Geduld voraus, aber beides braucht jedes Krebs-Kind (nicht nur in schulischen Dingen), um die in ihm schlummernden Anlagen entfalten zu können. Ein guter Ausgleich für die Mühen der Schule sind handarbeitliche oder kunsthandwerkliche Betätigungen; auf diesem Gebiet sind Krebs-Kinder meist recht begabt und finden die Erfolgserlebnisse, die sie brauchen.

Sie lesen gern Bücher, die ihre Gefühle ansprechen und ihre Phantasie anregen; beim Lesen können sie alles um sich herum vergessen. Man sollte jedoch darauf achten, daß sie sich nicht eine Traumwelt aufbauen, in die sie sich vor den Unbilden der Wirklichkeit flüchten. Gewiß sollte das Krebs-Kind lesen, aber es darf dabei nicht zum weltfremden und wirklichkeitsflüchtenden Bücherwurm werden. Man muß es also immer wieder aus seiner Phantasiewelt herausholen, durch vielfältige Umweltkontakte seine Realitätsbezogenheit stärken.

Krebs-Kinder sind Stimmungen unterworfen, zeigen Launen, können recht reizbar und ungeduldig sein. Es ist sinnlos, wenn man hier mit Härte durchzugreifen versucht. Zwar darf man ihnen auf gar keinen Fall alles durchgehen lassen, aber mit einer etwas elastischen Disziplin erreicht man mehr als mit »starker Hand«. Eine allzu strenge Erziehung entmutigt das Kind und kann es krank machen (Magenschmerzen und nervöse Störungen sind dann ziemlich häufig). Liebe, Verständnisbereitschaft und Einfühlungsvermögen sind für ein unter dem Zeichen Krebs geborenes Kind (und nicht nur für dieses!) die besten »Erziehungsmittel«.

## Löwe

Unter diesem Zeichen geborene Kinder sind in der Regel sehr lebhaft, tatendurstig und wagemutig. Sie lieben Geselligkeit und sind früh schon bestrebt, einen Kreis von Spiel- und Schulgefährten um sich zu scharen, in dem sie die erste Geige spielen wollen. Zwar bezeichnet man Löwen oft als geborene Führernaturen, und in der Tat können sie durch ihr selbstsicheres Auftreten und ihre Tatkraft andere in ihren Bann ziehen, doch beim Löwe-Kind sollte man darauf achten, daß es sich nicht zu einem kleinen Tyrannen entwickelt, der seine ganze Mitwelt herumkommandiert, sich stets in den Vordergrund spielt und auf jede Mißachtung seines »Herrschaftsanspruchs« mit wütendem »Löwengebrüll« reagiert. Wenn man seinen Ehrgeiz in dieser Richtung dämpft und seine diktatorischen Gelüste beschneidet, wird ein Löwe-Kind keinen Schaden nehmen, wird dadurch sein Selbstbewußtsein keineswegs gebrochen. Vielmehr bringt man ihm dadurch bei, daß es in ein soziales Ordnungsgefüge hineinzuwachsen hat, in dem man sich in mancherlei Hinsicht auch einmal unterordnen muß. Nur allzu leicht vergißt man, daß aus der natürlichen Ich-Bezogenheit des Kindes bei einer fehlgeleiteten Entwicklung später krasser Egoismus werden kann.

Die Mitwelt fühlt sich durch die Umgänglichkeit und Freundlichkeit der Löwe-Kinder sehr angesprochen. Dem Löwen wohnt der Drang zur Selbstdarstellung inne — kein Wunder, daß das Löwe-Kind häufig bemüht ist, sich von seiner besten Seite zu zeigen. Wenn man es allzu sehr lobt, kann sein Stolz freilich in Überheblichkeit ausarten. Man sollte also Anerkennung und Bewunderung sorgsam dosieren.

In der Regel sind Löwe-Geborene offen und mutig. Zwar wird das Löwe-Kind — wie alle Kinder — gelegentlich zu Ausflüchten, Unwahrheiten und Hinterhältigkeiten greifen, aber auf klare, entschiedene Vorhaltungen positiv reagieren. Heimtücke liegt ihm nicht; wenn es eine gewisse Reife erlangt hat, ist es bereit, zu seinen Taten zu stehen, auch wenn dafür Strafe zu erwarten ist. Eine Strafe sollte allerdings für das Kind nie demütigend sein: Wenn sein Stolz verletzt wird, kann es — entgegen seinem Naturell — sehr nachtragend sein.

Mechanisches Lernen liegt dem Löwe-Kind nicht. Es ist nicht imstande, den Lehrstoff »automatisch« aufzunehmen und im Gedächtnis zu speichern, sondern es muß das Gelernte begriffen haben, um es sich wirklich aneignen zu können. Deshalb stellt es gern Fragen, die ihm zu echtem Verständnis verhelfen. Man sollte sich die Zeit und Mühe nehmen, diese Fragen so erschöpfend wie möglich zu beantworten. Oft ist es auch ratsam, dem Löwe-Kind Sinn und Zweck von Anordnungen und Befehlen zu erklären, die man ihm erteilt. Es gehorcht williger, wenn ihm das Warum klar geworden ist.

Zwar können sich Löwe-Kinder durchaus eine Zeitlang mit sich selbst beschäftigen, können sich im stillen Kämmerlein ganz allein einer Beschäftigung widmen, die ihre Aufmerksamkeit fesselt, aber in der Regel brauchen sie viel Kontakt zu anderen Menschen, spielen gern mit anderen Kindern. In diesem Fall können sie das Zeitgefühl völlig verlieren, auch wenn sie noch so fest versprochen haben, zu einer bestimmten Zeit wieder zu Hause zu sein. Man sollte zwar auf eine gewisse Pünktlichkeit achten, aber nicht allzu kleinlich sein.

Löwe-Geborene stehen gern im Mittelpunkt und sind für Lob und Schmeicheleien sehr anfällig. Daraus kann für Löwe-Kinder eine Gefahr erwachsen: Wenn man sie bewundert, schaltet sich ihre Kritikfähigkeit aus, und sie können zwischen falschen und wahren Freunden nicht mehr unterscheiden. Nur allzu rasch geraten sie dann in schlechte Gesellschaft, lassen sich durch geheuchelte Anerkennung blenden und kommen unter Umständen in alle möglichen Schwierigkeiten. Es empfiehlt sich für die Eltern, hier ein wachsames Auge zu haben und sich darum zu kümmern, mit wem ihr Sprößling Umgang hat. Das darf natürlich nicht zu einer steten Überwachung und Gängelung ausarten. Je nach Alter ist diskrete Lenkung oder eine offene Aussprache angebracht. Viel erreicht man, wenn man das Kind bei seiner Ehre packt und ihm zeigt, daß man zu ihm Vertrauen hat. Dann wird es seinerseits den Vor- und Ratschlägen der Eltern vertrauen.

## Jungfrau

Bei einem unter diesem Zeichen geborenen Kleinkind macht die Erziehung zu Sauberkeit und Ordnung in der Regel weniger Mühe als bei anderen Kindern: Es gewöhnt sich rasch ans Töpfchen, und früh schon sorgt es für eine gewisse Ordnung im Kinderzimmer, wenn ihm die Erwachsenen mit gutem Beispiel vorangehen. Für einen echten Jungfrau-Geborenen sind Ordnung und Methodik eine Lebensnotwendigkeit. Nach außen geben sich die Kinder dieses Zeichens meist zurückhaltend und bescheiden, doch wissen sie sehr genau, was sie wollen. Selten versuchen sie, Ziele, die sie sich gesteckt haben, mit »genialischem Schwung« anzusteuern; sie bevorzugen die Methode der kleinen, aber sicheren Schritte, die die Möglichkeit läßt, alle Umstände und Gegebenheiten zu sondieren und sie entsprechend zu nutzen. Deshalb erreichen sie auch fast immer, was sie sich in den Kopf gesetzt haben.

Jungfrau-Kinder sind mehr verstandes- als gefühlsorientiert. Sie halten mit Gefühlsäußerungen zurück und lieben es wenig, wenn man ihnen überschwengliche Zärtlichkeit zeigt. Oft scheuen sie auch vor nahem Körperkontakt zurück; vor allem in der Anwesenheit fremder Menschen sind ihnen Liebkosungen fast unangenehm. Dennoch sind sie nicht gefühlsarm; im Gegenteil, sie haben ein sehr empfindsames Gemüt, können sogar überempfindlich und beim geringsten Anlaß verletzt und entmutigt sein. Diesen Wesenszug sollten die Eltern verständnisvoll und einfühlsam abbauen. Insgesamt braucht man viel Takt, denn Jungfrau-Kinder entwickeln nur allzurasch Minderwertigkeitsgefühle, wenn sie Mißerfolge erleben.

In der Regel sind Jungfrau-Kinder intelligent, neugierig, von rascher Auffassungsgabe und recht kritisch. Da sie mit ihrer Meinung nicht hinterm Berg halten, wenn sie im Recht zu sein glauben, können sie bei ihren Gefährten, aber auch bei Erwachsenen anecken. Dabei wollen sie keineswegs nörgeln, sondern durch ihre Kritik dem Kritisierten helfen — was dieser freilich selten erkennt. In der Schule zeichnen sich die Kinder meist weder durch besonders gute noch durch besonders schlechte Noten aus, erreichen aber fast immer das Klassenziel und haben oft ein umfangreicheres und solider fundiertes Wissen als andere Schüler mit besseren Noten, weil sie es sich systematisch erarbeitet haben. Oft gilt ihr besonderes Interesse den Naturwissenschaften und der Mathematik, also Fächern, die ihr methodisches Denken

5

besonders ansprechen. Durch häufigen Schulwechsel können die Leistungen erheblich beeinträchtigt werden, denn es fällt Jungfrau-Kindern schwer, sich immer wieder in eine neue Ordnung einleben zu müssen.

Selten schließen diese Kinder spontan Freundschaften, denn bei ihnen spielt nicht das Gefühl, sondern der Verstand die Hauptrolle. Sie wahren zunächst eine kritische Distanz, die ihnen die Möglichkeit gibt, den anderen zu beobachten und zu beurteilen. Täuschungsmanöver verfangen bei ihnen kaum; wer das mit ihnen versucht, wird von ihnen meist für alle Zeiten abgeschrieben. Selten sind die Bindungen, die sie eingehen, ganz und gar auf den anderen konzentriert, denn Jungfrau-Geborene verlieren kaum je das eigene Wohl aus den Augen, auch wenn man sie deshalb keineswegs als ausgesprochene Egoisten bezeichnen darf.

Bei vielen Vertretern dieses Zeichens findet man einen mehr oder weniger stark ausgeprägten Hang zum Perfektionismus. Das kann in mancherlei Hinsicht ja durchaus lobenswert sein, in der Übersteigerung, die bei Jungfrau-Geborenen leider nicht selten ist, jedoch ganz schön auf die Nerven gehen, beispielsweise wenn sich der Vollkommenheitsdrang in einem Sauberkeitsfimmel äußert, unter dem die ganze Mitwelt zu leiden hat. Ähnlich negativ kann sich übertriebener Ordnungssinn auswirken, sei es im häuslichen Bereich, sei es in den Beziehungen mit anderen Menschen. Hier sollten die Eltern schon früh darauf achten, daß Wesenszüge, die an sich durchaus nützlich sind, nicht ausarten und sich dadurch ins Negative verkehren. Wenn sie merken, daß sich ihr Kind in diese Richtung entwickelt, sollten sie mäßigend einwirken. Auch sollten sie ihm klarmachen, daß eine kritische Einstellung zu Menschen und Dingen etwas sehr Positives ist, daß aber Kritiksucht, Besserwisserei und ewige Nörgelei die Mitmenschen abstoßen.

### Waage

Die unter diesem Zeichen geborenen Kinder verstehen es schon in frühesten Jahren instinktiv, Erwachsene für sich einzunehmen: Sie sind ausgesprochene Schmeichelkätzchen, die sich mit Freundlichkeit und Charme erstaunlich gut anzupassen, auf ihre Mitmenschen einzustellen wissen. Sie spüren, daß man oft mit geschickten Schmeicheleien weit mehr erreichen kann als mit direkten Bitten oder hartnäckigen Forderungen. In der Regel sind Waage-Kinder intelligent und verstehen es, ihren Vorteil zu erkennen und zu nutzen.

Allerdings sind manche etwas kompliziert, weil sie in einem Zwiespalt zwischen Gefühl und Verstand leben. Ihr wacher, kritischer Verstand zwingt sie dazu, alle Situationen, Gegebenheiten und Möglichkeiten abzuwägen, um die richtige Wahl zu treffen, den rechten Weg beschreiten zu können. Impulsivität ist ihnen deshalb meist fremd. Nach außen hin wirken sie aus diesem Grund zurückhaltend, oft schüchtern, ja gehemmt. Und in der Tat hemmt ihr Verstand den freien Gefühlsausdruck; nur ungern offenbaren sie der Mitwelt, was in ihnen vorgeht. Zwar verstehen sie zu schmeicheln, aber überschwengliche Gefühlsäußerungen liegen ihnen nicht. Sie sehnen sich — wie alle Kinder — nach Liebe, scheuen sich aber, dieses Bedürfnis zu zeigen. Eltern, die nicht den Zwiespalt kennen, in dem ihr Waage-Kind lebt, verstehen seine Zurückhaltung oft falsch und schenken ihm nicht die volle Zuwendung, die es braucht. Man darf ihm Liebe nicht aufdrängen, sie aber ihm auf keinen Fall vorenthalten. Deshalb sollte man feinfühlig seine seelischen Bedürfnisse erkunden und ihm das geben, was es braucht.

Und noch etwas braucht ein Waage-Kind reichlich: Anerkennung und Lob. Es ist von Natur aus nicht übermäßig ehrgeizig und wird von sich aus wenig dazu tun, um seine Anlagen und Fähigkeiten zu entwickeln. Hier sollten früh schon die Eltern lenkend eingreifen, das Kind anspornen (nicht antreiben!), dafür sorgen, daß es immer wieder durch Erfolgserlebnisse Auftrieb bekommt. Wenn man das Kind sich selbst überläßt, besteht die Gefahr, daß es apathisch wird oder sich sinnlos verzettelt. Da es dazu neigt, sich auf seine Mitwelt zu verlassen, lästige Aufgaben abzuschieben oder zu »vergessen«, sich statt durch Leistung durch Schmeicheleien weiterzubringen, sollte man es bei seiner — meist recht gut entwickelten — Eitelkeit packen, wenn man schon nicht an seinen Ehrgeiz appellieren kann. Vor allem aber sollte man ihm beibringen, wie man Aufgaben anpackt und methodisch erledigt. Das gilt für die Schule ebenso wie für das Alltagsleben. Am besten beginnt man damit schon im Vorschulalter; Spiele, Basteleien und andere Hobbys können eine recht gute Hilfe dabei sein.

Viele Waage-Kinder sind künstlerisch oder kunsthandwerklich begabt und haben einen ausgeprägten Sinn für Schönheit und Harmonie. Eine gezielte Förderung dieser Anlagen trägt viel dazu bei, ihnen Selbstsicherheit und Selbstvertrauen zu geben. Oft besitzen sie komödiantisches Talent; zahlreiche Schauspieler sind unter dem Zeichen Waage geboren. Freilich verstehen es Waage-Kinder (besonders als Teenager) häufig, diese Begabung gegenüber ihrer Mitwelt auch dafür einzusetzen, um bestimmte Ziele zu erreichen oder gezielte Wirkungen hervorzurufen; viele Menschen fallen darauf herein.

Nicht wenige Waage-Kinder können ziemlich launenhaft und eifersüchtig sein. Ohne erkennbaren Grund kann ihre Stimmung von einer Minute zur anderen umschlagen, verfallen sie aus unbeschwerter Freude in schweigsame Niedergeschlagenheit. Man sollte versuchen, dieser Labilität entgegenzuwirken und vor allem auch ihrer Tendenz zur Eifersucht zu steuern. Hier wie für die gesamte Entwicklung des Waage-Kindes ist es wichtig, daß es nicht sich selbst überlassen bleibt, daß man ihm die führende Hand bietet, ohne sie ihm aufzudrängen, ihm die Zuwendung schenkt, die es braucht, auch wenn man vielleicht wegen seiner Zurückhaltung manchmal den Eindruck hat, als weise es die ihm entgegengebrachte Liebe zurück. In Wirklichkeit sehnt es sich danach.

## Skorpion

Unter diesem Zeichen geborene Kinder sind in der Regel ebenso vital wie eigenwillig; in der geistigen und oft auch in der körperlichen Entwicklung sind sie ihren Altersgenossen meist voraus. Bei ihnen ist der Einfluß von Eltern und Erziehern, aber auch von Spiel- und Schulgefährten und Freunden besonders groß; die Eltern sollten ein wachsames Auge darauf haben, mit wem ihre Kinder umgehen.

Skorpion-Kinder sind willensstark; wenn sie sich Ziele gesetzt haben, arbeiten sie beharrlich darauf hin und entwickeln eine erstaunliche Ausdauer und Leistungskraft. Sie schrecken vor keinen Schwierigkeiten und Problemen zurück, im Gegenteil: Widerstand mobilisiert ihre Kräfte, aber auch ihren scharfen Verstand. In dieser Hinsicht unterscheiden sie sich von allen unter anderen Tierkreiszeichen geborenen Kindern, die eher dazu neigen, Problemen auszuweichen und vor Hindernissen aufzugeben. An den Eltern und Erziehern liegt es, die Interessen des Skorpion-Kindes auf konstruktive, sinnvolle Tätigkeiten zu lenken, denn das Kind tendiert nicht selten dazu, seine Kräfte und Fähigkeiten und seinen starken Willen auch auf Negatives zu richten und dadurch sich und anderen zu schaden.

Skorpion-Kinder verfallen leicht in Extreme: Sie können wahre Musterkinder sein, wenn sie von den Eltern entsprechend angeleitet werden, aber sie können auch zum Schrecken ihrer Mitwelt werden und Eltern, Geschwister und Kameraden regelrecht tyrannisieren. Da die Kinder schon früh selbständig werden, lehnen sie jede Gängelung ab: Man darf sie nicht bevormunden oder herumkommandieren, sondern sollte ihre Individualität anerkennen und sie entsprechend behandeln. Man kann mit ihnen vernünftig reden, ihnen den Sinn von Geboten und Vorschriften erklären und ihnen immer wieder Vertrauen bezeugen: In diesem Fall werden sie erstaunlich einsichtig sein und lassen sich recht gut lenken. Freilich muß man ihnen ihren inneren und äußeren Freiraum lassen, muß sich damit abfinden, daß sie sich selten den Eltern ganz offenbaren, daß es stets Gefühls- und Erlebensbereiche gibt, an denen sie keinen anderen Menschen teilhaben lassen. Es wäre töricht und schädlich, ihnen ihre kleinen und großen »Geheimnisse« entreißen zu wollen. Mit Verständnis und Feingefühl kann man trotz ihrer Verschlossenheit meist erspüren, was in ihnen vorgeht.

Skorpion-Kinder lassen sich nur selten täuschen; ihr wacher, scharfer Verstand erkennt fast jede Unwahrheit. Man sollte deshalb unbedingt offen mit ihnen sein. Ist man es nicht, stärkt man dadurch die negativen Skorpion-Eigenschaften, die Tendenz zur Abkapselung und Geheimniskrämerei, Dickköpfigkeit und ein gewissen Querulantentum. Das wirkt sich besonders nachteilig aus, wenn das Kind heranwächst und sein Abenteuerdrang es treibt, alle möglichen − mit Vorliebe außergewöhnlichen − Erfahrungen zu sammeln: Wenn das Verhältnis zu den Eltern gestört ist, haben diese kaum mehr die Möglichkeit, auf ihr Skorpion-Kind lenkend einzuwirken, und es besteht die Gefahr, daß es sich in Abenteuer verstrickt, die ihm Schaden bringen. Eine von Anfang an offene, ehrliche Atmosphäre im Elternhaus mit viel Verständnis und Einfühlungsvermögen kann eine solche Entwicklung verhindern.

In der Schule haben Skorpion-Kinder selten Schwierigkeiten; sie können ausdauernd arbeiten und mit ihrem scharfen Verstand die ihnen gestellten Aufgaben meist ohne viel Mühe lösen. Ein Problem fasziniert sie um so mehr, je kniffliger es ist. Wichtig ist allerdings, daß ihr Interesse geweckt und wachgehalten wird. Schwer fällt es ihnen, stundenlang stillsitzen zu müssen; man sollte ihnen also die Möglichkeit geben, den während den Schulstunden angestauten Bewegungsdrang durch Spiel und Sport auszuleben.

Wenn das Ehrgefühl eines Skorpion-Kindes verletzt wird, kann es sehr nachtragend sein und verbissen auf Rache sinnen, wobei es auch nicht vor hinterhältigen Mitteln zurückscheut, um es dem Widersacher heimzuzahlen. Probleme kann außerdem seine Eifersucht aufwerfen. In solchen Fällen sollte man an die Vernunft des Kindes appellieren; mit einer offenen Aussprache kann man oft viel erreichen. Überläßt man es dagegen sich selbst, so besteht die Gefahr, daß sich die negativen Seiten seines Charakters verstärken und es im Laufe der Zeit egoistisch und tyrannisch wird.

### Schütze

Der Freiheitsdrang ist jedem Schützen angeboren. Schon als Kleinkind strebt der Schütze-Geborene hinaus — hinaus aus dem Laufstall, hinaus aus der Wohnung, in die »große Welt« der Nachbarschaft, wo es so viel Neues und Interessantes zu entdecken gibt — Menschen, Dinge und vor allem auch Tiere, für die sich ein Schütze-Kind leidenschaftlich begeistern kann. Wenn im Haushalt Platz ist, könnte man vielleicht ein Haustier anschaffen. Das Schütze-Kind wird sich seiner zwar liebevoll annehmen, aber es nicht unbedingt auch regelmäßig füttern, weil es noch viele andere Interessen hat und deshalb seinen Liebling zeitweise vergißt. Es liegt an den Eltern (oder älteren Geschwistern), Hund, Katze, Meerschweinchen oder was immer den Haushalt zusätzlich bevölkert, vor dem Hungertod zu bewahren.

Das Schütze-Kind möchte seinen Horizont erweitern, Erfahrungen sammeln und braucht deshalb seine Ausflüge, die es aus dem häuslichen Kreis herausführen, aber anderseits muß es auch das Gefühl und Bewußtsein haben, immer wieder in die Geborgenheit der Familie zurückkehren zu können. Deshalb ist eine harmonische häusliche Atmosphäre für sein Wohlbefinden wichtig. Ist ein solches Zuhause nicht gegeben, besteht die Gefahr, daß es sich an jeden Außenstehenden anzuschließen versucht, der ihm menschliche Wärme und Verständnis entgegenzubringen verspricht, und da das Kind oft allzu vertrauensselig ist, kommt es leicht in falsche Gesellschaft. Auch noch in späteren Jahren läuft der Schütze-Geborene Gefahr, von anderen betrogen und ausgenützt zu werden.

Dem können die Eltern steuern, indem sie dem Kind helfen, seine Kritikfähigkeit und Urteilskraft zu stärken, nicht blind zu vertrauen, sondern zu prüfen und die Menschen und Dinge so zu sehen, wie sie sind, ohne freilich ins andere Extrem zu verfallen und übermäßiges Mißtrauen zu züchten. Ein eindeutiges, vernünftiges Beispiel der Eltern ist hier — wie bei vielem anderen — weit besser als langatmige Belehrungen, die bei einem Schütze-Kind nicht gut ankommen.

Das unter diesem Zeichen geborene Kind braucht in jeder Hinsicht einen gewissen Spielraum. Es mag es nicht, wenn es lange in den häuslichen Wänden eingesperrt ist, aber ebensowenig erträgt es eine starre, strenge Reglementierung. Es hat wenig Sinn, ihm genau vorzuschreiben, wann und wie lange es lernen, spielen oder schlafen soll. Das sollte man besonders beim Schulkind berücksichtigen. Zwar sind Schütze-Geborene geistig sehr rege und wendig, doch fehlt es ihnen an Konzentrationsfähigkeit und Ausdauer. Die besten Leistungen erbringen sie, wenn man sie ihren eigenen Rhythmus finden läßt, was aber nicht heißt, daß man sie ganz sich selbst überlassen sollte. Vielmehr sollte man ihnen klar machen, daß Selbstdisziplin im Leben notwendig ist, und ihr Verantwortungsgefühl stärken. Das erreicht man am besten, indem man sie als Eigenpersönlichkeiten behandelt und sie nicht herumkommandiert und zwingt, sondern verständnisvoll und geduldig anleitet und so in die gewünschte Richtung führt, daß sie sich nicht bevormundet oder in ihrer Freiheit zu sehr eingeschränkt fühlen. Ehrgeizige Eltern werden oft bedauern, daß die Schulzeugnisse ihrer Schütze-Sprößlinge nicht so gut ausfallen, wie sie es erwarten. Vorwürfe, strenger Tadel, Nachhilfestunden oder gar Strafen helfen meist nur wenig. Die Eltern sollten daran denken, daß es im Leben wichtigeres gibt als gute Zensuren; im Berufsleben bewähren sich Schütze-Geborene ungeachtet aller Zeugnisse meist sehr gut.

Die rastlose Vitalität der Schütze-Kinder kann man sinnvoll kanalisieren, indem man ihnen viel Möglichkeiten zu Spiel und Sport bietet und sie ermuntert, einer Jugendgruppe oder einem Sportverein beizutreten. Besonders begeistern sich viele unter diesem Zeichen geborene Kinder für den Reitsport, da sie meist ein recht enges Verhältnis zu Tieren haben. Die Beziehung zwischen Schütze-Teenagern und ihren Eltern ist dann am besten, wenn es den Eltern gelingt, die Heranwachsenden nicht mehr als Kinder, sondern eher als gute Kumpel zu behandeln und so ein Vertrauensverhältnis zu schaffen, das es ihnen auch weiterhin ermöglicht, die Entwicklung ihrer Kinder unaufdringlich zu steuern.

## Steinbock

Kinder, die unter diesem Zeichen geboren sind, zeigen von sich aus oft wenig Anlehnungsbedürfnis; sie wirken sehr zurückhaltend, ja, verschlossen, scheuen vor Gefühlsäußerungen zurück und machen nicht selten einen schüchternen, gehemmten Eindruck. Sie bedürfen in ganz besonderem Maße der liebe- und verständnisvollen Zuwendung der Eltern, wenn ihre Entwicklung nicht in Bahnen geraten soll, die ihnen und ihrer Mitwelt später zu schaffen machen können. Nur allzu leicht werden sie durch mangelndes Verständnis in eine innere Isolation gedrängt, die ihre natürliche Zurückhaltung zur Abkapselung werden läßt.

Steinbock-Kinder sind schon früh bereit, Aufgaben und Verantwortungen zu übernehmen. Was immer man ihnen aufträgt, sie führen es willig und gewissenhaft aus. Auch in der Schule hat der kleine Steinbock wenig Schwierigkeiten; er lernt gern und mit Ausdauer und achtet auch aufmerksam auf Details, die von anderen übersehen werden. Aber gerade ihre Gewissenhaftigkeit und ihr Pflichtbewußtsein bergen eine Gefahr: Sie können zur Pedanterie ausarten, wenn Eltern und Erzieher es versäumen, diese Eigenschaften in die rechten Bahnen zu lenken.

Die Härte im Nehmen, die ältere Steinböcke auszeichnet, ist bei den Kindern meist noch nicht entwickelt: Sie sind noch recht verwundbar. Wenn man sie kritisiert, verlieren sie leicht den Mut, kapseln sich ab und verfallen in Trübsinn. Ganz besonders schlecht vertragen sie es, wenn man ständig an ihnen herumnörgelt. Die Eltern sollten deshalb darauf achten, daß sie jede Kritik so vorbringen, daß sie eher aufmunternd als dämpfend wirkt: Sie sollten stets eine positive Alternative aufzeigen, die das Kind ergreifen kann, anstatt ihm nur negativ vorzuhalten, was es nicht tun soll. Besser als durch Tadel läßt sich die Entwicklung des Steinbock-Kindes durch wohldosierte Anerkennung und durch ehrliches Lob steuern. Wenn es spürt, daß man ihm liebevolles Vertrauen entgegenbringt, wird es sich nach Kräften bemühen, dieses Vertrauen nicht zu enttäuschen.

Anderen gegenüber kann es nur schwer aus sich herausgehen, Herzlichkeit zeigen. Deshalb fällt es ihm auch schwer, sich bei Spielkameraden beliebt zu machen und an Mitschüler Anschluß zu gewinnen; echte Freunde hat es meist nur wenige oder gar keine. Die Eltern sollten unbedingt darauf achten, daß sich ihr Sprößling nicht zum Eigenbrötler und Einzelgänger entwickelt. Sie können dies verhindern, indem sie Kontakte herzustellen versuchen, beispielsweise indem sie Kinderpartys veranstalten und dafür sorgen, daß er in der Gesellschaft Gleichaltriger seine Zurückhaltung und Schüchternheit zu überwinden lernt. Wenn man sich schon im Vorschulalter darum kümmert, wird man in dieser Hinsicht später meist keine Probleme mehr haben. Für die Entwicklung des Steinbock-Kindes sind zwischenmenschliche Kontakte wichtig; wenn es diese von sich aus nicht herstellen kann, braucht es die Hilfe der Eltern.

Wenn das Kind erst einmal an einen Kreis von Spiel- oder Schulkameraden Anschluß gefunden hat und sich akzeptiert fühlt, kommt seine angeborene Führungsgabe zur Geltung: Meist setzt es sich an die Spitze der Kinderschar und entwickelt einen erstaunlichen Unternehmungsgeist, der alle mitzureißen vermag. Nicht selten gibt es dann jegliche Zurückhaltung auf und gebärdet sich ziemlich diktatorisch. In der Führungsrolle erwächst ihm die Selbstsicherheit, die es, falls es durch falsche Behandlung und Unverständnis in die Isolation gedrängt wird, nur mit Mühe oder auch niemals zu finden vermag.

Der Steinbock-Geborene ist in der Regel kein Theoretiker, sondern ein Praktiker. Die anschauliche Realität geht ihm weit eher ein als der abstrakte Begriff. Das sollte man sowohl bei der schulischen Bildung als auch bei der Berufswahl bedenken. Steinbock-Kinder interessieren sich häufig für Naturwissenschaften, für Biologie, Chemie, Physik, Astronomie, aber manchmal auch für Wissensgebiete, auf denen Detailarbeit notwendig ist oder die mit Katalogisieren und Systematisieren zu tun haben. Im späteren Leben richtet sich ihr ausgeprägter Ehrgeiz auf sozialen Aufstieg und materiellen Erfolg. Zahlreiche Steinbock-Geborene bringen es zu ansehnlichem Besitz und zu Führungspositionen.

## Wassermann

Die unter diesem Zeichen geborenen Kinder sind in der Regel freundlich und nett, zeigen aber oft nur wenig liebevolle Anhänglichkeit, sondern äußern ihre Zuneigung verhaltener. Das darf man nicht als Gefühlsarmut mißverstehen: Sie empfinden Liebe und brauchen Liebe, auch wenn sie es vielleicht nicht so deutlich offenbaren wie andere Kinder. Das sieht man auch, wenn man beobachtet, wie Wassermann-Kinder mit Tieren umgehen; zur herzlichen Zuneigung kommt oft ein ausgeprägter Beschützerinstinkt, der nichts mit Besitzanspruch zu tun hat — Wassermänner sind häufig recht selbstlos und bereit, für andere Opfer zu bringen. Zahlreiche Mediziner, Wohlfahrtspfleger und Sozialreformer wurden unter dem Zeichen Wassermann geboren. Kennzeichnend für sie ist, daß sie ihre Zuwendung weniger dem einzelnen als der Gemeinschaft schenken. Ganz allgemein sind Wassermänner sehr viel weltoffener als die überwiegende Mehrzahl der unter anderen Tierkreiszeichen geborenen Menschen.

Viele Wassermann-Kinder sind in der geistigen und seelischen Entwicklung ihren Altersgenossen voraus. Deshalb wirken sie manchmal ein wenig altklug und schließen sich gern an ältere Kinder oder auch an Erwachsene an. Man sollte sie ernst nehmen, sich vernünftig mit ihnen unterhalten. Ihr wacher Geist gibt sich nicht mit kategorischen Befehlen und Vorschriften zufrieden. Deshalb sollten sich die Eltern die Mühe machen, ihnen den Sinn von Regeln und Disziplin verständlich zu machen. Wenn sie begriffen haben, daß die Regeln, nach denen sie sich richten sollen, nicht bloßer Willkür entspringen, sondern wohlbegründet sind, werden sie sie akzeptieren. Wichtig ist es, ihnen Vertrauen entgegenzubringen und an ihre Eigenverantwortung zu appellieren; dadurch erreicht man sehr viel mehr als durch ständige Gängelung, Beaufsichtigung oder Kritik. Völlig unangebracht sind Drohungen oder gar Gewaltanwendung, auf die sie noch empfindlicher und halsstarriger reagieren als andere Kinder.

Strenge Disziplin halten manche Eltern für nötig, wenn sie sehen, daß ihre Wassermann-Sprößlinge in der Schule keine überragenden Leistungen erbringen. Es fällt ihnen schwer, sich auf trockene Wissensgebiete zu konzentrieren und stundenlang stillzusitzen. Das kann man ihnen aber auch durch Tadel und Strafen nicht beibringen. Notfalls muß man sich die Zeit nehmen, ihnen den abstrakten Lehrstoff zu veranschaulichen und auf diese Weise nahezubringen. Man kann ihnen in dieser Richtung bei den Schulaufgaben helfen, doch wäre es falsch, ihnen die Aufgaben ganz abzunehmen, etwa für sie die Hausaufgaben zu erledigen. Wenn sie erst einmal begriffen haben, daß es wichtig ist, etwas zu lernen, werden sie sich von sich aus anstrengen. Für Wassermann-Geborene ist es wichtig, daß sie den Sinn und Wert von Aufgaben und Pflichten einsehen. Erst dann sind sie bereit, ihre Kräfte dafür einzusetzen.

Wassermann-Geborene sind selten egoistisch und besitzergreifend; dementsprechend gelten ihnen materielle Dinge nicht allzuviel. Gewiß, sie schätzen ein gutes materielles Fundament, aber sie entwickeln wenig Ehrgeiz, um es über das absolut Notwendige hinaus weiter auszubauen. Weder in der Schule noch im späteren Leben sind sie Streber, die hochgesteckten persönlichen Zielen nachjagen. Viel eher treten sie für Interessen ein, die eine größere Gemeinschaft betreffen. Gern helfen sie den Schwachen oder Benachteiligten; das kann sich schon in der Kindheit dadurch äußern, daß sich ein Wassermann-Geborener zum Beschützer eines bedürftigen oder von den anderen Kindern unterdrückten Gefährten aufschwingt. Ihm ist er ein treuer Freund; für ihn setzt er sich rückhaltlos und mutig ein.

Heranwachsende Wassermänner sind in ihren Ansichten und in ihrem Verhalten oft wenig konventionell, und nicht selten geben sie sich respekt- und pietätlos. Mit Befehlen, Anordnungen und Zwang richtet man wenig dagegen aus. Solange sie nicht allzusehr über die Stränge schlagen, sollte man ihnen Verständnis — und Vertrauen! — entgegenbringen und sie gewähren lassen. Sie wollen und sollten nicht mehr als Kinder, sondern als heranreifende »Erwachsenwerdende« behandelt werden.

**Fische**

Unter diesem Zeichen geborene Kinder sind sehr viel mehr gefühls- als verstandesorientiert. Aber ihre Gefühlswelt ist nicht sehr stabil; sie leben in einem Auf und Ab, das sich der Mitwelt nicht selten als unberechenbare Launenhaftigkeit darstellt. Viel trägt zu dieser Labilität ihre innere Unsicherheit bei, aber ihre Angst vor dem Versagen hat meistens keine konkreten Ursachen.

Fische-Geborene treten der Welt mit hohen Erwartungen und Idealen gegenüber und müssen immer wieder erleben, daß die Wirklichkeit mit ihrem Wunschdenken nicht übereinstimmt. Sie sind dann enttäuscht und neigen dazu, sich in eine Traumwelt zurückzuziehen, die so vollkommen ist, wie sie die Welt sich wünschen. Hier müssen die Eltern mit viel Verständnis und Einfühlungsgabe eingreifen. Sie müssen dem Kind begreifbar machen, daß Realitätsflucht keine Lösung für seine Probleme ist, müssen ihm zeigen, daß es falsche Maßstäbe anlegt und die Wirklichkeit keineswegs so schlimm und bedrückend ist, wie es sie empfindet. Man darf dabei jedoch nicht soweit gehen, sämtliche Träume des Kindes zu zerstören, seine Phantasiewelt ganz zu demontieren — ein Fische-Geborener braucht zeitlebens den Traum als

Ausweichmöglichkeit, um durch die harten Realitäten des Lebens nicht erdrückt zu werden.

Fische-Kinder gelten häufig als zur Bequemlichkeit oder gar zur Faulheit neigend. Diesem Hang zur Trägheit kann man steuern, wenn man rechtzeitig eingreift — nicht durch Tadel, Drohungen oder Strafen, sondern durch liebevolle Zuwendung, Lob und Stärkung des Selbstvertrauens. Denn die vermeintliche Faulheit wurzelt in der schon genannten Angst des Kindes vor dem Versagen: Ehe es etwas falsch macht, so meint es, tut es lieber gar nichts. Und da es sehr hohe Ansprüche auch an die eigenen Leistungen stellt, ist die Gefahr groß, daß es glaubt, ihnen nicht gerecht werden zu können. Man sollte es deshalb zur Tätigkeit ermuntern und mit Lob nicht sparen, wenn es eine Aufgabe bewältigt hat. Je früher man damit beginnt, desto geringer ist die Gefahr, daß sich das »typische« Fische-Phlegma ausbilden kann. Da Fische-Geborene häufig künstlerisch oder kunsthandwerklich begabt sind, findet man leicht Betätigungsfelder, die dem Kind die für es so notwendigen Erfolgserlebnisse bringen können.

Manchmal erkennen die Eltern nicht, was mit ihren Fische-Sprößlingen los ist, wo sie der Schuh drückt, denn oftmals verstehen sie es, ausgezeichnet zu schauspielern und dadurch selbst die nächsten Angehörigen zu täuschen. Sie geben sich selbstsicher oder gleichgültig, obwohl ihnen ganz anders zumute ist. Es ist deshalb wichtig, daß Eltern zu ihren Fische-Kindern einen möglichst engen Kontakt halten, sich in ihre Seelen einzufühlen versuchen. Dann werden sie die Schauspielerei bald durchschauen und können dem Kind die Hilfe bieten, die es zu verlangen von sich aus nicht fähig ist.

In der Schule tun sich Fische-Kinder oft nicht leicht. Am meisten liegen ihnen die Fächer, die an die Phantasie und das Gefühl appellieren, also in erster Linie Kunsterziehung und Musik. In allen anderen Fächern zeigen sie wenig Interesse und Ausdauer, obwohl sie in der Regel sehr intelligent sind. Bei ihnen hapert es nicht am Lernenkönnen, sondern am Lernenwollen. Besonders beeinträchtigt werden die schulischen Leistungen durch öfteren Lehrer- oder Schulwechsel. Wenn eine Lehrkraft einem Fische-Kind besonders sympathisch ist, kann es auch in Fächern, die ihm an sich wenig liegen, erstaunlich gute Noten haben: Zuneigung mobilisiert sein Interesse und seinen Ehrgeiz und befähigt es zu außergewöhnlichen Leistungen.

Ein Fische-Kind braucht einerseits viel Verständnis und Zuwendung, aber anderseits auch viel Ermutigung und eine bewußte Stärkung seines Selbstvertrauens. Mit Strenge und Strafen erreicht man bei ihm nur wenig; seine »dünne Haut« kann es beim besten Willen nicht abstreifen, seine schwankenden Gefühle nur schwer in Griff bekommen. Es ist und bleibt zartbesaitet und neigt dazu, vor den Schwierigkeiten des Lebens in eine Traumwelt zu flüchten. Die Erziehung sollte darauf abzielen, Schüchternheit, Unsicherheit und Überkritik abzubauen, durch gezielte Förderung aller Fähigkeiten das Selbstbewußtsein zu stärken und im Kind die Selbstsicherheit aufzubauen, die es befähigt, sich den Aufgaben, Forderungen und Pflichten des Lebens zu stellen.

5

# Wissenschaft oder Aberglaube?

Wer Tag für Tag oder Woche für Woche die Astrologiespalten in den Zeitungen und Zeitschriften aufmerksam durchliest, wird kaum den Eindruck gewinnen, daß Astrologie eine Wissenschaft sei. Im Grunde genommen findet er nicht viel mehr als gute Ratschläge, die selten an ein bestimmtes Zeichen des Tierkreises und schon gar nicht an einen bestimmten Tag gebunden sind. Die Empfehlung: »Beharren Sie nicht allzu eigensinnig auf Ihrem Standpunkt« gilt ebenso für jedermann wie der Rat: »Versuchen Sie, für Ihre Mitmenschen mehr Verständnis aufzubringen.« Der Hinweis »Kluges Abwägen bringt mehr als unbedachte Impulsivität« mag zwar in der Rubrik »Widder« besser untergebracht sein als in der Rubrik »Waage«, weil Widder-Geborene eher zu Impulshandlungen neigen als die vorsichtigeren Waage-Geborenen, aber die Empfehlung gilt auch für eine Vielzahl von Menschen, die unter anderen Zeichen geboren sind, und hat zu allen Zeiten Gültigkeit.

Wenn jedoch die in Zeitungen und Zeitschriften praktizierte Vulgärastrologie sich zu konkreten Aussagen versteigt wie: »Heute steht Ihnen ein größerer Geldsegen ins Haus«, so überschreitet sie damit ihre Möglichkeiten. Nicht nur ist es absolut undenkbar, daß zum Beispiel alle rund 5 Millionen Widder-Geborenen in der Bundesrepublik Deutschland an ein und demselben Tag im Lotto gewinnen, eine Erbschaft machen oder eine Steuerrückzahlung erhalten, sondern eine solche, auf Transiten (siehe 13. Kapitel) aufgebaute Behauptung hat nur dann einen Wert, wenn das Individualhoroskop berücksichtigt wird. Dieses aber ist für jeden Menschen anders.

Solange sich die Vulgärastrologie darauf beschränkt, ganz allgemein durch sinnvolle Ratschläge Lebenshilfe zu bieten, ist gegen sie nichts einzuwenden. Mit der seriösen Astrologie hat sie nur insofern etwas zu tun, als sie die Ratschläge mehr oder weniger auf die Grundcharakteristiken der unter den einzelnen Tierkreiszeichen geborenen Menschen abzustimmen versucht. Da sie sich an ein Millionenpublikum wendet, ist eine konkrete, den einzelnen Leser betreffende Aussage von vornherein unmöglich.

Etwas anderes ist die Individualhoroskopie, die auf dem Geburtshoroskop des Einzelmenschen aufbaut. Die Elemente des Horoskops (siehe 10. Kapitel) sind so zahlreich und ihre Verflechtungen so vielfältig, daß sich daraus ein unverwechselbares »Kosmogramm« ergibt. Die Erstellung des Horoskops erfolgt nach rein wissenschaftlichen Methoden mit Hilfe der astronomischen Gestirnstandstabellen und exakter mathematischer Berechnungen. Aber wenn der Stand der Gestirne für die Zeit und den Ort der Geburt in der Horoskopzeichnung fixiert ist, beginnt erst die eigentliche Aufgabe der Astrologie: die Deutung dieser Gegebenheiten. Kann man hierbei noch von Wissenschaft sprechen?

Was ist Wissenschaft überhaupt? Auf diese Frage hört man selbst von den Wissenschaftlern recht unterschiedliche Antworten. Wenn man mit dem Philosophen Kant Wissenschaft als eine Lehre definiert, die ein nach Prinzipien geordnetes Ganzes der Erkenntnis darstellt, ist Astrologie zweifelsohne eine Wissenschaft, freilich nicht im Sinne der Mathematik oder Logik, sondern vergleichbar eher der Psychologie mit ihrem Grenzgebiet, der Parapsychologie. In der Tat deckt sich die Aufgabenstellung der Psychologie weitgehend mit der der Astrologie: Beide versuchen, Aussagen über den Charakter, das Wesen, die Anlagen eines Menschen zu machen, ihm zur Selbsterkenntnis zu verhelfen und ihn anhand dieses Wissens zu befähigen, sein ureigenstes Leben zu meistern.

Beide, Psychologie wie Astrologie, gründen auf Erfahrung — auf der Erfahrung vieler Generationen, aber auch auf der Erfahrung dessen, der sich bemüht, Erkenntnisse zu gewinnen. Dieses »unwissenschaftliche«, empirische Element spielt jedoch auch in zahlreichen anderen, als Wissenschaften anerkannten Disziplinen eine wesentliche Rolle. So wird kein verantwortungsbewußter Arzt eine Diagnose lediglich aufgrund wissenschaftlicher Meßergebnisse stellen, sondern jedwede Laborwerte stets mit einer individuellen Untersuchung des Patienten und seiner eigenen medizinischen Erfahrung verbinden, um aus der Gesamtheit dieser Faktoren ein Krankheitsbild zu gewinnen. Wenn es nicht nur um gedachte Gegenstände wie bei der Mathematik, sondern um lebendige Wirklichkeit und gar um ein so hochkompliziertes Lebewesen wie den Menschen geht, kommt man mit starren Formeln und logischen Schlüssen allein nicht sehr weit. Und da wir noch lange nicht alle Geheimnisse und Rätsel des Lebendigen und des Lebens gelöst haben, stoßen wir in allen Disziplinen, die sich damit befassen, immer wieder an die Grenzen unseres Wissens.

Der astrologischen Deutung stehen Erfahrungswerte zur Verfügung, die als gesichert gelten können; diese könnte man so anwenden wie eine mathematische Formel. Aber da die Deutung nicht einen toten, unveränderlichen Gegenstand, sondern einen lebendigen, vielschichtigen Menschen betrifft, reichen solche Formeln längst nicht aus. Was dem Einzelfall gerecht wird, ist nicht Deutungswissenschaft, sondern kann eher durch den Begriff Deutungskunst umrissen werden. Und wie nicht jedermann Kunstwerke schaffen kann, so kann nicht jeder Horoskope deuten. Für seriöse Astrologie muß man ebenso begabt sein wie für das Malen oder Komponieren: begabt mit Einfühlungsvermögen, Einsicht in ein engmaschiges Netz von Bezügen, mit der Fähigkeit, sich so in ein Horoskop zu versenken, daß der Mensch, dessen Geburtssternstand darin fixiert ist, Form und Gestalt annimmt. Ausschließlich mit Formeln und Tabellen läßt sich kein Horoskop sinnvoll ausdeuten.

Bisher war die Rede von der Individualhoroskopie. Wir wollen nun einige Bereiche der Astrologie vorstellen, die teils wenig bekannt, teils umstritten, teils überholt sind; die letztgenannten haben mit seriöser Astrologie nichts zu tun.

## Was sind Weltzeitalter?

Infolge der Anziehung von Sonne, Mond und Planeten auf den Äquatorwulst der Erde weist die Erdachse nicht stets in die gleiche Richtung, sondern führt eine ungemein langsame Kreiselbewegung aus: Eine Umdrehung dauert über 25 800 Jahre. Aus dieser Kreiselbewegung ergibt sich eine rückläufige Verschiebung des Frühlingspunktes, des Schnittpunktes zwischen Himmelsäquator und Ekliptik: Er wandert in rund 2100 Jahren um je ein Sternbild auf dem Tierkreis zurück. Diese, Präzession benannte, Kreiselbewegung der Erdachse war schon den alten Babyloniern bekannt, aber erst Hipparch von Nikäa (um 190 — um 120 v. Chr.) zog daraus den Schluß, daß sich die Tierkreiszeichen der Astrologie nicht mehr mit den gleichnamigen Sternbildern deckten. Zu seiner Zeit lag der Frühlingspunkt im Sternbild Fische; inzwischen ist er in das Sternbild Wassermann eingetreten. Daß dies für die Horoskopie insofern ohne weitere Bedeutung ist, als sie ja nicht mit sichtbaren Sternbildern, sondern mit den Symbolbezügen der Tierkreiszeichen arbeitet, wird im 10. Kapitel erläutert.

Seit alters haben Menschen versucht, die Erd- und Menschheitsgeschichte zu gliedern, Zeiträume abzugrenzen, innerhalb deren bestimmte Entwicklungsphasen durchlaufen wurden. Uralt ist die mythologische Lehre von den vier Zeitaltern (Goldenes, Silbernes, Ehernes und Eisernes Zeitalter), die sich in ähnlicher Form in verschiedenen Kulturkreisen wiederfindet. Nachdem erst einmal der Präzessionszyklus als weitschwingender kosmischer Rhythmus entdeckt war, lag es nahe, ihn in die Deutungsversuche einzubeziehen. Den als »Platonisches Jahr« bezeichneten Zeitraum einer Erdachsenumdrehung gliederte man entsprechend den 12 Tierkreiszeichen in 12 Weltmonate (auch »kleine Weltjahre« genannt). Jedem dieser etwa 2100 Jahre umfassenden Weltmonate schrieb man gemäß dem Sternbild des Tierkreises, das im entsprechenden Zeitabschnitt vom Frühlingspunkt durchlaufen wurde, bestimmte Eigenheiten zu, wobei man davon ausging, daß die Entwicklung der Menschheit durch das betreffende Tierkreiszeichen (nicht Sternbild!) und sein polares Gegenstück im Tierkreis grundlegend beeinflußt wurde und wird.

Einschränkend sei an dieser Stelle eingefügt, daß diese uralten globalen Deutungsversuche mit der modernen Astrologie, die sich ausschließlich auf die Einzelperson bezieht, nichts zu tun haben. Wir erwähnen sie dennoch, denn sie sind nicht nur von historischem Interesse, sondern sie gliedern auch die Menschheitsgeschichte, soweit wir sie zurückverfolgen können, auf eine erstaunlich anschauliche Weise, die einer gewissen Überzeugungskraft nicht entbehrt.

Der Zeitraum, für den die Geschichtsforschung gesicherte und detailliertere Aussagen über die Entwicklung der Menschheit zu machen vermag, umfaßt rund 12 000 Jahre, also 6 Weltmonate. Geprägt wurde jeder Weltmonat durch zwei Zeichen: durch das Tierkreisbild, in dem sich der Frühlingspunkt der Sonne jeweils befand, und durch das polare, d.h. im Tierkreis gegenüber befindliche Bild. Das führte zu folgender (hier nur kurz skizzierten) Einteilung der bekannten Menschheitsgeschichte:

**Zeitalter des Löwen** (um 10 000 − 8 000 v.Chr.): Die für das Zeichen Löwe charakteristische Schöpferkraft und Dynamik führte zu den ersten grundlegenden Erfindungen, aber auch zu den künstlerisch erstaunlichen Höhlenmalereien, in den Fels geritzten Darstellungen und Schnitzereien, in denen auch Wassermann-Einfluß deutlich wird.

**Zeitalter des Krebses** (um 8000 − 6000 v.Chr.): Der Mensch verläßt die ihm bis dahin Schutz gewährenden Höhlen und baut sich Behausungen (China, Zweistromland, Niltal usw.); gleichzeitig wird er zum seßhaften Viehzüchter und später auch zum Ackerbauern (Steinbock-Einfluß). Die große Bedeutung von Fruchtbarkeitsriten bezeugen die zahlreichen Frauendarstellungen mit betonten Geschlechtsmerkmalen (»Venus« von Çatal Hüyük u.a.). Krebs ist das Zeichen der Mutterschaft und des schützenden Heimes.

**Zeitalter der Zwillinge** (um 6000 − 4000 v.Chr.): Geistige Beweglichkeit und Mitteilsamkeit kennzeichnen den Zwilling. In diesen Weltmonat fällt die Erfindung der Schrift, die es fortan erlaubt, Informationen aufzuzeichnen und zu speichern; es entstehen erste Bibliotheken (China, Zweistromland, Ägypten). Gesteigerte Mobilität brachte auch die Erfindung und Benutzung des Rades.

**Zeitalter des Stieres** (um 4000 − 2000 v.Chr.): Erdverbundener Schönheitssinn, wie er dem Zeichen Stier entspricht, kennzeichnet die frühen Großbauten der Ägypter. Dort wie im Mittelmeerraum beginnen Stierkulte eine große Rolle zu spielen. Der Einfluß des polaren Zeichens (Skorpion) offenbart sich vor allem in der Bedeutung, die der Tod und das Leben nach dem Tod beispielsweise in der ägyptischen Religion besaßen.

**Zeitalter des Widders** (um 2000 − Zeitenwende): Zum Zeichen Widder gehört der Planet Mars. Große Völkerkriege, die ganze Reiche untergehen ließen und das Griechenheer Alexanders des Großen bis nach Indien führten, kennzeichnen die beiden Jahrtausende vor der Zeitenwende. Der polare Waage-Einfluß offenbart sich beispielsweise in den wundervoll ausgewogenen Schöpfungen griechischer Baukunst. Der Widder spielte in mancher Hinsicht, so auch in der jüdischen Religion, eine bedeutsame Rolle.

**Zeitalter der Fische** (Zeitenwende bis um 2000 n.Chr.): Das welthistorisch bedeutsamste Ereignis dieses Weltmonats war die Gründung und Entfaltung des Christentums, dessen frühes Symbol die Fische waren. Der polare Jungfrau-Einfluß findet sich in den Grundzügen der christlichen Religion (Nächstenliebe, Demut, Sanftheit), aber auch im Marienkult.

**Das Wassermann-Zeitalter**: Seit dem Musical »Hair« mit seinem Hauptschlager »Age of Aquarius« hat wohl jedermann schon vom »Wassermann-Zeitalter« gehört, auch wenn er sich vielleicht darunter kaum etwas vorzustellen vermochte. Die Zyklenlehre von den Weltmonaten macht klar, wie der Begriff zu verstehen ist: In unserer Zeit tritt der Frühlingspunkt aus dem Sternbild Fische in das Sternbild Wassermann, und damit gelangt die Menschheit unter den Einfluß dieses Zeichens und des mit ihm verbundenen Planeten Uranus. Beide symbolisieren revolutionäre Umbrüche, aber auch Allverbundenheit und gesteigerte Menschheitsbezogenheit.

Daß wir mitten in einer Zeit gewaltiger Umwälzungen stehen, vermag auch zu erkennen, wer nicht an kosmische Bezüge glaubt. Wissenschaft und Technik sind im 19. und 20. Jahrhundert in eine atemberaubende Entwicklung eingetreten, haben Veränderungen eingeleitet, die früher undenkbar waren. Die Atomkraft ist Verheißung und entsetzliche Bedrohung zugleich; nachdem der Mensch den Luftraum über der Erde erobert hat, greift er nun nach den Sternen, hinaus in den Weltraum. Die moderne Nachrichten- und Verkehrstechnik hat die Erde schrumpfen lassen, die Menschen aller Erdteile einander so nahe gebracht wie nie zuvor. Politische und wirtschaftliche Zusammenschlüsse über Kontinente hinweg haben ein ganz neues, erdweites Bewußtsein geweckt.

Noch stehen wir erst an der Schwelle des Wassermann-Zeitalters. Wir spüren und sehen, daß grundlegende Veränderungen in Gang gekommen sind, aber noch wissen wir nicht, wie sich die neuen Kräfte, die deutlich werden, auswirken werden. Aus der astrologischen Deutung ergibt sich ein durchaus hoffnungsvolles Bild. Zwar wird jede neue Epoche durch schmerzhafte Geburtswehen eingeleitet (zwei Weltkriege und der unaufhaltsame Untergang überkommener Gesellschaftsstrukturen gehören dazu), und es wird noch Jahrzehnte dauern, bis die Wende endgültig vollzogen ist, aber die dann folgende Epoche der Menschheitsgeschichte kann die Erdenbewohner zu Höhen führen, die unsere kühnsten Träume übersteigen.

Freilich — bis es soweit ist, stehen uns noch ebenso aufregende wie gefährliche Jahre bevor. Vor der Neuordnung liegt die Auflösung des erstarrten, überholten Alten, ein Prozeß, der, wie die Geschichte zeigt, stets mit heftigen Auseinandersetzungen verbunden ist. Daß diese nicht zum Zusammenbruch, sondern zum Umbruch der Menschheitsgeschichte führen, liegt an uns, den ersten Vertretern des Wassermann-Zeitalters!

# Die Jahresplaneten

In der alten Astrologie, aber auch in modernen astrologischen Kalendern stößt man immer wieder auf den Begriff der Jahresplaneten oder Jahresregenten. Gemeint ist damit, daß im Turnus von sieben Jahren jedes Jahr von einem bestimmten Gestirn »beherrscht« wird. Die Tabelle der Jahresplaneten sieht für unser Jahrhundert folgendermaßen aus:

**Merkur**

1900 1907 1914 1921 1928 1935 1942 1949 1956 1963 1970 1977 1984 1991

**Mond**

1901 1908 1915 1922 1929 1936 1943 1950 1957 1964 1971 1978 1985 1992

**Saturn**

1902 1909 1916 1923 1930 1937 1944 1951 1958 1965 1972 1979 1986 1993

**Jupiter**

1903 1910 1917 1924 1931 1938 1945 1952 1959 1966 1973 1980 1987 1994

**Mars**

1904 1911 1918 1925 1932 1939 1946 1953 1960 1967 1974 1981 1988 1995

**Sonne**

1905 1912 1919 1926 1933 1940 1947 1954 1961 1968 1975 1982 1989 1996

**Venus**

1906 1913 1920 1927 1934 1941 1948 1955 1962 1969 1976 1983 1990 1997

Für die Astrologen früherer Jahrhunderte waren die Jahresregenten in zweierlei Hinsicht bedeutungsvoll: Zum einen glaubte man, daß ihr Einfluß im Individualhoroskop berücksichtigt werden müsse, und zweitens war man der Ansicht, daß mundanes Geschehen, beispielsweise das Wetter, durch die Jahresregenten beeinflußt würde. Beide Ansichten gelten heute als überholt, was freilich, wie wir noch sehen werden, nicht bedeutet, daß man die Astrometeorologie (Wettervorhersage auf der Grundlage der Gestirnstände) in Bausch und Bogen als Humbug abtun dürfte.

Warum die Jahresplaneten astrologisch nicht relevant sein können, leuchtet ein, wenn man weiß, daß sie vor weit mehr als 2000 Jahren im Zweistromland lediglich als Anhaltspunkte für die Zeitzählung eingeführt wurden. Damals gab es keine Zeitrechnung im heutigen Sinn. Um Ereignisse zeitlich zu fixieren, zählte man entweder nach Regierungsjahren der Herrscher, oder man nahm herausragende kultische, politische oder sonstige Geschehnisse als Anhaltspunkte, bis man daraufkam, für kürzere Zeitabschnitte einen Sieben-Jahres-Zyklus einzuführen, innerhalb dessen jedes Jahr einem der damals bekannten sieben, als Planeten betrachteten Gestirne Sonne, Venus, Merkur, Mond, Saturn, Jupiter und Mars beigeordnet wurde. Da das Jahr damals mit dem Frühling begann, dauerte das durch ein Gestirn gekennzeichnete Jahr vom 21. März bis zum 20. März.

Erst sehr viel später kam die Ansicht auf, daß der Jahresregent auch astrologisch von Bedeutung sei und daß dementsprechend der Einfluß des entsprechenden Gestirns im Individualhoroskop berücksichtigt werden müsse. Danach würden Charakter und Schicksal eines Menschen außer durch die Zeichen von Aszendent und Sonnenstand sowie die übrigen Gestirnsstände auch durch den Planeten mitbestimmt, der im Jahr der Geburt herrscht. (Noch einmal erwähnt sei, daß dieses »astrologische Jahr« nicht vom 1. Januar bis 31. Dezember, sondern vom 21. März bis zum 20. März des folgenden Kalenderjahrs reicht; wer beispielsweise im Februar des »Mondjahres« 1950 geboren ist, untersteht noch dem Jahresregenten des Vorjahres, also dem Merkur.)

Den Jahresregenten schrieb man folgende Wirkung auf die in den betreffenden Jahren Geborenen zu:

*Merkur:* verstandesorientiert, kritisch, vielseitig interessiert, ehrgeizig, redegewandt und reisefreudig; Erfolgsaussichten durch Reden, Schreiben, Reisen.

*Mond:* wechselhaftes Schicksal, das viele Ortsveränderungen (Reisen, Umzüge) mit sich bringen kann; entscheidende Veränderungen in der Lebensmitte, materielle Gewinne im Alter.

*Saturn:* überlegt, konzentriert, diplomatisch, ausdauernd, aber auch eigensinnig, verschlossen. Mühevoller Aufstieg, der erst spät zum Erfolg führen kann.

*Jupiter:* großzügig, weiß die Annehmlichkeiten des Lebens zu genießen, gute Aufstiegschancen. Unerwartete Glücksfälle und Besitzzuwachs wahrscheinlich.

*Mars:* dynamisch, energisch, leidenschaftlich, aber auch rastlos und voreilig. Starkes Durchsetzungsvermögen, aber Gefährdung durch Unbedachtsamkeit.

*Sonne:* großzügig, verantwortungsbewußt, selbständig, aber auch eigensinnig und triebhaft, will im Mittelpunkt stehen. Überraschende Erfolge und Glücksfälle möglich.

*Venus:* sinnlich, genußfreudig, begeisterungsfähig, schöpferisch, vielseitig interessiert. Erfolg stellt sich oft erst in der zweiten Lebenshälfte ein.

Noch einmal sei betont, daß für die seriöse Astrologie unserer Zeit die Jahresregenten im Individualhoroskop keine Bedeutung haben, doch ist in der vulgärastrologischen Literatur von ihnen noch so oft die Rede, daß es sinnvoll erschien, kurz darzustellen, was es mit diesem Begriff auf sich hat.

# Astrometeorologie

Ein zweites Gebiet, auf dem einst die Jahresplaneten eine recht große Rolle spielten, war die astrologische Wettervorhersage: Man glaubte, daß der Jahresregent den Grundcharakter des Wetters ab Ende März bis zum März des folgenden Kalenderjahrs bestimmen würde. Dabei galten, vereinfachend dargestellt, folgende Entsprechungen:

*Sonne:* vorwiegend warm und trocken, keine starken Luftbewegungen.

*Mond:* vorwiegend kühl und feucht, leichte Winde, jedoch im ganzen angenehm.

*Merkur:* unbeständig, vorwiegend regnerisch, windig, aber keine sehr starken Niederschläge.

*Venus:* mild, feuchte, fruchtbringende Winde, mäßige Wärme.

*Mars:* heißer, trockener Sommer, kalter Winter, Gewitter, Winde bis Sturmstärke.

*Jupiter:* angenehm warmes, vorwiegend freundliches Wetter, geringe Niederschläge, aber fruchtbar.

*Saturn:* sehr kalter, niederschlagsreicher Winter, heißer Sommer mit Sturm und Hagel.

Solche »Jahrestendenzen« sind natürlich ein zu grobmaschiges Raster, als daß man hier von seriöser Wettervorhersage sprechen könnte. Etwas anderes ist die moderne Astrometeorologie, die zunehmend Beachtung findet. Hierbei handelt es sich um Langzeitprognosen, die von den tatsächlichen Gestirnständen ausgehen und nur für ein jeweils umgrenztes Gebiet Gültigkeit haben.

Daß das Wettergeschehen durch kosmische Einflüsse bestimmt wird, steht außer Frage, auch wenn wir trotz aller modernen Forschungsmethoden noch längst nicht sämtliche Einflüsse und ihre vielfältigen Wechselwirkungen im einzelnen kennen. Das erklärt die häufigen Fehlprognosen selbst bei den kurzfristigen Wettervorhersagen, die mit Hilfe von Wettersatelliten, Computern und anderen hochkomplizierten technischen Mitteln erstellt werden.

Die Astrometeorologie kann auf eine sehr alte Geschichte zurückblicken: Bereits die aus Keilschrifttafeln bestehende Bibliothek Assurbanipals (7. Jh. v.Chr.) enthält auf die Zeit vor 1000 v.Chr. zurückgehende Texte, die sich auf astrologische Voraussagen über Überschwemmungen, Dürrezeiten, Gedeihen von Feldfrüchten und Vieh usw. bezogen. Johannes Kepler, einer der Begründer der modernen Astronomie, hatte als steirischer »Landschafts-Mathematicus« unter anderem die Aufgabe, Wetterprognosen aufgrund der Gestirnstände zu erstellen; er war durch eigene Erfahrung von der Verläßlichkeit dieser Methode überzeugt. In der Tat war sie damals wie in den davorliegenden Jahrhunderten, als man eine Meteorologie im heutigen Sinn noch nicht kannte, die einzige Möglichkeit, Aussagen über längerfristige Wetterentwicklungen zu machen.

Die Astrometeorologie ist ein recht kompliziertes Spezialgebiet, das hier nur in groben Zügen dargestellt werden kann. In der Regel werden die Aussagen auf ein umgrenztes Gebiet bezogen; man arbeitet mit der Prognosemethode der Ingresse (siehe 13. Kapitel). Stets müssen auch Wettergeschichte und Wetterperiodik des betreffenden Gebietes berücksichtigt werden; meteorologische Vorkenntnisse sind also unerläßlich.

Als wetterbestimmend gelten hauptsächlich die Planeten im 4. Haus und in Konjunktion mit der Himmelstiefe (IC), doch sind auch Zeichen, Haus und Aspekte des das IC beherrschenden Planeten wichtig. Zu berücksichtigen sind ferner die Planeten im 1. Haus und die Aspekte zu Aszendent und Himmelsmitte.

Die (stark vereinfachten) Grundtabellen für die Bezüge zwischen Tierkreiszeichen bzw. Planeten und Wetterfaktoren lauten:

| Tierkreis-zeichen | Tempe-ratur | Luftbe-wegung | Nieder-schläge |
|---|---|---|---|
| Widder | heiß | windig | gering |
| Stier | mäßig | ruhig | mittel |
| Zwillinge | wechselhaft, eher kühl | windig | gering |
| Krebs | kühl | gering | stark |
| Löwe | heiß | ruhig | gering |
| Jungfrau | kühl | stark | gering |
| Waage | kühl | windig | gering |
| Skorpion | kalt oder heiß | sehr windig | sehr gering oder stark |
| Schütze | warm | mäßig | gering |
| Steinbock | sehr kalt oder heiß | auf-frischend | stark |
| Wassermann | kalt | gering | trocken, aber Gewitter |
| Fische | kühl | gering | stark |

| Planet | Tempe-ratur | Luftbe-wegung | Nieder-schläge |
|---|---|---|---|
| Sonne | warm | gering | gering |
| Mond | kühl | windig | sehr stark |
| Merkur | kalt | windig | gering |
| Venus | mäßig | schwach | mäßig |
| Mars | heiß (im Winter kalt) | sehr gering | gering |
| Jupiter | warm | gering | gering |
| Saturn | kalt (im Sommer heiß) | gering | stark |
| Uranus | kalt | wechselhaft | gering, aber Gewitter |
| Neptun | kühl | stark wechselhaft | Nebel |
| Pluto | sehr kalt oder sehr heiß | gering oder Stürme | mäßig |

# Die Tagesplaneten

Die Zuordnung der Wochentage zu bestimmten Planeten (oder zu den durch diese Planeten regierten Tierkreiszeichen) ist für die seriöse Astrologie ohne Belang; Deutungen können daraus nicht abgeleitet werden. Die Einführung der siebentägigen Planetenwoche geht auf das 3. Jh. n.Chr. zurück: Man benannte jeden Tag nach dem Regenten seiner ersten Tagesstunde. Das hat sich in den abendländischen Tagesnamen mehr oder weniger deutlich erhalten. Die Bezüge lauten:

| Tag | Planet | Sternbild |
| --- | --- | --- |
| Sonntag | Sonne | Löwe |
| Montag | Mond | Krebs |
| Dienstag | Mars | Widder, Skorpion |
| Mittwoch | Merkur | Zwillinge, Jungfrau |
| Donnerstag | Jupiter | Schütze, Fische |
| Freitag | Venus | Stier, Waage |
| Samstag | Saturn | Steinbock, Wassermann |

Bei Sonntag und Montag wird der Zusammenhang schon durch die Namen der deutschen Wochentage deutlich. Dienstag kommt von Tyrs-Tag; Tyr war bei den Germanen der dem Mars entsprechende Kriegsgott. Mittwoch heißt im Italienischen »mercoledi«, also Tag des Merkur. Donnerstag kommt von Donarstag; Donar war der germanische »Blitzeschleuderer«, der somit dem Jupiter entsprach. Der Freitag ist nach Freia benannt, der germanischen Göttin der Liebe (bei den Römern Venus). Daß der Samstag einst dem Saturn geweiht war, zeigt noch die englische Bezeichnung dieses Wochentags: Saturday.

## Bezüge zu Farben, Steinen, Metallen . . .

Für die Menschen früherer Zeiten war alles auf unserer Erde kosmischer Prägung unterworfen, war eingebettet in ein Spannungsfeld kosmischer Wirkkräfte, dessen Gegebenheiten und Auswirkungen die Astrologen seit Jahrtausenden zu ergründen versuchen. Daß sich diese intuitive Erkenntnis keineswegs, wie es blinder materialistischer Fortschrittsglaube des 19. und frühen 20. Jahrhunderts tun zu können glaubte, als bloße Phantasterei abtun läßt, wird immer deutlicher, seit die moderne »exakte« Wissenschaft festgestellt hat, daß außer den sicht- und fühlbaren Licht- und Wärmestrahlen sehr viel mehr Strahlungen aus dem Kosmos auf unsere Erde treffen. Was man zunächst pauschal unter dem Oberbegriff »Weltraumstrahlen« zusammenfaßte, erweist sich, je gründlicher sich die Forschung damit befaßt, als ein immer breiteres, bislang nur zum Teil faßbares Spektrum von Wellen und Korpuskeln (Elementarteilchen), deren Herkunft, Natur und Auswirkungen uns noch eine Vielzahl von Rätseln aufgeben.

Auch eine andere uralte Aussage der Astrologie, daß nämlich auf der Erde Belebtes und Unbelebtes durch ein Netz von offenkundigen oder verborgenen Bezügen miteinander verwoben sei, kann im Lichte moderner Erkenntnisse nicht mehr in Bausch und Bogen verworfen werden. Nehmen wir als Beispiel die astrologische Zuordnung von Farben zu Tierkreiszeichen und Planeten. Das ist keine abstrakte Bezugsetzung, sondern bedeutet, daß ein Mensch je nach dem in seinem Geburtshoroskop dominierenden Tierkreiszeichen oder Planeten bestimmte Farben bevorzugt, sich von ihnen besonders stark angesprochen fühlt, sich mit ihnen gern umgibt. Daß in dieser Hinsicht tatsächlich ganz offensichtliche individuelle Unterschiede bestehen, kann jeder feststellen, wenn er sich einmal in seinem Bekanntenkreis umsieht: Nicht selten lassen die in Wohnung und Kleidung vorherrschenden Farben interessante Rückschlüsse auf das Wesen der Menschen zu (sofern sie sich nicht dem Diktat der häufig wechselnden »Modefarben« unterwerfen).

Nun stehen aber Charakter und dominierendes Tierkreiszeichen bzw. Planet eines Menschen nach Aussage der Astrologie in engem Zusammenhang: Daß dem dynamischen, energischen Widdermenschen mit dem Planetenherrscher Mars ein feuriges Rot mehr liegt als ein kühles Blau oder ein »fades« Weiß, ist leicht einzusehen. Und daß Stimmungen, die astrologisch ebenfalls durch Tierkreiszeichen und Planeten benennbar sind, ganz erheblich durch Farben beeinflußt werden können, ist eine allgemein bekannte Erfahrungstatsache, wobei jenen Farbkombinationen besondere Bedeutung beikommt, die, astrologisch gesehen, in einem Spannungsverhältnis stehen. Die erotisierende Wirkung einer Verbindung von Rot und Olivgrün ist ebenso offenkundig wie die beruhigende Wirkung von Blau. Diese uralten Erkenntnisse der Astrologie sind inzwischen auch von der

Wissenschaft aufgegriffen worden: Die Farbenpsychologie hat sich die Aufgabe gestellt, die Wirkungen von Farben auf den Menschen methodisch zu ergründen und daraus Schlüsse für die Gestaltung der Wohn- und Arbeitswelt zu ziehen; zudem hat man Farbtests entwickelt, aus denen man Aufschlüsse über Wesen und Verhaltensweisen von Menschen zu gewinnen hofft.

## Farben, Zeichen und Planeten

In der vulgärastrologischen Literatur neigt man dazu, dem Sonnenzeichen des Geburtshoroskops, d.h. dem Zeichen, in dem im Augenblick der Geburt die Sonne stand, eine all-überragende Bedeutung beizumessen. Wie wir jedoch sehen werden, ist der eigentliche »Geburtsherrscher«, also der dominierende Planet des Individualhoroskops, jener Planet, der über das Zeichen herrscht, in dem der Aszendent liegt, gleichgültig, ob er im Horoskop im selben Zeichen steht wie der Aszendent oder eine andere Position einnimmt. Auch die Farbzuordnung der Astrologie bezieht sich nicht, wie oft fälschlich angenommen, auf das Sonnenzeichen bzw. den darin herrschenden Planeten, sondern auf das Zeichen des Aszendenten und den Geburtsherrscher, die aus dem Individualhoroskop ermittelt werden müssen. Entsprechend der Vielschichtigkeit des Menschen können natürlich je nach Konstellation und Aspektierung auch noch andere Zeichen

| Tierkreis-zeichen | Planeten-herrscher | zugeordnete Farben |
|---|---|---|
| Widder | Mars | **Rot,** Kadmiumgelb |
| Stier | Venus | **Gelb,** Pastellblau, Hellgrün |
| Zwillinge | Merkur | **Violett,** Safrangelb |
| Krebs | Mond | **Grün,** Silber, Weiß |
| Löwe | Sonne | **Orange,** Gold, Gelb |
| Jungfrau | Merkur | **Violett,** Hellblau, Weiß |
| Waage | Venus | **Gelb,** Pink, Pastelltöne |
| Skorpion | Mars | **Rot,** Braun, Schwarz |
| Schütze | Jupiter | **Blau,** warmes Braun |
| Steinbock | Saturn | **Indigo,** Dunkelgrün, Braun, Schwarz |
| Wassermann | Uranus (Saturn) | **Indigo,** irisierende Farben |
| Fische | Neptun (Jupiter) | **Blau,** Violett, Weiß |

und Planeten eine bedeutsame Rolle spielen; in diesem Fall kommen zusätzlich die ihnen entsprechenden Farben mit ins Spiel. Schließlich ist es ja eine altbekannte Tatsache, daß die meisten Menschen nicht nur eine Lieblingsfarbe haben, sondern bestimmte Farbkombinationen bevorzugen oder sich von mehreren Farben, wenngleich vielleicht unterschiedlich stark, angesprochen fühlen.

Unsere Übersicht bringt für alle Zeichen und Planeten die zugeordneten Farben, wobei die Hauptfarbe (**halbfett**) jeweils an erster Stelle steht.

## Monatssteine und Metalle

In einer Zeit, da die Menschen noch durchdrungen waren von der Ahnung eines inneren Zusammenhangs alles Seienden, spielten Talismane und Amulette als Schutz und Glücksbringer eine große Rolle. Es entwickelte sich, besonders im alten Ägypten, ein umfangreiches Spezialwissen über die Ausstrahlungen und Wirkkräfte von Metallen und Steinen und deren Bezüge zu den Tierkreiszeichen und Planeten. Dieses Wissen hat sich zum Teil in mehr oder weniger abgewandelter Form bei manchen Naturvölkern, aber auch in Indien, China oder Tibet bis in die Gegenwart hinein erhalten. Sehen wir einmal von dem Wust magischer Vorstellungen und Riten ab, von dem Talismane und Amulette im Lauf der Zeit überwuchert wurden, so ergibt sich folgende Grundvorstellung:

Zwischen den Rhythmen und Wirkkräften bestimmter Planeten und Tierkreiszeichen einerseits und den Schwingungen und Strahlkräften bestimmter Metalle und Steine anderseits besteht eine enge, wirkmächtige Beziehung. Wenn beide sich in Einklang befinden, so kann die Macht eines Planeten oder Zeichens auf oder für einen Menschen durch ein aus entsprechendem Material gefertigtes Amulett verstärkt werden. Voraussetzung ist jedoch, daß die »Wesenheit« des Amuletts auch mit der durch den Kosmos geprägten Wesenheit des Trägers übereinstimmt. Ein Amulett oder Talismann kann nur dann wirken, wenn Metall und/oder Stein (je nach Kulturkreis können auch andere Materialien wie Korallen oder Elfenbein verwendet werden) den kosmischen Gegebenheiten des Trägers entsprechen, wie sie aus seinem Individualhoroskop ablesbar sind. Nur wenn dieses sorgfältig berücksichtigt wird, kann entsprechend dem dominierenden Zeichen oder Planeten (je nach der gewünschten Wirkung ist der Geburtsherrscher, der bestaspektierte Planet oder ein stark konstelliertes Zeichen maßgebend) ein wirkmächtiger persönlicher Talisman geschaffen werden.

Der »aufgeklärte« Mensch unserer Zeit steht solchen magischen Vorstellungen sehr fern und lehnt sie rundweg ab. Zumindest wird er dies lautstark tun, wenn er zu einer Stellungnahme aufgefordert wird. Aber sehen wir uns diesen modernen Menschen einmal näher an: An seinem Autoschlüsselbund hängt eine Christophorus-Plakette. Ein Hufeisen ziert seine Haustür oder den Kühlergrill seines Autos. Und er freut sich, wenn er ein vierblättriges Kleeblatt, im Volksmund »Glücksklee« genannt, findet. Wenn der Freitag auf den 13. eines Monats fällt, hat er ein »ungutes Gefühl«. Man klopft auf Holz, um Unglück fernzuhalten oder das Glück zu beschwören. Diese Aufzählung ließe sich schier endlos fortsetzen. Und die Juweliere machen mit Monats- oder Tierkreissteinen, Gestirnsringen und Schmuck mit Planeten- und Tierkreissymbolen recht gute Geschäfte.

Alles nur Aberglaube, alles nur Humbug? Oder ist vielleicht doch »etwas dran«? Fest steht jedenfalls, daß die Menschen unserer Zeit vielen uralten Vorstellungen nicht ganz so fern stehen, wie sie vielleicht meinen. Fest steht aber auch, daß der sich astrologischer Symbole und Symbolbezüge bedienende Schmuck, wie er heute feilgeboten wird, mit seriöser Astrologie genauso wenig zu tun hat wie die Masse der Amulette und Talismane früherer Jahrhunderte, denen man pauschal ganz reale, auf einem magischen Weltbild beruhende Wirkmöglichkeiten zusprach.

Und doch ist kaum zu leugnen, daß für Menschen, die an eine von unerklärlichen, vorwiegend bedrohlichen magischen Gewalten beherrschte Welt glaubten, der Besitz von Gegenständen, denen sie eine ebenso unerklärliche, aber in ihrer Vorstellung nicht minder reale Kraft zuschrieben, eine große Hilfe darstellte. Denn diese Amulette und Talismane gaben ihnen in vielen Fällen einen inneren Rückhalt, der sie befähigte, eigene Kräfte zu mobilisieren, um den sie bedrohenden Gewalten zu trotzen. Damit erfüllte die Astrologie im Rahmen der Gegebenheiten der damaligen Zeit trotz der aus heutiger Sicht unhaltbaren Grundlagen, auf denen sie die Wirkmöglichkeiten von Amuletten und Talismanen zu erklären versuchte, eine ihrer wesentlichen Aufgaben: Sie bot den Menschen Lebenshilfe.

In neuer Zeit hat sich die seriöse Astrologie mit den Bezügen zwischen Metallen und Steinen zu Planeten und Tierkreiszeichen nur wenig befaßt, da solche Beziehungen im Individualhoroskop nicht von Belang sind. Was die Metalle angeht, so ist deren Bezugsetzung seit uralter Zeit unverändert geblieben. Für die Schmuck- und Edelsteine hingegen findet man in alten und neueren Quellen häufig abweichende Angaben. In der folgenden Übersicht sind die in allen Quellen übereinstimmenden Bezüge **halbfett** gedruckt.

| Tierkreis-zeichen | Planeten-herrscher | zugeordnete Edelsteine | Metalle |
|---|---|---|---|
| Widder | Mars | **Diamant, Amethyst,** Rubin, Jaspis, Granat, Magnetstein | Eisen |
| Stier | Venus | **Achat, Smaragd,** Saphir, Lapislazuli, Karneol | Kupfer |
| Zwillinge | Merkur | **Topas, Bergkristall, Aquamarin,** Goldberyll | Queck-silber |
| Krebs | Mond | **Smaragd, Opal, Mondstein,** Perlen | Silber |
| Löwe | Sonne | **Rubin, Diamant,** Hyazinth, Goldtopas, Tigerauge | Gold |
| Jungfrau | Merkur | **Roter Jaspis,** Hyazinth, Turmalin, Topas | Queck-silber |
| Waage | Venus | **Diamant,** Beryll, Lapis-lazuli, Edeltopas, Koralle | Kupfer |
| Skorpion | Mars | **Topas,** Malachit, Jaspis, Turmalin, Sardonyx | Eisen |
| Schütze | Jupiter | **Granat, Türkis, Amethyst,** dunkler Saphir | Zinn |
| Steinbock | Saturn | **Onyx,** Gagat, Chalzedon, Chrysopras | Blei |
| Wasser-mann | Uranus (Saturn) | **Saphir,** Bernstein, Aquamarin, Chalzedon | Blei |
| Fische | Neptun (Jupiter) | **Chrysolith, Saphir,** Perlmutt, Mondstein, Topas | Zinn |

Nach astrologischer Überlieferung sollten für Gestirns-schmuck die Steine in dem Metall gefaßt sein, das dem gleichen Tierkreiszeichen oder Planeten zugeordnet ist. Das wäre freilich bei Quecksilber, aber auch bei Eisen und Blei unmöglich oder unangebracht. In einem solchen Fall pflegt man das »richtige« Metall als Intarsie in die aus Gold oder Silber gefertigte Fassung einzusetzen. Die meisten Menschen wählen Gestirnsschmuck nach dem Tierkreiszeichen, in dem die Sonne zur Zeit ihrer Geburt stand. Das ist zwar, wie schon im Abschnitt über Farben erklärt, nur bedingt richtig, aber auch nicht besonders wichtig, da solcher Schmuck mit seriöser Astrologie nichts zu tun hat. Wer Gefallen daran findet, mag ihn tragen.

## Astrologie und Medizin

Als medizinische Astrologie oder Astromedizin bezeichnet man das Wissen um Krankheitsdispositionen und Gefährdungen der Gesundheit, das aus dem Planetenstand im Horoskop ableitbar ist. Dieses im Grunde uralte, in neuer Zeit erheblich erweiterte und verfeinerte Wissen beruht auf jahrhundertelangen Beobachtungen und Erfahrungen der Ärzte früherer Zeiten, für die es geradezu selbstverständlich war, bei der Diagnose das Horoskop der Patienten mit heranzuziehen. So meinte Paracelsus (1493–1541), der große Arzt an der Wende des Mittelalters zur Neuzeit, daß man keinen Kranken erfolgreich behandeln könne, wenn man nicht auch die Gestirnstellungen berücksichtige.

Zwar wird die medizinische Astrologie von der Schulmedizin bislang noch abgelehnt, aber so mancher Arzt neigt heute wieder dazu, für Diagnose und Therapie auf den alten, inzwischen vervollkommneten Erfahrungsschatz zurückzugreifen. Die nahezu absolute Herrschaft der Schulmedizin, wie sie in den letzten ein bis anderthalb Jahrhunderten bestand, ist ins Wanken geraten; traditionsreiche Diagnose- und Therapiemethoden anderer Kulturkreise (Akupunktur, Akupressur, Fußzonen-Reflexmassage usw.) haben auch bei uns Eingang gefunden. Vielleicht wird sich eines Tages auf breiterer Front die Einsicht durchsetzen, daß auch die medizinische Astrologie ein guter Weg ist, um Gesundheitsgefährdungen zu erkennen. Die Zusammenarbeit der Mediziner und der Astrologen sollte künftig enger werden. Das würde mit Sicherheit eine bedeutsame Erweiterung der diagnostischen und therapeutischen Möglichkeiten zur Folge haben. Die Schulmedizin würde dadurch keineswegs überflüssig, sondern zum Nutzen des Menschen ergänzt und bereichert. Ganz selbstverständlich darf der Astrologe dem Mediziner niemals »ins Handwerk pfuschen«, allein auf astrologischer Grundlage eine Diagnose stellen wollen: Das ist und bleibt Sache des Arztes!

Die Zuordnung der einzelnen Körperteile und Organe zu den zwölf Tierkreiszeichen ist eine längst gesicherte Erkenntnis. Sie bedeutet nichts anderes, als daß ein Körperteil oder Organ für Erkrankungen und Schädigungen anfälliger ist als ein anderer bzw. anderes, wenn das entsprechende Tierkreiszeichen im Geburtshoroskop durch den Aszendenten bzw. ein Gestirn (vor allem die Sonne) besetzt ist. Daraus darf aber kein Zwang abgeleitet werden. Die dem Horoskop entnehmbare Aussage lautet nicht, daß ein Mensch je nach Zeichenbesetzung seines Radixhoroskops an diesem oder jenem Körperteil oder Organ erkranken muß, sondern lediglich, daß eine Anfälligkeit, eine Krankheits- oder Schädigungsdisposition, gegeben ist. Wenn man diese rechtzeitig erkennt, kann man ihr unter Umständen erfolgreich entgegenwirken. Zudem ist ein einzelner kosmischer Hinweis keineswegs ausreichend: In fast jedem Horoskop finden wir die Entsprechung für eine Krankheit, aber nicht jede diesbezügliche Konstellation muß eine Disposition zur Auslösung bringen. Akut werden die Gegebenheiten des Geburtshoroskops nur dann, wenn gleichgerichtete Direktionen und Transite vorliegen. Hierfür ein Beispiel: Die Besetzung des »Kreislaufpunktes«, der in 16 Grad Wassermann liegt, durch die Sonne, den Mond, einen Planeten oder den Mondknoten verweist dann auf eine Anlage zu Kreislaufschwäche und -störungen, wenn gleichzeitig ein belastender Saturnwinkel gegeben ist. In ein akutes Stadium tritt die Gefährdung aber erst durch in die gleiche Richtung weisende Direktionen und Transite. Wir werden später noch ausführlicher darauf zurückkommen.

Besonders anfällig sind die einem Tierkreiszeichen zugeordneten Körperteile und Organe, wenn im Geburthoroskop in diesem Zeichen die Sonne steht, denn sie ist die kosmische Entsprechung für den Körper und das Allgemeinbefinden. Sekundär ist das Oppositionszeichen (das im Tierkreis gegenüberliegende Zeichen) zu beachten, denn die Erde steht ja in der Ekliptik, der scheinbaren Sonnenbahn, stets in Opposition zur Sonne. Das bedeutet: Wenn wir von der Erde aus die Sonne beispielsweise in der Waage sehen, würde man von der Sonne aus die Erde im Widder sehen. Daraus ergibt sich folgende Entsprechung:

| *Sonne* in | | *Erde* in | |
|---|---|---|---|
| | Widder | | Waage |
| | Stier | | Skorpion |
| | Zwillinge | | Schütze |
| | Krebs | | Steinbock |
| | Löwe | | Wassermann |

| Sonne in | Jungfrau | Erde in | Fische |
|----------|----------|---------|--------|
|          | Waage    |         | Widder |
|          | Skorpion |         | Stier |
|          | Schütze  |         | Zwillinge |
|          | Steinbock |        | Krebs |
|          | Wassermann |       | Löwe |
|          | Fische   |         | Jungfrau |

Aus diesem Grund unterscheiden wir bei der folgenden
Übersicht zwischen primären und sekundären Zuordnungen
der Körperregionen und Krankheitsdispositionen zu den
zwölf Zeichen des Tierkreises.

## Die anatomischen Entsprechungen der Tierkreiszeichen

### Widder

| *Körperregion* | primär: | Kopf, Kopfnerven, Augen |
|----------------|---------|-------------------------|
|                | sekundär: | Nieren, Blase |
| *Krankheitsdisposition* | primär: | Gehirnkrankheiten, Neuralgien, Schlaflosigkeit, Kopf- und Zahnschmerzen, Augenleiden |
|                | sekundär: | Nieren- und Blasenleiden, Nervosität |

### Stier

| *Körperregion* | primär: | Hals, Schilddrüse, Halswirbel |
|----------------|---------|-------------------------------|
|                | sekundär: | Nase, Ausscheidungs- und Sexualorgane, Herz |
| *Krankheitsdisposition* | primär: | Angina, Mandel- und Halentzündungen, Schilddrüsenerkrankungen (Struma), Kehlkopfleiden |
|                | sekundär: | Nasenpolypen, Hämorrhoiden, Krankheiten der Geschlechts- und Ausscheidungsorgane, Herzleiden |

### Zwillinge

| *Körperregion* | primär: | Lunge, Thymusdrüse, Bronchien, Nervensystem, Schultern, Schlüsselbein, Arme, Hände, obere Rippen |
|----------------|---------|--------------------------------------------------|

|                          | sekundär: | Hüften, Oberschenkel |
| Krankheitsdisposition    | primär:   | Lungenkrankheiten, Bronchialkatarrh, Asthma, Rippenfellentzündung, Nervenleiden, Brüche der Arme und Beine, Blutarmut |
|                          | sekundär: | Rheuma, Gicht, Ischias, Hüftgelenkserkrankungen |

**Krebs**

|                          | primär:   | Speiseröhre, Brust, Brustwirbel, Zwerchfell, Magen, Bauchspeicheldrüse |
| Körperregion             | sekundär: | Knochen, Knie, Haut |
| Krankheitsdisposition    | primär:   | Magenleiden, Wassersucht, Erkrankungen der Brustdrüsen, Verdauungsstörungen, Gemütsleiden |
|                          | sekundär: | Hautkrankheiten, Meniskusschäden |

**Löwe**

| Körperregion             | primär:   | Herz, Rücken, Wirbelsäule |
|                          | sekundär: | Kreislauf, Unterschenkel |
| Krankheitsdisposition    | primär:   | Herzkrankheiten, Rückenmarksleiden, Erkrankungen der Wirbelsäule, Ohnmachten |
|                          | sekundär: | Kreislauferkrankungen, Venenleiden |

**Jungfrau**

| Körperregion             | primär:   | Leber, Galle, Verdauungsorgane |
|                          | sekundär: | Lunge, Füße |
| Krankheitsdisposition    | primär:   | Gallen- und Lebererkrankungen, Diabetes, Darmerkrankungen, Bauchfellentzündung |

|  |  | sekundär: | Lungenleiden, Fußkrankheiten |

**Waage**

| *Körperregion* | primär: | Niere, Blase, Haut |
| | sekundär: | Kopf |
| *Krankheitsdisposition* | primär: | Nieren- und Blasenerkrankungen, Harnleiterentzündung, Hautkrankheiten, Allergien |
| | sekundär: | Neuralgien |

**Skorpion**

| *Körperregion* | primär: | Zeugungs- und Ausscheidungsorgane (Mastdarm), Nase |
| | sekundär: | Hals, Schilddrüse |
| *Krankheitsdisposition* | primär: | Unterleibserkrankungen, Hämorrhoiden, Leistenbruch, Nasenerkrankungen |
| | sekundär: | Hals- und Schilddrüsenerkrankungen |

**Schütze**

| *Körperregion* | primär: | Hüften, Oberschenkel, Gesäßmuskel |
| | sekundär: | Schultern, Arme, Hände, Lunge |
| *Krankheitsdisposition* | primär: | Bewegungsstörungen (Gicht, Rheuma, Ischias), Hüftleiden, Blutkrankheiten |
| | sekundär: | Oberschenkelhalsbruch, Lungenleiden |

**Steinbock**

| *Körperregion* | primär: | Knochen, Gelenke, Knie, Haut, Ohren |
| | sekundär: | Magen |
| *Krankheitsdisposition* | primär: | Meniskusschäden, Gelenkrheuma, Hautleiden (Ekzeme) |
| | sekundär: | Magenkrankheiten, Verdauungsbeschwerden |

**Wassermann**

| *Körperregion* | primär: | Kreislaufsystem, |

|                        |           | Unterschenkel, Knöchel, Rückenmarksnerven |
|------------------------|-----------|---------|
|                        | sekundär: | Herz    |
| *Krankheitsdisposition* | primär:   | Kreislaufstörungen, Venenleiden (Krampfadern), Beingeschwüre, Knöchelschäden, Hautleiden |
|                        | sekundär: | Herz- und Blutkrankheiten |

**Fische**

| *Körperregion* | primär: | Füße |
|----------------|---------|------|
|                | sekundär: | Atmungs- und Verdauungsorgane, Nerven |
| *Krankheitsdisposition* | primär: | Fußleiden, Rheuma, Erkältungen durch kalte Füße, Neigung zu Alkohol- und Drogenmißbrauch |
|                | sekundär: | Störungen der Atmungs- und Verdauungsorgane, Vergiftungen |

Diese Zuordnung der Körperteile und Organe zu den zwölf Tierkreiszeichen ist in den letzten Jahrzehnten noch wesentlich verfeinert worden. Aufgrund umfangreicher Beobachtungen ist es gelungen, jedem der 360 Grade des Tierkreises einen ganz bestimmten Teil des menschlichen Körpers zuzuordnen. Wir können hier nicht die vollständige Übersicht geben, wollen aber doch einige Beispiele bringen. So finden wir in

| | |
|---|---|
| 5 Grad Widder | Augen |
| 17 Grad Stier | Schilddrüse |
| 26 Grad Krebs | Brustdrüsen |
| 26 Grad Löwe | Herzmuskel |
| 19 Grad Jungfrau | Leber |
| 10 Grad Waage | Nierenbecken |
| 1 Grad Skorpion | Harnröhre |
| 17 Grad Schütze | Ischiasnerv |
| 12 Grad Steinbock | Kniegelenk |
| 16 Grad Wassermann | Kreislaufsystem |

Entsprechend der Polarität der Tierkreiszeichen können wir sehr häufig feststellen, daß zwischen einzelnen Körperteilen bzw. Organen eine Verbindung besteht, daß sie miteinander »korrespondieren« eine »Fernwirkung« ausüben, obwohl keine direkte Beziehung zu bestehen scheint. Dies ist dann der Fall, wenn zwischen den betreffenden Punkten des Tierkreises ein Spannungsverhältnis (Oppositions- oder Quadraturaspekt) gegeben ist. So haben beispielsweise eitrige Mandeln oft Herzleiden zur Folge.

Wie den Tierkreiszeichen, so sind auch den Gestirnen und dem Mondknoten bestimmte Körperregionen und Krankheitsdispositionen zugeordnet:

**Die anatomischen Entsprechungen von Sonne, Mond, Planeten und Mondknoten**

**Sonne**

*Körperregion*   Körper, Zelle, Herz, Kreislaufsystem, rechtes Auge beim Mann, linkes Auge bei der Frau

*Krankheitsdisposition*   Herz- und Kreislauferkrankungen, Wirbelsäulen- und Rückenmarksleiden, Schwächezustände, Störungen des Allgemeinbefindens, Augenleiden, Blutkrankheiten

**Mond**

*Körperregion*   Kleinhirn, Brüste, weibliche Organe, Magen, Lymphe, Flüssigkeitshaushalt des Körpers, Säftewechsel, rechtes Auge bei der Frau, linkes Auge beim Mann, Blutserum

*Krankheitsdisposition*   Magenkrankheiten, Stauungen in den Lymphgefäßen (Wassersucht), Frauenleiden, Augenleiden, Drüsenerkrankungen, Geschwüre, Geschwülste, Gemütsleiden

**Merkur**

*Körperregion*   Funktion des Gehirns und des peripheren Nervensystems, Sinnes- und Sprachorgane, Schilddrüse, Lunge, Arme, Hände

Gehirn-, Sinnes- und
Spracherkrankungen,
Erkrankungen der Atmungsorgane,
nervöse Reizbarkeit,
Nervenstörungen, Ohnmachtsanfälle

**Venus**

*Körperregion*          Nieren, Blase, Drüsen- und
Hormonsystem, Haut, venöser
Kreislauf, Zeugungsorgane

*Krankheitsdisposition* Nieren- und Blasenleiden,
Frauenkrankheiten,
Venenentzündung, Geschwüre und
Geschwülste, Halskrankheiten

**Mars**

*Körperregion*          Galle, Muskelsystem, rote
Blutkörperchen, motorische Nerven,
Mastdarm, Wärmehaushalt des
Körpers, Sexualfunktionen

*Krankheitsdisposition* Fieber, Entzündungen,
Verletzungen, Verbrennungen,
Blutvergiftung, akute
Infektionskrankheiten,
Hämorrhoiden, Gallenerkrankungen

**Jupiter**

*Körperregion*          Organsysteme (Milz, Leber, Lunge),
Ernährungsfunktionen,
Dickenwachstum, arterieller
Blutkreislauf

*Krankheitsdisposition* Leber- und Gallenleiden (Diabetes),
Blutkrankheiten, Selbstvergiftung
durch falsche und übermäßige
Nahrungsaufnahme, Verfettung,
Wucherungen

**Saturn**

*Körperregion*          Knochengerüst, Gelenke, Zähne,
Sehnen, Bänder, Haut, Gallenblase,
weiße Blutkörperchen

| *Krankheitsdisposition* | Chronische Leiden, Alterskrankheiten, Rheuma, Gicht, Verhärtungen, Steinbildung, Abmagerung, Stoffwechselstörungen, Hautleiden, Erkältungskrankheiten, Zahnkrankheiten, Knochenleiden |
|---|---|

**Uranus**

| *Körperregion* | Rückenmark, Hirnhaut, Hypophyse, Zentralnervensystem, rhythmische Systeme (Puls, Atmung, Peristaltik) |
|---|---|
| *Krankheitsdisposition* | Nervenschock, Krampfzustände, Zuckungen, Rhythmusstörungen, Rückenmarksleiden |

**Neptun**

| *Körperregion* | Sonnengeflecht, Zirbeldrüse |
|---|---|
| *Krankheitsdisposition* | Erschlaffung, Lähmung, Unterentwicklung, Süchtigkeit (Alkohol, Narkotika, Gifte), Bewußtseinstrübungen, Störungen in Zwischenhirn und Hypophyse, Infektionskrankheiten |

**Pluto**

| *Körperregion* | Regeneration, Mutationen, vermutlich auch Verformungen und Verwachsungen |
|---|---|
| *Krankheitsdisposition* | Veränderungen im Körperhaushalt |

Für die kosmischen Entsprechungen des Planeten Pluto in bezug auf Krankheiten müssen noch weitere Erfahrungen gesammelt werden.

### Mondknoten

Auch hier sind die Untersuchungen noch nicht abgeschlossen. Mit Sicherheit kommt dem Mondknoten eine besondere Bedeutung zu. Nach bisheriger Erfahrung zeigt er ererbte Krankheitsdispositionen an, deren Art sich aus dem Zeichen ergibt, in dem er steht.

### Planetenpositionen und Aspekte

Neben der Stellung der Planeten in den Tierkreiszeichen ist auch ihre Stellung in den zwölf Häusern des Horoskops zu beachten, wobei die Häuser 1, 6 und 12 für die Gesundheit von besonderer Bedeutung sind. Wichtig ist zudem die Aspektierung der Planeten, die eines der genannten Häuser besetzen. Wenn ein Haus unbesetzt ist, dann sind Position und Aspekte des im betreffenden Haus regierenden Planeten (siehe 10. Kapitel) zu untersuchen.

Daraus ergibt sich eine für den Laien verwirrende Vielfalt von Kombinationsmöglichkeiten, die für jedes Geburtshoroskop hinsichtlich der gesundheitlichen Gegebenheiten sehr individuelle Aussagen erlaubt – ein weiterer Beweis dafür, daß die seriöse Individualhoroskopie keineswegs nur pauschale Auskünfte geben, sondern vielmehr ein höchst differenziertes Bild eines Menschen zeichnen kann. Der Anfänger freilich muß sich hüten, mit seinem bruchstückhaften Wissen lediglich aus Tabellen Aussagen über gesundheitliche Gefährdungen ableiten zu wollen.

Die moderne Astrologie arbeitet auch noch mit sogenannten »Planetenbildern«. Darunter versteht man symmetrische Anordnungen von drei oder mehr Planeten im Tierkreis. In diesem Fall sind die kosmischen Entsprechungen der einzelnen Planeten, wie sie in unserer Übersicht angeführt sind, zu kombinieren und entsprechend zu bewerten. Auch hierfür stehen Erfahrungswerte zur Verfügung. So zeigt beispielsweise ein Planetenbild im Geburtshoroskop, das aus Sonne, Mars und Uranus besteht, die Tendenz zu Herzrhythmusstörungen an. Akut wird diese Gefahr, wenn diese drei Planeten laufend ein Planetenbild bilden (was dem Transithoroskop zu entnehmen ist), besonders dann, wenn das laufende Planetenbild in Beziehung zu einem der drei beteiligten Planeten im Geburtshoroskop steht. Da dieses Teilgebiet der medizinischen Astrologie für den Laien zu kompliziert ist, wollen wir nicht näher darauf eingehen.

Wie schon erwähnt, sind auch die Aspekte, die Winkelbeziehungen zwischen den Planeten im Geburtshoroskop, für genaue Aussagen hinsichtlich möglicher gesundheitlicher Gefährdungen von großer Bedeutung. Zwei durch Aspekte miteinander verbundene Planeten weisen auf ganz bestimmte gefährdete Körperteile oder Organe bzw. auf Krankheitsveranlagungen hin. Hierfür einige Beispiele:

| | |
|---|---|
| Sonne – Mars | Herzstörungen |
| Sonne – Jupiter | Blutkrankheiten |
| Sonne – Saturn | Rheuma, Steinleiden |
| Sonne – Uranus | Herzneurosen |
| Sonne – Neptun | Körperschwäche |
| Mond – Merkur | empfindliche Nerven |

| Mond — Saturn | Gemütsleiden, Frauenkrankheiten |
| Mond — Neptun | Störungen des Wasserhaushalts |
| Merkur — Mars | Nervenentzündungen |
| Venus — Mars | Nierenreizungen, Krampfadern |
| Mars — Saturn | Knochenentzündungen |
| Mars — Uranus | blutende Verletzungen, Operationen |
| Mars — Neptun | Infektionen, Muskelschwund |
| Jupiter — Saturn | Erkrankungen von Galle und Leber |
| Jupiter — Uranus | Krämpfe, Koliken |
| Saturn — Uranus | Rhythmushemmungen |
| Saturn — Neptun | chronische Krankheiten |
| Uranus — Neptun | Abschlaffung, Spannungslosigkeit |

## Astromedizinische Prognosen

Zunächst ist die uralte astrologische Erkenntnis zu beachten, daß kein Ereignis eintritt, das nicht bereits im Geburtshoroskop fixiert ist. Mit anderen Worten: Durch Transite und Direktionen kann nichts ausgelöst werden, was nicht schon als Anlage bzw. Gefährdung im Radixhoroskop zu finden ist. Im Laufe unseres Lebens sind viele negative Direktionen und Transite fällig, aber gesundheitliche Störungen und Schädigungen werden dadurch nur dann ausgelöst, wenn im Geburtshoroskop entsprechende Belastungen angezeigt sind.

Die Methoden der astrologischen Prognose mittels Direktionen und Transiten sind im 13. Kapitel dargestellt. Wie dort ausführlicher nachzulesen ist, beziehen sich die Aussagen der Direktionen auf Zeiträume, die im Mittel etwa zwei Jahre umfassen. Die Dauer der Transite hängen von den Umlaufzeiten der transitierenden Planeten ab. Sie beträgt beispielsweise beim Merkur als Schnelläufer 1 bis 2 Tage, kann aber etwa bei Neptun oder Pluto unter Berücksichtigung der Rückläufigkeit auch mehrere Monate betragen. Ein stillstehender Planet wirkt sich deshalb auf die entsprechende Körperregion besonders stark aus.

Es würde zu weit führen, die komplizierten Zusammenhänge bis ins einzelne darzustellen. Vereinfachend kann man sagen, daß fällige Direktionen nur durch gleiche oder ähnlich gerichtete Transite ausgelöst werden. Hierfür ein Beispiel: Eine Saturn-Direktion zur Sonne im Geburtshoroskop braucht eine transitäre »Unterstützung« durch die laufende Sonne oder den laufenden Saturn; erst dann tritt die im Radixhoroskop angezeigte Gefährdungstendenz in ein akutes Stadium. Sind aus einem Geburtshoroskop keine gesundheitlichen Belastungen zu entnehmen, so werden negative Direktionen und Transite keine gravierenden Auswirkungen haben. Es gibt Menschen, die 60, 70 oder 80 Jahre alt werden, ohne je starken gesundheitlichen Belastungen ausgesetzt zu sein: Sie sind, wie ihr Geburtshoroskop zeigt, kosmisch als »gesund programmiert«. Die Horoskope anderer Menschen hingegen verweisen auf schwere gesundheitliche Gefährdungen: Sie sind für negative Direktionen und Transite sehr empfänglich.

Man darf also niemals dem Geburtshoroskop allein Aussagen über Erkrankungen, Unfälle usw. entnehmen, denn was dort angezeigt ist, verweist nur auf eine gewisse Tendenz, eine gefährdende Möglichkeit. Ob daraus je Wirklichkeit wird, sagen die Direktionen und Transite: Sie zeigen an, ob und wann eine akute Gefährdung besteht. Das bedeutet freilich nicht, daß diese Gefährdung von den entsprechenden Gestirnen ausgeht, daß es »krankmachende« Konstellationen gibt, anders gesagt, daß die Sterne krank machen können. Ein Vergleich mag dies verdeutlichen: Eine Uhr »macht« keine Zeit, sondern zeigt Zeit an. Ebenso »machen« Sterne und Konstellationen keine Krankheit, sondern zeigen Krankheitsdispositionen und akute Gefährdungen der Gesundheit an.

Eine angezeigte Gefährdung bedeutet nicht unbedingt, daß die Gefahr auch tatsächlich eintreten muß, sondern ist zunächst ein Warnsignal. Das ist einer der Nutzen der medizinischen Astrologie: Wenn ich genau weiß, welche Gefahr mir wann droht, bin ich sehr häufig in der Lage, noch rechtzeitig Gegenmaßnahmen zu ergreifen, um die Gefahr abzuwenden. Wenn ich beispielsweise dem Geburtshoroskop entnehme, daß von meiner Anlage her meine Leber besonders anfällig ist, und zudem durch Direktionen und Transite weiß, daß die Anfälligkeit und damit die Gefahr einer Erkrankung in einem bestimmten Zeitraum besonders groß ist, warte ich vernünftigerweise nicht untätig, bis dieser Zeitpunkt gekommen ist, sondern wirke der Gefahr beispielsweise durch eine entsprechende Ernährung und Lebensweise gezielt entgegen, erspare meiner Leber jede unnötige Belastung durch Alkohol und sonstige Körpergifte. Dann besteht die Aussicht, daß der kritische Zeitraum vorübergeht, ohne daß die Möglichkeit einer Erkrankung, vor der mich mein Horoskop gewarnt hat, zur schmerzhaften Wirklichkeit wird. Nicht ohne Grund sagt ein altes Sprichwort: »Gefahr erkannt — Gefahr gebannt!«

Das alles sollte man beachten, um nicht zu falschen Aussagen und Deutungen zu kommen, die unter Umständen großen Schaden anrichten. Schon so mancher hat sich durch laienhafte oder unverantwortliche Auslegungen von Horoskopen in Ängste hineingesteigert oder hineinsteigern lassen, die unbegründet waren, aber ihn sehr belasteten. Wir dürfen kosmische Bewertungen stets nur als Tendenzen auffassen, niemals aber als unabwendbaren Zwang. Überdies ist ein Mensch, der durch übermäßigen Nahrungs-, Alkohol- oder Nikotingenuß mit seinem Körper Raubbau treibt, durch diese Tendenzen sehr viel mehr gefährdet als ein Mensch, der naturverbunden und gesund lebt.

Im Rahmen dieses Buches ist es wenig sinnvoll, im einzelnen auszuführen, wie sich diese oder jene Konstellation direktional oder transitär auswirkt. Wir wollen nur einige Beispiele dafür geben, in welche Richtungen die Wirkungen gehen. So hat jeder transitierende Planet ganz bestimmte »Auslöserfunktionen«, die in den Körperregionen bzw. Organen zur Auswirkung kommen können, die den Tierkreiszeichen, in denen der laufende Planet steht, zugeordnet sind. Wir können folgende Beziehungen herstellen:

| | |
|---|---|
| Merkur bewirkt | Nervenentzündungen, Schmerzen |
| Venus | Geschwülste, Embolien |
| Mars | Entzündungen, Verbrennungen, Fieber |
| Saturn | Verhärtungen, Steine |
| Uranus | Rhythmusstörungen, Koliken |
| Neptun | Erschlaffungen, Lähmungen |
| Pluto | Veränderungen, Entartungen |

Hiefür ein Beispiel: Bei einem Transit der Venus im Wassermann ist eine Embolieneigung im Unterschenkelbereich (Krampfadern) angezeigt; ein Transit der Venus im Widder verweist auf eine Embolieneigung im Kopfbereich.

Und zum Schluß noch einige Beispiele dafür, wie sich Direktionen bzw. Transite auswirken können:

| | |
|---|---|
| Sonne — Mars | Entzündungen, Herzstörungen |
| Sonne — Saturn | Erkältungen, chronische Erkrankungen |
| Sonne — Uranus | Herzrhythmusstörungen |
| Sonne — Neptun | Infektionen, allgemeine Körperschwäche |

Unsere knappen Ausführungen können nicht mehr, als Ihnen einen ersten Einblick in die Möglichkeiten und Methoden der Astromedizin zu vermitteln. Er macht immerhin deutlich, daß die sogenannte Schulmedizin nicht alles ist und daß ein Zusammenwirken mit erfahrenen Astrologen der Medizin eine wertvolle Bereicherung bringen könnte. Die medizinische Astrologie will die Schulmedizin auf keinen Fall verdrängen, sondern ihr mit ihrem uralten, ständig erweiterten und erneuerten Erfahrungsschatz helfen, dem Menschen noch besser und erfolgreicher dienen zu können.

Kein Laie kann und darf sich mit Hilfe eines astromedizinischen Lehrbuches selbst kurieren. Vielmehr liegt der Hauptwert der die Gesundheit betreffenden kosmischen Aussagen darin, daß Schwächen und Gefährdungen rechtzeitig erkannt werden, so daß man — in akuten Fällen stets an der Hand eines Arztes! — ihnen entgegenwirken kann. Dann wird sich in vielen Fällen auch hier wieder das Sprichwort bewahrheiten: »Gefahr erkannt — Gefahr gebannt!«

6

# So erstellen Sie Ihr Horoskop

Mit Hilfe der Tabellen, die wir in Kapitel 8 und 9 bringen, ist die Erstellung eines Horoskops völlig unkompliziert. Wir arbeiten nur mit vollen Graden, verzichten also auf die Angabe und Berechnung von Bogenminuten und -sekunden, aber das hat seine guten Gründe: Erstens ist nur in den seltensten Fällen die genaue Geburtsminute bekannt; man kennt bestenfalls die Geburtsstunde, und somit hätte es wenig Sinn, über die vollen Grade hinaus weitere Berechnungen anstellen zu wollen. Zweitens ist eine stärker ins Detail gehende Berechnung nur für den erfahrenen Fachmann von Wert, der über grundsätzliche Aussagen hinaus ganz exakte Aufschlüsse gewinnen will; der Laie, der vorwiegend mit Deutungstabellen arbeitet, ist dazu gar nicht imstande.

Volle Grade genügen auch durchaus bei der Berechnung der Aspekte, da für diese, wie im Kapitel 12 (Aspekte und ihre Deutung) tabellarisch dargestellt ist, mehrere Grade umfassende Streuungsbreiten zulässig sind, eine minuten- oder gar sekundengenaue Angabe sich also erübrigt. Lediglich wenn es um zeitlich genau abgegrenzte Prognosen geht, also um Voraussagen aufgrund des Geburtshoroskops, die mit Hilfe von Direktionen und Transiten auf Monate oder gar Tage genau berechnet werden sollen, wäre eine exaktere Feststellung der Planetenstände und der übrigen Elemente des Radixhoroskops erforderlich. Aber solche Detailprognosen sollte man dem erfahrenen Fachmann überlassen. Wir wollen und können in unserem Grundkurs des Horoskopierens lediglich soweit kommen, daß wir Tendenzen erkennen und größere Zeiträume abgrenzen lernen, innerhalb deren diese Tendenzen akut werden.

### Was tun, wenn die Geburtsstunde nicht bekannt ist?

Es kommt gar nicht so selten vor, daß man zwar den Geburtstag, nicht aber die Zeit der Geburt weiß. Auch in diesen Fällen läßt sich ein Horoskop erstellen, indem man als Geburtszeit einfach 12 Uhr mittags annimmt und die Planetenstände auf dieser Grundlage bestimmt. Aszendent, Himmelsmitte und Häuserspitzen zu berechnen, wenn man keine genaue Geburtsstunde kennt, hat allerdings keinen Sinn, denn da sie sich in vier Minuten um je ein Grad im Tierkreis verschieben, können sie nur als aussagekräftig gewertet werden, wenn man sie aufgrund einer bekannten tatsächlichen Geburtszeit festlegt.

Erstellen Sie also, wenn Sie die Geburtszeit nicht wissen, ein Horoskop für 12 Uhr des fraglichen Tages, in dem ausschließlich die Gestirnstände eingezeichnet sind. Deutungen eines solchen Horoskops sind dementsprechend nur auf der Grundlage der Gestirnstände und der Aspekte möglich. Dadurch ist zwar die Aussagekraft des Horoskops erheblich eingeschränkt, und Direktionen sowie Transite lassen sich auf dieser Grundlage nur bedingt berechnen, aber Sie erhalten immerhin noch eine Fülle von interessanten Aufschlüssen und Erkenntnissen, die weithin treffende Aussagen ermöglichen.

## 7 Normalzeit, Weltzeit, Ortszeit und Sternzeit

Wir gehen davon aus, daß wir Horoskope für Menschen zu erstellen haben, die im mitteleuropäischen (deutschsprachigen) Raum geboren sind.

Vor Einführung der Einheitszeit mit ihren Zeitzonen entsprach die Ortszeit ungefähr der mittleren Sonnenzeit; entsprechend dem Sonnenstand zeigten die Uhren beispielsweise in Frankfurt an der Oder eine andere Zeit an als in Frankfurt am Main, und man mußte auf dem Gebiet des Deutschen Reiches bei einer Reise von West nach Ost die Uhr vor-, bei einer Reise von Ost nach West die Uhr nachstellen. Erst gegen Ende des 19. Jahrhunderts wurden große Gebiete zu Zeitzonen mit einheitlicher Zeit zusammengefaßt.

Wer in Österreich vor dem 1.10.1891, in Süddeutschland vor dem 1.4.1892, im übrigen Deutschland vor dem 1.4.1893 und in der Schweiz vor dem 1.6.1894 geboren ist, kann bei der Erstellung seines Horoskops direkt mit seiner Geburtszeit arbeiten. Bei allen später Geborenen jedoch ist die Geburtszeit in MEZ angegeben. Sie muß je nach der Tabelle, die wir benützen, in Weltzeit (WZ), Ortszeit (OZ) oder Sternzeit (SZ) umgerechnet werden.

Die Umrechung von MEZ in WZ ist einfach, indem von der MEZ eine Stunde abgezogen wird. Dabei ist zu beachten, daß in bestimmten Jahren (siehe Kapitel 8, Tabelle II) in Mitteleuropa die einfache oder doppelte Sommerzeit eingeführt war. Wer innerhalb der in unserer Tabelle angegebenen Zeiträume geboren ist, muß bei einfacher Sommerzeit nochmals eine, bei doppelter Sommerzeit sogar weitere zwei Stunden abziehen. Zur Verdeutlichung:

14 Uhr MEZ = 13 Uhr WZ.

Am 5.5.1943 (Sommerzeit): 14 Uhr MEZ = 12 Uhr WZ.

Am 12.5.1947 (doppelte Sommerzeit): 14 Uhr MEZ = 11 Uhr WZ.

Zur Ermittlung der Ortszeit müssen wir die geographische Länge (Entfernung vom Nullmeridian) des Geburtsortes kennen und dann pro Grad vier Minuten zur WZ hinzuzählen. Länge und Breite des Geburtsorts finden wir entweder im Atlas oder in der Tabelle I im 8. Kapitel (wenn in dieser Tabelle der Geburtsort nicht aufgeführt ist, nehmen wir die Werte für den nächstgelegenen Ort der Tabelle). Ein Beispiel: Braunschweig liegt 10°32' östlich vom Nullmeridian. Entsprechend müssen wir zur WZ 10,5 × 4 = 42 Minuten hinzuzählen. Die Rechnung lautet: Geburtszeit (an einem Datum ohne Sommerzeit): 11.30 Uhr MEZ = 10.30 Uhr WZ. Ortszeit der Geburt = 10.30 + 0.42 = 11.12 Uhr.

Die Sternzeit müssen wir zur Ermittlung der Häuserspitzen (und damit des Aszendenten und der Himmelsmitte) kennen. Wir erhalten sie ganz einfach, indem wir zu der wie oben berechneten Ortszeit die in Tabelle III des 8. Kapitels zu findende Sternzeit des Geburtstags hinzuzählen. Um bei unserem Beispiel zu bleiben: Geburt in Braunschweig am 14. Februar 1951, 11.30 Uhr MEZ. Zuerst errechnen wir wie oben die Ortszeit der Geburt = 11.12 Uhr OZ. In der Tabelle finden wir für den 14.2. die Sternzeit 9.34. Wir rechnen: 11.12 + 9.34 = 20.46 Uhr SZ. Nun können wir in Tabelle IV (Häusertabelle) im 8. Kapitel die Werte für die Häuserspitzen direkt ablesen.

## Ermittlung der Häuserspitzen

Das rechnerische Verfahren haben wir bereits im voranstehenden Abschnitt kennengelernt: Wir rechnen die in MEZ gegebene Geburtszeit mit Hilfe der Tabellen I und II im 8. Kapitel in Ortszeit um, zählen dazu die in Tabelle III angegebene Sternzeit des Geburtstages und erhalten so die Sternzeit der Geburt. In unserem Beispiel erhielten wir für den am 14.2.1951 11.30 Uhr MEZ in Braunschweig Geborenen die Sternzeit 20.46 Uhr SZ.

Nun schlagen wir die Tabelle IV (Häusertabelle) im 8. Kapitel auf. Um sie benutzen zu können, müssen wir die nördliche

Breite des Geburtsorts kennen. Wir finden sie entweder im Atlas oder ebenfalls in der Tabelle I (ist der Geburtsort dort nicht aufgeführt, so nehmen wir die Breitenangabe der nächstgelegenen Stadt in der Tabelle). In der Tabelle IV suchen wir die Seiten mit dem nächstgelegenen Breitengrad.

Nehmen wir wieder unser Beispiel Braunschweig: Laut Tabelle I liegt Braunschweig in 52° 16' nördlicher Breite. Die Tabelle IV enthält Angaben für den 51. und 53. Breitengrad. Da 52° 16' näher bei 53° als bei 51° liegt, wählen wir die Seiten für 53°.

Als Sternzeit der Geburt hatten wir für unser Beispiel 20.46 Uhr SZ berechnet. Wir schlagen in den Seiten für 53° n.Br. nach und finden dort Angaben für 20$^h$45'44" Uhr SZ und für 20$^h$49'48" Uhr SZ. Da 20.46 Uhr SZ näher beim ersten Wert liegt, entnehmen wir für das Horoskop die in der Zeile 20$^h$45'44" Uhr zu findenden Angaben. Wir notieren:

10. Haus = 9° Wassermann
11. Haus = 5° Fische
12. Haus = 21° Widder
1. Haus = 16° Zwillinge
2. Haus = 5° Krebs
3. Haus = 21° Krebs

Damit kennen wir die Positionen von Aszendent und Himmelsmitte (MC): Der Aszendent entspricht der Spitze des 1. Hauses, die Himmelsmitte der Spitze des 10. Hauses.

Darüber hinaus kennen wir aber auch die Spitzen der übrigen 6 Häuser: Sie liegen den ermittelten Häuserspitzen genau gegenüber, so daß wir zu den abgelesenen Werten nur jeweils 180° hinzuzuzählen bzw. im Horoskop um 6 Tierkreiszeichen weiterzurücken brauchen. So erhalten wir:

Spitze 4. Haus gegenüber 10. Haus = 9° Löwe
Spitze 5. Haus gegenüber 11. Haus = 5° Jungfrau
Spitze 6. Haus gegenüber 12. Haus = 21° Waage
Spitze 7. Haus gegenüber 1. Haus = 16° Schütze
Spitze 8. Haus gegenüber 2. Haus = 5° Steinbock
Spitze 9. Haus gegenüber 3. Haus = 21° Steinbock

Die so ermittelten Werte tragen wir in das Horoskopschema ein und verbinden die gegenüberliegenden Häuserspitzen durch Striche, die durch den Mittelpunkt des Horoskoprings führen (wobei wir zweckmäßigerweise, wie auf unserem Horoskopbeispiel auf S. 316 zu sehen ist, den Mittelkreis aussparen). Die Linien zwischen den Spitzen von 1. und 7. Haus (Aszendent und Deszendent) und von 10. und 4. Haus (Himmelsmitte, MC, und Himmelstiefe, IC) zeichnen wir stärker: Sie bilden gleichsam das Achsenkreuz des Horoskops.

## Ermittlung der Gestirnstände

Zur Feststellung der Gestirnstände benötigen wir die Ephemeriden und Mondstandstabellen in Kapitel 9; in besonderen Fällen brauchen wir darüber hinaus zur exakten Festlegung des Sonnenstandes die Tabelle V in Kapitel 8, die in WZ angibt, wann die Sonne in jedem Monat in ein anderes Tierkreiszeichen eintritt. Da die Gestirne, vom Mond abgesehen, ihre Position im Tierkreis von einem Tag zum anderen nur geringfügig verändern, wäre es für sie wenig sinnvoll, die Positionen für die Geburtsstunde zu berechnen; es genügt vollkommen, den Tagesstand zu kennen. Nur zur Ermittlung der Mondposition müssen wir die Zeit der Geburt (in OZ) hinzuziehen.

*Sonne, Merkur, Venus, Mars, Jupiter:* In den Ephemeriden (Kapitel 9) sind die Positionen dieser Gestirne jeweils für den 1., 11. und 21. jedes Monats von 1901 bis 2000 angegeben. Wer also am 1., 11. oder 21. eines Monats geboren ist, kann die für ihn geltenden Werte unter dem betreffenden Jahr und Monat unmittelbar ablesen.

In allen anderen Fällen muß ein bißchen gerechnet werden. Wem das Rechnen schwerfällt, der kann es sich leichtmachen, indem er ganz einfach mit den mittleren täglichen Bewegungen der Gestirne rechnet. Diese betragen:

| | |
|---|---|
| Sonne | 0° 59' 08" |
| Merkur | 1° 19' 00" |
| Venus | 1° 15' 00" |
| Mars | 0° 38' 00" |
| Jupiter | 0° 04' 50" |

Wenn der fragliche Geburtstag zwischen zwei Ephemeridentage fällt, verfährt man folgendermaßen:

1) Ziehen Sie vom Geburtstag den davorliegenden Ephemeridentag ab.

2) Multiplizieren Sie mit der erhaltenen Zahl jeden der oben genannten Werte und runden Sie die Ergebnisse nach oben oder unten auf volle Grade ab.

3) Zählen Sie Gestirn für Gestirn die in 2) erhaltenen Resultate zu den Werten des vor dem Geburtstag liegenden Ephemeridentages hinzu.

Damit haben Sie die Positionen von Sonne, Merkur, Venus, Mars und Jupiter für den Geburtstag ermittelt.

Kehren wir zu unserem Beispiel (Geburt am 14. Februar 1951) zurück, um zur Veranschaulichung die entsprechenden Gestirnstände zu ermitteln.

Wir schlagen in den Ephemeriden die Seite mit den Angaben für 1951 auf und suchen den Monat Februar. Der 14. liegt zwischen dem 11. und 21. Februar. Wir rechnen:

1) $14 - 11 = 3$.
2) $3 \times 59'08'' = 177'24'' = $ ca. $3°$
   $3 \times 1°19' = 3°57' = $ ca. $4°$
   $3 \times 1°15' = 3°45' = $ ca. $4°$
   $3 \times 38' = 104' = $ ca. $2°$
   $3 \times 4'50'' = 15'30'' = $ ca. $0°$

3) Den Ephemeriden entnehmen wir für den 11.2.1951 folgende Werte:

| $\odot$ | $\female$ | $\venus$ | $\mars$ | $\jupiter$ |
|---|---|---|---|---|
| ≈ 21 | ≈ 2 | Ж 13 | Ж 15 | Ж 13 |
| + 3 | + 4 | + 4 | + 2 | + 0 |
| ≈ 24 | ≈ 6 | Ж 17 | Ж 17 | Ж 13 |

Damit erhalten wir für den 14.2.:

Sonne     24° Wassermann
Merkur     6° Wassermann
Venus     17° Fische
Mars     17° Fische
Jupiter     13° Fische

Ein etwas komplizierteres Verfahren, bei dem nicht mit den mittleren, sondern mit den tatsächlichen Gestirnsbewegungen gerechnet wird, erläutern wir in der Einleitung zum 9. Kapitel. Die Abweichungen zwischen den Ergebnissen sind bei beiden Verfahren jedoch so gering, daß wir ohne weiteres uns der hier geschilderten einfachen Methode bedienen können.

Einen Sonderfall gilt es zu beachten: Wenn ein Gestirn rückläufig ist (man erkennt dies in den Ephemeriden daran, daß am Ephemeridentag oder an einem der davorliegenden Ephemeridentage der Gradangabe ein R vorangestellt ist; ein D bedeutet, daß das Gestirn wieder in die direkte Bewegung übergegangen ist), dann ist der in Schritt 2) ermittelte Wert im 3. Schritt vom Ephemeridenwert abzuziehen, nicht hinzuzuzählen.

Wenn Sie bei der Addition eine Zahl über 30, bei der Subtraktion eine negative Zahl erhalten, dann bedeutet das, daß das Gestirn in ein anderes Tierkreiszeichen übergewechselt ist. Im ersten Fall ziehen Sie vom Ergebnis 30° ab und rücken dafür im Tierkreis um ein Zeichen weiter (z.B. 28° Widder + 10° = 38°; also 38° − 30° = 8° Stier), im zweiten Fall zählen Sie vor der Subtraktion zum Ephemeridenwert 30° dazu und rücken im Tierkreis um ein Zeichen zurück (Beispiel: 4° Widder − 12° = 34° − 12° = 22° Fische).

*Saturn, Uranus, Neptun, Pluto, Mondknoten:* Hierfür sind in den Ephemeriden die Tage des Wechsels in einen anderen Grad angegeben. Suchen Sie in der Tabelle den Tag, der am nächsten vor dem Geburtstag liegt, und übernehmen Sie den dort angegebenen Wert. Zu rechnen brauchen Sie nichts.

*Mond:* Der Mond verändert seine Position im Tierkreis täglich um rund 14°. Deshalb muß seine Position auf die Geburtsstunde genau berechnet werden. Im 10. Kapitel finden Sie eine Mondstandstabelle, die die Stände für jeden ungeraden Tag des Monats anzeigt. Berechnet sind die Werte bis 1950 auf 12 Uhr WZ, ab 1951 auf 0 Uhr WZ. Um den Mondstand zu der in Ortszeit umgerechneten Geburtszeit ermitteln zu können, müssen wir den Abstand (in Stunden) zwischen der Geburtszeit und der Zeit des davorliegenden Ephemeridenwerts ausrechnen. Bei Geburten an geraden Tagen rechnet man bis 1950 die Stundendifferenz zu 12 Uhr, ab 1951 zu 0 Uhr des vorangegangenen ungeraden Tags aus.

Bei Geburten an ungeraden Tagen entspricht ab 1951 die Geburtszeit in Ortszeit der Zahl der seit 0 Uhr WZ vergangenen Stunden. Bis 1950 ist ausschlaggebend, ob die Geburtszeit vor oder nach 12 Uhr WZ liegt. Liegt sie vor 12 Uhr, so müssen wir den in Schritt 3) des folgenden Rechenvorgangs ermittelten Wert vom Ephemeridenwert des Geburtstags abziehen; liegt sie nach 12 Uhr, so ist dieser Wert zu addieren.

Und so verfahren wir bei der Mondstandsberechnung:

1) Berechnen Sie die Zeitdifferenz zwischen der Geburtszeit und der Zeit der davorliegenden Ephemeridenangabe (bis 1950 12 Uhr WZ, ab 1951 0 Uhr WZ); bei Geburten vor 12 Uhr WZ an einem ungeraden Tag nehmen Sie bis einschließlich 1950 die Differenz zwischen der Geburtszeit und 12 Uhr desselben Tages.

2) Die so erhaltene Zahl der Stunden multiplizieren Sie mit 0,5° (ganz genau sind es 35'), dem Wert der stündlichen Mondstandsveränderung.

3) Das Ergebnis zählen Sie zur davorliegenden Ephemeridenangabe hinzu; bei Geburten vor 12 Uhr WZ an einem ungeraden Tag bis 1950 ziehen Sie es von der Ephemeridenangabe des Geburtstags ab.

Damit haben Sie stundengenau die Mondposition ermittelt. Bei unserem Beispiel (Geburt am 14.2.1951, 11.12 Uhr OZ) lautet die Rechnung:

1) Stundendifferenz zu 0 Uhr WZ 13.2.: 24 + 11 = 35.

2) 35 × 0,5 = 17,5, aufgerundet 18.

3) ♉ 14° + 18° = 32°; 32° − 30° = ♊ 2°.

(Da jedes Tierkreiszeichen nur 30 Grad umfaßt, müssen wir bei Resultaten über 30° stets 30° abziehen und dafür im Tierkreis um ein Zeichen weiterrücken.)

## Wann wechselt die Sonne in ein anderes Tierkreiszeichen?

In der Mehrzahl der astrologischen Bücher wird generell z.B. als Widdermensch bezeichnet, wer zwischen dem 21. März und 20. April geboren ist, weil in dieser Zeit die Sonne im Zeichen Widder steht. Aber genaugenommen kann auch ein schon am 20. März oder erst am 21. April Geborener die Sonne im Zeichen Widder haben, weil die Sonne keineswegs Jahr für Jahr genau zur selben Zeit von einem Zeichen ins andere überwechselt. Um für Geburten um die Zeit der Zeichenwechsel eine genaue Bestimmung des Sonnenzeichens zu ermöglichen, haben wir dem 8. Kapitel die Tabelle V beigegeben, in der minutengenau die Zeiten der Zeichenwechsel von 1901 bis 2000 angegeben sind. Wer beispielsweise am 20. März 1940 vor 18.24 Uhr WZ geboren ist, hat die Sonne in 29° Fische; ab 18.24 Uhr WZ steht sie in 0° Widder.

### Einzeichnung und Auflistung der Gestirnsstände

Wenn wir alle Gestirnsstände ermittelt haben, zeichnen wir sie in unser Horoskopformular ein, in das wir schon die Häuserspitzen mitsamt Aszendent und Himmelsmitte eingetragen haben. Wir markieren die Stände am Innenrand des in 360° unterteilten Innenkreises des Formulars durch kurze Striche, zu denen wir das jeweilige Planetensymbol setzen.

Gleichzeitig erfassen wir die Positionen der Gestirne, des Aszendenten und der Himmelsmitte tabellarisch; diese Tabelle leistet uns bei der Ermittlung der Aspekte gute Dienste, besonders wenn wir die Positionsangaben nicht nur mit Grad und Tierkreiszeichen, sondern, wie im 12. Kapitel näher erläutert, mit auf den 360°-Kreis des Horoskops umgerechneten Gradangaben eintragen. Wie wir die Aspekte berechnen und eintragen, wird im 12. Kapitel erläutert.

## Die Horoskopdeutung

Wenn wir nach gewissenhafter Berechnung das Horoskop-schema und die Aspekttabelle sorgfältig ausgefüllt haben, wie das folgende Beispielhoroskop es veranschaulicht, haben wir erst einen kleinen Schritt getan, denn noch liegt das Schwierigste vor uns: die Deutung der ermittelten Gegeben-heiten, wie sie uns im Horoskopbild vor Augen stehen. Ab jetzt helfen uns keine mathematischen Regeln und Formeln mehr weiter, denn nun geht es nicht mehr um Himmelskör-per und astronomische Daten, die sich rein mechanisch errechnen lassen, sondern wir stehen vor der Aufgabe, einen Menschen in seiner ganzen lebendigen Vielfalt und Viel-schichtigkeit zu erfassen.

Ein Mensch ist mehr als die Summe seiner Glieder, Organe, Denk- und Verhaltensweisen — jeder Mensch ist ein unteil-bares Ganzes, ein Individuum. Dementsprechend muß auch das Horoskop eines Menschen als Ganzes gesehen und gedeutet werden. Ebensowenig wie sich ein Mensch aus Ein-zelteilen »zusammenaddieren« läßt, kann man aus einem Horoskop durch die bloße Summierung seiner Einzelele-mente eine zutreffende Aussage ableiten. Jedes Element des Horoskops ist mit jedem anderen vielfältig verknüpft. So ist beispielsweise bei der Wertung der Wirkqualität eines Plane-ten nicht nur zu berücksichtigen, in welchem Zeichen er steht, sondern nicht minder wichtig sind Haus und Aspektie-rungen. Ebenso ist bei der Wertung von Aspekten durchaus von Belang, in welchen Zeichen die aspektbildenden Plane-ten stehen. Eine Rolle spielt auch, wie die Planeten im Horo-skop verteilt sind.

In den Kapiteln 11 und 12 finden sich Deutungstabellen für alle Einzelelemente des Horoskops. Für eine wirklich schlüs-sige Aussage reicht es jedoch nicht aus, den Tabellen die für den Einzelfall gemachten Angaben zu entnehmen und sie einfach zu addieren. Vielmehr müssen die hier aufgeführten »Grundaussagen« entsprechend den Gegebenheiten des indi-viduellen Horoskops modifiziert, müssen alle Elemente auf-einander und auf die Grundqualitäten des Horoskops abge-stimmt werden. Dazu bedarf es großer Erfahrung, aber auch der Begabung intuitiven Erfassens und Erkennens, der Fähigkeit, sich in ein Horoskop gleichsam einzufühlen, seine Wesenheit und damit die Wesenheit des betreffenden Men-schen zu schauen.

Diese Fähigkeit kann man sich nur sehr bedingt durch Bücherwissen aneignen, genausowenig wie ein Mensch, der

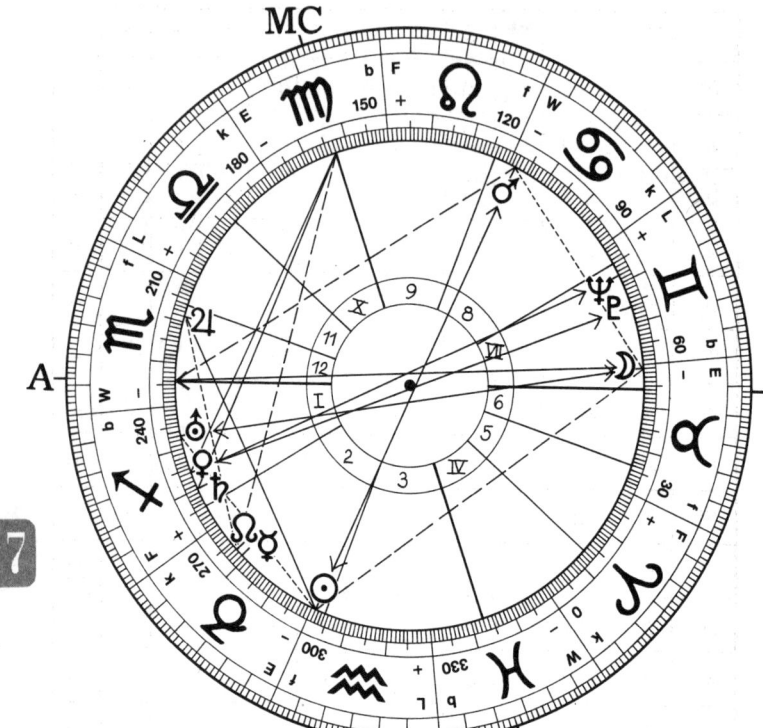

dazu keinerlei Anlage hat, trotz eifrigem Studium von Fachbüchern nicht zum richtigen Psychologen wird. Man kann jedoch Intuition aktivieren und ausbauen. Lesen Sie aufmerksam das Kapitel über die Elemente des Horoskops, ehe Sie darangehen, ein Horoskop zu deuten; versenken Sie sich in die Darstellung der Wesenheiten und Wirkqualitäten aller Horoskopelemente; versuchen Sie, Bezüge zu erkennen, mehrere Elemente in einer Gesamtschau zusammenzufassen. So werden Sie vielleicht im Laufe der Zeit soweit kommen, daß ein Horoskop vor Ihren Augen Leben gewinnt, daß Sie seine Harmonien und Spannungen erspüren, daß durch ein Horoskop ein Mensch Gestalt annimmt, für Sie lebendig wird. Dann erst sollten Sie es wagen, aus den Gegebenheiten des Horoskops schlüssige Aussagen abzuleiten.

### Ein Beispielhoroskop

Um Ihnen zu zeigen, wie ein ausgefülltes Horoskopschema aussieht, und Ihnen zu veranschaulichen, wie man ein Horo-

| | Position | | ☉ | ☽ | ☿ | ♀ | ♂ | ♃ | ♄ | ⚸ | ♆ | ♇ |
|---|---|---|---|---|---|---|---|---|---|---|---|---|---|
| ☉ | ≈1 | 301 | ✕ | △ | − | − | ☍ | □ | − | ✶ | − | − |
| ☽ | ♉29 | 59 | | ✕ | − | − | ✶ | − | − | ☍ | − | − |
| ☿ | ♑9 | 279 | | | ✕ | − | − | ✶ | − | − | − | − |
| ♀ | ♐16 | 256 | | | | ✕ | − | − | ☌ | − | ☍ | ☍ |
| ♂ | ♋28 | 118 | | | | | ✕ | − | − | − | − | − |
| ♃ | ♏8 | 218 | | | | | | ✕ | − | − | − | − |
| ♄ | ♐20 | 260 | | | | | | | ✕ | − | ☍ | − |
| ⚸ | ♐7 | 247 | | | | | | | | ✕ | − | − |
| ♆ | ♊22 | 82 | | | | | | | | | ✕ | − |
| ♇ | ♊14 | 74 | | | | | | | | | | ✕ |
| Ω | ♑7 | 277 | − | − | ☌ | − | − | − | − | − | − | − |
| A | ♏24 | 234 | − | ☍ | − | − | △ | − | − | − | − | − |
| MC | ♍13 | 163 | − | − | △ | □ | − | − | □ | − | − | □ |

skop bewertet, bringen wir hier ein Beispielhoroskop. Es handelt sich um das Horoskop für eine männliche Person; aus Gründen der Diskretion können allerdings weder Geburtszeit noch Geburtsort genannt werden.

Bei der Horoskopbewertung beginnen wir mit der Untersuchung der wichtigsten Elemente des Horoskops: Aszendent, Meridian, Sonne und Mond.

*Aszendent*
Er ist die kosmische Entsprechung der engeren Umwelt und erlaubt Aussagen über die körperliche Gestalt und den Charakter eines Menschen. Hier steht er im Tierkreiszeichen Skorpion. Das verweist auf einen ausgeprägten Selbsterhaltungstrieb, auf kämpferischen Geist, Ehrgeiz und Entschlußkraft. Durch das Trigon von Aszendent und Mars werden diese Eigenschaften sehr positiv aktiviert. Zähe Willenskraft verhindert, daß die Flinte je vorschnell ins Korn geworfen wird. Beim Horoskopeigner steigert sich diese Aus-

dauer zur Hartnäckigkeit, weil auch Sonne und Mond in fixen Zeichen (Wassermann und Stier) stehen. Die Konjunktion von Saturn und Venus im 1. Haus verweist auf eine materielle, »geizige« Einstellung in Liebesangelegenheiten. Anfällig für Erkrankungen sind die Geschlechts- und Ausscheidungsorgane.

## Meridian

Er ermöglicht Aussagen über die Einstellung zum Beruf, über die Karriere und die Wirksphäre des Ichs.

Der Meridian, gleichzeitig Spitze des 10. Hauses, steht im Zeichen Jungfrau. Dieses Zeichen hat eine starke Beziehung zum Du, zum Dienen. Typische Jungfrau-Eigenschaften sind Pflichtbewußtsein, Gewissenhaftigkeit und Ordnungssinn. Daher die Eignung für Berufe, in denen große Sorgfalt, Genauigkeit und Geduld erforderlich sind. Durch die Quadratur, die der Meridian vom Saturn erhält, steigern sich diese Eigenschaften bis zu einer für die Mitwelt äußerst unangenehmen Pedanterie und Nörgelei, die zu einer penetranten Kritiksucht ausarten kann. Der Horoskopeigner ist materiell eingestellt. Die Quadratur zwischen Venus und Meridian weist darauf hin, daß sich diese materielle Einstellung auch auf Liebesangelegenheiten auswirkt. Die krankheitsbezogenen Körperregionen und -funktionen sind Darm, Bauchfell und Säfteausscheidung; es besteht eine Disposition für Allergien.

## Die Sonne

Die Sonne symbolisiert das Leben schlechthin, die Lebenskraft und das körperliche Allgemeinbefinden. Ihre Stellung im Tierkreiszeichen Wassermann verweist auf positive Eigenschaften, die vornehmlich den Intellekt betreffen: geistige Aktivität, Weitblick, Findigkeit, leichte Auffassungsgabe, Reaktionsvermögen, Organisationstalent, gute Beobachtungsgabe, Schlagfertigkeit und Humor.

Das Trigon von Sonne und Mond verweist auf Harmonie zwischen Körper und Seele. Die Opposition der Sonne zum Mars wirkt sich in diesem Horoskop nicht negativ aus, weil der kosmische Zustand beider Gestirne nicht durch sogenannte »Übeltäter« getrübt ist. Vielmehr verweist die Opposition auf praktische Begabung, Strebsamkeit, Tatkraft und Fleiß.

Eine Krankheitsdisposition ist bei Herz und Kreislauf gegeben; außerdem sind die Wadenbeine gefährdet.

*Der Mond*

Er symbolisiert weibliche Personen, ist die kosmische Entsprechung für Vorgänge im Unbewußten (vegetative Störungen) und ermöglicht Aussagen über das Gemüt eines Menschen.

In diesem Horoskop steht er im Zeichen Stier, was auf Beständigkeit im Bereich des Gefühlslebens verweist. Stets festzustellen ist bei dieser Zeichenbesetzung ein Hang zum Konservativismus, zum Festhalten am Erworbenen, aber auch ein Sinn für Schönheit und Kunst. Außerdem liebt der Horoskopeigner die Tafelfreuden.

Für Störungen und Erkrankungen anfällig sind Hals, Mandeln, Kehlkopf und Unterleib.

*Bewertung der Raumhälften*

Vor der Bewertung der Planetenpositionen in den Häusern betrachten wir deren Gesamtverteilung im Horoskop, die Grundtendenzen eines Menschen erkennen läßt. In unserem Horoskop fällt auf, daß die Mehrzahl der Faktoren (Gestirne) in der linken Horoskophälfte, der Osthälfte, steht. Das verweist auf Tendenzen zu:

Ichbezogenheit

Isolierung

Persönlichkeitsgestaltung

Kämpfen im Leben

Frühreife

frühem Eintreten des Außenschicksals,

großer Bedeutung der ersten Lebenshälfte.

*Bewertung der Planetenpositionen in den Häusern*

Wenn wir die Häuser betrachten, so fällt auf, daß mit Ausnahme des Jupiter, der sich im 12. Haus befindet, alle Planeten die polaren (entgegengesetzten) Häuser 1 (Ich) und 7 (Du) sowie 2 (materieller und ideeller Besitz) und 8 (Ausgaben, Erbschaften, Tod) besetzen. Dies läßt darauf schließen, daß der Horoskopeigner sein Leben überwiegend auf die Umweltbeziehungen (1/7) und die Lebenssicherung (2/8) ausrichtet.

Bewerten wir nunmehr die einzelnen Häuser, die von Planeten besetzt sind.

*1. Haus*

Hier finden wir Uranus, Venus und Saturn. Daraus ergibt sich, daß der Horoskopeigner zwar plötzlich Liebesbeziehungen (auch zu älteren Frauen) anbahnt, die ihm aber meist Leid bringen und mit Trennungen (oft als Folge von Untreue, weil im Zeichen Schütze) enden.

## 2. Haus

Hier stehen Mondknoten und Merkur: Der Horoskopeigner wird seine Kontakte und Gedanken überwiegend auf materiellen Besitz richten. Die Sonne steht ebenfalls im 2., aber nahe dem 3. Haus, so daß dieses mit zu berücksichtigen ist. Diese Position besagt, daß der Horoskopeigner konkretes Denken dem abstrakten vorzieht; er kann sich gewandt in Wort und Schrift ausdrücken. Durch die Opposition des Mars im 8. Haus kommt eine gewisse Schärfe und Spitze ins Spiel.

## 7. Haus

Der Mond in diesem Haus bringt viele Beziehungen zu Frauen, aber Pluto im gleichen Haus verweist auf Veränderungen und Wandlungen, Neptun auf eine Tendenz zu undurchsichtigen, nebulösen oder geheimen Partnerschaften oder auch zu einer völlig wirklichkeitsfremden Idealisierung der Partnerin. Eine dauernde Verbindung in Form einer Ehe wird durch Neptun im 7. Haus weitgehend ausgeschlossen.

## 8. Haus

Hier steht Mars, zwar schon nahe am 9. Haus, aber durch die exakte Halbquadratur zum Meridian höchst bedeutsam. Diese Position läßt auf einen Tod schließen, dem Verletzungen oder Operationen vorausgegangen sind; eindeutiger wäre die Aussage, wenn außer Mars auch Uranus im 8. Haus stünde.

## 12. Haus

Diese Jupiter-Stellung zeigt an, daß der Horoskopeigner beruflich vorwiegend im Team arbeitet, aber auch, daß Feinde nie gefährlich werden können.

### Kurze Skizzierung des Lebenslaufes

Die obigen Aussagen sind ausschließlich dem Beispielhoroskop entnommen. Zum Vergleich nun der tatsächliche Lebenslauf des Horoskopeigners:
Entsprechend seinen intellektuellen Eigenschaften war er ein guter Schüler. Widrigkeiten im Elternhaus bedingten, daß er keine höhere Schule besuchen konnte. Nach erfolgrei-

chem Abschluß einer Banklehre arbeitete er sich durch Gewissenhaftigkeit, Fleiß und Strebsamkeit zum Leiter der Hauptbuchhaltung eines mittleren Bankinstituts empor; er hatte nahezu 20 Mitarbeiter unter sich. Trotz seines teilweise sarkastischen Umgangstons war er bei Vorgesetzten, Kollegen und Untergebenen sehr beliebt.

Er hatte zwar viele Liebschaften, ging aber keine Ehe ein: Er trachtete stets danach, eine möglichst anspruchslose Frau mit Geld und Besitz zu heiraten. In seinen Du-Beziehungen war er wenig ideell eingestellt. Deshalb gingen alle Verbindungen mit Frauen nach kürzerer oder längerer Zeit wieder auseinander.

Gegen Ende des Zweiten Weltkriegs wurde er durch einen Bauchschuß schwer verletzt und mußte zweimal operiert werden. Nach Kriegsende konnte er jedoch bald seinen Beruf wieder in vollem Umfang bei der Bank aufnehmen, bei der er vor Kriegsausbruch beschäftigt gewesen war. Nach kurzer Zeit erhielt er die Prokura.

Wenige Monate nach Vollendung seines 67. Lebensjahres starb er an den Folgen einer Prostata-Operation.

Wir haben das Beispielhoroskop keineswegs in allen Einzelheiten bewertet, sondern lediglich einige markante Gegebenheiten hervorgehoben. Eine Detailbetrachtung hätte ein sehr viel deutlicheres und individuelleres Bild ergeben. Entsprechend wurde auch der Lebenslauf des Horoskopeigners nur kurz skizziert. Wir wollten mit diesem Beispiel lediglich einen Eindruck davon vermitteln, wie weitgehend die astrologisch aufzeigbaren Tendenzen mit den tatsächlichen Gegebenheiten, mit dem Charakter, den wichtigen Geschehnissen im Leben und den Krankheitsdispositionen, übereinstimmen.

Die moderne Individualhoroskopie vermag aufgrund der Horoskop-Faktoren in ihrer vielfältigen Verflochtenheit ein sehr differenziertes Bild eines Menschen zu zeichnen, das wesentliche Tendenzen und Ereignisse in seinem Leben mit einschließt.

7

# Tabellen

### I Geographische Positionen von 128 Städten des deutschsprachigen Raums

Die Angaben in der letzten Spalte benötigen Sie, wenn Sie die Geburtszeit, die seit Einführung der Mitteleuropäischen Zeit (MEZ) in Normalzeit angegeben wird, in Ortszeit umrechnen wollen. Zunächst verwandeln Sie die MEZ-Angabe in Greenwich- oder Weltzeit (WZ), indem Sie eine Stunde abziehen (wenn zur Zeit der Geburt Sommerzeit galt, sind zwei, bei doppelter Sommerzeit sogar drei Stunden abzuziehen; siehe Tabelle II). Dann zählen Sie die in der letzten Spalte der Tabelle I angegebene Zeit wieder hinzu und erhalten so die Ortszeit. h bedeutet Stunde, m Minute. Wenn Sie nicht in einer hier aufgeführten Stadt geboren sind, dann suchen Sie einfach in der Tabelle die Ihrem Geburtsort nächstgelegene Stadt und verwenden die dort zu findenden Angaben.

Die Angaben in der ersten Spalte (nördliche Breite) benötigen Sie für die Aszendenten- und Häuserspitzentabelle (Tabelle III): Entnehmen Sie der Tabelle die Angaben für den Ihrem Geburtsort nächstliegenden Breitengrad.

### II MEZ und Sommerzeit

Diese Tabelle sagt Ihnen, wann in Deutschland, Österreich und der Schweiz die Mitteleuropäische Zeit (MEZ) eingeführt wurde. Ab den genannten Jahren wurden die Geburtszeiten nicht mehr in Ortszeit, sondern in MEZ angegeben. Bei der Ermittlung der Ortszeit ist auch zu berücksichtigen, wann im deutschsprachigen Bereich die Sommerzeit eingeführt war.

### III Sternzeittabelle

Um Aszendent und Häuserspitzen ermitteln zu können, müssen Sie die Sternzeit der Geburt kennen. Dazu müssen Sie zur Ortszeit die Sternzeit des Geburtstages hinzuzählen. Diese finden Sie für alle Tage des Jahres in Tabelle III.

## IV Aszendent und Häuserspitzen

Haben Sie die Sternzeit der Geburt berechnet, so können Sie der Tabelle IV ohne weitere Rechnungen die Häuserspitzen entnehmen; damit kennen Sie auch die Lage von Aszendent (Spitze des 1. Hauses) und Himmelsmitte (MC, Spitze des 10. Hauses). Angegeben sind die Spitzen des 1., 2., 3., 10., 11. und 12. Hauses. Die übrigen Häuserspitzen liegen genau 180° entfernt. Also:

Spitze 1. Haus + 180° = Spitze 7. Haus
Spitze 2. Haus + 180° = Spitze 8. Haus
Spitze 3. Haus + 180° = Spitze 9. Haus
Spitze 10. Haus + 180° = Spitze 4. Haus
Spitze 11. Haus + 180° = Spitze 5. Haus
Spitze 12. Haus + 180° = Spitze 6. Haus

## V Sonneneintritt in Tierkreiszeichen

Wer um einen der 12 Tage des Jahres herum geboren ist, an denen die Sonne das Tierkreiszeichen wechselt, kann dieser Tabelle entnehmen, welches sein Sonnenzeichen ist. Die Zeiten sind in Weltzeit angegeben. Links davon steht der Tag des Zeichenwechsels.

8

# I Geographische Positionen von 128 Städten des deutschsprachigen Raums

| Ort | nördl. Breite | | östl. Länge ° ′ | | h | m |
|---|---|---|---|---|---|---|
| Aachen | 50 | 47 | 6 | 05 | 0 | 24 |
| Allenstein | 53 | 46 | 20 | 28 | 1 | 22 |
| Ansbach | 49 | 18 | 10 | 34 | 0 | 42 |
| Aschaffenburg | 50 | 00 | 9 | 09 | 0 | 37 |
| Augsburg | 48 | 22 | 10 | 54 | 0 | 44 |
| Baden-Baden | 48 | 46 | 8 | 14 | 0 | 33 |
| Bamberg | 49 | 53 | 10 | 53 | 0 | 44 |
| Basel | 47 | 53 | 7 | 36 | 0 | 30 |
| Bayreuth | 49 | 57 | 11 | 36 | 0 | 46 |
| Berlin | 52 | 30 | 13 | 24 | 0 | 54 |
| Bern | 46 | 57 | 7 | 26 | 0 | 30 |
| Bielefeld | 52 | 01 | 8 | 31 | 0 | 34 |
| Bochum | 51 | 29 | 7 | 12 | 0 | 29 |
| Bonn | 50 | 44 | 7 | 06 | 0 | 28 |
| Bozen | 46 | 30 | 11 | 20 | 0 | 45 |
| Brandenburg | 52 | 24 | 12 | 34 | 0 | 50 |
| Braunschweig | 52 | 16 | 10 | 32 | 0 | 42 |
| Bremen | 53 | 05 | 8 | 48 | 0 | 35 |
| Breslau | 51 | 07 | 17 | 02 | 1 | 08 |
| Chemnitz | 50 | 50 | 12 | 55 | 0 | 52 |
| Cottbus | 51 | 46 | 14 | 20 | 0 | 57 |
| Danzig | 54 | 21 | 18 | 40 | 1 | 15 |
| Darmstadt | 49 | 52 | 8 | 40 | 0 | 35 |
| Dessau | 51 | 50 | 12 | 17 | 0 | 49 |
| Dortmund | 51 | 31 | 7 | 28 | 0 | 30 |
| Dresden | 51 | 03 | 13 | 44 | 0 | 55 |
| Duisburg | 51 | 26 | 6 | 46 | 0 | 27 |
| Düsseldorf | 51 | 12 | 6 | 46 | 0 | 27 |
| Eisenach | 50 | 59 | 10 | 20 | 0 | 41 |
| Elberfeld | 51 | 15 | 7 | 10 | 0 | 29 |
| Emden | 53 | 22 | 7 | 12 | 0 | 29 |
| Erfurt | 50 | 59 | 11 | 03 | 0 | 44 |
| Essen | 51 | 27 | 7 | 00 | 0 | 28 |
| Esslingen | 48 | 45 | 9 | 18 | 0 | 37 |
| Feldkirch | 47 | 15 | 9 | 37 | 0 | 38 |
| Flensburg | 54 | 47 | 9 | 26 | 0 | 37 |
| Frankfurt/M. | 50 | 07 | 8 | 41 | 0 | 35 |
| Frankfurt/O. | 52 | 22 | 14 | 33 | 0 | 58 |
| Freiburg/Br. | 47 | 59 | 7 | 50 | 0 | 31 |
| Freising | 48 | 24 | 11 | 45 | 0 | 47 |
| Genf | 46 | 12 | 6 | 09 | 0 | 25 |
| Gera | 50 | 53 | 12 | 04 | 0 | 48 |

8

## I Geographische Positionen von 128 Städten des deutschsprachigen Raums

| Ort | nördl. Breite | östl. Länge ° ' | | h | m |
|---|---|---|---|---|---|
| Gießen | 50 34 | 8 | 40 | 0 | 35 |
| Görlitz | 51 09 | 15 | 00 | 1 | 00 |
| Göttingen | 51 32 | 9 | 57 | 0 | 40 |
| Gotha | 50 57 | 10 | 43 | 0 | 43 |
| Graz | 47 05 | 15 | 27 | 1 | 02 |
| Hagen | 51 22 | 7 | 28 | 0 | 30 |
| Halle/S. | 51 30 | 11 | 58 | 0 | 44 |
| Hamburg | 53 33 | 9 | 58 | 0 | 40 |
| Hannover | 52 22 | 9 | 44 | 0 | 39 |
| Heidelberg | 49 24 | 8 | 44 | 0 | 35 |
| Heilbronn | 49 08 | 9 | 13 | 0 | 37 |
| Helgoland | 54 11 | 7 | 53 | 0 | 32 |
| Hildesheim | 52 09 | 9 | 57 | 0 | 40 |
| Hof | 50 19 | 11 | 55 | 0 | 48 |
| Ingolstadt | 48 46 | 11 | 25 | 0 | 46 |
| Innsbruck | 47 16 | 11 | 24 | 0 | 46 |
| Jena | 50 56 | 11 | 35 | 0 | 46 |
| Kaiserslautern | 49 27 | 7 | 47 | 0 | 31 |
| Karlsbad | 50 13 | 12 | 24 | 0 | 52 |
| Karlsruhe | 49 01 | 8 | 24 | 0 | 34 |
| Kassel | 51 19 | 9 | 25 | 0 | 38 |
| Kempten | 47 44 | 10 | 19 | 0 | 41 |
| Kiel | 54 19 | 10 | 07 | 0 | 41 |
| Kissingen | 50 12 | 10 | 05 | 0 | 40 |
| Klagenfurt | 46 34 | 14 | 19 | 0 | 57 |
| Köln | 50 57 | 6 | 58 | 0 | 27 |
| Königsberg | 54 43 | 20 | 30 | 1 | 22 |
| Konstanz | 47 39 | 9 | 10 | 0 | 37 |
| Krefeld | 51 20 | 6 | 34 | 0 | 26 |
| Kufstein | 47 34 | 12 | 11 | 0 | 49 |
| Lausanne | 46 31 | 6 | 39 | 0 | 27 |
| Leipzig | 51 20 | 12 | 24 | 0 | 50 |
| Leoben | 47 23 | 15 | 06 | 1 | 00 |
| Lindau | 47 33 | 9 | 41 | 0 | 39 |
| Linz | 48 18 | 14 | 17 | 0 | 57 |
| Lübeck | 53 32 | 10 | 41 | 0 | 43 |
| Ludwigshafen | 49 29 | 8 | 27 | 0 | 34 |
| Magdeburg | 52 08 | 11 | 38 | 0 | 47 |
| Mainz | 50 00 | 8 | 16 | 0 | 33 |
| Mannheim | 49 29 | 8 | 28 | 0 | 34 |
| Marburg | 50 49 | 8 | 46 | 0 | 35 |
| Memel | 55 43 | 21 | 07 | 1 | 24 |
| Mühlheim/Rh. | 47 49 | 7 | 38 | 0 | 32 |

# I Geographische Positionen von 128 Städten des deutschsprachigen Raums

| Ort | nördl. Breite | | östl. Länge ° ′ | | h | m |
|-----|------|------|------|------|------|------|
| München | 48 | 09 | 11 | 37 | 0 | 46 |
| Münster | 51 | 58 | 7 | 38 | 0 | 31 |
| Nordhausen | 51 | 30 | 10 | 49 | 0 | 43 |
| Nördlingen | 48 | 51 | 10 | 29 | 0 | 42 |
| Nürnberg | 49 | 28 | 11 | 05 | 0 | 44 |
| Oldenburg | 53 | 08 | 8 | 13 | 0 | 33 |
| Olmütz | 49 | 36 | 17 | 17 | 1 | 10 |
| Osnabrück | 52 | 17 | 8 | 03 | 0 | 32 |
| Passau | 48 | 34 | 13 | 28 | 0 | 54 |
| Pirmasens | 49 | 12 | 7 | 36 | 0 | 30 |
| Plauen | 50 | 30 | 12 | 08 | 0 | 49 |
| Regensburg | 49 | 01 | 12 | 06 | 0 | 48 |
| Rosenheim | 47 | 51 | 12 | 05 | 0 | 48 |
| Rostock | 54 | 06 | 12 | 08 | 0 | 49 |
| Saarbrücken | 49 | 14 | 6 | 59 | 0 | 28 |
| Salzburg | 47 | 48 | 13 | 03 | 0 | 52 |
| Schleswig | 54 | 30 | 9 | 33 | 0 | 38 |
| Schneidemühl | 53 | 09 | 16 | 45 | 1 | 07 |
| Schweinfurt | 50 | 03 | 10 | 14 | 0 | 41 |
| Schwerin | 53 | 38 | 11 | 25 | 0 | 46 |
| Speier | 49 | 19 | 8 | 26 | 0 | 34 |
| Stettin | 53 | 26 | 14 | 34 | 0 | 58 |
| Steyr | 48 | 02 | 14 | 25 | 0 | 58 |
| St. Gallen | 47 | 25 | 9 | 23 | 0 | 38 |
| Stralsund | 54 | 19 | 13 | 05 | 0 | 52 |
| Straßburg | 48 | 35 | 7 | 46 | 0 | 31 |
| Stuttgart | 48 | 47 | 9 | 11 | 0 | 37 |
| Traunstein | 47 | 52 | 10 | 35 | 0 | 42 |
| Trier | 49 | 46 | 6 | 39 | 0 | 27 |
| Ulm | 48 | 24 | 9 | 59 | 0 | 40 |
| Vaduz | 47 | 08 | 9 | 31 | 0 | 38 |
| Villach | 46 | 37 | 13 | 51 | 0 | 55 |
| Weimar | 50 | 59 | 11 | 20 | 0 | 45 |
| Wesermünde | 53 | 32 | 8 | 33 | 0 | 34 |
| Wien | 48 | 13 | 16 | 23 | 1 | 06 |
| Wiesbaden | 50 | 05 | 8 | 14 | 0 | 33 |
| Wittenberg | 51 | 52 | 12 | 38 | 0 | 51 |
| Worms | 49 | 38 | 8 | 22 | 0 | 34 |
| Würzburg | 49 | 48 | 9 | 56 | 0 | 40 |
| Zürich | 47 | 23 | 8 | 33 | 0 | 34 |
| Zweibrücken | 49 | 15 | 7 | 22 | 0 | 29 |
| Zwickau | 50 | 43 | 12 | 29 | 0 | 50 |
| Zwittau | 49 | 45 | 16 | 29 | 1 | 06 |

8

## II MEZ und Sommerzeit

Die Mitteleuropäische Zeit (MEZ) wurde eingeführt:
in Süddeutschland am 1.4.1892,
im übrigen Deutschland am 1.4.1893,
in Österreich am 1.10.1891,
in der Schweiz am 1.6.1894.

Sommerzeit in **Deutschland**
1916 vom 30.4., $23^h$ bis 1.10., $1^h$
1917 vom 16.4., $3^h$ bis 17.9., $3^h$
1918 vom 15.4., $3^h$ bis 16.9., $3^h$
1940 vom 1.4., $3^h$ bis 2.11., $2^h$ 1942
1943 vom 29.3., $3^h$ bis 4.10., $2^h$
1944 vom 3.4., $3^h$ bis 3.10., $2^h$
1945 vom 2.4., $3^h$ bis 16.9., $3^h$ (Westzonen) bzw. 18.11. (Ostzone)
1946 vom 14.4., $3^h$ bis 7.10., $3^h$
1947 vom 6.4., $3^h$ bis 11.5., $3^h$
*Doppelte Sommerzeit:*
1947 vom 11.5., $3^h$ bis 29.6., $3^h$
*Wieder einfache Sommerzeit:*
1947 vom 29.6., $3^h$ bis 5.10., $3^h$
1948 vom 18.4., $2^h$ bis 3.10., $3^h$
1949 vom 10.4., $2^h$ bis 2.10., $3^h$

Sommerzeit in **Österreich**
1916 vom 30.4. bis 1.10.
1917 vom 16.4. bis 17.9.
1918 vom 15.4. bis 13.9.
1940 vom 1.4. bis 2.11.1942
1942 vom 2.11. bis 29.3.1943 **D**
1943 vom 29.3. bis 4.10.
1943 vom 4.10. bis 2.4.1944 **D**
1944 vom 3.4. bis 4.10.
1944 vom 4.10. bis 2.5.1945 **D**
1945 vom 2.4. bis 18.11.
(**D** = doppelte Sommerzeit)

Sommerzeit in der **Schweiz**
1916 vom 14.6. bis 1.10.
1941 vom 5.5. bis 6.10.
1942 vom 4.5. bis 5.10.

## III Sternzeittabelle

| Januar | | Februar | | März | |
|---|---|---|---|---|---|
| Tag | SZ<br>h m | Tag | SZ<br>h m | Tag | SZ<br>h m |
| 1. | 6 41 | 1. | 8 43 | 1. | 10 33 |
| 2. | 6 45 | 2. | 8 47 | 2. | 10 37 |
| 3. | 6 49 | 3. | 8 51 | 3. | 10 41 |
| 4. | 6 53 | 4. | 8 55 | 4. | 10 45 |
| 5. | 6 56 | 5. | 8 59 | 5. | 10 49 |
| 6. | 7 00 | 6. | 9 03 | 6. | 10 53 |
| 7. | 7 04 | 7. | 9 07 | 7. | 10 57 |
| 8. | 7 08 | 8. | 9 10 | 8. | 11 01 |
| 9. | 7 12 | 9. | 9 14 | 9. | 11 05 |
| 10. | 7 16 | 10. | 9 18 | 10. | 11 09 |
| 11. | 7 20 | 11. | 9 22 | 11. | 11 13 |
| 12. | 7 24 | 12. | 9 26 | 12. | 11 17 |
| 13. | 7 28 | 13. | 9 30 | 13. | 11 21 |
| 14. | 7 32 | 14. | 9 34 | 14. | 11 25 |
| 15. | 7 36 | 15. | 9 38 | 15. | 11 28 |
| 16. | 7 40 | 16. | 9 42 | 16. | 11 32 |
| 17. | 7 44 | 17. | 9 46 | 17. | 11 36 |
| 18. | 7 48 | 18. | 9 50 | 18. | 11 40 |
| 19. | 7 52 | 19. | 9 54 | 19. | 11 44 |
| 20. | 7 56 | 20. | 9 58 | 20. | 11 48 |
| 21. | 8 00 | 21. | 10 02 | 21. | 11 52 |
| 22. | 8 03 | 22. | 10 06 | 22. | 11 56 |
| 23. | 8 07 | 23. | 10 10 | 23. | 12 00 |
| 24. | 8 11 | 24. | 10 14 | 24. | 12 04 |
| 25. | 8 15 | 25. | 10 18 | 25. | 12 08 |
| 26. | 8 19 | 26. | 10 21 | 26. | 12 12 |
| 27. | 8 23 | 27. | 10 25 | 27. | 12 16 |
| 28. | 8 27 | 28. | 10 29 | 28. | 12 20 |
| 29. | 8 31 | | | 29. | 12 24 |
| 30. | 8 35 | | | 30. | 12 28 |
| 31. | 8 39 | | | 31. | 12 32 |

8

## III Sternzeittabelle

| Tag | April SZ h m | Tag | Mai SZ h m | Tag | Juni SZ h m |
|---|---|---|---|---|---|
| 1. | 12 36 | 1. | 14 34 | 1. | 16 36 |
| 2. | 12 39 | 2. | 14 38 | 2. | 16 40 |
| 3. | 12 43 | 3. | 14 42 | 3. | 16 44 |
| 4. | 12 47 | 4. | 14 46 | 4. | 16 48 |
| 5. | 12 51 | 5. | 14 50 | 5. | 16 52 |
| 6. | 12 55 | 6. | 14 53 | 6. | 16 56 |
| 7. | 12 59 | 7. | 14 57 | 7. | 17 00 |
| 8. | 13 03 | 8. | 15 01 | 8. | 17 04 |
| 9. | 13 07 | 9. | 15 05 | 9. | 17 08 |
| 10. | 13 11 | 10. | 15 09 | 10. | 17 11 |
| 11. | 13 15 | 11. | 15 13 | 11. | 17 15 |
| 12. | 13 19 | 12. | 15 17 | 12. | 17 19 |
| 13. | 13 23 | 13. | 15 21 | 13. | 17 23 |
| 14. | 13 27 | 14. | 15 25 | 14. | 17 27 |
| 15. | 13 31 | 15. | 15 29 | 15. | 17 31 |
| 16. | 13 35 | 16. | 15 33 | 16. | 17 35 |
| 17. | 13 39 | 17. | 15 37 | 17. | 17 39 |
| 18. | 13 43 | 18. | 15 41 | 18. | 17 43 |
| 19. | 13 46 | 19. | 15 45 | 19. | 17 47 |
| 20. | 13 50 | 20. | 15 49 | 20. | 17 51 |
| 21. | 13 54 | 21. | 15 53 | 21. | 17 55 |
| 22. | 13 58 | 22. | 15 57 | 22. | 17 59 |
| 23. | 14 02 | 23. | 16 01 | 23. | 18 03 |
| 24. | 14 06 | 24. | 16 04 | 24. | 18 07 |
| 25. | 14 10 | 25. | 16 08 | 25. | 18 11 |
| 26. | 14 14 | 26. | 16 12 | 26. | 18 15 |
| 27. | 14 18 | 27. | 16 16 | 27. | 18 19 |
| 28. | 14 22 | 28. | 16 20 | 28. | 18 22 |
| 29. | 14 26 | 29. | 16 24 | 29. | 18 26 |
| 30. | 14 30 | 30. | 16 28 | 30. | 18 30 |
|  |  | 31. | 16 32 |  |  |

## III Sternzeittabelle

| Juli | | August | | September | |
|:---:|:---:|:---:|:---:|:---:|:---:|
| Tag | SZ<br>h m | Tag | SZ<br>h m | Tag | SZ<br>h m |
| 1. | 18 34 | 1. | 20 37 | 1. | 22 39 |
| 2. | 18 38 | 2. | 20 40 | 2. | 22 43 |
| 3. | 18 42 | 3. | 20 44 | 3. | 22 47 |
| 4. | 18 46 | 4. | 20 48 | 4. | 22 51 |
| 5. | 18 50 | 5. | 20 52 | 5. | 22 54 |
| 6. | 18 54 | 6. | 20 56 | 6. | 22 58 |
| 7. | 18 58 | 7. | 21 00 | 7. | 23 02 |
| 8. | 19 02 | 8. | 21 04 | 8. | 23 06 |
| 9. | 19 06 | 9. | 21 08 | 9. | 23 10 |
| 10. | 19 10 | 10. | 21 12 | 10. | 23 14 |
| 11. | 19 14 | 11. | 21 16 | 11. | 23 18 |
| 12. | 19 18 | 12. | 21 20 | 12. | 23 22 |
| 13. | 19 22 | 13. | 21 24 | 13. | 23 26 |
| 14. | 19 26 | 14. | 21 28 | 14. | 23 30 |
| 15. | 19 29 | 15. | 21 32 | 15. | 23 34 |
| 16. | 19 33 | 16. | 21 36 | 16. | 23 38 |
| 17. | 19 37 | 17. | 21 40 | 17. | 23 42 |
| 18. | 19 41 | 18. | 21 44 | 18. | 23 46 |
| 19. | 19 45 | 19. | 21 47 | 19. | 23 50 |
| 20. | 19 49 | 20. | 21 51 | 20. | 23 54 |
| 21. | 19 53 | 21. | 21 55 | 21. | 23 58 |
| 22. | 19 57 | 22. | 21 59 | 22. | 0 02 |
| 23. | 20 01 | 23. | 22 03 | 23. | 0 05 |
| 24. | 20 05 | 24. | 22 07 | 24. | 0 09 |
| 25. | 20 09 | 25. | 22 11 | 25. | 0 13 |
| 26. | 20 13 | 26. | 22 15 | 26. | 0 17 |
| 27. | 20 17 | 27. | 22 19 | 27. | 0 21 |
| 28. | 20 21 | 28. | 22 23 | 28. | 0 25 |
| 29. | 20 25 | 29. | 22 27 | 29. | 0 29 |
| 30. | 20 29 | 30. | 22 31 | 30. | 0 33 |
| 31. | 20 33 | 31. | 22 35 | | |

8

# III Sternzeittabelle

| \multicolumn{2}{c}{Oktober} | | \multicolumn{2}{c}{November} | | \multicolumn{2}{c}{Dezember} |

| Oktober | | November | | Dezember | |
|---|---|---|---|---|---|
| Tag | SZ h m | Tag | SZ h m | Tag | SZ h m |
| 1. | 0 37 | 1. | 2 39 | 1. | 4 37 |
| 2. | 0 41 | 2. | 2 43 | 2. | 4 41 |
| 3. | 0 45 | 3. | 2 47 | 3. | 4 45 |
| 4. | 0 49 | 4. | 2 51 | 4. | 4 49 |
| 5. | 0 53 | 5. | 2 55 | 5. | 4 53 |
| 6. | 0 57 | 6. | 2 59 | 6. | 4 57 |
| 7. | 1 01 | 7. | 3 03 | 7. | 5 01 |
| 8. | 1 05 | 8. | 3 07 | 8. | 5 05 |
| 9. | 1 09 | 9. | 3 11 | 9. | 5 09 |
| 10. | 1 12 | 10. | 3 15 | 10. | 5 13 |
| 11. | 1 16 | 11. | 3 19 | 11. | 5 17 |
| 12. | 1 20 | 12. | 3 23 | 12. | 5 21 |
| 13. | 1 24 | 13. | 3 27 | 13. | 5 25 |
| 14. | 1 28 | 14. | 3 30 | 14. | 5 29 |
| 15. | 1 32 | 15. | 3 34 | 15. | 5 33 |
| 16. | 1 36 | 16. | 3 38 | 16. | 5 37 |
| 17. | 1 40 | 17. | 3 42 | 17. | 5 41 |
| 18. | 1 44 | 18. | 3 46 | 18. | 5 45 |
| 19. | 1 48 | 19. | 3 50 | 19. | 5 48 |
| 20. | 1 52 | 20. | 3 54 | 20. | 5 52 |
| 21. | 1 56 | 21. | 3 58 | 21. | 5 56 |
| 22. | 2 00 | 22. | 4 02 | 22. | 6 00 |
| 23. | 2 04 | 23. | 4 06 | 23. | 6 04 |
| 24. | 2 08 | 24. | 4 10 | 24. | 6 08 |
| 25. | 2 12 | 25. | 4 14 | 25. | 6 12 |
| 26. | 2 16 | 26. | 4 18 | 26. | 6 16 |
| 27. | 2 20 | 27. | 4 22 | 27. | 6 20 |
| 28. | 2 23 | 28. | 4 26 | 28. | 6 24 |
| 29. | 2 27 | 29. | 4 30 | 29. | 6 28 |
| 30. | 2 31 | 30. | 4 34 | 30. | 6 32 |
| 31. | 2 35 | | | 31. | 6 36 |

Da wir bei der Berechnung der Ortszeit und der Sternzeit der Geburt stets von 0 Uhr Weltzeit = Mitternacht Greenwich-Zeit ausgehen, ist auch diese Sternzeittabelle auf 0 Uhr Weltzeit berechnet.

Auf die Angabe von Sekunden wurde verzichtet, da für unsere Zwecke eine so große Genauigkeit nicht erforderlich ist. Obendrein verschieben sich die Werte im 4-Jahre-Zyklus geringfügig nach oben und unten (maximale Streuungsbreite = 3 Minuten). Exakt sind die Tabellen für die Jahre 1903, 1907, 1911, 1915, 1919, 1923, 1927, 1931, 1935, 1939, 1943, 1947, 1951, 1955, 1959, 1963, 1967, 1971, 1975, 1979, 1983, 1987, 1991, 1995 usw. Für die Zwischenjahre gilt folgende Faustregel:

1 Jahr früher = + 1 Minute,
2 Jahre früher = + 2 Minuten,
1 Jahr später = − 1 Minute.

Damit läßt sich für jedes Jahr Tag für Tag die Sternzeit mit ausreichender Genauigkeit ermitteln.

8

**IV Aszendent und Häuserspitzen**
Seite 335 bis 357

| 46° Sternzeit | 10. Haus | 11. Haus | 12. Haus | 1. Haus | 2. Haus | 3. Haus | 46° Sternzeit | 10. Haus | 11. Haus | 12. Haus | 1. Haus | 2. Haus | 3. Haus |
|---|---|---|---|---|---|---|---|---|---|---|---|---|---|
| h m s | ° | ° | ° | ° | ° | ° | h m s | ° | ° | ° | ° | ° | ° |
|  | ♈ | ♉ | ♊ | ♋ | ♌ | ♍ |  | ♉ | ♊ | ♋ | ♌ | ♍ | ♎ |
| 0 00 00 | 00 | 08 | 18 | 23 | 10 | 02 | 2 50 07 | 15 | 22 | 26 | 25 | 15 | 12 |
| 0 03 40 | 01 | 09 | 19 | 23 | 11 | 03 | 2 54 07 | 16 | 23 | 27 | 25 | 16 | 13 |
| 0 07 20 | 02 | 10 | 20 | 24 | 12 | 04 | 2 58 07 | 17 | 24 | 28 | 26 | 17 | 14 |
| 0 11 00 | 03 | 11 | 21 | 25 | 13 | 04 | 3 02 08 | 18 | 25 | 29 | 27 | 18 | 15 |
| 0 14 41 | 04 | 12 | 22 | 25 | 13 | 05 | 3 06 09 | 19 | 26 | 29 | 28 | 19 | 16 |
| 0 18 21 | 05 | 13 | 23 | 26 | 14 | 06 | 3 10 12 | 20 | 27 | ♋0 | 28 | 20 | 16 |
| 0 22 02 | 06 | 14 | 24 | 27 | 15 | 07 | 3 14 15 | 21 | 28 | 01 | 29 | 20 | 17 |
| 0 25 42 | 07 | 15 | 25 | 28 | 16 | 08 | 3 18 19 | 22 | 29 | 02 | 30 | 21 | 18 |
| 0 29 23 | 08 | 16 | 26 | 28 | 16 | 09 | 3 22 23 | 23 | ♋0 | 03 | ♍01 | 22 | 19 |
| 0 33 04 | 09 | 17 | 27 | 29 | 17 | 10 | 3 26 29 | 24 | 01 | 04 | 01 | 23 | 20 |
| 0 36 45 | 10 | 18 | 27 | 30 | 18 | 10 | 3 30 35 | 25 | 01 | 04 | 02 | 24 | 21 |
| 0 40 26 | 11 | 19 | 28 | ♌0 | 19 | 11 | 3 34 41 | 26 | 02 | 05 | 03 | 25 | 22 |
| 0 44 08 | 12 | 20 | 29 | 01 | 19 | 12 | 3 38 49 | 27 | 03 | 06 | 04 | 26 | 23 |
| 0 47 50 | 13 | 21 | ♋0 | 02 | 20 | 13 | 3 42 57 | 28 | 04 | 07 | 04 | 26 | 24 |
| 0 51 32 | 14 | 22 | 01 | 02 | 21 | 14 | 3 47 06 | 29 | 05 | 08 | 05 | 27 | 25 |
| 0 55 14 | 15 | 23 | 02 | 03 | 22 | 15 | 3 51 15 | ♊0 | 06 | 09 | 06 | 28 | 26 |
| 0 58 57 | 16 | 24 | 03 | 04 | 22 | 16 | 3 55 25 | 01 | 07 | 10 | 07 | 29 | 27 |
| 1 02 40 | 17 | 25 | 03 | 05 | 23 | 17 | 3 59 36 | 02 | 08 | 10 | 07 | ♎0 | 28 |
| 1 06 23 | 18 | 26 | 04 | 05 | 24 | 17 | 4 03 48 | 03 | 09 | 11 | 08 | 01 | 29 |
| 1 10 07 | 19 | 27 | 05 | 06 | 25 | 18 | 4 08 00 | 04 | 10 | 12 | 09 | 02 | ♏0 |
| 1 13 51 | 20 | 28 | 06 | 07 | 26 | 19 | 4 12 13 | 05 | 11 | 13 | 10 | 02 | 01 |
| 1 17 35 | 21 | 29 | 07 | 07 | 26 | 20 | 4 16 26 | 06 | 12 | 14 | 11 | 03 | 02 |
| 1 21 20 | 22 | ♊0 | 07 | 08 | 27 | 21 | 4 20 40 | 07 | 13 | 15 | 11 | 04 | 03 |
| 1 25 06 | 23 | 01 | 08 | 09 | 28 | 22 | 4 24 55 | 08 | 14 | 16 | 12 | 05 | 04 |
| 1 28 52 | 24 | 02 | 09 | 09 | 29 | 23 | 4 29 10 | 09 | 15 | 16 | 13 | 06 | 05 |
| 1 32 38 | 25 | 03 | 10 | 10 | 29 | 24 | 4 33 26 | 10 | 16 | 17 | 14 | 07 | 06 |
| 1 36 25 | 26 | 04 | 11 | 11 | ♍0 | 24 | 4 37 42 | 11 | 17 | 18 | 15 | 08 | 07 |
| 1 40 12 | 27 | 05 | 12 | 12 | 01 | 25 | 4 41 59 | 12 | 18 | 19 | 15 | 09 | 08 |
| 1 44 00 | 28 | 06 | 12 | 12 | 02 | 26 | 4 46 16 | 13 | 19 | 20 | 16 | 10 | 09 |
| 1 47 48 | 29 | 07 | 13 | 13 | 02 | 27 | 4 50 34 | 14 | 19 | 21 | 17 | 10 | 10 |
| 1 51 37 | ♉0 | 08 | 14 | 14 | 03 | 28 | 4 54 52 | 15 | 20 | 22 | 18 | 11 | 11 |
| 1 55 27 | 01 | 09 | 15 | 14 | 04 | 29 | 4 59 10 | 16 | 21 | 22 | 19 | 12 | 12 |
| 1 59 17 | 02 | 10 | 16 | 15 | 05 | ♎0 | 5 03 29 | 17 | 22 | 23 | 19 | 13 | 13 |
| 2 03 08 | 03 | 11 | 16 | 16 | 06 | 01 | 5 07 49 | 18 | 23 | 24 | 20 | 14 | 14 |
| 2 06 59 | 04 | 12 | 17 | 17 | 06 | 02 | 5 12 09 | 19 | 24 | 25 | 21 | 15 | 15 |
| 2 10 51 | 05 | 13 | 18 | 17 | 07 | 03 | 5 16 29 | 20 | 25 | 26 | 22 | 16 | 16 |
| 2 14 44 | 06 | 14 | 19 | 18 | 08 | 03 | 5 20 49 | 21 | 26 | 27 | 23 | 17 | 17 |
| 2 18 37 | 07 | 15 | 20 | 19 | 09 | 04 | 5 25 09 | 22 | 27 | 28 | 23 | 18 | 18 |
| 2 22 31 | 08 | 16 | 20 | 19 | 10 | 05 | 5 29 30 | 23 | 28 | 29 | 24 | 19 | 19 |
| 2 26 25 | 09 | 16 | 21 | 20 | 10 | 06 | 5 33 51 | 24 | 29 | 30 | 25 | 20 | 20 |
| 2 30 20 | 10 | 17 | 22 | 21 | 11 | 07 | 5 38 12 | 25 | ♋0 | ♍0 | 26 | 20 | 20 |
| 2 34 16 | 11 | 18 | 23 | 22 | 12 | 08 | 5 42 34 | 26 | 01 | 01 | 27 | 21 | 21 |
| 2 38 13 | 12 | 19 | 24 | 22 | 13 | 09 | 5 46 55 | 27 | 02 | 02 | 28 | 22 | 22 |
| 2 42 10 | 13 | 20 | 25 | 23 | 14 | 10 | 5 51 17 | 28 | 03 | 03 | 28 | 23 | 23 |
| 2 46 08 | 14 | 21 | 25 | 24 | 15 | 11 | 5 55 38 | 29 | 04 | 04 | 29 | 24 | 24 |

| 46° Sternzeit | 10. Haus | 11. Haus | 12. Haus | 1. Haus | 2. Haus | 3. Haus |
|---|---|---|---|---|---|---|
| h m s | ° | ° | ° | ° | ° | ° |
| | ♋ | ♌ | ♍ | ♎ | ♎ | ♏ |
| 6 00 00 | 00 | 05 | 05 | 00 | 25 | 25 |
| 6 04 22 | 01 | 06 | 06 | 01 | 26 | 26 |
| 6 08 43 | 02 | 07 | 07 | 02 | 27 | 27 |
| 6 13 05 | 03 | 08 | 08 | 02 | 28 | 28 |
| 6 17 26 | 04 | 09 | 09 | 03 | 29 | 29 |
| 6 21 48 | 05 | 10 | 10 | 04 | ♏0 | ♐0 |
| 6 26 09 | 06 | 11 | 10 | 05 | 00 | 01 |
| 6 30 30 | 07 | 12 | 11 | 06 | 01 | 02 |
| 6 34 51 | 08 | 12 | 12 | 07 | 02 | 03 |
| 6 39 11 | 09 | 13 | 13 | 07 | 03 | 04 |
| 6 43 31 | 10 | 14 | 14 | 08 | 04 | 05 |
| 6 47 51 | 11 | 15 | 15 | 09 | 05 | 06 |
| 6 52 11 | 12 | 16 | 16 | 10 | 06 | 07 |
| 6 56 31 | 13 | 17 | 17 | 11 | 07 | 08 |
| 7 00 50 | 14 | 18 | 18 | 11 | 08 | 09 |
| 7 05 08 | 15 | 19 | 19 | 12 | 08 | 10 |
| 7 09 26 | 16 | 20 | 20 | 13 | 09 | 11 |
| 7 13 44 | 17 | 21 | 20 | 14 | 10 | 11 |
| 7 18 01 | 18 | 22 | 21 | 15 | 11 | 12 |
| 7 22 18 | 19 | 23 | 22 | 15 | 12 | 13 |
| 7 26 34 | 20 | 24 | 23 | 16 | 13 | 14 |
| 7 30 50 | 21 | 25 | 24 | 17 | 14 | 15 |
| 7 35 05 | 22 | 26 | 25 | 18 | 14 | 16 |
| 7 39 20 | 23 | 27 | 26 | 19 | 15 | 17 |
| 7 43 34 | 24 | 28 | 27 | 19 | 16 | 18 |
| 7 47 47 | 25 | 29 | 28 | 20 | 17 | 19 |
| 7 52 00 | 26 | ♍0 | 28 | 21 | 18 | 20 |
| 7 56 12 | 27 | 01 | 29 | 22 | 19 | 21 |
| 8 00 24 | 28 | 02 | ♎0 | 23 | 20 | 22 |
| 8 04 35 | 29 | 03 | 01 | 23 | 20 | 23 |
| 8 08 45 | ♌0 | 04 | 02 | 24 | 21 | 24 |
| 8 12 54 | 01 | 05 | 03 | 25 | 22 | 25 |
| 8 17 03 | 02 | 06 | 04 | 26 | 23 | 26 |
| 8 21 11 | 03 | 07 | 04 | 26 | 24 | 27 |
| 8 25 19 | 04 | 08 | 05 | 27 | 25 | 28 |
| 8 29 26 | 05 | 09 | 06 | 28 | 26 | 29 |
| 8 33 31 | 06 | 10 | 07 | 29 | 26 | 29 |
| 8 37 37 | 07 | 11 | 08 | 29 | 27 | ♑0 |
| 8 41 41 | 08 | 12 | 09 | ♏0 | 28 | 01 |
| 8 45 45 | 09 | 13 | 10 | 01 | 29 | 02 |
| 8 49 48 | 10 | 14 | 10 | 02 | ♐0 | 03 |
| 8 53 51 | 11 | 14 | 11 | 02 | 01 | 04 |
| 8 57 52 | 12 | 15 | 12 | 03 | 01 | 05 |
| 9 01 53 | 13 | 16 | 13 | 04 | 02 | 06 |
| 9 05 53 | 14 | 17 | 14 | 05 | 03 | 07 |

| 46° Sternzeit | 10. Haus | 11. Haus | 12. Haus | 1. Haus | 2. Haus | 3. Haus |
|---|---|---|---|---|---|---|
| h m s | ° | ° | ° | ° | ° | ° |
| | ♌ | ♍ | ♎ | ♏ | ♐ | ♑ |
| 9 09 53 | 15 | 18 | 15 | 05 | 04 | 08 |
| 9 13 52 | 16 | 19 | 15 | 06 | 05 | 09 |
| 9 17 50 | 17 | 20 | 16 | 07 | 05 | 10 |
| 9 21 47 | 18 | 21 | 17 | 08 | 06 | 11 |
| 9 25 44 | 19 | 22 | 18 | 08 | 07 | 12 |
| 9 29 40 | 20 | 23 | 19 | 09 | 08 | 13 |
| 9 33 35 | 21 | 24 | 20 | 10 | 09 | 14 |
| 9 37 29 | 22 | 25 | 20 | 11 | 10 | 14 |
| 9 41 23 | 23 | 26 | 21 | 11 | 10 | 15 |
| 9 45 16 | 24 | 27 | 22 | 12 | 11 | 16 |
| 9 49 09 | 25 | 27 | 23 | 13 | 12 | 17 |
| 9 53 01 | 26 | 28 | 24 | 13 | 13 | 18 |
| 9 56 52 | 27 | 29 | 24 | 14 | 14 | 19 |
| 10 00 42 | 28 | ♎0 | 25 | 15 | 14 | 20 |
| 10 04 33 | 29 | 01 | 26 | 16 | 15 | 21 |
| 10 08 23 | ♍0 | 02 | 27 | 16 | 16 | 22 |
| 10 12 12 | 01 | 03 | 28 | 17 | 17 | 23 |
| 10 16 00 | 02 | 04 | 28 | 18 | 18 | 24 |
| 10 19 48 | 03 | 05 | 29 | 18 | 18 | 25 |
| 10 23 35 | 04 | 06 | ♏0 | 19 | 19 | 26 |
| 10 27 22 | 05 | 06 | 01 | 20 | 20 | 27 |
| 10 31 08 | 06 | 07 | 01 | 21 | 21 | 28 |
| 10 34 54 | 07 | 08 | 02 | 21 | 22 | 29 |
| 10 38 40 | 08 | 09 | 03 | 22 | 23 | ♒0 |
| 10 42 25 | 09 | 10 | 04 | 23 | 23 | 01 |
| 10 46 09 | 10 | 11 | 04 | 23 | 24 | 02 |
| 10 49 53 | 11 | 12 | 05 | 24 | 25 | 03 |
| 10 53 37 | 12 | 13 | 06 | 25 | 26 | 04 |
| 10 57 20 | 13 | 13 | 07 | 25 | 27 | 05 |
| 11 01 03 | 14 | 14 | 08 | 26 | 27 | 06 |
| 11 04 46 | 15 | 15 | 08 | 27 | 28 | 07 |
| 11 08 28 | 16 | 16 | 09 | 28 | 29 | 08 |
| 11 12 10 | 17 | 17 | 10 | 28 | ♑0 | 09 |
| 11 15 52 | 18 | 18 | 11 | 29 | 01 | 10 |
| 11 19 34 | 19 | 19 | 11 | 29 | 02 | 11 |
| 11 23 15 | 20 | 20 | 12 | ♐0 | 03 | 12 |
| 11 26 56 | 21 | 20 | 13 | 01 | 03 | 13 |
| 11 30 37 | 22 | 21 | 14 | 02 | 04 | 14 |
| 11 34 18 | 23 | 22 | 14 | 02 | 05 | 15 |
| 11 37 58 | 24 | 23 | 15 | 03 | 06 | 16 |
| 11 41 39 | 25 | 24 | 16 | 04 | 07 | 17 |
| 11 45 19 | 26 | 25 | 17 | 05 | 08 | 18 |
| 11 49 00 | 27 | 26 | 17 | 05 | 09 | 19 |
| 11 52 40 | 28 | 26 | 18 | 06 | 10 | 20 |
| 11 56 20 | 29 | 27 | 19 | 07 | 11 | 21 |

8

| 46° Sternzeit | 10. Haus ♎ | 11. Haus ♎ | 12. Haus ♏ | 1. Haus ♐ | 2. Haus ♑ | 3. Haus ♒ |
|---|---|---|---|---|---|---|
| 12 00 00 | 00 | 28 | 20 | 07 | 12 | 22 |
| 12 03 40 | 01 | 29 | 20 | 08 | 12 | 24 |
| 12 07 20 | 02 | ♏0 | 21 | 09 | 13 | 25 |
| 12 11 00 | 03 | 01 | 22 | 10 | 14 | 26 |
| 12 14 41 | 04 | 01 | 22 | 10 | 15 | 27 |
| 12 18 21 | 05 | 02 | 23 | 11 | 16 | 28 |
| 12 22 02 | 06 | 03 | 24 | 12 | 17 | 29 |
| 12 25 42 | 07 | 04 | 25 | 13 | 18 | ♓0 |
| 12 29 23 | 08 | 05 | 25 | 13 | 19 | 01 |
| 12 33 04 | 09 | 06 | 26 | 14 | 20 | 03 |
| 12 36 45 | 10 | 06 | 27 | 15 | 21 | 04 |
| 12 40 26 | 11 | 07 | 28 | 16 | 22 | 05 |
| 12 44 08 | 12 | 08 | 28 | 16 | 23 | 06 |
| 12 47 50 | 13 | 09 | 29 | 17 | 24 | 07 |
| 12 51 32 | 14 | 10 | ♐0 | 18 | 25 | 08 |
| 12 55 14 | 15 | 11 | 01 | 19 | 26 | 09 |
| 12 58 57 | 16 | 12 | 02 | 19 | 27 | 11 |
| 13 02 40 | 17 | 12 | 02 | 20 | 28 | 12 |
| 13 06 23 | 18 | 13 | 03 | 21 | 29 | 13 |
| 13 10 07 | 19 | 14 | 04 | 22 | ♒0 | 14 |
| 13 13 51 | 20 | 15 | 05 | 23 | 02 | 15 |
| 13 17 35 | 21 | 16 | 05 | 23 | 03 | 16 |
| 13 21 20 | 22 | 17 | 06 | 24 | 04 | 18 |
| 13 25 06 | 23 | 17 | 07 | 25 | 05 | 19 |
| 13 28 52 | 24 | 18 | 08 | 26 | 06 | 20 |
| 13 32 38 | 25 | 19 | 08 | 27 | 07 | 21 |
| 13 36 25 | 26 | 20 | 09 | 27 | 08 | 22 |
| 13 40 12 | 27 | 21 | 10 | 28 | 09 | 24 |
| 13 44 00 | 28 | 22 | 11 | 29 | 11 | 25 |
| 13 47 48 | 29 | 23 | 12 | ♑0 | 12 | 26 |
| 13 51 37 | ♏0 | 23 | 12 | 01 | 13 | 27 |
| 13 55 27 | 01 | 24 | 13 | 02 | 14 | 28 |
| 13 59 17 | 02 | 25 | 14 | 03 | 16 | ♈0 |
| 14 03 08 | 03 | 26 | 15 | 04 | 17 | 01 |
| 14 06 59 | 04 | 27 | 16 | 05 | 18 | 02 |
| 14 10 51 | 05 | 28 | 16 | 05 | 19 | 03 |
| 14 14 44 | 06 | 29 | 17 | 06 | 21 | 05 |
| 14 18 37 | 07 | 29 | 18 | 07 | 22 | 06 |
| 14 22 31 | 08 | ♐0 | 19 | 08 | 23 | 07 |
| 14 26 25 | 09 | 01 | 20 | 09 | 25 | 08 |
| 14 30 20 | 10 | 02 | 21 | 10 | 26 | 10 |
| 14 34 16 | 11 | 03 | 22 | 11 | 28 | 11 |
| 14 38 13 | 12 | 04 | 22 | 12 | 29 | 12 |
| 14 42 10 | 13 | 05 | 23 | 13 | ♓0 | 13 |
| 14 46 08 | 14 | 06 | 24 | 14 | 02 | 15 |

| 46° Sternzeit | 10. Haus ♏ | 11. Haus ♐ | 12. Haus ♐ | 1. Haus ♑ | 2. Haus ♓ | 3. Haus ♈ |
|---|---|---|---|---|---|---|
| 14 50 07 | 15 | 06 | 25 | 16 | 03 | 16 |
| 14 54 07 | 16 | 07 | 26 | 17 | 05 | 17 |
| 14 58 07 | 17 | 08 | 27 | 18 | 06 | 19 |
| 15 02 08 | 18 | 09 | 28 | 19 | 08 | 20 |
| 15 06 09 | 19 | 10 | 29 | 20 | 09 | 21 |
| 15 10 12 | 20 | 11 | ♑0 | 21 | 11 | 22 |
| 15 14 15 | 21 | 12 | 01 | 22 | 12 | 24 |
| 15 18 19 | 22 | 13 | 01 | 24 | 14 | 25 |
| 15 22 23 | 23 | 13 | 02 | 25 | 15 | 26 |
| 15 26 29 | 24 | 14 | 03 | 26 | 17 | 27 |
| 15 30 35 | 25 | 15 | 04 | 27 | 18 | 29 |
| 15 34 41 | 26 | 16 | 05 | 29 | 20 | ♉0 |
| 15 38 49 | 27 | 17 | 06 | ♒0 | 22 | 01 |
| 15 42 57 | 28 | 18 | 07 | 01 | 23 | 02 |
| 15 47 06 | 29 | 19 | 08 | 03 | 25 | 04 |
| 15 51 15 | ♐0 | 20 | 09 | 04 | 26 | 05 |
| 15 55 25 | 01 | 21 | 10 | 06 | 28 | 06 |
| 15 59 36 | 02 | 22 | 11 | 07 | ♈0 | 07 |
| 16 03 48 | 03 | 23 | 12 | 09 | 01 | 09 |
| 16 08 00 | 04 | 24 | 13 | 10 | 03 | 10 |
| 16 12 13 | 05 | 25 | 15 | 12 | 05 | 11 |
| 16 16 26 | 06 | 26 | 16 | 13 | 06 | 12 |
| 16 20 40 | 07 | 27 | 17 | 15 | 08 | 13 |
| 16 24 55 | 08 | 27 | 18 | 16 | 10 | 15 |
| 16 29 10 | 09 | 28 | 19 | 18 | 11 | 16 |
| 16 33 26 | 10 | 29 | 20 | 20 | 13 | 17 |
| 16 37 42 | 11 | ♑0 | 21 | 22 | 15 | 18 |
| 16 41 59 | 12 | 01 | 22 | 23 | 16 | 19 |
| 16 46 16 | 13 | 02 | 23 | 25 | 18 | 21 |
| 16 50 34 | 14 | 03 | 25 | 27 | 19 | 22 |
| 16 54 52 | 15 | 04 | 26 | 29 | 21 | 23 |
| 16 59 10 | 16 | 05 | 27 | ♓01 | 23 | 24 |
| 17 03 29 | 17 | 06 | 28 | 03 | 24 | 25 |
| 17 07 49 | 18 | 07 | ♒0 | 05 | 26 | 26 |
| 17 12 09 | 19 | 08 | 01 | 07 | 28 | 28 |
| 17 16 29 | 20 | 09 | 02 | 09 | 29 | 29 |
| 17 20 49 | 21 | 10 | 03 | 11 | ♉0 | ♊0 |
| 17 25 09 | 22 | 12 | 05 | 13 | 02 | 01 |
| 17 29 30 | 23 | 13 | 06 | 15 | 04 | 02 |
| 17 33 51 | 24 | 14 | 07 | 17 | 05 | 03 |
| 17 38 12 | 25 | 15 | 09 | 19 | 07 | 04 |
| 17 42 34 | 26 | 16 | 10 | 21 | 08 | 06 |
| 17 46 55 | 27 | 17 | 11 | 24 | 10 | 07 |
| 17 51 17 | 28 | 18 | 13 | 26 | 11 | 08 |
| 17 55 38 | 29 | 19 | 14 | 28 | 13 | 09 |

| 46° Sternzeit | 10. Haus | 11. Haus | 12. Haus | 1. Haus | 2. Haus | 3. Haus | 46° Sternzeit | 10. Haus | 11. Haus | 12. Haus | 1. Haus | 2. Haus | 3. Haus |
|---|---|---|---|---|---|---|---|---|---|---|---|---|---|
| h m s | ° | ° | ° | ° | ° | ° | h m s | ° | ° | ° | ° | ° | ° |
|  | ♉ | ♉ | ≈ | ♈ | ♉ | ♊ |  | ≈ | ♓ | ♈ | ♊ | ♋ | ♋ |
| 18 00 00 | 00 | 20 | 16 | 00 | 14 | 10 | 21 09 53 | 15 | 14 | 27 | 14 | 05 | 24 |
| 18 04 22 | 01 | 21 | 17 | 02 | 16 | 11 | 21 13 52 | 16 | 15 | 28 | 16 | 06 | 24 |
| 18 08 43 | 02 | 22 | 19 | 04 | 17 | 12 | 21 17 50 | 17 | 17 | ♉0 | 17 | 07 | 25 |
| 18 13 05 | 03 | 23 | 20 | 07 | 19 | 13 | 21 21 47 | 18 | 18 | 01 | 18 | 08 | 26 |
| 18 17 26 | 04 | 24 | 22 | 09 | 20 | 14 | 21 25 44 | 19 | 19 | 02 | 19 | 08 | 27 |
| 18 21 48 | 05 | 26 | 23 | 11 | 21 | 15 | 21 29 40 | 20 | 20 | 04 | 20 | 09 | 28 |
| 18 26 09 | 06 | 27 | 25 | 13 | 23 | 16 | 21 33 35 | 21 | 22 | 05 | 21 | 10 | 29 |
| 18 30 30 | 07 | 28 | 26 | 15 | 24 | 17 | 21 37 29 | 22 | 23 | 07 | 22 | 11 | ♌0 |
| 18 34 51 | 08 | 29 | 28 | 17 | 25 | 18 | 21 41 23 | 23 | 24 | 08 | 23 | 12 | 01 |
| 18 39 11 | 09 | ≈0 | ♓0 | 19 | 27 | 20 | 21 45 16 | 24 | 25 | 09 | 24 | 13 | 01 |
| 18 43 31 | 10 | 01 | 01 | 21 | 28 | 21 | 21 49 09 | 25 | 27 | 11 | 25 | 14 | 02 |
| 18 47 51 | 11 | 02 | 02 | 23 | 29 | 22 | 21 53 01 | 26 | 28 | 12 | 25 | 14 | 03 |
| 18 52 11 | 12 | 04 | 04 | 25 | ♊0 | 23 | 21 56 52 | 27 | 29 | 13 | 26 | 15 | 04 |
| 18 56 31 | 13 | 05 | 06 | 27 | 02 | 24 | 22 00 43 | 28 | ♈0 | 14 | 27 | 16 | 05 |
| 19 00 50 | 14 | 06 | 07 | 29 | 04 | 25 | 22 04 33 | 29 | 02 | 16 | 28 | 17 | 06 |
| 19 05 08 | 15 | 07 | 09 | ♉0 | 04 | 26 | 22 08 23 | ♓0 | 03 | 17 | 29 | 18 | 07 |
| 19 09 26 | 16 | 08 | 11 | 03 | 05 | 27 | 22 12 12 | 01 | 04 | 18 | ♋0 | 18 | 07 |
| 19 13 44 | 17 | 09 | 12 | 05 | 07 | 28 | 22 16 00 | 02 | 05 | 19 | 01 | 18 | 08 |
| 19 18 01 | 18 | 11 | 14 | 07 | 08 | 29 | 22 19 48 | 03 | 06 | 21 | 02 | 20 | 09 |
| 19 22 18 | 19 | 12 | 15 | 08 | 09 | ♋0 | 22 23 35 | 04 | 08 | 22 | 03 | 21 | 10 |
| 19 26 34 | 20 | 13 | 17 | 10 | 10 | 01 | 22 27 22 | 05 | 09 | 23 | 03 | 22 | 11 |
| 19 30 50 | 21 | 14 | 19 | 12 | 11 | 02 | 22 31 08 | 06 | 10 | 24 | 04 | 22 | 12 |
| 19 35 05 | 22 | 15 | 20 | 14 | 12 | 03 | 22 34 54 | 07 | 11 | 25 | 05 | 23 | 13 |
| 19 39 20 | 23 | 17 | 22 | 15 | 13 | 03 | 22 38 40 | 08 | 12 | 26 | 06 | 24 | 13 |
| 19 43 34 | 24 | 18 | 24 | 17 | 14 | 04 | 22 42 25 | 09 | 14 | 27 | 07 | 25 | 14 |
| 19 47 47 | 25 | 19 | 25 | 18 | 15 | 05 | 22 46 09 | 10 | 15 | 28 | 07 | 25 | 15 |
| 19 52 00 | 26 | 20 | 27 | 20 | 17 | 06 | 22 49 53 | 11 | 16 | ♊0 | 08 | 26 | 16 |
| 19 56 12 | 27 | 21 | 28 | 21 | 18 | 07 | 22 53 37 | 12 | 17 | 01 | 09 | 27 | 17 |
| 20 00 24 | 28 | 23 | ♈0 | 23 | 19 | 08 | 22 57 20 | 13 | 18 | 02 | 10 | 28 | 18 |
| 20 04 35 | 29 | 24 | 02 | 24 | 20 | 09 | 23 01 03 | 14 | 19 | 03 | 11 | 28 | 18 |
| 20 08 45 | ≈0 | 25 | 04 | 26 | 21 | 10 | 23 04 46 | 15 | 21 | 04 | 11 | 29 | 19 |
| 20 12 54 | 01 | 26 | 05 | 27 | 22 | 11 | 23 08 28 | 16 | 22 | 05 | 12 | ♌0 | 20 |
| 20 17 03 | 02 | 28 | 07 | 29 | 23 | 12 | 23 12 10 | 17 | 23 | 06 | 13 | 01 | 21 |
| 20 21 11 | 03 | 29 | 08 | ♊0 | 24 | 13 | 23 15 52 | 18 | 24 | 07 | 14 | 02 | 22 |
| 20 25 19 | 04 | ♓0 | 10 | 01 | 25 | 14 | 23 19 34 | 19 | 25 | 08 | 14 | 02 | 23 |
| 20 29 26 | 05 | 01 | 12 | 03 | 26 | 15 | 23 23 15 | 20 | 26 | 09 | 15 | 03 | 24 |
| 20 33 31 | 06 | 03 | 13 | 04 | 27 | 16 | 23 26 56 | 21 | 27 | 10 | 16 | 04 | 24 |
| 20 37 37 | 07 | 04 | 15 | 05 | 28 | 17 | 23 30 37 | 22 | 29 | 11 | 17 | 05 | 25 |
| 20 41 41 | 08 | 05 | 16 | 06 | 29 | 17 | 23 34 18 | 23 | ♉0 | 12 | 17 | 05 | 26 |
| 20 45 45 | 09 | 06 | 18 | 08 | 29 | 18 | 23 37 58 | 24 | 01 | 13 | 18 | 06 | 27 |
| 20 49 48 | 10 | 08 | 19 | 09 | ♋0 | 19 | 23 41 39 | 25 | 02 | 14 | 19 | 07 | 28 |
| 20 53 51 | 11 | 09 | 21 | 10 | 01 | 20 | 23 45 19 | 26 | 03 | 15 | 20 | 08 | 29 |
| 20 57 52 | 12 | 10 | 22 | 11 | 02 | 21 | 23 49 00 | 27 | 04 | 16 | 20 | 08 | 29 |
| 21 01 53 | 13 | 11 | 24 | 12 | 03 | 22 | 23 52 40 | 28 | 05 | 17 | 21 | 09 | ♍0 |
| 21 05 53 | 14 | 13 | 25 | 13 | 04 | 23 | 23 56 20 | 29 | 06 | 18 | 22 | 10 | 01 |

| 47°30' Sternzeit | 10. Haus | 11. Haus | 12. Haus | 1. Haus | 2. Haus | 3. Haus | 47°30' Sternzeit | 10. Haus | 11. Haus | 12. Haus | 1. Haus | 2. Haus | 3. Haus |
|---|---|---|---|---|---|---|---|---|---|---|---|---|---|
| h m s | ° | ° | ° | ° | ° | ° | h m s | ° | ° | ° | ° | ° | ° |
|  | ♈ | ♉ | ♊ | ♋ | ♌ | ♍ |  | ♉ | ♊ | ♋ | ♌ | ♍ | ♎ |
| 0 00 00 | 00 | 08 | 19 | 23 | 11 | 02 | 2 50 07 | 15 | 23 | 27 | 25 | 16 | 12 |
| 0 03 40 | 01 | 09 | 20 | 24 | 12 | 03 | 2 54 07 | 16 | 23 | 28 | 26 | 16 | 13 |
| 0 07 20 | 02 | 10 | 21 | 25 | 12 | 04 | 2 58 07 | 17 | 24 | 28 | 27 | 17 | 14 |
| 0 11 00 | 03 | 11 | 22 | 26 | 13 | 05 | 3 02 08 | 18 | 25 | 29 | 27 | 18 | 15 |
| 0 14 41 | 04 | 12 | 23 | 26 | 14 | 05 | 3 06 09 | 19 | 26 | ♋0 | 28 | 19 | 15 |
| 0 18 21 | 05 | 13 | 24 | 27 | 15 | 06 | 3 10 12 | 20 | 27 | 01 | 29 | 20 | 16 |
| 0 22 02 | 06 | 14 | 25 | 28 | 15 | 07 | 3 14 15 | 21 | 28 | 02 | 29 | 21 | 17 |
| 0 25 42 | 07 | 15 | 26 | 28 | 16 | 08 | 3 18 19 | 22 | 29 | 03 | ♍0 | 21 | 18 |
| 0 29 23 | 08 | 16 | 26 | 29 | 17 | 09 | 3 22 23 | 23 | ♋0 | 03 | 01 | 22 | 19 |
| 0 33 04 | 09 | 17 | 27 | 30 | 18 | 10 | 3 26 29 | 24 | 01 | 04 | 02 | 23 | 20 |
| 0 36 45 | 10 | 18 | 28 | ♌0 | 18 | 11 | 3 30 35 | 25 | 02 | 05 | 02 | 24 | 21 |
| 0 40 26 | 11 | 19 | 29 | 01 | 19 | 11 | 3 34 41 | 26 | 03 | 06 | 03 | 25 | 22 |
| 0 44 08 | 12 | 20 | ♋0 | 02 | 20 | 12 | 3 38 49 | 27 | 04 | 07 | 04 | 26 | 23 |
| 0 47 50 | 13 | 21 | 01 | 03 | 21 | 13 | 3 42 57 | 28 | 05 | 07 | 05 | 26 | 24 |
| 0 51 32 | 14 | 22 | 02 | 03 | 21 | 14 | 3 47 06 | 29 | 06 | 08 | 05 | 27 | 25 |
| 0 55 14 | 15 | 23 | 02 | 04 | 22 | 15 | 3 51 15 | ♊0 | 07 | 09 | 06 | 28 | 26 |
| 0 58 57 | 16 | 24 | 03 | 05 | 23 | 16 | 3 55 25 | 01 | 08 | 10 | 07 | 29 | 27 |
| 1 02 40 | 17 | 25 | 04 | 05 | 24 | 17 | 3 59 36 | 02 | 08 | 11 | 08 | ♎0 | 28 |
| 1 06 23 | 18 | 26 | 05 | 06 | 24 | 17 | 4 03 48 | 03 | 09 | 12 | 09 | 01 | 29 |
| 1 10 07 | 19 | 27 | 06 | 07 | 25 | 18 | 4 08 00 | 04 | 10 | 13 | 09 | 02 | ♏0 |
| 1 13 51 | 20 | 28 | 07 | 07 | 26 | 19 | 4 12 13 | 05 | 11 | 13 | 10 | 02 | 01 |
| 1 17 35 | 21 | 29 | 07 | 08 | 27 | 20 | 4 16 26 | 06 | 12 | 14 | 11 | 03 | 02 |
| 1 21 20 | 22 | ♊0 | 08 | 09 | 27 | 21 | 4 20 40 | 07 | 13 | 15 | 12 | 04 | 03 |
| 1 25 06 | 23 | 01 | 09 | 09 | 28 | 22 | 4 24 55 | 08 | 14 | 16 | 12 | 05 | 04 |
| 1 28 52 | 24 | 02 | 10 | 10 | 29 | 23 | 4 29 10 | 09 | 15 | 17 | 13 | 06 | 05 |
| 1 32 38 | 25 | 03 | 11 | 11 | 29 | 24 | 4 33 26 | 10 | 16 | 18 | 14 | 07 | 06 |
| 1 36 25 | 26 | 04 | 11 | 12 | ♍0 | 24 | 4 37 42 | 11 | 17 | 19 | 15 | 08 | 07 |
| 1 40 12 | 27 | 05 | 12 | 12 | 01 | 25 | 4 41 59 | 12 | 18 | 19 | 16 | 09 | 08 |
| 1 44 00 | 28 | 06 | 13 | 13 | 02 | 26 | 4 46 16 | 13 | 19 | 20 | 16 | 10 | 09 |
| 1 47 48 | 29 | 07 | 14 | 14 | 03 | 27 | 4 50 34 | 14 | 20 | 21 | 17 | 10 | 10 |
| 1 15 37 | ♉0 | 08 | 15 | 14 | 03 | 28 | 4 54 52 | 15 | 21 | 22 | 18 | 11 | 11 |
| 1 55 27 | 01 | 09 | 16 | 15 | 04 | 29 | 4 59 10 | 16 | 22 | 23 | 19 | 12 | 12 |
| 1 59 17 | 02 | 10 | 16 | 16 | 05 | ♎0 | 5 03 29 | 17 | 23 | 24 | 20 | 13 | 12 |
| 2 03 08 | 03 | 11 | 17 | 16 | 06 | 01 | 5 07 49 | 18 | 24 | 25 | 20 | 14 | 13 |
| 2 06 59 | 04 | 12 | 18 | 17 | 07 | 02 | 5 12 09 | 19 | 24 | 25 | 21 | 15 | 14 |
| 2 10 51 | 05 | 13 | 19 | 18 | 07 | 03 | 5 16 29 | 20 | 25 | 26 | 22 | 16 | 15 |
| 2 14 44 | 06 | 14 | 20 | 19 | 08 | 03 | 5 20 49 | 21 | 26 | 27 | 23 | 17 | 16 |
| 2 18 27 | 07 | 15 | 20 | 19 | 09 | 04 | 5 25 09 | 22 | 27 | 28 | 24 | 18 | 17 |
| 2 22 31 | 08 | 16 | 21 | 20 | 10 | 05 | 5 29 30 | 23 | 28 | 29 | 24 | 18 | 18 |
| 2 26 25 | 09 | 17 | 22 | 21 | 11 | 06 | 5 33 51 | 24 | 29 | ♍0 | 25 | 19 | 19 |
| 2 30 20 | 10 | 18 | 23 | 21 | 11 | 07 | 5 38 12 | 25 | ♌0 | 01 | 26 | 20 | 20 |
| 2 34 16 | 11 | 19 | 24 | 22 | 12 | 08 | 5 42 34 | 26 | 01 | 02 | 27 | 21 | 21 |
| 2 38 13 | 12 | 20 | 24 | 23 | 13 | 09 | 5 46 55 | 27 | 02 | 03 | 28 | 22 | 22 |
| 2 42 10 | 13 | 21 | 25 | 24 | 14 | 10 | 5 51 17 | 28 | 03 | 03 | 28 | 23 | 23 |
| 2 46 08 | 14 | 22 | 26 | 24 | 15 | 11 | 5 55 38 | 29 | 04 | 04 | 29 | 24 | 24 |

| 47°30' Sternzeit | 10. Haus | 11. Haus | 12. Haus | 1. Haus | 2. Haus | 3. Haus |
|---|---|---|---|---|---|---|
| h m s | ° | ° | ° | ° | ° | ° |
|  | ♋ | ♌ | ♍ | ♎ | ♎ | ♏ |
| 6 00 00 | 00 | 05 | 05 | 00 | 25 | 25 |
| 6 04 22 | 01 | 06 | 06 | 01 | 26 | 26 |
| 6 08 43 | 02 | 07 | 07 | 02 | 27 | 27 |
| 6 13 05 | 03 | 08 | 08 | 02 | 27 | 28 |
| 6 17 26 | 04 | 09 | 09 | 03 | 28 | 29 |
| 6 21 48 | 05 | 10 | 10 | 04 | 29 | ♐0 |
| 6 26 09 | 06 | 11 | 11 | 05 | ♏0 | 01 |
| 6 30 30 | 07 | 12 | 12 | 06 | 01 | 02 |
| 6 34 51 | 08 | 13 | 12 | 06 | 02 | 03 |
| 6 39 11 | 09 | 14 | 13 | 07 | 03 | 04 |
| 6 43 31 | 10 | 15 | 14 | 08 | 04 | 05 |
| 6 47 51 | 11 | 16 | 15 | 09 | 05 | 06 |
| 6 52 11 | 12 | 17 | 16 | 10 | 05 | 06 |
| 6 56 31 | 13 | 18 | 17 | 10 | 06 | 07 |
| 7 00 50 | 14 | 18 | 18 | 11 | 07 | 08 |
| 7 05 08 | 15 | 19 | 19 | 12 | 08 | 09 |
| 7 09 26 | 16 | 20 | 20 | 13 | 09 | 10 |
| 7 13 44 | 17 | 21 | 20 | 14 | 10 | 11 |
| 7 18 01 | 18 | 22 | 21 | 14 | 11 | 12 |
| 7 22 18 | 19 | 23 | 22 | 15 | 11 | 13 |
| 7 26 34 | 20 | 24 | 23 | 16 | 12 | 14 |
| 7 30 30 | 21 | 25 | 24 | 17 | 13 | 15 |
| 7 35 05 | 22 | 26 | 25 | 18 | 14 | 16 |
| 7 39 20 | 23 | 27 | 26 | 18 | 15 | 17 |
| 7 43 34 | 24 | 28 | 27 | 19 | 16 | 18 |
| 7 47 47 | 25 | 29 | 28 | 20 | 17 | 19 |
| 7 52 00 | 26 | ♍0 | 28 | 21 | 17 | 20 |
| 7 56 12 | 27 | 01 | 29 | 21 | 18 | 21 |
| 8 00 24 | 28 | 02 | ♎0 | 22 | 19 | 22 |
| 8 04 35 | 29 | 03 | 01 | 23 | 20 | 22 |
| 8 08 45 | ♌0 | 04 | 02 | 24 | 21 | 23 |
| 8 12 54 | 01 | 05 | 03 | 25 | 22 | 24 |
| 8 17 03 | 02 | 06 | 04 | 25 | 23 | 25 |
| 8 21 11 | 03 | 07 | 04 | 26 | 23 | 26 |
| 8 25 19 | 04 | 08 | 05 | 27 | 24 | 27 |
| 8 29 26 | 05 | 09 | 06 | 28 | 25 | 28 |
| 8 33 31 | 06 | 10 | 07 | 28 | 26 | 29 |
| 8 37 37 | 07 | 11 | 08 | 29 | 27 | ♐0 |
| 8 41 41 | 08 | 12 | 09 | 29 | 27 | 01 |
| 8 45 45 | 09 | 13 | 09 | ♏01 | 28 | 02 |
| 8 49 48 | 10 | 14 | 10 | 01 | 29 | 03 |
| 8 53 51 | 11 | 15 | 11 | 02 | ♐0 | 04 |
| 8 57 52 | 12 | 15 | 12 | 03 | 01 | 05 |
| 9 01 53 | 13 | 16 | 13 | 03 | 02 | 06 |
| 9 05 53 | 14 | 17 | 14 | 04 | 02 | 07 |

| 47°30' Sternzeit | 10. Haus | 11. Haus | 12. Haus | 1. Haus | 2. Haus | 3. Haus |
|---|---|---|---|---|---|---|
| h m s | ° | ° | ° | ° | ° | ° |
|  | ♌ | ♍ | ♎ | ♏ | ♐ | ♑ |
| 9 09 53 | 15 | 18 | 14 | 05 | 03 | 07 |
| 9 13 52 | 16 | 19 | 15 | 06 | 04 | 08 |
| 9 17 50 | 17 | 20 | 16 | 06 | 05 | 09 |
| 9 21 47 | 18 | 21 | 17 | 07 | 06 | 10 |
| 9 25 44 | 19 | 22 | 18 | 08 | 06 | 11 |
| 9 29 40 | 20 | 23 | 19 | 09 | 07 | 12 |
| 9 33 35 | 21 | 24 | 19 | 09 | 08 | 13 |
| 9 37 29 | 22 | 25 | 20 | 10 | 09 | 14 |
| 9 41 23 | 23 | 26 | 21 | 11 | 10 | 15 |
| 9 45 16 | 24 | 27 | 22 | 11 | 10 | 16 |
| 9 49 09 | 25 | 27 | 23 | 12 | 11 | 17 |
| 9 53 01 | 26 | 28 | 23 | 13 | 12 | 18 |
| 9 56 52 | 27 | 29 | 24 | 14 | 13 | 19 |
| 10 00 42 | 28 | ♎0 | 25 | 14 | 14 | 20 |
| 10 04 33 | 29 | 01 | 26 | 15 | 14 | 21 |
| 10 08 23 | ♍0 | 02 | 27 | 16 | 15 | 22 |
| 10 12 12 | 01 | 03 | 27 | 16 | 16 | 23 |
| 10 16 00 | 02 | 04 | 28 | 17 | 17 | 24 |
| 10 19 48 | 03 | 05 | 29 | 18 | 18 | 25 |
| 10 23 35 | 04 | 06 | 29 | 18 | 19 | 26 |
| 10 27 22 | 05 | 06 | ♏0 | 19 | 19 | 27 |
| 10 31 08 | 06 | 07 | 01 | 20 | 20 | 28 |
| 10 34 54 | 07 | 08 | 02 | 21 | 21 | 29 |
| 10 38 40 | 08 | 09 | 03 | 21 | 22 | ♒0 |
| 10 42 25 | 09 | 10 | 03 | 22 | 23 | 01 |
| 10 46 09 | 10 | 11 | 04 | 23 | 23 | 02 |
| 10 49 53 | 11 | 12 | 05 | 23 | 24 | 03 |
| 10 53 37 | 12 | 13 | 06 | 24 | 25 | 04 |
| 10 57 20 | 13 | 13 | 06 | 25 | 26 | 05 |
| 11 01 03 | 14 | 14 | 07 | 25 | 27 | 06 |
| 11 04 46 | 15 | 15 | 08 | 26 | 28 | 07 |
| 11 08 28 | 16 | 16 | 09 | 27 | 28 | 08 |
| 11 12 10 | 17 | 17 | 09 | 27 | 29 | 09 |
| 11 15 52 | 18 | 18 | 10 | 28 | ♑0 | 10 |
| 11 19 34 | 19 | 19 | 11 | 29 | 01 | 11 |
| 11 23 15 | 20 | 19 | 12 | 29 | 02 | 12 |
| 11 26 56 | 21 | 20 | 12 | ♐0 | 03 | 13 |
| 11 30 37 | 22 | 21 | 13 | 01 | 04 | 14 |
| 11 34 18 | 23 | 22 | 14 | 02 | 04 | 15 |
| 11 37 58 | 24 | 23 | 15 | 02 | 05 | 16 |
| 11 41 39 | 25 | 24 | 15 | 03 | 06 | 17 |
| 11 45 19 | 26 | 25 | 16 | 04 | 07 | 18 |
| 11 49 00 | 27 | 25 | 17 | 04 | 08 | 19 |
| 11 52 40 | 28 | 26 | 18 | 05 | 09 | 20 |
| 11 56 20 | 29 | 27 | 18 | 06 | 10 | 21 |

| 47°30' Sternzeit | 10. Haus | 11. Haus | 12. Haus | 1. Haus | 2. Haus | 3. Haus |
|---|---|---|---|---|---|---|
| h m s | ° | ° | ° | ° | ° | ° |
|  | ♎ | ♎ | ♏ | ♐ | ♑ | ♒ |
| 12 00 00 | 00 | 28 | 19 | 07 | 11 | 22 |
| 12 03 40 | 01 | 29 | 20 | 07 | 12 | 23 |
| 12 07 20 | 02 | ♏0 | 21 | 08 | 12 | 24 |
| 12 11 00 | 03 | 01 | 21 | 09 | 13 | 26 |
| 12 14 41 | 04 | 01 | 22 | 09 | 14 | 27 |
| 12 18 21 | 05 | 02 | 23 | 10 | 15 | 28 |
| 12 22 02 | 06 | 03 | 24 | 11 | 16 | 29 |
| 12 25 42 | 07 | 04 | 24 | 12 | 17 | ♓0 |
| 12 29 23 | 08 | 05 | 25 | 12 | 18 | 01 |
| 12 33 04 | 09 | 06 | 26 | 13 | 19 | 02 |
| 12 36 45 | 10 | 06 | 26 | 14 | 20 | 03 |
| 12 40 26 | 11 | 07 | 27 | 14 | 21 | 05 |
| 12 44 08 | 12 | 08 | 28 | 15 | 22 | 06 |
| 12 47 50 | 13 | 09 | 29 | 16 | 23 | 07 |
| 12 51 32 | 14 | 10 | 29 | 17 | 24 | 08 |
| 12 55 14 | 15 | 11 | ♐0 | 18 | 25 | 09 |
| 12 58 57 | 16 | 11 | 01 | 18 | 26 | 10 |
| 13 02 40 | 17 | 12 | 02 | 19 | 27 | 12 |
| 13 06 23 | 18 | 13 | 02 | 20 | 28 | 13 |
| 13 10 07 | 19 | 14 | 03 | 21 | 29 | 14 |
| 13 13 51 | 20 | 15 | 04 | 21 | ≈0 | 15 |
| 13 17 35 | 21 | 16 | 05 | 22 | 02 | 16 |
| 13 21 20 | 22 | 16 | 06 | 23 | 03 | 18 |
| 13 25 06 | 23 | 17 | 06 | 24 | 04 | 19 |
| 13 28 52 | 24 | 18 | 07 | 25 | 05 | 20 |
| 13 32 38 | 25 | 19 | 08 | 25 | 06 | 21 |
| 13 36 25 | 26 | 20 | 09 | 26 | 07 | 22 |
| 13 40 12 | 27 | 21 | 09 | 27 | 09 | 24 |
| 13 44 00 | 28 | 22 | 10 | 28 | 10 | 25 |
| 13 47 48 | 29 | 22 | 11 | 29 | 11 | 26 |
| 13 51 37 | ♏0 | 23 | 12 | ♑0 | 13 | 27 |
| 13 55 27 | 01 | 24 | 13 | 01 | 14 | 28 |
| 13 59 17 | 02 | 25 | 13 | 01 | 15 | ♈0 |
| 14 03 08 | 03 | 26 | 14 | 02 | 16 | 01 |
| 14 06 59 | 04 | 27 | 15 | 03 | 18 | 02 |
| 14 10 51 | 05 | 27 | 16 | 04 | 19 | 04 |
| 14 14 44 | 06 | 28 | 17 | 05 | 20 | 05 |
| 14 18 37 | 07 | 29 | 17 | 06 | 21 | 06 |
| 14 22 31 | 08 | ♐0 | 18 | 07 | 23 | 07 |
| 14 26 25 | 09 | 01 | 19 | 08 | 24 | 09 |
| 14 30 20 | 10 | 02 | 20 | 09 | 26 | 10 |
| 14 34 16 | 11 | 03 | 21 | 10 | 27 | 11 |
| 14 38 13 | 12 | 03 | 22 | 11 | 29 | 12 |
| 14 42 10 | 13 | 04 | 23 | 12 | ♓0 | 14 |
| 14 46 08 | 14 | 05 | 23 | 13 | 01 | 15 |

| 47°30' Sternzeit | 10. Haus | 11. Haus | 12. Haus | 1. Haus | 2. Haus | 3. Haus |
|---|---|---|---|---|---|---|
| h m s | ° | ° | ° | ° | ° | ° |
|  | ♏ | ♐ | ♐ | ♑ | ♓ | ♈ |
| 14 50 07 | 15 | 06 | 24 | 14 | 03 | 16 |
| 14 54 07 | 16 | 07 | 25 | 15 | 04 | 17 |
| 14 58 07 | 17 | 08 | 26 | 16 | 06 | 19 |
| 15 02 08 | 18 | 09 | 27 | 17 | 07 | 20 |
| 15 06 09 | 19 | 10 | 28 | 19 | 09 | 21 |
| 15 10 12 | 20 | 10 | 29 | 20 | 10 | 23 |
| 15 14 15 | 21 | 11 | ♑0 | 21 | 12 | 24 |
| 15 18 19 | 22 | 12 | 01 | 22 | 13 | 25 |
| 15 22 23 | 23 | 13 | 02 | 23 | 15 | 26 |
| 15 26 29 | 24 | 14 | 03 | 25 | 17 | 27 |
| 15 30 35 | 25 | 15 | 04 | 26 | 18 | 29 |
| 15 34 41 | 26 | 16 | 04 | 27 | 20 | ♉0 |
| 15 38 49 | 27 | 17 | 05 | 29 | 22 | 01 |
| 15 42 57 | 28 | 18 | 06 | ≈0 | 23 | 03 |
| 15 47 06 | 29 | 19 | 07 | 01 | 25 | 04 |
| 15 51 15 | ♐0 | 20 | 08 | 03 | 26 | 05 |
| 15 55 25 | 01 | 20 | 09 | 04 | 28 | 06 |
| 15 59 36 | 02 | 21 | 10 | 06 | ♈0 | 07 |
| 16 03 48 | 03 | 22 | 11 | 07 | 01 | 09 |
| 16 08 00 | 04 | 23 | 13 | 09 | 03 | 10 |
| 16 12 13 | 05 | 24 | 14 | 10 | 05 | 11 |
| 16 16 26 | 06 | 25 | 15 | 12 | 07 | 12 |
| 16 20 40 | 07 | 26 | 16 | 13 | 08 | 14 |
| 16 24 55 | 08 | 27 | 17 | 15 | 10 | 15 |
| 16 29 10 | 09 | 28 | 18 | 17 | 12 | 16 |
| 16 33 26 | 10 | 29 | 19 | 19 | 13 | 17 |
| 16 37 42 | 11 | ♑0 | 20 | 20 | 15 | 18 |
| 16 41 59 | 12 | 01 | 21 | 22 | 17 | 20 |
| 16 46 16 | 13 | 02 | 23 | 24 | 18 | 21 |
| 16 50 34 | 14 | 03 | 24 | 26 | 20 | 22 |
| 16 54 52 | 15 | 04 | 25 | 28 | 22 | 23 |
| 16 59 10 | 16 | 05 | 26 | ♓0 | 23 | 25 |
| 17 03 29 | 17 | 06 | 27 | 02 | 25 | 26 |
| 17 07 49 | 18 | 07 | 29 | 04 | 26 | 27 |
| 17 12 09 | 19 | 08 | ≈0 | 06 | 28 | 28 |
| 17 16 29 | 20 | 09 | 01 | 08 | ♉0 | 29 |
| 17 20 49 | 21 | 10 | 02 | 10 | 01 | ♊0 |
| 17 25 09 | 22 | 11 | 04 | 12 | 03 | 01 |
| 17 29 30 | 23 | 12 | 05 | 14 | 04 | 03 |
| 17 33 51 | 24 | 13 | 06 | 17 | 06 | 04 |
| 17 38 12 | 25 | 14 | 08 | 19 | 08 | 05 |
| 17 42 34 | 26 | 15 | 09 | 21 | 09 | 06 |
| 17 46 55 | 27 | 16 | 11 | 23 | 11 | 07 |
| 17 51 17 | 28 | 17 | 12 | 26 | 12 | 08 |
| 17 55 38 | 29 | 19 | 14 | 28 | 13 | 09 |

| 47°30' Sternzeit | 10. Haus | 11. Haus | 12. Haus | 1. Haus | 2. Haus | 3. Haus | 47°30' Sternzeit | 10. Haus | 11. Haus | 12. Haus | 1. Haus | 2. Haus | 3. Haus |
|---|---|---|---|---|---|---|---|---|---|---|---|---|---|
| h m s | ° | ° | ° | ° | ° | ° | h m s | ° | ° | ° | ° | ° | ° |
| | ♉ | ♉ | ≈ | ♈ | ♉ | ♊ | | ≈ | ♓ | ♈ | ♊ | ♋ | ♋ |
| 18 00 00 | 00 | 20 | 15 | 00 | 15 | 10 | 21 09 53 | 15 | 14 | 27 | 16 | 06 | 24 |
| 18 04 22 | 01 | 21 | 17 | 02 | 16 | 11 | 21 13 52 | 16 | 15 | 29 | 17 | 07 | 25 |
| 18 08 43 | 02 | 22 | 18 | 05 | 18 | 13 | 21 17 50 | 17 | 16 | ♉0 | 18 | 07 | 26 |
| 18 13 05 | 03 | 23 | 19 | 07 | 19 | 14 | 21 21 47 | 18 | 18 | 01 | 19 | 08 | 27 |
| 18 17 26 | 04 | 24 | 21 | 09 | 21 | 15 | 21 25 44 | 19 | 19 | 03 | 20 | 09 | 27 |
| 18 21 48 | 05 | 25 | 22 | 11 | 22 | 16 | 21 29 40 | 20 | 20 | 04 | 21 | 10 | 28 |
| 18 26 09 | 06 | 26 | 24 | 13 | 24 | 17 | 21 33 35 | 21 | 21 | 06 | 22 | 11 | 29 |
| 18 30 30 | 07 | 27 | 26 | 16 | 25 | 18 | 21 37 29 | 22 | 23 | 07 | 23 | 12 | ♌0 |
| 18 34 51 | 08 | 29 | 27 | 18 | 26 | 19 | 21 41 23 | 23 | 24 | 09 | 24 | 13 | 01 |
| 18 39 11 | 09 | ≈0 | 29 | 20 | 28 | 20 | 21 45 16 | 24 | 25 | 10 | 25 | 13 | 02 |
| 18 43 31 | 10 | 01 | ♓0 | 22 | 29 | 21 | 21 49 09 | 25 | 26 | 11 | 26 | 14 | 03 |
| 18 47 51 | 11 | 02 | 02 | 24 | ♊0 | 22 | 21 53 01 | 26 | 28 | 12 | 27 | 15 | 03 |
| 18 52 11 | 12 | 03 | 04 | 26 | 01 | 23 | 21 56 52 | 27 | 29 | 14 | 28 | 16 | 04 |
| 18 56 31 | 13 | 04 | 05 | 28 | 03 | 24 | 22 00 43 | 28 | ♈0 | 15 | 29 | 17 | 05 |
| 19 00 50 | 14 | 05 | 07 | ♉0 | 04 | 25 | 22 04 33 | 29 | 02 | 16 | 29 | 17 | 06 |
| 19 05 08 | 15 | 07 | 08 | 02 | 05 | 26 | 22 08 23 | ♓0 | 03 | 18 | ♋0 | 18 | 07 |
| 19 09 26 | 16 | 08 | 10 | 04 | 06 | 27 | 22 12 12 | 01 | 04 | 19 | 01 | 19 | 08 |
| 19 13 44 | 17 | 09 | 12 | 06 | 07 | 28 | 22 16 00 | 02 | 05 | 20 | 02 | 20 | 08 |
| 19 18 01 | 18 | 10 | 13 | 08 | 09 | 29 | 22 19 48 | 03 | 06 | 21 | 03 | 21 | 09 |
| 19 22 18 | 19 | 12 | 15 | 10 | 10 | ♋0 | 22 23 35 | 04 | 08 | 23 | 04 | 21 | 10 |
| 19 26 34 | 20 | 13 | 17 | 11 | 11 | 01 | 22 27 22 | 05 | 09 | 24 | 05 | 22 | 11 |
| 19 30 50 | 21 | 14 | 18 | 13 | 12 | 02 | 22 31 08 | 06 | 10 | 25 | 05 | 23 | 12 |
| 19 35 05 | 22 | 15 | 20 | 15 | 13 | 03 | 22 34 54 | 07 | 11 | 26 | 06 | 24 | 13 |
| 19 39 20 | 23 | 16 | 22 | 17 | 14 | 04 | 22 38 40 | 08 | 12 | 27 | 07 | 24 | 14 |
| 19 43 34 | 24 | 18 | 23 | 18 | 15 | 05 | 22 42 25 | 09 | 14 | 28 | 08 | 25 | 14 |
| 19 47 47 | 25 | 19 | 25 | 20 | 16 | 06 | 22 46 09 | 10 | 15 | ♊0 | 09 | 26 | 15 |
| 19 52 00 | 26 | 20 | 27 | 21 | 17 | 07 | 22 49 53 | 11 | 16 | 01 | 09 | 27 | 16 |
| 19 56 12 | 27 | 21 | 29 | 23 | 19 | 08 | 22 53 37 | 12 | 17 | 02 | 10 | 28 | 17 |
| 20 00 24 | 28 | 23 | ♈0 | 24 | 20 | 09 | 22 57 20 | 13 | 18 | 03 | 11 | 28 | 18 |
| 20 04 35 | 29 | 24 | 02 | 26 | 21 | 10 | 23 01 03 | 14 | 20 | 04 | 12 | 29 | 19 |
| 20 08 45 | ≈0 | 25 | 04 | 27 | 22 | 10 | 23 04 46 | 15 | 21 | 05 | 13 | ♌0 | 19 |
| 20 12 54 | 01 | 26 | 05 | 29 | 23 | 11 | 23 08 28 | 16 | 22 | 06 | 13 | 01 | 20 |
| 20 17 03 | 02 | 27 | 07 | ♊0 | 24 | 12 | 23 12 10 | 17 | 23 | 07 | 14 | 01 | 21 |
| 20 21 11 | 03 | 29 | 09 | 01 | 25 | 13 | 23 15 52 | 18 | 24 | 08 | 15 | 02 | 22 |
| 20 25 19 | 04 | ♓0 | 10 | 03 | 26 | 14 | 23 19 34 | 19 | 25 | 09 | 16 | 03 | 23 |
| 20 29 26 | 05 | 01 | 12 | 04 | 26 | 15 | 23 23 15 | 20 | 27 | 10 | 16 | 04 | 24 |
| 20 33 31 | 06 | 03 | 13 | 05 | 27 | 16 | 23 26 56 | 21 | 28 | 11 | 17 | 04 | 24 |
| 20 37 37 | 07 | 04 | 15 | 07 | 28 | 17 | 23 30 37 | 22 | 29 | 12 | 18 | 05 | 25 |
| 20 41 41 | 08 | 05 | 17 | 08 | 29 | 18 | 23 34 18 | 23 | ♉0 | 13 | 18 | 06 | 26 |
| 20 45 45 | 09 | 06 | 18 | 09 | ♋0 | 19 | 23 37 58 | 24 | 01 | 14 | 19 | 06 | 27 |
| 20 49 48 | 10 | 07 | 20 | 10 | 01 | 20 | 23 41 39 | 25 | 02 | 15 | 20 | 07 | 28 |
| 20 53 51 | 11 | 09 | 21 | 11 | 02 | 20 | 23 45 19 | 26 | 03 | 16 | 21 | 08 | 29 |
| 20 57 52 | 12 | 10 | 23 | 13 | 03 | 21 | 23 49 00 | 27 | 04 | 17 | 21 | 09 | 29 |
| 21 01 53 | 13 | 11 | 24 | 14 | 04 | 22 | 23 52 40 | 28 | 06 | 18 | 22 | 09 | ♍0 |
| 21 05 53 | 14 | 13 | 26 | 15 | 05 | 23 | 23 56 20 | 29 | 07 | 18 | 23 | 10 | 01 |

| 49° Sternzeit | 10. Haus | 11. Haus | 12. Haus | 1. Haus | 2. Haus | 3. Haus |
|---|---|---|---|---|---|---|
| h m s | ° | ° | ° | ° | ° | ° |
| | ♈ | ♉ | ♊ | ♋ | ♌ | ♍ |
| 0 00 00 | 00 | 08 | 20 | 24 | 12 | 02 |
| 0 03 40 | 01 | 09 | 21 | 25 | 12 | 03 |
| 0 07 20 | 02 | 10 | 22 | 26 | 13 | 04 |
| 0 11 00 | 03 | 12 | 23 | 27 | 14 | 05 |
| 0 14 41 | 04 | 13 | 24 | 27 | 15 | 06 |
| 0 18 21 | 05 | 14 | 25 | 28 | 15 | 07 |
| 0 22 02 | 06 | 15 | 26 | 29 | 16 | 07 |
| 0 25 42 | 07 | 16 | 27 | 29 | 17 | 08 |
| 0 29 23 | 08 | 17 | 27 | ♌0 | 18 | 09 |
| 0 33 04 | 09 | 18 | 28 | 01 | 18 | 10 |
| 0 36 45 | 10 | 19 | 29 | 01 | 19 | 11 |
| 0 40 26 | 11 | 20 | ♋0 | 02 | 20 | 12 |
| 0 44 08 | 12 | 21 | 01 | 03 | 20 | 12 |
| 0 47 50 | 13 | 22 | 02 | 03 | 21 | 13 |
| 0 51 32 | 14 | 23 | 02 | 04 | 22 | 14 |
| 0 55 14 | 15 | 24 | 03 | 05 | 23 | 15 |
| 0 58 57 | 16 | 25 | 04 | 05 | 23 | 16 |
| 1 02 40 | 17 | 26 | 05 | 06 | 24 | 17 |
| 1 06 23 | 18 | 27 | 06 | 07 | 25 | 18 |
| 1 10 07 | 19 | 28 | 07 | 08 | 26 | 18 |
| 1 13 51 | 20 | 29 | 07 | 08 | 26 | 19 |
| 1 17 35 | 21 | ♊0 | 08 | 09 | 27 | 20 |
| 1 21 20 | 22 | 01 | 09 | 10 | 29 | 21 |
| 1 25 06 | 23 | 02 | 10 | 10 | 29 | 22 |
| 1 28 52 | 24 | 03 | 11 | 11 | 29 | 23 |
| 1 32 38 | 25 | 04 | 12 | 12 | ♍0 | 24 |
| 1 36 25 | 26 | 05 | 12 | 12 | 01 | 25 |
| 1 40 12 | 27 | 06 | 13 | 13 | 02 | 25 |
| 1 44 00 | 28 | 07 | 14 | 14 | 02 | 26 |
| 1 47 48 | 29 | 08 | 15 | 14 | 03 | 27 |
| 1 51 37 | ♉0 | 09 | 16 | 15 | 04 | 28 |
| 1 55 27 | 01 | 10 | 16 | 16 | 05 | 29 |
| 1 59 17 | 02 | 11 | 17 | 16 | 06 | ♎0 |
| 2 03 08 | 03 | 12 | 18 | 17 | 06 | 01 |
| 2 06 59 | 04 | 13 | 19 | 18 | 07 | 02 |
| 2 10 51 | 05 | 14 | 20 | 19 | 08 | 03 |
| 2 14 44 | 06 | 15 | 20 | 19 | 09 | 03 |
| 2 18 37 | 07 | 16 | 21 | 20 | 09 | 04 |
| 2 22 31 | 08 | 17 | 22 | 21 | 10 | 05 |
| 2 26 25 | 09 | 18 | 23 | 21 | 11 | 06 |
| 2 30 20 | 10 | 18 | 24 | 22 | 12 | 07 |
| 2 34 16 | 11 | 19 | 24 | 23 | 13 | 08 |
| 2 38 13 | 12 | 20 | 25 | 23 | 13 | 09 |
| 2 42 10 | 13 | 21 | 26 | 24 | 14 | 10 |
| 2 46 08 | 14 | 22 | 27 | 25 | 15 | 11 |

| 49° Sternzeit | 10. Haus | 11. Haus | 12. Haus | 1. Haus | 2. Haus | 3. Haus |
|---|---|---|---|---|---|---|
| h m s | ° | ° | ° | ° | ° | ° |
| | ♉ | ♊ | ♋ | ♌ | ♍ | ♎ |
| 2 50 07 | 15 | 23 | 28 | 26 | 16 | 12 |
| 2 54 07 | 16 | 24 | 28 | 26 | 17 | 13 |
| 2 58 07 | 17 | 25 | 29 | 27 | 17 | 13 |
| 3 02 08 | 18 | 26 | ♋0 | 28 | 18 | 14 |
| 3 06 09 | 19 | 27 | 01 | 28 | 19 | 15 |
| 3 10 12 | 20 | 28 | 02 | 29 | 20 | 16 |
| 3 14 15 | 21 | 29 | 02 | ♍0 | 21 | 17 |
| 3 18 19 | 22 | ♋0 | 03 | 01 | 22 | 18 |
| 3 22 23 | 23 | 01 | 04 | 01 | 22 | 19 |
| 3 26 29 | 24 | 02 | 05 | 02 | 23 | 20 |
| 3 30 35 | 25 | 03 | 06 | 03 | 24 | 21 |
| 3 34 41 | 26 | 04 | 07 | 04 | 25 | 22 |
| 3 38 49 | 27 | 04 | 07 | 04 | 26 | 23 |
| 3 42 57 | 28 | 05 | 08 | 05 | 27 | 24 |
| 3 47 06 | 29 | 06 | 09 | 06 | 27 | 25 |
| 3 51 15 | ♊0 | 07 | 10 | 07 | 28 | 26 |
| 3 55 25 | 01 | 08 | 11 | 07 | 29 | 27 |
| 3 59 36 | 02 | 09 | 12 | 08 | ♎0 | 28 |
| 4 03 48 | 03 | 10 | 12 | 09 | 01 | 28 |
| 4 08 00 | 04 | 11 | 13 | 10 | 02 | 29 |
| 4 12 13 | 05 | 12 | 14 | 10 | 02 | ♏0 |
| 4 16 26 | 06 | 13 | 15 | 11 | 03 | 01 |
| 4 20 40 | 07 | 14 | 16 | 12 | 04 | 02 |
| 4 24 55 | 08 | 15 | 17 | 13 | 05 | 03 |
| 4 29 10 | 09 | 16 | 17 | 13 | 06 | 04 |
| 4 33 26 | 10 | 17 | 18 | 14 | 07 | 05 |
| 4 37 42 | 11 | 18 | 19 | 15 | 08 | 06 |
| 4 41 59 | 12 | 18 | 20 | 16 | 09 | 07 |
| 4 46 16 | 13 | 19 | 21 | 17 | 09 | 08 |
| 4 50 34 | 14 | 20 | 22 | 17 | 10 | 09 |
| 4 54 52 | 15 | 21 | 23 | 18 | 11 | 10 |
| 4 59 10 | 16 | 22 | 23 | 19 | 12 | 11 |
| 5 03 29 | 17 | 23 | 24 | 20 | 13 | 12 |
| 5 07 49 | 18 | 24 | 25 | 21 | 14 | 13 |
| 5 12 09 | 19 | 25 | 26 | 21 | 15 | 14 |
| 5 16 29 | 20 | 26 | 27 | 22 | 16 | 15 |
| 5 20 49 | 21 | 27 | 28 | 23 | 16 | 16 |
| 5 25 09 | 22 | 28 | 29 | 24 | 17 | 17 |
| 5 29 30 | 23 | 29 | 29 | 24 | 18 | 18 |
| 5 33 51 | 24 | ♌0 | ♍0 | 25 | 19 | 19 |
| 5 38 12 | 25 | 01 | 01 | 26 | 20 | 20 |
| 5 42 34 | 26 | 02 | 02 | 27 | 21 | 21 |
| 5 46 55 | 27 | 03 | 03 | 28 | 22 | 22 |
| 5 51 17 | 28 | 04 | 04 | 28 | 23 | 22 |
| 5 55 38 | 29 | 05 | 05 | 29 | 23 | 23 |

| 49° Sternzeit | 10. Haus | 11. Haus | 12. Haus | 1. Haus | 2. Haus | 3. Haus | 49° Sternzeit | 10. Haus | 11. Haus | 12. Haus | 1. Haus | 2. Haus | 3. Haus |
|---|---|---|---|---|---|---|---|---|---|---|---|---|---|
| h m s | ° | ° | ° | ° | ° | ° | h m s | ° | ° | ° | ° | ° | ° |
|  | ♋ | ♌ | ♍ | ♎ | ♎ | ♏ |  | ♌ | ♍ | ♎ | ♏ | ♐ | ♑ |
| 6 00 00 | 00 | 06 | 06 | 00 | 24 | 24 | 9 09 53 | 15 | 18 | 14 | 04 | 02 | 07 |
| 6 04 22 | 01 | 07 | 07 | 01 | 25 | 25 | 9 13 52 | 16 | 19 | 15 | 05 | 03 | 08 |
| 6 08 43 | 02 | 08 | 07 | 02 | 26 | 26 | 9 17 50 | 17 | 20 | 16 | 06 | 04 | 09 |
| 6 13 05 | 03 | 08 | 08 | 02 | 27 | 27 | 9 21 47 | 18 | 21 | 17 | 07 | 05 | 10 |
| 6 17 26 | 04 | 09 | 09 | 03 | 28 | 28 | 9 25 44 | 19 | 22 | 17 | 07 | 06 | 11 |
| 6 21 48 | 05 | 10 | 10 | 04 | 29 | 29 | 9 29 40 | 20 | 23 | 18 | 08 | 06 | 12 |
| 6 26 09 | 06 | 11 | 11 | 05 | 29 | ♐0 | 9 33 35 | 21 | 24 | 19 | 09 | 07 | 13 |
| 6 30 30 | 07 | 12 | 12 | 06 | ♏0 | 01 | 9 37 29 | 22 | 25 | 20 | 09 | 08 | 13 |
| 6 34 51 | 08 | 13 | 13 | 06 | 01 | 02 | 9 41 23 | 23 | 26 | 21 | 10 | 09 | 14 |
| 6 39 11 | 09 | 14 | 14 | 07 | 02 | 03 | 9 45 16 | 24 | 27 | 21 | 11 | 10 | 15 |
| 6 43 31 | 10 | 15 | 14 | 08 | 03 | 04 | 9 49 09 | 25 | 27 | 22 | 12 | 10 | 16 |
| 6 47 51 | 11 | 16 | 15 | 09 | 04 | 05 | 9 53 01 | 26 | 28 | 23 | 12 | 11 | 17 |
| 6 52 11 | 12 | 17 | 16 | 10 | 05 | 06 | 9 56 52 | 27 | 29 | 24 | 13 | 12 | 18 |
| 6 56 31 | 13 | 18 | 17 | 10 | 06 | 07 | 10 00 42 | 28 | ♎0 | 24 | 14 | 13 | 19 |
| 7 00 50 | 14 | 19 | 18 | 11 | 07 | 08 | 10 04 33 | 29 | 01 | 25 | 14 | 14 | 20 |
| 7 05 08 | 15 | 20 | 19 | 12 | 07 | 09 | 10 08 23 | ♍0 | 02 | 26 | 15 | 14 | 21 |
| 7 09 26 | 16 | 21 | 20 | 13 | 08 | 10 | 10 12 12 | 01 | 03 | 27 | 16 | 15 | 22 |
| 7 13 44 | 17 | 22 | 21 | 13 | 09 | 11 | 10 16 00 | 02 | 04 | 28 | 16 | 16 | 23 |
| 7 18 01 | 18 | 23 | 21 | 14 | 10 | 12 | 10 19 48 | 03 | 05 | 28 | 17 | 17 | 24 |
| 7 22 18 | 19 | 24 | 22 | 15 | 11 | 13 | 10 23 35 | 04 | 05 | 29 | 18 | 18 | 25 |
| 7 26 34 | 20 | 25 | 23 | 16 | 12 | 13 | 10 27 22 | 05 | 06 | ♏0 | 18 | 19 | 26 |
| 7 30 50 | 21 | 26 | 24 | 17 | 13 | 14 | 10 31 08 | 06 | 07 | 01 | 19 | 19 | 27 |
| 7 35 05 | 22 | 27 | 25 | 17 | 13 | 15 | 10 34 54 | 07 | 08 | 01 | 20 | 20 | 28 |
| 7 39 20 | 23 | 28 | 26 | 18 | 14 | 16 | 10 38 40 | 08 | 09 | 02 | 20 | 21 | 29 |
| 7 43 34 | 24 | 29 | 27 | 19 | 15 | 17 | 10 42 25 | 09 | 10 | 03 | 21 | 22 | ♒0 |
| 7 47 47 | 25 | ♍0 | 28 | 20 | 16 | 18 | 10 46 09 | 10 | 11 | 04 | 22 | 23 | 01 |
| 7 52 00 | 26 | 01 | 28 | 20 | 17 | 19 | 10 49 53 | 11 | 12 | 04 | 23 | 23 | 02 |
| 7 56 12 | 27 | 02 | 29 | 21 | 18 | 20 | 10 53 37 | 12 | 12 | 05 | 23 | 24 | 03 |
| 8 00 24 | 28 | 03 | ♎0 | 22 | 18 | 21 | 10 57 20 | 13 | 13 | 06 | 24 | 25 | 04 |
| 8 04 35 | 29 | 03 | 01 | 23 | 19 | 22 | 11 01 03 | 14 | 14 | 07 | 25 | 26 | 05 |
| 8 08 45 | ♌0 | 04 | 02 | 23 | 20 | 23 | 11 04 46 | 15 | 15 | 07 | 25 | 27 | 06 |
| 8 12 54 | 01 | 05 | 03 | 24 | 21 | 24 | 11 08 28 | 16 | 16 | 08 | 26 | 28 | 07 |
| 8 17 03 | 02 | 06 | 03 | 25 | 22 | 25 | 11 12 10 | 17 | 17 | 09 | 27 | 28 | 08 |
| 8 21 11 | 03 | 07 | 04 | 26 | 23 | 26 | 11 15 52 | 18 | 18 | 09 | 27 | 29 | 09 |
| 8 25 19 | 04 | 08 | 05 | 26 | 23 | 27 | 11 19 34 | 19 | 18 | 10 | 28 | ♑0 | 10 |
| 8 29 26 | 05 | 09 | 06 | 27 | 24 | 27 | 11 23 15 | 20 | 19 | 11 | 29 | 01 | 11 |
| 8 33 31 | 06 | 10 | 07 | 28 | 25 | 28 | 11 26 56 | 21 | 20 | 12 | 29 | 02 | 12 |
| 8 37 37 | 07 | 11 | 08 | 29 | 26 | 29 | 11 30 37 | 22 | 21 | 12 | ♐0 | 03 | 13 |
| 8 41 41 | 08 | 12 | 08 | 29 | 27 | ♏0 | 11 34 18 | 23 | 22 | 13 | 01 | 03 | 14 |
| 8 45 45 | 09 | 13 | 09 | ♏0 | 28 | 01 | 11 37 58 | 24 | 23 | 14 | 01 | 04 | 15 |
| 8 49 48 | 10 | 14 | 10 | 01 | 28 | 02 | 11 41 39 | 25 | 23 | 15 | 02 | 05 | 16 |
| 8 53 51 | 11 | 15 | 11 | 02 | 29 | 03 | 11 45 19 | 26 | 24 | 15 | 03 | 06 | 17 |
| 8 57 52 | 12 | 16 | 12 | 02 | ♐0 | 04 | 11 49 00 | 27 | 25 | 16 | 03 | 07 | 18 |
| 9 01 53 | 13 | 17 | 13 | 03 | 01 | 05 | 11 52 40 | 28 | 26 | 17 | 04 | 08 | 20 |
| 9 05 53 | 14 | 17 | 13 | 04 | 02 | 06 | 11 56 20 | 29 | 27 | 18 | 05 | 09 | 21 |

**Left table**

| 49° Sternzeit | 10. Haus | 11. Haus | 12. Haus | 1. Haus | 2. Haus | 3. Haus |
|---|---|---|---|---|---|---|
| h m s | ° | ° | ° | ° | ° | ° |
|  | ♎ | ♎ | ♏ | ♐ | ♑ | ♒ |
| 12 00 00 | 00 | 28 | 18 | 06 | 10 | 22 |
| 12 03 40 | 01 | 28 | 19 | 06 | 11 | 23 |
| 12 07 20 | 02 | 29 | 20 | 07 | 11 | 24 |
| 12 11 00 | 03 | ♏0 | 21 | 08 | 12 | 25 |
| 12 14 41 | 04 | 01 | 21 | 08 | 13 | 26 |
| 12 18 21 | 05 | 02 | 22 | 09 | 14 | 27 |
| 12 22 02 | 06 | 03 | 23 | 10 | 15 | 28 |
| 12 25 42 | 07 | 03 | 24 | 10 | 16 | 29 |
| 12 29 23 | 08 | 04 | 24 | 11 | 17 | ♓0 |
| 12 33 04 | 09 | 05 | 25 | 12 | 18 | 02 |
| 12 36 45 | 10 | 06 | 26 | 13 | 19 | 03 |
| 12 40 26 | 11 | 07 | 27 | 13 | 20 | 04 |
| 12 44 08 | 12 | 08 | 27 | 14 | 21 | 05 |
| 12 47 50 | 13 | 08 | 28 | 15 | 22 | 06 |
| 12 51 32 | 14 | 09 | 29 | 16 | 23 | 08 |
| 12 55 14 | 15 | 10 | 29 | 16 | 24 | 09 |
| 12 58 57 | 16 | 11 | ♐0 | 17 | 25 | 10 |
| 13 02 40 | 17 | 12 | 01 | 18 | 26 | 11 |
| 13 06 23 | 18 | 13 | 02 | 19 | 27 | 12 |
| 13 10 07 | 19 | 13 | 02 | 19 | 28 | 14 |
| 13 13 51 | 20 | 14 | 03 | 20 | 29 | 15 |
| 13 17 35 | 21 | 15 | 04 | 21 | ♒0 | 16 |
| 13 21 20 | 22 | 16 | 05 | 22 | 02 | 17 |
| 13 25 06 | 23 | 17 | 05 | 23 | 03 | 18 |
| 13 28 52 | 24 | 18 | 06 | 23 | 04 | 20 |
| 13 32 38 | 25 | 18 | 07 | 24 | 05 | 21 |
| 13 36 25 | 26 | 19 | 08 | 25 | 06 | 22 |
| 13 40 12 | 27 | 20 | 09 | 26 | 08 | 23 |
| 13 44 00 | 28 | 21 | 09 | 27 | 09 | 25 |
| 13 47 48 | 29 | 22 | 10 | 27 | 10 | 26 |
| 13 51 37 | ♏0 | 23 | 11 | 28 | 11 | 27 |
| 13 55 27 | 01 | 23 | 12 | 29 | 12 | 28 |
| 13 59 17 | 02 | 24 | 13 | ♑0 | 14 | ♈0 |
| 14 03 08 | 03 | 25 | 13 | 01 | 15 | 01 |
| 14 06 59 | 04 | 26 | 14 | 02 | 16 | 02 |
| 14 10 51 | 05 | 27 | 15 | 03 | 18 | 04 |
| 14 14 44 | 06 | 28 | 16 | 04 | 19 | 05 |
| 14 18 37 | 07 | 29 | 17 | 05 | 20 | 06 |
| 14 22 31 | 08 | 29 | 17 | 06 | 22 | 07 |
| 14 26 25 | 09 | ♐0 | 18 | 07 | 23 | 09 |
| 14 30 20 | 10 | 01 | 19 | 08 | 25 | 10 |
| 14 34 16 | 11 | 02 | 20 | 09 | 26 | 11 |
| 14 38 13 | 12 | 03 | 21 | 10 | 27 | 13 |
| 14 42 10 | 13 | 04 | 22 | 11 | 29 | 14 |
| 14 46 08 | 14 | 05 | 23 | 12 | ♓0 | 15 |

**Right table**

| 49° Sternzeit | 10. Haus | 11. Haus | 12. Haus | 1. Haus | 2. Haus | 3. Haus |
|---|---|---|---|---|---|---|
| h m s | ° | ° | ° | ° | ° | ° |
|  | ♏ | ♐ | ♐ | ♑ | ♓ | ♈ |
| 14 50 07 | 15 | 05 | 23 | 13 | 02 | 16 |
| 14 54 07 | 16 | 06 | 24 | 14 | 03 | 18 |
| 14 58 07 | 17 | 07 | 25 | 15 | 05 | 19 |
| 15 02 08 | 18 | 08 | 26 | 16 | 07 | 20 |
| 15 06 09 | 19 | 09 | 27 | 17 | 08 | 22 |
| 15 10 12 | 20 | 10 | 28 | 18 | 10 | 23 |
| 15 14 15 | 21 | 11 | 29 | 19 | 11 | 24 |
| 15 18 19 | 22 | 12 | ♑0 | 21 | 13 | 25 |
| 15 22 23 | 23 | 13 | 01 | 22 | 15 | 27 |
| 15 26 29 | 24 | 13 | 02 | 23 | 16 | 28 |
| 15 30 35 | 25 | 14 | 03 | 24 | 18 | 29 |
| 15 34 41 | 26 | 15 | 04 | 26 | 20 | ♉0 |
| 15 38 49 | 27 | 16 | 04 | 27 | 21 | 02 |
| 15 42 57 | 28 | 17 | 05 | 28 | 23 | 03 |
| 15 47 06 | 29 | 18 | 06 | ♒0 | 25 | 04 |
| 15 51 15 | ♐0 | 19 | 07 | 01 | 26 | 06 |
| 15 55 25 | 01 | 20 | 08 | 03 | 28 | 07 |
| 15 59 36 | 02 | 21 | 09 | 04 | ♈0 | 08 |
| 16 03 48 | 03 | 22 | 11 | 06 | 02 | 09 |
| 16 08 00 | 04 | 23 | 12 | 07 | 03 | 11 |
| 16 12 13 | 05 | 24 | 13 | 09 | 05 | 12 |
| 16 16 26 | 06 | 25 | 14 | 10 | 07 | 13 |
| 16 20 40 | 07 | 25 | 15 | 12 | 09 | 14 |
| 16 24 55 | 08 | 26 | 16 | 14 | 10 | 15 |
| 16 29 10 | 09 | 27 | 17 | 15 | 12 | 17 |
| 16 33 26 | 10 | 28 | 18 | 17 | 14 | 18 |
| 16 37 42 | 11 | 29 | 19 | 19 | 15 | 19 |
| 16 41 59 | 12 | ♑0 | 20 | 21 | 17 | 20 |
| 16 46 16 | 13 | 01 | 22 | 23 | 19 | 22 |
| 16 50 34 | 14 | 02 | 23 | 25 | 21 | 23 |
| 16 54 52 | 15 | 03 | 24 | 27 | 22 | 24 |
| 16 59 10 | 16 | 04 | 25 | 29 | 24 | 25 |
| 17 03 29 | 17 | 05 | 26 | ♓01 | 26 | 26 |
| 17 07 49 | 18 | 06 | 28 | 03 | 27 | 28 |
| 17 12 09 | 19 | 07 | 29 | 05 | 29 | 29 |
| 17 16 29 | 20 | 08 | ♒0 | 07 | ♉0 | ♊0 |
| 17 20 49 | 21 | 09 | 02 | 09 | 02 | 01 |
| 17 25 09 | 22 | 10 | 03 | 11 | 04 | 02 |
| 17 29 30 | 23 | 11 | 04 | 14 | 05 | 03 |
| 17 33 51 | 24 | 13 | 06 | 16 | 07 | 04 |
| 17 38 12 | 25 | 14 | 07 | 18 | 08 | 06 |
| 17 42 34 | 26 | 15 | 08 | 21 | 10 | 07 |
| 17 46 55 | 27 | 16 | 10 | 23 | 11 | 08 |
| 17 51 17 | 28 | 17 | 11 | 25 | 13 | 09 |
| 17 55 38 | 29 | 18 | 13 | 28 | 14 | 10 |

| 49° Sternzeit | 10. Haus | 11. Haus | 12. Haus | 1. Haus | 2. Haus | 3. Haus | 49° Sternzeit | 10. Haus | 11. Haus | 12. Haus | 1. Haus | 2. Haus | 3. Haus |
|---|---|---|---|---|---|---|---|---|---|---|---|---|---|
| h m s | ° | ° | ° | ° | ° | ° | h m s | ° | ° | ° | ° | ° | ° |
| | ♑ | ♑ | ≈ | ♈ | ♉ | ♊ | | ≈ | ♓ | ♈ | ♊ | ♋ | ♋ |
| 18 00 00 | 00 | 19 | 14 | 00 | 16 | 11 | 21 09 53 | 15 | 14 | 28 | 17 | 07 | 25 |
| 18 04 22 | 01 | 20 | 15 | 02 | 17 | 12 | 21 13 52 | 16 | 15 | ♉0 | 18 | 07 | 25 |
| 18 08 43 | 02 | 21 | 17 | 05 | 19 | 13 | 21 17 50 | 17 | 16 | 01 | 19 | 08 | 26 |
| 18 13 05 | 03 | 22 | 18 | 07 | 20 | 14 | 21 21 47 | 18 | 17 | 03 | 21 | 09 | 27 |
| 18 17 26 | 04 | 23 | 20 | 09 | 22 | 15 | 21 25 44 | 19 | 19 | 04 | 22 | 10 | 28 |
| 18 21 48 | 05 | 24 | 22 | 12 | 23 | 16 | 21 29 40 | 20 | 20 | 05 | 23 | 11 | 29 |
| 18 26 09 | 06 | 26 | 23 | 14 | 24 | 17 | 21 33 35 | 21 | 21 | 07 | 23 | 12 | ♌0 |
| 18 30 30 | 07 | 27 | 25 | 16 | 26 | 18 | 21 37 29 | 22 | 23 | 08 | 24 | 13 | 01 |
| 18 34 51 | 08 | 28 | 26 | 19 | 27 | 20 | 21 41 23 | 23 | 24 | 10 | 25 | 13 | 02 |
| 18 39 11 | 09 | 29 | 28 | 21 | 28 | 21 | 21 45 16 | 24 | 25 | 11 | 26 | 14 | 02 |
| 18 43 31 | 10 | ≈0 | 29 | 23 | ♊0 | 22 | 21 49 09 | 25 | 26 | 12 | 27 | 15 | 03 |
| 18 47 51 | 11 | 01 | ♓0 | 25 | 01 | 23 | 21 52 01 | 26 | 28 | 14 | 28 | 16 | 04 |
| 18 52 11 | 12 | 02 | 03 | 27 | 02 | 24 | 21 56 52 | 27 | 29 | 15 | 29 | 17 | 05 |
| 18 56 31 | 13 | 04 | 04 | 29 | 04 | 25 | 22 00 43 | 28 | ♈0 | 16 | ♋0 | 17 | 06 |
| 19 00 50 | 14 | 05 | 06 | ♉01 | 05 | 26 | 22 04 33 | 29 | 02 | 18 | 01 | 18 | 07 |
| 19 05 08 | 15 | 06 | 08 | 03 | 06 | 27 | 22 08 23 | ♓0 | 03 | 19 | 02 | 19 | 07 |
| 19 09 26 | 16 | 07 | 09 | 05 | 07 | 28 | 22 12 12 | 01 | 04 | 20 | 03 | 20 | 08 |
| 19 13 44 | 17 | 08 | 11 | 07 | 08 | 29 | 22 16 00 | 02 | 05 | 21 | 03 | 21 | 09 |
| 19 18 01 | 18 | 10 | 13 | 09 | 10 | ♋0 | 22 19 48 | 03 | 07 | 22 | 04 | 21 | 10 |
| 19 22 18 | 19 | 11 | 15 | 11 | 11 | 01 | 22 23 35 | 04 | 08 | 24 | 05 | 22 | 11 |
| 19 26 34 | 20 | 12 | 16 | 13 | 12 | 02 | 22 27 22 | 05 | 09 | 25 | 06 | 23 | 12 |
| 19 30 50 | 21 | 13 | 18 | 15 | 13 | 03 | 22 31 08 | 06 | 10 | 26 | 07 | 24 | 12 |
| 19 35 05 | 22 | 14 | 20 | 16 | 14 | 04 | 22 34 54 | 07 | 12 | 27 | 07 | 25 | 13 |
| 19 39 20 | 23 | 16 | 22 | 18 | 15 | 05 | 22 38 40 | 08 | 13 | 28 | 08 | 25 | 14 |
| 19 43 34 | 24 | 17 | 23 | 20 | 16 | 05 | 22 42 25 | 09 | 14 | 29 | 09 | 26 | 15 |
| 19 47 47 | 25 | 18 | 25 | 21 | 17 | 06 | 22 46 09 | 10 | 15 | ♊0 | 10 | 27 | 16 |
| 19 52 00 | 26 | 19 | 27 | 23 | 18 | 07 | 22 49 53 | 11 | 16 | 02 | 11 | 28 | 17 |
| 19 56 12 | 27 | 21 | 28 | 24 | 19 | 08 | 22 53 37 | 12 | 18 | 03 | 11 | 28 | 17 |
| 20 00 24 | 28 | 22 | ♈0 | 26 | 20 | 09 | 22 57 20 | 13 | 19 | 04 | 12 | 29 | 18 |
| 20 04 35 | 29 | 23 | 02 | 27 | 21 | 10 | 23 01 03 | 14 | 20 | 05 | 13 | ♌0 | 19 |
| 20 08 45 | ≈0 | 24 | 04 | 29 | 22 | 11 | 23 04 46 | 15 | 21 | 06 | 14 | 01 | 20 |
| 20 12 54 | 01 | 26 | 05 | ♊0 | 23 | 12 | 23 08 28 | 16 | 22 | 07 | 14 | 01 | 21 |
| 20 17 03 | 02 | 27 | 07 | 02 | 24 | 13 | 23 12 10 | 17 | 24 | 08 | 15 | 02 | 22 |
| 20 21 11 | 03 | 28 | 09 | 03 | 25 | 14 | 23 15 52 | 18 | 25 | 09 | 16 | 03 | 22 |
| 20 25 19 | 04 | 29 | 10 | 04 | 26 | 15 | 23 19 34 | 19 | 26 | 10 | 17 | 04 | 23 |
| 20 29 26 | 05 | ♓0 | 12 | 06 | 27 | 16 | 23 23 15 | 20 | 27 | 11 | 17 | 04 | 24 |
| 20 33 31 | 06 | 02 | 14 | 07 | 28 | 17 | 23 26 56 | 21 | 28 | 12 | 18 | 05 | 25 |
| 20 37 37 | 07 | 03 | 15 | 08 | 29 | 18 | 23 30 37 | 22 | 29 | 13 | 19 | 06 | 26 |
| 20 41 41 | 08 | 05 | 17 | 09 | ♋0 | 18 | 23 34 18 | 23 | ♉0 | 14 | 20 | 07 | 27 |
| 20 45 45 | 09 | 06 | 19 | 11 | 01 | 19 | 23 37 58 | 24 | 02 | 15 | 20 | 07 | 27 |
| 20 49 48 | 10 | 07 | 20 | 12 | 02 | 20 | 23 41 29 | 25 | 03 | 16 | 21 | 08 | 28 |
| 30 52 51 | 11 | 08 | 22 | 13 | 03 | 21 | 23 45 19 | 26 | 04 | 17 | 22 | 09 | 29 |
| 20 57 52 | 12 | 10 | 23 | 14 | 04 | 22 | 23 49 00 | 27 | 05 | 18 | 22 | 09 | ♍0 |
| 21 01 53 | 13 | 11 | 25 | 15 | 05 | 23 | 23 52 40 | 28 | 06 | 19 | 23 | 10 | 01 |
| 21 05 53 | 14 | 12 | 27 | 16 | 06 | 24 | 23 56 20 | 29 | 07 | 19 | 24 | 11 | 02 |

| 51° Sternzeit | 10. Haus | 11. Haus | 12. Haus | 1. Haus | 2. Haus | 3. Haus | 51° Sternzeit | 10. Haus | 11. Haus | 12. Haus | 1. Haus | 2. Haus | 3. Haus |
|---|---|---|---|---|---|---|---|---|---|---|---|---|---|
| h m s | ° | ° | ° | ° | ° | ° | h m s | ° | ° | ° | ° | ° | ° |
|  |  | ♈ | ♉ | ♊ | ♋ | ♌ | ♍ |  | ♉ | ♊ | ♋ | ♌ | ♍ | ♎ |
| 0 00 00 | 00 | 09 | 22 | 26 | 13 | 03 | 2 50 09 | 15 | 24 | 29 | 26 | 16 | 12 |
| 0 03 40 | 01 | 10 | 23 | 27 | 13 | 03 | 2 54 07 | 16 | 25 | 29 | 27 | 17 | 12 |
| 0 07 20 | 02 | 11 | 24 | 28 | 14 | 04 | 2 58 08 | 17 | 26 | ♋0 | 28 | 18 | 13 |
| 0 11 01 | 03 | 12 | 24 | 28 | 15 | 05 | 3 02 08 | 18 | 26 | 01 | 29 | 18 | 14 |
| 0 14 41 | 04 | 13 | 25 | 29 | 15 | 06 | 3 06 10 | 19 | 27 | 02 | 29 | 19 | 15 |
| 0 18 21 | 05 | 14 | 26 | 29 | 16 | 07 | 3 10 12 | 20 | 28 | 03 | ♍0 | 20 | 16 |
| 0 22 02 | 06 | 15 | 27 | ♌0 | 17 | 08 | 3 14 16 | 21 | 29 | 03 | 01 | 21 | 17 |
| 0 25 42 | 07 | 16 | 28 | 01 | 18 | 08 | 3 18 19 | 22 | ♋0 | 04 | 01 | 22 | 18 |
| 0 29 23 | 08 | 17 | 29 | 02 | 18 | 09 | 3 22 24 | 23 | 01 | 05 | 02 | 22 | 19 |
| 0 33 04 | 09 | 18 | ♋0 | 02 | 19 | 10 | 3 26 29 | 24 | 02 | 06 | 03 | 23 | 20 |
| 0 36 45 | 10 | 19 | 01 | 03 | 20 | 11 | 3 30 35 | 25 | 03 | 07 | 04 | 24 | 21 |
| 0 40 27 | 11 | 20 | 01 | 04 | 20 | 12 | 3 34 42 | 26 | 04 | 08 | 04 | 25 | 22 |
| 0 44 08 | 12 | 21 | 02 | 04 | 21 | 13 | 3 38 49 | 27 | 05 | 08 | 05 | 26 | 23 |
| 0 47 50 | 13 | 22 | 03 | 05 | 22 | 13 | 3 42 57 | 28 | 06 | 09 | 06 | 27 | 24 |
| 0 51 32 | 14 | 24 | 04 | 06 | 23 | 14 | 3 47 06 | 29 | 07 | 10 | 06 | 27 | 25 |
| 0 55 14 | 15 | 25 | 05 | 06 | 23 | 15 | 3 51 16 | ♊0 | 08 | 11 | 07 | 28 | 25 |
| 0 58 57 | 16 | 26 | 06 | 07 | 24 | 16 | 3 55 26 | 01 | 09 | 11 | 08 | 29 | 26 |
| 1 02 40 | 17 | 27 | 06 | 08 | 25 | 17 | 3 59 37 | 02 | 10 | 12 | 09 | ♎0 | 27 |
| 1 06 24 | 18 | 28 | 07 | 08 | 26 | 18 | 4 03 48 | 03 | 10 | 13 | 09 | 01 | 28 |
| 1 10 07 | 19 | 29 | 08 | 09 | 26 | 19 | 4 08 01 | 04 | 11 | 14 | 10 | 02 | 29 |
| 1 13 51 | 20 | ♊0 | 09 | 10 | 27 | 19 | 4 12 13 | 05 | 12 | 14 | 11 | 02 | ♏0 |
| 1 17 36 | 21 | 01 | 10 | 10 | 28 | 20 | 4 16 27 | 06 | 13 | 15 | 12 | 04 | 01 |
| 1 21 21 | 22 | 02 | 10 | 11 | 28 | 21 | 4 20 41 | 07 | 14 | 16 | 12 | 04 | 02 |
| 1 25 06 | 23 | 03 | 11 | 12 | 29 | 22 | 4 24 55 | 08 | 15 | 17 | 13 | 05 | 03 |
| 1 28 52 | 24 | 04 | 12 | 12 | ♍0 | 23 | 4 29 11 | 09 | 16 | 18 | 14 | 06 | 04 |
| 1 32 38 | 25 | 05 | 13 | 13 | 01 | 24 | 4 33 26 | 10 | 17 | 19 | 15 | 07 | 05 |
| 1 36 25 | 26 | 06 | 14 | 14 | 01 | 25 | 4 37 42 | 11 | 18 | 20 | 15 | 07 | 06 |
| 1 40 13 | 27 | 07 | 14 | 14 | 02 | 25 | 4 41 59 | 12 | 19 | 21 | 16 | 08 | 07 |
| 1 44 01 | 28 | 08 | 15 | 15 | 03 | 26 | 4 46 17 | 13 | 20 | 22 | 17 | 09 | 08 |
| 1 47 49 | 29 | 08 | 16 | 16 | 04 | 27 | 4 50 34 | 14 | 21 | 22 | 18 | 10 | 09 |
| 1 51 38 | ♉0 | 09 | 17 | 16 | 04 | 28 | 4 54 52 | 15 | 22 | 23 | 18 | 11 | 10 |
| 1 55 28 | 01 | 10 | 18 | 17 | 05 | 29 | 4 59 11 | 16 | 23 | 24 | 19 | 12 | 11 |
| 1 59 18 | 02 | 11 | 18 | 18 | 06 | ♎0 | 5 03 30 | 17 | 24 | 25 | 20 | 13 | 12 |
| 2 03 08 | 03 | 12 | 19 | 18 | 07 | 01 | 5 07 49 | 18 | 25 | 26 | 21 | 14 | 13 |
| 2 07 00 | 04 | 13 | 20 | 19 | 07 | 02 | 5 12 09 | 19 | 25 | 27 | 22 | 14 | 14 |
| 2 10 52 | 05 | 14 | 21 | 20 | 08 | 03 | 5 16 29 | 20 | 26 | 28 | 22 | 15 | 15 |
| 2 14 44 | 06 | 15 | 22 | 20 | 09 | 03 | 5 20 49 | 21 | 27 | 28 | 23 | 16 | 15 |
| 2 18 37 | 07 | 16 | 22 | 21 | 10 | 04 | 5 25 10 | 22 | 28 | 29 | 24 | 17 | 16 |
| 2 22 31 | 08 | 17 | 23 | 22 | 11 | 05 | 5 29 30 | 23 | 29 | ♍0 | 25 | 18 | 17 |
| 2 26 26 | 09 | 18 | 24 | 22 | 11 | 06 | 5 33 51 | 24 | ♌0 | 01 | 25 | 19 | 18 |
| 2 30 21 | 10 | 19 | 25 | 23 | 12 | 07 | 5 38 13 | 25 | 01 | 02 | 26 | 20 | 19 |
| 2 34 17 | 11 | 20 | 25 | 24 | 13 | 08 | 5 42 34 | 26 | 02 | 03 | 27 | 20 | 20 |
| 2 38 14 | 12 | 21 | 26 | 24 | 14 | 09 | 5 46 55 | 27 | 03 | 04 | 28 | 21 | 21 |
| 2 42 11 | 13 | 22 | 27 | 25 | 14 | 10 | 5 51 17 | 28 | 04 | 04 | 28 | 22 | 22 |
| 2 46 09 | 14 | 23 | 28 | 26 | 15 | 11 | 5 55 38 | 29 | 05 | 05 | 29 | 23 | 23 |

| 51° Sternzeit | 10. Haus | 11. Haus | 12. Haus | 1. Haus | 2. Haus | 3. Haus | 51° Sternzeit | 10. Haus | 11. Haus | 12. Haus | 1. Haus | 2. Haus | 3. Haus |
|---|---|---|---|---|---|---|---|---|---|---|---|---|---|
| h m s | ° | ° | ° | ° | ° | ° | h m s | ° | ° | ° | ° | ° | ° |
| | ♋ | ♌ | ♍ | ♎ | ♎ | ♏ | | ♌ | ♍ | ♎ | ♏ | ♐ | ♑ |
| 6 00 00 | 00 | 06 | 06 | 00 | 24 | 24 | 9 09 51 | 15 | 18 | 14 | 04 | 01 | 06 |
| 6 04 22 | 01 | 07 | 07 | 01 | 25 | 25 | 9 13 51 | 16 | 19 | 15 | 04 | 02 | 07 |
| 6 08 43 | 02 | 08 | 08 | 02 | 26 | 26 | 9 17 49 | 17 | 20 | 16 | 05 | 03 | 08 |
| 6 13 05 | 03 | 09 | 08 | 02 | 27 | 27 | 9 21 46 | 18 | 21 | 16 | 06 | 04 | 09 |
| 6 17 26 | 04 | 10 | 09 | 03 | 28 | 28 | 9 25 43 | 19 | 22 | 17 | 06 | 05 | 10 |
| 6 21 47 | 05 | 11 | 10 | 04 | 28 | 29 | 9 29 39 | 20 | 23 | 18 | 07 | 05 | 11 |
| 6 26 09 | 06 | 12 | 11 | 05 | 29 | ♐0 | 9 33 34 | 21 | 24 | 19 | 08 | 06 | 12 |
| 6 30 30 | 07 | 13 | 12 | 05 | ♏0 | 01 | 9 37 29 | 22 | 25 | 20 | 08 | 07 | 13 |
| 6 34 50 | 08 | 14 | 13 | 06 | 01 | 02 | 9 41 23 | 23 | 26 | 20 | 09 | 08 | 14 |
| 6 39 11 | 09 | 15 | 14 | 07 | 02 | 03 | 9 45 16 | 24 | 27 | 21 | 10 | 09 | 15 |
| 6 43 31 | 10 | 16 | 15 | 08 | 03 | 04 | 9 49 08 | 25 | 28 | 22 | 10 | 09 | 16 |
| 6 47 51 | 11 | 16 | 15 | 08 | 04 | 05 | 9 53 00 | 26 | 28 | 23 | 11 | 10 | 17 |
| 6 52 11 | 12 | 17 | 16 | 09 | 05 | 05 | 9 56 52 | 27 | 29 | 23 | 12 | 11 | 18 |
| 6 56 30 | 13 | 18 | 17 | 10 | 05 | 06 | 10 00 42 | 28 | Ω0 | 24 | 12 | 12 | 19 |
| 7 00 49 | 14 | 19 | 18 | 11 | 06 | 07 | 10 04 32 | 29 | 01 | 25 | 13 | 12 | 20 |
| 7 05 08 | 15 | 20 | 19 | 12 | 07 | 08 | 10 08 22 | ♍0 | 02 | 26 | 14 | 13 | 21 |
| 7 09 26 | 16 | 21 | 20 | 12 | 08 | 09 | 10 12 11 | 01 | 03 | 26 | 14 | 14 | 22 |
| 7 13 43 | 17 | 22 | 21 | 13 | 09 | 10 | 10 15 59 | 02 | 04 | 27 | 15 | 15 | 23 |
| 7 18 01 | 18 | 23 | 22 | 14 | 10 | 11 | 10 19 47 | 03 | 05 | 28 | 16 | 16 | 23 |
| 7 22 18 | 19 | 24 | 22 | 15 | 10 | 12 | 10 23 35 | 04 | 05 | 28 | 17 | 16 | 24 |
| 7 26 34 | 20 | 25 | 23 | 15 | 11 | 13 | 10 27 22 | 05 | 06 | 29 | 17 | 17 | 25 |
| 7 30 49 | 21 | 26 | 24 | 16 | 12 | 14 | 10 31 08 | 06 | 07 | ♏0 | 18 | 18 | 26 |
| 7 35 05 | 22 | 27 | 25 | 17 | 13 | 15 | 10 34 54 | 07 | 08 | 01 | 19 | 19 | 27 |
| 7 39 19 | 23 | 28 | 26 | 18 | 14 | 16 | 10 38 39 | 08 | 09 | 02 | 19 | 20 | 28 |
| 7 43 33 | 24 | 29 | 27 | 18 | 15 | 17 | 10 42 24 | 09 | 10 | 02 | 20 | 21 | 29 |
| 7 47 47 | 25 | ♍0 | 28 | 19 | 16 | 18 | 10 46 09 | 10 | 11 | 03 | 20 | 21 | ≈0 |
| 7 51 59 | 26 | 01 | 28 | 20 | 16 | 19 | 10 49 53 | 11 | 11 | 04 | 21 | 22 | 01 |
| 7 56 12 | 27 | 02 | 29 | 21 | 17 | 20 | 10 53 36 | 12 | 12 | 05 | 22 | 23 | 02 |
| 8 00 23 | 28 | 03 | Ω0 | 21 | 18 | 20 | 10 57 20 | 13 | 13 | 05 | 22 | 24 | 03 |
| 8 04 34 | 29 | 04 | 01 | 22 | 18 | 21 | 11 01 03 | 14 | 14 | 06 | 23 | 24 | 04 |
| 8 08 44 | Ω0 | 05 | 02 | 23 | 19 | 22 | 11 04 46 | 15 | 15 | 07 | 24 | 25 | 05 |
| 8 12 54 | 01 | 05 | 03 | 24 | 20 | 23 | 11 08 28 | 16 | 16 | 08 | 24 | 26 | 06 |
| 8 17 03 | 02 | 06 | 03 | 24 | 21 | 24 | 11 12 10 | 17 | 17 | 08 | 25 | 27 | 07 |
| 8 21 11 | 03 | 07 | 04 | 25 | 22 | 25 | 11 15 52 | 18 | 17 | 09 | 26 | 28 | 09 |
| 8 25 19 | 04 | 08 | 05 | 26 | 23 | 26 | 11 19 33 | 19 | 18 | 10 | 26 | 29 | 10 |
| 8 29 25 | 05 | 09 | 06 | 26 | 23 | 27 | 11 23 15 | 20 | 19 | 10 | 27 | 29 | 11 |
| 8 33 31 | 06 | 10 | 07 | 27 | 24 | 28 | 11 26 56 | 21 | 20 | 11 | 28 | ♑0 | 12 |
| 8 37 36 | 07 | 11 | 08 | 28 | 25 | 29 | 11 30 37 | 22 | 21 | 12 | 28 | 01 | 13 |
| 8 41 41 | 08 | 12 | 08 | 29 | 26 | ♏0 | 11 34 18 | 23 | 22 | 12 | 29 | 02 | 14 |
| 8 45 44 | 09 | 13 | 09 | 29 | 27 | 01 | 11 37 58 | 24 | 23 | 13 | 29 | 03 | 15 |
| 8 49 48 | 10 | 14 | 10 | ♏0 | 27 | 02 | 11 41 39 | 25 | 23 | 14 | ♐0 | 04 | 16 |
| 8 53 50 | 11 | 15 | 11 | 01 | 28 | 03 | 11 45 19 | 26 | 24 | 15 | 01 | 05 | 17 |
| 8 57 52 | 12 | 16 | 12 | 01 | 29 | 04 | 11 48 59 | 27 | 25 | 15 | 02 | 05 | 18 |
| 9 01 52 | 13 | 17 | 12 | 02 | ♐0 | 04 | 11 52 40 | 28 | 26 | 16 | 02 | 06 | 19 |
| 9 05 53 | 14 | 18 | 13 | 03 | 01 | 05 | 11 56 20 | 29 | 27 | 17 | 03 | 07 | 20 |

Table of Houses — 51° (left half):

| 51° Sternzeit (h m s) | 10. Haus ♎ | 11. Haus ♎ | 12. Haus ♏ | 1. Haus ♐ | 2. Haus ♑ | 3. Haus ♒ |
|---|---|---|---|---|---|---|
| 12 00 00 | 00 | 27 | 17 | 04 | 08 | 21 |
| 12 03 40 | 01 | 28 | 18 | 05 | 09 | 22 |
| 12 07 20 | 02 | 29 | 19 | 05 | 10 | 24 |
| 12 11 01 | 03 | ♏0 | 20 | 06 | 11 | 25 |
| 12 14 41 | 04 | 01 | 20 | 07 | 12 | 26 |
| 12 18 21 | 05 | 02 | 21 | 07 | 13 | 27 |
| 12 22 02 | 02 | 03 | 22 | 08 | 14 | 28 |
| 12 25 42 | 07 | 03 | 23 | 09 | 15 | 29 |
| 12 29 23 | 08 | 04 | 23 | 09 | 16 | ♓0 |
| 12 33 04 | 09 | 05 | 24 | 10 | 17 | 02 |
| 12 36 45 | 10 | 06 | 25 | 11 | 18 | 03 |
| 12 40 27 | 11 | 07 | 26 | 11 | 19 | 04 |
| 12 44 08 | 12 | 07 | 26 | 12 | 20 | 05 |
| 12 47 50 | 13 | 08 | 27 | 13 | 21 | 06 |
| 12 51 32 | 14 | 09 | 28 | 14 | 22 | 07 |
| 12 55 14 | 15 | 10 | 28 | 14 | 23 | 09 |
| 12 58 57 | 16 | 11 | 29 | 15 | 24 | 10 |
| 13 02 40 | 17 | 11 | ♐0 | 16 | 25 | 11 |
| 13 06 24 | 18 | 12 | 01 | 17 | 26 | 12 |
| 13 10 07 | 19 | 13 | 01 | 17 | 27 | 13 |
| 13 13 51 | 20 | 14 | 02 | 18 | 28 | 15 |
| 13 17 36 | 21 | 15 | 03 | 19 | 29 | 16 |
| 13 21 21 | 22 | 16 | 04 | 20 | ≈0 | 17 |
| 13 25 06 | 23 | 16 | 04 | 20 | 01 | 18 |
| 13 28 52 | 24 | 17 | 05 | 21 | 02 | 20 |
| 13 32 38 | 25 | 18 | 06 | 22 | 04 | 21 |
| 13 36 25 | 26 | 19 | 07 | 23 | 05 | 22 |
| 13 40 13 | 27 | 20 | 07 | 24 | 06 | 23 |
| 13 44 01 | 28 | 20 | 08 | 24 | 07 | 25 |
| 13 47 49 | 29 | 21 | 09 | 25 | 09 | 26 |
| 13 51 38 | ♏0 | 22 | 10 | 26 | 10 | 27 |
| 13 55 28 | 01 | 23 | 11 | 27 | 11 | 28 |
| 13 59 18 | 02 | 24 | 11 | 28 | 12 | ♈0 |
| 14 03 08 | 03 | 25 | 12 | 29 | 14 | 01 |
| 14 07 00 | 04 | 26 | 13 | 29 | 15 | 02 |
| 14 10 52 | 05 | 26 | 14 | ♑0 | 16 | 04 |
| 14 14 44 | 06 | 27 | 15 | 01 | 18 | 05 |
| 14 18 37 | 07 | 28 | 15 | 02 | 19 | 06 |
| 14 22 31 | 08 | 29 | 16 | 03 | 20 | 08 |
| 14 26 26 | 09 | ♐0 | 17 | 04 | 22 | 09 |
| 14 30 21 | 10 | 01 | 18 | 05 | 24 | 10 |
| 14 34 17 | 11 | 02 | 19 | 06 | 25 | 11 |
| 14 38 14 | 12 | 02 | 19 | 07 | 27 | 13 |
| 14 42 11 | 13 | 03 | 20 | 08 | 28 | 14 |
| 14 46 09 | 14 | 04 | 21 | 09 | ♓0 | 15 |

Table of Houses — 51° (right half):

| 51° Sternzeit (h m s) | 10. Haus ♏ | 11. Haus ♐ | 12. Haus ♐ | 1. Haus ♑ | 2. Haus ♓ | 3. Haus ♈ |
|---|---|---|---|---|---|---|
| 14 50 09 | 15 | 05 | 22 | 10 | 01 | 17 |
| 14 54 07 | 16 | 06 | 23 | 11 | 03 | 18 |
| 14 58 08 | 17 | 07 | 24 | 12 | 04 | 19 |
| 15 02 08 | 18 | 08 | 25 | 13 | 06 | 21 |
| 15 06 10 | 19 | 09 | 26 | 14 | 07 | 22 |
| 15 10 12 | 20 | 09 | 26 | 15 | 09 | 23 |
| 15 14 16 | 21 | 10 | 27 | 17 | 11 | 24 |
| 15 18 19 | 22 | 11 | 28 | 18 | 12 | 26 |
| 15 22 24 | 23 | 12 | 29 | 19 | 14 | 27 |
| 15 26 29 | 24 | 13 | ♑0 | 20 | 16 | 28 |
| 15 30 35 | 25 | 14 | 01 | 21 | 17 | ♉0 |
| 15 34 42 | 26 | 15 | 02 | 23 | 19 | 01 |
| 15 38 49 | 27 | 16 | 03 | 24 | 21 | 02 |
| 15 42 57 | 28 | 17 | 04 | 25 | 23 | 03 |
| 15 47 06 | 29 | 18 | 05 | 27 | 24 | 05 |
| 15 51 16 | ♐0 | 18 | 06 | 28 | 26 | 06 |
| 15 55 26 | 01 | 19 | 07 | 29 | 28 | 07 |
| 15 59 37 | 02 | 20 | 08 | ≈01 | ♈0 | 09 |
| 16 03 48 | 03 | 21 | 09 | 03 | 02 | 10 |
| 16 08 01 | 04 | 22 | 10 | 04 | 03 | 11 |
| 16 12 13 | 05 | 23 | 11 | 06 | 05 | 12 |
| 16 16 27 | 06 | 24 | 12 | 07 | 07 | 14 |
| 16 20 41 | 07 | 25 | 13 | 09 | 09 | 15 |
| 16 24 55 | 08 | 26 | 14 | 11 | 11 | 16 |
| 16 29 11 | 09 | 27 | 15 | 13 | 12 | 18 |
| 16 33 26 | 10 | 28 | 17 | 14 | 14 | 19 |
| 16 37 42 | 11 | 29 | 18 | 16 | 16 | 20 |
| 16 41 59 | 12 | ♑0 | 19 | 18 | 18 | 21 |
| 16 46 17 | 13 | 01 | 20 | 20 | 20 | 22 |
| 16 50 34 | 14 | 02 | 21 | 22 | 21 | 23 |
| 16 54 52 | 15 | 03 | 22 | 24 | 23 | 25 |
| 16 59 11 | 16 | 04 | 24 | 26 | 25 | 26 |
| 17 03 30 | 17 | 05 | 25 | 28 | 27 | 27 |
| 17 07 49 | 18 | 06 | 26 | ♓01 | 28 | 28 |
| 17 12 09 | 19 | 07 | 27 | 03 | ♉0 | 29 |
| 17 16 29 | 20 | 08 | 29 | 05 | 02 | ♊0 |
| 17 20 49 | 21 | 09 | ≈0 | 08 | 03 | 01 |
| 17 25 10 | 22 | 10 | 01 | 10 | 05 | 03 |
| 17 29 30 | 23 | 11 | 03 | 12 | 07 | 04 |
| 17 33 51 | 24 | 12 | 04 | 15 | 08 | 05 |
| 17 38 13 | 25 | 13 | 05 | 17 | 10 | 06 |
| 17 42 34 | 26 | 14 | 07 | 20 | 11 | 07 |
| 17 46 55 | 27 | 15 | 08 | 22 | 13 | 08 |
| 17 51 17 | 28 | 16 | 09 | 25 | 14 | 09 |
| 17 55 38 | 29 | 17 | 11 | 27 | 16 | 10 |

| 51° Sternzeit h m s | 10. Haus ♌ | 11. Haus ♌ | 12. Haus ≈ | 1. Haus ♈ | 2. Haus ♉ | 3. Haus ♊ | 51° Sternzeit h m s | 10. Haus ≈ | 11. Haus ♓ | 12. Haus ♈ | 1. Haus ♊ | 2. Haus ♋ | 3. Haus ♋ |
|---|---|---|---|---|---|---|---|---|---|---|---|---|---|
| 18 00 00 | 00 | 18 | 13 | 00 | 17 | 12 | 21 09 51 | 15 | 13 | 29 | 20 | 08 | 25 |
| 18 04 22 | 01 | 20 | 14 | 03 | 19 | 13 | 21 13 51 | 16 | 15 | ♉0 | 21 | 09 | 26 |
| 18 08 43 | 02 | 21 | 16 | 05 | 21 | 14 | 21 17 49 | 17 | 16 | 02 | 22 | 10 | 27 |
| 18 13 05 | 03 | 22 | 17 | 08 | 22 | 15 | 21 21 46 | 18 | 17 | 04 | 23 | 10 | 28 |
| 18 17 26 | 04 | 23 | 19 | 10 | 23 | 16 | 21 25 43 | 19 | 19 | 05 | 24 | 11 | 28 |
| 18 21 47 | 05 | 24 | 20 | 13 | 25 | 17 | 21 29 39 | 20 | 20 | 07 | 25 | 12 | 29 |
| 18 26 09 | 06 | 25 | 22 | 15 | 26 | 18 | 21 33 34 | 21 | 21 | 08 | 26 | 13 | ♌0 |
| 18 30 30 | 07 | 26 | 23 | 18 | 27 | 19 | 21 37 29 | 22 | 22 | 09 | 27 | 14 | 01 |
| 18 34 50 | 08 | 27 | 25 | 20 | 29 | 20 | 21 41 23 | 23 | 24 | 11 | 28 | 15 | 02 |
| 18 39 11 | 09 | 29 | 27 | 22 | ♊0 | 21 | 21 45 16 | 24 | 25 | 12 | 29 | 15 | 03 |
| 18 43 31 | 10 | ≈0 | 28 | 25 | 01 | 22 | 21 49 08 | 25 | 26 | 14 | ♋0 | 16 | 04 |
| 18 47 51 | 11 | 01 | ♓0 | 27 | 03 | 23 | 21 53 00 | 26 | 28 | 15 | 01 | 17 | 04 |
| 18 52 11 | 12 | 02 | 02 | 29 | 04 | 24 | 21 56 52 | 27 | 29 | 16 | 01 | 18 | 05 |
| 18 56 30 | 13 | 03 | 03 | ♉0 | 05 | 25 | 22 00 42 | 28 | ♈0 | 18 | 02 | 19 | 06 |
| 19 00 49 | 14 | 04 | 05 | 04 | 06 | 26 | 22 04 32 | 29 | 02 | 19 | 03 | 19 | 07 |
| 19 05 08 | 15 | 06 | 07 | 06 | 08 | 27 | 22 08 22 | ♓0 | 03 | 20 | 04 | 20 | 08 |
| 19 09 26 | 16 | 07 | 09 | 08 | 09 | 28 | 22 12 11 | 01 | 04 | 21 | 05 | 21 | 09 |
| 19 13 43 | 17 | 08 | 10 | 10 | 10 | 29 | 22 15 59 | 02 | 05 | 23 | 06 | 22 | 09 |
| 19 18 01 | 18 | 09 | 12 | 12 | 11 | ♋0 | 22 19 47 | 03 | 07 | 24 | 07 | 23 | 10 |
| 19 22 18 | 19 | 10 | 14 | 14 | 12 | 01 | 22 23 35 | 04 | 08 | 25 | 07 | 23 | 11 |
| 19 26 34 | 20 | 12 | 16 | 16 | 13 | 02 | 22 27 23 | 05 | 09 | 26 | 08 | 24 | 12 |
| 19 30 49 | 21 | 13 | 18 | 17 | 14 | 03 | 22 31 08 | 06 | 10 | 28 | 09 | 25 | 13 |
| 19 35 05 | 22 | 14 | 19 | 19 | 16 | 04 | 22 34 54 | 07 | 12 | 29 | 10 | 26 | 14 |
| 19 39 19 | 23 | 15 | 21 | 21 | 17 | 05 | 22 38 39 | 08 | 13 | ♊0 | 10 | 26 | 14 |
| 19 43 33 | 24 | 16 | 23 | 23 | 18 | 06 | 22 42 24 | 09 | 14 | 01 | 11 | 27 | 15 |
| 19 47 47 | 25 | 18 | 25 | 24 | 19 | 07 | 22 46 09 | 10 | 15 | 02 | 12 | 28 | 16 |
| 19 51 59 | 26 | 19 | 27 | 26 | 20 | 08 | 22 49 53 | 11 | 17 | 03 | 13 | 29 | 17 |
| 19 56 12 | 27 | 20 | 28 | 27 | 21 | 09 | 22 53 36 | 12 | 18 | 04 | 13 | 29 | 18 |
| 20 00 23 | 28 | 21 | ♈0 | 29 | 22 | 10 | 22 57 20 | 13 | 19 | 05 | 14 | ♌0 | 19 |
| 20 04 34 | 29 | 23 | 02 | ♊0 | 23 | 11 | 23 01 03 | 14 | 20 | 06 | 15 | 01 | 19 |
| 20 08 44 | ≈0 | 24 | 04 | 02 | 24 | 12 | 23 04 46 | 15 | 21 | 07 | 16 | 02 | 20 |
| 20 12 54 | 01 | 25 | 06 | 03 | 25 | 12 | 23 08 28 | 16 | 23 | 08 | 16 | 02 | 21 |
| 20 17 03 | 02 | 27 | 07 | 05 | 26 | 13 | 23 12 10 | 17 | 24 | 09 | 17 | 03 | 22 |
| 20 21 11 | 03 | 28 | 09 | 06 | 27 | 14 | 23 15 52 | 18 | 25 | 10 | 18 | 04 | 23 |
| 20 25 18 | 04 | 29 | 11 | 07 | 28 | 15 | 23 19 33 | 19 | 26 | 11 | 19 | 05 | 23 |
| 20 29 25 | 05 | ♓0 | 13 | 09 | 29 | 16 | 23 23 15 | 20 | 27 | 12 | 19 | 05 | 24 |
| 20 33 31 | 06 | 02 | 14 | 10 | ♋0 | 17 | 23 26 56 | 21 | 28 | 13 | 20 | 06 | 25 |
| 20 37 36 | 07 | 03 | 16 | 11 | 01 | 18 | 23 30 37 | 22 | ♉0 | 14 | 21 | 07 | 26 |
| 20 41 41 | 08 | 04 | 18 | 12 | 02 | 19 | 23 34 18 | 23 | 01 | 15 | 21 | 07 | 27 |
| 20 45 44 | 09 | 06 | 19 | 14 | 03 | 20 | 23 37 58 | 24 | 02 | 16 | 22 | 08 | 28 |
| 20 49 48 | 10 | 07 | 21 | 15 | 04 | 21 | 23 41 39 | 25 | 03 | 17 | 23 | 09 | 28 |
| 20 53 50 | 11 | 08 | 23 | 16 | 04 | 21 | 23 45 19 | 26 | 04 | 18 | 23 | 10 | 29 |
| 20 57 52 | 12 | 09 | 24 | 17 | 05 | 22 | 23 48 59 | 27 | 05 | 19 | 24 | 10 | ♍0 |
| 21 01 52 | 13 | 11 | 26 | 18 | 06 | 23 | 23 52 40 | 28 | 06 | 20 | 25 | 11 | 01 |
| 21 05 53 | 14 | 12 | 28 | 19 | 07 | 24 | 23 56 20 | 29 | 08 | 21 | 26 | 12 | 02 |

| 53° Sternzeit | 10. Haus | 11. Haus | 12. Haus | 1. Haus | 2. Haus | 3. Haus |
|---|---|---|---|---|---|---|
| h m s | ° | ° | ° | ° | ° | ° |
|  | ♈ | ♉ | ♊ | ♋ | ♌ | ♍ |
| 0 00 00 | 00 | 09 | 24 | 28 | 14 | 03 |
| 0 03 40 | 01 | 11 | 25 | 28 | 14 | 04 |
| 0 07 20 | 02 | 12 | 26 | 29 | 15 | 05 |
| 0 11 01 | 03 | 13 | 27 | ♌0 | 16 | 05 |
| 0 14 41 | 04 | 14 | 28 | 00 | 17 | 06 |
| 0 18 21 | 05 | 15 | 29 | 01 | 17 | 07 |
| 0 22 02 | 06 | 16 | 29 | 02 | 18 | 08 |
| 0 25 42 | 07 | 17 | ♋0 | 02 | 19 | 09 |
| 0 29 23 | 08 | 18 | 01 | 03 | 20 | 10 |
| 0 33 04 | 09 | 19 | 02 | 04 | 20 | 10 |
| 0 36 45 | 10 | 20 | 03 | 04 | 21 | 11 |
| 0 40 27 | 11 | 21 | 04 | 05 | 22 | 12 |
| 0 44 08 | 12 | 22 | 04 | 06 | 22 | 13 |
| 0 47 50 | 13 | 23 | 05 | 06 | 23 | 14 |
| 0 51 32 | 14 | 24 | 06 | 07 | 24 | 15 |
| 0 55 14 | 15 | 26 | 07 | 08 | 24 | 15 |
| 0 58 57 | 16 | 27 | 08 | 08 | 25 | 16 |
| 1 02 40 | 17 | 28 | 09 | 09 | 26 | 17 |
| 1 06 24 | 18 | 29 | 09 | 09 | 26 | 18 |
| 1 10 07 | 19 | ♊0 | 10 | 10 | 27 | 19 |
| 1 13 51 | 20 | 01 | 11 | 11 | 28 | 20 |
| 1 17 36 | 21 | 02 | 12 | 11 | 29 | 20 |
| 1 21 21 | 22 | 03 | 12 | 12 | 29 | 21 |
| 1 25 06 | 23 | 04 | 13 | 13 | ♍0 | 22 |
| 1 28 52 | 24 | 05 | 14 | 13 | 01 | 23 |
| 1 32 38 | 25 | 06 | 15 | 14 | 01 | 24 |
| 1 36 25 | 26 | 07 | 16 | 15 | 02 | 25 |
| 1 40 13 | 27 | 08 | 16 | 15 | 03 | 26 |
| 1 44 01 | 28 | 08 | 17 | 16 | 04 | 26 |
| 1 47 49 | 29 | 09 | 18 | 17 | 04 | 27 |
| 1 51 38 | ♉0 | 10 | 19 | 17 | 05 | 28 |
| 1 55 28 | 01 | 11 | 19 | 18 | 06 | 29 |
| 1 59 18 | 02 | 12 | 20 | 19 | 07 | ♎0 |
| 2 03 08 | 03 | 13 | 21 | 19 | 07 | 01 |
| 2 07 00 | 04 | 14 | 22 | 20 | 08 | 02 |
| 2 10 52 | 05 | 15 | 23 | 21 | 09 | 02 |
| 2 14 44 | 06 | 16 | 23 | 21 | 10 | 03 |
| 2 18 37 | 07 | 17 | 24 | 22 | 10 | 04 |
| 2 22 31 | 08 | 18 | 25 | 23 | 11 | 05 |
| 2 26 26 | 09 | 19 | 26 | 23 | 12 | 06 |
| 2 30 21 | 10 | 20 | 26 | 24 | 13 | 07 |
| 2 34 17 | 11 | 21 | 27 | 25 | 13 | 08 |
| 2 38 14 | 12 | 22 | 28 | 25 | 14 | 09 |
| 2 42 11 | 13 | 23 | 29 | 26 | 15 | 10 |
| 2 46 09 | 14 | 24 | ♋0 | 27 | 16 | 11 |

| 53° Sternzeit | 10. Haus | 11. Haus | 12. Haus | 1. Haus | 2. Haus | 3. Haus |
|---|---|---|---|---|---|---|
| h m s | ° | ° | ° | ° | ° | ° |
|  | ♉ | ♊ | ♌ | ♌ | ♍ | ♎ |
| 2 50 09 | 15 | 25 | 00 | 27 | 16 | 11 |
| 2 54 07 | 16 | 26 | 01 | 28 | 17 | 12 |
| 2 58 08 | 17 | 27 | 02 | 29 | 18 | 13 |
| 3 02 08 | 18 | 27 | 03 | 29 | 19 | 14 |
| 3 06 10 | 19 | 28 | 03 | ♍0 | 20 | 15 |
| 3 10 12 | 20 | 29 | 04 | 01 | 20 | 16 |
| 3 14 16 | 21 | ♋0 | 05 | 01 | 21 | 17 |
| 3 18 19 | 22 | 01 | 06 | 02 | 22 | 18 |
| 3 22 24 | 23 | 02 | 07 | 03 | 23 | 19 |
| 3 26 29 | 24 | 03 | 07 | 04 | 24 | 20 |
| 3 30 35 | 25 | 04 | 08 | 04 | 24 | 20 |
| 3 34 42 | 26 | 05 | 09 | 05 | 25 | 21 |
| 3 38 49 | 27 | 06 | 10 | 06 | 26 | 22 |
| 3 42 57 | 28 | 07 | 11 | 06 | 27 | 23 |
| 3 47 06 | 29 | 08 | 11 | 07 | 28 | 24 |
| 3 51 16 | ♊0 | 09 | 12 | 08 | 28 | 25 |
| 3 55 26 | 01 | 10 | 13 | 09 | 29 | 26 |
| 3 59 37 | 02 | 10 | 14 | 09 | ♎0 | 27 |
| 4 03 48 | 03 | 11 | 15 | 10 | 01 | 28 |
| 4 08 01 | 04 | 12 | 15 | 11 | 02 | 29 |
| 4 12 13 | 05 | 13 | 16 | 11 | 02 | ♏0 |
| 4 16 27 | 06 | 14 | 17 | 12 | 03 | 01 |
| 4 20 41 | 07 | 15 | 18 | 13 | 04 | 02 |
| 4 24 55 | 08 | 16 | 19 | 14 | 05 | 03 |
| 4 29 11 | 09 | 17 | 19 | 14 | 06 | 03 |
| 4 33 26 | 10 | 18 | 20 | 15 | 06 | 04 |
| 4 37 42 | 11 | 19 | 21 | 16 | 07 | 05 |
| 4 41 59 | 12 | 20 | 22 | 17 | 08 | 06 |
| 4 46 17 | 13 | 21 | 23 | 17 | 09 | 07 |
| 4 50 34 | 14 | 22 | 23 | 18 | 10 | 08 |
| 4 54 52 | 15 | 23 | 24 | 19 | 11 | 09 |
| 4 59 11 | 16 | 23 | 25 | 20 | 11 | 10 |
| 5 03 30 | 17 | 24 | 26 | 20 | 12 | 11 |
| 5 07 49 | 18 | 25 | 27 | 21 | 13 | 12 |
| 5 12 09 | 19 | 26 | 28 | 22 | 14 | 13 |
| 5 16 29 | 20 | 27 | 28 | 23 | 15 | 14 |
| 5 20 49 | 21 | 28 | 29 | 23 | 16 | 15 |
| 5 25 10 | 22 | 29 | ♍0 | 24 | 17 | 16 |
| 5 29 30 | 23 | ♌0 | 01 | 25 | 17 | 17 |
| 5 33 51 | 24 | 01 | 02 | 25 | 18 | 18 |
| 5 38 13 | 25 | 02 | 03 | 26 | 19 | 19 |
| 5 42 34 | 26 | 03 | 03 | 27 | 20 | 20 |
| 5 46 55 | 27 | 04 | 04 | 28 | 21 | 21 |
| 5 51 17 | 28 | 05 | 05 | 28 | 22 | 21 |
| 5 55 38 | 29 | 06 | 06 | 29 | 22 | 22 |

| 53° Sternzeit | 10. Haus | 11. Haus | 12. Haus | 1. Haus | 2. Haus | 3. Haus |
|---|---|---|---|---|---|---|
| h m s | ° | ° | ° | ° | ° | ° |
|  | ♋ | ♌ | ♍ | ♎ | ♎ | ♏ |
| 6 00 00 | 00 | 07 | 07 | 00 | 23 | 23 |
| 6 04 22 | 01 | 08 | 08 | 01 | 24 | 24 |
| 6 08 43 | 02 | 09 | 08 | 01 | 25 | 25 |
| 6 13 05 | 03 | 09 | 09 | 02 | 26 | 26 |
| 6 17 26 | 04 | 10 | 10 | 03 | 27 | 27 |
| 6 21 47 | 05 | 11 | 11 | 04 | 27 | 28 |
| 6 26 09 | 06 | 12 | 12 | 05 | 28 | 29 |
| 6 30 30 | 07 | 13 | 13 | 05 | 29 | ♐0 |
| 6 34 50 | 08 | 14 | 13 | 06 | ♏0 | 01 |
| 6 39 11 | 09 | 15 | 14 | 07 | 01 | 02 |
| 6 43 31 | 10 | 16 | 15 | 08 | 02 | 03 |
| 6 47 51 | 11 | 17 | 16 | 08 | 02 | 04 |
| 6 52 11 | 12 | 18 | 17 | 09 | 03 | 05 |
| 6 56 30 | 13 | 19 | 18 | 10 | 04 | 06 |
| 7 00 49 | 14 | 20 | 19 | 11 | 05 | 07 |
| 7 05 08 | 15 | 21 | 19 | 11 | 06 | 07 |
| 7 09 26 | 16 | 22 | 20 | 12 | 07 | 08 |
| 7 13 43 | 17 | 23 | 21 | 13 | 07 | 09 |
| 7 18 01 | 18 | 24 | 22 | 13 | 08 | 10 |
| 7 22 18 | 19 | 25 | 23 | 14 | 09 | 11 |
| 7 26 34 | 20 | 26 | 24 | 15 | 10 | 12 |
| 7 30 49 | 21 | 27 | 24 | 16 | 11 | 13 |
| 7 35 05 | 22 | 27 | 25 | 16 | 11 | 14 |
| 7 39 19 | 23 | 28 | 26 | 17 | 12 | 15 |
| 7 43 33 | 24 | 29 | 27 | 18 | 13 | 16 |
| 7 47 47 | 25 | ♍0 | 28 | 19 | 14 | 17 |
| 7 51 59 | 26 | 01 | 28 | 19 | 15 | 18 |
| 7 56 12 | 27 | 02 | 29 | 20 | 15 | 19 |
| 8 00 23 | 28 | 03 | ♎0 | 21 | 16 | 20 |
| 8 04 34 | 29 | 04 | 01 | 22 | 17 | 20 |
| 8 08 44 | ♌0 | 05 | 02 | 22 | 18 | 21 |
| 8 12 54 | 01 | 06 | 02 | 23 | 19 | 22 |
| 8 17 03 | 02 | 07 | 03 | 24 | 19 | 23 |
| 8 21 11 | 03 | 08 | 04 | 24 | 20 | 24 |
| 8 25 19 | 04 | 09 | 05 | 25 | 21 | 25 |
| 8 29 25 | 05 | 10 | 06 | 26 | 22 | 26 |
| 8 33 31 | 06 | 10 | 07 | 26 | 23 | 27 |
| 8 37 36 | 07 | 11 | 07 | 27 | 23 | 28 |
| 8 41 41 | 08 | 12 | 08 | 28 | 24 | 29 |
| 8 42 44 | 09 | 13 | 09 | 29 | 25 | ♐0 |
| 8 49 48 | 10 | 14 | 10 | 29 | 26 | 01 |
| 8 53 50 | 11 | 15 | 10 | ♏0 | 27 | 02 |
| 8 57 52 | 12 | 16 | 11 | 01 | 27 | 03 |
| 9 01 52 | 13 | 17 | 12 | 01 | 28 | 04 |
| 9 05 53 | 14 | 18 | 13 | 02 | 29 | 04 |

| 53° Sternzeit | 10. Haus | 11. Haus | 12. Haus | 1. Haus | 2. Haus | 3. Haus |
|---|---|---|---|---|---|---|
| h m s | ° | ° | ° | ° | ° | ° |
|  | ♌ | ♍ | ♎ | ♏ | ♐ | ♑ |
| 9 09 51 | 15 | 19 | 13 | 03 | 00 | 05 |
| 9 13 51 | 16 | 20 | 14 | 03 | 01 | 06 |
| 9 17 49 | 17 | 20 | 15 | 04 | 01 | 07 |
| 9 21 46 | 18 | 21 | 16 | 05 | 02 | 08 |
| 9 25 43 | 19 | 22 | 17 | 05 | 03 | 09 |
| 9 29 39 | 20 | 23 | 17 | 06 | 04 | 10 |
| 9 33 34 | 21 | 24 | 18 | 07 | 04 | 11 |
| 9 37 29 | 22 | 25 | 19 | 07 | 05 | 12 |
| 9 41 23 | 23 | 26 | 20 | 08 | 06 | 13 |
| 9 45 16 | 24 | 27 | 20 | 09 | 07 | 14 |
| 9 49 08 | 25 | 28 | 21 | 09 | 07 | 15 |
| 9 53 00 | 26 | 28 | 22 | 10 | 08 | 16 |
| 9 56 52 | 27 | 29 | 23 | 11 | 09 | 17 |
| 10 00 42 | 28 | ♎0 | 23 | 11 | 10 | 18 |
| 10 04 32 | 29 | 01 | 24 | 12 | 11 | 19 |
| 10 08 22 | ♍0 | 02 | 25 | 13 | 11 | 20 |
| 10 12 11 | 01 | 03 | 26 | 13 | 12 | 21 |
| 10 15 59 | 02 | 04 | 26 | 14 | 13 | 22 |
| 10 19 47 | 03 | 04 | 27 | 15 | 14 | 23 |
| 10 23 35 | 04 | 05 | 28 | 15 | 14 | 23 |
| 10 27 22 | 05 | 06 | 28 | 16 | 15 | 24 |
| 10 31 08 | 06 | 07 | 29 | 17 | 16 | 25 |
| 10 34 54 | 07 | 08 | ♏0 | 17 | 17 | 26 |
| 10 38 39 | 08 | 09 | 01 | 18 | 18 | 27 |
| 10 42 24 | 09 | 10 | 01 | 19 | 18 | 28 |
| 10 46 09 | 10 | 10 | 02 | 19 | 19 | 29 |
| 10 49 53 | 11 | 11 | 03 | 20 | 20 | ♒0 |
| 10 53 36 | 12 | 12 | 04 | 21 | 21 | 01 |
| 10 57 20 | 13 | 13 | 04 | 21 | 21 | 02 |
| 11 01 03 | 14 | 14 | 05 | 22 | 22 | 03 |
| 11 04 46 | 15 | 15 | 06 | 22 | 23 | 04 |
| 11 08 28 | 16 | 16 | 06 | 23 | 24 | 06 |
| 11 12 10 | 17 | 16 | 07 | 24 | 25 | 07 |
| 11 15 52 | 18 | 17 | 08 | 24 | 26 | 08 |
| 11 19 33 | 19 | 18 | 08 | 25 | 26 | 09 |
| 11 23 15 | 20 | 19 | 09 | 26 | 27 | 10 |
| 11 26 56 | 21 | 20 | 10 | 26 | 28 | 11 |
| 11 30 37 | 22 | 20 | 11 | 27 | 29 | 12 |
| 11 34 18 | 23 | 21 | 11 | 28 | ♑0 | 13 |
| 11 37 58 | 24 | 22 | 12 | 28 | 01 | 14 |
| 11 41 39 | 25 | 23 | 13 | 29 | 01 | 15 |
| 11 45 19 | 26 | 24 | 13 | ♐0 | 02 | 16 |
| 11 48 59 | 27 | 25 | 14 | 00 | 03 | 17 |
| 11 52 40 | 28 | 25 | 15 | 01 | 04 | 18 |
| 11 56 20 | 29 | 26 | 16 | 02 | 05 | 19 |

| 53° Sternzeit h m s | 10. Haus ♎ | 11. Haus ♎ | 12. Haus ♏ | 1. Haus ♐ | 2. Haus ♑ | 3. Haus ♒ |
|---|---|---|---|---|---|---|
| 12 00 00 | 00 | 27 | 16 | 02 | 06 | 21 |
| 12 03 40 | 01 | 28 | 17 | 03 | 07 | 22 |
| 12 07 20 | 02 | 29 | 18 | 04 | 08 | 23 |
| 12 11 01 | 03 | 29 | 18 | 04 | 08 | 24 |
| 12 14 41 | 04 | ♏0 | 19 | 05 | 09 | 25 |
| 12 18 21 | 05 | 01 | 20 | 06 | 10 | 26 |
| 12 22 02 | 06 | 02 | 20 | 06 | 11 | 27 |
| 12 25 42 | 07 | 03 | 21 | 07 | 12 | 29 |
| 12 29 23 | 08 | 04 | 22 | 08 | 13 | ♑0 |
| 12 33 04 | 09 | 04 | 23 | 08 | 14 | 01 |
| 12 36 45 | 10 | 05 | 23 | 09 | 15 | 02 |
| 12 40 27 | 11 | 06 | 24 | 10 | 16 | 03 |
| 12 44 08 | 12 | 07 | 25 | 10 | 17 | 05 |
| 12 47 50 | 13 | 08 | 25 | 11 | 18 | 06 |
| 12 51 32 | 14 | 08 | 26 | 12 | 19 | 07 |
| 12 55 14 | 15 | 09 | 27 | 12 | 20 | 08 |
| 12 58 57 | 16 | 10 | 28 | 13 | 21 | 09 |
| 13 02 40 | 17 | 11 | 28 | 14 | 22 | 11 |
| 13 06 24 | 18 | 12 | 29 | 15 | 23 | 12 |
| 13 10 07 | 19 | 13 | 29 | 15 | 24 | 13 |
| 13 13 51 | 20 | 13 | ♐0 | 16 | 25 | 14 |
| 13 17 36 | 21 | 14 | 01 | 17 | 27 | 16 |
| 13 21 21 | 22 | 15 | 02 | 17 | 28 | 17 |
| 13 25 06 | 23 | 16 | 03 | 18 | 29 | 18 |
| 13 28 52 | 24 | 17 | 03 | 19 | ≈0 | 19 |
| 13 32 38 | 25 | 17 | 04 | 20 | 01 | 21 |
| 13 36 25 | 26 | 18 | 05 | 21 | 02 | 23 |
| 13 40 13 | 27 | 19 | 06 | 21 | 04 | 24 |
| 13 44 01 | 28 | 20 | 07 | 22 | 05 | 25 |
| 13 47 49 | 29 | 21 | 07 | 23 | 06 | 26 |
| 13 51 38 | ♏0 | 22 | 08 | 24 | 07 | 27 |
| 13 55 28 | 01 | 22 | 09 | 25 | 09 | 28 |
| 13 59 18 | 02 | 23 | 09 | 25 | 10 | ♈0 |
| 14 03 08 | 03 | 24 | 10 | 26 | 11 | 01 |
| 14 07 00 | 04 | 25 | 11 | 27 | 13 | 02 |
| 14 10 52 | 05 | 26 | 12 | 28 | 14 | 04 |
| 14 14 44 | 06 | 27 | 13 | 29 | 15 | 05 |
| 14 18 37 | 07 | 27 | 13 | ♑0 | 17 | 06 |
| 14 22 31 | 08 | 28 | 14 | 01 | 18 | 08 |
| 14 26 26 | 09 | 29 | 15 | 01 | 20 | 09 |
| 14 30 21 | 10 | ♐0 | 16 | 02 | 21 | 10 |
| 14 34 17 | 11 | 01 | 17 | 03 | 23 | 12 |
| 14 38 14 | 12 | 02 | 17 | 04 | 24 | 13 |
| 14 42 11 | 13 | 02 | 18 | 05 | 26 | 14 |
| 14 46 09 | 14 | 03 | 19 | 06 | 27 | 16 |

| 53° Sternzeit h m s | 10. Haus ♏ | 11. Haus ♐ | 12. Haus ♐ | 1. Haus ♑ | 2. Haus ♒ | 3. Haus ♈ |
|---|---|---|---|---|---|---|
| 14 50 09 | 15 | 04 | 20 | 07 | 29 | 17 |
| 14 54 07 | 16 | 05 | 21 | 08 | ♓0 | 18 |
| 14 58 08 | 17 | 06 | 22 | 09 | 02 | 20 |
| 15 02 08 | 18 | 07 | 23 | 10 | 04 | 21 |
| 15 06 10 | 19 | 08 | 23 | 11 | 06 | 22 |
| 15 10 12 | 20 | 09 | 24 | 13 | 08 | 24 |
| 15 14 16 | 21 | 09 | 25 | 14 | 09 | 25 |
| 15 18 19 | 22 | 10 | 26 | 15 | 11 | 26 |
| 15 22 24 | 23 | 11 | 27 | 16 | 13 | 28 |
| 15 26 29 | 24 | 12 | 28 | 17 | 15 | 29 |
| 15 30 35 | 25 | 13 | 29 | 18 | 17 | ♉0 |
| 15 34 42 | 26 | 14 | ♑0 | 20 | 18 | 02 |
| 15 38 49 | 27 | 15 | 01 | 21 | 20 | 03 |
| 15 42 57 | 28 | 16 | 02 | 22 | 22 | 04 |
| 15 47 06 | 29 | 17 | 03 | 24 | 24 | 05 |
| 15 51 16 | ♐0 | 18 | 04 | 25 | 26 | 07 |
| 15 55 26 | 01 | 18 | 05 | 27 | 28 | 08 |
| 15 59 37 | 02 | 19 | 06 | 28 | ♈0 | 09 |
| 16 03 48 | 03 | 20 | 07 | ≈0 | 02 | 11 |
| 16 08 01 | 04 | 21 | 08 | 01 | 04 | 12 |
| 16 12 13 | 05 | 22 | 09 | 03 | 06 | 13 |
| 16 16 27 | 06 | 23 | 10 | 04 | 08 | 14 |
| 16 20 41 | 07 | 24 | 11 | 06 | 09 | 16 |
| 16 24 55 | 08 | 25 | 12 | 08 | 11 | 17 |
| 16 29 11 | 09 | 26 | 13 | 10 | 13 | 18 |
| 16 33 26 | 10 | 27 | 14 | 11 | 15 | 19 |
| 16 37 42 | 11 | 28 | 15 | 13 | 17 | 21 |
| 16 41 59 | 12 | 29 | 16 | 15 | 19 | 22 |
| 16 46 17 | 13 | ♑0 | 18 | 17 | 21 | 23 |
| 16 50 34 | 14 | 01 | 19 | 19 | 23 | 24 |
| 16 54 52 | 15 | 02 | 20 | 22 | 25 | 25 |
| 16 59 11 | 16 | 03 | 21 | 24 | 27 | 27 |
| 17 03 30 | 17 | 04 | 22 | 26 | 28 | 28 |
| 17 07 49 | 18 | 05 | 24 | 28 | ♉0 | 29 |
| 17 12 09 | 19 | 06 | 25 | ♓01 | 02 | ♊0 |
| 17 16 29 | 20 | 07 | 26 | 03 | 03 | 01 |
| 17 20 49 | 21 | 08 | 27 | 06 | 05 | 02 |
| 17 25 10 | 22 | 09 | 29 | 08 | 07 | 04 |
| 17 29 30 | 23 | 10 | ≈0 | 11 | 09 | 05 |
| 17 33 51 | 24 | 11 | 01 | 14 | 10 | 06 |
| 17 38 13 | 25 | 12 | 03 | 16 | 12 | 07 |
| 17 42 34 | 26 | 13 | 04 | 19 | 14 | 08 |
| 17 46 55 | 27 | 14 | 06 | 22 | 15 | 09 |
| 17 51 17 | 28 | 15 | 07 | 24 | 17 | 10 |
| 17 55 38 | 29 | 16 | 09 | 27 | 18 | 11 |

8

| 53° Sternzeit h m s | 10. Haus ♌ | 11. Haus ♌ | 12. Haus ♒ | 1. Haus ♈ | 2. Haus ♉ | 3. Haus ♊ |
|---|---|---|---|---|---|---|
| 18 00 00 | 00 | 17 | 10 | 00 | 20 | 13 |
| 18 04 22 | 01 | 19 | 12 | 03 | 21 | 14 |
| 18 08 43 | 02 | 20 | 13 | 06 | 23 | 15 |
| 18 13 05 | 03 | 21 | 15 | 08 | 24 | 16 |
| 18 17 26 | 04 | 22 | 16 | 11 | 26 | 17 |
| 18 21 47 | 05 | 23 | 18 | 14 | 27 | 18 |
| 18 26 09 | 06 | 24 | 20 | 17 | 28 | 19 |
| 18 30 30 | 07 | 25 | 21 | 19 | ♊0 | 20 |
| 18 34 50 | 08 | 26 | 23 | 22 | 01 | 21 |
| 18 39 11 | 09 | 28 | 25 | 24 | 03 | 22 |
| 18 43 31 | 10 | 29 | 27 | 27 | 04 | 23 |
| 18 47 51 | 11 | ♒0 | 28 | 29 | 05 | 24 |
| 18 52 11 | 12 | 01 | ♓0 | ♉02 | 06 | 25 |
| 18 56 30 | 13 | 02 | 02 | 04 | 08 | 26 |
| 19 00 49 | 14 | 03 | 03 | 06 | 09 | 27 |
| 19 05 08 | 15 | 05 | 05 | 08 | 10 | 28 |
| 19 09 26 | 16 | 06 | 07 | 11 | 11 | 29 |
| 19 13 43 | 17 | 07 | 09 | 13 | 12 | ♋0 |
| 19 18 01 | 18 | 08 | 11 | 15 | 14 | 01 |
| 19 22 18 | 19 | 09 | 13 | 16 | 15 | 02 |
| 19 26 34 | 20 | 11 | 15 | 19 | 16 | 03 |
| 19 30 49 | 21 | 12 | 17 | 20 | 17 | 04 |
| 19 35 05 | 22 | 13 | 19 | 22 | 18 | 05 |
| 19 39 19 | 23 | 14 | 21 | 24 | 19 | 06 |
| 19 43 33 | 24 | 16 | 22 | 26 | 20 | 07 |
| 19 47 47 | 25 | 17 | 24 | 27 | 21 | 08 |
| 19 51 59 | 26 | 18 | 26 | 29 | 22 | 09 |
| 19 56 12 | 27 | 19 | 28 | ♊01 | 23 | 10 |
| 20 00 23 | 28 | 21 | ♈0 | 02 | 24 | 11 |
| 20 04 34 | 29 | 22 | 02 | 03 | 25 | 12 |
| 20 08 44 | ♒0 | 23 | 04 | 05 | 26 | 12 |
| 20 12 54 | 01 | 24 | 06 | 06 | 27 | 13 |
| 20 17 03 | 02 | 26 | 08 | 08 | 28 | 14 |
| 20 21 11 | 03 | 27 | 10 | 09 | 29 | 15 |
| 20 25 18 | 04 | 28 | 12 | 10 | ♋0 | 16 |
| 20 29 25 | 05 | ♓0 | 13 | 12 | 01 | 17 |
| 20 33 31 | 06 | 01 | 15 | 13 | 02 | 18 |
| 20 37 36 | 07 | 02 | 17 | 14 | 03 | 19 |
| 20 41 41 | 08 | 04 | 19 | 15 | 04 | 20 |
| 20 45 44 | 09 | 05 | 21 | 16 | 05 | 21 |
| 20 49 48 | 10 | 06 | 22 | 18 | 06 | 21 |
| 20 53 50 | 11 | 08 | 24 | 19 | 07 | 22 |
| 20 57 52 | 12 | 09 | 26 | 20 | 07 | 23 |
| 21 01 52 | 13 | 10 | 28 | 21 | 08 | 24 |
| 21 05 53 | 14 | 12 | 29 | 22 | 09 | 25 |

| 53° Sternzeit h m s | 10. Haus ♒ | 11. Haus ♓ | 12. Haus ♉ | 1. Haus ♊ | 2. Haus ♋ | 3. Haus ♋ |
|---|---|---|---|---|---|---|
| 21 09 51 | 15 | 13 | 00 | 23 | 10 | 26 |
| 21 13 51 | 16 | 14 | 02 | 24 | 11 | 27 |
| 21 17 49 | 17 | 16 | 04 | 25 | 12 | 28 |
| 21 21 46 | 18 | 17 | 06 | 26 | 13 | 28 |
| 21 25 43 | 19 | 18 | 07 | 27 | 13 | 29 |
| 21 29 39 | 20 | 20 | 09 | 28 | 14 | ♌0 |
| 21 33 34 | 21 | 21 | 10 | 29 | 15 | 01 |
| 21 37 29 | 22 | 22 | 12 | 29 | 16 | 02 |
| 21 41 23 | 23 | 24 | 13 | ♋0 | 17 | 03 |
| 21 45 16 | 24 | 25 | 15 | 01 | 17 | 03 |
| 21 49 08 | 25 | 26 | 16 | 02 | 18 | 04 |
| 21 53 00 | 26 | 28 | 17 | 03 | 19 | 05 |
| 21 56 52 | 27 | 29 | 19 | 04 | 20 | 06 |
| 22 00 42 | 28 | ♈0 | 20 | 05 | 21 | 07 |
| 22 04 32 | 29 | 02 | 21 | 06 | 21 | 08 |
| 22 08 22 | ♓0 | 03 | 23 | 06 | 22 | 08 |
| 22 12 11 | 01 | 04 | 24 | 07 | 23 | 09 |
| 22 15 59 | 02 | 06 | 25 | 08 | 24 | 10 |
| 22 19 47 | 03 | 07 | 27 | 09 | 24 | 11 |
| 22 23 35 | 04 | 08 | 28 | 09 | 25 | 12 |
| 22 27 22 | 05 | 09 | 29 | 10 | 26 | 13 |
| 22 31 08 | 06 | 11 | ♊0 | 11 | 27 | 13 |
| 22 34 54 | 07 | 12 | 01 | 12 | 27 | 14 |
| 22 38 39 | 08 | 13 | 02 | 13 | 28 | 15 |
| 22 42 24 | 09 | 14 | 03 | 13 | 29 | 16 |
| 22 46 09 | 10 | 16 | 05 | 14 | 29 | 17 |
| 22 49 53 | 11 | 17 | 06 | 15 | ♌0 | 17 |
| 22 53 36 | 12 | 18 | 07 | 15 | 01 | 18 |
| 22 57 20 | 13 | 19 | 08 | 16 | 02 | 19 |
| 23 01 03 | 14 | 21 | 09 | 17 | 02 | 20 |
| 23 04 46 | 15 | 22 | 10 | 18 | 03 | 21 |
| 23 08 28 | 16 | 23 | 11 | 18 | 04 | 22 |
| 23 12 10 | 17 | 24 | 12 | 19 | 05 | 22 |
| 23 15 52 | 18 | 26 | 13 | 20 | 05 | 23 |
| 23 19 33 | 19 | 27 | 14 | 20 | 06 | 24 |
| 23 23 15 | 20 | 28 | 15 | 21 | 07 | 25 |
| 23 26 56 | 21 | 29 | 16 | 22 | 07 | 26 |
| 23 30 37 | 22 | ♉0 | 17 | 22 | 08 | 26 |
| 23 34 18 | 23 | 01 | 18 | 23 | 09 | 27 |
| 23 37 58 | 24 | 03 | 19 | 24 | 10 | 28 |
| 23 41 39 | 25 | 04 | 20 | 24 | 10 | 29 |
| 23 45 19 | 26 | 05 | 21 | 25 | 11 | ♍0 |
| 23 48 59 | 27 | 06 | 22 | 26 | 12 | 01 |
| 23 52 40 | 28 | 07 | 22 | 26 | 13 | 01 |
| 23 56 20 | 29 | 08 | 23 | 27 | 13 | 02 |

| 55° Sternzeit | 10. Haus | 11. Haus | 12. Haus | 1. Haus | 2. Haus | 3. Haus | 55° Sternzeit | 10. Haus | 11. Haus | 12. Haus | 1. Haus | 2. Haus | 3. Haus |
|---|---|---|---|---|---|---|---|---|---|---|---|---|---|
| h m s | ° | ° | ° | ° | ° | ° | h m s | ° | ° | ° | ° | ° | ° |
| | ♈ | ♉ | ♊ | ♋ | ♌ | ♍ | | ♉ | ♊ | ♌ | ♌ | ♍ | ♎ |
| 0 00 00 | 00 | 10 | 26 | 29 | 15 | 03 | 2 50 09 | 15 | 26 | 01 | 28 | 17 | 11 |
| 0 03 40 | 01 | 11 | 27 | ♌0 | 15 | 04 | 2 54 07 | 16 | 27 | 02 | 29 | 17 | 12 |
| 0 07 20 | 02 | 12 | 28 | 01 | 16 | 05 | 2 58 08 | 17 | 28 | 03 | 29 | 18 | 13 |
| 0 11 01 | 03 | 14 | 29 | 02 | 17 | 06 | 3 02 08 | 18 | 28 | 04 | ♍0 | 19 | 14 |
| 0 14 41 | 04 | 15 | 29 | 02 | 17 | 07 | 3 06 10 | 19 | 29 | 05 | 01 | 20 | 15 |
| 0 18 21 | 05 | 16 | ♋0 | 03 | 18 | 07 | 3 10 12 | 20 | ♋0 | 05 | 02 | 21 | 16 |
| 0 22 02 | 06 | 17 | 01 | 03 | 19 | 08 | 3 14 16 | 21 | 01 | 06 | 02 | 21 | 17 |
| 0 25 42 | 07 | 18 | 02 | 04 | 20 | 09 | 3 18 19 | 22 | 02 | 07 | 03 | 22 | 17 |
| 0 29 23 | 08 | 19 | 03 | 05 | 20 | 10 | 3 22 24 | 23 | 03 | 08 | 04 | 23 | 18 |
| 0 33 04 | 09 | 20 | 04 | 05 | 21 | 11 | 3 26 29 | 24 | 04 | 08 | 04 | 24 | 19 |
| 0 36 45 | 10 | 21 | 04 | 06 | 22 | 11 | 3 30 35 | 25 | 05 | 09 | 05 | 24 | 20 |
| 0 40 27 | 11 | 22 | 05 | 07 | 22 | 12 | 3 34 42 | 26 | 06 | 10 | 06 | 25 | 21 |
| 0 44 08 | 12 | 23 | 06 | 07 | 23 | 13 | 3 38 49 | 27 | 07 | 11 | 06 | 26 | 22 |
| 0 47 50 | 13 | 24 | 07 | 08 | 24 | 14 | 3 42 57 | 28 | 08 | 12 | 07 | 27 | 23 |
| 0 51 32 | 14 | 25 | 08 | 08 | 24 | 15 | 3 47 06 | 29 | 09 | 12 | 08 | 28 | 24 |
| 0 55 14 | 15 | 26 | 08 | 09 | 25 | 16 | 3 51 16 | ♊0 | 10 | 13 | 08 | 28 | 25 |
| 0 58 57 | 16 | 28 | 09 | 10 | 26 | 16 | 3 55 26 | 01 | 10 | 14 | 09 | 29 | 26 |
| 1 02 40 | 17 | 29 | 10 | 10 | 26 | 17 | 3 59 37 | 02 | 11 | 15 | 10 | ♎0 | 27 |
| 1 06 24 | 18 | ♊0 | 11 | 11 | 27 | 18 | 4 03 48 | 03 | 12 | 15 | 10 | 01 | 27 |
| 1 10 07 | 19 | 01 | 12 | 12 | 28 | 19 | 4 08 01 | 04 | 13 | 16 | 11 | 02 | 28 |
| 1 13 51 | 20 | 02 | 12 | 12 | 29 | 20 | 4 12 13 | 05 | 14 | 17 | 12 | 02 | 29 |
| 1 17 36 | 21 | 03 | 13 | 13 | 29 | 21 | 4 16 27 | 06 | 15 | 18 | 13 | 03 | ♏0 |
| 1 21 21 | 22 | 04 | 14 | 13 | ♍0 | 21 | 4 20 41 | 07 | 16 | 19 | 13 | 04 | 01 |
| 1 25 06 | 23 | 05 | 15 | 14 | 01 | 22 | 4 24 55 | 08 | 17 | 19 | 14 | 05 | 02 |
| 1 28 52 | 24 | 06 | 15 | 15 | 01 | 23 | 4 29 11 | 09 | 18 | 20 | 15 | 06 | 03 |
| 1 32 38 | 25 | 07 | 16 | 15 | 02 | 24 | 4 33 26 | 10 | 19 | 21 | 15 | 06 | 04 |
| 1 36 25 | 26 | 08 | 17 | 16 | 03 | 25 | 4 37 42 | 11 | 20 | 22 | 16 | 07 | 05 |
| 1 40 13 | 27 | 09 | 18 | 17 | 04 | 26 | 4 41 59 | 12 | 21 | 23 | 17 | 08 | 06 |
| 1 44 01 | 28 | 10 | 19 | 17 | 04 | 26 | 4 46 17 | 13 | 22 | 23 | 18 | 09 | 07 |
| 1 47 49 | 29 | 10 | 19 | 18 | 05 | 27 | 4 50 34 | 14 | 22 | 24 | 18 | 10 | 08 |
| 1 51 38 | ♉0 | 11 | 20 | 18 | 06 | 28 | 4 54 52 | 15 | 23 | 25 | 19 | 10 | 09 |
| 1 55 28 | 01 | 12 | 21 | 19 | 06 | 29 | 4 59 11 | 16 | 24 | 26 | 20 | 11 | 10 |
| 1 59 18 | 02 | 13 | 22 | 20 | 07 | ♎0 | 5 03 30 | 17 | 25 | 27 | 21 | 12 | 10 |
| 2 03 08 | 03 | 14 | 22 | 20 | 08 | 01 | 5 07 49 | 18 | 26 | 27 | 21 | 13 | 11 |
| 2 07 00 | 04 | 15 | 23 | 21 | 09 | 02 | 5 12 09 | 19 | 27 | 28 | 22 | 14 | 12 |
| 2 10 52 | 05 | 16 | 24 | 22 | 09 | 02 | 5 16 29 | 20 | 28 | 29 | 23 | 15 | 13 |
| 2 14 44 | 06 | 17 | 25 | 22 | 10 | 03 | 5 20 49 | 21 | 29 | ♍0 | 23 | 15 | 14 |
| 2 18 37 | 07 | 18 | 25 | 23 | 11 | 04 | 5 25 10 | 22 | ♋0 | 01 | 24 | 16 | 15 |
| 2 22 31 | 08 | 19 | 26 | 24 | 11 | 05 | 5 29 30 | 23 | 01 | 02 | 25 | 17 | 16 |
| 2 26 26 | 09 | 20 | 27 | 24 | 12 | 06 | 5 33 51 | 24 | 02 | 02 | 26 | 18 | 17 |
| 2 30 21 | 10 | 21 | 28 | 25 | 13 | 07 | 5 38 13 | 25 | 03 | 03 | 26 | 19 | 18 |
| 2 34 17 | 11 | 22 | 28 | 26 | 14 | 08 | 5 42 34 | 26 | 04 | 04 | 27 | 19 | 19 |
| 2 38 14 | 12 | 23 | 29 | 26 | 14 | 09 | 5 46 55 | 27 | 05 | 05 | 28 | 20 | 20 |
| 2 42 11 | 13 | 24 | ♌0 | 27 | 15 | 09 | 5 51 17 | 28 | 06 | 06 | 29 | 21 | 21 |
| 2 46 09 | 14 | 25 | 01 | 28 | 16 | 10 | 5 55 38 | 29 | 06 | 06 | 29 | 22 | 22 |

354

| 55° Sternzeit | 10. Haus | 11. Haus | 12. Haus | 1. Haus | 2. Haus | 3. Haus |
|---|---|---|---|---|---|---|
| h m s | ° | ° | ° | ° | ° | ° |
| | ♋ | ♌ | ♍ | ♎ | ♎ | ♏ |
| 6 00 00 | 00 | 07 | 07 | 00 | 23 | 23 |
| 6 04 22 | 01 | 08 | 08 | 01 | 24 | 24 |
| 6 08 43 | 02 | 09 | 09 | 01 | 24 | 24 |
| 6 13 05 | 03 | 10 | 10 | 02 | 25 | 25 |
| 6 17 26 | 04 | 11 | 11 | 03 | 26 | 26 |
| 6 21 47 | 05 | 12 | 11 | 04 | 27 | 27 |
| 6 26 09 | 06 | 13 | 12 | 04 | 28 | 28 |
| 6 30 30 | 07 | 14 | 13 | 05 | 28 | 29 |
| 6 34 50 | 08 | 15 | 14 | 06 | 29 | ♐0 |
| 6 39 11 | 09 | 16 | 15 | 07 | ♏0 | 01 |
| 6 43 31 | 10 | 17 | 15 | 07 | 01 | 02 |
| 6 47 51 | 11 | 18 | 16 | 08 | 02 | 03 |
| 6 52 11 | 12 | 19 | 17 | 09 | 03 | 04 |
| 6 56 30 | 13 | 20 | 18 | 10 | 03 | 05 |
| 7 00 49 | 14 | 20 | 19 | 10 | 04 | 06 |
| 7 05 08 | 15 | 21 | 20 | 11 | 05 | 07 |
| 7 09 26 | 16 | 22 | 20 | 12 | 06 | 08 |
| 7 13 43 | 17 | 23 | 21 | 12 | 07 | 08 |
| 7 18 01 | 18 | 24 | 22 | 13 | 07 | 09 |
| 7 22 18 | 19 | 25 | 23 | 14 | 08 | 10 |
| 7 26 34 | 20 | 26 | 24 | 15 | 09 | 11 |
| 7 30 49 | 21 | 27 | 24 | 15 | 10 | 12 |
| 7 35 05 | 22 | 28 | 25 | 16 | 11 | 13 |
| 7 39 19 | 23 | 29 | 26 | 17 | 11 | 14 |
| 7 43 33 | 24 | ♍0 | 27 | 17 | 12 | 15 |
| 7 47 47 | 25 | 01 | 28 | 18 | 13 | 16 |
| 7 51 59 | 26 | 02 | 29 | 19 | 14 | 17 |
| 7 56 12 | 27 | 03 | 29 | 20 | 15 | 18 |
| 8 00 23 | 28 | 03 | ♎0 | 20 | 15 | 19 |
| 8 04 34 | 29 | 04 | 01 | 21 | 16 | 20 |
| 8 08 44 | ♌0 | 05 | 02 | 22 | 17 | 20 |
| 8 12 54 | 01 | 06 | 02 | 22 | 18 | 21 |
| 8 17 03 | 02 | 07 | 03 | 23 | 18 | 22 |
| 8 21 11 | 03 | 08 | 04 | 24 | 19 | 23 |
| 8 25 19 | 04 | 09 | 05 | 24 | 20 | 24 |
| 8 29 25 | 05 | 10 | 06 | 25 | 21 | 25 |
| 8 33 31 | 06 | 11 | 06 | 25 | 22 | 26 |
| 8 37 36 | 07 | 12 | 07 | 26 | 22 | 27 |
| 8 41 41 | 08 | 13 | 08 | 27 | 23 | 28 |
| 8 45 44 | 09 | 13 | 09 | 28 | 24 | 29 |
| 8 49 48 | 10 | 14 | 09 | 28 | 25 | ♑0 |
| 8 53 50 | 11 | 15 | 10 | 29 | 25 | 01 |
| 8 57 52 | 12 | 16 | 11 | ♏0 | 26 | 02 |
| 9 01 52 | 13 | 17 | 12 | 00 | 27 | 02 |
| 9 05 53 | 14 | 18 | 13 | 01 | 28 | 03 |

| 55° Sternzeit | 10. Haus | 11. Haus | 12. Haus | 1. Haus | 2. Haus | 3. Haus |
|---|---|---|---|---|---|---|
| h m s | ° | ° | ° | ° | ° | ° |
| | ♌ | ♍ | ♎ | ♏ | ♏ | ♐ |
| 9 09 51 | 15 | 19 | 13 | 02 | 29 | 04 |
| 9 13 51 | 16 | 20 | 14 | 02 | 29 | 05 |
| 9 17 49 | 17 | 21 | 15 | 03 | ♐0 | 06 |
| 9 21 46 | 18 | 21 | 16 | 04 | 01 | 07 |
| 9 25 43 | 19 | 22 | 16 | 04 | 02 | 08 |
| 9 29 39 | 20 | 23 | 17 | 05 | 02 | 09 |
| 9 33 34 | 21 | 24 | 18 | 06 | 03 | 10 |
| 9 37 29 | 22 | 25 | 19 | 06 | 04 | 11 |
| 9 41 23 | 23 | 26 | 19 | 07 | 05 | 12 |
| 9 45 16 | 24 | 27 | 20 | 08 | 05 | 13 |
| 9 49 08 | 25 | 28 | 21 | 08 | 06 | 14 |
| 9 53 00 | 26 | 28 | 21 | 09 | 07 | 15 |
| 9 56 52 | 27 | 29 | 22 | 10 | 08 | 16 |
| 10 00 42 | 28 | ♎0 | 23 | 10 | 08 | 17 |
| 10 04 32 | 29 | 01 | 24 | 11 | 09 | 18 |
| 10 08 22 | ♍0 | 02 | 24 | 12 | 10 | 19 |
| 10 12 11 | 01 | 03 | 25 | 12 | 11 | 20 |
| 10 15 59 | 02 | 04 | 26 | 13 | 11 | 21 |
| 10 19 47 | 03 | 04 | 26 | 13 | 12 | 21 |
| 10 23 35 | 04 | 05 | 27 | 14 | 13 | 22 |
| 10 27 22 | 05 | 06 | 28 | 15 | 14 | 23 |
| 10 31 08 | 06 | 07 | 29 | 15 | 15 | 24 |
| 10 34 54 | 07 | 08 | 29 | 16 | 15 | 25 |
| 10 38 39 | 08 | 09 | ♏0 | 17 | 16 | 26 |
| 10 42 24 | 09 | 10 | 01 | 17 | 17 | 27 |
| 10 46 09 | 10 | 10 | 02 | 18 | 18 | 28 |
| 10 49 53 | 11 | 11 | 02 | 18 | 18 | 29 |
| 10 53 36 | 12 | 12 | 03 | 19 | 19 | ♒0 |
| 10 57 20 | 13 | 13 | 04 | 20 | 20 | 01 |
| 11 01 03 | 14 | 14 | 05 | 20 | 21 | 02 |
| 11 04 46 | 15 | 14 | 05 | 21 | 22 | 04 |
| 11 08 28 | 16 | 15 | 06 | 22 | 22 | 05 |
| 11 12 10 | 17 | 16 | 07 | 22 | 23 | 06 |
| 11 15 52 | 18 | 17 | 07 | 23 | 24 | 07 |
| 11 19 33 | 19 | 18 | 08 | 23 | 25 | 08 |
| 11 23 15 | 20 | 19 | 09 | 24 | 26 | 09 |
| 11 26 56 | 21 | 19 | 09 | 25 | 26 | 10 |
| 11 30 37 | 22 | 20 | 10 | 25 | 27 | 11 |
| 11 34 18 | 23 | 21 | 11 | 26 | 28 | 12 |
| 11 37 58 | 24 | 22 | 11 | 27 | 29 | 13 |
| 11 41 39 | 25 | 23 | 12 | 27 | ♑0 | 14 |
| 11 45 19 | 26 | 23 | 13 | 28 | 01 | 15 |
| 11 48 59 | 27 | 24 | 13 | 29 | 01 | 16 |
| 11 52 40 | 28 | 25 | 14 | 29 | 02 | 18 |
| 11 56 20 | 29 | 26 | 15 | ♐0 | 03 | 19 |

| 55° Sternzeit | 10. Haus | 11. Haus | 12. Haus | 1. Haus | 2. Haus | 3. Haus | 55° Sternzeit | 10. Haus | 11. Haus | 12. Haus | 1. Haus | 2. Haus | 3. Haus |
|---|---|---|---|---|---|---|---|---|---|---|---|---|---|
| h m s | ° | ° | ° | ° | ° | ° | h m s | ° | ° | ° | ° | ° | ° |
| | ♌ | ♌ | ♍ | ♐ | ♑ | ♒ | | ♍ | ♐ | ♐ | ♑ | ♒ | ♈ |
| 12 00 00 | 00 | 27 | 15 | 00 | 04 | 20 | 14 50 09 | 15 | 03 | 18 | 04 | 28 | 17 |
| 12 03 40 | 01 | 27 | 16 | 01 | 05 | 21 | 14 54 07 | 16 | 04 | 19 | 05 | 29 | 19 |
| 12 07 20 | 02 | 28 | 17 | 02 | 06 | 22 | 14 58 08 | 17 | 05 | 20 | 06 | ♓0 | 20 |
| 12 11 01 | 03 | 29 | 17 | 02 | 07 | 23 | 15 02 08 | 18 | 06 | 21 | 07 | 03 | 21 |
| 12 14 41 | 04 | ♏0 | 18 | 03 | 07 | 24 | 15 06 0 | 19 | 07 | 22 | 08 | 05 | 23 |
| 12 18 21 | 05 | 01 | 19 | 04 | 08 | 26 | 15 10 12 | 20 | 08 | 23 | 09 | 06 | 24 |
| 12 22 02 | 06 | 01 | 19 | 04 | 09 | 27 | 15 14 16 | 21 | 09 | 24 | 10 | 08 | 26 |
| 12 25 42 | 07 | 02 | 20 | 05 | 10 | 28 | 15 18 19 | 22 | 09 | 24 | 11 | 10 | 27 |
| 12 29 23 | 08 | 03 | 21 | 06 | 11 | 29 | 15 22 24 | 23 | 10 | 25 | 13 | 12 | 28 |
| 12 33 04 | 09 | 04 | 22 | 06 | 12 | ♓0 | 15 26 29 | 24 | 11 | 26 | 14 | 14 | ♉0 |
| 12 36 45 | 10 | 05 | 22 | 07 | 13 | 01 | 15 30 35 | 25 | 12 | 27 | 15 | 16 | 01 |
| 12 40 27 | 11 | 05 | 23 | 08 | 14 | 03 | 15 34 42 | 26 | 13 | 28 | 16 | 18 | 02 |
| 12 44 08 | 12 | 06 | 24 | 08 | 15 | 04 | 15 38 49 | 27 | 14 | 29 | 17 | 20 | 04 |
| 12 47 50 | 13 | 07 | 24 | 09 | 16 | 05 | 15 42 57 | 28 | 15 | ♑0 | 19 | 22 | 05 |
| 12 51 32 | 14 | 08 | 25 | 10 | 17 | 06 | 15 47 06 | 29 | 16 | 01 | 20 | 24 | 06 |
| 12 55 14 | 15 | 09 | 26 | 10 | 18 | 08 | 15 51 16 | ♐0 | 17 | 02 | 21 | 26 | 07 |
| 12 58 57 | 16 | 09 | 26 | 11 | 19 | 09 | 15 55 26 | 01 | 18 | 03 | 23 | 28 | 09 |
| 13 02 40 | 17 | 10 | 27 | 12 | 20 | 10 | 15 59 37 | 02 | 18 | 04 | 24 | ♈0 | 10 |
| 13 06 24 | 18 | 11 | 28 | 12 | 21 | 11 | 16 03 48 | 03 | 19 | 05 | 26 | 02 | 11 |
| 13 10 07 | 19 | 12 | 29 | 13 | 22 | 13 | 16 08 01 | 04 | 20 | 06 | 27 | 04 | 13 |
| 13 13 51 | 20 | 13 | 29 | 14 | 23 | 14 | 16 12 13 | 05 | 21 | 07 | 29 | 06 | 14 |
| 13 17 36 | 21 | 13 | ♐0 | 14 | 25 | 15 | 16 16 27 | 06 | 22 | 08 | ≈01 | 08 | 15 |
| 13 21 21 | 22 | 14 | 01 | 15 | 26 | 17 | 16 20 41 | 07 | 23 | 09 | 02 | 10 | 16 |
| 13 25 06 | 23 | 15 | 01 | 16 | 27 | 18 | 16 24 55 | 08 | 24 | 10 | 04 | 12 | 18 |
| 13 28 52 | 24 | 16 | 02 | 17 | 28 | 19 | 16 29 11 | 09 | 25 | 11 | 06 | 14 | 19 |
| 13 32 38 | 25 | 17 | 03 | 17 | 29 | 20 | 16 33 26 | 10 | 26 | 12 | 08 | 16 | 20 |
| 13 36 25 | 26 | 18 | 04 | 18 | ≈0 | 22 | 16 37 42 | 11 | 27 | 13 | 10 | 18 | 21 |
| 13 40 13 | 27 | 18 | 04 | 19 | 02 | 23 | 16 41 59 | 12 | 28 | 14 | 12 | 20 | 23 |
| 13 44 01 | 28 | 19 | 05 | 20 | 03 | 24 | 16 46 17 | 13 | 29 | 16 | 14 | 22 | 24 |
| 13 47 49 | 29 | 20 | 06 | 20 | 04 | 26 | 16 50 34 | 14 | ♑0 | 17 | 16 | 24 | 25 |
| 13 51 38 | ♏0 | 21 | 07 | 21 | 05 | 27 | 16 54 52 | 15 | 01 | 18 | 18 | 26 | 26 |
| 13 55 28 | 01 | 22 | 07 | 22 | 07 | 28 | 16 59 11 | 16 | 02 | 19 | 20 | 28 | 28 |
| 13 59 18 | 02 | 22 | 08 | 23 | 08 | ♈0 | 17 03 30 | 17 | 03 | 20 | 23 | ♉0 | 29 |
| 14 03 08 | 03 | 23 | 09 | 23 | 09 | 01 | 17 07 49 | 18 | 04 | 22 | 25 | 01 | ♊0 |
| 14 07 00 | 04 | 24 | 10 | 24 | 11 | 02 | 17 12 09 | 19 | 05 | 23 | 28 | 03 | 01 |
| 14 10 52 | 05 | 25 | 10 | 25 | 12 | 04 | 17 16 29 | 20 | 06 | 24 | ♓0 | 05 | 02 |
| 14 14 44 | 06 | 26 | 11 | 26 | 14 | 05 | 17 20 49 | 21 | 07 | 26 | 03 | 07 | 04 |
| 14 18 37 | 07 | 27 | 12 | 27 | 15 | 06 | 17 25 10 | 22 | 08 | 27 | 06 | 09 | 05 |
| 14 22 31 | 08 | 27 | 13 | 28 | 17 | 08 | 17 29 30 | 23 | 09 | 28 | 09 | 10 | 06 |
| 14 26 26 | 09 | 28 | 14 | 29 | 18 | 09 | 17 33 51 | 24 | 10 | ≈0 | 12 | 12 | 07 |
| 14 30 21 | 10 | 29 | 14 | 29 | 20 | 11 | 17 38 13 | 25 | 11 | 01 | 15 | 14 | 08 |
| 14 34 17 | 11 | ♐0 | 15 | ♑0 | 21 | 12 | 17 42 34 | 26 | 12 | 02 | 18 | 15 | 09 |
| 14 38 14 | 12 | 01 | 16 | 01 | 23 | 13 | 17 46 55 | 27 | 13 | 04 | 21 | 17 | 10 |
| 14 42 11 | 13 | 02 | 17 | 02 | 24 | 15 | 17 51 17 | 28 | 14 | 05 | 24 | 19 | 11 |
| 14 46 09 | 14 | 03 | 18 | 03 | 26 | 16 | 17 55 38 | 29 | 15 | 07 | 27 | 20 | 12 |

| 55° Sternzeit | 10. Haus | 11. Haus | 12. Haus | 1. Haus | 2. Haus | 3. Haus |
|---|---|---|---|---|---|---|
| h m s | ° | ° | ° | ° | ° | ° |
| | ♉ | ♉ | ≈ | ♈ | ♉ | ♊ |
| 18 00 00 | 00 | 16 | 08 | 00 | 22 | 14 |
| 18 04 22 | 01 | 18 | 10 | 03 | 23 | 15 |
| 18 08 43 | 02 | 19 | 11 | 06 | 25 | 16 |
| 18 13 05 | 03 | 20 | 13 | 09 | 26 | 17 |
| 18 17 26 | 04 | 21 | 14 | 12 | 28 | 18 |
| 18 21 47 | 05 | 22 | 16 | 15 | 29 | 19 |
| 18 26 09 | 06 | 23 | 18 | 18 | ♊0 | 20 |
| 18 30 30 | 07 | 24 | 20 | 21 | 02 | 21 |
| 18 34 50 | 08 | 25 | 21 | 24 | 03 | 22 |
| 18 39 11 | 09 | 27 | 23 | 27 | 04 | 23 |
| 18 43 31 | 10 | 28 | 25 | ♉0 | 06 | 24 |
| 18 47 51 | 11 | 29 | 27 | 02 | 07 | 25 |
| 18 52 11 | 12 | ≈0 | 29 | 05 | 08 | 26 |
| 18 56 30 | 13 | 01 | ♓0 | 07 | 10 | 27 |
| 19 00 49 | 14 | 02 | 02 | 10 | 11 | 28 |
| 19 05 08 | 15 | 04 | 04 | 12 | 12 | 29 |
| 19 09 26 | 16 | 05 | 06 | 14 | 13 | ♋0 |
| 19 13 43 | 17 | 06 | 08 | 16 | 14 | 01 |
| 19 18 01 | 18 | 07 | 10 | 18 | 15 | 02 |
| 19 22 18 | 19 | 08 | 12 | 20 | 17 | 03 |
| 19 26 34 | 20 | 10 | 14 | 22 | 18 | 04 |
| 19 30 49 | 21 | 11 | 16 | 24 | 19 | 05 |
| 19 35 05 | 22 | 12 | 18 | 26 | 20 | 06 |
| 19 39 19 | 23 | 14 | 20 | 28 | 21 | 07 |
| 19 43 33 | 24 | 15 | 22 | 29 | 22 | 08 |
| 19 47 47 | 25 | 16 | 24 | ♊01 | 23 | 09 |
| 19 51 59 | 26 | 17 | 26 | 03 | 24 | 10 |
| 19 56 12 | 27 | 19 | 28 | 04 | 25 | 11 |
| 20 00 23 | 28 | 20 | ♈0 | 06 | 26 | 12 |
| 20 04 34 | 29 | 21 | 02 | 07 | 27 | 13 |
| 20 08 44 | ≈0 | 23 | 04 | 09 | 28 | 13 |
| 20 12 54 | 01 | 24 | 06 | 10 | 29 | 14 |
| 20 17 03 | 02 | 25 | 08 | 11 | ♋0 | 15 |
| 20 21 11 | 03 | 26 | 10 | 13 | 01 | 16 |
| 20 25 18 | 04 | 28 | 12 | 14 | 02 | 17 |
| 20 29 25 | 05 | 29 | 14 | 15 | 03 | 18 |
| 20 33 31 | 06 | ♓0 | 16 | 16 | 04 | 19 |
| 20 37 36 | 07 | 02 | 18 | 17 | 05 | 20 |
| 20 41 41 | 08 | 03 | 20 | 19 | 06 | 21 |
| 20 45 44 | 09 | 04 | 22 | 20 | 06 | 21 |
| 20 49 48 | 10 | 06 | 24 | 21 | 07 | 22 |
| 20 53 50 | 11 | 07 | 25 | 22 | 08 | 23 |
| 20 57 52 | 12 | 09 | 27 | 23 | 09 | 24 |
| 21 01 52 | 13 | 10 | 29 | 24 | 10 | 25 |
| 21 05 53 | 14 | 11 | ♉0 | 25 | 11 | 26 |

| 55° Sternzeit | 10. Haus | 11. Haus | 12. Haus | 1. Haus | 2. Haus | 3. Haus |
|---|---|---|---|---|---|---|
| h m s | ° | ° | ° | ° | ° | ° |
| | ≈ | ♓ | ♉ | ♊ | ♋ | ♋ |
| 21 09 51 | 15 | 13 | 02 | 26 | 12 | 27 |
| 21 13 51 | 16 | 14 | 04 | 27 | 12 | 28 |
| 21 17 49 | 17 | 15 | 06 | 28 | 13 | 28 |
| 21 21 46 | 18 | 17 | 07 | 29 | 14 | 29 |
| 21 25 43 | 19 | 18 | 09 | ♋0 | 15 | ♌0 |
| 21 29 39 | 20 | 19 | 10 | 01 | 16 | 01 |
| 21 33 34 | 21 | 21 | 12 | 02 | 16 | 02 |
| 21 37 29 | 22 | 22 | 13 | 02 | 17 | 03 |
| 21 41 23 | 23 | 24 | 15 | 03 | 18 | 03 |
| 21 45 16 | 24 | 25 | 16 | 04 | 19 | 04 |
| 21 49 08 | 25 | 26 | 18 | 05 | 20 | 05 |
| 21 53 00 | 26 | 28 | 19 | 06 | 20 | 06 |
| 21 56 52 | 27 | 29 | 21 | 07 | 21 | 07 |
| 22 00 42 | 28 | ♈0 | 22 | 07 | 22 | 08 |
| 22 04 32 | 29 | 02 | 23 | 08 | 23 | 08 |
| 22 08 22 | ♓0 | 03 | 25 | 09 | 23 | 09 |
| 22 12 11 | 01 | 04 | 26 | 10 | 24 | 10 |
| 22 15 59 | 02 | 06 | 27 | 10 | 25 | 11 |
| 22 19 47 | 03 | 07 | 28 | 11 | 26 | 12 |
| 22 23 35 | 04 | 08 | ♊0 | 12 | 26 | 12 |
| 22 27 22 | 05 | 10 | 01 | 13 | 27 | 13 |
| 22 31 08 | 06 | 11 | 02 | 13 | 28 | 14 |
| 22 34 54 | 07 | 12 | 03 | 14 | 29 | 15 |
| 22 38 39 | 08 | 13 | 04 | 15 | 29 | 16 |
| 22 42 24 | 09 | 15 | 05 | 16 | ♌0 | 17 |
| 22 46 09 | 10 | 16 | 07 | 16 | 01 | 17 |
| 22 49 53 | 11 | 17 | 08 | 17 | 01 | 18 |
| 22 53 36 | 12 | 19 | 09 | 18 | 02 | 19 |
| 22 57 20 | 13 | 20 | 10 | 19 | 03 | 20 |
| 23 01 03 | 14 | 21 | 11 | 19 | 04 | 21 |
| 23 04 46 | 15 | 22 | 12 | 20 | 04 | 21 |
| 23 08 28 | 16 | 24 | 13 | 20 | 05 | 22 |
| 23 12 10 | 17 | 25 | 14 | 21 | 06 | 23 |
| 23 15 52 | 18 | 26 | 15 | 22 | 06 | 24 |
| 23 19 33 | 19 | 27 | 16 | 22 | 07 | 25 |
| 23 23 15 | 20 | 29 | 17 | 23 | 08 | 25 |
| 23 26 56 | 21 | ♉0 | 18 | 24 | 08 | 26 |
| 23 30 37 | 22 | 01 | 19 | 24 | 09 | 27 |
| 23 34 18 | 23 | 02 | 20 | 25 | 10 | 28 |
| 23 37 58 | 24 | 03 | 21 | 26 | 11 | 29 |
| 23 41 39 | 25 | 04 | 22 | 26 | 11 | 29 |
| 23 45 19 | 26 | 06 | 23 | 27 | 12 | ♍0 |
| 23 48 59 | 27 | 07 | 23 | 28 | 13 | 01 |
| 23 52 40 | 28 | 08 | 24 | 28 | 13 | 02 |
| 23 56 20 | 29 | 09 | 25 | 29 | 14 | 03 |

# V Sonneneintritt in Tierkreiszeichen

|   |   | 1900 | | 1901 | | 1902 | | 1903 | |
|---|---|------|------|------|------|------|------|------|------|
| J | ♒ | 20 | 11.30 | 20 | 17.17 | 20 | 23.14 | 21 | 5.16 |
| F | ♓ | 19 | 2.01 | 19 | 7.48 | 19 | 13.40 | 19 | 19.43 |
| M | ♈ | 21 | 1.39 | 21 | 7.25 | 21 | 13.16 | 21 | 19.16 |
| A | ♉ | 20 | 13.27 | 20 | 19.14 | 21 | 1.06 | 21 | 7.01 |
| M | ♊ | 21 | 13.16 | 21 | 19.08 | 22 | 0.56 | 22 | 6.48 |
| J | ♋ | 21 | 21.14 | 22 | 3.31 | 22 | 9.19 | 22 | 15.07 |
| J | ♌ | 23 | 8.36 | 23 | 14.26 | 23 | 20.12 | 24 | 2.02 |
| A | ♍ | 23 | 15.19 | 23 | 21.09 | 24 | 2.56 | 24 | 8.46 |
| S | ♎ | 23 | 12.20 | 23 | 18.09 | 23 | 23.58 | 24 | 5.47 |
| O | ♏ | 23 | 20.55 | 24 | 2.49 | 24 | 8.40 | 24 | 14.23 |
| N | ♐ | 22 | 17.48 | 22 | 23.43 | 23 | 5.40 | 23 | 11.28 |
| D | ♑ | 22 | 6.41 | 22 | 12.38 | 22 | 18.37 | 23 | 0.24 |

|   |   | 1904 | | 1905 | | 1906 | | 1907 | |
|---|---|------|------|------|------|------|------|------|------|
| J | ♒ | 21 | 11.02 | 20 | 16.52 | 20 | 22.43 | 21 | 4.31 |
| F | ♓ | 20 | 1.26 | 19 | 7.21 | 19 | 13.15 | 19 | 18.58 |
| M | ♈ | 21 | 1.00 | 21 | 6.58 | 21 | 12.53 | 21 | 18.33 |
| A | ♉ | 20 | 12.42 | 20 | 18.44 | 21 | 0.39 | 21 | 6.17 |
| M | ♊ | 21 | 12.30 | 21 | 18.31 | 22 | 0.25 | 22 | 6.03 |
| J | ♋ | 21 | 20.52 | 22 | 2.52 | 22 | 8.42 | 22 | 14.23 |
| J | ♌ | 23 | 7.52 | 23 | 13.46 | 23 | 19.33 | 24 | 1.18 |
| A | ♍ | 23 | 14.37 | 23 | 20.28 | 24 | 2.14 | 24 | 8.04 |
| S | ♎ | 23 | 11.43 | 23 | 17.30 | 23 | 23.15 | 24 | 5.09 |
| O | ♏ | 23 | 20.20 | 24 | 2.08 | 24 | 7.55 | 24 | 13.52 |
| N | ♐ | 22 | 17.17 | 22 | 23.05 | 23 | 4.54 | 23 | 10.52 |
| D | ♑ | 22 | 6.17 | 22 | 12.04 | 22 | 17.54 | 22 | 23.52 |

|   |   | 1908 | | 1909 | | 1910 | | 1911 | |
|---|---|------|------|------|------|------|------|------|------|
| J | ♒ | 21 | 10.28 | 20 | 16.11 | 20 | 21.59 | 21 | 3.52 |
| F | ♓ | 20 | 0.54 | 19 | 6.39 | 19 | 12.28 | 19 | 18.21 |
| M | ♈ | 21 | 0.27 | 21 | 6.13 | 21 | 12.03 | 21 | 17.55 |
| A | ♉ | 20 | 0.11 | 20 | 17.58 | 20 | 23.46 | 21 | 5.36 |
| M | ♊ | 21 | 11.58 | 21 | 17.45 | 21 | 23.30 | 22 | 5.19 |
| J | ♋ | 21 | 20.19 | 22 | 2.06 | 22 | 7.49 | 22 | 13.36 |
| J | ♌ | 23 | 7.14 | 23 | 13.01 | 23 | 18.43 | 24 | 0.29 |
| A | ♍ | 23 | 13.57 | 23 | 19.44 | 24 | 1.27 | 24 | 7.13 |
| S | ♎ | 23 | 10.59 | 23 | 16.45 | 23 | 22.30 | 24 | 4.17 |
| O | ♏ | 23 | 19.37 | 24 | 1.23 | 24 | 7.11 | 24 | 12.59 |
| N | ♐ | 22 | 16.35 | 22 | 22.20 | 23 | 4.11 | 23 | 9.57 |
| D | ♑ | 22 | 5.34 | 22 | 11.20 | 22 | 17.12 | 22 | 22.53 |

# V Sonneneintritt in Tierkreiszeichen

|   |   | 1912 |  | 1913 |  | 1914 |  | 1915 |  |
|---|---|---|---|---|---|---|---|---|---|
| J | ≈ | 21 | 9.29 | 20 | 15.19 | 20 | 21.12 | 21 | 3.00 |
| F | ♓ | 19 | 23.56 | 19 | 5.45 | 19 | 11.38 | 19 | 17.23 |
| M | ♈ | 20 | 23.29 | 21 | 5.18 | 21 | 11.11 | 21 | 16.51 |
| A | ♉ | 20 | 11.12 | 20 | 17.03 | 20 | 22.54 | 21 | 4.28 |
| M | ♊ | 21 | 10.57 | 21 | 16.50 | 21 | 22.38 | 22 | 4.10 |
| J | ♋ | 21 | 20.26 | 22 | 1.09 | 22 | 6.55 | 22 | 12.29 |
| J | ♌ | 23 | 6.14 | 23 | 12.04 | 23 | 17.47 | 23 | 23.27 |
| A | ♍ | 23 | 13.02 | 23 | 18.48 | 24 | 0.30 | 24 | 6.16 |
| S | ♎ | 23 | 10.08 | 23 | 15.53 | 23 | 21.35 | 24 | 3.24 |
| O | ♏ | 23 | 18.50 | 24 | 0.35 | 24 | 6.18 | 24 | 12.10 |
| N | ♐ | 22 | 15.48 | 22 | 21.36 | 23 | 3.21 | 23 | 9.14 |
| D | ♑ | 22 | 4.45 | 22 | 10.35 | 22 | 16.24 | 22 | 22.16 |

|   |   | 1916 |  | 1917 |  | 1918 |  | 1919 |  |
|---|---|---|---|---|---|---|---|---|---|
| J | ≈ | 21 | 8.54 | 20 | 14.37 | 20 | 20.24 | 21 | 2.21 |
| F | ♓ | 19 | 23.18 | 19 | 5.05 | 19 | 10.53 | 19 | 16.48 |
| M | ♈ | 20 | 22.47 | 21 | 4.37 | 21 | 10.26 | 21 | 16.19 |
| A | ♉ | 20 | 10.25 | 20 | 16.17 | 20 | 22.06 | 21 | 3.59 |
| M | ♊ | 21 | 10.06 | 21 | 15.59 | 21 | 21.46 | 22 | 3.39 |
| J | ♋ | 21 | 18.25 | 22 | 0.15 | 22 | 6.00 | 22 | 11.54 |
| J | ♌ | 23 | 5.21 | 23 | 11.08 | 23 | 16.52 | 23 | 22.45 |
| A | ♍ | 23 | 12.09 | 23 | 17.54 | 23 | 23.37 | 24 | 5.28 |
| S | ♎ | 23 | 9.15 | 23 | 15.00 | 23 | 20.45 | 24 | 2.35 |
| O | ♏ | 23 | 17.58 | 23 | 23.44 | 24 | 5.33 | 24 | 11.21 |
| N | ♐ | 21 | 14.58 | 22 | 20.45 | 23 | 2.38 | 23 | 8.25 |
| D | ♑ | 22 | 3.59 | 21 | 9.46 | 22 | 15.42 | 22 | 21.27 |

|   |   | 1920 |  | 1921 |  | 1922 |  | 1923 |  |
|---|---|---|---|---|---|---|---|---|---|
| J | ≈ | 21 | 9.05 | 20 | 13.55 | 20 | 19.48 | 21 | 1.35 |
| F | ♓ | 19 | 22.29 | 19 | 4.21 | 19 | 10.16 | 19 | 16.00 |
| M | ♈ | 20 | 22.00 | 21 | 3.51 | 21 | 9.49 | 21 | 15.29 |
| A | ♉ | 20 | 9.39 | 20 | 15.32 | 20 | 21.29 | 21 | 3.06 |
| M | ♊ | 21 | 9.22 | 21 | 15.17 | 21 | 21.11 | 22 | 2.45 |
| J | ♋ | 21 | 17.40 | 21 | 23.36 | 22 | 5.27 | 22 | 11.03 |
| J | ♌ | 23 | 4.35 | 23 | 10.31 | 23 | 16.20 | 23 | 22.01 |
| A | ♍ | 23 | 11.22 | 23 | 17.15 | 23 | 23.04 | 24 | 4.52 |
| S | ♎ | 23 | 8.28 | 23 | 14.20 | 23 | 10.10 | 24 | 2.04 |
| O | ♏ | 23 | 17.13 | 23 | 23.03 | 24 | 4.53 | 24 | 10.51 |
| N | ♐ | 22 | 14.16 | 22 | 20.21 | 23 | 1.55 | 23 | 7.54 |
| D | ♑ | 22 | 3.17 | 22 | 9.08 | 22 | 14.57 | 22 | 20.53 |

8

## V Sonneneintritt in Tierkreiszeichen

|  |  | 1924 | | 1925 | | 1926 | | 1927 | |
|---|---|---|---|---|---|---|---|---|---|
| J | ♒ | 21 | 7.29 | 20 | 13.20 | 20 | 19.13 | 21 | 1.12 |
| F | ♓ | 19 | 21.51 | 19 | 3.43 | 19 | 9.35 | 19 | 15.35 |
| M | ♈ | 20 | 21.20 | 21 | 3.13 | 21 | 9.01 | 21 | 14.59 |
| A | ♉ | 20 | 8.59 | 20 | 14.51 | 20 | 20.36 | 21 | 2.32 |
| M | ♊ | 21 | 8.41 | 21 | 14.33 | 21 | 20.15 | 22 | 2.08 |
| J | ♋ | 21 | 17.00 | 21 | 22.50 | 22 | 4.30 | 22 | 10.21 |
| J | ♌ | 23 | 3.58 | 23 | 9.45 | 23 | 15.25 | 23 | 21.17 |
| A | ♍ | 23 | 10.48 | 23 | 16.33 | 23 | 22.14 | 24 | 4.06 |
| S | ♎ | 23 | 7.58 | 23 | 13.43 | 23 | 19.26 | 24 | 1.17 |
| O | ♏ | 23 | 16.44 | 23 | 22.31 | 24 | 4.18 | 24 | 10.07 |
| N | ♐ | 22 | 13.46 | 22 | 19.36 | 23 | 1.28 | 23 | 7.14 |
| D | ♑ | 22 | 2.45 | 22 | 8.37 | 22 | 14.34 | 22 | 20.18 |

|  |  | 1928 | | 1929 | | 1930 | | 1931 | |
|---|---|---|---|---|---|---|---|---|---|
| J | ♒ | 21 | 6.57 | 20 | 12.42 | 20 | 18.33 | 21 | 0.18 |
| F | ♓ | 19 | 21.20 | 19 | 3.07 | 19 | 9.00 | 19 | 14.40 |
| M | ♈ | 20 | 20.44 | 21 | 0.35 | 21 | 8.30 | 21 | 14.08 |
| A | ♉ | 20 | 8.17 | 20 | 14.11 | 20 | 20.06 | 21 | 1.40 |
| M | ♊ | 21 | 7.53 | 21 | 13.48 | 21 | 19.42 | 22 | 1.15 |
| J | ♋ | 21 | 16.07 | 21 | 22.01 | 22 | 3.53 | 22 | 9.28 |
| J | ♌ | 23 | 3.02 | 23 | 8.54 | 23 | 14.42 | 23 | 20.21 |
| A | ♍ | 23 | 9.53 | 23 | 15.41 | 23 | 21.27 | 24 | 3.10 |
| S | ♎ | 23 | 7.06 | 23 | 12.52 | 23 | 18.36 | 24 | 0.23 |
| O | ♏ | 23 | 15.55 | 23 | 21.41 | 24 | 3.26 | 24 | 9.15 |
| N | ♐ | 22 | 13.00 | 22 | 18.48 | 23 | 0.34 | 23 | 6.25 |
| D | ♑ | 22 | 2.04 | 22 | 7.53 | 22 | 13.40 | 22 | 19.30 |

|  |  | 1932 | | 1933 | | 1934 | | 1935 | |
|---|---|---|---|---|---|---|---|---|---|
| J | ♒ | 21 | 6.07 | 20 | 11.53 | 20 | 17.37 | 20 | 23.29 |
| F | ♓ | 19 | 20.29 | 19 | 2.16 | 19 | 8.02 | 19 | 13.52 |
| M | ♈ | 20 | 19.54 | 21 | 1.43 | 21 | 7.28 | 21 | 13.18 |
| A | ♉ | 20 | 7.28 | 20 | 13.19 | 20 | 19.00 | 21 | 0.50 |
| M | ♊ | 21 | 7.07 | 21 | 12.57 | 21 | 18.35 | 22 | 0.25 |
| J | ♋ | 21 | 15.23 | 21 | 21.12 | 22 | 2.48 | 22 | 8.38 |
| J | ♌ | 23 | 2.18 | 23 | 8.06 | 23 | 13.42 | 23 | 19.33 |
| A | ♍ | 23 | 9.06 | 23 | 14.53 | 23 | 20.32 | 24 | 2.24 |
| S | ♎ | 23 | 6.16 | 23 | 12.01 | 23 | 17.45 | 23 | 23.38 |
| O | ♏ | 23 | 15.04 | 23 | 20.48 | 24 | 2.36 | 24 | 8.29 |
| N | ♐ | 22 | 12.10 | 22 | 17.53 | 22 | 23.44 | 23 | 5.35 |
| D | ♑ | 22 | 1.14 | 22 | 6.58 | 22 | 12.49 | 22 | 18.37 |

## V Sonneneintritt in Tierkreiszeichen

| | | 1936 | | 1937 | | 1938 | | 1939 | |
|---|---|---|---|---|---|---|---|---|---|
| J | ♒ | 21 | 5.12 | 20 | 11.01 | 20 | 16.59 | 20 | 22.51 |
| F | ♓ | 19 | 19.33 | 19 | 1.21 | 19 | 7.20 | 19 | 13.10 |
| M | ♈ | 20 | 18.58 | 21 | 0.45 | 21 | 6.43 | 21 | 12.29 |
| A | ♉ | 20 | 6.31 | 20 | 12.20 | 20 | 18.15 | 20 | 23.55 |
| M | ♊ | 21 | 6.08 | 21 | 11.57 | 21 | 17.51 | 21 | 23.27 |
| J | ♋ | 21 | 14.22 | 21 | 20.12 | 22 | 2.04 | 22 | 7.40 |
| J | ♌ | 23 | 1.18 | 23 | 7.07 | 23 | 12.57 | 23 | 18.37 |
| A | ♍ | 23 | 8.11 | 23 | 13.58 | 23 | 19.46 | 24 | 1.31 |
| S | ♎ | 23 | 5.26 | 23 | 11.13 | 23 | 17.00 | 23 | 22.50 |
| O | ♏ | 23 | 14.18 | 23 | 20.06 | 24 | 1.54 | 24 | 7.46 |
| N | ♐ | 22 | 11.25 | 22 | 17.17 | 22 | 23.06 | 23 | 4.59 |
| D | ♑ | 22 | 0.27 | 22 | 6.22 | 22 | 12.13 | 22 | 18.06 |

| | | 1940 | | 1941 | | 1942 | | 1943 | |
|---|---|---|---|---|---|---|---|---|---|
| J | ♒ | 21 | 4.44 | 20 | 10.34 | 20 | 16.16 | 20 | 22.20 |
| F | ♓ | 19 | 19.04 | 19 | 0.59 | 19 | 6.39 | 19 | 12.41 |
| M | ♈ | 20 | 18.24 | 21 | 0.21 | 21 | 6.03 | 21 | 12.03 |
| A | ♉ | 20 | 5.51 | 20 | 11.51 | 20 | 17.30 | 20 | 23.32 |
| M | ♊ | 21 | 5.23 | 21 | 11.23 | 21 | 17.01 | 21 | 23.03 |
| J | ♋ | 21 | 13.37 | 21 | 19.33 | 22 | 1.08 | 22 | 7.13 |
| J | ♌ | 23 | 0.34 | 23 | 6.26 | 23 | 11.59 | 23 | 18.05 |
| A | ♍ | 23 | 7.29 | 23 | 13.30 | 23 | 18.50 | 24 | 0.55 |
| S | ♎ | 23 | 4.46 | 23 | 10.33 | 23 | 16.10 | 23 | 22.12 |
| O | ♏ | 23 | 13.39 | 23 | 19.27 | 23 | 1.01 | 24 | 7.09 |
| N | ♐ | 22 | 10.49 | 22 | 16.38 | 22 | 22.23 | 23 | 4.22 |
| D | ♑ | 21 | 23.55 | 22 | 5.44 | 22 | 11.31 | 22 | 17.30 |

8

| | | 1944 | | 1945 | | 1946 | | 1947 | |
|---|---|---|---|---|---|---|---|---|---|
| J | ♒ | 21 | 4.09 | 20 | 9.55 | 20 | 15.44 | 20 | 21.32 |
| F | ♓ | 19 | 18.28 | 19 | 0.15 | 19 | 6.10 | 19 | 11.53 |
| M | ♈ | 21 | 17.49 | 20 | 23.38 | 21 | 5.34 | 21 | 11.13 |
| A | ♉ | 20 | 5.18 | 20 | 11.08 | 20 | 17.03 | 20 | 22.40 |
| M | ♊ | 21 | 4.51 | 22 | 10.41 | 21 | 16.34 | 21 | 22.09 |
| J | ♋ | 21 | 13.03 | 21 | 18.52 | 22 | 0.46 | 22 | 6.19 |
| J | ♌ | 22 | 23.55 | 23 | 5.46 | 23 | 11.37 | 23 | 17.12 |
| A | ♍ | 23 | 6.47 | 23 | 12.36 | 23 | 18.26 | 24 | 0.09 |
| S | ♎ | 23 | 4.02 | 23 | 9.50 | 23 | 15.41 | 23 | 21.29 |
| O | ♏ | 23 | 12.57 | 23 | 18.45 | 24 | 0.37 | 24 | 6.27 |
| N | ♐ | 22 | 10.09 | 22 | 15.56 | 22 | 21.47 | 23 | 3.38 |
| D | ♑ | 21 | 23.15 | 22 | 5.04 | 22 | 10.54 | 22 | 16.44 |

# V Sonneneintritt in Tierkreiszeichen

|       |     | 1948 |       | 1949 |       | 1950 |       | 1951 |       |
|-------|-----|------|-------|------|-------|------|-------|------|-------|
| J | ≈ | 21 | 3.18  | 20 | 9.11  | 20 | 15.00 | 20 | 20.53 |
| F | ♓ | 19 | 17.37 | 18 | 23.27 | 19 | 5.16  | 19 | 11.10 |
| M | ♈ | 20 | 16.57 | 20 | 22.49 | 21 | 4.36  | 21 | 10.26 |
| A | ♉ | 20 | 4.25  | 20 | 10.18 | 20 | 16.00 | 20 | 21.49 |
| M | ♊ | 21 | 3.58  | 21 | 9.51  | 21 | 15.27 | 21 | 21.15 |
| J | ♋ | 21 | 12.11 | 21 | 18.03 | 21 | 23.37 | 22 | 5.25  |
| J | ♌ | 22 | 23.08 | 23 | 4.58  | 23 | 10.30 | 23 | 16.21 |
| A | ♍ | 23 | 6.03  | 23 | 11.49 | 23 | 17.24 | 23 | 23.22 |
| S | ♎ | 23 | 3.22  | 23 | 9.06  | 23 | 14.44 | 23 | 20.38 |
| O | ♏ | 23 | 12.19 | 23 | 18.04 | 23 | 23.48 | 23 | 5.37  |
| N | ♐ | 22 | 9.29  | 22 | 15.17 | 22 | 21.03 | 23 | 2.52  |
| D | ♑ | 21 | 22.33 | 22 | 4.24  | 22 | 10.14 | 22 | 16.01 |

|       |     | 1952 |       | 1953 |       | 1954 |       | 1955 |       |
|-------|-----|------|-------|------|-------|------|-------|------|-------|
| J | ≈ | 21 | 2.38  | 20 | 8.22  | 20 | 14.14 | 20 | 20.03 |
| F | ♓ | 19 | 16.57 | 18 | 22.41 | 19 | 4.33  | 19 | 10.19 |
| M | ♈ | 20 | 16.14 | 20 | 22.01 | 21 | 3.54  | 21 | 9.36  |
| A | ♉ | 20 | 3.37  | 20 | 9.26  | 20 | 15.20 | 20 | 20.58 |
| M | ♊ | 21 | 3.04  | 21 | 8.53  | 21 | 14.48 | 21 | 20.25 |
| J | ♋ | 21 | 11.13 | 21 | 17.00 | 21 | 22.55 | 22 | 4.32  |
| J | ♌ | 22 | 22.08 | 23 | 3.53  | 23 | 9.45  | 23 | 15.25 |
| A | ♍ | 23 | 5.03  | 23 | 10.46 | 23 | 16.37 | 23 | 22.19 |
| S | ♎ | 23 | 2.24  | 23 | 8.07  | 23 | 13.56 | 23 | 19.42 |
| O | ♏ | 23 | 11.22 | 23 | 17.07 | 23 | 22.58 | 23 | 4.44  |
| N | ♐ | 22 | 8.36  | 22 | 14.23 | 22 | 20.14 | 23 | 2.02  |
| D | ♑ | 21 | 21.44 | 22 | 3.32  | 22 | 9.25  | 22 | 15.12 |

|       |     | 1956 |       | 1957 |       | 1958 |       | 1959 |       |
|-------|-----|------|-------|------|-------|------|-------|------|-------|
| J | ≈ | 21 | 1.49  | 20 | 7.43  | 20 | 13.17 | 20 | 19.20 |
| F | ♓ | 19 | 16.05 | 18 | 22.01 | 19 | 3.49  | 19 | 9.38  |
| M | ♈ | 20 | 15.21 | 20 | 21.17 | 21 | 3.06  | 21 | 8.55  |
| A | ♉ | 20 | 2.44  | 20 | 8.45  | 20 | 14.28 | 20 | 20.17 |
| M | ♊ | 21 | 2.13  | 21 | 8.09  | 21 | 13.52 | 21 | 19.36 |
| J | ♋ | 21 | 10.24 | 21 | 16.21 | 21 | 21.57 | 22 | 3.50  |
| J | ♌ | 22 | 21.20 | 23 | 3.13  | 23 | 8.51  | 23 | 14.46 |
| A | ♍ | 23 | 4.15  | 23 | 10.07 | 23 | 15.47 | 23 | 21.44 |
| S | ♎ | 23 | 1.36  | 23 | 7.27  | 23 | 13.10 | 23 | 19.09 |
| O | ♏ | 23 | 10.35 | 23 | 16.33 | 23 | 22.12 | 24 | 4.12  |
| N | ♐ | 22 | 7.51  | 22 | 13.45 | 22 | 19.30 | 23 | 1.23  |
| D | ♑ | 21 | 21.00 | 22 | 2.49  | 22 | 8.40  | 22 | 14.35 |

## V Sonneneintritt in Tierkreiszeichen

| | | 1960 | | 1961 | | 1962 | | 1963 | |
|---|---|---|---|---|---|---|---|---|---|
| J | ≈ | 21 | 1.11 | 20 | 7.02 | 20 | 12.49 | 20 | 18.55 |
| F | ♓ | 19 | 15.26 | 18 | 21.27 | 19 | 3.16 | 19 | 9.09 |
| M | ♈ | 20 | 14.43 | 20 | 20.27 | 21 | 2.30 | 21 | 8.20 |
| A | ♉ | 20 | 2.06 | 20 | 7.33 | 20 | 13.51 | 20 | 19.37 |
| M | ♊ | 21 | 1.33 | 21 | 6.51 | 21 | 13.17 | 21 | 18.59 |
| J | ♋ | 21 | 9.43 | 21 | 15.12 | 21 | 21.24 | 22 | 3.04 |
| J | ♌ | 22 | 20.38 | 23 | 2.12 | 23 | 8.19 | 23 | 14.00 |
| A | ♍ | 23 | 3.35 | 23 | 8.40 | 23 | 15.13 | 23 | 20.58 |
| S | ♎ | 23 | 1.00 | 23 | 6.26 | 23 | 12.35 | 23 | 18.24 |
| O | ♏ | 23 | 10.03 | 23 | 15.46 | 23 | 21.41 | 24 | 3.30 |
| N | ♐ | 22 | 7.19 | 22 | 13.10 | 22 | 19.02 | 23 | 0.50 |
| D | ♑ | 21 | 20.27 | 22 | 2.25 | 22 | 8.15 | 22 | 14.02 |

| | | 1964 | | 1965 | | 1966 | | 1967 | |
|---|---|---|---|---|---|---|---|---|---|
| J | ≈ | 20 | 0.43 | 20 | 6.30 | 20 | 12.21 | 20 | 18.08 |
| F | ♓ | 19 | 15.26 | 18 | 20.49 | 19 | 2.39 | 19 | 8.25 |
| M | ♈ | 20 | 14.43 | 20 | 20.05 | 21 | 1.53 | 21 | 7.37 |
| A | ♉ | 20 | 2.06 | 20 | 7.27 | 20 | 13.12 | 20 | 18.56 |
| M | ♊ | 21 | 1.33 | 21 | 6.51 | 21 | 12.33 | 21 | 18.19 |
| J | ♋ | 21 | 9.43 | 21 | 14.56 | 21 | 20.33 | 22 | 2.23 |
| J | ♌ | 22 | 20.38 | 23 | 1.49 | 23 | 7.24 | 23 | 13.16 |
| A | ♍ | 23 | 3.35 | 23 | 8.43 | 23 | 14.18 | 23 | 20.13 |
| S | ♎ | 23 | 1.00 | 23 | 6.06 | 23 | 11.43 | 23 | 17.38 |
| O | ♏ | 23 | 10.03 | 23 | 15.11 | 23 | 20.52 | 24 | 2.44 |
| N | ♐ | 22 | 7.19 | 22 | 12.30 | 22 | 18.15 | 23 | 0.05 |
| D | ♑ | 21 | 20.27 | 22 | 1.41 | 22 | 7.29 | 22 | 13.17 |

| | | 1968 | | 1969 | | 1970 | | 1971 | |
|---|---|---|---|---|---|---|---|---|---|
| J | ≈ | 20 | 23.54 | 20 | 5.30 | 20 | 11.25 | 20 | 17.14 |
| F | ♓ | 19 | 14.11 | 18 | 19.47 | 19 | 1.43 | 19 | 7.28 |
| M | ♈ | 20 | 13.22 | 20 | 19.08 | 21 | 0.57 | 21 | 6.38 |
| A | ♉ | 20 | 0.42 | 20 | 6.18 | 20 | 12.16 | 20 | 17.54 |
| M | ♊ | 21 | 0.07 | 21 | 5.41 | 21 | 11.32 | 21 | 17.16 |
| J | ♋ | 21 | 8.13 | 21 | 13.55 | 21 | 19.43 | 22 | 1.21 |
| J | ♌ | 22 | 19.13 | 23 | 1.05 | 23 | 6.38 | 23 | 12.15 |
| A | ♍ | 23 | 2.02 | 23 | 7.36 | 23 | 13.35 | 23 | 19.16 |
| S | ♎ | 22 | 23.26 | 23 | 5.07 | 23 | 10.59 | 23 | 16.47 |
| O | ♏ | 23 | 8.30 | 23 | 14.03 | 23 | 20.05 | 23 | 1.53 |
| N | ♐ | 22 | 5.49 | 22 | 11.23 | 22 | 17.25 | 22 | 23.15 |
| D | ♑ | 21 | 19.00 | 22 | 0.44 | 22 | 6.36 | 22 | 12.26 |

## V Sonneneintritt in Tierkreiszeichen

| | | 1972 | | 1973 | | 1974 | | 1975 | |
|---|---|---|---|---|---|---|---|---|---|
| J | ♒ | 20 | 23.00 | 20 | 4.49 | 20 | 10.47 | 20 | 16.37 |
| F | ♓ | 19 | 13.12 | 18 | 19.02 | 19 | 1.00 | 19 | 6.51 |
| M | ♈ | 20 | 12.22 | 20 | 18.13 | 21 | 0.08 | 21 | 5.58 |
| A | ♉ | 19 | 23.38 | 20 | 5.31 | 20 | 11.19 | 20 | 17.08 |
| M | ♊ | 20 | 23.00 | 21 | 4.54 | 21 | 10.37 | 21 | 16.25 |
| J | ♋ | 21 | 7.07 | 21 | 13.01 | 21 | 18.38 | 22 | 0.27 |
| J | ♌ | 22 | 18.03 | 22 | 23.56 | 23 | 5.31 | 23 | 11.23 |
| A | ♍ | 23 | 1.04 | 23 | 6.55 | 23 | 12.29 | 23 | 18.24 |
| S | ♎ | 22 | 22.34 | 23 | 4.22 | 23 | 9.59 | 23 | 15.56 |
| O | ♏ | 23 | 7.42 | 23 | 13.31 | 23 | 19.12 | 24 | 1.07 |
| N | ♐ | 22 | 5.04 | 22 | 10.55 | 22 | 16.39 | 22 | 22.32 |
| D | ♑ | 21 | 18.14 | 22 | 0.09 | 22 | 5.57 | 22 | 11.47 |

| | | 1976 | | 1977 | | 1978 | | 1979 | |
|---|---|---|---|---|---|---|---|---|---|
| J | ♒ | 20 | 22.26 | 20 | 4.15 | 20 | 10.05 | 20 | 16.01 |
| F | ♓ | 19 | 12.41 | 18 | 18.31 | 19 | 0.22 | 19 | 6.14 |
| M | ♈ | 20 | 11.51 | 20 | 17.43 | 20 | 23.35 | 21 | 5.23 |
| A | ♉ | 19 | 23.04 | 20 | 4.58 | 20 | 10.51 | 20 | 16.36 |
| M | ♊ | 20 | 22.22 | 21 | 4.15 | 21 | 10.09 | 21 | 15.55 |
| J | ♋ | 21 | 6.25 | 21 | 12.15 | 21 | 18.10 | 21 | 23.57 |
| J | ♌ | 22 | 17.19 | 22 | 23.05 | 23 | 5.01 | 23 | 10.50 |
| A | ♍ | 23 | 0.19 | 23 | 6.01 | 23 | 11.58 | 23 | 17.48 |
| S | ♎ | 22 | 21.49 | 23 | 3.30 | 23 | 9.26 | 23 | 15.18 |
| O | ♏ | 23 | 6.59 | 23 | 12.42 | 23 | 18.38 | 24 | 0.29 |
| N | ♐ | 22 | 4.23 | 22 | 10.08 | 22 | 16.06 | 22 | 21.55 |
| D | ♑ | 21 | 17.36 | 21 | 23.24 | 22 | 5.22 | 22 | 11.11 |

| | | 1980 | | 1981 | | 1982 | | 1983 | |
|---|---|---|---|---|---|---|---|---|---|
| J | ♒ | 20 | 21.48 | 20 | 3.30 | 20 | 9.27 | 20 | 15.13 |
| F | ♓ | 19 | 11.58 | 18 | 17.49 | 18 | 23.44 | 19 | 5.24 |
| M | ♈ | 20 | 11.06 | 20 | 16.57 | 20 | 22.53 | 21 | 4.34 |
| A | ♉ | 19 | 22.20 | 20 | 4.11 | 20 | 10.01 | 20 | 15.46 |
| M | ♊ | 20 | 21.38 | 21 | 3.33 | 21 | 9.18 | 21 | 15.03 |
| J | ♋ | 21 | 5.40 | 21 | 11.41 | 21 | 17.19 | 21 | 23.05 |
| J | ♌ | 22 | 16.38 | 22 | 22.36 | 23 | 4.10 | 23 | 10.00 |
| A | ♍ | 22 | 23.36 | 23 | 5.32 | 23 | 11.12 | 23 | 17.04 |
| S | ♎ | 22 | 21.06 | 23 | 2.59 | 23 | 8.41 | 23 | 14.37 |
| O | ♏ | 23 | 6.12 | 23 | 12.07 | 23 | 17.55 | 23 | 23.52 |
| N | ♐ | 22 | 3.34 | 22 | 9.32 | 22 | 15.19 | 22 | 21.14 |
| D | ♑ | 21 | 16.51 | 21 | 22.48 | 22 | 4.32 | 22 | 10.24 |

# V Sonneneintritt in Tierkreiszeichen

| | | 1984 | | 1985 | | 1986 | | 1987 | |
|---|---|---|---|---|---|---|---|---|---|
| J | ♒ | 20 | 21.03 | 20 | 2.53 | 20 | 8.43 | 20 | 14.37 |
| F | ♓ | 19 | 11.10 | 18 | 17.06 | 18 | 22.54 | 19 | 4.44 |
| M | ♈ | 20 | 10.20 | 20 | 16.11 | 20 | 22.00 | 21 | 3.45 |
| A | ♉ | 19 | 21.34 | 20 | 3.20 | 20 | 9.07 | 20 | 14.54 |
| M | ♊ | 20 | 20.56 | 21 | 2.38 | 21 | 8.23 | 21 | 14.06 |
| J | ♋ | 21 | 4.58 | 21 | 10.41 | 21 | 16.26 | 21 | 22.09 |
| J | ♌ | 22 | 15.55 | 22 | 21.33 | 23 | 3.19 | 23 | 9.02 |
| A | ♍ | 22 | 22.58 | 23 | 4.30 | 23 | 10.19 | 23 | 16.06 |
| S | ♎ | 22 | 20.29 | 23 | 2.00 | 23 | 7.54 | 23 | 13.41 |
| O | ♏ | 23 | 5.41 | 23 | 11.17 | 23 | 17.12 | 23 | 22.57 |
| N | ♐ | 22 | 3.06 | 22 | 8.46 | 22 | 14.41 | 22 | 20.27 |
| D | ♑ | 21 | 16.18 | 21 | 22.06 | 22 | 3.56 | 22 | 9.41 |

| | | 1988 | | 1989 | | 1990 | | 1991 | |
|---|---|---|---|---|---|---|---|---|---|
| J | ♒ | 20 | 20.22 | 20 | 2.01 | 20 | 7.58 | 20 | 13.43 |
| F | ♓ | 19 | 10.30 | 18 | 16.16 | 18 | 22.11 | 19 | 3.54 |
| M | ♈ | 20 | 9.34 | 20 | 15.25 | 20 | 21.16 | 21 | 2.54 |
| A | ♉ | 19 | 20.42 | 20 | 2.33 | 20 | 8.20 | 20 | 14.05 |
| M | ♊ | 20 | 19.53 | 21 | 1.48 | 21 | 7.33 | 21 | 13.16 |
| J | ♋ | 21 | 3.52 | 21 | 9.48 | 21 | 15.28 | 21 | 21.16 |
| J | ♌ | 22 | 14.47 | 22 | 20.43 | 23 | 2.16 | 23 | 8.06 |
| A | ♍ | 22 | 21.51 | 23 | 3.40 | 23 | 9.14 | 23 | 15.09 |
| S | ♎ | 22 | 11.25 | 23 | 1.14 | 23 | 6.50 | 23 | 12.42 |
| O | ♏ | 23 | 4.38 | 23 | 10.31 | 23 | 16.09 | 23 | 22.02 |
| N | ♐ | 22 | 2.06 | 22 | 7.59 | 22 | 13.42 | 22 | 19.32 |
| D | ♑ | 21 | 15.24 | 21 | 21.21 | 22 | 3.02 | 22 | 8.49 |

8

| | | 1992 | | 1993 | | 1994 | | 1995 | |
|---|---|---|---|---|---|---|---|---|---|
| J | ♒ | 20 | 19.30 | 20 | 1.16 | 20 | 7.03 | 20 | 12.56 |
| F | ♓ | 19 | 9.37 | 18 | 15.33 | 18 | 21.19 | 19 | 3.04 |
| M | ♈ | 20 | 8.43 | 20 | 14.37 | 20 | 20.26 | 21 | 2.08 |
| A | ♉ | 19 | 19.53 | 20 | 1.43 | 20 | 7.31 | 20 | 13.16 |
| M | ♊ | 20 | 19.08 | 21 | 0.55 | 21 | 6.43 | 21 | 12.31 |
| J | ♋ | 21 | 3.09 | 21 | 8.55 | 21 | 14.43 | 21 | 20.31 |
| J | ♌ | 22 | 14.04 | 22 | 19.50 | 23 | 1.36 | 23 | 7.24 |
| A | ♍ | 22 | 21.08 | 23 | 2.45 | 23 | 8.39 | 23 | 14.31 |
| S | ♎ | 22 | 18.38 | 23 | 0.17 | 23 | 6.14 | 23 | 12.07 |
| O | ♏ | 23 | 3.52 | 23 | 9.33 | 23 | 15.33 | 23 | 21.28 |
| N | ♐ | 22 | 1.19 | 22 | 7.02 | 22 | 13.01 | 22 | 18.59 |
| D | ♑ | 21 | 14.39 | 21 | 20.22 | 22 | 2.17 | 22 | 8.14 |

|     |        | 1996 |       | 1997 |       | 1998 |       | 1999 |       |
|-----|--------|------|-------|------|-------|------|-------|------|-------|
| J   | ♒      | 20   | 18.50 | 20   | 0.38  | 20   | 6.40  | 20   | 12.34 |
| F   | ♓      | 19   | 8.57  | 18   | 14.47 | 18   | 20.52 | 19   | 2.42  |
| M   | ♈      | 20   | 7.57  | 20   | 13.51 | 20   | 19.52 | 21   | 1.39  |
| A   | ♉      | 19   | 19.06 | 20   | 0.57  | 20   | 6.51  | 20   | 12.41 |
| M   | ♊      | 20   | 18.21 | 21   | 0.10  | 21   | 6.00  | 21   | 11.48 |
| J   | ♋      | 21   | 2.19  | 21   | 8.14  | 21   | 13.57 | 21   | 19.45 |
| J   | ♌      | 22   | 13.14 | 22   | 19.12 | 23   | 0.50  | 23   | 6.38  |
| A   | ♍      | 22   | 20.18 | 23   | 2.12  | 23   | 7.54  | 23   | 13.46 |
| S   | ♎      | 22   | 17.54 | 22   | 23.53 | 23   | 5.32  | 23   | 11.26 |
| O   | ♏      | 23   | 3.13  | 23   | 9.11  | 23   | 14.54 | 23   | 20.49 |
| N   | ♐      | 22   | 0.43  | 22   | 6.43  | 22   | 12.30 | 22   | 18.21 |
| D   | ♑      | 21   | 14.01 | 21   | 20.05 | 22   | 1.51  | 22   | 7.38  |

8

# Ephemeriden und Mondstandstabelle

## VI Ephemeriden 1900—1999

Für unsere Zwecke genügt es durchaus, wenn wir bei der Ermittlung der Gestirnstände und Aspekte mit vollen Graden arbeiten; eine weitergehende Differenzierung ist nur für den erfahrenen Fachmann — besonders für die Erstellung von zeitlich eingegrenzten Prognosen — notwendig und sinnvoll.

Unsere Ephemeriden geben die Gestirnstände für die Jahre 1900 bis 1999 im Abstand von 10 Tagen an. Wer am 1., 11. oder 21. eines Monats geboren ist, braucht die Werte nur abzulesen; wer an einem anderen Tag geboren ist, kann die Werte für seinen Geburtstag auf einfache Weise berechnen. Dabei gehen Sie folgendermaßen vor:

*Sonne, Merkur, Venus, Mars, Jupiter:*

1) Suchen Sie in den Ephemeriden Jahr und Monat der Geburt.

2) Notieren Sie für die genannten Gestirne die Werte des Ephemeridentags nach dem Geburtstag und jeweils darunter die Werte vor dem Geburtstag: für Geburtstage vom 2.—10. oben Werte vom 11., unten vom 1.; für Geburtstage vom 12. bis 20. oben die Werte vom 21., unten vom 11.; für Geburtstage nach dem 21. oben die Werte vom 1. des Folgemonats, unten vom 21.

3) Ziehen Sie die untere von der oberen Zahl ab.

4) Teilen Sie das Ergebnis bei Geburten bis zum 20. durch 10, bei Geburten nach dem 21. je nach Monat durch 8 (Februar), 9 (Februar Schaltjahr), 10 (Monat mit 30 Tagen) oder 11 (Monat mit 31 Tagen).

5) Ziehen Sie vom Geburtstag den davorliegenden Ephemeridentag ab.

6) Multiplizieren Sie mit der in 5) erhaltenen Zahl die in 4) erhaltenen Ergebnisse.

7) Zählen Sie Gestirn für Gestirn die in 6) erhaltenen Werte zu den Werten des vor dem Geburtstag liegenden Ephemeridentages hinzu.

Damit haben Sie die Gestirnstände für den Geburtstag.

Dabei ist folgendes zu beachten: Wechselt ein Gestirn zwischen zwei Ephemeridentagen von einem Tierkreiszeichen in ein anderes, so ist in der Phase 2) unseres Rechenvorgangs zur oberen Zahl 30 hinzuzuzählen.

Wenn ein Planet rückläufig ist, so steht in 2) oben eine kleinere Zahl als unten. In diesem Fall ziehen wir die obere von der unteren Zahl ab. Mit dem Ergebnis führen wir die Rechenvorgänge 4)—6) wie oben angeführt durch, ziehen aber in Schritt 7) den erhaltenen Wert vom Wert des vor dem Geburtstag liegenden Ephemeridentags ab, anstatt ihn hinzuzuzählen.

Ein einfacheres Verfahren besteht darin, mit den mittleren täglichen Planetenbewegungen zu rechnen. Die Methode ist im 7. Kapitel erklärt.

*Saturn, Uranus, Neptun, Pluto, Mondknoten:*

Schlagen Sie in den Ephemeriden das betreffende Jahr auf. Unten in der Tabelle ist für jeden der langsam umlaufenden Planeten jeder Gradwechsel angegeben. Sie finden jeweils in der oberen Reihe Monat und Tag, in der unteren Zeichen und Grad. Fällt der Geburtstag zwischen eines der angegebenen Daten, so ist stets der davorliegende Wert zu übernehmen. Zu rechnen brauchen Sie bei diesen Horoskopelementen also nichts.

## VII Mondstandstabelle 1900—1999

Da sich der Mond sehr viel rascher bewegt als jeder andere Himmelskörper (er verändert seine Stellung im Tierkreis täglich um etwa 14°) und andererseits die auf die Stunde genaue Mondposition für die Horoskopdeutung sehr wichtig ist, reichen 10-Tage-Ephemeriden nicht aus. Sie finden deshalb hier zusätzliche Tabellen mit den Mondständen für die Zeit von 1900 bis 1999 in Abständen von je 2 Tagen.

Die (gerundeten) Positionsangaben gelten bis 1950 für 12 Uhr WZ, ab 1951 für 0 Uhr WZ. Im Prinzip ist die Mondstandsberechnung in beiden Fällen gleich, doch ist die Bezugszeit bis 1950 12 Uhr WZ, ab 1951 0 Uhr WZ. Zuerst der Rechenvorgang bis 1950 einschließlich: Rechnen Sie zunächst, wie im 7. Kapitel erläutert, die Geburtszeit in Weltzeit um. Fällt der Geburtstag auf einen geraden Tag, so rechnen Sie stets mit den Werten des vorangehenden und des folgenden ungeraden Tages. Fällt der Geburtstag hingegen auf einen ungeraden Tag, so ist die Geburtszeit (in WZ) entscheidend: Liegt sie vor 12 Uhr WZ, so rechnen Sie mit der Angabe für diesen und der Angabe für den davorliegenden ungeraden Tag; liegt sie nach 12 Uhr WZ, so nehmen Sie die Angaben für den Geburtstag und den folgenden ungeraden Tag.

Die Zeitspanne von 12 Uhr WZ eines Tages bis 12 Uhr WZ des übernächsten Tages umfaßt 48 Stunden, bei aufeinanderfolgenden Tagen (31.1.−1.2., 29.2.−1.3., 31.3.−1.4. usw.) 24 Stunden.

1) Ermitteln Sie die Graddifferenz zwischen zwei Ephemeridentagen, indem Sie den Wert des niedrigeren Tages von dem des höheren abziehen. (Wechselt der Mond zwischen den beiden ungeraden Tagen von einem Tierkreiszeichen in ein anderes über, so zählen Sie vor der Subtraktion zur Gradangabe des späteren Tages 30 hinzu.)

2) Das Ergebnis teilen Sie durch 48 (oder, siehe oben, durch 24).

3) Rechnen Sie aus, wie viele Stunden zwischen der Geburtszeit und 12 Uhr WZ des davorliegenden ungeraden Ephemeridentags (bei Geburten an einem geraden Tag oder vor 12 Uhr WZ an einem ungeraden Tag) bzw. zwischen der Geburtszeit und 12 Uhr WZ desselben Tages (bei Geburt nach 12 Uhr WZ an einem ungeraden Tag) liegen.

4) Multiplizieren Sie das in 2) erhaltene Ergebnis mit der in 3) erhaltenen Zahl der Stunden.

5) Zählen Sie das Ergebnis von 4) zur Gradangabe des niedrigeren ungeraden Tages hinzu.

Damit haben Sie den Mondstand für die Geburtsstunde.

Bei Geburtstagen ab 1951 umfassen die Ephemeridenspannen stets 2 volle Tage von 0 Uhr WZ bis 24 Uhr WZ bzw. bei Monatsenden mit ungeraden Tagen (29. 2., 31. 1., 31. 3. usw.) einen Tag von 0 Uhr WZ bis 24 Uhr WZ. Sie rechnen also immer mit den Daten der beiden Tage, zwischen die Ihre auf WZ umgerechnete Geburt fällt. In Schritt 3) wählen Sie stets den früheren Tag und rechnen aus, wie viele Stunden zwischen 0 Uhr WZ dieses Tages und Ihrer Geburtsstunde liegen. Mit dieser Zahl multiplizieren Sie in Schritt 4) die in 2) erhaltene Zahl. Ansonsten ist der Rechenvorgang gleich.

### Ein Beispiel

Zur Veranschaulichung der Rechenvorgänge wollen wir ein Beispiel durchrechnen. Nehmen wir einmal an, wir sollen die

9

Gestirnsstände für den 4. Januar 1940, 8 Uhr WZ vormittags feststellen.

Für Sonne, Merkur, Venus, Mars und Jupiter notieren wir aus den Ephemeriden für 1940, Monat Januar (Ja), folgende Werte:

|      | ☉    | ☿    | ♀    | ♂    | ♃   |
|------|------|------|------|------|------|
| 11.  | ♑20  | ♑8   | ♒21  | ♈5   | ♈2  |
| 1.   | ♑10  | ♐23  | ♒9   | ♓28  | ♈1  |

Schritt 3):

|      | 20   | 38   | 21   | 35   | 2   |
|------|------|------|------|------|------|
|      | −10  | −23  | −9   | −28  | −1  |
|      | 10   | 15   | 12   | 7    | 1   |

(Bei Merkur und Mars haben wir zur Gradangabe für den 11.1. noch 30° hinzugezählt, da das Tierkreiszeichen wechselt.)

Schritt 4):

$10 : 10 = 1; 15 : 10 = 1,5; 12 : 10 = 1,2; 7 : 10 = 0,7; 1 : 10 = 0,1.$

Schritt 5):

$4 − 1 = 3.$

Schritt 6):

$3 \times 1 = 3; 3 \times 1,5 = 4,5; 3 \times 1,2 = 3,6; 3 \times 0,7 = 2,1; 3 \times 0,1 = 0,3.$
Diese Werte runden wir auf oder ab und erhalten so für ☉ = 3, für ☿ = 5, für ♀ = 4, für ♂ = 2, für ♃ = 0.

Schritt 7):

☉ : 10 + 3 = 13; ☿ : 23 + 5 = 28; ♀ : 9 + 4 = 13; ♂ : 28 + 2 = 30; ♃ : 1 + 0 = = 1.

Positionen für den 4. Januar 1940:

☉ = ♑ 13; ☿ = ♐ 28; ♀ = ♒ 13; ♂ = ♓ 30 = ♈ 0; ♃ = ♈ 1.

Für Saturn, Uranus, Neptun, Pluto und Mondknoten entnehmen wir die Stände direkt den Ephemeriden; es gilt der Wert des vor dem Geburtstag liegenden Ephemeridentages. Die Positionen lauten:

♄ = ♈ 24; ♅ = ♉ 18; ♆ = ♏ 25; ♇ = ♌ 2; ☊ = ♌ 26.

Nun müssen wir nur noch die Mondposition berechnen. Wir verfahren dabei folgendermaßen:

Schritt 1): Position   am 5.1.1940: ♏ 25
                         am 3.1.1940: ♌ 28

Da das Zeichen wechselt, zählen wir zur Gradangabe für den 5.1. noch 30° dazu und rechnen:

$55° − 28° = 27°.$

Schritt 2):

$27° : 48 = 0,56°.$

Schritt 3):
Differenz in Stunden zwischen 8 Uhr WZ am 4.1. und 12 Uhr
WZ am 3.1. = 20 Stunden (12 + 8).
Schritt 4):
20 × 0,56° = 11,2°, abgerundet 11°.
Schritt 5):
28° + 11° = 39°. Da ein Tierkreiszeichen nur 30° umfaßt, ziehen wir 30° ab und erhalten 9°. Gleichzeitig aber müssen wir
im Tierkreis gegenüber dem davorliegenden ungeraden Tag
um ein Zeichen weiterrücken. Das Endergebnis lautet also
jetzt: ♏ 9°.

**Wir merken uns:**

Wenn ein Gestirn zwischen zwei Ephemeridendaten von
einem Tierkreiszeichen in ein anderes wechselt, zählen wir
zur Gradangabe für den nach dem Geburtstag liegenden
Ephemeridentag 30° hinzu, bei Rückläufigkeit ziehen wir 30°
ab.
Wenn wir bei Schritt 7) bei der Positionsberechnung für
Sonne, Merkur, Venus, Mars und Jupiter oder bei Schritt 5)
bei der Mondstandsberechnung Werte über 30° erhalten, so
ziehen wir 30° ab, rücken aber gleichzeitig gegenüber den
Angaben für den davorliegenden Ephemeridentag um ein
Tierkreiszeichen weiter. Ergibt die Addition genau 30°, so
nehmen wir statt dessen 0° des folgenden Zeichens.

9

9

| 1900 | ☉ | ☿ | ♀ | ♂ | ♃ | ♄ |
|---|---|---|---|---|---|---|
| J 1 | ♑ 11 | ♐ 20 | ♒ 07 | ♑ 14 | ♐ 01 | ♐ 28 |
| 11 | 21 | ♑ 03 | 19 | 22 | 03 | 29 |
| 21 | ♒ 01 | 19 | ♓ 02 | ♒ 00 | 05 | ♑ 00 |
| F 1 | 12 | ♒ 06 | 15 | 08 | 07 | 01 |
| 11 | 22 | 24 | 27 | 16 | 08 | 02 |
| 21 | ♓ 02 | ♓ 12 | ♈ 10 | 24 | 09 | 03 |
| M 1 | 10 | 26 | 19 | ♓ 00 | 10 | 04 |
| 11 | 20 | ♈ 08 | ♉ 01 | 08 | 10 | 04 |
| 21 | ♈ 00 | R 07 | 12 | 16 | 11 | 05 |
| A 1 | 11 | ♓ 28 | 25 | 25 | R 11 | 05 |
| 11 | 21 | D 27 | ♊ 06 | ♈ 03 | 11 | 05 |
| 21 | ♉ 01 | ♈ 04 | 16 | 10 | 10 | R 05 |
| M 1 | 11 | 15 | 26 | 18 | 09 | 05 |
| 11 | 20 | ♉ 01 | ♋ 05 | 26 | 08 | 04 |
| 21 | ♊ 00 | 20 | 13 | ♉ 03 | 07 | 04 |
| J 1 | 11 | ♊ 13 | 20 | 11 | 05 | 03 |
| 11 | 20 | ♋ 04 | 23 | 19 | 04 | 03 |
| 21 | ♋ 00 | 22 | R 24 | 26 | 03 | 02 |
| J 1 | 09 | ♌ 05 | 20 | ♊ 03 | 02 | 01 |
| 11 | 19 | 13 | 14 | 10 | 01 | 00 |
| 21 | 28 | R 15 | 09 | 17 | 01 | 00 |
| A 1 | ♌ 09 | 08 | D 08 | 24 | D 01 | ♐ 29 |
| 11 | 18 | 04 | 10 | ♋ 01 | 01 | 29 |
| 21 | 28 | D 10 | 16 | 07 | 02 | 29 |
| S 1 | ♍ 09 | 27 | 24 | 15 | 03 | 28 |
| 11 | 18 | ♍ 16 | ♌ 02 | 21 | 04 | D 29 |
| 21 | 28 | ♎ 04 | 12 | 27 | 05 | 29 |
| O 1 | ♎ 08 | 21 | 22 | ♌ 03 | 07 | 29 |
| 11 | 18 | ♏ 06 | ♍ 03 | 09 | 08 | ♑ 00 |
| 21 | 28 | 20 | 14 | 14 | 10 | 00 |
| N 1 | ♏ 09 | ♐ 02 | 27 | 20 | 13 | 01 |
| 11 | 19 | R 06 | ♎ 09 | 25 | 15 | 02 |
| 21 | 29 | ♏ 26 | 21 | 29 | 17 | 03 |
| D 1 | ♐ 09 | D 20 | ♏ 03 | ♍ 03 | 19 | 04 |
| 11 | 19 | 29 | 15 | 07 | 21 | 05 |
| 21 | 29 | ♐ 12 | 28 | 10 | 24 | 06 |

| | | | | | |
|---|---|---|---|---|---|
| ⛢ | JA 17 | FE 12 | MR 18 | AP 20 | MA 19 |
| | ♐ 11 | 12 | R12 | 12 | 11 |
| | JN 13 | JL 11 | AU 19 | SE 22 | OK 18 |
| | ♐ 10 | 09 | D08 | 09 | 10 |
| | NO 6 | 23 | DE 9 | 26 | |
| | ♐ 11 | 12 | 13 | 14 | |
| ♆ | JA 9 | MR 6 | AP 29 | MA 30 | JN 26 |
| | ♊R25 | D24 | 25 | 26 | 27 |
| | JL 24 | SE 2 | OK 2 | NO 2 | DE 14 |
| | ♊ 28 | 29 | R29 | 29 | 28 |
| ♇ | JA 9 | MR 9 | AP 17 | JN 1 | JL 17 |
| | ♊R15 | D15 | 15 | 16 | 17 |
| | SE 25 | NO 17 | | | |
| | ♊R18 | 17 | | | |
| ☊ | JA 4 | 22 | FE 10 | MR 1 | 19 |
| | ♐R19 | 18 | 17 | 16 | 15 |
| | AP 7 | 28 | MA 16 | JN 4 | 22 |
| | ♐ 14 | 13 | 12 | 11 | 10 |
| | JL 10 | 31 | AU 19 | SE 7 | 25 |
| | ♐ 09 | 08 | 07 | 06 | 05 |
| | OK 13 | NO 1 | 22 | DE 10 | 28 |
| | ♐ 04 | 03 | 02 | 01 | 00 |

| 1901 | | ☉ | ☿ | ♀ | ♂ | ♃ | ♄ |
|---|---|---|---|---|---|---|---|
| J | 1 | ♑ 10 | ♐ 28 | ♐ 11 | ♍ 12 | ♐ 26 | ♑ 08 |
| | 11 | 21 | ♑ 14 | 24 | R 13 | 28 | 09 |
| | 21 | ♒ 01 | ♒ 00 | ♑ 06 | 12 | ♑ 00 | 10 |
| F | 1 | 12 | 19 | 20 | 10 | 03 | 11 |
| | 11 | 22 | ♓ 07 | ♒ 02 | 07 | 05 | 12 |
| | 21 | ♓ 02 | 20 | 15 | 03 | 06 | 13 |
| M | 1 | 10 | R 21 | 25 | 00 | 08 | 14 |
| | 11 | 20 | 13 | ♓ 07 | ♌ 27 | 09 | 15 |
| | 21 | ♈ 00 | D 08 | 20 | 24 | 11 | 15 |
| A | 1 | 11 | 13 | ♈ 03 | D 23 | 12 | 16 |
| | 11 | 21 | 24 | 16 | 23 | 12 | 16 |
| | 21 | ♉ 01 | ♈ 09 | 28 | 25 | 13 | 16 |
| M | 1 | 10 | 26 | ♉ 11 | 27 | R 13 | R 16 |
| | 11 | 20 | ♉ 16 | 23 | ♍ 00 | 13 | 16 |
| | 21 | ♊ 00 | ♊ 08 | ♊ 05 | 04 | 12 | 16 |
| J | 1 | 10 | 29 | 19 | 08 | 12 | 15 |
| | 11 | 20 | ♋ 14 | ♋ 01 | 13 | 11 | 15 |
| | 21 | 29 | 23 | 13 | 18 | 09 | 14 |
| J | 1 | ♋ 09 | R 26 | 25 | 23 | 08 | 13 |
| | 11 | 18 | 22 | ♌ 08 | 29 | 07 | 13 |
| | 21 | 28 | D 16 | 20 | ♎ 04 | 06 | 12 |
| A | 1 | ♌ 09 | 19 | ♍ 03 | 11 | 05 | 11 |
| | 11 | 18 | ♌ 02 | 15 | 17 | 04 | 11 |
| | 21 | 28 | 21 | 28 | 23 | 03 | 10 |
| S | 1 | ♍ 08 | ♍ 13 | ♎ 11 | ♏ 00 | D 03 | 10 |
| | 11 | 18 | ♎ 00 | 23 | 07 | 03 | 10 |
| | 21 | 28 | 16 | ♏ 05 | 14 | 04 | D 10 |
| O | 1 | ♎ 08 | ♏ 00 | 17 | 21 | 05 | 10 |
| | 11 | 17 | 12 | 28 | 28 | 06 | 10 |
| | 21 | 27 | 20 | ♐ 10 | ♐ 05 | 07 | 11 |
| N | 1 | ♏ 08 | R 16 | 23 | 13 | 09 | 12 |
| | 11 | 18 | D 05 | ♑ 04 | 20 | 11 | 12 |
| | 21 | 28 | 09 | 15 | 28 | 13 | 13 |
| D | 1 | ♐ 09 | 22 | 26 | ♑ 06 | 15 | 14 |
| | 11 | 19 | ♐ 07 | ♒ 06 | 13 | 17 | 15 |
| | 21 | 29 | 22 | 15 | 21 | 19 | 16 |

| | | | | | |
|---|---|---|---|---|---|
| ♅ | JA 13 | FE 4 | MR 23 | MA 8 | JN 3 |
| | ♐ 15 | 16 | R17 | 16 | 15 |
| | JN 28 | AU 5 | 23 | SE 8 | OK 13 |
| | ♐ 14 | 13 | D13 | 13 | 14 |
| | NO 3 | 21 | DE 8 | 24 | |
| | ♐ 15 | 16 | 17 | 18 | |
| ♆ | JA 21 | MR 8 | AP 22 | MA 25 | JN 22 |
| | ♊R27 | D26 | 27 | 28 | 29 |
| | JL 20 | AU 23 | OK 5 | NO 17 | DE 25 |
| | ♋ 00 | 01 | R02 | 01 | 00 |
| ♇ | JA 9 | MR 1 | AP 17 | JN 1 | JL 17 |
| | ♊R16 | D16 | 16 | 17 | 18 |
| | SE 25 | NO 17 | | | |
| | ♊R19 | 18 | | | |
| ☊ | JA 16 | FE 4 | 22 | MR 13 | AP 1 |
| | ♏R29 | 28 | 27 | 26 | 25 |
| | AP 22 | MA 10 | 28 | JN 16 | JL 4 |
| | ♏ 24 | 23 | 22 | 21 | 20 |
| | JL 25 | AU 13 | 31 | SE 19 | OK 7 |
| | ♏ 19 | 18 | 17 | 16 | 15 |
| | OK 25 | NO 13 | DE 4 | 22 | |
| | ♏ 14 | 13 | 12 | 11 | |

9

| 1902 | | ☉ | ☿ | ♀ | ♂ | ♃ | ♄ |
|---|---|---|---|---|---|---|---|
| J | 1 | ♑10 | ♑10 | ♒24 | ♒00 | ♑22 | ♑18 |
| | 11 | 20 | 26 | ♓00 | 07 | 24 | 19 |
| | 21 | ♒01 | ♒13 | 03 | 15 | 26 | 20 |
| F | 1 | 12 | ♓00 | R02 | 24 | 29 | 21 |
| | 11 | 22 | R05 | ♒27 | ♓02 | ♒01 | 23 |
| | 21 | ♓02 | ♒26 | 21 | 10 | 03 | 24 |
| M | 1 | 10 | 21 | 18 | 16 | 05 | 24 |
| | 11 | 20 | D23 | D18 | 24 | 07 | 25 |
| | 21 | ♈00 | ♓03 | 21 | ♈02 | 09 | 26 |
| A | 1 | 11 | 17 | 28 | 10 | 11 | 27 |
| | 11 | 21 | ♈03 | ♓05 | 18 | 13 | 27 |
| | 21 | ♉00 | 22 | 14 | 26 | 14 | 28 |
| M | 1 | 10 | ♉13 | 24 | ♉03 | 15 | 28 |
| | 11 | 20 | ♊04 | ♈04 | 10 | 16 | R28 |
| | 21 | 29 | 21 | 15 | 18 | 17 | 28 |
| J | 1 | ♊10 | ♋03 | 27 | 26 | 17 | 27 |
| | 11 | 20 | 06 | ♉08 | ♊03 | R17 | 27 |
| | 21 | 29 | R03 | 20 | 10 | 17 | 26 |
| J | 1 | ♋09 | ♊28 | ♊01 | 17 | 16 | 26 |
| | 11 | 18 | D29 | 13 | 24 | 15 | 25 |
| | 21 | 28 | ♋08 | 25 | ♋01 | 14 | 24 |
| A | 1 | ♌08 | 27 | ♋08 | 08 | 13 | 23 |
| | 11 | 18 | ♌18 | 20 | 14 | 12 | 23 |
| | 21 | 27 | ♍07 | ♌02 | 21 | 10 | 22 |
| S | 1 | ♍08 | 26 | 16 | 28 | 09 | 22 |
| | 11 | 18 | ♎11 | 28 | ♌04 | 08 | 21 |
| | 21 | 28 | 23 | ♍10 | 11 | 08 | 21 |
| O | 1 | ♎07 | ♏02 | 23 | 17 | 07 | D21 |
| | 11 | 17 | R04 | ♎05 | 23 | D08 | 21 |
| | 21 | 27 | ♎23 | 17 | 29 | 08 | 22 |
| N | 1 | ♏08 | D20 | ♏01 | ♍05 | 09 | 22 |
| | 11 | 18 | ♏01 | 14 | 10 | 10 | 23 |
| | 21 | 28 | 17 | 26 | 16 | 11 | 24 |
| D | 1 | ♐08 | ♐02 | ♐09 | 21 | 13 | 25 |
| | 11 | 19 | 18 | 22 | 26 | 14 | 26 |
| | 21 | 29 | ♑04 | ♑04 | ♎01 | 16 | 27 |

**♅**

| ☉ | ☿ | ♀ | ♂ | ♃ | ♄ |
|---|---|---|---|---|---|
| JA 10 | 30 | MR 1 | | 28 | AP 22 |
| ♐ 19 | 20 | | 21 | R21 | 21 |
| MA 24 | JN 18 | JL 15 | 15 | AU 28 | OK 8 |
| ♐ 20 | 19 | | 18 | D17 | 18 |
| OK 31 | NO 6 | DE 6 | | 22 | |
| ♐ 19 | 20 | | 21 | 22 | |

**Ψ**

| ☉ | ☿ | ♀ | ♂ | ♃ | ♄ |
|---|---|---|---|---|---|
| FE 4 | MR 11 | AP 13 | MA 21 | | JN 18 |
| ♊R29 | D29 | 29 | ♋00 | | 01 |
| JL 15 | AU 16 | OK 8 | NO 29 | | |
| ♋02 | 03 | | 03 | R04 | |

**♇**

| ☉ | ☿ | ♀ | ♂ | ♃ | ♄ |
|---|---|---|---|---|---|
| JA 9 | MR 1 | AP 17 | JN 1 | | JL 17 |
| ♊R17 | D17 | 17 | 18 | | 19 |
| SE 25 | NO 17 | | | | |
| ♊R20 | 19 | | | | |

**☊**

| ☉ | ☿ | ♀ | ♂ | ♃ | ♄ |
|---|---|---|---|---|---|
| JA 10 | 28 | FE 16 | MR 7 | | 25 |
| ♏R10 | 09 | 08 | 07 | | 06 |
| AP 13 | MA 4 | 22 | JN 10 | | 28 |
| ♏05 | 04 | 03 | 02 | | 01 |
| JL 19 | AU 7 | 25 | SE 13 | | OK 1 |
| ♏00 | ♎29 | 28 | 27 | | 26 |
| OK 19 | NO 7 | 28 | DE 16 | | |
| ♎25 | 24 | 23 | 22 | | |

9

| 1903 | | ☉ | ☿ | ♀ | ♂ | ♃ | ♄ |
|---|---|---|---|---|---|---|---|
| J | 1 | ♑ 10 | ♑ 21 | ♑ 18 | ♎ 05 | ♒ 18 | ♑ 28 |
| | 11 | 20 | ♒ 07 | ♒ 01 | 09 | 21 | 29 |
| | 21 | ♒ 00 | 18 | 13 | 12 | 23 | ♒ 00 |
| F | 1 | 11 | R14 | 27 | 15 | 25 | 02 |
| | 11 | 22 | 04 | ♓ 09 | 16 | 28 | 03 |
| | 21 | ♓ 02 | D06 | 22 | R16 | ♓ 00 | 04 |
| M | 1 | 10 | 13 | ♈ 02 | 16 | 02 | 05 |
| | 11 | 20 | 25 | 14 | 14 | 05 | 06 |
| | 21 | ♈ 00 | ♓ 10 | 26 | 10 | 07 | 07 |
| A | 1 | 11 | 29 | ♉ 10 | 06 | 09 | 07 |
| | 11 | 20 | ♈ 19 | 22 | 03 | 12 | 08 |
| | 21 | ♉ 00 | ♉ 10 | ♊ 04 | 00 | 14 | 09 |
| M | 1 | 10 | 28 | 16 | ♍ 28 | 16 | 09 |
| | 11 | 20 | ♊ 11 | 27 | D27 | 17 | 09 |
| | 21 | 29 | R16 | ♋ 09 | 28 | 19 | R09 |
| J | 1 | ♊ 10 | 13 | 22 | ♎ 00 | 21 | 09 |
| | 11 | 19 | 08 | ♌ 03 | 03 | 22 | 09 |
| | 21 | 29 | D09 | 13 | 07 | 23 | 09 |
| J | 1 | ♋ 08 | 17 | 24 | 11 | 23 | 08 |
| | 11 | 18 | ♋ 02 | ♍ 03 | 16 | R23 | 07 |
| | 21 | 28 | 22 | 12 | 21 | 23 | 07 |
| A | 1 | ♌ 08 | ♌ 14 | 21 | 27 | 23 | 06 |
| | 11 | 18 | ♍ 03 | 27 | ♏ 03 | 22 | 05 |
| | 21 | 27 | 19 | ♎ 01 | 09 | 21 | 04 |
| S | 1 | ♍ 08 | ♎ 04 | R01 | 16 | 20 | 04 |
| | 11 | 18 | 14 | ♍ 28 | 23 | 18 | 03 |
| | 21 | 27 | R18 | 22 | 29 | 17 | 03 |
| O | 1 | ♎ 07 | 12 | 17 | ♐ 06 | 16 | 03 |
| | 11 | 17 | D03 | D16 | 13 | 15 | D03 |
| | 21 | 27 | 09 | 18 | 21 | 14 | 03 |
| N | 1 | ♏ 08 | 26 | 25 | 29 | 14 | 03 |
| | 11 | 18 | ♏ 12 | ♎ 02 | ♑ 06 | D13 | 04 |
| | 21 | 28 | 28 | 11 | 14 | 14 | 04 |
| D | 1 | ♐ 08 | ♐ 14 | 21 | 22 | 14 | 05 |
| | 11 | 18 | 29 | ♏ 02 | 29 | 15 | 06 |
| | 21 | 28 | ♑ 15 | 13 | ♒ 07 | 16 | 07 |

| | | | | | |
|---|---|---|---|---|---|
| ♅ | JA 8 | 27 | FE 21 | AP 1 | MA 10 |
| | ♐ 23 | 24 | 25 | R26 | 25 |
| | JN 7 | JL 1 | AU 1 | SE 1 | 30 |
| | ♐ 24 | 23 | 22 | D22 | 22 |
| | OK 28 | NO 17 | DE 5 | 21 | |
| | ♐ 23 | 24 | 25 | 26 | |
| ♆ | JA 4 | FE 22 | MR 14 | 30 | MA 16 |
| | ♋R02 | 01 | D01 | 01 | 02 |
| | JN 14 | JL 11 | AU 10 | OK 12 | DE 10 |
| | ♋ 03 | 04 | 05 | R06 | 05 |
| ♇ | JA 17 | MR 9 | AP 17 | JN 1 | JL 17 |
| | ♊R18 | D18 | 18 | 19 | 20 |
| | SE 25 | NO 25 | | | |
| | ♊R21 | 20 | | | |
| ☊ | JA 4 | 22 | FE 10 | MR 1 | 19 |
| | ♎R21 | 20 | 19 | 18 | 17 |
| | AP 7 | 28 | MA 16 | JN 4 | 22 |
| | ♎ 16 | 15 | 14 | 13 | 12 |
| | JL 10 | 31 | AU 19 | SE 7 | 25 |
| | ♎ 11 | 10 | 09 | 08 | 07 |
| | OK 13 | NO 1 | 22 | DE 10 | 28 |
| | ♎ 06 | 05 | 04 | 03 | 02 |

| 1904 | | ☉ | ☿ | ♀ | ♂ | ♃ | ♄ |
|---|---|---|---|---|---|---|---|
| J | 1 | ♑10 | ♑29 | ♏26 | ♒16 | ♓18 | ♒08 |
| | 11 | 20 | R♒02 | ♐07 | 24 | 20 | 09 |
| | 21 | ♒00 | ♑21 | 19 | ♓01 | 21 | 10 |
| F | 1 | 11 | D18 | ♑03 | 10 | 24 | 12 |
| | 11 | 21 | 26 | 15 | 18 | 26 | 13 |
| | 21 | ♓01 | ♒08 | 27 | 26 | 28 | 14 |
| M | 1 | 10 | 21 | ♒08 | ♈03 | ♈00 | 15 |
| | 11 | 21 | ♓07 | 20 | 10 | 02 | 16 |
| | 21 | ♈00 | 25 | ♓02 | 18 | 05 | 17 |
| A | 1 | 11 | ♈17 | 16 | 26 | 08 | 18 |
| | 11 | 21 | ♉07 | 28 | ♉04 | 10 | 19 |
| | 21 | ♉01 | 21 | ♈10 | 11 | 12 | 20 |
| M | 1 | 11 | R26 | 23 | 18 | 15 | 20 |
| | 11 | 20 | 23 | ♉05 | 25 | 17 | 21 |
| | 21 | ♊00 | 18 | 17 | ♊02 | 19 | 21 |
| J | 1 | 11 | D19 | ♊01 | 10 | 21 | R21 |
| | 11 | 20 | 27 | 13 | 17 | 23 | 21 |
| | 21 | ♋00 | ♊10 | 25 | 24 | 25 | 21 |
| J | 1 | 09 | 29 | ♋07 | ♋01 | 26 | 20 |
| | 11 | 19 | ♋21 | 20 | 07 | 28 | 20 |
| | 21 | 28 | ♌11 | ♌02 | 14 | 29 | 19 |
| A | 1 | ♌09 | ♍00 | 15 | 21 | ♉00 | 18 |
| | 11 | 18 | 14 | 28 | 28 | 00 | 18 |
| | 21 | 28 | 25 | ♍10 | ♌04 | R00 | 17 |
| S | 1 | ♍09 | R♎01 | 24 | 11 | 00 | 16 |
| | 11 | 18 | ♍27 | ♎06 | 17 | ♈29 | 15 |
| | 21 | 28 | 18 | 18 | 24 | 29 | 15 |
| O | 1 | ♎08 | D20 | ♏01 | ♍00 | 27 | 15 |
| | 11 | 18 | ♎04 | 13 | 06 | 26 | 14 |
| | 21 | 28 | 21 | 25 | 12 | 25 | D14 |
| N | 1 | ♏09 | ♏09 | ♐09 | 19 | 23 | 15 |
| | 11 | 19 | 25 | 21 | 25 | 22 | 15 |
| | 21 | 29 | ♐11 | ♑03 | ♎01 | 21 | 15 |
| D | 1 | ♐09 | 26 | 16 | 07 | 21 | 16 |
| | 11 | 19 | ♑09 | 28 | 12 | 20 | 17 |
| | 21 | 29 | 17 | ♒10 | 18 | D20 | 18 |

| | | | | | |
|---|---|---|---|---|---|
| ♅ | JA 7 | 25 | FE 16 | AP 5 | MA 23 |
| | ♐ 27 | 28 | 29 | ♑R00 | ♐ 29 |
| | JN 18 | JL 14 | AU 25 | SE 5 | 13 |
| | ♐ 28 | 27 | 26 | D26 | 26 |
| | OK 24 | NO 15 | DE 3 | 20 | |
| | ♐ 27 | 28 | 29 | ♑ 00 | |
| ♆ | JA 16 | MR 15 | MA 10 | JN 9 | JL 6 |
| | ♋R04 | D03 | 04 | 05 | 06 |
| | AU 4 | SE 15 | OK 12 | NO 6 | DE 20 |
| | ♋ 07 | 08 | R08 | 08 | 07 |
| ♇ | JA 17 | MR 1 | AP 17 | JN 9 | JL 17 |
| | ♊R19 | D19 | 19 | 20 | 21 |
| | SE 25 | NO 25 | | | |
| | ♊R22 | 21 | | | |
| ☊ | JA 16 | FE 4 | 22 | MR 13 | AP 1 |
| | ♎R01 | 00 | ♍ 29 | 28 | 27 |
| | AP 19 | MA 10 | 28 | JN 16 | JL 4 |
| | ♍ 26 | 25 | 24 | 23 | 22 |
| | JL 22 | AU 10 | 31 | SE 19 | OK 7 |
| | ♍ 21 | 20 | 19 | 18 | 17 |
| | OK 25 | NO 13 | DE 1 | 22 | |
| | ♍ 16 | 15 | 14 | 13 | |

9

| 1905 | | ☉ | ☿ | ♀ | ♂ | ♃ | ♄ |
|---|---|---|---|---|---|---|---|
| J | 1 | ♑ 10 | R♑ 08 | ♒ 23 | ♎ 24 | ♈ 21 | ♒ 19 |
| | 11 | 21 | 01 | ♓ 05 | 29 | 21 | 20 |
| | 21 | ♒ 01 | D06 | 16 | ♏ 04 | 22 | 21 |
| F | 1 | 12 | 19 | 28 | 09 | 24 | 22 |
| | 11 | 22 | ♒ 03 | ♈ 09 | 13 | 25 | 23 |
| | 21 | ♓ 02 | 19 | 19 | 17 | 27 | 25 |
| M | 1 | 10 | ♓ 03 | 26 | 20 | 29 | 25 |
| | 11 | 20 | 21 | ♉ 04 | 22 | ♉ 01 | 27 |
| | 21 | ♈ 00 | ♈ 11 | 10 | 24 | 03 | 28 |
| A | 1 | 11 | ♉ 00 | 14 | 25 | 05 | 29 |
| | 11 | 21 | 07 | R14 | R25 | 08 | ♓ 00 |
| | 21 | ♉ 01 | R05 | 10 | 23 | 10 | 01 |
| M | 1 | 10 | ♈ 28 | 04 | 20 | 12 | 01 |
| | 11 | 20 | D28 | ♈ 29 | 17 | 15 | 02 |
| | 21 | ♊ 00 | ♉ 05 | D28 | 13 | 17 | 02 |
| J | 1 | 10 | 18 | ♉ 02 | 10 | 20 | 03 |
| | 11 | 20 | ♊ 05 | 07 | 09 | 22 | 03 |
| | 21 | 29 | 26 | 15 | D08 | 24 | R03 |
| J | 1 | ♋ 09 | ♋ 17 | 23 | 10 | 26 | 03 |
| | 11 | 18 | ♌ 06 | ♊ 03 | 12 | 28 | 02 |
| | 21 | 28 | 22 | 13 | 15 | ♊ 00 | 02 |
| A | 1 | ♌ 09 | ♍ 06 | 25 | 20 | 02 | 01 |
| | 11 | 18 | 13 | ♋ 06 | 25 | 03 | 00 |
| | 21 | 28 | R13 | 17 | ♐ 00 | 05 | 00 |
| S | 1 | ♍ 08 | 04 | ♌ 00 | 06 | 06 | ♒ 29 |
| | 11 | 18 | D01 | 11 | 12 | 06 | 28 |
| | 21 | 28 | 12 | 23 | 19 | 06 | 27 |
| O | 1 | ♎ 08 | 29 | ♍ 05 | 26 | R06 | 27 |
| | 11 | 17 | ♎ 17 | 17 | ♑ 02 | 06 | 27 |
| | 21 | 27 | ♏ 04 | ♎ 00 | 10 | 05 | 26 |
| N | 1 | ♏ 08 | 21 | 13 | 18 | 04 | D26 |
| | 11 | 18 | ♐ 06 | 26 | 25 | 03 | 26 |
| | 21 | 29 | 19 | ♏ 08 | ♒ 03 | 02 | 27 |
| D | 1 | ♐ 09 | ♑ 00 | 21 | 10 | 00 | 27 |
| | 11 | 19 | R♐ 29 | ♐ 03 | 18 | ♉ 29 | 28 |
| | 21 | 29 | 17 | 16 | 25 | 28 | 28 |

| | | | | | |
|---|---|---|---|---|---|
| ♅ | JA 6 | 23 | FE 13 | MR 16 | AP 9 |
| | ♑ 01 | 02 | 03 | 04 | R04 |
| | MA 2 | JN 5 | 30 | JL 27 | SE 10 |
| | ♑ 04 | 03 | 02 | 01 | D00 |
| | OK 21 | NO 14 | DE 3 | 20 | |
| | ♑ 01 | 02 | 03 | 04 | |
| ♆ | JA 26 | MR 17 | MA 3 | JN 5 | JL 3 |
| | ♋R06 | D05 | 06 | 07 | 08 |
| | JL 30 | SE 4 | OK 15 | NO 22 | DE 31 |
| | ♋ 09 | 10 | R10 | 10 | 09 |
| ♇ | JA 17 | MR 9 | AP 17 | JN 9 | JL 17 |
| | ♊R20 | D20 | 20 | 21 | 22 |
| | OK 1 | NO 25 | | | |
| | ♊R23 | 22 | | | |
| ☊ | JA 10 | 28 | FE 16 | MR 7 | 25 |
| | ♍R12 | 11 | 10 | 09 | 08 |
| | AP 13 | MA 1 | 22 | JN 10 | 28 |
| | ♍ 07 | 06 | 05 | 04 | 03 |
| | JL 16 | AU 4 | 25 | SE 13 | OK 1 |
| | ♍ 02 | 01 | 00 | ♌ 29 | 28 |
| | OK 19 | NO 7 | 25 | DE 16 | |
| | ♌ 27 | 26 | 25 | 24 | |

9

| 1906 | | ☉ | ☿ | ♀ | ♂ | ♃ | ♄ |
|---|---|---|---|---|---|---|---|
| J | 1 | ♑10 | ♐18 | ♑00 | ♓04 | R♉27 | ♒29 |
| | 11 | 20 | 28 | 12 | 11 | 27 | ♓00 |
| | 21 | ♒01 | ♑12 | 25 | 19 | D26 | 01 |
| F | 1 | 12 | 28 | ♒09 | 27 | 27 | 03 |
| | 11 | 22 | ♒15 | 21 | ♈05 | 27 | 04 |
| | 21 | ♓02 | ♓03 | ♓04 | 12 | 28 | 05 |
| M | 1 | 10 | 18 | 14 | 18 | 29 | 06 |
| | 11 | 20 | ♈06 | 26 | 26 | ♊00 | 07 |
| | 21 | ♈00 | 18 | ♈09 | ♉03 | 02 | 08 |
| A | 1 | 11 | R17 | 22 | 11 | 04 | 10 |
| | 11 | 21 | 10 | ♉05 | 18 | 06 | 11 |
| | 21 | ♉00 | D08 | 17 | 25 | 08 | 12 |
| M | 1 | 10 | 14 | 29 | ♊02 | 10 | 13 |
| | 11 | 20 | 25 | ♊11 | 09 | 12 | 13 |
| | 21 | ♊00 | ♉10 | 24 | 16 | 14 | 14 |
| J | 1 | 10 | ♊01 | ♋07 | 23 | 17 | 15 |
| | 11 | 20 | 23 | 19 | ♋00 | 19 | 15 |
| | 21 | 29 | ♋14 | ♌01 | 06 | 21 | 15 |
| J | 1 | ♋09 | ♌01 | 13 | 13 | 24 | R15 |
| | 11 | 18 | 14 | 25 | 20 | 26 | 15 |
| | 21 | 28 | 23 | ♍06 | 26 | 28 | 15 |
| A | 1 | ♌08 | R26 | 19 | ♌03 | ♋00 | 14 |
| | 11 | 18 | 20 | ♎00 | 10 | 02 | 13 |
| | 21 | 28 | 14 | 12 | 16 | 04 | 13 |
| S | 1 | ♍08 | D20 | 24 | 23 | 06 | 12 |
| | 11 | 18 | ♍06 | ♏04 | 29 | 07 | 11 |
| | 21 | 28 | 25 | 14 | ♍06 | 09 | 10 |
| O | 1 | ♎07 | ♎13 | 23 | 12 | 10 | 10 |
| | 11 | 17 | 29 | ♐02 | 18 | 11 | 09 |
| | 21 | 27 | ♏14 | 08 | 25 | 11 | 09 |
| N | 1 | ♏08 | ♐00 | 14 | ♎01 | R11 | 08 |
| | 11 | 18 | 11 | R15 | 08 | 11 | 08 |
| | 21 | 28 | R15 | 12 | 14 | 10 | D08 |
| D | 1 | ♐08 | 05 | 06 | 20 | 09 | 09 |
| | 11 | 19 | D♏29 | 01 | 26 | 08 | 09 |
| | 21 | 29 | ♐07 | D♏29 | ♏02 | 07 | 10 |

| | | | | | |
|---|---|---|---|---|---|
| ♅ | JA 5 | 23 | FE 11 | MR 10 | AP 14 |
| | ♑ 05 | 06 | 07 | 08 | R09 |
| | MA 18 | JN 16 | JL 11 | AU 9 | SE 15 |
| | ♑ 08 | 07 | 06 | 05 | D05 |
| | OK 18 | NO 13 | DE 3 | 20 | |
| | ♑ 05 | 06 | 07 | 08 | |
| ♆ | FE 9 | MR 20 | AP 26 | JN 1 | 29 |
| | ♋R08 | D08 | 08 | 09 | 10 |
| | JL 26 | AU 28 | OK 17 | DE 5 | |
| | ♋ 11 | 12 | R13 | 12 | |
| ♇ | JA 17 | MR 1 | AP 17 | JN 9 | JL 17 |
| | ♊R21 | D21 | 21 | 22 | 23 |
| | OK 1 | DE 1 | | | |
| | ♊R24 | 23 | | | |
| ☊ | JA 4 | 22 | FE 10 | MR 1 | 19 |
| | ♌R23 | 22 | 21 | 20 | 19 |
| | AP 7 | 25 | MA 16 | JN 4 | 22 |
| | ♌ 18 | 17 | 16 | 15 | 14 |
| | JL 10 | 31 | AU 19 | SE 4 | 25 |
| | ♌ 13 | 12 | 11 | 10 | 09 |
| | OK 13 | NO 1 | 19 | DE 10 | 28 |
| | ♌ 08 | 07 | 06 | 05 | 04 |

9

| 1907 | ☉ | ☿ | ♀ | ♂ | ♃ | ♄ |
|---|---|---|---|---|---|---|
| J 1 | ♑ 10 | ♐ 22 | ♐ 02 | ♏ 09 | R♋05 | ♓ 10 |
| 11 | 20 | ♑ 07 | 08 | 15 | 04 | 11 |
| 21 | ♒ 00 | 22 | 15 | 21 | 03 | 12 |
| F 1 | 11 | ♒ 11 | 25 | 28 | 02 | 13 |
| 11 | 22 | 28 | ♑ 05 | ♐ 04 | 01 | 15 |
| 21 | ♓ 02 | ♓ 16 | 15 | 09 | 01 | 16 |
| M 1 | 10 | 28 | 24 | 14 | D01 | 17 |
| 11 | 20 | R♈01 | ♒ 05 | 19 | 01 | 18 |
| 21 | ♈ 00 | ♓ 24 | 17 | 24 | 02 | 19 |
| A 1 | 11 | D19 | 29 | ♑ 00 | 03 | 20 |
| 11 | 20 | 23 | ♓ 11 | 05 | 04 | 22 |
| 21 | ♉ 00 | ♈ 04 | 23 | 09 | 05 | 23 |
| M 1 | 10 | 18 | ♈ 05 | 12 | 07 | 24 |
| 11 | 20 | ♉ 05 | 17 | 15 | 09 | 25 |
| 21 | 29 | 26 | 29 | 18 | 11 | 26 |
| J 1 | ♊ 10 | ♊ 20 | ♉ 12 | 19 | 13 | 26 |
| 11 | 19 | ♋ 09 | 24 | R19 | 15 | 27 |
| 21 | 29 | 24 | ♊ 06 | 17 | 17 | 27 |
| J 1 | ♋ 08 | ♌ 04 | 18 | 15 | 19 | 27 |
| 11 | 18 | R07 | ♋ 00 | 12 | 22 | R27 |
| 21 | 28 | 04 | 12 | 09 | 24 | 27 |
| A 1 | ♌ 08 | ♋ 27 | 26 | 07 | 26 | 27 |
| 11 | 18 | D29 | ♌ 08 | D07 | 28 | 27 |
| 21 | 27 | ♌ 12 | 21 | 08 | ♌ 01 | 26 |
| S 1 | ♍ 08 | ♍ 02 | ♍ 04 | 11 | 03 | 25 |
| 11 | 18 | 21 | 17 | 14 | 05 | 25 |
| 21 | 27 | ♎ 09 | 29 | 18 | 07 | 24 |
| O 1 | ♎ 07 | 25 | ♎ 12 | 23 | 08 | 23 |
| 11 | 17 | ♏ 09 | 24 | 29 | 10 | 22 |
| 21 | 27 | 21 | ♏ 07 | ♒ 05 | 11 | 22 |
| N 1 | ♏ 08 | R29 | 20 | 12 | 12 | 21 |
| 11 | 18 | 25 | ♐ 03 | 18 | 13 | 21 |
| 21 | 28 | 14 | 15 | 25 | 13 | 21 |
| D 1 | ♐ 08 | D18 | 28 | ♓ 02 | R14 | D21 |
| 11 | 18 | ♐ 01 | ♑ 10 | 09 | 13 | 21 |
| 21 | 28 | 15 | 23 | 15 | 13 | 21 |

| | | | | | |
|---|---|---|---|---|---|
| ⛢ | JA 6 | 23 | FE 11 | MR 7 | AP 18 |
| | ♑ 09 | 10 | 11 | 12 | R13 |
| | MA 30 | JN 26 | JL 21 | AU 24 | SE 19 |
| | ♑ 12 | 11 | 10 | 09 | D09 |
| | OK 13 | NO 13 | DE 3 | 21 | |
| | ♑ 09 | 10 | 11 | 12 | |
| ♆ | JA 11 | FE 25 | MR 22 | AP 14 | MA 27 |
| | ♋R11 | 10 | D10 | 10 | 11 |
| | JN 25 | JL 22 | AU 22 | OK 21 | DE 17 |
| | ♋ 12 | 13 | 14 | R15 | 14 |
| ♇ | JA 25 | MR 17 | AP 17 | JN 9 | JL 17 |
| | ♊R22 | D22 | 22 | 23 | 24 |
| | OK 1 | DE 1 | | | |
| | ♊R25 | 24 | | | |
| ☊ | JA 16 | FE 4 | 22 | MR 13 | AP 1 |
| | ♌R03 | 02 | 01 | 00 | ♋ 29 |
| | AP 19 | MA 10 | 28 | JN 16 | JL 4 |
| | ♋ 28 | 27 | 26 | 25 | 24 |
| | JL 22 | AU 10 | 31 | SE 19 | OK 7 |
| | ♋ 23 | 22 | 21 | 20 | 19 |
| | OK 25 | NO 13 | DE 4 | 22 | |
| | ♋ 18 | 17 | 16 | 15 | |

9

| 1908 | | ☉ | ☿ | ♀ | ♂ | ♃ | ♄ |
|---|---|---|---|---|---|---|---|
| J | 1 | ♑ 10 | ♑ 02 | ♒ 06 | ♓ 23 | R♌ 12 | ♓ 22 |
|  | 11 | 20 | 18 | 19 | ♈ 00 | 11 | 23 |
|  | 21 | ♒ 00 | ♒ 05 | ♓ 01 | 07 | 10 | 23 |
| F | 1 | 11 | 24 | 15 | 15 | 08 | 25 |
|  | 11 | 21 | ♓ 09 | 27 | 22 | 07 | 26 |
|  | 21 | ♓ 01 | R15 | ♈ 09 | 29 | 06 | 27 |
| M | 1 | 11 | 08 | 20 | ♉ 05 | 05 | 28 |
|  | 11 | 21 | 01 | ♉ 01 | 12 | 04 | 29 |
|  | 21 | ♈ 00 | D04 | 13 | 19 | 04 | ♈ 00 |
| A | 1 | 11 | 14 | 25 | 26 | D04 | 02 |
|  | 11 | 21 | 28 | ♊ 06 | ♊ 03 | 04 | 03 |
|  | 21 | ♉ 01 | ♈ 14 | 16 | 10 | 04 | 04 |
| M | 1 | 11 | ♉ 03 | 26 | 16 | 05 | 05 |
|  | 11 | 20 | 25 | ♋ 05 | 23 | 06 | 06 |
|  | 21 | ♊ 00 | ♊ 15 | 13 | 29 | 07 | 07 |
| J | 1 | 11 | ♋ 03 | 19 | ♋ 06 | 09 | 08 |
|  | 11 | 20 | 14 | 22 | 13 | 11 | 09 |
|  | 21 | ♋ 00 | 18 | R21 | 19 | 13 | 09 |
| J | 1 | 09 | R15 | 16 | 26 | 14 | 10 |
|  | 11 | 19 | 09 | 10 | ♌ 02 | 16 | 10 |
|  | 21 | 28 | D10 | 06 | 09 | 19 | 10 |
| A | 1 | ♌ 09 | 21 | D06 | 16 | 21 | R10 |
|  | 11 | 18 | ♌ 09 | 09 | 22 | 23 | 10 |
|  | 21 | 28 | 29 | 15 | 28 | 25 | 09 |
| S | 1 | ♍ 09 | ♍ 19 | 23 | ♍ 05 | 28 | 09 |
|  | 11 | 18 | ♎ 06 | ♌ 02 | 12 | ♍ 00 | 08 |
|  | 21 | 28 | 21 | 12 | 18 | 02 | 07 |
| O | 1 | ♎ 08 | ♏ 03 | 23 | 24 | 04 | 07 |
|  | 11 | 18 | 12 | ♍ 04 | ♎ 01 | 06 | 06 |
|  | 21 | 28 | R12 | 15 | 07 | 08 | 05 |
| N | 1 | ♏ 09 | 00 | 28 | 14 | 09 | 04 |
|  | 11 | 19 | D00 | ♎ 10 | 21 | 11 | 04 |
|  | 21 | 29 | 12 | 22 | 27 | 12 | 04 |
| D | 1 | ♐ 09 | 27 | ♏ 04 | ♏ 04 | 13 | 03 |
|  | 11 | 19 | ♐ 12 | 16 | 10 | 14 | D03 |
|  | 21 | 29 | 28 | 28 | 17 | 14 | 04 |

| ♅ | ☉ | ☿ | ♀ | ♂ | ♃ | ♄ |
|---|---|---|---|---|---|---|
| | JA 7 | 24 | FE 12 | MR 5 | AP 22 | |
| | ♑ 13 | 14 | 15 | 16 | R17 | |
| | JN 8 | JL 5 | 30 | SE 9 | 23 | |
| | ♑ 16 | 15 | 14 | 13 | D13 | |
| | OK 4 | NO 12 | DE 3 | 21 | | |
| | ♑ 13 | 14 | 15 | 16 | | |

| Ψ | ☉ | ☿ | ♀ | ♂ | ♃ | ♄ |
|---|---|---|---|---|---|---|
| | JA 22 | MR 24 | MA 21 | JN 20 | JL 17 | |
| | ♋R 13 | D12 | 13 | 14 | 15 | |
| | AU 15 | SE 29 | OK 21 | NO 9 | DE 27 | |
| | ♋ 16 | 17 | R17 | 17 | 16 | |

| P | ☉ | ☿ | ♀ | ♂ | ♃ | ♄ |
|---|---|---|---|---|---|---|
| | JA 25 | MR 9 | AP 17 | JN 1 | JL 17 | |
| | ♊R 23 | D23 | 23 | 24 | 25 | |
| | OK 1 | DE 1 | | | | |
| | ♊ 26 | 25 | | | | |

| Ω | ☉ | ☿ | ♀ | ♂ | ♃ | ♄ |
|---|---|---|---|---|---|---|
| | JA 10 | 28 | FE 16 | MR 7 | 25 | |
| | ♋R 14 | 13 | 12 | 11 | 10 | |
| | AP 13 | MA 1 | 22 | JN 10 | 28 | |
| | ♋ 09 | 08 | 07 | 06 | 05 | |
| | JL 16 | AU 4 | 22 | SE 10 | OK 1 | |
| | ♋ 04 | 03 | 02 | 01 | 00 | |
| | OK 19 | NO 7 | 25 | DE 13 | | |
| | ♊ 29 | 28 | 27 | 26 | | |

| 1909 | | ☉ | ☿ | ♀ | ♂ | ♃ | ♄ |
|---|---|---|---|---|---|---|---|
| J | 1 | ♑ 10 | ♑ 15 | ♐ 12 | ♏ 24 | R ♍ 15 | ♈ 04 |
| | 11 | 21 | ♒ 02 | 24 | ♐ 01 | 14 | 05 |
| | 21 | ♒ 01 | 18 | ♑ 07 | 08 | 14 | 05 |
| F | 1 | 12 | R28 | 21 | 15 | 13 | 06 |
| | 11 | 22 | 22 | ♒ 03 | 22 | 12 | 07 |
| | 21 | ♓ 02 | D14 | 16 | 28 | 11 | 08 |
| M | 1 | 10 | 15 | 26 | ♑ 04 | 09 | 09 |
| | 11 | 20 | 23 | ♓ 08 | 10 | 08 | 10 |
| | 21 | ♈ 00 | ♓ 05 | 20 | 17 | 07 | 11 |
| A | 1 | 11 | 22 | ♈ 04 | 24 | 06 | 13 |
| | 11 | 21 | ♈ 10 | 16 | ♒ 01 | 05 | 14 |
| | 21 | ♉ 01 | ♉ 00 | 29 | 08 | 05 | 15 |
| M | 1 | 10 | 21 | ♉ 11 | 14 | 05 | 17 |
| | 11 | 20 | ♊ 10 | 24 | 21 | D05 | 18 |
| | 21 | ♊ 00 | 22 | ♊ 06 | 27 | 05 | 19 |
| J | 1 | 10 | R28 | 19 | ♓ 04 | 06 | 20 |
| | 11 | 20 | 25 | ♋ 02 | 10 | 07 | 21 |
| | 21 | 29 | 20 | 14 | 16 | 08 | 22 |
| J | 1 | ♋ 09 | D20 | 26 | 21 | 10 | 22 |
| | 11 | 19 | 28 | ♌ 08 | 26 | 11 | 23 |
| | 21 | 28 | ♋ 13 | 21 | ♈ 00 | 13 | 23 |
| A | 1 | ♌ 09 | ♌ 05 | ♍ 04 | 04 | 15 | 23 |
| | 11 | 18 | 25 | 16 | 06 | 17 | R23 |
| | 21 | 28 | ♍ 14 | 28 | 07 | 19 | 23 |
| S | 1 | ♍ 08 | ♎ 01 | ♎ 11 | R06 | 21 | 23 |
| | 11 | 18 | 14 | 23 | 04 | 23 | 22 |
| | 21 | 28 | 24 | ♏ 05 | 02 | 26 | 21 |
| O | 1 | ♎ 08 | R27 | 17 | ♓ 29 | 28 | 21 |
| | 11 | 18 | 20 | 29 | 27 | ♎ 00 | 20 |
| | 21 | 27 | D12 | ♐ 11 | D26 | 02 | 19 |
| N | 1 | ♏ 08 | 21 | 23 | 26 | 04 | 18 |
| | 11 | 18 | ♏ 06 | ♑ 04 | 28 | 06 | 18 |
| | 21 | 29 | 22 | 15 | ♈ 00 | 08 | 17 |
| D | 1 | ♐ 09 | ♐ 08 | 26 | 04 | 10 | 17 |
| | 11 | 19 | 23 | ♒ 06 | 08 | 11 | 16 |
| | 21 | 29 | ♑ 09 | 15 | 13 | 12 | D16 |

| | | | | | |
|---|---|---|---|---|---|
| ⛢ | JA 7<br>♑ 17<br>AP 26<br>♑R21<br>SE 28<br>♑D17 | 24<br>18<br>MA 9<br>21<br>NO 11<br>18 | FE 11<br>19<br>JN 18<br>20<br>DE 4<br>19 | MR 5<br>20<br>JL 14<br>19<br>23<br>20 | AP 11<br>21<br>AU 9<br>18 |
| ♆ | FE 2<br>♋R15<br>AU 11<br>♋ 18 | MR 26<br>D14<br>SE 17<br>19 | MA 15<br>15<br>OK 24<br>R19 | JN 16<br>16<br>NO 27<br>19 | JL 14<br>17 |
| ♇ | FE 1<br>♊R24<br>OK 1<br>♊R27 | MR 17<br>D24<br>DE 9<br>26 | AP 9<br>24 | JN 1<br>25 | JL 17<br>26 |
| ☊ | JA 1<br>♊R25<br>AP 7<br>♊ 20<br>JL 10<br>♊ 15<br>OK 13<br>♊ 10 | 22<br>24<br>25<br>19<br>28<br>14<br>31<br>09 | FE 10<br>23<br>MA 13<br>18<br>AU 16<br>13<br>NO 19<br>08 | 28<br>22<br>JN 1<br>17<br>SE 4<br>12<br>DE 7<br>07 | MR 19<br>21<br>22<br>16<br>25<br>11<br>28<br>06 |

9

| 1910 | | ☉ | ☿ | ♀ | ♂ | ♃ | ♄ |
|---|---|---|---|---|---|---|---|
| J | 1 | ♑10 | ♑26 | ♒23 | ♈18 | ♎13 | ♈17 |
| | 11 | 20 | ♒09 | 29 | 24 | 14 | 17 |
| | 21 | ♒01 | R11 | ♓01 | 29 | 14 | 17 |
| F | 1 | 12 | ♑29 | R♒29 | ♉05 | R15 | 18 |
| | 11 | 22 | D28 | 24 | 11 | 14 | 19 |
| | 21 | ♓02 | ♒06 | 18 | 17 | 14 | 20 |
| M | 1 | 10 | 15 | 15 | 22 | 13 | 21 |
| | 11 | 20 | 29 | D16 | 28 | 12 | 22 |
| | 21 | ♈00 | ♓16 | 20 | ♊04 | 11 | 23 |
| A | 1 | 11 | ♈06 | 27 | 11 | 10 | 24 |
| | 11 | 21 | 27 | ♓05 | 17 | 08 | 26 |
| | 21 | ♉00 | ♉17 | 14 | 24 | 07 | 27 |
| M | 1 | 10 | ♊01 | 24 | ♋00 | 06 | 28 |
| | 11 | 20 | R07 | ♈05 | 06 | 05 | 29 |
| | 21 | ♊00 | 06 | 15 | 12 | 05 | ♉01 |
| J | 1 | 10 | 00 | 28 | 19 | 05 | 02 |
| | 11 | 20 | D00 | ♉09 | 25 | D05 | 03 |
| | 21 | 29 | 07 | 20 | ♌01 | 05 | 04 |
| J | 1 | ♋09 | 20 | ♊02 | 08 | 06 | 05 |
| | 11 | 18 | ♋09 | 14 | 14 | 07 | 05 |
| | 21 | 28 | ♌00 | 26 | 20 | 08 | 06 |
| A | 1 | ♌08 | 22 | ♋09 | 27 | 10 | 06 |
| | 11 | 18 | ♍09 | 21 | ♍03 | 11 | 07 |
| | 21 | 28 | 23 | ♌03 | 10 | 13 | R07 |
| S | 1 | ♍08 | ♎05 | 16 | 17 | 15 | 06 |
| | 11 | 18 | 11 | 28 | 23 | 17 | 06 |
| | 21 | 28 | R07 | ♍11 | ♎00 | 19 | 06 |
| O | 1 | ♎07 | ♍28 | 23 | 06 | 21 | 05 |
| | 11 | 17 | D29 | ♎06 | 13 | 23 | 04 |
| | 21 | 27 | ♎13 | 18 | 19 | 25 | 04 |
| N | 1 | ♏08 | ♏01 | ♏02 | 26 | 28 | 03 |
| | 11 | 18 | 18 | 15 | ♏03 | ♏00 | 02 |
| | 21 | 28 | ♐03 | 27 | 10 | 02 | 01 |
| D | 1 | ♐08 | 19 | ♐10 | 17 | 04 | 01 |
| | 11 | 19 | ♑04 | 22 | 24 | 06 | 00 |
| | 21 | 29 | 18 | ♑05 | ♐01 | 08 | 00 |

| | | | | | |
|---|---|---|---|---|---|
| ♅ | JA 9 | 26 | FE 13 | MR 6 | AP 6 |
| | ♑ 21 | 22 | 23 | 24 | 25 |
| | MA 1 | 23 | JN 27 | JL 22 | AU 18 |
| | ♑R25 | 25 | 24 | 23 | 22 |
| | OK 1 | NO 12 | DE 6 | | |
| | ♑D21 | 22 | 23 | | |
| ♆ | JA 7 | FE 14 | MR 29 | MA 8 | JN 12 |
| | ♋R18 | 17 | D17 | 17 | 18 |
| | JL 10 | AU 6 | SE 9 | OK 26 | DE 11 |
| | ♋ 19 | 20 | 21 | R22 | 21 |
| ♇ | FE 1 | MR 17 | AP 9 | JN 1 | JL 17 |
| | ♊R25 | D25 | 25 | 26 | 27 |
| | OK 9 | DE 9 | | | |
| | ♊R28 | 27 | | | |
| ☊ | JA 16 | FE 4 | 22 | MR 13 | 31 |
| | ♊R05 | 04 | 03 | 02 | 01 |
| | AP 19 | MA 7 | 28 | JN 16 | JL 4 |
| | ♊ 00 | ♉ 29 | 28 | 27 | 26 |
| | JL 22 | AU 10 | 28 | SE 16 | OK 7 |
| | ♉ 25 | 24 | 23 | 22 | 21 |
| | OK 25 | NO 13 | DE 1 | 22 | |
| | ♉ 20 | 19 | 18 | 17 | |

| 1911 | | ☉ | ☿ | ♀ | ♂ | ♃ | ♄ |
|---|---|---|---|---|---|---|---|
| J | 1 | ♑10 | R♑26 | ♑19 | ♐08 | ♏10 | D♉00 |
| | 11 | 20 | 18 | ♒01 | 15 | 11 | 00 |
| | 21 | ♒00 | D10 | 14 | 23 | 12 | 00 |
| F | 1 | 12 | 16 | 28 | ♑00 | 13 | 01 |
| | 11 | 22 | 28 | ♓10 | 08 | 14 | 01 |
| | 21 | ♓02 | ♒12 | 22 | 15 | 14 | 02 |
| M | 1 | 10 | 24 | ♈02 | 21 | R15 | 03 |
| | 11 | 20 | ♓12 | 15 | 28 | 14 | 04 |
| | 21 | ♈00 | ♈01 | 27 | ♒06 | 14 | 05 |
| A | 1 | 11 | 23 | ♉10 | 14 | 13 | 06 |
| | 11 | 20 | ♉09 | 22 | 21 | 12 | 07 |
| | 21 | ♉00 | R18 | ♊04 | 29 | 11 | 09 |
| M | 1 | 10 | 17 | 16 | ♓06 | 10 | 10 |
| | 11 | 20 | 11 | 28 | 14 | 08 | 11 |
| | 21 | 29 | D09 | ♋10 | 21 | 07 | 12 |
| J | 1 | ♊10 | 16 | 22 | 29 | 06 | 14 |
| | 11 | 19 | 28 | ♌03 | ♈06 | 05 | 15 |
| | 21 | 29 | ♊15 | 14 | 13 | 05 | 16 |
| J | 1 | ♋09 | ♋05 | 24 | 20 | 05 | 17 |
| | 11 | 18 | 27 | ♍03 | 27 | D05 | 18 |
| | 21 | 28 | ♌16 | 12 | ♉04 | 05 | 19 |
| A | 1 | ♌08 | ♍03 | 21 | 11 | 06 | 19 |
| | 11 | 18 | 15 | 26 | 17 | 07 | 20 |
| | 21 | 27 | 23 | R29 | 22 | 08 | 20 |
| S | 1 | ♍08 | R23 | 28 | 28 | 10 | 20 |
| | 11 | 18 | 14 | 24 | ♊03 | 11 | R20 |
| | 21 | 27 | D11 | 18 | 06 | 13 | 20 |
| O | 1 | ♎07 | 21 | 14 | 09 | 15 | 20 |
| | 11 | 17 | ♎08 | D14 | 11 | 17 | 19 |
| | 21 | 27 | 25 | 17 | R11 | 19 | 18 |
| N | 1 | ♏08 | ♏13 | 24 | 09 | 21 | 17 |
| | 11 | 18 | 29 | ♎02 | 07 | 24 | 17 |
| | 21 | 28 | ♐14 | 11 | 03 | 26 | 16 |
| D | 1 | ♐08 | 28 | 22 | 00 | 28 | 15 |
| | 11 | 18 | R♑09 | ♏02 | ♉27 | ♐00 | 14 |
| | 21 | 29 | 08 | 14 | 25 | 02 | 14 |

| | | | | | |
|---|---|---|---|---|---|
| ♅ | JA 11 | 28 | FE 15 | MR 7 | AP 5 |
| | ♑ 25 | 26 | 27 | 28 | 29 |
| | MA 5 | JN 3 | JL 5 | 30 | AU 27 |
| | ♑R29 | 29 | 28 | 27 | 26 |
| | OK 6 | NO 12 | DE 7 | 27 | |
| | ♑D25 | 26 | 27 | 28 | |
| ♆ | JA 17 | MR 1 | 31 | AP 28 | JN 8 |
| | ♋R20 | 19 | D19 | 19 | 20 |
| | JL 6 | AU 2 | SE 3 | OK 28 | DE 22 |
| | ♋ 21 | 22 | 23 | R24 | 23 |
| ♇ | FE 9 | MR 17 | AP 9 | JN 1 | JL 17 |
| | ♊R26 | D26 | 26 | 27 | 28 |
| | OK 9 | DE 17 | | | |
| | ♊R29 | 28 | | | |
| ☊ | JA 10 | 28 | FE 16 | MR 7 | 25 |
| | ♉R16 | 15 | 14 | 13 | 12 |
| | AP 13 | MA 1 | 22 | JN 10 | 28 |
| | ♉ 11 | 10 | 09 | 08 | 07 |
| | JL 16 | AU 4 | 22 | SE 10 | OK 1 |
| | ♉ 06 | 05 | 04 | 03 | 02 |
| | OK 19 | NO 7 | 25 | DE 16 | |
| | ♉ 01 | 00 | ♈ 29 | 28 | |

| 1912 | | ☉ | ☿ | ♀ | ♂ | ♃ | ♄ |
|---|---|---|---|---|---|---|---|
| J | 1 | ♑10 | R♐25 | ♏26 | D♉24 | ♐05 | R♉14 |
| | 11 | 20 | D27 | ♐08 | 25 | 07 | 13 |
| | 21 | ♒00 | ♑07 | 20 | 27 | 08 | D13 |
| F | 1 | 11 | 22 | ♑03 | ♊01 | 10 | 14 |
| | 11 | 21 | ♒07 | 15 | 04 | 12 | 14 |
| | 21 | ♓02 | 23 | 27 | 08 | 13 | 15 |
| M | 1 | 11 | ♓10 | ♒08 | 12 | 14 | 15 |
| | 11 | 21 | 29 | 21 | 17 | 15 | 16 |
| | 21 | ♈01 | ♈17 | ♓03 | 22 | 15 | 17 |
| A | 1 | 11 | R29 | 16 | 28 | 15 | 18 |
| | 11 | 21 | 28 | 29 | ♋03 | R15 | 19 |
| | 21 | ♉01 | 21 | ♈11 | 09 | 15 | 21 |
| M | 1 | 11 | D19 | 23 | 14 | 14 | 22 |
| | 11 | 20 | 25 | ♉05 | 20 | 13 | 23 |
| | 21 | ♊00 | ♉06 | 18 | 26 | 12 | 24 |
| J | 1 | 11 | 23 | ♊01 | ♌02 | 11 | 26 |
| | 11 | 20 | ♊13 | 13 | 08 | 09 | 27 |
| | 21 | ♋00 | ♋05 | 26 | 14 | 08 | 28 |
| J | 1 | 09 | 25 | ♋08 | 20 | 07 | 29 |
| | 11 | 19 | ♌12 | 20 | 27 | 06 | ♊00 |
| | 21 | 28 | 25 | ♌03 | ♍03 | 06 | 01 |
| A | 1 | ♌09 | ♍05 | 16 | 10 | D06 | 02 |
| | 11 | 18 | R06 | 28 | 16 | 06 | 03 |
| | 21 | 28 | 00 | ♍11 | 22 | 06 | 04 |
| S | 1 | ♍09 | D♌24 | 24 | 29 | 07 | 04 |
| | 11 | 18 | ♍01 | ♎07 | ♎06 | 08 | 04 |
| | 21 | 28 | 18 | 19 | 12 | 09 | R04 |
| O | 1 | ♎08 | ♎06 | ♏01 | 19 | 11 | 04 |
| | 11 | 18 | 23 | 14 | 26 | 12 | 04 |
| | 21 | 28 | ♏09 | 26 | ♏02 | 14 | 03 |
| N | 1 | ♏09 | 26 | ♐10 | 10 | 16 | 02 |
| | 11 | 19 | ♐09 | 22 | 17 | 18 | 02 |
| | 21 | 29 | 21 | ♑04 | 24 | 20 | 01 |
| D | 1 | ♐09 | R24 | 16 | ♐01 | 23 | 00 |
| | 11 | 19 | 13 | 28 | 08 | 25 | ♉29 |
| | 21 | 29 | D09 | ♒10 | 15 | 27 | 28 |

| | | | | | |
|---|---|---|---|---|---|
| ♅ | JA 13 | 30 | FE 17 | MR 8 | AP 4 |
| | ♑ 29 | ♒ 00 | 01 | 02 | 03 |
| | MA 8 | JN 11 | JL 11 | AU 5 | SE 4 |
| | ♒R03 | 03 | 02 | 01 | 00 |
| | OK 10 | NO 12 | DE 8 | 28 | |
| | ♒D00 | 00 | 01 | 02 | |
| ♆ | JA 28 | AP 1 | JN 2 | JL 2 | 29 |
| | ♋R22 | D21 | 22 | 23 | 24 |
| | AU 27 | OK 30 | | | |
| | ♋ 25 | R26 | | | |
| ♇ | FE 17 | MR 17 | AP 1 | JN 1 | JL 9 |
| | ♊R27 | D27 | 27 | 28 | 29 |
| | SE 17 | OK 9 | DE 17 | | |
| | ♋ 00 | R00 | ♊ 29 | | |
| ☊ | JA 1 | 22 | FE 10 | 28 | MR 19 |
| | ♈R27 | 26 | 25 | 24 | 23 |
| | AP 7 | 25 | MA 13 | JN 1 | 19 |
| | ♈ 22 | 21 | 20 | 19 | 18 |
| | JL 10 | 28 | AU 16 | SE 4 | 22 |
| | ♈ 17 | 16 | 15 | 14 | 13 |
| | OK 13 | 31 | NO 19 | DE 7 | 25 |
| | ♈ 12 | 11 | 10 | 09 | 08 |

9

| 1913 | | ☉ | ☿ | ♀ | ♂ | ♃ | ♄ |
|---|---|---|---|---|---|---|---|
| J | 1 | ♑ 10 | ♐ 19 | ♒ 23 | ♐ 23 | ♑ 00 | R ♉ 28 |
| | 11 | 21 | ♑ 02 | ♓ 05 | ♑ 01 | 02 | 27 |
| | 21 | ♒ 01 | 17 | 16 | 08 | 04 | 27 |
| F | 1 | 12 | ♒ 04 | 28 | 16 | 07 | D27 |
| | 11 | 22 | 21 | ♈ 09 | 24 | 09 | 27 |
| | 21 | ♓ 02 | ♓ 09 | 19 | ♒ 02 | 10 | 28 |
| M | 1 | 10 | 24 | 26 | 08 | 12 | 28 |
| | 11 | 20 | ♈ 09 | ♉ 04 | 16 | 13 | 29 |
| | 21 | ♈ 00 | R 11 | 09 | 23 | 15 | ♊ 00 |
| A | 1 | 11 | 03 | R 12 | ♓ 02 | 16 | 01 |
| | 11 | 21 | D00 | 11 | 10 | 17 | 02 |
| | 21 | ♉ 01 | 04 | 06 | 17 | 18 | 03 |
| M | 1 | 10 | 14 | 00 | 25 | 18 | 04 |
| | 11 | 20 | 29 | D ♈ 27 | ♈ 03 | R 18 | 05 |
| | 21 | ♊ 00 | ♉ 17 | 27 | 10 | 17 | 07 |
| J | 1 | 10 | ♊ 10 | ♉ 01 | 18 | 17 | 08 |
| | 11 | 20 | ♋ 01 | 07 | 26 | 16 | 09 |
| | 21 | 29 | 20 | 15 | ♉ 03 | 15 | 10 |
| J | 1 | ♋ 09 | ♌ 04 | 23 | 11 | 13 | 12 |
| | 11 | 19 | 14 | ♊ 03 | 18 | 12 | 13 |
| | 21 | 28 | R 18 | 13 | 25 | 11 | 14 |
| A | 1 | ♌ 09 | 14 | 25 | ♊ 02 | 10 | 15 |
| | 11 | 18 | D07 | ♋ 06 | 09 | 09 | 16 |
| | 21 | 28 | 09 | 17 | 15 | 08 | 17 |
| S | 1 | ♍ 08 | 25 | ♌ 00 | 22 | 08 | 17 |
| | 11 | 18 | ♍ 13 | 12 | 28 | D08 | 18 |
| | 21 | 28 | ♎ 02 | 24 | ♋ 03 | 08 | 18 |
| O | 1 | ♎ 08 | 19 | ♍ 06 | 08 | 09 | R 18 |
| | 11 | 18 | ♏ 04 | 18 | 13 | 10 | 18 |
| | 21 | 27 | 19 | ♎ 00 | 17 | 11 | 18 |
| N | 1 | ♏ 08 | ♐ 02 | 14 | 21 | 13 | 17 |
| | 11 | 19 | R 09 | 26 | 23 | 15 | 17 |
| | 21 | 29 | 03 | ♏ 09 | 24 | 16 | 16 |
| D | 1 | ♐ 09 | D ♏ 23 | 21 | R 24 | 18 | 15 |
| | 11 | 19 | 28 | ♐ 04 | 23 | 21 | 14 |
| | 21 | 29 | ♐ 10 | 17 | 20 | 23 | 14 |

| | | | | | |
|---|---|---|---|---|---|
| ⛢ | JA 15 | FE 1 | 19 | MR 10 | AP 5 |
| | ♒ 03 | 04 | 05 | 06 | 07 |
| | MA 13 | JN 19 | JL 18 | AU 12 | SE 12 |
| | ♒R08 | 07 | 06 | 05 | 04 |
| | OK 14 | NO 13 | DE 11 | 31 | |
| | ♒D04 | 04 | 05 | 06 | |
| ♆ | JA 1 | FE 6 | AP 4 | MA 28 | JN 28 |
| | ♋R25 | 24 | D23 | 24 | 25 |
| | JL 25 | AU 23 | OK 2 | NO 2 | 30 |
| | ♋ 26 | 27 | 28 | R28 | 28 |
| ♇ | MR 1 | 25 | JN 1 | JL 9 | SE 9 |
| | ♊R28 | D28 | 29 | ♋ 00 | 01 |
| | OK 9 | 25 | DE 25 | | |
| | ♋R01 | 01 | 00 | | |
| ☊ | JA 13 | FE 1 | 22 | MR 13 | 31 |
| | ♈R07 | 06 | 05 | 04 | 03 |
| | AP 19 | MA 7 | 25 | JN 13 | JL 4 |
| | ♈ 02 | 01 | 00 | ♓ 29 | 28 |
| | JL 22 | AU 10 | 28 | SE 16 | OK 7 |
| | ♓ 27 | 26 | 25 | 24 | 23 |
| | OK 25 | NO 13 | DE 1 | 19 | |
| | ♓ 22 | 21 | 20 | 19 | |

| 1914 | | ☉ | ☿ | ♀ | ♂ | ♃ | ♄ |
|---|---|---|---|---|---|---|---|
| J | 1 | ♑10 | ♐27 | ♑00 | R♋16 | ♑25 | R♊13 |
| | 11 | 20 | ♑12 | 13 | 12 | 28 | 12 |
| | 21 | ♒01 | 28 | 25 | 09 | ♒00 | 12 |
| F | 1 | 12 | ♒17 | ♒09 | 07 | 03 | 11 |
| | 11 | 22 | ♓05 | 22 | 06 | 05 | D11 |
| | 21 | ♓02 | 20 | ♓04 | D06 | 07 | 11 |
| M | 1 | 10 | R25 | 14 | 07 | 09 | 12 |
| | 11 | 20 | 18 | 27 | 09 | 11 | 12 |
| | 21 | ♈00 | D11 | ♈09 | 12 | 13 | 13 |
| A | 1 | 11 | 14 | 23 | 16 | 15 | 13 |
| | 11 | 21 | 23 | ♉05 | 21 | 17 | 14 |
| | 21 | ♉01 | ♈07 | 18 | 25 | 18 | 15 |
| M | 1 | 10 | 23 | ♊00 | ♌00 | 20 | 16 |
| | 11 | 20 | ♉13 | 12 | 05 | 21 | 17 |
| | 21 | ♊00 | ♊05 | 24 | 10 | 22 | 19 |
| J | 1 | 10 | 27 | ♋08 | 16 | 22 | 20 |
| | 11 | 20 | ♋13 | 20 | 22 | 22 | 21 |
| | 21 | 29 | 24 | ♌02 | 27 | R22 | 23 |
| J | 1 | ♋09 | R29 | 13 | ♍03 | 22 | 24 |
| | 11 | 18 | 27 | 25 | 09 | 21 | 25 |
| | 21 | 28 | 20 | ♍07 | 15 | 20 | 26 |
| A | 1 | ♌08 | D20 | 20 | 22 | 19 | 28 |
| | 11 | 18 | ♌00 | ♎01 | 28 | 17 | 29 |
| | 21 | 28 | 18 | 12 | ♎04 | 16 | ♋00 |
| S | 1 | ♍08 | ♍10 | 24 | 11 | 15 | 01 |
| | 11 | 18 | 28 | ♏04 | 18 | 14 | 01 |
| | 21 | 28 | ♎14 | 14 | 25 | 13 | 02 |
| O | 1 | ♎07 | 29 | 23 | ♏01 | 13 | 02 |
| | 11 | 17 | ♏12 | ♐01 | 08 | D12 | 02 |
| | 21 | 27 | 21 | 07 | 15 | 13 | R02 |
| N | 1 | ♏08 | R21 | 12 | 23 | 13 | 02 |
| | 11 | 18 | 09 | R12 | ♐00 | 14 | 02 |
| | 21 | 28 | D09 | 08 | 07 | 15 | 01 |
| D | 1 | ♐08 | 20 | 02 | 15 | 17 | 00 |
| | 11 | 19 | ♐05 | ♏28 | 22 | 18 | 00 |
| | 21 | 29 | 20 | D27 | ♑00 | 20 | ♊29 |

| | | | | | |
|---|---|---|---|---|---|
| ♅ | JA 18 | FE 4 | 22 | MR 13 | AP 7 |
| | ♒ 07 | 08 | 09 | 10 | 11 |
| | MA 18 | JN 26 | JL 24 | AU 19 | SE 20 |
| | ♒R12 | 11 | 10 | 09 | 08 |
| | OK 19 | NO 14 | DE 14 | | |
| | ♒D08 | 08 | 09 | | |
| ♆ | JA 12 | FE 18 | AP 7 | MA 22 | JN 25 |
| | ♋R27 | 26 | D25 | 26 | 27 |
| | JL 22 | AU 19 | SE 23 | NO 4 | DE 14 |
| | ♋ 28 | 29 | ♌ 00 | R00 | 00 |
| ♇ | MR 25 | MA 25 | JL 9 | SE 1 | OK 17 |
| | ♊D29 | ♋ 00 | 01 | 02 | R02 |
| | NO 1 | | | | |
| | ♋ 02 | | | | |
| ☊ | JA 7 | 28 | FE 16 | MR 7 | 25 |
| | ♓R18 | 17 | 16 | 15 | 14 |
| | AP 13 | MA 1 | 19 | JN 7 | 28 |
| | ♓ 13 | 12 | 11 | 10 | 09 |
| | JL 16 | AU 4 | 22 | SE 10 | 28 |
| | ♓ 08 | 07 | 06 | 05 | 04 |
| | OK 19 | NO 7 | 25 | DE 13 | |
| | ♓ 03 | 02 | 01 | 00 | |

9

| 1915 | | ☉ | ☿ | ♀ | ♂ | ♃ | ♄ |
|---|---|---|---|---|---|---|---|
| J | 1 | ♉10 | ♉08 | ♐01 | ♉08 | ≈22 | R♊28 |
|  | 11 | 20 | 24 | 07 | 15 | 25 | 27 |
|  | 21 | ≈00 | ≈11 | 15 | 23 | 27 | 26 |
| F | 1 | 12 | 29 | 25 | ≈02 | 29 | 26 |
|  | 11 | 22 | R♓08 | ♉05 | 10 | ♓02 | 26 |
|  | 21 | ♓02 | 02 | 16 | 17 | 04 | 25 |
| M | 1 | 10 | ≈25 | 24 | 24 | 06 | D25 |
|  | 11 | 20 | D24 | ≈06 | ♓02 | 09 | 26 |
|  | 21 | ♈00 | ♓02 | 17 | 09 | 11 | 26 |
| A | 1 | 11 | 16 | ♓00 | 18 | 13 | 26 |
|  | 11 | 21 | ♈01 | 12 | 26 | 16 | 27 |
|  | 21 | ♉00 | 19 | 23 | ♈04 | 18 | 28 |
| M | 1 | 10 | ♉10 | ♈05 | 11 | 20 | 29 |
|  | 11 | 20 | ♊01 | 17 | 19 | 22 | ♋00 |
|  | 21 | 29 | 19 | 29 | 27 | 23 | 01 |
| J | 1 | ♊10 | ♋03 | ♉12 | ♉05 | 25 | 02 |
|  | 11 | 19 | R09 | 25 | 12 | 26 | 04 |
|  | 21 | 29 | 08 | ♊07 | 19 | 27 | 05 |
| J | 1 | ♋09 | 02 | 19 | 27 | 28 | 06 |
|  | 11 | 18 | D01 | ♋01 | ♊04 | 28 | 08 |
|  | 21 | 28 | 08 | 13 | 11 | R29 | 09 |
| A | 1 | ♌08 | 24 | 27 | 18 | 28 | 10 |
|  | 11 | 18 | ♌15 | ♌09 | 25 | 28 | 11 |
|  | 21 | 27 | ♍04 | 21 | ♋01 | 27 | 12 |
| S | 1 | ♍08 | 24 | ♍05 | 08 | 26 | 14 |
|  | 11 | 18 | ♎09 | 17 | 15 | 24 | 14 |
|  | 21 | 27 | 23 | ♎00 | 21 | 23 | 15 |
| O | 1 | ♎07 | ♏03 | 12 | 26 | 22 | 15 |
|  | 11 | 17 | R07 | 25 | ♌02 | 21 | 16 |
|  | 21 | 27 | ♎29 | ♏07 | 07 | 20 | 16 |
| N | 1 | ♏08 | D21 | 21 | 13 | 19 | R17 |
|  | 11 | 18 | ♏00 | ♐03 | 17 | 19 | 16 |
|  | 21 | 28 | 15 | 16 | 21 | D19 | 16 |
| D | 1 | ♐08 | ♐00 | 28 | 25 | 19 | 16 |
|  | 11 | 18 | 16 | ♉11 | 27 | 20 | 15 |
|  | 21 | 29 | ♉02 | 23 | 29 | 21 | 14 |

| | ☉ | ☿ | ♀ | ♂ | ♃ | ♄ |
|---|---|---|---|---|---|---|
| ♅ | JA 3 | 21 | FE 7 | | 25 | MR 16 |
|  | ≈10 | 11 | 12 | | 13 | 14 |
|  | AP 10 | MA 21 | JL 2 | | 30 | AU 24 |
|  | ≈15 | R16 | 15 | | 14 | 13 |
|  | SE 27 | OK 23 | NO 16 | | DE 17 | |
|  | ≈12 | D12 | 12 | | 13 | |
| ♆ | JA 22 | MR 3 | AP 10 | MA 14 | | JN 21 |
|  | ♋R29 | 28 | D28 | 28 | | 29 |
|  | JL 19 | AU 15 | SE 16 | NO 6 | | DE 26 |
|  | ♌00 | 01 | 02 | R03 | | 02 |
| ♇ | JA 1 | MR 25 | MA 25 | JL 9 | | AU 17 |
|  | ♋R01 | D00 | 01 | 02 | | 03 |
|  | OK 17 | NO 9 | | | | |
|  | ♋R03 | 03 | | | | |
| ☊ | JA 1 | 22 | FE 10 | | 28 | MR 19 |
|  | ≈R29 | 28 | 27 | | 26 | 25 |
|  | AP 7 | 25 | MA 13 | JN 1 | | 22 |
|  | ≈24 | 23 | 22 | 21 | | 20 |
|  | JL 10 | 28 | AU 16 | SE 4 | | 22 |
|  | ≈19 | 18 | 17 | 16 | | 15 |
|  | OK 13 | 31 | NO 19 | DE 7 | | 28 |
|  | ≈14 | 13 | 12 | 11 | | 10 |

9

| 1916 | | ☉ | ☿ | ♀ | ♂ | ♃ | ♄ |
|---|---|---|---|---|---|---|---|
| J | 1 | ♑10 | ♑19 | ♒07 | R♍00 | ♓22 | R♋13 |
| | 11 | 20 | ♒05 | 19 | ♌29 | 24 | 12 |
| | 21 | ♒00 | 19 | ♓02 | 27 | 26 | 12 |
| F | 1 | 11 | R19 | 15 | 23 | 28 | 11 |
| | 11 | 21 | 09 | 27 | 19 | ♈00 | 10 |
| | 21 | ♓02 | D07 | ♈09 | 16 | 02 | 10 |
| M | 1 | 11 | 13 | 20 | 13 | 04 | 10 |
| | 11 | 21 | 25 | ♉02 | 11 | 06 | 10 |
| | 21 | ♈01 | ♓10 | 13 | 10 | 09 | D10 |
| A | 1 | 11 | 28 | 26 | D11 | 12 | 10 |
| | 11 | 21 | ♈18 | ♊06 | 13 | 14 | 10 |
| | 21 | ♉01 | ♉09 | 17 | 15 | 16 | 11 |
| M | 1 | 11 | 28 | 26 | 19 | 19 | 12 |
| | 11 | 20 | ♊12 | ♋05 | 22 | 21 | 13 |
| | 21 | ♊00 | 19 | 12 | 27 | 23 | 14 |
| J | 1 | 11 | R17 | 18 | ♍02 | 25 | 15 |
| | 11 | 20 | 12 | 20 | 07 | 27 | 16 |
| | 21 | ♋00 | D11 | R18 | 12 | 29 | 17 |
| J | 1 | 09 | 18 | 13 | 17 | ♉01 | 19 |
| | 11 | 19 | ♋01 | 07 | 23 | 02 | 20 |
| | 21 | 28 | 20 | 04 | 29 | 03 | 21 |
| A | 1 | ♌09 | ♌13 | D04 | ♎06 | 04 | 23 |
| | 11 | 18 | ♍02 | 08 | 12 | 05 | 24 |
| | 21 | 28 | 19 | 14 | 18 | 05 | 25 |
| S | 1 | ♍09 | ♎04 | 23 | 25 | R05 | 26 |
| | 11 | 18 | 15 | ♌02 | ♏02 | 05 | 27 |
| | 21 | 28 | 21 | 12 | 09 | 04 | 28 |
| O | 1 | ♎08 | R16 | 23 | 15 | 03 | 29 |
| | 11 | 18 | 06 | ♍04 | 22 | 02 | ♌00 |
| | 21 | 28 | D10 | 15 | ♐00 | 01 | 00 |
| N | 1 | ♏09 | 25 | 28 | 08 | ♈29 | 01 |
| | 11 | 19 | ♏11 | ♎10 | 15 | 28 | 01 |
| | 21 | 29 | 27 | 22 | 22 | 27 | R01 |
| D | 1 | ♐09 | ♐13 | ♏04 | ♑00 | 26 | 00 |
| | 11 | 19 | 29 | 17 | 07 | 26 | 00 |
| | 21 | 29 | ♑14 | 29 | 15 | D25 | ♋29 |

| | | | | | |
|---|---|---|---|---|---|
| ♅ | JA 6 | 24 | FE 11 | 28 | MR 19 |
| | ♒ 14 | 15 | 16 | 17 | 18 |
| | AP 12 | MA 25 | JL 6 | AU 3 | 29 |
| | ♒ 19 | R20 | 19 | 18 | 17 |
| | OK 2 | 26 | NO 17 | DE 19 | |
| | ♒ 16 | D16 | 16 | 17 | |
| ♆ | FE 1 | MR 19 | AP 10 | MA 2 | JN 15 |
| | ♌R01 | 00 | D00 | 00 | 01 |
| | JL 14 | AU 10 | SE 10 | NO 7 | |
| | ♌ 02 | 03 | 04 | R05 | |
| ♇ | JA 1 | MR 25 | MA 17 | JL 1 | AU 17 |
| | ♋R02 | D01 | 02 | 03 | 04 |
| | OK 17 | NO 17 | | | |
| | ♋R04 | 04 | | | |
| ☊ | JA 13 | FE 1 | 22 | MR 10 | 31 |
| | ♒R09 | 08 | 07 | 06 | 05 |
| | AP 19 | MA 7 | 25 | JN 13 | JL 1 |
| | ♒ 04 | 03 | 02 | 01 | 00 |
| | JL 22 | AU 10 | 28 | SE 16 | OK 4 |
| | ♑ 29 | 28 | 27 | 26 | 25 |
| | OK 25 | NO 13 | DE 1 | 19 | |
| | ♑ 24 | 23 | 22 | 21 | |

9

| 1917 | | ☉ | ☿ | ♀ | ♂ | ♃ | ♄ |
|---|---|---|---|---|---|---|---|
| J | 1 | ♑11 | ♒00 | ♐13 | ♑24 | ♈26 | R♋28 |
| | 11 | 21 | R06 | 25 | ♒02 | 26 | 28 |
| | 21 | ♒01 | ♑26 | ♑08 | 09 | 27 | 27 |
| F | 1 | 12 | D20 | 21 | 18 | 28 | 26 |
| | 11 | 22 | 26 | ♒04 | 26 | ♉00 | 25 |
| | 21 | ♓02 | ♒08 | 16 | ♓04 | 01 | 25 |
| M | 1 | 10 | 19 | 26 | 10 | 03 | 24 |
| | 11 | 20 | ♓05 | ♓09 | 18 | 05 | 24 |
| | 21 | ♈00 | 22 | 21 | 26 | 07 | 24 |
| A | 1 | 11 | ♈14 | ♈05 | ♈04 | 09 | D24 |
| | 11 | 21 | ♉04 | 17 | 12 | 12 | 24 |
| | 21 | ♉01 | 21 | ♉00 | 20 | 14 | 24 |
| M | 1 | 11 | 29 | 12 | 27 | 16 | 25 |
| | 11 | 20 | R28 | 24 | ♉05 | 19 | 26 |
| | 21 | ♊00 | 23 | ♊07 | 12 | 21 | 26 |
| J | 1 | 10 | D21 | 20 | 20 | 24 | 27 |
| | 11 | 20 | 27 | ♋02 | 28 | 26 | 29 |
| | 21 | ♋00 | ♊09 | 15 | ♊05 | 28 | ♌00 |
| J | 1 | 09 | 26 | 27 | 12 | ♊00 | 01 |
| | 11 | 19 | ♋17 | ♌09 | 19 | 02 | 02 |
| | 21 | 28 | ♌08 | 21 | 26 | 04 | 03 |
| A | 1 | ♌09 | 28 | ♍05 | ♋03 | 06 | 05 |
| | 11 | 18 | ♍13 | 17 | 10 | 08 | 06 |
| | 21 | 28 | 25 | 29 | 16 | 09 | 07 |
| S | 1 | ♍08 | ♎03 | ♎12 | 23 | 10 | 09 |
| | 11 | 18 | R02 | 24 | 29 | 11 | 10 |
| | 21 | 28 | ♍23 | ♏06 | ♌06 | 11 | 11 |
| O | 1 | ♎08 | D20 | 18 | 12 | 12 | 12 |
| | 11 | 18 | ♎02 | 29 | 18 | R11 | 13 |
| | 21 | 28 | 19 | ♐11 | 23 | 11 | 13 |
| N | 1 | ♏08 | ♏07 | 24 | 29 | 10 | 14 |
| | 11 | 19 | 23 | ♑05 | ♍05 | 09 | 14 |
| | 21 | 29 | ♐09 | 16 | 10 | 07 | 15 |
| D | 1 | ♐09 | 24 | 26 | 15 | 06 | R15 |
| | 11 | 19 | ♑08 | ♒06 | 19 | 05 | 14 |
| | 21 | 29 | 19 | 14 | 23 | 04 | 14 |
| ♅ | | JA 9 | 27 | FE 14 | MR 3 | 23 | |
| | | ♒ 18 | 19 | 20 | 21 | 22 | |
| | | AP 16 | MA 29 | JL 11 | AU 8 | SE 2 | |
| | | ♒ 23 | R24 | 23 | 22 | 21 | |
| | | OK 7 | 30 | NO 21 | DE 23 | | |
| | | ♒ 20 | D20 | 20 | 21 | | |
| ♆ | | JA 5 | FE 10 | AP 13 | JN 10 | JL 11 | |
| | | ♌R04 | 03 | D02 | 03 | 04 | |
| | | AU 7 | SE 5 | OK 20 | NO 10 | 29 | |
| | | ♌ 05 | 06 | 07 | R07 | 07 | |
| ♇ | | JA 9 | MR 25 | MA 17 | JL 1 | AU 17 | |
| | | ♋R03 | D02 | 03 | 04 | 05 | |
| | | OK 17 | NO 25 | | | | |
| | | ♋R05 | 05 | | | | |
| ☊ | | JA 7 | 25 | FE 13 | MR 4 | 25 | |
| | | ♑R20 | 19 | 18 | 17 | 16 | |
| | | AP 13 | MA 1 | 19 | JN 7 | 25 | |
| | | ♑ 15 | 14 | 13 | 12 | 11 | |
| | | JL 16 | AU 4 | 22 | SE 10 | 28 | |
| | | ♑ 10 | 09 | 08 | 07 | 06 | |
| | | OK 19 | NO 4 | 25 | DE 13 | | |
| | | ♑ 05 | 04 | 03 | 02 | | |

9

| 1918 | ☉ | ☿ | ♀ | ♂ | ♃ | ♄ |
|---|---|---|---|---|---|---|
| J 1 | ♑10 | R♑15 | ♒22 | ♍27 | R♊03 | R♌13 |
| 11 | 20 | 04 | 27 | ♎00 | 02 | 13 |
| 21 | ♒01 | D07 | R28 | 02 | 02 | 12 |
| F 1 | 12 | 18 | 25 | 03 | D02 | 11 |
| 11 | 22 | ♒02 | 20 | R03 | 02 | 10 |
| 21 | ♓02 | 17 | 14 | 01 | 03 | 09 |
| M 1 | 10 | ♓00 | 13 | ♍29 | 03 | 09 |
| 11 | 20 | 19 | D14 | 25 | 05 | 08 |
| 21 | ♈00 | ♈08 | 19 | 21 | 06 | 08 |
| A 1 | 11 | 28 | 26 | 18 | 08 | 08 |
| 11 | 21 | ♉09 | ♓05 | 15 | 10 | D08 |
| 21 | ♉01 | R09 | 14 | 14 | 12 | 08 |
| M 1 | 10 | 03 | 24 | D14 | 14 | 08 |
| 11 | 20 | D00 | ♈05 | 15 | 16 | 09 |
| 21 | ♊00 | 05 | 16 | 18 | 18 | 09 |
| J 1 | 10 | 17 | 28 | 21 | 20 | 10 |
| 11 | 20 | ♊03 | ♉09 | 25 | 23 | 11 |
| 21 | 29 | 22 | 21 | 29 | 25 | 12 |
| J 1 | ♋09 | ♋14 | ♊03 | ♎04 | 27 | 13 |
| 11 | 18 | ♌04 | 14 | 09 | ♋00 | 14 |
| 21 | 28 | 21 | 26 | 14 | 02 | 15 |
| A 1 | ♌08 | ♍05 | ♋09 | 21 | 04 | 17 |
| 11 | 18 | 14 | 21 | 27 | 06 | 18 |
| 21 | 28 | R17 | ♌03 | ♏03 | 08 | 19 |
| S 1 | ♍08 | 09 | 17 | 10 | 10 | 21 |
| 11 | 18 | 03 | 29 | 16 | 12 | 22 |
| 21 | 28 | D10 | ♍11 | 23 | 13 | 23 |
| O 1 | ♎07 | 27 | 24 | ♐00 | 14 | 24 |
| 11 | 17 | ♎14 | ♎06 | 07 | 15 | 25 |
| 21 | 27 | ♏01 | 19 | 14 | 16 | 26 |
| N 1 | ♏08 | 19 | ♏03 | 23 | 16 | 27 |
| 11 | 18 | ♐04 | 15 | ♑00 | R16 | 28 |
| 21 | 28 | 18 | 28 | 08 | 15 | 28 |
| D 1 | ♐08 | ♑00 | ♐10 | 15 | 15 | 28 |
| 11 | 19 | R03 | 23 | 23 | 14 | R28 |
| 21 | 29 | ♐22 | ♑05 | ♒01 | 12 | 28 |

| | | | | | |
|---|---|---|---|---|---|
| ♅ | JA 13 | 31 | FE 18 | MR 7 | 27 |
| | ♒ 22 | 23 | 24 | 25 | 26 |
| | AP 20 | JN 1 | JL 15 | AU 12 | SE 7 |
| | ♒ 27 | R28 | 27 | 26 | 25 |
| | OK 12 | NO 4 | 25 | DE 27 | |
| | ♒ 24 | D24 | 24 | 25 | |
| ♆ | JA 16 | FE 22 | AP 15 | JN 5 | JL 7 |
| | ♌R06 | 05 | D04 | 05 | 06 |
| | AU 4 | SE 1 | OK 8 | NO 12 | DE 16 |
| | ♌ 07 | 08 | 09 | R09 | 09 |
| ♇ | JA 17 | AP 1 | MA 17 | JN 25 | AU 9 |
| | ♋R04 | D03 | 04 | 05 | 06 |
| | OK 17 | DE 1 | | | |
| | ♋R07 | 06 | | | |
| ☊ | JA 1 | 19 | FE 7 | 28 | MR 19 |
| | ♑R01 | 00 | ♐ 29 | 28 | 27 |
| | AP 7 | 25 | MA 13 | JN 1 | 19 |
| | ♐ 26 | 25 | 24 | 23 | 22 |
| | JL 10 | 28 | AU 16 | SE 4 | 22 |
| | ♐ 21 | 20 | 19 | 18 | 17 |
| | OK 10 | 31 | NO 19 | DE 7 | 25 |
| | ♐ 16 | 15 | 14 | 13 | 12 |

| 1919 | | ☉ | ☿ | ♀ | ♂ | ♃ | ♄ |
|---|---|---|---|---|---|---|---|
| J | 1 | ♑10 | ♐18 | ♑19 | ♒10 | R♋11 | R♌28 |
| | 11 | 20 | 27 | ♒02 | 17 | 10 | 27 |
| | 21 | ♒00 | ♑10 | 14 | 25 | 08 | 27 |
| F | 1 | 12 | 26 | 28 | ♓04 | 07 | 26 |
| | 11 | 22 | ♒12 | ♓11 | 12 | 06 | 25 |
| | 21 | ♓02 | ♓00 | 23 | 20 | 06 | 24 |
| M | 1 | 10 | 15 | ♈03 | 26 | 06 | 24 |
| | 11 | 20 | ♈04 | 15 | ♈04 | D06 | 23 |
| | 21 | ♈00 | 18 | 28 | 11 | 06 | 22 |
| A | 1 | 11 | R22 | ♉11 | 20 | 07 | 22 |
| | 11 | 21 | 15 | 23 | 27 | 08 | 21 |
| | 21 | ♉00 | 11 | ♊05 | ♉05 | 09 | 21 |
| M | 1 | 10 | D14 | 17 | 12 | 11 | D21 |
| | 11 | 20 | 24 | 29 | 19 | 13 | 22 |
| | 21 | 29 | ♉08 | ♋10 | 27 | 14 | 22 |
| J | 1 | ♊10 | 28 | 22 | ♊04 | 17 | 23 |
| | 11 | 20 | ♊19 | ♌03 | 11 | 19 | 23 |
| | 21 | 29 | ♋11 | 14 | 18 | 21 | 24 |
| J | 1 | ♋09 | 29 | 24 | 25 | 23 | 25 |
| | 11 | 18 | ♌14 | ♍03 | ♋02 | 25 | 26 |
| | 21 | 28 | 24 | 12 | 09 | 27 | 27 |
| A | 1 | ♌08 | 29 | 20 | 16 | ♌00 | 29 |
| | 11 | 18 | R25 | 25 | 22 | 02 | ♍00 |
| | 21 | 27 | 18 | 27 | 29 | 04 | 01 |
| S | 1 | ♍08 | D20 | R25 | ♌06 | 06 | 03 |
| | 11 | 18 | ♍04 | 20 | 12 | 08 | 04 |
| | 21 | 27 | 22 | 14 | 19 | 10 | 05 |
| O | 1 | ♎07 | ♎11 | 11 | 25 | 12 | 06 |
| | 11 | 17 | 27 | D12 | ♍01 | 14 | 07 |
| | 21 | 27 | ♏13 | 16 | 07 | 15 | 08 |
| N | 1 | ♏08 | 28 | 24 | 13 | 16 | 09 |
| | 11 | 18 | ♐11 | ♎02 | 19 | 17 | 10 |
| | 21 | 28 | 18 | 11 | 25 | 18 | 11 |
| D | 1 | ♐08 | R12 | 22 | ♎01 | 18 | 11 |
| | 11 | 18 | 02 | ♏03 | 06 | R18 | 12 |
| | 21 | 29 | D07 | 14 | 11 | 18 | 12 |

| | | | | | |
|---|---|---|---|---|---|
| ♅ | JA 18 | FE 5 | 22 | MR 12 | 31 |
| | ♒ 26 | 27 | 28 | 29 | ♓ 00 |
| | AP 25 | JN 7 | JL 19 | AU 16 | SE 11 |
| | ♓ 01 | R02 | 01 | 00 | ♒ 29 |
| | OK 15 | NO 8 | 30 | | |
| | ♒ 28 | D28 | 28 | | |
| ♆ | JA 26 | MR 6 | AP 18 | MA 29 | JL 3 |
| | ♌R08 | 07 | D07 | 07 | 08 |
| | JL 31 | AU 28 | OK 1 | NO 15 | DE 30 |
| | ♌ 09 | 10 | 11 | R12 | 11 |
| ♇ | JA 25 | MR 25 | MA 9 | JN 25 | AU 1 |
| | ♋R05 | D05 | 05 | 06 | 07 |
| | OK 25 | DE 9 | | | |
| | ♋R08 | 07 | | | |
| ☊ | JA 13 | FE 1 | 22 | MR 10 | 31 |
| | ♐R11 | 10 | 09 | 08 | 07 |
| | AP 19 | MA 7 | 25 | JN 13 | JL 4 |
| | ♐ 06 | 05 | 04 | 03 | 02 |
| | JL 22 | AU 10 | 28 | SE 16 | OK 4 |
| | ♐ 01 | 00 | ♏ 29 | 28 | 27 |
| | OK 25 | NO 13 | DE 1 | 19 | |
| | ♏ 26 | 25 | 24 | 23 | |

| 1920 | ☉ | ☿ | ♀ | ♂ | ♃ | ♄ |
|---|---|---|---|---|---|---|
| J 1 | ♑ 10 | ♐ 20 | ♏ 27 | ♎ 17 | R♌ 17 | R♍ 12 |
| 11 | 20 | ♑ 05 | ♐ 08 | 21 | 16 | 11 |
| 21 | ♒ 00 | 20 | 20 | 26 | 15 | 11 |
| F 1 | 11 | ♒ 08 | ♑ 04 | ♏ 00 | 13 | 10 |
| 11 | 21 | 26 | 16 | 04 | 12 | 10 |
| 21 | ♓ 02 | ♓ 14 | 28 | 06 | 11 | 09 |
| M 1 | 11 | 28 | ♒ 09 | 08 | 10 | 08 |
| 11 | 21 | R♈ 05 | 21 | 09 | 09 | 07 |
| 21 | ♈ 01 | ♓ 28 | ♓ 04 | R 09 | 08 | 07 |
| A 1 | 11 | 22 | 17 | 07 | 08 | 06 |
| 11 | 21 | D25 | 29 | 04 | D08 | 05 |
| 21 | ♉ 01 | ♈ 04 | ♈ 12 | 01 | 09 | 05 |
| M 1 | 11 | 18 | 24 | ♎ 27 | 09 | 05 |
| 11 | 20 | ♉ 05 | ♉ 06 | 24 | 10 | D05 |
| 21 | ♊ 00 | 25 | 18 | 22 | 11 | 05 |
| J 1 | 11 | ♊ 19 | ♊ 02 | 21 | 13 | 05 |
| 11 | 20 | ♋ 08 | 14 | D22 | 14 | 06 |
| 21 | ♋ 00 | 24 | 26 | 24 | 16 | 07 |
| J 1 | 09 | ♌ 05 | ♋ 09 | 27 | 18 | 07 |
| 11 | 19 | 10 | 21 | ♏ 00 | 20 | 08 |
| 21 | 28 | R08 | ♌ 03 | 05 | 22 | 09 |
| A 1 | ♌ 09 | 01 | 17 | 10 | 24 | 10 |
| 11 | 18 | D01 | 29 | 15 | 27 | 12 |
| 21 | 28 | 11 | ♍ 12 | 21 | 29 | 13 |
| S 1 | ♍ 09 | ♍ 01 | 25 | 28 | ♍ 01 | 14 |
| 11 | 18 | 21 | ♎ 07 | ♐ 04 | 03 | 15 |
| 21 | 28 | ♎ 08 | 20 | 11 | 05 | 17 |
| O 1 | ♎ 08 | 24 | ♏ 02 | 18 | 07 | 18 |
| 11 | 18 | ♏ 09 | 14 | 25 | 09 | 19 |
| 21 | 28 | 21 | 27 | ♑ 02 | 11 | 20 |
| N 1 | ♏ 09 | ♐ 01 | ♐ 10 | 10 | 13 | 21 |
| 11 | 19 | R♏ 29 | 22 | 18 | 15 | 22 |
| 21 | 29 | 18 | ♑ 05 | 25 | 16 | 23 |
| D 1 | ♐ 09 | D19 | 17 | ♒ 03 | 17 | 24 |
| 11 | 19 | ♐ 00 | 29 | 11 | 18 | 24 |
| 21 | 29 | 15 | ♒ 11 | 19 | 19 | 25 |
| ♅ | JA 1<br>♒ 29<br>AP 4<br>♓ 04<br>SE 13<br>♓ 03 | 22<br>♓ 00<br>29<br>05<br>OK 17<br>02 | FE 9<br>01<br>JN 10<br>R06<br>NO 11<br>D02 | | 27<br>02<br>JL 22<br>05<br>DE 5<br>02 | MR 16<br>03<br>AU 19<br>04 |
| ♆ | FE 5<br>♌R10<br>JL 27<br>♌ 11 | MR 19<br>09<br>AU 23<br>12 | AP 19<br>D09<br>SE 23<br>13 | | MA 19<br>09<br>NO 16<br>R14 | JN 28<br>10 |
| ♇ | FE 1<br>♋R06<br>OK 17<br>♋R09 | MR 25<br>D06<br>DE 17<br>08 | MA 1<br>06 | | JN 17<br>07 | AU 1<br>08 |
| ☊ | JA 7<br>♏R22<br>AP 10<br>♏ 17<br>JL 13<br>♏ 12<br>OK 16<br>♏ 07 | 28<br>21<br>MA 1<br>16<br>AU 1<br>11<br>NO 4<br>06 | FE 13<br>20<br>19<br>15<br>22<br>10<br>25<br>05 | | MR 4<br>19<br>JN 7<br>14<br>SE 10<br>09<br>DE 13<br>04 | 22<br>18<br>25<br>13<br>28<br>08 |

9

| 1921 | | ☉ | ☿ | ♀ | ♂ | ♃ | ♄ |
|---|---|---|---|---|---|---|---|
| J | 1 | ♑ 11 | ♑ 02 | ≈ 24 | ≈ 27 | ♍ 19 | ♍ 25 |
| | 11 | 21 | 17 | ♓ 05 | ♓ 05 | R 19 | R 25 |
| | 21 | ≈ 01 | ≈ 04 | 17 | 13 | 18 | 25 |
| F | 1 | 12 | 23 | 29 | 21 | 18 | 24 |
| | 11 | 22 | ♓ 10 | ♈ 09 | 29 | 17 | 24 |
| | 21 | ♓ 02 | 18 | 19 | ♈ 06 | 15 | 23 |
| M | 1 | 10 | R 14 | 25 | 12 | 14 | 22 |
| | 11 | 20 | 05 | ♉ 03 | 20 | 13 | 22 |
| | 21 | ♈ 00 | D 05 | 08 | 27 | 12 | 21 |
| A | 1 | 11 | 14 | 10 | ♉ 05 | 11 | 20 |
| | 11 | 21 | 26 | R 08 | 13 | 10 | 19 |
| | 21 | ♉ 01 | ♈ 12 | 03 | 20 | 09 | 19 |
| M | 1 | 11 | ♉ 00 | ♈ 27 | 27 | 09 | 18 |
| | 11 | 20 | 21 | 24 | ♊ 04 | D 09 | 18 |
| | 21 | ♊ 00 | ♊ 13 | D 25 | 11 | 09 | D 18 |
| J | 1 | 10 | ♋ 02 | ♉ 00 | 18 | 10 | 18 |
| | 11 | 20 | 14 | 06 | 25 | 11 | 18 |
| | 21 | ♋ 00 | 20 | 14 | ♋ 02 | 12 | 19 |
| J | 1 | 09 | R 19 | 23 | 08 | 13 | 19 |
| | 11 | 19 | 14 | ♊ 03 | 15 | 15 | 20 |
| | 21 | 28 | D 11 | 14 | 22 | 17 | 21 |
| A | 1 | ♌ 09 | 20 | 25 | 29 | 19 | 22 |
| | 11 | 18 | ♌ 06 | ♋ 07 | ♌ 05 | 20 | 23 |
| | 21 | 28 | 26 | 18 | 12 | 22 | 24 |
| S | 1 | ♍ 08 | ♍ 17 | ♌ 01 | 19 | 25 | 26 |
| | 11 | 18 | ♎ 04 | 12 | 25 | 27 | 27 |
| | 21 | 28 | 19 | 24 | ♍ 01 | 29 | 28 |
| O | 1 | ♎ 08 | ♏ 02 | ♍ 06 | 08 | ♎ 01 | 29 |
| | 11 | 18 | 13 | 19 | 14 | 03 | ♎ 00 |
| | 21 | 28 | R 16 | ♎ 01 | 20 | 05 | 02 |
| N | 1 | ♏ 09 | 06 | 15 | 27 | 08 | 03 |
| | 11 | 19 | D 01 | 27 | ♎ 03 | 10 | 04 |
| | 21 | 29 | 10 | ♏ 10 | 09 | 12 | 05 |
| D | 1 | ♐ 09 | 25 | 22 | 15 | 13 | 06 |
| | 11 | 19 | ♐ 10 | ♐ 05 | 21 | 15 | 06 |
| | 21 | 29 | 26 | 17 | 27 | 16 | 07 |

| | ☉ | ☿ | ♀ | ♂ | ♃ | ♄ |
|---|---|---|---|---|---|---|
| ♅ | JA 5 | 26 | FE 13 | MR 3 | | 20 |
| | ♓ 03 | 04 | 05 | | 06 | 07 |
| | AP 9 | MA 5 | JN 14 | JL 25 | | AU 22 |
| | ♓ 08 | 09 | R10 | | 09 | 08 |
| | SE 17 | OK 19 | NO 15 | DE 11 | | |
| | ♓ 07 | 06 | D06 | | 06 | |

| | ☉ | ☿ | ♀ | ♂ | ♃ | ♄ |
|---|---|---|---|---|---|---|
| Ψ | JA 9 | FE 14 | AP 22 | JN 24 | | JL 23 |
| | ♌R13 | 12 | D11 | | 12 | 13 |
| | AU 20 | SE 18 | NO 19 | | | |
| | ♌ 14 | 15 | R16 | | | |

| | ☉ | ☿ | ♀ | ♂ | ♃ | ♄ |
|---|---|---|---|---|---|---|
| ♇ | FE 17 | AP 1 | 25 | JN 17 | | JL 25 |
| | ♋R07 | D07 | 07 | | 08 | 09 |
| | SE 17 | OK 17 | | | | |
| | ♋ 10 | R10 | | | | |

| | ☉ | ☿ | ♀ | ♂ | ♃ | ♄ |
|---|---|---|---|---|---|---|
| ☊ | JA 1 | 19 | FE 7 | | 25 | MR 16 |
| | ♏R03 | 02 | 01 | | 00 | ♎ 29 |
| | AP 4 | 25 | MA 13 | | 31 | JN 19 |
| | ♎ 28 | 27 | 26 | | 25 | 24 |
| | JL 7 | 28 | AU 16 | SE 4 | | 22 |
| | ♎ 23 | 22 | 21 | | 20 | 19 |
| | OK 10 | 31 | NO 16 | DE 7 | | 25 |
| | ♎ 18 | 17 | 16 | | 15 | 14 |

9

| 1922 | | ☉ | ☿ | ♀ | ♂ | ♃ | ♄ |
|---|---|---|---|---|---|---|---|
| J | 1 | ♑ 10 | ♑ 13 | ♑ 01 | ♏ 04 | ♎ 17 | ♎ 07 |
| | 11 | 21 | ♒ 00 | 14 | 09 | 18 | 08 |
| | 21 | ♒ 01 | 16 | 26 | 15 | 19 | R 08 |
| F | 1 | 12 | ♓ 00 | ♒ 10 | 21 | 19 | 07 |
| | 11 | 22 | R ♒ 28 | 23 | 26 | R 19 | 07 |
| | 21 | ♓ 02 | 18 | ♓ 05 | ♐ 01 | 18 | 07 |
| M | 1 | 10 | D 16 | 15 | 05 | 18 | 06 |
| | 11 | 20 | 23 | 28 | 10 | 17 | 05 |
| | 21 | ♈ 00 | ♓ 04 | ♈ 10 | 14 | 16 | 05 |
| A | 1 | 11 | 20 | 24 | 18 | 14 | 04 |
| | 11 | 21 | ♈ 07 | ♉ 06 | 21 | 13 | 03 |
| | 21 | ♉ 01 | 27 | 18 | 24 | 12 | 02 |
| M | 1 | 10 | ♉ 18 | ♊ 01 | 25 | 11 | 02 |
| | 11 | 20 | ♊ 08 | 13 | R 25 | 10 | 01 |
| | 21 | ♊ 00 | 22 | 25 | 24 | 09 | 01 |
| J | 1 | 10 | ♋ 00 | ♋ 08 | 22 | 09 | 01 |
| | 11 | 20 | R 00 | 20 | 19 | D 09 | D 01 |
| | 21 | 29 | ♊ 25 | ♌ 02 | 15 | 09 | 01 |
| J | 1 | ♋ 09 | D 22 | 14 | 13 | 10 | 01 |
| | 11 | 18 | 28 | 26 | 11 | 11 | 02 |
| | 21 | 28 | ♋ 11 | ♍ 07 | D 11 | 12 | 03 |
| A | 1 | ♌ 08 | ♌ 02 | 20 | 13 | 13 | 04 |
| | 11 | 18 | 23 | ♎ 01 | 15 | 15 | 04 |
| | 21 | 28 | ♍ 11 | 12 | 19 | 16 | 06 |
| S | 1 | ♍ 08 | 29 | 24 | 24 | 18 | 07 |
| | 11 | 18 | ♎ 13 | ♏ 04 | 29 | 20 | 08 |
| | 21 | 28 | 24 | 14 | ♑ 05 | 22 | 09 |
| O | 1 | ♎ 08 | ♏ 00 | 23 | 11 | 25 | 10 |
| | 11 | 17 | R ♎ 26 | ♐ 00 | 17 | 27 | 12 |
| | 21 | 27 | 15 | 06 | 24 | 29 | 13 |
| N | 1 | ♏ 08 | D 20 | 10 | ♒ 01 | ♏ 01 | 14 |
| | 11 | 18 | ♏ 04 | R 09 | 08 | 03 | 15 |
| | 21 | 28 | 20 | 04 | 15 | 06 | 16 |
| D | 1 | ♐ 09 | ♐ 06 | ♏ 29 | 23 | 08 | 17 |
| | 11 | 19 | 21 | 25 | ♓ 00 | 10 | 18 |
| | 21 | 29 | ♑ 07 | D 25 | 07 | 11 | 19 |

| | | | | | |
|---|---|---|---|---|---|
| ♅ | JA 10 | 31 | FE 18 | MR 7 | 25 |
| | ♓ 07 | 08 | 09 | 10 | 11 |
| | AP 14 | MA 10 | JN 19 | JL 28 | AU 26 |
| | ♓ 12 | 13 | R 14 | 13 | 12 |
| | SE 20 | OK 22 | NO 20 | DE 17 | |
| | ♓ 11 | 10 | D 10 | 10 | |
| ♆ | JA 20 | FE 25 | AP 24 | JN 19 | JL 20 |
| | ♌ R 15 | 14 | D 13 | 14 | 15 |
| | AU 16 | SE 14 | OK 26 | NO 21 | DE 16 |
| | ♌ 16 | 17 | 18 | R 18 | 18 |
| ♇ | JA 1 | FE 25 | AP 1 | 17 | JN 9 |
| | ♋ R 09 | 08 | D 08 | 08 | 09 |
| | JL 17 | SE 9 | OK 17 | NO 9 | |
| | ♋ 10 | 11 | R 11 | 11 | |
| ☊ | JA 13 | FE 1 | 19 | MR 10 | 31 |
| | ♎ R 13 | 12 | 11 | 10 | 09 |
| | AP 19 | MA 7 | 25 | JN 13 | JL 1 |
| | ♎ 08 | 07 | 06 | 05 | 04 |
| | JL 22 | AU 10 | 28 | SE 16 | OK 4 |
| | ♎ 03 | 02 | 01 | 00 | ♍ 29 |
| | OK 22 | NO 10 | DE 1 | 19 | |
| | ♍ 28 | 27 | 26 | 25 | |

9

| 1923 | | ☉ | ☿ | ♀ | ♂ | ♃ | ♄ |
|---|---|---|---|---|---|---|---|
| J | 1 | ♑10 | ♑25 | ♐00 | ♓15 | ♏13 | ♎19 |
| | 11 | 20 | ♒09 | 06 | 23 | 15 | 20 |
| | 21 | ♒00 | R15 | 14 | ♈00 | 16 | 20 |
| F | 1 | 12 | 04 | 25 | 08 | 17 | R20 |
| | 11 | 22 | D♑29 | ♑05 | 15 | 18 | 20 |
| | 21 | ♓02 | ♒05 | 16 | 23 | 19 | 20 |
| M | 1 | 10 | 14 | 25 | 28 | 19 | 19 |
| | 11 | 20 | 28 | ♒06 | ♉05 | R19 | 19 |
| | 21 | ♈00 | ♓13 | 18 | 12 | 19 | 18 |
| A | 1 | 11 | ♈03 | ♓00 | 20 | 18 | 17 |
| | 11 | 21 | 24 | 12 | 27 | 17 | 16 |
| | 21 | ♉00 | ♉14 | 24 | ♊04 | 16 | 16 |
| M | 1 | 10 | ♊00 | ♈06 | 10 | 15 | 15 |
| | 11 | 20 | 09 | 18 | 17 | 13 | 14 |
| | 21 | 29 | R10 | ♉00 | 24 | 12 | 14 |
| J | 1 | ♊10 | 05 | 13 | ♋01 | 11 | 14 |
| | 11 | 20 | D02 | 25 | 08 | 10 | 13 |
| | 21 | 29 | 07 | ♊07 | 14 | 09 | D13 |
| J | 1 | ♋09 | 18 | 19 | 21 | 09 | 14 |
| | 11 | 18 | ♋06 | ♋02 | 27 | D09 | 14 |
| | 21 | 28 | 27 | 14 | ♌04 | 09 | 14 |
| A | 1 | ♍08 | ♌19 | 27 | 11 | 10 | 15 |
| | 11 | 18 | ♍07 | ♌10 | 17 | 11 | 16 |
| | 21 | 27 | 22 | 22 | 23 | 12 | 17 |
| S | 1 | ♍08 | ♎05 | ♍06 | ♍00 | 13 | 18 |
| | 11 | 18 | 13 | 18 | 07 | 15 | 19 |
| | 21 | 27 | R12 | ♎00 | 13 | 17 | 20 |
| O | 1 | ♎07 | 03 | 13 | 19 | 19 | 21 |
| | 11 | 17 | D00 | 25 | 26 | 20 | 22 |
| | 21 | 27 | 11 | ♏08 | ♎02 | 23 | 24 |
| N | 1 | ♏08 | 29 | 22 | 09 | 25 | 25 |
| | 11 | 18 | ♏15 | ♐04 | 16 | 27 | 26 |
| | 21 | 28 | ♐01 | 17 | 22 | 29 | 27 |
| D | 1 | ♐08 | 17 | 29 | 28 | ♐02 | 28 |
| | 11 | 18 | ♑02 | ♑12 | ♏05 | 04 | 29 |
| | 21 | 29 | 17 | 24 | 11 | 06 | ♏00 |

| | | | | | |
|---|---|---|---|---|---|
| ♅ | JA 15 | FE 5 | 23 | MR 12 | 30 |
| | ♓ 11 | 12 | 13 | 14 | 15 |
| | AP 20 | MA 16 | JN 23 | JL 31 | AU 29 |
| | ♓ 16 | 17 | R18 | 17 | 16 |
| | SE 23 | OK 24 | NO 24 | DE 23 | |
| | ♓ 15 | 14 | D14 | 14 | |

| | | | | | |
|---|---|---|---|---|---|
| ♆ | JA 30 | MR 8 | AP 27 | JN 13 | JL 17 |
| | ♌R17 | 16 | D15 | 16 | 17 |
| | AU 13 | SE 10 | OK 16 | NO 24 | DE 31 |
| | ♌ 18 | 19 | 20 | R20 | 20 |

| | | | | | |
|---|---|---|---|---|---|
| ♇ | JA 9 | AP 9 | JN 1 | JL 17 | SE 1 |
| | ♋R10 | D09 | 10 | 11 | 12 |
| | OK 25 | NO 25 | | | |
| | ♋R12 | 12 | | | |

| | | | | | |
|---|---|---|---|---|---|
| ☊ | JA 7 | 25 | FE 13 | MR 4 | 22 |
| | ♍R24 | 23 | 22 | 21 | 20 |
| | AP 10 | MA 1 | 19 | JN 7 | 25 |
| | ♍ 19 | 18 | 17 | 16 | 15 |
| | JL 16 | AU 4 | 22 | SE 10 | 28 |
| | ♍ 14 | 13 | 12 | 11 | 10 |
| | OK 16 | NO 4 | 25 | DE 13 | |
| | ♍ 09 | 08 | 07 | 06 | |

9

9

| 1924 | | ☉ | ☿ | ♀ | ♂ | ♃ | ♄ |
|---|---|---|---|---|---|---|---|
| J | 1 | ♑10 | ♑28 | ♒08 | ♏18 | ♐08 | ♏01 |
| | 11 | 20 | R24 | 20 | 25 | 10 | 02 |
| | 21 | ♒00 | 13 | ♓02 | ♐01 | 12 | 02 |
| F | 1 | 11 | D16 | 16 | 08 | 14 | 02 |
| | 11 | 22 | 27 | 28 | 15 | 16 | R02 |
| | 21 | ♓02 | ♒10 | ♈10 | 21 | 17 | 02 |
| M | 1 | 11 | 24 | 21 | 27 | 18 | 02 |
| | 11 | 21 | ♓11 | ♉02 | ♑03 | 19 | 02 |
| | 21 | ♈01 | ♈00 | 14 | 09 | 20 | 01 |
| A | 1 | 11 | 22 | 26 | 16 | 20 | 00 |
| | 11 | 21 | ♉10 | ♊07 | 22 | R20 | 00 |
| | 21 | ♉01 | 20 | 17 | 28 | 20 | ♎29 |
| M | 1 | 11 | R21 | 26 | ♒04 | 19 | 28 |
| | 11 | 21 | 15 | ♋04 | 10 | 18 | 27 |
| | 21 | ♊00 | D12 | 11 | 15 | 17 | 27 |
| J | 1 | 11 | 17 | 16 | 20 | 16 | 26 |
| | 11 | 20 | 28 | R18 | 25 | 14 | 26 |
| | 21 | ♋00 | ♊14 | 15 | 29 | 13 | 26 |
| J | 1 | 09 | ♋04 | 09 | ♓02 | 12 | D26 |
| | 11 | 19 | 26 | 04 | 04 | 11 | 26 |
| | 21 | 28 | ♌15 | 01 | 05 | 10 | 26 |
| A | 1 | ♌09 | ♍03 | D03 | R05 | 10 | 27 |
| | 11 | 19 | 16 | 07 | 03 | D10 | 27 |
| | 21 | 28 | 24 | 14 | 01 | 10 | 28 |
| S | 1 | ♍09 | R26 | 23 | ♒28 | 11 | 29 |
| | 11 | 18 | 19 | ♌03 | 26 | 12 | ♏00 |
| | 21 | 28 | D13 | 13 | 25 | 13 | 01 |
| O | 1 | ♎08 | 21 | 23 | D26 | 14 | 02 |
| | 11 | 18 | ♎07 | ♍04 | 28 | 16 | 03 |
| | 21 | 28 | 25 | 16 | ♓01 | 18 | 04 |
| N | 1 | ♏09 | ♏13 | 29 | 05 | 20 | 06 |
| | 11 | 19 | 28 | ♎11 | 09 | 22 | 07 |
| | 21 | 29 | ♐14 | 23 | 14 | 24 | 08 |
| D | 1 | ♐09 | 28 | ♏05 | 20 | 26 | 09 |
| | 11 | 19 | ♑10 | 17 | 25 | 28 | 10 |
| | 21 | 29 | R12 | ♐00 | ♈01 | ♑01 | 11 |

| | | | | | |
|---|---|---|---|---|---|
| ⛢ | JA 20<br>♓ 15<br>AP 24<br>♓ 20<br>SE 25<br>♓ 19 | FE 10<br>16<br>MA 21<br>21<br>OK 26<br>18 | 28<br>17<br>JN 26<br>R22<br>NO 27<br>D18 | MR 16<br>18<br>AU 1<br>21<br>DE 27<br>18 | AP 4<br>19<br>31<br>20 |

| | | | | | |
|---|---|---|---|---|---|
| ♆ | FE 8<br>♌R19<br>AU 9<br>♌ 20 | MR 19<br>18<br>SE 6<br>21 | AP 28<br>D18<br>OK 9<br>22 | JN 6<br>18<br>NO 25<br>R23 | JL 12<br>19 |

| | | | | | |
|---|---|---|---|---|---|
| ♇ | JA 17<br>♋R11<br>NO 1<br>♋R14 | AP 9<br>D10<br>DE 9<br>13 | MA 25<br>11 | JL 9<br>12 | AU 17<br>13 |

| | | | | | |
|---|---|---|---|---|---|
| ☊ | JA 1<br>♍R05<br>AP 4<br>♍ 00<br>JL 7<br>♌ 25<br>OK 10<br>♌ 20 | 19<br>04<br>22<br>♌ 29<br>25<br>24<br>28<br>19 | FE 7<br>03<br>MA 13<br>28<br>AU 13<br>23<br>NO 16<br>18 | 25<br>02<br>31<br>27<br>SE 1<br>22<br>DE 7<br>17 | MR 16<br>01<br>JN 19<br>26<br>22<br>21<br>25<br>16 |

| 1925 | | ☉ | ☿ | ♀ | ♂ | ♃ | ♄ |
|---|---|---|---|---|---|---|---|
| J | 1 | ♑ 11 | R♐29 | ♐ 13 | ♈ 08 | ♑ 03 | ♏ 12 |
| | 11 | 21 | D28 | 26 | 14 | 06 | 13 |
| | 21 | ♒ 01 | ♑ 07 | ♑ 08 | 20 | 08 | 13 |
| F | 1 | 12 | 22 | 22 | 27 | 10 | 14 |
| | 11 | 22 | ♒ 06 | ♒ 04 | ♉ 04 | 12 | 14 |
| | 21 | ♓ 02 | 23 | 17 | 10 | 14 | 14 |
| M | 1 | 10 | ♓ 07 | 27 | 16 | 16 | R 14 |
| | 11 | 20 | 26 | ♓ 09 | 22 | 17 | 14 |
| | 21 | ♈ 00 | ♈ 15 | 22 | 28 | 19 | 14 |
| A | 1 | 11 | ♉ 00 | ♈ 05 | ♊ 05 | 20 | 13 |
| | 11 | 21 | R 02 | 18 | 12 | 21 | 13 |
| | 21 | ♉ 01 | ♈ 26 | ♉ 00 | 18 | 22 | 12 |
| M | 1 | 11 | 22 | 13 | 25 | 22 | 11 |
| | 11 | 20 | D25 | 25 | ♋ 01 | R 23 | 10 |
| | 21 | ♊ 00 | ♉ 05 | ♊ 07 | 07 | 22 | 10 |
| J | 1 | 10 | 21 | 21 | 14 | 22 | 09 |
| | 11 | 20 | ♊ 10 | ♋ 03 | 21 | 21 | 08 |
| | 21 | ♋ 00 | ♋ 01 | 15 | 27 | 20 | 08 |
| J | 1 | 09 | 22 | 27 | ♌ 03 | 19 | 08 |
| | 11 | 19 | ♌ 10 | ♌ 10 | 10 | 17 | 08 |
| | 21 | 28 | 24 | 22 | 16 | 16 | D08 |
| A | 1 | ♌ 09 | ♍ 05 | ♍ 05 | 23 | 15 | 08 |
| | 11 | 18 | 09 | 17 | 29 | 14 | 08 |
| | 21 | 28 | R 05 | 29 | ♍ 05 | 13 | 09 |
| S | 1 | ♍ 09 | ♌ 27 | ♎ 13 | 12 | 13 | 10 |
| | 11 | 18 | D ♍00 | 25 | 19 | D13 | 11 |
| | 21 | 28 | 15 | ♏ 06 | 25 | 13 | 11 |
| O | 1 | ♎ 08 | ♎ 03 | 18 | ♎ 02 | 13 | 12 |
| | 11 | 18 | 21 | ♐ 00 | 08 | 14 | 14 |
| | 21 | 28 | ♏ 07 | 11 | 15 | 15 | 15 |
| N | 1 | ♏ 09 | 24 | 24 | 22 | 17 | 16 |
| | 11 | 19 | ♐ 08 | ♑ 05 | 29 | 19 | 17 |
| | 21 | 29 | 21 | 16 | ♏ 05 | 20 | 18 |
| D | 1 | ♐ 09 | 27 | 26 | 12 | 22 | 20 |
| | 11 | 19 | R 19 | ♒ 05 | 19 | 24 | 21 |
| | 21 | 29 | 11 | 14 | 26 | 26 | 22 |

| ♅ | | | | | |
|---|---|---|---|---|---|
| | JA 24 | FE 14 | MR 4 | 21 | AP 9 |
| | ♓ 19 | 20 | 21 | 22 | 23 |
| | AP 29 | MA 27 | JL 2 | SE 3 | 29 |
| | ♓ 24 | 25 | R25 | 24 | 23 |
| | OK 29 | DE 2 | | | |
| | ♓ 22 | D22 | | | |

| ♆ | | | | | |
|---|---|---|---|---|---|
| | JA 11 | FE 18 | AP 3 | MA 2 | 28 |
| | ♌R22 | 21 | 20 | D 20 | 20 |
| | JL 8 | AU 6 | SE 2 | OK 4 | NO 27 |
| | D 21 | 22 | 23 | 24 | R25 |

| ♇ | | | | | |
|---|---|---|---|---|---|
| | JA 25 | AP 1 | MA 17 | JL 1 | AU 9 |
| | ♋R12 | D11 | 12 | 13 | 14 |
| | NO 1 | DE 17 | | | |
| | ♋R15 | 14 | | | |

| ☊ | | | | | |
|---|---|---|---|---|---|
| | JA 13 | 31 | FE 19 | MR 10 | 28 |
| | ♌R15 | 14 | 13 | 12 | 11 |
| | AP 16 | MA 7 | 25 | JN 13 | JL 1 |
| | ♌ 10 | 09 | 08 | 07 | 06 |
| | JL 19 | AU 7 | 28 | SE 16 | OK 4 |
| | ♌ 05 | 04 | 03 | 02 | 01 |
| | OK 22 | NO 10 | 28 | DE 19 | |
| | ♌ 00 | ♋ 29 | 28 | 27 | |

| 1926 | | ☉ | ☿ | ♀ | ♂ | ♃ | ♄ |
|---|---|---|---|---|---|---|---|
| J | 1 | ♑ 10 | ♐ 18 | ♒ 21 | ♐ 03 | ♑ 29 | ♏ 23 |
| | 11 | 21 | ♑ 00 | 25 | 10 | ♒ 01 | 24 |
| | 21 | ♒ 01 | 15 | R26 | 17 | 04 | 25 |
| F | 1 | 12 | ♒ 02 | 22 | 25 | 06 | 25 |
| | 11 | 22 | 19 | 16 | ♑ 02 | 09 | 26 |
| | 21 | ♓ 02 | ♓ 07 | 11 | 09 | 11 | 26 |
| M | 1 | 10 | 22 | D10 | 14 | 13 | 26 |
| | 11 | 20 | ♈ 08 | 13 | 22 | 15 | R26 |
| | 21 | ♈ 00 | 15 | 18 | 29 | 17 | 26 |
| A | 1 | 11 | R09 | 26 | ♒ 07 | 19 | 26 |
| | 11 | 21 | 03 | ♓ 05 | 14 | 21 | 25 |
| | 21 | ♉ 01 | D05 | 14 | 21 | 23 | 24 |
| M | 1 | 10 | 14 | 25 | 28 | 24 | 24 |
| | 11 | 20 | 27 | ♈ 05 | ♓ 06 | 25 | 23 |
| | 21 | ♊ 00 | ♉ 14 | 16 | 13 | 26 | 22 |
| J | 1 | 10 | ♊ 06 | 29 | 21 | 27 | 21 |
| | 11 | 20 | 28 | ♉ 10 | 28 | 27 | 21 |
| | 21 | 29 | ♋ 18 | 21 | ♈ 04 | R27 | 20 |
| J | 1 | ♋ 09 | ♌ 03 | ♊ 03 | 11 | 27 | 20 |
| | 11 | 18 | 15 | 15 | 18 | 26 | 20 |
| | 21 | 28 | 21 | 27 | 24 | 25 | 19 |
| A | 1 | ♌ 08 | R19 | ♋ 10 | ♉ 00 | 24 | D19 |
| | 11 | 18 | 11 | 22 | 05 | 23 | 20 |
| | 21 | 28 | D10 | ♌ 04 | 10 | 21 | 20 |
| S | 1 | ♍ 08 | 22 | 17 | 14 | 20 | 21 |
| | 11 | 18 | ♍ 11 | ♍ 00 | 17 | 19 | 21 |
| | 21 | 28 | 29 | 12 | 19 | 18 | 22 |
| O | 1 | ♎ 08 | ♎ 17 | 25 | R19 | 18 | 23 |
| | 11 | 17 | ♏ 02 | ♎ 07 | 18 | 17 | 24 |
| | 21 | 27 | 17 | 20 | 16 | D17 | 25 |
| N | 1 | ♏ 08 | ♐ 01 | ♏ 03 | 12 | 18 | 26 |
| | 11 | 18 | 10 | 16 | 09 | 19 | 27 |
| | 21 | 28 | R09 | 28 | 06 | 20 | 29 |
| D | 1 | ♐ 09 | ♏ 27 | ♐ 11 | 05 | 21 | ♐ 00 |
| | 11 | 19 | D28 | 24 | D05 | 23 | 01 |
| | 21 | 29 | ♐ 09 | ♑ 06 | 06 | 24 | 02 |

| | | | | | |
|---|---|---|---|---|---|
| ♅ | JA 2 | 29 | FE 19 | MR 9 | 26 |
| | ♓ 22 | 23 | 24 | 25 | 26 |
| | AP 13 | MA 4 | JN 1 | JL 5 | AU 7 |
| | ♓ 27 | 28 | 29 | R29 | 29 |
| | SE 7 | OK 2 | NO 1 | DE 6 | |
| | ♓ 28 | 27 | 26 | D26 | |
| ♆ | JA 21 | FE 27 | MA 3 | JL 4 | AU 3 |
| | ♌R24 | 23 | D22 | 23 | 24 |
| | AU 30 | SE 29 | NO 30 | | |
| | ♌ 25 | 26 | R27 | | |
| ♇ | FE 9 | AP 1 | MA 9 | JN 25 | AU 9 |
| | ♋R13 | D13 | 13 | 14 | 15 |
| | OK 25 | | | | |
| | ♋R16 | | | | |
| ☊ | JA 7 | 25 | FE 13 | MR 4 | 22 |
| | ♋R26 | 25 | 24 | 23 | 22 |
| | AP 10 | MA 1 | 19 | JN 7 | 25 |
| | ♋ 21 | 20 | 19 | 18 | 17 |
| | JL 13 | AU 1 | 22 | SE 10 | 28 |
| | ♋ 16 | 15 | 14 | 13 | 12 |
| | OK 16 | NO 4 | 22 | DE 13 | 31 |
| | ♋ 11 | 10 | 09 | 08 | 07 |

| 1927 | | ☉ | ☿ | ♀ | ♂ | ♃ | ♄ |
|---|---|---|---|---|---|---|---|
| J | 1 | ♑ 10 | ♐ 25 | ♑ 20 | ♉ 08 | ♒ 26 | ♐ 03 |
| | 11 | 20 | ♑ 10 | ♒ 03 | 11 | 28 | 04 |
| | 21 | ♒ 00 | 26 | 15 | 15 | ♓ 01 | 05 |
| F | 1 | 12 | ♒ 14 | 29 | 20 | 03 | 06 |
| | 11 | 22 | ♓ 02 | ♓ 11 | 25 | 06 | 07 |
| | 21 | ♓ 02 | 19 | 24 | ♊ 00 | 08 | 07 |
| M | 1 | 10 | 27 | ♈ 04 | 04 | 10 | 07 |
| | 11 | 20 | R 24 | 16 | 09 | 12 | 08 |
| | 21 | ♈ 00 | 15 | 28 | 15 | 15 | R 08 |
| A | 1 | 11 | D 15 | ♉ 12 | 21 | 17 | 08 |
| | 11 | 21 | 23 | 24 | 27 | 20 | 07 |
| | 21 | ♉ 00 | ♈ 05 | ♊ 06 | ♋ 03 | 22 | 07 |
| M | 1 | 10 | 21 | 17 | 08 | 24 | 06 |
| | 11 | 20 | ♉ 10 | 29 | 14 | 26 | 05 |
| | 21 | 29 | ♊ 01 | ♋ 10 | 20 | 28 | 05 |
| J | 1 | ♊ 10 | 24 | 23 | 27 | 29 | 04 |
| | 11 | 20 | ♋ 12 | ♌ 04 | ♌ 03 | ♈ 01 | 03 |
| | 21 | 29 | 24 | 14 | 09 | 02 | 03 |
| J | 1 | ♋ 09 | ♌ 01 | 24 | 15 | 03 | 02 |
| | 11 | 18 | R 01 | ♍ 03 | 21 | 03 | 02 |
| | 21 | 28 | ♋ 25 | 12 | 28 | 04 | 01 |
| A | 1 | ♌ 08 | D 22 | 19 | ♍ 05 | R 03 | 01 |
| | 11 | 18 | 29 | 24 | 11 | 03 | D 01 |
| | 21 | 27 | ♌ 15 | R 25 | 17 | 02 | 01 |
| S | 1 | ♍ 08 | ♍ 07 | 22 | 24 | 01 | 02 |
| | 11 | 18 | 26 | 17 | ♎ 01 | 00 | 02 |
| | 21 | 28 | ♎ 12 | 11 | 07 | ♓ 29 | 03 |
| O | 1 | ♎ 07 | 27 | 09 | 14 | 27 | 04 |
| | 11 | 17 | ♏ 11 | D 11 | 20 | 26 | 04 |
| | 21 | 27 | 21 | 15 | 27 | 25 | 05 |
| N | 1 | ♏ 08 | R 25 | 23 | ♏ 04 | 24 | 07 |
| | 11 | 18 | 15 | ♎ 02 | 11 | 24 | 08 |
| | 21 | 28 | D 10 | 12 | 18 | D 24 | 09 |
| D | 1 | ♐ 08 | 19 | 22 | 25 | 24 | 10 |
| | 11 | 18 | ♐ 03 | ♏ 03 | ♐ 02 | 24 | 11 |
| | 21 | 29 | 18 | 14 | 09 | 25 | 12 |

| | | | | | |
|---|---|---|---|---|---|
| ♅ | JA 7 | FE 4 | 24 | MR 13 | 31 |
| | ♓ 26 | 27 | 28 | 29 | ♈ 00 |
| | AP 18 | MA 9 | JN 7 | JL 9 | AU 11 |
| | ♈ 01 | 02 | 03 | R03 | 03 |
| | SE 10 | OK 6 | NO 4 | DE 10 | |
| | ♈ 02 | 01 | 00 | D00 | |
| ♆ | JA 31 | MR 9 | MA 6 | JN 30 | JL 31 |
| | ♌R26 | 25 | D24 | 25 | 26 |
| | AU 28 | SE 25 | NO 6 | DE 1 | 28 |
| | ♌ 27 | 28 | 29 | R29 | 29 |
| ♇ | JA 1 | FE 25 | AP 9 | JN 17 | JL 25 |
| | ♋R15 | 14 | D14 | 15 | 16 |
| | SE 17 | OK 25 | | | |
| | ♋ 17 | R17 | | | |
| ☊ | JA 19 | FE 7 | 25 | MR 16 | AP 4 |
| | ♋R06 | 05 | 04 | 03 | 02 |
| | AP 22 | MA 13 | 31 | JN 19 | JL 7 |
| | ♋ 01 | 00 | ♊ 29 | 28 | 27 |
| | JL 28 | AU 16 | SE 1 | 22 | OK 10 |
| | ♊ 26 | 25 | 24 | 23 | 22 |
| | OK 28 | NO 16 | DE 7 | 25 | |
| | ♊ 21 | 20 | 19 | 18 | |

9

| 1928 | | ☉ | ☿ | ♀ | ♂ | ♃ | ♄ |
|---|---|---|---|---|---|---|---|
| J | 1 | ♑10 | ♑05 | ♏27 | ♐17 | ♓27 | ♐14 |
| | 11 | 20 | 22 | ♐09 | 24 | 28 | 15 |
| | 21 | ♒00 | ♒08 | 21 | ♑02 | ♈00 | 16 |
| F | 1 | 11 | 27 | ♑04 | 10 | 02 | 17 |
| | 11 | 22 | ♓09 | 16 | 17 | 04 | 17 |
| | 21 | ♓02 | R08 | 29 | 25 | 06 | 18 |
| M | 1 | 11 | ♒29 | ♒10 | ♒02 | 08 | 19 |
| | 11 | 21 | D26 | 22 | 09 | 10 | 19 |
| | 21 | ♈01 | ♓03 | ♓04 | 17 | 13 | 19 |
| A | 1 | 12 | 16 | 18 | 25 | 15 | R19 |
| | 11 | 21 | ♈01 | ♈00 | ♓03 | 18 | 19 |
| | 21 | ♉01 | 18 | 12 | 11 | 20 | 19 |
| M | 1 | 11 | ♉09 | 24 | 18 | 23 | 18 |
| | 11 | 21 | ♊00 | ♉07 | 26 | 25 | 18 |
| | 21 | ♊00 | 19 | 19 | ♈03 | 27 | 17 |
| J | 1 | 11 | ♋04 | ♊03 | 12 | 29 | 16 |
| | 11 | 20 | 11 | 15 | 19 | ♉01 | 15 |
| | 21 | ♋00 | R12 | 27 | 26 | 03 | 15 |
| J | 1 | 09 | 06 | ♋09 | ♉04 | 05 | 14 |
| | 11 | 19 | D03 | 22 | 11 | 07 | 14 |
| | 21 | 28 | 08 | ♌04 | 18 | 08 | 13 |
| A | 1 | ♌09 | 24 | 18 | 25 | 09 | 13 |
| | 11 | 19 | ♌13 | ♍00 | ♊01 | 10 | 13 |
| | 21 | 28 | ♍03 | 12 | 08 | 10 | D13 |
| S | 1 | ♍09 | 23 | 26 | 14 | R10 | 13 |
| | 11 | 18 | ♎09 | ♎08 | 20 | 10 | 13 |
| | 21 | 28 | 23 | 20 | 25 | 10 | 14 |
| O | 1 | ♎08 | ♏04 | ♏03 | 29 | 09 | 14 |
| | 11 | 18 | 10 | 15 | ♋03 | 08 | 15 |
| | 21 | 28 | R04 | 27 | 06 | 06 | 16 |
| N | 1 | ♏09 | ♎24 | ♐11 | 09 | 05 | 17 |
| | 11 | 19 | D♏00 | 23 | 09 | 04 | 18 |
| | 21 | 29 | 14 | ♑05 | R09 | 02 | 19 |
| D | 1 | ♐09 | ♐00 | 17 | 07 | 01 | 20 |
| | 11 | 19 | 15 | 29 | 03 | 01 | 21 |
| | 21 | 29 | ♑01 | ♒11 | 00 | 00 | 22 |

| | | | | | |
|---|---|---|---|---|---|
| ⛢ | JA 13 | FE 8 | 28 | MR 17 | AP 4 |
| | ♈ 00 | 01 | 02 | 03 | 04 |
| | AP 22 | MA 13 | JN 11 | JL 13 | AU 13 |
| | ♈ 05 | 06 | 07 | R07 | 07 |
| | SE 13 | OK 8 | NO 6 | DE 13 | |
| | ♈ 06 | 05 | 04 | D03 | |
| ♆ | FE 10 | MR 19 | MA 7 | JN 24 | JL 27 |
| | ♌R28 | 27 | D26 | 27 | 28 |
| | AU 24 | SE 21 | OK 27 | DE 4 | |
| | ♌ 29 | ♍ 00 | 01 | R01 | |
| ♇ | JA 9 | AP 9 | JN 9 | JL 17 | SE 1 |
| | ♋R16 | D15 | 16 | 17 | 18 |
| | NO 1 | DE 1 | | | |
| | ♋R18 | 18 | | | |
| ☊ | JA 13 | FE 1 | 19 | MR 10 | 28 |
| | ♊R17 | 16 | 15 | 14 | 13 |
| | AP 16 | MA 4 | 25 | JN 13 | JL 1 |
| | ♊ 12 | 11 | 10 | 09 | 08 |
| | JL 19 | AU 7 | 25 | SE 13 | OK 4 |
| | ♊ 07 | 06 | 05 | 04 | 03 |
| | OK 22 | NO 10 | 28 | DE 19 | |
| | ♊ 02 | 01 | 00 | ♉ 29 | |

| 1929 | | ☉ | ☿ | ♀ | ♂ | ♃ | ♄ |
|---|---|---|---|---|---|---|---|
| J | 1 | ♑11 | ♑19 | ♒24 | R♊25 | D♉01 | ♐24 |
| | 11 | 21 | ♒05 | ♓06 | 23 | 01 | 25 |
| | 21 | ♒01 | 20 | 17 | 21 | 02 | 26 |
| F | 1 | 12 | R23 | 29 | D21 | 03 | 27 |
| | 11 | 22 | 13 | ♈09 | 22 | 04 | 28 |
| | 21 | ♓02 | D09 | 18 | 24 | 06 | 29 |
| M | 1 | 10 | 13 | 25 | 27 | 07 | 29 |
| | 11 | 20 | 24 | ♉02 | ♋00 | 09 | ♑00 |
| | 21 | ♈00 | ♓08 | 07 | 04 | 11 | 00 |
| A | 1 | 11 | 26 | R08 | 09 | 13 | 00 |
| | 11 | 21 | ♈14 | 05 | 14 | 16 | R01 |
| | 21 | ♉01 | ♉05 | ♈29 | 19 | 18 | 00 |
| M | 1 | 11 | 26 | 24 | 24 | 20 | 00 |
| | 11 | 20 | ♊11 | 22 | 29 | 23 | 00 |
| | 21 | ♊00 | 21 | D23 | ♌05 | 25 | ♐29 |
| J | 1 | 10 | R22 | 29 | 11 | 27 | 28 |
| | 11 | 20 | 17 | ♉06 | 17 | ♊00 | 28 |
| | 21 | ♋00 | D14 | 14 | 22 | 02 | 27 |
| J | 1 | 09 | 18 | 24 | 28 | 04 | 26 |
| | 11 | 19 | 29 | ♊03 | ♍04 | 06 | 26 |
| | 21 | 28 | ♋17 | 14 | 10 | 08 | 25 |
| A | 1 | ♌09 | ♌10 | 26 | 17 | 10 | 24 |
| | 11 | 18 | ♍00 | ♋07 | 23 | 12 | 24 |
| | 21 | 28 | 17 | 18 | ♎00 | 13 | 24 |
| S | 1 | ♍09 | ♎03 | ♌01 | 07 | 15 | D24 |
| | 11 | 18 | 15 | 13 | 13 | 15 | 24 |
| | 21 | 28 | 22 | 25 | 20 | 16 | 24 |
| O | 1 | ♎08 | R21 | ♍07 | 27 | 16 | 25 |
| | 11 | 18 | 11 | 19 | ♏03 | R16 | 25 |
| | 21 | 28 | D10 | ♎02 | 10 | 16 | 26 |
| N | 1 | ♏09 | 23 | 15 | 18 | 15 | 27 |
| | 11 | 19 | ♏09 | 28 | 25 | 14 | 28 |
| | 21 | 29 | 25 | ♏10 | ♐02 | 13 | 29 |
| D | 1 | ♐09 | ♐11 | 23 | 09 | 12 | ♑00 |
| | 11 | 19 | 27 | ♐05 | 17 | 10 | 01 |
| | 21 | 29 | ♑12 | 18 | 24 | 09 | 02 |

| | | | | | |
|---|---|---|---|---|---|
| ♅ | JA 17 | FE 12 | MR 4 | 22 | AP 8 |
| | ♈ 04 | 05 | 06 | 07 | 08 |
| | AP 27 | MA 17 | JN 16 | JL 17 | AU 17 |
| | ♈ 09 | 10 | 11 | R11 | 11 |
| | SE 17 | OK 12 | NO 10 | DE 17 | |
| | ♈ 10 | 09 | 08 | D07 | |
| ♆ | JA 10 | FE 19 | MR 31 | MA 10 | JN 17 |
| | ♍R01 | 00 | ♌ 29 | D29 | 29 |
| | JL 24 | AU 21 | SE 18 | OK 21 | DE 6 |
| | ♍ 00 | 01 | 02 | 03 | R04 |
| ♇ | JA 17 | AP 9 | JN 1 | JL 9 | AU 25 |
| | ♋R17 | D16 | 17 | 18 | 19 |
| | NO 1 | DE 17 | | | |
| | ♋R20 | 19 | | | |
| ☊ | JA 4 | 25 | FE 13 | MR 4 | 22 |
| | ♉R28 | 27 | 26 | 25 | 24 |
| | AP 10 | 28 | MA 19 | JN 7 | 25 |
| | ♉ 23 | 22 | 21 | 20 | 19 |
| | JL 13 | AU 1 | 19 | SE 7 | 28 |
| | ♉ 18 | 17 | 16 | 15 | 14 |
| | OK 16 | NO 4 | 22 | DE 10 | 31 |
| | ♉ 13 | 12 | 11 | 10 | 09 |

9

| 1930 | | ☉ | ☿ | ♀ | ♂ | ♃ | ♄ |
|---|---|---|---|---|---|---|---|
| J | 1 | ♑ 10 | ♑ 29 | ♑ 02 | ♑ 02 | R♊ 08 | ♑ 04 |
| | 11 | 21 | ♒ 08 | 14 | 10 | 07 | 05 |
| | 21 | ♒ 01 | R 02 | 27 | 17 | 07 | 06 |
| F | 1 | 12 | ♑ 22 | ♒ 11 | 26 | D06 | 07 |
| | 11 | 22 | D26 | 23 | ♒ 04 | 07 | 08 |
| | 21 | ♓ 02 | ♒ 07 | ♓ 06 | 11 | 07 | 09 |
| M | 1 | 10 | 17 | 16 | 18 | 08 | 10 |
| | 11 | 20 | ♓ 03 | 28 | 26 | 09 | 11 |
| | 21 | ♈ 00 | 20 | ♈ 11 | ♓ 03 | 10 | 11 |
| A | 1 | 11 | ♈ 11 | 24 | 12 | 12 | 12 |
| | 11 | 21 | ♉ 02 | ♉ 07 | 20 | 14 | 12 |
| | 21 | ♉ 01 | 19 | 19 | 28 | 15 | 12 |
| M | 1 | 10 | ♊ 00 | ♊ 01 | ♈ 05 | 17 | R 12 |
| | 11 | 20 | R 02 | 13 | 13 | 20 | 12 |
| | 21 | ♊ 00 | ♉ 28 | 26 | 21 | 22 | 11 |
| J | 1 | 10 | 24 | ♋ 09 | 29 | 24 | 11 |
| | 11 | 20 | D27 | 21 | ♉ 06 | 26 | 10 |
| | 21 | 29 | ♊ 07 | ♌ 03 | 14 | 29 | 09 |
| J | 1 | ♋ 09 | 23 | 15 | 21 | ♋ 01 | 09 |
| | 11 | 18 | ♋ 14 | 26 | 28 | 03 | 08 |
| | 21 | 28 | ♌ 05 | ♍ 08 | ♊ 05 | 06 | 07 |
| A | 1 | ♌ 08 | 26 | 20 | 12 | 08 | 06 |
| | 11 | 18 | ♍ 12 | ♎ 02 | 19 | 10 | 06 |
| | 21 | 28 | 25 | 13 | 26 | 12 | 06 |
| S | 1 | ♍ 08 | ♎ 04 | 24 | ♋ 03 | 14 | 05 |
| | 11 | 18 | R 06 | ♏ 04 | 09 | 16 | D05 |
| | 21 | 28 | ♍ 28 | 14 | 15 | 17 | 05 |
| O | 1 | ♎ 08 | D22 | 22 | 20 | 18 | 06 |
| | 11 | 17 | ♎ 00 | ♐ 00 | 25 | 19 | 06 |
| | 21 | 27 | 16 | 05 | ♌ 00 | 20 | 07 |
| N | 1 | ♏ 08 | ♏ 05 | 07 | 05 | 20 | 07 |
| | 11 | 18 | 21 | R 06 | 09 | R 21 | 08 |
| | 21 | 28 | ♐ 07 | 01 | 13 | 20 | 09 |
| D | 1 | ♐ 09 | 22 | ♏ 25 | 15 | 20 | 10 |
| | 11 | 19 | ♑ 07 | 22 | 16 | 19 | 11 |
| | 21 | 29 | 19 | D23 | R 17 | 18 | 12 |

| | | | | | |
|---|---|---|---|---|---|
| ♅ | JA 21 | FE 16 | MR 8 | 26 | AP 13 |
| | ♈ 08 | 09 | 10 | 11 | 12 |
| | MA 1 | 22 | JN 20 | JL 22 | AU 21 |
| | ♈ 13 | 14 | 15 | R15 | 15 |
| | SE 21 | OK 16 | NO 14 | DE 21 | |
| | ♈ 14 | 13 | 12 | D11 | |
| ♆ | JA 22 | FE 28 | AP 14 | MA 12 | JN 8 |
| | ♍R03 | 02 | 01 | D01 | 01 |
| | JL 20 | AU 18 | SE 14 | OK 15 | DE 9 |
| | ♍ 02 | 03 | 04 | 05 | R06 |
| ♇ | FE 1 | AP 9 | MA 25 | JL 9 | AU 17 |
| | ♋R18 | D17 | 18 | 19 | 20 |
| | NO 1 | | | | |
| | ♋R21 | | | | |
| ☊ | JA 19 | FE 7 | 25 | MR 16 | AP 4 |
| | ♉R08 | 07 | 06 | 05 | 04 |
| | AP 22 | MA 10 | 31 | JN 19 | JL 7 |
| | ♉ 03 | 02 | 01 | 00 | ♈ 29 |
| | JL 25 | AU 13 | SE 1 | 22 | OK 10 |
| | ♈ 28 | 27 | 26 | 25 | 24 |
| | OK 28 | NO 16 | DE 4 | 25 | |
| | ♈ 23 | 22 | 21 | 20 | |

| 1931 | ☉ | ☿ | ♀ | ♂ | ♃ | ♄ |
|---|---|---|---|---|---|---|
| J 1 | ♑10 | R♑20 | ♏29 | R♌16 | R♋16 | ♑14 |
| 11 | 20 | 08 | ♐06 | 13 | 15 | 15 |
| 21 | ♒00 | D07 | 14 | 09 | 14 | 16 |
| F 1 | 12 | 17 | 25 | 05 | 12 | 17 |
| 11 | 22 | ♒00 | ♑05 | 01 | 11 | 18 |
| 21 | ♓02 | 15 | 16 | ♋29 | 11 | 19 |
| M 1 | 10 | 28 | 25 | 28 | 11 | 20 |
| 11 | 20 | ♓16 | ♒06 | D27 | D10 | 21 |
| 21 | ♈00 | ♈05 | 18 | 28 | 11 | 22 |
| A 1 | 11 | 27 | ♓01 | ♌01 | 11 | 22 |
| 11 | 21 | ♉10 | 13 | 03 | 12 | 23 |
| 21 | ♉00 | R13 | 25 | 07 | 14 | 23 |
| M 1 | 10 | 08 | ♈06 | 11 | 15 | 23 |
| 11 | 20 | 04 | 18 | 15 | 17 | R23 |
| 21 | 29 | D06 | ♉00 | 20 | 18 | 23 |
| J 1 | ♊10 | 16 | 14 | 25 | 20 | 23 |
| 11 | 20 | ♊00 | 26 | ♍00 | 22 | 22 |
| 21 | 29 | 19 | ♊08 | 06 | 24 | 22 |
| J 1 | ♋09 | ♋11 | 20 | 12 | 27 | 21 |
| 11 | 18 | ♌01 | ♋02 | 17 | 29 | 20 |
| 21 | 28 | 19 | 15 | 23 | ♌01 | 19 |
| A 1 | ♌08 | ♍05 | 28 | ♎00 | 03 | 19 |
| 11 | 18 | 15 | ♌10 | 06 | 06 | 18 |
| 21 | 27 | 20 | 23 | 12 | 08 | 17 |
| S 1 | ♍08 | R15 | ♍06 | 20 | 10 | 17 |
| 11 | 18 | 07 | 19 | 26 | 12 | 17 |
| 21 | 28 | D10 | ♎01 | ♏03 | 14 | 17 |
| O 1 | ♎07 | 24 | 14 | 10 | 16 | D17 |
| 11 | 17 | ♎12 | 26 | 17 | 18 | 17 |
| 21 | 27 | 29 | ♏09 | 24 | 19 | 17 |
| N 1 | ♏08 | ♏17 | 22 | ♐01 | 20 | 18 |
| 11 | 18 | ♐02 | ♐05 | 09 | 21 | 19 |
| 21 | 28 | 17 | 17 | 16 | 22 | 20 |
| D 1 | ♐08 | 29 | ♑00 | 24 | 23 | 20 |
| 11 | 18 | ♑06 | 12 | ♑01 | R23 | 21 |
| 21 | 29 | R♐28 | 25 | 09 | 22 | 23 |

| | | | | | |
|---|---|---|---|---|---|
| ♅ | JA 26 | FE 21 | MR 13 | 31 | AP 17 |
| | ♈ 12 | 13 | 14 | 15 | 16 |
| | MA 6 | 26 | JN 25 | JL 26 | AU 25 |
| | ♈ 17 | 18 | 19 | R19 | 19 |
| | SE 25 | OK 20 | NO 18 | DE 26 | |
| | ♈ 18 | 17 | 16 | D15 | |
| ♆ | FE 1 | MR 10 | MA 15 | JL 16 | AU 15 |
| | ♍R05 | 04 | D03 | 04 | 05 |
| | SE 11 | OK 11 | DE 11 | | |
| | ♍ 06 | 07 | R08 | | |
| ♇ | JA 1 | FE 17 | AP 9 | MA 9 | JN 25 |
| | ♋R20 | 19 | D19 | 19 | 20 |
| | AU 1 | SE 25 | NO 1 | | |
| | ♋ 21 | 22 | R22 | | |
| ☊ | JA 13 | 31 | FE 19 | MR 10 | 28 |
| | ♈R19 | 18 | 17 | 16 | 15 |
| | AP 16 | MA 4 | 25 | JN 13 | JL 1 |
| | ♈ 14 | 13 | 12 | 11 | 10 |
| | JL 19 | AU 7 | 28 | SE 16 | OK 4 |
| | ♈ 09 | 08 | 07 | 06 | 05 |
| | OK 22 | NO 10 | 28 | DE 19 | |
| | ♈ 04 | 03 | 02 | 01 | |

| 1932 | | ☉ | ☿ | ♀ | ♂ | ♃ | ♄ |
|---|---|---|---|---|---|---|---|
| J | 1 | ♑ 10 | D♐ 20 | ♒ 08 | ♑ 17 | R♌ 22 | ♑ 24 |
| | 11 | 20 | 27 | 21 | 25 | 21 | 25 |
| | 21 | ♒ 00 | ♑ 09 | ♓ 03 | ♒ 03 | 20 | 26 |
| F | 1 | 11 | 25 | 16 | 11 | 18 | 27 |
| | 11 | 22 | ♒ 10 | 29 | 19 | 17 | 29 |
| | 21 | ♓ 02 | 27 | ♈ 11 | 27 | 16 | ♒ 00 |
| M | 1 | 11 | ♓ 14 | 21 | ♓ 04 | 15 | 01 |
| | 11 | 21 | ♈ 03 | ♉ 03 | 12 | 14 | 02 |
| | 21 | ♈ 01 | 19 | 14 | 20 | 13 | 02 |
| A | 1 | 12 | R25 | 26 | 29 | 13 | 03 |
| | 11 | 21 | 20 | ♊ 07 | ♈ 06 | D13 | 04 |
| | 21 | ♉ 01 | 14 | 17 | 14 | 13 | 04 |
| M | 1 | 11 | D16 | 26 | 22 | 13 | 05 |
| | 11 | 21 | 25 | ♋ 04 | 29 | 14 | 05 |
| | 21 | ♊ 00 | ♉ 08 | 10 | ♉ 07 | 15 | R05 |
| J | 1 | 11 | 27 | 15 | 15 | 16 | 05 |
| | 11 | 20 | ♊ 18 | R15 | 22 | 18 | 04 |
| | 21 | ♋ 00 | ♋ 10 | 12 | 29 | 20 | 04 |
| J | 1 | 09 | 29 | 06 | ♊ 07 | 22 | 03 |
| | 11 | 19 | ♌ 14 | 01 | 13 | 24 | 02 |
| | 21 | 28 | 25 | D♊ 29 | 20 | 26 | 02 |
| A | 1 | ♌ 09 | ♍ 02 | ♋ 01 | 28 | 28 | 01 |
| | 11 | 19 | R♌ 29 | 07 | ♋ 04 | ♍ 00 | 00 |
| | 21 | 28 | 21 | 14 | 11 | 02 | ♑ 29 |
| S | 1 | ♍ 09 | D21 | 23 | 18 | 05 | 29 |
| | 11 | 19 | ♍ 04 | ♌ 03 | 24 | 07 | 28 |
| | 21 | 28 | 22 | 13 | ♌ 00 | 09 | 28 |
| O | 1 | ♎ 08 | ♎ 10 | 24 | 06 | 11 | 28 |
| | 11 | 18 | 27 | ♍ 05 | 12 | 13 | D28 |
| | 21 | 28 | ♏ 12 | 16 | 18 | 15 | 28 |
| N | 1 | ♏ 09 | 28 | 29 | 24 | 17 | 29 |
| | 11 | 19 | ♐ 11 | ♎ 11 | 29 | 18 | 29 |
| | 21 | 29 | 20 | 23 | ♍ 04 | 20 | ♒ 00 |
| D | 1 | ♐ 09 | R17 | ♏ 06 | 08 | 21 | 01 |
| | 11 | 19 | 05 | 18 | 12 | 22 | 02 |
| | 21 | 29 | D08 | ♐ 00 | 15 | 23 | 03 |

| | | | | | |
|---|---|---|---|---|---|
| ♅ | JA 30 | FE 25 | MR 16 | AP 3 | 20 |
| | ♈ 16 | 17 | 18 | 19 | 20 |
| | MA 9 | 29 | JN 27 | JL 29 | AU 29 |
| | ♈ 21 | 22 | 23 | R23 | 23 |
| | SE 29 | OK 24 | NO 21 | DE 29 | |
| | ♈ 22 | 21 | 20 | D19 | |
| ♆ | FE 12 | MR 19 | MA 16 | JL 10 | AU 11 |
| | ♍R07 | 06 | D05 | 06 | 07 |
| | SE 7 | OK 5 | NO 16 | DE 12 | |
| | ♍ 08 | 09 | 10 | R10 | |
| ♇ | JA 17 | AP 9 | JN 17 | JL 25 | SE 9 |
| | ♋R21 | D20 | 21 | 22 | 23 |
| | NO 1 | DE 9 | | | |
| | ♋R23 | 23 | | | |
| ☊ | JA 7 | 25 | FE 13 | MR 4 | 22 |
| | ♈R00 | ♓ 29 | 28 | 27 | 26 |
| | AP 10 | 28 | MA 16 | JN 4 | 25 |
| | ♓ 25 | 24 | 23 | 22 | 21 |
| | JL 13 | AU 1 | 19 | SE 7 | 25 |
| | ♓ 20 | 19 | 18 | 17 | 16 |
| | OK 16 | NO 4 | 22 | DE 10 | 31 |
| | ♓ 15 | 14 | 13 | 12 | 11 |

| 1933 | | ☉ | ☿ | ♀ | ♂ | ♃ | ♄ |
|---|---|---|---|---|---|---|---|
| J | 1 | ♑11 | ♐20 | ♐14 | ♍18 | ♍23 | ♒04 |
|  | 11 | 21 | ♑04 | 26 | 20 | R23 | 05 |
|  | 21 | ♒01 | 20 | ♑09 | R20 | 23 | 06 |
| F | 1 | 12 | ♒08 | 23 | 19 | 22 | 08 |
|  | 11 | 22 | 25 | ♒05 | 17 | 21 | 09 |
|  | 21 | ♓02 | ♓13 | 18 | 14 | 20 | 10 |
| M | 1 | 10 | 27 | 28 | 11 | 19 | 11 |
|  | 11 | 20 | ♈07 | ♓10 | 07 | 18 | 12 |
|  | 21 | ♈00 | R04 | 22 | 04 | 17 | 13 |
| A | 1 | 11 | ♓26 | ♈06 | 02 | 16 | 14 |
|  | 11 | 21 | D26 | 19 | 01 | 15 | 15 |
|  | 21 | ♉01 | ♈04 | ♉01 | D01 | 14 | 15 |
| M | 1 | 11 | 16 | 13 | 03 | 13 | 16 |
|  | 11 | 20 | ♉02 | 26 | 05 | D13 | 16 |
|  | 21 | ♊00 | 21 | ♊08 | 09 | 13 | 16 |
| J | 1 | 11 | ♊15 | 21 | 13 | 14 | R16 |
|  | 11 | 20 | ♋06 | ♋04 | 17 | 15 | 16 |
|  | 21 | ♋00 | 22 | 16 | 22 | 16 | 16 |
| J | 1 | 09 | ♌05 | 28 | 27 | 17 | 15 |
|  | 11 | 19 | 12 | ♌10 | ♌03 | 19 | 15 |
|  | 21 | 28 | R12 | 22 | 08 | 20 | 14 |
| A | 1 | ♌09 | 05 | ♍06 | 15 | 22 | 13 |
|  | 11 | 18 | D02 | 18 | 21 | 24 | 13 |
|  | 21 | 28 | 10 | ♎00 | 27 | 26 | 12 |
| S | 1 | ♍09 | 29 | 13 | ♏04 | 28 | 11 |
|  | 11 | 18 | ♍18 | 25 | 11 | ♎00 | 11 |
|  | 21 | 28 | ♎06 | ♏07 | 17 | 02 | 10 |
| O | 1 | ♎08 | 22 | 19 | 24 | 05 | 10 |
|  | 11 | 18 | ♏07 | ♐00 | ♐01 | 07 | 10 |
|  | 21 | 28 | 21 | 12 | 09 | 09 | D10 |
| N | 1 | ♏09 | ♐02 | 24 | 17 | 11 | 10 |
|  | 11 | 19 | R04 | ♑05 | 24 | 13 | 10 |
|  | 21 | 29 | ♏23 | 16 | ♑02 | 15 | 11 |
| D | 1 | ♐09 | D19 | 26 | 09 | 17 | 12 |
|  | 11 | 19 | 29 | ♒05 | 17 | 18 | 12 |
|  | 21 | 29 | ♐13 | 13 | 25 | 20 | 13 |

| | ☉ | ☿ | ♀ | ♂ | ♃ | ♄ |
|---|---|---|---|---|---|---|
| ♅ | FE 2 | 28 | MR 20 | AP 7 | | 24 |
| | ♈ 20 | 21 | 22 | 23 | | 24 |
| | MA 13 | JN 2 | JL 1 | AU 3 | | SE 4 |
| | ♈ 25 | 26 | 27 | R27 | | 27 |
| | OK 4 | 29 | NO 26 | | | |
| | ♈ 26 | 25 | 24 | | | |
| ♆ | JA 7 | FE 20 | MR 30 | MA 19 | | JL 5 |
| | ♍R10 | 09 | 08 | D07 | | 08 |
| | AU 7 | SE 4 | OK 2 | NO 7 | | DE 15 |
| | ♍ 09 | 10 | 11 | 12 | | R12 |
| ♇ | JA 25 | AP 17 | JN 1 | JL 17 | | AU 25 |
| | ♋R22 | D21 | 22 | 23 | | 24 |
| | NO 9 | DE 25 | | | | |
| | ♋R25 | 24 | | | | |
| ☊ | JA 16 | FE 4 | 25 | MR 16 | | AP 4 |
| | ♓R10 | 09 | 08 | 07 | | 06 |
| | AP 22 | MA 10 | 31 | JN 19 | | JL 7 |
| | ♓ 05 | 04 | 03 | 02 | | 01 |
| | JL 25 | AU 13 | SE 1 | 19 | | OK 10 |
| | ♓ 00 | ♒29 | 28 | 27 | | 26 |
| | OK 28 | NO 16 | DE 4 | 22 | | |
| | ♒ 25 | 24 | 23 | 22 | | |

9

| 1934 | | ☉ | ☿ | ♀ | ♂ | ♃ | ♄ |
|---|---|---|---|---|---|---|---|
| J | 1 | ♑10 | ♑00 | ♒20 | ♒03 | ♎21 | ♒14 |
| | 11 | 21 | 15 | 23 | 11 | 22 | 16 |
| | 21 | ♒01 | ♒02 | R23 | 19 | 23 | 17 |
| F | 1 | 12 | 21 | 18 | 28 | 23 | 18 |
| | 11 | 22 | ♓08 | 12 | ♓06 | R23 | 19 |
| | 21 | ♓02 | 20 | 08 | 14 | 23 | 20 |
| M | 1 | 10 | R19 | D08 | 20 | 22 | 21 |
| | 11 | 20 | 10 | 11 | 28 | 22 | 22 |
| | 21 | ♈00 | D07 | 17 | ♈06 | 21 | 24 |
| A | 1 | 11 | 13 | 26 | 14 | 19 | 25 |
| | 11 | 21 | 25 | ♓05 | 22 | 18 | 26 |
| | 21 | ♉01 | ♈10 | 14 | 29 | 17 | 26 |
| M | 1 | 10 | 28 | 25 | ♉07 | 16 | 27 |
| | 11 | 20 | ♉18 | ♈06 | 14 | 15 | 28 |
| | 21 | ♊00 | ♊10 | 17 | 21 | 14 | 28 |
| J | 1 | 10 | ♋00 | 29 | 29 | 13 | 28 |
| | 11 | 20 | 14 | ♉10 | ♊06 | D13 | R28 |
| | 21 | 29 | 22 | 22 | 13 | 13 | 28 |
| J | 1 | ♋09 | R24 | ♊04 | 20 | 14 | 28 |
| | 11 | 18 | 19 | 15 | 27 | 15 | 27 |
| | 21 | 28 | 14 | 27 | ♋04 | 16 | 27 |
| A | 1 | ♌09 | D19 | ♋10 | 11 | 17 | 26 |
| | 11 | 18 | ♌03 | 23 | 18 | 18 | 25 |
| | 21 | 28 | 23 | ♌05 | 24 | 20 | 25 |
| S | 1 | ♍08 | ♍14 | 18 | ♌01 | 22 | 24 |
| | 11 | 18 | ♎02 | ♍00 | 08 | 24 | 23 |
| | 21 | 28 | 17 | 13 | 14 | 26 | 23 |
| O | 1 | ♎08 | ♏01 | 25 | 20 | 28 | 22 |
| | 11 | 17 | 13 | ♎08 | 26 | ♏00 | 22 |
| | 21 | 27 | 19 | 20 | ♍02 | 02 | 22 |
| N | 1 | ♏08 | R12 | ♏04 | 08 | 05 | D22 |
| | 11 | 18 | 03 | 17 | 14 | 07 | 22 |
| | 21 | 28 | D09 | 29 | 20 | 09 | 22 |
| D | 1 | ♐09 | 23 | ♐12 | 25 | 11 | 23 |
| | 11 | 19 | ♐08 | 24 | ♎00 | 13 | 23 |
| | 21 | 29 | 24 | ♑07 | 05 | 15 | 24 |

| | | | | | |
|---|---|---|---|---|---|
| ♅ | JA 3 | FE 6 | MR 4 | 24 | AP 11 |
| | ♈D23 | 24 | 25 | 26 | 27 |
| | AP 28 | MA 16 | JN 6 | JL 4 | AU 7 |
| | ♈ 28 | 29 | ♉ 00 | 01 | R01 |
| | SE 10 | OK 9 | NO 3 | DE 2 | |
| | ♉ 01 | 00 | ♈ 29 | 28 | |
| ♆ | JA 21 | MR 2 | AP 11 | MA 21 | JN 29 |
| | ♍R12 | 11 | 10 | D10 | 10 |
| | AU 4 | SE 1 | 29 | NO 1 | DE 17 |
| | ♍ 11 | 12 | 13 | 14 | R15 |
| ♇ | FE 17 | AP 17 | MA 25 | JL 9 | AU 9 |
| | ♋R23 | D23 | 23 | 24 | 25 |
| | NO 9 | | | | |
| | ♋R26 | | | | |
| ☊ | JA 10 | 31 | FE 19 | MR 10 | 28 |
| | ♒R21 | 20 | 19 | 18 | 17 |
| | AP 16 | MA 4 | 22 | JN 10 | JL 1 |
| | ♒ 16 | 15 | 14 | 13 | 12 |
| | JL 19 | AU 7 | 25 | SE 13 | OK 4 |
| | ♒ 11 | 10 | 09 | 08 | 07 |
| | OK 22 | NO 10 | 28 | DE 16 | |
| | ♒ 06 | 05 | 04 | 03 | |

| 1935 | ☉ | ☿ | ♀ | ♂ | ♃ | ♄ |
|---|---|---|---|---|---|---|
| J 1 | ♑ 10 | ♑ 11 | ♑ 21 | ♎ 10 | ♏ 17 | ♒ 25 |
| 11 | 20 | 27 | ♒ 03 | 14 | 19 | 26 |
| 21 | ♒ 01 | ♒ 14 | 16 | 18 | 20 | 27 |
| F 1 | 12 | ♓ 00 | ♓ 00 | 21 | 21 | 28 |
| 11 | 22 | R 03 | 12 | 23 | 22 | ♓ 00 |
| 21 | ♓ 02 | ♒ 23 | 24 | 24 | 23 | 01 |
| M 1 | 10 | 19 | ♈ 04 | R 25 | 23 | 02 |
| 11 | 20 | D 23 | 17 | 24 | R 23 | 03 |
| 21 | ♈ 00 | ♓ 03 | 29 | 22 | 23 | 04 |
| A 1 | 11 | 18 | ♉ 12 | 18 | 23 | 05 |
| 11 | 21 | ♈ 05 | 24 | 14 | 22 | 06 |
| 21 | ♉ 01 | 24 | ♊ 06 | 11 | 21 | 07 |
| M 1 | 10 | ♉ 15 | 18 | 08 | 20 | 08 |
| 11 | 20 | ♊ 05 | ♋ 00 | 06 | 18 | 09 |
| 21 | ♊ 00 | 21 | 11 | D 06 | 17 | 09 |
| J 1 | 10 | ♋ 02 | 23 | 07 | 16 | 10 |
| 11 | 20 | R 04 | ♌ 04 | 10 | 15 | 10 |
| 21 | ♋ 00 | 00 | 14 | 13 | 14 | 10 |
| J 1 | 09 | ♊ 25 | 24 | 16 | 14 | R 10 |
| 11 | 18 | D 28 | ♍ 03 | 21 | 13 | 10 |
| 21 | 28 | ♋ 09 | 11 | 26 | D 14 | 10 |
| A 1 | ♌ 08 | 29 | 18 | ♏ 02 | 14 | 09 |
| 11 | 18 | ♌ 19 | 22 | 07 | 15 | 08 |
| 21 | 27 | ♍ 09 | R 23 | 13 | 16 | 08 |
| S 1 | ♍ 08 | 27 | 19 | 20 | 17 | 07 |
| 11 | 18 | ♎ 12 | 13 | 27 | 19 | 06 |
| 21 | 28 | 24 | 08 | ♐ 03 | 20 | 05 |
| O 1 | ♎ 07 | ♏ 02 | D 07 | 10 | 22 | 05 |
| 11 | 17 | R 01 | 09 | 17 | 24 | 04 |
| 21 | 27 | ♎ 20 | 15 | 25 | 26 | 04 |
| N 1 | ♏ 08 | D 20 | 23 | ♑ 03 | 28 | 03 |
| 11 | 18 | ♏ 02 | ♎ 02 | 10 | ♐ 01 | D 04 |
| 21 | 28 | 18 | 12 | 18 | 03 | 04 |
| D 1 | ♐ 08 | ♐ 03 | 22 | 26 | 05 | 04 |
| 11 | 19 | 19 | ♏ 03 | ♒ 03 | 07 | 04 |
| 21 | 29 | ♑ 05 | 15 | 11 | 09 | 05 |

| | | | | | |
|---|---|---|---|---|---|
| ♅ | JA 11 | FE 9 | MR 7 | 27 | AP 14 |
| | ♈D28 | 28 | 29 | ♉ 00 | 01 |
| | MA 2 | 20 | JN 9 | JL 6 | AU 12 |
| | ♉ 02 | 03 | 04 | 05 | R06 |
| | SE 16 | OK 15 | NO 9 | DE 8 | |
| | ♉ 05 | 04 | 03 | 02 | |
| ♆ | FE 2 | MR 12 | AP 25 | MA 24 | JN 20 |
| | ♍R14 | 13 | 12 | D12 | 12 |
| | AU 1 | 29 | SE 26 | OK 27 | DE 20 |
| | ♍ 13 | 14 | 15 | 16 | R17 |
| ♇ | JA 9 | MR 9 | AP 17 | MA 1 | JN 25 |
| | ♋R25 | 24 | D24 | 24 | 25 |
| | AU 1 | SE 17 | NO 9 | DE 9 | |
| | ♋ 26 | 27 | R27 | 27 | |
| ☊ | JA 4 | 25 | FE 13 | MR 4 | 22 |
| | ♒R02 | 01 | 00 | ♑ 29 | 28 |
| | AP 10 | 28 | MA 16 | JN 4 | 25 |
| | ♑ 27 | 26 | 25 | 24 | 23 |
| | JL 13 | AU 1 | 19 | SE 7 | 28 |
| | ♑ 22 | 21 | 20 | 19 | 18 |
| | OK 16 | NO 4 | 22 | DE 10 | 31 |
| | ♑ 17 | 16 | 15 | 14 | 13 |

9

| 1936 | ☉ | ☿ | ♀ | ♂ | ♃ | ♄ |
|---|---|---|---|---|---|---|
| J 1 | ♑10 | ♑23 | ♏28 | ♒20 | ♐12 | ♓06 |
| 11 | 20 | ♒08 | ♐09 | 28 | 14 | 07 |
| 21 | ♒00 | 17 | 21 | ♓05 | 16 | 08 |
| F 1 | 11 | R10 | ♑05 | 14 | 18 | 09 |
| 11 | 22 | 02 | 17 | 22 | 19 | 10 |
| 21 | ♓02 | D05 | 29 | ♈00 | 21 | 11 |
| M 1 | 11 | 14 | ♒10 | 06 | 22 | 13 |
| 11 | 21 | 27 | 22 | 14 | 23 | 14 |
| 21 | ♈01 | ♓13 | ♓05 | 22 | 24 | 15 |
| A 1 | 12 | ♈02 | 18 | ♉00 | 24 | 16 |
| 11 | 21 | 23 | ♈01 | 07 | R24 | 17 |
| 21 | ♉01 | ♉13 | 13 | 14 | 24 | 18 |
| M 1 | 11 | ♊01 | 25 | 22 | 24 | 19 |
| 11 | 21 | 11 | ♉07 | 29 | 23 | 20 |
| 21 | ♊00 | R14 | 20 | ♊06 | 22 | 21 |
| J 1 | 11 | 09 | ♊03 | 13 | 21 | 22 |
| 11 | 20 | 06 | 15 | 20 | 19 | 22 |
| 21 | ♋00 | D08 | 28 | 27 | 18 | 22 |
| J 1 | 09 | 19 | ♋10 | ♋04 | 17 | 23 |
| 11 | 19 | ♋05 | 22 | 10 | 16 | R22 |
| 21 | 29 | 25 | ♌05 | 17 | 15 | 22 |
| A 1 | ♌09 | ♌18 | 18 | 24 | 15 | 22 |
| 11 | 19 | ♍06 | ♍01 | ♌01 | 15 | 21 |
| 21 | 28 | 22 | 13 | 07 | D15 | 21 |
| S 1 | ♍09 | ♎06 | 26 | 14 | 15 | 20 |
| 11 | 19 | 14 | ♎09 | 21 | 16 | 19 |
| 21 | 28 | R16 | 21 | 27 | 17 | 18 |
| O 1 | ♎08 | 07 | ♏03 | ♍03 | 18 | 18 |
| 11 | 18 | D02 | 16 | 09 | 20 | 17 |
| 21 | 28 | 11 | 28 | 15 | 22 | 16 |
| N 1 | ♏08 | 28 | ♐11 | 22 | 24 | 16 |
| 11 | 19 | ♏15 | 24 | 28 | 26 | 16 |
| 21 | 29 | ♐01 | ♑06 | ♎04 | 28 | D16 |
| D 1 | ♐09 | 16 | 18 | 10 | ♑00 | 16 |
| 11 | 19 | ♑02 | ♒00 | 16 | 02 | 16 |
| 21 | 29 | 17 | 12 | 22 | 04 | 17 |
| ♅ | JA 11 | FE 11 | MR 10 | | 30 | AP 17 |
| | ♉D02 | 02 | 03 | | 04 | 05 |
| | MA 4 | 22 | JN 11 | JL 7 | | AU 15 |
| | ♉ 06 | 07 | 08 | | 09 | R10 |
| | SE 22 | OK 20 | NO 14 | DE 14 | | |
| | ♉ 09 | 08 | 07 | 06 | | |
| ♆ | FE 12 | MR 20 | MA 25 | JL 27 | | AU 26 |
| | ♍R16 | 15 | D14 | 15 | | 16 |
| | SE 22 | OK 21 | DE 21 | | | |
| | ♍ 17 | 18 | R19 | | | |
| ♇ | FE 1 | AP 25 | JN 9 | JL 17 | | AU 25 |
| | ♋R25 | D25 | 26 | 27 | | 28 |
| | NO 9 | | | | | |
| | ♋R29 | | | | | |
| ☊ | JA 19 | FE 4 | 25 | MR 13 | | AP 1 |
| | ♑R12 | 11 | 10 | 09 | | 08 |
| | AP 22 | MA 10 | 28 | JN 16 | | JL 7 |
| | ♑ 07 | 06 | 05 | 04 | | 03 |
| | JL 25 | AU 13 | 31 | SE 19 | | OK 7 |
| | ♑ 02 | 01 | 00 | ♐ 29 | | 28 |
| | OK 28 | NO 16 | DE 4 | DE 22 | | |
| | ♐ 27 | 26 | 25 | 24 | | |

| 1937 | | ☉ | ☿ | ♀ | ♂ | ♃ | ♄ |
|---|---|---|---|---|---|---|---|
| J | 1 | ♑11 | ♒00 | ♒25 | ♎28 | ♑07 | ♓17 |
| | 11 | 21 | R♑29 | ♓06 | ♏03 | 09 | 18 |
| | 21 | ♒01 | 17 | 17 | 08 | 11 | 19 |
| F | 1 | 12 | D18 | 29 | 14 | 14 | 20 |
| | 11 | 22 | 27 | ♈09 | 18 | 16 | 21 |
| | 21 | ♓02 | ♒10 | 18 | 23 | 18 | 22 |
| M | 1 | 11 | 22 | 25 | 26 | 20 | 23 |
| | 11 | 21 | ♓08 | ♉01 | 29 | 21 | 25 |
| | 21 | ♈00 | 27 | 05 | ♐02 | 23 | 26 |
| A | 1 | 11 | ♈19 | R05 | 05 | 24 | 27 |
| | 11 | 21 | ♉08 | 02 | 05 | 26 | 28 |
| | 21 | ♉01 | 21 | ♈25 | R05 | 26 | ♈00 |
| M | 1 | 11 | 24 | 21 | 04 | 27 | 01 |
| | 11 | 20 | R20 | D20 | 01 | 27 | 02 |
| | 21 | ♊00 | 16 | 22 | ♏28 | R27 | 03 |
| J | 1 | 11 | D18 | 28 | 24 | 27 | 03 |
| | 11 | 20 | 27 | ♉06 | 21 | 26 | 04 |
| | 21 | ♋00 | ♊12 | 14 | 20 | 25 | 05 |
| J | 1 | 09 | ♋01 | 24 | D20 | 24 | 05 |
| | 11 | 19 | 22 | ♊04 | 21 | 23 | 05 |
| | 21 | 28 | ♌12 | 14 | 23 | 22 | R05 |
| A | 1 | ♌09 | ♍01 | 26 | 27 | 20 | 05 |
| | 11 | 18 | 15 | ♋08 | ♐01 | 19 | 05 |
| | 21 | 28 | 25 | 19 | 06 | 18 | 04 |
| S | 1 | ♍09 | R♎00 | ♌02 | 12 | 18 | 03 |
| | 11 | 18 | ♍24 | 14 | 18 | 17 | 03 |
| | 21 | 28 | 16 | 26 | 24 | D18 | 02 |
| O | 1 | ♎08 | D20 | ♍08 | ♑01 | 18 | 01 |
| | 11 | 18 | ♎05 | 20 | 08 | 19 | 00 |
| | 21 | 28 | 22 | ♎02 | 15 | 20 | 00 |
| N | 1 | ♏09 | ♏11 | 16 | 22 | 21 | ♓29 |
| | 11 | 19 | 26 | 28 | ♒00 | 23 | 29 |
| | 21 | 29 | ♐12 | ♏11 | 07 | 24 | 28 |
| D | 1 | ♐09 | 27 | 23 | 15 | 26 | 28 |
| | 11 | 19 | ♑10 | ♐06 | 22 | 28 | D28 |
| | 21 | 29 | R16 | 19 | ♓00 | ♒00 | 29 |

| | | | | | |
|---|---|---|---|---|---|
| ♅ | JA 14 | FE 12 | MR 12 | AP 2 | 20 |
| | ♉D06 | 06 | 07 | 08 | 09 |
| | MA 7 | 25 | JN 14 | JL 8 | AU 19 |
| | ♉ 10 | 11 | 12 | 13 | R14 |
| | SE 30 | OK 27 | NO 21 | DE 23 | |
| | ♉ 13 | 12 | 11 | 10 | |
| ♆ | FE 21 | MR 30 | MA 29 | JL 23 | AU 23 |
| | ♍R18 | 17 | D16 | 17 | 18 |
| | SE 19 | OK 18 | NO 30 | DE 24 | |
| | ♍ 19 | 20 | 21 | R21 | |
| ♇ | JA 1 | FE 17 | AP 17 | MA 25 | JL 9 |
| | ♋R28 | 27 | D27 | 27 | 28 |
| | AU 17 | OK 9 | NO 9 | | |
| | ♋ 29 | ♌ 00 | R00 | | |
| ☊ | JA 10 | 28 | FE 16 | MR 7 | 28 |
| | ♐R23 | 22 | 21 | 20 | 19 |
| | AP 16 | MA 4 | 22 | JN 10 | JL 1 |
| | ♐ 18 | 17 | 16 | 15 | 14 |
| | JL 19 | AU 7 | 25 | SE 13 | OK 1 |
| | ♐ 13 | 12 | 11 | 10 | 09 |
| | OK 22 | NO 10 | 28 | DE 16 | |
| | ♐ 08 | 07 | 06 | 05 | |

9

| 1938 | ☉ | ☿ | ♀ | ♂ | ♃ | ♄ |
|---|---|---|---|---|---|---|
| J 1 | ♑10 | R♑05 | ♑02 | ♓08 | ♒03 | ♓29 |
| 11 | 21 | D00 | 15 | 16 | 05 | ♈00 |
| 21 | ♒01 | 07 | 28 | 23 | 07 | 01 |
| F 1 | 12 | 20 | ♒11 | ♈01 | 10 | 02 |
| 11 | 22 | ♒04 | 24 | 09 | 12 | 03 |
| 21 | ♓02 | 20 | ♓06 | 16 | 15 | 04 |
| M 1 | 10 | ♓04 | 16 | 22 | 17 | 05 |
| 11 | 20 | 23 | 29 | 29 | 19 | 06 |
| 21 | ♈00 | ♈13 | ♈11 | ♉07 | 21 | 07 |
| A 1 | 11 | ♉00 | 25 | 14 | 23 | 08 |
| 11 | 21 | 06 | ♉07 | 21 | 25 | 10 |
| 21 | ♉01 | R01 | 20 | 28 | 27 | 11 |
| M 1 | 10 | ♈26 | ♊02 | ♊05 | 28 | 12 |
| 11 | 20 | D27 | 14 | 12 | ♓00 | 13 |
| 21 | ♊00 | ♉04 | 26 | 19 | 01 | 14 |
| J 1 | 10 | 19 | ♋09 | 26 | 02 | 15 |
| 11 | 20 | ♊07 | 21 | ♋03 | 02 | 16 |
| 21 | 29 | 28 | ♌03 | 10 | 02 | 17 |
| J 1 | ♋09 | ♋19 | 15 | 16 | R02 | 17 |
| 11 | 19 | ♌08 | 27 | 23 | 02 | 18 |
| 21 | 28 | 23 | ♍08 | 29 | 01 | 18 |
| A 1 | ♌09 | ♍06 | 21 | ♌06 | 00 | R18 |
| 11 | 18 | 12 | ♎02 | 13 | ♒29 | 18 |
| 21 | 28 | R10 | 13 | 19 | 27 | 18 |
| S 1 | ♍08 | 01 | 24 | 26 | 26 | 17 |
| 11 | 18 | D01 | ♏04 | ♍02 | 25 | 17 |
| 21 | 28 | 13 | 14 | 09 | 24 | 16 |
| O 1 | ♎08 | ♎01 | 22 | 15 | 23 | 15 |
| 11 | 18 | 18 | 29 | 21 | 23 | 14 |
| 21 | 27 | ♏05 | ♐03 | 28 | D22 | 14 |
| N 1 | ♏08 | 22 | R05 | ♎05 | 23 | 13 |
| 11 | 18 | ♐07 | 02 | 11 | 23 | 12 |
| 21 | 29 | 20 | ♏27 | 17 | 24 | 12 |
| D 1 | ♐09 | 29 | 21 | 24 | 25 | 11 |
| 11 | 19 | R26 | D20 | ♏00 | 27 | 11 |
| 21 | 29 | 14 | 22 | 06 | 28 | D11 |

| | | | | | |
|---|---|---|---|---|---|
| ♅ | JA 18 | FE 12 | MR 14 | AP 4 | 22 |
| | ♉D10 | 10 | 11 | 12 | 13 |
| | MA 9 | 27 | JN 16 | JL 9 | AU 24 |
| | ♉ 14 | 15 | 16 | 17 | R18 |
| | OK 8 | NO 3 | 28 | | |
| | ♉ 17 | 16 | 15 | | |
| ♆ | JA 15 | MR 2 | AP 9 | MA 30 | JL 18 |
| | ♍R21 | 20 | 19 | D18 | 19 |
| | AU 20 | SE 17 | OK 15 | NO 21 | DE 26 |
| | ♍ 20 | 21 | 22 | 23 | R23 |
| ♇ | JA 17 | MR 17 | AP 17 | JN 25 | AU 1 |
| | ♋R29 | 28 | D28 | 29 | ♌ 00 |
| | SE 9 | NO 17 | DE 25 | | |
| | ♌ 01 | R01 | 01 | | |
| ☊ | JA 4 | 22 | FE 10 | MR 1 | 22 |
| | ♐R04 | 03 | 02 | 01 | 00 |
| | AP 10 | 28 | MA 16 | JN 4 | 22 |
| | ♏ 29 | 28 | 27 | 26 | 25 |
| | JL 13 | 31 | AU 19 | SE 7 | 25 |
| | ♏ 24 | 23 | 22 | 21 | 20 |
| | OK 16 | NO 4 | 22 | DE 10 | 28 |
| | ♏ 19 | 18 | 17 | 16 | 15 |

| 1939 | | ☉ | ☿ | ♀ | ♂ | ♃ | ♄ |
|---|---|---|---|---|---|---|---|
| J | 1 | ♑ 10 | D♐ 18 | ♏ 28 | ♏ 13 | ♓ 01 | ♈ 12 |
| | 11 | 20 | 29 | ♐ 05 | 19 | 03 | 12 |
| | 21 | ♒ 01 | ♑ 13 | 14 | 25 | 05 | 13 |
| F | 1 | 12 | ♒ 00 | 25 | ♐ 02 | 07 | 13 |
| | 11 | 22 | 16 | ♑ 05 | 08 | 10 | 14 |
| | 21 | ♓ 02 | ♓ 04 | 16 | 14 | 12 | 15 |
| M | 1 | 10 | 19 | 25 | 19 | 14 | 16 |
| | 11 | 20 | ♈ 07 | ♒ 07 | 24 | 16 | 17 |
| | 21 | ♈ 00 | 17 | 18 | ♑ 00 | 19 | 18 |
| A | 1 | 11 | R 14 | ♓ 01 | 06 | 21 | 20 |
| | 11 | 21 | 07 | 13 | 11 | 24 | 21 |
| | 21 | ♉ 01 | D07 | 25 | 16 | 26 | 22 |
| M | 1 | 10 | 13 | ♈ 07 | 21 | 28 | 23 |
| | 11 | 20 | 26 | 19 | 25 | ♈ 00 | 25 |
| | 21 | ♊ 00 | ♉ 11 | ♉ 01 | 29 | 02 | 26 |
| J | 1 | 10 | ♊ 03 | 14 | ♒ 02 | 04 | 27 |
| | 11 | 20 | 25 | 26 | 04 | 05 | 28 |
| | 21 | 29 | ♋ 15 | ♊ 09 | 05 | 07 | 29 |
| J | 1 | ♋ 09 | ♌ 02 | 21 | R 04 | 08 | ♉ 00 |
| | 11 | 18 | 14 | ♋ 03 | 03 | 08 | 00 |
| | 21 | 28 | 23 | 15 | 00 | 09 | 01 |
| A | 1 | ♌ 08 | R 23 | 29 | ♑ 27 | R 09 | 01 |
| | 11 | 18 | 16 | ♌ 11 | 25 | 09 | 01 |
| | 21 | 28 | D12 | 23 | 24 | 08 | R 01 |
| S | 1 | ♍ 08 | 21 | ♍ 07 | D24 | 07 | 01 |
| | 11 | 18 | ♍ 08 | 19 | 26 | 06 | 01 |
| | 21 | 28 | 27 | ♎ 02 | 29 | 05 | 00 |
| O | 1 | ♎ 07 | ♎ 14 | 14 | ♒ 03 | 03 | ♈ 29 |
| | 11 | 17 | ♏ 00 | 27 | 08 | 02 | 29 |
| | 21 | 27 | 15 | ♏ 09 | 13 | 01 | 28 |
| N | 1 | ♏ 08 | ♐ 00 | 23 | 19 | 00 | 27 |
| | 11 | 18 | 11 | ♐ 05 | 25 | ♓ 29 | 26 |
| | 21 | 28 | R 13 | 18 | ♓ 01 | 29 | 26 |
| D | 1 | ♐ 08 | 02 | ♑ 00 | 08 | D29 | 25 |
| | 11 | 19 | D♏ 29 | 13 | 14 | 29 | 25 |
| | 21 | 29 | ♐ 08 | 25 | 21 | ♈ 00 | 24 |

| | | | | | |
|---|---|---|---|---|---|
| ♅ | JA 2 | 22 | FE 10 | MR 16 | AP 6 |
| | ♉R14 | D14 | 14 | 15 | 16 |
| | AP 24 | MA 12 | 29 | JN 17 | JL 10 |
| | ♉ 17 | 18 | 19 | 20 | 21 |
| | AU 29 | OK 17 | NO 11 | DE 6 | |
| | ♉R22 | 21 | 20 | 19 | |
| ♆ | JA 30 | MR 11 | AP 20 | JN 2 | JL 13 |
| | ♍R23 | 22 | 21 | D21 | 21 |
| | AU 17 | SE 14 | OK 12 | NO 15 | DE 28 |
| | ♍ 22 | 23 | 24 | 25 | R26 |
| ♇ | JA 17 | AP 17 | JN 9 | JL 17 | AU 25 |
| | ♌R00 | ♋D29 | ♌ 00 | 01 | 02 |
| | NO 17 | | | | |
| | ♌R03 | | | | |
| ☊ | JA 16 | FE 4 | 25 | MR 16 | AP 4 |
| | ♏R14 | 13 | 12 | 11 | 10 |
| | AP 22 | MA 10 | 28 | JN 16 | JL 7 |
| | ♏ 09 | 08 | 07 | 06 | 05 |
| | JL 25 | AU 13 | SE 1 | 19 | OK 7 |
| | ♏ 04 | 03 | 02 | 01 | 00 |
| | OK 28 | NO 16 | DE 4 | 22 | |
| | ♎ 29 | 28 | 27 | 26 | |

9

| 1940 | ☉ | ☿ | ♀ | ♂ | ♃ | ♄ |
|---|---|---|---|---|---|---|
| J 1 | ♑ 10 | ♐ 23 | ♒ 09 | ♓ 28 | ♈ 01 | D ♈ 24 |
| 11 | 20 | ♑ 08 | 21 | ♈ 05 | 03 | 25 |
| 21 | ♒ 00 | 24 | ♓ 04 | 12 | 04 | 25 |
| F 1 | 11 | ♒ 12 | 17 | 19 | 06 | 26 |
| 11 | 22 | ♓ 00 | 29 | 26 | 08 | 26 |
| 21 | ♓ 02 | 17 | ♈ 11 | ♉ 03 | 10 | 27 |
| M 1 | 11 | 29 | 22 | 09 | 12 | 28 |
| 11 | 21 | R 28 | ♉ 03 | 16 | 14 | 29 |
| 21 | ♈ 01 | 20 | 15 | 23 | 17 | ♉ 00 |
| A 1 | 12 | D 17 | 27 | ♊ 00 | 19 | 01 |
| 11 | 21 | 24 | ♊ 07 | 06 | 22 | 03 |
| 21 | ♉ 01 | ♈ 05 | 17 | 13 | 24 | 04 |
| M 1 | 11 | 21 | 26 | 20 | 27 | 05 |
| 11 | 21 | ♉ 09 | ♋ 03 | 26 | 29 | 07 |
| 21 | ♊ 00 | ♊ 00 | 09 | ♋ 03 | ♉ 01 | 08 |
| J 1 | 11 | 23 | 13 | 10 | 04 | 09 |
| 11 | 20 | ♋ 11 | R 13 | 16 | 06 | 10 |
| 21 | ♋ 00 | 25 | 08 | 22 | 08 | 11 |
| J 1 | 09 | ♌ 03 | 02 | 29 | 09 | 12 |
| 11 | 19 | R 05 | ♊ 28 | ♌ 05 | 11 | 13 |
| 21 | 29 | 00 | D 27 | 11 | 13 | 14 |
| A 1 | ♌ 09 | ♋ 25 | ♋ 00 | 18 | 14 | 14 |
| 11 | 19 | D ♌ 00 | 06 | 25 | 15 | 15 |
| 21 | 28 | 15 | 13 | ♍ 01 | 15 | 15 |
| S 1 | ♍ 09 | ♍ 06 | 23 | 08 | 16 | R 15 |
| 11 | 19 | 25 | ♌ 03 | 15 | R 16 | 15 |
| 21 | 28 | ♎ 12 | 13 | 21 | 15 | 14 |
| O 1 | ♎ 08 | 27 | 24 | 27 | 14 | 14 |
| 11 | 18 | ♏ 11 | ♍ 05 | ♎ 04 | 14 | 13 |
| 21 | 28 | 22 | 17 | 10 | 12 | 12 |
| N 1 | ♏ 09 | 28 | ♎ 00 | 17 | 11 | 11 |
| 11 | 19 | R 20 | 12 | 24 | 09 | 11 |
| 21 | 29 | D 12 | 24 | ♏ 01 | 08 | 10 |
| D 1 | ♐ 09 | 19 | ♏ 06 | 07 | 07 | 09 |
| 11 | 19 | ♐ 03 | 18 | 14 | 06 | 09 |
| 21 | 29 | 18 | ♐ 01 | 20 | 06 | 08 |
| ♅ | JA 27<br>♉D18<br>MA 30<br>♉ 23<br>SE 19<br>♉ 26 | MR 15<br>19<br>JN 17<br>24<br>OK 25<br>25 | AP 6<br>20<br>JL 9<br>25<br>NO 19<br>24 | 25<br>21<br>AU 13<br>26<br>DE 15<br>23 | MA 12<br>22<br>SE 2<br>R26 | |
| ♆ | FE 10<br>♍R25<br>AU 13<br>♍ 24 | MR 19<br>24<br>SE 11<br>25 | MA 1<br>23<br>OK 8<br>26 | JN 3<br>D23<br>NO 9<br>27 | JL 5<br>23<br>DE 30<br>R28 | |
| ♇ | JA 9<br>♌R02<br>AU 9<br>♌ 03 | MR 1<br>01<br>SE 25<br>04 | AP 25<br>D01<br>NO 17<br>R04 | MA 25<br>01<br>DE 17<br>04 | JL 9<br>02 | |
| ☊ | JA 10<br>♎R25<br>AP 13<br>♎ 20<br>JL 19<br>♎ 15<br>OK 19<br>♎ 10 | 31<br>24<br>MA 4<br>19<br>AU 7<br>14<br>NO 7<br>09 | FE 19<br>23<br>22<br>18<br>25<br>13<br>28<br>08 | MR 7<br>22<br>JN 10<br>17<br>SE 13<br>12<br>DE 16<br>07 | 25<br>21<br>28<br>16<br>OK 1<br>11 | |

9

| 1941 | | ☉ | ☿ | ♀ | ♂ | ♃ | ♄ |
|---|---|---|---|---|---|---|---|
| J | 1 | ♑11 | ♑05 | ♐15 | ♏28 | D♉06 | R♉08 |
| | 11 | 21 | 21 | 27 | ♐05 | 06 | D08 |
| | 21 | ♒01 | ♒08 | ♑10 | 11 | 06 | 08 |
| F | 1 | 12 | 27 | 23 | 19 | 07 | 08 |
| | 11 | 22 | ♓11 | ♒06 | 26 | 09 | 09 |
| | 21 | ♓02 | R12 | 18 | ♑02 | 10 | 10 |
| M | 1 | 11 | 04 | 28 | 08 | 11 | 10 |
| | 11 | 21 | ♒29 | ♓11 | 15 | 13 | 11 |
| | 21 | ♈00 | D♓03 | 23 | 22 | 15 | 12 |
| A | 1 | 11 | 15 | ♈07 | 29 | 17 | 13 |
| | 11 | 21 | 29 | 19 | ♒06 | 20 | 15 |
| | 21 | ♉01 | ♈16 | ♉02 | 13 | 22 | 16 |
| M | 1 | 11 | ♉05 | 14 | 20 | 24 | 17 |
| | 11 | 20 | 27 | 26 | 27 | 26 | 18 |
| | 21 | ♊00 | ♊17 | ♊09 | ♓04 | 29 | 20 |
| J | 1 | 11 | ♋04 | 22 | 11 | ♊01 | 21 |
| | 11 | 20 | 13 | ♋04 | 17 | 04 | 22 |
| | 21 | ♋00 | R16 | 17 | 24 | 06 | 23 |
| J | 1 | 09 | 11 | 29 | ♈00 | 08 | 24 |
| | 11 | 19 | 07 | ♌11 | 05 | 10 | 25 |
| | 21 | 28 | D09 | 23 | 10 | 12 | 26 |
| A | 1 | ♌09 | 22 | ♍06 | 15 | 14 | 27 |
| | 11 | 18 | ♌10 | 19 | 19 | 16 | 28 |
| | 21 | 28 | ♍01 | ♎01 | 22 | 18 | 28 |
| S | 1 | ♍09 | 21 | 14 | 24 | 19 | 28 |
| | 11 | 18 | ♎07 | 26 | R24 | 20 | 29 |
| | 21 | 28 | 21 | ♏07 | 22 | 21 | R28 |
| O | 1 | ♎08 | ♏03 | 19 | 20 | 21 | 28 |
| | 11 | 18 | 11 | ♐01 | 17 | R21 | 28 |
| | 21 | 28 | R10 | 12 | 14 | 21 | 27 |
| N | 1 | ♏09 | ♎28 | 25 | 12 | 21 | 26 |
| | 11 | 19 | D♏00 | ♑05 | D11 | 20 | 26 |
| | 21 | 29 | 12 | 16 | 12 | 19 | 25 |
| D | 1 | ♐09 | 28 | 26 | 14 | 17 | 24 |
| | 11 | 19 | ♐13 | ♒05 | 17 | 16 | 23 |
| | 21 | 29 | 29 | 13 | 20 | 15 | 23 |

| | | | | | |
|---|---|---|---|---|---|
| ♅ | JA 30 | MR 15 | AP 7 | 26 | MA 14 |
| | ♉D22 | 23 | 24 | 25 | 26 |
| | MA 31 | JN 18 | JL 9 | AU 7 | SE 6 |
| | ♉ 27 | 28 | 29 | ♊ 00 | R00 |
| | OK 4 | NO 4 | 28 | DE 25 | |
| | ♊ 00 | ♉ 29 | 28 | 27 | |
| ♆ | FE 19 | MR 28 | MA 18 | JN 7 | 23 |
| | ♍R27 | 26 | 25 | D25 | 25 |
| | AU 10 | SE 8 | OK 5 | NO 5 | |
| | ♍ 26 | 27 | 28 | 29 | |
| ♇ | FE 1 | AP 25 | JN 25 | AU 1 | SE 1 |
| | ♌R03 | D02 | 03 | 04 | 05 |
| | NO 17 | | | | |
| | ♌R06 | | | | |
| ☊ | JA 4 | 22 | FE 10 | MR 1 | 19 |
| | ♎R06 | 05 | 04 | 03 | 02 |
| | AP 7 | 28 | MA 16 | JN 4 | 22 |
| | ♎ 01 | 00 | ♍ 29 | 28 | 27 |
| | JL 13 | 31 | AU 19 | SE 7 | 25 |
| | ♍ 26 | 25 | 24 | 23 | 22 |
| | OK 13 | NO 1 | 22 | DE 10 | 28 |
| | ♍ 21 | 20 | 19 | 18 | 17 |

9

| 1942 | ☉ | ☿ | ♀ | ♂ | ♃ | ♄ |
|---|---|---|---|---|---|---|
| J 1 | ♑10 | ♑17 | ♒19 | ♈25 | R♊13 | R♉22 |
| 11 | 21 | ♒03 | 21 | ♉00 | 12 | 22 |
| 21 | ♒00 | 19 | R20 | 05 | 12 | 22 |
| F 1 | 12 | 27 | 14 | 11 | 11 | D22 |
| 11 | 22 | R19 | 08 | 16 | D11 | 22 |
| 21 | ♓02 | 12 | 06 | 22 | 12 | 22 |
| M 1 | 10 | D14 | D06 | 27 | 12 | 23 |
| 11 | 20 | 23 | 10 | ♊02 | 13 | 24 |
| 21 | ♈00 | ♓01 | 17 | 08 | 14 | 25 |
| A 1 | 11 | 23 | 25 | 15 | 16 | 26 |
| 11 | 21 | ♈12 | ♓05 | 21 | 18 | 27 |
| 21 | ♉01 | ♉02 | 15 | 27 | 19 | 28 |
| M 1 | 10 | 23 | 25 | ♋03 | 21 | 29 |
| 11 | 20 | ♊10 | ♈06 | 09 | 23 | ♊00 |
| 21 | ♊00 | 22 | 17 | 15 | 26 | 02 |
| J 1 | 10 | 26 | 29 | 22 | 28 | 03 |
| 11 | 20 | R22 | ♉11 | 28 | ♋00 | 04 |
| 21 | 29 | 17 | 22 | ♌05 | 03 | 06 |
| J 1 | ♋09 | D19 | ♊04 | 11 | 05 | 07 |
| 11 | 19 | 28 | 16 | 17 | 07 | 08 |
| 21 | 28 | ♋14 | 28 | 23 | 09 | 09 |
| A 1 | ♌09 | ♌07 | ♋11 | ♍00 | 12 | 10 |
| 11 | 18 | 27 | 23 | 06 | 14 | 11 |
| 21 | 28 | ♍15 | ♌05 | 13 | 16 | 11 |
| S 1 | ♍08 | ♎02 | 19 | 20 | 18 | 12 |
| 11 | 18 | 14 | ♍01 | 26 | 20 | 12 |
| 21 | 28 | 24 | 13 | ♎03 | 21 | 13 |
| O 1 | ♎08 | R26 | 26 | 09 | 23 | R12 |
| 11 | 18 | 17 | ♎08 | 16 | 24 | 12 |
| 21 | 27 | D11 | 21 | 22 | 24 | 12 |
| N 1 | ♏08 | 22 | ♏05 | ♏00 | 25 | 11 |
| 11 | 18 | ♏07 | 17 | 06 | 25 | 11 |
| 21 | 29 | 23 | ♐00 | 13 | R25 | 10 |
| D 1 | ♐09 | ♐09 | 12 | 20 | 25 | 09 |
| 11 | 19 | 25 | 25 | 27 | 24 | 08 |
| 21 | 29 | ♑10 | ♑08 | ♐04 | 23 | 07 |

| | | | | | |
|---|---|---|---|---|---|
| ♅ | FE 4<br>♉D26<br>JN 1<br>♊ 01<br>OK 18<br>♊ 04 | MR 14<br>27<br>18<br>02<br>NO 14<br>03 | AP 8<br>28<br>JL 8<br>03<br>DE 8<br>02 | 27<br>29<br>AU 3<br>04 | MA 14<br>♊ 00<br>SE 10<br>R05 |
| ♆ | JA 2<br>♌R00<br>SE 6<br>♍ 29 | MR 1<br>♍ 29<br>OK 3<br>♎ 00 | AP 7<br>28<br>NO 1<br>01 | JN 8<br>D27<br>DE 19<br>02 | AU 6<br>28 |
| ♇ | JA 9<br>♌R05<br>AU 17<br>♌ 06 | FE 25<br>04<br>OK 9<br>07 | AP 25<br>D04<br>NO 17<br>R07 | JN 9<br>04<br>DE 9<br>07 | JL 17<br>05 |
| ☊ | JA 16<br>♍R16<br>AP 22<br>♍ 11<br>JL 25<br>♍ 06<br>OK 28<br>♍ 01 | FE 4<br>15<br>MA 10<br>10<br>AU 13<br>05<br>NO 16<br>00 | 22<br>14<br>28<br>09<br>31<br>04<br>DE 4<br>♌ 29 | MR 13<br>13<br>JN 16<br>08<br>SE 19<br>03<br>22<br>28 | AP 1<br>12<br>JL 4<br>07<br>OK 7<br>02 |

| 1943 | | ☉ | ☿ | ♀ | ♂ | ♃ | ♄ |
|---|---|---|---|---|---|---|---|
| J | 1 | ♑ 10 | ♑ 27 | ♑ 21 | ♐ 12 | R ♋ 22 | R ♊ 07 |
| | 11 | 20 | ♒ 09 | ♒ 04 | 19 | 20 | 06 |
| | 21 | ♒ 01 | R 08 | 16 | 26 | 19 | 06 |
| F | 1 | 12 | ♑ 26 | ♓ 00 | ♑ 04 | 18 | 06 |
| | 11 | 22 | D 27 | 13 | 11 | 16 | D 06 |
| | 21 | ♓ 02 | ♒ 06 | 25 | 19 | 16 | 06 |
| M | 1 | 10 | 16 | ♈ 05 | 25 | 15 | 06 |
| | 11 | 20 | ♓ 00 | 17 | ♒ 02 | 15 | 07 |
| | 21 | ♈ 00 | 17 | 29 | 10 | D 15 | 07 |
| A | 1 | 11 | ♈ 08 | ♉ 13 | 18 | 16 | 08 |
| | 11 | 21 | 29 | 25 | 26 | 17 | 09 |
| | 21 | ♉ 01 | ♉ 18 | ♊ 07 | ♓ 03 | 18 | 10 |
| M | 1 | 10 | ♊ 01 | 18 | 11 | 19 | 11 |
| | 11 | 20 | 06 | ♋ 00 | 18 | 20 | 13 |
| | 21 | ♊ 00 | R 03 | 11 | 26 | 22 | 14 |
| J | 1 | 10 | ♉ 27 | 24 | ♈ 04 | 24 | 15 |
| | 11 | 20 | D 29 | ♌ 04 | 11 | 26 | 17 |
| | 21 | 29 | ♊ 07 | 15 | 18 | 28 | 18 |
| J | 1 | ♋ 09 | 21 | 24 | 25 | ♌ 00 | 19 |
| | 11 | 18 | ♋ 10 | ♍ 03 | ♉ 02 | 02 | 20 |
| | 21 | 28 | ♌ 02 | 11 | 09 | 05 | 21 |
| A | 1 | ♌ 08 | 23 | 17 | 16 | 07 | 23 |
| | 11 | 18 | ♍ 10 | 20 | 23 | 09 | 24 |
| | 21 | 28 | 24 | R 20 | 29 | 11 | 25 |
| S | 1 | ♍ 08 | ♎ 05 | 15 | ♊ 05 | 14 | 25 |
| | 11 | 18 | 09 | 09 | 10 | 16 | 26 |
| | 21 | 28 | R 04 | 05 | 14 | 18 | 26 |
| O | 1 | ♎ 07 | ♍ 25 | D 05 | 18 | 20 | 27 |
| | 11 | 17 | D 29 | 08 | 20 | 21 | R 27 |
| | 21 | 27 | ♎ 14 | 14 | 22 | 23 | 27 |
| N | 1 | ♏ 08 | ♏ 03 | 22 | R 22 | 24 | 26 |
| | 11 | 18 | 19 | ♎ 02 | 21 | 25 | 26 |
| | 21 | 28 | ♐ 05 | 12 | 18 | 26 | 25 |
| D | 1 | ♐ 08 | 20 | 22 | 14 | 27 | 24 |
| | 11 | 19 | ♑ 05 | ♏ 04 | 11 | 27 | 24 |
| | 21 | 29 | 19 | 15 | 07 | R 27 | 23 |

| | | | | | |
|---|---|---|---|---|---|
| ⛢ | JA 7 | FE 8 | MR 11 | AP 7 | 27 |
| | ♊R01 | D01 | 01 | 02 | 03 |
| | MA 15 | JN 1 | 19 | JL 8 | 31 |
| | ♊ 04 | 05 | 06 | 07 | 08 |
| | SE 15 | OK 30 | NO 25 | DE 19 | |
| | ♊R09 | 08 | 07 | 06 | |
| ♆ | JA 5 | 18 | MR 10 | AP 17 | JN 11 |
| | ♎R02 | 02 | 01 | 00 | ♍D29 |
| | AU 2 | SE 3 | 30 | OK 29 | DE 7 |
| | ♎ 00 | 01 | 02 | 03 | 04 |
| ♇ | FE 1 | AP 25 | JL 1 | AU 1 | SE 9 |
| | ♌R06 | D05 | 06 | 07 | 08 |
| | NO 17 | | | | |
| | ♌R09 | | | | |
| ☊ | JA 10 | 28 | FE 16 | MR 7 | 28 |
| | ♌R27 | 26 | 25 | 24 | 23 |
| | AP 16 | MA 4 | 22 | JN 10 | 28 |
| | ♌ 22 | 21 | 20 | 19 | 18 |
| | JL 19 | AU 7 | 25 | SE 13 | OK 1 |
| | ♌ 17 | 16 | 15 | 14 | 13 |
| | OK 19 | NO 7 | 28 | DE 16 | |
| | ♌ 12 | 11 | 10 | 09 | |

9

| 1944 | | ☉ | ☿ | ♀ | ♂ | ♃ | ♄ |
|---|---|---|---|---|---|---|---|
| J | 1 | ♑10 | R♑25 | ♏28 | R♊05 | R♌27 | R♊22 |
| | 11 | 20 | 14 | ♐10 | D05 | 26 | 21 |
| | 21 | ♒00 | D09 | 22 | 06 | 25 | 21 |
| F | 1 | 12 | 16 | ♑05 | 08 | 23 | 20 |
| | 11 | 22 | 29 | 18 | 11 | 22 | 20 |
| | 21 | ♓02 | ♒13 | ♒00 | 14 | 21 | D20 |
| M | 1 | 11 | 27 | 11 | 18 | 20 | 20 |
| | 11 | 21 | ♓15 | 23 | 22 | 19 | 20 |
| | 21 | ♈01 | ♈04 | ♓05 | 27 | 18 | 21 |
| A | 1 | 12 | 26 | 19 | ♋02 | 17 | 21 |
| | 11 | 21 | ♉11 | ♈01 | 07 | 17 | 22 |
| | 21 | ♉01 | 16 | 14 | 13 | D17 | 23 |
| M | 1 | 11 | R13 | 26 | 18 | 18 | 24 |
| | 11 | 21 | 07 | ♉08 | 24 | 18 | 25 |
| | 21 | ♊00 | D08 | 20 | 29 | 19 | 26 |
| J | 1 | 11 | 17 | ♊04 | ♌06 | 21 | 28 |
| | 11 | 20 | ♊00 | 16 | 12 | 22 | 29 |
| | 21 | ♋00 | 18 | 28 | 18 | 24 | ♋00 |
| J | 1 | 09 | ♋09 | ♋11 | 24 | 25 | 01 |
| | 11 | 19 | ♌00 | 23 | ♍00 | 27 | 03 |
| | 21 | 29 | 18 | ♌05 | 06 | 29 | 04 |
| A | 1 | ♌09 | ♍05 | 19 | 13 | ♍01 | 05 |
| | 11 | 19 | 16 | ♍01 | 19 | 03 | 06 |
| | 21 | 28 | 22 | 14 | 25 | 06 | 07 |
| S | 1 | ♍09 | R19 | 27 | ♎02 | 08 | 08 |
| | 11 | 19 | 10 | ♎09 | 09 | 10 | 09 |
| | 21 | 28 | D11 | 22 | 15 | 12 | 10 |
| O | 1 | ♎08 | 24 | ♏04 | 22 | 14 | 10 |
| | 11 | 18 | ♎11 | 16 | 29 | 16 | 11 |
| | 21 | 28 | 28 | 29 | ♏05 | 18 | 11 |
| N | 1 | ♏09 | ♏16 | ♐12 | 13 | 20 | R11 |
| | 11 | 19 | ♐02 | 24 | 20 | 22 | 10 |
| | 21 | 29 | 16 | ♑06 | 27 | 24 | 10 |
| D | 1 | ♐09 | ♑00 | 18 | ♐04 | 25 | 09 |
| | 11 | 19 | 09 | ♒00 | 11 | 26 | 09 |
| | 21 | ♑00 | R03 | 12 | 19 | 27 | 08 |

| | | | | | |
|---|---|---|---|---|---|
| ♅ | JA 23 | FE 13 | MR 3 | AP 5 | 26 |
| | ♊R05 | D05 | 05 | 06 | 07 |
| | MA 14 | 31 | JN 17 | JL 6 | 27 |
| | ♊ 08 | 09 | 10 | 11 | 12 |
| | AU 31 | SE 19 | OK 6 | NO 11 | DE 5 |
| | ♊ 13 | R13 | 13 | 12 | 11 |
| | DE 30 | | | | |
| | ♊ 10 | | | | |

| | | | | | |
|---|---|---|---|---|---|
| ♆ | JA 7 | FE 5 | MR 19 | AP 26 | JN 13 |
| | ♎R04 | 04 | 03 | 02 | D01 |
| | JL 27 | AU 30 | SE 27 | OK 24 | NO 29 |
| | ♎ 02 | 03 | 04 | 05 | 06 |

| | | | | | |
|---|---|---|---|---|---|
| ♇ | JA 9 | FE 25 | MA 1 | JN 9 | JL 17 |
| | ♌R08 | 07 | D06 | 07 | 08 |
| | AU 25 | OK 9 | NO 17 | DE 17 | |
| | ♌ 09 | 10 | R10 | 10 | |

| | | | | | |
|---|---|---|---|---|---|
| ☊ | JA 4 | 22 | FE 10 | MR 1 | 19 |
| | ♌R08 | 07 | 06 | 05 | 04 |
| | AP 7 | 25 | MA 16 | JN 4 | 22 |
| | ♌ 03 | 02 | 01 | 00 | ♋ 29 |
| | JL 10 | 31 | AU 19 | SE 4 | 25 |
| | ♋ 28 | 27 | 26 | 25 | 24 |
| | OK 13 | NO 1 | 19 | DE 10 | 28 |
| | ♋ 23 | 22 | 21 | 20 | 19 |

| 1945 | | ☉ | ☿ | ♀ | ♂ | ♃ | ♄ |
|---|---|---|---|---|---|---|---|
| J | 1 | ♑11 | R♐23 | ♒25 | ♐27 | ♍27 | R♋07 |
| | 11 | 21 | D27 | ♓06 | ♑04 | 28 | 06 |
| | 21 | ♒01 | ♑09 | 18 | 12 | R27 | 05 |
| F | 1 | 12 | 24 | 29 | 20 | 27 | 05 |
| | 11 | 22 | ♒10 | ♈09 | 28 | 26 | 04 |
| | 21 | ♓03 | 27 | 18 | ♒05 | 25 | 04 |
| M | 1 | 11 | ♓11 | 24 | 12 | 24 | 04 |
| | 11 | 21 | ♈01 | ♉00 | 19 | 23 | D04 |
| | 21 | ♈01 | 18 | 03 | 27 | 22 | 04 |
| A | 1 | 11 | 28 | R03 | ♓06 | 20 | 04 |
| | 11 | 21 | R25 | ♈28 | 14 | 19 | 05 |
| | 21 | ♉01 | 18 | 22 | 21 | 18 | 06 |
| M | 1 | 11 | D18 | 18 | 29 | 18 | 07 |
| | 11 | 20 | 24 | D18 | ♈07 | 18 | 08 |
| | 21 | ♊00 | ♉07 | 21 | 14 | D18 | 09 |
| J | 1 | 11 | 24 | 27 | 23 | 18 | 10 |
| | 11 | 20 | ♊15 | ♉05 | ♉00 | 19 | 11 |
| | 21 | ♋00 | ♋06 | 14 | 07 | 20 | 12 |
| J | 1 | 09 | 26 | 24 | 15 | 21 | 14 |
| | 11 | 19 | ♌13 | ♊04 | 22 | 22 | 15 |
| | 21 | 28 | 25 | 15 | 29 | 24 | 16 |
| A | 1 | ♌09 | ♍04 | 27 | ♊06 | 25 | 18 |
| | 11 | 18 | R04 | ♋08 | 13 | 27 | 19 |
| | 21 | 28 | ♌26 | 19 | 19 | 29 | 20 |
| S | 1 | ♍09 | D22 | ♌02 | 26 | ♎02 | 21 |
| | 11 | 18 | ♍02 | 14 | ♋06 | 04 | 22 |
| | 21 | 28 | 19 | 26 | 08 | 06 | 23 |
| O | 1 | ♎08 | ♎07 | ♍08 | 13 | 08 | 24 |
| | 11 | 18 | 24 | 21 | 18 | 10 | 24 |
| | 21 | 28 | ♏10 | ♎03 | 23 | 12 | 25 |
| N | 1 | ♏09 | 27 | 17 | 27 | 14 | 25 |
| | 11 | 19 | ♐10 | 29 | ♌00 | 17 | R25 |
| | 21 | 29 | 21 | ♏12 | 02 | 18 | 25 |
| D | 1 | ♐09 | R22 | 24 | 03 | 20 | 24 |
| | 11 | 19 | 10 | ♐07 | R03 | 22 | 24 |
| | 21 | 29 | D08 | 19 | 01 | 23 | 23 |

| | | | | | |
|---|---|---|---|---|---|
| ♅ | FE 16 | AP 2 | 25 | MA 13 | 31 |
| | ♊D09 | 10 | 11 | 12 | 13 |
| | JN 17 | JL 4 | 25 | AU 21 | SE 23 |
| | ♊ 14 | 15 | 16 | 17 | R17 |
| | OK 25 | NO 23 | DE 17 | | |
| | ♊ 17 | 16 | 15 | | |
| ♆ | JA 8 | FE 16 | MR 28 | MA 8 | JN 15 |
| | ♎R06 | 06 | 05 | 04 | D04 |
| | JL 20 | AU 27 | SE 24 | OK 21 | NO 23 |
| | ♎ 04 | 05 | 06 | 07 | 08 |
| ♇ | FE 1 | AP 1 | MA 1 | JL 1 | AU 9 |
| | ♌R09 | 08 | D08 | 09 | 10 |
| | SE 9 | NO 25 | | | |
| | ♌ 11 | R12 | | | |
| ☊ | JA 16 | FE 4 | 22 | MR 13 | AP 1 |
| | ♋R18 | 17 | 16 | 15 | 14 |
| | AP 19 | MA 10 | 28 | JN 16 | JL 4 |
| | ♋ 13 | 12 | 11 | 10 | 09 |
| | JL 22 | AU 10 | 31 | SE 19 | OK 7 |
| | ♋ 08 | 07 | 06 | 05 | 04 |
| | OK 25 | NO 13 | DE 4 | 22 | |
| | ♋ 03 | 02 | 01 | 00 | |

9

| 1946 | | ☉ | ☿ | ♀ | ♂ | ♃ | ♄ |
|---|---|---|---|---|---|---|---|
| J | 1 | ♑10 | ♐19 | ♑03 | R♋28 | ♎25 | R♋22 |
| | 11 | 21 | ♑03 | 16 | 24 | 26 | 22 |
| | 21 | ♒01 | 18 | 28 | 20 | 27 | 21 |
| F | 1 | 12 | ♒05 | ♒12 | 17 | 27 | 20 |
| | 11 | 22 | 22 | 25 | 15 | R27 | 19 |
| | 21 | ♓02 | ♓11 | ♓07 | 14 | 27 | 19 |
| M | 1 | 10 | 25 | 17 | D14 | 27 | 18 |
| | 11 | 20 | ♈08 | ♈00 | 16 | 26 | 18 |
| | 21 | ♈00 | R09 | 12 | 18 | 25 | D18 |
| A | 1 | 11 | 00 | 26 | 22 | 24 | 18 |
| | 11 | 21 | D♓28 | ♉08 | 25 | 23 | 18 |
| | 21 | ♉01 | ♈04 | 20 | 29 | 21 | 19 |
| M | 1 | 11 | 15 | ♊03 | ♌04 | 20 | 20 |
| | 11 | 20 | ♉00 | 15 | 09 | 19 | 20 |
| | 21 | ♊00 | 18 | 27 | 14 | 18 | 21 |
| J | 1 | 10 | ♊12 | ♋10 | 20 | 18 | 22 |
| | 11 | 20 | ♋03 | 22 | 25 | 17 | 23 |
| | 21 | ♋00 | 21 | ♌04 | ♍01 | D18 | 25 |
| J | 1 | 09 | ♌05 | 16 | 06 | 18 | 26 |
| | 11 | 19 | 14 | 27 | 12 | 19 | 27 |
| | 21 | 28 | R16 | ♍09 | 18 | 19 | 28 |
| A | 1 | ♌09 | 11 | 21 | 25 | 21 | ♌00 |
| | 11 | 18 | 05 | ♎02 | ♎01 | 22 | 01 |
| | 21 | 28 | D09 | 13 | 08 | 24 | 02 |
| S | 1 | ♍08 | 26 | 25 | 15 | 25 | 04 |
| | 11 | 18 | ♍15 | ♏04 | 21 | 27 | 05 |
| | 21 | 28 | ♎03 | 13 | 28 | 29 | 06 |
| O | 1 | ♎08 | 20 | 21 | ♏05 | ♏01 | 07 |
| | 11 | 18 | ♏05 | 28 | 12 | 03 | 07 |
| | 21 | 27 | 19 | ♐02 | 18 | 06 | 08 |
| N | 1 | ♏08 | ♐02 | R02 | 26 | 08 | 09 |
| | 11 | 18 | R07 | ♏28 | ♐03 | 10 | 09 |
| | 21 | 29 | ♏29 | 23 | 11 | 12 | R09 |
| D | 1 | ♐09 | 21 | 18 | 18 | 14 | 09 |
| | 11 | 19 | D28 | D17 | 26 | 16 | 08 |
| | 21 | 29 | ♐11 | 20 | ♑03 | 18 | 08 |

| | | | | | |
|---|---|---|---|---|---|
| ♅ | JA 13 | FE 20 | MR 28 | AP 23 | MA 12 |
| | ♊R14 | D13 | 14 | 15 | 16 |
| | MA 30 | JN 16 | JL 3 | 22 | AU 15 |
| | ♊ 17 | 18 | 19 | 20 | 21 |
| | SE 28 | NO 10 | DE 6 | 30 | |
| | ♊R22 | 21 | 20 | 19 | |
| ♆ | JA 10 | FE 27 | AP 6 | MA 23 | JN 17 |
| | ♎R09 | 08 | 07 | 06 | D06 |
| | JL 11 | AU 24 | SE 22 | OK 19 | NO 18 |
| | ♎ 06 | 07 | 08 | 09 | 10 |
| ♇ | JA 17 | MR 1 | MA 9 | JN 9 | JL 25 |
| | ♌R11 | 10 | D09 | 10 | 11 |
| | AU 25 | OK 9 | NO 25 | DE 25 | |
| | ♌ 12 | 13 | R13 | 13 | |
| ☊ | JA 10 | 28 | FE 16 | MR 7 | 25 |
| | ♊R29 | 28 | 27 | 26 | 25 |
| | AP 13 | MA 4 | 22 | JN 10 | 28 |
| | ♊ 24 | 23 | 22 | 21 | 20 |
| | JL 16 | AU 4 | 25 | SE 13 | OK 1 |
| | ♊ 19 | 18 | 17 | 16 | 15 |
| | OK 19 | NO 7 | 28 | DE 16 | |
| | ♊ 14 | 13 | 12 | 11 | |

| 1947 | | ☉ | ☿ | ♀ | ♂ | ♃ | ♄ |
|---|---|---|---|---|---|---|---|
| J | 1 | ♑10 | ♐28 | ♏27 | ♑11 | ♏20 | R♌07 |
| | 11 | 20 | ♑13 | ♐05 | 19 | 22 | 07 |
| | 21 | ♒01 | 29 | 14 | 27 | 24 | 06 |
| F | 1 | 12 | ♒18 | 25 | ♒05 | 25 | 05 |
| | 11 | 22 | ♓06 | ♑06 | 13 | 26 | 04 |
| | 21 | ♓02 | 20 | 17 | 21 | 27 | 03 |
| M | 1 | 10 | R23 | 26 | 27 | 27 | 03 |
| | 11 | 20 | 15 | ♒07 | ♓05 | 28 | 02 |
| | 21 | ♈00 | 09 | 19 | 13 | R27 | 02 |
| A | 1 | 11 | D14 | ♓02 | 22 | 27 | 02 |
| | 11 | 21 | 24 | 14 | ♈00 | 26 | D02 |
| | 21 | ♉01 | ♈08 | 26 | 07 | 25 | 02 |
| M | 1 | 10 | 25 | ♈08 | 15 | 24 | 03 |
| | 11 | 20 | ♉15 | 20 | 23 | 23 | 03 |
| | 21 | ♊00 | ♊06 | ♉02 | ♉00 | 22 | 04 |
| J | 1 | 10 | 28 | 15 | 08 | 20 | 05 |
| | 11 | 20 | ♋13 | 27 | 16 | 19 | 06 |
| | 21 | 29 | 23 | ♊09 | 23 | 19 | 07 |
| J | 1 | ♋09 | 27 | 21 | ♊00 | 18 | 08 |
| | 11 | 18 | R24 | ♋04 | 07 | 18 | 09 |
| | 21 | 28 | 18 | 16 | 14 | D18 | 11 |
| A | 1 | ♌08 | D19 | 29 | 22 | 18 | 12 |
| | 11 | 18 | ♌01 | ♌12 | 28 | 19 | 13 |
| | 21 | 28 | 18 | 24 | ♋05 | 20 | 14 |
| S | 1 | ♍08 | ♍11 | ♍08 | 12 | 21 | 16 |
| | 11 | 18 | 29 | 20 | 18 | 22 | 17 |
| | 21 | 28 | ♎15 | ♎03 | 24 | 24 | 18 |
| O | 1 | ♎07 | ♏00 | 15 | ♌00 | 26 | 19 |
| | 11 | 17 | 12 | 27 | 06 | 27 | 20 |
| | 21 | 27 | 20 | ♏10 | 11 | 29 | 21 |
| N | 1 | ♏08 | R18 | 24 | 17 | ♐02 | 22 |
| | 11 | 18 | 07 | ♐06 | 22 | 04 | 22 |
| | 21 | 28 | D09 | 19 | 26 | 06 | 23 |
| D | 1 | ♐08 | 21 | ♑01 | ♍00 | 08 | 23 |
| | 11 | 19 | ♐06 | 13 | 03 | 11 | R23 |
| | 21 | 29 | 21 | 26 | 06 | 13 | 22 |

| | | | | | |
|---|---|---|---|---|---|
| ♅ | JA 31 | FE 25 | MR 20 | AP 20 | MA 11 |
| | ♊R18 | D18 | 18 | 19 | 20 |
| | MA 28 | JN 14 | JL 1 | 20 | AU 10 |
| | ♊ 21 | 22 | 23 | 24 | 25 |
| | SE 12 | OK 3 | 22 | NO 25 | DE 20 |
| | ♊ 26 | R26 | 26 | 25 | 24 |
| ♆ | JA 13 | MR 9 | AP 16 | JN 20 | AU 20 |
| | ♎R11 | 10 | 09 | D08 | 09 |
| | SE 19 | OK 16 | NO 14 | | |
| | ♎ 10 | 11 | 12 | | |
| ♇ | FE 9 | MA 9 | JL 1 | AU 9 | SE 9 |
| | ♌R12 | D11 | 12 | 13 | 14 |
| | NO 25 | | | | |
| | ♌R15 | | | | |
| ☊ | JA 4 | 22 | FE 10 | MR 1 | 19 |
| | ♊R10 | 09 | 08 | 07 | 06 |
| | AP 7 | 28 | MA 16 | JN 4 | 22 |
| | ♊ 05 | 04 | 03 | 02 | 01 |
| | JL 10 | 31 | AU 19 | SE 7 | 25 |
| | ♊ 00 | ♉ 29 | 28 | 27 | 26 |
| | OK 13 | NO 1 | 19 | DE 10 | 28 |
| | ♉ 25 | 24 | 23 | 22 | 21 |

| 1948 | | ☉ | ☿ | ♀ | ♂ | ♃ | ♄ |
|---|---|---|---|---|---|---|---|
| J | 1 | ♑10 | ♑09 | ♒10 | ♍07 | ♐15 | R♌22 |
| | 11 | 20 | 25 | 22 | R08 | 17 | 21 |
| | 21 | ♒00 | ♒12 | ♓04 | 07 | 19 | 21 |
| F | 1 | 12 | 29 | 18 | 04 | 21 | 20 |
| | 11 | 22 | R♓07 | ♈00 | 00 | 23 | 19 |
| | 21 | ♓02 | ♒29 | 12 | ♌26 | 25 | 18 |
| M | 1 | 11 | 22 | 22 | 23 | 26 | 18 |
| | 11 | 21 | D24 | ♉04 | 20 | 27 | 17 |
| | 21 | ♈01 | ♓03 | 15 | 19 | 28 | 16 |
| A | 1 | 12 | 18 | 27 | D18 | 29 | 16 |
| | 11 | 22 | ♈04 | ♊07 | 19 | 29 | 16 |
| | 21 | ♉01 | 23 | 17 | 21 | R29 | D16 |
| M | 1 | 11 | ♉14 | 25 | 24 | 29 | 16 |
| | 11 | 21 | ♊05 | ♋03 | 27 | 28 | 16 |
| | 21 | ♊00 | 22 | 08 | ♍01 | 27 | 17 |
| J | 1 | 11 | ♋04 | 11 | 06 | 26 | 18 |
| | 11 | 20 | R07 | R10 | 11 | 25 | 18 |
| | 21 | ♋00 | 04 | 05 | 16 | 23 | 19 |
| J | 1 | 10 | ♊29 | ♊28 | 21 | 22 | 20 |
| | 11 | 19 | D♋00 | 25 | 27 | 21 | 21 |
| | 21 | 29 | 09 | D25 | ♎03 | 20 | 23 |
| A | 1 | ♌09 | 28 | 29 | 09 | 19 | 24 |
| | 11 | 19 | ♌18 | ♋05 | 15 | 19 | 25 |
| | 21 | 28 | ♍08 | 13 | 22 | D19 | 26 |
| S | 1 | ♍09 | 27 | 23 | 29 | 20 | 28 |
| | 11 | 19 | ♎12 | ♌03 | ♏05 | 20 | 29 |
| | 21 | 28 | 24 | 13 | 12 | 21 | ♍00 |
| O | 1 | ♎08 | ♏03 | 24 | 19 | 22 | 01 |
| | 11 | 18 | R05 | ♍06 | 26 | 24 | 02 |
| | 21 | 28 | ♎25 | 17 | ♐03 | 25 | 03 |
| N | 1 | ♏09 | D21 | ♎00 | 11 | 27 | 04 |
| | 11 | 19 | ♏02 | 12 | 18 | 29 | 05 |
| | 21 | 29 | 17 | 24 | 26 | ♑01 | 06 |
| D | 1 | ♐09 | ♐03 | ♏07 | ♑04 | 03 | 06 |
| | 11 | 19 | 19 | 19 | 11 | 06 | 06 |
| | 21 | ♑00 | ♑04 | ♐01 | 19 | 08 | 06 |

| | | | | | |
|---|---|---|---|---|---|
| ♅ | JA 13<br>♊R23<br>JN 12<br>♊ 26<br>OK 6<br>♋R01 | MR 1<br>D22<br>29<br>27<br>NO 12<br>00 | AP 14<br>23<br>JL 16<br>28<br>DE 9<br>♊ 29 | MA 7<br>24<br>AU 5<br>29 | 26<br>25<br>30<br>♋ 00 |
| ♆ | JA 15<br>♎R13<br>SE 15<br>♎ 12 | MR 18<br>12<br>OK 12<br>13 | AP 24<br>11<br>NO 10<br>14 | JN 21<br>D10<br>DE 22<br>15 | AU 15<br>11 |
| ♇ | JA 25<br>♌R14<br>AU 17<br>♌ 15 | MR 9<br>13<br>OK 1<br>16 | MA 9<br>D13<br>DE 1<br>R17 | JN 9<br>13 | JL 17<br>14 |
| ☊ | JA 16<br>♉R20<br>AP 19<br>♉ 15<br>JL 22<br>♉ 10<br>OK 25<br>♉ 05 | FE 4<br>19<br>MA 7<br>14<br>AU 10<br>09<br>NO 13<br>04 | 22<br>18<br>28<br>13<br>31<br>08<br>DE 1<br>03 | MR 13<br>17<br>JN 16<br>12<br>SE 16<br>07<br>22<br>02 | AP 1<br>16<br>JL 4<br>11<br>OK 7<br>06 |

9

| 1949 | | ☉ | ☿ | ♀ | ♂ | ♃ | ♄ |
|---|---|---|---|---|---|---|---|
| J | 1 | ♑ 11 | ♑ 22 | ♐ 15 | ♑ 27 | ♑ 11 | R ♍ 06 |
| | 11 | 21 | ♒ 08 | 28 | ♒ 05 | 13 | 06 |
| | 21 | ♒ 01 | 19 | ♑ 10 | 13 | 15 | 05 |
| F | 1 | 12 | R 15 | 24 | 22 | 18 | 04 |
| | 11 | 22 | 05 | ♒ 06 | ♓ 00 | 20 | 04 |
| | 21 | ♓ 03 | D 06 | 19 | 08 | 22 | 03 |
| M | 1 | 11 | 14 | 29 | 14 | 23 | 02 |
| | 11 | 21 | 26 | ♓ 11 | 22 | 25 | 01 |
| | 21 | ♈ 01 | ♓ 11 | 24 | ♈ 00 | 27 | 01 |
| A | 1 | 11 | ♈ 00 | ♈ 07 | 08 | 28 | 00 |
| | 11 | 21 | 19 | 20 | 16 | ♒ 00 | 00 |
| | 21 | ♉ 01 | ♉ 10 | ♉ 02 | 24 | 01 | ♌ 29 |
| M | 1 | 11 | 29 | 15 | ♉ 01 | 02 | 29 |
| | 11 | 20 | ♊ 12 | 27 | 09 | 02 | D 29 |
| | 21 | ♊ 00 | 17 | ♊ 09 | 16 | R 02 | ♍ 00 |
| J | 1 | 11 | R 14 | 23 | 24 | 02 | 00 |
| | 11 | 20 | 09 | ♋ 05 | ♊ 01 | 01 | 01 |
| | 21 | ♋ 00 | D 10 | 17 | 08 | 01 | 02 |
| J | 1 | 09 | 18 | 29 | 15 | 00 | 02 |
| | 11 | 19 | ♋ 02 | ♌ 12 | 22 | ♑ 28 | 03 |
| | 21 | 28 | 22 | 24 | 29 | 27 | 04 |
| A | 1 | ♌ 09 | ♌ 15 | ♍ 05 | ♋ 06 | 26 | 06 |
| | 11 | 18 | ♍ 04 | 19 | 13 | 25 | 07 |
| | 21 | 28 | 20 | ♎ 01 | 19 | 24 | 08 |
| S | 1 | ♍ 09 | ♎ 05 | 14 | 26 | 23 | 09 |
| | 11 | 18 | 15 | 26 | ♌ 03 | 22 | 11 |
| | 21 | 28 | R 19 | ♏ 08 | 09 | D 22 | 12 |
| O | 1 | ♎ 08 | 13 | 20 | 15 | 23 | 13 |
| | 11 | 18 | 04 | ♐ 01 | 21 | 23 | 14 |
| | 21 | 28 | D 10 | 13 | 27 | 23 | 15 |
| N | 1 | ♏ 09 | 26 | 25 | ♍ 03 | 25 | 17 |
| | 11 | 19 | ♏ 13 | ♑ 06 | 09 | 27 | 17 |
| | 21 | 29 | 29 | 16 | 14 | 28 | 18 |
| D | 1 | ♐ 09 | ♐ 14 | 26 | 19 | ♒ 00 | 19 |
| | 11 | 19 | ♑ 00 | ♒ 04 | 24 | 02 | 19 |
| | 21 | 29 | 15 | 12 | 28 | 04 | 19 |

| | | | | | |
|---|---|---|---|---|---|
| ♅ | JA 1 | 30 | MR 5 | AP 7 | MA 3 |
| | ♊R28 | 27 | D27 | 27 | 28 |
| | MA 23 | JN 9 | 26 | JL 13 | AU 1 |
| | ♊ 29 | ♋ 00 | 01 | 02 | 03 |
| | AU 22 | OK 11 | NO 29 | DE 24 | |
| | ♋ 04 | R05 | 04 | 03 | |
| ♆ | JA 16 | FE 10 | MR 27 | MA 5 | JN 24 |
| | ♎R15 | 15 | 14 | 13 | D12 |
| | AU 10 | SE 13 | OK 10 | NO 7 | DE 13 |
| | ♎ 13 | 14 | 15 | 16 | 17 |
| ♇ | JA 1 | FE 17 | MA 9 | JN 25 | AU 1 |
| | ♌R16 | 15 | D14 | 15 | 16 |
| | SE 1 | OK 25 | DE 1 | | |
| | ♌ 17 | 18 | R18 | | |
| ☊ | JA 10 | 28 | FE 16 | MR 7 | 25 |
| | ♉R01 | 00 | ♈ 29 | 28 | 27 |
| | AP 13 | MA 1 | 22 | JN 10 | 28 |
| | ♈ 26 | 25 | 24 | 23 | 22 |
| | JL 16 | AU 4 | 22 | SE 10 | OK 1 |
| | ♈ 21 | 20 | 19 | 18 | 17 |
| | OK 19 | NO 7 | 25 | DE 16 | |
| | ♈ 16 | 15 | 14 | 13 | |

9

| 1950 | ☉ | ☿ | ♀ | ♂ | ♃ | ♄ |
|---|---|---|---|---|---|---|
| J 1 | ♑11 | ♒00 | ♒17 | ♎02 | ♒07 | R♍19 |
| 11 | 21 | R03 | R19 | 06 | 09 | 19 |
| 21 | ♒01 | ♑22 | 16 | 08 | 11 | 19 |
| F 1 | 12 | D19 | 10 | 10 | 14 | 18 |
| 11 | 22 | 26 | 05 | 11 | 16 | 18 |
| 21 | ♓02 | ♒08 | D03 | R10 | 19 | 17 |
| M 1 | 10 | 20 | 05 | 09 | 21 | 17 |
| 11 | 20 | ♓06 | 09 | 06 | 23 | 16 |
| 21 | ♈00 | 24 | 16 | 03 | 25 | 15 |
| A 1 | 11 | ♈16 | 25 | ♍29 | 27 | 14 |
| 11 | 21 | ♉06 | ♓05 | 25 | 29 | 14 |
| 21 | ♉01 | 21 | 15 | 23 | ♓01 | 13 |
| M 1 | 11 | 27 | 25 | 22 | 03 | 13 |
| 11 | 20 | R25 | ♈06 | D22 | 04 | 13 |
| 21 | ♊00 | 20 | 17 | 24 | 05 | D13 |
| J 1 | 10 | D19 | ♉00 | 27 | 06 | 13 |
| 11 | 20 | 27 | 11 | ♎00 | 07 | 13 |
| 21 | ♋00 | ♊10 | 23 | 04 | 07 | 14 |
| J 1 | 09 | 28 | ♊05 | 08 | R07 | 14 |
| 11 | 19 | ♋19 | 17 | 13 | 07 | 15 |
| 21 | 28 | ♌10 | 29 | 18 | 07 | 16 |
| A 1 | ♌09 | 29 | ♋12 | 25 | 06 | 17 |
| 11 | 18 | ♍14 | 24 | ♏00 | 04 | 18 |
| 21 | 28 | 25 | ♌06 | 07 | 03 | 20 |
| S 1 | ♍08 | ♎02 | 19 | 14 | 02 | 21 |
| 11 | 18 | R♍29 | ♍02 | 20 | 00 | 22 |
| 21 | 28 | 20 | 14 | 27 | ♒29 | 23 |
| O 1 | ♎08 | D20 | 27 | ♐04 | 28 | 25 |
| 11 | 18 | ♎03 | ♎09 | 11 | 28 | 26 |
| 21 | 28 | 20 | 22 | 18 | 28 | 27 |
| N 1 | ♏08 | ♏08 | ♏05 | 26 | D28 | 28 |
| 11 | 19 | 24 | 18 | ♑04 | 28 | 29 |
| 21 | 29 | ♐10 | ♐00 | 12 | 29 | ♎00 |
| D 1 | ♐09 | 25 | 13 | 19 | ♓00 | 01 |
| 11 | 19 | ♑09 | 26 | 27 | 01 | 01 |
| 21 | 29 | 18 | ♑08 | ♒05 | 03 | 02 |

| | | | | | |
|---|---|---|---|---|---|
| ♅ | JA 17 | MR 10 | AP 28 | MA 20 | JN 7 |
| | ♋R02 | D01 | 02 | 03 | 04 |
| | JN 23 | JL 10 | 28 | AU 17 | SE 12 |
| | ♋ 05 | 06 | 07 | 08 | 09 |
| | OK 17 | NO 18 | DE 16 | | |
| | ♋R10 | 09 | 08 | | |
| ♆ | JA 19 | FE 24 | AP 5 | MA 16 | JN 29 |
| | ♎R17 | 17 | 16 | 15 | D15 |
| | AU 5 | SE 10 | OK 8 | NO 4 | DE 8 |
| | ♎ 15 | 16 | 17 | 18 | 19 |
| ♇ | FE 1 | MR 25 | MA 9 | 25 | JL 9 |
| | ♌R17 | 16 | D16 | 16 | 17 |
| | AU 17 | SE 17 | DE 1 | | |
| | ♌ 18 | 19 | R20 | | |
| ☊ | JA 1 | 22 | FE 10 | 28 | MR 19 |
| | ♈R12 | 11 | 10 | 09 | 08 |
| | AP 7 | 25 | MA 16 | JN 4 | 22 |
| | ♈ 07 | 06 | 05 | 04 | 03 |
| | JL 10 | 28 | AU 16 | SE 4 | 25 |
| | ♈ 02 | 01 | 00 | ♓ 29 | 28 |
| | OK 13 | NO 1 | 19 | DE 7 | 28 |
| | ♓ 27 | 26 | 25 | 24 | 23 |

9

| 1951 | ☉ | ☿ | ♀ | ♂ | ♃ | ♄ |
|---|---|---|---|---|---|---|
| J 1 | ♑10 | R♑12 | ♑21 | ♒13 | ♓05 | ♎02 |
| 11 | 20 | 02 | ♒04 | 21 | 07 | 02 |
| 21 | ♒00 | D06 | 16 | 29 | 09 | R02 |
| F 1 | 11 | 18 | ♓00 | ♓07 | 11 | 02 |
| 11 | 21 | ♒02 | 13 | 15 | 13 | 02 |
| 21 | ♓02 | 17 | 25 | 23 | 16 | 01 |
| M 1 | 10 | ♓01 | ♈05 | 29 | 18 | 00 |
| 11 | 20 | 19 | 17 | ♈07 | 20 | 00 |
| 21 | ♈00 | ♈09 | 29 | 15 | 23 | ♍29 |
| A 1 | 10 | 28 | ♉13 | 23 | 25 | 28 |
| 11 | 20 | ♉08 | 25 | ♉00 | 28 | 27 |
| 21 | ♉00 | R07 | ♊07 | 08 | ♈00 | 27 |
| M 1 | 10 | 00 | 18 | 15 | 02 | 26 |
| 11 | 20 | D♈29 | ♋00 | 22 | 04 | 26 |
| 21 | 29 | ♉04 | 11 | ♊00 | 06 | 26 |
| J 1 | ♊10 | 17 | 23 | 07 | 08 | D26 |
| 11 | 19 | ♊03 | ♌04 | 14 | 10 | 26 |
| 21 | 29 | 23 | 14 | 21 | 11 | 26 |
| J 1 | ♋08 | ♋15 | 24 | 28 | 12 | 26 |
| 11 | 18 | ♌05 | ♍02 | ♋05 | 13 | 27 |
| 21 | 27 | 21 | 10 | 11 | 14 | 28 |
| A 1 | ♌08 | ♍05 | 16 | 19 | 14 | 29 |
| 11 | 18 | 13 | 18 | 25 | R14 | ♎00 |
| 21 | 27 | R15 | R17 | ♌02 | 14 | 01 |
| S 1 | ♍08 | 07 | 12 | 09 | 13 | 02 |
| 11 | 17 | D02 | 06 | 15 | 12 | 03 |
| 21 | 27 | 10 | 02 | 21 | 11 | 04 |
| O 1 | ♎07 | 27 | D03 | 28 | 09 | 06 |
| 11 | 17 | ♎15 | 07 | ♍04 | 08 | 07 |
| 21 | 27 | ♏02 | 13 | 10 | 07 | 08 |
| N 1 | ♏08 | 19 | 22 | 16 | 06 | 09 |
| 11 | 18 | ♐04 | ♎01 | 22 | 05 | 11 |
| 21 | 28 | 18 | 11 | 28 | 04 | 12 |
| D 1 | ♐08 | 29 | 22 | ♎04 | 04 | 12 |
| 11 | 18 | R♑01 | ♏03 | 09 | D04 | 13 |
| 21 | 28 | ♐19 | 15 | 15 | 05 | 14 |

| | | | | | |
|---|---|---|---|---|---|
| ♅ | JA 9 | FE 5 | MR 17 | AP 20 | MA 15 |
| | ♋R07 | 06 | D05 | 06 | 07 |
| | JN 4 | 21 | JL 8 | 24 | AU 12 |
| | ♋ 08 | 09 | 10 | 11 | 12 |
| | SE 3 | OK 22 | DE 9 | | |
| | ♋ 13 | R14 | 13 | | |
| ♆ | JA 23 | MR 7 | AP 15 | MA 29 | JL 1 |
| | ♎R20 | 19 | 18 | 17 | D17 |
| | JL 30 | SE 7 | OK 6 | NO 2 | DE 4 |
| | ♎ 17 | 18 | 19 | 20 | 21 |
| ♇ | JA 25 | MR 9 | MA 3 | JN 20 | JL 28 |
| | ♌R19 | 18 | D17 | 18 | 19 |
| | AU 29 | OK 6 | NO 26 | | |
| | ♌ 20 | 21 | R22 | | |
| ☊ | JA 16 | FE 4 | 23 | MR 13 | AP 1 |
| | ♓R22 | 21 | 20 | 19 | 18 |
| | AP 20 | MA 9 | 28 | JN 16 | JL 5 |
| | ♓ 17 | 16 | 15 | 14 | 13 |
| | JL 24 | AU 12 | 30 | SE 18 | OK 7 |
| | ♓ 12 | 11 | 10 | 09 | 08 |
| | OK 26 | NO 14 | DE 3 | 22 | |
| | ♓ 07 | 06 | 05 | 04 | |

9

| 1952 | | ☉ | ☿ | ♀ | ♂ | ♃ | ♄ |
|---|---|---|---|---|---|---|---|
| J | 1 | ♑10 | D♐18 | ♏28 | ♎21 | ♈06 | ♎14 |
| | 11 | 20 | 27 | ♐10 | 26 | 07 | 15 |
| | 21 | ♒00 | ♑10 | 22 | ♏00 | 09 | 15 |
| F | 1 | 11 | 27 | ♑05 | 05 | 10 | R15 |
| | 11 | 21 | ♒13 | 18 | 09 | 12 | 15 |
| | 21 | ♓01 | ♓00 | ♒00 | 13 | 14 | 14 |
| M | 1 | 10 | 17 | 11 | 15 | 16 | 14 |
| | 11 | 20 | ♈06 | 23 | 17 | 18 | 13 |
| | 21 | ♈00 | 18 | ♓05 | 18 | 21 | 13 |
| A | 1 | 11 | R19 | 19 | R18 | 23 | 12 |
| | 11 | 21 | 11 | ♈01 | 17 | 26 | 11 |
| | 21 | ♉01 | D09 | 14 | 14 | 28 | 10 |
| M | 1 | 11 | 14 | 26 | 11 | ♉01 | 09 |
| | 11 | 20 | 25 | ♉08 | 07 | 03 | 09 |
| | 21 | ♊00 | ♉10 | 20 | 04 | 05 | 09 |
| J | 1 | 10 | ♊01 | ♊04 | 01 | 08 | 08 |
| | 11 | 20 | 22 | 16 | D01 | 10 | 08 |
| | 21 | ♋00 | ♋13 | 28 | 02 | 12 | D08 |
| J | 1 | 09 | ♌01 | ♋11 | 04 | 14 | 09 |
| | 11 | 19 | 15 | 23 | 07 | 15 | 09 |
| | 21 | 28 | 24 | ♌05 | 11 | 17 | 10 |
| A | 1 | ♌09 | R27 | 19 | 15 | 19 | 10 |
| | 11 | 18 | 21 | ♍01 | 21 | 20 | 11 |
| | 21 | 28 | 15 | 14 | 26 | 20 | 12 |
| S | 1 | ♍08 | D20 | 27 | ♐03 | 21 | 13 |
| | 11 | 18 | ♍06 | ♎09 | 09 | R21 | 14 |
| | 21 | 28 | 25 | 22 | 15 | 21 | 15 |
| O | 1 | ♎08 | ♎13 | ♏04 | 22 | 20 | 17 |
| | 11 | 18 | 29 | 16 | 29 | 19 | 18 |
| | 21 | 28 | ♏14 | 29 | ♑06 | 18 | 19 |
| N | 1 | ♏09 | ♐00 | ♐12 | 14 | 17 | 20 |
| | 11 | 19 | 11 | 24 | 22 | 16 | 22 |
| | 21 | 29 | R16 | ♑06 | 29 | 14 | 23 |
| D | 1 | ♐09 | 07 | 18 | ♒07 | 13 | 24 |
| | 11 | 19 | D00 | ♒00 | 15 | 12 | 25 |
| | 21 | 29 | 08 | 12 | 22 | 11 | 25 |

| | | | | | |
|---|---|---|---|---|---|
| ♅ | JA 2 | 26 | MR 3 | 19 | AP 2 |
| | ♋R12 | 11 | 10 | D10 | 10 |
| | MA 8 | 29 | JN 16 | JL 3 | 19 |
| | ♋ 11 | 12 | 13 | 14 | 15 |
| | AU 6 | 25 | SE 20 | OK 27 | NO 29 |
| | ♋ 16 | 17 | 18 | R19 | 18 |
| | DE 26 | | | | |
| | ♋ 17 | | | | |
| ♆ | JA 25 | MR 16 | AP 23 | JL 3 | SE 3 |
| | ♎R22 | 21 | 20 | D19 | 20 |
| | OK 3 | 30 | NO 29 | | |
| | ♎ 21 | 22 | 23 | | |
| ♇ | JA 12 | FE 24 | MA 4 | JL 4 | AU 8 |
| | ♌R21 | 20 | D19 | 20 | 21 |
| | SE 9 | OK 22 | NO 26 | DE 28 | |
| | ♌ 22 | 23 | ♌R23 | 23 | |
| ☊ | JA 10 | 29 | FE 16 | MR 6 | 25 |
| | ♓R03 | 02 | 01 | 00 | ♒ 29 |
| | AP 13 | MA 2 | 21 | JN 9 | 28 |
| | ♒ 28 | 27 | 26 | 25 | 24 |
| | JL 17 | AU 4 | 23 | SE 11 | 30 |
| | ♒ 23 | 22 | 21 | 20 | 19 |
| | OK 19 | NO 7 | 26 | DE 15 | |
| | ♒ 18 | 17 | 16 | 15 | |

| 1953 | | ☉ | ☿ | ♀ | ♂ | ♃ | ♄ |
|---|---|---|---|---|---|---|---|
| J | 1 | ♑10 | ♐22 | ♒25 | ♓01 | R♉11 | ♎26 |
| | 11 | 20 | ♑07 | ♓06 | 09 | D11 | 27 |
| | 21 | ♒01 | 22 | 17 | 16 | 11 | 27 |
| F | 1 | 12 | ♒10 | 29 | 25 | 12 | 27 |
| | 11 | 22 | 28 | ♈08 | ♈02 | 13 | R27 |
| | 21 | ♓02 | ♓16 | 17 | 10 | 14 | 27 |
| M | 1 | 10 | 28 | 23 | 16 | 16 | 27 |
| | 11 | 20 | R♈03 | 29 | 23 | 17 | 26 |
| | 21 | ♈00 | ♓25 | ♉01 | ♉01 | 19 | 26 |
| A | 1 | 11 | 20 | R00 | 09 | 21 | 25 |
| | 11 | 21 | D24 | ♈25 | 16 | 24 | 24 |
| | 21 | ♉01 | ♈04 | 19 | 23 | 26 | 23 |
| M | 1 | 10 | 18 | 15 | ♊00 | 28 | 23 |
| | 11 | 20 | ♉05 | D16 | 07 | ♊00 | 22 |
| | 21 | ♊00 | 25 | 20 | 14 | 03 | 21 |
| J | 1 | 10 | ♊19 | 27 | 21 | 05 | 21 |
| | 11 | 20 | ♋09 | ♉05 | 28 | 08 | 21 |
| | 21 | 29 | 24 | 14 | ♋05 | 10 | 21 |
| J | 1 | ♋09 | ♌04 | 23 | 11 | 12 | D21 |
| | 11 | 18 | 08 | ♊04 | 18 | 14 | 21 |
| | 21 | 28 | R05 | 14 | 24 | 16 | 21 |
| A | 1 | ♌08 | ♋28 | 27 | ♌01 | 18 | 22 |
| | 11 | 18 | D♌00 | ♋08 | 08 | 20 | 22 |
| | 21 | 28 | 12 | 19 | 14 | 22 | 23 |
| S | 1 | ♍08 | ♍02 | ♌02 | 21 | 23 | 24 |
| | 11 | 18 | 21 | 14 | 28 | 25 | 25 |
| | 21 | 28 | ♎09 | 26 | ♍04 | 26 | 26 |
| O | 1 | ♎08 | 25 | ♍08 | 10 | 26 | 27 |
| | 11 | 17 | ♏09 | 21 | 17 | 26 | 29 |
| | 21 | 27 | 21 | ♎03 | 23 | R26 | ♏00 |
| N | 1 | ♏08 | ♐00 | 17 | ♎00 | 26 | 01 |
| | 11 | 18 | R♏27 | 29 | 06 | 25 | 02 |
| | 21 | 28 | 15 | ♏12 | 12 | 24 | 03 |
| D | 1 | ♐09 | D18 | 24 | 18 | 23 | 05 |
| | 11 | 19 | ♐01 | ♐07 | 24 | 22 | 06 |
| | 21 | 29 | 15 | 19 | ♏00 | 20 | 07 |

| | | | | | |
|---|---|---|---|---|---|
| ♅ | JA 18 | FE 14 | MR 24 | AP 28 | MA 23 |
| | ♋R16 | 15 | D14 | 15 | 16 |
| | JN 11 | 29 | JL 15 | AU 1 | 19 |
| | ♋ 17 | 18 | 19 | 20 | 21 |
| | SE 9 | OK 14 | 31 | NO 14 | DE 20 |
| | ♋ 22 | 23 | R23 | 23 | 22 |
| ♆ | JA 28 | MR 26 | MA 2 | JL 4 | AU 31 |
| | ♎R24 | 23 | 22 | D21 | 22 |
| | SE 30 | OK 27 | NO 25 | | |
| | ♎ 23 | 24 | 25 | | |
| ♇ | FE 13 | AP 3 | MA 4 | JN 1 | JL 17 |
| | ♌R22 | 21 | D21 | 21 | 22 |
| | AU 18 | SE 20 | NO 30 | | |
| | ♌ 23 | 24 | R25 | | |
| ☊ | JA 2 | 21 | FE 9 | 28 | MR 19 |
| | ♒R14 | 13 | 12 | 11 | 10 |
| | AP 7 | 26 | MA 15 | JN 3 | 21 |
| | ♒ 09 | 08 | 07 | 06 | 05 |
| | JL 10 | 29 | AU 17 | SE 5 | 24 |
| | ♒ 04 | 03 | 02 | 01 | 00 |
| | OK 13 | NO 1 | 20 | DE 8 | 27 |
| | ♑ 29 | 28 | 27 | 26 | 25 |

| 1954 | ☉ | ☿ | ♀ | ♂ | ♃ | ♄ |
|---|---|---|---|---|---|---|
| J 1 | ♑ 10 | ♑ 02 | ♑ 03 | ♏ 07 | R ♊ 19 | ♏ 07 |
| 11 | 20 | 18 | 16 | 13 | 18 | 08 |
| 21 | ♒ 00 | ♒ 05 | 28 | 19 | 17 | 09 |
| F 1 | 12 | 24 | ♒ 12 | 25 | 17 | 09 |
| 11 | 22 | ♓ 09 | 25 | ♐ 01 | 16 | 09 |
| 21 | ♓ 02 | R16 | ♓ 07 | 06 | D17 | R09 |
| M 1 | 10 | 11 | 17 | 10 | 17 | 09 |
| 11 | 20 | 02 | ♈ 00 | 16 | 18 | 09 |
| 21 | ♈ 00 | D04 | 12 | 20 | 19 | 09 |
| A 1 | 11 | 13 | 26 | 25 | 20 | 08 |
| 11 | 21 | 26 | ♉ 08 | 29 | 22 | 07 |
| 21 | ♉ 00 | ♈ 12 | 20 | ♑ 03 | 23 | 06 |
| M 1 | 10 | ♉ 01 | ♊ 03 | 06 | 25 | 06 |
| 11 | 20 | 22 | 15 | 08 | 27 | 05 |
| 21 | 29 | ♊ 13 | 27 | 08 | 29 | 04 |
| J 1 | ♊ 10 | ♋ 02 | ♋ 10 | R08 | ♋ 02 | 04 |
| 11 | 20 | 13 | 22 | 06 | 04 | 03 |
| 21 | 29 | 19 | ♌ 04 | 04 | 06 | 03 |
| J 1 | ♋ 09 | R17 | 16 | 01 | 08 | 03 |
| 11 | 18 | 11 | 27 | ♐ 28 | 11 | D03 |
| 21 | 28 | D10 | ♍ 09 | 26 | 13 | 03 |
| A 1 | ♌ 08 | 19 | 21 | D26 | 15 | 03 |
| 11 | 18 | ♌ 07 | ♎ 02 | 27 | 18 | 04 |
| 21 | 27 | 27 | 13 | 29 | 20 | 04 |
| S 1 | ♍ 08 | ♍ 17 | 24 | ♑ 03 | 22 | 05 |
| 11 | 18 | ♎ 04 | ♏ 04 | 07 | 23 | 06 |
| 21 | 27 | 19 | 13 | 12 | 25 | 07 |
| O 1 | ♎ 07 | ♏ 02 | 20 | 17 | 27 | 08 |
| 11 | 17 | 12 | 26 | 23 | 28 | 09 |
| 21 | 27 | R14 | ♐ 00 | ♒ 00 | 29 | 10 |
| N 1 | ♏ 08 | 03 | R ♏ 29 | 07 | ♌ 00 | 12 |
| 11 | 18 | D00 | 25 | 14 | 00 | 13 |
| 21 | 28 | 10 | 19 | 21 | R00 | 14 |
| D 1 | ♐ 08 | 25 | 15 | 28 | 00 | 15 |
| 11 | 18 | ♐ 10 | D15 | ♓ 05 | ♋ 29 | 16 |
| 21 | 29 | 26 | 19 | 12 | 28 | 17 |

| | | | | | |
|---|---|---|---|---|---|
| ♅ | JA 13 | FE 6 | MR 29 | MA 15 | JN 6 |
| | ♋ R21 | 20 | D19 | 20 | 21 |
| | JN 24 | JL 10 | 27 | AU 13 | SE 1 |
| | ♋ 22 | 23 | 24 | 25 | 26 |
| | SE 24 | NO 5 | DE 14 | | |
| | ♋ 27 | R28 | 27 | | |
| ♆ | JA 29 | AP 4 | MA 12 | JL 7 | AU 27 |
| | ♎ R26 | 25 | 24 | D23 | 24 |
| | SE 28 | OK 25 | NO 22 | | |
| | ♎ 25 | 26 | 27 | | |
| ♇ | FE 5 | MR 20 | MA 7 | JN 19 | JL 27 |
| | ♌ R24 | 23 | D23 | 23 | 24 |
| | AU 28 | OK 1 | DE 3 | | |
| | ♌ 25 | 26 | R27 | | |
| ☊ | JA 15 | FE 3 | 22 | MR 13 | AP 1 |
| | ♑ R24 | 23 | 22 | 21 | 20 |
| | AP 20 | MA 8 | 27 | JN 15 | JL 4 |
| | ♑ 19 | 18 | 17 | 16 | 15 |
| | JL 23 | AU 11 | 30 | SE 18 | OK 7 |
| | ♑ 14 | 13 | 12 | 11 | 10 |
| | OK 25 | NO 13 | DE 2 | 21 | |
| | ♑ 09 | 08 | 07 | 06 | |

9

| 1955 | | ☉ | ☿ | ♀ | ♂ | ♃ | ♄ |
|---|---|---|---|---|---|---|---|
| J | 1 | ♑10 | ♑14 | ♏26 | ♓20 | R♋27 | ♏18 |
| | 11 | 20 | ♒00 | ♐04 | 27 | 26 | 19 |
| | 21 | ♒00 | 16 | 13 | ♈04 | 24 | 20 |
| F | 1 | 11 | 29 | 25 | 12 | 23 | 20 |
| | 11 | 21 | R25 | ♑05 | 19 | 22 | 21 |
| | 21 | ♓02 | 16 | 16 | 26 | 21 | 21 |
| M | 1 | 10 | D15 | 26 | ♉02 | 20 | 21 |
| | 11 | 20 | 22 | ♒07 | 09 | 20 | R21 |
| | 21 | ♈00 | ♓04 | 19 | 16 | D20 | 21 |
| A | 1 | 11 | 20 | ♓02 | 23 | 20 | 20 |
| | 11 | 20 | ♈08 | 14 | ♊00 | 21 | 20 |
| | 21 | ♉00 | 28 | 26 | 07 | 22 | 19 |
| M | 1 | 10 | ♉19 | ♈08 | 13 | 23 | 18 |
| | 11 | 20 | ♊08 | 20 | 20 | 24 | 18 |
| | 21 | 29 | 21 | ♉02 | 27 | 26 | 17 |
| J | 1 | ♊10 | 29 | 15 | ♋04 | 28 | 16 |
| | 11 | 19 | R27 | 27 | 10 | ♌00 | 16 |
| | 21 | 29 | 22 | ♊09 | 17 | 02 | 15 |
| J | 1 | ♋08 | D21 | 21 | 23 | 04 | 15 |
| | 11 | 18 | 27 | ♋04 | ♌00 | 06 | 15 |
| | 21 | 27 | ♋11 | 16 | 06 | 08 | D15 |
| A | 1 | ♌08 | ♌03 | 29 | 13 | 10 | 15 |
| | 11 | 18 | 23 | ♌12 | 20 | 13 | 15 |
| | 21 | 27 | ♍12 | 24 | 26 | 15 | 15 |
| S | 1 | ♍08 | 29 | ♍08 | ♍03 | 17 | 16 |
| | 11 | 17 | ♎13 | 20 | 09 | 19 | 17 |
| | 21 | 27 | 24 | ♎03 | 16 | 21 | 18 |
| O | 1 | ♎07 | 29 | 15 | 22 | 23 | 19 |
| | 11 | 17 | R23 | 27 | 28 | 25 | 20 |
| | 21 | 27 | 13 | ♏10 | ♎05 | 27 | 21 |
| N | 1 | ♏08 | D20 | 24 | 12 | 28 | 22 |
| | 11 | 18 | ♏04 | ♐06 | 18 | 29 | 23 |
| | 21 | 28 | 20 | 19 | 25 | ♍00 | 24 |
| D | 1 | ♐08 | ♐06 | ♑01 | ♏01 | 01 | 25 |
| | 11 | 18 | 22 | 14 | 08 | 01 | 27 |
| | 21 | 28 | ♑08 | 26 | 14 | R01 | 28 |

| | | | | | |
|---|---|---|---|---|---|
| ♅ | JA 9 | FE 1 | MR 2 | AP 3 | MA 2 |
| | ♋R26 | 25 | 24 | D24 | 24 |
| | MA 29 | JN 18 | JL 5 | 22 | AU 7 |
| | ♋ 25 | 26 | 27 | 28 | 29 |
| | AU 25 | SE 14 | OK 12 | NO 11 | DE 6 |
| | ♌ 00 | 01 | 02 | R02 | 02 |
| ♆ | JA 1 | FE 1 | 28 | AP 13 | MA 22 |
| | ♎ 28 | R28 | 28 | 27 | 26 |
| | JL 9 | AU 22 | SE 25 | OK 23 | NO 19 |
| | ♎D25 | 26 | 27 | 28 | 29 |
| | DE 24 | | | | |
| | ♏ 00 | | | | |
| ♇ | JA 28 | MR 11 | MA 9 | JL 1 | AU 5 |
| | ♌R26 | 25 | D24 | 25 | 26 |
| | SE 6 | OK 11 | DE 4 | | |
| | ♌ 27 | 28 | R29 | | |
| ☊ | JA 9 | 28 | FE 16 | MR 7 | 26 |
| | ♑R05 | 04 | 03 | 02 | 01 |
| | AP 13 | MA 2 | 21 | JN 9 | 28 |
| | ♑ 00 | ♐ 29 | 28 | 27 | 26 |
| | JL 17 | AU 5 | 24 | SE 11 | 30 |
| | ♐ 25 | 24 | 23 | 22 | 21 |
| | OK 19 | NO 7 | 26 | DE 15 | |
| | ♐ 20 | 19 | 18 | 17 | |

| 1956 | | ☉ | ☿ | ♀ | ♂ | ♃ | ♄ |
|---|---|---|---|---|---|---|---|
| J | 1 | ♑10 | ♑25 | ♒10 | ♏21 | R♍01 | ♏29 |
| | 11 | 20 | ♒09 | 22 | 28 | 01 | ♐00 |
| | 21 | ♒00 | R13 | ♓04 | ♐05 | 00 | 01 |
| F | 1 | 11 | 01 | 18 | 12 | ♌28 | 01 |
| | 11 | 21 | D♑28 | ♈00 | 18 | 27 | 02 |
| | 21 | ♓01 | ♒05 | 12 | 25 | 26 | 02 |
| M | 1 | 10 | 15 | 22 | ♑01 | 25 | 03 |
| | 11 | 20 | 29 | ♉04 | 07 | 24 | 03 |
| | 21 | ♈00 | ♓16 | 15 | 14 | 23 | R03 |
| A | 1 | 11 | ♈06 | 27 | 21 | 22 | 02 |
| | 11 | 21 | 26 | ♊07 | 27 | 22 | 02 |
| | 21 | ♉01 | ♉16 | 16 | ♒04 | D22 | 02 |
| M | 1 | 11 | ♊01 | 25 | 10 | 22 | 01 |
| | 11 | 20 | 08 | ♋02 | 16 | 22 | 00 |
| | 21 | ♊00 | R07 | 07 | 22 | 23 | ♏29 |
| J | 1 | 10 | 02 | R09 | 29 | 24 | 29 |
| | 11 | 20 | D01 | 07 | ♓04 | 26 | 28 |
| | 21 | ♋00 | 07 | 02 | 09 | 27 | 27 |
| J | 1 | 09 | 20 | ♊26 | 14 | 29 | 27 |
| | 11 | 19 | ♋08 | 23 | 18 | ♍01 | 26 |
| | 21 | 28 | ♌00 | D23 | 21 | 03 | 26 |
| A | 1 | ♌09 | 21 | 28 | 23 | 05 | D26 |
| | 11 | 18 | ♍09 | ♋05 | 24 | 07 | 26 |
| | 21 | 28 | 23 | 13 | R23 | 09 | 27 |
| S | 1 | ♍09 | ♎06 | 23 | 21 | 11 | 27 |
| | 11 | 18 | 12 | ♌03 | 18 | 13 | 28 |
| | 21 | 28 | R09 | 13 | 16 | 16 | 28 |
| O | 1 | ♎08 | ♍29 | 24 | 14 | 18 | 29 |
| | 11 | 18 | D♎00 | ♍06 | D13 | 20 | ♐00 |
| | 21 | 28 | 13 | 17 | 14 | 22 | 01 |
| N | 1 | ♏09 | ♏01 | ♎00 | 16 | 24 | 02 |
| | 11 | 19 | 17 | 12 | 19 | 26 | 03 |
| | 21 | 29 | ♐03 | 24 | 23 | 27 | 05 |
| D | 1 | ♐09 | 19 | ♏07 | 27 | 29 | 06 |
| | 11 | 19 | ♑04 | 19 | ♈02 | ♎00 | 07 |
| | 21 | 29 | 18 | ♐02 | 08 | 01 | 08 |

| | | | | | |
|---|---|---|---|---|---|
| ♅ | JA 5 | 28 | FE 22 | AP 7 | MA 18 |
| | ♌R01 | 00 | ♋ 29 | D28 | 29 |
| | JN 10 | 29 | JL 15 | AU 1 | 17 |
| | ♌ 00 | 01 | 02 | 03 | 04 |
| | SE 4 | 26 | NO 14 | DE 31 | |
| | ♌ 05 | 06 | R07 | 06 | |
| ♆ | FE 4 | MR 12 | AP 21 | JN 2 | JL 10 |
| | ♏R00 | 00 | ♎ 29 | 28 | D28 |
| | AU 15 | SE 21 | OK 19 | NO 15 | DE 18 |
| | ♎ 28 | 29 | ♏ 00 | 01 | 02 |
| ♇ | JA 22 | MR 3 | MA 10 | JL 10 | AU 12 |
| | ♌R28 | 27 | D26 | 27 | 28 |
| | SE 12 | OK 20 | DE 4 | | |
| | ♌ 29 | ♍ 00 | R00 | | |
| ☊ | JA 3 | 22 | FE 10 | 28 | MR 18 |
| | ♐R16 | 15 | 14 | 13 | 12 |
| | AP 6 | 25 | MA 14 | JN 2 | 21 |
| | ♐ 11 | 10 | 09 | 08 | 07 |
| | JL 10 | 29 | AU 16 | SE 4 | 23 |
| | ♐ 06 | 05 | 04 | 03 | 02 |
| | OK 12 | 31 | NO 19 | DE 8 | 27 |
| | ♐ 01 | 00 | ♏ 29 | 28 | 27 |

| 1957 | ☉ | ☿ | ♀ | ♂ | ♃ | ♄ |
|---|---|---|---|---|---|---|
| J  1 | ♑10 | ♑27 | ♐15 | ♈14 | ♌01 | ♐09 |
|   11 | 21 | R20 | 28 | 19 | 02 | 10 |
|   21 | ♒01 | 11 | ♑10 | 25 | R02 | 11 |
| F  1 | 12 | D17 | 24 | ♉02 | 01 | 12 |
|   11 | 22 | 28 | ♒06 | 08 | 01 | 13 |
|   21 | ♓02 | ♒12 | 19 | 14 | 00 | 14 |
| M  1 | 10 | 24 | 29 | 19 | ♍29 | 14 |
|   11 | 20 | ♓11 | ♓11 | 26 | 28 | 14 |
|   21 | ♈00 | ♈00 | 24 | ♊02 | 26 | 14 |
| A  1 | 11 | 23 | ♈08 | 09 | 25 | R14 |
|   11 | 21 | ♉10 | 20 | 15 | 24 | 14 |
|   21 | ♉01 | 19 | ♉02 | 21 | 23 | 14 |
| M  1 | 10 | R18 | 15 | 28 | 22 | 13 |
|   11 | 20 | 12 | 27 | ♋04 | 22 | 13 |
|   21 | ♊00 | D10 | ♊09 | 10 | D22 | 12 |
| J  1 | 10 | 16 | 23 | 17 | 22 | 11 |
|   11 | 20 | 28 | ♋05 | 23 | 23 | 10 |
|   21 | 29 | ♊14 | 17 | ♌00 | 23 | 10 |
| J  1 | ♋09 | ♋05 | 29 | 06 | 24 | 09 |
|   11 | 18 | 26 | ♌12 | 12 | 26 | 08 |
|   21 | 28 | ♌15 | 24 | 19 | 27 | 08 |
| A  1 | ♌08 | ♍03 | ♍07 | 25 | 29 | 08 |
|   11 | 18 | 15 | 19 | ♍02 | ♌01 | 08 |
|   21 | 28 | 23 | ♎01 | 08 | 03 | D08 |
| S  1 | ♍08 | R24 | 14 | 15 | 05 | 08 |
|   11 | 18 | 16 | 26 | 22 | 07 | 08 |
|   21 | 28 | D11 | ♏08 | 28 | 09 | 09 |
| O  1 | ♎08 | 21 | 20 | ♎04 | 11 | 10 |
|   11 | 17 | ♎08 | ♐01 | 11 | 13 | 10 |
|   21 | 27 | 25 | 12 | 17 | 15 | 11 |
| N  1 | ♏08 | ♏13 | 25 | 25 | 18 | 12 |
|   11 | 18 | 29 | ♑05 | ♏01 | 20 | 14 |
|   21 | 28 | ♐14 | 16 | 08 | 22 | 15 |
| D  1 | ♐09 | 28 | 25 | 15 | 24 | 16 |
|   11 | 19 | ♑09 | ♒04 | 22 | 25 | 17 |
|   21 | 29 | R10 | 10 | 29 | 27 | 18 |

| ♅ | JA 24 | FE 17 | MR 24 | AP 12 | | 28 |
|---|---|---|---|---|---|---|
| | ♌R05 | 04 | 03 | D03 | | 03 |
| | JN 1 | 22 | JL 9 | 26 | | AU 11 |
| | ♌ 04 | 05 | 06 | 07 | | 08 |
| | AU 28 | SE 16 | OK 10 | NO 19 | | DE 26 |
| | ♌ 09 | 10 | 11 | R12 | | 11 |

| ♆ | FE 5 | MR 23 | AP 30 | JN 16 | | JL 14 |
|---|---|---|---|---|---|---|
| | ♏R03 | 02 | 01 | 00 | | D00 |
| | AU 6 | SE 18 | OK 17 | NO 13 | | DE 14 |
| | ♏ 00 | 01 | 02 | 03 | | 04 |

| ♇ | JA 15 | FE 26 | MA 11 | JL 18 | | AU 19 |
|---|---|---|---|---|---|---|
| | ♍R00 | ♌ 29 | D28 | 29 | | ♍ 00 |
| | SE 19 | OK 29 | DE 6 | | | |
| | ♍ 01 | 02 | R02 | | | |

| ☊ | JA 14 | FE 2 | 21 | MR 12 | | 31 |
|---|---|---|---|---|---|---|
| | ♏R00 | 25 | 24 | 23 | | 22 |
| | AP 19 | MA 8 | 27 | JN 15 | | JL 3 |
| | ♏ 21 | 20 | 19 | 18 | | 17 |
| | JL 22 | AU 10 | 29 | SE 17 | | OK 6 |
| | ♏ 16 | 15 | 14 | 13 | | 12 |
| | OK 25 | NO 13 | DE 1 | 20 | | |
| | ♏ 11 | 10 | 09 | 08 | | |

9

| 1958 | ☉ | ☿ | ♀ | ♂ | ♃ | ♄ |
|---|---|---|---|---|---|---|
| J 1 | ♑10 | R♐27 | ♒15 | ♐06 | ♎29 | ♐19 |
| 11 | 20 | D27 | R16 | 13 | ♏00 | 21 |
| 21 | ♒00 | ♑07 | 13 | 20 | 01 | 22 |
| F 1 | 12 | 22 | 06 | 28 | 01 | 23 |
| 11 | 22 | ♒07 | 02 | ♑05 | 02 | 24 |
| 21 | ♓02 | 23 | D01 | 12 | R02 | 24 |
| M 1 | 10 | ♓07 | 03 | 18 | 01 | 25 |
| 11 | 20 | 27 | 08 | 25 | 01 | 25 |
| 21 | ♈00 | ♈15 | 15 | ♒03 | 00 | 26 |
| A 1 | 11 | 29 | 25 | 11 | ♎29 | 26 |
| 11 | 21 | R♉00 | ♓04 | 18 | 28 | R26 |
| 21 | ♉00 | ♈23 | 14 | 26 | 26 | 25 |
| M 1 | 10 | D20 | 25 | ♓03 | 25 | 25 |
| 11 | 20 | 24 | ♈06 | 10 | 24 | 25 |
| 21 | 29 | ♉05 | 17 | 18 | 23 | 24 |
| J 1 | ♊10 | 21 | ♉00 | 26 | 22 | 23 |
| 11 | 20 | ♊10 | 11 | ♈03 | 22 | 23 |
| 21 | 29 | ♋02 | 23 | 10 | D22 | 22 |
| J 1 | ♋09 | 23 | ♊05 | 17 | 22 | 21 |
| 11 | 18 | ♌10 | 17 | 23 | 22 | 21 |
| 21 | 28 | 24 | 29 | ♉00 | 23 | 20 |
| A 1 | ♌08 | ♍05 | ♋12 | 07 | 24 | 20 |
| 11 | 18 | R08 | 24 | 12 | 26 | 19 |
| 21 | 27 | 02 | ♌06 | 18 | 27 | 19 |
| S 1 | ♍08 | ♌25 | 20 | 23 | 29 | D19 |
| 11 | 18 | D♍00 | ♍02 | 27 | ♏01 | 19 |
| 21 | 28 | 15 | 14 | ♊00 | 03 | 20 |
| O 1 | ♎07 | ♎04 | 27 | 02 | 05 | 20 |
| 11 | 17 | 21 | ♎09 | R03 | 07 | 21 |
| 21 | 27 | ♏07 | 22 | 02 | 09 | 22 |
| N 1 | ♏08 | 24 | ♏05 | ♉29 | 11 | 23 |
| 11 | 18 | ♐08 | 18 | 26 | 13 | 24 |
| 21 | 28 | 20 | ♐01 | 22 | 16 | 25 |
| D 1 | ♐08 | R26 | 13 | 19 | 18 | 26 |
| 11 | 18 | 16 | 26 | 17 | 20 | 27 |
| 21 | 29 | D09 | ♑08 | D17 | 22 | 28 |

| | | | | | |
|---|---|---|---|---|---|
| ♅ | JA 21 | FE 13 | MR 13 | AP 18 | MA 18 |
| | ♌R10 | 09 | 08 | D08 | 08 |
| | JN 13 | JL 3 | 20 | AU 5 | 21 |
| | ♌ 09 | 10 | 11 | 12 | 13 |
| | SE 8 | 27 | OK 25 | NO 23 | DE 21 |
| | ♌ 14 | 15 | 16 | R16 | 16 |
| ♆ | FE 8 | AP 2 | MA 9 | JL 16 | SE 15 |
| | ♏R05 | 04 | 03 | D02 | 03 |
| | OK 14 | NO 10 | DE 10 | | |
| | ♏ 04 | 05 | 06 | | |
| ♇ | JA 10 | FE 23 | AP 11 | MA 14 | JN 11 |
| | ♍R02 | 01 | 00 | D00 | 00 |
| | JL 25 | AU 25 | SE 25 | NO 6 | DE 9 |
| | ♍ 01 | 02 | 03 | 04 | R04 |
| ☊ | JA 8 | 27 | FE 15 | MR 6 | 25 |
| | ♏R07 | 06 | 05 | 04 | 03 |
| | AP 13 | MA 2 | 20 | JN 8 | 27 |
| | ♏ 02 | 01 | 00 | ♎ 29 | 28 |
| | JL 16 | AU 4 | 23 | SE 11 | 30 |
| | ♎ 27 | 26 | 25 | 24 | 23 |
| | OK 18 | NO 6 | 25 | DE 14 | |
| | ♎ 22 | 21 | 20 | 19 | |

| 1959 | ☉ | ☿ | ♀ | ♂ | ♃ | ♄ |
|---|---|---|---|---|---|---|
| J 1 | ♑ 10 | ♐ 18 | ♑ 22 | ♉ 17 | ♏ 24 | ♐ 29 |
| 11 | 20 | ♑ 00 | ♒ 05 | 19 | 26 | ♑ 01 |
| 21 | ♒ 00 | 15 | 17 | 22 | 27 | 02 |
| F 1 | 11 | ♒ 02 | ♓ 01 | 26 | 29 | 03 |
| 11 | 22 | 19 | 13 | ♊ 00 | ♐ 00 | 04 |
| 21 | ♓ 02 | ♓ 07 | 26 | 05 | 01 | 05 |
| M 1 | 10 | 22 | ♈ 06 | 09 | 01 | 05 |
| 11 | 20 | ♈ 08 | 18 | 14 | 02 | 06 |
| 21 | ♈ 00 | R 13 | ♉ 00 | 19 | R 03 | 06 |
| A 1 | 11 | 06 | 13 | 25 | 02 | 07 |
| 11 | 20 | 01 | 25 | ♋ 00 | 01 | 07 |
| 21 | ♉ 00 | D 04 | ♊ 07 | 06 | 00 | R 07 |
| M 1 | 10 | 13 | 19 | 12 | ♏ 29 | 07 |
| 11 | 20 | 27 | ♋ 00 | 18 | 28 | 07 |
| 21 | 29 | ♉ 14 | 12 | 23 | 27 | 06 |
| J 1 | ♊ 10 | ♊ 07 | 24 | ♌ 00 | 25 | 06 |
| 11 | 19 | 29 | ♌ 04 | 06 | 24 | 05 |
| 21 | 29 | ♋ 18 | 14 | 12 | 23 | 04 |
| J 1 | ♋ 08 | ♌ 03 | 24 | 18 | 23 | 03 |
| 11 | 18 | 14 | ♍ 02 | 24 | 22 | 03 |
| 21 | 28 | 19 | 09 | ♍ 00 | 22 | 02 |
| A 1 | ♌ 08 | R 16 | 14 | 07 | D 22 | 01 |
| 11 | 18 | 09 | 16 | 13 | 23 | 01 |
| 21 | 27 | D 09 | R 14 | 20 | 24 | 01 |
| S 1 | ♍ 08 | 23 | 08 | 27 | 25 | 00 |
| 11 | 18 | ♍ 11 | 03 | ♎ 03 | 26 | D 00 |
| 21 | 27 | ♎ 00 | 00 | 10 | 28 | 01 |
| O 1 | ♎ 07 | 17 | D 01 | 16 | 29 | 01 |
| 11 | 17 | ♏ 03 | 06 | 23 | ♐ 01 | 01 |
| 21 | 27 | 17 | 12 | ♏ 00 | 03 | 02 |
| N 1 | ♏ 08 | ♐ 01 | 22 | 07 | 05 | 03 |
| 11 | 18 | 09 | ♎ 01 | 14 | 07 | 04 |
| 21 | 28 | R 06 | 12 | 21 | 10 | 05 |
| D 1 | ♐ 08 | ♏ 24 | 22 | 28 | 12 | 06 |
| 11 | 18 | D 27 | ♏ 04 | ♐ 05 | 14 | 07 |
| 21 | 28 | ♐ 09 | 15 | 12 | 16 | 08 |

| | ☉ | ☿ | ♀ | ♂ | ♃ | ♄ |
|---|---|---|---|---|---|---|
| ♅ | JA 19 | FE 11 | MR 8 | AP 22 | | JN 1 |
| | Ω R15 | 14 | 13 | D 12 | | 13 |
| | JN 25 | JL 13 | 30 | AU 15 | | 31 |
| | Ω 14 | 15 | 16 | 17 | | 18 |
| | SE 18 | OK 9 | NO 29 | | | |
| | Ω 19 | 20 | R 21 | | | |
| ♆ | FE 9 | AP 11 | MA 19 | JL 18 | | SE 11 |
| | ♏ R07 | 06 | 05 | D 04 | | 05 |
| | OK 12 | NO 8 | DE 6 | | | |
| | ♏ 06 | 07 | 08 | | | |
| ♇ | JA 6 | FE 21 | AP 6 | MA 15 | | JN 20 |
| | ♍ R04 | 03 | 02 | D 02 | | |
| | JL 30 | AU 30 | SE 30 | NO 13 | | DE 11 |
| | ♍ 03 | 04 | 05 | 06 | | R 06 |
| ☊ | JA 2 | 21 | FE 9 | | 28 | MR 19 |
| | Ω R18 | 17 | 16 | | 15 | 14 |
| | AP 6 | 25 | MA 14 | JN 2 | | 21 |
| | Ω 13 | 12 | 11 | 10 | | 09 |
| | JL 10 | 29 | AU 17 | SE 5 | | 23 |
| | Ω 08 | 07 | 06 | 05 | | 04 |
| | OK 12 | 31 | NO 19 | DE 8 | | 27 |
| | Ω 03 | 02 | 01 | 00 | | ♍ 29 |

| 1960 | | ☉ | ☿ | ♀ | ♂ | ♃ | ♄ |
|---|---|---|---|---|---|---|---|
| J | 1 | ♑10 | ♐25 | ♏28 | ♐20 | ♐19 | ♑09 |
| | 11 | 20 | ♑10 | ♐10 | 28 | 21 | 11 |
| | 21 | ♒00 | 26 | 22 | ♑05 | 23 | 12 |
| F | 1 | 11 | ♒15 | ♑06 | 13 | 25 | 13 |
| | 11 | 21 | ♓03 | 18 | 21 | 27 | 14 |
| | 21 | ♓01 | 19 | ♒00 | 28 | 29 | 15 |
| M | 1 | 10 | 26 | 11 | ♒05 | ♑00 | 16 |
| | 11 | 20 | R20 | 24 | 13 | 01 | 17 |
| | 21 | ♈00 | 13 | ♓06 | 21 | 02 | 17 |
| A | 1 | 11 | D15 | 20 | 29 | 03 | 18 |
| | 11 | 21 | 24 | ♈02 | ♓07 | 03 | 18 |
| | 21 | ♉01 | ♈07 | 14 | 14 | R04 | 18 |
| M | 1 | 11 | 23 | 27 | 22 | 03 | R18 |
| | 11 | 20 | ♉13 | ♉09 | ♈00 | 03 | 18 |
| | 21 | ♊00 | ♊04 | 21 | 07 | 02 | 18 |
| J | 1 | 11 | 27 | ♊05 | 16 | 01 | 18 |
| | 11 | 20 | ♋13 | 17 | 23 | 00 | 17 |
| | 21 | ♋00 | 24 | 29 | ♉00 | ♐29 | 16 |
| J | 1 | 09 | ♌00 | ♋11 | 08 | 27 | 16 |
| | 11 | 19 | R♋28 | 24 | 15 | 26 | 15 |
| | 21 | 28 | 22 | ♌06 | 22 | 25 | 14 |
| A | 1 | ♌09 | D21 | 20 | 29 | 24 | 13 |
| | 11 | 18 | ♌00 | ♍02 | ♊06 | 24 | 13 |
| | 21 | 28 | 18 | 14 | 12 | 24 | 12 |
| S | 1 | ♍09 | ♍10 | 28 | 19 | D24 | 12 |
| | 11 | 18 | 28 | ♎10 | 25 | 24 | 12 |
| | 21 | 28 | ♎14 | 22 | ♋00 | 25 | D12 |
| O | 1 | ♎08 | 29 | ♏05 | 05 | 26 | 12 |
| | 11 | 18 | ♏12 | 17 | 09 | 28 | 12 |
| | 21 | 28 | 22 | 29 | 13 | 29 | 13 |
| N | 1 | ♏09 | R23 | ♐13 | 16 | ♑01 | 14 |
| | 11 | 19 | 11 | 25 | 18 | 03 | 14 |
| | 21 | 29 | D09 | ♑07 | 19 | 05 | 15 |
| D | 1 | ♐09 | 20 | 19 | R18 | 07 | 16 |
| | 11 | 19 | ♐05 | ♒01 | 16 | 09 | 17 |
| | 21 | 29 | 20 | 13 | 12 | 12 | 18 |

| | | | | | |
|---|---|---|---|---|---|
| ♅ | JA 17 | FE 9 | MR 4 | AP 27 | JN 13 |
| | ♌R20 | 19 | 18 | D17 | 18 |
| | JL 4 | 22 | AU 8 | 24 | SE 9 |
| | ♌ 19 | 20 | 21 | 22 | 23 |
| | SE 27 | OK 20 | DE 3 | | |
| | ♌ 24 | 25 | R26 | | |
| ♆ | JA 19 | FE 11 | MR 3 | AP 20 | MA 28 |
| | ♏ 09 | R09 | 09 | 08 | 07 |
| | JL 21 | SE 5 | OK 8 | NO 5 | DE 2 |
| | ♏D06 | 07 | 08 | 09 | 10 |
| ♇ | JA 3 | FE 20 | AP 3 | MA 18 | JN 25 |
| | ♍R06 | 05 | 04 | D04 | 04 |
| | AU 2 | SE 2 | OK 2 | NO 18 | DE 11 |
| | ♍ 05 | 06 | 07 | 08 | R08 |
| ☊ | JA 15 | FE 3 | 21 | MR 11 | 30 |
| | ♍R28 | 27 | 26 | 25 | 24 |
| | AP 18 | MA 7 | 26 | JN 14 | JL 3 |
| | ♍ 23 | 22 | 21 | 20 | 19 |
| | JL 22 | AU 9 | 28 | SE 16 | OK 5 |
| | ♍ 18 | 17 | 16 | 15 | 14 |
| | OK 24 | NO 12 | DE 1 | 20 | |
| | ♍ 13 | 12 | 11 | 10 | |

| 1961 | ☉ | ☿ | ♀ | ♂ | ♃ | ♄ |
|---|---|---|---|---|---|---|
| J 1 | ♑ 10 | ♑ 07 | ♒ 25 | R♋08 | ♑ 14 | ♑ 20 |
| 11 | 21 | 24 | ♓ 07 | 04 | 16 | 21 |
| 21 | ♒ 01 | ♒ 11 | 17 | 02 | 19 | 22 |
| F 1 | 12 | 29 | 29 | 00 | 21 | 23 |
| 11 | 22 | ♐ 09 | ♈ 08 | D00 | 23 | 24 |
| 21 | ♓ 02 | R04 | 17 | 01 | 26 | 25 |
| M 1 | 10 | ♒ 26 | 22 | 03 | 27 | 26 |
| 11 | 20 | D25 | 27 | 06 | 29 | 27 |
| 21 | ♈ 00 | ♓ 02 | 29 | 09 | ♒ 01 | 28 |
| A 1 | 11 | 16 | R27 | 13 | 03 | 29 |
| 11 | 21 | ♈ 01 | 21 | 18 | 04 | 29 |
| 21 | ♉ 01 | 19 | 15 | 22 | 05 | ♒ 00 |
| M 1 | 10 | ♉ 09 | 13 | 27 | 06 | 00 |
| 11 | 20 | ♊ 01 | D14 | ♌ 03 | 07 | R00 |
| 21 | ♊ 00 | 19 | 19 | 08 | 07 | 00 |
| J 1 | 10 | ♋ 04 | 26 | 14 | R07 | ♑ 29 |
| 11 | 20 | 10 | ♉ 04 | 20 | 07 | 29 |
| 21 | 29 | R09 | 14 | 25 | 06 | 29 |
| J 1 | ♋ 09 | 04 | 24 | ♍ 01 | 05 | 28 |
| 11 | 18 | D02 | ♊ 04 | 07 | 04 | 27 |
| 21 | 28 | 08 | 15 | 13 | 03 | 26 |
| A 1 | ♌ 09 | 24 | 27 | 20 | 01 | 26 |
| 11 | 18 | ♌ 14 | ♋ 08 | 26 | 00 | 25 |
| 21 | 28 | ♍ 04 | 20 | ♎ 03 | ♑ 29 | 24 |
| S 1 | ♍ 08 | 24 | ♌ 03 | 10 | 28 | 24 |
| 11 | 18 | ♎ 09 | 15 | 16 | 28 | 23 |
| 21 | 28 | 23 | 27 | 23 | 27 | 23 |
| O 1 | ♎ 08 | ♏ 03 | ♍ 09 | 29 | D27 | D23 |
| 11 | 17 | 08 | 21 | ♏ 06 | 28 | 23 |
| 21 | 27 | R01 | ♎ 04 | 13 | 29 | 24 |
| N 1 | ♏ 08 | D♎22 | 17 | 21 | ♒ 00 | 24 |
| 11 | 18 | ♏ 00 | ♏ 00 | 28 | 01 | 25 |
| 21 | 28 | 14 | 12 | ♐ 05 | 02 | 26 |
| D 1 | ♐ 09 | ♐ 00 | 25 | 12 | 04 | 26 |
| 11 | 19 | 16 | ♐ 07 | 20 | 06 | 27 |
| 21 | 29 | ♑ 02 | 20 | 27 | 08 | 28 |

| | | | | | |
|---|---|---|---|---|---|
| ♅ | JA 13 | FE 7 | MR 2 | AP 1 | 30 |
| | ♌R25 | 24 | 23 | 22 | D22 |
| | MA 27 | JN 25 | JL 14 | AU 1 | 17 |
| | ♌ 22 | 23 | 24 | 25 | 26 |
| | SE 2 | 19 | OK 8 | NO 2 | DE 8 |
| | ♌ 27 | 28 | 29 | ♍ 00 | R01 |
| ♆ | JA 9 | FE 13 | MR 18 | AP 29 | JN 8 |
| | ♏ 11 | R11 | 11 | 10 | 09 |
| | JL 22 | AU 31 | OK 6 | NO 2 | 30 |
| | ♏D09 | 09 | 10 | 11 | 12 |
| ♇ | JA 2 | FE 20 | AP 3 | MA 18 | JN 29 |
| | ♍R08 | 07 | 06 | D06 | 06 |
| | AU 6 | SE 4 | OK 5 | NO 20 | DE 15 |
| | ♍ 07 | 08 | 09 | 10 | R10 |
| ☊ | JA 7 | 26 | FE 14 | MR 5 | 24 |
| | ♍R09 | 08 | 07 | 06 | 05 |
| | AP 12 | MA 1 | 20 | JN 8 | 26 |
| | ♍ 04 | 03 | 02 | 01 | 00 |
| | JL 15 | AU 3 | 22 | SE 10 | 29 |
| | ♌ 29 | 28 | 27 | 26 | 25 |
| | OK 18 | NO 6 | 24 | DE 13 | |
| | ♌ 24 | 23 | 22 | 21 | |

9

| 1962 | | ☉ | ☿ | ♀ | ♂ | ♃ | ♄ |
|---|---|---|---|---|---|---|---|
| J | 1 | ♑ 10 | ♑ 19 | ♑ 04 | ♑ 05 | ♒ 10 | ♒ 00 |
| | 11 | 20 | ♒ 05 | 16 | 13 | 13 | 01 |
| | 21 | ♒ 00 | 19 | 29 | 21 | 15 | 02 |
| F | 1 | 12 | R 21 | ♒ 13 | 29 | 18 | 03 |
| | 11 | 22 | 10 | 25 | ♒ 07 | 20 | 05 |
| | 21 | ♓ 02 | D 08 | ♓ 08 | 15 | 22 | 06 |
| M | 1 | 09 | 13 | 18 | 21 | 24 | 07 |
| | 11 | 20 | 24 | ♈ 00 | 29 | 27 | 08 |
| | 21 | ♈ 00 | ♓ 08 | 13 | ♓ 07 | 29 | 08 |
| A | 1 | 11 | 26 | 26 | 15 | ♓ 01 | 09 |
| | 11 | 21 | ♈ 15 | ♉ 09 | 23 | 03 | 10 |
| | 21 | ♉ 00 | ♉ 06 | 21 | ♈ 01 | 05 | 11 |
| M | 1 | 10 | 26 | ♊ 03 | 09 | 07 | 11 |
| | 11 | 20 | ♊ 11 | 15 | 16 | 09 | 11 |
| | 21 | 29 | 19 | 27 | 24 | 10 | 11 |
| J | 1 | ♊ 10 | R 19 | ♋ 11 | ♉ 02 | 11 | R 11 |
| | 11 | 20 | 14 | 23 | 10 | 12 | 11 |
| | 21 | 29 | D 12 | ♌ 04 | 17 | 12 | 11 |
| J | 1 | ♋ 09 | 17 | 16 | 24 | 13 | 10 |
| | 11 | 18 | ♋ 00 | 28 | ♊ 01 | R 13 | 10 |
| | 21 | 28 | 18 | ♍ 09 | 08 | 12 | 09 |
| A | 1 | ♌ 08 | ♌ 11 | 22 | 16 | 11 | 08 |
| | 11 | 18 | ♍ 00 | ♎ 02 | 23 | 10 | 07 |
| | 21 | 27 | 17 | 13 | 29 | 09 | 07 |
| S | 1 | ♍ 08 | ♎ 03 | 24 | ♋ 06 | 08 | 06 |
| | 11 | 18 | 15 | ♏ 04 | 12 | 06 | 05 |
| | 21 | 28 | 21 | 12 | 18 | 05 | 05 |
| O | 1 | ♎ 07 | R 18 | 20 | 24 | 04 | 05 |
| | 11 | 17 | 08 | 25 | 29 | 03 | 05 |
| | 21 | 27 | D 09 | 28 | ♌ 05 | 03 | D 05 |
| N | 1 | ♏ 08 | 23 | R 26 | 10 | D 03 | 05 |
| | 11 | 18 | ♏ 10 | 21 | 14 | 03 | 06 |
| | 21 | 28 | 26 | 15 | 18 | 04 | 06 |
| D | 1 | ♐ 08 | ♐ 11 | 12 | 21 | 05 | 07 |
| | 11 | 18 | 27 | D 13 | 23 | 06 | 08 |
| | 21 | 29 | ♑ 13 | 18 | 25 | 07 | 09 |

♅
| | ☉ | ☿ | ♀ | ♂ | ♃ | ♄ |
|---|---|---|---|---|---|---|
| | JA 10 | FE 6 | MR 1 | | 28 | MA 6 |
| | ♍R00 | ♌ 29 | | 28 | 27 | D 26 |
| | JN 10 | JL 5 | | 24 | AU 10 | 26 |
| | ♌ 27 | 28 | | 29 | ♍ 00 | 01 |
| | SE 11 | 28 | OK 18 | | NO 16 | DE 13 |
| | ♍ 02 | 03 | | 04 | | 05 |

ψ
| | ☉ | ☿ | ♀ | ♂ | ♃ | ♄ |
|---|---|---|---|---|---|---|
| | JA 3 | FE 15 | MR 29 | | MA 7 | JN 19 |
| | ♏ 13 | R 13 | | 13 | 12 | 11 |
| | JL 26 | AU 25 | OK 3 | | 31 | NO 27 |
| | ♏D11 | 11 | | 12 | 13 | 14 |
| | DE 29 | | | | | |
| | ♏ 15 | | | | | |

♇
| | ☉ | ☿ | ♀ | ♂ | ♃ | ♄ |
|---|---|---|---|---|---|---|
| | JA 4 | FE 22 | AP 4 | | MA 21 | JL 2 |
| | ♍R10 | 09 | | 08 | D 08 | 08 |
| | AU 8 | SE 7 | OK 7 | | NO 20 | DE 17 |
| | ♍ 09 | 10 | | 11 | 12 | R 12 |

☊
| | ☉ | ☿ | ♀ | ♂ | ♃ | ♄ |
|---|---|---|---|---|---|---|
| | JA 1 | 20 | FE 8 | | 27 | MR 18 |
| | ♌R20 | 19 | 18 | | 17 | 16 |
| | AP 6 | 25 | MA 13 | JN 1 | 12 | 20 |
| | ♌ 15 | 14 | 13 | | | 11 |
| | JL 9 | 28 | AU 16 | SE 4 | | 23 |
| | ♌ 10 | 09 | 08 | | 07 | 06 |
| | OK 11 | 30 | NO 18 | DE 7 | | 26 |
| | ♌ 05 | 04 | 03 | | 02 | 01 |

| 1963 | ☉ | ☿ | ♀ | ♂ | ♃ | ♄ |
|---|---|---|---|---|---|---|
| J 1 | ♑ 10 | ♑ 29 | ♏ 25 | R♌ 25 | ♓ 09 | ♒ 10 |
| 11 | 20 | ♒ 07 | ♐ 04 | 23 | 11 | 11 |
| 21 | ♒ 00 | R♑ 29 | 13 | 20 | 13 | 12 |
| F 1 | 11 | 21 | 25 | 16 | 15 | 14 |
| 11 | 22 | D26 | ♑ 06 | 12 | 18 | 15 |
| 21 | ♓ 02 | ♒ 07 | 17 | 09 | 20 | 16 |
| M 1 | 10 | 17 | 26 | 07 | 22 | 17 |
| 11 | 20 | ♓ 03 | ♒ 08 | 06 | 24 | 18 |
| 21 | ♈ 00 | 20 | 19 | D05 | 27 | 19 |
| A 1 | 11 | ♈ 12 | ♓ 02 | 07 | 29 | 20 |
| 11 | 20 | ♉ 02 | 14 | 09 | ♈ 02 | 21 |
| 21 | ♉ 00 | 19 | 26 | 12 | 04 | 22 |
| M 1 | 10 | 29 | ♈ 08 | 15 | 06 | 22 |
| 11 | 20 | R♊ 00 | 20 | 19 | 08 | 23 |
| 21 | 29 | ♉ 25 | ♉ 02 | 24 | 10 | 23 |
| J 1 | ♊ 10 | D22 | 16 | 29 | 12 | 23 |
| 11 | 19 | 26 | 28 | ♍ 04 | 14 | R23 |
| 21 | 29 | ♊ 07 | ♊ 10 | 09 | 16 | 23 |
| J 1 | ♋ 08 | 24 | 22 | 15 | 17 | 23 |
| 11 | 18 | ♋ 15 | ♋ 04 | 20 | 18 | 22 |
| 21 | 28 | ♌ 06 | 17 | 26 | 19 | 21 |
| A 1 | ♌ 08 | 26 | ♌ 00 | ♎ 03 | 19 | 21 |
| 11 | 18 | ♍ 12 | 12 | 09 | R19 | 20 |
| 21 | 27 | 24 | 25 | 15 | 19 | 19 |
| S 1 | ♍ 08 | ♎ 04 | ♍ 08 | 23 | 19 | 18 |
| 11 | 18 | R04 | 21 | 29 | 18 | 18 |
| 21 | 27 | ♍ 26 | ♎ 03 | ♏ 06 | 17 | 17 |
| O 1 | ♎ 07 | D21 | 16 | 13 | 15 | 17 |
| 11 | 17 | ♎ 00 | 28 | 20 | 14 | 17 |
| 21 | 27 | 17 | ♏ 11 | 27 | 13 | 16 |
| N 1 | ♏ 08 | ♏ 05 | 24 | ♐ 05 | 11 | D17 |
| 11 | 18 | 21 | ♐ 07 | 12 | 11 | 17 |
| 21 | 28 | ♐ 07 | 19 | 19 | 10 | 17 |
| D 1 | ♐ 08 | 22 | ♑ 02 | 27 | 10 | 18 |
| 11 | 18 | ♑ 07 | 14 | ♑ 04 | D10 | 19 |
| 21 | 28 | 18 | 27 | 12 | 10 | 19 |
| ♅ | JA 6 | FE 5 | 28 | MR 25 | MA 10 | |
| | ♍R05 | 04 | 03 | 02 | D01 | |
| | JN 23 | JL 15 | AU 2 | 19 | SE 4 | |
| | ♍ 02 | 03 | 04 | 05 | 06 | |
| | SE 20 | OK 8 | 28 | DE 18 | | |
| | ♍ 07 | 08 | 09 | R10 | | |
| ♆ | FE 18 | AP 8 | MA 16 | JL 5 | 27 | |
| | ♏R16 | 15 | 14 | 13 | D13 | |
| | AU 15 | SE 30 | OK 29 | NO 25 | DE 25 | |
| | ♏ 13 | 14 | 15 | 16 | 17 | |
| ♇ | JA 9 | FE 25 | AP 7 | MA 24 | JL 4 | |
| | ♍R12 | 11 | 10 | D10 | 10 | |
| | AU 9 | SE 8 | OK 7 | NO 18 | DE 18 | |
| | ♍ 11 | 12 | 13 | 14 | R14 | |
| ☊ | JA 14 | FE 2 | 21 | MR 12 | 30 | |
| | ♌R00 | ♋ 29 | 28 | 27 | 26 | |
| | AP 18 | MA 7 | 26 | JN 14 | JL 3 | |
| | ♋ 25 | 24 | 23 | 22 | 21 | |
| | JL 22 | AU 10 | 29 | SE 16 | OK 5 | |
| | ♋ 20 | 19 | 18 | 17 | 16 | |
| | OK 24 | NO 12 | DE 1 | 20 | | |
| | ♋ 15 | 14 | 13 | 12 | | |

9

| 1964 | | ☉ | ☿ | ♀ | ♂ | ♃ | ♄ |
|---|---|---|---|---|---|---|---|
| J | 1 | ♑10 | R♑18 | ♒10 | ♑20 | ♈11 | ♒20 |
| | 11 | 20 | 06 | 22 | 28 | 12 | 21 |
| | 21 | ♒00 | D06 | ♓05 | ♒06 | 13 | 23 |
| F | 1 | 11 | 17 | 18 | 15 | 15 | 24 |
| | 11 | 21 | ♒00 | ♈00 | 23 | 17 | 25 |
| | 21 | ♓01 | 15 | 12 | ♓01 | 18 | 26 |
| M | 1 | 10 | ♓00 | 23 | 08 | 20 | 27 |
| | 11 | 20 | 18 | ♉04 | 16 | 22 | 29 |
| | 21 | ♈00 | ♈08 | 15 | 23 | 25 | ♓00 |
| A | 1 | 11 | 28 | 27 | ♈02 | 27 | 01 |
| | 11 | 21 | ♉10 | ♊07 | 10 | ♉00 | 02 |
| | 21 | ♉01 | R11 | 16 | 17 | 02 | 03 |
| M | 1 | 11 | 05 | 24 | 25 | 04 | 03 |
| | 11 | 20 | 02 | ♋01 | ♉03 | 07 | 04 |
| | 21 | ♊00 | D05 | 06 | 10 | 09 | 05 |
| J | 1 | 11 | 17 | R07 | 18 | 12 | 05 |
| | 11 | 20 | ♊02 | 04 | 25 | 14 | 05 |
| | 21 | ♋00 | 22 | ♊28 | ♊03 | 16 | R05 |
| J | 1 | 09 | ♋14 | 23 | 10 | 18 | 05 |
| | 11 | 19 | ♌04 | 20 | 17 | 20 | 05 |
| | 21 | 28 | 21 | D22 | 23 | 21 | 04 |
| A | 1 | ♌09 | ♍06 | 27 | ♋01 | 23 | 03 |
| | 11 | 18 | 15 | ♋04 | 07 | 24 | 03 |
| | 21 | 28 | R18 | 12 | 14 | 25 | 02 |
| S | 1 | ♍09 | 11 | 23 | 21 | 26 | 01 |
| | 11 | 18 | 04 | ♌03 | 27 | 26 | 00 |
| | 21 | 28 | D11 | 14 | ♌04 | R26 | 00 |
| O | 1 | ♎08 | 26 | 25 | 10 | 26 | ♒29 |
| | 11 | 18 | ♎14 | ♍06 | 15 | 25 | 29 |
| | 21 | 28 | ♏01 | 18 | 21 | 24 | 28 |
| N | 1 | ♏09 | 19 | ♎01 | 27 | 23 | 28 |
| | 11 | 19 | ♐04 | 13 | ♍03 | 21 | D28 |
| | 21 | 29 | 18 | 25 | 08 | 20 | 29 |
| D | 1 | ♐09 | ♑00 | ♏07 | 12 | 19 | 29 |
| | 11 | 19 | R05 | 20 | 17 | 18 | ♓00 |
| | 21 | 29 | ♐24 | ♐02 | 20 | 17 | 00 |

| | | | | | |
|---|---|---|---|---|---|
| ♅ | FE 4<br>♍R09<br>JL 24<br>♍ 08<br>OK 16<br>♍ 13 | 28<br>08<br>AU 10<br>09<br>NO 7<br>14 | MR 23<br>07<br>27<br>10<br>DE 22<br>R15 | MA 15<br>D06<br>SE 12<br>11 | JL 3<br>07<br>28<br>12 |
| ♆ | FE 20<br>♏R18<br>OK 26<br>♏ 17 | AP 17<br>17<br>NO 21<br>18 | MA 24<br>16<br>DE 21<br>19 | JL 29<br>D15 | SE 26<br>16 |
| ♇ | JA 16<br>♍R14<br>AU 9<br>♍ 13 | MR 1<br>13<br>SE 7<br>14 | AP 12<br>12<br>OK 6<br>15 | MA 26<br>D12<br>NO 13<br>16 | JL 2<br>12<br>DE 21<br>R16 |
| ☊ | JA 8<br>♋R11<br>AP 11<br>♋ 06<br>JL 15<br>♋ 01<br>OK 17<br>♊ 26 | 27<br>10<br>30<br>05<br>AU 2<br>00<br>NO 5<br>25 | FE 14<br>09<br>MA 19<br>04<br>21<br>♊ 29<br>24<br>24 | MR 4<br>08<br>JN 7<br>03<br>SE 9<br>28<br>DE 13<br>23 | 23<br>07<br>26<br>02<br>28<br>27 |

9

| 1965 | | ☉ | ☿ | ♀ | ♂ | ♃ | ♄ |
|---|---|---|---|---|---|---|---|
| J | 1 | ♑10 | D♐19 | ♐16 | ♍24 | R♉16 | ♓01 |
| | 11 | 21 | 28 | 28 | 26 | 16 | 02 |
| | 21 | ♒01 | ♑10 | ♑11 | 28 | D16 | 03 |
| F | 1 | 12 | 26 | 25 | R28 | 17 | 05 |
| | 11 | 22 | ♒12 | ♒07 | 27 | 18 | 06 |
| | 21 | ♓02 | ♓00 | 20 | 25 | 19 | 07 |
| M | 1 | 10 | 14 | ♓00 | 22 | 20 | 08 |
| | 11 | 20 | ♈04 | 12 | 18 | 22 | 09 |
| | 21 | ♈00 | 19 | 25 | 14 | 23 | 10 |
| A | 1 | 11 | R23 | ♈08 | 11 | 25 | 12 |
| | 11 | 21 | 17 | 21 | 09 | 27 | 13 |
| | 21 | ♉01 | 12 | ♉03 | D09 | ♊00 | 14 |
| M | 1 | 10 | D15 | 15 | 09 | 02 | 15 |
| | 11 | 20 | 24 | 28 | 11 | 04 | 15 |
| | 21 | ♊00 | ♉08 | ♊10 | 14 | 06 | 16 |
| J | 1 | 10 | 28 | 23 | 18 | 09 | 17 |
| | 11 | 20 | ♊19 | ♋06 | 22 | 11 | 17 |
| | 21 | 29 | ♋10 | 18 | 26 | 14 | 17 |
| J | 1 | ♋09 | 29 | ♌00 | ♎01 | 16 | R17 |
| | 11 | 18 | ♌14 | 12 | 06 | 18 | 17 |
| | 21 | 28 | 25 | 24 | 12 | 20 | 17 |
| A | 1 | ♌09 | ♍00 | ♍08 | 18 | 22 | 16 |
| | 11 | 18 | R♌27 | 20 | 24 | 24 | 16 |
| | 21 | 28 | 19 | ♎02 | ♏00 | 26 | 15 |
| S | 1 | ♍08 | D20 | 15 | 07 | 28 | 14 |
| | 11 | 18 | ♍04 | 27 | 14 | 29 | 13 |
| | 21 | 28 | 22 | ♏08 | 21 | ♋00 | 13 |
| O | 1 | ♎08 | ♎10 | 20 | 28 | 01 | 12 |
| | 11 | 17 | 27 | ♐01 | ♐05 | 01 | 11 |
| | 21 | 27 | ♏13 | 13 | 12 | R01 | 11 |
| N | 1 | ♏08 | 28 | 25 | 20 | 01 | 11 |
| | 11 | 18 | ♐11 | ♑05 | 28 | 00 | 10 |
| | 21 | 28 | 19 | 16 | ♑05 | 00 | D11 |
| D | 1 | ♐09 | R14 | 25 | 13 | ♊29 | 11 |
| | 11 | 19 | 03 | ♒03 | 20 | 27 | 11 |
| | 21 | 29 | D07 | 09 | 28 | 26 | 12 |

| | | | | | |
|---|---|---|---|---|---|
| ♅ | FE 2 | 27 | MR 22 | AP 22 | MA 20 |
| | ♍R14 | 13 | 12 | 11 | D11 |
| | JN 14 | JL 13 | AU 2 | 19 | SE 4 |
| | ♍ 11 | 12 | 13 | 14 | 15 |
| | SE 20 | OK 7 | 25 | NO 18 | DE 27 |
| | ♍ 16 | 17 | 18 | 19 | R20 |
| ♆ | FE 22 | AP 26 | JN 3 | JL 30 | SE 22 |
| | ♏R20 | 19 | 18 | D17 | 18 |
| | OK 23 | NO 19 | DE 18 | | |
| | ♏ 19 | 20 | 21 | | |
| ♇ | JA 23 | MR 7 | AP 19 | MA 27 | JN 29 |
| | ♍R16 | 15 | 14 | D14 | 14 |
| | AU 8 | SE 6 | OK 5 | NO 9 | DE 23 |
| | ♍ 15 | 16 | 17 | 18 | R18 |
| ☊ | JA 19 | FE 7 | 26 | MR 17 | AP 5 |
| | ♊R21 | 20 | 19 | 18 | 17 |
| | AP 24 | MA 13 | JN 1 | 19 | JL 8 |
| | ♊ 16 | 15 | 14 | 13 | 12 |
| | JL 27 | AU 15 | SE 3 | 22 | OK 11 |
| | ♊ 11 | 10 | 09 | 08 | 07 |
| | OK 30 | NO 18 | DE 6 | 25 | |
| | ♊ 06 | 05 | 04 | 03 | |

| 1966 | ☉ | ☿ | ♀ | ♂ | ♃ | ♄ |
|---|---|---|---|---|---|---|
| J 1 | ♑10 | ♐20 | ♒13 | ♒07 | R♊24 | ♓12 |
| 11 | 20 | ♑05 | R13 | 15 | 23 | 13 |
| 21 | ♒01 | 20 | 09 | 23 | 22 | 14 |
| F 1 | 12 | ♒08 | 03 | ♓01 | 22 | 15 |
| 11 | 22 | 26 | ♑29 | 09 | 21 | 17 |
| 21 | ♓02 | ♓14 | D29 | 17 | D21 | 18 |
| M 1 | 10 | 27 | ♒01 | 23 | 22 | 19 |
| 11 | 20 | ♈06 | 07 | ♈01 | 22 | 20 |
| 21 | ♈00 | R01 | 15 | 09 | 23 | 21 |
| A 1 | 11 | ♓23 | 25 | 17 | 24 | 22 |
| 11 | 21 | D25 | ♓04 | 25 | 26 | 24 |
| 21 | ♉00 | ♈03 | 15 | ♉02 | 27 | 25 |
| M 1 | 10 | 16 | 25 | 10 | 29 | 26 |
| 11 | 20 | ♉02 | ♈06 | 17 | ♋01 | 27 |
| 21 | ♊00 | 22 | 18 | 24 | 03 | 28 |
| J 1 | 10 | ♊16 | ♉00 | ♊02 | 05 | 28 |
| 11 | 20 | ♋06 | 12 | 09 | 08 | 29 |
| 21 | 29 | 22 | 24 | 16 | 10 | 29 |
| J 1 | ♋09 | ♌04 | ♊05 | 23 | 12 | ♈00 |
| 11 | 18 | 11 | 17 | ♋00 | 14 | 00 |
| 21 | 28 | R10 | 29 | 07 | 17 | R00 |
| A 1 | ♌08 | 03 | ♋12 | 14 | 19 | ♓29 |
| 11 | 18 | D01 | 24 | 21 | 21 | 29 |
| 21 | 28 | 10 | ♌07 | 27 | 23 | 28 |
| S 1 | ♍08 | 29 | 20 | ♌04 | 25 | 28 |
| 11 | 18 | ♍18 | ♍02 | 10 | 27 | 27 |
| 21 | 28 | ♎06 | 15 | 17 | 29 | 26 |
| O 1 | ♎07 | 23 | 27 | 23 | ♌01 | 25 |
| 11 | 17 | ♏07 | ♎10 | 29 | 02 | 25 |
| 21 | 27 | 20 | 22 | ♍05 | 03 | 24 |
| N 1 | ♏08 | ♐01 | ♏06 | 11 | 04 | 23 |
| 11 | 18 | R02 | 19 | 17 | 04 | 23 |
| 21 | 28 | ♏20 | ♐02 | 23 | 04 | 23 |
| D 1 | ♐08 | D19 | 14 | 28 | R04 | D23 |
| 11 | 18 | 29 | 26 | ♎04 | 04 | 23 |
| 21 | 29 | ♐13 | ♑09 | 09 | 03 | 23 |

| | | | | | |
|---|---|---|---|---|---|
| ♅ | FE 1 | 27 | MR 22 | AP 19 | MA 26 |
| | ♍R19 | 18 | 17 | 16 | D15 |
| | JN 27 | JL 23 | AU 11 | 28 | SE 13 |
| | ♍ 16 | 17 | 18 | 19 | 20 |
| | SE 29 | OK 16 | NO 4 | 30 | |
| | ♍ 21 | 22 | 23 | 24 | |
| ♆ | JA 28 | FE 24 | MR 20 | MA 5 | JN 13 |
| | ♏ 22 | R22 | 22 | 21 | 20 |
| | AU 3 | SE 18 | OK 21 | NO 17 | DE 15 |
| | ♏D19 | 20 | 21 | 22 | 23 |
| ♇ | FE 2 | MR 14 | AP 30 | MA 30 | JN 24 |
| | ♍R18 | 17 | 16 | D16 | 16 |
| | AU 6 | SE 4 | OK 2 | NO 4 | DE 26 |
| | ♍ 17 | 18 | 19 | 20 | R21 |
| ☊ | JA 13 | FE 1 | 20 | MR 11 | 30 |
| | ♊R02 | 01 | 00 | ♉ 29 | 28 |
| | AP 18 | MA 6 | 25 | JN 13 | JL 2 |
| | ♉ 27 | 26 | 25 | 24 | 23 |
| | JL 21 | AU 9 | 28 | SE 16 | OK 5 |
| | ♉ 22 | 21 | 20 | 19 | 18 |
| | OK 23 | NO 11 | 30 | DE 19 | |
| | ♉ 17 | 16 | 15 | 14 | |

| 1967 | | ☉ | ☿ | ♀ | ♂ | ♃ | ♄ |
|---|---|---|---|---|---|---|---|
| J | 1 | ♑10 | ♑00 | ♑23 | ♎14 | R♌02 | ♓24 |
| | 11 | 20 | 16 | ♒05 | 19 | 01 | 25 |
| | 21 | ♒00 | ♒02 | 18 | 23 | ♋29 | 26 |
| F | 1 | 11 | 21 | ♓02 | 27 | 28 | 27 |
| | 11 | 22 | ♓08 | 14 | ♏00 | 27 | 28 |
| | 21 | ♓02 | 18 | 26 | 02 | 26 | 29 |
| M | 1 | 10 | R16 | ♈06 | 03 | 25 | ♈00 |
| | 11 | 20 | 07 | 19 | R03 | 25 | 01 |
| | 21 | ♈00 | D05 | ♉01 | 02 | 24 | 02 |
| A | 1 | 11 | 13 | 14 | 00 | D25 | 03 |
| | 11 | 20 | 25 | 26 | ♎26 | 25 | 05 |
| | 21 | ♉00 | ♈10 | ♊08 | 23 | 26 | 06 |
| M | 1 | 10 | 28 | 19 | 19 | 27 | 07 |
| | 11 | 20 | ♉19 | ♋01 | 17 | 28 | 08 |
| | 21 | 29 | ♊10 | 12 | 15 | ♌00 | 09 |
| J | 1 | ♊10 | ♋00 | 24 | D15 | 01 | 10 |
| | 11 | 19 | 14 | ♌04 | 16 | 03 | 11 |
| | 21 | 29 | 21 | 14 | 19 | 05 | 11 |
| J | 1 | ♋08 | R21 | 23 | 22 | 07 | 12 |
| | 11 | 18 | 16 | ♍02 | 26 | 09 | 12 |
| | 21 | 28 | 12 | 08 | ♏01 | 11 | 12 |
| A | 1 | ♌08 | D19 | 13 | 06 | 14 | R12 |
| | 11 | 18 | ♌04 | R14 | 12 | 16 | 12 |
| | 21 | 27 | 23 | 11 | 17 | 18 | 12 |
| S | 1 | ♍08 | ♍15 | 05 | 24 | 21 | 11 |
| | 11 | 18 | ♎02 | ♌29 | ♐01 | 23 | 11 |
| | 21 | 27 | 18 | D28 | 07 | 25 | 10 |
| O | 1 | ♎07 | ♏01 | ♍00 | 14 | 27 | 09 |
| | 11 | 17 | 12 | 05 | 21 | 29 | 08 |
| | 21 | 27 | 17 | 12 | 28 | ♍00 | 08 |
| N | 1 | ♏08 | R09 | 22 | ♑07 | 02 | 07 |
| | 11 | 18 | 01 | ♎01 | 14 | 03 | 06 |
| | 21 | 28 | D09 | 12 | 22 | 04 | 06 |
| D | 1 | ♐08 | 23 | 23 | 29 | 05 | 06 |
| | 11 | 18 | ♐08 | ♏04 | ♒07 | 06 | D06 |
| | 21 | 28 | 24 | 16 | 13 | 06 | 06 |

| | | | | | |
|---|---|---|---|---|---|
| ♅ | JA 1 | 30 | FE 27 | MR 22 | AP 17 |
| | ♍R24 | 24 | 23 | 22 | 21 |
| | MA 30 | JL 9 | AU 1 | 20 | SE 5 |
| | ♍D20 | 21 | 22 | 23 | 24 |
| | SE 21 | OK 7 | 25 | NO 13 | DE 14 |
| | ♍ 25 | 26 | 27 | 28 | 29 |
| ♆ | JA 20 | FE 26 | AP 2 | MA 14 | JN 24 |
| | ♏ 24 | R24 | 24 | 23 | 22 |
| | AU 4 | SE 12 | OK 18 | NO 15 | DE 12 |
| | ♏D22 | 22 | 23 | 24 | 25 |
| ♇ | FE 12 | MR 23 | JN 1 | AU 2 | SE 1 |
| | ♍R20 | 19 | D18 | 19 | 20 |
| | SE 29 | OK 30 | DE 29 | | |
| | ♍ 21 | 22 | R23 | | |
| ☊ | JA 7 | 26 | FE 14 | MR 5 | 24 |
| | ♉R13 | 12 | 11 | 10 | 09 |
| | AP 11 | 30 | MA 19 | JN 7 | 26 |
| | ♉ 08 | 07 | 06 | 05 | 04 |
| | JL 15 | AU 3 | 22 | SE 10 | 28 |
| | ♉ 03 | 02 | 01 | 00 | ♈ 29 |
| | OK 17 | NO 5 | 24 | DE 13 | |
| | ♈ 28 | 27 | 26 | 25 | |

9

| 1968 | | ☉ | ☿ | ♀ | ♂ | ♃ | ♄ |
|---|---|---|---|---|---|---|---|
| J | 1 | ♑10 | ♑11 | ♏29 | ♒23 | R♍06 | ♈06 |
| | 11 | 20 | 28 | ♐11 | ♓01 | 05 | 07 |
| | 21 | ♒00 | ♒14 | 23 | 09 | 04 | 07 |
| F | 1 | 11 | ♓00 | ♑06 | 18 | 03 | 08 |
| | 11 | 21 | R01 | 19 | 25 | 02 | 09 |
| | 21 | ♓01 | ♒20 | ♒01 | ♈03 | 01 | 10 |
| M | 1 | 10 | D17 | 12 | 10 | 00 | 11 |
| | 11 | 20 | 23 | 24 | 17 | ♌28 | 12 |
| | 21 | ♈00 | ♓04 | ♓07 | 25 | 27 | 13 |
| A | 1 | 11 | 20 | 20 | ♉03 | 27 | 15 |
| | 11 | 21 | ♈07 | ♈03 | 10 | 26 | 16 |
| | 21 | ♉01 | 27 | 15 | 17 | 26 | 17 |
| M | 1 | 11 | ♉18 | 27 | 25 | D26 | 19 |
| | 11 | 20 | ♊08 | ♉09 | ♊02 | 26 | 20 |
| | 21 | ♊00 | 22 | 22 | 09 | 27 | 21 |
| J | 1 | 11 | ♋01 | ♊05 | 16 | 28 | 22 |
| | 11 | 20 | R01 | 18 | 23 | 29 | 23 |
| | 21 | ♋00 | ♊26 | ♋00 | ♋00 | ♍01 | 24 |
| J | 1 | 09 | 23 | 12 | 07 | 02 | 24 |
| | 11 | 19 | D28 | 24 | 13 | 04 | 25 |
| | 21 | 28 | ♋11 | ♌07 | 20 | 06 | 25 |
| A | 1 | ♌09 | ♌02 | 20 | 27 | 08 | 26 |
| | 11 | 18 | 22 | ♍03 | ♌03 | 10 | R26 |
| | 21 | 28 | ♍11 | 15 | 10 | 12 | 25 |
| S | 1 | ♍09 | 29 | 28 | 17 | 15 | 25 |
| | 11 | 18 | ♎13 | ♎11 | 23 | 17 | 25 |
| | 21 | 28 | 24 | 23 | ♍00 | 19 | 24 |
| O | 1 | ♎08 | ♏01 | ♏05 | 06 | 21 | 23 |
| | 11 | 18 | R♎28 | 18 | 12 | 23 | 22 |
| | 21 | 28 | 17 | ♐00 | 18 | 25 | 22 |
| N | 1 | ♏09 | D20 | 13 | 25 | 27 | 21 |
| | 11 | 19 | ♏04 | 25 | ♎01 | 29 | 20 |
| | 21 | 29 | 20 | ♑07 | 07 | ♎01 | 20 |
| D | 1 | ♐09 | ♐05 | 19 | 13 | 02 | 19 |
| | 11 | 19 | 21 | ♒01 | 19 | 04 | 19 |
| | 21 | 29 | ♑07 | 13 | 25 | 05 | 19 |

| | | | | | |
|---|---|---|---|---|---|
| ♅ | JA 5 | 26 | FE 27 | MR 22 | AP 15 |
| | ♍R29 | 29 | 28 | 27 | 26 |
| | JN 3 | JL 18 | AU 9 | 27 | SE 13 |
| | ♍D25 | 26 | 27 | 28 | 29 |
| | SE 29 | OK 15 | NO 1 | 22 | |
| | ♎ 00 | 01 | 02 | 03 | |
| ♆ | JA 14 | MR 2 | AP 13 | MA 22 | JL 5 |
| | ♏ 26 | R27 | 26 | 25 | 24 |
| | AU 8 | SE 4 | OK 14 | NO 11 | DE 8 |
| | ♏D24 | 24 | 25 | 26 | 27 |
| ♇ | FE 23 | AP 2 | JN 3 | JL 27 | AU 28 |
| | ♍R22 | 21 | D20 | 21 | 22 |
| | SE 24 | OK 23 | DE 8 | 29 | |
| | ♍ 23 | 24 | 25 | R25 | |
| ☊ | JA 1 | 20 | FE 8 | 27 | MR 16 |
| | ♈R24 | 23 | 22 | 21 | 20 |
| | AP 4 | 23 | MA 12 | 31 | JN 19 |
| | ♈ 19 | 18 | 17 | 16 | 15 |
| | JL 8 | 27 | AU 14 | SE 2 | 21 |
| | ♈ 14 | 13 | 12 | 11 | 10 |
| | OK 10 | 29 | NO 17 | DE 6 | 25 |
| | ♈ 09 | 08 | 07 | 06 | 05 |

9

| 1969 | ☉ | ☿ | ♀ | ♂ | ♃ | ♄ |
|---|---|---|---|---|---|---|
| J 1 | ♑10 | ♑25 | ♒26 | ♏01 | ♎05 | D♈19 |
| 11 | 21 | ♒09 | ♓07 | 07 | 06 | 19 |
| 21 | ♒01 | R16 | 18 | 12 | 06 | 20 |
| F 1 | 12 | 06 | 29 | 18 | R06 | 20 |
| 11 | 22 | D00 | ♈08 | 23 | 05 | 21 |
| 21 | ♓02 | 06 | 16 | 28 | 05 | 22 |
| M 1 | 10 | 14 | 21 | ♐02 | 04 | 23 |
| 11 | 20 | 28 | 26 | 06 | 03 | 24 |
| 21 | ♈00 | ♓13 | R27 | 10 | 01 | 25 |
| A 1 | 11 | ♈03 | 23 | 13 | 00 | 26 |
| 11 | 21 | 23 | 17 | 15 | ♍29 | 28 |
| 21 | ♉01 | ♉14 | 12 | 17 | 28 | 29 |
| M 1 | 10 | ♊00 | D11 | R17 | 27 | ♉00 |
| 11 | 20 | 10 | 13 | 16 | 26 | 01 |
| 21 | ♊00 | R12 | 18 | 13 | 26 | 03 |
| J 1 | 10 | 06 | 26 | 10 | D26 | 04 |
| 11 | 20 | 03 | ♉04 | 07 | 27 | 05 |
| 21 | 29 | D07 | 14 | 04 | 27 | 06 |
| J 1 | ♋09 | 18 | 24 | 02 | 28 | 07 |
| 11 | 19 | ♋05 | ♊04 | D02 | 29 | 08 |
| 21 | 28 | 26 | 15 | 03 | ♎01 | 08 |
| A 1 | ♌09 | ♌19 | 27 | 05 | 02 | 09 |
| 11 | 18 | ♍07 | ♋09 | 09 | 04 | 09 |
| 21 | 28 | 22 | 20 | 13 | 06 | 09 |
| S 1 | ♍08 | ♎05 | ♌03 | 18 | 08 | R09 |
| 11 | 18 | 13 | 15 | 24 | 10 | 09 |
| 21 | 28 | R14 | 27 | ♑00 | 12 | 08 |
| O 1 | ♎08 | 04 | ♍10 | 06 | 14 | 08 |
| 11 | 18 | D00 | 22 | 13 | 17 | 07 |
| 21 | 27 | 11 | ♎04 | 20 | 19 | 06 |
| N 1 | ♏08 | 29 | 18 | 27 | 21 | 05 |
| 11 | 18 | ♏15 | ♏00 | ♒04 | 23 | 04 |
| 21 | 29 | ♐01 | 13 | 12 | 25 | 04 |
| D 1 | ♐09 | 17 | 25 | 19 | 27 | 03 |
| 11 | 19 | ♑02 | ♐08 | 27 | 29 | 03 |
| 21 | 29 | 17 | 21 | ♓04 | ♏01 | 02 |

| | | | | | |
|---|---|---|---|---|---|
| ♅ | JA 9 | FE 26 | MR 22 | AP 15 | MA 21 |
| | ♎R04 | 03 | 02 | 01 | 00 |
| | JN 9 | 24 | JL 29 | AU 18 | SE 5 |
| | ♎D00 | 00 | 01 | 02 | 03 |
| | SE 21 | OK 7 | 23 | NO 10 | DE 3 |
| | ♎ 04 | 05 | 06 | 07 | 08 |
| ♆ | JA 9 | MR 3 | AP 23 | MA 31 | AU 10 |
| | ♏ 28 | R29 | 28 | 27 | D26 |
| | OK 11 | NO 9 | DE 6 | | |
| | ♏ 27 | 28 | 29 | | |
| ♇ | JA 16 | MR 6 | AP 14 | JN 4 | JL 20 |
| | ♍R25 | 24 | 23 | D22 | 23 |
| | AU 23 | SE 20 | OK 18 | NO 23 | |
| | ♍ 24 | 25 | 26 | 27 | |
| ☊ | JA 13 | 31 | FE 19 | MR 10 | 29 |
| | ♈R04 | 03 | 02 | 01 | 00 |
| | AP 17 | MA 6 | 25 | JN 13 | JL 2 |
| | ♓ 29 | 28 | 27 | 26 | 25 |
| | JL 20 | AU 8 | 27 | SE 15 | OK 4 |
| | ♓ 24 | 23 | 22 | 21 | 20 |
| | OK 23 | NO 11 | 30 | DE 19 | |
| | ♓ 19 | 18 | 17 | 16 | |

9

| 1970 | | ☉ | ☿ | ♀ | ♂ | ♃ | ♄ |
|---|---|---|---|---|---|---|---|
| J | 1 | ♑ 10 | ♑ 29 | ♑ 04 | ♓ 12 | ♏ 02 | R♉02 |
| | 11 | 20 | R26 | 17 | 20 | 04 | D02 |
| | 21 | ♒ 01 | 15 | ♒ 00 | 27 | 05 | 02 |
| F | 1 | 12 | D17 | 13 | ♈ 05 | 05 | 03 |
| | 11 | 22 | 27 | 26 | 13 | 06 | 03 |
| | 21 | ♓ 02 | ♒ 10 | ♓ 09 | 20 | R06 | 04 |
| M | 1 | 10 | 22 | 19 | 26 | 06 | 05 |
| | 11 | 20 | ♓ 09 | ♈ 01 | ♉ 03 | 05 | 06 |
| | 21 | ♈ 00 | 27 | 13 | 10 | 05 | 07 |
| A | 1 | 11 | ♈ 20 | 27 | 18 | 04 | 08 |
| | 11 | 21 | ♉ 08 | ♉ 09 | 25 | 02 | 09 |
| | 21 | ♉ 00 | 20 | 22 | ♊ 02 | 01 | 11 |
| M | 1 | 10 | R22 | ♊ 04 | 08 | 00 | 12 |
| | 11 | 20 | 17 | 16 | 15 | ♎ 29 | 13 |
| | 21 | ♊ 00 | 13 | 28 | 22 | 28 | 14 |
| J | 1 | 10 | D17 | ♋ 11 | 29 | 27 | 16 |
| | 11 | 20 | 27 | 23 | ♋ 06 | 26 | 17 |
| | 21 | 29 | ♊ 12 | ♌ 05 | 12 | 26 | 18 |
| J | 1 | ♋ 09 | ♋ 02 | 17 | 19 | D26 | 19 |
| | 11 | 18 | 23 | 28 | 25 | 27 | 20 |
| | 21 | 28 | ♌ 13 | ♍ 10 | ♌ 02 | 27 | 21 |
| A | 1 | ♌ 08 | ♍ 01 | 22 | 09 | 28 | 21 |
| | 11 | 18 | 15 | ♎ 03 | 15 | 29 | 22 |
| | 21 | 28 | 24 | 13 | 22 | ♏ 01 | 22 |
| S | 1 | ♍ 08 | R28 | 24 | 29 | 02 | 23 |
| | 11 | 18 | 21 | ♏ 04 | ♍ 05 | 04 | R23 |
| | 21 | 28 | 14 | 12 | 11 | 06 | 22 |
| O | 1 | ♎ 07 | D20 | 19 | 18 | 08 | 22 |
| | 11 | 17 | ♎ 06 | 23 | 24 | 10 | 21 |
| | 21 | 27 | 23 | 25 | ♎ 00 | 12 | 21 |
| N | 1 | ♏ 08 | ♏ 11 | R23 | 07 | 15 | 20 |
| | 11 | 18 | 27 | 17 | 14 | 17 | 19 |
| | 21 | 28 | ♐ 12 | 12 | 20 | 19 | 18 |
| D | 1 | ♐ 08 | 27 | 10 | 26 | 21 | 18 |
| | 11 | 19 | ♑ 09 | D12 | ♏ 03 | 23 | 17 |
| | 21 | 29 | R14 | 17 | 09 | 25 | 16 |

| | | | | | |
|---|---|---|---|---|---|
| ♅ | JA 15 | FE 25 | MR 22 | AP 15 | MA 15 |
| | ♎R09 | 08 | 07 | 06 | 05 |
| | JN 14 | JL 10 | AU 8 | 28 | SE 14 |
| | ♎D05 | 05 | 06 | 07 | 08 |
| | SE 30 | OK 16 | NO 1 | 20 | DE 14 |
| | ♎ 09 | 10 | 11 | 12 | 13 |
| ♆ | JA 5 | MR 4 | MA 3 | JN 10 | AU 12 |
| | ♐ 00 | R01 | 00 | ♏ 29 | D28 |
| | OK 7 | NO 6 | DE 3 | | |
| | ♏ 29 | ♐ 00 | 01 | | |
| ♇ | JA 1 | FE 7 | MR 19 | AP 30 | JN 6 |
| | ♍R27 | 27 | 26 | 25 | D25 |
| | JL 10 | AU 17 | SE 14 | OK 11 | NO 12 |
| | ♍ 25 | 26 | 27 | 28 | 29 |
| ☊ | JA 6 | 25 | FE 13 | MR 4 | 23 |
| | ♓R15 | 14 | 13 | 12 | 11 |
| | AP 11 | 30 | MA 19 | JN 6 | 25 |
| | ♓ 10 | 09 | 08 | 07 | 06 |
| | JL 14 | AU 2 | 21 | SE 9 | 28 |
| | ♓ 05 | 04 | 03 | 02 | 01 |
| | OK 17 | NO 5 | 23 | DE 12 | 31 |
| | ♓ 00 | ♒ 29 | 28 | 27 | 26 |

| 1971 | | ☉ | ☿ | ♀ | ♂ | ♃ | ♄ |
|---|---|---|---|---|---|---|---|
| J | 1 | ♑10 | R♑02 | ♏25 | ♏16 | ♏28 | R♉16 |
| | 11 | 20 | D♐28 | ♐04 | 22 | 29 | 16 |
| | 21 | ♒00 | ♑06 | 13 | 29 | ♐01 | D16 |
| F | 1 | 11 | 20 | 25 | ♐06 | 03 | 16 |
| | 11 | 22 | ♒05 | ♑06 | 12 | 04 | 16 |
| | 21 | ♓02 | 21 | 17 | 18 | 05 | 17 |
| M | 1 | 10 | ♓05 | 26 | 23 | 06 | 17 |
| | 11 | 20 | 24 | ♒08 | 29 | 06 | 18 |
| | 21 | ♈00 | ♈13 | 20 | ♑05 | 06 | 19 |
| A | 1 | 11 | 29 | ♓03 | 12 | R06 | 20 |
| | 11 | 20 | R♉04 | 15 | 17 | 06 | 21 |
| | 21 | ♉00 | ♈29 | 27 | 23 | 05 | 23 |
| M | 1 | 10 | 23 | ♈09 | 29 | 04 | 24 |
| | 11 | 20 | D25 | 21 | ♒04 | 03 | 25 |
| | 21 | 29 | ♉04 | ♉03 | 08 | 02 | 26 |
| J | 1 | ♊10 | 19 | 16 | 13 | 00 | 28 |
| | 11 | 19 | ♊07 | 28 | 17 | ♏29 | 29 |
| | 21 | ♋00 | 29 | ♊11 | 19 | 28 | ♊00 |
| J | 1 | 09 | ♋20 | 23 | 21 | 27 | 01 |
| | 11 | 18 | ♌08 | ♋05 | 22 | 27 | 02 |
| | 21 | 28 | 23 | 17 | R21 | 27 | 03 |
| A | 1 | ♌08 | ♍05 | ♌01 | 19 | D27 | 04 |
| | 11 | 18 | 10 | 13 | 17 | 27 | 05 |
| | 21 | 27 | R08 | 25 | 14 | 28 | 06 |
| S | 1 | ♍08 | ♌29 | ♍09 | 12 | 29 | 06 |
| | 11 | 18 | D♍00 | 21 | D12 | ♐00 | 06 |
| | 21 | 27 | 13 | ♎04 | 13 | 01 | R07 |
| O | 1 | ♎07 | ♎01 | 16 | 15 | 03 | 06 |
| | 11 | 17 | 19 | 29 | 18 | 05 | 06 |
| | 21 | 27 | ♏05 | ♏11 | 22 | 07 | 06 |
| N | 1 | ♏08 | 22 | 25 | 27 | 09 | 05 |
| | 11 | 18 | ♐07 | ♐07 | ♓02 | 11 | 04 |
| | 21 | 28 | 20 | 20 | 08 | 13 | 03 |
| D | 1 | ♐08 | 28 | ♑02 | 14 | 15 | 03 |
| | 11 | 18 | R23 | 15 | 20 | 18 | 02 |
| | 21 | 28 | 12 | 27 | 26 | 20 | 01 |

| | | | | | |
|---|---|---|---|---|---|
| ♅ | JA 20 | FE 23 | MR 22 | AP 14 | MA 12 |
| | ♎R14 | 13 | 12 | 11 | 10 |
| | JN 19 | JL 24 | AU 18 | SE 6 | 23 |
| | ♎D09 | 10 | 11 | 12 | 13 |
| | OK 9 | 24 | NO 10 | 30 | DE 28 |
| | ♎ 14 | 15 | 16 | 17 | 18 |
| ♆ | JA 1 | MR 8 | MA 12 | JN 20 | AU 14 |
| | ♐ 02 | R03 | 02 | 01 | D00 |
| | OK 3 | NO 4 | DE 1 | 29 | |
| | ♐ 01 | 02 | 03 | 04 | |
| ♇ | JA 4 | FE 23 | AP 2 | JN 9 | AU 10 |
| | ♎R00 | ♍ 29 | 28 | D27 | 28 |
| | SE 8 | OK 5 | NO 3 | DE 22 | |
| | ♍ 29 | ♎ 00 | 01 | 02 | |
| ☊ | JA 19 | FE 7 | 26 | MR 17 | AP 5 |
| | ♒R25 | 24 | 23 | 22 | 21 |
| | AP 24 | MA 12 | 31 | JN 19 | JL 8 |
| | ♒ 20 | 19 | 18 | 17 | 16 |
| | JL 27 | AU 15 | SE 3 | 22 | OK 11 |
| | ♒ 15 | 14 | 13 | 12 | 11 |
| | OK 29 | NO 17 | DE 6 | 25 | |
| | ♒ 10 | 09 | 08 | 07 | |

| 1972 | | ☉ | ☿ | ♀ | ♂ | ♃ | ♄ |
|---|---|---|---|---|---|---|---|
| J | 1 | ♑10 | D♐17 | ♒11 | ♈03 | ♐22 | R♊00 |
| | 11 | 20 | 29 | 23 | 10 | 25 | 00 |
| | 21 | ♒00 | ♑13 | ♓05 | 16 | 27 | 00 |
| F | 1 | 11 | ♒00 | 19 | 24 | 29 | D00 |
| | 11 | 21 | 17 | ♈01 | ♉00 | ♑01 | 00 |
| | 21 | ♓01 | ♓05 | 13 | 07 | 03 | 00 |
| M | 1 | 10 | 22 | 23 | 13 | 04 | 00 |
| | 11 | 21 | ♈08 | ♉04 | 19 | 05 | 01 |
| | 21 | ♈00 | 16 | 15 | 26 | 06 | 02 |
| A | 1 | 11 | R10 | 27 | ♊03 | 07 | 03 |
| | 11 | 21 | 04 | ♊07 | 10 | 08 | 04 |
| | 21 | ♉01 | D06 | 16 | 16 | 08 | 05 |
| M | 1 | 11 | 14 | 24 | 23 | R08 | 06 |
| | 11 | 20 | 27 | ♋00 | 29 | 08 | 07 |
| | 21 | ♊00 | ♉13 | 04 | ♋05 | 07 | 09 |
| J | 1 | 11 | ♊06 | R04 | 12 | 06 | 10 |
| | 11 | 20 | 28 | 00 | 19 | 05 | 11 |
| | 21 | ♋00 | ♋17 | ♊24 | 25 | 04 | 13 |
| J | 1 | 09 | ♌03 | 20 | ♌01 | 03 | 14 |
| | 11 | 19 | 15 | D18 | 08 | 01 | 15 |
| | 21 | 28 | 22 | 21 | 14 | 00 | 16 |
| A | 1 | ♌09 | R20 | 27 | 21 | ♐29 | 17 |
| | 11 | 18 | 13 | ♋04 | 27 | 29 | 18 |
| | 21 | 28 | D11 | 12 | ♍04 | 29 | 19 |
| S | 1 | ♍09 | 22 | 23 | 11 | D29 | 20 |
| | 11 | 18 | ♍10 | ♌03 | 17 | 29 | 20 |
| | 21 | 28 | 29 | 14 | 24 | ♑00 | 20 |
| O | 1 | ♎08 | ♎16 | 25 | ♎00 | 01 | 21 |
| | 11 | 18 | ♏02 | ♍07 | 06 | 02 | R21 |
| | 21 | 28 | 17 | 18 | 13 | 03 | 20 |
| N | 1 | ♏09 | ♐01 | ♎01 | 20 | 05 | 20 |
| | 11 | 19 | 11 | 13 | 27 | 07 | 19 |
| | 21 | 29 | R10 | 26 | ♏03 | 09 | 19 |
| D | 1 | ♐09 | ♏28 | ♏08 | 10 | 11 | 18 |
| | 11 | 19 | D28 | 20 | 17 | 13 | 17 |
| | 21 | 29 | ♐09 | ♐03 | 23 | 15 | 16 |

| | | | | | |
|---|---|---|---|---|---|
| ♅ | JA 25 | FE 19 | MR 20 | AP 13 | MA 8 |
| | ♎R18 | 18 | 17 | 16 | 15 |
| | JN 24 | AU 4 | 27 | SE 14 | OK 1 |
| | ♎D14 | 15 | 16 | 17 | 18 |
| | OK 17 | NO 2 | 19 | DE 10 | |
| | ♎ 19 | 20 | 21 | 22 | |
| ♆ | FE 6 | MR 8 | AP 7 | MA 21 | JN 29 |
| | ♐ 05 | R05 | 05 | 04 | 03 |
| | AU 16 | SE 27 | OK 31 | NO 27 | DE 25 |
| | ♐D02 | 03 | 04 | 05 | 06 |
| ♇ | JA 7 | MR 10 | AP 17 | JN 12 | JL 30 |
| | ♎R02 | 01 | 00 | ♍D29 | ♎ 00 |
| | AU 31 | SE 27 | OK 25 | NO 28 | |
| | ♎ 01 | 02 | 03 | 04 | |
| ☊ | JA 13 | FE 1 | 20 | MR 10 | 28 |
| | ♒R06 | 05 | 04 | 03 | 02 |
| | AP 16 | MA 5 | 24 | JN 12 | JL 1 |
| | ♒ 01 | 00 | ♑ 29 | 28 | 27 |
| | JL 20 | AU 8 | 27 | SE 14 | OK 3 |
| | ♑ 26 | 25 | 24 | 23 | 22 |
| | OK 22 | NO 10 | 29 | DE 18 | |
| | ♑ 21 | 20 | 19 | 18 | |

| 1973 | | ☉ | ☿ | ♀ | ♂ | ♃ | ♄ |
|---|---|---|---|---|---|---|---|
| J | 1 | ♑10 | ♐25 | ♐17 | ♐01 | ♑18 | R♊15 |
|  | 11 | 21 | ♑10 | 29 | 08 | 20 | 15 |
|  | 21 | ≈01 | 26 | ♑12 | 15 | 23 | 14 |
| F | 1 | 12 | ≈14 | 25 | 22 | 25 | 14 |
|  | 11 | 22 | ♓02 | ≈08 | 29 | 27 | 14 |
|  | 21 | ♓02 | 19 | 20 | ♑06 | 29 | D14 |
| M | 1 | 10 | 28 | ♓00 | 12 | ≈01 | 14 |
|  | 11 | 20 | R26 | 13 | 19 | 03 | 14 |
|  | 21 | ♈00 | 17 | 25 | 26 | 05 | 15 |
| A | 1 | 11 | D16 | ♈09 | ≈04 | 07 | 16 |
|  | 11 | 21 | 23 | 21 | 11 | 08 | 16 |
|  | 21 | ♉01 | ♈05 | ♉04 | 18 | 10 | 17 |
| M | 1 | 10 | 21 | 16 | 25 | 11 | 18 |
|  | 11 | 20 | ♉09 | 28 | ♓02 | 12 | 20 |
|  | 21 | ♊00 | ♊01 | ♊11 | 09 | 12 | 21 |
| J | 1 | 10 | 24 | 24 | 17 | R12 | 22 |
|  | 11 | 20 | ♋12 | ♋06 | 23 | 12 | 24 |
|  | 21 | 29 | 25 | 19 | ♈00 | 11 | 25 |
| J | 1 | ♋09 | ♌02 | ♌01 | 07 | 11 | 26 |
|  | 11 | 19 | R03 | 13 | 13 | 10 | 27 |
|  | 21 | 28 | ♋27 | 25 | 19 | 08 | 29 |
| A | 1 | ♌09 | D23 | ♍08 | 25 | 07 | ♋00 |
|  | 11 | 18 | 29 | 20 | 29 | 06 | 01 |
|  | 21 | 28 | ♌15 | ♎02 | ♉03 | 05 | 02 |
| S | 1 | ♍08 | ♍07 | 15 | 07 | 03 | 03 |
|  | 11 | 18 | 25 | 27 | 09 | 03 | 04 |
|  | 21 | 28 | ♎12 | ♏08 | R09 | 02 | 04 |
| O | 1 | ♎08 | 27 | 20 | 08 | D02 | 05 |
|  | 11 | 18 | 11 | ♐02 | 06 | 03 | 05 |
|  | 21 | 27 | 22 | 13 | 03 | 03 | R05 |
| N | 1 | ♏08 | ♏26 | 25 | ♈29 | 04 | 05 |
|  | 11 | 18 | R17 | ♐06 | 27 | 05 | 04 |
|  | 21 | 29 | D11 | 15 | 25 | 07 | 04 |
| D | 1 | ♐09 | 19 | 24 | D25 | 08 | 03 |
|  | 11 | 19 | ♐03 | ≈02 | 27 | 10 | 02 |
|  | 21 | 29 | 18 | 08 | 29 | 12 | 01 |

| ♅ | JA 29 | MR 19 | AP 12 | MA 6 | JN 29 |
|---|---|---|---|---|---|
|  | ♎R23 | 22 | 21 | 20 | D19 |
|  | AU 16 | SE 6 | 24 | OK 10 | 26 |
|  | ♎ 20 | 21 | 22 | 23 | 24 |
|  | NO 11 | 29 | DE 22 | | |
|  | ♎ 25 | 26 | 27 | | |

| ♆ | JA 29 | MR 12 | AP 20 | MA 30 | JL 11 |
|---|---|---|---|---|---|
|  | ♐ 07 | R07 | 07 | 06 | 05 |
|  | AU 18 | SE 21 | OK 28 | NO 25 | DE 22 |
|  | ♐D05 | 05 | 06 | 07 | 08 |

| ♇ | JA 8 | FE 15 | MR 26 | MA 7 | JN 15 |
|---|---|---|---|---|---|
|  | ♎R04 | 04 | 03 | 02 | D02 |
|  | JL 16 | AU 23 | SE 20 | OK 16 | NO 15 |
|  | ♎ 02 | 03 | 04 | 05 | 06 |

| ☊ | JA 6 | 25 | FE 13 | MR 3 | 22 |
|---|---|---|---|---|---|
|  | ♉R17 | 16 | 15 | 14 | 13 |
|  | AP 10 | 29 | MA 18 | JN 6 | 25 |
|  | ♉ 12 | 11 | 10 | 09 | 08 |
|  | JL 14 | AU 1 | 20 | SE 8 | 27 |
|  | ♉ 07 | 06 | 05 | 04 | 03 |
|  | OK 16 | NO 4 | 23 | DE 12 | 31 |
|  | ♉ 02 | 01 | 00 | ♐ 29 | 28 |

9

9

| 1974 | ☉ | ☿ | ♀ | ♂ | ♃ | ♄ |
|---|---|---|---|---|---|---|
| J 1 | ♑10 | ♑05 | ♒11 | ♉03 | ♒14 | R♋01 |
| 11 | 20 | 21 | R10 | 06 | 17 | 00 |
| 21 | ♒01 | ♒08 | 05 | 11 | 19 | ♊29 |
| F 1 | 12 | 27 | ♑29 | 16 | 22 | 28 |
| 11 | 22 | ♓10 | 26 | 21 | 24 | 28 |
| 21 | ♓02 | R10 | D27 | 26 | 26 | 28 |
| M 1 | 10 | 02 | ♒00 | ♊01 | 28 | D28 |
| 11 | 20 | D♒27 | 06 | 06 | ♓01 | 28 |
| 21 | ♈00 | ♓02 | 14 | 12 | 03 | 28 |
| A 1 | 11 | 15 | 25 | 19 | 05 | 29 |
| 11 | 21 | 29 | ♓04 | 24 | 07 | 29 |
| 21 | ♉01 | ♈16 | 15 | ♋00 | 09 | ♋00 |
| M 1 | 10 | ♉06 | 26 | 06 | 11 | 01 |
| 11 | 20 | 27 | ♈07 | 12 | 13 | 02 |
| 21 | ♊00 | ♊17 | 18 | 18 | 14 | 03 |
| J 1 | 10 | ♋03 | ♉01 | 25 | 16 | 05 |
| 11 | 20 | 12 | 12 | ♌01 | 17 | 06 |
| 21 | 29 | R13 | 24 | 07 | 17 | 07 |
| J 1 | ♋09 | 09 | ♊06 | 13 | 18 | 08 |
| 11 | 18 | 04 | 18 | 20 | R18 | 10 |
| 21 | 28 | D08 | ♋00 | 26 | 18 | 11 |
| A 1 | ♌08 | 22 | 13 | ♍03 | 17 | 12 |
| 11 | 18 | ♌11 | 25 | 09 | 16 | 14 |
| 21 | 28 | ♍01 | ♌07 | 15 | 15 | 15 |
| S 1 | ♍08 | 21 | 21 | 22 | 14 | 16 |
| 11 | 18 | ♎07 | ♍03 | 29 | 12 | 17 |
| 21 | 28 | 22 | 16 | ♎05 | 11 | 17 |
| O 1 | ♎07 | ♏03 | 28 | 12 | 10 | 18 |
| 11 | 17 | 10 | ♎10 | 18 | 09 | 19 |
| 21 | 27 | R07 | 23 | 25 | 08 | 19 |
| N 1 | ♏08 | ♎25 | ♏07 | ♏03 | 08 | 19 |
| 11 | 18 | D29 | 19 | 09 | D08 | R19 |
| 21 | 28 | ♏13 | ♐02 | 16 | 09 | 19 |
| D 1 | ♐08 | 28 | 14 | 23 | 09 | 18 |
| 11 | 19 | ♐14 | 27 | ♐00 | 10 | 17 |
| 21 | 29 | 29 | ♑10 | 07 | 12 | 17 |

| | | | | | |
|---|---|---|---|---|---|
| ♅ | FE 2 | MR 15 | AP 10 | MA 4 | JN 4 |
| | ♎R28 | 27 | 26 | 25 | 24 |
| | JL 4 | 30 | AU 27 | SE 16 | OK 3 |
| | ♎D24 | 24 | 25 | 26 | 27 |
| | OK 20 | NO 5 | 21 | DE 10 | |
| | ♎ 28 | 29 | ♏ 00 | 01 | |
| ♆ | JA 23 | MR 14 | AP 30 | JN 8 | JL 26 |
| | ♐ 09 | R10 | 09 | 08 | 07 |
| | AU 22 | SE 12 | OK 25 | NO 23 | DE 19 |
| | ♐D07 | 07 | 08 | 09 | 10 |
| ♇ | JA 11 | MR 7 | AP 13 | JN 17 | AU 13 |
| | ♎R07 | 06 | 05 | D04 | 05 |
| | SE 12 | OK 8 | NO 4 | DE 13 | |
| | ♎ 06 | 07 | 08 | 09 | |
| ☊ | JA 18 | FE 6 | 25 | MR 16 | AP 4 |
| | ♐R27 | 26 | 25 | 24 | 23 |
| | AP 23 | MA 12 | 31 | JN 19 | JL 7 |
| | ♐ 22 | 21 | 20 | 19 | 18 |
| | JL 26 | AU 14 | SE 2 | 21 | OK 10 |
| | ♐ 17 | 16 | 15 | 14 | 13 |
| | OK 29 | NO 17 | DE 5 | 24 | |
| | ♐ 12 | 11 | 10 | 09 | |

| 1975 | | ☉ | ☿ | ♀ | ♂ | ♃ | ♄ |
|---|---|---|---|---|---|---|---|
| J | 1 | ♑10 | ♑17 | ♑23 | ♐15 | ♓13 | R♋16 |
| | 11 | 20 | ♒03 | ♒06 | 22 | 15 | 15 |
| | 21 | ♒00 | 18 | 18 | 29 | 17 | 14 |
| F | 1 | 11 | 25 | ♓02 | ♑07 | 19 | 13 |
| | 11 | 22 | R16 | 15 | 15 | 22 | 13 |
| | 21 | ♓02 | 10 | 27 | 22 | 24 | 12 |
| M | 1 | 10 | D13 | ♈07 | 28 | 26 | 12 |
| | 11 | 20 | 23 | 19 | ♒06 | 28 | 12 |
| | 21 | ♈00 | ♓06 | ♉01 | 13 | ♈01 | D12 |
| A | 1 | 11 | 24 | 15 | 22 | 03 | 12 |
| | 11 | 20 | ♈12 | 27 | 29 | 06 | 13 |
| | 21 | ♉00 | ♉03 | ♊08 | ♓07 | 08 | 13 |
| M | 1 | 10 | 24 | 20 | 15 | 10 | 14 |
| | 11 | 20 | ♊10 | ♋01 | 22 | 12 | 15 |
| | 21 | 29 | 21 | 12 | ♈00 | 15 | 16 |
| J | 1 | ♊10 | R23 | 24 | 08 | 17 | 17 |
| | 11 | 19 | 19 | ♌05 | 15 | 19 | 18 |
| | 21 | 29 | 15 | 14 | 23 | 20 | 19 |
| J | 1 | ♋09 | D18 | 23 | ♉00 | 22 | 21 |
| | 11 | 18 | 28 | ♍01 | 07 | 23 | 22 |
| | 21 | 28 | ♋14 | 07 | 14 | 24 | 23 |
| A | 1 | ♌08 | ♌08 | 11 | 21 | 24 | 25 |
| | 11 | 18 | 28 | R11 | 28 | 25 | 26 |
| | 21 | 27 | ♍15 | 08 | ♊04 | 25 | 27 |
| S | 1 | ♍08 | ♎02 | 01 | 10 | R24 | 28 |
| | 11 | 18 | 14 | ♌26 | 15 | 24 | 29 |
| | 21 | 27 | 23 | D26 | 20 | 23 | ♌00 |
| O | 1 | ♎07 | R23 | 28 | 25 | 21 | 01 |
| | 11 | 17 | 14 | ♍04 | 28 | 20 | 02 |
| | 21 | 27 | D10 | 12 | ♋01 | 19 | 02 |
| N | 1 | ♏08 | 22 | 22 | 02 | 17 | 03 |
| | 11 | 18 | ♏07 | ♎01 | R03 | 16 | 03 |
| | 21 | 28 | 24 | 12 | 01 | 15 | R03 |
| D | 1 | ♐08 | ♐09 | 23 | ♊29 | 15 | 03 |
| | 11 | 18 | 25 | ♏05 | 25 | 15 | 02 |
| | 21 | 28 | ♑11 | 16 | 21 | D15 | 02 |

| | | | | | |
|---|---|---|---|---|---|
| ♅ | JA 5 | FE 8 | MR 11 | AP 8 | MA 2 |
| | ♏ 02 | R02 | 02 | 01 | 00 |
| | MA 29 | JL 9 | AU 15 | SE 8 | 27 |
| | ♎ 29 | D28 | 29 | ♏ 00 | 01 |
| | OK 14 | 30 | NO 15 | DE 2 | 22 |
| | ♏ 02 | 03 | 04 | 05 | 06 |
| ♆ | JA 19 | MR 16 | MA 10 | JN 17 | AU 24 |
| | ♐ 11 | R12 | 11 | 10 | D09 |
| | OK 22 | NO 20 | DE 17 | | |
| | ♐ 10 | 11 | 12 | | |
| ♇ | JA 14 | FE 11 | MR 25 | MA 3 | JN 18 |
| | ♎R09 | 09 | 08 | 07 | D06 |
| | JL 31 | SE 3 | 29 | OK 26 | NO 25 |
| | ♎ 07 | 08 | 09 | 10 | 11 |
| ☊ | JA 12 | 31 | FE 19 | MR 10 | 29 |
| | ♐R08 | 07 | 06 | 05 | 04 |
| | AP 17 | MA 6 | 24 | JN 12 | JL 1 |
| | ♐ 03 | 02 | 01 | 00 | ♏ 29 |
| | JL 20 | AU 8 | 27 | SE 15 | OK 4 |
| | ♏ 28 | 27 | 26 | 25 | 24 |
| | OK 22 | NO 10 | 29 | DE 18 | |
| | ♏ 23 | 22 | 21 | 20 | |

| 1976 | ☉ | ☿ | ♀ | ♂ | ♃ | ♄ |
|---|---|---|---|---|---|---|
| J 1 | ♑ 10 | ♑ 27 | ♏ 29 | R♊ 17 | ♈ 16 | R♌ 01 |
| 11 | 20 | ♒ 08 | ♐ 11 | 15 | 16 | 00 |
| 21 | ♒ 00 | R 05 | 24 | 15 | 18 | ♋ 29 |
| F 1 | 11 | ♑ 24 | ♑ 07 | D 15 | 19 | 29 |
| 11 | 21 | D 26 | 19 | 17 | 21 | 28 |
| 21 | ♓ 01 | ♒ 06 | ♒ 02 | 20 | 23 | 27 |
| M 1 | 11 | 17 | 13 | 23 | 24 | 27 |
| 11 | 21 | ♓ 02 | 25 | 27 | 27 | 26 |
| 21 | ♈ 01 | 19 | ♓ 07 | ♋ 01 | 29 | 26 |
| A 1 | 11 | ♈ 11 | 21 | 06 | ♉ 01 | D 26 |
| 11 | 21 | ♉ 01 | ♈ 03 | 11 | 04 | 26 |
| 21 | ♉ 01 | 19 | 16 | 16 | 06 | 27 |
| M 1 | 11 | ♊ 01 | 28 | 22 | 08 | 27 |
| 11 | 20 | R 04 | ♉ 10 | 27 | 11 | 28 |
| 21 | ♊ 01 | ♉ 29 | 22 | ♌ 03 | 13 | 29 |
| J 1 | 11 | 25 | ♊ 06 | 09 | 16 | ♌ 00 |
| 11 | 20 | D 28 | 18 | 15 | 18 | 01 |
| 21 | ♋ 00 | ♊ 08 | ♋ 01 | 20 | 20 | 02 |
| J 1 | 09 | 23 | 13 | 26 | 22 | 03 |
| 11 | 19 | ♋ 13 | 25 | ♍ 02 | 24 | 04 |
| 21 | 28 | ♌ 05 | ♌ 07 | 09 | 26 | 05 |
| A 1 | ♌ 09 | 25 | 21 | 15 | 27 | 07 |
| 11 | 18 | ♍ 11 | ♍ 03 | 22 | 29 | 08 |
| 21 | 28 | 25 | 16 | 28 | ♊ 00 | 09 |
| S 1 | ♍ 09 | ♎ 05 | 29 | ♎ 05 | 01 | 11 |
| 11 | 18 | R 08 | ♎ 11 | 11 | 01 | 12 |
| 21 | 28 | 00 | 24 | 18 | R 01 | 13 |
| O 1 | ♎ 08 | ♍ 23 | ♏ 06 | 25 | 01 | 14 |
| 11 | 18 | D♎ 01 | 18 | ♏ 01 | 00 | 15 |
| 21 | 28 | 16 | ♐ 00 | 08 | 00 | 16 |
| N 1 | ♏ 09 | ♏ 05 | 14 | 16 | ♉ 28 | 16 |
| 11 | 19 | 21 | 26 | 23 | 27 | 17 |
| 21 | 29 | ♐ 07 | ♑ 08 | ♐ 00 | 26 | 17 |
| D 1 | ♐ 09 | 22 | 20 | 07 | 24 | R 17 |
| 11 | 19 | ♑ 07 | ♒ 02 | 14 | 23 | 17 |
| 21 | 29 | 19 | 13 | 22 | 22 | 16 |

| ♅ | ☉ | ☿ | ♀ | ♂ | ♃ | ♄ |
|---|---|---|---|---|---|---|
| | JA 24 | FE 12 | 29 | AP 4 | | 28 |
| | ♏ 07 | R07 | 07 | 06 | | 05 |
| | MA 23 | JL 13 | AU 28 | SE 19 | | OK 7 |
| | ♏ 04 | D03 | 04 | 05 | | 06 |
| | OK 23 | NO 8 | 24 | DE 12 | | |
| | ♏ 07 | 08 | 09 | 10 | | |

| Ψ | ☉ | ☿ | ♀ | ♂ | ♃ | ♄ |
|---|---|---|---|---|---|---|
| | JA 15 | MR 19 | MA 19 | | JN 26 | AU 24 |
| | ♐ 13 | R14 | | | 12 | D11 |
| | OK 17 | NO 17 | DE 14 | | | |
| | ♐ 12 | 13 | 14 | | | |

| ♇ | ☉ | ☿ | ♀ | ♂ | ♃ | ♄ |
|---|---|---|---|---|---|---|
| | JA 16 | MR 6 | AP 12 | | JN 21 | AU 22 |
| | ♎R12 | 11 | | | D09 | 10 |
| | SE 19 | OK 15 | NO 11 | | DE 22 | |
| | ♎ 11 | 12 | 13 | | 14 | |

| ☊ | ☉ | ☿ | ♀ | ♂ | ♃ | ♄ |
|---|---|---|---|---|---|---|
| | JA 6 | 25 | FE 13 | MR 3 | | 22 |
| | ♏R19 | 18 | | 17 | | 15 |
| | AP 9 | 28 | MA 17 | JN 5 | | 24 |
| | ♏ 14 | 13 | | 12 | | 10 |
| | JL 13 | AU 1 | | 20 | SE 8 | 26 |
| | ♏ 09 | 08 | | 07 | | 05 |
| | OK 15 | NO 3 | | 22 | DE 11 | 30 |
| | ♏ 04 | 03 | | 02 | 01 | 00 |

9

| 1977 | | ☉ | ☿ | ♀ | ♂ | ♃ | ♄ |
|---|---|---|---|---|---|---|---|
| J | 1 | ♑10 | R♑22 | ♒26 | ♑00 | R♉22 | R♌16 |
| | 11 | 21 | 10 | ♓07 | 07 | 21 | 15 |
| | 21 | ♒01 | D08 | 18 | 15 | D21 | 14 |
| F | 1 | 12 | 17 | 29 | 23 | 22 | 14 |
| | 11 | 22 | ♒00 | ♈08 | ♒01 | 22 | 13 |
| | 21 | ♓02 | 15 | 16 | 09 | 23 | 12 |
| M | 1 | 10 | 28 | 20 | 15 | 24 | 11 |
| | 11 | 20 | ♓16 | 24 | 23 | 26 | 11 |
| | 21 | ♈00 | ♈05 | R24 | ♓01 | 27 | 10 |
| A | 1 | 11 | 26 | 20 | 09 | 29 | 10 |
| | 11 | 21 | ♉10 | 13 | 17 | ♊01 | 10 |
| | 21 | ♉01 | R14 | 09 | 25 | 04 | D10 |
| M | 1 | 11 | 10 | D08 | ♈03 | 06 | 10 |
| | 11 | 20 | 05 | 12 | 10 | 08 | 11 |
| | 21 | ♊00 | D07 | 17 | 18 | 10 | 11 |
| J | 1 | 10 | 16 | 26 | 26 | 13 | 12 |
| | 11 | 20 | ♊00 | ♉04 | ♉04 | 15 | 13 |
| | 21 | ♋00 | 19 | 14 | 11 | 17 | 14 |
| J | 1 | 09 | ♋10 | 24 | 18 | 20 | 15 |
| | 11 | 19 | ♌01 | ♊05 | 25 | 22 | 16 |
| | 21 | 28 | 19 | 16 | ♊02 | 24 | 17 |
| A | 1 | ♌09 | ♍05 | 28 | 10 | 26 | 19 |
| | 11 | 18 | 15 | ♋09 | 17 | 28 | 20 |
| | 21 | 28 | 21 | 21 | 23 | ♋00 | 21 |
| S | 1 | ♍08 | R17 | ♌04 | ♋00 | 02 | 23 |
| | 11 | 18 | 08 | 16 | 06 | 03 | 24 |
| | 21 | 28 | D10 | 28 | 12 | 04 | 25 |
| O | 1 | ♎08 | 24 | ♍10 | 17 | 05 | 26 |
| | 11 | 18 | ♎12 | 23 | 23 | 06 | 27 |
| | 21 | 27 | 29 | ♎05 | 27 | 06 | 28 |
| N | 1 | ♏08 | ♏17 | 19 | ♌02 | R06 | 29 |
| | 11 | 18 | ♐02 | ♏01 | 06 | 06 | ♍00 |
| | 21 | 29 | 17 | 14 | 09 | 05 | 00 |
| D | 1 | ♐09 | ♑00 | 26 | 11 | 04 | 00 |
| | 11 | 19 | 07 | ♐09 | 12 | 03 | 01 |
| | 21 | 29 | R00 | 21 | R11 | 01 | R00 |

| | | | | | |
|---|---|---|---|---|---|
| ♅ | JA 4 | FE 17 | MR 30 | AP 25 | MA 19 |
| | ♏ 11 | R12 | 11 | 10 | 09 |
| | JN 19 | JL 19 | AU 12 | SE 10 | 30 |
| | ♏ 08 | D08 | 08 | 09 | 10 |
| | OK 18 | NO 3 | 19 | DE 6 | 25 |
| | ♏ 11 | 12 | 13 | 14 | 15 |
| ♆ | JA 11 | FE 23 | MR 20 | AP 10 | MA 28 |
| | ♐ 15 | 16 | R16 | 16 | 15 |
| | JL 6 | AU 27 | OK 13 | NO 15 | DE 12 |
| | ♐ 14 | D13 | 14 | 15 | 16 |
| ♇ | JA 18 | FE 11 | MR 27 | MA 4 | JN 24 |
| | ♎R14 | 14 | 13 | 12 | D11 |
| | AU 7 | SE 9 | OK 5 | 31 | DE 1 |
| | ♎ 12 | 13 | 14 | 15 | 16 |
| ☊ | JA 18 | FE 6 | 24 | MR 15 | AP 3 |
| | ♎R29 | 28 | 27 | 26 | 25 |
| | AP 22 | MA 11 | 30 | JN 18 | JL 7 |
| | ♎ 24 | 23 | 22 | 21 | 20 |
| | JL 26 | AU 13 | SE 1 | 20 | OK 9 |
| | ♎ 19 | 18 | 17 | 16 | 15 |
| | OK 28 | NO 16 | DE 5 | 24 | |
| | ♎ 14 | 13 | 12 | 11 | |

9

| 1978 | | ☉ | ☿ | ♀ | ♂ | ♃ | ♄ |
|---|---|---|---|---|---|---|---|
| J | 1 | ♑10 | D♐21 | ♑05 | R♌09 | R♋00 | R♍00 |
| | 11 | 20 | 27 | 18 | 06 | ♊29 | 00 |
| | 21 | ♒01 | ♑09 | ♒00 | 02 | 28 | ♌29 |
| F | 1 | 12 | 24 | 14 | ♋28 | 27 | 28 |
| | 11 | 22 | ♒10 | 27 | 25 | 26 | 28 |
| | 21 | ♓02 | 27 | ♓09 | 23 | D26 | 27 |
| M | 1 | 10 | ♓12 | 19 | 22 | 26 | 26 |
| | 11 | 20 | ♈01 | ♈02 | D23 | 27 | 25 |
| | 21 | ♈00 | 18 | 14 | 24 | 27 | 25 |
| A | 1 | 11 | 26 | 28 | 27 | 29 | 24 |
| | 11 | 21 | R22 | ♉10 | ♌00 | ♋00 | 24 |
| | 21 | ♉01 | 16 | 22 | 04 | 01 | 24 |
| M | 1 | 10 | D16 | ♊04 | 08 | 03 | D24 |
| | 11 | 20 | 24 | 17 | 13 | 05 | 24 |
| | 21 | ♊00 | ♉06 | 29 | 17 | 07 | 24 |
| J | 1 | 10 | 25 | ♋12 | 23 | 09 | 25 |
| | 11 | 20 | ♊15 | 24 | 28 | 11 | 25 |
| | 21 | 29 | ♋07 | ♌06 | ♍04 | 13 | 26 |
| J | 1 | ♋09 | 27 | 17 | 09 | 16 | 27 |
| | 11 | 18 | ♌13 | 29 | 15 | 18 | 28 |
| | 21 | 28 | 25 | ♍10 | 21 | 20 | 29 |
| A | 1 | ♌08 | ♍02 | 22 | 28 | 23 | ♍01 |
| | 11 | 18 | R01 | ♎03 | ♎04 | 25 | 02 |
| | 21 | 28 | ♌24 | 13 | 10 | 27 | 03 |
| S | 1 | ♍08 | D21 | 24 | 18 | 29 | 04 |
| | 11 | 18 | ♍02 | ♏03 | 24 | ♌01 | 06 |
| | 21 | 28 | 19 | 11 | ♏01 | 03 | 07 |
| O | 1 | ♎07 | ♎08 | 18 | 08 | 04 | 08 |
| | 11 | 17 | 25 | 22 | 14 | 06 | 09 |
| | 21 | 27 | ♏11 | R23 | 21 | 07 | 10 |
| N | 1 | ♏08 | 27 | 19 | 29 | 08 | 11 |
| | 11 | 18 | ♐10 | 13 | ♐06 | 09 | 12 |
| | 21 | 28 | 20 | 09 | 14 | 09 | 13 |
| D | 1 | ♐08 | R19 | D07 | 21 | R09 | 13 |
| | 11 | 19 | 07 | 10 | 29 | 09 | 14 |
| | 21 | 29 | D07 | 16 | ♑06 | 08 | 14 |

| | | | | | |
|---|---|---|---|---|---|
| ♅ | JA 21 | FE 21 | MR 22 | AP 20 | MA 14 |
| | ♏ 16 | R16 | 16 | 15 | 14 |
| | JN 10 | JL 23 | AU 30 | SE 23 | OK 12 |
| | ♏ 13 | D12 | 13 | 14 | 15 |
| | OK 29 | NO 14 | 30 | DE 18 | |
| | ♏ 16 | 17 | 18 | 19 | |
| ♆ | JA 8 | FE 14 | MR 23 | AP 25 | JN 6 |
| | ♐ 17 | 18 | R18 | 18 | 17 |
| | JL 16 | AU 30 | OK 8 | NO 12 | DE 9 |
| | ♐ 16 | D16 | 16 | 17 | 18 |
| ♇ | JA 21 | MR 11 | AP 17 | JN 26 | AU 28 |
| | ♎R17 | 16 | 15 | D14 | 15 |
| | SE 25 | OK 20 | NO 16 | DE 25 | |
| | ♎ 16 | 17 | 18 | 19 | |
| ☊ | JA 11 | 30 | FE 18 | MR 9 | 28 |
| | ♎R10 | 09 | 08 | 07 | 06 |
| | AP 16 | MA 5 | 24 | JN 12 | 30 |
| | ♎ 05 | 04 | 03 | 02 | 01 |
| | JL 19 | AU 7 | 26 | SE 14 | OK 3 |
| | ♎ 00 | ♍ 29 | 28 | 27 | 26 |
| | OK 22 | NO 10 | 28 | DE 17 | |
| | ♍ 25 | 24 | 23 | 22 | |

| 1979 | ☉ | ☿ | ♀ | ♂ | ♃ | ♄ |
|------|-----|-----|-----|-----|-----|-----|
| J 1 | ♑10 | ♐19 | ♏24 | ♑15 | R♌07 | R♍14 |
| 11 | 20 | ♑03 | ♐04 | 22 | 06 | 14 |
| 21 | ≈00 | 18 | 14 | ≈00 | 05 | 13 |
| F 1 | 12 | ≈06 | 25 | 09 | 03 | 13 |
| 11 | 22 | 23 | ♑06 | 17 | 02 | 12 |
| 21 | ♓02 | ♓11 | 18 | 25 | 01 | 11 |
| M 1 | 10 | 26 | 27 | ♓01 | 00 | 11 |
| 11 | 20 | ♈07 | ≈09 | 09 | ♋29 | 10 |
| 21 | ♈00 | R06 | 20 | 17 | 29 | 09 |
| A 1 | 11 | ♓28 | ♓03 | 25 | D29 | 08 |
| 11 | 21 | D26 | 15 | ♈03 | 29 | 08 |
| 21 | ♉00 | ♈03 | 27 | 11 | ♌00 | 07 |
| M 1 | 10 | 15 | ♈09 | 18 | 01 | 07 |
| 11 | 20 | ♉00 | 22 | 26 | 02 | D07 |
| 21 | 29 | 19 | ♉04 | ♉04 | 03 | 07 |
| J 1 | ♊10 | ♊12 | 17 | 12 | 05 | 08 |
| 11 | 20 | ♋03 | 29 | 19 | 07 | 08 |
| 21 | 29 | 21 | ♊11 | 26 | 09 | 09 |
| J 1 | ♋09 | ♌04 | 23 | ♊04 | 11 | 09 |
| 11 | 18 | 13 | ♋06 | 11 | 13 | 10 |
| 21 | 28 | R14 | 18 | 17 | 15 | 11 |
| A 1 | ♌08 | 08 | ♌01 | 25 | 17 | 12 |
| 11 | 18 | 03 | 14 | ♋02 | 20 | 14 |
| 21 | 27 | D09 | 26 | 08 | 22 | 15 |
| S 1 | ♍08 | 26 | ♍10 | 15 | 24 | 16 |
| 11 | 18 | ♍16 | 22 | 22 | 26 | 17 |
| 21 | 27 | ♎04 | ♎05 | 28 | 28 | 19 |
| O 1 | ♎07 | 21 | 17 | ♌04 | ♍00 | 20 |
| 11 | 17 | ♏06 | ♏00 | 09 | 02 | 21 |
| 21 | 27 | 19 | 12 | 15 | 04 | 22 |
| N 1 | ♏08 | ♐02 | 26 | 21 | 06 | 23 |
| 11 | 18 | R06 | ♐08 | 26 | 07 | 24 |
| 21 | 28 | ♏26 | 21 | ♍00 | 08 | 25 |
| D 1 | ♐08 | D20 | ♑03 | 05 | 09 | 26 |
| 11 | 18 | 28 | 15 | 08 | 10 | 26 |
| 21 | 29 | ♐12 | 28 | 12 | 10 | 27 |

| | | | | | |
|------|-----|-----|-----|-----|-----|
| ♅ | JA 8 | FE 25 | AP 15 | MA 10 | JN 4 |
| | ♏20 | R21 | 20 | 19 | 18 |
| | JL 29 | SE 15 | OK 6 | 24 | NO 9 |
| | ♏D17 | 18 | 19 | 20 | 21 |
| | NO 25 | DE 12 | 31 | | |
| | ♏22 | 23 | 24 | | |
| ♆ | JA 6 | FE 9 | MR 24 | MA 6 | JN 15 |
| | ♐19 | 20 | R20 | 20 | 19 |
| | JL 29 | SE 2 | OK 1 | NO 9 | DE 7 |
| | ♐18 | D18 | 18 | 19 | 20 |
| ♇ | JA 24 | FE 19 | AP 3 | MA 10 | JN 27 |
| | ♎R19 | 19 | 18 | 17 | D16 |
| | AU 12 | SE 13 | OK 9 | NO 4 | DE 4 |
| | ♎17 | 18 | 19 | 20 | 21 |
| ☊ | JA 5 | 24 | FE 12 | MR 3 | 22 |
| | ♍R21 | 20 | 19 | 18 | 17 |
| | AP 10 | 29 | MA 17 | JN 5 | 24 |
| | ♍16 | 15 | 14 | 13 | 12 |
| | JL 13 | AU 1 | 20 | SE 8 | 27 |
| | ♍11 | 10 | 09 | 08 | 07 |
| | OK 15 | NO 3 | 22 | DE 11 | 30 |
| | ♍06 | 05 | 04 | 03 | 02 |

| 1980 | | ☉ | ☿ | ♀ | ♂ | ♃ | ♄ |
|---|---|---|---|---|---|---|---|
| J | 1 | ♑ 10 | ♐ 28 | ♒ 11 | ♍ 14 | R ♍ 10 | ♍ 27 |
| | 11 | 20 | ♑ 14 | 24 | 15 | 10 | R 27 |
| | 21 | ♒ 00 | ♒ 00 | ♓ 06 | R 15 | 09 | 27 |
| F | 1 | 11 | 19 | 19 | 14 | 08 | 26 |
| | 11 | 21 | ♓ 06 | ♈ 01 | 11 | 07 | 26 |
| | 21 | ♓ 02 | 19 | 13 | 07 | 06 | 25 |
| M | 1 | 11 | R 20 | 23 | 04 | 05 | 25 |
| | 11 | 21 | 11 | ♉ 05 | 00 | 03 | 24 |
| | 21 | ♈ 01 | D 08 | 16 | ♌ 28 | 02 | 23 |
| A | 1 | 11 | 14 | 27 | 26 | 01 | 22 |
| | 11 | 21 | 25 | ♊ 07 | D 26 | 01 | 22 |
| | 21 | ♉ 01 | ♈ 10 | 16 | 27 | 00 | 21 |
| M | 1 | 11 | 27 | 23 | 29 | D 00 | 21 |
| | 11 | 20 | ♉ 18 | 29 | ♍ 02 | 01 | 20 |
| | 21 | ♊ 00 | ♊ 09 | ♋ 02 | 06 | 01 | 20 |
| J | 1 | 11 | ♋ 00 | R 02 | 10 | 02 | D 20 |
| | 11 | 20 | 14 | ♊ 27 | 15 | 03 | 21 |
| | 21 | ♋ 00 | 23 | 21 | 19 | 05 | 21 |
| J | 1 | 09 | R 25 | 17 | 25 | 06 | 21 |
| | 11 | 19 | 20 | D 16 | ♎ 00 | 08 | 22 |
| | 21 | 28 | 15 | 20 | 06 | 10 | 23 |
| A | 1 | ♌ 09 | D 19 | 26 | 12 | 12 | 24 |
| | 11 | 18 | ♌ 03 | ♋ 04 | 18 | 14 | 25 |
| | 21 | 28 | 22 | 12 | 25 | 16 | 26 |
| S | 1 | ♍ 09 | ♍ 14 | 23 | ♏ 02 | 18 | 28 |
| | 11 | 18 | ♎ 02 | ♌ 03 | 08 | 20 | 29 |
| | 21 | 28 | 17 | 14 | 15 | 22 | ♎ 00 |
| O | 1 | ♎ 08 | ♏ 01 | 25 | 22 | 25 | 01 |
| | 11 | 18 | 13 | ♍ 07 | 29 | 27 | 02 |
| | 21 | 28 | 20 | 19 | ♐ 06 | 29 | 04 |
| N | 1 | ♏ 09 | R 14 | ♎ 02 | 14 | ♎ 01 | 05 |
| | 11 | 19 | 04 | 14 | 22 | 03 | 06 |
| | 21 | 29 | D 09 | 26 | 29 | 04 | 07 |
| D | 1 | ♐ 09 | 23 | ♏ 09 | ♑ 07 | 06 | 08 |
| | 11 | 19 | ♐ 08 | 21 | 14 | 07 | 08 |
| | 21 | 29 | 23 | ♐ 03 | 22 | 09 | 09 |

| | | | | | |
|---|---|---|---|---|---|
| ♅ | JA 25 | MR 2 | AP 6 | MA 3 | 28 |
| | ♏ 25 | R26 | 25 | 24 | 23 |
| | JN 25 | AU 2 | SE 3 | 29 | OK 18 |
| | ♏ 22 | D22 | 22 | 23 | 24 |
| | NO 4 | 20 | DE 7 | 24 | |
| | ♏ 25 | 26 | 27 | 28 | |
| ♆ | JA 3 | FE 4 | MR 27 | MA 16 | JN 23 |
| | ♐ 21 | 22 | R23 | 22 | 21 |
| | SE 2 | NO 5 | DE 4 | 30 | |
| | ♐D20 | 21 | 22 | 23 | |
| ♇ | JA 27 | MR 19 | AP 24 | JL 2 | AU 30 |
| | ♎R22 | 21 | 20 | D19 | 20 |
| | SE 27 | OK 22 | NO 18 | DE 23 | |
| | ♎ 21 | 22 | 23 | 24 | |
| ☊ | JA 18 | FE 6 | 25 | MR 15 | AP 2 |
| | ♍R01 | 00 | ♌ 29 | 28 | 27 |
| | AP 21 | MA 10 | 29 | JN 17 | JL 6 |
| | ♌ 26 | 25 | 24 | 23 | 22 |
| | JL 25 | AU 13 | 31 | SE 19 | OK 8 |
| | ♌ 21 | 20 | 19 | 18 | 17 |
| | OK 27 | NO 15 | DE 4 | 23 | |
| | ♌ 16 | 15 | 14 | 13 | |

9

| 1981 | ☉ | ☿ | ♀ | ♂ | ♃ | ♄ |
|---|---|---|---|---|---|---|
| J 1 | ♑10 | ♑11 | ♐17 | ≈01 | ♎10 | ♎10 |
| 11 | 21 | 27 | ♑00 | 09 | 10 | 10 |
| 21 | ≈01 | ≈14 | 12 | 17 | 10 | R10 |
| F 1 | 12 | ♓00 | 26 | 25 | R10 | 10 |
| 11 | 22 | R04 | ≈08 | ♓03 | 10 | 09 |
| 21 | ♓02 | ≈25 | 21 | 11 | 09 | 09 |
| M 1 | 10 | 20 | ♓01 | 17 | 09 | 08 |
| 11 | 21 | D23 | 13 | 25 | 07 | 08 |
| 21 | ♈00 | ♓03 | 26 | ♈03 | 06 | 07 |
| A 1 | 11 | 18 | ♈10 | 12 | 05 | 06 |
| 11 | 21 | ♈05 | 22 | 19 | 04 | 05 |
| 21 | ♉01 | 23 | ♉04 | 27 | 02 | 05 |
| M 1 | 11 | ♉14 | 17 | ♉04 | 02 | 04 |
| 11 | 20 | ♊05 | 29 | 12 | 01 | 04 |
| 21 | ♊00 | 21 | ♊11 | 19 | 01 | 03 |
| J 1 | 10 | ♋02 | 25 | 27 | D00 | 03 |
| 11 | 20 | R05 | ♋07 | ♊04 | 01 | D03 |
| 21 | ♋00 | 01 | 19 | 11 | 01 | 03 |
| J 1 | 09 | ♊27 | ♌01 | 18 | 02 | 04 |
| 11 | 19 | D28 | 14 | 25 | 03 | 04 |
| 21 | 28 | ♋09 | 26 | ♋02 | 04 | 05 |
| A 1 | ♌09 | 28 | ♍09 | 09 | 06 | 06 |
| 11 | 18 | ♌19 | 21 | 16 | 08 | 06 |
| 21 | 28 | ♍08 | ♎03 | 22 | 10 | 07 |
| S 1 | ♍08 | 27 | 16 | 29 | 12 | 09 |
| 11 | 18 | ♎12 | 28 | ♌06 | 14 | 10 |
| 21 | 28 | 24 | ♏09 | 12 | 16 | 11 |
| O 1 | ♎08 | ♏02 | 21 | 18 | 18 | 12 |
| 11 | 18 | R02 | ♐02 | 24 | 20 | 13 |
| 21 | 28 | ♎22 | 13 | ♍00 | 22 | 15 |
| N 1 | ♏08 | D20 | 25 | 06 | 25 | 16 |
| 11 | 19 | ♏02 | ♑06 | 12 | 27 | 17 |
| 21 | 29 | 18 | 15 | 17 | 29 | 18 |
| D 1 | ♐09 | ♐03 | 24 | 23 | ♏01 | 19 |
| 11 | 19 | 19 | ≈01 | 28 | 03 | 20 |
| 21 | 29 | ♑05 | 07 | ♎02 | 04 | 21 |

| | ☉ | ☿ | ♀ | ♂ | ♃ | ♄ |
|---|---|---|---|---|---|---|
| ♅ | JA 14 | MR 6 | AP 27 | MA 22 | | JN 16 |
| | ♏ 29 | ♐R00 | ♏ 29 | 28 | | 27 |
| | AU 7 | SE 21 | OK 13 | 31 | | NO 16 |
| | ♏D26 | 27 | 28 | 29 | | ♐ 00 |
| | DE 3 | 19 | | | | |
| | ♐ 01 | 02 | | | | |
| ♆ | JA 29 | MR 30 | MA 26 | JL 3 | | SE 6 |
| | ♐ 24 | R25 | 24 | 23 | | D22 |
| | NO 1 | DE 1 | 28 | | | |
| | ♐ 23 | 24 | 25 | | | |
| ♇ | JA 28 | MR 2 | AP 12 | MA 20 | | JL 4 |
| | ♎R24 | 24 | 23 | 22 | | D22 |
| | AU 12 | SE 15 | OK 11 | NO 5 | | DE 3 |
| | ♎ 22 | 23 | 24 | 25 | | 26 |
| ☊ | JA 11 | 30 | FE 17 | MR 8 | | 27 |
| | ♋R12 | 11 | 10 | 09 | | 08 |
| | AP 15 | MA 4 | 23 | JN 11 | | 30 |
| | ♋ 07 | 06 | 05 | 04 | | 03 |
| | JL 19 | AU 6 | 25 | SE 13 | | OK 2 |
| | ♋ 02 | 01 | 00 | ♊29 | | 28 |
| | OK 21 | NO 9 | 28 | DE 17 | | |
| | ♊27 | 26 | 25 | 24 | | |

9

| 1982 | | ☉ | ☿ | ♀ | ♂ | ♃ | ♄ |
|---|---|---|---|---|---|---|---|
| J | 1 | ♑ 10 | ♑ 23 | R ♒ 09 | ♎ 07 | ♏ 06 | ♎ 21 |
| | 11 | 20 | ♒ 08 | 07 | 11 | 07 | 22 |
| | 21 | ♒ 01 | 18 | 01 | 14 | 09 | 22 |
| F | 1 | 12 | R 12 | ♑ 25 | 17 | 09 | 22 |
| | 11 | 22 | 03 | 23 | 19 | 10 | R 22 |
| | 21 | ♓ 02 | D 06 | D 25 | 19 | 10 | 22 |
| M | 1 | 10 | 13 | 29 | R 19 | R 10 | 22 |
| | 11 | 20 | 26 | ♒ 06 | 17 | 10 | 21 |
| | 21 | ♈ 00 | ♓ 11 | 14 | 14 | 09 | 20 |
| A | 1 | 11 | ♈ 00 | 25 | 10 | 08 | 20 |
| | 11 | 21 | 20 | ♓ 05 | 06 | 07 | 19 |
| | 21 | ♉ 01 | ♉ 11 | 15 | 03 | 06 | 18 |
| M | 1 | 10 | 29 | 26 | 01 | 05 | 17 |
| | 11 | 20 | ♊ 11 | ♈ 07 | 00 | 04 | 17 |
| | 21 | ♊ 00 | 15 | 19 | D 01 | 02 | 16 |
| J | 1 | 10 | R 11 | ♉ 01 | 03 | 01 | 16 |
| | 11 | 20 | 07 | 13 | 05 | 01 | 16 |
| | 21 | 29 | D 08 | 25 | 09 | 01 | D 16 |
| J | 1 | ♋ 09 | 17 | ♊ 07 | 13 | D 00 | 16 |
| | 11 | 18 | ♋ 03 | 18 | 18 | 01 | 16 |
| | 21 | 28 | 23 | ♋ 00 | 23 | 01 | 16 |
| A | 1 | ♌ 08 | ♌ 16 | 14 | 29 | 02 | 17 |
| | 11 | 18 | ♍ 04 | 26 | ♏ 04 | 03 | 18 |
| | 21 | 28 | 20 | ♌ 08 | 10 | 04 | 19 |
| S | 1 | ♍ 08 | ♎ 05 | 22 | 17 | 06 | 20 |
| | 11 | 18 | 14 | ♍ 04 | 24 | 08 | 21 |
| | 21 | 28 | R 17 | 16 | ♐ 01 | 10 | 22 |
| O | 1 | ♎ 07 | 10 | 29 | 08 | 12 | 23 |
| | 11 | 17 | 02 | ♎ 11 | 15 | 14 | 24 |
| | 21 | 27 | D 10 | 24 | 22 | 16 | 25 |
| N | 1 | ♏ 08 | 27 | ♏ 07 | ♑ 00 | 18 | 27 |
| | 11 | 18 | ♏ 13 | 20 | 08 | 20 | 28 |
| | 21 | 28 | 29 | ♐ 03 | 15 | 23 | 29 |
| D | 1 | ♐ 08 | ♐ 15 | 15 | 23 | 25 | ♏ 00 |
| | 11 | 19 | ♑ 00 | 28 | ♒ 01 | 27 | 01 |
| | 21 | 29 | 16 | ♑ 10 | 08 | 29 | 02 |

| | | | | | |
|---|---|---|---|---|---|
| ♅ | JA 7 | 31 | MR 12 | AP 17 | MA 15 |
| | ♐ 03 | 04 | R05 | 04 | 03 |
| | JN 8 | JL 8 | AU 11 | SE 10 | OK 7 |
| | ♐ 02 | 01 | D01 | 01 | 02 |
| | OK 27 | NO 13 | 29 | DE 16 | |
| | ♐ 03 | 04 | 05 | 06 | |
| ♆ | JA 26 | AP 2 | JN 5 | JL 13 | SE 9 |
| | ♐ 26 | R27 | 26 | 25 | D24 |
| | OK 28 | NO 28 | DE 25 | | |
| | ♐ 25 | 26 | 27 | | |
| ♇ | FE 2 | MR 30 | MA 6 | JL 7 | AU 30 |
| | ♎R27 | 26 | 25 | D24 | 25 |
| | SE 29 | OK 24 | NO 18 | DE 21 | |
| | ♎ 26 | 27 | 28 | 29 | |
| ☊ | JA 4 | 23 | FE 11 | MR 2 | 21 |
| | ♋R23 | 22 | 21 | 20 | 19 |
| | AP 9 | 28 | MA 17 | JN 5 | 23 |
| | ♋ 18 | 17 | 16 | 15 | 14 |
| | JL 12 | 31 | AU 19 | SE 7 | 26 |
| | ♋ 13 | 12 | 11 | 10 | 09 |
| | OK 15 | NO 3 | 21 | DE 10 | 29 |
| | ♋ 08 | 07 | 06 | 05 | 04 |

| 1983 | ☉ | ☿ | ♀ | ♂ | ♃ | ♄ |
|---|---|---|---|---|---|---|
| J 1 | ♑10 | ♒00 | ♑24 | ♒17 | ♐01 | ♏03 |
| 11 | 20 | R01 | ♒07 | 25 | 03 | 04 |
| 21 | ♒00 | ♑20 | 19 | ♓03 | 05 | 04 |
| F 1 | 12 | D18 | ♓03 | 11 | 07 | 04 |
| 11 | 22 | 26 | 15 | 19 | 08 | 04 |
| 21 | ♓02 | ♒09 | 28 | 27 | 09 | R04 |
| M 1 | 10 | 20 | ♈08 | ♈03 | 10 | 04 |
| 11 | 20 | ♓06 | 20 | 11 | 10 | 04 |
| 21 | ♈00 | 25 | ♉02 | 18 | 11 | 03 |
| A 1 | 11 | ♈17 | 15 | 27 | R11 | 03 |
| 11 | 21 | ♉06 | 27 | ♉04 | 11 | 02 |
| 21 | ♉00 | 20 | ♊09 | 11 | 10 | 01 |
| M 1 | 10 | 26 | 20 | 19 | 09 | 00 |
| 11 | 20 | R22 | ♋02 | 26 | 08 | 00 |
| 21 | 29 | 17 | 13 | ♊03 | 07 | ♎29 |
| J 1 | ♊10 | D18 | 25 | 11 | 06 | 28 |
| 11 | 20 | 26 | ♌05 | 18 | 04 | 28 |
| 21 | 29 | ♊10 | 14 | 24 | 03 | 28 |
| J 1 | ♋09 | 28 | 23 | ♋01 | 02 | 28 |
| 11 | 18 | ♋20 | ♍01 | 08 | 02 | D28 |
| 21 | 28 | ♌10 | 06 | 15 | 01 | 28 |
| A 1 | ♌08 | 29 | 09 | 22 | D01 | 28 |
| 11 | 18 | ♍14 | R08 | 28 | 01 | 29 |
| 21 | 27 | 25 | 04 | ♌05 | 02 | ♏00 |
| S 1 | ♍08 | ♎01 | ♌27 | 12 | 03 | 01 |
| 11 | 18 | R♍27 | 24 | 18 | 04 | 02 |
| 21 | 27 | 18 | D24 | 24 | 05 | 03 |
| O 1 | ♎07 | D19 | 27 | ♍01 | 07 | 04 |
| 11 | 17 | ♎03 | ♍03 | 07 | 08 | 05 |
| 21 | 27 | 20 | 11 | 13 | 10 | 06 |
| N 1 | ♏08 | ♏09 | 22 | 20 | 12 | 07 |
| 11 | 18 | 25 | ♎02 | 26 | 15 | 08 |
| 21 | 28 | ♐10 | 12 | ♎02 | 17 | 10 |
| D 1 | ♐08 | 25 | 24 | 07 | 19 | 11 |
| 11 | 18 | ♑09 | ♏05 | 13 | 21 | 12 |
| 21 | 29 | 17 | 17 | 19 | 23 | 13 |

| ♅ | ☉ | ☿ | ♀ | ♂ | ♃ | ♄ |
|---|---|---|---|---|---|---|
| | JA 2 | 23 | MR 16 | MA 7 | | JN 1 |
| | ♐07 | 08 | R09 | | 08 | 07 |
| | JN 26 | AU 16 | SE 30 | OK 22 | 07 | NO 10 |
| | ♐06 | D05 | 06 | | 07 | 08 |
| | NO 26 | DE 13 | 29 | | | |
| | ♐09 | 10 | 11 | | | |

| ♆ | ☉ | ☿ | ♀ | ♂ | ♃ | ♄ |
|---|---|---|---|---|---|---|
| | JA 22 | MR 3 | AP 3 | | 30 | JN 14 |
| | ♐28 | 29 | R29 | | 29 | 28 |
| | JL 24 | SE 11 | OK 23 | NO 26 | 26 | DE 23 |
| | ♐27 | D26 | 27 | | 28 | 29 |

| ♇ | ☉ | ☿ | ♀ | ♂ | ♃ | ♄ |
|---|---|---|---|---|---|---|
| | FE 3 | MR 17 | AP 24 | JN 4 | | JL 10 |
| | ♏R00 | ♎29 | 28 | 27 | | D27 |
| | AU 8 | SE 15 | OK 12 | NO 6 | | DE 3 |
| | ♎27 | 28 | 29 | ♏00 | | 01 |

| ☊ | ☉ | ☿ | ♀ | ♂ | ♃ | ♄ |
|---|---|---|---|---|---|---|
| | JA 17 | FE 5 | | 24 | MR 15 | AP 3 |
| | ♋R03 | 02 | | 01 | 00 | ♊29 |
| | AP 22 | MA 10 | | 29 | JN 17 | JL 6 |
| | ♊28 | 27 | | 26 | 25 | 24 |
| | JL 25 | AU 13 | SE 1 | | 20 | OK 9 |
| | ♊23 | 22 | 21 | | 20 | 19 |
| | OK 27 | NO 15 | DE 4 | | 23 | |
| | ♊18 | 17 | 16 | | 15 | |

9

| 1984 | ☉ | ☿ | ♀ | ♂ | ♃ | ♄ |
|---|---|---|---|---|---|---|
| J 1 | ♑ 10 | R ♑ 08 | ♐ 00 | ♌ 25 | ♐ 26 | ♏ 14 |
| 11 | 20 | 00 | 12 | ♏ 00 | 28 | 15 |
| 21 | ♒ 00 | D06 | 24 | 05 | ♑ 00 | 15 |
| F 1 | 11 | 19 | ♑ 08 | 10 | 03 | 16 |
| 11 | 21 | ♒ 03 | 20 | 15 | 05 | 16 |
| 21 | ♓ 02 | 19 | ♒ 02 | 19 | 06 | 16 |
| M 1 | 11 | ♓ 04 | 13 | 22 | 08 | R16 |
| 11 | 21 | 23 | 26 | 25 | 09 | 16 |
| 21 | ♈ 01 | ♈ 12 | ♓ 08 | 27 | 11 | 16 |
| A 1 | 11 | ♉ 00 | 22 | 28 | 12 | 15 |
| 11 | 21 | 07 | ♈ 04 | R28 | 12 | 15 |
| 21 | ♉ 01 | R03 | 16 | 27 | 13 | 14 |
| M 1 | 11 | ♈ 27 | 29 | 24 | 13 | 13 |
| 11 | 20 | D27 | ♉ 11 | 21 | R13 | 13 |
| 21 | ♊ 00 | ♉ 05 | 23 | 17 | 12 | 12 |
| J 1 | 11 | 19 | ♊ 07 | 14 | 11 | 11 |
| 11 | 20 | ♊ 06 | 19 | 12 | 10 | 11 |
| 21 | ♋ 00 | 27 | ♋ 01 | D12 | 09 | 10 |
| J 1 | 09 | ♋ 19 | 13 | 13 | 08 | 10 |
| 11 | 19 | ♌ 08 | 26 | 15 | 07 | 10 |
| 21 | 28 | 23 | ♌ 08 | 18 | 05 | D10 |
| A 1 | ♌ 09 | ♍ 06 | 22 | 22 | 04 | 10 |
| 11 | 19 | 13 | ♍ 04 | 27 | 04 | 10 |
| 21 | 28 | R12 | 16 | ♐ 02 | 03 | 11 |
| S 1 | ♍ 09 | 03 | ♎ 00 | 08 | D03 | 12 |
| 11 | 18 | D01 | 12 | 14 | 03 | 12 |
| 21 | 28 | 13 | 24 | 20 | 04 | 13 |
| O 1 | ♎ 08 | ♎ 00 | ♏ 07 | 27 | 05 | 14 |
| 11 | 18 | 18 | 19 | ♑ 04 | 06 | 15 |
| 21 | 28 | ♏ 05 | ♐ 01 | 11 | 07 | 17 |
| N 1 | ♏ 09 | 22 | 14 | 19 | 09 | 18 |
| 11 | 19 | ♐ 07 | 26 | 26 | 11 | 19 |
| 21 | 29 | 20 | ♑ 08 | ♒ 04 | 13 | 20 |
| D 1 | ♐ 09 | ♑ 00 | 20 | 12 | 15 | 21 |
| 11 | 19 | R ♐ 27 | ♒ 02 | 19 | 17 | 23 |
| 21 | 29 | 16 | 14 | 27 | 19 | 24 |

| ♅ | | | | | |
|---|---|---|---|---|---|
| JA 17 ♐ 12 | FE 11 · 13 | MR 20 · R14 | AP 24 · 13 | MA 22 · 12 |
| JN 16 ♐ 11 | JL 15 · 10 | AU 19 · D10 | SE 20 · 10 | OK 17 · 11 |
| NO 5 ♐ 12 | 23 · 13 | DE 9 · 14 | 26 · 15 | |

| ♆ | | | | | |
|---|---|---|---|---|---|
| JA 19 ♑ 00 | FE 23 · 01 | AP 5 · R01 | MA 13 · 01 | JN 23 · 00 |
| AU 4 ♐ 29 | SE 13 · D29 | OK 15 · 29 | NO 21 · ♑ 00 | DE 19 · 01 |

| ♇ | | | | | |
|---|---|---|---|---|---|
| JA 14 ♏ 02 | FE 6 · R02 | 26 · 02 | AP 12 · 01 | MA 18 · 00 |
| JL 11 ♎ D29 | AU 28 · ♏ 00 | SE 28 · 01 | OK 23 · 02 | NO 18 · 03 |
| DE 17 ♏ 04 | | | | |

| ☊ | | | | | |
|---|---|---|---|---|---|
| JA 11 ♊ R14 | 30 · 13 | FE 18 · 12 | MR 8 · 11 | 26 · 10 |
| AP 14 ♊ 09 | MA 3 · 08 | 22 · 07 | JN 10 · 06 | 29 · 05 |
| JL 18 ♊ 04 | AU 6 · 03 | 25 · 02 | SE 12 · 01 | 1 · 00 |
| OK 20 ♉ 29 | NO 8 · 28 | 27 · 27 | DE 16 · 26 | |

| 1985 | ☉ | ☿ | ♀ | ♂ | ♃ | ♄ |
|---|---|---|---|---|---|---|
| J 1 | ♑ 11 | D ♐ 18 | ≈ 26 | ♓ 05 | ♑ 21 | ♏ 25 |
| 11 | 21 | 29 | ♓ 07 | 13 | 24 | 26 |
| 21 | ≈ 01 | ♑ 13 | 18 | 20 | 26 | 26 |
| F 1 | 12 | ≈ 00 | 29 | 29 | 29 | 27 |
| 11 | 22 | 16 | ♈ 08 | ♈ 06 | ≈ 01 | 28 |
| 21 | ♓ 02 | ♓ 04 | 15 | 14 | 03 | 28 |
| M 1 | 10 | 19 | 19 | 20 | 05 | 28 |
| 11 | 20 | ♈ 07 | 22 | 27 | 07 | R 28 |
| 21 | ♈ 00 | 18 | R 21 | ♉ 04 | 09 | 28 |
| A 1 | 11 | R 16 | 16 | 12 | 11 | 28 |
| 11 | 21 | 08 | 10 | 19 | 13 | 27 |
| 21 | ♉ 01 | D 07 | 06 | 26 | 14 | 27 |
| M 1 | 11 | 14 | D 07 | ♊ 03 | 15 | 26 |
| 11 | 20 | 26 | 10 | 10 | 16 | 25 |
| 21 | ♊ 00 | ♉ 11 | 17 | 17 | 17 | 24 |
| J 1 | 10 | ♊ 02 | 25 | 24 | 17 | 24 |
| 11 | 20 | 24 | ♉ 04 | ♋ 01 | R 17 | 23 |
| 21 | ♋ 00 | ♋ 15 | 14 | 08 | 17 | 22 |
| J 1 | 09 | ♌ 02 | 24 | 14 | 16 | 22 |
| 11 | 19 | 15 | ♊ 05 | 21 | 15 | 22 |
| 21 | 28 | 23 | 16 | 27 | 14 | 21 |
| A 1 | ♌ 09 | R 25 | 28 | ♌ 04 | 12 | D 21 |
| 11 | 18 | 18 | ♋ 10 | 11 | 11 | 22 |
| 21 | 28 | 13 | 22 | 17 | 10 | 22 |
| S 1 | ♍ 09 | D 21 | ♌ 05 | 24 | 09 | 23 |
| 11 | 18 | ♍ 08 | 17 | ♍ 01 | 08 | 23 |
| 21 | 28 | 26 | 29 | 07 | 07 | 24 |
| O 1 | ♎ 08 | ♍ 14 | ♍ 11 | 13 | 07 | 25 |
| 11 | 18 | ♏ 00 | 23 | 20 | D 07 | 26 |
| 21 | 28 | 15 | ♎ 06 | 26 | 08 | 27 |
| N 1 | ♏ 09 | ♐ 00 | 19 | ♎ 03 | 08 | 28 |
| 11 | 19 | 11 | ♏ 02 | 09 | 09 | 29 |
| 21 | 29 | R 15 | 14 | 15 | 11 | ♐ 00 |
| D 1 | ♐ 09 | 04 | 27 | 21 | 12 | 02 |
| 11 | 19 | D ♏ 29 | ♐ 09 | 28 | 14 | 03 |
| 21 | 29 | ♐ 08 | 22 | ♏ 04 | 16 | 04 |

| ⛢ | JA 12 | FE 3 | MR 25 | MA 12 | | JN 6 |
|---|---|---|---|---|---|---|
| | ♐ 16 | 17 | R 18 | 17 | | 16 |
| | JL 2 | AU 25 | OK 12 | NO 2 | | 20 |
| | ♐ 15 | D 14 | 15 | 16 | | 17 |
| | DE 7 | 23 | | | | |
| | ♐ 18 | 19 | | | | |

| ♆ | JA 15 | FE 16 | AP 7 | MA 25 | | JL 3 |
|---|---|---|---|---|---|---|
| | ♑ 02 | 03 | R 04 | 03 | | 02 |
| | AU 19 | SE 15 | OK 6 | NO 18 | | DE 16 |
| | ♑ 01 | D 01 | 01 | 02 | | 03 |

| ♇ | FE 8 | MR 31 | MA 6 | JL 15 | | SE 13 |
|---|---|---|---|---|---|---|
| | ♏ R05 | 04 | 03 | D 02 | | 03 |
| | OK 11 | NO 5 | DE 1 | | | |
| | ♏ 04 | 05 | 06 | | | |

| ☊ | JA 4 | 23 | FE 11 | MR 1 | | 20 |
|---|---|---|---|---|---|---|
| | ♉ R25 | 24 | 23 | 22 | | 21 |
| | AP 8 | 27 | MA 16 | JN 4 | | 23 |
| | ♉ 20 | 19 | 18 | 17 | | 16 |
| | JL 12 | 31 | AU 18 | SE 6 | | 25 |
| | ♉ 15 | 14 | 13 | 12 | | 11 |
| | OK 14 | NO 2 | 21 | DE 10 | | 29 |
| | ♉ 10 | 09 | 08 | 07 | | 06 |

9

9

| 1986 | | ☉ | ☿ | ♀ | ♂ | ♃ | ♄ |
|---|---|---|---|---|---|---|---|
| J | 1 | ♑ 10 | ♐ 23 | ♑ 06 | ♏ 11 | ♒ 18 | ♐ 05 |
| | 11 | 20 | ♑ 08 | 18 | 17 | 20 | 06 |
| | 21 | ♒ 01 | 23 | ♒ 01 | 23 | 23 | 07 |
| F | 1 | 12 | ♒ 12 | 15 | 29 | 25 | 08 |
| | 11 | 22 | ♓ 00 | 27 | ♐ 05 | 28 | 09 |
| | 21 | ♓ 02 | 17 | ♓ 10 | 11 | ♓ 00 | 09 |
| M | 1 | 10 | 28 | 20 | 15 | 02 | 09 |
| | 11 | 20 | R ♈ 00 | ♈ 02 | 21 | 04 | 10 |
| | 21 | ♈ 00 | ♓ 22 | 15 | 26 | 07 | R 10 |
| A | 1 | 11 | D 18 | 28 | ♑ 02 | 09 | 10 |
| | 11 | 21 | 23 | ♉ 11 | 07 | 11 | 09 |
| | 21 | ♉ 01 | ♈ 04 | 23 | 11 | 13 | 09 |
| M | 1 | 10 | 19 | ♊ 05 | 15 | 15 | 08 |
| | 11 | 20 | ♉ 07 | 17 | 18 | 17 | 08 |
| | 21 | ♊ 00 | 27 | 29 | 21 | 19 | 07 |
| J | 1 | 10 | ♊ 21 | ♋ 12 | 23 | 20 | 06 |
| | 11 | 20 | ♋ 10 | 24 | R 23 | 21 | 05 |
| | 21 | 29 | 24 | ♌ 06 | 22 | 22 | 05 |
| J | 1 | ♋ 09 | ♌ 03 | 18 | 20 | 23 | 04 |
| | 11 | 18 | R 06 | 29 | 17 | 23 | 04 |
| | 21 | 28 | 02 | ♍ 11 | 15 | R 23 | 03 |
| A | 1 | ♌ 08 | ♋ 26 | 23 | 12 | 22 | 03 |
| | 11 | 18 | D 29 | ♎ 03 | 11 | 21 | D 03 |
| | 21 | 28 | ♌ 13 | 14 | D 12 | 20 | 03 |
| S | 1 | ♍ 08 | ♍ 04 | 24 | 14 | 19 | 04 |
| | 11 | 18 | 23 | ♏ 03 | 17 | 18 | 04 |
| | 21 | 28 | ♎ 10 | 11 | 21 | 17 | 05 |
| O | 1 | ♎ 08 | 26 | 17 | 26 | 15 | 05 |
| | 11 | 17 | ♏ 10 | 20 | ♒ 01 | 14 | 06 |
| | 21 | 27 | 22 | R 20 | 07 | 14 | 07 |
| N | 1 | ♏ 08 | 29 | 15 | 14 | 13 | 08 |
| | 11 | 18 | R 23 | 09 | 20 | D 13 | 09 |
| | 21 | 28 | 13 | 05 | 27 | 13 | 11 |
| D | 1 | ♐ 08 | D 18 | D 05 | ♓ 03 | 14 | 12 |
| | 11 | 19 | ♐ 01 | 09 | 10 | 15 | 13 |
| | 21 | 29 | 16 | 15 | 17 | 16 | 14 |

| | | | | | |
|---|---|---|---|---|---|
| ♅ | JA 9 | 29 | FE 26 | MR 30 | AP 26 |
| | ♐ 20 | 21 | 22 | R22 | 22 |
| | MA 27 | JN 21 | JL 18 | AU 29 | OK 6 |
| | ♐ 21 | 20 | 19 | D18 | 19 |
| | OK 30 | NO 18 | DE 5 | 22 | |
| | ♐ 20 | 21 | 22 | 23 | |
| ♆ | JA 12 | FE 11 | AP 9 | JN 5 | JL 12 |
| | ♑ 04 | 05 | R06 | 05 | 04 |
| | SE 16 | NO 14 | DE 14 | | |
| | ♑D03 | 04 | 05 | | |
| ♇ | JA 5 | FE 11 | MR 16 | AP 25 | JN 3 |
| | ♏ 07 | R07 | 07 | 06 | 05 |
| | JL 17 | AU 25 | SE 28 | OK 24 | NO 18 |
| | ♏D05 | 05 | 06 | 07 | 08 |
| | DE 15 | | | | |
| | ♏ 09 | | | | |
| ☊ | JA 16 | FE 4 | 23 | MR 14 | AP 2 |
| | ♉R05 | 04 | 03 | 02 | 01 |
| | AP 21 | MA 10 | 29 | JN 17 | JL 5 |
| | ♉ 00 | ♈ 29 | 28 | 27 | 26 |
| | JL 24 | AU 12 | 31 | SE 19 | OK 8 |
| | ♈ 25 | 24 | 23 | 22 | 21 |
| | OK 27 | NO 15 | DE 4 | 22 | |
| | ♈ 20 | 19 | 18 | 17 | |

| 1987 | | ☉ | ☿ | ♀ | ♂ | ♃ | ♄ |
|------|----|------|------|------|------|------|------|
| J | 1 | ♑10 | ♑03 | ♏24 | ♓25 | ♓18 | ♐15 |
|   | 11 | 20 | 19 | ♐03 | ♈02 | 19 | 16 |
|   | 21 | ♒00 | ♒06 | 14 | 09 | 21 | 17 |
| F | 1 | 12 | 25 | 25 | 16 | 23 | 18 |
|   | 11 | 22 | ♓10 | ♑07 | 23 | 25 | 19 |
|   | 21 | ♓02 | R14 | 18 | ♉00 | 28 | 20 |
| M | 1 | 10 | 07 | 27 | 06 | ♈00 | 20 |
|   | 11 | 20 | 00 | ♒09 | 13 | 02 | 21 |
|   | 21 | ♈00 | D03 | 21 | 19 | 04 | 21 |
| A | 1 | 11 | 14 | ♓04 | 27 | 07 | 21 |
|   | 11 | 21 | 27 | 16 | ♊04 | 09 | R21 |
|   | 21 | ♉00 | ♈14 | 28 | 10 | 12 | 21 |
| M | 1 | 10 | ♉03 | ♈10 | 17 | 14 | 20 |
|   | 11 | 20 | 24 | 22 | 23 | 16 | 20 |
|   | 21 | 29 | ♊15 | ♉04 | ♋00 | 19 | 19 |
| J | 1 | ♊10 | ♋03 | 18 | 07 | 21 | 18 |
|   | 11 | 20 | 13 | ♊00 | 14 | 23 | 18 |
|   | 21 | 29 | 17 | 12 | 20 | 24 | 17 |
| J | 1 | ♋09 | R14 | 24 | 26 | 26 | 16 |
|   | 11 | 18 | 08 | ♋06 | ♌03 | 27 | 16 |
|   | 21 | 28 | D09 | 19 | 09 | 28 | 15 |
| A | 1 | ♌08 | 20 | ♌02 | 16 | 29 | 15 |
|   | 11 | 18 | ♌08 | 14 | 22 | R♉00 | 15 |
|   | 21 | 27 | 28 | 27 | 29 | 29 | D15 |
| S | 1 | ♍08 | ♍19 | ♍10 | ♍06 | 29 | 15 |
|   | 11 | 18 | ♎05 | 23 | 12 | 29 | 15 |
|   | 21 | 27 | 20 | ♎05 | 19 | 28 | 15 |
| O | 1 | ♎07 | ♏03 | 18 | 25 | 27 | 16 |
|   | 11 | 17 | 11 | ♏00 | ♎01 | 26 | 17 |
|   | 21 | 27 | R12 | 13 | 08 | 24 | 18 |
| N | 1 | ♏08 | 00 | 26 | 15 | 23 | 19 |
|   | 11 | 18 | D♎29 | ♐09 | 21 | 22 | 20 |
|   | 21 | 28 | ♏11 | 21 | 28 | 21 | 21 |
| D | 1 | ♐08 | 26 | ♑04 | ♏04 | 20 | 22 |
|   | 11 | 18 | ♐12 | 16 | 11 | 20 | 23 |
|   | 21 | 29 | 27 | 28 | 18 | D20 | 24 |

| | ☉ | ☿ | ♀ | ♂ | ♃ | ♄ |
|------|------|------|------|------|------|------|
| ♅ | JA 8 | 26 | FE 19 | AP 3 | | MA 14 |
| | ♐24 | 25 | 26 | R27 | | 26 |
| | JN 10 | JL 5 | AU 6 | SE 3 | | 27 |
| | ♐25 | 24 | 23 | D23 | | 23 |
| | OK 27 | NO 17 | DE 4 | 21 | | |
| | ♐24 | 25 | 26 | 27 | | |
| ♆ | JA 9 | FE 7 | AP 11 | JN 15 | | JL 23 |
| | ♑06 | 07 | R08 | 07 | | 06 |
| | SE 20 | NO 10 | DE 11 | | | |
| | ♑D05 | 06 | 07 | | | |
| ♇ | FE 14 | AP 14 | MA 21 | JL 20 | | SE 12 |
| | ♏R10 | 09 | 08 | D07 | | 08 |
| | OK 11 | NO 5 | DE 1 | | | |
| | ♏09 | 10 | 11 | | | |
| ☊ | JA 10 | 29 | FE 17 | MR 8 | | 27 |
| | ♈R16 | 15 | 14 | 13 | | 12 |
| | AP 15 | MA 4 | 22 | JN 10 | | 29 |
| | ♈11 | 10 | 09 | 08 | | 07 |
| | JL 18 | AU 6 | 25 | SE 13 | | OK 2 |
| | ♈06 | 05 | 04 | 03 | | 02 |
| | OK 21 | NO 8 | 27 | DE 16 | | |
| | ♈01 | 00 | ♓29 | 28 | | |

9

| 1988 | | ☉ | ☿ | ♀ | ♂ | ♃ | ♄ |
|---|---|---|---|---|---|---|---|
| J | 1 | ♑10 | ♑15 | ♒12 | ♏25 | ♈20 | ♐25 |
| | 11 | 20 | ♒01 | 24 | ♐02 | 21 | 27 |
| | 21 | ♒00 | 17 | ♓07 | 08 | 22 | 28 |
| F | 1 | 11 | 28 | 20 | 16 | 23 | 29 |
| | 11 | 21 | R22 | ♈02 | 22 | 25 | ♑00 |
| | 21 | ♓02 | 13 | 13 | 29 | 27 | 01 |
| M | 1 | 11 | D15 | 24 | ♑05 | 28 | 01 |
| | 11 | 21 | 23 | ♉05 | 12 | ♉00 | 02 |
| | 21 | ♈01 | ♓06 | 16 | 19 | 03 | 02 |
| A | 1 | 11 | 23 | 27 | 26 | 05 | 02 |
| | 11 | 21 | ♈11 | ♊07 | ♒03 | 07 | 03 |
| | 21 | ♉01 | ♉02 | 16 | 09 | 10 | R02 |
| M | 1 | 11 | 23 | 23 | 16 | 12 | 02 |
| | 11 | 21 | ♊10 | 28 | 23 | 15 | 02 |
| | 21 | ♊00 | 22 | ♋00 | 29 | 17 | 01 |
| J | 1 | 11 | 27 | R♊29 | ♓06 | 20 | 01 |
| | 11 | 20 | R24 | 23 | 12 | 22 | 00 |
| | 21 | ♋00 | 19 | 18 | 18 | 24 | ♐29 |
| J | 1 | 09 | D20 | 14 | 24 | 26 | 28 |
| | 11 | 19 | 28 | D15 | 29 | 28 | 28 |
| | 21 | 28 | ♋14 | 19 | ♈03 | ♊00 | 27 |
| A | 1 | ♌09 | ♌07 | 25 | 07 | 02 | 27 |
| | 11 | 19 | 27 | ♋03 | 10 | 03 | 26 |
| | 21 | 28 | ♍15 | 12 | 11 | 04 | 26 |
| S | 1 | ♍09 | ♎02 | 23 | R11 | 05 | D26 |
| | 11 | 18 | 15 | ♌04 | 10 | 06 | 26 |
| | 21 | 28 | 22 | 15 | 07 | 06 | 26 |
| O | 1 | ♎08 | R27 | 26 | 04 | R06 | 27 |
| | 11 | 18 | 18 | ♍07 | 02 | 06 | 27 |
| | 21 | 28 | D12 | 19 | 00 | 05 | 28 |
| N | 1 | ♏09 | 22 | ♎02 | D00 | 04 | 29 |
| | 11 | 19 | ♏07 | 15 | 01 | 03 | ♑00 |
| | 21 | 29 | 23 | 27 | 03 | 01 | 01 |
| D | 1 | ♐09 | ♐09 | ♏09 | 06 | 00 | 02 |
| | 11 | 19 | 25 | 22 | 10 | ♉29 | 03 |
| | 21 | 29 | ♑10 | ♐04 | 15 | 28 | 04 |

| | | | | | |
|---|---|---|---|---|---|
| ♅ | JA 7 | 25 | FE 15 | AP 7 | MA 27 |
| | ♐ 28 | 29 | ♑ 00 | R01 | 00 |
| | JN 21 | JL 17 | SE 7 | OK 23 | NO 14 |
| | ♐ 29 | 28 | D27 | 28 | 29 |
| | DE 3 | 19 | | | |
| | ♑ 00 | 01 | | | |
| ♆ | JA 6 | FE 4 | MR 16 | AP 14 | MA 8 |
| | ♑ 08 | 09 | 10 | R10 | 10 |
| | JN 23 | AU 1 | SE 21 | NO 4 | DE 7 |
| | ♑ 09 | 08 | D07 | 08 | 09 |
| ♇ | JA 1 | FE 16 | AP 1 | MA 8 | JN 20 |
| | ♏ 12 | R13 | 12 | 11 | 10 |
| | JL 23 | AU 18 | SE 26 | OK 23 | NO 17 |
| | ♏D10 | 10 | 11 | 12 | 13 |
| | DE 13 | | | | |
| | ♏ 14 | | | | |
| ☊ | JA 4 | 23 | FE 11 | MR 1 | 20 |
| | ♓R27 | 26 | 25 | 24 | 23 |
| | AP 8 | 26 | MA 15 | JN 3 | 22 |
| | ♓ 22 | 21 | 20 | 19 | 18 |
| | JL 11 | 30 | AU 18 | SE 6 | 25 |
| | ♓ 17 | 16 | 15 | 14 | 13 |
| | OK 13 | NO 1 | 20 | DE 9 | 28 |
| | ♓ 12 | 11 | 10 | 09 | 08 |

| 1989 | | ☉ | ☿ | ♀ | ♂ | ♃ | ♄ |
|---|---|---|---|---|---|---|---|
| J | 1 | ♑11 | ♑27 | ♐18 | ♈20 | R♉27 | ♑06 |
| | 11 | 21 | ♒10 | ♑00 | 25 | 26 | 07 |
| | 21 | ♒01 | R10 | 13 | ♉01 | D26 | 08 |
| F | 1 | 12 | ♑28 | 27 | 07 | 26 | 09 |
| | 11 | 22 | D27 | ♒09 | 13 | 27 | 10 |
| | 21 | ♓02 | ♒06 | 22 | 19 | 28 | 11 |
| M | 1 | 10 | 16 | ♓02 | 24 | 29 | 12 |
| | 11 | 20 | ♓00 | 14 | ♊00 | ♊00 | 12 |
| | 21 | ♈00 | 17 | 27 | 06 | 02 | 13 |
| A | 1 | 11 | ♈08 | ♈10 | 13 | 03 | 14 |
| | 11 | 21 | 28 | 23 | 19 | 05 | 14 |
| | 21 | ♉03 | ♉18 | ♉05 | 25 | 07 | 14 |
| M | 1 | 11 | ♊01 | 17 | ♋01 | 10 | R14 |
| | 11 | 20 | 07 | ♊00 | 07 | 12 | 14 |
| | 21 | ♊00 | R04 | 12 | 14 | 14 | 13 |
| J | 1 | 10 | ♉29 | 25 | 20 | 17 | 13 |
| | 11 | 20 | D29 | ♋08 | 27 | 19 | 12 |
| | 21 | ♋00 | ♊07 | 20 | ♌03 | 21 | 11 |
| J | 1 | 09 | 21 | ♌02 | 09 | 23 | 11 |
| | 11 | 19 | ♋10 | 14 | 15 | 26 | 10 |
| | 21 | 28 | ♌01 | 26 | 21 | 28 | 09 |
| A | 1 | ♌09 | 23 | ♍10 | 28 | ♋00 | 09 |
| | 11 | 18 | ♍10 | 22 | ♍05 | 02 | 08 |
| | 21 | 28 | 24 | ♎03 | 11 | 04 | 08 |
| S | 1 | ♍09 | ♎06 | 16 | 18 | 06 | 07 |
| | 11 | 18 | 11 | 28 | 24 | 07 | 07 |
| | 21 | 28 | R06 | ♏10 | ♎01 | 09 | D07 |
| O | 1 | ♎08 | ♍27 | 21 | 07 | 10 | 08 |
| | 11 | 18 | D♎00 | ♐03 | 14 | 10 | 08 |
| | 21 | 28 | 14 | 14 | 21 | 11 | 09 |
| N | 1 | ♏09 | ♏02 | 25 | 28 | R11 | 09 |
| | 11 | 19 | 19 | ♑06 | ♏05 | 11 | 10 |
| | 21 | 29 | ♐04 | 15 | 11 | 10 | 11 |
| D | 1 | ♐09 | 20 | 24 | 18 | 09 | 12 |
| | 11 | 19 | ♑05 | ♒00 | 25 | 08 | 13 |
| | 21 | 29 | 19 | 05 | ♐02 | 07 | 14 |

| | | | | | |
|---|---|---|---|---|---|
| ♅ | JA 5 | 23 | FE 12 | MR 12 | AP 11 |
| | ♑ 02 | 03 | 04 | 05 | R05 |
| | MA 8 | JN 8 | JL 3 | 31 | SE 11 |
| | ♑ 05 | 04 | 03 | 02 | D01 |
| | OK 20 | NO 13 | DE 2 | 19 | |
| | ♑ 02 | 03 | 04 | 05 | |
| ♆ | JA 3 | 30 | MR 7 | AP 16 | MA 23 |
| | ♑ 10 | 11 | 12 | R12 | 12 |
| | JL 3 | AU 13 | SE 23 | OK 29 | DE 4 |
| | ♑ 11 | 10 | D10 | 10 | 11 |
| | DE 31 | | | | |
| | ♑ 12 | | | | |
| ♇ | JA 23 | FE 18 | AP 27 | JN 3 | JL 26 |
| | ♏ 15 | R15 | 14 | 13 | D12 |
| | SE 9 | OK 10 | NO 5 | 30 | DE 29 |
| | ♏ 13 | 14 | 15 | 16 | 17 |
| ☊ | JA 16 | FE 4 | 23 | MR 14 | AP 1 |
| | ♓R07 | 06 | 05 | 04 | 03 |
| | AP 20 | MA 9 | 28 | JN 16 | JL 5 |
| | ♓ 02 | 01 | 00 | ♒ 29 | 28 |
| | JL 24 | AU 12 | 30 | SE 18 | OK 7 |
| | ♒ 27 | 26 | 25 | 24 | 23 |
| | OK 26 | NO 14 | DE 3 | 22 | |
| | ♒ 22 | 21 | 20 | 19 | |

| 1990 | | ☉ | ☿ | ♀ | ♂ | ♃ | ♄ |
|---|---|---|---|---|---|---|---|
| J | 1 | ♑10 | R♑26 | R♒06 | ♐10 | R♋05 | ♑16 |
| | 11 | 21 | 16 | 03 | 17 | 04 | 17 |
| | 21 | ♒01 | D10 | ♑27 | 24 | 03 | 18 |
| F | 1 | 12 | 17 | 22 | ♑02 | 02 | 19 |
| | 11 | 22 | 29 | D21 | 09 | 01 | 20 |
| | 21 | ♓02 | ♒13 | 24 | 16 | 01 | 21 |
| M | 1 | 10 | 25 | 28 | 22 | D01 | 22 |
| | 11 | 20 | ♓13 | ♒05 | ♒00 | 01 | 23 |
| | 21 | ♈00 | ♈02 | 14 | 07 | 02 | 24 |
| A | 1 | 11 | 24 | 25 | 15 | 03 | 24 |
| | 11 | 21 | ♉10 | ♓05 | 23 | 04 | 25 |
| | 21 | ♉01 | 17 | 15 | ♓00 | 05 | 25 |
| M | 1 | 10 | R15 | 26 | 08 | 07 | 25 |
| | 11 | 20 | 09 | ♈08 | 15 | 09 | R25 |
| | 21 | ♊00 | D09 | 19 | 22 | 11 | 25 |
| J | 1 | 10 | 16 | ♉02 | ♈01 | 13 | 25 |
| | 11 | 20 | 28 | 14 | 08 | 15 | 24 |
| | 21 | 29 | ♊16 | 25 | 15 | 17 | 24 |
| J | 1 | ♋09 | ♋07 | ♊07 | 22 | 19 | 23 |
| | 11 | 18 | 28 | 19 | 29 | 22 | 22 |
| | 21 | 28 | ♌17 | ♋01 | ♉06 | 24 | 22 |
| A | 1 | ♌09 | ♍04 | 14 | 13 | 26 | 21 |
| | 11 | 18 | 15 | 26 | 19 | 28 | 20 |
| | 21 | 28 | 23 | ♌09 | 24 | ♌01 | 20 |
| S | 1 | ♍08 | R22 | 22 | ♊00 | 03 | 19 |
| | 11 | 18 | 13 | ♍05 | 05 | 05 | 19 |
| | 21 | 28 | D11 | 17 | 09 | 07 | 19 |
| O | 1 | ♎08 | 22 | 29 | 12 | 08 | D19 |
| | 11 | 17 | ♎09 | ♎12 | 14 | 10 | 19 |
| | 21 | 27 | 27 | 24 | 15 | 11 | 19 |
| N | 1 | ♏08 | ♏14 | ♏08 | R14 | 12 | 20 |
| | 11 | 18 | ♐00 | 21 | 11 | 13 | 21 |
| | 21 | 28 | 15 | ♐03 | 08 | 13 | 21 |
| D | 1 | ♐09 | 29 | 16 | 04 | R14 | 22 |
| | 11 | 19 | ♑09 | 28 | 01 | 13 | 23 |
| | 21 | 29 | R06 | ♑11 | ♉29 | 13 | 24 |

| | | | | | |
|---|---|---|---|---|---|
| ♅ | JA 5 | 22 | FE 10 | MR 8 | AP 15 |
| | ♑ 06 | 07 | 08 | 09 | R10 |
| | MA 22 | JN 20 | JL 15 | AU 14 | SE 17 |
| | ♑ 09 | 08 | 07 | 06 | D06 |
| | OK 15 | NO 12 | DE 2 | 20 | |
| | ♑ 06 | 07 | 08 | 09 | |
| ♆ | JA 27 | MR 1 | AP 18 | JN 3 | JL 12 |
| | ♑ 13 | 14 | R15 | 14 | 13 |
| | AU 27 | SE 27 | OK 21 | DE 1 | 29 |
| | ♑ 12 | D12 | 12 | 13 | 14 |
| ♇ | FE 20 | AP 15 | MA 21 | JL 28 | SE 26 |
| | ♏R18 | 17 | 16 | D15 | 16 |
| | OK 24 | NO 17 | DE 14 | | |
| | ♏ 17 | 18 | 19 | | |
| ☊ | JA 10 | 29 | FE 16 | MR 7 | 26 |
| | ♒R18 | 17 | 16 | 15 | 14 |
| | AP 14 | MA 3 | 22 | JN 10 | 29 |
| | ♒ 13 | 12 | 11 | 10 | 09 |
| | JL 18 | AU 5 | 24 | SE 12 | OK 1 |
| | ♒ 08 | 07 | 06 | 05 | 04 |
| | OK 20 | NO 8 | 27 | DE 16 | |
| | ♒ 03 | 02 | 01 | 00 | |

| 1991 | | ☉ | ☿ | ♀ | ♂ | ♃ | ♄ |
|---|---|---|---|---|---|---|---|
| J | 1 | ♑10 | R♐24 | ♑25 | R♉28 | R♌12 | ♑26 |
| | 11 | 20 | D27 | ♒07 | D28 | 11 | 27 |
| | 21 | ♒00 | ♑08 | 20 | ♊00 | 10 | 28 |
| F | 1 | 12 | 23 | ♓04 | 03 | 08 | 29 |
| | 11 | 22 | ♒08 | 16 | 06 | 07 | ♒00 |
| | 21 | ♓02 | 25 | 28 | 10 | 06 | 01 |
| M | 1 | 10 | ♓09 | ♈08 | 14 | 05 | 02 |
| | 11 | 20 | 28 | 20 | 18 | 04 | 03 |
| | 21 | ♈00 | ♈16 | ♉03 | 23 | 04 | 04 |
| A | 1 | 11 | 28 | 16 | 29 | D04 | 05 |
| | 11 | 21 | R27 | 28 | ♋04 | 04 | 06 |
| | 21 | ♉00 | 20 | ♊09 | 10 | 04 | 06 |
| M | 1 | 10 | D18 | 21 | 15 | 05 | 07 |
| | 11 | 20 | 24 | ♋02 | 21 | 06 | 07 |
| | 21 | 29 | ♉05 | 13 | 27 | 07 | R07 |
| J | 1 | ♊10 | 22 | 25 | ♌03 | 09 | 07 |
| | 11 | 20 | ♊12 | ♌05 | 09 | 11 | 06 |
| | 21 | 29 | ♋04 | 14 | 15 | 12 | 06 |
| J | 1 | ♋09 | 24 | 23 | 21 | 14 | 05 |
| | 11 | 18 | ♌11 | ♍00 | 27 | 16 | 05 |
| | 21 | 28 | 24 | 05 | ♍03 | 18 | 04 |
| A | 1 | ♌08 | ♍04 | 07 | 10 | 21 | 03 |
| | 11 | 18 | R06 | R06 | 16 | 23 | 02 |
| | 21 | 27 | ♌29 | 00 | 23 | 25 | 02 |
| S | 1 | ♍08 | 23 | ♌24 | ♎00 | 28 | 01 |
| | 11 | 18 | D♍00 | 21 | 06 | ♍00 | 01 |
| | 21 | 28 | 17 | D22 | 13 | 02 | 00 |
| O | 1 | ♎07 | ♎05 | 26 | 19 | 04 | 00 |
| | 11 | 17 | 23 | ♍03 | 26 | 06 | D00 |
| | 21 | 27 | ♏09 | 11 | ♏03 | 08 | 00 |
| N | 1 | ♏08 | 25 | 22 | 10 | 09 | 01 |
| | 11 | 18 | ♐09 | ♎02 | 17 | 11 | 01 |
| | 21 | 28 | 20 | 13 | 24 | 12 | 02 |
| D | 1 | ♐08 | R24 | 24 | ♐01 | 13 | 03 |
| | 11 | 18 | 13 | ♏05 | 09 | 14 | 04 |
| | 21 | 29 | D08 | 17 | 16 | 14 | 05 |

| | | | | | |
|---|---|---|---|---|---|
| ♅ | JA 5 | 22 | FE 10 | MR 5 | AP 20 |
| | ♑ 10 | 11 | 12 | 13 | R14 |
| | JN 3 | 30 | JL 25 | AU 30 | SE 22 |
| | ♑ 13 | 12 | 11 | 10 | D10 |
| | OK 9 | NO 11 | DE 2 | 20 | |
| | ♑ 10 | 11 | 12 | 13 | |
| ♆ | JA 24 | FE 24 | AP 21 | JN 14 | JL 22 |
| | ♑ 15 | 16 | R17 | 16 | 15 |
| | SE 28 | NO 27 | DE 26 | | |
| | ♑D14 | 15 | 16 | | |
| ♇ | JA 17 | FE 24 | MR 31 | MA 10 | JN 18 |
| | ♏ 20 | R20 | 20 | 19 | 18 |
| | JL 31 | SE 6 | OK 11 | NO 6 | DE 1 |
| | ♏D18 | 18 | 19 | 20 | 21 |
| | DE 29 | | | | |
| | ♏ 22 | | | | |
| ☊ | JA 4 | 22 | FE 10 | MR 1 | 20 |
| | ♑R29 | 28 | 27 | 26 | 25 |
| | AP 8 | 27 | MA 16 | JN 4 | 22 |
| | ♑ 24 | 23 | 22 | 21 | 20 |
| | JL 11 | 30 | AU 18 | SE 6 | 25 |
| | ♑ 19 | 18 | 17 | 16 | 15 |
| | OK 14 | NO 2 | 21 | DE 9 | 28 |
| | ♑ 14 | 13 | 12 | 11 | 10 |

9

9

| 1992 | | ☉ | ☿ | ♀ | ♂ | ♃ | ♄ |
|---|---|---|---|---|---|---|---|
| J | 1 | ♑10 | ♐18 | ♐00 | ♐24 | R♍15 | ♒06 |
| | 11 | 20 | ♑01 | 13 | ♑01 | 14 | 07 |
| | 21 | ♒00 | 16 | 25 | 09 | 14 | 08 |
| F | 1 | 11 | ♒03 | ♑08 | 17 | 13 | 09 |
| | 11 | 22 | 20 | 21 | 25 | 12 | 11 |
| | 21 | ♓02 | ♓09 | ♒03 | ♒02 | 11 | 12 |
| M | 1 | 11 | 25 | 14 | 09 | 10 | 13 |
| | 11 | 21 | ♈09 | 26 | 17 | 08 | 14 |
| | 21 | ♈01 | R10 | ♓09 | 25 | 07 | 15 |
| A | 1 | 12 | 02 | 22 | ♓03 | 06 | 16 |
| | 11 | 21 | D♓29 | ♈05 | 11 | 05 | 17 |
| | 21 | ♉01 | ♈04 | 17 | 19 | 05 | 17 |
| M | 1 | 11 | 15 | 29 | 26 | 05 | 18 |
| | 11 | 21 | ♉00 | ♉12 | ♈04 | D05 | 18 |
| | 21 | ♊00 | 18 | 24 | 12 | 05 | 18 |
| J | 1 | 11 | ♊11 | ♊07 | 20 | 06 | R18 |
| | 11 | 20 | ♋03 | 20 | 27 | 07 | 18 |
| | 21 | ♋00 | 21 | ♋02 | ♉05 | 08 | 18 |
| J | 1 | 09 | ♌05 | 14 | 12 | 10 | 18 |
| | 11 | 19 | 14 | 26 | 19 | 11 | 17 |
| | 21 | 28 | R17 | ♌09 | 26 | 13 | 16 |
| A | 1 | ♌09 | 12 | 22 | ♊04 | 15 | 16 |
| | 11 | 19 | 06 | ♍05 | 10 | 17 | 15 |
| | 21 | 28 | D10 | 17 | 17 | 19 | 14 |
| S | 1 | ♍09 | 26 | ♎00 | 23 | 21 | 13 |
| | 11 | 19 | ♍15 | 13 | 29 | 24 | 13 |
| | 21 | 28 | ♎03 | 25 | ♋05 | 26 | 12 |
| O | 1 | ♎08 | 20 | ♏07 | 10 | 28 | 12 |
| | 11 | 18 | ♏05 | 19 | 15 | ♎00 | 12 |
| | 21 | 28 | 19 | ♐02 | 19 | 02 | D12 |
| N | 1 | ♏09 | ♐02 | 15 | 23 | 04 | 12 |
| | 11 | 19 | 08 | 27 | 26 | 06 | 12 |
| | 21 | 29 | R01 | ♑09 | 27 | 08 | 13 |
| D | 1 | ♐09 | ♏22 | 21 | R28 | 10 | 14 |
| | 11 | 19 | D28 | ♒03 | 27 | 11 | 14 |
| | 21 | 29 | ♐11 | 14 | 24 | 12 | 15 |
| ♅ | | JA 6 | 23 | FE 10 | MR 3 | AP 24 | |
| | | ♑ 14 | 15 | 16 | 17 | R18 | |
| | | JN 13 | JL 9 | AU 4 | SE 25 | NO 10 | |
| | | ♑ 17 | 16 | 15 | D14 | 15 | |
| | | DE 2 | 20 | | | | |
| | | ♑ 16 | 17 | | | | |
| ♆ | | JA 22 | FE 20 | AP 22 | JN 23 | JL 31 | |
| | | ♑ 17 | 18 | R19 | 18 | 17 | |
| | | OK 2 | NO 22 | DE 22 | | | |
| | | ♑D16 | 17 | 18 | | | |
| ♇ | | FE 26 | AP 26 | JN 2 | AU 2 | SE 25 | |
| | | ♏R23 | 22 | 21 | D20 | 21 | |
| | | OK 24 | NO 18 | DE 14 | | | |
| | | ♏ 22 | 23 | 24 | | | |
| ☊ | | JA 16 | FE 4 | 23 | MR 13 | AP 1 | |
| | | ♑R09 | 08 | 07 | 06 | 05 | |
| | | AP 20 | MA 9 | 27 | JN 15 | JL 4 | |
| | | ♑ 04 | 03 | 02 | 01 | 00 | |
| | | JL 23 | AU 11 | 30 | SE 18 | OK 7 | |
| | | ♐ 29 | 28 | 27 | 26 | 25 | |
| | | OK 25 | NO 13 | DE 2 | 21 | | |
| | | ♐ 24 | 23 | 22 | 21 | | |

| 1993 | ☉ | ☿ | ♀ | ♂ | ♃ | ♄ |
|---|---|---|---|---|---|---|
| J 1 | ♑ 11 | ♐ 28 | ♒ 27 | R♋20 | ♎ 13 | ♒ 16 |
| 11 | 21 | ♑ 13 | ♓ 08 | 16 | 14 | 17 |
| 21 | ♒ 01 | 29 | 18 | 13 | 15 | 19 |
| F 1 | 12 | ♒ 18 | 29 | 10 | R 15 | 20 |
| 11 | 22 | ♓ 06 | ♈ 07 | 09 | 14 | 21 |
| 21 | ♓ 02 | 20 | 14 | D09 | 14 | 22 |
| M 1 | 10 | 24 | 18 | 10 | 13 | 23 |
| 11 | 20 | R 17 | 20 | 12 | 12 | 24 |
| 21 | ♈ 00 | 10 | R 18 | 15 | 11 | 25 |
| A 1 | 11 | D14 | 12 | 18 | 10 | 27 |
| 11 | 21 | 24 | 06 | 22 | 08 | 28 |
| 21 | ♉ 01 | ♈ 08 | 04 | 27 | 07 | 28 |
| M 1 | 11 | 25 | D05 | ♌ 01 | 06 | 29 |
| 11 | 20 | ♉ 14 | 09 | 06 | 05 | ♓ 00 |
| 21 | ♊ 00 | ♊ 06 | 16 | 12 | 05 | 00 |
| J 1 | 11 | 28 | 25 | 17 | 05 | 00 |
| 11 | 20 | ♋ 14 | ♉ 04 | 23 | D05 | 00 |
| 21 | ♋ 00 | 24 | 14 | 29 | 05 | R 00 |
| J 1 | 09 | 28 | 25 | ♍ 04 | 06 | 00 |
| 11 | 19 | R 25 | ♊ 05 | 10 | 07 | 00 |
| 21 | 28 | 19 | 16 | 16 | 08 | ♒ 29 |
| A 1 | ♌ 09 | D20 | 29 | 23 | 10 | 28 |
| 11 | 18 | ♌ 01 | ♋ 10 | 29 | 11 | 28 |
| 21 | 28 | 19 | 22 | ♎ 06 | 13 | 27 |
| S 1 | ♍ 09 | ♍ 11 | ♌ 05 | 13 | 15 | 26 |
| 11 | 18 | 29 | 17 | 19 | 17 | 25 |
| 21 | 28 | ♎ 15 | 29 | 26 | 19 | 25 |
| O 1 | ♎ 08 | ♏ 00 | ♍ 11 | ♏ 03 | 21 | 24 |
| 11 | 18 | 12 | 24 | 09 | 23 | 24 |
| 21 | 28 | 21 | ♎ 06 | 16 | 26 | 24 |
| N 1 | ♏ 09 | R 20 | 20 | 24 | 28 | D24 |
| 11 | 19 | 08 | ♏ 02 | ♐ 01 | ♏ 00 | 24 |
| 21 | 29 | D09 | 15 | 09 | 02 | 24 |
| D 1 | ♐ 09 | 21 | 28 | 16 | 04 | 25 |
| 11 | 19 | ♐ 06 | ♐ 10 | 23 | 06 | 25 |
| 21 | 29 | 21 | 23 | ♑ 01 | 08 | 26 |

| | | | | | |
|---|---|---|---|---|---|
| ♅ | JA 6 | 23 | FE 10 | MR 3 | AP 5 |
| | ♑ 18 | 19 | 20 | 21 | 22 |
| | AP 29 | MA 18 | JN 22 | JL 18 | AU 14 |
| | ♑R22 | 22 | 21 | 20 | 19 |
| | SE 30 | NO 9 | DE 3 | 22 | |
| | ♑D18 | 19 | 20 | 21 | |
| ♆ | JA 18 | FE 15 | MR 30 | AP 24 | MA 17 |
| | ♑ 19 | 20 | 21 | R21 | 21 |
| | JL 3 | AU 11 | OK 2 | NO 17 | DE 19 |
| | ♑ 20 | 19 | D18 | 19 | 20 |
| ♇ | JA 15 | MR 2 | AP 11 | MA 20 | JL 1 |
| | ♏ 25 | R26 | 25 | 24 | 23 |
| | AU 4 | SE 3 | OK 11 | NO 7 | DE 2 |
| | ♏D23 | 23 | 24 | 25 | 26 |
| | DE 30 | | | | |
| | ♏ 27 | | | | |
| ☊ | JA 9 | 28 | FE 16 | MR 7 | 26 |
| | ♐R20 | 19 | 18 | 17 | 16 |
| | AP 13 | MA 2 | 21 | JN 9 | 28 |
| | ♐ 15 | 14 | 13 | 12 | 11 |
| | JL 17 | AU 5 | 24 | SE 11 | 30 |
| | ♐ 10 | 09 | 08 | 07 | 06 |
| | OK 19 | NO 7 | 26 | DE 15 | |
| | ♐ 05 | 04 | 03 | 02 | |

9

| 1994 | ☉ | ☿ | ♀ | ♂ | ♃ | ♄ |
|---|---|---|---|---|---|---|
| J 1 | ♑10 | ♑09 | ♑07 | ♑09 | ♏10 | ♒27 |
| 11 | 21 | 25 | 19 | 17 | 11 | 28 |
| 21 | ♒01 | ♒12 | ♒02 | 24 | 12 | 29 |
| F 1 | 12 | 29 | 15 | ♒03 | 13 | ♓00 |
| 11 | 22 | ♓08 | 28 | 11 | 14 | 02 |
| 21 | ♓02 | R01 | ♓11 | 19 | 15 | 03 |
| M 1 | 10 | ♒24 | 21 | 25 | 15 | 04 |
| 11 | 20 | D24 | ♈03 | ♓03 | R14 | 05 |
| 21 | ♈00 | ♓03 | 15 | 11 | 14 | 06 |
| A 1 | 11 | 17 | 29 | 19 | 13 | 07 |
| 11 | 21 | ♈02 | ♉11 | 27 | 12 | 08 |
| 21 | ♉01 | 20 | 24 | ♈05 | 11 | 09 |
| M 1 | 10 | ♉11 | ♊06 | 13 | 10 | 10 |
| 11 | 20 | ♊02 | 18 | 20 | 08 | 11 |
| 21 | ♊00 | 20 | ♋00 | 28 | 07 | 12 |
| J 1 | 10 | ♋03 | 13 | ♉06 | 06 | 12 |
| 11 | 20 | 08 | 25 | 13 | 05 | 12 |
| 21 | 29 | R06 | ♌07 | 21 | 05 | 12 |
| J 1 | ♋09 | 01 | 18 | 28 | 05 | R12 |
| 11 | 18 | D00 | ♍00 | ♊05 | D05 | 12 |
| 21 | 28 | 08 | 11 | 12 | 05 | 12 |
| A 1 | ♌09 | 26 | 23 | 19 | 06 | 11 |
| 11 | 18 | ♌16 | ♎04 | 26 | 07 | 11 |
| 21 | 28 | ♍06 | 14 | ♋03 | 08 | 10 |
| S 1 | ♍08 | 25 | 24 | 10 | 10 | 09 |
| 11 | 18 | ♎10 | ♏03 | 16 | 11 | 08 |
| 21 | 28 | 23 | 10 | 22 | 13 | 08 |
| O 1 | ♎08 | ♏03 | 15 | 28 | 15 | 07 |
| 11 | 17 | R06 | 18 | ♌04 | 17 | 06 |
| 21 | 27 | ♎28 | R17 | 09 | 19 | 06 |
| N 1 | ♏08 | D21 | 11 | 14 | 22 | 06 |
| 11 | 18 | ♏01 | 06 | 19 | 24 | D06 |
| 21 | 28 | 16 | 03 | 23 | 26 | 06 |
| D 1 | ♐09 | ♐01 | D04 | 27 | 28 | 06 |
| 11 | 19 | 17 | 08 | ♍00 | ♐00 | 07 |
| 21 | 29 | ♑03 | 15 | 02 | 02 | 07 |

| | | | | | |
|---|---|---|---|---|---|
| ♅ | JA 8 | 25 | FE 12 | MR 4 | AP 2 |
| | ♑22 | 23 | 24 | 25 | 26 |
| | MA 2 | 30 | JL 1 | 26 | AU 23 |
| | ♑R26 | 26 | 25 | 24 | 23 |
| | OK 3 | NO 9 | DE 4 | 24 | |
| | ♑D22 | 23 | 24 | 25 | |
| ♆ | JA 15 | FE 12 | MR 20 | AP 28 | JN 1 |
| | ♑21 | 22 | 23 | R23 | 23 |
| | JL 13 | AU 23 | OK 4 | NO 11 | DE 16 |
| | ♑22 | 21 | D21 | 21 | 22 |
| ♇ | MR 3 | MA 6 | JN 13 | AU 8 | SE 26 |
| | ♏R28 | 27 | 26 | D25 | 26 |
| | OK 27 | NO 21 | DE 17 | | |
| | ♏27 | 28 | 29 | | |
| ☊ | JA 3 | 22 | FE 10 | 28 | MR 19 |
| | ♐R01 | 00 | ♏29 | 28 | 27 |
| | AP 7 | 26 | MA 15 | JN 3 | 22 |
| | ♏26 | 25 | 24 | 23 | 22 |
| | JL 11 | 30 | AU 17 | SE 5 | 24 |
| | ♏21 | 20 | 19 | 18 | 17 |
| | OK 13 | NO 1 | 20 | DE 9 | 28 |
| | ♏16 | 15 | 14 | 13 | 12 |

9

| 1995 | | ☉ | ☿ | ♀ | ♂ | ♃ | ♄ |
|---|---|---|---|---|---|---|---|
| J | 1 | ♑ 10 | ♑ 20 | ♏ 24 | ♍ 03 | ♐ 05 | ♓ 08 |
| | 11 | 20 | ♒ 06 | ♐ 03 | R02 | 07 | 09 |
| | 21 | ♒ 00 | 19 | 14 | 00 | 09 | 10 |
| F | 1 | 12 | R18 | 26 | ♌ 27 | 10 | 11 |
| | 11 | 22 | 07 | ♑ 07 | 23 | 12 | 12 |
| | 21 | ♓ 02 | D07 | 18 | 19 | 13 | 13 |
| M | 1 | 10 | 13 | 28 | 17 | 14 | 14 |
| | 11 | 20 | 25 | ♒ 10 | 14 | 15 | 16 |
| | 21 | ♈ 00 | ♓ 09 | 21 | 13 | 15 | 17 |
| A | 1 | 11 | 28 | ♓ 05 | D13 | 15 | 18 |
| | 11 | 21 | ♈ 17 | 17 | 15 | R15 | 19 |
| | 21 | ♉ 00 | ♉ 08 | 29 | 17 | 15 | 20 |
| M | 1 | 10 | 27 | ♈ 11 | 20 | 14 | 21 |
| | 11 | 20 | ♊ 11 | 23 | 24 | 13 | 22 |
| | 21 | ♊ 00 | 18 | ♉ 05 | 28 | 12 | 23 |
| J | 1 | 10 | R16 | 18 | ♍ 03 | 11 | 24 |
| | 11 | 20 | 11 | ♊ 00 | 08 | 09 | 24 |
| | 21 | 29 | D10 | 13 | 13 | 08 | 25 |
| J | 1 | ♋ 09 | 17 | 25 | 18 | 07 | 25 |
| | 11 | 18 | ♋ 00 | ♋ 07 | 24 | 06 | R25 |
| | 21 | 28 | 20 | 19 | ♎ 00 | 06 | 25 |
| A | 1 | ♌ 08 | ♌ 13 | ♌ 03 | 06 | 06 | 24 |
| | 11 | 18 | ♍ 02 | 15 | 12 | D06 | 24 |
| | 21 | 27 | 18 | 27 | 19 | 06 | 23 |
| S | 1 | ♍ 08 | ♎ 04 | ♍ 11 | 26 | 07 | 22 |
| | 11 | 18 | 15 | 24 | ♏ 02 | 08 | 22 |
| | 21 | 28 | 20 | ♎ 06 | 09 | 09 | 21 |
| O | 1 | ♎ 07 | R16 | 18 | 16 | 10 | 20 |
| | 11 | 17 | 06 | ♏ 01 | 23 | 12 | 19 |
| | 21 | 27 | D09 | 13 | ♐ 00 | 14 | 19 |
| N | 1 | ♏ 08 | 25 | 27 | 08 | 16 | 18 |
| | 11 | 18 | ♏ 11 | ♐ 09 | 15 | 18 | 18 |
| | 21 | 28 | 27 | 22 | 23 | 20 | 18 |
| D | 1 | ♐ 08 | ♐ 13 | ♑ 04 | ♑ 00 | 22 | D18 |
| | 11 | 18 | 28 | 17 | 08 | 25 | 18 |
| | 21 | 29 | ♑ 14 | 29 | 16 | 27 | 19 |

| | | | | | |
|---|---|---|---|---|---|
| ♅ | JA 10 | 27 | FE 14 | MR 5 | AP 1 |
| | ♑ 26 | 27 | 28 | 29 | ♒ 00 |
| | MA 8 | JN 9 | JL 9 | AU 3 | SE 2 |
| | ♒R00 | 00 | ♑ 29 | 28 | 27 |
| | OK 9 | NO 9 | DE 6 | 26 | |
| | ♑D27 | 27 | 28 | 29 | |
| ♆ | JA 12 | FE 8 | MR 13 | AP 30 | JN 15 |
| | ♑ 23 | 24 | 25 | R26 | 25 |
| | JL 23 | SE 6 | OK 6 | NO 2 | DE 12 |
| | ♑ 24 | 23 | D23 | 23 | 24 |
| ♇ | JA 17 | MR 6 | AP 22 | MA 29 | JL 14 |
| | ♐ 00 | R01 | 00 | ♏ 29 | 28 |
| | AU 10 | SE 2 | OK 14 | NO 10 | DE 5 |
| | ♏D28 | 28 | 29 | ♐ 00 | 01 |
| ☊ | JA 15 | FE 3 | 22 | MR 13 | AP 1 |
| | ♏R11 | 10 | 09 | 08 | 07 |
| | AP 20 | MA 9 | 28 | JN 16 | JL 4 |
| | ♏ 06 | 05 | 04 | 03 | 02 |
| | JL 23 | AU 11 | 30 | SE 18 | OK 7 |
| | ♏ 01 | 00 | ♎ 29 | 28 | 27 |
| | OK 26 | NO 14 | DE 2 | 21 | |
| | ♎ 26 | 25 | 24 | 23 | |

| 1996 | | ☉ | ☿ | ♀ | ♂ | ♃ | ♄ |
|---|---|---|---|---|---|---|---|
| J | 1 | ♑10 | ♑29 | ♒13 | ♑24 | ♐29 | ♓19 |
| | 11 | 20 | R♒05 | 25 | ♒02 | ♑02 | 20 |
| | 21 | ♒00 | ♑25 | ♓07 | 10 | 04 | 21 |
| F | 1 | 11 | D19 | 20 | 19 | 06 | 22 |
| | 11 | 22 | 26 | ♈02 | 26 | 08 | 23 |
| | 21 | ♓02 | ♒07 | 14 | ♓04 | 10 | 24 |
| M | 1 | 11 | 20 | 24 | 11 | 12 | 25 |
| | 11 | 21 | ♓06 | ♉05 | 19 | 13 | 27 |
| | 21 | ♈01 | 24 | 16 | 27 | 15 | 28 |
| A | 1 | 12 | ♈15 | 27 | ♈06 | 16 | 29 |
| | 11 | 21 | ♉06 | ♊07 | 13 | 17 | ♈00 |
| | 21 | ♉01 | 21 | 15 | 21 | 17 | 02 |
| M | 1 | 11 | 28 | 22 | 29 | 18 | 03 |
| | 11 | 21 | R27 | 27 | ♉06 | R18 | 04 |
| | 21 | ♊00 | 21 | R28 | 14 | 17 | 05 |
| J | 1 | 11 | D20 | 26 | 22 | 17 | 06 |
| | 11 | 20 | 27 | 20 | 29 | 16 | 06 |
| | 21 | ♋00 | ♊10 | 14 | ♊06 | 14 | 07 |
| J | 1 | 09 | 27 | 12 | 13 | 13 | 07 |
| | 11 | 19 | ♋19 | D13 | 20 | 12 | 07 |
| | 21 | 29 | ♌09 | 18 | 27 | 11 | R07 |
| A | 1 | ♌09 | 29 | 25 | ♋04 | 10 | 07 |
| | 11 | 19 | ♍14 | ♋03 | 11 | 09 | 07 |
| | 21 | 28 | 26 | 12 | 17 | 08 | 07 |
| S | 1 | ♍09 | ♎03 | 23 | 24 | 08 | 06 |
| | 11 | 19 | R01 | ♌04 | ♌01 | D08 | 05 |
| | 21 | 28 | ♍22 | 15 | 07 | 08 | 04 |
| O | 1 | ♎08 | D21 | 26 | 13 | 09 | 04 |
| | 11 | 18 | ♎03 | ♍08 | 19 | 10 | 03 |
| | 21 | 28 | 20 | 20 | 25 | 11 | 02 |
| N | 1 | ♏09 | ♏08 | ♎03 | ♍01 | 13 | 02 |
| | 11 | 19 | 24 | 15 | 06 | 14 | 01 |
| | 21 | 29 | ♐10 | 27 | 12 | 16 | 01 |
| D | 1 | ♐09 | 25 | ♏10 | 16 | 18 | 01 |
| | 11 | 19 | ♑09 | 22 | 21 | 20 | D01 |
| | 21 | 29 | 19 | ♐05 | 25 | 23 | 01 |

| | | | | | |
|---|---|---|---|---|---|
| ⛢ | JA 12 | 29 | FE 16 | MR 6 | AP 1 |
| | ♒ 00 | 01 | 02 | 03 | 04 |
| | MA 11 | JN 16 | JL 15 | AU 10 | SE 10 |
| | ♒R05 | 04 | 03 | 02 | 01 |
| | OK 12 | NO 8 | DE 7 | 27 | |
| | ♒D01 | 01 | 02 | 03 | |
| ♆ | JA 9 | FE 5 | MR 7 | MA 3 | JN 24 |
| | ♑ 25 | 26 | 27 | R28 | 27 |
| | AU 1 | OK 9 | DE 7 | | |
| | ♑ 26 | D25 | 26 | | |
| ♇ | JA 2 | FE 14 | MR 8 | 27 | MA 14 |
| | ♐ 02 | 03 | R03 | 03 | 02 |
| | JN 20 | AU 11 | SE 28 | OK 30 | NO 25 |
| | ♐ 01 | D00 | 01 | 02 | 03 |
| | DE 20 | | | | |
| | ♐ 04 | | | | |
| ☊ | JA 9 | 28 | FE 16 | MR 6 | 25 |
| | ♎R22 | 21 | 20 | 19 | 18 |
| | AP 13 | MA 2 | 20 | JN 8 | 27 |
| | ♎ 17 | 16 | 15 | 14 | 13 |
| | JL 16 | AU 4 | 23 | SE 11 | 30 |
| | ♎ 12 | 11 | 10 | 09 | 08 |
| | OK 18 | NO 6 | 25 | DE 14 | |
| | ♎ 07 | 06 | 05 | 04 | |

| 1997 | | ☉ | ☿ | ♀ | ♂ | ♃ | ♄ |
|---|---|---|---|---|---|---|---|
| J | 1 | ♑11 | R♑13 | ♐18 | ♍29 | ♑25 | ♈01 |
| | 11 | 21 | 03 | ♑01 | ♎02 | 28 | 02 |
| | 21 | ♒01 | D07 | 13 | 04 | ♒00 | 03 |
| F | 1 | 12 | 19 | 27 | 06 | 02 | 04 |
| | 11 | 22 | ♒03 | ♒10 | R06 | 05 | 05 |
| | 21 | ♓02 | 18 | 22 | 04 | 07 | 06 |
| M | 1 | 10 | ♓01 | ♓02 | 03 | 09 | 07 |
| | 11 | 20 | 20 | 15 | ♍29 | 11 | 08 |
| | 21 | ♈00 | ♈10 | 27 | 25 | 13 | 09 |
| A | 1 | 11 | 29 | ♈11 | 21 | 15 | 10 |
| | 11 | 21 | ♉09 | 23 | 19 | 17 | 12 |
| | 21 | ♉01 | R08 | ♉06 | 17 | 18 | 13 |
| M | 1 | 11 | 02 | 18 | D17 | 20 | 14 |
| | 11 | 20 | D00 | ♊00 | 18 | 21 | 15 |
| | 21 | ♊00 | 05 | 13 | 20 | 21 | 16 |
| J | 1 | 11 | 17 | 26 | 23 | 22 | 17 |
| | 11 | 20 | ♊04 | ♋08 | 27 | R22 | 18 |
| | 21 | ♋00 | 24 | 21 | ♎01 | 22 | 19 |
| J | 1 | 09 | ♋15 | ♌03 | 05 | 21 | 20 |
| | 11 | 19 | ♌05 | 15 | 10 | 20 | 20 |
| | 21 | 28 | 22 | 27 | 16 | 19 | 20 |
| A | 1 | ♌09 | ♍06 | ♍10 | 22 | 18 | 20 |
| | 11 | 18 | 14 | 22 | 28 | 17 | R20 |
| | 21 | 28 | R16 | ♎04 | ♏04 | 16 | 20 |
| S | 1 | ♍09 | 08 | 17 | 11 | 14 | 20 |
| | 11 | 18 | D03 | 29 | 18 | 13 | 19 |
| | 21 | 28 | 11 | ♏10 | 25 | 13 | 18 |
| O | 1 | ♎08 | 28 | 22 | ♐01 | 12 | 18 |
| | 11 | 18 | ♎16 | ♐03 | 09 | D12 | 17 |
| | 21 | 28 | ♏02 | 14 | 16 | 12 | 16 |
| N | 1 | ♏09 | 20 | 26 | 24 | 13 | 15 |
| | 11 | 19 | ♐05 | ♑06 | ♑01 | 14 | 15 |
| | 21 | 29 | 19 | 15 | 09 | 15 | 14 |
| D | 1 | ♐09 | ♑00 | 23 | 17 | 17 | 14 |
| | 11 | 19 | R02 | 29 | 24 | 18 | 14 |
| | 21 | 29 | ♐21 | ♒03 | ♒02 | 20 | D14 |

| | | | | | |
|---|---|---|---|---|---|
| ♅ | JA 14 | 31 | FE 17 | MR 9 | AP 2 |
| | ♒ 04 | 05 | 06 | 07 | 08 |
| | MA 15 | JN 24 | JL 22 | AU 16 | SE 19 |
| | ♒R09 | 08 | 07 | 06 | 05 |
| | OK 16 | NO 8 | DE 9 | 30 | |
| | ♒D05 | 05 | 06 | 07 | |
| ♆ | JA 5 | FE 1 | MR 2 | MA 3 | JL 5 |
| | ♑ 27 | 28 | 29 | ♒R00 | ♑ 29 |
| | AU 12 | OK 11 | DE 3 | | |
| | ♑ 28 | D27 | 28 | | |
| ♇ | JA 21 | MR 11 | AP 26 | JN 3 | JL 20 |
| | ♐ 05 | R06 | 05 | 04 | 03 |
| | AU 16 | SE 6 | OK 18 | NO 15 | DE 11 |
| | ♐D03 | 03 | 04 | 05 | 06 |
| ☊ | JA 2 | 21 | FE 9 | 28 | MR 19 |
| | ♎R03 | 02 | 01 | 00 | ♍ 29 |
| | AP 6 | 25 | MA 14 | JN 2 | 21 |
| | ♍ 28 | 27 | 26 | 25 | 24 |
| | JL 10 | 29 | AU 17 | SE 4 | 23 |
| | ♍ 23 | 22 | 21 | 20 | 19 |
| | OK 12 | 31 | NO 19 | DE 8 | 27 |
| | ♍ 18 | 17 | 16 | 15 | 14 |

9

| 1998 | | ☉ | ☿ | ♀ | ♂ | ♃ | ♄ |
|---|---|---|---|---|---|---|---|
| J | 1 | ♑10 | D♐18 | R♒03 | ♒11 | ♒22 | ♈14 |
| | 11 | 21 | 28 | ♑29 | 19 | 24 | 14 |
| | 21 | ♒01 | ♑11 | 23 | 27 | 27 | 15 |
| F | 1 | 12 | 27 | 19 | ♓05 | 29 | 15 |
| | 11 | 22 | ♒14 | D19 | 13 | ♓02 | 16 |
| | 21 | ♓02 | ♓01 | 23 | 21 | 04 | 17 |
| M | 1 | 10 | 16 | 27 | 27 | 06 | 18 |
| | 11 | 20 | ♈05 | ♒05 | ♈05 | 08 | 19 |
| | 21 | ♈00 | 19 | 14 | 13 | 11 | 20 |
| A | 1 | 11 | R20 | 25 | 21 | 13 | 22 |
| | 11 | 21 | 13 | ♓05 | 28 | 15 | 23 |
| | 21 | ♉01 | D10 | 16 | ♉06 | 18 | 24 |
| M | 1 | 10 | 14 | 27 | 13 | 20 | 26 |
| | 11 | 20 | 25 | ♈08 | 21 | 21 | 27 |
| | 21 | ♊00 | ♉09 | 20 | 28 | 23 | 28 |
| J | 1 | 10 | 29 | ♉02 | ♊06 | 25 | 29 |
| | 11 | 20 | ♊21 | 14 | 13 | 26 | ♉00 |
| | 21 | 29 | ♋12 | 26 | 20 | 27 | 01 |
| J | 1 | ♋09 | ♌00 | ♊08 | 26 | 28 | 02 |
| | 11 | 19 | 14 | 20 | ♋03 | 28 | 03 |
| | 21 | 28 | 24 | ♋02 | 10 | R28 | 03 |
| A | 1 | ♌09 | R28 | 15 | 17 | 28 | 03 |
| | 11 | 18 | 23 | 27 | 24 | 27 | 04 |
| | 21 | 28 | 16 | ♌09 | ♌00 | 26 | R04 |
| S | 1 | ♍08 | D20 | 23 | 07 | 25 | 03 |
| | 11 | 18 | ♍05 | ♍05 | 14 | 24 | 03 |
| | 21 | 28 | 24 | 18 | 20 | 22 | 03 |
| O | 1 | ♎08 | ♎12 | ♎00 | 26 | 21 | 02 |
| | 11 | 17 | 28 | 13 | ♍02 | 20 | 01 |
| | 21 | 27 | ♏14 | 25 | 08 | 19 | 00 |
| N | 1 | ♏08 | 29 | ♏09 | 15 | 18 | 00 |
| | 11 | 18 | ♐11 | 21 | 21 | 18 | ♈29 |
| | 21 | 28 | 18 | ♐04 | 26 | D18 | 28 |
| D | 1 | ♐09 | R10 | 16 | ♎02 | 19 | 28 |
| | 11 | 19 | 01 | 29 | 07 | 19 | 27 |
| | 21 | 29 | D07 | ♑12 | 13 | 20 | 27 |

| | | | | | |
|---|---|---|---|---|---|
| ♅ | JA 17 | FE 3 | 20 | MR 11 | AP 5 |
| | ♒ 08 | 09 | 10 | 11 | 12 |
| | MA 19 | JL 1 | 28 | AU 23 | SE 27 |
| | ♒R13 | 12 | 11 | 10 | 09 |
| | OK 20 | NO 9 | DE 12 | | |
| | ♒D09 | 09 | 10 | | |
| ♆ | JA 2 | 29 | FE 26 | AP 10 | MA 7 |
| | ♑ 29 | ♒ 00 | 01 | 02 | R02 |
| | MA 29 | JL 15 | AU 23 | OK 15 | NO 28 |
| | ♒ 02 | 01 | 00 | ♑D29 | ♒ 00 |
| | DE 30 | | | | |
| | ♒ 01 | | | | |
| ♇ | JA 7 | MR 13 | MA 17 | JN 24 | AU 16 |
| | ♐ 07 | R08 | 07 | 06 | D05 |
| | OK 5 | NO 6 | DE 2 | 28 | |
| | ♐ 06 | 07 | 08 | 09 | |
| ☊ | JA 15 | FE 3 | 21 | MR 12 | 31 |
| | ♍R13 | 12 | 11 | 10 | 09 |
| | AP 19 | MA 8 | 27 | JN 15 | JL 4 |
| | ♍ 08 | 07 | 06 | 05 | 04 |
| | JL 23 | AU 10 | 29 | SE 17 | OK 6 |
| | ♍ 03 | 02 | 01 | 00 | ♌ 29 |
| | OK 25 | NO 13 | DE 2 | 21 | |
| | ♌ 28 | 27 | 26 | 25 | |

| 1999 | | ☉ | ☿ | ♀ | ♂ | ♃ | ♄ |
|---|---|---|---|---|---|---|---|
| J | 1 | ♑ 10 | ♐ 21 | ♑ 25 | ♎ 18 | ♓ 22 | D ♈ 27 |
| | 11 | 20 | ♑ 06 | ♒ 08 | 23 | 24 | 27 |
| | 21 | ♒ 00 | 21 | 20 | 28 | 25 | 27 |
| F | 1 | 12 | ♒ 09 | ♓ 04 | ♏ 02 | 27 | 28 |
| | 11 | 22 | 27 | 17 | 06 | ♈ 00 | 28 |
| | 21 | ♓ 02 | ♓ 15 | 29 | 09 | 02 | 29 |
| M | 1 | 10 | 28 | ♈ 09 | 10 | 04 | ♉ 00 |
| | 11 | 20 | R ♈ 04 | 21 | 12 | 06 | 01 |
| | 21 | ♈ 00 | ♓ 28 | ♉ 03 | R 12 | 08 | 02 |
| A | 1 | 11 | 21 | 16 | 11 | 11 | 03 |
| | 11 | 21 | D 24 | 28 | 09 | 13 | 05 |
| | 21 | ♉ 00 | ♈ 03 | ♊ 10 | 05 | 16 | 06 |
| M | 1 | 10 | 17 | 21 | 02 | 18 | 07 |
| | 11 | 20 | ♉ 04 | ♋ 03 | ♎ 28 | 20 | 08 |
| | 21 | ♊ 00 | 24 | 14 | 26 | 23 | 10 |
| J | 1 | 10 | ♊ 18 | 25 | 25 | 25 | 11 |
| | 11 | 20 | ♋ 07 | ♌ 05 | D 25 | 27 | 12 |
| | 21 | 29 | 23 | 14 | 26 | 29 | 13 |
| J | 1 | ♋ 09 | ♌ 04 | 22 | 29 | ♉ 00 | 14 |
| | 11 | 18 | 09 | 29 | ♏ 02 | 02 | 15 |
| | 21 | 28 | R 07 | ♍ 04 | 06 | 03 | 16 |
| A | 1 | ♌ 08 | 00 | R 05 | 11 | 04 | 16 |
| | 11 | 18 | D 00 | 02 | 17 | 05 | 17 |
| | 21 | 28 | 11 | ♌ 27 | 22 | 05 | 17 |
| S | 1 | ♍ 08 | ♍ 01 | 21 | 29 | R 05 | R 17 |
| | 11 | 18 | 20 | 19 | ♐ 05 | 05 | 17 |
| | 21 | 28 | ♎ 08 | D 21 | 12 | 04 | 17 |
| O | 1 | ♎ 07 | 24 | 25 | 19 | 03 | 16 |
| | 11 | 17 | ♏ 08 | ♍ 03 | 26 | 02 | 16 |
| | 21 | 27 | 21 | 11 | ♑ 03 | 00 | 15 |
| N | 1 | ♏ 08 | ♐ 01 | 22 | 11 | ♈ 29 | 14 |
| | 11 | 18 | R ♏ 29 | ♎ 02 | 18 | 28 | 13 |
| | 21 | 28 | 17 | 13 | 26 | 26 | 13 |
| D | 1 | ♐ 08 | D 18 | 24 | ♒ 04 | 26 | 12 |
| | 11 | 18 | ♐ 00 | ♏ 06 | 11 | 25 | 11 |
| | 21 | 29 | 14 | 18 | 19 | 25 | 11 |

| | | | | | |
|---|---|---|---|---|---|
| ♅ | JA 2 | 20 | FE 6 | 24 | MR 15 |
| | ♒ 11 | 12 | 13 | 14 | 15 |
| | AP 7 | MA 24 | JL 7 | AU 3 | 29 |
| | ♒ 16 | R17 | 16 | 15 | 14 |
| | OK 26 | DE 15 | | | |
| | ♒D13 | 14 | | | |
| ♆ | JA 26 | FE 22 | MR 31 | MA 9 | JN 14 |
| | ♒ 02 | 03 | 04 | R04 | 04 |
| | JL 25 | SE 4 | OK 16 | NO 21 | DE 27 |
| | ♒ 03 | 02 | D02 | 02 | 03 |
| ♇ | JA 30 | MR 16 | AP 27 | JN 5 | JL 20 |
| | ♐ 10 | R11 | 10 | 09 | 08 |
| | AU 21 | SE 18 | OK 27 | NO 24 | DE 19 |
| | ♐D08 | 08 | 09 | 10 | 11 |
| ☊ | JA 8 | 27 | FE 15 | MR 6 | 25 |
| | ♌R24 | 23 | 22 | 21 | 20 |
| | AP 13 | MA 2 | 21 | JN 9 | 27 |
| | ♌ 19 | 18 | 17 | 16 | 15 |
| | JL 16 | AU 4 | 23 | SE 11 | 30 |
| | ♌ 14 | 13 | 12 | 11 | 10 |
| | OK 19 | NO 7 | 25 | DE 14 | |
| | ♌ 09 | 08 | 07 | 06 | |

9

## 1900

|     | J | F | M | A | M | J | J | A | S | O | N | D |
|-----|---|---|---|---|---|---|---|---|---|---|---|---|
| 1.  | 10 ♉ | 03 ♓ | 11 ♓ | 04 ♉ | 11 ♊ | 28 ♋ | 01 ♍ | 15 ♌ | 29 ♏ | 03 ♌ | 23 ≈ | 02 ♈ |
| 3.  | 09 ≈ | 03 ♈ | 11 ♈ | 03 ♊ | 07 ♋ | 23 ♌ | 25 | 08 ♏ | 24 ♐ | 00 ≈ | 22 ♓ | 01 ♉ |
| 5.  | 08 ♓ | 01 ♉ | 10 ♉ | 29 | 03 ♌ | 17 ♍ | 18 ♎ | 03 ♐ | 21 ♑ | 29 | 22 ♈ | 00 ♊ |
| 7.  | 07 ♈ | 28 | 08 ♊ | 24 ♋ | 27 | 10 ♎ | 13 ♍ | 29 | 20 ≈ | 29 ♓ | 22 ♉ | 29 |
| 9.  | 05 ♉ | 24 ♊ | 03 ♋ | 18 ♌ | 01 ♍ | 05 ♏ | 08 ♐ | 27 ♑ | 20 ♓ | 29 ♈ | 21 ♊ | 26 ♋ |
| 11. | 01 ♊ | 19 ♋ | 28 | 12 ♍ | 14 ♎ | 00 ♐ | 05 ♑ | 27 ≈ | 21 ♈ | 29 ♉ | 18 ♋ | 22 ♌ |
| 13. | 27 | 13 ♌ | 22 ♌ | 06 ♎ | 09 ♏ | 26 | 03 ≈ | 27 ♓ | 20 ♉ | 27 ♊ | 14 ♌ | 16 ♍ |
| 15. | 22 ♋ | 06 ♍ | 15 ♍ | 00 ♏ | 04 ♐ | 24 ♑ | 02 ♓ | 26 ♈ | 18 ♊ | 23 ♋ | 08 ♍ | 10 ♎ |
| 17. | 16 ♌ | 00 ♎ | 09 ♎ | 25 | 00 ♑ | 22 ≈ | 01 ♈ | 24 ♉ | 14 ♋ | 18 ♌ | 02 ♎ | 04 ♏ |
| 19. | 10 ♍ | 24 | 03 ♏ | 20 ♐ | 27 | 21 ♓ | 00 ♉ | 21 ♊ | 08 ♌ | 12 ♍ | 26 | 28 |
| 21. | 03 ♎ | 19 ♏ | 28 | 17 ♑ | 25 ≈ | 19 ♈ | 27 | 16 ♋ | 03 ♍ | 05 ♎ | 20 ♏ | 23 ♐ |
| 23. | 28 | 14 ♐ | 23 ♐ | 15 ≈ | 24 ♓ | 17 ♉ | 24 ♊ | 11 ♌ | 26 | 29 | 14 ♐ | 20 ♑ |
| 25. | 23 ♏ | 11 ♑ | 20 ♑ | 13 ♓ | 23 ♈ | 14 ♊ | 20 ♋ | 06 ♍ | 20 ♎ | 23 ♏ | 10 ♑ | 17 ≈ |
| 27. | 19 ♐ | 10 ≈ | 19 | 13 ♈ | 21 ♉ | 11 ♋ | 15 ♌ | 29 | 14 ♏ | 18 ♐ | 06 | 15 ♓ |
| 29. | 18 ♑ |  | 19 ♓ | 12 ♉ | 19 ♊ | 06 ♌ | 09 ♍ | 23 ♎ | 08 ♐ | 13 ♑ | 04 ♓ | 13 ♈ |
| 31. | 17 ≈ |  | 19 ♈ |  | 15 ♋ |  | 03 ♎ | 17 ♏ |  | 10 ≈ |  | 11 ♉ |

## 1901

|     | J | F | M | A | M | J | J | A | S | O | N | D |
|-----|---|---|---|---|---|---|---|---|---|---|---|---|
| 1.  | 25 ♉ | 16 ♋ | 26 ♋ | 13 ♍ | 16 ♌ | 00 ♐ | 03 ♌ | 22 ≈ | 14 ♈ | 23 ♉ | 16 ♋ | 22 ♌ |
| 3.  | 23 ♊ | 12 ♌ | 21 ♌ | 07 ♎ | 10 ♏ | 24 | 29 | 20 ♓ | 13 ♉ | 22 ♊ | 13 ♌ | 17 ♍ |
| 5.  | 21 ♋ | 08 ♍ | 16 ♍ | 01 ♏ | 03 ♐ | 20 ♑ | 26 ≈ | 18 ♈ | 11 ♊ | 20 ♋ | 08 ♍ | 12 ♎ |
| 7.  | 17 ♌ | 02 ♎ | 10 ♎ | 24 | 28 | 16 ≈ | 23 ♓ | 16 ♉ | 09 ♋ | 16 ♌ | 03 ♎ | 06 ♏ |
| 9.  | 12 ♍ | 26 | 04 ♏ | 18 ♐ | 23 ♑ | 13 ♓ | 21 ♈ | 15 ♊ | 06 ♌ | 11 ♍ | 27 | 29 |
| 11. | 06 ♎ | 19 ♏ | 27 | 13 ♑ | 19 ≈ | 11 ♈ | 20 ♉ | 12 ♋ | 02 ♍ | 06 ♎ | 20 ♏ | 23 ♐ |
| 13. | 00 ♏ | 14 ♐ | 22 ♐ | 09 ≈ | 16 ♓ | 10 ♉ | 18 ♊ | 10 ♌ | 27 | 00 ♏ | 14 ♐ | 17 ♑ |
| 15. | 24 | 09 ♑ | 17 ♑ | 07 ♓ | 16 ♈ | 09 ♊ | 17 ♋ | 06 ♍ | 21 ♎ | 23 | 08 ♑ | 12 ≈ |
| 17. | 18 ♐ | 07 ≈ | 15 ≈ | 07 ♈ | 16 ♉ | 08 ♋ | 14 ♌ | 01 ♎ | 15 ♏ | 17 ♐ | 03 | 08 ♓ |
| 19. | 15 ♑ | 05 ♓ | 14 ♓ | 07 ♉ | 15 ♊ | 06 ♌ | 10 ♍ | 25 | 09 ♐ | 11 ♑ | 28 | 05 ♈ |
| 21. | 12 ≈ | 05 ♈ | 14 ♈ | 07 ♊ | 14 ♋ | 02 ♍ | 05 ♎ | 19 ♏ | 03 ♑ | 06 | 26 ♓ | 03 ♉ |
| 23. | 11 ♓ | 04 ♉ | 14 ♉ | 06 ♋ | 11 ♌ | 27 | 29 | 13 ♐ | 28 | 03 ♓ | 25 ♈ | 03 ♊ |
| 25. | 10 ♈ | 03 ♊ | 13 ♊ | 02 ♌ | 07 ♍ | 21 ♎ | 23 ♏ | 07 ♑ | 25 ≈ | 02 ♈ | 25 ♉ | 03 ♋ |
| 27. | 08 ♉ | 00 ♋ | 10 ♋ | 28 | 01 ♎ | 15 ♏ | 17 ♐ | 03 ≈ | 24 ♓ | 02 ♉ | 25 ♊ | 03 ♌ |
| 29. | 06 ♊ |  | 06 ♌ | 22 ♍ | 25 | 09 ♐ | 12 ♑ | 01 ♓ | 23 ♈ | 02 ♊ | 24 ♋ | 00 ♍ |
| 31. | 03 ♋ |  | 01 ♍ |  | 18 ♏ |  | 08 ≈ | 00 ♈ |  | 01 ♋ |  | 26 |

## 1902

|     | J | F | M | A | M | J | J | A | S | O | N | D |
|-----|---|---|---|---|---|---|---|---|---|---|---|---|
| 1.  | 08 ♌ | 22 ♏ | 00 ♐ | 13 ♉ | 16 ≈ | 05 ♈ | 12 ♉ | 06 ♋ | 29 ♌ | 05 ♎ | 21 ♏ | 24 ♐ |
| 3.  | 02 ♍ | 16 ♐ | 23 | 08 ≈ | 13 ♓ | 08 ♉ | 12 ♊ | 05 ♌ | 26 ♍ | 00 ♏ | 15 ♐ | 18 ♑ |
| 5.  | 26 | 10 ♑ | 18 ♑ | 03 ♓ | 10 ♈ | 07 ♊ | 12 ♋ | 04 ♍ | 22 ♎ | 25 | 09 ♑ | 11 ≈ |
| 7.  | 20 ♎ | 05 ≈ | 13 ≈ | 02 ♈ | 10 ♉ | 04 ♋ | 02 ♍ | 17 ♍ | 19 ♏ | 03 ♐ | 03 | 06 ♓ |
| 9.  | 14 ♐ | 01 ♓ | 10 ♓ | 01 ♉ | 10 ♊ | 03 ♌ | 10 ♍ | 27 | 11 ♐ | 13 ♑ | 27 | 01 ♈ |
| 11. | 09 ≈ | 29 | 08 ♈ | 01 ♊ | 10 ♋ | 01 ♍ | 06 ♎ | 21 ♏ | 05 ♑ | 07 ≈ | 23 ♓ | 28 |
| 13. | 05 ♓ | 26 ♈ | 07 ♉ | 00 ♋ | 08 ♌ | 28 | 01 ♏ | 15 ♐ | 29 | 02 ♓ | 20 ♈ | 27 ♉ |
| 15. | 02 ♈ | 24 ♉ | 05 ♊ | 28 | 05 ♍ | 22 ♎ | 25 | 09 ♑ | 24 ♐ | 29 | 19 ♉ | 28 ♊ |
| 17. | 29 | 23 ♊ | 03 ♋ | 25 ♌ | 01 ♎ | 16 ♏ | 19 ♐ | 03 ≈ | 20 ♑ | 26 ♈ | 19 ♊ | 28 ♋ |
| 19. | 28 ♉ | 21 ♋ | 01 ♌ | 21 ♍ | 25 | 10 ♐ | 12 ♑ | 28 | 18 ♈ | 25 ♉ | 19 ♋ | 27 ♌ |
| 21. | 27 ♊ | 19 ♌ | 28 | 16 ♎ | 19 ♏ | 04 ♑ | 07 ≈ | 25 ♓ | 15 ♉ | 24 ♊ | 18 ♌ | 25 ♍ |
| 23. | 26 ♋ | 16 ♍ | 24 ♍ | 10 ♏ | 13 ♐ | 28 | 02 ♓ | 21 ♈ | 14 ♊ | 23 ♋ | 15 ♍ | 20 ♎ |
| 25. | 24 ♌ | 11 ♎ | 20 ♎ | 04 ♐ | 07 ♑ | 22 ≈ | 28 | 19 ♉ | 12 ♋ | 21 ♌ | 11 ♎ | 15 ♏ |
| 27. | 21 ♍ | 06 ♏ | 14 ♏ | 28 | 01 ≈ | 18 ♓ | 24 ♈ | 17 ♊ | 10 ♌ | 18 ♍ | 06 ♏ | 09 ♐ |
| 29. | 16 ♎ |  | 08 ♐ | 22 ♑ | 25 | 14 ♈ | 22 ♉ | 16 ♋ | 08 ♍ | 14 ♎ | 00 ♐ | 03 ♑ |
| 31. | 10 ♏ |  | 01 ♑ |  | 21 ♓ |  | 21 ♊ | 15 ♌ |  | 09 ♏ |  | 26 |

1903

| | J | F | M | A | M | J | J | A | S | O | N | D |
|---|---|---|---|---|---|---|---|---|---|---|---|---|
| 1. | 08 ≈ | 24 ♓ | 04 ♈ | 24 ♉ | 02 ♋ | 26 ♌ | 03 ♌ | 22 ♏ | 07 ♉ | 09 ≈ | 23 ♓ | 27 ♈ |
| 3. | 02 ♓ | 20 ♈ | 00 ♉ | 22 Ⅱ | 01 ♌ | 24 ♍ | 00 ♏ | 17 ♐ | 01 ≈ | 03 ♓ | 19 ♈ | 24 ♉ |
| 5. | 27 | 16 ♉ | 27 | 20 ♋ | 29 | 20 ♌ | 25 | 11 ♉ | 25 | 28 | 15 ♉ | 22 Ⅱ |
| 7. | 23 ♈ | 15 Ⅱ | 25 Ⅱ | 19 ♌ | 27 ♍ | 16 ♏ | 20 ♐ | 04 ≈ | 19 ♓ | 23 ♈ | 13 Ⅱ | 25 ♋ |
| 9. | 21 ♉ | 14 ♋ | 24 ♋ | 17 ♍ | 23 ♌ | 10 ♐ | 13 ♉ | 28 | 14 ♈ | 20 ♉ | 11 ♋ | 21 ♌ |
| 11. | 20 Ⅱ | 14 ♌ | 23 ♌ | 14 ♌ | 19 ♏ | 05 ♉ | 07 ≈ | 23 ♓ | 10 ♉ | 17 Ⅱ | 10 ♌ | 19 ♍ |
| 13. | 21 ♋ | 14 ♍ | 22 ♍ | 10 ♏ | 14 ♐ | 28 | 01 ♓ | 17 ♈ | 06 Ⅱ | 15 ♋ | 08 ♍ | 16 ♌ |
| 15. | 21 ♌ | 11 ♌ | 19 ♌ | 06 ♐ | 08 ♉ | 22 ≈ | 25 | 13 ♉ | 04 ♋ | 13 ♌ | 06 ♌ | 13 ♏ |
| 17. | 20 ♍ | 08 ♏ | 15 ♏ | 00 ♉ | 02 ≈ | 16 ♓ | 20 ♈ | 10 Ⅱ | 03 ♌ | 12 ♍ | 03 ♏ | 08 ♐ |
| 19. | 17 ♌ | 02 ♐ | 10 ♐ | 24 | 26 | 11 ♈ | 16 ♉ | 08 ♋ | 02 ♍ | 10 ♌ | 29 | 03 ♉ |
| 21. | 12 ♏ | 26 | 04 ♉ | 18 ≈ | 20 ♓ | 08 ♉ | 15 Ⅱ | 08 ♌ | 02 ♌ | 08 ♏ | 25 ♐ | 28 |
| 23. | 06 ♐ | 20 ♉ | 28 | 12 ♓ | 16 ♈ | 06 Ⅱ | 15 ♋ | 09 ♍ | 00 ♏ | 04 ♐ | 19 ♉ | 21 ≈ |
| 25. | 00 ♉ | 14 ≈ | 22 ≈ | 08 ♈ | 14 ♉ | 06 ♋ | 15 ♌ | 08 ♌ | 26 | 29 | 13 | 15 ♓ |
| 27. | 23 | 09 ♓ | 17 ♓ | 05 ♉ | 13 Ⅱ | 07 ♌ | 15 ♍ | 05 ♏ | 21 ♐ | 24 ♉ | 07 ♈ | 09 ♈ |
| 29. | 17 ≈ | | 13 ♈ | 04 Ⅱ | 12 ♋ | 06 ♍ | 13 ♌ | 01 ♐ | 16 ♉ | 17 | 01 ♈ | 04 ♉ |
| 31. | 12 ♓ | | 10 ♉ | | 12 ♌ | | 09 ♏ | 25 | | 11 ♓ | | 01 Ⅱ |

1904

| | J | F | M | A | M | J | J | A | S | O | N | D |
|---|---|---|---|---|---|---|---|---|---|---|---|---|
| 1. | 16 Ⅱ | 09 ♌ | 02 ♍ | 25 ♌ | 01 ♐ | 18 ♉ | 21 ≈ | 04 ♈ | 20 ♉ | 25 Ⅱ | 16 ♌ | 24 ♍ |
| 3. | 15 ♋ | 09 ♍ | 02 ♌ | 23 ♏ | 27 | 13 ≈ | 14 ♓ | 28 | 15 Ⅱ | 22 ♋ | 14 ♍ | 23 ♌ |
| 5. | 16 ♌ | 08 ♌ | 01 ♏ | 19 ♐ | 22 ♉ | 06 ♓ | 08 ♈ | 23 ♉ | 12 ♋ | 20 ♌ | 13 ♏ | 21 ♐ |
| 7. | 15 ♍ | 06 ♏ | 28 | 15 ♉ | 17 ♐ | 00 ♈ | 02 ♉ | 20 Ⅱ | 11 ♌ | 20 ♍ | 13 ♏ | 19 ♐ |
| 9. | 13 ♌ | 02 ♐ | 24 ♐ | 09 ♈ | 10 ♓ | 24 | 28 | 18 ♋ | 11 ♌ | 19 ♍ | 11 ♐ | 16 ♐ |
| 11. | 10 ♏ | 27 | 18 ♉ | 02 ♓ | 04 ♈ | 20 ♉ | 25 Ⅱ | 18 ♌ | 11 ♏ | 19 ♌ | 08 ♉ | 12 ≈ |
| 13. | 05 ♐ | 21 ♉ | 12 ≈ | 26 | 29 | 17 Ⅱ | 24 ♋ | 18 ♍ | 11 ♐ | 17 ♏ | 04 ≈ | 06 ♈ |
| 15. | 00 ♉ | 15 ≈ | 06 ♓ | 20 ♈ | 25 ♉ | 15 ♋ | 24 ♌ | 17 ♌ | 08 ♐ | 13 ♉ | 28 | 29 |
| 17. | 24 | 09 ♓ | 29 | 16 ♉ | 22 Ⅱ | 14 ♋ | 23 ♍ | 16 ♏ | 04 ♉ | 08 | 02 ♓ | 23 ♈ |
| 19. | 18 ≈ | 02 ♈ | 24 ♈ | 12 Ⅱ | 20 ♋ | 13 ♍ | 22 ♌ | 12 ♐ | 29 | 02 ♓ | 15 ♈ | 18 ♉ |
| 21. | 12 ♓ | 27 | 19 ♉ | 09 ♋ | 18 ♌ | 11 ♌ | 19 ♍ | 08 ♉ | 23 ≈ | 25 | 10 ♉ | 14 Ⅱ |
| 23. | 05 ♈ | 22 ♉ | 15 Ⅱ | 07 ♌ | 16 ♍ | 08 ♏ | 15 ♐ | 02 ≈ | 17 ♓ | 19 ♈ | 05 Ⅱ | 11 ♋ |
| 25. | 00 ♉ | 18 Ⅱ | 12 ♋ | 05 ♍ | 14 ♌ | 05 ♐ | 10 ♉ | 26 | 13 ♉ | 13 ♉ | 02 ♋ | 09 ♌ |
| 27. | 26 | 17 ♋ | 11 ♌ | 04 ♌ | 12 ♍ | 01 ♉ | 05 ≈ | 20 ♈ | 04 ♉ | 09 Ⅱ | 29 | 07 ♍ |
| 29. | 24 Ⅱ | 17 ♌ | 10 ♍ | 03 ♏ | 09 ♐ | 26 | 29 | 13 ♈ | 29 | 05 ♋ | 26 ♌ | 05 ♌ |
| 31. | 23 ♋ | | 10 ♌ | | 05 ♉ | | 23 ♓ | 07 ♉ | | 02 ♌ | | 03 ♏ |

1905

| | J | F | M | A | M | J | J | A | S | O | N | D |
|---|---|---|---|---|---|---|---|---|---|---|---|---|
| 1. | 17 ♏ | 08 ♉ | 17 ♉ | 03 ♓ | 06 ♈ | 20 ♉ | 24 Ⅱ | 13 ♌ | 05 ♌ | 14 ♏ | 07 ♉ | 12 ≈ |
| 3. | 15 ♐ | 03 ≈ | 12 ≈ | 27 | 00 ♉ | 15 Ⅱ | 20 ♋ | 11 ♍ | 05 ♏ | 14 ♐ | 04 ≈ | 08 ♓ |
| 5. | 11 ♉ | 28 | 06 ♓ | 21 ♈ | 24 | 11 ♋ | 17 ♌ | 10 ♏ | 04 ♐ | 11 ♉ | 29 | 02 ♈ |
| 7. | 07 | 22 ♓ | 00 ♈ | 15 ♉ | 18 Ⅱ | 07 ♌ | 15 ♍ | 09 ♐ | 01 ♉ | 07 | 23 ♓ | 26 |
| 9. | 02 ♓ | 15 ♈ | 24 | 09 Ⅱ | 14 ♋ | 04 ♍ | 13 ♌ | 07 ♐ | 27 | 02 ♓ | 17 ♈ | 19 ♉ |
| 11. | 25 | 09 ♉ | 18 ♉ | 04 ♋ | 10 ♌ | 02 ♌ | 12 ♏ | 05 ♉ | 23 ≈ | 26 | 11 ♉ | 13 Ⅱ |
| 13. | 19 ♈ | 04 Ⅱ | 12 Ⅱ | 00 ♌ | 08 ♍ | 01 ♏ | 10 ♐ | 01 ≈ | 17 ♓ | 20 ♈ | 05 Ⅱ | 08 ♋ |
| 15. | 13 ♉ | 29 | 08 ♋ | 28 | 07 ♌ | 00 ♐ | 08 ♉ | 26 | 11 ♈ | 14 ♉ | 29 | 04 ♌ |
| 17. | 08 Ⅱ | 27 ♋ | 05 ♋ | 27 ♍ | 06 ♏ | 26 ♐ | 05 ♉ | 21 ♈ | 11 ♈ | 05 ♉ | 08 Ⅱ | 00 ♍ |
| 19. | 05 ♋ | 26 ♌ | 04 ♍ | 28 ♌ | 06 ♐ | 26 ♉ | 00 ♓ | 15 ♈ | 29 | 02 ♋ | 20 ♌ | 27 |
| 21. | 03 ♌ | 26 ♍ | 04 ♌ | 28 ♏ | 05 ♉ | 22 ≈ | 25 | 08 ♉ | 23 Ⅱ | 27 | 17 ♍ | 25 ♌ |
| 23. | 03 ♍ | 26 ♌ | 05 ♏ | 27 ♐ | 02 ≈ | 17 ♓ | 19 ♈ | 02 Ⅱ | 18 ♋ | 24 ♌ | 16 ♌ | 24 ♐ |
| 25. | 02 ♌ | 25 ♏ | 04 ♐ | 23 ♉ | 27 | 11 ♈ | 12 ♉ | 27 | 15 ♌ | 22 ♍ | 16 ♏ | 24 ♐ |
| 27. | 00 ♏ | 22 ♐ | 01 ♉ | 18 | 21 ♓ | 04 ♉ | 07 Ⅱ | 23 ♋ | 14 ♍ | 22 ♌ | 16 ♐ | 23 ♉ |
| 29. | 28 | | 27 | 12 ♓ | 14 ♈ | 29 | 02 ♌ | 21 ♌ | 14 ♌ | 23 ♏ | 15 ♐ | 20 ≈ |
| 31. | 25 ♐ | | 22 ≈ | | 08 ♉ | | 29 | 20 ♍ | | 22 ♐ | | 16 ♓ |

## 1906

| | J | F | M | A | M | J | J | A | S | O | N | D |
|---|---|---|---|---|---|---|---|---|---|---|---|---|
| 1. | 28♓ | 12♉ | 19♉ | 03♋ | 07♌ | 26♍ | 04♏ | 28♐ | 20♒ | 25♓ | 12♉ | 14♊ |
| 3. | 22♈ | 05♊ | 13♊ | 28 | 03♍ | 24♎ | 03♐ | 26♑ | 16♓ | 21♈ | 06♊ | 08♋ |
| 5. | 16♉ | 00♋ | 08♋ | 24♌ | 01♎ | 24♏ | 03♑ | 25♒ | 12♈ | 15♉ | 29 | 02♌ |
| 7. | 10♊ | 25 | 03♌ | 22♍ | 00♏ | 25♐ | 02♒ | 21♓ | 07♉ | 09♊ | 23♋ | 26 |
| 9. | 04♋ | 22♌ | 00♍ | 22♎ | 01♐ | 24♑ | 00♓ | 17♈ | 01♊ | 03♋ | 17♌ | 22♍ |
| 11. | 00♌ | 20♍ | 29 | 22♏ | 01♑ | 22♒ | 26 | 11♉ | 25 | 27 | 13♍ | 19♎ |
| 13. | 27 | 18♎ | 28♎ | 22♐ | 00♒ | 18♓ | 21♈ | 05♊ | 19♋ | 22♌ | 11♎ | 18♏ |
| 15. | 24♍ | 17♏ | 28♏ | 20♑ | 26 | 13♈ | 15♉ | 29 | 14♌ | 19♍ | 10♏ | 19♐ |
| 17. | 22♎ | 15♐ | 26♐ | 17♒ | 21♓ | 07♉ | 09♊ | 23♋ | 11♍ | 17♎ | 11♐ | 19♑ |
| 19. | 20♏ | 13♑ | 23♑ | 12♓ | 16♈ | 00♊ | 03♋ | 19♌ | 08♎ | 17♏ | 11♑ | 18♒ |
| 21. | 19♐ | 10♒ | 20♒ | 06♈ | 10♉ | 24 | 27 | 15♍ | 07♏ | 17♐ | 09♒ | 15♓ |
| 23. | 17♑ | 06♓ | 15♓ | 01♉ | 03♊ | 18♋ | 23♌ | 13♎ | 06♐ | 15♑ | 06♓ | 11♈ |
| 25. | 14♒ | 01♈ | 10♈ | 24 | 27 | 13♌ | 19♍ | 11♏ | 05♑ | 13♒ | 02♈ | 05♉ |
| 27. | 11♓ | 26 | 04♉ | 18♊ | 21♋ | 09♍ | 16♎ | 10♐ | 02♒ | 09♓ | 26 | 29 |
| 29. | 06♈ | | 28 | 12♋ | 16♌ | 06♎ | 14♏ | 08♑ | 29 | 05♈ | 20♉ | 23♊ |
| 31. | 00♉ | | 21♊ | | 12♍ | | 13♐ | 06♒ | | 29 | | 17♋ |

## 1907

| | J | F | M | A | M | J | J | A | S | O | N | D |
|---|---|---|---|---|---|---|---|---|---|---|---|---|
| 1. | 29♋ | 15♍ | 25♍ | 16♏ | 25♐ | 18♒ | 25♓ | 13♉ | 27♊ | 29♋ | 13♍ | 17♎ |
| 3. | 23♌ | 11♎ | 22♎ | 14♐ | 23♑ | 15♓ | 21♈ | 07♊ | 21♋ | 23♌ | 09♎ | 14♏ |
| 5. | 18♍ | 09♏ | 19♏ | 13♑ | 21♒ | 11♈ | 16♉ | 01♋ | 15♌ | 18♍ | 06♏ | 13♐ |
| 7. | 15♎ | 07♐ | 18♐ | 11♒ | 18♓ | 07♉ | 10♊ | 24 | 09♍ | 14♎ | 05♐ | 13♑ |
| 9. | 12♏ | 06♑ | 16♑ | 08♓ | 14♈ | 01♊ | 04♋ | 18♌ | 03♎ | 11♏ | 03♑ | 12♒ |
| 11. | 12♐ | 05♒ | 14 | 05♈ | 10♉ | 25 | 27 | 13♍ | 01♏ | 09♐ | 02♒ | 11♓ |
| 13. | 12♑ | 04♓ | 12♓ | 01♉ | 4♊ | 19♋ | 21♌ | 08♎ | 28 | 07♐ | 00♓ | 08♈ |
| 15. | 11♒ | 01♈ | 09♈ | 26 | 28 | 12♌ | 16♍ | 04♏ | 26♐ | 05♑ | 24♈ | 04♉ |
| 17. | 10♓ | 27 | 05♉ | 20♊ | 22♋ | 06♍ | 11♎ | 01♐ | 25♑ | 03♒ | 20♉ | 24♊ |
| 19. | 07♈ | 22♉ | 00♊ | 14♋ | 15♌ | 02♎ | 08♏ | 00♐ | 23♑ | 01♈ | 20♉ | 24♊ |
| 21. | 02♉ | 16♊ | 24 | 07♌ | 10♍ | 28 | 06♐ | 29 | 22♓ | 28 | 15♊ | 18♋ |
| 23. | 26 | 10♋ | 17♋ | 02♍ | 06♎ | 27♏ | 06♑ | 29 | 20♈ | 24♉ | 09♋ | 11♌ |
| 25. | 20♊ | 04♌ | 12♌ | 28 | 04♏ | 27♐ | 06♒ | 28♓ | 16♉ | 19♊ | 03♌ | 05♍ |
| 27. | 13♋ | 29 | 07♍ | 26♎ | 04♐ | 28♑ | 06♓ | 25♈ | 11♊ | 13♋ | 27 | 29 |
| 29. | 08♌ | | 04♎ | 25♏ | 04♒ | 27 | 04♈ | 21♉ | 05♋ | 07♌ | 21♍ | 25♎ |
| 31. | 03♍ | | 01♏ | | 03♒ | | 00♉ | 15♊ | | 01♏ | | 22♏ |

## 1908

| | J | F | M | A | M | J | J | A | S | O | N | D |
|---|---|---|---|---|---|---|---|---|---|---|---|---|
| 1. | 06♐ | 29♑ | 22♒ | 15♈ | 21♉ | 08♋ | 10♌ | 25♍ | 10♏ | 16♐ | 07♒ | 17♓ |
| 3. | 06♑ | 29♒ | 22♓ | 13♉ | 17♊ | 02♌ | 04♍ | 19♎ | 06♐ | 13♑ | 06♓ | 15♈ |
| 5. | 06♒ | 29 | 21♈ | 09♊ | 12♋ | 26 | 28 | 14♏ | 03♐ | 11♑ | 05♈ | 13♉ |
| 7. | 06♓ | 27♓ | 19♈ | 28 | 06♋ | 20♍ | 22♏ | 22♐ | 02♑ | 11♈ | 04♉ | 10♊ |
| 9. | 04♈ | 23♉ | 14♊ | 28 | 00♍ | 14♎ | 18♏ | 08♑ | 02♒ | 02♈ | 11♉ | 06♋ |
| 11. | 01♉ | 18♊ | 08♋ | 22♌ | 24 | 10♏ | 16♐ | 08♒ | 02♈ | 10♉ | 28 | 01♌ |
| 13. | 26 | 11♋ | 02♌ | 16♍ | 19♎ | 06♐ | 15♑ | 09♓ | 02♉ | 07♊ | 23♋ | 25 |
| 15. | 21♊ | 05♌ | 25 | 11♎ | 16♏ | 06♑ | 15♒ | 09♈ | 29 | 03♋ | 17♌ | 19♍ |
| 17. | 14♋ | 29 | 20♍ | 07♏ | 13♐ | 05♒ | 14♈ | 03♉ | 25♊ | 11♍ | 13♏ | 13♐ |
| 19. | 08♌ | 23♍ | 15♎ | 04♐ | 11♑ | 05♈ | 14♉ | 03♊ | 19♋ | 21♍ | 05♐ | 08♑ |
| 21. | 02♍ | 18♎ | 10♏ | 01♑ | 10♒ | 03♈ | 28 | 13♋ | 15♌ | 00♏ | 00♐ | 04♒ |
| 23. | 26 | 13♏ | 07♐ | 29 | 08♓ | 00♉ | 06♊ | 22♌ | 07♍ | 26 | 26 | 01♓ |
| 25. | 21♎ | 10♐ | 04♑ | 27♒ | 06♈ | 27 | 01♋ | 16♎ | 01♎ | 04♏ | 23♐ | 00♒ |
| 27. | 17♏ | 08♑ | 02♒ | 26♓ | 04♉ | 22♊ | 25 | 10♏ | 25 | 00♑ | 20♑ | 29 |
| 29. | 15♐ | 07♒ | 02♒ | 02♈ | 24♈ | 00♊ | 16♋ | 19♎ | 04♏ | 26 | 18 | 28♓ |
| 31. | 14♑ | | 01♈ | | 26 | | 13♍ | 28 | | 24♐ | | 26♈ |

474

## 1909

| | J | F | M | A | M | J | J | A | S | O | N | D |
|---|---|---|---|---|---|---|---|---|---|---|---|---|
| 1. | 09♉ | 29♊ | 08♋ | 24♌ | 26♍ | 10♏ | 14♐ | 03♒ | 27♓ | 06♉ | 27♊ | 02♌ |
| 3. | 06♊ | 23♋ | 03♌ | 17♍ | 20♎ | 06♐ | 11♑ | 03♓ | 27♈ | 05♊ | 24♋ | 28 |
| 5. | 02♋ | 18♌ | 27 | 11♎ | 14♏ | 02♑ | 09♒ | 02♈ | 25♉ | 02♋ | 19♌ | 22♍ |
| 7. | 27 | 12♍ | 20♍ | 05♏ | 09♐ | 29 | 07♓ | 01♉ | 23♊ | 28 | 14♍ | 16♎ |
| 9. | 21♌ | 05♎ | 14♎ | 00♐ | 05♑ | 27♒ | 06♈ | 29 | 18♋ | 23♌ | 07♎ | 09♏ |
| 11. | 15♍ | 29 | 08♏ | 25 | 02♒ | 25♓ | 04♉ | 26♊ | 13♌ | 17♍ | 01♏ | 04♐ |
| 13. | 09♎ | 24♏ | 03♐ | 22♑ | 00♓ | 24♈ | 02♊ | 21♋ | 08♍ | 10♎ | 25 | 29 |
| 15. | 03♏ | 20♐ | 28 | 20♒ | 29 | 22♉ | 29 | 01♌ | 01♎ | 04♏ | 20♐ | 25♑ |
| 17. | 28 | 17♑ | 26♑ | 19♓ | 28♈ | 20♊ | 25♋ | 11♍ | 25 | 28 | 15♑ | 22♒ |
| 19. | 25♐ | 17♒ | 25♒ | 19♈ | 27♉ | 16♋ | 20♌ | 05♎ | 19♍ | 22♐ | 11♒ | 19♓ |
| 21. | 24♑ | 17♓ | 25♓ | 19♉ | 25♊ | 12♌ | 14♍ | 28 | 13♐ | 18♑ | 09♓ | 18♈ |
| 23. | 24♒ | 17♈ | 26♈ | 17♊ | 21♋ | 06♍ | 08♎ | 22♏ | 09♑ | 15♒ | 07♈ | 16♉ |
| 25. | 24♓ | 16♉ | 25♉ | 13♋ | 16♌ | 00♎ | 02♏ | 17♐ | 06♒ | 13♓ | 07♉ | 15♊ |
| 27. | 22♈ | 13♊ | | 08♌ | 10♍ | 24 | 26 | 13♑ | 05♒ | 13♈ | 06♊ | 13♋ |
| 29. | 20♉ | | 17♋ | 02♍ | 04♎ | 18♏ | | 22♐ | 12♒ | 05♈ | | 10♌ |
| 31. | 16♊ | | 12♌ | | 28 | | 19♑ | 11♓ | | 13♊ | | 05♈ |

## 1910

| | J | F | M | A | M | J | J | A | S | O | N | D |
|---|---|---|---|---|---|---|---|---|---|---|---|---|
| 1. | 18♍ | 01♏ | 09♍ | 23♐ | 27♑ | 17♓ | 26♈ | 19♊ | 11♌ | 16♍ | 02♏ | 04♐ |
| 3. | 12♎ | 25 | 03♐ | 18♑ | 24♒ | 16♈ | 25♉ | 17♋ | 07♍ | 11♎ | 26 | 28 |
| 5. | 05♏ | 19♐ | 27 | 15♒ | 22♓ | 15♉ | 24♊ | 15♌ | 02♎ | 05♏ | 19♐ | 22♑ |
| 7. | 29 | 13♑ | 23♑ | 13♓ | 21♈ | 15♋ | 23♍ | 11♍ | 27 | 29 | 13♑ | 17♒ |
| 9. | 24♐ | 13♒ | 21♒ | 13♈ | 22♉ | 14♌ | 20♎ | 07♎ | 21♍ | 22♐ | 08♒ | 13♓ |
| 11. | 21♑ | 11♓ | 20♓ | 14♉ | 22♊ | 12♎ | 16♏ | 01♏ | 14♐ | 17♑ | 04♓ | 10♈ |
| 13. | 18♒ | 11♈ | 20♈ | 13♊ | 20♋ | 08♏ | 11♐ | 24 | 08♑ | 12♒ | 01♈ | 09♉ |
| 15. | 16♓ | 09♉ | 19♉ | 11♋ | 17♌ | 03♐ | 05♑ | 18♐ | 04♒ | 09♓ | 01♉ | 09♊ |
| 17. | 14♈ | 07♊ | 17♊ | 08♌ | 12♍ | 28 | 28 | 13♑ | 01♓ | 08♈ | 01♊ | 09♋ |
| 19. | 13♉ | 04♋ | 15♋ | 03♍ | 06♎ | 20♐ | 22♑ | 09♒ | 00♈ | 08♉ | 01♊ | 08♌ |
| 21. | 10♊ | 01♌ | 11♌ | 27 | 00♏ | 14♑ | 18♒ | 07♓ | 29 | 08♊ | 00♋ | 06♍ |
| 23. | 08♋ | 27 | 06♍ | 21♌ | 23 | 09♒ | 14♓ | 05♈ | 28♉ | 07♋ | 27 | 01♎ |
| 25. | 05♌ | 21♍ | 00♎ | 15♏ | 17♐ | 04♓ | 11♈ | 04♉ | 27♊ | 04♌ | 23♍ | 26 |
| 27. | 01♍ | 16♎ | 24 | 08♐ | 12♑ | 01♈ | 09♉ | 02♊ | 24♋ | 01♍ | 17♎ | 19♏ |
| 29. | 25 | | 18♏ | 02♑ | 07♒ | 28 | 07♊ | 00♋ | 21♌ | 26 | 11♏ | 13♐ |
| 31. | 19♎ | | 11♐ | | 04♓ | | 05♊ | 27 | | 20♍ | | 07♑ |

## 1911

| | J | F | M | A | M | J | J | A | S | O | N | D |
|---|---|---|---|---|---|---|---|---|---|---|---|---|
| 1. | 19♑ | 07♓ | 16♓ | 07♉ | 16♊ | 09♌ | 16♍ | 03♏ | 17♐ | 19♑ | 03♓ | 07♈ |
| 3. | 14♒ | 03♈ | 13♈ | 06♊ | 15♋ | 07♍ | 12♎ | 27 | 11♑ | 13♒ | 29 | 04♉ |
| 5. | 10♓ | 01♉ | 12♉ | 05♋ | 13♌ | 03♎ | 06♏ | 21♐ | 05♒ | 08♓ | 27♈ | 04♊ |
| 7. | 06♈ | 29 | 10♊ | 03♌ | 10♍ | 27 | 00♐ | 14♑ | 00♓ | 05♈ | 25♉ | 04♋ |
| 9. | 04♉ | 27♊ | 08♋ | 00♍ | 06♎ | 21♏ | 24 | 09♒ | 26 | 02♉ | 25♊ | 04♌ |
| 11. | 03♊ | 26♋ | 06♌ | 26 | 00♏ | 15♐ | 18♑ | 04♓ | 23♈ | 01♊ | 24♋ | 03♍ |
| 13. | 02♋ | 24♌ | 03♍ | 21♌ | 24 | 09♑ | 12♒ | 29 | 20♉ | 29 | 23♌ | 00♎ |
| 15. | 02♌ | 22♍ | 00♎ | 16♏ | 18♐ | 03♒ | 07♓ | 24♈ | 17♊ | 28 | 16♍ | 25 |
| 17. | 00♍ | 19♎ | 25 | 10♐ | 12♑ | 27 | 02♈ | 23♉ | 17♋ | 26♋ | 16♎ | 20♏ |
| 19. | 27 | 12♏ | 20♏ | 03♑ | 06♒ | 23♓ | 29 | 22♊ | 15♌ | 23♍ | 11♏ | 14♐ |
| 21. | 22♎ | 05♐ | 13♐ | 27 | 01♓ | 19♈ | 27♉ | 21♋ | 13♍ | 19♎ | 05♐ | 08♑ |
| 23. | 16♏ | 29 | 07♑ | 22♒ | 27 | 18♉ | 27♊ | 20♌ | 10♎ | 14♏ | 29 | 01♒ |
| 25. | 09♐ | 24♑ | 01♒ | 19♓ | 25♈ | 18♊ | 27♋ | 19♍ | 06♏ | 09♐ | 23♑ | 25 |
| 27. | 03♑ | 19♒ | 27 | 17♈ | 24♉ | 18♋ | 26♌ | 15♎ | 01♐ | 03♑ | 17♒ | 20♓ |
| 29. | 28 | | 24♓ | 16♉ | 25♊ | 18♌ | 24♍ | 11♏ | 25 | 26 | 11♓ | 15♈ |
| 31. | 24♒ | | 23♈ | | 25♋ | | 20♎ | 05♐ | | 21♒ | | 12♉ |

**9**

## 1912

|     | J | F | M | A | M | J | J | A | S | O | N | D |
|-----|---|---|---|---|---|---|---|---|---|---|---|---|
| 1.  | 27♉ | 20♋ | 14♌ | 06♎ | 12♏ | 28♐ | 01♒ | 15♓ | 01♉ | 08♊ | 00♌ | 09♍ |
| 3.  | 27♊ | 20♌ | 13♍ | 03♏ | 07♐ | 22♑ | 24 | 09♈ | 27 | 05♋ | 28 | 07♎ |
| 5.  | 27♋ | 20♍ | 12♎ | 29 | 02♑ | 16♒ | 18♓ | 04♉ | 25♊ | 03♋ | 27♍ | 04♐ |
| 7.  | 27♌ | 18♎ | 09♏ | 24♐ | 26 | 10♓ | 13♈ | 01♊ | 23♋ | 03♍ | 25♎ | 01♐ |
| 9.  | 26♍ | 13♏ | 04♐ | 18♉ | 19♒ | 04♈ | 09♉ | 29 | 23♌ | 02♎ | 22♏ | 26 |
| 11. | 22♎ | 08♐ | 28 | 12♒ | 14♓ | 00♉ | 06♊ | 29♋ | 23♍ | 00♏ | 18♐ | 21♑ |
| 13. | 17♏ | 02♑ | 22♑ | 06♓ | 09♈ | 28 | 06♋ | 00♍ | 22♎ | 27 | 13♑ | 15♒ |
| 15. | 11♐ | 25 | 16 | 01♈ | 06♉ | 27♊ | 06♌ | 00♎ | 19♏ | 23♐ | 07♒ | 09♓ |
| 17. | 05♑ | 19 | 10♓ | 27 | 04♊ | 27♋ | 06♍ | 28 | 15♐ | 17♑ | 01♓ | 03♈ |
| 19. | 28 | 14♓ | 05♈ | 25♉ | 03♋ | 27♌ | 05♎ | 24♏ | 09♑ | 11♒ | 25 | 27 |
| 21. | 22♒ | 09♈ | 02♉ | 23♊ | 02♌ | 25♍ | 02♏ | 19♐ | 03♒ | 05♓ | 20♈ | 24♉ |
| 23. | 17♓ | 05♉ | 29 | 21♋ | 01♍ | 22♎ | 27 | 13♑ | 27 | 29 | 16♉ | 22♊ |
| 25. | 12♈ | 02♊ | 26♊ | 20♌ | 28 | 18♏ | 22♐ | 06♒ | 27 | 21♈ | 14♊ | 21♋ |
| 27. | 08♉ | 00♋ | 25♋ | 18♍ | 25♎ | 12♐ | 16♑ | 00♓ | 16♈ | 21♉ | 12♋ | 21♌ |
| 29. | 06♊ | 29 | 23♌ | 15♎ | 21♏ | 07♑ | 09♒ | 24 | 11♉ | 18♊ | 11♌ | 20♍ |
| 31. | 05♋ | | 22♍ | | 16♐ | | 03♓ | 19♈ | | 16♋ | | 18♎ |

## 1913

|     | J | F | M | A | M | J | J | A | S | O | N | D |
|-----|---|---|---|---|---|---|---|---|---|---|---|---|
| 1.  | 01♏ | 20♐ | 29♐ | 14♒ | 16♓ | 00♉ | 04♊ | 24♋ | 18♍ | 26♎ | 17♐ | 22♑ |
| 3.  | 27 | 14♑ | 23♑ | 08♓ | 10♈ | 26 | 01♋ | 24♌ | 18♎ | 25♏ | 14♑ | 17 |
| 5.  | 23♐ | 08♒ | 17 | 01♈ | 04♉ | 23♊ | 00♌ | 24♍ | 16♏ | 23♐ | 09♒ | 11♓ |
| 7.  | 17♑ | 02♓ | 11♓ | 26 | 00♊ | 21♋ | 29 | 23♎ | 14♐ | 19♑ | 03♓ | 05♈ |
| 9.  | 11♒ | 26 | 05♈ | 21♉ | 27 | 19♌ | 28♍ | 20♏ | 09♑ | 13♒ | 27 | 29 |
| 11. | 05♓ | 19♈ | 29 | 17♊ | 24♋ | 17♍ | 26♎ | 17♐ | 04♒ | 07♓ | 21♈ | 24♉ |
| 13. | 29 | 14♉ | 24♉ | 14♋ | 22♌ | 16♎ | 24♏ | 12♑ | 28 | 00♈ | 15♉ | 19♊ |
| 15. | 23♈ | 10♊ | 20♊ | 12♌ | 21♍ | 13♏ | 20♐ | 07♒ | 22♓ | 24 | 10♊ | 16♋ |
| 17. | 18♉ | 08♋ | 17♋ | 10♍ | 19♎ | 10♐ | 16♑ | 01♓ | 15♈ | 19♉ | 06♋ | 14♌ |
| 19. | 16♊ | 08♌ | 16♌ | 10♎ | 17♏ | 07♑ | 10♒ | 25 | 09♉ | 14♊ | 03♌ | 12♍ |
| 21. | 15♋ | 08♍ | 16♍ | 09♏ | 15♐ | 02♒ | 04♓ | 18♈ | 04♊ | 09♋ | 01♍ | 10♎ |
| 23. | 15♌ | 08♎ | 16♎ | 07♐ | 11♑ | 26 | 28 | 12♉ | 00♋ | 06♌ | 29 | 08♏ |
| 25. | 15♍ | 07♏ | 15♏ | 03♑ | 06 | 20♈ | 22♊ | 07♊ | 26♌ | 05♍ | 28♌ | 06♐ |
| 27. | 14♎ | 04♐ | 12♐ | 28 | 00♓ | 14♈ | 16♉ | 04♋ | 26♍ | 04♎ | 27♍ | 04♑ |
| 29. | 11♏ | | 08♑ | 22♒ | 24 | 08♉ | 12♊ | 02♌ | 26♎ | 04♏ | 25♐ | 00♒ |
| 31. | 07♐ | | 02♒ | | 18♈ | | 10♋ | 02♍ | | 03♐ | | 25 |

## 1914

|     | J | F | M | A | M | J | J | A | S | O | N | D |
|-----|---|---|---|---|---|---|---|---|---|---|---|---|
| 1.  | 07♓ | 21♈ | 29♈ | 14♊ | 19♋ | 09♍ | 18♌ | 11♐ | 02♒ | 07♓ | 22♈ | 25♉ |
| 3.  | 01♈ | 15♉ | 23♉ | 09♋ | 15♌ | 07♎ | 17♍ | 09♑ | 28 | 01♈ | 16♉ | 19♊ |
| 5.  | 25 | 09♊ | 17♊ | 06♌ | 13♍ | 06♏ | 15♎ | 06♒ | 22♓ | 25 | 10♊ | 13♋ |
| 7.  | 19♉ | 05♋ | 13♋ | 04♍ | 12♎ | 06♐ | 13♏ | 02♓ | 17♈ | 19♉ | 04♋ | 08♌ |
| 9.  | 14♊ | 03♌ | 11♌ | 04♎ | 12♏ | 05♑ | 10♐ | 26 | 13♊ | 29 | 04♋ | 04♍ |
| 11. | 11♋ | 02♍ | 11♍ | 04♏ | 12♐ | 02♒ | 06♑ | 20♈ | 04♊ | 07♋ | 25♌ | 02♎ |
| 13. | 09♌ | 02♎ | 11♎ | 04♐ | 11♑ | 28 | 00♈ | 14♉ | 28 | 02♌ | 22♍ | 00♏ |
| 15. | 08♍ | 01♏ | 11♏ | 02♑ | 07♒ | 22♓ | 24 | 08♊ | 24♋ | 29 | 21♎ | 00♐ |
| 17. | 07♎ | 29 | 09♐ | 29 | 02♓ | 16♈ | 18♉ | 03♋ | 21♌ | 28♍ | 22♏ | 00♑ |
| 19. | 05♏ | 26♐ | 06♑ | 24♒ | 26 | 10♉ | 12♊ | 00♌ | 20♍ | 29♎ | 22♐ | 29 |
| 21. | 02♐ | 22♑ | 02♒ | 17♓ | 20♈ | 04♊ | 08♋ | 27 | 20♎ | 29♏ | 21♑ | 26♒ |
| 23. | 29 | 17♒ | 26 | 11♈ | 14♉ | 29 | 05♌ | 26♍ | 20♏ | 28♐ | 18 | 21♓ |
| 25. | 26♑ | 12♓ | 20♓ | 05♉ | 08♊ | 25♋ | 01♍ | 24♎ | 16♐ | 22 | 13♒ | 16♈ |
| 27. | 21♒ | 05♈ | 14♈ | 29 | 03♋ | 22♌ | 01♎ | 24♏ | 16♑ | 22 | 07♓ | 09♉ |
| 29. | 15♓ | | 08♉ | 23♊ | 29 | 20♍ | 29 | 22♐ | 12♒ | 16♓ | 01♈ | 03♊ |
| 31. | 09♈ | | 02♊ | | 25♌ | | 27♏ | 19♑ | | 10♈ | | 27 |

**9**

## 1915

| | J | F | M | A | M | J | J | A | S | O | N | D |
|---|---|---|---|---|---|---|---|---|---|---|---|---|
| 1. | 10 ♋ | 28 Ω | 06 ♍ | 28 Ω | 07 ♐ | 00 ≈ | 06 ♓ | 23 ♈ | 07 ♊ | 08 ♋ | 23 Ω | 27 ♍ |
| 3. | 05 Ω | 25 ♍ | 05 Ω | 28 ♍ | 07 ♑ | 28 | 02 ♈ | 17 ♉ | 00 ♋ | 02 Ω | 19 ♍ | 25 Ω |
| 5. | 01 ♍ | 23 Ω | 04 ♍ | 27 ♐ | 05 ≈ | 23 ♓ | 26 | 11 ♊ | 25 | 28 | 17 Ω | 24 ♍ |
| 7. | 28 | 21 ♍ | 02 ♐ | 25 ♉ | 01 ♓ | 18 ♈ | 20 ♉ | 04 ♋ | 20 Ω | 25 ♍ | 16 ♍ | 25 ♐ |
| 9. | 26 Ω | 20 ♐ | 01 ♑ | 21 ≈ | 26 | 12 ♉ | 14 ♊ | 29 | 16 ♍ | 23 Ω | 17 ♐ | 25 ♑ |
| 11. | 25 ♍ | 18 ♑ | 28 | 17 ♓ | 21 ♈ | 05 ♊ | 08 ♋ | 24 Ω | 14 Ω | 22 ♏ | 16 ♑ | 24 ≈ |
| 13. | 24 ♐ | 15 ≈ | 24 ≈ | 12 ♈ | 15 ♉ | 29 | 03 Ω | 21 ♍ | 12 ♏ | 22 ♐ | 14 ≈ | 21 ♓ |
| 15. | 23 ♑ | 12 ♓ | 20 ♓ | 06 ♉ | 08 ♊ | 23 ♋ | 28 | 18 Ω | 11 ♐ | 20 ♑ | 11 ♓ | 16 ♈ |
| 17. | 20 ≈ | 07 ♈ | 15 ♈ | 00 ♊ | 02 ♋ | 18 Ω | 24 ♍ | 16 ♏ | 09 ♑ | 17 ≈ | 06 ♈ | 11 ♉ |
| 19. | 17 ♓ | 01 ♉ | 09 ♉ | 23 | 26 | 14 ♍ | 21 Ω | 14 ♐ | 07 ≈ | 14 ♓ | 01 ♉ | 04 ♊ |
| 21. | 11 ♈ | 25 | 03 ♊ | 17 ♋ | 21 Ω | 10 Ω | 19 ♍ | 13 ♑ | 04 ♓ | 10 ♈ | 26 | 28 |
| 23. | 05 ♉ | 19 ♊ | 27 | 12 Ω | 17 ♍ | 09 ♍ | 18 ♐ | 11 ≈ | 01 ♈ | 05 ♉ | 19 ♊ | 22 ♋ |
| 25. | 29 | 13 ♋ | 21 ♋ | 09 ♍ | 15 Ω | 09 ♐ | 18 ♑ | 09 ♓ | 26 | 29 | 13 ♋ | 16 Ω |
| 27. | 23 ♊ | 09 Ω | 17 Ω | 02 ♏ | 15 ♍ | 09 ♑ | 17 ≈ | 05 ♈ | 21 ♉ | 23 ♊ | 07 Ω | 10 ♍ |
| 29. | 18 ♋ | | 14 ♍ | 07 ♏ | 16 ♐ | 08 ≈ | 14 ♓ | 00 ♉ | 15 ♊ | 16 ♋ | 01 ♍ | 06 Ω |
| 31. | 14 Ω | | 13 Ω | | 16 ♑ | | 10 ♈ | 25 | | 10 Ω | | 04 ♏ |

## 1916

| | J | F | M | A | M | J | J | A | S | O | N | D |
|---|---|---|---|---|---|---|---|---|---|---|---|---|
| 1. | 18 ♏ | 11 ♑ | 05 ≈ | 27 ♓ | 02 ♉ | 18 ♊ | 21 ♋ | 05 ♍ | 23 Ω | 00 ♐ | 22 ♑ | 01 ♓ |
| 3. | 18 ♐ | 11 ≈ | 04 ♓ | 23 ♈ | 27 | 12 ♋ | 14 Ω | 00 Ω | 19 ♍ | 27 | 21 ≈ | 29 |
| 5. | 18 ♑ | 10 ♓ | 02 ♈ | 19 ♉ | 22 ♊ | 06 ♋ | 08 ♍ | 26 | 17 ♐ | 26 ♑ | 19 ♓ | 26 ♈ |
| 7. | 18 ≈ | 07 ♈ | 28 | 14 ♊ | 15 ♋ | 29 | 03 Ω | 23 ♏ | 15 ♑ | 24 ≈ | 16 ♈ | 22 ♉ |
| 9. | 16 ♓ | 03 ♉ | 24 ♉ | 07 ♋ | 09 Ω | 24 ♍ | 29 | 21 ♐ | 14 ≈ | 23 ♓ | 13 ♉ | 17 ♊ |
| 11. | 12 ♈ | 28 | 18 ♊ | 01 Ω | 03 ♍ | 20 Ω | 27 ♏ | 20 ♑ | 14 ♓ | 20 ♈ | 08 ♊ | 11 ♋ |
| 13. | 07 ♉ | 22 ♊ | 11 ♋ | 25 | 29 | 19 ♏ | 27 ♐ | 20 ≈ | 12 ♈ | 17 ♉ | 03 ♋ | 05 Ω |
| 15. | 01 ♊ | 15 ♋ | 05 Ω | 21 ♍ | 26 Ω | 18 ♐ | 27 ♑ | 20 ♓ | 09 ♈ | 13 ♊ | 27 | 28 |
| 17. | 25 | 09 Ω | 00 ♍ | 18 Ω | 25 ♏ | 19 ♑ | 26 ≈ | 18 ♈ | 05 ♊ | 07 ♋ | 20 Ω | 22 ♍ |
| 19. | 19 ♋ | 04 ♍ | 26 | 16 ♏ | 25 ♐ | 18 ≈ | 26 ♓ | 14 ♉ | 29 | 01 Ω | 14 ♍ | 17 Ω |
| 21. | 13 Ω | 00 Ω | 23 Ω | 15 ♐ | 24 ♑ | 17 ♓ | 23 ♈ | 09 ♊ | 23 ♋ | 24 | 10 Ω | 14 ♏ |
| 23. | 08 ♍ | 27 | 21 ♏ | 14 ♑ | 23 ≈ | 13 ♈ | 18 ♉ | 03 ♋ | 17 Ω | 19 ♍ | 06 ♏ | 13 ♐ |
| 25. | 03 Ω | 24 ♏ | 19 ♐ | 12 ≈ | 20 ♓ | 09 ♉ | 12 ♊ | 26 | 11 ♍ | 15 Ω | 05 ♐ | 12 ♑ |
| 27. | 00 ♏ | 22 ♐ | 17 ♑ | 10 ♓ | 16 ♈ | 03 ♊ | 06 ♋ | 20 Ω | 06 Ω | 12 ♏ | 04 ♑ | 12 ≈ |
| 29. | 27 | 21 ♑ | 15 ≈ | 06 ♈ | 12 ♉ | 27 | 00 Ω | 15 ♍ | 03 ♏ | 10 ♐ | 03 ≈ | 12 ♓ |
| 31. | 26 ♐ | | 13 ♓ | | 06 ♊ | | 23 | 10 Ω | | 08 ♑ | | 09 ♈ |

## 1917

| | J | F | M | A | M | J | J | A | S | O | N | D |
|---|---|---|---|---|---|---|---|---|---|---|---|---|
| 1. | 23 ♈ | 11 ♊ | 19 ♊ | 04 Ω | 05 ♍ | 20 Ω | 24 ♍ | 15 ♉ | 08 ♓ | 17 ♈ | 08 ♊ | 12 ♋ |
| 3. | 19 ♉ | 05 ♋ | 13 ♋ | 27 | 00 Ω | 16 ♍ | 22 ♐ | 15 ≈ | 09 ♈ | 16 ♉ | 04 ♋ | 07 Ω |
| 5. | 14 ♊ | 28 | 07 Ω | 21 ♍ | 25 | 14 ♐ | 21 ♑ | 15 ♓ | 08 ♉ | 13 ♊ | 29 | 01 ♍ |
| 7. | 08 ♋ | 22 ♋ | 01 ♍ | 16 Ω | 21 ♏ | 12 ♑ | 21 | 14 ♈ | 05 ♊ | 09 ♋ | 23 Ω | 25 |
| 9. | 01 Ω | 16 ♍ | 25 | 12 ♏ | 18 ♐ | 11 ≈ | 20 ♓ | 12 ♉ | 00 ♋ | 03 Ω | 17 ♍ | 19 Ω |
| 11. | 25 | 10 Ω | 20 Ω | 08 ♐ | 16 ♑ | 10 ♓ | 18 ♈ | 08 ♊ | 24 | 27 | 11 Ω | 14 ♏ |
| 13. | 19 ♍ | 05 ♏ | 15 ♍ | 06 ♑ | 15 ≈ | 08 ♈ | 15 ♉ | 04 ♋ | 18 Ω | 21 ♍ | 06 ♏ | 10 ♐ |
| 15. | 13 Ω | 01 ♐ | 11 ♐ | 04 | 13 ♓ | 05 ♉ | 11 ♊ | 27 | 12 ♍ | 15 Ω | 01 ♐ | 07 ♑ |
| 17. | 09 ♏ | 29 | 09 ♑ | 02 ♓ | 11 ♈ | 02 ♊ | 06 ♋ | 21 Ω | 06 Ω | 09 ♏ | 28 | 05 ≈ |
| 19. | 06 ♐ | 28 ♑ | 08 ≈ | 01 ♈ | 09 ♉ | 27 | 00 Ω | 15 ♍ | 00 ♏ | 05 ♐ | 25 ♑ | 04 ♓ |
| 21. | 05 ♑ | 29 ≈ | 07 ♓ | 00 ♉ | 06 ♊ | 22 ♋ | 24 | 09 Ω | 25 | 01 ♑ | 23 ≈ | 02 ♈ |
| 23. | 06 ≈ | 29 ♓ | 07 ♈ | 27 | 01 ♋ | 16 Ω | 18 ♍ | 03 ♏ | 21 ♐ | 28 | 21 ♓ | 00 ♉ |
| 25. | 06 ♓ | 28 ♈ | 06 ♉ | 23 ♊ | 26 | 09 ♍ | 12 Ω | 28 | 18 ♑ | 26 | 20 ♈ | 28 |
| 27. | 05 ♈ | 24 ♉ | 02 ♊ | 18 ♋ | 19 Ω | 03 ♏ | 06 ♍ | 25 ♐ | 17 | 26 ♓ | 18 ♉ | 24 ♊ |
| 29. | 02 ♉ | | 28 | 12 Ω | 13 ♍ | 28 | 02 ♐ | 23 ♑ | 17 ♓ | 25 ♈ | 16 ♊ | 20 ♋ |
| 31. | 28 | | 22 ♋ | | 08 Ω | | 00 ♑ | 23 ≈ | | 24 ♉ | | 15 Ω |

9

## 1918

| | J | F | M | A | M | J | J | A | S | O | N | D |
|---|---|---|---|---|---|---|---|---|---|---|---|---|
| 1. | 27 ♌ | 11 ♌ | 19 ♌ | 05 ♐ | 10 ♐ | 01 ♓ | 11 ♈ | 04 ♊ | 23 ♋ | 28 ♌ | 12 ♌ | 15 ♏ |
| 3. | 21 ♍ | 05 ♏ | 13 ♏ | 00 ♑ | 07 ≈ | 00 ♈ | 09 ♉ | 00 ♋ | 18 ♌ | 22 ♍ | 06 ♏ | 09 ♐ |
| 5. | 14 ♎ | 29 | 08 ♐ | 27 | 05 ♓ | 29 | 07 ♊ | 26 | 13 ♍ | 15 ♎ | 00 ♐ | 04 ♑ |
| 7. | 09 ♏ | 26 ♐ | 04 ♑ | 25 ≈ | 04 ♈ | 27 ♉ | 22 ♊ | 22 ♌ | 07 ♎ | 09 ♏ | 24 | 00 ≈ |
| 9. | 04 ♐ | 23 ♑ | 02 ≈ | 25 ♓ | 04 ♉ | 25 ♊ | 00 ♋ | 16 ♍ | 00 ♏ | 03 ♐ | 20 ♑ | 26 |
| 11. | 01 ♑ | 23 ≈ | 01 ♓ | 25 ♈ | 03 ♊ | 22 ♋ | 26 | 10 ♎ | 24 | 27 | 16 ≈ | 24 ♓ |
| 13. | 00 ≈ | 23 ♓ | 02 ♈ | 25 ♉ | 01 ♋ | 18 ♌ | 20 ♍ | 04 ♏ | 18 ♐ | 23 ♑ | 14 ♓ | 22 ♈ |
| 15. | 29 | 23 ♈ | 02 ♉ | 23 ♊ | 27 | 12 ♍ | 14 ♎ | 28 | 14 ♑ | 20 ≈ | 13 ♈ | 22 ♉ |
| 17. | 29 ♓ | 21 ♉ | 01 ♊ | 19 ♋ | 22 ♌ | 06 ♎ | 08 ♏ | 23 ♐ | 12 ≈ | 19 ♓ | 13 ♉ | 21 ♊ |
| 19. | 27 ♈ | 18 ♊ | 27 | 14 ♌ | 16 ♍ | 00 ♏ | 02 ♐ | 19 ♑ | 11 ♏ | 20 ♈ | 13 ♊ | 19 ♋ |
| 21. | 25 ♉ | 13 ♋ | 23 ♋ | 08 ♍ | 10 ♎ | 24 | 28 | 18 ≈ | 11 ♈ | 20 ♉ | 11 ♋ | 16 ♌ |
| 23. | 21 ♊ | 08 ♌ | 17 ♌ | 01 ♎ | 04 ♏ | 20 ♐ | 25 ♑ | 18 ♓ | 12 ♉ | 19 ♊ | 08 ♌ | 11 ♍ |
| 25. | 16 ♋ | 02 ♍ | 11 ♍ | 25 | 28 | 16 ♑ | 24 ≈ | 17 ♈ | 10 ♊ | 16 ♋ | 03 ♍ | 05 ♎ |
| 27. | 11 ♌ | 26 | 04 ♎ | 19 ♏ | 24 ♐ | 14 ≈ | 23 ♓ | 16 ♉ | 07 ♋ | 12 ♌ | 27 | 29 |
| 29. | 05 ♍ | | 28 | 14 ♐ | 20 ♑ | 12 ♓ | 22 ♈ | 14 ♊ | 03 ♌ | 07 ♍ | 21 ♎ | 23 ♏ |
| 31. | 29 | | 22 ♏ | | 17 ≈ | | 20 ♉ | 10 ♋ | | 01 ♎ | | 17 ♐ |

## 1919

| | J | F | M | A | M | J | J | A | S | O | N | D |
|---|---|---|---|---|---|---|---|---|---|---|---|---|
| 1. | 00 ♉ | 19 ≈ | 27 | 20 ♈ | 28 ♉ | 20 ♋ | 26 ♌ | 12 ♎ | 26 ♏ | 28 ♐ | 13 ≈ | 18 ♓ |
| 3. | 26 | 17 ♓ | 26 ♓ | 20 ♉ | 28 ♊ | 18 ♌ | 22 ♍ | 06 ♏ | 20 ♐ | 22 ♑ | 09 ♓ | 16 ♈ |
| 5. | 23 ≈ | 14 ♈ | 26 ♈ | 19 ♊ | 26 ♋ | 14 ♍ | 16 ♎ | 00 ♐ | 14 ♑ | 18 ≈ | 08 ♈ | 15 ♉ |
| 7. | 21 ♓ | 14 ♉ | 25 ♉ | 16 ♋ | 22 ♌ | 08 ♎ | 10 ♏ | 24 | 10 ≈ | 15 ♓ | 07 ♉ | 15 ♊ |
| 9. | 19 ♈ | 12 ♊ | 23 ♊ | 13 ♌ | 17 ♍ | 02 ♏ | 04 ♐ | 19 ♑ | 07 ♓ | 14 ♈ | 08 ♊ | 16 ♋ |
| 11. | 17 ♉ | 09 ♋ | 19 ♋ | 08 ♍ | 11 ♎ | 25 | 28 | 15 ≈ | 06 ♈ | 14 ♉ | 07 ♋ | 15 ♌ |
| 13. | 15 ♊ | 06 ♌ | 15 ♌ | 02 ♎ | 05 ♏ | 19 ♐ | 23 ♑ | 12 ♓ | 04 ♉ | 13 ♊ | 06 ♌ | 12 ♍ |
| 15. | 13 ♋ | 02 ♍ | 11 ♍ | 26 | 29 | 14 ♑ | 19 ≈ | 10 ♈ | 03 ♊ | 12 ♋ | 02 ♍ | 07 ♎ |
| 17. | 10 ♌ | 27 | 05 ♎ | 20 ♏ | 22 ♐ | 09 ≈ | 16 ♓ | 08 ♉ | 03 ♋ | 09 ♌ | 28 | 01 ♏ |
| 19. | 06 ♍ | 21 ♎ | 29 | 13 ♐ | 17 ♑ | 05 ♓ | 13 ♈ | 06 ♊ | 02 ♌ | 05 ♍ | 22 ♎ | 25 |
| 21. | 01 ♎ | 15 ♏ | 23 ♏ | 08 ♑ | 12 ≈ | 03 ♈ | 11 ♉ | 05 ♋ | 26 ♌ | 01 ♎ | 16 ♏ | 18 ♐ |
| 23. | 25 | 09 ♐ | 17 ♐ | 03 ≈ | 09 ♓ | 01 ♉ | 10 ♊ | 02 ♌ | 21 ♍ | 25 | 09 ♐ | 12 ♑ |
| 25. | 19 ♏ | 03 ♑ | 11 ♑ | 29 | 07 ♈ | 00 ♊ | 09 ♋ | 29 | 16 ♎ | 19 ♏ | 03 ♑ | 07 ≈ |
| 27. | 13 ♐ | 29 | 07 ≈ | 28 ♓ | 06 ♉ | 00 ♋ | 07 ♌ | 25 ♍ | 10 ♏ | 13 ♐ | 27 | 02 ♓ |
| 29. | 08 ♑ | | 05 ♓ | 28 ♈ | 06 ♊ | 29 | 04 ♍ | 20 ♎ | 04 ♐ | 06 ♑ | 22 ≈ | 28 |
| 31. | 05 ≈ | | 04 ♈ | | 06 ♋ | | 00 ♍ | 14 ♏ | | 00 ≈ | | 25 ♈ |

## 1920

| | J | F | M | A | M | J | J | A | S | O | N | D |
|---|---|---|---|---|---|---|---|---|---|---|---|---|
| 1. | 09 ♉ | 03 ♋ | 27 ♋ | 18 ♍ | 23 ♎ | 08 ♐ | 11 ♑ | 26 ≈ | 14 ♈ | 22 ♉ | 15 ♋ | 24 ♌ |
| 3. | 09 ♊ | 02 ♌ | 25 ♌ | 14 ♎ | 17 ♏ | 02 ♑ | 05 ≈ | 21 ♓ | 11 ♉ | 20 ♊ | 13 ♌ | 21 ♍ |
| 5. | 09 ♋ | 00 ♍ | 22 ♍ | 09 ♏ | 11 ♐ | 26 | 29 | 17 ♈ | 09 ♊ | 18 ♋ | 11 ♍ | 17 ♎ |
| 7. | 08 ♌ | 28 | 18 ♎ | 03 ♐ | 05 ♑ | 20 ≈ | 24 ♓ | 14 ♉ | 07 ♋ | 14 ♌ | 07 ♎ | 13 ♏ |
| 9. | 06 ♍ | 23 ♎ | 13 ♏ | 27 | 29 | 15 ♓ | 21 ♈ | 12 ♊ | 06 ♌ | 14 ♍ | 03 ♏ | 07 ♐ |
| 11. | 03 ♎ | 17 ♏ | 07 ♐ | 21 ♑ | 23 ≈ | 11 ♈ | 18 ♉ | 12 ♋ | 05 ♍ | 11 ♎ | 28 | 01 ♑ |
| 13. | 28 | 11 ♐ | 01 ♑ | 15 ≈ | 19 ♓ | 09 ♉ | 17 ♊ | 11 ♌ | 03 ♎ | 07 ♏ | 23 ♐ | 25 |
| 15. | 21 ♏ | 29 | 25 | 11 ♓ | 17 ♈ | 09 ♊ | 18 ♋ | 11 ♍ | 29 | 02 ♐ | 16 ♑ | 18 ≈ |
| 17. | 15 ♐ | 29 | 20 ≈ | 08 ♈ | 16 ♉ | 09 ♋ | 08 ♌ | 08 ♎ | 24 ♏ | 26 | 10 ≈ | 13 ♓ |
| 19. | 09 ♑ | 25 ≈ | 16 ♓ | 07 ♉ | 16 ♊ | 09 ♌ | 16 ♍ | 04 ♏ | 19 ♐ | 20 ♑ | 04 ♓ | 08 ♈ |
| 21. | 03 ≈ | 21 ♓ | 14 ♈ | 07 ♊ | 16 ♋ | 08 ♍ | 13 ♎ | 29 | 12 ♑ | 14 ≈ | 00 ♈ | 04 ♉ |
| 23. | 29 | 18 ♈ | 12 ♉ | 06 ♋ | 14 ♌ | 04 ♎ | 08 ♏ | 22 ♐ | 06 ≈ | 09 ♓ | 26 | 03 ♊ |
| 25. | 25 ♓ | 16 ♉ | 11 ♊ | 04 ♌ | 12 ♍ | 29 | 02 ♐ | 16 ♑ | 01 ♓ | 05 ♈ | 25 ♉ | 03 ♋ |
| 27. | 22 ♈ | 14 ♊ | 09 ♋ | 01 ♍ | 08 ♎ | 23 ♏ | 26 | 10 ≈ | 27 | 03 ♉ | 25 ♊ | 04 ♌ |
| 29. | 19 ♉ | 13 ♋ | 07 ♌ | 28 | 02 ♏ | 17 ♐ | 20 ♑ | 05 ♓ | 24 ♈ | 01 ♊ | 25 ♋ | 03 ♍ |
| 31. | 18 ♊ | | 05 ♍ | | 26 | | 14 ≈ | 01 ♈ | | 00 ♋ | | 01 ♎ |

## 1921

| | J | F | M | A | M | J | J | A | S | O | N | D |
|---|---|---|---|---|---|---|---|---|---|---|---|---|
| 1. | 14 ♌ | 01 ♐ | 09 ♐ | 23 ♉ | 25 ♒ | 10 ♈ | 14 ♉ | 05 ♋ | 29 ♌ | 08 ♌ | 28 ♏ | 02 ♐ |
| 3. | 10 ♏ | 25 | 03 ♑ | 17 ♒ | 19 ♓ | 06 ♉ | 12 ♊ | 06 ♌ | 29 ♍ | 06 ♏ | 24 ♐ | 27 |
| 5. | 04 ♐ | 19 ♑ | 27 | 11 ♓ | 15 ♈ | 04 ♊ | 12 ♋ | 06 ♍ | 28 ♎ | 03 ♐ | 19 ♑ | 21 ♒ |
| 7. | 28 | 12 ♒ | 21 ♒ | 07 ♈ | 12 ♉ | 03 ♋ | 12 ♌ | 05 ♎ | 25 ♏ | 29 | 13 ♒ | 14 ♓ |
| 9. | 22 ♑ | 07 ♓ | 15 ♓ | 03 ♉ | 10 ♊ | 03 ♌ | 12 ♍ | 03 ♏ | 20 ♐ | 23 ♑ | 07 ♓ | 08 ♈ |
| 11. | 15 ♒ | 01 ♈ | 11 ♈ | 00 ♊ | 08 ♋ | 02 ♍ | 10 ♎ | 29 | 15 ♑ | 17 ♒ | 01 ♈ | 03 ♉ |
| 13. | 09 ♓ | 26 | 06 ♉ | 28 | 07 ♌ | 00 ♎ | 07 ♏ | 24 ♐ | 08 ♒ | 11 ♓ | 26 | 00 ♊ |
| 15. | 04 ♈ | 23 ♉ | 03 ♊ | 26 ♋ | 05 ♍ | 27 | 02 ♐ | 18 ♑ | 02 ♓ | 05 ♈ | 22 ♉ | 28 |
| 17. | 00 ♉ | 20 ♊ | 01 ♋ | 24 ♌ | 03 ♎ | 22 ♏ | 27 | 12 ♒ | 26 | 00 ♉ | 19 ♊ | 27 ♋ |
| 19. | 27 | 20 ♋ | 29 | 23 ♍ | 00 ♏ | 17 ♐ | 21 ♑ | 05 ♓ | 21 ♈ | 26 | 17 ♋ | 26 ♌ |
| 21. | 26 ♊ | 20 ♌ | 29 ♌ | 20 ♎ | 26 | 12 ♑ | 15 ♒ | 29 | 16 ♉ | 23 ♊ | 16 ♌ | 25 ♍ |
| 23. | 26 ♋ | 20 ♍ | 28 ♍ | 17 ♏ | 21 ♐ | 06 ♒ | 08 ♓ | 24 ♈ | 12 ♊ | 21 ♋ | 14 ♍ | 22 ♎ |
| 25. | 27 ♌ | 18 ♎ | 26 ♎ | 13 ♐ | 15 ♑ | 29 | 02 ♈ | 19 ♉ | 10 ♋ | 19 ♌ | 12 ♎ | 19 ♏ |
| 27. | 26 ♍ | 14 ♏ | 22 ♏ | 07 ♑ | 09 ♒ | 23 ♓ | 27 | 16 ♊ | 09 ♌ | 18 ♍ | 09 ♏ | 15 ♐ |
| 29. | 23 ♎ | | 17 ♐ | 01 ♒ | 03 ♓ | 18 ♈ | 23 ♉ | 14 ♋ | 08 ♍ | 16 ♎ | 06 ♐ | 10 ♑ |
| 31. | 19 ♏ | | 12 ♑ | | 27 | | 21 ♊ | 14 ♌ | | 14 ♏ | | 05 ♒ |

## 1922

| | J | F | M | A | M | J | J | A | S | O | N | D |
|---|---|---|---|---|---|---|---|---|---|---|---|---|
| 1. | 17 ♒ | 01 ♈ | 10 ♈ | 26 ♉ | 02 ♋ | 24 ♌ | 03 ♎ | 25 ♏ | 14 ♑ | 18 ♒ | 02 ♈ | 05 ♉ |
| 3. | 10 ♓ | 25 | 04 ♉ | 21 ♊ | 29 | 22 ♍ | 01 ♏ | 22 ♐ | 09 ♒ | 12 ♓ | 26 | 29 |
| 5. | 04 ♈ | 19 ♉ | 29 | 18 ♋ | 27 ♋ | 20 ♎ | 28 | 17 ♑ | 03 ♓ | 06 ♈ | 20 ♉ | 25 ♊ |
| 7. | 28 | 16 ♊ | 25 ♊ | 17 ♌ | 26 ♍ | 18 ♏ | 25 ♐ | 12 ♒ | 27 | 29 | 15 ♊ | 21 ♋ |
| 9. | 24 ♉ | 14 ♋ | 23 ♋ | 16 ♍ | 25 ♎ | 16 ♐ | 21 ♑ | 06 ♓ | 20 ♈ | 23 ♉ | 11 ♋ | 18 ♌ |
| 11. | 22 ♊ | 14 ♌ | 22 ♌ | 16 ♎ | 23 ♏ | 12 ♑ | 16 ♒ | 00 ♈ | 14 ♉ | 18 ♊ | 08 ♌ | 16 ♍ |
| 13. | 21 ♋ | 15 ♍ | 23 ♍ | 15 ♏ | 21 ♐ | 08 ♒ | 10 ♓ | 24 | 09 ♊ | 14 ♋ | 06 ♍ | 14 ♎ |
| 15. | 21 ♌ | 14 ♎ | 23 ♎ | 13 ♐ | 17 ♑ | 02 ♓ | 03 ♈ | 18 ♉ | 05 ♋ | 12 ♌ | 04 ♎ | 13 ♏ |
| 17. | 21 ♍ | 12 ♏ | 21 ♏ | 09 ♑ | 12 ♒ | 25 | 27 | 13 ♊ | 02 ♌ | 10 ♍ | 04 ♏ | 12 ♐ |
| 19. | 19 ♎ | 09 ♐ | 18 ♐ | 04 ♒ | 06 ♓ | 19 ♈ | 22 ♉ | 10 ♋ | 02 ♍ | 10 ♎ | 03 ♐ | 09 ♑ |
| 21. | 16 ♏ | 04 ♑ | 13 ♑ | 28 | 29 | 14 ♉ | 18 ♊ | 09 ♌ | 02 ♎ | 10 ♏ | 01 ♑ | 06 ♒ |
| 23. | 12 ♐ | 28 | 07 ♒ | 21 ♓ | 23 ♈ | 10 ♊ | 16 ♋ | 09 ♍ | 02 ♏ | 10 ♐ | 28 | 01 ♓ |
| 25. | 07 ♑ | 22 ♒ | 01 ♓ | 15 ♈ | 18 ♉ | 07 ♋ | 15 ♌ | 09 ♎ | 01 ♐ | 07 ♑ | 23 ♒ | 25 |
| 27. | 01 ♒ | 16 ♓ | 25 | 10 ♉ | 15 ♊ | 06 ♌ | 15 ♍ | 08 ♏ | 28 | 03 ♒ | 17 ♓ | 19 ♈ |
| 29. | 25 | | 19 ♈ | 05 ♊ | 15 ♋ | 06 ♍ | 14 ♎ | 05 ♐ | 24 ♑ | 27 | 11 ♈ | 12 ♉ |
| 31. | 19 ♓ | | 13 | | 10 ♌ | | 12 ♏ | 02 ♑ | | 21 ♓ | | 07 ♊ |

## 1923

| | J | F | M | A | M | J | J | A | S | O | N | D |
|---|---|---|---|---|---|---|---|---|---|---|---|---|
| 1. | 20 ♊ | 09 ♌ | 17 ♌ | 10 ♎ | 19 ♏ | 11 ♑ | 16 ♒ | 02 ♈ | 16 ♉ | 18 ♊ | 04 ♌ | 09 ♍ |
| 3. | 17 ♋ | 08 ♍ | 17 ♍ | 11 ♏ | 18 ♐ | 08 ♒ | 12 ♓ | 26 | 10 ♊ | 12 ♋ | 00 ♍ | 07 ♎ |
| 5. | 15 ♌ | 07 ♎ | 17 ♎ | 10 ♐ | 17 ♑ | 04 ♓ | 06 ♈ | 20 ♉ | 04 ♋ | 08 ♌ | 28 | 06 ♏ |
| 7. | 13 ♍ | 06 ♏ | 16 ♏ | 08 ♑ | 13 | 00 ♈ | 00 ♉ | 14 ♊ | 00 ♌ | 05 ♍ | 28 ♎ | 06 ♐ |
| 9. | 11 ♎ | 04 ♐ | 14 ♐ | 03 ♒ | 08 ♓ | 22 ♈ | 24 | 09 ♋ | 27 | 05 ♎ | 28 ♏ | 06 ♑ |
| 11. | 09 ♏ | 01 ♑ | 11 ♑ | 29 | 01 ♈ | 15 ♉ | 18 ♊ | 05 ♌ | 26 ♍ | 05 ♏ | 28 ♐ | 05 ♒ |
| 13. | 07 ♐ | 27 | 07 ♒ | 23 ♓ | 25 | 10 ♊ | 14 ♋ | 03 ♍ | 26 ♎ | 05 ♐ | 27 ♑ | 02 ♓ |
| 15. | 05 ♑ | 22 ♒ | 01 ♓ | 16 ♈ | 19 ♉ | 05 ♋ | 10 ♌ | 02 ♎ | 25 ♏ | 04 ♑ | 23 ♒ | 27 |
| 17. | 01 ♒ | 17 ♓ | 25 | 10 ♉ | 13 ♊ | 00 ♍ | 07 ♍ | 00 ♏ | 24 ♐ | 01 ♒ | 18 ♓ | 21 ♈ |
| 19. | 26 | 11 ♈ | 19 ♈ | 04 ♊ | 08 ♋ | 27 | 05 ♎ | 29 | 21 ♑ | 27 | 12 ♈ | 15 ♉ |
| 21. | 21 ♓ | 04 ♉ | 13 ♉ | 28 | 03 ♌ | 24 ♍ | 03 ♏ | 27 ♐ | 17 ♒ | 21 ♓ | 06 ♉ | 08 ♊ |
| 23. | 14 ♈ | 28 | 06 ♊ | 24 ♋ | 00 ♍ | 23 ♎ | 02 ♐ | 24 ♑ | 12 ♓ | 15 ♈ | 00 ♊ | 03 ♋ |
| 25. | 08 ♉ | 23 ♊ | 02 ♋ | 20 ♌ | 28 | 22 ♏ | 00 ♑ | 20 | 06 ♈ | 09 ♉ | 24 | 28 |
| 27. | 03 ♊ | 19 ♋ | 28 | 18 ♍ | 27 ♍ | 21 ♐ | 27 | 16 ♒ | 00 ♉ | 03 ♊ | 18 ♊ | 23 ♋ |
| 29. | 28 | | 25 ♌ | 18 ♎ | 27 ♏ | 19 ♑ | 24 | 10 ♓ | 24 | 27 | 13 ♋ | 19 ♍ |
| 31. | 25 ♋ | | 25 ♍ | | 27 ♐ | | 20 ♒ | 04 ♈ | | 21 ♋ | | 17 ♎ |

**9**

1924

| | J | F | M | A | M | J | J | A | S | O | N | D |
|---|---|---|---|---|---|---|---|---|---|---|---|---|
| 1. | 01 ♏ | 25 ♐ | 19 ♉ | 09 ♓ | 14 ♈ | 29 ♉ | 01 ♋ | 17 ♌ | 05 ♎ | 13 ♏ | 07 ♉ | 15 ≈ |
| 3. | 00 ♐ | 23 ♉ | 16 ≈ | 04 ♈ | 08 ♉ | 22 ♊ | 25 | 12 ♍ | 03 ♏ | 12 ♐ | 05 ≈ | 13 ♓ |
| 5. | 00 ♉ | 21 ≈ | 13 ♓ | 29 | 02 ♊ | 16 ♋ | 20 ♌ | 09 ♎ | 01 ♐ | 11 ♉ | 02 ♓ | 08 ♈ |
| 7. | 29 | 13 ♓ | 08 ♈ | 25 | 19 ♊ | 10 ♌ | 15 ♍ | 06 ♏ | 00 ♐ | 08 ≈ | 29 | 28 |
| 9. | 27 ≈ | 13 ♈ | 03 ♉ | 17 ♊ | 19 ♋ | 05 ♍ | 12 ♎ | 04 ♏ | 28 | 06 ♓ | 24 ♈ | 28· |
| 11. | 23 ♓ | 07 ♉ | 27 | 11 ♋ | 14 ♌ | 02 ♎ | 10 ♏ | 03 ♐ | 26 ≈ | 02 ♈ | 19 ♉ | 21 ♊ |
| 13. | 17 ♈ | 01 ♊ | 20 ♊ | 05 ♌ | 09 ♍ | 00 ♏ | 09 ♐ | 02 ≈ | 23 ♓ | 27 | 13 ♊ | 15 ♋ |
| 15. | 11 ♉ | 25 | 15 ♋ | 01 ♍ | 07 ♎ | 00 ♐ | 09 ♉ | 01 ♓ | 19 ♈ | 22 ♉ | 06 ♋ | 09 ♌ |
| 17. | 05 ♊ | 19 ♋ | 10 ♌ | 29 | 06 ♏ | 00 ♉ | 08 ≈ | 28 | 14 ♉ | 16 ♊ | 00 ♌ | 03 ♍ |
| 19. | 29 | 15 ♌ | 07 ♍ | 28 ♎ | 07 ♐ | 00 | 07 ♓ | 24 ♈ | 08 ♊ | 10 ♋ | 24 | 28 |
| 21. | 24 ♋ | 12 ♍ | 05 ♎ | 28 ♏ | 07 ♉ | 28 | 03 ♈ | 18 ♉ | 02 ♋ | 04 ♌ | 20 ♍ | 25 ♎ |
| 23. | 20 ♌ | 10 ♎ | 04 ♏ | 28 ♐ | 06 ≈ | 25 ♓ | 28 | 12 ♊ | 26 | 29 | 17 ♎ | 24 ♏ |
| 25. | 16 ♍ | 08 ♏ | 03 ♐ | 26 ♉ | 03 ♓ | 20 ♈ | 22 ♉ | 06 ♋ | 21 ♌ | 25 ♍ | 16 ♏ | 24 ♐ |
| 27. | 14 ♎ | 07 ♐ | 02 ♉ | 23 ≈ | 28 | 14 ♉ | 16 ♊ | 00 ♌ | 17 ♍ | 23 ♎ | 16 ♐ | 25 ♉ |
| 29. | 12 ♏ | 05 ♉ | 00 ≈ | 19 ♓ | 23 ♈ | 07 ♊ | 10 ♋ | 26 | 15 ♎ | 23 ♏ | 16 ♉ | 24 ≈ |
| 31. | 10 ♐ | | 26 | | 17 ♉ | | 04 ♌ | 22 ♍ | | 22 ♐ | | 22 ♓ |

1925

| | J | F | M | A | M | J | J | A | S | O | N | D |
|---|---|---|---|---|---|---|---|---|---|---|---|---|
| 1. | 05 ♈ | 21 ♉ | 29 ♉ | 13 ♋ | 15 ♌ | 00 ♎ | 05 ♏ | 26 ♐ | 20 ≈ | 28 ♓ | 18 ♉ | 22 ♊ |
| 3. | 00 ♉ | 15 ♊ | 23 ♊ | 07 ♌ | 09 ♍ | 26 | 03 ♐ | 26 ♉ | 20 ♓ | 26 ♈ | 14 ♊ | 17 ♋ |
| 5. | 25 | 09 ♋ | 17 ♌ | 01 ♍ | 05 ♎ | 25 ♏ | 03 ♉ | 27 ≈ | 18 ♈ | 23 ♉ | 09 ♋ | 10 ♌ |
| 7. | 18 ♊ | 13 ♌ | 11 ♍ | 27 | 25 ♎ | 23 ♐ | 26 ♉ | 26 ♈ | 15 ♉ | 19 ♊ | 02 ♋ | 04 ♍ |
| 9. | 12 ♋ | 27 | 06 ♍ | 24 ♎ | 01 ♐ | 25 ♉ | 03 ♓ | 24 ♈ | 11 ♊ | 13 ♋ | 26 | 28 |
| 11. | 06 ♌ | 22 ♍ | 01 ♎ | 22 ♏ | 00 ♉ | 24 ≈ | 01 ♈ | 20 ♉ | 05 ♋ | 06 ♌ | 20 ♍ | 23 ♎ |
| 13. | 00 ♍ | 18 ♎ | 28 | 20 ♐ | 29 | 22 ♓ | 28 | 14 ♊ | 28 | 00 ♍ | 16 ♎ | 20 ♏ |
| 15. | 25 | 15 ♏ | 25 ♏ | 19 ♉ | 27 ≈ | 18 ♈ | 23 ♉ | 08 ♋ | 22 ♌ | 25 | 12 ♏ | 19 ♐ |
| 17. | 21 ♎ | 13 ♐ | 23 ♐ | 17 | 25 ♓ | 14 ♉ | 17 ♊ | 02 ♍ | 16 ♍ | 21 ♎ | 11 ♐ | 19 ♉ |
| 19. | 18 ♏ | 11 ♉ | 22 ♉ | 14 ♓ | 21 ♈ | 08 ♊ | 11 ♋ | 25 | 11 ♎ | 17 ♏ | 09 ♐ | 18 ≈ |
| 21. | 17 ♐ | 11 ≈ | 20 ≈ | 11 ♈ | 17 ♉ | 02 ♋ | 05 ♌ | 20 ♍ | 08 ♏ | 15 ♐ | 08 ≈ | 17 ♓ |
| 23. | 17 ♉ | 10 ♓ | 18 ♓ | 08 ♉ | 11 ♊ | 26 | 28 | 15 ♎ | 04 ♐ | 13 ♉ | 06 ♓ | 14 ♈ |
| 25. | 17 ≈ | 08 ♈ | 16 ♈ | 03 ♊ | 05 ♋ | 19 ♌ | 23 ♍ | 11 ♏ | 02 ♉ | 11 ≈ | 04 ♈ | 11 ♉ |
| 27. | 16 ♓ | 04 ♉ | 12 ♉ | 27 | 29 | 13 ♍ | 18 ♎ | 08 ♐ | 00 ≈ | 09 ♓ | 01 ♉ | 06 ♊ |
| 29. | 13 ♈ | | 07 ♊ | 23 ♋ | 08 ♌ | 14 ♍ | 06 ♉ | 29 | | 07 ♈ | 27 | 01 ♋ |
| 31. | 09 ♉ | | 01 ♋ | | 17 ♍ | | 12 ♐ | 05 ≈ | | 05 ♉ | | 25 |

1926

| | J | F | M | A | M | J | J | A | S | O | N | D |
|---|---|---|---|---|---|---|---|---|---|---|---|---|
| 1. | 07 ♌ | 21 ♍ | 00 ♎ | 17 ♏ | 23 ♐ | 16 ≈ | 25 ♓ | 17 ♉ | 05 ♋ | 08 ♌ | 22 ♍ | 25 ♎ |
| 3. | 00 ♍ | 15 ♎ | 25 | 13 ♐ | 21 ♉ | 14 ♓ | 23 ♈ | 13 ♊ | 29 | 02 ♍ | 16 ♎ | 20 ♏ |
| 5. | 24 | 10 ♏ | 20 ♏ | 10 ♉ | 19 ≈ | 12 ♈ | 20 ♉ | 08 ♋ | 23 ♌ | 26 | 11 ♏ | 16 ♐ |
| 7. | 19 ♎ | 07 ♐ | 16 ♐ | 08 ≈ | 18 ♓ | 10 ♉ | 16 ♊ | 02 ♌ | 17 ♍ | 20 ♎ | 07 ♐ | 13 ♉ |
| 9. | 15 ♏ | 05 ♉ | 14 ♉ | 07 ♓ | 16 ♈ | 07 ♊ | 11 ♋ | 26 | 11 ♎ | 14 ♏ | 03 ♉ | 10 ≈ |
| 11. | 12 ♐ | 05 ≈ | 13 ≈ | 07 ♈ | 14 ♉ | 03 ♋ | 06 ♌ | 20 ♍ | 05 ♏ | 10 ♐ | 00 ≈ | 08 ♓ |
| 13. | 12 ♉ | 05 ♓ | 13 ♓ | 06 ♉ | 11 ♊ | 27 | 29 | 14 ♎ | 00 ♐ | 06 ♉ | 27 | 07 ♈ |
| 15. | 12 ≈ | 05 ♈ | 13 ♈ | 03 ♊ | 07 ♋ | 21 ♌ | 23 ♍ | 08 ♏ | 26 | 03 | 26 ♓ | 05 ♉ |
| 17. | 12 ♓ | 03 ♉ | 12 ♉ | 00 ♋ | 01 ♌ | 15 ♍ | 17 ♎ | 03 ♐ | 23 ♉ | 02 ♓ | 25 ♈ | 03 ♊ |
| 19. | 11 ♈ | 00 ♊ | 08 ♊ | 23 ♋ | 25 | 09 ♎ | 12 ♏ | 00 ♐ | 22 | 01 ♈ | 24 ♉ | 00 ♋ |
| 21. | 08 ♉ | 25 | 03 ♋ | 17 ♌ | 19 ♍ | 04 ♏ | 08 ♐ | 29 | 23 ♓ | 01 ♉ | 22 ♊ | 26 |
| 23. | 03 ♊ | 19 ♋ | 27 | 11 ♍ | 13 ♎ | 00 ♐ | 06 ♉ | 29 ≈ | 23 ♈ | 00 ♊ | 18 ♋ | 20 ♌ |
| 25. | 28 | 12 ♌ | 21 ♌ | 05 ♎ | 09 ♏ | 28 | 06 ≈ | 00 ♈ | 22 ♉ | 27 | 13 ♌ | 14 ♍ |
| 27. | 22 ♋ | 06 ♍ | 15 ♍ | 00 ♏ | 06 ♐ | 27 ♉ | 06 ♈ | 29 | 19 ♊ | 23 ♋ | 07 ♍ | 08 ♎ |
| 29. | 15 ♌ | | 09 ♎ | 27 | 03 ♐ | 26 | 05 ♈ | 27 ♉ | 14 ♋ | 17 ♎ | 00 ♎ | 02 ♏ |
| 31. | 09 ♍ | | 04 ♏ | | 02 ≈ | | 04 ♉ | 23 ♊ | | 10 ♍ | | 27 |

1927

| | J | F | M | A | M | J | J | A | S | O | N | D |
|---|---|---|---|---|---|---|---|---|---|---|---|---|
| 1. | 10 ♐ | 00 ♒ | 08 ♒ | 01 ♈ | 10 ♉ | 01 ♋ | 06 ♌ | 22 ♍ | 06 ♏ | 08 ♐ | 24 ♑ | 01 ♓ |
| 3. | 08 ♉ | 29 | 08 ♓ | 02 ♉ | 09 ♊ | 28 | 01 ♍ | 16 ♎ | 29 | 02 ♑ | 21 ♒ | 29 |
| 5. | 06 ♒ | 29 ♓ | 08 ♈ | 01 ♊ | 07 ♋ | 23 ♌ | 26 | 09 ♏ | 24 ♐ | 28 | 19 ♓ | 28 ♈ |
| 7. | 05 ♓ | 28 ♈ | 28 ♈ | 29 | 03 ♌ | 18 ♍ | 19 ♎ | 03 ♐ | 20 ♑ | 26 ♒ | 19 ♈ | 27 ♉ |
| 9. | 04 ♈ | 26 ♉ | 06 ♉ | 24 ♋ | 27 | 11 ♎ | 13 ♏ | 29 | 18 ♒ | 25 ♓ | 19 ♉ | 27 ♊ |
| 11. | 02 ♉ | 23 ♊ | 02 ♋ | 19 ♌ | 21 ♍ | 05 ♏ | 08 ♐ | 26 ♑ | 17 ♓ | 26 ♈ | 19 ♊ | 25 ♋ |
| 13. | 29 | 17 ♋ | 28 | 13 ♍ | 15 ♎ | 00 ♐ | 04 ♑ | 24 ♒ | 17 ♈ | 26 ♉ | 17 ♋ | 22 ♌ |
| 15. | 26 ♊ | 13 ♌ | 22 ♌ | 06 ♎ | 09 ♏ | 25 | 01 ♒ | 23 ♓ | 17 ♉ | 25 ♊ | 14 ♌ | 17 ♍ |
| 17. | 21 ♋ | 07 ♍ | 16 ♍ | 00 ♏ | 04 ♐ | 22 ♑ | 29 | 23 ♈ | 15 ♊ | 22 ♋ | 09 ♍ | 11 ♎ |
| 19. | 16 ♌ | 01 ♎ | 10 ♎ | 25 | 29 | 19 ♒ | 28 ♈ | 21 ♉ | 12 ♋ | 17 ♌ | 03 ♎ | 05 ♏ |
| 21. | 10 ♍ | 24 | 03 ♏ | 19 ♐ | 25 ♑ | 17 ♓ | 26 ♈ | 19 ♊ | 08 ♌ | 12 ♍ | 26 | 29 |
| 23. | 04 ♎ | 18 ♏ | 27 | 15 ♑ | 22 ♒ | 15 ♈ | 24 ♉ | 15 ♋ | 03 ♍ | 06 ♎ | 20 ♏ | 23 ♐ |
| 25. | 28 | 13 ♐ | 22 ♐ | 12 ♒ | 20 ♓ | 14 ♉ | 22 ♊ | 11 ♌ | 27 | 29 | 14 ♐ | 18 ♑ |
| 27. | 22 ♏ | 10 ♑ | 18 ♑ | 10 ♓ | 19 ♈ | 12 ♊ | 19 ♋ | 06 ♍ | 21 ♎ | 23 ♏ | 09 ♑ | 14 ♒ |
| 29. | 18 ♐ | | 16 ♒ | 10 ♈ | 18 ♉ | 10 ♋ | 14 ♌ | 00 ♎ | 14 ♏ | 17 ♐ | 04 ♒ | 11 ♓ |
| 31. | 15 ♑ | | 16 ♓ | | 17 ♊ | | 09 ♍ | 24 | | 12 ♑ | | 09 ♈ |

1928

| | J | F | M | A | M | J | J | A | S | O | N | D |
|---|---|---|---|---|---|---|---|---|---|---|---|---|
| 1. | 23 ♈ | 16 ♊ | 11 ♋ | 00 ♍ | 04 ♎ | 19 ♏ | 21 ♐ | 07 ♒ | 27 ♓ | 05 ♉ | 28 ♊ | 06 ♌ |
| 3. | 22 ♉ | 14 ♋ | 07 ♌ | 25 | 28 | 13 ♐ | 16 ♑ | 04 ♓ | 25 ♈ | 04 ♊ | 27 ♋ | 04 ♍ |
| 5. | 21 ♊ | 11 ♌ | 03 ♍ | 19 ♎ | 22 ♏ | 07 ♑ | 11 ♒ | 01 ♈ | 24 ♉ | 03 ♋ | 24 ♌ | 00 ♎ |
| 7. | 19 ♋ | 07 ♍ | 28 | 13 ♏ | 16 ♐ | 01 ♒ | 07 ♓ | 29 | 22 ♊ | 00 ♌ | 20 ♍ | 24 |
| 9. | 16 ♌ | 03 ♎ | 23 ♎ | 07 ♐ | 09 ♑ | 27 | 04 ♈ | 27 ♉ | 20 ♋ | 27 | 15 ♎ | 18 ♏ |
| 11. | 12 ♍ | 27 | 17 ♏ | 01 ♑ | 04 ♒ | 24 ♓ | 02 ♉ | 25 ♊ | 17 ♌ | 23 ♍ | 09 ♏ | 12 ♐ |
| 13. | 07 ♎ | 20 ♏ | 10 ♐ | 25 | 00 ♓ | 22 ♈ | 01 ♊ | 24 ♋ | 14 ♍ | 18 ♎ | 03 ♐ | 05 ♑ |
| 15. | 01 ♏ | 14 ♐ | 04 ♑ | 21 ♒ | 28 | 21 ♉ | 00 ♋ | 21 ♌ | 09 ♎ | 12 ♏ | 26 | 29 |
| 17. | 24 | 09 ♑ | 00 ♒ | 19 ♓ | 27 ♈ | 21 ♊ | 21 ♋ | 18 ♍ | 04 ♏ | 06 ♐ | 20 ♑ | 24 |
| 19. | 19 ♐ | 05 ♒ | 27 | 19 ♈ | 28 ♉ | 20 ♋ | 27 ♌ | 14 ♎ | 28 | 00 ♑ | 15 ♒ | 19 ♓ |
| 21. | 14 ♑ | 03 ♓ | 26 ♓ | 19 ♉ | 28 ♊ | 19 ♌ | 23 ♍ | 08 ♏ | 21 ♐ | 24 | 10 ♓ | 16 ♈ |
| 23. | 10 ♒ | 02 ♈ | 26 ♈ | 19 ♊ | 26 ♋ | 15 ♍ | 18 ♎ | 02 ♐ | 15 ♑ | 19 | 07 ♈ | 15 ♉ |
| 25. | 08 ♓ | 01 ♉ | 25 ♉ | 17 ♋ | 23 ♌ | 10 ♎ | 12 ♏ | 25 | 11 ♒ | 15 ♓ | 06 ♉ | 15 ♊ |
| 27. | 06 ♈ | 29 | 24 ♊ | 14 ♌ | 19 ♍ | 04 ♏ | 06 ♐ | 20 ♑ | 07 ♓ | 14 ♈ | 07 ♊ | 15 ♋ |
| 29. | 04 ♉ | 27 ♊ | 21 ♋ | 10 ♍ | 13 ♎ | 27 | 00 ♑ | 16 ♒ | 06 ♈ | 14 ♉ | 07 ♋ | 15 ♌ |
| 31. | 02 ♊ | | 17 ♌ | | 07 ♏ | | 24 | 13 ♓ | | 14 ♊ | | 12 ♍ |

1929

| | J | F | M | A | M | J | J | A | S | O | N | D |
|---|---|---|---|---|---|---|---|---|---|---|---|---|
| 1. | 26 ♍ | 11 ♏ | 19 ♏ | 02 ♉ | 04 | 20 ♓ | 26 ♈ | 18 ♊ | 11 ♌ | 19 ♍ | 09 ♏ | 12 ♐ |
| 3. | 21 ♎ | 05 ♐ | 13 ♐ | 26 | 29 | 17 ♈ | 24 ♉ | 17 ♋ | 11 ♍ | 17 ♎ | 04 ♐ | 06 ♑ |
| 5. | 15 ♏ | 29 | 06 ♑ | 21 ♒ | 25 ♓ | 15 ♉ | 23 ♊ | 17 ♌ | 09 ♎ | 13 ♏ | 28 | 00 ♒ |
| 7. | 08 ♐ | 23 ♑ | 01 ♒ | 17 ♓ | 23 ♈ | 15 ♊ | 21 ♋ | 14 ♍ | 05 ♏ | 08 ♐ | 22 ♑ | 24 |
| 9. | 02 ♑ | 17 ♒ | 26 | 14 ♈ | 22 ♉ | 15 ♋ | 20 ♌ | 14 ♎ | 00 ♐ | 02 ♑ | 16 ♒ | 18 ♓ |
| 11. | 26 | 13 ♓ | 22 ♓ | 13 ♉ | 22 ♊ | 15 ♌ | 22 ♍ | 10 ♏ | 24 | 26 | 10 ♓ | 13 ♈ |
| 13. | 21 ♒ | 10 ♈ | 20 ♈ | 12 ♊ | 21 ♋ | 13 ♍ | 19 ♎ | 04 ♐ | 18 ♑ | 20 | 06 ♈ | 10 ♉ |
| 15. | 16 ♓ | 07 ♉ | 17 ♉ | 11 ♋ | 19 ♌ | 09 ♎ | 13 ♏ | 28 | 12 ♒ | 15 ♓ | 03 ♉ | 09 ♊ |
| 17. | 13 ♈ | 05 ♊ | 16 ♊ | 09 ♌ | 16 ♍ | 04 ♏ | 07 ♐ | 22 ♑ | 07 ♓ | 11 ♈ | 01 ♊ | 09 ♋ |
| 19. | 10 ♉ | 03 ♋ | 14 ♋ | 06 ♍ | 12 ♎ | 28 | 01 ♑ | 16 ♒ | 02 ♈ | 08 ♉ | 01 ♋ | 10 ♌ |
| 21. | 09 ♊ | 02 ♌ | 12 ♌ | 03 ♎ | 07 ♏ | 22 ♐ | 25 | 11 ♓ | 29 | 07 ♊ | 00 ♌ | 09 ♍ |
| 23. | 08 ♋ | 01 ♍ | 10 ♍ | 28 | 01 ♐ | 16 ♑ | 19 ♒ | 06 ♈ | 26 ♉ | 05 ♋ | 29 | 06 ♎ |
| 25. | 08 ♌ | 28 | 07 ♎ | 23 ♏ | 25 | 10 ♒ | 14 ♓ | 02 ♉ | 24 ♊ | 04 ♌ | 26 ♍ | 02 ♏ |
| 27. | 07 ♍ | 24 ♎ | 02 ♏ | 17 ♐ | 19 ♑ | 04 ♓ | 09 ♈ | 29 | 23 ♋ | 02 ♍ | 22 ♎ | 27 |
| 29. | 04 ♎ | | 27 | 10 ♑ | 13 ♒ | 29 | 05 ♉ | 28 ♊ | 21 ♌ | 29 | 18 ♏ | 21 ♐ |
| 31. | 29 | | 21 ♐ | | 07 ♓ | | 03 ♊ | 27 ♋ | | 26 ♎ | | 15 ♑ |

481

1930

| | J | F | M | A | M | J | J | A | S | O | N | D |
|---|---|---|---|---|---|---|---|---|---|---|---|---|
| 1. | 27♑ | 12♓ | 21♓ | 08♉ | 15♊ | 08♌ | 17♍ | 08♏ | 26♐ | 28♑ | 12♓ | 14♈ |
| 3. | 21♒ | 06♈ | 16♈ | 05♊ | 13♋ | 07♍ | 15♎ | 04♐ | 20♑ | 22♒ | 06♈ | 09♉ |
| 5. | 14♓ | 01♉ | 11♉ | 02♋ | 12♌ | 05♎ | 11♏ | 29 | 14♒ | 16♓ | 01♉ | 06♊ |
| 7. | 09♈ | 28 | 08♊ | 01♌ | 10♍ | 01♏ | 07♐ | 23♑ | 07♓ | 10♈ | 27 | 04♋ |
| 9. | 05♉ | 26♊ | 06♋ | 29 | 08♎ | 27 | 02♑ | 17♒ | 01♈ | 05♉ | 24♊ | 02♌ |
| 11. | 03♊ | 26♋ | 05♌ | 28♍ | 05♏ | 23♐ | 26 | 10♓ | 26 | 01♊ | 22♋ | 01♍ |
| 13. | 02♋ | 26♌ | 04♍ | 26♎ | 01♐ | 17♑ | 20♒ | 04♈ | 21♉ | 27 | 20♌ | 29 |
| 15. | 03♌ | 26♍ | 04♎ | 23♏ | 27 | 11♒ | 13♓ | 29 | 17♊ | 25♋ | 19♍ | 27♎ |
| 17. | 03♍ | 24♎ | 02♏ | 19♐ | 21♑ | 05♓ | 07♈ | 24♉ | 15♋ | 24♌ | 17♎ | 24♏ |
| 19. | 02♎ | 20♏ | 28 | 13♑ | 15♒ | 29 | 02♉ | 21♊ | 14♌ | 23♍ | 15♏ | 20♐ |
| 21. | 29 | 15♐ | 23♐ | 07♒ | 09♓ | 24♈ | 28 | 20♋ | 14♍ | 22♎ | 12♐ | 16♑ |
| 23. | 24♏ | 09♑ | 17♑ | 01♓ | 03♈ | 20♉ | 27♊ | 20♌ | 14♎ | 20♏ | 08♑ | 10♒ |
| 25. | 18♐ | 02♒ | 11♒ | 25 | 29 | 18♊ | 27♋ | 21♍ | 12♏ | 17♐ | 02♒ | 04♓ |
| 27. | 12♑ | 26 | 05♓ | 21♈ | 26♉ | 18♋ | 27♌ | 20♎ | 09♐ | 12♑ | 26 | 28 |
| 29. | 06♒ |  | 29 | 17♉ | 24♊ | 18♌ | 27♍ | 17♏ | 04♑ | 07♒ | 20♓ | 22♈ |
| 31. | 00♓ |  | 25♈ |  | 23♋ |  | 25♎ | 13♐ |  | 00♓ |  | 17♉ |

1931

| | J | F | M | A | M | J | J | A | S | O | N | D |
|---|---|---|---|---|---|---|---|---|---|---|---|---|
| 1. | 00♊ | 20♋ | 29♋ | 22♍ | 00♏ | 21♐ | 26♑ | 12♓ | 26♈ | 28♉ | 16♋ | 23♌ |
| 3. | 28 | 21♌ | 29♌ | 22♎ | 29 | 18♑ | 21♒ | 05♈ | 19♉ | 23♊ | 13♌ | 21♍ |
| 5. | 27♋ | 21♍ | 29♍ | 21♏ | 27♐ | 13♒ | 15♓ | 29 | 14♊ | 19♋ | 11♍ | 19♎ |
| 7. | 27♌ | 20♎ | 29♎ | 19♐ | 23♑ | 07♓ | 09♈ | 23♉ | 10♋ | 17♌ | 10♎ | 18♏ |
| 9. | 26♍ | 18♏ | 27♏ | 15♑ | 18♒ | 01♈ | 03♉ | 19♊ | 08♌ | 16♍ | 10♏ | 17♐ |
| 11. | 24♎ | 14♐ | 23♐ | 09♒ | 11♓ | 25 | 28 | 16♋ | 08♍ | 17♎ | 09♐ | 15♑ |
| 13. | 21♏ | 09♑ | 18♑ | 03♓ | 05♈ | 20♉ | 24♊ | 15♌ | 08♎ | 17♏ | 08♐ | 12♒ |
| 15. | 17♐ | 03♒ | 12♒ | 27 | 29 | 16♊ | 22♋ | 15♍ | 08♏ | 16♐ | 04♒ | 07♓ |
| 17. | 12♑ | 27 | 06♓ | 20♈ | 24♉ | 13♋ | 21♌ | 14♎ | 07♐ | 13♑ | 29 | 01♈ |
| 19. | 07♒ | 21♓ | 00♈ | 15♉ | 20♊ | 11♌ | 20♍ | 13♏ | 03♑ | 08♒ | 23♓ | 24 |
| 21. | 01♓ | 15♈ | 24 | 10♊ | 17♋ | 09♍ | 18♎ | 10♐ | 29 | 02♓ | 16♈ | 18♉ |
| 23. | 24 | 09♉ | 18♉ | 06♋ | 14♌ | 07♎ | 16♏ | 06♑ | 23♒ | 26 | 10♉ | 13♊ |
| 25. | 18♈ | 04♊ | 13♊ | 03♌ | 12♍ | 05♏ | 13♐ | 02♒ | 17♓ | 20♈ | 05♊ | 09♋ |
| 27. | 12♉ | 00♋ | 09♋ | 02♍ | 11♎ | 03♐ | 10♑ | 26 | 11♈ | 13♉ | 00♋ | 06♌ |
| 29. | 08♊ |  | 07♌ | 01♎ | 09♏ | 00♑ | 05♒ | 20♓ | 04♉ | 08♊ | 26 | 04♍ |
| 31. | 06♋ |  | 07♍ |  | 08♐ |  | 00♓ | 14♈ |  | 03♋ |  | 02♎ |

1932

| | J | F | M | A | M | J | J | A | S | O | N | D |
|---|---|---|---|---|---|---|---|---|---|---|---|---|
| 1. | 16♎ | 09♐ | 03♑ | 21♒ | 25♓ | 09♉ | 11♊ | 28♋ | 18♍ | 26♌ | 20♐ | 27♑ |
| 3. | 14♏ | 06♑ | 29 | 16♓ | 18♈ | 03♊ | 06♋ | 25♌ | 17♎ | 26♏ | 18♑ | 24♒ |
| 5. | 12♐ | 02♒ | 24 | 09♈ | 12♉ | 27 | 02♌ | 22♍ | 16♏ | 25♐ | 15♒ | 20♓ |
| 7. | 10♑ | 28 | 19♓ | 03♉ | 06♊ | 22♋ | 29 | 21♎ | 14♐ | 22♑ | 11♓ | 14♈ |
| 9. | 07♒ | 22♓ | 13♈ | 27 | 00♋ | 18♌ | 26♍ | 19♏ | 12♑ | 19♒ | 05♈ | 08♉ |
| 11. | 02♓ | 16♈ | 06♉ | 21♊ | 25 | 15♍ | 24♎ | 17♐ | 09♒ | 14♓ | 29 | 02♊ |
| 13. | 26 | 10♉ | 00♊ | 16♋ | 21♌ | 13♎ | 22♏ | 15♑ | 05♓ | 08♈ | 23♉ | 26 |
| 15. | 20♈ | 04♊ | 24 | 12♌ | 19♍ | 12♏ | 21♐ | 12♒ | 29 | 02♉ | 17♊ | 20♋ |
| 17. | 14♉ | 29 | 20♋ | 10♍ | 18♎ | 12♐ | 21♑ | 08♈ | 24♈ | 26 | 11♊ | 15♌ |
| 19. | 08♊ | 26♋ | 17♌ | 09♎ | 18♏ | 11♑ | 17♒ | 28 | 18♉ | 20♏ | 05♋ | 11♍ |
| 21. | 04♋ | 24♌ | 16♍ | 10♐ | 18♐ | 09♒ | 13♓ | 28 | 11♊ | 14♋ | 01♍ | 08♎ |
| 23. | 01♌ | 23♍ | 16♎ | 10♑ | 17♑ | 05♓ | 08♈ | 21♉ | 06♋ | 09♌ | 28 | 06♏ |
| 25. | 00♍ | 22♎ | 16♏ | 09♒ | 14 | 00♈ | 02♉ | 15♊ | 01♌ | 06♍ | 27♎ | 06♐ |
| 27. | 28 | 21♏ | 15♐ | 02♓ | 09♈ | 24♉ | 10♊ | 28 | 26♌ | 04♎ | 27♏ | 06♑ |
| 29. | 27♎ | 19♐ | 13♑ | 01♈ | 03♉ | 17♊ | 05♋ | 20♍ | 06♎ | 04♏ | 28♐ | 05♒ |
| 31. | 25♏ |  | 09♒ |  | 27 |  | 15♋ | 04♍ |  | 05♐ |  | 03♓ |

## 1933

| | J | F | M | A | M | J | J | A | S | O | N | D |
|---|---|---|---|---|---|---|---|---|---|---|---|---|
| 1. | 16 ♓ | 01 ♉ | 08 ♉ | 22 ♊ | 24 ♋ | 11 ♍ | 17 ♌ | 09 ♐ | 03 ♒ | 11 ♓ | 29 ♈ | 03 ♊ |
| 3. | 11 ♈ | 25 | 02 ♊ | 16 ♋ | 19 ♌ | 07 ♎ | 15 ♏ | 09 ♑ | 01 ♓ | 07 ♈ | 24 ♉ | 27 |
| 5. | 05 ♉ | 18 ♊ | 26 | 11 ♌ | 15 ♍ | 06 ♏ | 15 ♐ | 08 ♒ | 29 | 03 ♉ | 18 ♊ | 20 ♋ |
| 7. | 28 | 13 ♋ | 20 ♋ | 07 ♍ | 13 ♎ | 06 ♐ | 15 ♑ | 07 ♓ | 25 ♈ | 28 | 12 ♋ | 14 ♌ |
| 9. | 22 ♊ | 08 ♌ | 16 ♌ | 05 ♎ | 12 ♏ | 07 ♑ | 15 ♒ | 04 ♈ | 20 ♉ | 22 ♊ | 05 ♌ | 08 ♍ |
| 11. | 17 ♋ | 04 ♍ | 13 ♍ | 04 ♏ | 13 ♐ | 06 ♒ | 13 ♓ | 00 ♉ | 14 ♊ | 16 ♋ | 00 ♍ | 04 ♎ |
| 13. | 12 ♌ | 01 ♎ | 11 ♎ | 04 ♐ | 13 ♑ | 04 ♓ | 09 ♈ | 24 | 08 ♋ | 10 ♌ | 25 | 01 ♏ |
| 15. | 08 ♍ | 29 | 09 ♏ | 03 ♑ | 11 ♒ | 00 ♈ | 04 ♉ | 18 ♊ | 02 ♌ | 05 ♍ | 23 ♎ | 00 ♐ |
| 17. | 04 ♎ | 27 ♏ | 08 ♐ | 01 ♒ | 08 ♓ | 25 | 28 | 12 ♋ | 27 | 01 ♎ | 22 ♏ | 01 ♑ |
| 19. | 02 ♏ | 26 ♐ | 07 ♑ | 28 | 03 ♈ | 19 ♉ | 21 ♊ | 06 ♌ | 23 ♍ | 29 | 22 ♐ | 01 ♒ |
| 21. | 01 ♐ | 24 ♑ | 04 ♒ | 24 ♓ | 28 | 13 ♊ | 15 ♋ | 01 ♍ | 20 ♎ | 28 ♏ | 22 ♑ | 00 ♓ |
| 23. | 00 ♑ | 22 ♒ | 01 ♓ | 19 ♈ | 22 ♉ | 06 ♋ | 10 ♌ | 27 | 18 ♏ | 27 ♐ | 20 ♒ | 27 |
| 25. | 29 | 18 ♓ | 27 | 13 ♉ | 16 ♊ | 00 ♌ | 04 ♍ | 24 ♎ | 17 ♐ | 26 ♑ | 17 ♓ | 23 ♈ |
| 27. | 27 ♒ | 14 ♈ | 22 ♈ | 07 ♊ | 09 ♋ | 25 | 00 ♎ | 22 ♏ | 15 ♑ | 24 | 13 ♈ | 18 ♉ |
| 29. | 23 ♓ | | 16 ♉ | 01 ♋ | 03 ♌ | 20 ♍ | 27 | 20 ♐ | 13 ♒ | 20 ♓ | 08 ♉ | 12 ♊ |
| 31. | 19 ♈ | | 10 ♊ | | 28 | | 25 ♏ | 19 ♑ | | 16 ♈ | | 05 ♋ |

## 1934

| | J | F | M | A | M | J | J | A | S | O | N | D |
|---|---|---|---|---|---|---|---|---|---|---|---|---|
| 1. | 17 ♋ | 02 ♍ | 11 ♍ | 29 ♎ | 07 ♐ | 00 ♒ | 09 ♓ | 29 ♈ | 16 ♊ | 18 ♋ | 02 ♍ | 04 ♎ |
| 3. | 11 ♌ | 27 | 06 ♎ | 27 ♏ | 06 ♑ | 29 | 06 ♈ | 25 ♉ | 10 ♋ | 12 ♌ | 26 | 29 |
| 5. | 05 ♍ | 23 ♎ | 03 ♏ | 25 ♐ | 04 ♒ | 26 ♓ | 03 ♉ | 19 ♊ | 04 ♌ | 06 ♍ | 21 ♎ | 27 ♏ |
| 7. | 00 ♎ | 19 ♏ | 00 ♐ | 23 ♑ | 02 ♓ | 23 ♈ | 28 | 13 ♋ | 27 | 00 ♎ | 18 ♏ | 25 ♐ |
| 9. | 26 | 18 ♐ | 28 | 21 ♒ | 29 | 18 ♉ | 22 ♊ | 07 ♌ | 22 ♍ | 26 | 16 ♐ | 24 ♑ |
| 11. | 24 ♏ | 17 ♑ | 27 ♑ | 19 ♓ | 26 ♈ | 13 ♊ | 16 ♋ | 01 ♍ | 17 ♎ | 22 ♏ | 14 ♑ | 23 ♒ |
| 13. | 23 ♐ | 17 ♒ | 26 ♒ | 17 ♈ | 22 ♉ | 07 ♋ | 10 ♌ | 25 | 12 ♏ | 20 ♐ | 12 ♒ | 21 ♓ |
| 15. | 24 ♑ | 16 ♓ | 24 ♓ | 13 ♉ | 17 ♊ | 01 ♌ | 03 ♍ | 28 | 15 ♐ | 17 ♑ | 11 ♓ | 19 ♈ |
| 17. | 24 ♒ | 14 ♈ | 22 ♈ | 08 ♊ | 11 ♋ | 25 | 28 | 15 ♏ | 07 ♑ | 16 ♒ | 09 ♈ | 15 ♉ |
| 19. | 22 ♓ | 10 ♉ | 18 ♉ | 03 ♋ | 04 ♌ | 19 ♍ | 23 ♎ | 13 ♐ | 05 ♒ | 14 ♓ | 06 ♉ | 11 ♊ |
| 21. | 19 ♈ | 05 ♊ | 13 ♊ | 26 | 28 | 14 ♎ | 19 ♏ | 11 ♑ | 05 ♓ | 13 ♈ | 02 ♊ | 06 ♋ |
| 23. | 14 ♉ | 29 | 07 ♋ | 20 ♌ | 23 ♍ | 11 ♏ | 18 ♐ | 11 ♒ | 04 ♈ | 11 ♉ | 28 | 00 ♌ |
| 25. | 09 ♊ | 22 ♋ | 00 ♌ | 15 ♍ | 19 ♎ | 09 ♐ | 18 ♑ | 11 ♓ | 02 ♉ | 07 ♊ | 22 ♋ | 24 |
| 27. | 02 ♋ | 16 ♌ | 25 | 11 ♎ | 16 ♏ | 09 ♑ | 18 ♒ | 10 ♈ | 29 | 02 ♋ | 16 ♌ | 17 ♍ |
| 29. | 26 | | 19 ♍ | 08 ♏ | 16 ♐ | 09 ♒ | 18 ♓ | 08 ♉ | 24 ♊ | 26 | 09 ♍ | 12 ♎ |
| 31. | 20 ♌ | | 16 ♎ | | 15 ♑ | | 16 ♈ | 04 ♊ | | 20 ♌ | | 07 ♏ |

## 1935

| | J | F | M | A | M | J | J | A | S | O | N | D |
|---|---|---|---|---|---|---|---|---|---|---|---|---|
| 1. | 21 ♏ | 11 ♑ | 19 ♑ | 13 ♓ | 22 ♈ | 12 ♊ | 17 ♋ | 01 ♍ | 16 ♎ | 19 ♏ | 07 ♑ | 15 ♒ |
| 3. | 19 ♐ | 11 ♒ | 19 ♒ | 13 ♈ | 20 ♉ | 08 ♋ | 11 ♌ | 25 | 10 ♏ | 14 ♐ | 04 ♒ | 13 ♓ |
| 5. | 18 ♑ | 11 ♓ | 20 ♓ | 12 ♉ | 17 ♊ | 03 ♌ | 05 ♍ | 19 ♎ | 05 ♐ | 10 ♑ | 02 ♓ | 11 ♈ |
| 7. | 18 ♒ | 11 ♈ | 19 ♈ | 09 ♊ | 13 ♋ | 27 | 29 | 13 ♏ | 01 ♑ | 08 ♒ | 01 ♈ | 10 ♉ |
| 9. | 17 ♓ | 09 ♉ | 18 ♉ | 05 ♋ | 07 ♌ | 21 ♍ | 23 ♎ | 09 ♐ | 29 | 07 ♓ | 01 ♉ | 08 ♊ |
| 11. | 16 ♈ | 05 ♊ | 14 ♊ | 29 | 01 ♍ | 15 ♎ | 18 ♏ | 06 ♑ | 29 ♒ | 07 ♈ | 00 ♊ | 06 ♋ |
| 13. | 12 ♉ | 00 ♋ | 09 ♋ | 23 ♌ | 25 | 10 ♏ | 14 ♐ | 05 ♒ | 29 ♓ | 08 ♉ | 28 | 02 ♌ |
| 15. | 08 ♊ | 24 | 03 ♌ | 16 ♍ | 19 ♎ | 06 ♐ | 12 ♑ | 05 ♓ | 28 ♈ | 06 ♊ | 26 ♋ | 28 |
| 17. | 03 ♋ | 17 ♌ | 26 | 11 ♎ | 15 ♏ | 04 ♑ | 12 ♒ | 06 ♈ | 28 ♉ | 03 ♋ | 18 ♌ | 20 ♍ |
| 19. | 27 | 11 ♍ | 20 ♍ | 06 ♏ | 11 ♐ | 02 ♒ | 11 ♓ | 05 ♉ | 24 ♊ | 28 | 12 ♍ | 14 ♎ |
| 21. | 20 ♌ | 05 ♎ | 14 ♎ | 02 ♐ | 08 ♑ | 01 ♓ | 10 ♈ | 02 ♊ | 19 ♋ | 22 ♌ | 06 ♎ | 08 ♏ |
| 23. | 14 ♍ | 29 | 09 ♏ | 28 | 06 ♒ | 00 ♈ | 08 ♉ | 28 | 14 ♌ | 16 ♍ | 00 ♏ | 03 ♐ |
| 25. | 08 ♎ | 25 ♏ | 05 ♐ | 26 ♑ | 05 ♓ | 28 | 05 ♊ | 22 ♋ | 07 ♍ | 10 ♎ | 25 | 00 ♑ |
| 27. | 03 ♏ | 21 ♐ | 01 ♑ | 24 | 03 ♈ | 01 ♉ | 01 ♋ | 16 ♌ | 01 ♎ | 04 ♏ | 21 ♐ | 27 |
| 29. | 29 | | 03 ♒ | 22 ♓ | 01 ♉ | 21 ♊ | 25 | 10 ♍ | 25 | 29 | 18 ♑ | 25 ♒ |
| 31. | 27 ♐ | | 28 ♒ | | 29 | | 20 ♌ | 04 ♎ | | 24 ♐ | | 24 ♓ |

1936

| | J | F | M | A | M | J | J | A | S | O | N | D |
|---|---|---|---|---|---|---|---|---|---|---|---|---|
| 1. | 08♈ | 01♊ | 24♊ | 12♌ | 15♍ | 29♎ | 01♐ | 18♑ | 08♓ | 17♈ | 11♊ | 17♋ |
| 3. | 06♉ | 27♊ | 20♋ | 06♍ | 09♎ | 23♏ | 26♐ | 15♒ | 08♓ | 17♈ | 09♋ | 15♋ |
| 5. | 04♊ | 23♋ | 15♌ | 00♎ | 02♏ | 18♐ | 23♑ | 14♓ | 08♉ | 16♊ | 06♌ | 10♍ |
| 7. | 01♋ | 18♌ | 09♍ | 24♎ | 26♏ | 13♑ | 20♒ | 13♈ | 06♊ | 10♋ | 05♌ | 05♍ |
| 9. | 27♋ | 12♍ | 03♎ | 17♏ | 21♐ | 10♒ | 18♓ | 12♉ | 04♋ | 10♌ | 26♌ | 28♍ |
| 11. | 22♌ | 06♎ | 27♎ | 12♐ | 17♑ | 07♓ | 17♈ | 10♊ | 00♌ | 05♍ | 20♎ | 22♏ |
| 13. | 16♍ | 00♏ | 20♏ | 07♑ | 13♒ | 05♈ | 15♉ | 07♋ | 25♌ | 29♍ | 13♏ | 16♐ |
| 15. | 10♎ | 24♏ | 15♐ | 03♒ | 11♓ | 04♉ | 13♊ | 03♌ | 20♍ | 23♎ | 07♐ | 11♑ |
| 17. | 04♏ | 19♐ | 10♑ | 01♓ | 10♈ | 03♊ | 11♋ | 29♌ | 14♎ | 16♏ | 01♐ | 06♒ |
| 19. | 28♏ | 16♑ | 08♒ | 00♈ | 09♉ | 02♋ | 07♌ | 23♍ | 08♏ | 10♐ | 26♐ | 02♓ |
| 21. | 24♐ | 14♒ | 07♓ | 01♉ | 09♊ | 29♋ | 03♍ | 17♎ | 01♐ | 04♑ | 22♑ | 00♈ |
| 23. | 22♑ | 14♓ | 07♈ | 01♊ | 07♋ | 25♌ | 00♎ | 11♏ | 25♐ | 29♑ | 20♒ | 28♈ |
| 25. | 20♒ | 14♈ | 08♉ | 29♊ | 04♌ | 19♍ | 21♎ | 05♐ | 21♑ | 26♒ | 19♈ | 27♉ |
| 27. | 20♓ | 13♉ | 07♊ | 26♋ | 29♌ | 13♎ | 16♏ | 00♑ | 18♒ | 25♓ | 19♉ | 27♊ |
| 29. | 19♈ | 11♊ | 04♋ | 21♌ | 23♍ | 07♏ | 12♐ | 19♑ | 05♈ | 25♈ | 19♊ | 25♋ |
| 31. | 17♉ |  | 29♋ |  | 17♎ |  | 05♑ | 11♒ |  | 26♉ |  | 22♌ |

1937

| | J | F | M | A | M | J | J | A | S | O | N | D |
|---|---|---|---|---|---|---|---|---|---|---|---|---|
| 1. | 06♍ | 20♎ | 28♎ | 12♐ | 15♉ | 02♓ | 09♈ | 01♊ | 25♋ | 02♍ | 20♎ | 23♏ |
| 3. | 01♎ | 14♏ | 22♏ | 06♑ | 09♒ | 29♓ | 07♉ | 00♋ | 22♌ | 28♌ | 14♏ | 17♐ |
| 5. | 25♎ | 14♐ | 16♐ | 01♒ | 06♓ | 27♈ | 27♉ | 29♋ | 19♍ | 23♎ | 08♐ | 10♑ |
| 7. | 18♏ | 02♑ | 10♑ | 27♑ | 04♈ | 27♉ | 06♊ | 27♌ | 15♎ | 18♏ | 02♑ | 04♒ |
| 9. | 12♐ | 28♑ | 06♒ | 25♓ | 03♉ | 27♊ | 05♋ | 24♍ | 10♏ | 11♐ | 25♑ | 29♒ |
| 11. | 07♑ | 25♒ | 03♓ | 25♈ | 04♊ | 27♋ | 03♍ | 19♎ | 03♐ | 05♑ | 20♒ | 25♓ |
| 13. | 02♒ | 23♓ | 02♈ | 25♉ | 04♋ | 24♌ | 29♍ | 14♏ | 27♐ | 29♑ | 16♓ | 22♈ |
| 15. | 29♒ | 21♈ | 01♉ | 25♊ | 02♌ | 21♍ | 24♌ | 08♐ | 21♑ | 24♒ | 14♈ | 21♉ |
| 17. | 27♓ | 20♉ | 29♉ | 23♋ | 29♌ | 18♎ | 18♏ | 02♑ | 17♒ | 21♓ | 13♉ | 21♊ |
| 19. | 25♈ | 18♊ | 29♊ | 19♌ | 24♍ | 09♐ | 11♐ | 26♑ | 13♓ | 20♈ | 13♊ | 21♋ |
| 21. | 23♉ | 15♋ | 26♋ | 15♎ | 18♎ | 03♑ | 05♑ | 21♒ | 10♈ | 13♊ | 13♋ | 18♍ |
| 23. | 21♊ | 12♌ | 22♌ | 09♏ | 12♏ | 27♑ | 00♒ | 18♓ | 10♉ | 19♋ | 12♌ | 18♎ |
| 25. | 20♋ | 09♍ | 18♍ | 03♐ | 06♐ | 21♑ | 25♒ | 16♈ | 08♊ | 18♌ | 09♎ | 14♏ |
| 27. | 17♌ | 04♎ | 12♎ | 27♐ | 00♑ | 16♒ | 22♓ | 15♉ | 07♋ | 16♍ | 05♏ | 08♐ |
| 29. | 13♍ |  | 07♏ | 21♐ | 24♑ | 12♓ | 19♈ | 12♊ | 05♌ | 12♎ | 29♏ | 02♐ |
| 31. | 08♎ |  | 00♐ |  | 19♒ |  | 17♉ | 11♋ |  | 07♏ |  | 25♐ |

1938

| | J | F | M | A | M | J | J | A | S | O | N | D |
|---|---|---|---|---|---|---|---|---|---|---|---|---|
| 1. | 07♑ | 23♒ | 01♓ | 20♈ | 28♉ | 21♋ | 00♍ | 20♎ | 06♐ | 08♑ | 21♒ | 24♓ |
| 3. | 01♒ | 18♓ | 28♓ | 18♉ | 27♊ | 20♌ | 28♍ | 15♏ | 00♐ | 02♒ | 16♓ | 19♈ |
| 5. | 26♒ | 14♈ | 25♈ | 17♊ | 26♋ | 14♍ | 24♎ | 09♐ | 23♐ | 26♒ | 12♈ | 17♉ |
| 7. | 21♓ | 11♉ | 22♉ | 15♋ | 24♌ | 14♎ | 19♏ | 03♑ | 17♒ | 21♈ | 09♉ | 16♊ |
| 9. | 17♈ | 09♊ | 20♊ | 13♌ | 21♍ | 09♏ | 13♐ | 27♑ | 12♓ | 17♈ | 07♊ | 16♋ |
| 11. | 15♉ | 08♋ | 18♋ | 11♍ | 17♎ | 04♐ | 06♑ | 21♒ | 08♈ | 14♉ | 06♋ | 15♍ |
| 13. | 14♊ | 08♌ | 17♌ | 08♎ | 12♏ | 27♐ | 00♒ | 16♓ | 04♉ | 12♊ | 05♌ | 14♎ |
| 15. | 14♋ | 07♍ | 15♍ | 04♏ | 07♐ | 21♑ | 24♒ | 11♈ | 01♊ | 10♋ | 03♍ | 11♏ |
| 17. | 14♌ | 04♎ | 12♎ | 00♐ | 01♑ | 15♒ | 18♓ | 07♉ | 00♋ | 08♌ | 01♎ | 07♐ |
| 19. | 13♍ | 00♏ | 08♏ | 22♐ | 24♑ | 09♓ | 14♈ | 04♊ | 27♋ | 06♍ | 27♎ | 02♑ |
| 21. | 10♎ | 25♏ | 03♐ | 16♑ | 18♒ | 04♈ | 10♉ | 03♋ | 26♌ | 04♎ | 23♏ | 26♑ |
| 23. | 05♏ | 18♐ | 26♐ | 10♒ | 13♓ | 01♉ | 09♊ | 02♌ | 25♍ | 01♏ | 18♐ | 20♑ |
| 25. | 29♏ | 12♑ | 20♑ | 05♓ | 09♈ | 00♊ | 08♋ | 02♍ | 23♎ | 27♏ | 12♑ | 14♒ |
| 27. | 22♐ | 06♒ | 15♒ | 01♈ | 07♉ | 00♋ | 08♌ | 02♎ | 19♏ | 22♐ | 05♒ | 08♓ |
| 29. | 16♑ |  | 10♓ | 29♈ | 06♊ | 00♌ | 08♍ | 28♎ | 14♐ | 16♑ | 29♏ | 02♈ |
| 31. | 10♒ |  | 06♈ |  | 06♋ |  | 07♎ | 24♏ |  | 09♒ |  | 27♈ |

## 1939

|   | J | F | M | A | M | J | J | A | S | O | N | D |
|---|---|---|---|---|---|---|---|---|---|---|---|---|
| 1. | 11 ♉ | 02 ♋ | 11 ♋ | 04 ♍ | 13 ♌ | 03 ♐ | 07 ♑ | 22 ♒ | 06 ♈ | 10 ♉ | 29 ♊ | 07 ♌ |
| 3. | 09 ♊ | 02 ♌ | 10 ♌ | 04 ♎ | 10 ♏ | 28 | 01 ♒ | 15 ♓ | 01 ♉ | 06 ♊ | 27 ♋ | 06 ♍ |
| 5. | 09 ♋ | 03 ♍ | 11 ♍ | 02 ♏ | 07 ♐ | 23 ♑ | 25 | 09 ♈ | 26 | 02 ♋ | 25 ♌ | 04 ♎ |
| 7. | 09 ♌ | 02 ♎ | 10 ♎ | 29 | 02 ♑ | 17 ♒ | 19 ♓ | 04 ♉ | 22 ♊ | 00 ♋ | 23 ♍ | 02 ♏ |
| 9. | 09 ♍ | 00 ♏ | 08 ♏ | 24 ♐ | 27 | 10 ♓ | 13 ♈ | 29 | 20 ♋ | 29 | 22 ♎ | 29 |
| 11. | 07 ♎ | 26 | 04 ♐ | 19 ♑ | 21 ♒ | 04 ♈ | 08 ♉ | 27 ♊ | 20 ♌ | 29 ♍ | 20 ♏ | 26 ♐ |
| 13. | 04 ♏ | 20 ♐ | 29 | 13 ♒ | 14 ♓ | 00 ♉ | 04 ♊ | 26 ♋ | 20 ♍ | 28 ♎ | 18 ♐ | 21 ♑ |
| 15. | 29 | 14 ♑ | 23 ♑ | 06 ♓ | 09 ♈ | 26 | 03 ♋ | 27 ♌ | 20 ♎ | 26 ♏ | 13 ♑ | 16 ♒ |
| 17. | 23 ♐ | 08 ♒ | 16 ♒ | 01 ♈ | 05 ♉ | 24 ♊ | 03 ♌ | 27 ♍ | 18 ♏ | 23 ♐ | 08 ♒ | 10 ♓ |
| 19. | 17 ♑ | 02 ♓ | 10 ♓ | 26 | 02 ♊ | 24 ♋ | 03 ♍ | 26 ♎ | 15 ♐ | 18 ♑ | 02 ♓ | 03 ♈ |
| 21. | 11 ♒ | 26 | 05 ♈ | 23 ♉ | 00 ♋ | 23 ♌ | 02 ♎ | 23 ♏ | 10 ♑ | 12 ♒ | 26 | 28 |
| 23. | 05 ♓ | 20 ♈ | 00 ♉ | 20 ♊ | 28 | 22 ♍ | 00 ♏ | 18 ♐ | 04 ♒ | 06 ♓ | 20 ♈ | 23 ♉ |
| 25. | 29 | 16 ♉ | 26 | 18 ♋ | 27 ♌ | 20 ♎ | 26 | 13 ♑ | 28 | 00 ♈ | 15 ♉ | 20 ♊ |
| 27. | 23 ♈ | 13 ♊ | 23 ♊ | 16 ♌ | 25 ♍ | 16 ♏ | 21 ♐ | 07 ♒ | 21 ♓ | 24 | 12 ♊ | 18 ♋ |
| 29. | 19 ♉ | | 21 ♋ | 15 ♍ | 23 ♎ | 12 ♐ | 16 ♑ | 01 ♓ | 15 ♈ | 19 ♉ | 09 ♋ | 18 ♌ |
| 31. | 17 ♊ | | 20 ♌ | | 20 ♏ | | 10 ♒ | 24 | | 16 ♊ | | 17 ♍ |

## 1940

|   | J | F | M | A | M | J | J | A | S | O | N | D |
|---|---|---|---|---|---|---|---|---|---|---|---|---|
| 1. | 01 ♎ | 22 ♏ | 16 ♐ | 02 ♒ | 05 ♓ | 19 ♈ | 21 ♉ | 08 ♋ | 29 ♌ | 08 ♎ | 01 ♐ | 08 ♑ |
| 3. | 29 | 19 ♐ | 11 ♑ | 26 | 29 | 13 ♉ | 17 ♊ | 06 ♌ | 29 ♍ | 08 ♏ | 00 ♐ | 05 ♒ |
| 5. | 25 ♏ | 14 ♑ | 05 ♒ | 20 ♓ | 22 ♈ | 08 ♊ | 14 ♋ | 06 ♍ | 29 ♎ | 07 ♐ | 27 | 00 ♓ |
| 7. | 22 ♐ | 08 ♒ | 00 ♓ | 14 ♈ | 17 ♉ | 04 ♋ | 12 ♌ | 05 ♎ | 28 ♏ | 05 ♑ | 22 | 24 |
| 9. | 17 ♑ | 02 ♓ | 23 ♓ | 08 ♉ | 12 ♊ | 02 ♌ | 10 ♍ | 04 ♏ | 25 ♐ | 01 ♒ | 16 ♓ | 18 ♈ |
| 11. | 12 ♒ | 26 | 17 ♈ | 02 ♊ | 08 ♋ | 00 ♍ | 09 ♎ | 01 ♐ | 21 ♑ | 25 | 10 ♈ | 12 ♉ |
| 13. | 06 ♓ | 20 ♈ | 11 ♉ | 28 | 05 ♌ | 28 | 07 ♏ | 28 | 16 ♒ | 19 ♓ | 03 ♉ | 06 ♊ |
| 15. | 00 ♈ | 14 ♉ | 05 ♊ | 24 ♋ | 03 ♍ | 26 ♎ | 05 ♐ | 24 ♑ | 10 ♓ | 13 ♈ | 27 | 01 ♋ |
| 17. | 23 | 09 ♊ | 01 ♋ | 22 ♌ | 01 ♎ | 24 ♏ | 02 ♑ | 19 ♒ | 04 ♈ | 07 ♉ | 22 ♉ | 28 |
| 19. | 18 ♉ | 06 ♋ | 29 | 22 ♍ | 00 ♏ | 22 ♐ | 28 | 14 ♓ | 28 | 01 ♊ | 18 ♊ | 25 ♋ |
| 21. | 14 ♊ | 05 ♌ | 28 ♌ | 22 ♎ | 29 | 19 ♑ | 23 ♒ | 07 ♈ | 21 ♉ | 25 | 14 ♋ | 22 ♍ |
| 23. | 12 ♋ | 05 ♍ | 28 ♍ | 21 ♏ | 27 ♐ | 15 ♒ | 17 ♓ | 01 ♉ | 16 ♊ | 21 ♋ | 11 ♍ | 20 ♎ |
| 25. | 12 ♌ | 05 ♎ | 28 ♎ | 19 ♐ | 24 ♑ | 09 ♈ | 11 ♈ | 25 | 11 ♋ | 18 ♌ | 10 ♎ | 19 ♏ |
| 27. | 12 ♍ | 05 ♏ | 27 ♏ | 16 ♑ | 19 ♒ | 03 ♈ | 05 ♉ | 20 ♊ | 09 ♌ | 16 ♍ | 09 ♏ | 18 ♐ |
| 29. | 11 ♎ | 02 ♐ | 25 ♐ | 11 ♒ | 13 ♓ | 27 | 29 | 16 ♋ | 08 ♍ | 16 ♎ | 09 ♐ | 16 ♑ |
| 31. | 09 ♏ | | 20 ♑ | | 07 ♈ | | 25 ♉ | 15 ♌ | | 16 ♏ | | 13 ♒ |

## 1941

|   | J | F | M | A | M | J | J | A | S | O | N | D |
|---|---|---|---|---|---|---|---|---|---|---|---|---|
| 1. | 25 ♒ | 10 ♈ | 18 ♈ | 02 ♊ | 05 ♋ | 23 ♌ | 00 ♎ | 24 ♏ | 17 ♑ | 23 ♒ | 10 ♈ | 13 ♉ |
| 3. | 20 ♓ | 04 ♉ | 12 ♉ | 26 | 00 ♌ | 20 ♍ | 28 | 22 ♐ | 14 ♒ | 19 ♓ | 04 ♉ | 07 ♊ |
| 5. | 14 ♈ | 27 | 05 ♊ | 21 ♋ | 27 | 18 ♎ | 27 ♏ | 20 ♑ | 10 ♓ | 13 ♈ | 28 | 01 ♋ |
| 7. | 08 ♉ | 22 ♊ | 00 ♋ | 18 ♌ | 24 ♍ | 18 ♏ | 27 ♐ | 18 | 05 ♈ | 08 ♉ | 22 ♉ | 25 |
| 9. | 02 ♊ | 18 ♋ | 26 | 16 ♍ | 24 ♎ | 18 ♐ | 26 ♑ | 14 ♓ | 29 | 01 ♊ | 16 ♋ | 20 ♌ |
| 11. | 27 | 16 ♌ | 24 ♌ | 16 ♎ | 24 ♏ | 17 ♑ | 23 ♒ | 09 ♈ | 23 ♉ | 25 | 10 ♌ | 16 ♍ |
| 13. | 23 ♋ | 14 ♍ | 23 ♍ | 16 ♏ | 24 ♐ | 15 | 19 ♓ | 03 ♉ | 17 ♊ | 19 ♋ | 06 ♍ | 13 ♎ |
| 15. | 21 ♌ | 13 ♎ | 23 ♎ | 16 ♐ | 23 ♑ | 11 ♓ | 13 ♈ | 27 | 11 ♋ | 15 ♌ | 04 ♎ | 12 ♏ |
| 17. | 19 ♍ | 12 ♏ | 22 ♏ | 14 ♑ | 20 ♒ | 05 ♈ | 07 ♉ | 21 ♊ | 07 ♍ | 12 ♎ | 03 ♏ | 12 ♐ |
| 19. | 17 ♎ | 10 ♐ | 21 ♐ | 11 ♒ | 15 ♓ | 29 | 01 ♊ | 16 ♋ | 04 ♎ | 10 ♏ | 04 ♐ | 12 ♑ |
| 21. | 15 ♏ | 07 ♑ | 18 ♑ | 06 ♓ | 09 ♈ | 23 ♉ | 25 | 12 ♌ | 02 ♏ | 10 ♐ | 04 ♑ | 11 ♒ |
| 23. | 13 ♐ | 04 ♒ | 14 ♒ | 00 ♈ | 02 ♉ | 17 ♊ | 20 ♋ | 09 ♍ | 02 ♐ | 11 ♑ | 03 ♒ | 09 ♓ |
| 25. | 11 ♑ | 29 | 08 ♓ | 23 | 26 | 12 ♋ | 17 ♌ | 07 ♎ | 01 ♑ | 10 ♑ | 00 ♓ | 04 ♈ |
| 27. | 08 ♒ | 24 ♓ | 03 ♈ | 17 ♉ | 20 ♊ | 07 ♌ | 14 ♍ | 06 ♏ | 00 ♑ | 07 ♒ | 25 | 28 |
| 29. | 03 ♓ | | 26 | 11 ♊ | 15 ♋ | 03 ♍ | 11 ♎ | 05 ♐ | 27 | 03 ♓ | 19 ♈ | 22 ♉ |
| 31. | 28 | | 20 ♉ | | 10 ♌ | | 09 ♏ | 03 ♑ | | 28 | | 16 ♊ |

9

## 1942

|  | J | F | M | A | M | J | J | A | S | O | N | D |
|---|---|---|---|---|---|---|---|---|---|---|---|---|
| 1. | 28 ♊ | 13 ♌ | 22 ♎ | 11 ♌ | 19 ♏ | 13 ♑ | 21 ♒ | 10 ♈ | 26 ♉ | 28 ♊ | 11 ♌ | 14 ♍ |
| 3. | 22 ♋ | 09 ♍ | 18 ♏ | 10 ♏ | 19 ♐ | 12 ♒ | 18 ♓ | 05 ♉ | 20 ♊ | 21 ♋ | 06 ♍ | 09 ♎ |
| 5. | 17 ♌ | 06 ♎ | 16 ♐ | 09 ♐ | 18 ♑ | 09 ♓ | 14 ♈ | 00 ♊ | 13 ♋ | 15 ♌ | 01 ♎ | 07 ♏ |
| 7. | 13 ♍ | 04 ♏ | 14 ♏ | 08 ♑ | 16 ♒ | 05 ♈ | 09 ♉ | 23 | 07 ♌ | 11 ♍ | 29 | 07 ♐ |
| 9. | 09 ♎ | 02 ♐ | 13 ♐ | 06 ♒ | 13 ♓ | 00 ♉ | 03 ♊ | 17 ♋ | 02 ♍ | 07 ♎ | 28 ♏ | 07 ♑ |
| 11. | 07 ♏ | 00 ♑ | 11 ♑ | 03 ♓ | 08 ♈ | 24 | 27 | 11 ♌ | 28 | 05 ♏ | 28 ♐ | 07 ♒ |
| 13. | 06 ♐ | 29 | 09 ♒ | 29 | 03 ♉ | 18 ♊ | 20 ♋ | 06 ♍ | 25 ♎ | 03 ♐ | 27 ♑ | 05 ♓ |
| 15. | 06 ♑ | 27 ♒ | 06 ♓ | 24 ♈ | 27 | 11 ♋ | 15 ♌ | 02 ♎ | 23 ♏ | 02 ♑ | 25 ♒ | 02 ♈ |
| 17. | 05 ♒ | 24 ♓ | 02 ♈ | 18 ♉ | 21 ♊ | 05 ♌ | 09 ♍ | 29 | 21 ♐ | 01 ♒ | 22 ♓ | 28 |
| 19. | 03 ♓ | 20 ♈ | 28 | 12 ♊ | 14 ♋ | 00 ♍ | 05 ♎ | 26 ♏ | 20 ♑ | 28 | 18 ♈ | 23 ♉ |
| 21. | 29 | 14 ♉ | 22 ♉ | 06 ♋ | 08 ♌ | 25 | 02 ♏ | 25 ♐ | 18 ♒ | 25 ♓ | 13 ♉ | 17 ♊ |
| 23. | 24 ♈ | 08 ♊ | 16 ♊ | 00 ♌ | 03 ♍ | 22 ♎ | 00 ♐ | 24 ♑ | 16 ♓ | 21 ♈ | 08 ♊ | 11 ♋ |
| 25. | 18 ♉ | 02 ♋ | 10 ♋ | 25 | 29 | 21 ♏ | 00 ♑ | 23 ♒ | 13 ♈ | 17 ♉ | 02 ♋ | 04 ♌ |
| 27. | 12 ♊ | 26 | 04 ♌ | 21 ♍ | 27 ♎ | 21 ♐ | 21 ♒ | 00 | 21 ♈ | 09 ♉ | 12 ♊ | 28 |
| 29. | 06 ♋ | | 00 ♍ | 19 ♎ | 27 ♏ | 21 ♑ | 29 | 18 ♈ | 04 ♊ | 05 ♋ | 19 ♌ | 22 ♍ |
| 31. | 01 ♌ | | 27 | | 28 | | 27 ♓ | 13 ♉ | | 29 | | 18 ♎ |

## 1943

|  | J | F | M | A | M | J | J | A | S | O | N | D |
|---|---|---|---|---|---|---|---|---|---|---|---|---|
| 1. | 01 ♏ | 23 ♐ | 03 ♑ | 26 ♒ | 04 ♈ | 23 ♉ | 27 ♊ | 12 ♌ | 27 ♍ | 01 ♏ | 21 ♐ | 29 ♑ |
| 3. | 00 ♐ | 23 ♑ | 02 ♒ | 25 ♓ | 01 ♉ | 18 ♊ | 21 ♋ | 06 ♍ | 21 ♎ | 27 | 19 ♑ | 28 ♒ |
| 5. | 00 ♑ | 23 ♒ | 01 ♓ | 22 ♈ | 27 | 13 ♋ | 15 ♌ | 00 ♎ | 17 ♏ | 24 ♐ | 17 ♒ | 26 ♓ |
| 7. | 00 ♒ | 22 ♓ | 00 ♈ | 19 ♉ | 22 ♊ | 06 ♌ | 09 ♍ | 24 | 14 ♐ | 22 ♑ | 15 ♓ | 23 ♈ |
| 9. | 00 ♓ | 20 ♈ | 28 | 14 ♊ | 16 ♋ | 00 ♍ | 03 ♎ | 20 ♏ | 12 ♑ | 21 ♒ | 13 ♈ | 20 ♉ |
| 11. | 28 | 16 ♉ | 24 ♉ | 08 ♋ | 10 ♌ | 24 | 28 | 18 ♐ | 11 ♒ | 20 ♓ | 11 ♉ | 16 ♊ |
| 13. | 25 ♈ | 10 ♊ | 19 ♊ | 02 ♌ | 04 ♍ | 20 ♎ | 25 ♏ | 17 ♑ | 11 ♓ | 19 ♈ | 08 ♊ | 11 ♋ |
| 15. | 20 ♉ | 04 ♋ | 12 ♋ | 26 | 29 | 17 ♏ | 24 ♐ | 17 ♒ | 10 ♈ | 17 ♉ | 03 ♋ | 06 ♌ |
| 17. | 14 ♊ | 28 | 06 ♌ | 21 ♍ | 25 ♎ | 15 ♐ | 24 ♑ | 17 ♓ | 09 ♉ | 13 ♊ | 28 | 29 |
| 19. | 07 ♋ | 22 ♌ | 00 ♍ | 17 ♎ | 23 ♏ | 15 ♑ | 24 ♒ | 16 ♈ | 05 ♊ | 08 ♋ | 21 ♌ | 23 ♍ |
| 21. | 01 ♌ | 16 ♍ | 25 | 14 ♏ | 21 ♐ | 15 ♒ | 23 ♓ | 14 ♉ | 00 ♋ | 02 ♌ | 15 ♍ | 17 ♎ |
| 23. | 25 | 11 ♎ | 21 ♎ | 12 ♐ | 21 ♑ | 14 ♓ | 21 ♈ | 09 ♊ | 24 | 25 | 10 ♎ | 13 ♏ |
| 25. | 19 ♍ | 07 ♏ | 18 ♏ | 10 ♑ | 19 ♒ | 11 ♈ | 17 ♉ | 03 ♋ | 17 ♌ | 19 ♍ | 05 ♏ | 11 ♐ |
| 27. | 14 ♎ | 05 ♐ | 15 ♐ | 09 ♒ | 17 ♓ | 08 ♉ | 12 ♊ | 27 | 11 ♍ | 14 ♎ | 03 ♐ | 09 ♑ |
| 29. | 11 ♏ | | 13 ♑ | 07 ♓ | 14 ♈ | 03 ♊ | 06 ♋ | 21 ♌ | 06 ♎ | 10 ♏ | 01 ♑ | 09 ♒ |
| 31. | 09 ♐ | | 12 ♒ | | 11 ♉ | | 00 ♌ | 15 ♍ | | 07 ♐ | | 08 ♓ |

## 1944

|  | J | F | M | A | M | J | J | A | S | O | N | D |
|---|---|---|---|---|---|---|---|---|---|---|---|---|
| 1. | 23 ♓ | 14 ♉ | 06 ♊ | 23 ♋ | 25 ♌ | 08 ♎ | 11 ♏ | 28 ♐ | 20 ♒ | 28 ♓ | 22 ♉ | 28 ♊ |
| 3. | 20 ♈ | 10 ♊ | 02 ♋ | 16 ♌ | 18 ♍ | 03 ♏ | 07 ♐ | 27 ♑ | 20 ♓ | 29 ♈ | 20 ♊ | 25 ♋ |
| 5. | 17 ♉ | 05 ♋ | 26 | 10 ♍ | 12 ♎ | 29 | 04 ♑ | 27 ♒ | 20 ♈ | 28 ♉ | 17 ♋ | 20 ♌ |
| 7. | 13 ♊ | 29 | 20 ♌ | 04 ♎ | 07 ♏ | 26 ♐ | 03 ♒ | 26 ♓ | 19 ♉ | 26 ♊ | 12 ♋ | 14 ♍ |
| 9. | 08 ♋ | 23 ♌ | 13 ♍ | 28 | 03 ♐ | 23 ♑ | 02 ♓ | 26 ♈ | 17 ♊ | 21 ♋ | 06 ♍ | 08 ♎ |
| 11. | 02 ♌ | 16 ♍ | 07 ♎ | 24 ♏ | 00 ♑ | 22 ♒ | 01 ♈ | 23 ♉ | 12 ♋ | 16 ♌ | 00 ♎ | 02 ♏ |
| 13. | 26 | 10 ♎ | 01 ♏ | 20 ♐ | 27 | 20 ♓ | 29 | 20 ♊ | 07 ♌ | 09 ♍ | 24 | 26 |
| 15. | 19 ♍ | 04 ♏ | 16 ♐ | 25 | 25 | 18 ♈ | 15 ♉ | 00 ♍ | 03 ♌ | 18 ♍ | 22 ♏ | 22 ♐ |
| 17. | 13 ♎ | 00 ♐ | 23 ♑ | 14 | 23 ♓ | 16 ♉ | 23 ♊ | 10 ♋ | 24 | 27 | 13 ♐ | 19 ♑ |
| 19. | 08 ♏ | 27 | 20 ♒ | 13 ♓ | 22 ♈ | 13 ♊ | 18 ♋ | 03 ♍ | 18 ♎ | 21 ♏ | 09 ♑ | 16 ♒ |
| 21. | 05 ♐ | 25 ♑ | 19 ♓ | 13 ♈ | 20 ♉ | 09 ♋ | 13 ♌ | 27 | 12 ♏ | 16 ♐ | 06 ♒ | 14 ♓ |
| 23. | 03 ♑ | 25 ♒ | 19 ♈ | 12 ♉ | 18 ♊ | 04 ♌ | 07 ♍ | 21 ♎ | 07 ♐ | 12 ♑ | 03 ♓ | 13 ♈ |
| 25. | 02 ♒ | 26 ♓ | 19 ♉ | 10 ♊ | 14 ♋ | 29 | 00 ♎ | 15 ♏ | 02 ♑ | 09 | 02 ♈ | 11 ♉ |
| 27. | 03 ♓ | 25 ♈ | 18 ♊ | 06 ♋ | 09 ♌ | 22 ♍ | 24 | 10 ♐ | 29 | 07 ♒ | 01 ♉ | 09 ♊ |
| 29. | 02 ♈ | 23 ♉ | 15 ♋ | 01 ♌ | 02 ♍ | 16 ♎ | 19 ♏ | 07 ♑ | 28 | 07 ♈ | 00 ♊ | 06 ♋ |
| 31. | 01 ♉ | | 10 ♋ | | 26 | | 15 ♐ | 05 ♒ | | 07 ♉ | | 03 ♌ |

## 1945

|     | J | F | M | A | M | J | J | A | S | O | N | D |
|-----|---|---|---|---|---|---|---|---|---|---|---|---|
| 1.  | 15♌ | 00♎ | 08♎ | 22♏ | 26♐ | 15♒ | 23♓ | 16♉ | 08♋ | 15♌ | 01♎ | 04♏ |
| 3.  | 10♍ | 23 | 02♏ | 17♐ | 21♑ | 12♓ | 21♈ | 14♊ | 05♌ | 10♍ | 25 | 27 |
| 5.  | 04♎ | 17♏ | 26 | 12♑ | 18♒ | 10♈ | 20♉ | 12♋ | 00♍ | 04♎ | 19♏ | 21♐ |
| 7.  | 27 | 12♐ | 20♐ | 08♒ | 16♓ | 10♉ | 18♊ | 08♌ | 25 | 28 | 12♐ | 16♑ |
| 9.  | 22♏ | 08♑ | 16♑ | 07♓ | 15♈ | 09♊ | 16♋ | 04♍ | 19♎ | 21♏ | 06♑ | 11♒ |
| 11. | 17♐ | 06♒ | 14♒ | 07♈ | 16♉ | 08♋ | 13♌ | 29 | 13♏ | 15♐ | 01♒ | 07♓ |
| 13. | 14♑ | 05♓ | 13♓ | 07♉ | 15♊ | 05♌ | 08♍ | 23♎ | 07♐ | 09♑ | 27 | 05♈ |
| 15. | 12♒ | 05♈ | 14♈ | 07♊ | 13♋ | 00♍ | 03♎ | 17♏ | 01♑ | 05♒ | 25♓ | 03♉ |
| 17. | 11♓ | 04♉ | 14♉ | 05♋ | 10♌ | 25 | 27 | 11♐ | 27 | 02♓ | 24♈ | 03♊ |
| 19. | 09♈ | 02♊ | 12♊ | 01♌ | 05♍ | 19♎ | 21♏ | 06♑ | 24 | 01♈ | 25♉ | 03♋ |
| 21. | 08♉ | 29 | 09♋ | 26 | 29 | 13♏ | 15♐ | 02♒ | 23♓ | 02♉ | 25♊ | 01♌ |
| 23. | 05♊ | 25♋ | 04♌ | 20♍ | 22♎ | 07♐ | 10♑ | 00♓ | 23♈ | 02♊ | 24♋ | 29 |
| 25. | 02♋ | 20♌ | 29 | 14♎ | 16♏ | 02♑ | 07♒ | 29 | 23♉ | 01♋ | 20♌ | 24♍ |
| 27. | 28 | 14♍ | 23♍ | 08♏ | 11♐ | 28 | 05♓ | 28♈ | 22♊ | 28 | 16♍ | 18♎ |
| 29. | 23♌ | | 17♎ | 02♐ | 06♑ | 25♒ | 04♈ | 27♉ | 19♋ | 24♌ | 10♎ | 12♏ |
| 31. | 18♍ | | 10♏ | | 01♒ | | 02♉ | 25♊ | | 19♍ | | 06♐ |

## 1946

|     | J | F | M | A | M | J | J | A | S | O | N | D |
|-----|---|---|---|---|---|---|---|---|---|---|---|---|
| 1.  | 18♐ | 04♒ | 12♒ | 02♈ | 10♉ | 03♋ | 11♌ | 00♎ | 15♏ | 17♐ | 01♒ | 04♓ |
| 3.  | 12♑ | 00♓ | 09♓ | 01♉ | 10♊ | 03♌ | 09♍ | 25 | 09♐ | 11♑ | 25 | 00♈ |
| 5.  | 08♒ | 28 | 08♈ | 01♊ | 09♋ | 00♍ | 05♎ | 19♏ | 03♑ | 05♒ | 22♓ | 28 |
| 7.  | 04♓ | 26♈ | 07♉ | 00♋ | 07♌ | 26 | 29 | 13♐ | 27 | 00♓ | 20♈ | 27♉ |
| 9.  | 01♈ | 24♉ | 05♊ | 27 | 04♍ | 20♎ | 23♏ | 07♑ | 22 | 28 | 19♉ | 28♊ |
| 11. | 29 | 22♊ | 03♋ | 24♌ | 29 | 14♏ | 17♐ | 01♒ | 19♓ | 26♈ | 19♊ | 28♋ |
| 13. | 28♉ | 20♋ | 00♌ | 19♍ | 23♎ | 08♐ | 10♑ | 27 | 17♈ | 25♉ | 19♋ | 26♌ |
| 15. | 27♊ | 18♌ | 27 | 14♎ | 17♏ | 02♑ | 05♒ | 23♓ | 15♉ | 24♊ | 17♌ | 23♍ |
| 17. | 25♋ | 14♍ | 23♍ | 08♏ | 11♐ | 26 | 00♓ | 21♈ | 14♊ | 23♋ | 14♍ | 19♎ |
| 19. | 23♌ | 10♎ | 18♎ | 02♐ | 05♑ | 21♒ | 27 | 19♉ | 12♋ | 20♌ | 09♎ | 13♏ |
| 21. | 19♍ | 04♏ | 12♏ | 26 | 29 | 16♓ | 24♈ | 17♊ | 10♌ | 17♍ | 04♏ | 07♐ |
| 23. | 14♎ | 28 | 06♐ | 20♑ | 24♒ | 14♈ | 22♉ | 15♋ | 07♍ | 12♎ | 28 | 01♑ |
| 25. | 08♏ | 21♐ | 29 | 15♒ | 20♓ | 12♉ | 21♊ | 14♌ | 03♎ | 07♏ | 22♐ | 24 |
| 27. | 02♐ | 16♑ | 24♐ | 11♓ | 18♈ | 12♊ | 20♋ | 11♍ | 29 | 01♐ | 15♑ | 18♒ |
| 29. | 26 | | 20♒ | 10♈ | 18♉ | 12♋ | 19♌ | 08♎ | 23♏ | 25 | 09♒ | 13♓ |
| 31. | 21♑ | | 17♓ | | 18♊ | | 17♍ | 03♏ | | 19♐ | | 09♈ |

## 1947

|     | J | F | M | A | M | J | J | A | S | O | N | D |
|-----|---|---|---|---|---|---|---|---|---|---|---|---|
| 1.  | 22♈ | 14♊ | 25♊ | 18♌ | 26♍ | 14♏ | 18♐ | 02♒ | 17♓ | 22♈ | 13♊ | 21♋ |
| 3.  | 21♉ | 14♋ | 23♋ | 16♍ | 22♎ | 09♐ | 11♑ | 26 | 13♈ | 19♉ | 11♋ | 20♌ |
| 5.  | 20♊ | 14♌ | 22♌ | 13♎ | 18♏ | 03♑ | 05♒ | 21♈ | 09♉ | 16♊ | 09♌ | 18♍ |
| 7.  | 21♋ | 13♍ | 21♍ | 09♏ | 12♐ | 26 | 29 | 16♉ | 06♊ | 14♋ | 08♍ | 16♎ |
| 9.  | 21♌ | 10♎ | 18♎ | 04♐ | 06♑ | 20♒ | 23♓ | 12♊ | 03♋ | 12♌ | 05♎ | 12♏ |
| 11. | 19♍ | 06♏ | 14♏ | 28 | 00♒ | 14♓ | 19♈ | 09♋ | 02♌ | 11♍ | 02♏ | 07♐ |
| 13. | 15♎ | 00♐ | 08♐ | 22♑ | 24 | 10♈ | 16♉ | 08♌ | 02♍ | 10♎ | 28 | 01♑ |
| 15. | 10♏ | 24 | 02♑ | 16♒ | 19♓ | 07♉ | 14♊ | 08♍ | 01♎ | 07♏ | 23♐ | 25 |
| 17. | 04♐ | 18♐ | 26 | 11♓ | 15♈ | 06♊ | 14♋ | 08♎ | 29 | 03♐ | 17♑ | 19♒ |
| 19. | 27 | 12♑ | 20♑ | 07♈ | 13♉ | 07♋ | 14♌ | 04♏ | 25♏ | 27 | 11♒ | 13♓ |
| 21. | 21♑ | 07♓ | 16♒ | 05♉ | 12♊ | 06♌ | 14♍ | 04♐ | 21♐ | 21♑ | 05♓ | 07♈ |
| 23. | 15♒ | 03♈ | 12♓ | 03♊ | 12♋ | 05♍ | 12♎ | 29 | 13♑ | 15♒ | 00♈ | 03♉ |
| 25. | 10♓ | 29 | 10♉ | 02♋ | 11♌ | 03♎ | 08♏ | 23♐ | 07♒ | 09♓ | 25 | 01♊ |
| 27. | 06♈ | 27♉ | 07♊ | 01♌ | 09♍ | 29 | 03♐ | 17♑ | 01♓ | 05♈ | 23♉ | 00♋ |
| 29. | 02♉ | | 06♋ | 29 | 06♎ | 24♏ | 27 | 11♒ | 26 | 01♉ | 22♊ | 00♌ |
| 31. | 00♊ | | 04♌ | | 02♏ | | 20♐ | 05♓ | | 28 | | 00♍ |

9

## 1948

| | J | F | M | A | M | J | J | A | S | O | N | D |
|---|---|---|---|---|---|---|---|---|---|---|---|---|
| 1. | 15♍ | 05♏ | 27♏ | 12♉ | 14≈ | 28♓ | 01♉ | 19♊ | 11♌ | 20♍ | 12♏ | 18♐ |
| 3. | 12♎ | 01♐ | 22♐ | 06≈ | 08♓ | 23♈ | 27 | 17♋ | 11♍ | 20♎ | 10♐ | 14♉ |
| 5. | 09♏ | 25 | 16♉ | 00♓ | 02♈ | 19♉ | 25♊ | 18♌ | 11♎ | 19♏ | 07♉ | 10≈ |
| 7. | 04♐ | 19♉ | 10≈ | 24 | 27 | 16♊ | 24♋ | 18♍ | 10♏ | 16♐ | 02≈ | 04♓ |
| 9. | 28 | 13≈ | 04♓ | 19♈ | 24♉ | 15♋ | 24♎ | 17♎ | 07♐ | 11♉ | 26 | 27 |
| 11. | 22♉ | 07♓ | 28 | 15♉ | 21♊ | 14♌ | 23♍ | 15♏ | 03♉ | 06≈ | 19♓ | 21♈ |
| 13. | 16≈ | 01♈ | 22♈ | 11♊ | 19♋ | 13♍ | 21♎ | 11♐ | 27 | 29 | 13♈ | 16♉ |
| 15. | 10♓ | 25 | 18♉ | 08♋ | 17♌ | 11♎ | 18♏ | 06♉ | 21≈ | 23♓ | 08♉ | 12♊ |
| 17. | 04♈ | 21♉ | 14♊ | 06♋ | 16♍ | 08♏ | 14♐ | 00≈ | 15♓ | 17♈ | 04♊ | 10♋ |
| 19. | 29 | 18♊ | 12♋ | 05♍ | 14♎ | 04♐ | 09♉ | 24 | 08♈ | 12♉ | 00♋ | 08♌ |
| 21. | 25♉ | 16♋ | 10♌ | 04♎ | 11♏ | 00♉ | 03≈ | 18♓ | 03♉ | 07♊ | 28 | 07♍ |
| 23. | 23♊ | 16♌ | 10♍ | 02♏ | 08♐ | 24 | 27 | 11♈ | 28 | 04♋ | 26♌ | 05♎ |
| 25. | 23♋ | 17♍ | 10♎ | 00♐ | 04♉ | 18≈ | 21♓ | 06♉ | 23♊ | 01♌ | 24♍ | 03♏ |
| 27. | 24♌ | 16♎ | 08♏ | 26 | 28 | 12♓ | 14♈ | 01♊ | 21♋ | 29 | 23♎ | 00♐ |
| 29. | 24♍ | 14♏ | 05♐ | 20♉ | 22≈ | 06♈ | 09♉ | 27 | 20♌ | 29♍ | 21♏ | 27 |
| 31. | 22♎ | | 00♉ | | 16♓ | | 05♊ | 26♋ | | 28♎ | | 23♉ |

## 1949

| | J | F | M | A | M | J | J | A | S | O | N | D |
|---|---|---|---|---|---|---|---|---|---|---|---|---|
| 1. | 05≈ | 20♓ | 28♓ | 13♉ | 17♊ | 06♌ | 15♍ | 08♏ | 00♐ | 06≈ | 21♓ | 23♈ |
| 3. | 00♓ | 13♈ | 22♈ | 07♊ | 13♋ | 04♍ | 13♎ | 06♐ | 26 | 00♓ | 15♈ | 17♉ |
| 5. | 23 | 07♉ | 16♉ | 03♋ | 10♌ | 02♎ | 12♏ | 03♑ | 21≈ | 24 | 09♉ | 12♊ |
| 7. | 17♈ | 02♊ | 10♊ | 29 | 08♍ | 01♏ | 09♐ | 29 | 15♓ | 18♈ | 03♊ | 07♋ |
| 9. | 11♉ | 28 | 06♋ | 28♌ | 07♎ | 00♐ | 07♑ | 24 | 09♈ | 12♉ | 27 | 02♌ |
| 11. | 07♊ | 26♋ | 04♌ | 28♍ | 06♏ | 28 | 03≈ | 19♓ | 03♉ | 06♊ | 22♋ | 29 |
| 13. | 04♋ | 26♌ | 04♍ | 28♎ | 05♐ | 25♑ | 28 | 13♈ | 27 | 00♋ | 19♌ | 27♍ |
| 15. | 03♌ | 26♍ | 05♎ | 27♏ | 03♑ | 20≈ | 23♓ | 06♉ | 21♊ | 26 | 16♍ | 25♎ |
| 17. | 03♍ | 26♎ | 05♏ | 25♐ | 00≈ | 15♓ | 16♈ | 00♊ | 17♋ | 23♌ | 16♎ | 24♏ |
| 19. | 02♎ | 24♏ | 03♐ | 22♑ | 25 | 08♈ | 10♉ | 26 | 15♌ | 22♍ | 15♐ | 22♐ |
| 21. | 00♏ | 20♐ | 00♑ | 16≈ | 19♓ | 02♉ | 05♊ | 22♋ | 14♍ | 22♎ | 15♑ | 22♑ |
| 23. | 27 | 16♑ | 25 | 10♓ | 12♈ | 27 | 01♋ | 21♌ | 14♎ | 22♏ | 14♑ | 19≈ |
| 25. | 23♐ | 10≈ | 20≈ | 04♈ | 06♉ | 22♊ | 28 | 20♍ | 14♏ | 22♐ | 11≈ | 14♓ |
| 27. | 19♑ | 05♓ | 13♓ | 28 | 01♊ | 19♋ | 27♌ | 20♎ | 13♐ | 19♑ | 06♓ | 08♈ |
| 29. | 14≈ | | 07♈ | 22♉ | 26 | 17♌ | 26♍ | 19♏ | 10♑ | 15≈ | 00♈ | 01♉ |
| 31. | 08♓ | | 01♉ | | 23♋ | | 24♎ | 17♐ | | 09♓ | | 25 |

## 1950

| | J | F | M | A | M | J | J | A | S | O | N | D |
|---|---|---|---|---|---|---|---|---|---|---|---|---|
| 1. | 08♊ | 24♋ | 02♌ | 22♍ | 00♏ | 24♐ | 02≈ | 20♓ | 05♉ | 07♊ | 21♋ | 25♌ |
| 3. | 03♋ | 21♌ | 00♍ | 22♎ | 01♐ | 23♑ | 29 | 15♈ | 29 | 01♋ | 16♌ | 21♍ |
| 5. | 29 | 20♍ | 29 | 22♏ | 01♑ | 21≈ | 25♓ | 09♉ | 22♊ | 25 | 12♍ | 18♎ |
| 7. | 26♋ | 19♎ | 28♍ | 21♐ | 29 | 16♓ | 09♈ | 03♊ | 17♋ | 21♌ | 10♎ | 18♏ |
| 9. | 24♍ | 17♏ | 27♎ | 19♑ | 25♉ | 11♈ | 13♉ | 27 | 13♌ | 18♍ | 10♏ | 18♐ |
| 11. | 22♎ | 15♐ | 25♏ | 15≈ | 20♓ | 04♉ | 06♊ | 22♋ | 10♍ | 17♎ | 10♐ | 19♑ |
| 13. | 20♏ | 12♑ | 22♐ | 11♓ | 14♈ | 28 | 01♋ | 18♌ | 08♎ | 16♏ | 10♑ | 17≈ |
| 15. | 18♐ | 09≈ | 18♑ | 05♈ | 07♉ | 22♊ | 26 | 15♍ | 07♏ | 16♐ | 09≈ | 14♓ |
| 17. | 16♑ | 05♓ | 14≈ | 29 | 01♊ | 17♋ | 22♌ | 13♎ | 06♐ | 15♑ | 05♓ | 09♈ |
| 19. | 13≈ | 29 | 08♓ | 22♉ | 25 | 12♌ | 18♍ | 11♏ | 04♑ | 12≈ | 00♈ | 03♉ |
| 21. | 09♓ | 24♈ | 02♉ | 16♊ | 20♋ | 08♍ | 16♎ | 09♐ | 02≈ | 08♓ | 24 | 27 |
| 23. | 04♈ | 17♉ | 25 | 10♋ | 15♌ | 05♎ | 14♏ | 07♑ | 28 | 03♈ | 18♉ | 21♊ |
| 25. | 27 | 11♊ | 19♉ | 05♌ | 11♍ | 03♏ | 13♐ | 05≈ | 24♓ | 27 | 12♊ | 15♋ |
| 27. | 21♉ | 06♋ | 14♊ | 02♍ | 09♎ | 03♐ | 12♑ | 02♓ | 19♈ | 21♉ | 06♋ | 09♌ |
| 29. | 15♊ | | 10♋ | 00♎ | 09♏ | 03♑ | 10≈ | 28 | 13♉ | 15♊ | 00♌ | 04♍ |
| 31. | 11♋ | | 08♍ | | 09♐ | | 07♓ | 23♈ | | 09♋ | | 00♎ |

9

## 1951

| | J | F | M | A | M | J | J | A | S | O | N | D |
|---|---|---|---|---|---|---|---|---|---|---|---|---|
| 1. | 07 ♌ | 29 ♏ | 10 ♐ | 03 ♒ | 11 ♓ | 29 ♈ | 02 ♊ | 16 ♋ | 02 ♍ | 06 ♌ | 27 ♏ | 05 ♉ |
| 3. | 05 ♍ | 28 ♐ | 09 ♑ | 01 ♓ | 07 ♈ | 23 ♉ | 26 | 10 ♌ | 27 | 03 ♏ | 26 ♐ | 05 ♒ |
| 5. | 04 ♎ | 28 ♑ | 07 ♒ | 27 | 02 ♉ | 17 ♊ | 20 ♋ | 05 ♍ | 23 ♌ | 01 ♐ | 25 ♑ | 03 ♓ |
| 7. | 04 ♏ | 26 ♒ | 05 ♓ | 23 ♈ | 26 | 11 ♋ | 13 ♌ | 00 ♎ | 21 ♏ | 00 ♑ | 23 ♒ | 00 ♈ |
| 9. | 04 ♒ | 24 ♓ | 01 ♈ | 18 ♉ | 20 ♊ | 04 ♌ | 08 ♍ | 26 | 19 ♐ | 28 | 20 ♓ | 26 |
| 11. | 02 ♓ | 19 ♈ | 27 | 12 ♊ | 14 ♋ | 29 | 03 ♎ | 24 ♏ | 17 ♑ | 26 ♒ | 16 ♈ | 21 ♉ |
| 13. | 29 | 14 ♉ | 22 ♉ | 05 ♋ | 08 ♌ | 24 ♍ | 00 ♏ | 22 ♐ | 16 ♒ | 24 ♓ | 12 ♉ | 16 ♊ |
| 15. | 24 ♈ | 08 ♊ | 16 ♊ | 29 | 02 ♍ | 20 ♎ | 28 | 22 ♑ | 15 ♓ | 20 ♈ | 07 ♊ | 10 ♋ |
| 17. | 18 ♉ | 02 ♋ | 09 ♋ | 24 | 28 | 19 ♏ | 28 | 22 ♒ | 12 ♈ | 16 ♉ | 01 ♋ | 03 ♌ |
| 19. | 12 ♊ | 26 | 04 ♌ | 20 ♍ | 26 ♎ | 19 ♐ | 28 ♒ | 20 ♓ | 08 ♉ | 11 ♊ | 25 | 27 |
| 21. | 05 ♋ | 21 ♌ | 29 | 18 ♎ | 26 ♏ | 20 ♑ | 28 | 17 ♈ | 03 ♊ | 05 ♋ | 19 ♌ | 21 ♍ |
| 23. | 00 ♌ | 17 ♍ | 26 ♍ | 17 ♏ | 26 ♐ | 19 ♒ | 26 ♓ | 13 ♉ | 27 | 29 | 13 ♍ | 17 ♏ |
| 25. | 25 | 14 ♎ | 24 ♎ | 17 ♐ | 26 ♑ | 17 ♓ | 22 ♈ | 07 ♊ | 21 ♋ | 23 ♌ | 09 ♎ | 14 ♏ |
| 27. | 21 ♍ | 12 ♏ | 22 ♏ | 16 ♑ | 24 ♒ | 13 ♈ | 17 ♉ | 01 ♋ | 15 ♌ | 18 ♍ | 06 ♏ | 13 ♐ |
| 29. | 17 ♎ | | 21 ♐ | 14 ♒ | 21 ♓ | 08 ♉ | 11 ♊ | 25 | 10 ♍ | 14 ♎ | 05 ♐ | 03 ♑ |
| 31. | 15 ♏ | | 20 ♑ | | 16 ♈ | | 05 ♋ | 19 ♌ | | 12 ♏ | | 14 ♒ |

## 1952

| | J | F | M | A | M | J | J | A | S | O | N | D |
|---|---|---|---|---|---|---|---|---|---|---|---|---|
| 1. | 29 ♒ | 19 ♈ | 10 ♉ | 26 ♊ | 28 ♋ | 11 ♌ | 14 ♌ | 03 ♐ | 24 ♑ | 03 ♓ | 26 ♈ | 02 ♊ |
| 3. | 27 ♓ | 15 ♉ | 06 ♊ | 20 ♋ | 22 ♌ | 06 ♍ | 10 ♏ | 01 ♑ | 24 ♒ | 03 ♈ | 24 ♉ | 28 |
| 5. | 23 ♈ | 10 ♊ | 00 ♋ | 14 ♌ | 16 ♍ | 02 ♎ | 08 ♐ | 01 ♒ | 24 ♓ | 02 ♉ | 20 ♊ | 23 ♋ |
| 7. | 18 ♉ | 04 ♋ | 25 | 08 ♍ | 11 ♎ | 00 ♏ | 07 ♑ | 01 ♓ | 24 ♈ | 29 | 15 ♋ | 17 ♌ |
| 9. | 13 ♊ | 27 | 18 ♌ | 03 ♎ | 07 ♏ | 00 ♐ | 08 ♒ | 01 ♈ | 21 ♉ | 25 ♊ | 09 ♌ | 11 ♍ |
| 11. | 07 ♋ | 21 ♌ | 12 ♍ | 29 | 05 ♐ | 00 ♑ | 07 ♓ | 29 | 17 ♊ | 20 ♋ | 03 ♍ | 05 ♎ |
| 13. | 00 ♌ | 15 ♍ | 07 ♎ | 26 ♏ | 04 ♑ | 28 | 06 ♈ | 25 ♉ | 11 ♋ | 13 ♌ | 27 | 00 ♏ |
| 15. | 24 | 10 ♎ | 03 ♏ | 24 ♐ | 03 ♒ | 26 ♓ | 03 ♉ | 20 ♊ | 05 ♌ | 07 ♍ | 22 ♎ | 26 |
| 17. | 18 ♌ | 06 ♏ | 28 | 22 ♑ | 01 ♓ | 23 ♈ | 00 ♊ | 15 ♋ | 29 | 01 ♎ | 18 ♏ | 24 ♐ |
| 19. | 13 ♍ | 02 ♐ | 27 ♐ | 20 ♒ | 29 | 19 ♉ | 23 ♊ | 08 ♌ | 23 | 26 | 15 ♐ | 23 ♑ |
| 21. | 09 ♏ | 01 ♑ | 25 ♑ | 18 ♓ | 26 ♈ | 14 ♊ | 17 ♋ | 02 ♍ | 17 ♎ | 22 ♏ | 13 ♑ | 22 ♒ |
| 23. | 07 ♐ | 00 ♒ | 24 | 16 ♈ | 22 ♉ | 09 ♋ | 11 ♌ | 26 | 12 ♏ | 19 ♐ | 11 ♒ | 20 ♓ |
| 25. | 06 ♑ | 00 ♓ | 23 ♓ | 13 ♉ | 18 ♊ | 02 ♌ | 05 ♍ | 20 ♎ | 09 ♐ | 16 ♑ | 09 ♓ | 18 ♈ |
| 27. | 07 ♒ | 29 | 21 ♈ | 09 ♊ | 12 ♋ | 26 | 29 | 15 ♏ | 06 ♑ | 14 ♒ | 07 ♈ | 17 ♉ |
| 29. | 07 ♓ | 27 ♈ | 18 ♉ | 04 ♋ | 06 ♌ | 20 ♍ | 23 ♎ | 12 ♐ | 04 ♒ | 13 ♓ | 05 ♉ | 11 ♊ |
| 31. | 05 ♈ | | 14 ♊ | | 00 ♍ | | 19 ♏ | 10 ♑ | | 12 ♈ | | 07 ♋ |

## 1953

| | J | F | M | A | M | J | J | A | S | O | N | D |
|---|---|---|---|---|---|---|---|---|---|---|---|---|
| 1. | 19 ♋ | 04 ♍ | 12 ♍ | 27 ♎ | 02 ♐ | 21 ♑ | 00 ♓ | 24 ♈ | 15 ♊ | 20 ♋ | 05 ♍ | 07 ♎ |
| 3. | 13 ♌ | 27 | 06 ♎ | 22 ♏ | 28 | 19 ♒ | 29 | 21 ♉ | 11 ♋ | 15 ♌ | 29 | 01 ♏ |
| 5. | 07 ♍ | 21 ♎ | 00 ♏ | 18 ♐ | 25 ♐ | 18 ♓ | 27 ♈ | 14 ♊ | 06 ♌ | 09 ♍ | 23 ♎ | 25 |
| 7. | 01 ♎ | 16 ♏ | 25 | 14 ♑ | 22 ♒ | 16 ♈ | 25 ♉ | 14 ♋ | 00 ♍ | 02 ♎ | 17 ♏ | 21 ♐ |
| 9. | 25 | 12 ♐ | 21 ♐ | 12 ♒ | 21 ♓ | 14 ♉ | 21 ♊ | 09 ♌ | 23 | 26 | 12 ♐ | 17 ♑ |
| 11. | 20 ♏ | 10 ♑ | 18 ♑ | 11 ♓ | 20 ♈ | 12 ♊ | 17 ♋ | 03 ♍ | 17 ♎ | 20 ♏ | 07 ♑ | 14 ♒ |
| 13. | 18 ♐ | 09 ♒ | 17 ♒ | 11 ♈ | 19 ♉ | 09 ♋ | 12 ♌ | 26 | 11 ♏ | 15 ♐ | 04 ♒ | 12 ♓ |
| 15. | 16 ♑ | 10 ♓ | 18 ♓ | 11 ♉ | 17 ♊ | 04 ♌ | 06 ♍ | 20 ♎ | 05 ♐ | 10 ♑ | 00 ♓ | 09 ♈ |
| 17. | 16 ♒ | 10 ♈ | 18 ♈ | 09 ♊ | 13 ♋ | 28 | 00 ♎ | 14 ♏ | 01 ♑ | 07 ♒ | 00 ♈ | 09 ♉ |
| 19. | 16 ♓ | 08 ♉ | 17 ♉ | 05 ♋ | 08 ♌ | 22 ♍ | 24 | 09 ♐ | 28 | 06 ♓ | 29 | 07 ♊ |
| 21. | 15 ♈ | 05 ♊ | 14 ♊ | 00 ♌ | 02 ♍ | 16 ♎ | 18 ♏ | 06 ♑ | 27 ♒ | 05 ♈ | 29 ♉ | 05 ♋ |
| 23. | 12 ♉ | 01 ♋ | 10 ♋ | 24 | 26 | 10 ♏ | 14 ♐ | 04 ♒ | 27 ♓ | 06 ♉ | 27 ♊ | 02 ♌ |
| 25. | 08 ♊ | 25 | 04 ♌ | 18 ♍ | 20 ♎ | 06 ♐ | 12 ♑ | 04 ♓ | 28 ♈ | 05 ♊ | 25 ♋ | 21 ♍ |
| 27. | 04 ♋ | 19 ♌ | 28 | 12 ♎ | 15 ♏ | 03 ♑ | 10 ♒ | 04 ♈ | 27 ♉ | 04 ♋ | 21 ♌ | 21 ♍ |
| 29. | 28 | | 21 ♍ | 06 ♏ | 11 ♐ | 01 ♒ | 10 ♓ | 04 ♉ | 25 ♊ | 29 | 14 ♍ | 15 ♎ |
| 31. | 22 ♌ | | 15 ♎ | | 08 ♐ | | 09 ♈ | 02 ♊ | | 23 ♌ | | 09 ♏ |

## 1954

|      | J | F | M | A | M | J | J | A | S | O | N | D |
|------|---|---|---|---|---|---|---|---|---|---|---|---|
| 1.  | 21 ♏ | 07 ♉ | 15 ♉ | 05 ♓ | 14 ♈ | 08 ♊ | 15 ♋ | 03 ♍ | 19 ♌ | 21 ♏ | 05 ♉ | 09 ♒ |
| 3.  | 17 ♐ | 05 ♒ | 13 ♒ | 05 ♈ | 14 ♉ | 07 ♋ | 12 ♌ | 28 | 12 ♏ | 14 ♐ | 00 ♒ | 05 ♓ |
| 5.  | 13 ♑ | 04 ♓ | 12 ♓ | 06 ♉ | 14 ♊ | 04 ♌ | 08 ♍ | 23 ♌ | 06 ♐ | 09 ♑ | 26 | 03 ♈ |
| 7.  | 10 ♒ | 03 ♈ | 12 ♈ | 06 ♊ | 12 ♋ | 00 ♍ | 03 ♎ | 16 ♏ | 00 ♑ | 04 ♒ | 24 ♓ | 02 ♉ |
| 9.  | 08 ♓ | 02 ♉ | 12 ♉ | 04 ♋ | 09 ♌ | 24 | 27 | 10 ♐ | 26 | 01 ♓ | 23 ♈ | 02 ♊ |
| 11. | 07 ♈ | 00 ♊ | 10 ♊ | 00 ♌ | 04 ♍ | 18 ♎ | 20 ♏ | 05 ♑ | 23 ♒ | 00 ♈ | 24 ♉ | 02 ♋ |
| 13. | 05 ♉ | 27 | 07 ♋ | 25 | 28 | 12 ♏ | 15 ♐ | 01 ♒ | 22 ♓ | 00 ♉ | 24 ♊ | 01 ♌ |
| 15. | 03 ♊ | 23 ♋ | 03 ♌ | 19 ♍ | 22 ♎ | 06 ♐ | 10 ♑ | 29 | 21 ♈ | 01 ♊ | 23 ♋ | 28 |
| 17. | 01 ♋ | 19 ♌ | 28 | 13 ♎ | 16 ♏ | 01 ♑ | 06 ♒ | 27 ♒ | 21 ♉ | 00 ♋ | 19 ♌ | 23 ♍ |
| 19. | 27 | 13 ♍ | 22 ♍ | 07 ♏ | 10 ♐ | 27 | 03 ♓ | 26 ♈ | 20 ♊ | 27 | 15 ♍ | 18 ♎ |
| 21. | 23 ♌ | 07 ♎ | 16 ♎ | 01 ♐ | 04 ♑ | 23 ♒ | 01 ♈ | 25 ♉ | 17 ♋ | 23 ♌ | 09 ♎ | 11 ♏ |
| 23. | 17 ♍ | 01 ♏ | 10 ♏ | 25 | 00 ♒ | 20 ♓ | 29 | 23 ♊ | 13 ♌ | 18 ♍ | 03 ♏ | 05 ♐ |
| 25. | 11 ♎ | 25 | 04 ♐ | 20 ♑ | 26 | 19 ♈ | 28 ♉ | 20 ♋ | 08 ♍ | 12 ♎ | 27 | 29 |
| 27. | 05 ♏ | 19 ♐ | 28 | 16 ♒ | 24 ♓ | 17 ♉ | 26 ♊ | 16 ♌ | 03 ♎ | 06 ♏ | 20 ♐ | 24 ♑ |
| 29. | 29 |  | 24 ♑ | 14 ♓ | 23 ♈ | 16 ♊ | 24 ♋ | 12 ♍ | 27 | 00 ♐ | 14 ♑ | 19 ♒ |
| 31. | 24 ♐ |  | 21 ♒ |  | 23 ♉ |  | 20 ♌ | 07 ♎ |  | 23 |  | 15 ♓ |

## 1955

|      | J | F | M | A | M | J | J | A | S | O | N | D |
|------|---|---|---|---|---|---|---|---|---|---|---|---|
| 1.  | 29 ♓ | 22 ♉ | 03 ♊ | 25 ♋ | 02 ♍ | 19 ♎ | 22 ♏ | 06 ♑ | 22 ♒ | 27 ♓ | 18 ♉ | 26 ♊ |
| 3.  | 27 ♈ | 20 ♊ | 01 ♋ | 22 ♌ | 28 | 14 ♏ | 16 ♐ | 01 ♒ | 18 ♓ | 25 ♈ | 18 ♊ | 26 ♋ |
| 5.  | 26 ♉ | 19 ♋ | 28 | 18 ♍ | 22 ♎ | 07 ♐ | 10 ♑ | 26 | 15 ♈ | 23 ♉ | 17 ♋ | 25 ♌ |
| 7.  | 25 ♊ | 17 ♌ | 25 ♌ | 13 ♎ | 16 ♏ | 01 ♑ | 04 ♒ | 22 ♓ | 13 ♉ | 22 ♊ | 15 ♌ | 22 ♍ |
| 9.  | 24 ♋ | 13 ♍ | 22 ♍ | 08 ♏ | 10 ♐ | 25 | 29 | 19 ♈ | 11 ♊ | 20 ♋ | 12 ♍ | 18 ♎ |
| 11. | 22 ♌ | 09 ♎ | 17 ♎ | 02 ♐ | 04 ♑ | 19 ♒ | 25 ♓ | 16 ♉ | 09 ♋ | 18 ♌ | 08 ♎ | 12 ♏ |
| 13. | 19 ♍ | 04 ♏ | 12 ♏ | 25 | 28 | 15 ♓ | 22 ♈ | 15 ♊ | 08 ♌ | 15 ♍ | 03 ♏ | 06 ♐ |
| 15. | 14 ♎ | 27 | 05 ♐ | 19 ♑ | 23 ♒ | 12 ♈ | 20 ♉ | 13 ♋ | 05 ♍ | 11 ♎ | 27 | 00 ♑ |
| 17. | 08 ♏ | 21 ♐ | 29 | 14 ♒ | 19 ♓ | 11 ♉ | 19 ♊ | 12 ♌ | 02 ♎ | 07 ♏ | 21 ♐ | 23 |
| 19. | 01 ♐ | 16 ♑ | 23 ♑ | 10 ♓ | 17 ♈ | 10 ♊ | 19 ♋ | 10 ♍ | 28 | 01 ♐ | 15 ♑ | 17 |
| 21. | 25 | 11 ♒ | 19 ♒ | 09 ♈ | 17 ♉ | 10 ♋ | 18 ♌ | 07 ♎ | 23 ♏ | 25 | 08 ♒ | 12 ♓ |
| 23. | 20 ♑ | 08 ♓ | 16 ♓ | 08 ♉ | 17 ♊ | 10 ♌ | 16 ♍ | 03 ♏ | 17 ♐ | 18 ♑ | 03 ♓ | 08 ♈ |
| 25. | 16 ♒ | 06 ♈ | 15 ♈ | 08 ♊ | 18 ♋ | 08 ♍ | 12 ♎ | 27 | 10 ♑ | 12 ♒ | 29 | 05 ♉ |
| 27. | 12 ♓ | 04 ♉ | 14 ♉ | 08 ♋ | 15 ♌ | 04 ♎ | 07 ♏ | 21 ♐ | 05 ♒ | 08 ♓ | 27 ♈ | 04 ♊ |
| 29. | 10 ♈ |  | 13 ♊ | 06 ♌ | 12 ♍ | 28 | 01 ♐ | 14 ♑ | 00 ♓ | 05 ♈ | 26 ♉ | 04 ♋ |
| 31. | 08 ♉ |  | 12 ♋ |  | 07 ♎ |  | 24 | 09 ♒ |  | 03 ♉ |  | 05 ♌ |

## 1956

|      | J | F | M | A | M | J | J | A | S | O | N | D |
|------|---|---|---|---|---|---|---|---|---|---|---|---|
| 1.  | 19 ♌ | 10 ♎ | 01 ♏ | 16 ♐ | 17 ♑ | 01 ♓ | 05 ♈ | 24 ♉ | 16 ♋ | 25 ♌ | 17 ♎ | 23 ♏ |
| 3.  | 18 ♍ | 05 ♏ | 26 | 10 ♑ | 11 ♒ | 26 | 01 ♉ | 22 ♊ | 15 ♌ | 24 ♍ | 14 ♏ | 18 ♐ |
| 5.  | 14 ♎ | 00 ♐ | 20 ♐ | 03 ♒ | 06 ♓ | 22 ♈ | 29 | 21 ♋ | 15 ♍ | 22 ♎ | 10 ♐ | 13 ♑ |
| 7.  | 09 ♏ | 24 | 13 ♑ | 28 | 01 ♈ | 20 ♉ | 28 ♉ | 22 ♌ | 14 ♎ | 19 ♏ | 05 ♑ | 07 ♒ |
| 9.  | 03 ♐ | 17 ♑ | 07 ♒ | 23 ♓ | 28 | 20 ♊ | 28 ♋ | 22 ♍ | 11 ♏ | 15 ♐ | 29 | 01 ♓ |
| 11. | 27 | 11 ♒ | 02 ♓ | 20 ♈ | 26 ♉ | 20 ♋ | 28 ♌ | 20 ♎ | 07 ♐ | 09 ♑ | 23 ♒ | 25 |
| 13. | 20 ♑ | 06 ♓ | 28 | 17 ♉ | 26 ♊ | 19 ♌ | 27 ♍ | 16 ♏ | 01 ♑ | 03 ♒ | 17 ♓ | 20 ♈ |
| 15. | 14 ♒ | 01 ♈ | 24 ♈ | 16 ♊ | 25 ♋ | 18 ♍ | 24 ♎ | 11 ♐ | 25 | 27 | 12 ♈ | 16 ♉ |
| 17. | 09 ♓ | 27 | 21 ♉ | 14 ♋ | 23 ♌ | 14 ♎ | 19 ♏ | 05 ♑ | 19 ♒ | 21 ♓ | 08 ♉ | 14 ♊ |
| 19. | 04 ♈ | 24 ♉ | 19 ♊ | 12 ♌ | 21 ♍ | 10 ♏ | 14 ♐ | 28 | 13 ♓ | 17 ♈ | 06 ♊ | 14 ♋ |
| 21. | 00 ♉ | 22 ♊ | 17 ♋ | 10 ♍ | 17 ♎ | 05 ♐ | 08 ♑ | 22 ♒ | 08 ♈ | 13 ♉ | 05 ♋ | 14 ♌ |
| 23. | 28 | 21 ♋ | 16 ♌ | 08 ♎ | 13 ♏ | 29 | 01 ♒ | 16 ♓ | 04 ♉ | 11 ♊ | 03 ♌ | 13 ♍ |
| 25. | 27 ♊ | 21 ♌ | 14 ♍ | 04 ♏ | 08 ♐ | 22 ♑ | 25 | 11 ♈ | 00 ♊ | 09 ♋ | 02 ♍ | 10 ♎ |
| 27. | 27 ♋ | 20 ♍ | 12 ♎ | 29 | 02 ♑ | 16 ♒ | 19 ♓ | 07 ♉ | 28 | 07 ♌ | 00 ♎ | 07 ♏ |
| 29. | 27 ♌ | 17 ♎ | 09 ♏ | 24 ♐ | 26 | 10 ♓ | 14 ♈ | 03 ♊ | 26 ♋ | 05 ♍ | 27 | 02 ♐ |
| 31. | 26 ♍ |  | 04 ♐ |  | 19 ♒ |  | 10 ♉ | 01 ♋ |  | 03 ♎ |  | 27 |

## 1957

| | J | F | M | A | M | J | J | A | S | O | N | D |
|---|---|---|---|---|---|---|---|---|---|---|---|---|
| 1. | 09♉ | 24♒ | 03♓ | 18♈ | 22♉ | 13♋ | 22♌ | 15♌ | 06♐ | 11♉ | 25♒ | 27♓ |
| 3. | 03♒ | 18♓ | 27 | 13♉ | 19♊ | 11♌ | 21♍ | 13♏ | 02♑ | 05♒ | 19♓ | 21♈ |
| 5. | 27 | 12♈ | 21♈ | 09♊ | 17♋ | 10♍ | 19♎ | 09♐ | 20♒ | 29 | 13♈ | 16♉ |
| 7. | 21♓ | 06♉ | 16♉ | 06♋ | 15♌ | 08♎ | 16♏ | 04♑ | 20♒ | 23♓ | 07♉ | 11♊ |
| 9. | 15♈ | 02♊ | 12♊ | 04♌ | 13♍ | 06♏ | 12♐ | 29 | 14♓ | 16♈ | 03♊ | 08♋ |
| 11. | 11♉ | 00♋ | 09♋ | 03♍ | 12♎ | 03♐ | 08♑ | 23♒ | 08♈ | 11♉ | 29 | 06♌ |
| 13. | 08♊ | 00♌ | 08♌ | 02♎ | 10♏ | 29 | 02♒ | 17♓ | 02♉ | 06♊ | 26♋ | 04♍ |
| 15. | 07♋ | 00♍ | 00♍ | 01♏ | 07♐ | 24♐ | 26 | 10♈ | 26 | 02♋ | 23♌ | 03♎ |
| 17. | 07♌ | 01♎ | 09♎ | 29 | 03♑ | 18♒ | 20♓ | 05♉ | 22♊ | 29 | 22♍ | 01♏ |
| 19. | 07♍ | 29 | 07♏ | 25♐ | 28 | 12♓ | 14♈ | 00♊ | 19♋ | 27♋ | 21♎ | 29 |
| 21. | 07♎ | 26♏ | 04♐ | 20♐ | 22♒ | 06♈ | 08♉ | 26 | 18♌ | 27♍ | 19♏ | 26♐ |
| 23. | 04♏ | 21♐ | 00♑ | 14♒ | 16♓ | 00♉ | 04♊ | 25♋ | 18♍ | 27♎ | 17♐ | 22♑ |
| 25. | 00♐ | 15♑ | 24 | 08♓ | 10♈ | 26 | 02♋ | 25♌ | 18♎ | 26♏ | 14♑ | 17♒ |
| 27. | 24 | 09♒ | 18♒ | 02♈ | 05♉ | 23♊ | 01♌ | 25♍ | 18♏ | 23♐ | 09♒ | 11♓ |
| 29. | 18♐ | | 11♓ | 27 | 22♋ | 01♌ | 01♍ | 25♎ | 15♐ | 19♑ | 03♓ | 05♈ |
| 31. | 12♒ | | 06♈ | | 29 | | 01♎ | 23♏ | | 13♒ | | 29 |

## 1958

| | J | F | M | A | M | J | J | A | S | O | N | D |
|---|---|---|---|---|---|---|---|---|---|---|---|---|
| 1. | 11♉ | 27♊ | 05♋ | 26♌ | 05♌ | 28♍ | 05♐ | 24♒ | 09♈ | 11♉ | 26♊ | 01♌ |
| 3. | 06♊ | 25♋ | 03♌ | 26♍ | 05♍ | 27♎ | 02♑ | 18♓ | 02♉ | 05♊ | 21♋ | 27 |
| 5. | 03♋ | 25♌ | 03♍ | 27♎ | 04♎ | 24♏ | 28 | 12♈ | 26 | 29 | 19♌ | 24♍ |
| 7. | 02♌ | 25♍ | 03♎ | 26♏ | 03♏ | 20♐ | 22♒ | 06♉ | 20♊ | 25♋ | 15♍ | 23♎ |
| 9. | 01♍ | 24♎ | 03♏ | 24♐ | 29 | 14♑ | 16♓ | 00♊ | 16♋ | 22♌ | 14♎ | 23♏ |
| 11. | 29 | 22♏ | 02♐ | 21♑ | 24♒ | 08♒ | 10♈ | 25 | 14♌ | 21♍ | 14♏ | 22♐ |
| 13. | 28♌ | 19♐ | 29 | 16♒ | 18♓ | 02♓ | 04♉ | 22♋ | 13♍ | 21♎ | 13♐ | 21♑ |
| 15. | 25♍ | 14♑ | 24♐ | 10♓ | 12♈ | 26 | 00♊ | 20♌ | 13♎ | 21♏ | 13♑ | 18♒ |
| 17. | 22♐ | 09♒ | 19♒ | 03♈ | 06♉ | 21♉ | 27 | 19♍ | 12♏ | 20♐ | 10♒ | 13♓ |
| 19. | 18♐ | 04♓ | 13♓ | 27 | 00♊ | 18♊ | 25♋ | 18♎ | 11♐ | 18♑ | 05♓ | 08♈ |
| 21. | 13♒ | 28 | 06♈ | 21♉ | 25 | 15♋ | 23♍ | 17♏ | 08♑ | 14♒ | 29 | 01♉ |
| 23. | 07♓ | 21♈ | 00♉ | 15♊ | 21♋ | 13♌ | 22♎ | 14♐ | 04♒ | 08♓ | 23♈ | 25 |
| 25. | 01♈ | 15♉ | 24 | 11♋ | 18♌ | 11♍ | 20♏ | 11♑ | 29 | 02♈ | 17♉ | 19♊ |
| 27. | 25 | 09♊ | 18♊ | 08♌ | 16♍ | 09♎ | 18♐ | 07♒ | 23♓ | 26 | 11♊ | 15♋ |
| 29. | 19♉ | | 14♋ | 06♍ | 14♎ | 08♏ | 15♐ | 02♓ | 17♈ | 20♉ | 05♋ | 11♌ |
| 31. | 14♊ | | 12♌ | | 14♏ | | 11♒ | 27 | | 14♊ | | 08♍ |

## 1959

| | J | F | M | A | M | J | J | A | S | O | N | D |
|---|---|---|---|---|---|---|---|---|---|---|---|---|
| 1. | 21♍ | 14♏ | 25♋ | 17♑ | 24♒ | 10♈ | 12♉ | 26♊ | 12♌ | 17♍ | 09♏ | 17♐ |
| 3. | 19♎ | 12♐ | 23♌ | 14♒ | 19♓ | 04♉ | 06♊ | 21♋ | 09♍ | 15♎ | 08♐ | 17♑ |
| 5. | 17♏ | 10♑ | 20♍ | 09♈ | 13♈ | 27 | 00♋ | 17♌ | 06♎ | 15♏ | 08♑ | 16♒ |
| 7. | 16♐ | 08♒ | 17♎ | 04♈ | 07♉ | 21♊ | 25 | 13♍ | 05♏ | 14♐ | 07♒ | 13♓ |
| 9. | 15♑ | 04♓ | 12♏ | 28 | 00♊ | 15♋ | 20♌ | 10♎ | 03♐ | 13♑ | 03♓ | 08♈ |
| 11. | 13♒ | 29 | 07♐ | 21♉ | 24 | 10♌ | 16♍ | 08♏ | 02♑ | 10♒ | 29 | 03♉ |
| 13. | 09♓ | 23♈ | 01♑ | 15♊ | 18♋ | 06♍ | 13♎ | 07♐ | 00♒ | 06♓ | 23♈ | 26 |
| 15. | 03♈ | 17♉ | 25 | 09♋ | 13♌ | 03♎ | 12♏ | 05♑ | 27 | 02♈ | 17♉ | 20♊ |
| 17. | 27 | 11♊ | 19♊ | 04♌ | 10♍ | 01♏ | 11♐ | 04♒ | 23♓ | 27 | 11♊ | 14♋ |
| 19. | 21♉ | 05♋ | 13♋ | 01♍ | 08♎ | 01♐ | 10♑ | 01♓ | 18♈ | 21♉ | 05♋ | 08♌ |
| 21. | 15♊ | 01♌ | 09♌ | 29 | 07♏ | 01♑ | 09♒ | 27 | 12♉ | 14♊ | 29 | 03♍ |
| 23. | 10♋ | 29 | 07♍ | 29♍ | 08♐ | 01♒ | 06♈ | 22♈ | 06♊ | 00♋ | 24♌ | 29 |
| 25. | 07♌ | 27♍ | 06♎ | 29♎ | 08♑ | 28 | 02♉ | 16♉ | 00♋ | 03♌ | 19♍ | 26♌ |
| 27. | 04♍ | 26♎ | 06♏ | 29♐ | 06♒ | 24♓ | 27 | 10♊ | 24 | 28 | 17♎ | 25♏ |
| 29. | 02♎ | | 05♐ | 27♑ | 03♓ | 18♈ | 20♉ | 04♋ | 20♌ | 25♍ | 17♏ | 25♐ |
| 31. | 00♏ | | 04♑ | | 28 | | 14♊ | 29 | | 24♌ | | 25♑ |

491

## 1960

| | J | F | M | A | M | J | J | A | S | O | N | D |
|---|---|---|---|---|---|---|---|---|---|---|---|---|
| 1. | 10 ♒ | 00 ♈ | 20 ♈ | 05 ♊ | 07 ♋ | 22 ♌ | 25 ♍ | 15 ♏ | 08 ♉ | 17 ♒ | 08 ♈ | 14 ♉ |
| 3. | 08 ♓ | 25 | 15 ♉ | 29 | 01 ♌ | 16 ♍ | 21 ♎ | 13 ♐ | 07 ♊ | 15 ♓ | 05 ♉ | 09 ♊ |
| 5. | 05 ♈ | 20 ♉ | 09 ♊ | 23 ♋ | 25 | 12 ♎ | 19 ♏ | 13 ♑ | 06 ♋ | 13 ♈ | 00 ♊ | |
| 7. | 29 | 13 ♊ | 03 ♋ | 17 ♌ | 21 ♍ | 11 ♏ | 19 ♐ | 13 ♒ | 04 ♌ | 09 ♉ | 25 | 27 |
| 9. | 23 ♉ | 07 ♋ | 27 | 13 ♍ | 18 ♎ | 10 ♐ | 19 ♑ | 12 ♓ | 01 ♍ | 05 ♊ | 19 ♋ | 20 ♌ |
| 11. | 17 ♊ | 01 ♌ | 22 ♌ | 10 ♎ | 17 ♏ | 11 ♑ | 19 ♒ | 10 ♈ | 27 | 29 | 12 ♌ | 14 ♍ |
| 13. | 11 ♋ | 27 | 18 ♍ | 08 ♏ | 17 ♐ | 11 ♒ | 11 ♓ | 06 ♉ | 21 ♊ | 23 ♋ | 06 ♍ | 09 ♎ |
| 15. | 05 ♌ | 22 ♍ | 15 ♎ | 08 ♐ | 17 ♑ | 09 ♓ | 15 ♈ | 01 ♊ | 15 ♋ | 16 ♌ | 02 ♎ | 06 ♏ |
| 17. | 00 ♍ | 19 ♎ | 13 ♏ | 07 ♐ | 15 ♒ | 06 ♈ | 10 ♉ | 25 | 09 ♌ | 11 ♍ | 28 | 05 ♐ |
| 19. | 26 | 16 ♏ | 11 ♐ | 05 ♒ | 13 ♓ | 01 ♉ | 04 ♊ | 18 ♋ | 03 ♍ | 07 ♎ | 27 ♏ | 05 ♑ |
| 21. | 22 ♎ | 15 ♐ | 10 ♑ | 02 ♓ | 09 ♈ | 25 | 28 | 12 ♌ | 28 | 04 ♏ | 26 ♐ | 05 ♒ |
| 23. | 20 ♏ | 13 ♑ | 08 ♒ | 29 | 04 ♉ | 19 ♊ | 22 ♋ | 07 ♍ | 25 ♎ | 02 ♐ | 26 ♑ | 04 ♓ |
| 25. | 19 ♐ | 12 ♒ | 06 ♓ | 24 ♈ | 28 | 13 ♋ | 16 ♌ | 02 ♎ | 22 ♏ | 01 ♑ | 24 | 02 ♈ |
| 27. | 19 ♑ | 10 ♓ | 02 ♈ | 19 ♉ | 22 ♊ | 07 ♌ | 10 ♍ | 28 | 20 ♐ | 29 | 22 ♒ | 28 |
| 29. | 18 ♒ | 07 ♈ | 28 | 13 ♊ | 16 ♋ | 01 ♍ | 05 ♎ | 25 ♏ | 18 ♑ | 27 | 18 ♓ | 23 ♉ |
| 31. | 16 ♓ | | 23 ♉ | | 10 ♌ | | 01 ♏ | 23 ♐ | | 25 ♒ | | 18 ♊ |

## 1961

| | J | F | M | A | M | J | J | A | S | O | N | D |
|---|---|---|---|---|---|---|---|---|---|---|---|---|
| 1. | 00 ♋ | 14 ♌ | 23 ♌ | 08 ♎ | 13 ♏ | 05 ♑ | 13 ♒ | 07 ♈ | 27 ♉ | 01 ♋ | 15 ♌ | 17 ♍ |
| 3. | 24 | 08 ♍ | 17 ♍ | 04 ♏ | 11 ♐ | 04 ♒ | 13 ♓ | 04 ♉ | 22 ♊ | 25 | 09 ♍ | 11 ♎ |
| 5. | 17 ♌ | 02 ♎ | 12 ♎ | 01 ♐ | 09 ♑ | 02 ♓ | 11 ♈ | 00 ♊ | 17 ♋ | 19 ♌ | 03 ♎ | 06 ♏ |
| 7. | 11 ♍ | 27 | 07 ♏ | 28 | 07 ♒ | 00 ♈ | 08 ♉ | 25 | 10 ♌ | 12 ♍ | 28 | 02 ♐ |
| 9. | 05 ♎ | 24 ♏ | 04 ♐ | 26 ♑ | 06 ♓ | 27 | 03 ♊ | 20 ♋ | 04 ♍ | 07 ♎ | 23 ♏ | 00 ♑ |
| 11. | 01 ♏ | 22 ♐ | 02 ♑ | 25 | 03 ♈ | 24 ♉ | 28 | 13 ♌ | 28 | 01 ♏ | 20 ♐ | 28 |
| 13. | 28 | 21 ♑ | 00 ♒ | 24 ♓ | 01 ♉ | 19 ♊ | 23 ♋ | 07 ♍ | 22 ♎ | 27 | 18 ♑ | 27 ♒ |
| 15. | 28 ♐ | 21 ♒ | 00 ♓ | 22 ♈ | 28 | 14 ♋ | 16 ♌ | 01 ♎ | 17 ♏ | 24 ♐ | 16 ♒ | 25 ♓ |
| 17. | 28 ♑ | 21 ♓ | 29 | 19 ♉ | 23 ♊ | 08 ♌ | 10 ♍ | 25 | 13 ♐ | 21 ♑ | 14 ♓ | 23 ♈ |
| 19. | 28 ♒ | 20 ♈ | 27 ♈ | 15 ♊ | 18 ♋ | 01 ♍ | 04 ♎ | 20 ♏ | 11 ♑ | 19 ♒ | 12 ♈ | 20 ♉ |
| 21. | 27 ♓ | 16 ♉ | 24 ♉ | 10 ♋ | 11 ♌ | 25 | 28 | 17 ♐ | 09 ♒ | 18 ♓ | 10 ♉ | 17 ♊ |
| 23. | 25 ♈ | 11 ♊ | 20 ♊ | 04 ♌ | 05 ♍ | 20 ♎ | 25 ♏ | 16 ♑ | 09 ♓ | 17 ♈ | 08 ♊ | 12 ♋ |
| 25. | 20 ♉ | 06 ♋ | 14 ♋ | 29 | 29 | 16 ♏ | 22 ♐ | 15 ♒ | 09 ♈ | 16 ♉ | 04 ♋ | 07 ♌ |
| 27. | 15 ♊ | 29 | 07 ♌ | 21 ♍ | 25 ♎ | 14 ♐ | 22 ♑ | 16 ♓ | 08 ♉ | 13 ♊ | 29 | 01 ♍ |
| 29. | 09 ♋ | | 01 ♍ | 17 ♎ | 22 ♏ | 14 ♑ | 22 ♒ | 15 ♈ | 05 ♊ | 09 ♋ | 23 ♌ | 24 |
| 31. | 02 ♌ | | 26 | | 20 ♐ | | 22 ♓ | 13 ♉ | | 03 ♌ | | 18 ♎ |

## 1962

| | J | F | M | A | M | J | J | A | S | O | N | D |
|---|---|---|---|---|---|---|---|---|---|---|---|---|
| 1. | 01 ♏ | 18 ♐ | 26 ♐ | 17 ♒ | 26 ♓ | 20 ♉ | 26 ♊ | 14 ♌ | 29 ♍ | 01 ♏ | 17 ♐ | 22 ♑ |
| 3. | 26 | 16 ♑ | 24 ♑ | 17 ♓ | 26 ♈ | 18 ♊ | 23 ♋ | 08 ♍ | 22 ♎ | 25 | 12 ♑ | 19 ♒ |
| 5. | 24 ♐ | 16 ♒ | 24 | 17 ♈ | 25 ♉ | 14 ♋ | 18 ♌ | 02 ♎ | 16 ♏ | 20 ♐ | 08 ♒ | 16 ♓ |
| 7. | 23 ♑ | 16 ♓ | 24 ♓ | 17 ♉ | 23 ♊ | 10 ♌ | 12 ♍ | 26 | 11 ♐ | 15 ♑ | 06 ♓ | 15 ♈ |
| 9. | 22 ♒ | 15 ♈ | 24 ♈ | 15 ♊ | 19 ♋ | 04 ♍ | 06 ♎ | 20 ♏ | 06 ♑ | 12 ♒ | 05 ♈ | 14 ♉ |
| 11. | 21 ♓ | 14 ♉ | 23 ♉ | 11 ♋ | 14 ♌ | 28 | 29 | 15 ♐ | 04 ♒ | 11 ♓ | 05 ♉ | 13 ♊ |
| 13. | 20 ♈ | 10 ♊ | 20 ♊ | 06 ♌ | 08 ♍ | 22 ♎ | 24 ♏ | 12 ♑ | 03 ♓ | 12 ♈ | 05 ♊ | 11 ♋ |
| 15. | 17 ♉ | 06 ♋ | 15 ♋ | 00 ♍ | 01 ♎ | 16 ♏ | 20 ♐ | 10 ♒ | 03 ♈ | 12 ♉ | 04 ♋ | 08 ♌ |
| 17. | 13 ♊ | 00 ♌ | 09 ♌ | 23 | 26 | 12 ♐ | 18 ♑ | 10 ♓ | 04 ♉ | 11 ♊ | 00 ♌ | 03 ♍ |
| 19. | 09 ♋ | 24 | 03 ♍ | 17 ♎ | 20 ♏ | 09 ♑ | 16 ♒ | 10 ♈ | 03 ♊ | 09 ♋ | 25 | 27 |
| 21. | 03 ♌ | 18 ♍ | 26 | 11 ♏ | 16 ♐ | 07 ♒ | 15 ♓ | 09 ♉ | 00 ♋ | 04 ♌ | 19 ♍ | 21 ♎ |
| 23. | 27 | 11 ♎ | 20 ♎ | 07 ♐ | 13 ♑ | 05 ♓ | 14 ♈ | 07 ♊ | 25 | 29 | 13 ♎ | 15 ♏ |
| 25. | 21 ♍ | 05 ♏ | 15 ♏ | 03 ♑ | 10 ♒ | 03 ♈ | 12 ♉ | 03 ♋ | 20 ♌ | 22 ♍ | 07 ♏ | 10 ♐ |
| 27. | 14 ♎ | 00 ♐ | 10 ♐ | 29 | 08 ♓ | 01 ♉ | 10 ♊ | 28 | 14 ♍ | 16 ♎ | 01 ♐ | 05 ♑ |
| 29. | 09 ♏ | | 06 ♑ | 27 ♒ | 06 ♈ | 29 | 06 ♋ | 23 ♌ | 07 ♎ | 10 ♏ | 26 | 02 ♒ |
| 31. | 04 ♐ | | 03 ♒ | | 05 ♉ | | 01 ♌ | 17 ♍ | | 04 ♐ | | 29 |

9

## 1963

| | J | F | M | A | M | J | J | A | S | O | N | D |
|---|---|---|---|---|---|---|---|---|---|---|---|---|
| 1. | 13 ♓ | 07 ♉ | 17 ♉ | 09 ♋ | 14 ♌ | 00 ♎ | 02 ♏ | 16 ♐ | 02 ♒ | 07 ♓ | 00 ♉ | 08 ♊ |
| 3. | 11 ♈ | 05 ♊ | 15 ♊ | 05 ♌ | 09 ♍ | 24 | 26 | 11 ♑ | 29 | 06 ♈ | 00 ♊ | 08 ♋ |
| 5. | 10 ♉ | 02 ♋ | 12 ♋ | 00 ♍ | 03 ♎ | 18 ♏ | 20 ♐ | 07 ♒ | 28 ♑ | 06 ♉ | 00 ♋ | 07 ♌ |
| 7. | 08 ♊ | 28 | 08 ♌ | 24 | 27 | 12 ♐ | 15 ♐ | 04 ♓ | 27 ♈ | 06 ♊ | 28 | 04 ♍ |
| 9. | 06 ♋ | 24 ♌ | 03 ♍ | 18 ♎ | 21 ♏ | 06 ♑ | 11 ♒ | 02 ♈ | 26 ♉ | 05 ♋ | 25 ♌ | 29 |
| 11. | 03 ♌ | 19 ♍ | 27 | 12 ♏ | 15 ♐ | 01 ♒ | 08 ♓ | 01 ♉ | 24 ♊ | 02 ♌ | 20 ♍ | 23 ♎ |
| 13. | 28 | 13 ♎ | 21 ♎ | 06 ♐ | 09 ♑ | 28 | 06 ♈ | 29 | 21 ♋ | 28 | 14 ♎ | 17 ♏ |
| 15. | 23 ♍ | 07 ♏ | 15 ♏ | 00 ♑ | 04 ♒ | 25 ♒ | 04 ♉ | 27 ♊ | 18 ♌ | 23 ♍ | 08 ♏ | 10 ♐ |
| 17. | 17 ♎ | 01 ♐ | 09 ♐ | 25 | 01 ♓ | 23 ♈ | 03 ♊ | 25 ♋ | 13 ♍ | 17 ♎ | 02 ♐ | 04 ♑ |
| 19. | 11 ♏ | 25 | 03 ♑ | 21 ♒ | 29 | 23 ♉ | 01 ♋ | 21 ♌ | 08 ♎ | 11 ♏ | 25 | 29 |
| 21. | 05 ♐ | 21 ♑ | 29 | 20 ♓ | 29 ♈ | 22 ♊ | 29 | 17 ♍ | 02 ♏ | 05 ♐ | 19 ♑ | 24 ♒ |
| 23. | 00 ♑ | 19 ♒ | 27 ♒ | 20 ♈ | 29 ♉ | 21 ♋ | 26 ♌ | 12 ♎ | 26 | 28 | 14 ♒ | 20 ♓ |
| 25. | 27 | 18 ♓ | 26 ♓ | 20 ♉ | 29 ♊ | 18 ♌ | 22 ♍ | 06 ♏ | 20 ♐ | 23 ♑ | 10 ♓ | 18 ♈ |
| 27. | 25 ♒ | 18 ♈ | 27 ♈ | 20 ♊ | 27 ♋ | 14 ♍ | 16 ♎ | 00 ♐ | 14 ♑ | 18 ♒ | 08 ♈ | 16 ♉ |
| 29. | 24 ♓ | | 27 ♉ | 18 ♋ | 23 ♌ | 08 ♎ | 10 ♏ | 24 | 10 ♒ | 15 ♓ | 08 ♉ | 16 ♊ |
| 31. | 22 ♈ | | 25 ♊ | | 18 ♍ | | 04 ♐ | 19 ♑ | | 14 ♈ | | 16 ♋ |

## 1964

| | J | F | M | A | M | J | J | A | S | O | N | D |
|---|---|---|---|---|---|---|---|---|---|---|---|---|
| 1. | 01 ♌ | 19 ♍ | 10 ♎ | 25 ♏ | 27 ♐ | 12 ♒ | 16 ♓ | 07 ♉ | 00 ♋ | 09 ♌ | 00 ♎ | 05 ♏ |
| 3. | 28 | 15 ♎ | 05 ♏ | 19 ♐ | 21 ♑ | 07 ♓ | 07 ♈ | 13 ♊ | 26 ♋ | 05 ♍ | 26 ♎ | 01 ♐ |
| 5. | 25 ♍ | 09 ♏ | 29 | 13 ♑ | 15 ♒ | 03 ♈ | 11 ♉ | 09 ♋ | 22 ♌ | 01 ♎ | 20 ♏ | 25 |
| 7. | 19 ♎ | 03 ♐ | 23 ♐ | 07 ♒ | 11 ♓ | 02 ♉ | 10 ♊ | 04 ♌ | 18 ♍ | 27 | 15 ♐ | 17 ♏ |
| 9. | 13 ♏ | 27 | 17 ♑ | 03 ♓ | 09 ♈ | 01 ♊ | 10 ♋ | 02 ♍ | 13 ♎ | 24 | 08 ♐ | 10 ♏ |
| 11. | 07 ♐ | 21 ♑ | 12 ♒ | 01 ♈ | 08 ♉ | 02 ♋ | 10 ♌ | 00 ♎ | 16 ♏ | 18 ♐ | 02 ♒ | 05 ♓ |
| 13. | 01 ♑ | 17 ♒ | 08 ♓ | 00 ♉ | 08 ♊ | 01 ♌ | 08 ♍ | 26 | 11 ♐ | 12 ♑ | 26 ♒ | 00 ♈ |
| 15. | 25 | 13 ♓ | 06 ♈ | 29 ♊ | 08 ♌ | 28 | 05 ♏ | 21 ♑ | 04 ♓ | 06 ♐ | 23 ♓ | 27 |
| 17. | 21 ♒ | 11 ♈ | 05 ♉ | 29 ♊ | 07 ♍ | 25 ♍ | 29 ♏ | 14 ♒ | 01 ♈ | 01 ♑ | 19 ♈ | 25 ♉ |
| 19. | 17 ♓ | 09 ♉ | 04 ♊ | 27 ♋ | 04 ♎ | 21 ♎ | 23 ♐ | 08 ♓ | 23 ♒ | 27 | 18 ♉ | 26 ♊ |
| 21. | 14 ♈ | 07 ♊ | 02 ♋ | 24 ♌ | 00 ♎ | 16 ♏ | 18 ♑ | 02 ♈ | 19 ♓ | 25 ♈ | 17 ♊ | 26 ♋ |
| 23. | 12 ♉ | 05 ♋ | 00 ♌ | 20 ♍ | 24 | 09 ♐ | 12 ♒ | 27 | 16 ♈ | 24 ♉ | 17 ♋ | 25 ♌ |
| 25. | 11 ♊ | 03 ♌ | 23 ♌ | 15 ♎ | 19 ♏ | 03 ♑ | 06 ♓ | 23 ♉ | 14 ♉ | 23 ♊ | 16 ♌ | 23 ♍ |
| 27. | 10 ♋ | 01 ♍ | 23 ♍ | 10 ♏ | 12 ♐ | 27 | 01 ♈ | 20 ♊ | 13 ♊ | 22 ♋ | 14 ♍ | 19 ♎ |
| 29. | 08 ♌ | 27 | 19 ♎ | 04 ♐ | 06 ♑ | 21 ♒ | 26 | 18 ♋ | 11 ♋ | 20 ♌ | 10 ♎ | 14 ♏ |
| 31. | 06 ♍ | | 13 ♏ | | 00 ♒ | | 23 ♈ | 16 ♌ | | 17 ♍ | | 08 ♐ |

## 1965

| | J | F | M | A | M | J | J | A | S | O | N | D |
|---|---|---|---|---|---|---|---|---|---|---|---|---|
| 1. | 20 ♐ | 04 ♒ | 13 ♒ | 29 ♓ | 04 ♉ | 26 ♊ | 04 ♌ | 28 ♍ | 17 ♏ | 21 ♐ | 05 ♒ | 06 ♓ |
| 3. | 14 ♑ | 29 | 07 ♓ | 25 ♈ | 02 ♊ | 25 ♋ | 04 ♍ | 25 ♎ | 12 ♐ | 15 ♑ | 28 | 00 ♈ |
| 5. | 07 ♒ | 23 ♓ | 03 ♈ | 23 ♉ | 01 ♋ | 24 ♌ | 02 ♎ | 21 ♏ | 07 ♑ | 08 ♒ | 23 ♓ | 26 |
| 7. | 01 ♓ | 19 ♈ | 29 | 20 ♊ | 00 ♌ | 22 ♍ | 29 | 16 ♐ | 00 ♒ | 02 ♓ | 18 ♈ | 22 ♉ |
| 9. | 26 | 15 ♉ | 26 ♉ | 19 ♋ | 28 | 19 ♎ | 24 ♍ | 10 ♑ | 24 | 27 | 14 ♉ | 20 ♊ |
| 11. | 22 ♈ | 13 ♊ | 24 ♊ | 17 ♌ | 25 ♍ | 15 ♏ | 19 ♎ | 03 ♒ | 18 ♓ | 22 ♈ | 12 ♊ | 20 ♋ |
| 13. | 19 ♉ | 12 ♋ | 22 ♋ | 15 ♍ | 22 ♎ | 10 ♐ | 13 ♏ | 27 | 13 ♈ | 18 ♉ | 10 ♋ | 19 ♌ |
| 15. | 18 ♊ | 12 ♌ | 21 ♌ | 13 ♎ | 18 ♏ | 04 ♑ | 06 ♐ | 21 ♒ | 09 ♉ | 15 ♊ | 08 ♌ | 17 ♍ |
| 17. | 19 ♋ | 12 ♍ | 20 ♍ | 09 ♏ | 13 ♐ | 28 | 00 ♓ | 16 ♈ | 05 ♋ | 13 ♋ | 07 ♍ | 15 ♎ |
| 19. | 19 ♌ | 10 ♎ | 18 ♎ | 05 ♐ | 07 ♑ | 21 ♒ | 12 ♉ | 02 ♊ | 11 ♌ | 05 ♌ | 05 ♎ | 12 ♏ |
| 21. | 18 ♍ | 07 ♏ | 14 ♏ | 29 | 01 ♒ | 15 ♓ | 19 ♈ | 08 ♉ | 01 ♌ | 10 ♍ | 02 ♏ | 07 ♐ |
| 23. | 15 ♎ | 02 ♐ | 09 ♐ | 23 ♑ | 25 | 10 ♈ | 15 ♉ | 07 ♊ | 00 ♍ | 09 ♎ | 28 | 02 ♑ |
| 25. | 11 ♏ | 25 | 03 ♑ | 17 ♒ | 19 ♓ | 07 ♉ | 13 ♊ | 06 ♋ | 00 ♎ | 07 ♏ | 24 ♐ | 27 |
| 27. | 05 ♐ | 19 ♑ | 27 | 11 ♓ | 15 ♈ | 05 ♊ | 13 ♋ | 07 ♌ | 28 | 03 ♐ | 18 ♑ | 20 ♒ |
| 29. | 29 | | 21 ♒ | 07 ♈ | 12 ♉ | 04 ♋ | 13 ♌ | 06 ♍ | 25 ♏ | 28 | 12 ♒ | 14 ♓ |
| 31. | 22 ♑ | | 16 ♓ | | 11 ♊ | | 04 ♏ | | | 23 ♑ | | 08 ♈ |

### 1966

| | J | F | M | A | M | J | J | A | S | O | N | D |
|---|---|---|---|---|---|---|---|---|---|---|---|---|
| 1. | 21 ♈ | 08 ♊ | 17 ♊ | 09 ♌ | 18 ♍ | 11 ♏ | 17 ♐ | 04 ♒ | 19 ♓ | 22 ♈ | 08 ♊ | 14 ♋ |
| 3. | 16 ♉ | 06 ♋ | 15 ♋ | 08 ♍ | 17 ♎ | 08 ♐ | 13 ♑ | 28 | 13 ♈ | 16 ♉ | 03 ♋ | 11 ♌ |
| 5. | 14 ♊ | 06 ♌ | 14 ♌ | 08 ♎ | 16 ♏ | 04 ♑ | 08 ♒ | 22 ♓ | 07 ♉ | 11 ♊ | 00 ♌ | 09 ♍ |
| 7. | 13 ♋ | 07 ♍ | 15 ♍ | 07 ♏ | 13 ♐ | 29 | 02 ♓ | 16 ♈ | 01 ♊ | 06 ♋ | 28 | 07 ♎ |
| 9. | 13 ♌ | 07 ♎ | 15 ♎ | 05 ♐ | 09 ♑ | 24 ♒ | 25 | 10 ♉ | 27 | 04 ♌ | 27 ♍ | 06 ♏ |
| 11. | 13 ♍ | 05 ♏ | 14 ♏ | 01 ♑ | 04 ♒ | 17 ♓ | 19 ♈ | 05 ♊ | 25 ♋ | 03 ♍ | 26 ♎ | 04 ♐ |
| 13. | 12 ♎ | 01 ♐ | 10 ♐ | 26 | 28 | 11 ♈ | 14 ♉ | 02 ♋ | 24 ♌ | 03 ♎ | 25 ♏ | 01 ♑ |
| 15. | 09 ♏ | 26 | 05 ♑ | 20 ♒ | 21 ♓ | 06 ♉ | 10 ♊ | 01 ♌ | 25 ♍ | 03 ♏ | 23 ♐ | 28 |
| 17. | 04 ♐ | 20 ♑ | 29 | 13 ♓ | 16 ♈ | 02 ♊ | 08 ♋ | 01 ♍ | 25 ♎ | 02 ♐ | 20 ♑ | 23 ♒ |
| 19. | 29 | 14 ♒ | 23 | 07 ♈ | 11 ♉ | 29 | 07 ♌ | 01 ♎ | 23 ♏ | 29 | 15 ♒ | 17 ♓ |
| 21. | 23 ♑ | 08 ♓ | 17 ♓ | 02 ♉ | 07 ♊ | 28 ♋ | 07 ♍ | 00 ♏ | 20 ♐ | 24 ♑ | 09 ♓ | 11 ♈ |
| 23. | 17 ♒ | 02 ♈ | 11 ♈ | 28 | 04 ♋ | 27 ♌ | 06 ♎ | 28 | 16 ♑ | 19 | 03 ♈ | 04 ♉ |
| 25. | 11 ♓ | 26 | 05 ♉ | 24 ♊ | 02 ♌ | 26 ♍ | 04 ♏ | 24 ♐ | 10 | 13 ♒ | 27 | 29 |
| 27. | 05 ♈ | 21 ♉ | 01 ♊ | 21 ♋ | 00 ♍ | 24 ♎ | 01 ♐ | 19 ♑ | 04 ♓ | 06 ♈ | 21 ♉ | 26 ♊ |
| 29. | 29 | | 27 | 19 ♌ | 29 | 21 ♏ | 27 | 13 ♒ | 28 | 00 ♉ | 17 ♊ | 23 ♋ |
| 31. | 25 ♉ | | 25 ♋ | | 27 ♎ | | 22 ♐ | 07 ♓ | | 25 | | 21 ♌ |

### 1967

| | J | F | M | A | M | J | J | A | S | O | N | D |
|---|---|---|---|---|---|---|---|---|---|---|---|---|
| 1. | 06 ♍ | 29 ♎ | 09 ♏ | 00 ♑ | 05 ♒ | 20 ♓ | 22 ♈ | 06 ♊ | 22 ♋ | 28 ♌ | 20 ♎ | 29 ♏ |
| 3. | 04 ♎ | 27 ♏ | 07 ♐ | 26 | 00 ♈ | 14 ♈ | 16 ♉ | 01 ♋ | 20 ♌ | 27 ♍ | 21 ♏ | 29 ♐ |
| 5. | 02 ♏ | 23 ♐ | 03 ♑ | 21 ♒ | 24 | 07 ♉ | 10 ♊ | 27 | 19 ♍ | 27 ♎ | 21 ♐ | 27 ♑ |
| 7. | 00 ♐ | 19 ♑ | 29 | 15 ♓ | 17 ♈ | 02 ♊ | 06 ♋ | 25 ♌ | 18 ♎ | 27 ♏ | 19 ♑ | 24 ♒ |
| 9. | 27 | 14 ♒ | 24 | 08 ♈ | 11 ♉ | 27 | 02 ♌ | 24 ♍ | 18 ♏ | 26 ♐ | 15 | 19 ♓ |
| 11. | 23 ♑ | 09 ♓ | 18 ♓ | 02 ♉ | 05 ♊ | 23 ♋ | 00 ♍ | 23 ♎ | 16 ♐ | 23 ♑ | 10 ♓ | 13 ♈ |
| 13. | 18 | 03 ♈ | 11 ♈ | 26 | 00 ♋ | 19 ♌ | 28 | 21 ♏ | 13 ♑ | 19 | 04 ♈ | 07 ♉ |
| 15. | 13 ♓ | 26 | 05 ♉ | 20 ♊ | 26 | 17 ♍ | 26 ♎ | 19 ♐ | 09 | 13 ♈ | 28 | 00 ♊ |
| 17. | 06 ♈ | 20 ♉ | 29 | 16 ♋ | 23 ♌ | 15 ♎ | 25 ♏ | 16 ♑ | 04 ♓ | 07 ♈ | 22 ♉ | 25 |
| 19. | 00 ♉ | 15 ♊ | 24 ♊ | 13 ♌ | 21 ♍ | 14 ♏ | 22 ♐ | 12 ♒ | 29 | 01 ♉ | 16 ♊ | 20 ♋ |
| 21. | 24 | 11 ♋ | 20 ♋ | 11 ♍ | 20 ♎ | 13 ♐ | 20 ♑ | 08 ♓ | 22 ♈ | 25 | 10 ♋ | 15 ♌ |
| 23. | 20 ♊ | 10 ♌ | 18 ♌ | 11 ♎ | 19 ♏ | 11 ♑ | 16 | 02 ♈ | 16 ♉ | 19 ♊ | 05 ♌ | 12 ♍ |
| 25. | 17 ♋ | 09 ♍ | 17 ♍ | 11 ♏ | 19 ♐ | 08 | 12 ♓ | 26 | 10 ♊ | 13 ♋ | 02 ♍ | 10 ♎ |
| 27. | 16 ♌ | 10 ♎ | 18 ♎ | 11 ♐ | 17 ♑ | 04 ♈ | 06 ♈ | 19 ♉ | 04 ♋ | 09 ♌ | 00 ♎ | 08 ♏ |
| 29. | 16 ♍ | | 18 ♏ | 09 ♑ | 13 | 28 | 00 ♉ | 14 ♊ | 00 ♌ | 06 ♍ | 29 | 07 ♐ |
| 31. | 15 ♎ | | 16 ♐ | | 08 ♓ | | 23 | 09 ♋ | | 05 ♌ | | 07 ♑ |

### 1968

| | J | F | M | A | M | J | J | A | S | O | N | D |
|---|---|---|---|---|---|---|---|---|---|---|---|---|
| 1. | 21 ♑ | 10 ♓ | 00 ♈ | 15 ♉ | 17 ♊ | 03 ♌ | 08 ♍ | 29 ♎ | 22 ♐ | 01 ♒ | 21 ♓ | 25 ♈ |
| 3. | 19 ♒ | 05 ♈ | 25 | 09 ♊ | 11 ♋ | 28 | 04 ♎ | 27 ♏ | 20 ♑ | 28 | 16 ♈ | 20 ♉ |
| 5. | 15 ♓ | 29 | 19 ♉ | 02 ♋ | 06 ♌ | 24 ♍ | 02 ♏ | 26 ♐ | 18 | 24 ♓ | 11 ♉ | 13 ♊ |
| 7. | 09 ♈ | 23 ♉ | 12 ♊ | 27 | 02 ♍ | 22 ♎ | 01 ♐ | 25 ♑ | 15 ♓ | 20 ♈ | 05 ♊ | 07 ♋ |
| 9. | 03 ♉ | 16 ♊ | 06 ♋ | 23 ♌ | 29 | 22 ♏ | 01 ♑ | 23 | 11 ♈ | 14 ♉ | 28 | 01 ♌ |
| 11. | 27 | 11 ♋ | 02 ♌ | 21 ♍ | 28 ♎ | 22 ♐ | 01 ♒ | 20 ♓ | 06 ♉ | 08 ♊ | 22 ♋ | 25 |
| 13. | 21 ♊ | 07 ♌ | 29 | 20 ♎ | 29 ♏ | 22 ♑ | 29 | 16 ♈ | 00 ♊ | 02 ♋ | 16 ♌ | 21 ♍ |
| 15. | 16 ♋ | 05 ♍ | 27 ♍ | 20 ♏ | 29 ♐ | 21 | 25 ♓ | 10 ♉ | 24 | 26 | 12 ♍ | 17 ♎ |
| 17. | 12 ♌ | 03 ♎ | 27 ♎ | 20 ♐ | 28 ♑ | 17 ♓ | 20 ♈ | 04 ♊ | 18 ♋ | 21 ♌ | 09 ♎ | 16 ♏ |
| 19. | 09 ♍ | 01 ♏ | 26 ♏ | 19 ♑ | 25 | 12 ♈ | 14 ♉ | 28 | 13 ♌ | 17 ♍ | 08 ♏ | 16 ♐ |
| 21. | 06 ♎ | 00 ♐ | 24 ♐ | 16 | 21 ♓ | 06 ♉ | 08 ♊ | 22 ♋ | 09 ♍ | 15 ♎ | 08 ♐ | 17 ♑ |
| 23. | 04 ♏ | 28 | 22 ♑ | 11 ♒ | 15 ♈ | 29 | 02 ♌ | 18 ♌ | 07 ♎ | 15 ♏ | 09 ♑ | 16 ♒ |
| 25. | 03 ♐ | 25 ♑ | 19 | 06 ♈ | 09 ♉ | 23 ♊ | 26 | 14 ♍ | 06 ♏ | 15 ♐ | 08 | 14 ♓ |
| 27. | 01 ♑ | 22 | 14 ♓ | 00 ♉ | 02 ♊ | 17 ♋ | 22 ♌ | 12 ♎ | 05 ♐ | 14 ♑ | 05 ♓ | 10 ♈ |
| 29. | 29 | 18 ♓ | 09 ♈ | 24 | 26 | 12 ♌ | 18 ♍ | 10 ♏ | 03 ♑ | 12 | 01 ♈ | 05 ♉ |
| 31. | 27 ♒ | | 03 ♉ | | 20 ♋ | | 15 ♎ | 08 ♐ | | 08 ♓ | | 28 |

1969

| | J | F | M | A | M | J | J | A | S | O | N | D |
|---|---|---|---|---|---|---|---|---|---|---|---|---|
| 1. | 10 ♊ | 25 ♋ | 03 ♌ | 19 ♍ | 24 ♎ | 17 ♏ | 26 ♐ | 18 ♓ | 07 ♉ | 10 ♊ | 24 ♋ | 26 ♌ |
| 3. | 04 ♋ | 19 ♌ | 28 | 16 ♎ | 23 ♏ | 17 ♐ | 26 ♒ | 16 ♈ | 02 ♊ | 05 ♌ | 18 ♎ | 20 ♍ |
| 5. | 28 | 14 ♍ | 24 ♍ | 14 ♏ | 23 ♐ | 16 ♒ | 24 ♓ | 12 ♉ | 27 | 28 | 12 ♍ | 15 ♎ |
| 7. | 22 ♌ | 10 ♎ | 20 ♎ | 13 ♐ | 22 ♐ | 14 ♓ | 20 ♈ | 06 ♊ | 20 ♋ | 22 ♍ | 08 ♎ | 12 ♏ |
| 9. | 17 ♍ | 07 ♏ | 18 ♏ | 11 ♑ | 20 ♒ | 10 ♈ | 15 ♉ | 00 ♋ | 14 ♌ | 17 ♍ | 04 ♏ | 11 ♐ |
| 11. | 13 ♎ | 05 ♐ | 16 ♐ | 09 ♒ | 17 ♓ | 06 ♉ | 09 ♊ | 24 | 09 ♍ | 13 ♎ | 03 ♐ | 11 ♑ |
| 13. | 11 ♏ | 04 ♑ | 14 ♑ | 07 ♓ | 13 ♈ | 00 ♊ | 03 ♋ | 18 ♌ | 04 ♎ | 09 ♏ | 02 ♑ | 11 ♒ |
| 15. | 10 ♐ | 03 ♒ | 13 ♒ | 04 ♈ | 09 ♉ | 24 | 27 | 12 ♍ | 00 ♏ | 07 ♐ | 01 ♒ | 09 ♓ |
| 17. | 10 ♑ | 02 ♓ | 11 ♓ | 00 ♉ | 03 ♊ | 18 ♋ | 21 ♌ | 07 ♎ | 27 | 06 ♑ | 29 | 07 ♈ |
| 19. | 10 ♒ | 00 ♈ | 08 ♈ | 25 | 27 | 12 ♌ | 15 ♍ | 03 ♏ | 25 ♐ | 04 ♒ | 26 ♓ | 03 ♉ |
| 21. | 09 ♓ | 26 | 04 ♉ | 19 ♊ | 21 ♋ | 06 ♍ | 10 ♎ | 00 ♐ | 23 ♑ | 02 ♓ | 23 ♈ | 28 |
| 23. | 06 ♈ | 21 ♉ | 29 | 13 ♋ | 15 ♌ | 00 ♎ | 06 ♏ | 28 | 22 ♒ | 00 ♈ | 19 ♉ | 23 ♊ |
| 25. | 01 ♉ | 15 ♊ | 23 ♊ | 07 ♌ | 09 ♍ | 27 | 04 ♐ | 28 ♏ | 21 ♓ | 27 | 14 ♊ | 17 ♋ |
| 27. | 25 | 09 ♋ | 17 ♋ | 01 ♍ | 05 ♎ | 25 ♏ | 04 ♑ | 28 | 18 ♈ | 23 ♉ | 08 ♋ | 11 ♌ |
| 29. | 19 ♊ | | 11 ♌ | 27 | 02 ♏ | 25 ♐ | 04 ♒ | 26 ♓ | 15 ♉ | 18 ♊ | 02 ♌ | 04 ♍ |
| 31. | 13 ♋ | | 06 ♍ | | 02 ♐ | | 04 ♓ | 24 ♈ | | 12 ♋ | | 28 |

1970

| | J | F | M | A | M | J | J | A | S | O | N | D |
|---|---|---|---|---|---|---|---|---|---|---|---|---|
| 1. | 11 ♎ | 29 ♏ | 09 ♐ | 01 ♒ | 10 ♓ | 02 ♉ | 08 ♊ | 25 ♋ | 09 ♍ | 12 ♎ | 29 ♏ | 05 ♐ |
| 3. | 07 ♏ | 27 ♐ | 07 ♑ | 00 ♓ | 08 ♈ | 29 | 03 ♋ | 18 ♌ | 03 ♎ | 06 ♏ | 25 ♐ | 03 ♒ |
| 5. | 04 ♐ | 27 ♑ | 06 ♒ | 29 | 06 ♉ | 25 ♊ | 28 | 12 ♍ | 27 | 02 ♐ | 22 ♑ | 01 ♓ |
| 7. | 04 ♑ | 28 ♒ | 06 ♓ | 28 ♈ | 03 ♊ | 19 ♋ | 22 ♌ | 06 ♎ | 22 ♏ | 28 | 20 ♈ | 29 |
| 9. | 05 ♒ | 27 ♓ | 05 ♈ | 25 ♉ | 29 | 13 ♌ | 15 ♍ | 00 ♏ | 18 ♐ | 26 ♑ | 19 ♓ | 27 ♈ |
| 11. | 05 ♓ | 26 ♈ | 04 ♉ | 21 ♊ | 23 ♋ | 07 ♍ | 09 ♎ | 26 | 16 ♑ | 24 ♒ | 18 ♈ | 25 ♉ |
| 13. | 03 ♈ | 22 ♉ | 00 ♊ | 15 ♋ | 17 ♌ | 01 ♎ | 04 ♏ | 23 ♐ | 15 ♒ | 23 ♓ | 17 ♉ | 22 ♊ |
| 15. | 00 ♉ | 17 ♊ | 25 ♊ | 09 ♍ | 11 ♍ | 26 | 00 ♐ | 22 ♑ | 15 ♓ | 23 ♈ | 14 ♊ | 18 ♋ |
| 17. | 25 | 11 ♋ | 19 ♋ | 03 ♎ | 05 ♎ | 22 ♏ | 29 | 22 ♒ | 15 ♈ | 22 ♉ | 10 ♋ | 13 ♌ |
| 19. | 20 ♊ | 04 ♌ | 13 ♌ | 27 | 01 ♏ | 20 ♐ | 28 ♒ | 22 ♓ | 14 ♉ | 19 ♊ | 05 ♌ | 06 ♍ |
| 21. | 14 ♋ | 28 | 07 ♍ | 22 ♏ | 28 | 20 ♑ | 28 | 21 ♈ | 11 ♊ | 15 ♋ | 29 | 00 ♎ |
| 23. | 08 ♌ | 22 ♍ | 01 ♎ | 19 ♏ | 26 ♐ | 19 ♒ | 28 ♓ | 19 ♉ | 06 ♋ | 09 ♌ | 22 ♍ | 24 |
| 25. | 01 ♍ | 17 ♎ | 26 | 16 ♐ | 24 ♑ | 18 ♓ | 26 ♈ | 15 ♊ | 01 ♌ | 02 ♍ | 16 ♎ | 19 ♏ |
| 27. | 25 | 12 ♏ | 22 ♏ | 14 ♑ | 23 ♒ | 16 ♈ | 23 ♉ | 09 ♋ | 24 | 26 | 11 ♏ | 16 ♐ |
| 29. | 20 ♎ | | 19 ♐ | 12 ♒ | 21 ♓ | 12 ♉ | 18 ♊ | 04 ♌ | 18 ♍ | 21 ♎ | 08 ♐ | 14 ♑ |
| 31. | 15 ♏ | | 17 ♑ | | 19 ♈ | | 13 ♋ | 27 | | 16 ♏ | | 13 ♒ |

1971

| | J | F | M | A | M | J | J | A | S | O | N | D |
|---|---|---|---|---|---|---|---|---|---|---|---|---|
| 1. | 28 ♒ | 21 ♈ | 00 ♉ | 21 ♊ | 25 ♋ | 10 ♍ | 11 ♎ | 25 ♏ | 12 ♑ | 18 ♒ | 11 ♈ | 20 ♉ |
| 3. | 26 ♓ | 18 ♉ | 27 | 17 ♋ | 20 ♌ | 03 ♎ | 05 ♏ | 21 ♐ | 18 ♑ | 18 ♈ | 11 ♉ | 19 ♊ |
| 5. | 24 ♈ | 15 ♊ | 25 ♊ | 11 ♌ | 13 ♍ | 27 | 00 ♐ | 18 ♑ | 09 ♓ | 18 ♉ | 11 ♊ | 18 ♋ |
| 7. | 22 ♉ | 10 ♋ | 20 ♋ | 05 ♍ | 07 ♎ | 22 ♏ | 26 | 16 ♒ | 10 ♈ | 18 ♊ | 10 ♋ | 14 ♌ |
| 9. | 18 ♊ | 05 ♌ | 14 ♌ | 28 | 01 ♏ | 17 ♐ | 23 ♑ | 01 ♓ | 09 ♉ | 17 ♋ | 06 ♌ | 09 ♍ |
| 11. | 14 ♋ | 29 | 08 ♍ | 22 ♎ | 26 | 14 ♑ | 22 ♒ | 15 ♈ | 08 ♊ | 14 ♌ | 01 ♍ | 03 ♎ |
| 13. | 08 ♌ | 23 ♍ | 01 ♎ | 17 ♏ | 18 ♐ | 09 ♓ | 11 ♈ | 20 ♉ | 11 ♊ | 10 ♍ | 25 | 21 ♏ |
| 15. | 02 ♍ | 16 ♎ | 25 | 11 ♐ | 18 ♑ | 09 ♈ | 19 ♉ | 11 ♊ | 00 ♋ | 04 ♎ | 18 ♎ | 15 ♐ |
| 17. | 26 | 10 ♏ | 19 ♏ | 07 ♑ | 15 ♒ | 08 ♉ | 17 ♊ | 08 ♋ | 25 | 28 | 12 ♏ | 15 ♑ |
| 19. | 20 ♎ | 05 ♐ | 15 ♐ | 04 ♒ | 13 ♓ | 06 ♊ | 14 ♋ | 03 ♌ | 19 ♍ | 21 ♎ | 06 ♐ | 11 ♒ |
| 21. | 14 ♏ | 02 ♑ | 11 ♑ | 02 ♓ | 11 ♈ | 04 ♋ | 11 ♌ | 28 | 12 ♎ | 15 ♏ | 01 ♑ | 07 ♒ |
| 23. | 10 ♐ | 00 ♒ | 09 ♒ | 02 ♈ | 11 ♉ | 02 ♌ | 07 ♍ | 22 ♏ | 06 ♏ | 09 ♐ | 27 | 04 ♓ |
| 25. | 08 ♑ | 00 ♓ | 08 ♓ | 02 ♉ | 09 ♊ | 28 | 01 ♎ | 16 ♐ | 00 ♐ | 04 ♑ | 23 ♑ | 02 ♈ |
| 27. | 07 ♒ | 00 ♈ | 08 ♈ | 01 ♊ | 07 ♋ | 23 ♌ | 25 | 09 ♑ | 25 | 00 ♒ | 21 ♒ | 00 ♉ |
| 29. | 07 ♓ | | 09 ♉ | 29 | 03 ♌ | 17 ♍ | 19 ♎ | 04 ♐ | 21 ♑ | 27 | 20 ♈ | 29 |
| 31. | 06 ♈ | | 07 ♊ | | 28 | | 13 ♏ | 29 | | 26 ♓ | | 28 ♊ |

## 1972

| | J | F | M | A | M | J | J | A | S | O | N | D |
|---|---|---|---|---|---|---|---|---|---|---|---|---|
| 1. | 12 ♋ | 00 ♍ | 20 ♍ | 05 ♏ | 08 ♐ | 24 ♉ | 29 ♒ | 21 ♈ | 15 ♊ | 23 ♋ | 12 ♍ | 16 ♌ |
| 3. | 09 ♌ | 24 | 15 ♎ | 29 | 02 ♑ | 19 ♒ | 26 ♓ | 20 ♉ | 13 ♋ | 20 ♌ | 07 ♎ | 10 ♏ |
| 5. | 04 ♍ | 18 ♎ | 08 ♏ | 23 ♐ | 27 | 16 ♓ | 24 ♈ | 18 ♊ | 10 ♌ | 15 ♍ | 01 ♏ | 04 ♐ |
| 7. | 29 | 12 ♏ | 02 ♐ | 17 ♑ | 22 ♒ | 14 ♈ | 23 ♉ | 16 ♋ | 06 ♍ | 10 ♎ | 25 | 27 |
| 9. | 23 ♌ | 06 ♐ | 26 | 13 ♒ | 20 ♓ | 13 ♉ | 22 ♊ | 14 ♌ | 01 ♎ | 04 ♏ | 19 ♐ | 21 ♉ |
| 11. | 16 ♏ | 01 ♑ | 22 ♉ | 11 ♓ | 19 ♈ | 13 ♊ | 21 ♋ | 10 ♍ | 26 | 28 | 12 ♉ | 16 ♒ |
| 13. | 11 ♐ | 27 | 19 ♒ | 11 ♈ | 20 ♉ | 13 ♋ | 19 ♌ | 05 ♎ | 20 ♏ | 22 ♐ | 07 ♒ | 12 ♓ |
| 15. | 06 ♑ | 25 ♒ | 18 ♓ | 12 ♉ | 20 ♊ | 11 ♌ | 15 ♍ | 00 ♏ | 13 ♐ | 16 ♑ | 02 ♓ | 09 ♈ |
| 17. | 03 ♒ | 24 ♓ | 18 ♈ | 12 ♊ | 19 ♋ | 07 ♍ | 10 ♎ | 24 | 08 ♑ | 11 ♒ | 00 ♈ | 07 ♉ |
| 19. | 00 ♓ | 23 ♈ | 18 ♉ | 10 ♋ | 16 ♌ | 02 ♎ | 04 ♏ | 18 ♐ | 03 ♒ | 07 ♓ | 29 | 07 ♊ |
| 21. | 28 | 22 ♉ | 16 ♊ | 07 ♌ | 11 ♍ | 26 | 28 | 12 ♑ | 29 | 06 ♈ | 29 ♉ | 08 ♋ |
| 23. | 27 ♈ | 20 ♊ | 14 ♋ | 02 ♍ | 05 ♎ | 19 ♏ | 22 ♐ | 08 ♒ | 28 ♓ | 06 ♉ | 00 ♋ | 07 ♌ |
| 25. | 25 ♉ | 17 ♋ | 10 ♎ | 26 | 29 | 13 ♐ | 17 ♑ | 05 ♓ | 27 ♈ | 06 ♊ | 29 | 04 ♍ |
| 27. | 23 ♊ | 13 ♌ | 05 ♍ | 20 ♎ | 23 ♏ | 08 ♑ | 12 ♒ | 03 ♈ | 27 ♉ | 06 ♋ | 26 ♋ | 00 ♎ |
| 29. | 20 ♋ | 08 ♍ | 29 | 14 ♏ | 17 ♐ | 03 ♒ | 09 ♓ | 02 ♉ | 26 ♊ | 03 ♌ | 22 ♍ | 25 |
| 31. | 17 ♌ | | 23 ♎ | | 11 ♑ | | 07 ♈ | 01 ♊ | | 29 | | 19 ♏ |

## 1973

| | J | F | M | A | M | J | J | A | S | O | N | D |
|---|---|---|---|---|---|---|---|---|---|---|---|---|
| 1. | 01 ♐ | 15 ♉ | 23 ♉ | 09 ♓ | 15 ♈ | 08 ♊ | 16 ♋ | 09 ♍ | 27 ♎ | 00 ♐ | 14 ♉ | 16 ♒ |
| 3. | 24 | 09 ♒ | 18 ♈ | 07 ♈ | 14 ♉ | 08 ♋ | 16 ♌ | 06 ♎ | 22 ♏ | 24 | 07 ♒ | 10 ♓ |
| 5. | 18 ♑ | 05 ♓ | 14 ♈ | 05 ♉ | 14 ♊ | 07 ♋ | 14 ♍ | 02 ♏ | 16 ♐ | 18 ♑ | 02 ♓ | 06 ♈ |
| 7. | 13 ♒ | 02 ♈ | 12 ♈ | 05 ♊ | 14 ♋ | 05 ♍ | 11 ♎ | 26 | 10 ♐ | 12 ♒ | 28 | 03 ♉ |
| 9. | 09 ♓ | 29 | 10 ♉ | 04 ♋ | 12 ♌ | 01 ♎ | 06 ♏ | 20 ♐ | 04 ♒ | 07 ♓ | 25 ♈ | 02 ♊ |
| 11. | 05 ♈ | 28 ♉ | 09 ♊ | 01 ♌ | 09 ♍ | 26 | 00 ♐ | 14 ♑ | 29 | 03 ♈ | 24 ♉ | 02 ♋ |
| 13. | 03 ♉ | 26 ♊ | 07 ♋ | 28 | 04 ♎ | 21 ♏ | 23 | 08 ♒ | 24 ♈ | 01 ♉ | 23 ♊ | 02 ♌ |
| 15. | 01 ♊ | 25 ♋ | 05 ♌ | 25 ♍ | 29 | 14 ♐ | 17 ♑ | 03 ♓ | 21 ♈ | 29 | 23 ♋ | 01 ♍ |
| 17. | 01 ♋ | 23 ♌ | 02 ♍ | 20 ♎ | 24 ♏ | 08 ♑ | 11 ♒ | 28 | 19 ♉ | 28 ♊ | 21 ♋ | 28 |
| 19. | 00 ♌ | 20 ♍ | 28 | 15 ♏ | 17 ♐ | 02 ♒ | 06 ♓ | 25 ♈ | 17 ♊ | 26 ♋ | 18 ♍ | 24 ♎ |
| 21. | 29 | 16 ♎ | 24 ♎ | 09 ♐ | 11 ♑ | 26 | 01 ♈ | 22 ♉ | 15 ♋ | 24 ♌ | 15 ♎ | 19 ♏ |
| 23. | 26 ♍ | 11 ♏ | 19 ♏ | 03 ♑ | 05 ♒ | 21 ♓ | 28 | 20 ♊ | 14 ♌ | 21 ♍ | 10 ♏ | 13 ♐ |
| 25. | 21 ♎ | 05 ♐ | 13 ♐ | 26 | 29 | 18 ♈ | 26 ♉ | 19 ♋ | 12 ♍ | 18 ♎ | 04 ♐ | 07 ♑ |
| 27. | 15 ♏ | 28 | 06 ♑ | 21 | 25 ♈ | 16 ♉ | 25 ♊ | 18 ♌ | 09 ♎ | 13 ♏ | 28 | 01 ♒ |
| 29. | 09 ♐ | | 00 ♒ | 17 ♓ | 23 ♈ | 16 ♊ | 25 ♋ | 17 ♍ | 05 ♏ | 08 ♐ | 22 ♉ | 24 |
| 31. | 03 ♑ | | 26 | | 23 ♉ | | 24 ♌ | 14 ♍ | | 02 ♑ | | 19 ♓ |

## 1974

| | J | F | M | A | M | J | J | A | S | O | N | D |
|---|---|---|---|---|---|---|---|---|---|---|---|---|
| 1. | 01 ♈ | 20 ♉ | 00 ♊ | 23 ♋ | 02 ♍ | 24 ♎ | 29 ♏ | 15 ♐ | 29 ♒ | 02 ♈ | 20 ♉ | 26 ♊ |
| 3. | 27 | 18 ♊ | 28 | 22 ♋ | 00 ♎ | 20 ♏ | 24 ♐ | 08 ♒ | 23 ♓ | 28 | 17 ♊ | 25 ♋ |
| 5. | 25 ♉ | 18 ♋ | 27 ♋ | 20 ♍ | 27 | 15 ♐ | 18 ♑ | 02 ♓ | 18 ♈ | 23 ♉ | 14 ♋ | 24 ♌ |
| 7. | 25 ♊ | 18 ♌ | 27 ♌ | 18 ♎ | 24 ♏ | 09 ♑ | 11 ♒ | 26 | 13 ♉ | 20 ♊ | 13 ♌ | 22 ♍ |
| 9. | 25 ♋ | 18 ♍ | 26 ♍ | 15 ♏ | 19 ♐ | 03 ♒ | 05 ♓ | 21 ♈ | 10 ♊ | 18 ♋ | 11 ♍ | 20 ♎ |
| 11. | 25 ♌ | 16 ♎ | 24 ♎ | 11 ♐ | 13 ♑ | 27 | 29 | 17 ♉ | 07 ♋ | 16 ♌ | 09 ♎ | 17 ♏ |
| 13. | 24 ♍ | 12 ♏ | 20 ♏ | 05 ♑ | 07 ♒ | 21 ♓ | 24 ♈ | 14 ♊ | 06 ♌ | 15 ♍ | 07 ♏ | 13 ♐ |
| 15. | 21 ♎ | 07 ♐ | 15 ♐ | 29 | 00 ♈ | 16 ♈ | 21 ♉ | 12 ♋ | 06 ♍ | 14 ♎ | 04 ♐ | 08 ♑ |
| 17. | 16 ♏ | 01 ♑ | 09 ♑ | 23 ♒ | 25 | 13 ♉ | 19 ♊ | 12 ♌ | 06 ♎ | 12 ♏ | 00 ♑ | 02 ♒ |
| 19. | 10 ♐ | 24 | 03 ♒ | 17 ♓ | 21 ♈ | 11 ♊ | 19 ♋ | 13 ♍ | 04 ♏ | 09 ♐ | 24 | 26 |
| 21. | 04 ♑ | 18 ♒ | 27 | 13 ♈ | 18 ♉ | 10 ♋ | 19 ♌ | 12 ♎ | 01 ♐ | 04 ♑ | 18 ♒ | 20 ♓ |
| 23. | 28 | 13 ♓ | 21 ♓ | 10 ♉ | 16 ♊ | 10 ♌ | 19 ♍ | 10 ♏ | 26 | 28 | 12 ♓ | 14 ♈ |
| 25. | 21 ♒ | 08 ♈ | 17 ♈ | 07 ♊ | 16 ♋ | 10 ♍ | 17 ♎ | 05 ♐ | 20 ♑ | 22 | 06 ♈ | 09 ♉ |
| 27. | 16 ♓ | 04 ♉ | 14 ♉ | 06 ♋ | 15 ♌ | 07 ♎ | 14 ♏ | 00 ♑ | 14 | 16 ♓ | 02 ♉ | 06 ♊ |
| 29. | 11 ♈ | | 11 ♊ | 04 ♌ | 13 ♍ | 04 ♏ | 09 ♐ | 24 | 08 ♈ | 11 ♈ | 28 | 05 ♋ |
| 31. | 07 ♉ | | 09 ♋ | | 11 ♎ | | 03 ♑ | 17 ♒ | | 07 ♉ | | 04 ♌ |

## 1975

| | J | F | M | A | M | J | J | A | S | O | N | D |
|---|---|---|---|---|---|---|---|---|---|---|---|---|
| 1. | 19 ♌ | 13 ♌ | 21 ♌ | 11 ♐ | 15 ♉ | 29 ♒ | 01 ♈ | 15 ♐ | 02 ♋ | 09 ♌ | 03 ♌ | 11 ♏ |
| 3. | 18 ♍ | 10 ♏ | 19 ♏ | 07 ♉ | 09 ♒ | 23 ♓ | 25 | 11 ♊ | 01 ♌ | 09 ♌ | 02 ♏ | 10 ♐ |
| 5. | 17 ♎ | 06 ♐ | 16 ♐ | 01 ♊ | 03 ♓ | 17 ♈ | 20 ♉ | 08 ♋ | 00 ♍ | 09 ♍ | 02 ♐ | 07 ♑ |
| 7. | 13 ♏ | 01 ♑ | 10 ♑ | 25 | 27 | 12 ♉ | 16 ♊ | 07 ♌ | 01 ♎ | 09 ♏ | 00 ♑ | 04 ♒ |
| 9. | 09 ♐ | 25 | 04 ♒ | 19 ♓ | 21 ♈ | 08 ♊ | 14 ♋ | 07 ♍ | 01 ♏ | 08 ♐ | 26 | 29 |
| 11. | 04 ♑ | 19 ♒ | 28 | 13 ♈ | 16 ♉ | 05 ♋ | 13 ♌ | 07 ♎ | 29 | 05 ♑ | 21 ♒ | 23 ♓ |
| 13. | 28 | 13 ♓ | 22 ♓ | 07 ♉ | 12 ♊ | 03 ♌ | 12 ♍ | 06 ♏ | 26 ♐ | 00 ♒ | 15 ♓ | 16 ♈ |
| 15. | 22 ♒ | 07 ♈ | 16 ♈ | 03 ♊ | 09 ♋ | 02 ♍ | 11 ♎ | 03 ♐ | 21 ♑ | 24 | 08 ♈ | 10 ♉ |
| 17. | 16 ♓ | 01 ♉ | 10 ♉ | 29 | 07 ♌ | 00 ♎ | 09 ♏ | 29 | 15 ♒ | 18 ♓ | 02 ♉ | 05 ♊ |
| 19. | 10 ♈ | 26 | 05 ♊ | 26 ♋ | 05 ♍ | 28 | 06 ♐ | 24 ♑ | 09 ♓ | 12 ♈ | 27 | 01 ♋ |
| 21. | 05 ♉ | 22 ♊ | 02 ♋ | 24 ♌ | 04 ♎ | 26 ♏ | 02 ♑ | 18 ♒ | 03 ♈ | 06 ♉ | 22 ♊ | 28 |
| 23. | 00 ♊ | 21 ♋ | 29 | 23 ♍ | 02 ♏ | 22 ♐ | 27 | 12 ♐ | 27 | 00 ♊ | 18 ♋ | 26 ♌ |
| 25. | 28 | 21 ♌ | 29 ♋ | 23 ♎ | 00 ♐ | 18 ♑ | 21 ♒ | 06 ♈ | 15 ♉ | 25 | 15 ♌ | 24 ♍ |
| 27. | 27 ♋ | 21 ♍ | 29 ♌ | 22 ♏ | 27 | 13 ♒ | 15 ♓ | 00 ♉ | 15 ♊ | 21 ♋ | 13 ♍ | 23 ♎ |
| 29. | 28 ♌ | | 29 ♍ | 19 ♐ | 23 ♑ | 07 ♓ | 09 ♈ | 24 | 12 ♋ | 19 ♌ | 12 ♎ | 21 ♏ |
| 31. | 28 ♍ | | 28 ♏ | | 17 ♒ | | 03 ♉ | 19 ♊ | | 18 ♍ | | 18 ♐ |

## 1976

| | J | F | M | A | M | J | J | A | S | O | N | D |
|---|---|---|---|---|---|---|---|---|---|---|---|---|
| 1. | 02 ♑ | 20 ♒ | 11 ♓ | 25 ♈ | 28 ♉ | 14 ♋ | 21 ♌ | 13 ♌ | 07 ♐ | 15 ♉ | 03 ♓ | 06 ♈ |
| 3. | 29 | 14 ♓ | 05 ♈ | 19 ♉ | 22 ♊ | 11 ♌ | 19 ♍ | 12 ♏ | 04 ♑ | 11 | 28 | 00 ♉ |
| 5. | 24 | 08 ♈ | 16 ♈ | 01 ♊ | 17 ♋ | 08 ♍ | 12 ♎ | 10 ♐ | 01 | 06 ♓ | 21 ♐ | 24 |
| 7. | 18 ♓ | 02 ♉ | 22 ♉ | 08 ♋ | 14 ♌ | 06 ♎ | 15 ♏ | 07 ♑ | 27 | 01 ♈ | 15 ♉ | 18 ♊ |
| 9. | 12 ♈ | 26 | 16 ♊ | 04 ♌ | 12 ♍ | 05 ♏ | 14 ♐ | 04 | 22 ♓ | 24 | 09 ♊ | 12 ♋ |
| 11. | 06 ♉ | 21 ♊ | 12 ♋ | 02 ♍ | 11 ♎ | 04 ♐ | 12 ♑ | 01 ♓ | 16 ♈ | 18 ♉ | 03 ♋ | 07 ♌ |
| 13. | 00 ♊ | 17 ♋ | 09 ♌ | 02 ♎ | 11 ♏ | 03 ♑ | 09 | 05 ♓ | 10 ♉ | 12 ♊ | 28 | 03 ♍ |
| 15. | 26 | 16 ♌ | 09 ♍ | 02 ♏ | 10 ♐ | 01 | 05 ♓ | 20 ♈ | 03 ♊ | 06 ♋ | 23 ♌ | 00 ♎ |
| 17. | 23 ♋ | 16 ♍ | 09 ♎ | 02 ♐ | 09 ♑ | 27 | 00 ♈ | 13 ♉ | 27 | 01 ♌ | 21 ♍ | 29 |
| 19. | 22 ♌ | 15 ♎ | 09 ♏ | 01 ♑ | 06 | 22 ♓ | 24 | 07 ♊ | 23 ♋ | 28 | 20 ♎ | 28 ♏ |
| 21. | 21 ♍ | 14 ♏ | 08 ♐ | 27 | 01 ♈ | 16 ♈ | 17 ♉ | 02 ♋ | 20 ♌ | 27 ♍ | 20 ♏ | 28 ♐ |
| 23. | 20 ♎ | 12 ♐ | 05 ♑ | 23 | 25 | 09 ♉ | 11 ♊ | 28 | 19 ♍ | 27 ♎ | 20 ♐ | 27 ♑ |
| 25. | 18 ♏ | 08 ♑ | 01 | 17 ♈ | 19 ♉ | 03 ♊ | 07 ♋ | 26 ♌ | 18 ♎ | 27 ♏ | 19 ♑ | 25 |
| 27. | 15 ♐ | 04 | 26 | 11 ♉ | 13 ♊ | 28 | 03 ♌ | 25 ♍ | 18 ♏ | 26 ♐ | 17 | 20 ♓ |
| 29. | 11 ♑ | 29 | 20 ♓ | 04 ♊ | 07 ♊ | 24 ♋ | 01 ♍ | 24 ♎ | 17 ♐ | 24 ♑ | 12 ♓ | 15 ♈ |
| 31. | 07 ♒ | | 13 ♈ | | 02 ♋ | | 29 | 23 ♏ | | 21 | | 08 ♉ |

## 1977

| | J | F | M | A | M | J | J | A | S | O | N | D |
|---|---|---|---|---|---|---|---|---|---|---|---|---|
| 1. | 20 ♉ | 04 ♋ | 12 ♋ | 29 ♌ | 05 ♎ | 28 ♏ | 07 ♑ | 29 | 17 ♈ | 20 ♉ | 04 ♋ | 06 ♌ |
| 3. | 14 ♊ | 00 ♌ | 03 ♌ | 27 ♍ | 05 ♏ | 29 ♐ | 07 | 26 ♑ | 12 ♉ | 14 ♊ | 27 | 00 ♍ |
| 5. | 09 ♋ | 26 | 05 ♍ | 26 ♎ | 05 ♐ | 28 ♑ | 05 ♓ | 22 ♈ | 06 ♊ | 07 ♋ | 22 ♌ | 26 |
| 7. | 04 ♌ | 24 ♍ | 03 ♎ | 26 ♏ | 05 ♑ | 26 | 01 ♈ | 16 ♉ | 29 | 02 ♌ | 18 ♍ | 23 ♎ |
| 9. | 00 ♍ | 22 ♎ | 02 ♏ | 25 ♐ | 03 | 22 ♓ | 26 | 10 ♊ | 24 ♋ | 27 | 15 ♎ | 22 ♏ |
| 11. | 27 | 20 ♏ | 01 ♐ | 24 ♑ | 00 ♈ | 17 ♈ | 20 ♉ | 03 ♋ | 19 ♌ | 23 ♍ | 14 ♏ | 23 ♐ |
| 13. | 25 ♎ | 18 ♐ | 29 | 20 | 26 | 11 ♉ | 13 ♊ | 28 | 15 ♍ | 21 ♎ | 14 ♐ | 23 ♑ |
| 15. | 23 ♏ | 16 ♑ | 27 ♐ | 16 ♓ | 20 ♉ | 05 ♊ | 07 ♋ | 23 ♌ | 13 ♎ | 21 ♏ | 14 ♑ | 22 ♒ |
| 17. | 22 ♐ | 14 ♒ | 23 | 11 ♈ | 14 ♉ | 28 | 02 ♌ | 20 ♍ | 11 ♏ | 20 ♐ | 13 | 20 ♓ |
| 19. | 21 ♑ | 11 ♓ | 19 ♓ | 05 ♉ | 07 ♊ | 22 ♋ | 27 | 16 ♎ | 09 ♐ | 19 ♑ | 10 ♓ | 15 ♈ |
| 21. | 19 ♒ | 06 ♈ | 14 ♈ | 29 | 01 ♋ | 17 ♌ | 23 ♍ | 14 ♏ | 08 ♑ | 16 | 06 ♈ | 10 ♉ |
| 23. | 16 ♓ | 00 ♉ | 08 ♉ | 22 ♊ | 25 | 13 ♍ | 20 ♎ | 12 ♐ | 06 | 13 ♓ | 00 ♉ | 05 |
| 25. | 11 ♈ | 24 | 02 ♊ | 16 ♋ | 20 ♌ | 09 ♎ | 17 ♏ | 11 ♑ | 03 ♓ | 09 ♈ | 25 | 27 |
| 27. | 05 ♉ | 18 ♊ | 26 | 11 ♌ | 16 ♍ | 07 ♏ | 16 ♐ | 10 | 00 ♈ | 04 ♉ | 18 ♊ | 21 ♋ |
| 29. | 28 | | 20 ♋ | 07 ♍ | 14 ♎ | 07 ♐ | 16 ♑ | 08 ♓ | 25 | 28 | 12 ♋ | 15 ♌ |
| 31. | 22 ♊ | | 16 ♌ | | 13 ♏ | | 15 ♒ | 04 ♈ | | 22 ♊ | | 10 ♍ |

## 1978

| | J | F | M | A | M | J | J | A | S | O | N | D |
|---|---|---|---|---|---|---|---|---|---|---|---|---|
| 1. | 22♍ | 12♏ | 22♏ | 16♑ | 25≈ | 15♈ | 20♉ | 05♋ | 20♌ | 22♍ | 10♏ | 17♐ |
| 3. | 18♎ | 10♐ | 21♐ | 14≈ | 22♓ | 11♉ | 14♊ | 29 | 14♍ | 18♎ | 08♐ | 17♑ |
| 5. | 16♏ | 09♑ | 19♑ | 12♓ | 18♈ | 05♊ | 08♋ | 23♌ | 09♎ | 15♏ | 07♑ | 16≈ |
| 7. | 15♐ | 09≈ | 18≈ | 09♈ | 14♉ | 29 | 02♌ | 17♍ | 05♏ | 12♐ | 05≈ | 14♓ |
| 9. | 16♑ | 09♓ | 17♓ | 05♉ | 09♊ | 23♋ | 26 | 12♎ | 01♐ | 10♑ | 03♓ | 11♈ |
| 11. | 16≈ | 06♈ | 14♈ | 00♊ | 03♋ | 17♌ | 20♍ | 08♏ | 29 | 08≈ | 01♈ | 08♉ |
| 13. | 15♓ | 02♉ | 10♉ | 25 | 26 | 11♍ | 15♎ | 05♐ | 28♑ | 07♓ | 28 | 03♊ |
| 15. | 11♈ | 27 | 05♊ | 18♋ | 20♌ | 06♎ | 11♏ | 04♑ | 27 | 05♈ | 24♉ | 28 |
| 17. | 06♉ | 21♊ | 29 | 12♌ | 15♍ | 03♏ | 10♐ | 04≈ | 27♈ | 03♉ | 20♊ | 22♋ |
| 19. | 00♊ | 14♋ | 22♋ | 07♍ | 11♎ | 01♐ | 10♑ | 04♓ | 25♈ | 29 | 14♋ | 16♌ |
| 21. | 24 | 09♌ | 17♌ | 03♎ | 08♏ | 01♑ | 10≈ | 03♈ | 21♉ | 24♊ | 08♌ | 10♍ |
| 23. | 18♋ | 03♍ | 12♍ | 00♏ | 08♐ | 02≈ | 10♓ | 00♉ | 16♊ | 18♋ | 02♍ | 04♎ |
| 25. | 12♌ | 29 | 08♎ | 29 | 08♑ | 01♓ | 08♈ | 26 | 10♋ | 12♌ | 26 | 29 |
| 27. | 07♍ | 25♎ | 05♏ | 28♐ | 07≈ | 29 | 04♉ | 20♊ | 04♌ | 06♍ | 21♎ | 26♏ |
| 29. | 02♎ | | 03♐ | 27♑ | 05♓ | 25♈ | 29 | 14♋ | 28 | 01♎ | 19♏ | 25♐ |
| 31. | 28 | | 02♑ | | 02♈ | | 23♊ | 08♌ | | 27 | | 26♑ |

## 1979

| | J | F | M | A | M | J | J | A | S | O | N | D |
|---|---|---|---|---|---|---|---|---|---|---|---|---|
| 1. | 11≈ | 03♈ | 12♈ | 01♊ | 05♋ | 19♌ | 21♍ | 05♏ | 23♐ | 01≈ | 24♓ | 02♉ |
| 3. | 10♓ | 01♉ | 10♉ | 27 | 29 | 12♍ | 15♎ | 01♐ | 21♑ | 00♓ | 23♈ | 01♊ |
| 5. | 08♈ | 27 | 06♊ | 21♋ | 23♌ | 06♎ | 10♏ | 29 | 21≈ | 00♈ | 22♉ | 28 |
| 7. | 05♉ | 22♊ | 01♋ | 15♌ | 16♍ | 02♏ | 06♐ | 28♑ | 21♓ | 00♉ | 20♊ | 24♋ |
| 9. | 00♊ | 16♋ | 25 | 08♍ | 11♎ | 28 | 05♑ | 28≈ | 21♈ | 28 | 16♋ | 18♌ |
| 11. | 25 | 10♌ | 18♌ | 03♎ | 06♏ | 26♐ | 04≈ | 28♓ | 20♉ | 25♊ | 10♌ | 12♍ |
| 13. | 19♋ | 03♍ | 12♍ | 28 | 03♐ | 25♑ | 04♓ | 27♈ | 17♊ | 20♋ | 04♍ | 06♎ |
| 15. | 13♌ | 27 | 06♎ | 24♏ | 01♑ | 24≈ | 03♈ | 24♉ | 12♋ | 14♌ | 28 | 00♏ |
| 17. | 06♍ | 22♎ | 01♏ | 21♐ | 29 | 22♓ | 01♉ | 20♊ | 06♌ | 08♍ | 22♎ | 25 |
| 19. | 00♎ | 17♏ | 27 | 18♑ | 27≈ | 20♈ | 27 | 15♋ | 29 | 02♎ | 17♏ | 22♐ |
| 21. | 25 | 14♐ | 24♐ | 16≈ | 26♓ | 17♉ | 23♊ | 09♌ | 23♍ | 26 | 13♐ | 20♑ |
| 23. | 21♏ | 12♑ | 22♑ | 15♓ | 23♈ | 13♊ | 18♋ | 02♍ | 17♎ | 21♏ | 10♑ | 18≈ |
| 25. | 19♐ | 12≈ | 21≈ | 14♈ | 21♉ | 09♋ | 12♌ | 26 | 11♏ | 17♐ | 08≈ | 17♓ |
| 27. | 18♑ | 12♓ | 20♈ | 12♉ | 17♊ | 03♌ | 05♍ | 20♎ | 07♐ | 13♑ | 06♓ | 15♈ |
| 29. | 19≈ | | 20♉ | 09♊ | 13♋ | 27 | 29 | 14♏ | 03♑ | 11≈ | 04♈ | 13♉ |
| 31. | 19♓ | | 18♉ | | 07♌ | | 23♎ | 10♐ | | 09♓ | | 10♊ |

## 1980

| | J | F | M | A | M | J | J | A | S | O | N | D |
|---|---|---|---|---|---|---|---|---|---|---|---|---|
| 1. | 23♊ | 10♌ | 01♍ | 15♎ | 18♏ | 06♑ | 13≈ | 05♈ | 29♉ | 06♋ | 24♌ | 26♍ |
| 3. | 19♋ | 04♍ | 25 | 09♏ | 13♐ | 03≈ | 11♓ | 11♉ | 02♊ | 02♌ | 18♍ | 20♎ |
| 5. | 14♌ | 28 | 18♎ | 04♐ | 09♑ | 00♓ | 09♈ | 09♊ | 02♋ | 27 | 12♎ | 14♏ |
| 7. | 08♍ | 22♎ | 12♏ | 29 | 06≈ | 28 | 07♉ | 29 | 17♌ | 21♍ | 05♏ | 08♐ |
| 9. | 02♎ | 16♏ | 07♐ | 25♑ | 03♓ | 27♈ | 05♊ | 26♋ | 12♍ | 15♎ | 29 | 03♑ |
| 11. | 25 | 11♐ | 03♑ | 23≈ | 02♈ | 26♉ | 03♋ | 21♌ | 06♎ | 08♏ | 24♐ | 29 |
| 13. | 20♏ | 08♑ | 00≈ | 23♓ | 02♉ | 24♊ | 29 | 15♍ | 29 | 02♐ | 19♑ | 25≈ |
| 15. | 16♐ | 06≈ | 29 | 23♈ | 01♊ | 21♋ | 25♌ | 09♎ | 23♏ | 27 | 13♑ | 22♓ |
| 17. | 14♑ | 06♓ | 00♈ | 23♉ | 29 | 17♌ | 19♍ | 03♏ | 18♐ | 22♑ | 12♓ | 21♈ |
| 19. | 13≈ | 06♈ | 00♉ | 21♊ | 26♋ | 11♍ | 13♎ | 27 | 13♑ | 19≈ | 11♈ | 20♉ |
| 21. | 12♓ | 06♉ | 29 | 18♋ | 21♌ | 05♎ | 07♏ | 22♐ | 10≈ | 17♓ | 11♉ | 19♊ |
| 23. | 11♈ | 03♊ | 26♉ | 15♌ | 15♍ | 29 | 01♐ | 18♑ | 09♓ | 17♈ | 11♊ | 18♋ |
| 25. | 10♉ | 00♋ | 22♊ | 07♎ | 09♎ | 23♏ | 27 | 16≈ | 09♈ | 18♉ | 10♋ | 15♌ |
| 27. | 07♊ | 25 | 16♋ | 00♏ | 03♏ | 19♐ | 24♑ | 16♓ | 09♉ | 18♊ | 08♌ | 10♍ |
| 29. | 03♋ | 19♌ | 10♌ | 24 | 27 | 15♑ | 22≈ | 15♈ | 09♊ | 15♋ | 02♍ | 04♎ |
| 31. | 28 | | 04♎ | | 23♐ | | 21♓ | 15♉ | | 11♌ | | 28 |

## 1981

| | J | F | M | A | M | J | J | A | S | O | N | D |
|---|---|---|---|---|---|---|---|---|---|---|---|---|
| 1. | 10♏ | 24♐ | 02♉ | 19♒ | 26♓ | 19♉ | 28♊ | 19♌ | 07♎ | 10♏ | 24♐ | 26♉ |
| 3. | 04♐ | 20♑ | 28 | 17♓ | 26♈ | 20♊ | 27♋ | 16♍ | 01♏ | 03♐ | 17♑ | 21♒ |
| 5. | 29 | 17♒ | 25♊ | 17♈ | 26♉ | 19♋ | 25♌ | 11♎ | 25 | 27 | 12♒ | 17♓ |
| 7. | 25♉ | 15♓ | 24♓ | 18♉ | 26♊ | 17♌ | 21♍ | 06♏ | 19♐ | 21♑ | 08♓ | 14♈ |
| 9. | 22♒ | 14♈ | 24♈ | 17♊ | 25♋ | 13♍ | 15♎ | 29 | 13♑ | 16♒ | 06♈ | 13♉ |
| 11. | 19♓ | 12♉ | 23♉ | 15♋ | 21♌ | 07♎ | 09♏ | 23♐ | 09♒ | 13♓ | 05♉ | 14♊ |
| 13. | 17♈ | 11♊ | 21♊ | 12♌ | 16♍ | 01♏ | 03♐ | 18♑ | 05♓ | 12♈ | 06♊ | 14♋ |
| 15. | 16♉ | 08♋ | 18♋ | 07♍ | 10♎ | 25 | 27 | 14 | 04♈ | 12♉ | 06♋ | 13♌ |
| 17. | 14♊ | 05♌ | 15♌ | 01♎ | 04♏ | 19♐ | 22♑ | 10♓ | 03♉ | 12♊ | 04♌ | 10♍ |
| 19. | 12♋ | 01♍ | 10♍ | 25 | 28 | 13♑ | 18♒ | 08♈ | 02♊ | 11♋ | 01♍ | 06♎ |
| 21. | 09♌ | 26 | 04♎ | 19♍ | 22♐ | 08♒ | 14♓ | 07♉ | 00♋ | 08♌ | 27 | 00♏ |
| 23. | 05♍ | 20♎ | 28 | 13♐ | 16♑ | 04♓ | 12♈ | 05♊ | 28 | 04♍ | 21♎ | 24♐ |
| 25. | 00♎ | 14♏ | 22♏ | 07♑ | 11♒ | 01♈ | 10♉ | 03♋ | 24♍ | 00♎ | 15♏ | 18♐ |
| 27. | 24 | 08♐ | 16♐ | 02♒ | 07♓ | 29 | 09♊ | 01♌ | 20♍ | 24 | 09♐ | 11♑ |
| 29. | 18♏ | | 10♑ | 28 | 05♈ | 29♉ | 07♋ | 28 | 15♎ | 18♏ | 03♐ | 06♒ |
| 31. | 12♐ | | 06♒ | | 04♉ | | 06♌ | 24♍ | | 12♐ | | 01♓ |

## 1982

| | J | F | M | A | M | J | J | A | S | O | N | D |
|---|---|---|---|---|---|---|---|---|---|---|---|---|
| 1. | 13♓ | 04♉ | 15♉ | 08♋ | 17♌ | 06♎ | 11♏ | 25♐ | 09♒ | 13♓ | 01♉ | 08♊ |
| 3. | 10♈ | 02♊ | 13♊ | 06♋ | 13♍ | 01♏ | 05♐ | 19♑ | 04♓ | 09♈ | 00♊ | 08♋ |
| 5. | 08♉ | 01♋ | 11♋ | 03♍ | 09♎ | 26 | 28 | 13♒ | 00♈ | 06♉ | 29 | 08♌ |
| 7. | 07♊ | 00♌ | 09♌ | 00♎ | 04♏ | 20♐ | 22♑ | 08♓ | 26 | 04♊ | 28♋ | 06♍ |
| 9. | 07♋ | 29 | 07♍ | 26 | 29 | 13♑ | 16♒ | 03♈ | 24♉ | 03♋ | 26♌ | 03♎ |
| 11. | 06♌ | 26♍ | 04♎ | 20♏ | 23♐ | 07♒ | 11♓ | 29 | 22♊ | 01♌ | 23♍ | 29 |
| 13. | 05♍ | 22♎ | 00♏ | 14♐ | 16♑ | 01♈ | 06♈ | 27♉ | 20♋ | 29 | 19♎ | 24♏ |
| 15. | 01♎ | 17♏ | 24 | 08♑ | 10♒ | 27 | 03♉ | 25♊ | 19♌ | 26♏ | 15♏ | 18♐ |
| 17. | 27 | 10♐ | 18♐ | 02♒ | 05♓ | 23♈ | 01♊ | 25♋ | 17♍ | 23♎ | 10♐ | 12♑ |
| 19. | 21♏ | 04♑ | 12♑ | 27 | 01♈ | 22♉ | 01♋ | 24♌ | 15♎ | 19♏ | 04♑ | 06♒ |
| 21. | 14♐ | 28 | 06♒ | 23♓ | 29 | 22♊ | 01♌ | 23♍ | 11♏ | 14♐ | 27 | 00♓ |
| 23. | 08♑ | 23♒ | 21♓ | 21♈ | 29 | 23♋ | 00♍ | 20♎ | 06♐ | 08♑ | 21♒ | 24♈ |
| 25. | 02♒ | 18♓ | 28 | 20♉ | 29 | 28 | 28 | 16♍ | 00♑ | 16♓ | 20♈ | 20♈ |
| 27. | 27 | 17♈ | 27♈ | 20♊ | 29♋ | 20♍ | 25♎ | 10♐ | 23 | 25 | 11♈ | 17♉ |
| 29. | 23♓ | | 25♉ | 19♋ | 27♌ | 16♎ | 20♏ | 04♑ | 17♒ | 20♓ | 09♉ | 16♊ |
| 31. | 20♈ | | 24♊ | | 23♍ | | 13♐ | 27 | | 17♈ | | 16♋ |

## 1983

| | J | F | M | A | M | J | J | A | S | O | N | D |
|---|---|---|---|---|---|---|---|---|---|---|---|---|
| 1. | 02♌ | 24♍ | 02♎ | 21♏ | 24♐ | 08♒ | 10♓ | 26♈ | 15♊ | 22♋ | 16♍ | 24♎ |
| 3. | 01♍ | 22♎ | 00♏ | 17♐ | 19♑ | 02♓ | 05♈ | 22♉ | 12♋ | 21♌ | 15♎ | 22♏ |
| 5. | 00♎ | 18♏ | 26 | 11♑ | 12♒ | 26 | 00♉ | 19♊ | 12♌ | 21♍ | 13♏ | 18♐ |
| 7. | 26 | 12♐ | 21♐ | 04♒ | 06♓ | 22♈ | 27 | 18♋ | 12♍ | 20♎ | 10♐ | 13♑ |
| 9. | 21♏ | 06♑ | 15♑ | 28 | 01♈ | 19♉ | 25♊ | 19♌ | 10♏ | 19♐ | 05♑ | 08♒ |
| 11. | 15♐ | 00♒ | 08♒ | 23♓ | 27 | 17♊ | 25♋ | 19♍ | 10♎ | 15♐ | 00♒ | 02♓ |
| 13. | 09♑ | 23♒ | 02♈ | 18♈ | 24♉ | 16♋ | 25♌ | 18♎ | 07♐ | 14♑ | 24 | 25 |
| 15. | 03♒ | 18♓ | 27 | 15♉ | 22♊ | 16♌ | 25♍ | 15♏ | 02♑ | 04 | 18♓ | 20♈ |
| 17. | 26 | 13♈ | 22♈ | 12♊ | 21♋ | 14♍ | 22♎ | 11♐ | 26 | 28 | 12♈ | 15♉ |
| 19. | 21♓ | 08♉ | 19♉ | 10♋ | 20♌ | 12♎ | 19♏ | 05♑ | 19 | 22♓ | 07♉ | 12♊ |
| 21. | 16♈ | 05♊ | 16♊ | 09♌ | 18♍ | 09♏ | 14♐ | 29 | 13♓ | 16♈ | 04♊ | 11♋ |
| 23. | 12♉ | 03♋ | 13♋ | 07♍ | 15♎ | 04♐ | 08♑ | 22♒ | 08♈ | 13♉ | 03♋ | 10♌ |
| 25. | 10♊ | 03♌ | 12♌ | 05♎ | 12♏ | 29 | 02♒ | 16♓ | 03♉ | 08♊ | 00♌ | 09♍ |
| 27. | 09♋ | 03♍ | 11♍ | 03♏ | 08♐ | 23♐ | 25 | 11♈ | 28 | 05♋ | 28 | 07♎ |
| 29. | 09♌ | | 10♎ | 29 | 02♑ | 17♒ | 19♓ | 05♉ | 25♊ | 03♌ | 27♍ | 05♏ |
| 31. | 10♍ | | 08♏ | | 27 | | 14♈ | 01♊ | | 01♍ | | 01♐ |

9

## 1984

| | J | F | M | A | M | J | J | A | S | O | N | D |
|---|---|---|---|---|---|---|---|---|---|---|---|---|
| 1. | 14♐ | 00♒ | 21♒ | 06♈ | 09♉ | 27♊ | 04♌ | 28♍ | 21♏ | 27♐ | 14♒ | 16♓ |
| 3. | 09♑ | 24 | 15♓ | 00♉ | 04♊ | 24♋ | 03♍ | 26♎ | 18♐ | 23♑ | 08♓ | 10♈ |
| 5. | 04♒ | 18♓ | 09♈ | 25 | 00♋ | 22♌ | 02♎ | 24♏ | 13♑ | 17♒ | 02♈ | 04♉ |
| 7. | 28 | 12♈ | 03♉ | 20♊ | 27 | 20♍ | 00♏ | 21♐ | 08♒ | 11♓ | 26 | 28 |
| 9. | 21♓ | 06♉ | 28 | 17♋ | 25♌ | 19♎ | 27 | 16♑ | 02♓ | 05♈ | 20♉ | 24♊ |
| 11. | 15♈ | 01♊ | 23♊ | 15♌ | 24♍ | 17♏ | 24♐ | 11♒ | 26 | 29 | 14♊ | 20♋ |
| 13. | 10♉ | 28 | 21♋ | 14♍ | 23♎ | 15♐ | 05♑ | 05♓ | 20♈ | 10♋ | 17♋ | 17♌ |
| 15. | 06♊ | 27♋ | 20♌ | 14♎ | 22♏ | 11♑ | 15♒ | 29 | 14♉ | 17♊ | 06♋ | 15♍ |
| 17. | 04♋ | 27♌ | 21♍ | 14♏ | 20♐ | 06♒ | 09♓ | 23♈ | 08♊ | 13♋ | 04♍ | 13♎ |
| 19. | 04♌ | 28♍ | 21♎ | 12♐ | 16♑ | 01♓ | 03♈ | 17♉ | 03♋ | 10♌ | 03♎ | 12♏ |
| 21. | 04♍ | 27♎ | 20♏ | 08♑ | 11♒ | 25 | 27 | 12♊ | 01♌ | 09♍ | 02♏ | 10♐ |
| 23. | 04♎ | 25♏ | 17♐ | 03♒ | 05♓ | 19♈ | 21♉ | 08♋ | 00♍ | 08♎ | 01♐ | 08♑ |
| 25. | 02♏ | 21♐ | 12♑ | 27 | 29 | 13♉ | 17♊ | 07♌ | 00♎ | 09♏ | 00♑ | 04♒ |
| 27. | 28 | 15♑ | 06♒ | 21♓ | 23♈ | 09♊ | 14♋ | 07♍ | 01♏ | 08♐ | 27 | 00♓ |
| 29. | 24♐ | 09♒ | 00♓ | 14♈ | 18♉ | 06♋ | 13♌ | 07♎ | 00♐ | 06♑ | 22♒ | 24 |
| 31. | 18♑ | | 24 | | 13♊ | | 13♍ | 06♏ | | 01♒ | | 18♈ |

## 1985

| | J | F | M | A | M | J | J | A | S | O | N | D |
|---|---|---|---|---|---|---|---|---|---|---|---|---|
| 1. | 00♉ | 14♊ | 22♊ | 10♌ | 17♍ | 10♏ | 19♐ | 10♒ | 27♓ | 00♉ | 14♊ | 17♋ |
| 3. | 24 | 10♋ | 18♋ | 17♍ | 10♎ | 10♐ | 18♑ | 06♓ | 21♈ | 23 | 08♋ | 12♌ |
| 5. | 19♊ | 08♌ | 16♌ | 08♎ | 17♐ | 09♑ | 15♒ | 01♈ | 15♉ | 17♊ | 03♌ | 08♍ |
| 7. | 15♋ | 07♍ | 15♍ | 09♏ | 17♐ | 07♒ | 11♓ | 25 | 09♊ | 11♋ | 29 | 05♎ |
| 9. | 13♌ | 06♎ | 15♎ | 08♐ | 15♑ | 03♓ | 05♈ | 19♉ | 03♌ | 07♌ | 26♍ | 04♏ |
| 11. | 11♍ | 05♏ | 15♏ | 06♑ | 12♒ | 27 | 29 | 13♊ | 29 | 04♍ | 26♎ | 04♐ |
| 13. | 10♎ | 03♐ | 13♐ | 03♒ | 07♓ | 21♈ | 21♉ | 08♋ | 26♍ | 03♎ | 26♏ | 03♑ |
| 15. | 08♏ | 00♑ | 10♐ | 28 | 01♈ | 15♉ | 17♏ | 04♌ | 25 | 03♏ | 26♐ | 01♒ |
| 17. | 06♐ | 26 | 06♒ | 22♓ | 24 | 09♊ | 12♋ | 02♍ | 24♏ | 03♐ | 24♑ | 26 |
| 19. | 03♑ | 21♒ | 01♓ | 16♈ | 18♉ | 03♋ | 09♌ | 00♎ | 24♐ | 02♑ | 22♒ | 20♓ |
| 21. | 00♒ | 16♓ | 25 | 09♉ | 12♊ | 29 | 06♍ | 29 | 22♑ | 29 | 17♓ | 14♈ |
| 23. | 25 | 10♈ | 19♈ | 03♊ | 26♋ | 23♌ | 04♎ | 27♏ | 19♒ | 26 | 12♈ | 08♉ |
| 25. | 20♓ | 04♉ | 12♉ | 27 | 02♌ | 23♍ | 02♏ | 16♐ | 16♓ | 20♓ | 05♉ | 02♋ |
| 27. | 14♈ | 27 | 06♊ | 22♋ | 29 | 21♎ | 00♐ | 22♑ | 11♈ | 15♈ | 29 | 02♋ |
| 29. | 07♉ | | 00♋ | 19♌ | 27♍ | 20♏ | 19♐ | 29 | 06♈ | 08♉ | 23♊ | 26 |
| 31. | 02♊ | | 26 | | 26♎ | | 26♑ | 15♓ | | 02♊ | | 22♌ |

## 1986

| | J | F | M | A | M | J | J | A | S | O | N | D |
|---|---|---|---|---|---|---|---|---|---|---|---|---|
| 1. | 05♍ | 26♎ | 07♏ | 00♑ | 09♒ | 28♓ | 01♉ | 15♊ | 29♋ | 03♍ | 21♎ | 29♏ |
| 3. | 02♎ | 24♏ | 05♐ | 28 | 05♓ | 05♈ | 25 | 09♋ | 29 | 21♍ | 21♐ | 29♐ |
| 5. | 00♏ | 23♐ | 04♑ | 25♒ | 01♈ | 16♉ | 18♊ | 03♌ | 21♍ | 27♎ | 20♑ | 29♑ |
| 7. | 28 | 21♑ | 01♒ | 21♓ | 25 | 10♊ | 12♋ | 29 | 18♎ | 26♏ | 20♒ | 28 |
| 9. | 28♐ | 19♒ | 28 | 16♈ | 19♉ | 03♋ | 07♌ | 24♍ | 16♏ | 25♐ | 18♓ | 25♓ |
| 11. | 27♑ | 16♓ | 25♓ | 10♉ | 13♊ | 27 | 02♍ | 21♎ | 14♐ | 23♑ | 15♈ | 20♈ |
| 13. | 25♒ | 12♈ | 20♈ | 04♊ | 06♋ | 22♋ | 27 | 19♏ | 11♑ | 21♒ | 10♉ | 15♉ |
| 15. | 22♓ | 06♉ | 14♉ | 28 | 00♌ | 18♌ | 24♍ | 17♐ | 11♒ | 18♓ | 05♉ | 09♊ |
| 17. | 16♈ | 00♊ | 08♊ | 22♋ | 25 | 14♍ | 22♎ | 16♑ | 08♈ | 14♈ | 00♊ | 02♋ |
| 19. | 10♉ | 24 | 01♋ | 17♌ | 22♍ | 13♎ | 22♏ | 15♒ | 05♈ | 09♉ | 24 | 26♋ |
| 21. | 04♊ | 18♋ | 26 | 13♍ | 20♎ | 13♏ | 22♐ | 13♓ | 01♉ | 03♊ | 17♋ | 20♌ |
| 23. | 28 | 14♌ | 22♌ | 11♎ | 19♏ | 13♐ | 21♑ | 09♈ | 25 | 27 | 11♌ | 15♍ |
| 25. | 23♋ | 11♍ | 19♍ | 11♏ | 20♐ | 13♑ | 19♒ | 05♉ | 19♊ | 21♋ | 06♍ | 10♎ |
| 27. | 18♌ | 09♎ | 18♎ | 11♐ | 20♑ | 11♒ | 15♓ | 29 | 13♋ | 15♌ | 02♎ | 07♏ |
| 29. | 15♍ | | 17♏ | 10♑ | 18♒ | 07♓ | 09♈ | 23♊ | 07♌ | 11♍ | 29 | 07♐ |
| 31. | 12♎ | | 16♐ | | 15♓ | | 03♊ | 17♋ | | 07♎ | | 07♑ |

## 1987

| | J | F | M | A | M | J | J | A | S | O | N | D |
|---|---|---|---|---|---|---|---|---|---|---|---|---|
| 1. | 22♉ | 15♓ | 23♓ | 11♉ | 14♊ | 28♋ | 01♍ | 17♌ | 06♐ | 15♉ | 08♓ | 16♈ |
| 3. | 22≈ | 12♈ | 20♈ | 06♊ | 08♋ | 22♌ | 25 | 13♍ | 04♑ | 13≈ | 06♈ | 13♉ |
| 5. | 21♓ | 08♉ | 16♉ | 00♋ | 02♌ | 16♍ | 20♎ | 10♎ | 03≈ | 12♓ | 03♉ | 08♊ |
| 7. | 17♈ | 02♊ | 10♊ | 24 | 26 | 12♎ | 17♏ | 09♏ | 03♓ | 11♈ | 00♊ | 03♋ |
| 9. | 12♉ | 26 | 04♋ | 18♌ | 21♍ | 09♏ | 16♐ | 10♐ | 03♈ | 09♉ | 25 | 28 |
| 11. | 06♊ | 20♋ | 28 | 13♍ | 17♎ | 07♐ | 16♑ | 10♓ | 01♉ | 05♊ | 20♋ | 21♌ |
| 13. | 29 | 14♌ | 22♌ | 09♎ | 15♏ | 08♑ | 17≈ | 09♈ | 27 | 00♋ | 13♌ | 15♍ |
| 15. | 23♋ | 09♍ | 17♍ | 06♏ | 14♐ | 08≈ | 16♓ | 06♉ | 22♊ | 24 | 07♍ | 09♎ |
| 17. | 17♌ | 04♎ | 13♎ | 04♐ | 13♑ | 07♓ | 14♈ | 01♊ | 16♋ | 18♌ | 02♎ | 05♏ |
| 19. | 12♍ | 00♏ | 10♏ | 03♑ | 12≈ | 04♈ | 10♉ | 25 | 09♌ | 12♍ | 27 | 03♐ |
| 21. | 07♎ | 27 | 08♐ | 01≈ | 10♓ | 00♉ | 04♊ | 19♋ | 03♍ | 06♎ | 25♏ | 02♑ |
| 23. | 03♏ | 25♐ | 06♑ | 29 | 25 | 07♈ | 25 | 28 | 13♋ | 28 | 23♐ | 02≈ |
| 25. | 01♐ | 24♑ | 05 | 27♓ | 03♉ | 19♊ | 22♋ | 07♍ | 23♎ | 29 | 22♐ | 01♓ |
| 27. | 00♑ | 24 | 03♓ | 23♈ | 28 | 13♋ | 16♌ | 01♎ | 19♍ | 27♏ | 21 | 29 |
| 29. | 00≈ | | 01♈ | 19♉ | 22♊ | 07♌ | 10♍ | 26 | 17♐ | 26♑ | 19♓ | 26♈ |
| 31. | 00♓ | | 28 | | 16♋ | | 04♎ | 22♏ | | 24≈ | | 22♉ |

## 1988

| | J | F | M | A | M | J | J | A | S | O | N | D |
|---|---|---|---|---|---|---|---|---|---|---|---|---|
| 1. | 05♊ | 21♋ | 12♌ | 26♍ | 29♌ | 18♐ | 25♉ | 19♓ | 12♉ | 18♊ | 04♌ | 06♍ |
| 3. | 00♋ | 15♌ | 05♍ | 20♌ | 25♍ | 16♑ | 25 | 13♈ | 09♊ | 13♌ | 28 | 00♎ |
| 5. | 24 | 08♍ | 29 | 16♍ | 22♐ | 15≈ | 24♈ | 16♉ | 04♋ | 08♌ | 22♍ | 23 |
| 7. | 18♌ | 02♎ | 24♌ | 12♐ | 20♑ | 13♓ | 22♈ | 12♊ | 29 | 01♍ | 15♎ | 18♏ |
| 9. | 12♍ | 27 | 19♍ | 09♑ | 18≈ | 11♈ | 19♉ | 07♋ | 23♌ | 25 | 10♏ | 14♐ |
| 11. | 05♎ | 22♏ | 15♐ | 07≈ | 16♓ | 09♉ | 15♊ | 02♌ | 16♍ | 19♎ | 05♐ | 11♑ |
| 13. | 00♏ | 19♐ | 13♑ | 06♓ | 15♈ | 06♊ | 10♋ | 26 | 10♎ | 13♏ | 02♑ | 09♓ |
| 15. | 27 | 18♑ | 12≈ | 05♈ | 13♉ | 01♋ | 05♌ | 19♍ | 04♏ | 08♐ | 29 | 07♓ |
| 17. | 25♐ | 18≈ | 11♓ | 04♉ | 10♊ | 26 | 29 | 13♎ | 29 | 05♑ | 26≈ | 05♈ |
| 19. | 25♑ | 18♓ | 11♈ | 02♊ | 06♋ | 21♌ | 22♍ | 07♏ | 25♐ | 02≈ | 24♓ | 03♉ |
| 21. | 25≈ | 18♈ | 10♉ | 28 | 01♌ | 14♍ | 16♎ | 02♐ | 22♑ | 00♓ | 23♈ | 01♊ |
| 23. | 25♓ | 15♉ | 07♊ | 23♋ | 24 | 08♎ | 11♏ | 29 | 21≈ | 29 | 22♉ | 25♊ |
| 25. | 23♈ | 11♊ | 02♋ | 17♌ | 18♍ | 03♏ | 07♐ | 27♑ | 21♓ | 29♈ | 20♊ | 25♋ |
| 27. | 19♉ | 06♋ | 27 | 10♍ | 12♎ | 29 | 05♑ | 27≈ | 21♈ | 28♉ | 17♋ | 20♌ |
| 29. | 15♊ | 00♌ | 20♌ | 04♎ | 07♏ | 26♐ | 04≈ | 28♓ | 20♉ | 26♊ | | 14♍ |
| 31. | 09♋ | | 14♍ | | 04♐ | | 04♓ | 27♈ | | 22♋ | | 07♎ |

## 1989

| | J | F | M | A | M | J | J | A | S | O | N | D |
|---|---|---|---|---|---|---|---|---|---|---|---|---|
| 1. | 19♎ | 04♐ | 12♐ | 01≈ | 08♓ | 02♉ | 11♊ | 01♌ | 17♍ | 20♎ | 04♐ | 08♑ |
| 3. | 14♏ | 00♑ | 08♑ | 29 | 08♈ | 01♊ | 01♍? | 08♋ | 26 | 11♏ | 29 | 00♓ |
| 5. | 09♐ | 28 | 06≈ | 29♓ | 08♉ | 00♋ | 05♌ | 21♍ | 05♏ | 07♐ | 24♑ | 00♓ |
| 7. | 06♑ | 28≈ | 06♓ | 29♈ | 07♊ | 27 | 00♍ | 15♎ | 29 | 02♑ | 20≈ | 27 |
| 9. | 04≈ | 27♓ | 06♈ | 29♉ | 06♋ | 23♌ | 25 | 08♏ | 23♐ | 27 | 17♓ | 26♈ |
| 11. | 03♓ | 27♈ | 06♉ | 27♊ | 02♌ | 17♍ | 19♎ | 03♐ | 19♑ | 24 | 17♈ | 25♉ |
| 13. | 02♈ | 25♉ | 04♊ | 27 | 11♍ | 12♏ | 14♏ | 29 | 15≈ | 24♈ | 17♉ | 24♊ |
| 15. | 00♉ | 21♊ | 01♋ | 18♌ | 21♍ | 04♐ | 07♐ | 24♑ | 15♓ | 24♉ | 17♊ | 24♋ |
| 17. | 28 | 17♋ | 27 | 12♍ | 14♎ | 29 | 03♑ | 22≈ | 15♈ | 24♊ | 16♋ | 21♌ |
| 19. | 25♊ | 12♌ | 21♎ | 06♏ | 08♏ | 24♐ | 00≈ | 21♓ | 15♉ | 23♊ | 13♌ | 16♍ |
| 21. | 20♋ | 06♍ | 15♏ | 29 | 03♐ | 21♑ | 28 | 21♈ | 14♊ | 21♋ | 08♍ | 10♎ |
| 23. | 16♌ | 00♎ | 09♑ | 24♍ | 18≈ | 26♓ | 26♑ | 17♏ | 11♍ | 02♎ | 04♍? | 04♏ |
| 25. | 10♍ | 24 | 02≈ | 18♐ | 24♓ | 25♈ | 17♊ | 07♎ | 11♍ | 25 | | 28 |
| 27. | 03♎ | 18♏ | 26 | 14♑ | 21♈ | 14♉ | 14♋ | 02♍ | 05♎ | 19♏ | 22♏ | 22♐ |
| 29. | 27 | | 21♐ | 10♈ | 18♓ | 12♊ | 21♊ | 10♎ | 26 | 29 | 13♐ | 17♑ |
| 31. | 21♏ | | 17♓ | | 17♈ | | 18♋ | 05♍ | | 22♏ | | 13≈ |

**9**

501

## 1990

| | J | F | M | A | M | J | J | A | S | O | N | D |
|---|---|---|---|---|---|---|---|---|---|---|---|---|
| 1. | 27 ♒ | 18 ♈ | 29 ♈ | 22 ♊ | 00 ♌ | 18 ♍ | 21 ♎ | 05 ♐ | 19 ♑ | 22 ♒ | 12 ♈ | 20 ♉ |
| 3. | 24 ♓ | 17 ♉ | 28 ♉ | 20 ♋ | 26 | 12 ♎ | 15 ♍ | 29 | 15 ♒ | 20 ♓ | 12 ♉ | 20 ♊ |
| 5. | 22 ♈ | 15 ♊ | 26 ♊ | 16 ♌ | 21 ♍ | 06 ♏ | 09 ♐ | 24 ♑ | 11 ♓ | 18 ♈ | 12 ♊ | 20 ♋ |
| 7. | 20 ♉ | 13 ♋ | 23 ♋ | 12 ♍ | 15 ♎ | 00 ♐ | 03 ♑ | 19 ♒ | 09 ♈ | 18 ♉ | 11 ♋ | 19 ♌ |
| 9. | 19 ♊ | 10 ♌ | 19 ♌ | 06 ♎ | 09 ♏ | 24 | 27 | 16 ♓ | 08 ♉ | 17 ♊ | 10 ♌ | 16 ♍ |
| 11. | 18 ♋ | 06 ♍ | 15 ♍ | 00 ♏ | 03 ♐ | 18 ♑ | 23 ♒ | 13 ♈ | 06 ♊ | 16 ♋ | 06 ♍ | 11 ♎ |
| 13. | 15 ♌ | 01 ♎ | 10 ♎ | 24 | 27 | 13 ♒ | 19 ♓ | 11 ♉ | 05 ♋ | 13 ♌ | 01 ♎ | 05 ♏ |
| 15. | 11 ♍ | 26 | 04 ♏ | 18 ♐ | 21 ♑ | 09 ♓ | 16 ♈ | 10 ♊ | 02 ♌ | 09 ♍ | 26 | 29 |
| 17. | 06 ♎ | 20 ♏ | 28 | 12 ♑ | 16 ♒ | 06 ♈ | 15 ♉ | 08 ♋ | 29 | 04 ♎ | 20 ♏ | 23 ♐ |
| 19. | 00 ♏ | 13 ♐ | 21 ♐ | 07 ♒ | 12 ♓ | 04 ♉ | 14 ♊ | 06 ♌ | 25 ♍ | 29 | 14 ♐ | 17 ♑ |
| 21. | 24 | 08 ♑ | 16 ♑ | 03 ♓ | 10 ♈ | 04 ♊ | 13 ♋ | 04 ♍ | 21 ♎ | 23 ♏ | 08 ♑ | 11 ♒ |
| 23. | 18 ♐ | 04 ♒ | 12 ♒ | 02 ♈ | 10 ♉ | 04 ♋ | 11 ♌ | 00 ♎ | 15 ♏ | 17 ♐ | 01 ♒ | 05 ♓ |
| 25. | 13 ♑ | 01 ♓ | 09 ♓ | 02 ♉ | 11 ♊ | 03 ♌ | 09 ♍ | 25 | 09 ♐ | 11 ♑ | 26 | 01 ♈ |
| 27. | 09 ♒ | 00 ♈ | 08 ♈ | 02 ♊ | 11 ♋ | 01 ♍ | 05 ♎ | 19 ♏ | 03 ♑ | 05 ♒ | 22 ♓ | 29 |
| 29. | 06 ♓ | | 08 ♉ | 02 ♋ | 09 ♌ | 26 | 29 | 13 ♐ | 27 | 00 ♓ | 20 ♈ | 28 ♉ |
| 31. | 04 ♈ | | 08 ♊ | | 05 ♍ | | 23 ♏ | 07 ♑ | | 27 | | 28 ♊ |

## 1991

| | J | F | M | A | M | J | J | A | S | O | N | D |
|---|---|---|---|---|---|---|---|---|---|---|---|---|
| 1. | 13 ♋ | 05 ♍ | 13 ♍ | 01 ♏ | 04 ♐ | 18 ♑ | 21 ♒ | 08 ♈ | 28 ♉ | 07 ♋ | 00 ♍ | 08 ♎ |
| 3. | 13 ♌ | 02 ♎ | 10 ♎ | 26 | 28 | 12 ♒ | 15 ♓ | 04 ♉ | 26 ♊ | 05 ♋ | 28 | 04 ♏ |
| 5. | 11 ♍ | 28 | 06 ♏ | 20 ♐ | 22 ♑ | 06 ♓ | 11 ♈ | 02 ♊ | 25 ♋ | 04 ♍ | 24 ♎ | 29 |
| 7. | 07 ♎ | 22 ♏ | 00 ♐ | 14 ♑ | 16 ♒ | 02 ♈ | 08 ♉ | 01 ♋ | 24 ♌ | 02 ♎ | 20 ♏ | 24 ♐ |
| 9. | 02 ♏ | 16 ♐ | 24 | 08 ♒ | 11 ♓ | 29 | 07 ♊ | 01 ♌ | 23 ♍ | 29 | 15 ♐ | 17 ♑ |
| 11. | 26 | 10 ♑ | 18 ♑ | 03 ♓ | 07 ♈ | 28 ♉ | 07 ♋ | 00 ♍ | 21 ♎ | 25 ♏ | 09 ♑ | 11 ♒ |
| 13. | 20 ♐ | 04 ♒ | 12 ♒ | 29 | 05 ♉ | 29 ♊ | 07 ♌ | 29 | 17 ♏ | 19 ♐ | 03 ♒ | 05 ♓ |
| 15. | 13 ♑ | 29 | 07 ♓ | 27 ♈ | 05 ♊ | 29 ♋ | 06 ♍ | 26 ♎ | 12 ♐ | 13 ♑ | 27 | 29 |
| 17. | 08 ♒ | 25 ♓ | 04 ♈ | 26 ♉ | 05 ♋ | 28 ♌ | 04 ♎ | 21 ♏ | 05 ♑ | 07 ♒ | 21 ♓ | 25 ♈ |
| 19. | 02 ♓ | 22 ♈ | 02 ♉ | 25 ♊ | 04 ♌ | 25 ♍ | 00 ♏ | 15 ♐ | 29 | 01 ♓ | 18 ♈ | 23 ♉ |
| 21. | 28 | 19 ♉ | 00 ♊ | 24 ♋ | 02 ♍ | 21 ♎ | 25 | 09 ♑ | 23 ♒ | 26 | 15 ♉ | 23 ♊ |
| 23. | 25 ♈ | 18 ♊ | 27 ♊ | 18 ♍ | 24 ♎ | 16 ♏ | 19 ♐ | 03 ♒ | 18 ♓ | 23 ♈ | 14 ♊ | 23 ♋ |
| 25. | 23 ♉ | 16 ♋ | 27 ♋ | 18 ♎ | 24 ♏ | 10 ♐ | 12 ♑ | 27 | 14 ♈ | 21 ♉ | 14 ♋ | 22 ♌ |
| 27. | 22 ♊ | 15 ♌ | 24 ♌ | 14 ♎ | 19 ♏ | 04 ♑ | 06 ♒ | 22 ♓ | 11 ♉ | 20 ♊ | 13 ♌ | 21 ♍ |
| 29. | 21 ♋ | | 22 ♍ | 10 ♏ | 13 ♐ | 27 | 00 ♐ | 18 ♈ | 09 ♊ | 18 ♋ | 11 ♍ | 18 ♎ |
| 31. | 21 ♌ | | 18 ♎ | | 07 ♑ | | 25 | 15 ♉ | | 16 ♌ | | 14 ♏ |

## 1992

| | J | F | M | A | M | J | J | A | S | O | N | D |
|---|---|---|---|---|---|---|---|---|---|---|---|---|
| 1. | 26 ♏ | 11 ♑ | 02 ♒ | 16 ♓ | 20 ♈ | 09 ♊ | 16 ♋ | 10 ♍ | 03 ♏ | 08 ♐ | 24 ♑ | 25 ♒ |
| 3. | 20 ♐ | 05 ♒ | 25 | 11 ♈ | 16 ♉ | 07 ♋ | 16 ♌ | 09 ♎ | 00 ♐ | 03 ♑ | 18 ♒ | 19 ♓ |
| 5. | 14 ♑ | 29 | 20 ♓ | 07 ♉ | 14 ♊ | 06 ♌ | 15 ♍ | 07 ♏ | 25 | 28 | 11 ♓ | 13 ♈ |
| 7. | 08 ♒ | 23 ♓ | 15 ♈ | 04 ♊ | 12 ♋ | 05 ♍ | 14 ♎ | 03 ♐ | 19 ♑ | 21 ♒ | 05 ♈ | 08 ♉ |
| 9. | 02 ♓ | 17 ♈ | 10 ♉ | 01 ♋ | 10 ♌ | 03 ♎ | 11 ♏ | 28 | 13 ♒ | 15 ♓ | 00 ♉ | 05 ♊ |
| 11. | 26 | 13 ♉ | 07 ♊ | 29 | 08 ♍ | 00 ♏ | 06 ♐ | 22 ♑ | 06 ♓ | 09 ♈ | 26 | 02 ♋ |
| 13. | 21 ♈ | 10 ♊ | 04 ♋ | 28 ♌ | 06 ♎ | 27 | 00 ♑ | 16 ♒ | 00 ♈ | 04 ♉ | 23 ♊ | 01 ♌ |
| 15. | 17 ♉ | 09 ♋ | 03 ♌ | 26 ♍ | 04 ♏ | 22 ♐ | 25 | 09 ♓ | 25 | 00 ♊ | 20 ♋ | 29 |
| 17. | 16 ♊ | 09 ♌ | 02 ♍ | 25 ♎ | 00 ♐ | 16 ♑ | 19 ♒ | 03 ♈ | 20 ♉ | 26 | 19 ♌ | 28 ♍ |
| 19. | 15 ♋ | 09 ♍ | 02 ♎ | 22 ♏ | 26 | 10 ♒ | 12 ♓ | 28 | 16 ♊ | 24 ♋ | 17 ♍ | 26 ♎ |
| 21. | 16 ♌ | 08 ♎ | 00 ♏ | 18 ♐ | 20 ♑ | 04 ♓ | 06 ♈ | 23 ♉ | 13 ♋ | 22 ♌ | 15 ♎ | 23 ♏ |
| 23. | 16 ♍ | 06 ♏ | 27 | 12 ♑ | 14 ♒ | 28 | 01 ♉ | 20 ♊ | 12 ♌ | 21 ♍ | 13 ♏ | 19 ♐ |
| 25. | 14 ♎ | 02 ♐ | 22 ♐ | 06 ♒ | 08 ♓ | 23 ♈ | 27 | 18 ♋ | 12 ♍ | 20 ♎ | 11 ♐ | 15 ♑ |
| 27. | 11 ♏ | 26 | 16 ♑ | 00 ♓ | 02 ♈ | 19 ♉ | 25 ♊ | 18 ♌ | 12 ♎ | 19 ♏ | 07 ♑ | 09 ♒ |
| 29. | 05 ♐ | 20 ♑ | 10 ♒ | 24 | 28 | 17 ♊ | 25 ♋ | 19 ♍ | 11 ♏ | 16 ♐ | 01 ♒ | 03 ♓ |
| 31. | 29 | | 04 ♓ | | 25 ♉ | | 25 ♌ | 18 ♎ | | 11 ♑ | | 27 |

## 1993

| | J | F | M | A | M | J | J | A | S | O | N | D |
|---|---|---|---|---|---|---|---|---|---|---|---|---|
| 1. | 09♈ | 24♉ | 03♊ | 22♋ | 00♍ | 24♌ | 02♐ | 21♌ | 07♓ | 10♈ | 25♉ | 29♊ |
| 3. | 03♉ | 20♊ | 29 | 20♌ | 29 | 22♍ | 29 | 16♒ | 01♈ | 04♉ | 19♊ | 25♋ |
| 5. | 29 | 18♋ | 27♋ | 20♍ | 29♌ | 20♐ | 25♌ | 11♓ | 25 | 28 | 15♋ | 22♋ |
| 7. | 26♊ | 18♌ | 26♌ | 20♎ | 28♍ | 17♌ | 20♒ | 05♈ | 19♉ | 22♊ | 11♌ | 19♍ |
| 9. | 25♋ | 19♍ | 27♍ | 20♏ | 26♐ | 12♒ | 15♓ | 28 | 13♊ | 18♋ | 09♍ | 18♎ |
| 11. | 25♌ | 18♎ | 27♎ | 18♐ | 22♋ | 07♓ | 08♈ | 22♉ | 09♋ | 15♌ | 08♎ | 17♏ |
| 13. | 24♍ | 17♏ | 26♏ | 14♑ | 17♒ | 00♈ | 02♉ | 18♊ | 07♌ | 14♍ | 08♐ | 16♐ |
| 15. | 23♎ | 13♐ | 22♐ | 08♒ | 10♓ | 24 | 24 | 14♋ | 06♍ | 15♎ | 08♑ | 14♑ |
| 17. | 20♏ | 08♑ | 17♑ | 02♓ | 04♈ | 19♉ | 23♊ | 13♌ | 07♎ | 15♏ | 06♐ | 10♒ |
| 19. | 16♐ | 02♒ | 12♒ | 26 | 28 | 14♊ | 20♋ | 13♍ | 07♏ | 14♐ | 03♒ | 06♓ |
| 21. | 11♑ | 26 | 05♓ | 20♈ | 28♉ | 11♋ | 19♌ | 13♎ | 05♐ | 11♑ | 28 | 00♈ |
| 23. | 06♒ | 20♓ | 29 | 14♉ | 19♊ | 09♌ | 18♍ | 12♏ | 02♑ | 07♒ | 22♓ | 24 |
| 25. | 00♓ | 14♈ | 17♉ | 15♊ | 08♍ | 17♎ | 09♐ | 05♑ | 28 | 01♈ | 16♉ | 17♋ |
| 27. | 23 | 08♉ | 17♉ | 05♋ | 13♎ | 06♏ | 05♑ | 22 | 25 | 25 | 09♊ | 12♌ |
| 29. | 17♈ | | 12♊ | 02♋ | 11♏ | 04♐ | 12♒ | 01♈ | 16♓ | 19♈ | 04♊ | 08♋ |
| 31. | 11♉ | | 08♋ | | 09♐ | | 08♓ | 25 | | 13♉ | | 05♌ |

## 1994

| | J | F | M | A | M | J | J | A | S | O | N | D |
|---|---|---|---|---|---|---|---|---|---|---|---|---|
| 1. | 18♌ | 11♎ | 21♎ | 14♐ | 21♑ | 08♓ | 11♈ | 25♉ | 09♋ | 13♌ | 03♎ | 10♏ |
| 3. | 16♍ | 10♏ | 20♏ | 11♑ | 17♒ | 05♈ | 05♉ | 19♊ | 05♌ | 10♍ | 02♏ | 11♐ |
| 5. | 14♎ | 07♐ | 18♐ | 08♒ | 12♓ | 26 | 28 | 13♋ | 02♍ | 09♎ | 03♐ | 11♑ |
| 7. | 13♏ | 04♑ | 15♑ | 03♓ | 06♈ | 20♉ | 23♊ | 10♌ | 01♎ | 09♏ | 02♑ | 09♒ |
| 9. | 11♐ | 01♒ | 11♒ | 27 | 00♉ | 14♊ | 18♋ | 07♍ | 00♏ | 09♐ | 01♒ | 06♓ |
| 11. | 08♑ | 27 | 06♓ | 21♈ | 23 | 09♋ | 14♌ | 05♎ | 29 | 07♑ | 27 | 01♈ |
| 13. | 05♒ | 21♈ | 00♈ | 14♉ | 17♊ | 04♌ | 11♍ | 04♏ | 27♐ | 04♒ | 22♓ | 26 |
| 15. | 01♓ | 14♉ | 24 | 08♊ | 12♋ | 00♍ | 07♎ | 00♐ | 24♑ | 00♓ | 17♈ | 19♉ |
| 17. | 26 | 09♊ | 17♊ | 02♋ | 07♌ | 28 | 07♏ | 00♑ | 21♒ | 25 | 10♉ | 13♊ |
| 19. | 19♈ | 03♊ | 11♊ | 27 | 04♍ | 26♍ | 05♐ | 16♓ | 20♈ | 20♈ | 04♊ | 07♋ |
| 21. | 13♉ | 28 | 06♋ | 24♋ | 02♎ | 25♎ | 04♑ | 11♈ | 14♉ | 28 | 01♌ | 01♌ |
| 23. | 07♊ | 24♋ | 02♌ | 23♍ | 01♏ | 25♐ | 02♒ | 20♉ | 05♊ | 07♊ | 22♌ | 23♌ |
| 25. | 03♋ | 22♌ | 00♍ | 23♎ | 01♐ | 23♑ | 29 | 15♊ | 09♋ | 05♌ | 13♍ | 20♍ |
| 27. | 00♌ | 21♍ | 00♎ | 23♏ | 01♑ | 21♒ | 15♈ | 09♋ | 22♋ | 13♍ | 11♎ | 20♎ |
| 29. | 28 | | 00♏ | 23♐ | 29 | 17♓ | 19♈ | 02♌ | 17♍ | 21♎ | 11♏ | 19♏ |
| 31. | 27♍ | | 00♐ | | 26 | | 13♉ | 26 | | 18♏ | | 19♐ |

## 1995

| | J | F | M | A | M | J | J | A | S | O | N | D |
|---|---|---|---|---|---|---|---|---|---|---|---|---|
| 1. | 04♉ | 25♒ | 04♓ | 21♈ | 24♉ | 08♋ | 12♌ | 29♍ | 20♏ | 29♐ | 22♒ | 00♈ |
| 3. | 03♊ | 22♓ | 18♓ | 16♉ | 18♊ | 02♌ | 06♍ | 26♎ | 18♐ | 28♑ | 19♓ | 25 |
| 5. | 01♋ | 18♈ | 29 | 09♊ | 11♋ | 27 | 02♎ | 23♏ | 17♑ | 26 | 15♈ | 20♉ |
| 7. | 27 | 12♉ | 20♉ | 03♋ | 06♌ | 23♍ | 29 | 22♐ | 16♒ | 23♓ | 11♉ | 14♊ |
| 9. | 22♈ | 06♊ | 13♊ | 27 | 01♍ | 20♎ | 28♍ | 22♑ | 14♓ | 19♈ | 05♊ | 08♋ |
| 11. | 16♉ | 29 | 07♋ | 23♋ | 27 | 19♏ | 28♎ | 21♒ | 11♈ | 15♉ | 29 | 01♌ |
| 13. | 09♊ | 24♋ | 02♌ | 19♍ | 26♋ | 19♐ | 28♏ | 19♓ | 07♉ | 09♊ | 23♋ | 25 |
| 15. | 03♋ | 20♌ | 28 | 18♎ | 26♍ | 20♑ | 27♐ | 16♈ | 01♊ | 03♋ | 17♌ | 20♍ |
| 17. | 28 | 16♍ | 25♍ | 17♏ | 26♎ | 19♒ | 25♑ | 11♉ | 25 | 27 | 11♍ | 16♎ |
| 19. | 24♌ | 14♎ | 23♎ | 17♐ | 25♏ | 16♓ | 21♒ | 05♊ | 19♋ | 21♌ | 08♎ | 13♏ |
| 21. | 20♍ | 12♏ | 22♏ | 16♑ | 23 | 12♈ | 15♓ | 29 | 13♌ | 17♍ | 06♏ | 13♐ |
| 23. | 17♎ | 10♐ | 21♐ | 13♒ | 20♓ | 06♉ | 09♈ | 23♋ | 09♍ | 14♎ | 05♐ | 14♑ |
| 25. | 15♏ | 08♑ | 19♑ | 10♓ | 15♈ | 00♊ | 02♉ | 17♌ | 05♎ | 12♏ | 05♑ | 14♒ |
| 27. | 13♐ | 06♒ | 16♒ | 05♈ | 09♉ | 24 | 26 | 13♍ | 03♏ | 11♐ | 05♒ | 12♓ |
| 29. | 12♑ | | 13♓ | 00♉ | 03♊ | 17♋ | 21♌ | 09♎ | 01♐ | 10♑ | 03♓ | 09♈ |
| 31. | 11♒ | | 09♈ | | 27 | | 16♍ | 06♏ | | 09♒ | | 04♉ |

1996

| | J | F | M | A | M | J | J | A | S | O | N | D |
|---|---|---|---|---|---|---|---|---|---|---|---|---|
| 1. | 17 ♉ | 01 ♋ | 22 ♋ | 06 ♍ | 09 ♎ | 29 ♏ | 07 ♐ | 01 ♓ | 23 ♈ | 28 ♉ | 13 ♋ | 15 ♌ |
| 3. | 11 ♊ | 25 | 16 ♌ | 01 ♎ | 06 ♏ | 28 ♐ | 08 ≈ | 01 ♈ | 20 ♉ | 23 ♊ | 07 ♌ | 09 ♍ |
| 5. | 04 ♋ | 19 ♌ | 10 ♍ | 28 | 05 ♐ | 28 ♐ | 07 ♓ | 28 | 15 ♊ | 17 ♋ | 01 ♍ | 03 ♎ |
| 7. | 28 | 14 ♍ | 06 ♎ | 25 ♏ | 04 ♐ | 27 ≈ | 05 ♈ | 24 ♉ | 09 ♋ | 11 ♌ | 25 | 28 |
| 9. | 22 ♌ | 09 ♎ | 02 ♏ | 23 ♐ | 03 ≈ | 25 ♓ | 02 ♉ | 18 ♊ | 03 ♌ | 05 ♍ | 20 ♎ | 25 ♏ |
| 11. | 17 ♍ | 05 ♏ | 29 | 22 ♑ | 01 ♓ | 22 ♈ | 27 | 12 ♋ | 27 | 29 | 17 ♏ | 23 ♐ |
| 13. | 12 ♎ | 02 ♐ | 26 ♐ | 20 ≈ | 28 | 17 ♉ | 21 ♊ | 06 ♌ | 21 ♍ | 25 ♎ | 14 ♐ | 22 ♑ |
| 15. | 08 ♏ | 00 ♑ | 25 ♑ | 18 ♓ | 25 ♈ | 12 ♊ | 15 ♋ | 00 ♍ | 16 ♎ | 21 ♏ | 13 ♑ | 22 ≈ |
| 17. | 06 ♐ | 00 ≈ | 24 ≈ | 15 ♈ | 21 ♉ | 06 ♋ | 09 ♌ | 24 | 11 ♏ | 18 ♐ | 11 ≈ | 20 ♓ |
| 19. | 06 ♑ | 00 ♓ | 23 ♓ | 12 ♉ | 16 ♊ | 00 ♌ | 03 ♍ | 19 ♎ | 08 ♐ | 16 ♑ | 09 ♓ | 18 ♈ |
| 21. | 07 ≈ | 29 | 21 ♈ | 07 ♊ | 10 ♋ | 24 | 27 | 14 ♏ | 05 ♑ | 14 ≈ | 07 ♈ | 14 ♉ |
| 23. | 07 ♓ | 26 ♈ | 17 ♉ | 02 ♋ | 04 ♌ | 18 ♍ | 22 ♎ | 11 ♐ | 04 ≈ | 13 ♓ | 04 ♉ | 10 ♊ |
| 25. | 05 ♈ | 22 ♉ | 12 ♊ | 26 | 28 | 13 ♎ | 18 ♏ | 09 ♑ | 03 ♓ | 11 ♈ | 01 ♊ | 05 ♋ |
| 27. | 01 ♉ | 16 ♊ | 06 ♋ | 20 ♌ | 22 ♍ | 09 ♏ | 16 ♐ | 09 ≈ | 03 ♈ | 09 ♉ | 27 | 29 |
| 29. | 26 | 10 ♋ | 00 ♌ | 14 ♍ | 17 ♎ | 07 ♐ | 15 ♑ | 10 ♓ | 01 ♉ | 06 ♊ | 21 ♋ | 23 ♌ |
| 31. | 20 ♊ | | 24 | | 15 ♏ | | 16 ≈ | 09 ♈ | | 01 ♋ | | 17 ♍ |

1997

| | J | F | M | A | M | J | J | A | S | O | N | D |
|---|---|---|---|---|---|---|---|---|---|---|---|---|
| 1. | 29 ♍ | 14 ♏ | 24 ♏ | 14 ♉ | 22 ≈ | 16 ♈ | 24 ♉ | 12 ♋ | 28 ♌ | 00 ♎ | 15 ♏ | 20 ♐ |
| 3. | 23 ♎ | 11 ♐ | 20 ♐ | 12 ♊ | 21 ♓ | 13 ♉ | 20 ♊ | 07 ♌ | 21 ♍ | 24 | 10 ♐ | 16 ♑ |
| 5. | 19 ♏ | 09 ♑ | 18 ♑ | 11 ♓ | 20 ♈ | 11 ♊ | 16 ♋ | 01 ♍ | 15 ♎ | 18 ♏ | 06 ♑ | 14 ≈ |
| 7. | 17 ♐ | 09 ≈ | 17 ≈ | 11 ♈ | 18 ♉ | 07 ♋ | 10 ♌ | 24 | 09 ♏ | 13 ♐ | 03 ≈ | 12 ♓ |
| 9. | 16 ♑ | 10 ♓ | 18 ♓ | 10 ♉ | 16 ♊ | 02 ♌ | 04 ♍ | 18 ♎ | 04 ♐ | 09 ♑ | 01 ♓ | 10 ♈ |
| 11. | 16 ≈ | 09 ♈ | 18 ♈ | 08 ♊ | 12 ♋ | 26 | 28 | 12 ♏ | 00 ♐ | 07 ≈ | 00 ♈ | 08 ♉ |
| 13. | 16 ♓ | 07 ♉ | 16 ♉ | 04 ♋ | 06 ♌ | 20 ♍ | 22 ♎ | 08 ♐ | 28 | 05 ♓ | 29 | 07 ♊ |
| 15. | 14 ♈ | 04 ♊ | 13 ♊ | 28 | 00 ♍ | 14 ♎ | 16 ♏ | 05 ♑ | 27 ≈ | 05 ♈ | 28 ♉ | 03 ♋ |
| 17. | 11 ♉ | 29 | 08 ♋ | 22 ♌ | 24 | 08 ♏ | 13 ♐ | 04 ≈ | 27 ♓ | 05 ♉ | 26 ♊ | 01 ♌ |
| 19. | 07 ♊ | 23 ♋ | 02 ♌ | 16 ♍ | 18 ♎ | 05 ♐ | 11 ♑ | 04 ♓ | 27 ♈ | 04 ♊ | 23 ♋ | 25 |
| 21. | 02 ♋ | 17 ♌ | 26 | 10 ♎ | 13 ♏ | 02 ♑ | 10 ≈ | 04 ♈ | 26 ♉ | 02 ♋ | 18 ♌ | 19 ♍ |
| 23. | 26 | 11 ♍ | 19 ♍ | 05 ♏ | 10 ♐ | 01 ≈ | 10 ♓ | 03 ♉ | 23 ♊ | 27 | 12 ♍ | 13 ♎ |
| 25. | 20 ♌ | 04 ♎ | 13 ♎ | 00 ♐ | 07 ♑ | 00 ♓ | 09 ♈ | 01 ♊ | 19 ♋ | 22 ♌ | 05 ♎ | 07 ♏ |
| 27. | 14 ♍ | 28 | 08 ♏ | 27 | 05 ≈ | 28 | 07 ♉ | 27 | 13 ♌ | 15 ♍ | 29 | 02 ♐ |
| 29. | 07 ♎ | | 03 ♐ | 24 ♐ | 03 ♓ | 26 ♈ | 04 ♊ | 22 ♋ | 07 ♍ | 09 ♎ | 24 ♏ | 28 |
| 31. | 02 ♏ | | 00 ♑ | | 02 ♈ | | 00 ♋ | 16 ♌ | | 03 ♏ | | 26 ♑ |

1998

| | J | F | M | A | M | J | J | A | S | O | N | D |
|---|---|---|---|---|---|---|---|---|---|---|---|---|
| 1. | 10 ≈ | 03 ♈ | 12 ♈ | 05 ♊ | 11 ♋ | 28 ♌ | 00 ♎ | 14 ♏ | 29 ♐ | 03 ≈ | 23 ♓ | 01 ♉ |
| 3. | 08 ♓ | 02 ♉ | 12 ♉ | 03 ♋ | 08 ♌ | 22 ♍ | 24 | 08 ♐ | 25 ♑ | 00 ♈ | 23 ♈ | 02 ♊ |
| 5. | 07 ♈ | 29 | 10 ♊ | 29 | 02 ♍ | 16 ♎ | 18 ♏ | 04 ♑ | 22 ≈ | 00 ♈ | 24 ♉ | 02 ♋ |
| 7. | 05 ♉ | 26 ♊ | 06 ♋ | 23 ♌ | 26 | 10 ♏ | 13 ♐ | 00 ≈ | 21 ♓ | 00 ♉ | 24 ♊ | 00 ♌ |
| 9. | 02 ♊ | 22 ♋ | 02 ♌ | 17 ♍ | 20 ♎ | 04 ♐ | 08 ♑ | 28 | 21 ♈ | 00 ♊ | 22 ♋ | 27 |
| 11. | 00 ♋ | 17 ♌ | 26 | 11 ♎ | 13 ♏ | 00 ♑ | 05 ≈ | 27 ♓ | 21 ♉ | 29 | 18 ♌ | 22 ♍ |
| 13. | 26 | 11 ♍ | 20 ♍ | 04 ♏ | 08 ♐ | 26 | 03 ♈ | 26 ♈ | 21 ♊ | 26 | 13 ♍ | 16 ♎ |
| 15. | 21 ♌ | 05 ♎ | 14 ♎ | 29 | 03 ♑ | 22 ≈ | 01 ♈ | 24 ♉ | 16 ♋ | 21 ♌ | 07 ♎ | 09 ♏ |
| 17. | 15 ♍ | 29 | 07 ♏ | 23 ♐ | 29 | 20 ♓ | 29 | 22 ♊ | 12 ♌ | 16 ♍ | 01 ♏ | 03 ♐ |
| 19. | 09 ♎ | 23 ♏ | 02 ♐ | 19 ♑ | 25 ≈ | 18 ♈ | 27 ♉ | 19 ♋ | 07 ♍ | 10 ♎ | 24 | 27 |
| 21. | 03 ♏ | 18 ♐ | 26 | 15 ≈ | 23 ♓ | 17 ♉ | 26 ♊ | 15 ♌ | 01 ♎ | 04 ♏ | 18 ♐ | 22 ♑ |
| 23. | 28 | 14 ♑ | 23 ♑ | 14 ♈ | 23 ♈ | 16 ♊ | 23 ♋ | 10 ♍ | 25 | 27 | 13 ♑ | 18 ≈ |
| 25. | 23 ♐ | 12 ≈ | 20 ≈ | 13 ♈ | 22 ♉ | 14 ♋ | 19 ♌ | 04 ♎ | 19 ♏ | 21 ♐ | 08 ≈ | 15 ♓ |
| 27. | 20 ♑ | 12 ♓ | 20 ♓ | 14 ♉ | 22 ♊ | 11 ♌ | 14 ♍ | 28 | 12 ♐ | 16 ♑ | 04 ♓ | 12 ♈ |
| 29. | 19 ≈ | | 20 ♈ | 13 ♊ | 20 ♋ | 06 ♍ | 08 ♎ | 22 ♏ | 07 ♑ | 12 ≈ | 02 ♈ | 11 ♉ |
| 31. | 18 ♓ | | 20 ♉ | | 16 ♌ | | 02 ♏ | 16 ♐ | | 09 ♓ | | 10 ♊ |

1999

| | J | F | M | A | M | J | J | A | S | O | N | D |
|---|---|---|---|---|---|---|---|---|---|---|---|---|
| 1. | 25 ♊ | 16 ♌ | 25 ♌ | 11 ♎ | 14 ♏ | 29 ♐ | 02 ♒ | 21 ♓ | 13 ♉ | 22 ♊ | 14 ♌ | 21 ♍ |
| 3. | 24 ♋ | 12 ♍ | 20 ♍ | 06 ♏ | 08 ♐ | 23 ♑ | 28 | 18 ♈ | 11 ♊ | 20 ♋ | 11 ♍ | 16 ♎ |
| 5. | 21 ♌ | 07 ♎ | 15 ♎ | 29 | 02 ♑ | 18 ♒ | 24 ♓ | 16 ♉ | 09 ♋ | 17 ♌ | 06 ♎ | 10 ♏ |
| 7. | 17 ♍ | 01 ♏ | 09 ♏ | 23 ♐ | 26 | 11 ♈ | 20 ♉ | 13 ♊ | 05 ♍ | 10 ♎ | 25 | 04 ♐ |
| 9. | 12 ♎ | 25 | 03 ♐ | 17 ♑ | 21 ♒ | 10 ♉ | 19 ♊ | 14 ♋ | 12 ♌ | 05 ♍ | 19 ♐ | 28 |
| 11. | 06 ♏ | 19 ♐ | 27 | 13 ♒ | 18 ♓ | 10 ♊ | 19 ♋ | 12 ♌ | 01 ♎ | 05 ♏ | 13 ♑ | 22 ♑ |
| 13. | 29 | 14 ♑ | 22 ♑ | 09 ♓ | 16 ♈ | 10 ♋ | 18 ♌ | 09 ♍ | 26 | 29 | 13 ♑ | 16 ♒ |
| 15. | 24 ♐ | 10 ♒ | 18 ♒ | 08 ♈ | 17 ♉ | 06 ♍ | 18 ♌ | 06 ♎ | 21 ♏ | 23 ♐ | 07 ♒ | 10 ♓ |
| 17. | 19 ♑ | 08 ♓ | 15 ♓ | 08 ♉ | 17 ♊ | 06 ♍ | 15 ♐ | 01 ♏ | 15 ♐ | 08 ♑ | 11 ♒ | 06 ♈ |
| 19. | 15 ♒ | 05 ♈ | 15 ♈ | 08 ♊ | 17 ♋ | 02 ♎ | 19 ♐ | 19 ♐ | 03 ♒ | 11 ♒ | 28 | 04 ♉ |
| 21. | 11 ♓ | 04 ♉ | 14 ♉ | 07 ♋ | 14 ♌ | 26 | 29 | 13 ♑ | 28 | 06 ♓ | 26 ♈ | 04 ♊ |
| 23. | 09 ♈ | 02 ♊ | 13 ♊ | 05 ♌ | 11 ♍ | 26 | 13 ♑ | 28 | 04 ♈ | 26 ♈ | 26 ♉ | 05 ♋ |
| 25. | 07 ♉ | 00 ♋ | 11 ♋ | 01 ♍ | 05 ♎ | 20 ♏ | 22 ♐ | 07 ♒ | 26 ♈ | 03 ♉ | 27 ♊ | 05 ♌ |
| 27. | 06 ♊ | 28 | 08 ♌ | 26 | 29 | 14 ♐ | 17 ♑ | 03 ♓ | 24 ♈ | 03 ♊ | 26 ♊ | 03 ♍ |
| 29. | 04 ♋ | | 04 ♍ | 20 ♎ | 23 ♏ | 12 ♑ | 03 ♓ | 23 ♉ | 23 ♉ | 02 ♋ | 24 ♋ | 00 ♎ |
| 31. | 02 ♌ | | 29 | | 17 ♐ | | 28 | 01 ♌ | | 25 | | |

9

505

9

# Die Elemente des Horoskops

Die Erstellung eines auf Ort und Zeit der Geburt exakt abgestimmten Horoskops ist, wie wir im 7. Kapitel gesehen haben, mit Hilfe unserer Tabellen keineswegs schwierig. Wenn wir die Häuserspitzen bestimmt und die Gestirnsstände in das Horoskopschema eingezeichnet haben, zeigt uns das Horoskop gleichsam das Bild des Himmels, wie es sich zur Geburtsstunde am Geburtsort darbot, wobei freilich auch die unter dem Horizont befindlichen, also dem Betrachterauge verborgenen Gestirne berücksichtigt sind. Dieses Himmelsbild ist die Grundlage der astrologischen Deutung, die desto individueller und exakter zu sein vermag, je genauer der Zeitpunkt der Geburt bekannt ist.

Die treffendsten Analysen und Prognosen lassen sich erarbeiten, wenn man die Geburtsminute kennt, denn nur in diesem Fall können die Häuserspitzen und damit auch die Kardinalpunkte des Individualhoroskops gradgenau festgelegt werden. In der Praxis ist freilich meist nur die Geburtsstunde bekannt, was etliche Unsicherheiten ins Spiel bringt, können doch die Häuserspitzen je nach Tageszeit in Zeiträumen von weniger als einer Stunde bis etwa drei Stunden von einem Tierkreiszeichen in ein anderes vorrücken, und auch die Mondposition ist nicht mehr ganz exakt bestimmbar, weil dieses Gestirn stündlich im Schnitt um 14° weiterwandert. Noch ungenauer wird die Grundlage der astrologischen Deutung, wenn man nur den Tag, nicht aber die Stunde der Geburt kennt. In solchen Fällen behilft man sich damit, daß man die Gestirnsstände für 12 Uhr WZ des Geburtstages berechnet, doch muß man auf die Einzeichnung der Feldspitzen verzichten, und es hätte auch wenig Sinn, den Mond in die Horoskopanalyse einzubeziehen. Daß dadurch der Aussagewert eines Horoskops erheblich eingeschränkt wird, liegt auf der Hand.

Der erfahrene Fachastrologe hat allerdings die Möglichkeit, ungenaue Geburtszeitangaben zu präzisieren. Für eine solche »Korrektur« benötigt er drei bis sechs markante Ereignisdaten aus dem Leben des betreffenden Menschen

(Todesfälle naher Angehöriger, schwere Unfälle oder Operationen, Heirat usw.). Da für den Laien derartige Berechnungen zu schwierig sind, wollen wir auf die Darstellung der Methode verzichten.

Wenden wir uns nun den Elementen des Horoskops zu, wie wir sie im ausgefüllten Horoskopformular vor uns haben. Wir sehen zwei sich überlagernde Bezugssysteme, den Tierkreis und die Häuser, und darin eingebettet die Gestirne, wie sie im Augenblick der Geburt am Himmel standen. Betrachten wir zunächst diese Elemente einzeln; danach werden wir die vielfältigen Bezüge kennenlernen, durch die alle Teile eines Horoskops miteinander verwoben sind.

## Der Tierkreis

Wenn wir den nächtlichen Sternenhimmel längere Zeit beobachten, haben wir den Eindruck, als ob sich das Himmelsgewölbe langsam um die Erde drehe: Sterne steigen im Osten auf, gehen im Westen unter, und nach nicht ganz 24 Stunden haben sie wieder dieselbe Position am Himmel erreicht wie in der Nacht zuvor. In Wirklichkeit aber dreht sich, wie wir wissen, nicht das Himmelsgewölbe, sondern die Erde macht auf ihrer Bahn um die Sonne in einem Tag eine Umdrehung um ihre Achse.

Die meisten Sterne behalten ihre Lage zu den anderen nächtlichen Lichtern am Firmament (scheinbar) unverändert bei, haben keine sichtbare Eigenbewegung. Man bezeichnet sie deshalb als Fixsterne, weil sie am Himmelsgewölbe fixiert zu sein scheinen. Aber einige Himmelskörper, zu denen auch die Sonne und der Mond gehören, schließen sich dem Fixsternreigen nicht an: Sie wandern meist rascher, aber manchmal auch langsamer als die Fixsterne übers Himmelszelt. Man nennt sie Wandelsterne oder Planeten. Zwar wissen wir heute, daß Mond und Sonne nicht zu den Planeten gehören, aber die Sternkundigen der frühen Hochkulturen machten diesen Unterschied nicht, und daß sie beide den eigentlichen Planeten gleichstellten, ist in der Tat dadurch gerechtfertigt, da alle diese Gestirne zusammengehören: Sie bilden gemeinsam mit der Erde »unser« Sonnensystem.

Wenn man vom Weltall aus unser Sonnensystem betrachten könnte, so würde auffallen, daß die Bahnen der die Sonne umkreisenden Planeten alle ungefähr auf einer Ebene liegen. Von der Erde aus gesehen bedeutet das, daß alle

Gestirne unseres Sonnensystems auf einem verhältnismäßig schmalen Streifen über das Himmelsgewölbe zu wandern scheinen. Diesen Streifen bezeichnet man als Tierkreis, die darin verlaufende Sonnenbahn als Ekliptik.

Nun ist aber die Achse, um die sich die Erde in 24 Stunden einmal dreht, gegenüber der Ebene der Erdumlaufbahn um die Sonne um $23^1/_2$ Grad geneigt: Die Erdachse steht in bezug auf die Sonne nicht senkrecht, sondern schräg. Entsprechend bildet auch der Erdäquator zur Erdbahnebene einen Winkel von $23^1/_2$ Grad. Projizieren wir den Erdäquator auf das Himmelsgewölbe, so erhalten wir eine Kreislinie, die die Ekliptik ebenfalls im Winkel von $23^1/_2$ Grad schneidet. Die beiden Schnittpunkte von Himmelsäquator und Ekliptik nennt man Frühlings-(Widder-)- und Herbst-(Waage-)punkt, weil der Sonnendurchgang durch diese Punkte den Beginn von Frühling und Herbst markiert.

Um am Himmel Anhaltspunkte für die Positionsbestimmung der Wandelsterne und besonders der Sonne zu gewinnen, gruppierte man schon vor Jahrtausenden in der Nähe der Ekliptik gelegene Fixsterne zu den Sternbildern des Tierkreises. Als Ausgangspunkte für die Einteilung nahm man die Sonnenpositionen an jenen beiden Tagen des Jahres, an denen — überall auf der Erde — Tag und Nacht genau gleich lang sind (in der Regel am 21. März und 23. September): An diesen beiden Tagen kreuzt die Sonnenbahn den Himmelsäquator. Zwei weitere Fixpunkte ergaben die Sonnenpositionen an den Tagen, an denen die Mittagsonne ihren höchsten bzw. tiefsten Punkt über bzw. unter dem Horizont erreicht, also die beiden »Sonnwendtage« (Solstitien) im Juni und Dezember.

Bereits die alten Hochkulturen im Zweistromland (Mesopotamien) teilten jedem der so gewonnenen vier Abschnitte der Ekliptik drei Sternbilder zu, deren Bezeichnungen sich größtenteils mit den noch heute üblichen Namen decken. Aber schon damals machte man einen Unterschied zwischen dem sichtbaren, in Helligkeit und Ausdehnung unterschiedlichen Sternbild und dem für astronomische und astrologische Berechnungen erforderlichen, die Ekliptik in genau gleich große Abschnitte einteilenden Tierkreiszeichen. Die Sternbilder bilden den siderischen Tierkreis, die Tierkreiszeichen den tropischen Tierkreis.

Vor über 4000 Jahren, als die alten Babylonier die Tierkreiseinteilung vornahmen, waren beide deckungsgleich: Im Frühling trat die Sonne am Tag der Tag-und-Nachtgleiche in

**10**

das Sternbild und das Tierkreiszeichen Widder ein. Aber infolge der Präzession der Erdachse, einer ungemein langsamen Kreiselbewegung, die für eine Umdrehung fast 26000 Jahre braucht (siehe 6. Kapitel), wandert der Frühlingspunkt in rund 2100 Jahren um je ein Sternbild im Tierkreis zurück. Heute befindet er sich im Sternbild Wassermann: Sternbilder und Tierkreiszeichen haben sich gegeneinander verschoben.

Dies ist freilich für die Horoskopie insofern ohne Belang, als man früh schon nicht den sichtbaren Sternbildern, sondern der durch die Tierkreiszeichen gegebenen Einteilung des Jahreslaufes reale Wirkqualitäten zuschrieb, also für erd- und menschenbezogene Aussagen den astrologischen Tierkreis von den Sternen löste. Daß früher wie heute nicht wenige Astrologen dieser Abstrahierung nicht fähig sind und immer noch den Sternbildern als Konfigurationen von Himmelskörpern eine tatsächliche Einflußnahme auf das Menschenleben zugestehen, hat der seriösen Astrologie viel geschadet und sie dem hämischen Vorwurf ausgesetzt, jede Horoskopdeutung sei von vornherein als Humbug zu verwerfen, weil in Wirklichkeit kein Planet heute mehr in dem Sternbild stünde, in das der Astrologe ihn ins Horoskopformular einträgt. Noch einmal sei wiederholt: Der Astrologe arbeitet nicht mit Sternbildern, sondern mit Tierkreiszeichen. Der astrologische Tierkreis ist nicht auf Fixsternfiguren bezogen, sondern auf den Jahreslauf der Erde, nämlich auf die beiden Äquinoktialpunkte (Frühlings- bzw. Widderpunkt und Herbst- bzw. Waagepunkt) und auf die beiden Solstitien. Nur wenn man sich diese unmittelbare Verknüpfung des astrologischen Tierkreises mit irdischen Gegebenheiten vor Augen hält, vermag man den Sinngehalt der uralten Tierkreissymbole überhaupt zu ergründen.

## Die Grundqualitäten der Tierkreiszeichen im Jahreslauf

Nicht selten wird der Astrologie der Vorwurf gemacht, sie huldige hemmungslos einem längst überholten »Namensfetischismus«: Irgendwann in grauer Vorzeit hätten Sternkundige, um sich am Himmelsgewölbe besser orientieren zu können, Sterne und Sterngruppen willkürlich mit Namen belegt; später hätten dann die Sterndeuter aus diesen Bezeichnungen Wirkqualitäten abgeleitet, die wegen der Willkürlichkeit der Namensgebung jeder realen Grundlage entbehrten. Dieser Vorwurf verkennt nicht nur die Tatsache, daß in den frühen Hochkulturen Sternkunde (Astronomie) und Sterndeutung (Astrologie) eins waren, richtete der Mensch doch zunächst nur deshalb seine Augen zu den Sternen, um für sein Dasein wichtige Bezüge zwischen kosmischem und irdischem Geschehen zu erkennen — er verkennt auch, daß die Namensgebung, wie sie sich bis in unsere Zeit hinein erhalten hat, mit Sicherheit erst nach langer Beobachtung erfolgte.

Nur so erklären sich die Symbolgestalten, die den Tierkreis bevölkern. Selbst mit üppigster Phantasie wird man kaum imstande sein, in einer Gruppe von Sternen einen Widder, Stier oder Löwen oder gar eine Jungfrau oder einen Wassermann zu sehen. Woher stammen also diese Namen? Sie werden nur dann verständlich, wenn man sich vor Augen hält, daß die Tierkreiszeichen engstens mit dem Jahreslauf der Erde verknüpft sind und sich ihre symbolhaft im Namen ausgedrückten Qualitäten daher ableiten. Die Tierkreiszeichen sind nicht das Ergebnis einer willkürlichen Projektion von Phantasiegestalten auf das Himmelsgewölbe, sondern zu Symbolen verdichtete Aussagen über energetische Wirkungen des Sonnenlaufs auf irdisches Leben und Geschehen, nicht nur auf körperlicher, sondern auch auf geistig-seelischer Ebene.

Damit ist der astrologische Tierkreis nichts anderes als ein den Jahreslauf gliederndes Bezugssystem, dessen einzelne Abschnitte eine jeweils ganz eigentümliche Grundqualität (man könnte auch Spannung oder Tönung sagen) besitzen. Diese Grundqualitäten kommen aber nur dann zum Tragen, wenn das betreffende Zeichen mit einem Gestirn oder einem Kardinalpunkt des Horoskops besetzt ist: Sie wirken also nicht für sich, sondern nur durch ein anderes Horoskopelement, das sie aktiviert und dessen Eigenqualität gleichzeitig durch sie mehr oder weniger modifiziert wird. Wie stark diese Wechselwirkungen sind, machen die Erläuterungen zu den Planetenpositionen in den zwölf Tierkreiszeichen deutlich.

Doch nun zu den Grundqualitäten, wie sie seit alters mit den einzelnen Tierkreissymbolen verknüpft sind.

Das Frühlingszeichen *Widder*, in dem die Sonne den Breiten nördlich des Äquators mit dem Frühling neue Lebenskraft bringt, symbolisiert für den Astrologen: Aufbruch, Auftrieb, Dynamik, Impulsivität, jugendlichen Schwung, Aktivität, Ichbetonung, starken Durchsetzungswillen, Unternehmungsgeist. Kennwort: Extravertierende Weltergreifung.

Unter diesem Kennwort stehen auch die beiden folgenden Zeichen, doch ihre Grundqualitäten sind deutlich verschieden. Im Zeichen *Stier* verlangsamt sich der Schwung durch den Wunsch, Wurzeln zu fassen, Besitz zu ergreifen, tief in die Lebenswelt einzudringen. Der Astrologe assoziiert mit diesem Zeichen: ruhigen, ausdauernden, zielstrebigen Ehrgeiz, praktische Ziele, betontes, aber nicht aggressives Ichgefühl, Schwerblütigkeit.

Ganz anders die Weltergreifung unter dem Zeichen *Zwillinge*: Sie erfolgt auf breiter Ebene durch vielfältige Hinwendung zur Um- und Mitwelt. Charakteristisch sind Beweglichkeit, Wißbegier, Vielseitigkeit, aber auch Unrast, Wechselhaftigkeit, manchmal Oberflächlichkeit.

Wenn die Sonne in das Zeichen *Krebs* eintritt, hat sie auf der nördlichen Erdhalbkugel ihren höchsten Stand erreicht: Auf die mittsommerliche Lichtfülle folgt nun wieder die langsame Abwärtsbewegung. Beides wird durch dieses Zeichen symbolisiert — Weltoffenheit und innerliche Rückwendung, ein gewisses Ausgeliefertsein an Dinge, Menschen und Umstände, aber gleichzeitig auch eine ausgeprägte Tendenz zum Festhalten, Bewahrenwollen.

Das Zeichen *Löwe* ist durch die abnehmende Lichtfülle geprägt: Nicht mehr Aufnehmen und Ergreifen, sondern Ausstrahlen und Ausströmen ist jetzt die Grundtendenz. Das Zeichen symbolisiert das Sich-äußern-, In-Erscheinung-treten-wollen im Gefühl hochsommerlicher Kraft und Selbstbewußtheit.

Mit der schwindenden Sonnenkraft schwächt sich unter dem Zeichen *Jungfrau* dieses Ausströmen merklich ab, wendet sich den kleinen Dingen zu. Der Spätsommer hat keine überschüssigen Energien mehr zu verschwenden. So sind Vorsicht, ja, Sparsamkeit und zunehmende Wendung nach innen Merkmale dieses Zeichens, eine Tendenz zu kritischer, bisweilen auch unzufrieden nörgelnder Distanz.

Mit dem Eintritt in das Zeichen *Waage* hat die Sonne den Punkt der Tag-und-Nachtgleiche überschritten: Von nun ab gewinnt das Dunkel wieder die Oberhand. Das Zeichen symbolisiert das Bestreben, die Nacht nicht übermächtig werden zu lassen, das Gleichgewicht zu halten, Harmonie zu wahren. Damit verknüpft ist eine verstärkte Hinwendung an die Gemeinschaft, die aber vor besitzergreifenden Bindungen zurückweicht.

Unter dem Zeichen *Skorpion* nimmt das Sonnenlicht weiter ab, verstärkt sich die schon unter dem Zeichen Jungfrau deutliche Hinwendung nach innen, werden Gefühle und Emotionen immer mächtiger. Das immer bedrohlicher werdende Dunkel treibt zur Auseinandersetzung mit Themen wie Tod und Leben (Sexualität), läßt quälend das Verhaftetsein an die Zwänge der Natur bewußt werden.

Im Zeichen *Schütze* senkt sich die Sonnenbahn zum tiefsten Punkt über dem Horizont ab. So symbolisiert dieses Zeichen die stärkste Verinnerlichung, die Zentrierung des Lebens in der Persönlichkeit. Dies führt zu einer Befreiung von äußeren Zwängen, die als innere Freiheit erlebt wird, und zur Fähigkeit, von innen heraus ordnend und führend zu wirken.

Das Zeichen *Steinbock* ist der Gegenpol zum Zeichen Krebs: Hier wie dort hat die Sonnenbahn ihren Umkehrpunkt erreicht, ist eine Wende eingetreten. Das langsame Wiederaufsteigen der Sonne symbolisiert verfestigendes Bewahren, aber auch empordrängende Willenskraft. Der Astrologe verbindet mit diesem Zeichen dementsprechend Ichbetontheit, Verantwortlichkeit, Abstraktionsvermögen, aber auch zähen Ehrgeiz und planvolles Streben auf lange Sicht.

Unter dem Zeichen *Wassermann* nimmt die Sonneneinstrahlung fühlbar zu. Die allen Winterzeichen eigene starke Ichgebundenheit mildert sich zugunsten einer größeren Offenheit gegenüber der Mitwelt. Wie sich die Natur auf ihr Wiedererwachen vorbereitet, so ist mit diesem Zeichen ein Interesse für das Werdende, Keimende verbunden. Es symbolisiert Eigenständigkeit, Eigenwilligkeit, aber auch Verständnisbereitschaft.

Mit dem Herannahen des Frühjahrs verstärkt sich unter dem Zeichen *Fische* das Bestreben, die Begrenztheit des Ichs zu sprengen, wieder einzumünden in den Strom des Lebens. Noch ist das Gefühlsleben mächtig, aber es will sich nicht mehr in sich selbst beschließen, sondern sucht den Kontakt zu einer Gemeinschaft. Idealistisch, gefühlvoll, mitfühlend, empfindsam, anpassungswillig, aber zurückhaltend sind einige der Qualitäten, die dem Zeichen Fische beigeordnet werden.

Freilich wird der einzelne Mensch nicht nur durch ein einziges Tierkreiszeichen geprägt, etwa das Zeichen, in dem im Augenblick seiner Geburt die Sonne stand. Vielmehr erfährt er je nach der Gesamtkonstellation seines Horoskops die Wirkqualitäten all der Zeichen, die von Gestirnen und Kardinalpunkten besetzt sind, wenngleich in unterschiedlichem Maße. Man kann das, was geweckt wird, mit einer vielstimmigen Melodie vergleichen, bei der je nach dem Gestirnsstand eine oder auch mehrere Stimmen vorklingen. Deshalb ist es höchst ungenau, einen Menschen rundweg als »typischen Widder« charakterisieren zu wollen, nur weil seine Geburtssonne im Zeichen Widder stand. Eine wirklich treffende Charakterisierung erfordert die Berücksichtigung sämtlicher Elemente des Horoskops.

## Die Entsprechungen der Tierkreiszeichen

Die aus dem Jahreslauf abgeleiteten Aussagen über die Tierkreiszeichen, wie wir sie im vorangehenden Abschnitt kennengelernt haben, lassen sich erheblich verfeinern und erweitern, wenn wir die Segmente des Tierkreises zueinander in Bezug setzen. Solche auf den Grundcharakteristiken der Symbole aufbauenden Bezüge kennt man seit alter Zeit.

### Die Polarität

Vom Zeichen Widder ausgehend, teilt man den Tierkreis in positive und negative (männliche und weibliche, aktive und passive) Zeichen auf. Auf ein positives folgt jeweils ein negatives Zeichen. Positiv und negativ sind nicht als »gut« oder »schlecht« bzw. »günstig« oder »ungünstig« zu verstehen, sondern geben die Wirkrichtung eines Zeichens an: Zeichen mit positiver Polarität wirken von innen nach außen, Zeichen mit negativer Polarität von außen nach innen.

### Die Elemente

Uralt ist die Lehre von den vier Elementen oder Grundwesenheiten des Stofflichen und Seelischen, denen schon die alten Griechen die vier Temperamente beiordneten: Feuer, Luft, Erde und Wasser. Jedem dieser Prinzipien sind drei Tierkreiszeichen zugeteilt:

Feuer: Widder — Löwe — Schütze;

Erde: Steinbock — Stier — Jungfrau;

Luft: Waage — Wassermann — Zwillinge;

Wasser: Krebs — Skorpion — Fische.

Wie unsere zusammenfassende Übersicht zeigt, haben alle Feuer- und Luftzeichen Pluspolarität, alle Erd- und Wasserzeichen Minuspolarität. Feuer- und Luftzeichen wirken also von innen nach außen, Erd- und Wasserzeichen von außen nach innen. Umschreiben lassen sich die vier Zeichengruppen wie folgt:

Feuerzeichen:

Aktives Tun (Leitwort »Angriff«), Durchsetzungskraft, starker Persönlichkeitswille. Haupteigenschaften: Entschlossenheit, Mut, Unternehmungsgeist, Eigenwille, Ehrgeiz, Fleiß, Selbstbewußtsein, aber Gefahr der Unbedachtsamkeit und mangelnder Anpassungsfähigkeit.

Erdzeichen:
Passives Tun (Leitwort »Vorsicht«), Streben nach besitzergreifender Verwurzelung in der Umwelt, ausgeprägtes Beharrungsvermögen. Haupteigenschaften: Überlegtheit, Geduld, Fleiß, Stabilität, Wirklichkeitsnähe, aber auch Starrsinn, Habsucht, übertriebener Konservativismus.

Luftzeichen:
Aktives Tun (Leitwort »Zugriff«), Beweglichkeit, Kontaktfähigkeit, Veränderlichkeit. Haupteigenschaften: Mitteilsamkeit, Einfühlungsvermögen, Aufgeschlossenheit, Anteilnahme, aber Gefahr der Unrast und Oberflächlichkeit, mangelnde Stabilität.

Wasserzeichen:
Passives Tun (Leitwort »Einsicht«), Gefühlsstärke, Empfindsamkeit, Streben nach schützender Abkapselung von der Umwelt. Haupteigenschaften: Phantasie, Intuition, Liebe zur Einsamkeit, Fähigkeit zum Verzicht, Gefahr der Labilität und allzu starker Passivität.

*Die Qualitäten*
Qualitäten besagen, mit welcher Intensität ein Zeichen zu wirken vermag. Wir unterscheiden kardinale, fixe und veränderliche Zeichen mit folgender Zuordnung:

| *Kardinal* | *Fix* | *Veränderlich* |
|---|---|---|
| Widder | Stier | Zwillinge |
| Krebs | Löwe | Jungfrau |
| Waage | Skorpion | Schütze |
| Steinbock | Wassermann | Fische |

Wie wir bereits am Beginn dieses Kapitels ausgeführt haben, entsprechen die Spitzen der Tierkreisabschnitte Widder und Waage dem Frühlings- und Herbstpunkt, die Spitzen der Segmente Krebs und Steinbock den Solstitien (Sommer- und Winter-Sonnenwende). Diese kardinalen Zeichen sind also die Hauptzeichen des Tierkreises; ihnen wird seit alters die stärkste Wirkmacht zugeschrieben. Auf ein Kardinalzeichen folgt jeweils ein fixes und darauf ein veränderliches Zeichen. Verbinden wir die Spitzen der kardinalen, fixen und veränderlichen Zeichen im Horoskopformular, so erhalten wir drei

Kreuze. Den Zeichen der drei Kreuze wird folgende Wirkintensität zugeschrieben:

Kardinales Kreuz:
Starke Intensität; emporstrebende Kraft. Aktiv handelnd, vorwärtsdrängend, unternehmungslustig, zielstrebig, ehrgeizig, aber auch rastlos, unbeständig, voreilig, unbedacht.

Fixes Kreuz:
Mittlere Intensität; in die Tiefe strebende Kraft. Beständig, überlegt, hartnäckig, geduldig, ausdauernd, zuverlässig, aber auch mangelnde Entschlußfreude, Starrsinn.

Veränderliches Kreuz:
Schwache Intensität; in die Breite strebende Kraft. Lenksam, nachgiebig, anpassungsfähig, vielseitig, vorsichtig abwartend, aber oft schwankend, unsicher, wenig Kraftreserven.

Nach Polarität, Elementen und Qualität lassen sich die zwölf Zeichen des Tierkreises folgendermaßen gruppieren:

|  | **Kardinal** | **Fix** | **Veränderlich** |
|---|---|---|---|
| **Feuer** + | ♈ Widder | ♌ Löwe | ♐ Schütze |
| **Erde** − | ♑ Steinbock | ♉ Stier | ♍ Jungfrau |
| **Luft** + | ♎ Waage | ♒ Wasserm. | ♊ Zwillinge |
| **Wasser** − | ♋ Krebs | ♏ Skorpion | ♓ Fische |

Nun können wir darangehen, die Charakteristik eines jeden Tierkreiszeichens zu ermitteln, indem wir seine Wirkrichtung (die Polarität) mit der Wirkweise (dem Element) und der Wirkintensität (Qualität) kombinieren. Dazu kommt als viertes der Wirkinhalt, wie wir ihn bereits im Abschnitt »Grundqualitäten« dieses Kapitels kennengelernt haben.

Der besseren Übersicht halber ordnen wir in der folgenden Tabelle jedem Zeichen des Tierkreises Polarität, Element und Qualität zu:

|  | Polarität | Element | Qualität |
|---|---|---|---|
| ♈ | + | Feuer | kardinal |
| ♉ | − | Erde | fix |
| ♊ | + | Luft | veränderlich |
| ♋ | − | Wasser | kardinal |
| ♌ | + | Feuer | fix |
| ♍ | − | Erde | veränderlich |
| ♎ | + | Luft | kardinal |

| | Polarität | Element | Qualität |
|---|---|---|---|
| ♏ | − | Wasser | fix |
| ♐ | + | Feuer | veränderlich |
| ♑ | − | Erde | kardinal |
| ♒ | + | Luft | fix |
| ♓ | − | Wasser | veränderlich |

Mit Hilfe der in diesem Kapitel gemachten Aussagen können wir nun die Charakteristik eines jeden Tierkreiszeichens bestimmen. Nehmen wir als Beispiel das Zeichen Stier: Es ist ein fixes Erdzeichen mit Minuspolarität. Wirkinhalt ist die extravertierende Weltergreifung, die aber nicht, wie beim Widder, nach oben und vorn, sondern in die Tiefe strebt, Wurzeln fassen, Besitz ergreifen will. Das bedeutet einen starken Beharrungswillen, der, von außen angeregt, nach innen wirkt. Die dem Zeichen entsprechenden Eigenschaften lassen sich den Abschnitten »Grundqualitäten«, »Elemente« und »Qualitäten« entnehmen. Somit erhalten wir mühelos einen für jedes Zeichen spezifischen Katalog von Merkmalen, der die dem Zeichen eigentümliche »Färbung« ergibt.

Die Gruppierungen der Zeichen, die wir kennengelernt haben, sind aber auch für die Deutung des Gesamthoroskops von großer Wichtigkeit. Wenn Sie die Planetenstände in das Horoskopformular eingetragen haben, notieren Sie, wie viele positive und negative, kardinale, fixe und veränderliche Feuer-, Erd-, Luft- und Wasserzeichen besetzt sind. Wenn eine Polarität, ein Element oder eine Qualität durch starke Planetenbesetzung der entsprechenden Zeichen besonders in den Vordergrund tritt, so ergibt dies eine »Grundfärbung« des Horoskops, die bei der Deutung aller Einzelelemente mit zu berücksichtigen ist. Planetenballungen in einem bestimmten Tierkreiszeichen verleihen diesem Zeichen ein besonderes Gewicht; es tritt dann als wesentlicher Deutungsfaktor zum Aszendenten- und Sonnenzeichen hinzu.

Sie sehen also: Die Qualifizierung eines Menschen lediglich nach seinem Sonnenzeichen, wie sie allgemein üblich ist, mag zwar in großen Zügen richtig sein, wird aber im einzelnen dem betreffenden Menschen nicht gerecht. Der Vielfalt und Vielschichtigkeit eines jeden Menschen entsprechend sind zahlreiche weitere Faktoren zu berücksichtigen. Dazu gehört das zweite Bezugssystem des Horoskops, das System der Felder oder Häuser, dem wir uns jetzt zuwenden wollen.

# Die Häuser

Dem Tierkreis liegt der jährliche Umlauf der Erde um die Sonne zugrunde; er ist insofern ein »globales« Bezugssystem, als die Sonne beispielsweise Ende März von jedem Punkt der Erde aus gesehen im Zeichen Widder steht. Darüber hinaus aber hat jeder Mensch noch ein persönliches, vom Zeitpunkt und Ort seiner Geburt abhängiges Bezugssystem, das System der Häuser (auch Felder oder Örter genannt), das auf der Tagesdrehung der Erde beruht.

Durch die tägliche Drehung der Erde um ihre Achse kommen Gestirne und Ekliptik ständig in ein anderes Bezugsverhältnis zum Meridian und Horizont eines bestimmten Punktes der Erdoberfläche. Deshalb ist dieses im Augenblick der Geburt am Geburtsort gegebene Verhältnis für diesen Zeitpunkt und Ort charakteristisch: Einige Planeten und Abschnitte der Ekliptik befinden sich über, andere unter dem Horizont, und zwei Zeichen stehen im Aufgang und Untergang: In ihnen liegen die Schnittpunkte der Ekliptik mit dem Horizont des Geburtsortes. Den Schnittpunkt im Osten bezeichnet man als Aszendent, den Schnittpunkt im Westen als Deszendent. Die Verbindungslinie zwischen beiden bildet eine Hauptachse des Individualhoroskops.

Die zweite Hauptachse bildet der Meridian (Mittagskreis) des Geburtsortes, der Kreis zwischen Zenit und Nadir, in dem alle Sterne ihre höchste (und niedrigste) Stellung erreichen. Der Astrologe nennt den Zenit Himmelsmitte (Medium Coeli, abgekürzt MC), den Nadir Himmelstiefe (Immum Coeli, abgekürzt IC).

Mit Aszendent, Deszendent, Himmelsmitte und Himmelstiefe hat das Häusersystem wie der Tierkreis vier Kardinalpunkte. Der Aszendent entspricht dem Frühlings- oder Widderpunkt im Tierkreis, der Deszendent dem Herbst- oder Waagepunkt, die Himmelsmitte dem Wintersonnwendpunkt, die Himmelstiefe dem Sommersonnwendpunkt. Diese Entsprechungen machen die enge Verknüpfung beider Bezugskreise des Horoskops deutlich, weisen aber auch schon auf die Korrelation zwischen den zwölf Häusern und den zwölf Tierkreiszeichen hin.

### Verteilung und Inhalt der Häuser

Wie die Häuserspitzen mit Hilfe von Sternzeit und geographischer Breite des Geburtsortes bestimmt werden, haben wir bereits im 7. Kapitel gesehen. Der Aszendent ist die

Spitze des 1., der Deszendent die des 7., die Himmelstiefe die des 4. und die Himmelsmitte die des 10. Hauses. Die Numerierung der Felder folgt also der Richtung der Tierkreiszeichen (entgegen der Richtung des Uhrzeigers).

Durch die Horizontachse, die Verbindung zwischen Aszendent und Deszendent, wird das Horoskop in zwei Hälften geteilt: Die Häuser 1-6 liegen unter dem Horizont, die Häuser 7-12 über dem Horizont. Die unter dem Horizont liegenden Häuser bilden die Ich-Sphäre, die über dem Horizont liegenden Häuser die Du-Sphäre. Die Häuser 1 bis 6 geben also Aufschlüsse über das Ich des betreffenden Menschen, über sein Selbstverständnis, seine Anlagen und Fähigkeiten, sein Wesen usw., die Häuser 7-12 geben Aufschlüsse über sein Verhältnis zur Mitwelt, seine Bindungen und Forderungen an andere, aber auch über das, was ihm aus der Umwelt zukommt.

Auch durch die Meridianachse, die Himmelsmitte und Himmelstiefe verbindet, wird das Horoskop in zwei Hälften geteilt. Die linke (östliche) Hälfte besteht aus den Häusern 10, 11, 12, 1, 2 und 3, die rechte (westliche) Hälfte aus den Häusern 4, 5, 6, 7, 8 und 9. Die Osthälfte ist die Sphäre der bewußten Welt, die Westhälfte die der unbewußten Welt.

Durch beide Achsen erhalten wir vier Quadranten, die je drei Häuser umfassen. Damit ist eine weitere Differenzierung gegeben:

1. Quadrant: bewußte Ich-Sphäre;
2. Quadrant: unbewußte Ich-Sphäre;
3. Quadrant: unbewußte Du-Sphäre;
4. Quadrant: bewußte Du-Sphäre.

Nun kennen wir die Sphären, denen die Häuser angehören, aber noch nicht ihre spezifischen Inhalte. Früher (und auch heute noch in einem Teil der vulgärastrologischen Literatur) begnügte man sich meist mit Pauschalbezeichnungen: Da gab es ein Haus der Kinder, ein Haus der Ehe, Häuser der Freunde und Feinde, ein Haus des Reichtums, ja, ein Haus der Krankheit und ein Haus des Todes. Mag auch dieses simple Schema in manchen Fällen verblüffend exakte Aussagen ermöglicht haben, so wird es doch den komplexen horoskopischen Bezügen nicht gerecht. Deshalb macht es sich die seriöse Astrologie unserer Zeit nicht mehr so leicht.

Zunächst grenzen wir innerhalb unseres Quadranten-Schemas die Inhalte der einzelnen Häuser im großen ab. Entsprechend den Sphären ergibt sich folgende Verteilung:

*1. Haus:* Ich-Bewußtsein, Charakter, Konstitution, Habitus.

*2. Haus:* Bewußte materielle Mittel, Besitz, Talente.

*3. Haus:* Bewußte geistige Fähigkeiten, Denk- und Ausdrucksweise.

*4. Haus:* Unbewußtes Ich (Erbmasse), Elternhaus, Entwicklung.

*5. Haus:* Unbewußtes Triebleben, Vitalkräfte.

*6. Haus:* Unbewußte Hindernisse, Gesundheit, Arbeitsfeld.

*7. Haus:* Du-Bindungen, Partnerschaft, Ehe, Öffentlichkeit.

*8. Haus:* Forderungen der Umwelt, Gewinne und Verluste.

*9. Haus:* Gemeinschaft, geistige Verbindungen, Weltanschauung.

*10. Haus:* Stellung in der Umwelt, Beruf, Erfolg, Ehren.

*11. Haus:* Hilfe aus der Umwelt, Freunde, Gönner.

*12. Haus:* Hindernisse aus der Umwelt, Feinde, Widerstände.

Für eine differenzierte Deutung müssen nunmehr die Häuser zu den Tierkreiszeichen in Bezug gesetzt werden. Die Charakteristiken der Zeichen haben wir bereits kennengelernt. Wenn wir sie mit den oben angeführten Inhalten der Häuser vergleichen, so finden wir hinsichtlich der Grundtönungen eine offensichtliche Korrespondenz zwischen Widder und 1. Haus, Stier und 2. Haus, Zwillinge und 3. Haus usw. Wenn im Horoskop die Häuser mit den entsprechenden Zeichen zusammenfallen würden, wäre die Aussage einfach. In der Praxis freilich kommt das höchst selten vor, setzt doch ein solches »Idealhoroskop« eine AR MC von $18^h00^m$ für einen auf dem Äquator liegenden Geburtsort voraus. Obendrein sind in unseren Breiten die Häuser verschieden groß, während die Zeichen einheitlich 30° umfassen. Und schließlich liegen die Häuserspitzen meist nicht in 0° eines Zeichens. Damit aber decken sich die Häuser nicht mehr mit einem Zeichen, sondern haben an mehreren Zeichen teil, an Zeichen, deren Grundtönung keinen direkten Bezug zu der des Hauses haben muß.

Daraus ergibt sich: Jedes Haus erfährt seitens der Tierkreiszeichen eine zweifache »Färbung«: Primär übernimmt es die Charakteristiken des Zeichens, in dem die Häuserspitze liegt (falls ein Haus an zwei Zeichen teilhat, kommen dazu in untergeordnetem Rang auch noch die Charakteristiken des zweiten Zeichens); sekundär ist es von vornherein durch das Gruppenschema gefärbt, von dem bereits die Rede war und nach dem das 1. Haus dem Zeichen Widder, das 2. dem Zeichen Stier usw. entspricht. Für diese sekundäre Färbung können wir Wirkweise und Wirkintensität unmittelbar unserer Tierkreiszeichen-Tabelle entnehmen und erhalten so die folgenden Zuordnungen:

1. Haus = kardinales Feuer-Haus;
2. Haus = fixes Erd-Haus;
3. Haus = veränderliches Luft-Haus;
4. Haus = kardinales Wasser-Haus;
5. Haus = fixes Feuer-Haus;
6. Haus = veränderliches Erd-Haus;
7. Haus = kardinales Luft-Haus;
8. Haus = fixes Wasser-Haus;
9. Haus = veränderliches Feuer-Haus;
10. Haus = kardinales Erd-Haus;
11. Haus = fixes Luft-Haus;
12. Haus = veränderliches Wasser-Haus.

Wie den kardinalen Zeichen schreibt man auch den kardinalen Häusern die stärkste Wirkintensität zu; fixe Häuser sind von mittlerer, veränderliche Häuser von schwacher Intensität. Wie die Begriffe Feuer, Erde, Luft und Wasser zu verstehen sind, haben wir bereits im Abschnitt über die Tierkreiszeichen ausführlich erläutert; schlagen Sie bitte dort nach.

Um im Individualhoroskop die Bedeutung eines jeden Hauses genau bestimmen zu können, kombinieren wir zunächst die Wirkinhalte der Häuser, wie wir sie tabellarisch kennengelernt haben, mit der durch die Zeichen-Entsprechung gegebenen Wirkweise und Wirkintensität. Aus diesem Schema können wir ersehen, daß den Häusern 1, 4, 7 und 10 als kardinalen Häusern besondere Bedeutung zukommt; man bezeichnet sie deshalb auch als Eckhäuser. Ein solches Eckhaus steht an der Spitze eines jeden der vier Quadranten. Um dieses Grundschema entsprechend den Gegebenheiten des Individualhoroskops modifizieren zu können, müssen wir als nächstes feststellen, an welchen Tierkreiszeichen die Häuser teilhaben: Die Charakteristiken dieser Zeichen ergeben die Hauptfärbung der Häuser. Hat ein Haus an zwei Zeichen teil, so ist das Zeichen dominierend, in das die Spitze des Hauses fällt, doch müssen auch die Wesenheiten des zweiten Zeichens in die Charakterisierung mit einbezogen werden.

»Aktiviert« werden die Bedeutungskomplexe der Häuser durch die Planetenbesetzung. Starke Besetzung verleiht einem Feld von vornherein ein erhöhtes Gewicht, doch spielt auch eine wesentliche Rolle, welche Gestirne in einem Haus stehen und wie sie aspektiert sind. Erst durch sie wird das Wirkpotential der beiden Bezugssysteme — Häuser und

Tierkreis — freigesetzt. In welcher Weise und Richtung dies geschieht, werden wir im folgenden kennenlernen.

# Die Planeten

Wer es ganz genau nehmen will, kann nach astrologischem Brauch Sonne und Mond, die ja keine Planeten sind, als »Lichter« bezeichnen, aber in der astrologischen Alltagspraxis braucht diese terminologische Unterscheidung nicht gemacht zu werden. Wir nennen deshalb alle Gestirne, die in die Horoskopdeutung einbezogen werden, kurzweg »Planeten«.

Die Planeten sind, wie wir bereits angedeutet haben, die »auslösenden« Kräfte des Horoskops. Wenn ein Zeichen oder Feld von keinem Planeten besetzt ist, bleiben seine Charakteristiken latent; freigesetzt und damit wirkmächtig werden sie erst durch die Besetzung des Zeichens oder Feldes durch einen oder mehrere Planeten. In diesem Fall tritt eine Wechselbeziehung zwischen Zeichen, Feld und Planet ein: Dieser übernimmt zu seiner Eigennatur die Charakteristiken von Zeichen und Feld. Das kann je nach der Position im Horoskop zu einer Verstärkung, Abschwächung oder scheinbaren Veränderung des Planetenprinzips führen (was unter diesem Ausdruck zu verstehen ist, werden wir gleich erfahren). Die Veränderung ist deshalb nur scheinbar, weil jeder Planet sein Prinzip stets beibehält, dieses aber durch stark gegensätzliche Charakteristiken eines Zeichen oder Hauses so sehr »gefärbt« werden kann, daß die tatsächlich gegebene Überlagerung wie eine Vermischung, also Veränderung wirkt. Zur Veranschaulichung ein Vergleich aus der Physik: Trage ich auf eine Scheibe gleich große gelbe und blaue Segmente auf und versetze die Scheibe in rasche Umdrehung, so erscheint sie grün. Wenn ich sie stoppe, so wird deutlich, daß die Grünfärbung der Scheibe nur eine optische Täuschung war: Ich sehe wieder klar getrennt die gelben und blauen Farbzonen.

Um die Planetenprinzipien bestimmen zu können, wollen wir die Planeten zunächst unter verschiedenen Gesichtspunkten gruppieren. Von der Erde aus gesehen, können wir zwischen sonnenzugewandten (unteren) und sonnenabgewandten (oberen) Planeten unterscheiden; die unteren Gestirne bewegen sich rasch, die oberen langsam. Raschlaufende (untere) Gestirne sind Sonne, Mond, Merkur und

Venus; langsamlaufende (obere) Gestirne sind Mars, Jupiter, Saturn, Uranus, Neptun und Pluto.

Wie die Tierkreiszeichen haben auch die Planeten eine bestimmte Wirkrichtung: Sie wirken entweder von innen nach außen oder von außen nach innen, sind also entweder positiv (aktiv, männlich) oder negativ (passiv, weiblich), was durch ein Plus- oder Minuszeichen ausgedrückt wird.

Pluspolarität haben: Sonne, Mars, Jupiter, Uranus und Pluto; Minuspolarität haben: Mond, Venus, Neptun.

Merkur und Saturn können beiden Reihen zugehören: Sie übernehmen die Polarität des Zeichens, in dem sie im Geburtshoroskop stehen.

### Wirkintensität der Planeten

Während für die Prognose (siehe 13. Kapitel) ein Gestirn als umso wirkmächtiger gilt, je langsamer es umläuft, werden die Planeten im Geburtshoroskop hinsichtlich ihrer Wirkintensität anders beurteilt. Wenn man eine Skala von 1 (schwächste) bis 3 (stärkste Intensität) erstellt, so ergeben sich folgende Zuordnungen:

1: Uranus, Neptun, Pluto;
2: Merkur, Venus, Mars, Jupiter, Saturn;
3: Sonne, Mond.

Aber wiederum sind die Dinge nicht ganz so einfach, wie sie zunächst aussehen, denn die Wirkintensität ist keine starre Größe, sondern kann sich je nach der Position des Planeten im Horoskop verändern. Am stärksten kommt das Prinzip eines Planeten zur Geltung, wenn er in einem Zeichen und Haus steht, dessen Charakteristiken seinem Prinzip entsprechen. Je weniger Charakteristiken und Prinzip übereinstimmen, desto schwächer kommt das Planetenprinzip zur Auswirkung.

Die alte Astrologie unterschied zwischen vier Möglichkeiten: starke Förderung des Planetenprinzips durch die Charakteristiken eines Zeichens und Hauses, Förderung, Schwächung und starke Schwächung. In einem stark fördernden Zeichen war ein Planet »im Domizil«, in einem fördernden Zeichen »in Erhöhung«, in einem schwächenden Zeichen »im Fall« und in einem stark schwächenden Zeichen »im Exil«. Domizil und Exil sind ebenso wie Erhöhung und Fall stets entgegengesetzte, im Horoskop gegenüberliegende Tierkreiszeichen. Tabellarisch ergeben sich für die einzelnen Planeten folgende Zuordnungen:

| | Domizil | Erhöhung | Fall | Exil |
|---|---|---|---|---|
| ☉ | ♌ | ♈ | ♎ | ♒ |
| ☽ | ♋ | ♉ | ♏ | ♑ |
| ☿ | ♍ ♊ | ♍ | ♓ | ♓ ♐ |
| ♀ | ♎ ♉ | ♓ | ♍ | ♈ ♏ |
| ♂ | ♏ ♈ | ♑ | ♋ | ♉ ♎ |
| ♃ | ♐ ♓ | ♋ | ♑ | ♊ ♍ |
| ♄ | ♑ | ♎ | ♈ | ♋ ♌ |
| ⚷ | ♒ | ♏ | ♉ | ♌ |
| ♆ | ♓ | — | — | ♍ |
| ♇ | ♈ | — | — | ♎ |

Für unsere Zwecke genügt es, wenn wir die optimalen und minimalen Übereinstimmungen zwischen Planetenprinzipien und Zeichencharakteristiken berücksichtigen. Optimale Übereinstimmung bedeutet wesentliche Verstärkung des Planetenprinzips.

### Die Planetenherrscher

Aus dem Gesagten wird auch der alte Ausdruck »Planetenherrscher« verständlich: Ein Planet »herrscht« in dem Zeichen, dessen Charakteristiken seinem Prinzip am vollkommensten entsprechen, weil beim Stand in diesem Zeichen alle Wirkinhalte und Wirkkräfte gegenseitig verstärkt und dadurch am reinsten und vollkommensten ausgedrückt werden. Aus der Korrelation zwischen Tierkreiszeichen und Häusern, wie wir sie bereits kennengelernt haben, ergibt sich eine entsprechende Dominanz der Planeten im Häusersystem. Tabellarisch läßt sich das folgendermaßen erfassen:

| Planet | herrscht in |
|---|---|
| Sonne | Löwe, 5. Haus |
| Mond | Krebs, 4. Haus |
| Merkur | Jungfrau, Zwillinge, 6. und 3. Haus |
| Venus | Waage, Stier, 7. und 2. Haus |
| Mars | Skorpion, Widder, 8. und 1. Haus |
| Jupiter | Schütze, Fische, 9. und 12. Haus |
| Saturn | Steinbock, Wassermann, 10. und 11. Haus |

Wir sehen also: Je mehr wir uns mit den Elementen des Horoskops befassen, desto engmaschiger wird die Beziehungskette, die alle diese Elemente miteinander verknüpft, desto klarer wird aber auch, daß die Deutung eines Horoskops höchst kompliziert ist: Außer einem gutfundierten Wissen braucht man dazu eine hochentwickelte Kombinationsgabe, Intuition und sehr viel Erfahrung.

Eine wesentliche Rolle spielt im Individualhoroskop der Geburtsherrscher. Darunter versteht man den Planeten, der über das Tierkreiszeichen herrscht, in dem der Aszendent liegt. Sein Prinzip bestimmt gleichsam die Grundqualität des Horoskops, besonders wenn er im Aszendentenzeichen und gar noch im 1. Haus steht, aber auch noch, wenn sich seine Position an einer ganz anderen Stelle im Geburtshoroskop befindet. In jedem Fall symbolisiert er die Persönlichkeit, ist bei der Horoskopdeutung an erster Stelle einzubeziehen. Seiner Wichtigkeit entsprechend sind zur Gewinnung exakter Aussagen seine Stellung nach Zeichen und Haus und seine Aspektierungen besonders genau zu untersuchen.

**Die Planetenprinzipien**

In der vulgärastrologischen Literatur werden die Planeten nicht selten als Signifikatoren hingestellt, denen pauschal bestimmte Lebensbereiche, Ereignisse, Zustände und Personen zugeordnet werden. So »symbolisiert« die Sonne im Horoskop angeblich Autoritätspersonen, den Vater, Vorgesetzten, im weiblichen Horoskop den Ehemann, anderseits Ehre, Macht und Ruhm, Lebenserfolg, Siege, Feierlichkeiten, weist bei Aspektverletzung auf Eitelkeit, Überheblichkeit und Neigung zum Despotismus hin, verkörpert generell das maskuline Prinzip. Hier werden den Planeten teilweise Bedeutungen zugeschrieben, die den Häusern oder Zeichen zukommen. Weit sinnvoller ist es, bei der Horoskopdeutung mit den Grundqualitäten der Planeten zu arbeiten, mit den Planetenprinzipien, aus denen sich jeweils ein Katalog von Eigenschaften ableiten läßt. Im Sinne dieser Qualitäten werden die Wirkpotentiale der Zeichen und Häuser aktiviert, doch besteht eine Wechselwirkung insofern, als auch andererseits die Planetenprinzipien durch die Charakteristiken der Zeichen und Häuser mehr oder weniger stark »gefärbt« werden.

Zeichen und Häuser sind, solange nicht aktiviert, statische Elemente, die Planeten als Aktivatoren jedoch stets dynamische Elemente, verkörpern also ein energetisches Prinzip, das sich (nach Kündig) am besten durch den Begriff »Kraft« ausdrücken läßt. Aufgrund ihrer Charakteristiken stehen die Planeten für folgende Prinzipien:

| | | |
|---|---|---|
| Sonne | = | Lebenskraft |
| Mond | = | Gestaltungskraft |
| Merkur | = | Verstandeskraft |
| Venus | = | Gefühlskraft |
| Mars | = | Tatkraft |
| Jupiter | = | Entfaltungskraft |
| Saturn | = | Konzentrationskraft |
| Uranus | = | Erneuerungskraft |
| Neptun | = | Phantasiekraft |
| Pluto | = | Zerstörungskraft |

Daraus lassen sich (ebenfalls nach Kündig) als Wirkeigenschaften der Planeten ableiten:

Sonne = vital, feurig, lebensbejahend, großherzig, furchtlos;

Mond = gestaltend, formend, sammelnd, wandernd, wechselnd;

Merkur = verständig, klug, vermittelnd, zerlegend, berechnend;

Venus = fühlend, verbindend, ausgleichend, ästhetisch;

Mars = tätig, mutig, unternehmend, kämpfend, initiativ;

Jupiter = entfaltend, wachsend, aufbauend, hoffend, jovial;

Saturn = konzentrierend, hemmend, bindend, verteidigend;

Uranus = erneuernd, impulsiv, reformerisch, unberechenbar, exzentrisch;

Neptun = phantasievoll, träumerisch, intuitiv, illusorisch;

Pluto = zerstörend, vernichtend, trennend, explosiv, unterminierend.

Alle in diesem Kapitel bisher gemachten Angaben über Wirkinhalte, Wirkrichtung, Wirkweise und Wirkintensität von Zeichen, Häusern und Planeten beziehen sich auf die Grundqualitäten der einzelnen Elemente. Konkret wirkt freilich kein Element je für sich, sondern nur im vielfältigen Zusammenspiel mit anderen Elementen. Daraus ergibt sich ein dichtes, für den Laien verwirrendes Netz von Wechselwirkungen, bei dem jede »Masche« nur im Zusammenhang mit dem Ganzen deutbar ist. Noch komplexer wird das Horoskop durch das Spannungsgefüge der Aspekte, durch das die Planeten und Kardinalpunkte miteinander verknüpft sind.

So erhält das Horoskop Dimensionen, die der Vielschichtigkeit und Tiefgründigkeit des Menschen entsprechen.

## Die Aspekte

Um ein Horoskop deuten zu können, muß man nicht nur die Positionen der Gestirne in den Zeichen und Häusern und die Lage von Aszendent und Himmelsmitte berücksichtigen, sondern auch feststellen, wie die Planeten zueinander im Horoskop stehen. Wenn zwischen ihnen ein bestimmtes Distanzverhältnis gegeben ist (Winkelgrößen von 0, 60, 90, 120 oder 180 Grad), bilden zwei oder mehr Planeten einen Aspekt. Welche Aspekte es gibt, wie man sie ermittelt und welche Bedeutung sie haben, wird ausführlich im 12. Kapitel dargestellt. Wir wollen hier kurz nur soviel vorwegnehmen, wie nötig ist, um die Wichtigkeit der Aspekte für die Horoskopdeutung zu veranschaulichen.

Ihrer Natur nach unterscheidet man zwischen positiven und negativen oder zwischen harmonischen und disharmonischen (Spannungs-) Aspekten. Wenn zwei Gestirne durch einen positiven Aspekt miteinander verknüpft sind, gehen ihre beiden Prinzipien eine harmonische Verbindung ein, unterstützen, verstärken und ergänzen sich. Eine negative Aspektierung bedeutet, daß sich die Planetenprinzipien gleichsam abstoßen, gegenseitig hemmen.

Als harmonische Aspekte gelten Sextil und Trigon (Winkelgrößen von 60 und 120 Grad), als disharmonische Aspekte Quadrat und Opposition (Winkelgrößen von 90 und 180 Grad), während die Konjunktion (Winkelgröße 0 Grad) je nach der Natur der aspektbildenden Planeten harmonisch oder disharmonisch sein kann. Aber nicht nur vom Aspekt, sondern auch von der Wesenheit der beteiligten Gestirne hängt es ab, wie die Planetenprinzipien sich gegenseitig beeinflussen.

Dazu kommt, daß kein Aspekt isoliert betrachtet werden darf, sondern bei der Deutung stets die »Grundstimmung« des Horoskops, aber auch alle anderen Aspekte in Betracht gezogen werden müssen. Man kann also wohl bei der ersten Erfassung von Aspekten schematisch vorgehen, mit Deutungstabellen arbeiten, aber dann müssen alle Einzelelemente in den großen Zusammenhang hineingestellt werden. Weiteres hierüber finden Sie im 12. Kapitel.

# Die Gewichtung der Elemente

Die Ansicht ist weit verbreitet, daß es zur Charakterisierung eines Menschen genüge, das Tierkreiszeichen zu berücksichtigen, in dem in seinem Geburtshoroskop die Sonne steht. Wer sich als »typischen Widder« bezeichnet, meint damit nichts anderes, als daß er an einem Tag geboren ist, an dem die Sonne im Zeichen Widder stand. So einfach läßt sich ein Geburtshoroskop jedoch nicht deuten. Für eine auch nur einigermaßen zutreffende Aussage muß zumindest auch die Lage des Aszendenten in die Deutung einbezogen werden: Das Aszendentenzeichen und das in diesem »herrschende« Gestirn sind nicht weniger wichtig als das Sonnenzeichen.

Die einzelnen Elemente des Horoskops haben keineswegs gleiches Gewicht. Entsprechend treten sie bei der Deutung mehr oder weniger in den Vordergrund. Ihre Gewichtung hängt von einer Vielzahl von Faktoren ab. Um dem Laien zumindest Anhaltspunkte zu geben, bringen wir weiter unten ein vereinfachtes, aber für unsere Zwecke ausreichendes Gewichtungsschema. Je nach der Zahl der Punkte, die sich für jedes Horoskopelement ergeben, hat dieses Element im Gesamthoroskop eine größere oder kleinere Bedeutung.

Unser Schema berücksichtigt sowohl das auf ihrer Natur beruhende »Eigengewicht« der Horoskopelemente als auch den »Gewichtszuwachs«, den die Zeichen durch Planetenbesetzung und die Planeten durch Aspektierungen erfahren. So kann neben dem Sonnen- und dem Aszendentenzeichen ein Zeichen mit Planetenballungen stark in den Vordergrund treten; ein Planet kann durch mehrfache Aspektierungen besondere Bedeutung gewinnen.

Bei der Gewichtung verfahren Sie folgendermaßen:

Geben Sie den Zeichen, in denen im Horoskop Sonne und Aszendent sind, je 4 Punkte.

Geben Sie den Zeichen, in denen Mond und Himmelsmitte sind, je 3 Punkte.

Geben Sie den Zeichen, in denen Merkur, Venus, Mars und Jupiter stehen, je 2 Punkte.

Geben Sie den Zeichen, in denen sich die übrigen Planeten und der Mondknoten befinden, je 1 Punkt.

Stellen Sie die Aspekte fest; geben Sie jedem aspektbildenden Planeten für jeden Aspekt, an dem er beteiligt ist, je 1 Punkt.

Zählen Sie abschließend die Zahl der Punkte zusammen. Nun wissen Sie, welche Zeichen (und in diesen Zeichen herrschende Planeten) im Horoskop von besonderer Wichtigkeit sind und welche Zeichen und Planeten im Gesamtbild zurücktreten.

| | ☉ | ☽ | ☿ | ♀ | ♂ | ♃ | ♄ | ⚷ | Ψ | P | Ω | A | MC |
|---|---|---|---|---|---|---|---|---|---|---|---|---|---|
| | ♌ | ♋ | ♊♍ | ♉♎ | ♈ | ♐ | ♑ | ≈ | ♓ | ♏ | | | |
| Grundwert | 3 | 3 | 2 | 2 | 2 | 2 | 2 | 1 | 1 | 1 | 1 | 3 | 2 |
| Zeichen | | | | | | | | | | | | | |
| Aspekte | | | | | | | | | | | | | |
| Summe | | | | | | | | | | | | | |

# Kurzcharakteristiken der Zeichen, Häuser und Planeten

Wenn wir mit Hilfe unserer Gewichtungstabelle bestimmt haben, welche Bedeutung den einzelnen Horoskopelementen in dem von uns erstellten Horoskop zukommt, können wir darangehen, die Gegebenheiten des Horoskops zu deuten. Um Ihnen diese recht komplizierte, viel Erfahrung und ein hochentwickeltes Kombinationsvermögen voraussetzende Arbeit zu erleichtern, haben wir die Grundbedeutungen der Planetenpositionen in den zwölf Tierkreiszeichen und Häusern sowie der Hauptaspekte in den Kapiteln 11 und 12 systematisch zusammengestellt. Wenn Sie sich dieser Tabellen bedienen, dürfen Sie freilich nie vergessen, daß hier jede Position und jeder Aspekt für sich gewertet ist. Die bloße Summierung der den Tabellen entnommenen Angaben ergibt noch keine den Gegebenheiten des Individualhoroskops gerecht werdende Aussage. Zu dieser gelangen Sie erst, wenn Sie die vielfältigen Bezüge der Horoskopelemente untereinander, ihr jeweiliges Gewicht im Rahmen des Ganzen und die Grundcharakteristiken des Individualhoroskops, die sich aus der Dominanz des einen oder anderen Elements, aus der Gesamtkonstellation und aus dem Überwiegen einer Wirkrichtung, Wirkweise oder Wirkintensität ergeben, bei jeder Einzelaussage berücksichtigen.

Das Erstellen eines Horoskops macht, wenn man ein wenig Übung hat, mit Hilfe unserer Tabellen keinerlei Schwierigkeiten. Weit mehr Zeit, Mühe, Gedanken und Einfühlung

10

muß man aufwenden, wenn man lernen will, Horoskope zu deuten, aus der graphischen Darstellung das Bild und Wesen eines Menschen herauszulesen, diesen Menschen in seiner ganzen Vielschichtigkeit und Widersprüchlichkeit, in seiner Einmaligkeit zu erfassen. Schematische Tabellen können hierbei nur ein Hilfsmittel für den Anfänger sein. Wer tiefer in diese ebenso faszinierende wie komplizierte Materie eindringen möchte, muß lernen, sich seine Aussagen Schritt für Schritt zu erarbeiten.

In den voranstehenden Abschnitten dieses Kapitels haben wir Ihnen die beiden Bezugssysteme des Horoskops, den Tierkreis und die Häuser, sowie die Prinzipien der Planeten systematisch erklärt. Um Ihnen den »Einstieg« in die Materie zu erleichtern, wollen wir im folgenden die Grundcharakteristiken der Zeichen, Häuser und Planeten nochmals in einer tabellarischen Übersicht in Stichwörtern zusammenstellen.

## Die Tierkreiszeichen

*Widder*

Kardinales Feuerzeichen mit Pluspolarität = starke Intensität, emporstrebende Kraft, wirkt von innen nach außen.

Herrschender Planet: Mars.

Physiologische Entsprechungen: Kopf mit Kopfnerven und -muskeln, Zunge, Augen, Gehör, Gehirn, Zähne.

Symbolisiert starken Persönlichkeitswillen, Entschlossenheit, Durchsetzungskraft, Mut, Unternehmungsgeist, Selbstbewußtsein, Zielstrebigkeit, aber auch Impulsivität, Unbedachtsamkeit, Erregbarkeit, mangelnde Anpassungsfähigkeit.

Traditionelle Zuordnungen: die Farben Rot und Kadmiumgelb, die Schmucksteine Diamant, Amethyst, Rubin, Jaspis, Granat, das Metall Eisen.

*Stier*

Fixes Erdzeichen mit Minuspolarität = mittlere Intensität, in die Tiefe strebende Kraft, wirkt von außen nach innen.

Herrschender Planet: Venus.

Physiologische Entsprechungen: Hals mit Kehlkopf und Rachen, Nacken, Mandeln, Stimmbänder, Schilddrüse, Speicheldrüse, Nase.

Symbolisiert besitzergreifende Verwurzelung in der Umwelt mit ausgeprägtem Beharrungsvermögen, Stabilität, Überlegtheit, Geduld, Fleiß, Realismus, aber auch Starrheit, Konservatismus, starke Subjektivität.

Traditionelle Zuordnungen: die Farben Gelb, Pastellblau, Hellgrün, die Schmucksteine Achat, Smaragd, Saphir, Lapislazuli, Karneol, das Metall Kupfer.

## Zwillinge
Veränderliches Luftzeichen mit Pluspolarität = schwache Intensität, in die Breite gehende Kraft, wirkt von innen nach außen.
Herrschender Planet: Merkur.
Physiologische Entsprechungen: Schultern, Arme, Hände, Lunge, Bronchien, Rippenfell.
Symbolisiert vielfältige Hinwendung zur Um- und Mitwelt, Beweglichkeit, Kontaktfähigkeit, Neugier, Aufgeschlossenheit, Mitteilsamkeit, Lenkbarkeit, aber auch Unrast, mangelnde Stabilität, Wechselhaftigkeit, übertriebene Vorsicht, Unsicherheit.
Traditionelle Zuordnungen: die Farben Violett, Safrangelb, die Schmucksteine Topas, Bergkristall, Aquamarin, Goldberyll, das Metall Quecksilber.

## Krebs
Kardinales Wasserzeichen mit Minuspolarität = starke Intensität, emporstrebende Kraft, wirkt von außen nach innen.
Herrschender Planet: Mond.
Physiologische Entsprechungen: Brust mit Brustfell, Speiseröhre, Schleimhäute, Milchdrüsen, Magen, Bauchspeicheldrüse.
Symbolisiert Weltoffenheit mit Tendenz zur Verinnerlichung, Gefühlsstärke, Empfindsamkeit, Phantasie, aber auch Ehrgeiz und Ausdauer, Fähigkeit zu Verzicht und Alleinsein mit Gefahr zu großer Passivität.
Traditionelle Zuordnungen: die Farben Grün, Silber, Weiß, die Schmucksteine Smaragd, Opal, Mondstein, Perlen, das Metall Silber.

## Löwe
Fixes Feuerzeichen mit Pluspolarität = mittlere Intensität, in die Tiefe strebende Kraft, wirkt von innen nach außen.
Herrschender Planet: Sonne.
Physiologische Entsprechungen: Herz, Arterien, Kreislauf, Rücken, Wirbelsäule mit Rückenmark, Bandscheiben.
Symbolisiert Selbstbewußtsein, Äußerungsdrang, Entschlossenheit, Ehrgeiz, Fleiß, Mut, Eigenwille, Ausdauer, Autorität,

10

Unternehmungsgeist, aber auch Unbedachtsamkeit, Überheblichkeit, überstarke Ichbetonung.

Traditionelle Zuordnungen: die Farben Orange, Gold, Gelb, die Schmucksteine Rubin, Diamant, Hyazinth, Goldtopas, Tigerauge, das Metall Gold.

## Jungfrau

Veränderliches Erdzeichen mit Minuspolarität = schwache Intensität, in die Breite strebende Kraft, wirkt von außen nach innen.

Herrschender Planet: Merkur.

Physiologische Entsprechungen: Bauchregion mit Bauchfell, Zwölffingerdarm, Dünndarm, Dickdarm, Leber, Milz, Blinddarm (Verdauungstrakt).

Symbolisiert Zurückhaltung, Vorsicht, Beharrungsvermögen, Geduld, Anpassungsfähigkeit, Fleiß, Zuverlässigkeit, Methodik, aber auch Unsicherheit, Labilität, Überkritik, mangelnde Kraftreserven, allzu konventionelle Einstellung.

Traditionelle Zuordnungen: die Farben Violett, Hellblau, Weiß, die Schmucksteine Roter Jaspis, Hyazinth, Turmalin, Topas, das Metall Quecksilber.

## Waage

Kardinales Luftzeichen mit Pluspolarität = starke Intensität, emporstrebende Kraft, wirkt von innen nach außen.

Herrschender Planet: Venus.

Physiologische Entsprechungen: Lenden, Niere, Harnblase, Prostata, untere Wirbelsäule, Venenkreislauf, Stoffwechsel allgemein.

Symbolisiert Streben nach Harmonie und Gleichgewicht, Beweglichkeit, Einfühlungsvermögen, Anteilnahme, Zielstrebigkeit, Ausgeglichenheit, Diplomatie, aber auch innere Unrast, Labilität, Voreiligkeit, Gefahr der Oberflächlichkeit.

Traditionelle Zuordnungen: die Farben Gelb, Pink, Pastelltöne allgemein, die Schmucksteine Diamant, Beryll, Lapislazuli, Edeltopas, Koralle, das Metall Kupfer.

## Skorpion

Fixes Wasserzeichen mit Minuspolarität = mittlere Intensität, in die Tiefe strebende Kraft, wirkt von außen nach innen.

Herrschender Planet: Mars.

Physiologische Entsprechungen: Unterleib mit Geschlechts- und Ausscheidungsorganen (Nierenbecken, Harnblase, Harnleiter, After, Eierstöcke bzw. Hoden), Leisten.

Symbolisiert starke Wendung nach innen, Gefühlskraft, innere Problematik um Leben und Tod, starken Willen, Hartnäckigkeit, Tendenz zur Abkapselung mit Gefahr übertriebener Passivität, Fähigkeit zum Verzicht, aber auch Starrsinn, mangelnde Entschlußfreude, eine gewisse Labilität.

Traditionelle Zuordnungen: die Farben Rot, Braun, Schwarz, die Schmucksteine Topas, Malachit, Jaspis, Turmalin, Sardonyx, das Metall Eisen.

## Schütze

Veränderliches Feuerzeichen mit Pluspolarität = schwache Intensität, in die Breite strebende Kraft, wirkt von innen nach außen.

Herrschender Planet: Jupiter.

Physiologische Entsprechungen: Hüften mit Hüftgelenken, Schenkel, Blutbildung, Leber, Rückenmuskulatur, auch Lungen.

Symbolisiert Zentrierung des Lebens in der eigenen Persönlichkeit, innere Freiheit, starken Willen, Entschlossenheit, Ehrgeiz, Selbstbewußtsein, Vielseitigkeit, aber auch Gefahr der Unbesonnenheit, des Ausgenütztwerdens, der Verstellung.

Traditionelle Zuordnungen: die Farben Blau, warmes Braun, die Schmucksteine Granat, Türkis, Amethyst, dunkler Saphir, das Metall Zinn.

## Steinbock

Kardinales Erdzeichen mit Minuspolarität = starke Intensität, emporstrebende Kraft, wirkt von außen nach innen.

Herrschender Planet: Saturn.

Physiologische Entsprechungen: Knochensystem, Haare, Nägel, Milz, Galle, Haut, Knie, Gelenke.

Symbolisiert emporstrebende Willenskraft mit Tendenz zu verfestigendem Bewahren, planvolles Streben auf lange Sicht, Ichbetontheit, Verantwortlichkeit, Abstraktionsvermögen, Geduld, Fleiß, Zielstrebigkeit, aber auch Starrsinn, mangelnde Anpassungsfähigkeit, übertriebenen Konservativismus.

Traditionelle Zuordnungen: die Farben Indigo, Dunkelgrün, Braun, Schwarz, die Schmucksteine Onyx, Gagat, Chalcedon, Chrysopras, das Metall Blei.

*Wassermann*

Fixes Luftzeichen mit Pluspolarität = mittlere Intensität, in die Tiefe strebende Kraft, wirkt von innen nach außen.

Herrschender Planet: Uranus.

Physiologische Entsprechungen: Unterschenkel mit Waden und Knöchel, Venen (Krampfadern), allgemein Kreislauf und Herz.

Symbolisiert Eigenständigkeit, Eigenwilligkeit, aber auch Verständnisbereitschaft, Aufgeschlossenheit, Mitteilsamkeit, Beweglichkeit, Zuverlässigkeit, Einfühlungskraft, Anteilnahme, aber auch mangelnde Stabilität, Wankelmut, Beeinflußbarkeit.

Traditionelle Zuordnungen: die Farben Indigo, irisierende Farben, die Schmucksteine Saphir, Bernstein, Aquamarin, Chalcedon, das Metall Blei.

*Fische*

Veränderliches Wasserzeichen mit Minuspolarität = schwache Intensität, in die Breite strebende Kraft, wirkt von außen nach innen.

Herrschender Planet: Neptun.

Physiologische Entsprechungen: Füße mit Zehen, Därme, Lymphsystem.

Symbolisiert Empfindsamkeit, Idealismus, Anpassungsfähigkeit, Zurückhaltung, Opferbereitschaft, starke Phantasie und Intuition, Verzichtbereitschaft, Nachgiebigkeit, Vorsicht, aber auch mangelndes Durchsetzungsvermögen, übertriebene Passivität, wenig Kraftreserven.

Traditionelle Zuordnungen: die Farben Blau, Violett, Weiß, die Schmucksteine Chrysolith, Saphir, Perlmutt, Mondstein, Topas, das Metall Zinn.

**Die Häuser**

*1. Haus*

Eckhaus der bewußten Ich-Sphäre, kardinales Feuer-Haus; starke, aktive Wirkintensität.

Inhalte: die eigene Persönlichkeit, Charakter und Wesen, körperliche Konstitution, äußere Erscheinung, geistige und seelische Anlagen, Vitalität.

*2. Haus*

Nachfolgendes Haus der bewußten Ich-Sphäre, fixes Erd-Haus; mittlere, stabile Wirkintensität.

Inhalte: bewußte materielle Mittel, Besitz, Einkommen, erworbenes Vermögen, wirtschaftliche Verhältnisse, Schaffens- und Sammeltrieb, Wirkmöglichkeiten.

### 3. Haus

Fallendes Haus der bewußten Ich-Sphäre, veränderliches Luft-Haus; schwache, bewegliche Wirkintensität.

Inhalte: bewußte geistige Fähigkeiten, Mentalität, Ausdrucksweise, Wissensdrang (auch Horizonterweiterung durch Reisen), Zweckbeziehungen zur Umwelt (auch zu Geschwistern und Verwandten).

### 4. Haus

Eckhaus der unbewußten Ich-Sphäre, kardinales Wasser-Haus; starke, beharrliche Wirkintensität.

Inhalte: unbewußtes Ich, Erbmasse, Elternhaus, Herkommen, Traditionsgebundenheit, Heimat, Entwicklung, Schicksal der Eltern, Verhältnisse am Lebensende.

### 5. Haus

Nachfolgendes Haus der unbewußten Ich-Sphäre, fixes Feuer-Haus; mittlere, aktive Wirkintensität.

Inhalte: Vitalkräfte, Triebleben, Leidenschaften, Einstellung zu den Lebensfreuden, Beziehungen zum anderen Geschlecht, Nachkommen; Spekulationen, Liebhabereien, Vergnügungen.

### 6. Haus

Fallendes Haus der unbewußten Ich-Sphäre, veränderliches Erd-Haus; schwache, stabile Wirkintensität.

Inhalte: unbewußte Hindernisse, Belastungen in Leben und Beruf, Pflichten, Arbeit allgemein; Gesundheitszustand, Krankheiten, Anfälligkeiten.

### 7. Haus

Eckhaus der unbewußten Du-Sphäre, kardinales Luft-Haus; starke, bewegliche Wirkintensität.

Inhalte: Verbindungen der Umwelt (Ehepartner, Geschäftspartner usw.) zum Ich, Bindungen, Trennungen; Wirken in der Öffentlichkeit, Popularität, offene Feindschaften.

### 8. Haus

Nachfolgendes Haus der unbewußten Du-Sphäre, fixes Wasser-Haus; mittlere, schwankende Wirkintensität.

Inhalte: Forderungen der Umwelt, Gewinne und Verluste, überraschender Vermögenszuwachs durch Erbschaften; schwere Eingriffe und Unglücksfälle, materielle Gefahren, Gefahren für das Leben.

### 9. Haus

Fallendes Haus der unbewußten Du-Sphäre, veränderliches Feuer-Haus; schwache, aber aktive Wirkintensität.

Inhalte: Verbindungen mit der Umwelt, geistige und materielle Gemeinschaft, auch bedeutsame Reisen, Auslandsaufenthalte; Weltanschauung.

### 10. Haus
Eckhaus der bewußten Du-Sphäre, kardinales Erd-Haus; starke, stabile Wirkintensität.
Inhalte: Stellung in der Umwelt, in Beruf und Leben, Laufbahn, gesellschaftliche Position, Einfluß, Erfolg, Ehren, materielle Durchsetzung.

### 11. Haus
Nachfolgendes Haus der bewußten Du-Sphäre, fixes Luft-Haus; mittlere, bewegliche Wirkintensität.
Inhalte: Hilfe aus der Umwelt, Freunde und Gönner, aber auch Gefahren durch falsche Freunde; Erwartungen an das Leben, Erfolg durch die Umwelt.

### 12. Haus
Fallendes Haus der bewußten Du-Sphäre, veränderliches Wasser-Haus; schwache, schwankende Wirkintensität.
Inhalte: Hindernisse aus der Umwelt, geheime Feinde, innere und äußere Widerstände und Hemmnisse, persönliche Hemmungen, die die Durchsetzung in der Umwelt erschweren.

## Die Planeten

*Sonne*
Raschlaufend mit Pluspolarität (wirkt von innen nach außen).
Herrscht in Löwe und 5. Haus, gefördert in Widder, geschwächt in Waage, stark geschwächt in Wassermann.
Im Geburtshoroskop starke, im Direktionshoroskop mittlere Wirkintensität.
Energetisches Prinzip: Lebenskraft.
Wirkeigenschaften: vital, feurig, lebensbejahend, großherzig, furchtlos.
Symbolisiert Lebenswillen, Individualität, Vitalität, Macht, schöpferische Kraft, geistige Energien, Durchsetzungsvermögen, Autorität, Erfolg, Einfluß, Ehren.
Physiologische Entsprechungen: Herz, Kreislauf, Wirbelsäule mit Rückenmark.
Traditionelle Zuordnungen: die Farben Orange, Gold, Gelb, die Schmucksteine Rubin, Diamant, Goldtopas, das Metall Gold, der Wochentag Sonntag.

*Mond*
Raschlaufend mit Minuspolarität (wirkt von außen nach innen).
Herrscht in Krebs und 4. Haus, gefördert in Stier, geschwächt in Skorpion, stark geschwächt in Steinbock.
Im Geburtshoroskop starke, im Direktionshoroskop schwache Wirkintensität.
Energetisches Prinzip: Gestaltungskraft.
Wirkeigenschaften: gestaltend, formend, sammelnd, wandernd, wechselnd.
Symbolisiert Gefühl, Empfindung, Seele, Trieb, Unter- und Unbewußtsein, Selbsthingabe, Veränderlichkeit, Beeinflußbarkeit, Passivität.
Physiologische Entsprechungen: Magen, Verdauungssystem, Schleimhäute, Milchdrüsen, Bauchspeicheldrüse.
Traditionelle Zuordnungen: die Farben Grün, Silber, Weiß, die Schmucksteine Smaragd, Opal, Mondstein, Perlen, das Metall Silber, der Wochentag Montag.

*Merkur*
Raschlaufend mit Pluspolarität, kann je nach Zeichen und Aspektierung auch Minuspolarität annehmen.
Herrscht in Jungfrau und Zwillingen und 3. und 6. Haus, gefördert in Jungfrau, geschwächt in Fische, stark geschwächt in Schütze.
Im Geburts- und Direktionshoroskop mittlere Wirkintensität.
Energetisches Prinzip: Verstandeskraft.
Wirkeigenschaften: verständig, klug, vermittelnd, zerlegend, berechnend.
Symbolisiert Intellekt, Verstand, Ausdruck in Sprache und Schrift, analytische Fähigkeiten, Vermittlung, Neugier, bei schlechter Aspektierung List, Verschlagenheit.
Physiologische Entsprechungen: Sprachorgane, Hände und Finger, Ohren, Nervensystem.
Traditionelle Zuordnungen: die Farben Violett, Safrangelb, Hellblau, Weiß, die Schmucksteine Topas, Bergkristall, Aquamarin, das Metall Quecksilber, der Wochentag Mittwoch.

*Venus*
Raschlaufend mit Minuspolarität (wirkt von außen nach innen).
Herrscht in Waage und Stier, gefördert in Fische, geschwächt in Jungfrau, stark geschwächt in Widder und Skorpion.

10

Im Geburts- und Direktionshoroskop mittlere Wirkintensität.

Energetisches Prinzip: Gefühlskraft.

Wirkeigenschaften: fühlend, verbindend, ausgleichend, ästhetisch.

Symbolisiert Liebe, Sexualität, Erotik, Sinnenfreude, Hingabefähigkeit, Schönheitssinn, Kunst, Harmonie.

Physiologische Entsprechungen: Nieren, Blase, Geschlechtsorgane, Venen, Drüsen mit innerer Sekretion.

Traditionelle Zuordnungen: die Farben Gelb, Pink, Hellgrün, Pastelltöne, die Schmucksteine Achat, Smaragd, Diamant, Saphir, Koralle, das Metall Kupfer, der Wochentag Freitag.

*Mars*

Langsamlaufender Planet mit Pluspolarität (wirkt von innen nach außen).

Herrscht in Widder und Skorpion, gefördert in Steinbock, geschwächt in Krebs, stark geschwächt in Stier und Waage.

Im Geburts- und Direktionshoroskop mittlere Wirkintensität.

Energetisches Prinzip: Tatkraft.

Wirkeigenschaften: tätig, mutig, unternehmend, kämpfend, initiativ.

Symbolisiert Wille, Energie, Tatkraft, Kampfgeist, Selbständigkeitsstreben, triebhafte Leidenschaftlichkeit, Konflikte, Trennung, Antrieb, Aktion, Herrschaftsverlangen.

Physiologische Entsprechungen: männliche Geschlechtsorgane, Muskeln, Sehnen, Gallenblase.

Traditionelle Zuordnungen: die Farben Rot, Kadmiumgelb, Braun, Schwarz, die Schmucksteine Diamant, Amethyst, Rubin, Jaspis, Sardonyx, das Metall Eisen, der Wochentag Dienstag.

*Jupiter*

Langsamlaufender Planet mit Pluspolarität (wirkt von innen nach außen).

Herrscht in Schütze und Fischen, gefördert in Krebs, geschwächt in Steinbock, stark geschwächt in Zwillinge und Jungfrau.

Im Geburts- und Direktionshoroskop mittlere Wirkintensität.

Energetisches Prinzip: Entfaltungskraft.

Wirkeigenschaften: entfaltend, wachsend, aufbauend, hoffend, jovial.

Symbolisiert Fülle, Ehren, Reichtum, Weisheit, Erkenntnis, Förderung, soziales Aufstieg, Harmonie, echte Menschlichkeit, Seelenadel, hohe Gesinnung, Gesetz, Religion.

Physiologische Entsprechungen: Leber, Galle, arterieller Blutkreislauf, Drüsen mit innerer Sekretion, Hüftgelenke, Ischiasnerv, Beinknochen.

Traditionelle Zuordnungen: die Farben Blau, warmes Braun, Violett, Weiß, die Schmucksteine Granat, Türkis, Amethyst, Saphir, Chrysolith, das Metall Zinn, der Wochentag Donnerstag.

## Saturn

Langsamlaufender Planet mit Plus- oder Minuspolarität (je nach Aspektierung und Zeichen).

Herrscht in Steinbock und Wassermann, gefördert in Waage, geschwächt in Widder, stark geschwächt in Krebs und Löwe.

Im Geburtshoroskop mittlere, im Direktionshoroskop starke Wirkintensität.

Energetisches Prinzip: Konzentrationskraft.

Wirkeigenschaften: konzentrierend, hemmend, bindend, verteidigend.

Symbolisiert Begrenzung, Einschränkung, Widerstand, Härte, Pflicht, Einsamkeit, Selbstbescheidung, Verinnerlichung, Vertiefung, Beharrlichkeit, Reife, Gründlichkeit, Bewahrung, Problematik.

Physiologische Entsprechungen: Knochensystem mit Gelenken, Gallenblase, Milz, Stoffwechsel, Kreislauf, Haut (langwierige Erkrankungen).

Traditionelle Zuordnungen: die Farben Indigo, Dunkelgrün, Braun, Schwarz, irisierende Farben, die Schmucksteine Onyx, Gagat, Chalcedon, das Metall Blei, der Wochentag Samstag.

## Uranus

Langsamlaufender Planet mit Pluspolarität (wirkt von innen nach außen).

Herrscht in Wassermann, gefördert in Skorpion, geschwächt in Stier, stark geschwächt in Löwe.

Im Geburtshoroskop schwache, im Direktionshoroskop starke Wirkintensität.

Energetisches Prinzip: Erneuerungskraft.

Wirkeigenschaften: erneuernd, impulsiv, reformerisch, unberechenbar, exzentrisch.

Symbolisiert Umbruch, Veränderung, Sprunghaftigkeit, Originalität, plötzliche Energieentfaltung, Umwertung, Irrationalität, Freiheitsstreben, Rebellion, Neubeginn.

Physiologische Entsprechungen: Nervensystem (bei Aspektverletzung Gefahr von Neurosen, Lähmungen, Krämpfen), Gehirn, Kreislauf, Unterschenkel, Knöchel, Füße.

Traditionelle Zuordnungen: die Farben Indigo, irisierende Farben, die Schmucksteine Saphir, Bernstein, Aquamarin, Chalcedon, das Metall Blei.

*Neptun*

Langsamlaufender Planet mit Minuspolarität (wirkt von außen nach innen).

Herrscht in Fische, stark geschwächt in Jungfrau.

Im Geburtshoroskop schwache, im Direktionshoroskop starke Wirkintensität.

Energetisches Prinzip: Phantasiekraft.

Wirkeigenschaften: phantasievoll, träumerisch, intuitiv, illusorisch.

Symbolisiert Gemütsempfänglichkeit, Beeindruckbarkeit, Hellfühligkeit, Opferbereitschaft, Altruismus, Inspiration, Täuschung und Selbsttäuschung, Illusion, Zersetzung.

Physiologische Entsprechungen: Lymphsystem, Sonnengeflecht, Zirbeldrüse, Gedärme, Füße; bei bestimmten Konstellationen Gefahr von Epilepsie, Gemütsstörungen, allgemein psychischen Leiden.

Traditionelle Zuordnungen: die Farben Blau, Violett, Weiß, die Schmucksteine Chrysolith, Saphir, Perlmutt, Mondstein, Topas, das Metall Zinn.

*Pluto*

Langsamlaufender Planet mit Pluspolarität (wirkt von innen nach außen).

Herrscht in Widder, stark geschwächt in Waage.

Im Geburtshoroskop schwache, im Direktionshoroskop starke Wirkintensität.

Energetisches Prinzip: Zerstörungskraft.

Wirkeigenschaften: zerstörend, vernichtend, trennend, explosiv, unterminierend.

Symbolisiert Zwang, Gewalt, Macht, die Masse, das Kollektiv, Notwendigkeit höchsten Krafteinsatzes, ungewöhnliche Erfahrungen und Erlebnisse, plötzliche Veränderungen, überraschende Erfolge mit Breitenwirkung.

Für den erst in unserem Jahrhundert entdeckten Planeten gibt es keine als verbindlich anerkannte physiologische oder anderweitige Zuordnungen; auch hinsichtlich der Charakteristiken sind die Untersuchungen noch nicht abgeschlossen.

10

# Die Planetenpositionen in den zwölf Zeichen und Häusern

Je nach dem Tierkreiszeichen und dem Haus des Horoskops, in denen sich ein Planet befindet, verändert sich seine typische Wirkqualität. In welcher Weise dies geschieht, läßt sich der systematischen Übersicht auf den folgenden Seiten entnehmen. Wenn man die einzelnen Aussagen, die sich aus dem individuellen Horoskop ergeben, zusammenstellt und aufeinander abstimmt, erhält man in den meisten Fällen ein bereits recht genaues Bild von dem betreffenden Menschen, von seinem Wesenskern, seinen Anlagen und Neigungen, aber auch von seinen typischen Verhaltens- und Reaktionsweisen, von seinen Stärken und Schwächen.

Um dieses Bild abzurunden, um mögliche Widersprüche der aus den Planetenpositionen gewonnenen Aussagen zu klären und aufzuheben, um schließlich zu erkennen, ob eine gegebene Prägung positiv oder negativ zu bewerten ist, bedarf es noch einer Feinabstimmung mit Hilfe der Aspekte. Was darunter zu verstehen ist, wird im folgenden Kapitel dargestellt werden.

Noch bis in die jüngste Zeit hinein war es allgemein üblich, einem Planeten je nach dem Zeichen, in dem er stand, bestimmte »Stärken« und »Schwächen« zuzusprechen: Er konnte in seinem »Domizil«, in »Erhöhung«, in seinem »Fall« oder in seinem »Exil« sein. Heute verzichtet man oft auf eine solche Auf- oder Abwertung der Wirkqualität der Planeten. Beibehalten wird hauptsächlich der Bezug eines Planeten zu einem bestimmten Zeichen, in dem er »herrscht«: Befindet er sich in dem betreffenden Zeichen, so kommt seine Wirkqualität (siehe Kapitel 10) am stärksten zum Ausdruck. Für die Sonne gilt dies beispielsweise im Zeichen Löwe, für den Mond im Zeichen Krebs usw.

Die beiden »modernen«, erst im 19. und 20. Jahrhundert entdeckten Planeten Neptun und Pluto bewegen sich auf einer so großen Umlaufbahn, daß Neptun 14 und Pluto zwischen 13 und 32 Jahren braucht, um ein einziges Zeichen zu durchlaufen. Deshalb sind in der folgenden Übersicht nur die Zeichen angeführt, die vom ausgehenden 19. bis zum ausgehenden 20.

Jahrhundert durchlaufen wurden und werden. Wichtiger sind bei den langsamen Planeten ihre Stellungen in den 12 Horoskopfeldern und vor allem ihre Aspektierung. Die Position in den Zeichen des Tierkreises wirkt sich bei diesen Planeten weniger individuell als auf die Gesamtheit der im betreffenden Zeitabschnitt lebenden Menschen aus (man spricht von einer »Generationswirkung«).

Eingeleitet wird unsere Übersicht durch die Deutung der Sonnenpositionen. Eine detailliertere Darstellung findet sich im 2. Kapitel, wo die Sonnenpositionen im Geburtshoroskop ausführlicher bewertet sind. Ziehen Sie also bitte die dort gegebene Übersicht mit heran!

**Die Sonne**

*Im Zeichen Widder:* Offen, energisch, häufig impulsiv, entschlußfreudig, selbständig, eigenwillig bis egoistisch. Gibt mehr auf Tatsachen als auf Wunschvorstellungen. Möchte unabhängig entscheiden und handeln, ist stets auf Neues aus und braucht Erfolgserlebnisse. Neigt auch zu Unbedachtsamkeit.

*Im Zeichen Stier:* Zuverlässig und tüchtig, hat stabile Zukunftsperspektiven, ist auf Absicherung im materiellen und gefühlsmäßigen Bereich bedacht, möchte beruflich und privat auf sicherem Boden stehen. Kann hart arbeiten, aber in mittleren Jahren übertrieben vorsichtig und konservativ werden.

*Im Zeichen Zwillinge:* Wendig, mitteilsam, neugierig, anpassungsfähig, manchmal auch sprunghaft, liebt Abwechslungen. Nicht unbedingt zuverlässig, neigt manchmal zu Täuschungsmanövern. Braucht immer wieder neue Anregungen und neue Kontakte, wird sonst leicht gelangweilt, ungeduldig und gereizt.

*Im Zeichen Krebs:* Eher gefühls- als verstandesbestimmt, reiche Phantasie, loyal und zuverlässig, meist wenig mutig. Manchmal überempfindlich. In persönlichen Beziehungen häufig besitzergreifend. Möchte das Gefühl haben, von anderen gebraucht zu werden. Häuslich. Oft der Vergangenheit verhaftet.

*Im Zeichen Löwe:* Selbstsicher, will im Vordergrund stehen, ist auf Anerkennung und Ehren bedacht. Meist aufrichtig und zuverlässig, bei Aspektverletzung auch ausweichend bis hintertrieben, eitel, durch Schmeicheleien stark beeinflußbar. Sieht manchmal das Leben als Spiel, in dem der Sieg sicher ist.

*Im Zeichen Jungfrau:* Kühl, kritisch, hat oft hohe Ideale, dafür kämpferischer Einsatz. Geht an alles verstandesmäßig heran. Haßt Verstellung und Heuchelei. Möchte im Leben nützliche Aufgaben haben. Hält sich gern im Hintergrund und kann deshalb nach außen hin zurückhaltend und unscheinbar wirken.

*Im Zeichen Waage:* Freundlich bis herzlich, geschmackvoll, oft Künstlernatur, nicht kämpferisch, entschlußschwach. Strebt nach harmonischem Leben mit gegenseitiger Rücksichtnahme. Möchte geliebt werden, ist selten egoistisch, sucht gern Anschluß oder die Ratschläge einer stärkeren Persönlichkeit.

*Im Zeichen Skorpion:* Eigenwillig, introspektiv, oft launisch, aber auch selbstkritisch. Selbstbewußt, heftig in Liebe und Haß. Wünscht eine »Mission« im Leben, kann sich für Menschen oder Ideen voll einsetzen. Ist selten von Lob oder Zustimmung anderer abhängig, kann gut mit sich allein sein.

*Im Zeichen Schütze:* Freiheitsliebend, abenteuerlustig, reisefreudig. Sehr wendig und neugierig, aber auch sorglos bis tollkühn. Fair und offen, nimmt Herausforderungen stets an. Jedoch oft nur wenig ausdauernd; sollte sich auf jemanden stützen können, der ihm notfalls den Rücken steift.

*Im Zeichen Steinbock:* Ordentlich, ernst, ehrgeizig. Realist, aber kein Optimist, neigt unter Belastung zu Depressionen und übertriebenen Ängsten. Hohe Ideale, traditionsverhaftet, nicht sehr wagemutig. Möchte von der Umwelt anerkannt und von den Mitmenschen geschätzt werden.

*Im Zeichen Wassermann:* Selbständig, etwas kühl, vernunftorientiert, scharfer Beobachter. Geht gern seine eigenen Wege. Auf Ergründung der Wahrheit bedacht, lehnt Vorurteile und Heuchelei unbedingt ab. Hilfsbereit. Kann in irgendeiner Hinsicht außergewöhnlich oder auffallend sein.

*Im Zeichen Fische:* Empfindsam, einfühlsam, sehr anpassungsfähig. Ist leicht verletzbar. Liebt unkompliziertes Leben, möchte niemandem im Wege sein. Braucht Liebe. Nicht sehr ehrgeizig oder ausdauernd, strebt zwar nach Perfektion, wird aber durch Hindernisse oder Rückschläge rasch entmutigt.


*Im 1. Haus:* Verstärkt Wirkung des Feldspitzen-Zeichens. Meist warmherzig, liebenswürdig, aber auch eitel, genußfreudig, flirtet gern. Nicht selten introvertiert.

*Im 2. Haus:* Oft recht nüchtern, materiell, finanziell interessiert und begabt, allgemein besitzergreifend, auf Besitzzuwachs bedacht. Teilt nicht gern.

*Im 3. Haus:* Mitteilsam, meist gut im mündlichen und schriftlichen Ausdruck. Als Kind lebhaft, lerneifrig. Braucht Geselligkeit und Beruf mit viel Menschenkontakt.

*Im 4. Haus:* Das Zuhause spielt im Leben eine große Rolle. Traditionsverbunden. Bei guter Aspektierung der Sonne: Schafft Glück in Heim, Partnerschaft und Ehe.

*Im 5. Haus:* Als Kind energisch, laut, risikofreudig, später kinderliebend, gesellig, lebensfroh. Interessiert an Sport, Kunst, Theater und viel Unterhaltung.

*Im 6. Haus:* Als Kind viele Hobbies. Organisations- und arbeitsfreudig. Anpassungsfähig. Hat hohe Grundsätze und Ziele, kann aber auch Kompromisse schließen.

*Im 7. Haus:* Freundlich, umgänglich, an hoher Lebensqualität interessiert. Guter Partner, wenn in der Führerrolle, bei notwendiger Unterordnung oft frustriert.

*Im 8. Haus:* Ernst. An materiellen Dingen, aber auch an Geheimnissen von Leben und Tod interessiert. Erbschaften möglich. Übt gern Macht aus, ohne sich aufzuspielen.

*Im 9. Haus:* Vielfältig interessiert und aktiv; reisefreudig. Möchte sich weiterbilden, Neues kennenlernen. Tolerant gegenüber Außenseitern und Versagern.

*Im 10. Haus:* Karrierebewußt, gewissenhaft, ichbezogen; als Freund oder Ehepartner oft schwierig. Kann dem sozialen oder beruflichen Aufstieg das Privatleben opfern.

*Im 11. Haus:* Klare Zielsetzungen. Guter Organisator. Zu anderen freundlich, anteilnehmend. Treuer Freund. Wendet viel Zeit für andere Menschen auf.

*Im 12. Haus:* Verträumt, feinfühlig, verwundbar. Als Kind oft einsam. Vergeßlich. Hilfsbereit, aber wenig ausdauernd. Braucht in Partnerschaft stets etwas Freiraum.

**Der Mond**

*Im Zeichen Widder:* Energisch, ehrgeizig, eigenwillig, ichbezogen, impulsiv, aber auch voreilig und starrsinnig. Selten depressiv, wenig selbstkritisch. Reagiert rasch. Wenig anpassungsfähig. Durch Unbedachtsamkeit Verletzungsgefahr (Brüche, Verbrennungen usw.); Neigung zu Fieberanfällen.

*Im Zeichen Stier:* Gesellig, umgänglich, sinnenfreudig, manchmal besitzergreifend. Hält an eingefahrenen Gewohnheiten fest. Oft kunstsinnig. Kann sich im Leben behaupten.

Im weiblichen Horoskop: viel Charme. Im männlichen Horoskop: fühlt sich stark zur Weiblichkeit hingezogen.

*Im Zeichen Zwillinge:* Geist rege und wendig, aber wenig Tiefgang. Erlebnishungrig, reisefreudig, beeindruckbar. Wenig ausdauernd, launenhaft, oft entschlußschwach und rastlos. Leicht erregbar. Braucht viele Kontakte und Abwechslungen. Unter starker Belastung können die Nerven völlig versagen.

*Im Zeichen Krebs:* Sensibel, freundlich, aber zurückhaltend; traditionsverhaftet, konservativ; reiche Phantasie. Meist vorsichtig, fürsorglich, häuslich, manchmal jedoch launenhaft. Schließt sich gern anderen an. Will oft den weichen Kern nach außen hinter einer harten Schale verbergen.

*Im Zeichen Löwe:* Frohnatur mit ausgeprägtem Ich-Gefühl, das zu Eitelkeit und Dünkel führen kann. Offen, leidenschaftlich, meist treu. Leicht verletzbar. Kunstsinnig. Gibt sich in der Regel liebenswürdig bis herzlich, bei Aspektverletzung jedoch anmaßend, großspurig, pompös.

*Im Zeichen Jungfrau:* Redet oft viel und rasch, ist aber seelisch eher verschlossen, auf Distanz bedacht. Ichbezogen, kritisch, rasch beleidigt. Schätzt konventionelle Formen. Geschäftstüchtig, achtet auf Details. Unsicherheit und Gesundheitsstörungen durch übertriebene Sorgen möglich.

*Im Zeichen Waage:* Höflich, diplomatisch, gute Umgangsformen. Im Ausdruck flüssig. Kann auf andere eingehen. Unter Streß launenhaft und überkritisch. In der Arbeit wenig ausdauernd; häufig entschlußschwach. Künstlerische Neigungen, aber nicht unbedingt selbst kreativ. Kann guter Partner sein.

*Im Zeichen Skorpion:* Zäher Wille, viel Energie und Arbeitskraft, leidenschaftlich, oft sinnlich. Ehrlich, aber oft verschlossen. Im Umgang bestimmt, manchmal schroff. Gewohnheitsverhaftet. Selbstkritisch. Bei Aspektverletzung launenhaft, kann bei verletztem Stolz sehr nachtragend sein.

*Im Zeichen Schütze:* Beweglich bis ruhelos (Wandertrieb), rasch zu begeistern, aber wenig Ausdauer. Aufrichtig bis zur Selbstschädigung, freiheitsliebend. Impulsiv, in materiellen Dingen oft unbedacht bis waghalsig. Flüssig im Ausdruck. Oft sportlich. Auch Fähigkeit zu intuitiven Einsichten.

*Im Zeichen Steinbock:* Zurückhaltend, vorsichtig, schlau. Lernt aus Erfahrung, reagiert aber oft langsam auf Neues. Gesunder Menschenverstand, ordnungsliebend, fleißig. Unter Fremden oft unsicher bis schüchtern. Nimmt Dinge

**11**

manchmal zu schwer, kann nicht vergessen; Grübeln, Depressionen.

*Im Zeichen Wassermann:* Aufgeschlossen, freiheitsliebend, originell bis exzentrisch. Individualist, nicht leicht zu durchschauen, aber kontaktfreudig und umgänglich. Unter Streß nervlich labil, unberechenbar. Oft reisefreudig, künstlerische und literarische Neigungen. Kann innerlich einsam sein.

*Im Zeichen Fische:* Reiche Phantasie, tiefes Gemüt, beeindruckbar, wirkt oft verträumt bis phlegmatisch. Leicht zu entmutigen; entschlußschwach. Nachgiebig. Intuitives Verständnis für andere. Bei Aspektverletzung oft launenhaft, Tendenz zu Verstellung und Intrige. Braucht Ermutigung von außen.


*Im 1. Haus:* Mitfühlend, kann sich tatkräftig einsetzen, ist aber viel verwundbarer, als man glaubt. Nimmt sich alles zu Herzen. Betätigt sich gern im Haushalt.

*Im 2. Haus:* An Geld und Besitz interessiert. Geschäftstüchtig. Gefahr allzu materieller Einstellung, aber schöpferisches Potential. Schwankendes Vermögen.

*Im 3. Haus:* Wechselnde Pläne und Ziele, reisefreudig, unruhig. Mitteilsam bis schwatzhaft, steht gern im Mittelpunkt. Freude oder Schicksal mit Geschwistern.

*Im 4. Haus:* Häuslich, aber Tendenz zu Ortswechsel. Bei gutem Aspekt Bindung an Eltern oder Heimat, bei Aspektverletzung schicksalhafte Beziehung zu Eltern.

*Im 5. Haus:* Gesellig, liebt Vergnügungen und Unterhaltung; oft sport- und kunstinteressiert. Manchmal Spielernatur. Kinderlieb oder pädagogisch begabt.

*Im 6. Haus:* Besonders als Kind anfällige Gesundheit (nervlich-seelisch bedingt). Gewissenhaft. Beeinflußbar. Hilfsbereit. Interessiert an Gesundheit, Hygiene.

*Im 7. Haus:* Wirkung stark aspektbedingt. Geschäftstüchtig. Wenig konstant. Labilität bei der Partnerwahl und in Partnerbeziehung. Erfolg in der Öffentlichkeit.

*Im 8. Haus:* Depressiv bei seelischer Belastung. Oft interessiert an Sex, Erotik, aber auch an Tod und Jenseits. Gefahr von Trennungen, Erbschaftsauseinandersetzungen.

*Im 9. Haus:* Gerechtigkeitsliebend, einfühlsam, phantasievoll. Sehr reisefreudig. Interessiert an Erweiterung des Gesichtskreises, auch durch Fortbildung.

*Im 10. Haus:* Ehrgeizig. Viele Beziehungen zum anderen Geschlecht (auch beruflich). Beruflich bedingte Reisen. Beruf manchmal entgegen echten eigenen Interessen.

*Im 11. Haus:* Vielseitig interessiert, viele Umweltkontakte, gesellig. Wechselnde Beziehungen zum anderen Geschlecht. Bei Aspektverletzung: Gefahr von Intrigen.

*Im 12. Haus:* Empfindsam bis übersensibel, wirkt oft verschlossen bis abweisend. Leicht verwundbar, sucht Einsamkeit. Lebhafte Phantasie. Gefahr von Neurosen.

## Der Merkur

*Im Zeichen Widder:* Offen und selbstsicher, spricht flüssig und viel, manchmal sarkastisch und aggressiv. Schlagfertig, ideenreich, ehrgeizig. Häufig technisch interessiert. Bei Aspektverletzung unüberlegt, streitsüchtig, Tendenz zur Selbstüberschätzung; plant nicht gründlich genug.

*Im Zeichen Stier:* Praktisch veranlagt, gründlich, ausdauernd. Wenig flexibel bis starrsinnig. eher gefühls- als verstandesbetont. Lernt und begreift nicht leicht, prägt aber Verstandenes gut ein. Hält an Überkommenem fest. Hat Sinn für Schönheit und Kunst (oft gute Singstimme).

*Im Zeichen Zwillinge:* Schlagfertig, vielseitig interessiert, geistig wendig, etwas oberflächlich. Beredsam, ideenreich. Oft Fremdsprachenbegabung. Windet sich gut aus Schwierigkeiten heraus. Bei Aspektverletzung häufig wechselnde Ansichten, flüchtiges Denken, smart bis durchtrieben.

*Im Zeichen Krebs:* Phantasievoll bis verträumt, gefühlsorientiert. Taktvoll, diplomatisch, manchmal auch nachtragend und engstirnig. Gutes Gedächtnis; an Geschichte und Zeugnissen der Vergangenheit interessiert. Oft poetische Ausdrucksweise. Wirkt in fremder Gesellschaft eher unsicher.

*Im Zeichen Löwe:* Umgänglich, optimistisch, lebensfroh, selbstbewußt, aber Gefahr der Selbstüberschätzung. Ideenreich, Organisationstalent, Überzeugungskraft, Ehrgeiz. Kann und will führende Rolle spielen. Bei Aspektverletzung häufig jähzornig, arrogant, Tendenz zum Bluffen.

*Im Zeichen Jungfrau:* Wendig. Denkt logisch und sachlich, achtet auf Details. Gewissenhaft bis pedantisch. Oft für Mathematik o.ä. begabt, an Gesundheit, Hygiene und Ernährung (Vegetarismus) interessiert. Bei Aspektverletzung überkritisch bis nörgelnd, kleinkariert, zu nüchtern, geschwätzig.

*Im Zeichen Waage:* Vernunftorientiert, verständnisvoll, kompromißbereit, eher abwartend. Rasch erfassend, gut beobachtend, aber nicht sehr gründlich; übersieht gern Unangenehmes. Guter Redner und Gesprächspartner. Meist kunstsinnig. Bei Aspektverletzung oberflächlich, manchmal taktlos.

*Im Zeichen Skorpion:* Scharfsinniger, gründlicher Denker, eher wortkarg. Packt Probleme praktisch an. Erkennt oft intuitiv Lösung. Behält eingeschlagenen Weg bei. Oft an Kriminalistik, Okkultismus oder Philosophie interessiert. Bei Aspektverletzung schlau bis verschlagen, sarkastisch, taktlos.

*Im Zeichen Schütze:* Freimütig, gerechtigkeitsliebend, ideenreich, spricht meist viel und flüssig. Geistig beweglich, vorausschauend, meist selbstsicher. Nützt Anregungen und Abwechslungen zum eigenen Vorteil. Bei Aspektverletzung Konzentrationsmangel, Selbstüberschätzung, Unzuverlässigkeit.

*Im Zeichen Steinbock:* Logisch, systematisch, kritisch, oft etwas langsam in Denken und Gesten. Hält sich an Tatsachen, wenig Phantasie, aber Tendenz zum Grübeln, Gefahr von Depressionen. Kann bei Aspektverletzung engstirnig und geizig sein, manchmal auch unaufrichtig, verschlossen, nachtragend.

*Im Zeichen Wassermann:* Originell, ideenreich, intuitiv, meist gutes Gedächtnis. Kann andere gut beurteilen. Umgänglich, guter Freund, zeigt aber wenig Gefühle. Liebt Gerechtigkeit und Unabhängigkeit, lehnt Zwang ab. Kann gut Sachverhalte erklären. Spricht manchmal hastig, kann eigensinnig sein.

*Im Zeichen Fische:* Gefühlsbetont, beeindruckbar, phantasievoll, wirkt oft verträumt und verhalten, kann sich aber wort- und gestenreich ausdrücken. Meist gutherzig, unterliegt leicht Täuschung und Selbsttäuschung. Oft vergeßlich. Bei Aspektverletzung auch grüblerisch, sehr empfindlich, depressiv.

*Im 1. Haus:* Lebhaft und wendig, mitteilsam, wortreich, vielseitig interessiert, auf Neues bedacht. Gefahr der Sprunghaftigkeit und Egozentrik, Beeinflußbarkeit.

*Im 2. Haus:* Geschäftstüchtig, kann durch gewandtes Auftreten und Reden Erfolg haben, aber Gefahr der Karrieresucht, Sorglosigkeit oder Extravaganz.

*Im 3. Haus:* Kontaktfreudig; auf Weiterbildung bedacht; beredt bis schwatzhaft. Wirkt unruhig. Bei Aspektverletzung: mangelnde Seßhaftigkeit, Überspannung.

*Im 4. Haus:* Stark dem Zuhause und der Vergangenheit verhaftet, von Kindheit beeinflußt. Unter Fremden oft zurückhaltend bis unsicher. Im häuslichen Kreis arbeitsam.

*Im 5. Haus:* Interessiert an Sport und Spielen (Schach usw.), guter Kontakt zu Kindern und jungen Leuten. Liebesaffären und Vergnügungen können große Rolle spielen.

*Im 6. Haus:* Besorgt um Gesundheit (Gefahr psychosomatischer Erkrankungen). Auf Sauberkeit und Perfektion bedacht. Manchmal kritischer Esser, auch kleinlich.

*Im 7. Haus:* Bei Auseinandersetzungen nachgiebig. Möchte angenehm wirken. Bevorzugt geistig anregende Partner. Spricht gern über Kunst, menschliche Beziehungen.

*Im 8. Haus:* Systematischer, konzentrierter Denker und Planer, aber auch tiefe Gefühle. Oft Beschäftigung mit dem Okkulten, mit Grundfragen von Leben und Tod.

*Im 9. Haus:* Auf Horizonterweiterung bedacht (Reisen, Abenteuer, Weiterbildung), oft sprachbegabt. Gelegentlich Übertreibungen, will andere überreden, »bekehren«.

*Im 10. Haus:* Beruflich ehrgeizig, wechselt notfalls wiederholt Stellung. Braucht geistig anregenden Beruf. Rasche Auffassungsgabe. Gefahr innerer Unrast und äußerer Gehetztheit.

*Im 11. Haus:* Guter Gesellschafter, viele Bekannte, aber eher gute Kumpels als Freunde. An Klub- und Vereinsleben aktiv interessiert und beteiligt.

*Im 12. Haus:* Lebt ebensosehr in der Phantasie wie in der Wirklichkeit. Große Intuition, Neigung zur Abschließung. Oft entschlußschwach, läßt sich zu Meinungsänderungen überreden.

## Die Venus

*Im Zeichen Widder:* Impulsiv, leidenschaftlich, meist umgänglich, extravertiert, selbstsicher. Rasche, wechselnde Kontakte, stets erotische Komponente; in Liebe und Ehe oft wenig stabil. Gelegentlich romantisch, oft sportlich. Bei Aspektverletzung rastlos, oberflächlich, auch streitsüchtig.

*Im Zeichen Stier:* Oft zärtlich, sinnlich, auch besitzergreifend und leicht eifersüchtig. Guter Gesellschafter. Schönheitsliebend, oft musikalisch. Schätzt die guten Dinge des Lebens (Gefahr: Übergewicht). Bei richtigem Partner anhänglich. Bei Aspektverletzung selbstsüchtig, verschwenderisch.

*Im Zeichen Zwillinge:* Liebt den Flirt, oft rasche Kontakte, vielseitige Bindungen. Frühe Heiratschancen oder Heirat, nicht unbedingt stabile Ehe. Neigt zum Spekulieren, aber

Gefahr von Fehlschlägen. Bei Aspektverletzung oberflächlich, weicht Entscheidungen aus; auch berechnend.

*Im Zeichen Krebs:* Häuslich, fürsorglich auch gegenüber Außenstehenden. Oft guter Gastgeber, gut in Küche und Haushalt. Schließt zögernd Freundschaft, ist aber treu und anhänglich. Eher passiv, beeinflußbar. Phantasievoll. Bei Aspektverletzung Gefühlsüberschwang, Launen, sehr besitzergreifend.

*Im Zeichen Löwe:* Meist großherzig, aber egozentrisch; in der Liebe Ideale, aber Tendenz, Partner beherrschen zu wollen. Oft schöpferisch begabt. Stellt sich gern zur Schau; prachtliebend. Bei Aspektverletzung Vergnügungssucht, Genußliebe, Gefahr theatralischer Auseinandersetzungen in Partnerschaft.

*Im Zeichen Jungfrau:* Wirkt häufig kühl und verschlossen. Gefühlsleben spröde bis gehemmt; manchmal berechnend. Gefahr von Neurosen und Psychosen. Oft dem Partner gegenüber überkritisch, bauscht dessen Schwächen auf. Enttäuschungen bei ersten erotischen Erfahrungen können zeitlebens nachwirken.

*Im Zeichen Waage:* Sehr kontaktfreudig, viele, aber oft nicht stabile Freundschaften. Kunstliebend, häufig künstlerisch begabt. Viel Geschmack. Möchte beliebt sein, meidet Auseinandersetzungen, oft Hang zur Eitelkeit. Bei Aspektverletzung verschwenderisch, verletzlich und nachtragend.

*Im Zeichen Skorpion:* Leidenschaftlich, oft sinnlich und triebstark. Wünscht oft Ausschließlichkeit in Partnerbindung (besitzergreifend, eifersüchtig). Schätzt gute Dinge des Lebens; Gefahr des Übergewichts. Liebt harmonische Schönheit, nicht laute Zurschaustellung.

*Im Zeichen Schütze:* Sehr freiheitsliebend, deshalb oft wenig Stabilität in Partnerschaft und Ehe. Meist kunst- und musikliebend. Möglichkeit ungewöhnlicher sexueller Beziehungen. Im weiblichen Horoskop: Starkes Flirtbedürfnis, meist mehrere Ehen. Im Umgang mit Geld oft leichtsinnig.

*Im Zeichen Steinbock:* Meist treu, zuverlässig, zurückhaltend in Gefühlsäußerungen, aber tiefe Bindung, oft an älteren Partner oder Menschen mit stark unterschiedlichen Ansichten. Manchmal späte Heirat. Neigung zur Eifersucht. Bei Aspektverletzung: Opfer, Enttäuschungen in der Partnerschaft, Trennung.

*Im Zeichen Wassermann:* Umgänglich, findet rasch Kontakt, geht auf andere ein. Unkonventionell, auf persönliche Freiheit bedacht, neigt zu später Heirat oder freier Bindung.

Gefühle meist nicht allzu tief. Wirkt oft attraktiv, aber »auf Distanz«. Braucht in Partnerschaft eigenen Spielraum.

*Im Zeichen Fische:* Tolerant, mitfühlend, hilfs- und opferbereit. Gefühlsbetont, empfindsam, erlebt deshalb in Partnerschaft oft Enttäuschungen. Kann leidenschaftlich sein, neigt manchmal zur Sentimentalität. Materiell oft allzu großzügig, sollte einen nüchtern-praktischen Finanzberater haben.

*Im 1. Haus:* Gesellig, meist charmant und gutaussehend. An Kunst und Mode interessiert. Gefahr der Eitelkeit, teils auch der Passivität; wünscht Schmeicheleien.

*Im 2. Haus:* Auf Erwerb und Besitz bedacht; Sammler. Guter Gastgeber. Oft geschmackvoll, auch schöpferisch (Kunst, aber auch Garten- und Wohnungsgestaltung).

*Im 3. Haus:* Gesellig, umgänglich; guter Kontakt zu Geschwistern und gleichaltrigen Verwandten. Lernt gut, spricht gern und gut (manchmal schwatzhaft); PR-Berufe.

*Im 4. Haus:* Schätzt kultiviertes Zuhause (meist viele Pflanzen); guter Geschmack. Kindheitserinnerungen können emotionell lebenslang nachwirken.

*Im 5. Haus:* Schätzt Kreativität und Kunst. Ist gern in großer Gesellschaft. Kinderliebend; hat oft außergewöhnliches Kind. Manchmal Neigung zu Extravaganz, Luxus.

*Im 6. Haus:* Starkes Interesse für Gesundheitsfragen, kann zum Fitneß-Fanatiker oder Hypochonder werden. Bevorzugt Tätigkeiten, die nicht Anstrengung, sondern mehr Geduld und Präzision erfordern.

*Im 7. Haus:* Liebt frohe, entspannte Atmosphäre, schätzt Musik, Kunst, schönes Heim. Macht gern andere glücklich. Kann nach Enttäuschungen tiefen Groll hegen.

*Im 8. Haus:* Stark erotisch, aber meist auf einen Partner konzentriert. Oft sehr besitzergreifend. Gefahr sexueller Frustration. Kann unverhofft zu Geld kommen.

*Im 9. Haus:* Meist aufrichtig, fair, manchmal zu leichtgläubig, unzuverlässig. Gerechtigkeitsliebend. Reisefreudig; Bindungen ans Ausland, an Ausländer möglich.

*Im 10. Haus:* Diplomatisch, gute Beziehungen zu anderen Menschen, zu Eltern. Oft wenig karrierebewußt, dennoch Erfolg in Berufen, die anderen Freude bringen.

*Im 11. Haus:* Verständnisvoll, verschwiegen, diplomatisch; behandelt Mitmenschen individuell. Viele Freunde und Bekannte, aktiv und erfolgreich im Klub- und Vereinsleben; beliebt.

*Im 12. Haus:* Bevorzugt ruhiges Leben und Zurückgezogenheit. Starke Phantasie (Tagträume, Interesse für Mystisches, Okkultes). Kann heimliche Bindungen haben.

## Der Mars

*Im Zeichen Widder:* Tatkräftig, unternehmungslustig, vital, offen, unabhängigkeitsliebend, starker Durchsetzungswille, aber auch ungeduldig, reizbar, egozentrisch, aggressiv, unvorsichtig (Verletzungsgefahr). Häufig starker Sexualtrieb. Oft Auseinandersetzungen mit der Umwelt.

*Im Zeichen Stier:* Entschieden, oft unnachgiebig, ausdauernde Durchsetzungskraft; selbstsicher. Verliert selten die Fassung, kann dann aber schrecklich sein. Langfristig planend, auf materielle Absicherung bedacht. Gegenüber geliebten Menschen fürsorglich, aber auch sehr besitzergreifend.

*Im Zeichen Zwillinge:* Vielseitig interessiert, rasche Auffassungsgabe, wendig, beredsam, manchmal sarkastisch. Nicht sehr ausdauernd. Wegen wechselnder Ziele zögernder Start ins Berufsleben, später Stellenwechsel häufig. Bei Aspektverletzung: übernervös, führt Begonnenes oft nicht zu Ende.

*Im Zeichen Krebs:* Freiheitsliebend, eigenwillig bis eigensinnig, meist ehrgeizig, ausdauernd, nicht immer offen. Schwankende Willens- und Gefühlskurven, manchmal aufbrausend, lenkt aber rasch wieder ein. Neigt beruflich zu Stellungswechseln, im häuslichen Kreis zu Unruhe, ist aber fürsorglich.

*Im Zeichen Löwe:* Ehrgeizig, begeisterungsfähig, ausdauernd, will eigene Persönlichkeit durchsetzen. Neigt bei Widerständen zu forciertem Kräfteeinsatz, will jede Lage beherrschen. In der Liebe oft leidenschaftlich. Neigt zu Übertreibungen. Meist offen, verabscheut alles Kleinkarierte.

*Im Zeichen Jungfrau:* Überlegt, verstandesorientiert, meist vorsichtig, aber infolge Reizbarkeit Auseinandersetzungen mit der Umwelt. Geschäftstüchtig, aber Gefahr der Verzettelung in Details. Hat Sorgen durch mangelnde Ausdauer (Gefahr psychosomatischer Erkrankungen). Manchmal überkritisch.

*Im Zeichen Waage:* Selten zornig, nie bösartig, aber manchmal launisch und eitel. Rasch entflammbare Gefühle (Liebschaften). Verletzbar. Willens- und Energiekurven schwankend. Ehrgeizig, aber nicht ausdauernd. Wünscht Harmonie und Geborgenheit. Kann unwillentlich sich Feinde schaffen.

*Im Zeichen Skorpion:* Dynamisch, Fähigkeit zu konzentriertem Willenseinsatz, bei Schwierigkeiten Kraftentfaltung bis zur Rücksichtslosigkeit. Leidenschaftlich; Frustrationen können Rachsucht wecken. Tendiert manchmal zu Unmäßigkeit in Essen und Trinken. Meist manuell geschickt.

*Im Zeichen Schütze:* Begeisterungsfähig, tatkräftig, reise- und abenteuerlustig, aber oft wenig ausdauernd, voreilig, unüberlegt, offen bis zur Selbstschädigung. Geistig wendig, kann gut reden und überzeugen, aber Neigung zu Streitsucht und Kritiklust. Oft sportinteressiert.

*Im Zeichen Steinbock:* Ehrgeizig, willensstark, ausdauernd. Strebt nach sozialem und wirtschaftlichem Aufstieg, dem notfalls das Privatleben geopfert wird. Gezielter Kräfteeinsatz ohne Leerlauf. Bei Aspektverletzung Rachsucht, Selbstüberschätzung, Rücksichtslosigkeit, Wutanfälle.

*Im Zeichen Wassermann:* Verstandesorientiert, oft wissenschaftlich interessiert. Freiheits- und unabhängigkeitsliebend. Reagiert unter Druck rasch und gezielt. Impulsivität und Eigenwille können zu Konflikten mit der Umwelt führen. Wird bei Behinderung leicht starrsinnig oder aufsässig.

*Im Zeichen Fische:* Vielfältige Ziele und Krafteinsätze können zu Zersplitterung und Mißerfolg führen. Sucht statt offener Auseinandersetzung den Ausgleich, doch können innere Ängste und Spannungen aggressives Verhalten bewirken. Im Grunde hilfsbereit. Tendenz zu heimlichen Liebesaffären.

*Im 1. Haus:* Schwungvoll, dynamisch, meist sportlich. Impulsiv, oft ungeduldig; Gefahr der Selbstüberschätzung. Unfallgefahr. Anfällig für Kopfschmerzen.

*Im 2. Haus:* Ehrgeizig, energisch, erstrebt (und erreicht oft) materiellen Erfolg. Scheut keine Konkurrenzkämpfe, wird notfalls aggressiv. Oft laute Stimme.

*Im 3. Haus:* Wissensdurstig, wagemutig, will möglichst immer an der Spitze stehen. Kann viel Unruhe stiften (besonders in nächster Umgebung) und aggressiv sein.

*Im 4. Haus:* Angehörigen gegenüber herzlich und hilfsbereit, bei Aspektverletzung jedoch streitsüchtig. Energiegeladen, braucht ein entsprechendes Hobby.

*Im 5. Haus:* Meist sportlich, wagemutig, manchmal Spielernatur. Verliebt sich rasch, doch meist nur oberflächlich. Gut im Umgang mit (männlichen) Kindern.

*Im 6. Haus:* Ausdauernd, tatkräftig, als Vorgesetzter anspruchsvoll. Gesundheit insgesamt meist stabil, doch je nach Zeichen Gefahr von Entzündungen, Fieber.

**11**

*Im 7. Haus:* Umgänglich, warmherzig, kontaktfreudig. Tendenz zu früher Heirat. Kann aggressiv charmant sein. Ist gern in männlicher Gesellschaft.

*Im 8. Haus:* Triebstark, neigt zu Eifersucht und ausschließlicher Besitzergreifung. Gewissenhaft bis skrupulös. Oft Interesse für Geheimnisvolles, Rätselhaftes.

*Im 9. Haus:* Sportlich, reisefreudig. An höherer Bildung interessiert, aber oft mangelnde Ausdauer. Wird bei Ungerechtigkeiten leicht aggressiv und lautstark.

*Im 10. Haus:* Karrierebewußt, strebt nach der Spitze. Frustrationen durch starre Berufshierarchie möglich. Arbeitet am liebsten mit Männern zusammen.

*Im 11. Haus:* Unternehmungslustig, tatkräftig, guter Organisator für Klub- und Vereinsleben. Großzügiger Einsatz für Freunde, doch können Freundschaften an vielfältigen Reibereien zerbrechen.

*Im 12. Haus:* Zurückhaltend, lebt manchmal in einer Welt der Selbsttäuschung, kann sich aber aufopfernd um andere kümmern. Innere Kräfte werden nach außen nicht immer befriedigend wirksam.

## Der Jupiter

*Im Zeichen Widder:* Optimistisch, tatkräftig, freiheits- und gerechtigkeitsliebend, setzt sich für Ideen und Ideale ein. Haßt Bevormundung, ist häufig ziemlich impulsiv und ungeduldig. Bei Aspektverletzung Tendenz zur Starrköpfigkeit, zu unbedachtem Drängen und Falschbeurteilung von Sachlagen.

*Im Zeichen Stier:* Zuverlässig, gutmütig, auf materielle Sicherheit bedacht. Sucht Erfolg durch Beständigkeit, baut Zukunft schrittweise auf. Meist gutes Urteilsvermögen. Liebt materielle Annehmlichkeiten. Bei Aspektverletzung genußsüchtig, verschwenderisch, ißt zuviel (Leber, Übergewicht).

*Im Zeichen Zwillinge:* Wendig, vielseitig interessiert, auf Horizonterweiterung (Reisen, Weiterbildung) bedacht, aber oft oberflächlich und zersplittert. Erfinderisch, gewandt im Umgang. Oft Interesse für Geisteswissenschaften. Gefahr der Rastlosigkeit, wechselnder Ansichten und Ziele.

*Im Zeichen Krebs:* Verständnisbereit, ausgleichend. Vorsichtige Lebensplanung, bedacht auf materielle Absicherung. Intuitiv, viel Phantasie, aber auch Geschäftssinn. Meist umgänglich und großzügig. Liebt gutes Essen und gepflegte Häuslichkeit; auf Ernährungsfehler und Übergewicht achten!

*Im Zeichen Löwe:* Organisations- und Führungstalent. Offen, hilfsbereit. Auf gesellschaftlichen und beruflichen Aufstieg bedacht, steht gern im Vordergrund, liebt es, bewundert zu werden. Bei Aspektverletzung Tendenz zu Vergnügungssucht, Großsprecherei, Unmäßigkeit, Extravaganz.

*Im Zeichen Jungfrau:* Sachlich-kritisch, gewissenhaft, oft allzu skeptisch. Kein Abenteurer, aber gern in Gesellschaft unkonventioneller Menschen. Bei Aspektverletzung Gefahr der Unbedachtsamkeit und Verlust des Überblicks; Anfälligkeit des Magen-Darm-Trakts und der Leber (Verdauung).

*Im Zeichen Waage:* Gesellig, beliebt. Ausgleichendes Wesen. Oft künstlerisch begabt, liebt verfeinerten Lebensstil. Legt Wert auf gute Partnerschaft, auch im Beruf. Selbstbewußt, aber oft nicht eigenständig. Bei Aspektverletzung beeinflußbar, abhängig von anderen, Selbsttäuschungen.

*Im Zeichen Skorpion:* Willensstark, ehrgeizig, auf persönliche Durchsetzung bedacht. Meist ausdauernd, smart. Intensive Leidenschaften. Kann sich für andere voll einsetzen. Bei Aspektverletzung Gefahr der Überheblichkeit, Selbstüberschätzung, Unaufrichtigkeit, aggressiver Verfolgung eigener Interessen.

*Im Zeichen Schütze:* Optimistisch, stets an Neuem interessiert, reisefreudig. Strebt nach Unabhängigkeit, Ungebundenheit (Gefahr häufiger Stellenwechsel). Liebt oft Sport und Tiere (Pferde). Hang zur Spekulation. Bei Aspektverletzung nicht selten rücksichtslose Spielernatur.

*Im Zeichen Steinbock:* Verantwortungsbewußt, ehrgeizig. Konventionell eingestellt. Meist sparsam, manchmal geizig. Ausdauernd bis starrköpfig, oft von sich selbst eingenommen. Erfolg kommt meist nur durch harte Arbeit; mühevolle Entfaltung der eigenen Persönlichkeit.

*Im Zeichen Wassermann:* Idealist, sozial, pädagogisch oder philosophisch interessiert. Tolerant, gerechtigkeitsliebend, selbständig. Meist gesellig; Förderung durch Freunde möglich. Oft öffentliche Position. Bei Aspektverletzung schwankende Ziele, aufsässig gegenüber Vorgesetzten.

*Im Zeichen Fische:* Mitfühlend, hilfsbereit, gastfreundlich, opferbereit. Gefühlsbetont, starke Phantasie, Neigung zum Okkulten und Mystischen. Bei Aspektverletzung Tendenz zu Rastlosigkeit, Unentschlossenheit, Unzuverlässigkeit, Nachgiebigkeit besonders sich selbst gegenüber.

*Im 1. Haus:* Selbstsicher, gelassen, optimistisch, reisefreudig. Bei guter Aspektierung: Glücksfälle; bei Aspektverletzung: unbedacht, Gewichtsprobleme, Leber.

*Im 2. Haus:* Kann materiell viel Glück haben, durch Auslandskontakte zu Geld kommen. Ist meist großzügig, bei Aspektverletzung auch verschwenderisch.

*Im 3. Haus:* Meist guter Schüler, gute Beziehungen zu Geschwistern, durch sie Glücksfälle möglich. Chancen auf Reisen. Oft gut im Schreiben, aber kein Dichter.

*Im 4. Haus:* Meist schöne Kindheit, gutes Verhältnis zu Eltern. Auf glückliches Familienleben bedacht. Längerer Aufenthalt in der Fremde (Ausland) möglich.

*Im 5. Haus:* Freude an Liebe, Freizeitvergnügen, auch Sport. Gesellig, oft kunstsinnig. Manchmal Spielernatur, die auch Risiken eingeht (Vorsicht!).

*Im 6. Haus:* Oft Beruf, der materiell sehr lohnend ist oder Reisen bedingt. Meist stabile Gesundheit, kann sich von Krankheiten (Leber?) rasch erholen.

*Im 7. Haus:* Glück in privaten oder geschäftlichen Partnerschaften möglich; bei besitzergreifendem Partner Reibereien, Trennungen. Oft späte Heirat oder mehrere Ehen.

*Im 8. Haus:* Gesunde Einstellung zu Leben und Tod. Erbschaften oder Vermehrung von fremdem Geld durch glückliche Investitionen. Einsatz für hohes Ideal möglich.

*Im 9. Haus:* Gutmütig, aufrichtig. Häufig sprachbegabt, Auslandskontakte. An Fortbildung und Reisen interessiert; materielle Förderung durch ausgedehnte Reisen möglich.

*Im 10. Haus:* Interessiert an Beruf mit viel Abwechslung. Chancen in Beruf und Politik. Oft schauspielerisch begabt. Gefahr der Unbedachtsamkeit, Aufschneiderei.

*Im 11. Haus:* Beliebt, findet rasch Kontakt, zuverlässiger Freund. Aktiv in Klub- und Vereinsleben. Kann durch gesellschaftliche Verbindungen Förderung erfahren.

*Im 12. Haus:* Zurückhaltend, vielleicht sehr religiös. Bei Freunden beliebt. Neigung zu Lyrik, Psychologie, Medizin. Opferbereit. Materiell oft wenig Erfolg, ist jedoch zufrieden.

## Der Saturn

*Im Zeichen Widder:* Organisatorisch begabt, strebt nach Führerrolle, übernimmt aber nicht gern Verpflichtungen. Oft wenig Geduld und Ausdauer, eigensinnig, überkritisch. Bei Aspektverletzung häufig egoistisch, auch rücksichtslos bis grausam. Neigt bei Frustrationen zu Depressionen.

*Im Zeichen Stier:* Praktisch veranlagt, Realist, willensstark, ausdauernd, vorsichtig. Arbeitet methodisch und oft langsam, aber beharrlich. Zuverlässig, im Gefühlsausdruck zurückhaltend, im sprachlichen Ausdruck oft gehemmt. Sparsam bis geizig. Wirkt manchmal etwas lethargisch.

*Im Zeichen Zwillinge:* Konzentriertes Denken (oft Interesse an exakten Wissenschaften). Entwicklungshemmung durch Krankheiten oder Probleme in frühen Jahren möglich. Zuweilen überängstlich, entschlußschwach, im Ausdruck gehemmt. Tendenz zu Depressionen. Hält sich gewissenhaft an Spielregeln.

*Im Zeichen Krebs:* Verantwortungsbewußt gegenüber Heim und Familie. Konservativ, sparsam, auf Alterssicherung bedacht. Zurückhaltend, oft verlangsamte Entwicklung. Erstrebt manchmal vergebens zu hohe Ziele, daher innere Unzufriedenheit; Neigung zu Pessimismus, Argwohn, Selbstbemitleidung.

*Im Zeichen Löwe:* Organisationstalent, Willenskraft. Selbstbewußt (Gefahr der Selbstüberschätzung). Verfolgt hartnäckig bis rücksichtslos seine Ziele. In der Liebe eifersüchtig, besitzergreifend, oft wenig zärtlich. Bei Aspektverletzung Gefahr seelischer Verhärtung und früher Impotenz.

*Im Zeichen Jungfrau:* Methodischer, logischer Denker, manchmal Grübler. Vorsichtig und praktisch, gewissenhaft, manchmal pedantisch. Achtet auf Details; manchmal zu sehr. Oft muß das Gefühlsleben in den Hintergrund treten. Auf körperliche Fitneß und materielle Alterssicherung bedacht.

*Im Zeichen Waage:* Umgänglich, zuverlässig, geduldig, gerechtigkeitsliebend, vernunftorientiert. Kann andere gut einschätzen, urteilt streng, aber gerecht. Oft künstlerisch begabt. Bei Aspektverletzung oft Anpassungsprobleme in Partnerschaft und Ehe; Schwierigkeiten mit Angeheirateten.

*Im Zeichen Skorpion:* Entschlossen, ausdauernd, verfolgt zäh berufliche Ziele. Oft eindringliche Überzeugungskraft. Meist wenig flexibel. Neigung zum Grübeln. Zeigt tiefe Gefühle nur selten. Möglichkeit sexueller Hemmungen. Hat gern eine »Mission« im Leben. Unter Druck manchmal rücksichtslos.

*Im Zeichen Schütze:* Meist aufrichtig, offen, mutig, erstrebt führende Position (häufig in der Öffentlichkeit). Kann intensiv und ausdauernd lernen. Oft tiefe Gedankenwelt. Kann andere beeinflussen. Bei Aspektverletzung taktlos, zynisch oder Neigung zur Absonderung und zum Grübeln.

*Im Zeichen Steinbock:* Ehrgeizig, ernst, meist etwas verschlossen, konventionell. Oft schwere Jugend und nur langsamer Aufstieg. Zäh, meist praktisch veranlagt, diszipliniert. Manchmal übermäßig ehrgeizig, auf Anerkennung bedacht, arrogant und eigensinnig. Gefahr des Machtstrebens und des Egoismus.

*Im Zeichen Wassermann:* Pragmatisch, scharf beobachtend, kann mit anderen gut umgehen, sie beeinflussen. Unabhängigkeitsdrang kann zu Vereinsamung führen. Origineller, reger Geist, wissenschaftlich, aber auch am Okkulten interessiert. Bei Aspektverletzung: durchtrieben, nur wenig Freunde.

*Im Zeichen Fische:* Sympathisch, anpassungsfähig, opferbereit, aber oft unsicher, wenig mutig, grüblerisch, mangelndes Durchsetzungsvermögen. Sehr sensibel, macht sich unnötig Sorgen. Bleibt gern im Hintergrund. Leidet manchmal unter meist unbewußten Angst- und Schuldgefühlen.

*Im 1. Haus:* In jungen Jahren vielleicht gehemmt und unsicher. Ernste Natur, macht sich viele Sorgen. Bei Aspektverletzung Gefahr langer Krankheiten oder Schwierigkeiten.

*Im 2. Haus:* Auf materielle Sicherheit bedacht, sparsam. Berufliches Fortkommen nur durch angestrengten Einsatz. Häufig Liebe zu Antiquitäten usw.

*Im 3. Haus:* Lernt gewissenhaft, aber schwer (Schulschwierigkeiten). Stark der Vergangenheit verhaftet. Oft Sorgen mit unmittelbarer Umgebung (Geschwistern?).

*Im 4. Haus:* Vielleicht wenig erfreuliche Kindheit (strenge Eltern?). Schließt sich gern zu Hause ab, zeigt wenig Gefühle. Häufig an Geschichte interessiert.

*Im 5. Haus:* Vielleicht strenger oder problematischer Vater. Oft puritanisch, sexuell gehemmt, ernst. Sorgen mit Kindern (Krankheiten, Körperschäden) möglich.

*Im 6. Haus:* Um Gesundheit (Rückenschmerzen?) und Beruf besorgt. Gewissenhaft, auch pedantisch. Der Beruf kann unbefriedigend sein. Führt Begonnenes stets zu Ende.

*Im 7. Haus:* Späte Heirat oder Ehe mit älterem Partner möglich. Bei Aspektverletzungen Schwierigkeiten in der Partnerschaft, Frustrationen und Verzichte möglich.

*Im 8. Haus:* Vorsichtig in Beruf und Gelddingen. Gut im Verhandeln und Taktieren. Vielleicht puritanisch, sexuell gehemmt. Interesse für religiöse Fragen möglich.

*Im 9. Haus:* Konzentriertes Denken (Philosophie, Religion?). Sehr ernst. Förderung durch ältere Ausländer möglich, aber auch Verluste und Enttäuschungen durch Reisen.

*Im 10. Haus:* Auf Aufstieg und Anerkennung bedacht, kann aus Ehrgeiz rücksichtslos werden, dann Gefahr der Vereinsamung, der Verhärtung und Unzugänglichkeit.

*Im 11. Haus:* Erstrebt logische, wohldurchdachte Lebensführung. Oft eingleisig im Denken und Wollen (Karriere-Ehrgeiz), dann nur wenig Freunde. Förderung durch ältere Freunde möglich.

*Im 12. Haus:* Schließt sich oft nach außen hin ab, zeigt wenig Gefühl, wirkt unnahbar, auch freudlos und bedrückt. Selbstanklägerisch. Kann durch unbekannte Menschen Schwierigkeiten bekommen.

## Der Uranus

*Im Zeichen Widder:* Originell, willensstark, strebt nach führender Position; auf eigene Freiheit und Unabhängigkeit bedacht. Verfolgt Ziele intensiv, aber nicht immer mit Ausdauer. Hindernisse können zu Gefühlsexplosionen führen. Wagemutig, manchmal sprunghaft und unberechenbar.

*Im Zeichen Stier:* Entschlossen, eigenwillig, arbeitsam, selbstsicher, kann Ziele hartnäckig, ja, verbissen verfolgen. Oft bemerkenswerte Stimme. Bei Aspektverletzung Gefährdung des Kehlkopfes, aber auch des Herzens und der Genitalien möglich.

*Im Zeichen Zwillinge:* Ideenreich, origineller Denker mit großer Überzeugungskraft; flüssig im Ausdruck. Vielleicht wissenschaftlich begabt. Bei Aspektverletzung Gefahr nervlicher Überreiztheit und Schwierigkeiten bei der Erreichung gesteckter Ziele.

*Im Zeichen Krebs:* Eher passiv als aktiv eingestellt, mitfühlend, empfindsam, beeindruckbar. Wirkt manchmal unsicher, unberechenbar, exzentrisch. Oft an schönem Zuhause (Antiquitäten) und gutem Essen interessiert. Manchmal künstlerisch oder musikalisch begabt. Bei Aspektverletzung launenhaft, für die Umwelt anstrengend.

*Im Zeichen Löwe:* Oft hervorragende Führerqualitäten, die aber nicht immer richtig eingesetzt werden. Originell, oft künstlerisch begabt. Auf eigene Unabhängigkeit bedacht, gibt sich manchmal arrogant, kann sehr eigenwillig sein, durch ausgefallenes Benehmen beieindrucken wollen.

*Im Zeichen Jungfrau:* Sich selbst und anderen gegenüber nicht selten überkritisch, vertritt manchmal ausgefallene

Ansichten über Gesundheit und Ernährung, die zu exzentrischen Eßgewohnheiten und von der Schulmedizin abgelehnten Therapien und Kuren führen können (»Wunderheiler«).

*Im Zeichen Waage:* Gerechtigkeitsliebend, fair. Starker Wunsch nach Partnerschaft mit innerer Bindung. Meist gute Ausdrucksfähigkeit. Bei guter Aspektierung Förderungen durch Freundschaften und Ehe, bei Aspektverletzung Partnerschaftsprobleme, Auseinandersetzungen mit Freunden.

*Im Zeichen Skorpion:* Willensstark, klug oder auch schlau; auf leibliche Genüsse bedacht. Kann sich für eine Sache oder Idee einsetzen. Oft gefühlsstark, manchmal mit magnetischer Anziehungskraft. Bei Aspektverletzung Möglichkeit von Gefühlshemmungen, Verklemmungen, auch Rachsucht.

*Im Zeichen Schütze:* Beweglich, umgänglich, entschlußfreudig. Oft origineller Denker (Forscherlaufbahn?). Zielbewußtes, planvolles Handeln, aber auch Fähigkeit zu kultiviertem Genuß. Bei Aspektverletzung Tendenz zu Rastlosigkeit, Aufsässigkeit und nervlicher Überspanntheit.

*Im Zeichen Steinbock:* Organisationstalent, starke Willenskraft, Kämpfernatur, oft starke Persönlichkeit, die ihre Fähigkeiten zielbewußt einsetzt. Bei Aspektverletzung oft rebellisch, machthungrig, rücksichtslos, auch Neigung zu Alkoholismus oder Alkoholikern oder zu Perversionen.

*Im Zeichen Wassermann:* Originell, ideenreich, selbständig; häufig wissenschaftlich interessiert. Meist umgänglich; wird von anderen geschätzt. Kann häufig weitgesteckte Ziele nicht befriedigend verwirklichen. Setzt sich für Gleichberechtigung in jeder Hinsicht und für harmonisches Zusammenleben ein.

*Im Zeichen Fische:* Einfühlsam, verständnisvoll, anpassungsfähig, eher passiv. Oft idealistisch, religiös veranlagt. Auf das Wohlergehen der Mitmenschen bedacht. Bei schriftstellerischer Begabung besondere Fähigkeit zur Darstellung menschlicher Empfindungen.

*Im 1. Haus:* Individualist, oft auf eigenwilligen Lebensstil bedacht. Hat möglicherweise ein ungewöhnliches oder auffälliges Äußeres.

*Im 2. Haus:* Legt keinen allzu großen Wert auf persönlichen Besitz. Kann den Lebensunterhalt auf ungewöhnliche Weise verdienen; Einkommensschwankungen.

*Im 3. Haus:* Abwechslungsreiche, anregende Schulzeit; hat vielleicht originelle pädagogische Ideen. Neugierig, am Außergewöhnlichen stark interessiert.

*Im 4. Haus:* Möglichkeit einer unruhigen Kindheit oder eines exzentrischen Elternteils. Später mehrere Umzüge oder Auslandsaufenthalte möglich.

*Im 5. Haus:* Häufige Veränderungen oder Überraschungen im Liebesleben möglich. Bei Aspektverletzung Tendenz zu ungewöhnlichen Stimulantien oder Perversionen.

*Im 6. Haus:* Leidet vielleicht an seltener Erkrankung (Heilung durch unkonventionelle Therapie). Oft ziemlich unberechenbar, vielleicht beim Essen wählerisch.

*Im 7. Haus:* Stellt sich rasch auf Umweltveränderungen ein. In Liebe und Ehe ungewöhnlicher Partner; bei Aspektverletzung Gefahr von Trennungen und manchmal rücksichtslosen Auseinandersetzungen.

*Im 8. Haus:* Kann auf außergewöhnlichen Wegen zu Geld kommen, aber auch viel Geld verlieren. Unkonventionelle Ansichten über Sexualität; oft Interesse für Okkultes.

*Im 9. Haus:* Bedacht auf Horizonterweiterung (Reisen mit ungewöhnlichen Erlebnissen; Vorsicht vor Unfällen!). Oft liberale, fast anarchistische Ansichten.

*Im 10. Haus:* Wille zur Selbstverwirklichung und Abscheu vor Routine können zu beruflichen Stellenwechseln führen. Meist anpassungsfähig, weitblickender Planer.

*Im 11. Haus:* Vielseitig interessiert, lebhaft, oft unkonventionelle Freunde. Schätzt geistige Beziehungen, wünscht nur wenige Gefühlsbindungen. Meist aktiv im Klub- oder Vereinsleben.

*Im 12. Haus:* Tendenz zur Abkapselung; vom Außergewöhnlichen angezogen. Konflikte durch Spannungen im Unter- und Unbewußten. Gefahr eines exzentrischen Verhaltens.

## Der Neptun

*Im Zeichen Zwillinge:* Phantasievoll bis phantastisch, meist hohe Ideale, aber häufig unpraktisch; manchmal Neigung zu Engstirnigkeit und Schwatzhaftigkeit. Nicht selten an Okkultismus, Mystizismus und außergewöhnlichen oder fremden Religionen interessiert.

*Im Zeichen Krebs:* Verträumt, neigt zur Flucht vor der Wirklichkeit. Liebt den Luxus und die Annehmlichkeiten des Lebens; häufig Interesse für Antiquitäten. Im weiblichen Horoskop: meist liebevolle, aber gelegentlich allzu nachsichtige Mutter.

*Im Zeichen Löwe:* Freiheitsliebend, wagemutig, stolz, setzt sich oft für Ideen und Ideale ein. Kann kreativ veranlagt sein.

Bei Aspektverletzung Tendenz zu Schwäche und Feigheit oder zu Egoismus und Rücksichtslosigkeit oder Brutalität.

*Im Zeichen Jungfrau:* Verständnisvoll, manchmal fast prophetische Vorausschau. Steht meist orthodoxen Religionen und überkommenen Anschauungen kritisch bis skeptisch gegenüber. Bei positiver Aspektierung Befähigung zum Organisieren großer Vorhaben; bei Aspektverletzung Tendenz zu Bequemlichkeit und Gleichgültigkeit.

*Im Zeichen Waage:* Idealistisch, oft etwas wirklichkeitsfremd, verschwommenes Weltbild, Hang zur Selbsttäuschung, manchmal Flucht vor der Realität (Gefahr der Drogenabhängigkeit). Oft nicht sonderlich stark ausgeprägtes Pflichtbewußtsein.

*Im Zeichen Skorpion:* Sinn für soziale Gerechtigkeit. Oft darauf bedacht, Verborgenes aufzudecken oder gravierende Mängel der Allgemeinheit zum Bewußtsein zu bringen. Bei Aspektverletzung jedoch Tendenz zu Hinterhältigkeit und Grausamkeit.

*Im Zeichen Schütze:* Scharfsinnig, wacher Intellekt, fühlt sich aber auch häufig von utopischen Vorstellungen stark angezogen. Wenn Neptun im 9. oder 10. Haus: Interesse für Geisteswissenschaften, Philosophie, auch Religion.

*Im Zeichen Steinbock:* Häufig Fähigkeit zur Verwirklichung intuitiver Erkenntnisse und idealistischer Ziele durch praktische, realitätsbezogene Einstellung. Bei Aspektverletzung berechnend, auf eigenen Vorteil bedacht, auch im persönlichen Bereich Tendenz zu Unaufrichtigkeit.

*Im 1. Haus:* Eher durch das Gefühl als durch den Verstand bestimmt, meist wenig entschlußfreudig, häufig nicht sonderlich praktisch veranlagt. Oft hohe Ideale, die jedoch verschüttet sein können. Interessiert sich häufig für Musik, Kunst, Tanz, aber auch für geistige Fragen.

*Im 2. Haus:* Meist Idealist. Macht sich aus Geld nur wenig, kann sein Geld unbedacht ausgeben oder auch vergessen, Schulden zurückzuzahlen, da Geld ihm wenig bedeutet. Sehr häufig an bildender Kunst oder am Erwerb von Kunstobjekten oder Antiquitäten interessiert.

*Im 3. Haus:* Verfügt über eine reiche Phantasie, kann sich öfter in seinen Gedanken und Vorstellungen (auch Wunschvorstellungen) verlieren. Sollte bewußt Konzentration üben. Bei entsprechender Aspektierung schriftstellerische oder dichterische Begabung.

*Im 4. Haus:* Im häuslichen bzw. familiären Kreis nicht sonderlich ordnungsliebend; kann auch häusliche Probleme haben. Kann einem Elternteil innerlich eng verbunden sein. Braucht vom Partner und den nächsten Angehörigen viel Zärtlichkeit und verständnisvolle Rücksichtnahme.

*Im 5. Haus:* Verliert sich gern in Phantasiewelten außerhalb der eigenen Phantasie (Film, Theater, Romane) oder liebt zwanglose Freizeitbeschäftigungen (Wandern, Segeln). Oft etwas wirklichkeitsfremd; sieht geliebte Menschen durch eine rosarote Brille.

*Im 6. Haus:* Beruflich oft nicht sonderlich ehrgeizig; allgemein Gefahr des Konzentrationsmangels und Neigung zur Bequemlichkeit. Vorsicht vor Medikamentenmißbrauch (auch allgemein bei Einnahme von Arzneimitteln); Gefahr von Nahrungsmittelvergiftungen gegeben.

*Im 7. Haus:* Braucht zärtlichen und einfühlsamen Partner; ansonsten Gefahr einer sehr vagen Partnerbeziehung. Bei unvorhergesehenen Schwierigkeiten können in Partnerschaft und Ehe latente zwischenmenschliche Probleme übergewichtig werden; in diesem Fall Trennungstendenz.

*Im 8. Haus:* Handelt häufig in finanziellen Angelegenheiten unbedacht oder überstürzt; eine Erbschaft kann durch Leichtsinn verlorengehen. Kann mit fremdem Geld oft noch schlechter umgehen. Häufig ausgeprägte Einbildungskraft und Fähigkeit zu intuitiven Erkenntnissen.

*Im 9. Haus:* Steckt oft voll guter Absichten, die jedoch häufig nicht verwirklicht werden. Träumt gern von Reisen, interessiert sich besonders für Reisen auf dem Wasser. Bei im Horoskop erkennbarem Interesse für religiöse oder philosophische Fragen sollte diese Neigung gezielt gefördert werden.

*Im 10. Haus:* Fühlt sich am wohlsten in einem Beruf mit idealistischen Zielsetzungen. Möglichkeit wiederholter Berufs- oder Stellenwechsel; manchmal kann auch eine aussichtsreiche Karriere plötzlich aus tiefer Mutlosigkeit abgebrochen werden. Tendenz zu plötzlichen tiefgreifenden Veränderungen in der Lebensweise.

**11**

*Im 11. Haus:* Im kleinen Kreis meist freundlich, herzlich und umgänglich, kommt aber oft mit größeren Menschengruppen nicht zurecht. Bevorzugt Freunde, die sich für Kunst interessieren oder selbst Künstler sind. Bei Aspektverletzung: Kann von Freunden oder Bekannten jäh im Stich gelassen werden.

*Im 12. Haus:* Gewissenhaft, manchmal auch skrupulös. Im Positiven wie im Negativen starker Neptuneinfluß. Ist meist gegenüber Menschen und Tieren warmherzig, sucht und findet Kontakt. Wenn in den Zeichen Zwillinge, Krebs, Löwe, Jungfrau oder Schütze: meist kreative Fähigkeiten und künstlerische Begabung.

## Der Pluto

*Im Zeichen Zwillinge:* Oft starker, selbstsicherer Charakter, ist in der Lage, Menschen und Situationen rasch und richtig einzuschätzen. Meist einfallsreich, auf Fortschritt bedacht, auch wagemutig. Bei Aspektverletzung Möglichkeit wiederholter Wechsel im Berufsleben, vornehmlich im weiblichen Horoskop Tendenz zu Partnerwechsel, zu mehreren Ehen.

*Im Zeichen Krebs:* Reiches Innenleben, oft lebhafte Träume und Phantasien. Einfühlsam, in der Regel sehr gutes Gedächtnis. Kann entschieden für neue Ideen eintreten. Bei Aspektverletzung Tendenz zur Abschließung vor der Außenwelt und zur Vereinsamung, auch zu Intoleranz, Ichbezogenheit und Unzuverlässigkeit.

*Im Zeichen Löwe:* Häufig starker kreativer Drang. Oft ausgeprägter Wunsch nach Beeinflussung oder Beherrschung anderer Menschen. Meist recht geschäftstüchtig. Bei Aspektverletzung nicht selten sehr schwieriger Charakter, oft rücksichtslos, sehr ichbezogen, empfindlich, gibt sich arrogant, wirkt insgesamt unreif.

*Im Zeichen Jungfrau:* Häufig an Gesundheit, Medizin, Psychiatrie interessiert. In der Regel selbstkritisch. Denkt und handelt problemorientiert. Bei guter Aspektierung Aussicht auf beachtlichen materiellen Erfolg.

*Im Zeichen Waage:* Vorwiegend durch den Verstand bestimmt; meist auf vernünftige Problemlösung bedacht.

*Im 1. Haus:* Introspektiv, nimmt das Leben ernst, will gebraucht werden oder im Leben eine »Mission« erfüllen können. Bei Aspektverletzung Hemmungen bei der Entfaltung der Persönlichkeit; Belastung durch seelische Probleme und innere Kämpfe.

*Im 2. Haus:* Sowohl im persönlichen Bereich als auch materiell sehr auf Absicherung bedacht; Tendenz zum Horten. Kann bei guter Aspektierung in finanziellen und geschäftlichen Angelegenheiten eine glückliche Hand haben.

*Im 3. Haus:* Hat möglicherweise Probleme in Schule und Ausbildung (Hemmungen durch Prüfungsangst). Die Kurve der geistigen Fähigkeiten verläuft schwankend. Wenn im Zeichen Jungfrau: starke Konzentrationsfähigkeit. Im Zeichen Löwe: Tendenz zur Beherrschung der Geschwister.

*Im 4. Haus:* Möglicherweise Probleme innerhalb der Familie, kann im häuslichen Kreis sehr launenhaft oder aufbrausend sein. Muß sich in einer Partnerschaft an die Zügel nehmen, um ständige Reibereien und ein Auseinanderbrechen zu vermeiden.

*Im 5. Haus:* Meist interessiert an Sport, Spiel, Freizeitbeschäftigung, doch kann sich dieses Interesse auch negativ auswirken. Hat möglicherweise zahlreiche Liebesaffären, deren Bedeutung und Tiefgang jedoch überschätzt werden. Bei Aspektverletzung häufig unbedacht oder auch ein leidenschaftlicher Spieler.

*Im 6. Haus:* Meist außergewöhnlich arbeitsam und tüchtig, kann notfalls die Kräfte bis an die Grenze der Leistungsfähigkeit anspannen. Interessiert sich oft für Gesundheitsprobleme, kann dadurch überbesorgt werden. Gefahr psychosomatisch bedingter Verdauungsstörungen. Bei Aspektverletzung: eine schwere oder langwierige Erkrankung kann einen Einschnitt im Leben bewirken.

*Im 7. Haus:* Kann ein anstrengender Liebes- oder Ehepartner sein, der herauszubekommen versucht, wie weit man gehen kann. Knüpft vielleicht Beziehungen an, die nichts einbringen. Ist jedoch bei positiver Aspektierung in der Regel ein guter Geschäftspartner.

*Im 8. Haus:* Manchmal ausgeprägte Fähigkeit zu analytischem, streng logischem Denken, aber auch Möglichkeit intuitiver Einsichten mit Interesse an Parapsychologie oder allgemein am Übernatürlichen. Wird vielleicht durch eine in Aussicht stehende Erbschaft oder einen möglichen Spiel- oder Lotteriegewinn in Atem gehalten.

*Im 9. Haus:* Kann sich stark zu einem fremden Land hingezogen fühlen, kann aber auch durch einen Ausländer beträchtliche Schwierigkeiten und Probleme bekommen. Interessiert sich vielleicht für pädagogische Probleme oder ergreift einen Lehrberuf. Kann gerichtliche Auseinandersetzungen haben.

*Im 10. Haus:* Häufig guter Geschäftssinn, aber nicht selten Unentschlossenheit hinsichtlich der Berufswahl; kann sich in mehreren beruflichen Laufbahnen versuchen. Bei Aspektverletzung Möglichkeit der Selbstüberschätzung bis zum Machtkomplex, auch Gefährdung durch Drogen, Alkohol usw.

*Im 11. Haus:* In der Regel sehr loyal, kann ein guter Kamerad oder Freund sein, der für andere auch Belastungen auf sich nimmt. Bei Aspektverletzung Gefahr der allzu engstirnigen und starrsinnigen Verfolgung von Zielen.

**11**

*Im 12. Haus:* Nicht sehr wirklichkeitsbezogen, zieht sich gern in eine Traumwelt zurück und kann für Rauschgifte oder Alkohol anfällig sein. Bei guter Aspektierung positiver Einsatz der Fähigkeiten des Unbewußten, bei Aspektverletzung Gefahr psychischer Störungen oder tiefgreifender seelischer Krisen.

11

# Aspekte und ihre Deutung

Wie sich die Planeten zu einer bestimmten Zeit, beispielsweise im Augenblick der Geburt, über und unter dem Horizont am Himmel verteilen, können wir den Ephemeriden entnehmen. Die Tabellen und deutlicher noch deren graphische Umsetzung durch Eintragung der Planetenlängen in den Horoskopring lassen erkennen, daß grundsätzlich zwei Möglichkeiten bestehen: Entweder haben zwei oder mehr Planeten die gleiche Länge, nehmen also im Horoskop den gleichen Platz ein, oder sie stehen in mehr oder weniger großem Abstand zueinander. Diese Abstände können wir in Winkelgraden messen, entweder zeichnerisch, indem wir im Horoskop die Planetenörter mit dem Mittelpunkt des Horoskoprings verbinden und mit dem Winkelmesser die Winkel zwischen den dadurch erhaltenen Geraden bestimmen, oder einfacher rechnerisch, indem wir die Gradangaben der Ephemeriden auf den 360°-Kreis des Horoskops umrechnen und dann zur Winkelbestimmung zwischen zwei Planeten die kleinere von der größeren Zahl abziehen: Die Differenz gibt den Winkel an.

Den Gradangaben der Ephemeriden hinzuzuzählen ist bei Stand im Zeichen

| | |
|---|---|
| Widder | = 0° |
| Stier | = 30° |
| Zwillinge | = 60° |
| Krebs | = 90° |
| Löwe | = 120° |
| Jungfrau | = 150° |
| Waage | = 180° |
| Skorpion | = 210° |
| Schütze | = 240° |
| Steinbock | = 270° |
| Wassermann | = 300° |
| Fische | = 330° |

Ein Beispiel: Merkur in 12° Krebs ( = 12° + 90° = 102°) und Venus in 7° Skorpion ( = 7° + 210° = 217°) haben einen Winkelabstand von 217 − 102 = 115°.

Astrologisch sind aber nur ganz bestimmte Winkelgrößen von Belang. Diese bei der Horoskopdeutung zu berücksichtigenden Abstände bezeichnet man als Aspekte (wörtlich: »Anblickungen«).

Hier die Tabelle der Aspekte:

| Aspekt | Winkel-größe | Abstand in Tierkreis-zeichen | Sym-bol | Gewichtung |
|---|---|---|---|---|
| Konjunktion | 0° | 0 | ☌ | Hauptaspekt |
| Halbsextil | 30° | 1 | ⊻ | Nebenaspekt |
| Halbquadrat | 45° | 1½ | ∟ | Nebenaspekt |
| Sextil | 60° | 2 | ✶ | Hauptaspekt |
| Quadrat | 90° | 3 | □ | Hauptaspekt |
| Trigon | 120° | 4 | △ | Hauptaspekt |
| Anderthalb-quadrat | 135° | 4½ | ⬚ | Nebenaspekt |
| Quinkunx | 150° | 5 | ⊼ | Nebenaspekt |
| Opposition | 180° | 6 | ☍ | Hauptaspekt |

Hauptaspekte sind sowohl im Geburtshoroskop als auch bei Direktionen und Transiten stets zu berücksichtigen. Nebenaspekte sind in ihrer Wirkung weniger spürbar und in ihrer Deutung teilweise mehr oder minder umstritten; der Laie sollte sie deshalb außer Betracht lassen. Der erfahrene Fachastrologe freilich wird auch mit ihnen rechnen, besonders wenn sich die Nebenaspekte gradgenau ergeben, also »exakt« sind.

### Exakte und plaktische Aspekte

Ein Quadrat ist dann exakt, wenn der Winkelabstand zwischen zwei Planeten genau 90° beträgt; für ein exaktes Trigon muß der Abstand genau 120° betragen usw. (Der Fachmann rechnet nicht nur mit Graden, sondern auch mit Bogenminuten, wobei für exakte Aspekte eine Toleranz von nur 6 Bogenminuten gilt.) Exakte Aspekte sind, wie unschwer einzusehen ist, am stärksten und eindeutigsten wirksam.

Nun hat aber die Erfahrung seit alters gezeigt, daß Aspekte auch dann noch wirksam sind, wenn die Winkelgrößen bis zu bestimmten Beträgen von den exakten Winkeln abweichen. Diese zulässige Streuungsbreite bezeichnet man als Orbis oder Wirkungsumkreis. Sie hängt einerseits von der Natur der aspektbildenden Planeten ab, hauptsächlich von ihrer Umlaufgeschwindigkeit (es kann schließlich nicht gleichgültig sein, ob beispielsweise der Mond in einem einzigen Tag die Aspektstelle passiert oder ein Planet wie Pluto monatelang auf der Aspektstelle verweilt), andererseits aber auch von der Art des Aspektes. Je wirksamer der Aspekt an sich, desto größer ist auch sein Wirkungsumkreis. Die Hauptaspekte lassen sich hinsichtlich ihres Orbis in drei Gruppen zusammenfassen: Konjunktion und Opposition, Quadrat und Trigon sowie Sextil als wirkschwächster Aspekt. Die Nebenaspekte brauchen wir, wie schon gesagt, hier nicht zu berücksichtigen, da sie für den Laien unerheblich sind und die Horoskopdeutung nur unnötig komplizieren würden.

Tabellarisch übersichtlich zusammengestellt sind die Wirkungsumkreise nach Aspekt und Planet am Beginn des Teils dieses Kapitels, in dem sich die Deutungen der Hauptaspekte finden.

Aspekte, die nicht gradgenau sind, aber innerhalb der in den Tabellen genannten Toleranzgrenzen liegen, bezeichnet man als plaktische Aspekte.

### Erfassung der Aspekte

Wer bereits viel Erfahrung hat, wird nach Eintragung der Gestirnsstände in das Horoskopformular wahrscheinlich fast auf einen Blick erkennen, ob und welche Aspekte gegeben sind. Für ein exaktes Arbeiten ist es jedoch ratsam, die Planetenstände mit den Ephemeridendaten und deren Umrechnung auf den Vollkreis tabellarisch zu erfassen und dann Planet für Planet auszurechnen, welche Winkelgrößen zu den anderen Planeten gegeben sind und ob diese einem exakten oder plaktischen Aspekt entsprechen. Das könnte in der Praxis beispielsweise so aussehen:

| Sonne | 9° Zwillinge | = 69° |
| Mond | 12° Jungfrau | = 162° |
| Merkur | 18° Stier | = 48° |
| Venus | 4° Zwillinge | = 64° |
| Mars | 3° Löwe | = 123° |
| Jupiter | 21° Löwe | = 141° |
| Saturn | 28° Zwillinge | = 88° |
| Uranus | 10° Zwillinge | = 70° |
| Neptun | 26° Waage | = 206° |
| Pluto | 2° Löwe | = 122° |

Die rechnerische Auswertung geht dann folgendermaßen vor sich:

Sonne — Mond: 162 — 69 = 93° = Quadrat.
Sonne — Merkur: 69 — 48 = 21° = Halbsextil (ohne Belang).
Sonne — Venus: 69 — 64 = 5° = Konjunktion.
Sonne — Mars: 123 — 69 = 54° = Sextil.
Sonne — Jupiter: 141 — 69 = 72° = kein Aspekt.
Sonne — Saturn: 88 — 69 = 19° = kein Aspekt.
Sonne — Uranus: 70 — 69 = 1° = Konjunktion.
Sonne — Neptun: 206 — 69 = 137° = Anderthalbquadrat (ohne Belang).
Sonne — Pluto: 122 — 69 = 53° = Sextil.

Es folgt die Feststellung der Winkelgrößen zwischen der Mondposition und den Positionen von Merkur, Venus, Mars, Jupiter, Saturn, Uranus, Neptun und Pluto, dann zwischen Merkur und Venus, Mars, Jupiter, Saturn, Uranus, Neptun und Pluto und so fort, bis jeder Planet zu jedem anderen in Bezug gesetzt ist. Die gefundenen Aspekte tragen wir in unser Aspekteschema ein (siehe Horoskopformular und 7. Kapitel).

Bei unserem Beispiel haben sich zwar keine exakten Aspekte ergeben, aber für unsere Zwecke genügt es, wenn wir uns bei der Deutung der Aspekte eine einfache Grundregel vor Augen halten: Ein Aspekt wirkt um so stärker, je gradgenauer er ist, also am stärksten, wenn er exakt ist. Er wirkt um so schwächer, je größer der Abstand zum exakten Winkel ist, und verliert seine Wirkung, wenn er die in den Orbis-Tabellen angegebenen Werte für die verschiedenen Aspekte und Planeten überschreitet.

Da eine Horoskopaussage nicht aus einer bloßen Summierung der Deutungen der Planetenstände in den Zeichen und Häusern und der verschiedenen Aspekte besteht, sondern alle Elemente des Horoskops gegeneinander abgewogen werden müssen, ist es unabdingbar, auch die einzelnen Aspekte entsprechend ihrer Exaktheit zu gewichten. Daß darüber hinaus Natur, Position und Gesamtaspektierung der jeweiligen Planeten eine bedeutsame Rolle spielen, also bei der Deutung eines jeden Aspekts tabellarische Aussagen nicht genügen, sondern vielfältige Erwägungen ins Spiel kommen, werden wir noch später ausführlicher darstellen.

### Die Aspektzeichnung

Damit man einem Horoskop sofort entnehmen kann, welche Planeten durch Aspekte miteinander verbunden sind, ist es sinnvoll, die Aspekte in das Horoskopformular einzuzeichnen. Je nach Natur der aspektbildenden Planeten und der Aspekte kann man zwei verschiedene Farben verwenden, beispielsweise Rot für Negatives und Blau für Positives. Üblich sind folgende Zeichen:

für Konjunktionen ein die beiden Planeten umfassender Halbkreis: ⌒

für Oppositionen zwei die betreffenden Planeten verbindende Pfeile in Rot: ⟵⟶

für Quadrate eine die Planeten verbindende durchgezogene Linie in Rot: ⎯⎯⎯⎯

für Trigone eine grob gestrichelte Linie in Blau: ⎯ ⎯ ⎯ ⎯

für Sextile eine fein gestrichelte Linie in Blau: ⎯⎯⎯⎯⎯

Wer will, kann diesen Linien noch das entsprechende Aspektsymbol beigeben.

Oft trägt man die Aspektstellen nach Einzeichnung der Planetenpositionen auf dem äußeren Ring des Horoskopformulars (oder, falls gegeben, auf dem umschließenden getrennten Aspektring) ein. Auf diese Weise lassen sich alle Aspekte sofort überblicken. Am besten geht man dabei systematisch so vor, daß man mit der Konjunktionsstelle der Sonne beginnt und auf dem Ring, vom Sonnenort nach beiden Seiten um je 60, 90, 120 und 180° fortschreitend, Sextil, Quadrat, Trigon und Opposition einzeichnet. Ebenso verfährt man mit den Aspektstellen des Mondes, des Merkur und aller übrigen Planeten. Unschwer kann man dann feststellen, ob ein auf dem inneren Horoskopring eingezeichneter Planetenstand mit einer — und mit welcher — Aspektstelle zusammenfällt. Wenn man, wie geraten, mit verschiedenen Farben (Blau für Positiv, Rot für Negativ) arbeitet, sieht man auf einen Blick, ob ein Horoskop hinsichtlich der Aspekte eher harmonische oder disharmonische Züge aufweist.

## Die Natur der Aspekte

Wann aber haben wir Blau, wann Rot zu wählen? Anders gesagt: Wann handelt es sich um einen harmonischen, wann um einen Spannungsaspekt?

Um diese Frage beantworten zu können, müssen wir uns zunächst mit der Natur der Planeten befassen. Entsprechend ihrer Prinzipien gibt es zwei »Verwandtschaftsgruppen«:

1. Mond — Venus — Jupiter — Neptun;
2. Saturn — Mars — Uranus — Pluto.

Daraus ergeben sich die Gegensatzpaare Mond — Saturn, Venus — Mars, Jupiter — Uranus, Neptun — Pluto.

Die Sonne schließt beide Gruppen in sich ein, ist sie doch das Prinzip der Lebenskraft, während Merkur sich der einen oder anderen Gruppe anpassen kann.

Die alte Astrologie bezeichnete die Planeten der ersten Gruppe als »Wohltäter«, die der zweiten Gruppe als »Übeltäter«. Solche Ausdrücke können jedoch zu Mißverständnissen führen. Sinnvoller ist es, die beiden Gruppen als polare Gegensätze zu betrachten, wobei die erste Gruppe vorwiegend positive, die zweite vorwiegend negative Prinzipien verkörpert. Diese Unterscheidung ist wichtig bei den Aspekten, die nicht von vornherein als positiv oder negativ gelten, also bei Konjunktion und Opposition. Die Natur einer Konjunktion richtet sich meist nach der Natur des stärkeren Planeten, wobei in der Regel der positive Planet den Vorrang hat. Bei der Opposition hingegen ist durchweg der negative Planet ausschlaggebend.

Was aber versteht man unter der »Stärke« eines Planeten? Nehmen wir einmal an, daß wir im Zeichen Steinbock eine Mond-Saturn-Konjunktion haben. Da dieses Zeichen dem Saturn zugeordnet ist, dieser also als »Herr« des Zeichens Steinbock gilt, muß Saturn als der stärkere der beiden Planeten angesehen und die Konjunktion als disharmonisch gewertet werden. Findet die Konjunktion jedoch im Zeichen Krebs statt, dann liegen die Dinge anders: In diesem Zeichen »herrscht« der Mond, während das Saturnprinzip mit dem Krebsprinzip nichts gemeinsam hat; die Konjunktion ist insofern als positiv zu werten, als hierbei die starre Unbeweglichkeit des Saturnprinzips durch das Mondprinzip gelockert, gemildert wird, während anderseits die unstete Wechselhaftigkeit des Mondprinzips durch das Saturnprinzip gebremst, in eine gewisse Stabilität überführt wird.

Für den Laien noch komplizierter wird das Abwägen, wenn die Konjunktion in einem Zeichen stattfindet, das mit keinem der beiden Planeten verbunden ist, etwa eine Mars-Jupiter-Konjunktion im Zeichen Löwe. In diesem Fall ist die Position des »Herrn« des Zeichens Löwe ausschlaggebend. Herr des Zeichens ist die Sonne. Steht die Sonne beispielsweise im Zeichen Widder, in dem Mars »regiert«, so wäre Mars stärker als Jupiter, die Konjunktion also disharmonisch. Wenn aber die Sonne in einem Jupiter-Zeichen (Schütze, Zwillinge) steht, so ist Jupiter für die Natur der Konjunktion ausschlaggebend, ist diese damit harmonisch. Im ersten Fall bewirkt die Konjunktion eine Übersteigerung der auf Expansion zielenden Willenskräfte, im zweiten Fall hingegen eine dynamische, harmonische Entfaltung.

Aber damit nicht genug: Obendrein ist noch zu berücksichtigen, in welchem Haus (Feld) des Horoskops die Konjunktion stattfindet, denn daraus ergibt sich, in welchem Lebensbereich ihre Auswirkungen primär spürbar sein werden. Nur wenn man auch diesen Faktor in Betracht zieht, kann man eine gültige Aussage darüber machen, wie sich der Konjunktionsaspekt im Geburtsbild eines Menschen in seinem Lebenslauf widerspiegeln wird.

Aus diesen Ausführungen geht klar hervor, daß es zur Deutung von Aspekten keineswegs genügt, tabellarische Aussagen einfach zu übernehmen und diese Aussagen aneinanderzureihen. Vielmehr muß zunächst jeder einzelne Aspekt auf seine Qualität hin überprüft werden, wobei die Natur des Aspekts ganz wesentlich durch die Natur der aspektbildenden Planeten bestimmt wird; bei Konjunktion und Opposition sind zudem die betreffenden Häuser mit in Betracht zu ziehen. Die Wirkmacht der Einzelaspekte hängt außer von ihrer Natur auch von ihrer Exaktheit ab, wie wir schon erläutert haben. Und schließlich muß der Aussagewert jedes Aspekts aufgrund der Gegebenheiten des Radixhoroskops und der Gesamtkonstellation abgewogen werden. Um dazu imstand zu sein, muß man viel Erfahrung, aber auch Intuition besitzen.

In der weiter hinten gegebenen Übersicht über die Grundbedeutungen der Aspekte konnten uns begreiflichen Gründen alle diese Faktoren nicht im einzelnen berücksichtigt werden. Die Aussagen der Übersicht sind deshalb je nach den Gegebenheiten im individuellen Horoskop zu gewichten und zu modifizieren. Nur wenn Sie sich dies bei der Benutzung unserer Übersicht stets vor Augen halten, sind Sie imstande, daraus sinnvolle Aussagen abzuleiten!

Doch nun seien die Hauptaspekte im einzelnen dargestellt.

## Die Konjunktion

Von einer Konjunktion spricht man, wenn zwei oder mehr Planeten an ein und derselben Stelle im Horoskop stehen, also die gleiche Länge haben. Bei der exakten Konjunktion beträgt ihre Entfernung 0°, bei einer plaktischen gilt je nach aspektbildenden Planeten eine Wirkungsbreite von 15°-10°. Harmonisch ist eine Konjunktion dann, wenn die Wirkprinzipien der beteiligten Planeten positiver Natur sind (was darunter zu verstehen ist, wurde bereits erläutert), disharmonisch ist sie beim Zusammenwirken zweier »negativer« Planeten. Bei einer Konjunktion von polaren (negativ und positiv wirkenden) Planeten ist auschlaggebend, welcher von ihnen stärker ist. Wie dies zu verstehen ist, wurde im vorangehenden Abschnitt erklärt. Wichtig für den Wirkbereich ist schließlich das Haus, in dem die Konjunktion stattfindet.

## Das Sextil

Hier stehen zwei oder mehr Gestirne im Abstand von 60°; da das Sextil der schwächste der fünf Hauptaspekte ist, ist auch der Orbis, die zulässige Streuungsbreite für nicht gradgenaue Sextile, am kleinsten (siehe die Tabelle am Anfang der Deutungsübersicht). Dieser Aspekt gilt als vorwiegend harmonisch, nicht nur bei gleichgerichteten, sondern auch bei entgegengesetzten Planetennaturen. Man kann dies bildlich so ausdrücken, daß bei diesem Aspekt sich die Wirkkräfte der Planetenprinzipien harmonisch aufeinander abstimmen, so daß ihre besten Seiten zum Tragen kommen. Allgemein bedeutet ein Sextil ein Gleichgewicht zwischen den beteiligten Kräften, das sich harmonisierend und fördernd auswirkt. Am stärksten fühlbar wird dies natürlich, wenn sich im Sextil positive Planetenprinzipien verbinden. In diesem Fall können auch im Horoskop vorhandene negative Aspektierungen günstig beeinflußt werden; in einem kritischen Horoskop bewirken Sextile allgemein eine Abschwächung der negativen Tendenzen und einen gewissen Ausgleich.

## Das Quadrat

Beträgt der Winkelabstand zwischen zwei Gestirnen genau oder (innerhalb der Orbis-Toleranzgrenze) ungefähr 90°, so stehen sie im Quadrat zueinander. Dieses Spannungsverhältnis gilt als eindeutig disharmonisch. Um wieder ein Bild zu gebrauchen: In Quadratur wenden sich die Planeten einander die Schattenseiten zu; ihre Wirkkräfte verbinden sich nicht, sondern stoßen sich ab. So kann man die Wirknatur dieses Aspekts als trennend, ja zerstörend bezeichnen. Welche Folgerungen sich daraus ergeben, hängt allerdings wieder von der Natur der aspektbildenden Planeten ab.

Helfend, fördernd ist eine Quadratur nie. Es macht jedoch einiges aus, ob zwei positive oder zwei negative Planetenprinzipien den Aspekt bilden. Negative Prinzipien haben in Quadratur stets fühlbare negative Auswirkungen auf die ihnen zugeordneten Lebensgebiete. Positive Prinzipien können sich insofern positiv auswirken, als die aus der Quadratur folgenden Schwierigkeiten, Hemmnisse und Widerstände den betroffenen Menschen zur Mobilisierung seiner Kräfte anstacheln können; freilich ist dabei entsprechend der negativen Natur des Aspekts stets die Gefahr der Übersteigerung, gewalttätiger Heftigkeit gegeben.

Verbinden sich im Quadrat positive und negative Planetenprinzipien, so sind zur genauen Abwägung von Intensität und Charakter der Auswirkungen die Positionen und die sonstigen Aspektierungen der aspektbildenden Planeten in Betracht zu ziehen. Noch einmal sei davor gewarnt, aus einem Einzelaspekt ohne Berücksichtigung der Gesamtkonstellation aussagekräftige Schlüsse ziehen zu wollen.

## Das Trigon

Bei einem Winkelabstand von 120° zwischen zwei oder mehr Gestirnen stehen sie im Trigon (Dreieck), in einem Aspekt, der als eindeutig harmonisch gilt. Im Prinzip ist die Wirkrichtung des Trigons der des Sextils vergleichbar, doch ist die Wirkung wesentlich anhaltender und stärker. Freilich bedeutet eine Trigonbeziehung zwischen zwei Planeten nicht lediglich eine Verdoppelung der Wirkungen, die ein Sextil zwischen denselben Planeten hat, sondern es besteht insofern ein wesensmäßiger Unterschied zwischen den beiden Aspekten, als das Sextil eher einen glückverheißenden, hoffnungsvollen Zustand anzeigt, während das Trigon bedeutet, daß eine gleichgerichtete positive Erfüllung zu erwarten ist. Damit kommt dem Trigon von vornherein eine noch realere positive Bedeutung zu als dem Sextil.

Eindeutig und kräftig äußert sich der wohltätige Einfluß eines Trigonalaspekts, wenn er zwei positive Planetenprinzipien miteinander verbindet (am bekanntesten ist der »Berühmtheitsaspekt«, die Trigonverbindung zwischen Sonne und Jupiter). Verknüpft er hingegen zwei negative Planetenprinzipien oder ein positives mit einem negativen Prinzip, so wird die Wirkung weniger stark sein. Dies gilt auch bei ungünstiger Zeichen- oder Felderposition der aspektbildenden Planeten. Entscheidend ist freilich, wie immer, nicht der einzelne Aspekt, sondern das Horoskop im ganzen. Weist beispielsweise ein Horoskop nur harmonische Konjunktionen, Trigone und Sextile auf, also nur spannungsarme Aspekte, so ist der betreffende Mensch keineswegs unbedingt ein Glückspilz, sondern ermangelt oft innerer Spannkraft und Stärke und ist vielleicht ebenso langweilig wie sein spannungsloser Lebenslauf.

## Die Opposition

In Opposition stehen zwei Gestirne, wenn sie sich im Horoskop gegenüberstehen, der Winkelabstand zwischen ihnen also 180° beträgt. Dies ist ein ausgesprochener Spannungsaspekt, der in der Regel eine negative Bedeutung hat, selbst wenn er zwei positive Planetenprinzipien miteinander verknüpft. Allerdings können Spannungen durchaus förderlich sein: Im günstigen Fall wecken sie Kräfte, die dazu befähigen, die durch die Opposition angezeigten Schwierigkeiten zu überwinden; eine Mond-Venus-Opposition beispielsweise, bei der die Planetenprinzipien Gestaltungs- und Gefühlskraft einander gegenüberstehen, ist ein wirkmächtiger Ansporn künstlerischen Schöpfertums, das sich freilich stets unter Kämpfen zum Kunstwerk durchringen muß.

Ein Oppositionsaspekt zwischen negativen Planetenprinzipien bedeutet stets Reibereien, Auseinandersetzungen mit der Umwelt, bei einer Mars-Saturn-Opposition je nach Zeichen- und Hausposition sogar Schicksalskrisen, bedrohliche Situationen, im günstigsten Fall Unzufriedenheit, Nörgelei, Anfeindung oder schwierige Kraftproben. Ausgesprochene Krisenkonstellationen sind sogenannte Kreuzaspekte, bei denen vier oder mehr Planeten im Horoskop gegenseitig in Kreuzform verbunden sind, also zwei Oppositions- und gleichzeitig vier Quadraturaspekte gegeben sind. Allerdings wirken auch diese (seltenen) Konstellationen nicht zeitlebens, sondern treten nur dann in Aktion, wenn die laufenden Planeten (Transite) dies anzeigen.

# Orbis und Deutung

In der folgenden Übersicht beschränken wir uns sinnvollerweise auf die fünf Hauptaspekte (Konjunktion, Opposition, Quadrat, Trigon und Sextil), wobei Opposition und Quadrat als eher spannungsvolle Aspekte sowie Trigon und Sextil als vorwiegend harmonische Aspekte zusammengefaßt sind. Damit ergeben sich drei Gruppen von Aspekten.

Die Rangfolge der aspektbildenden Elemente lautet:
Sonne – Mond – Merkur – Venus – Mars – Jupiter – Saturn – Uranus – Neptun – Pluto – Aszendent – Himmelsmitte.     In gleicher Abfolge sind in der Übersicht die Aspekte angeführt, also z.B. ein Saturn – Merkur-Aspekt unter Merkur, nicht unter Saturn. Immer steht also der »ranghöhere« Planet an erster Stelle.

Wie wir bereits erläutert haben, gibt es für die Aspekte eine bestimmte Streuungsbreite (Orbis oder Wirkungsumkreis), die je nach Planet und Aspekt verschieden ist. Welche Toleranzgrenze jeweils zulässig ist, zeigen unsere drei Tabellen (alle Angaben in Grad). Nur wenn die Abweichung von der exakten Winkelgröße eines Aspekts in diesen Grenzen bleibt, gilt der Aspekt als wirksam; je geringer die Abweichung ist, desto stärker ist die Wirksamkeit.

## Orbis (Wirkungsumkreis): Konjunktion und Opposition

|      | ☉  | ☽  | ☿  | ♀  | ♂  | ♃  | ♄  | ⚷  | ♆  | ♇  |
|------|----|----|----|----|----|----|----|----|----|----|
| ☉    | —  | 15 | 12 | 12 | 12 | 12 | 12 | 11 | 10 | 10 |
| ☽    | 15 | —  | 12 | 12 | 12 | 12 | 12 | 11 | 10 | 10 |
| ☿    | 12 | 12 | —  | 10 | 10 | 9  | 9  | 8  | 7  | 7  |
| ♀    | 12 | 12 | 10 | —  | 10 | 9  | 9  | 8  | 7  | 7  |
| ♂    | 12 | 12 | 10 | 10 | —  | 9  | 9  | 8  | 7  | 7  |
| ♃    | 12 | 12 | 9  | 9  | 9  | —  | 9  | 8  | 7  | 7  |
| ♄    | 12 | 12 | 9  | 9  | 9  | 9  | —  | 8  | 7  | 7  |
| ⚷    | 11 | 11 | 8  | 8  | 8  | 8  | 8  | —  | 6  | 6  |
| ♆    | 10 | 10 | 7  | 7  | 7  | 7  | 7  | 6  | —  | 5  |
| ♇    | 10 | 10 | 7  | 7  | 7  | 7  | 7  | 6  | 5  | —  |

## Orbis: Quadrat und Trigon

|      | ☉  | ☽  | ☿  | ♀  | ♂  | ♃  | ♄  | ⚷  | ♆  | ♇  |
|------|----|----|----|----|----|----|----|----|----|----|
| ☉    | —  | 12 | 12 | 12 | 10 | 10 | 10 | 9  | 9  | 9  |
| ☽    | 12 | —  | 11 | 10 | 10 | 10 | 10 | 9  | 9  | 9  |
| ☿    | 12 | 11 | —  | 10 | 9  | 9  | 8  | 7  | 7  | 7  |
| ♀    | 12 | 10 | 10 | —  | 9  | 8  | 7  | 7  | 7  | 7  |
| ♂    | 10 | 10 | 9  | 9  | —  | 8  | 8  | 7  | 7  | 7  |
| ♃    | 10 | 10 | 9  | 8  | 8  | —  | 8  | 7  | 6  | 6  |
| ♄    | 10 | 10 | 8  | 7  | 8  | 8  | —  | 6  | 6  | 6  |
| ⚷    | 9  | 9  | 7  | 7  | 7  | 7  | 6  | —  | 5  | 5  |
| ♆    | 9  | 9  | 7  | 7  | 7  | 6  | 6  | 5  | —  | 4  |
| ♇    | 9  | 9  | 7  | 7  | 7  | 6  | 6  | 5  | 4  | —  |

**Orbis: Sextil**

| | ☉ | ☽ | ☿ | ♀ | ♂ | ♃ | ♄ | ♅ | ♆ | ♇ |
|---|---|---|---|---|---|---|---|---|---|---|
| ☉ | — | 11 | 11 | 10 | 9 | 9 | 9 | 8 | 8 | 8 |
| ☽ | 11 | — | 10 | 9 | 9 | 9 | 9 | 8 | 8 | 8 |
| ☿ | 11 | 10 | — | 10 | 8 | 8 | 7 | 6 | 6 | 6 |
| ♀ | 10 | 9 | 10 | — | 8 | 7 | 6 | 5 | 5 | 5 |
| ♂ | 9 | 9 | 8 | 8 | — | 7 | 7 | 7 | 5 | 5 |
| ♃ | 9 | 9 | 8 | 7 | 7 | — | 7 | 7 | 5 | 5 |
| ♄ | 9 | 9 | 7 | 6 | 7 | 7 | — | 5 | 5 | 5 |
| ♅ | 8 | 8 | 6 | 5 | 7 | 7 | 5 | — | 4 | 4 |
| ♆ | 8 | 8 | 6 | 5 | 5 | 5 | 5 | 4 | — | 3 |
| ♇ | 8 | 8 | 6 | 5 | 5 | 5 | 5 | 4 | 3 | — |

## Konjunktionen

☉

*Sonne/Mond:* Verstärkt die Wirkung des Tierkreiszeichens, in dem die Konjunktion stattfindet; weniger wirksam, wenn an der Grenze zweier Zeichen. Bei Merkur und Venus im gleichen Zeichen: Tendenz zu Unansgewogenheit, mangelnder Anpassungsfähigkeit, Ausbildung stereotyper Gewohnheiten. Allgemein Neigung zu Eigenwilligkeit bis Sturheit. Bei günstiger Horoskop-Konstellation: positiv für Liebe und Ehe; geistige Balance. Tätigkeit mit Bezug zur Öffentlichkeit und/oder Popularität möglich. Harmonie zwischen Fühlen und Wollen.

*Sonne/Merkur:* Nur günstig bei Abstand von 6° und mehr: klares Denken, gutes Urteilsvermögen, flüssig im mündlichen und schriftlichen Ausdruck, oft sprachenbegabt; Glück oder Erfolg auf Reisen. Bei kleinerem Abstand: Tendenz zu mangelnder Flexibilität, Starrsinn und Vorurteilen; im Denken und Urteilen sehr subjektiv; oft Hemmungen im sprachlichen Ausdruck.

*Sonne/Venus:* Intensives Gefühlsleben, meist warmherzig, umgänglich, großzügig, oft künstlerisch begabt und/oder musikalisch. Verfeinerter Geschmack. Bei negativen Gegebenheiten: Neigung zu Verweichlichung und Genußsucht. Wenn Konjunktion in Waage, Stier oder 7. Haus: Möglichkeit sporadischer Verfolgungskomplexe.

*Sonne/Mars:* Je nach Zeichen, in dem die Konjunktion stattfindet, energische Kämpfernatur oder sehr starkes, impulsives Gefühlsleben. Sehr aktiv, aber häufig unbedacht und voreilig, daher Verletzungs- und Unfallgefahr. Tendenz zu fiebrigen oder entzündlichen Krankheiten. Oft Energieeinsätze bis zur Überanstrengung. Manchmal trotzig bis starrsinnig. Im weiblichen Horoskop: Abschwächung der typisch weiblichen Eigenschaften, Eigenwilligkeit, auch sehr energischer oder kämpferischer Partner oder Ehemann.

*Sonne/Jupiter:* Stets günstig: optimistisch, selbstsicher, tolerant, großzügig, körperlich widerstandsfähig, meist Erfolg im Beruf und sozialer Aufstieg; gesteigerte Lebenskraft oder Lebensfreude. Gutes Durchsetzungsvermögen. Häufig kultivierter Geist, echter Humor (teils mit satirischem Einschlag).

*Sonne/Saturn:* Erfolg möglich, muß jedoch stets schwer erkämpft werden; meist müssen Opfer gebracht werden. Oft einsame oder harte Jugend; Schwierigkeiten mit oder mangelnder Kontakt zu dem Vater; Körperbehinderung möglich. Meist ernst, Hang zur Abkapselung, innere Zwänge und Verkrampfungen, Tendenz zu Depressionen.

*Sonne/Uranus:* Unabhängigkeits- und freiheitsliebend, eigenwillig bis trotzig, unkonventionell, originell bis kauzig. Viele Reisen und Veränderungen im Leben möglich; besonders im weiblichen Horoskop Trennungsaspekt. Wissenschaftlich-technisch, manchmal auch künstlerisch begabt. Aufregungen und starke seelische Spannungen möglich.

*Sonne/Neptun:* Sensibel, begeisterungsfähig, beeinflußbar. Oft künstlerisch kreativ (Musik, Theater, Ballett, Dichtkunst); auch Interesse für Mystik und Okkultismus, Parapsychologie usw. Häufig anfällige Gesundheit, Tendenz zu Medikamentenmißbrauch, Drogen, Alkohol. Bei ungünstiger Konstellation: wenig materieller Erfolg, Gefahr von Skandalen, Verleumdung, hinterhältigen Angriffen; auch Eheverzögerungen, Witwenaspekt.

*Sonne/Pluto:* Streben nach führender Position (oft Selbstüberschätzung oder gar Machtkomplex), kann sich nur schwer unterordnen (Zwist mit Vorgesetzten, Behörden).

Neigung zu Übertreibungen. Unfallgefährdet. Starke Unruhe im Leben oder Lebenskrisen möglich.

*Sonne/Aszendent:* Verstärkt die Wirkung des Zeichens, in das der Aszendent fällt. Bei Sonne im 1. Haus: starke Ichbezogenheit. Bei Sonne im 12. Haus: Tendenz zur Abkapselung oder starkes Interesse für die Belange des 12. Hauses (philanthropische Vereinigungen, karitative Hilfe, auch spiritistische oder okkulte Zirkel u.ä.).

*Sonne/Himmelsmitte:* Starkes Bemühen um Ich-Findung, Streben nach Verwirklichung der Persönlichkeit. Im günstigsten Fall Glück und Erfüllung im gewählten Beruf; im ungünstigsten Fall Karrieremensch, der nur für den Beruf lebt.

## ☽

*Mond/Merkur:* Ausgesprochen sensibel, reiche Phantasie, Denken weitgehend durch das Gefühl bestimmt. Geistig wendig, flüssig im mündlichen und schriftlichen Ausdruck. Oft literarisch interessiert. Reisefreudig. Bei günstiger Aspektierung: stabiles Nervensystem. Bei ungünstiger Aspektierung: überkritisch, schwatzhaft, indiskret, wankelmütig.

*Mond/Venus:* Umgänglich, gesellig; feinfühlig, kultiviert, kunstsinnig. Gefahr der Eitelkeit und Selbstsucht. Im weiblichen Horoskop: viel Charme und Geschmack; harmonische Persönlichkeit. Im männlichen Horoskop: starker Einfluß von Liebe (und Ehe) auf das Schicksal.

*Mond/Mars:* Energisch, unternehmungslustig, wagemutig, meist lebhaft und optimistisch, manchmal auch launisch und grüblerisch. Oft kritisch, etwas aggressiv. Bei Aspektverletzung (z.B. Sonne oder Uranus in Opposition oder Quadrat zur Konjunktion) unbedacht bis tollkühn, seelische Spannungen, Auflehnungstendenzen, Neigung zu extremen Handlungen.

*Mond/Jupiter:* Gesellig, großzügig, beliebt, gute Chancen für beruflichen und sozialen Aufstieg. Tatkräftig, hilfsbereit, Veränderungslust (oft viele Reisen). Zuweilen Selbstüberschätzung, Eitelkeit. Oft geschäftstüchtig. Bei negativer Aspektierung: zu vertrauensselig, unbedacht, Tendenz zur Verschwendung, häufig eigensinnig.

*Mond/Saturn:* Realistisch, praktisch und fleißig, ausgeprägtes Pflichtgefühl, oft Hang zum Perfektionismus; kritisch gegen andere. Stets sparsam (auch Geiz und Selbstverleugnung); schwieriger Aufstieg, oft materiell nicht sehr erfolgreich. Tendenz zu Depressionen. Manchmal schwere Jugend, Bedrückung durch Gefühlsbindungen. Anfällig: Magen-Darm-Trakt, Leber, Galle. Im männlichen Horoskop: sexuelle Probleme (Triebhemmungen), oft Schwierigkeiten in der Ehe.

*Mond/Uranus:* Fanatisch auf eigene Unabhängigkeit bedacht (Partnerschaftsprobleme). Seelisch sehr erregbar, unausgeglichen, dadurch oft für die Umwelt recht schwierig. Lehnt Konventionen und Konformismus ab. In der Lebensführung originell bis exzentrisch. Schwer belehr- und beeinflußbar. Kann sich selbst durch Übertreibungen oder Maßlosigkeit schädigen.

*Mond/Neptun:* Mitfühlend, hilfsbereit, warmherzig (besonders bei Konjunktion in Krebs oder Löwe); empfindsam, gefühlsstark (besonders in Krebs und Skorpion). Tendenz zum Gefühlsüberschwang im Positiven und Negativen; labil in Stimmungen und Ansichten. Bei Konjunktion im 12. Haus: Eigenbrötler, innere Unzufriedenheit. Partnerschaften können recht problematisch sein.

*Mond/Pluto:* Sehr impulsiv und unbedacht (besonders in Krebs oder Löwe); Tendenz zu plötzlichen Gefühlsschwankungen (bei Konjunktion in Himmelsmitte). Allgemein unausgeglichen, oft triebhaft. Bei guter Aspektierung Popularität möglich.

*Mond/Aszendent:* Wenn im 1. Haus: Verstärkung aller Mondeinflüsse je nach dem Zeichen des Aszendenten. Häufig enge Mutter-Kind-Bindung. Tendenz zu übertriebenen Sorgen; innere Unrast. Wenn im 12. Haus: Hang zur Abkapselung und Eigenbrötelei; Gefahr der Flucht vor der Wirklichkeit.

*Mond/Himmelsmitte:* Häufig schwierige Berufsfindung; je nach dem Zeichen, in dem die Konjunktion stattfindet, Begabung für Küche und Gastronomie.

☿

12

*Merkur/Venus:* Gesellig, liebenswürdig, feinfühlig, ausgeprägter Schönheitssinn, häufig künstlerisch begabt, verfeinert im Ausdruck, seelisch ausgewogen, besonders wenn im Horoskop Zwillinge, Jungfrau, Stier oder Waage betont sind. Guter Kontakt mit jungen Menschen, wirkt selbst jugendlich. Besonders geeignet für Berufe, in denen Schönheit manuellen Ausdruck findet. Oft auch musikalisch.

*Merkur/Mars:* Geistig sehr rege, aber auch streitbar (Tendenz zur Satire). Freimütig, auch aggressiv bis verletzend.

Kann sich durch schroffes Verhalten Feinde schaffen. Kann angespannt geistig arbeiten; Gefahr der Überarbeitung. Bei ungünstiger Aspektierung: viele Auseinandersetzungen, die im Leben Schwierigkeiten bringen können.

*Merkur/Jupiter:* Optimistisch und gutherzig, häufig überdurchschnittlich intelligent. Philanthropische und philosophische Interessen. Oft Tendenz zum »stillen Gelehrten«. Gefahr der Selbstüberschätzung und Hochmütigkeit, auch der Starrsinnigkeit. Guter Aspekt für künstlerische, literarische, juristische, theologische Laufbahn.

*Merkur/Saturn:* Bei guter Aspektierung oder Konjunktion in Jungfrau oder Steinbock: Tatkraft, Fähigkeit zu methodischem Arbeiten, Ausdauer, Fleiß. Bei negativer Aspektierung: langsame Persönlichkeitsentfaltung, materielle Entbehrungen und Sorgen, schwieriger Aufstieg, starke Ichbezogenheit, mühevolles Lernen, Tendenz zu Pessimismus und Depressionen, Mangel an Selbstvertrauen, wenig Kontakte zur Umwelt, nicht selten innere Vereinsamung.

*Merkur/Uranus:* Unabhängigkeitsliebend, orginell bis exzentrisch, eigenwillig bis starrsinnig, launisch, aber Möglichkeit ungewöhnlicher schöpferischer Begabung, manchmal Genialität. Muß eigenes Leben führen können; ausgeprägter Individualist. Bei Unterdrückung: Dünkel, mangelnde Anpassungsfähigkeit.

*Merkur/Neptun:* Freundlich, umgänglich, aber Tendenz zur Selbsttäuschung und zu unkontrollierbaren Impulsen. Einfühlsam, geistig wendig, oft Hang zum Okkulten. Häufig schöpferische Phantasie, Ausrichtung je nach dem Zeichen, in dem die Konjunktion stattfindet.

*Merkur/Pluto:* Meist rede- und schriftbegabt, große Überzeugungskraft, sehr reiselustig. Bei negativer Konstellation: sehr wechselvolles Leben, Gefahr der Hochstapelei oder von Betrügereien; gesundheitliche Gefährdungen. Bei positiver Konstellation: Erfolge durch Reden oder Schreiben wahrscheinlich.

*Merkur/Aszendent:* Im 1. Haus: geistig sehr rege, aber auch Gefahr innerer Unrast; wankelmütig. Beständigkeit sollte gezielt anerzogen werden. Im 12. Haus: Hang zu Geheimniskrämerei oder Unaufrichtigkeit oder Abkapselung.

*Merkur/Himmelsmitte:* Häufig begabt für journalistische Laufbahn oder Beruf bei den Massenmedien. Wiederholte Stellenwechsel oder auch Berufsveränderungen möglich. Meist gute Nerven.

*Venus/Mars:* Sinnessfreudig bis sinnlich, Tendenz zu Lebensgenuß und zu erotischen Abenteuern (aktives, aber nicht sehr tiefgründiges Liebesleben), auch Gefühlsverwirrungen. Oft empfindlich, leicht reizbar. Gefahr der Übertreibungen, der Taktlosigkeit und mangelnden Zärtlichkeit. Im günstigsten Fall harmonische Verbindung von Charme (Venus) und Tatkraft (Mars).

*Venus/Jupiter:* Oft charmant, großzügig, herzlich, dadurch bei anderen sehr beliebt. Meist guter Gastgeber, guter Geschmack, nicht selten kunstsinnig oder künstlerisch begabt. Guter Geschäftspartner, besonders mit Partnern des anderen Geschlechts.

*Venus/Saturn:* Starkes Pflichtbewußtsein, zurückhaltend in Gefühlsäußerungen, auch Triebhemmungen, mangelnde Kontaktfreude, Schwierigkeiten in der Partnerschaft, erotische Bindung als »Pflichterfüllung« oder mangelnde Erotik; manchmal späte oder keine Ehe, Gefahr von Trennungen. Bei negativer Aspektierung durch Sonne oder Aszendent: starke seelische Hemmungen.

*Venus/Uranus:* Seelische Spannungen, Möglichkeit impulsiver Gefühlsausbrüche. Leicht erregbar, oft launenhaft. Bei künstlerischer Begabung bemerkenswerte Originalität. Eigenwillig, auf Unabhängigkeit bedacht, Hang zu unverbindlichen Liebesabenteuern; Gefahr der Überspanntheit bis zur Hysterie. Meist nicht sonderlich treu. Scheidung möglich.

*Venus/Neptun:* Sensibel bis nervös, teilnehmend, oft tierliebend. Reiche Phantasie. Oft kunstinteressiert oder künstlerisch begabt. Mangelndes Durchsetzungsvermögen und Selbstbewußtsein; Gefahr innerer Vereinsamung. Gesundheitlich anfällig. Als Ehepartner oft problematisch und anstrengend; auch Enttäuschungen mit dem Partner möglich.

*Venus/Pluto:* Bei guter Aspektierung (besonders in Krebs, Jungfrau oder 8. Haus) glückliche Hand in Gelddingen. Oft fanatisch in Liebesbeziehungen, aber Gefühlshemmungen und sexuelle Verklemmung möglich, besonders bei negativer Aspektierung. Dann auch Tendenz zu Verschwendungssucht, Ausschweifungen; Gefahr plötzlicher Trennungen, gewaltsamer Liebeskonflikte.

*Venus/Aszendent:* Im 1. Haus charmantes Wesen, meist gutaussehend, kann andere beeinflussen, aber Hang zu bequemem Leben, Unbedachtsamkeit; bei Aspektverletzung Anfälligkeit der Nieren. Im 12. Haus: oft verträumt und wirklichkeitsfremd, weicht Schwierigkeiten aus; Hang zur Poesie.

*Venus/Himmelsmitte:* Stark durch das Zeichen bestimmt, in dem die Konjunktion stattfindet. Oft Erfolg durch geschäftliche Partnerschaft, weniger im Alleingang. Häufig künstlerische Begabung, modischer Geschmack.

♂

*Mars/Jupiter:* Aufrichtig, offen, tatkräftig, entschlußfreudig, kann sich gut konzentrieren. Meist glückliche Hand mit Geld. Guter Taktiker. Kann in Streitigkeiten hineingezogen werden oder diese auslösen. Wenn im Horoskop Widder oder Schütze betont sind: Tendenz zu Unbedachtsamkeit und tollkühnem Wagemut.

*Mars/Saturn:* Körperbehinderung möglich, Gefahr von Unfällen und Verletzungen (Haut, Knochen, Zähne). Kann sich und anderen gegenüber bis zur Brutalität hart sein. Nicht selten selbstsüchtig. Möglichkeit starker innerer Spannungen. Trennungen möglich.

*Mars/Uranus:* Sehr aktiv, aber Gefahr der Überanstrengung und nervlicher Überbelastung. Sehr eigenwillig bis eigensinnig, manchmal intolerant und aggressiv, Gefahr von Unfällen. Manchmal offen bis zur Selbstschädigung. Bei Aspektverletzung Nervenzusammenbruch möglich. Unabhängigkeitsdrang kann zu Schwierigkeiten im Beruf und zu Stellenwechsel führen.

*Mars/Neptun:* Neigung zu gefühlsbetonten Künsten (Musik, Poesie, Tanz). Meist starke Begeisterungsfähigkeit, aber auch Unbedachtsamkeit. Reiche Phantasie. Nicht selten Streben nach zu hochgesteckten Zielen; Enttäuschungen, innere Unzufriedenheit. Meist nicht allzu energisch und ausdauernd; oft etwas eitel.

*Mars/Pluto:* Starke Gefühlsspannungen, bei Aspektverletzung Gefahr der Überspannung oder psychischer Störungen. Manchmal sehr voreilig bis unbeherrscht. Bei ungünstiger Entwicklung Hang zu Brutalität oder Kriminalität. Gefahr gewaltsamer Eingriffe in Gesundheit und Schicksal, tragisches Geschick mit Angehörigen.

*Mars/Aszendent:* Im 1. Haus: tatkräftig, sehr aktiv, oft ungestüm (Unfallgefahr), selbstsüchtig. Im günstigsten Fall ansteckend schwungvoll. Im 12. Haus: eher verschlossen, Tendenz zur Abkapselung, Interesse für Mystik, Okkultis-

586

mus; Neigung zur Heimlichkeit; häufig etwas komplizierter Charakter.

*Mars/Himmelsmitte:* Arbeitsfreudig, tatkräftig, kommt mit gestellten Aufgaben meist gut zurecht. Berufsinteresse je nach Zeichen der Konjunktion; häufig militärische oder Techniker-Laufbahn.

# ♃

*Jupiter/Saturn:* Ausdauernd, arbeitsam, aber Erfolg oft nur durch große Anstrengungen möglich. Häufig materielle Probleme und Entbehrungen; daher innere Unzufriedenheit und Neid oder Eifersucht.

*Jupiter/Uranus:* Starker Unabhängigkeitswille, Ichbezogenheit, Hartnäckigkeit bis zum Starrsinn, bei Einschränkungen Unrast, Trotz, Groll. Starke Körperkraft, große Zähigkeit, Gefahr der Gewalttätigkeit. Neigt zu Neuem und Unkonventionellen. Häufig Auflehnung gegen Vater oder Vorgesetzte. Partnerschaftskrisen, Trennungen möglich, ebenso Berufs- oder Stellenwechsel.

*Jupiter/Neptun:* Idealistisch, feinfühlig, einfühlsam, tierliebend. Meist musikalisch oder künstlerisch begabt, manchmal an Philosophie oder Religion interessiert. Reiches Gefühlsleben. Bei guter Aspektierung Möglichkeit materieller Erfolge. Bei Aspektverletzung Gefahr von Skandalen, Neigung zu Unaufrichtigkeit.

*Jupiter/Pluto:* Fähigkeit zum Bruch mit der Vergangenheit und Neubeginn (weniger im Zeichen Krebs); hervorragende Führungsqualitäten im Zeichen Löwe (aber Gefahr des Machtkomplexes), im 10. Haus oder in Himmelsmitte. Jedoch Neigung zu Überheblichkeit und zum Spekulieren; Gefahr von Vermögenseinbußen.

*Jupiter/Aszendent:* Im 1. Haus ohne Aspektverletzung: heiter, großzügig, begeisterungsfähig, aber manchmal unbedacht und allzu genußfreudig. Oft scharfsinning, geistig wendig. Vorsicht vor Übergewicht! Im 12. Haus: Tendenz zum »stillen Gelehrten« oder Geistlichen, zurückhaltend. Bei Aspektverletzung: Schwierigkeiten in der Partnerschaft.

*Jupiter/Himmelsmitte:* Bei richtiger Einstellung zu Leben und Beruf sehr gute Erfolgsaussichten. Vielseitig interessiert; der gewählte Beruf wird nie zum ausschließlichen Lebensinhalt.

*Saturn/Uranus:* Ehrgeizig, zäh, eigenwillig bis herrisch, auch aggressiv und gewalttätig. Entschlossen. Wechsel zwischen starken nervlichen Anspannungen und Depressionen. Bei schlechter Aspektierung Hang zur Selbstquälerei, Krisen in Partnerschaft und Ehe; Trennungen möglich.

*Saturn/Neptun:* Oft hohe Ideale und künstlerische Begabung. Sehr gutes Planungsvermögen. Bei guter Aspektierung außergewöhnliche Fähigkeiten. Gefahr allzu starker Ichbezogenheit. Oft geschäftstüchtig; kann politisches Geschick haben. Bei Aspektverletzung seelische Konflikte, Neurosen, Triebhemmungen möglich.

*Saturn/Pluto:* In der Regel ausdauernd und zäh, aber oft unberechenbar. Insgesamt eher kritischer Aspekt: Gefahr von körperlichen Schädigungen, Frustrationen, materiellen Verlusten und schweren Enttäuschungen.

*Saturn/Aszendent:* Im 1. Haus: stark von weiteren Saturn-Aspekten abhängig. Bei Trigon mit Sonne viel gesunder Menschenverstand, praktisch, aber wenig herzlich. Zähne anfällig; Gefahr von Hautkrankheiten und Rheuma. Bei Aspektverletzung: innere Hemmungen, Unsicherheit, oft schwache Persönlichkeit. Starke Belastung (Körperbehinderung?) möglich. Im 12. Haus: Hang zur Abkapselung, braucht Einsamkeit und Ruhe, um sich wohlzufühlen.

*Saturn/Himmelsmitte:* Wenn im 10. Haus und ohne Aspektverletzung: ungemein ehrgeizig, karrierebewußt, nur wenig Zeit für Privatleben und Erholung, oft kühl und sehr diszipliniert, kann vereinsamen, da zwischenmenschliche Bindungen vernachlässigt werden.

**12**

*Uranus/Neptun:* Eigenwillig, selbstbewußt, originell, aber auch umgänglich. Wesentlich durch die Gesamtkonstellation des Horoskops beeinflußt.

*Uranus/Pluto:* Gewalttätiger Aspekt, weist auf Gewalt, Umwälzungen, Zerstörungen, Trennungen, aber im Positiven auch auf ausgesprochene Führungsqualitäten, starke Dynamik, starken Unabhängigkeits- und Selbständigkeitswillen.

*Uranus/Aszendent:* Selbständig, originell, oft unberechenbar. Oft starke Nervenanspannung, Gefahr von Unfällen, Schwierigkeiten mit dem Kreislauf. Häufig sehr anziehende

Persönlichkeit. Uranus im 12. Haus: Innere Spannungen, Gefahr von Neurosen.

*Uranus/Himmelsmitte:* Originell, oft brillant, aber auch extravagant und aufsässig, dadurch wiederholte berufliche Veränderungen möglich.

Ψ

*Neptun/Pluto:* Oft reiche Phantasie, einfühlsam, Hang zum Okkulten oder zu Geheimlehren.

*Neptun/Aszendent:* Im 1. Haus: Häufig unsicher, etwas verworren, schwer durchschaubar. Im 12. Haus: künstlerische oder literarische Neigungen; Hang zur Flucht vor der Wirklichkeit. Im Zeichen Waage: Gefahr der Drogenanfälligkeit.

*Neptun/Himmelsmitte:* Vielseitig interessiert, unklare Ziele, häufiger Berufs- oder Stellenwechsel möglich.

♇

*Pluto/Aszendent:* Im 1. Haus: verstärkt die Wirkung des Aszendentenzeichens; im 12. Haus: Gefahr starker seelischer Spannungen.

*Pluto/Himmelsmitte:* Stark durch das Zeichen bestimmt, in dem die Konjunktion stattfindet. In Krebs oder Löwe: oft erfolgreich im Beruf, aber Gefahr der Rücksichtslosigkeit.

**Opposition und Quadrat**

☉

*Sonne/Mond:* Starke innere Spannungen zwischen Wollen und Sollen; häufig tiefwurzelnde Differenzen zwischen Eltern und Kindern oder Gebundensein an einen Beruf, der nicht den eigenen Interessen und Fähigkeiten entspricht.

*Sonne/Venus:* Nur Halbquadrat möglich. Tendenz zu Gefühlsüberschwang, aber auch zu Heuchelei. Oft künstlerische Begabung (vorwiegend Musik und Tanz). Häufig Scheitern der Ehe. Im weiblichen Horoskop: übersensibel, nervös.

*Sonne/Mars:* Mangelnde Voraussicht, voreilig, waghalsig (Unfallgefahr). Tendenz zur Überanstrengung, auch zur Rücksichtslosigkeit. Häufig unbedacht mit Worten oder streitsüchtig.

589

*Sonne/Jupiter:* Unbekümmert bis leichtsinnig, abenteuerlustig, wagemutig, respektlos, auch rebellisch bis aufsässig, prahlerisch, verschwenderisch; Selbstüberschätzung. Häufig Spielernatur. Durch Unbedachtsamkeit und falsches Verhalten soziale und finanzielle Verluste möglich. Gefahr von Ernährungsschäden (Leber, Galle).

*Sonne/Saturn:* Oft schwere Kindheit, verzögerte Entwicklung und Persönlichkeitsentfaltung, körperliche (gesundheitliche) Belastung, Dissonanzen mit Eltern (oder einem Elternteil). Wenig vital, mangelndes Durchsetzungsvermögen, Erfolg nur durch schwere Arbeit, materielle Schwierigkeiten und Rückschläge wahrscheinlich.

*Sonne/Uranus:* Eigenwillig bis exzentrisch. Gefahr der Selbstüberschätzung. Manchmal sehr begabt, aber mangelnde Verwirklichung der Fähigkeiten. Selbstschädigung durch unbedachte Impulsivität oder Starrsinn. Oft Nervosität, seelische Spannungen, schwankende Ziele. Plötzliche Berufs- und Schicksalswechsel möglich. Gefahr von Streßerkrankungen.

*Sonne/Neptun:* Wenig willensstark, mangelndes Selbstvertrauen, verworrene Phantasie. Selbsttäuschungen. Manipulierbar; kann gesetzte Ziele oft nicht erreichen. Seelische Spannungen durch Frustrationen.

*Sonne/Pluto:* Starke innere Spannungen, durch die oft wichtige Persönlichkeitsbereiche blockiert werden. Kann nicht vergessen und vergeben.

*Sonne/Aszendent:* Spannungen zwischen Charakter und Verhaltensweisen; Hemmungen in den Gefühlsäußerungen. Bei Opposition, Sonne im 7. Haus: stabile Partnerschaften (Ehe und Beruf).

*Sonne/Himmelsmitte:* Schwierigkeiten bei der Verwirklichung von Idealen und der Erreichung gesteckter Ziele. Dissonanzen zwischen Charakter und Schicksal.

**12**

☽

*Mond/Merkur:* Schlau bis scharfsinnig, aber Tendenz zur Schwatzhaftigkeit, zur Unaufrichtigkeit, zu unbedachten Äußerungen. Oft launisch, sprunghaft, unentschlossen. Aber loyaler Freund, setzt sich für Schwächere ein.

*Mond/Venus:* Mangelnde Fähigkeit, Gefühle auszudrücken, dadurch in Liebesbeziehungen Spannungen und Enttäuschungen. Oft unsicher im Urteil, schüchtern, launenhaft.

Versucht Schüchternheit manchmal durch allzu forsches oder lautes Auftreten zu überspielen.

*Mond/Mars:* Impulsiv, aggressiv, schnell beleidigt, leicht frustriert; Tendenz zur Streitsucht. Lehnt strenge Disziplin ab. Durch Übererregbarkeit Gefahr psychosomatischer Erkrankungen. Neigung zu Nachlässigkeit, Alkoholismus und sexueller Freizügigkeit möglich.

*Mond/Jupiter:* Häufig freundlich und beliebt, aber überoptimistisch, unvorsichtig, wenig verantwortungsbewußt, oft rastlos. Hang zu verschwenderischem Lebensgenuß oder aber zu übertriebener Askese. Gefahr von Lebererkrankungen. Negatives Geschick mit Ausländern oder mit dem Ausland möglich. Im männlichen Horoskop: Probleme in der Ehe; Mangel oder Verlust von Popularität.

*Mond/Saturn:* Schüchtern, gehemmt, mangelndes Selbstvertrauen, wirkt freudlos, fühlt sich unverstanden. Wenig tatkräftig, auch unvorsichtig und kritiksüchtig. Gefühls- und Triebhemmungen. Oft problematische Beziehung zur Mutter, Unglück der Mutter oder Schicksal mit der Mutter. Häufig wesentlich älterer Ehepartner, in der Ehe Pflichttendenzen, wenig Gemütlichkeit in der unmittelbaren Umwelt, in der Partnerschaft.

*Mond/Uranus:* Vielseitig interessiert, geistig beweglich, oft sehr begabt, aber eigenwillig bis starrsinnig, Unabhängigkeits- und Freiheitsfanatiker (Gefahr von Trennungen in Partnerschaft), schwankende Ziele, zerrissene Gefühle, unberechenbar, unzuverlässig. Neigt zu Übertreibungen; Nervenüberspannung und -krisen möglich.

*Mond/Neptun:* Unsicher, wirr in den Zielen, Tendenz zur Selbsttäuschung; oft Schädigung durch schlechten Umgang. Vorliebe für rasches Geldverdienen, kann verheerende Folgen haben. Im weiblichen Horoskop: überspannte Gefühle; Aufregungen.

*Mond/Pluto:* Gefühlsäußerungen oft blockiert, dafür unkontrollierte Gefühlsausbrüche. Vielleicht traumatische Erfahrungen in der Kindheit. Geschäftstüchtig, aber oft allzu impulsiv und unbedacht. Unvorhergesehene Veränderungen im unmittelbaren Lebenskreis können von außen aufgezwungen werden.

*Mond/Aszendent:* Launenhaft, reizbar und unausgewogen, nimmt alles persönlich. Bei Opposition im 6. Haus: als Kind kränkelnd, unruhiges Familienleben; im 7. Haus: Eheprobleme.

*Mond/Himmelsmitte:* Oft fehlende Verwurzelung in der Familie. Macht sich häufig Illusionen. Kann Ansichten und Ziele plötzlich ändern.

☿

*Merkur/Venus:* Nur Halbquadrat möglich, schwache Auswirkung. Selbstzufrieden, oft nachlässig, anpassungsfähig bis wetterwendisch.

*Merkur/Mars:* Empfindlich, aggressiv, oft nörgelnd und streitsüchtig; Tendenz zur Selbstüberschätzung, häufig auch innere Unsicherheit, die durch forsches Auftreten überspielt werden soll.

*Merkur/Jupiter:* Häufig literarisch oder künstlerisch begabt, ideenreich, aber unvorsichtig, gedankenlos bis gleichgültig, wenig Konzentrations- und Urteilsfähigkeit. Tendenz zu Indiskretion und Unehrlichkeit, Selbstüberschätzung und Bluff. Zeitweise Taktlosigkeit möglich. Kann zu religiösen Zweifeln oder Aberglauben neigen. Gefahr von finanziellen Verlusten, Skandalen, Leberschäden.

*Merkur/Saturn:* Oft langsam im Denken und Reagieren, unflexibel, hart, schroff, tyrannisch, aber auch mißtrauisch, oft hinterhältig. Konservativ, eigensinnig bis stur. Nicht selten kritische Kindheit, Entbehrungen, Einengungen. Tendenz zu Depressionen, Lebensangst, Abkapselung, keine oder nur wenig echte Freunde.

*Merkur/Uranus:* Allzu offen bis taktlos, daher wenig beliebt. Oft Selbstüberschätzung, dünkelhaft bis exzentrisch. Nimmt Dinge zu überstürzt in Angriff, macht sich Illusionen, daher häufig Fehlhandlungen. Manchmal nörglerisch, oft nervös. Gefahr von Rufschädigungen.

*Merkur/Neptun:* Häufig unrealistisches Denken, chaotische Gefühlswelt, unzuverlässig, neigt zu Täuschungsmanövern. Oft mangelndes Selbstvertrauen.

*Merkur/Pluto:* Unbedacht, verspricht viel, hält wenig; Tendenz zur Unaufrichtigkeit, kann bösartig werden.

*Merkur/Aszendent:* Rastlos, wenig ausdauernd, beginnt zuviel auf einmal; oft rasch beleidigt, schwatzhaft. Bei Opposition im 6. Haus: Macht sich zuviel Sorgen, Gefahr psychosomatischer Erkrankungen; im 7. Haus: starke, aber kritische Partnerbeziehungen.

*Merkur/Himmelsmitte:* Beredt, aber nicht unbedingt wahrheitsliebend. Kann berufliche Schwierigkeiten haben; wiederholte Berufs- oder Stellenwechsel möglich.

*Venus/Mars:* Oft übersensibel, familiäre und emotionelle Spannungen, Enttäuschungen durch zu hochgesteckte Erwartungen. In Liebesbeziehungen häufig aggressiv, launisch, streitsüchtig; zu sehr auf eigenen Lustgewinn bedacht.

*Venus/Jupiter:* Ichbezogen, eitel, oft träge, verschwenderisch, unzuverlässig. Gefühlsüberschwang, meist viele flache Liebesbeziehungen. Spielernatur. Luxusliebe. Gefahr finanzieller Einbußen.

*Venus/Saturn:* Meist treu, aber hart, gefühlsarm, nüchtern. Übertriebenes Pflichtgefühl (Opfer in Partnerschaft). Triebgehemmt. Muß oft früh arbeiten; Spannungen mit der Mutter, späte oder keine Heirat möglich, soziale oder Altersunterschiede bei Ehegatten. Meist problematische Partnerschaft, harter Existenzkampf mit möglichen Mißerfolgen.

*Venus/Uranus:* Oft freundlich, voll guter Absichten, aber empfindlich, nervös, manchmal sehr freiheitsliebend, starrsinnig. Unkonventionell (besonders in Liebe und Erotik). Liebe und Ehe spielen im Leben eine große Rolle; nicht selten gestörte Sexualität; Partnerschaftsprobleme und Ehekrisen wahrscheinlich, auch tragische Trennungen, Todesfälle geliebter Menschen.

*Venus/Neptun:* Oft unzufrieden, entschlußschwach, Tendenz zu Täuschung und Selbsttäuschung; Irrwege in der Liebe, Unklarheiten in Partnerschaften; Gefahr durch Gifte.

*Venus/Pluto:* Eine Liebesaffäre kann im Leben übertriebene Bedeutung erlangen; Enttäuschung wahrscheinlich. Zurückhaltung in Gelddingen ratsam.

*Venus/Aszendent:* Weicht gern Verantwortungen aus; gehemmt im Gefühlsausdruck. Vorsicht im Geschäftsleben geboten. Neigt zu Bequemlichkeit. Opposition im 6. Haus: Gesundheitsgefährdung (Nieren, Kopfschmerzen); im 7. Haus: glückliche Ehe, erfolgreiche Geschäftspartnerschaften.

*Venus/Himmelsmitte:* Wenig karrierebewußt, mangelndes berufliches Durchsetzungsvermögen. Bei Opposition: empfing als Kind meist wenig Zärtlichkeit.

**12**

*Mars/Jupiter:* Unausgeglichenes Gefühlsleben und Handeln, oft verschwenderisch, unbedacht, unvorsichtig, ziellos, zu Übertreibungen neigend. Ablehnung jeden Zwangs kann zu

Auseinandersetzungen mit Vorgesetzten und Behörden führen. Stark von Launen abhängig, Gefühlsexplosionen. Wirkt häufig gehetzt und übernervös.

*Mars/Saturn:* Oft hart gegen sich und andere, meist egoistisch, zynisch. Duldet keinen Widerspruch; kaltherzig. Energieballungen und Gefühlsausbrüche. Erfolge müssen schwer erkämpft werden. Körperliche Gewalteinwirkungen (z.B. schwere oder langwierige Verletzungen) und harte Zwänge im Leben wahrscheinlich.

*Mars/Uranus:* Eigenwillig, freiheitsliebend bis aufsässig (auch gegen Vater und Vorgesetzte), nervös, infolge starker innerer Spannungen sehr reizbar. Zurückhaltend oder schroff und streitsüchtig aus Unsicherheit. Wenig diplomatisch, haßt Routine, will sich nicht anpassen. Neigung zu Übertreibungen, Überarbeitung, Unfällen.

*Mars/Neptun:* Schwach bis feig, wenig Realitätssinn. Skandalgefahr. Gefährdet durch Gifte, Drogen, Alkohol u.ä.

*Mars/Pluto:* Rücksichtslos, kämpft mit Schwierigkeiten, die oft auf Kosten anderer überwunden werden. Neigung zu Wutausbrüchen.

*Mars/Aszendent:* Handelt oft übereilt. Streitsüchtig. Bei Oppositon im 6. Haus: Gefahr der Überanstrengung oder Maßlosigkeit; im 7. Haus: kraft- und spannungsgeladene Partnerschaften.

*Mars/Himmelsmitte:* Überanstrengung durch Arbeit. Bei Opposition: unerfreuliche Berufsbedingungen, vielleicht durch Eltern zur Ergreifung eines ungeliebten Berufs gezwungen.

## ♃

*Jupiter/Saturn:* Übertriebenes Pflichtgefühl. Auseinandersetzungen mit dem Vater möglich. Erkennt oft eigene Grenzen nicht. Erfolge müssen hart erarbeitet werden. Unzufrieden, unbeständig, rastlos, depressiv. Wenig Phantasie und Initiative. Entbehrungen und Enttäuschungen möglich.

*Jupiter/Uranus:* Eigenwillig, selbstbewußt, offen bis zur Selbstschädigung, dadurch bei Vorgesetzten wenig beliebt. Zuweilen Selbstüberschätzung und Nörgelei. Will Bestehendes verändern; oft rastlos aktiv, aber wenig verantwortungsfreudig. Umzüge und Berufswechsel wahrscheinlich.

*Jupiter/Neptun:* Tendenz zur Selbsttäuschung, unentschlossen, unstet. Materiell oft wenig Erfolg; finanzielle Probleme wahrscheinlich.

*Jupiter/Pluto:* Will sich nicht unterodnen; Machtkomplexe, verschwenderisch, nützt gern andere aus. Negative Einflüsse von der oder auf die Umwelt.

*Jupiter/Aszendent:* Sorglos, unbedacht, extravagant, manchmal pompös, nicht unbedingt treu (Eheprobleme, Scheidung möglich).

*Jupiter/Himmelsmitte:* Selbstgefällig, Selbstüberschätzung, oft in Erziehung begründet; stellt sich ins Rampenlicht.

## ♄

*Saturn/Uranus:* Stark ichbezogen, ungeduldig, heftig bis fanatisch oder hysterisch, launenhaft, trotzig, herausfordernd, dünkelhaft, oft taktlos. Arbeit ist Pflicht. Schwere Lebenskämpfe möglich.

*Saturn/Neptun:* Nur in Eckhäusern wirksam. Utopische Ziele, Neurosen; Verleumdungen, Verrat durch falsche Freunde und Rufschädigungen möglich.

*Saturn/Pluto:* Egoistisch, fanatisch, dickköpfig; oft anstrengende Umgebung, harte Lebenskämpfe, gewaltsame Eingriffe.

*Saturn/Aszendent:* Gehemmt, schwerfällig, wenig anpassungsfähig, puritanisch, unsicher; Opposition im 6. Haus: Erkrankung des Bewegungsapparates möglich; im 7. Haus: oft älterer Ehepartner, langweilige Ehe.

*Saturn/Himmelsmitte:* Vielleicht berufliche Hemmungen, langsamer Aufstieg; möglicherweise problematischer Vater.

## ♅

*Uranus/Neptun:* Übersensibel, unklare Gefühle und Ziele, Tendenz zur Selbsttäuschung. Manchmal bedeutende künstlerische Begabung.

*Uranus/Pluto:* Starrsinnig, fanatisch, starke nervliche und körperliche Anspannungen, gewaltsame Eingriffe ins Schicksal möglich. Oft viele Auseinandersetzungen mit der Umwelt.

*Uranus/Aszendent:* Nervöse Spannungen, jähe Veränderungen im Leben möglich. Opposition im 6. Haus: unberechenbar, Gefahr von Kreislaufschwäche und Arthritis; im 7. Haus: ungewöhnliche, oft verderbliche Partnerschaften.

*Uranus/Himmelsmitte:* Lehnt Einmischung ab, nervös und empfindlich am Arbeitsplatz.

*Neptun/Pluto:* Leicht beeinflußbar; vielleicht absonderliche Phantasiewelt.

*Neptun/Aszendent:* Geistesabwesend, launisch, unzuverlässig; anfällige Füße. Vorsicht vor Medikamentenmißbrauch und Giften!

*Neptun/Himmelsmitte:* Unsicher, besonders in beruflicher Hinsicht; Tendenz zu Illusionen.

P

*Pluto/Aszendent:* Gefahr psychosomatischer Erkrankungen durch seelische Spannungen; Schwierigkeiten in der Ehe möglich.

*Pluto/Himmelsmitte:* Starrsinnig, oft unbedacht; plötzliche Rückschläge (auch im Beruf) möglich.

**Trigon und Sextil**

☉

*Sonne/Mond:* Meist ausgewogene Persönlichkeit, innere Harmonie, oft friedliebend, wenig ehrgeizig. Gefahr des Ausgenütztwerdens.

*Sonne/Merkur:* Selbstsicher, entspannt, flüssig im Ausdruck, kontaktfreudig.

*Sonne/Venus:* Warmherzig, zärtlich, ausgeprägter Schönheitssinn, guter Geschmack.

*Sonne/Mars:* Energisch, entschlußfreudig, offen, mutig, extravertiert, häufig Führungsqualitäten. Stabile Gesundheit.

*Sonne/Jupiter:* Ruhig, gutherzig, auf Horizonterweiterung (Reisen, Kontakte) bedacht; oft erfolgreich, kann das Leben genießen.

*Sonne/Saturn:* Ernst, diszipliniert, arbeitsam, ausdauernd. Verantwortungsbewußt, auch wagemutig. Gutorganisiertes Leben.

*Sonne/Uranus:* Führungsqualitäten, vorausschauend, auch wagemutig, manchmal tollkühn, von unorthodoxen Ideen angezogen.

*Sonne/Neptun:* Altruistisch, großzügig, hört auf sein Gewissen; oft auch sehr geistreich und künstlerisch begabt.

*Sonne/Pluto:* Auf Macht und Ansehen bedacht, selbstsicher, konzentrationsfähig, kann seine Kräfte zielbewußt einsetzen.

*Sonne/Aszendent:* Erstrebt führende Position und öffentliche Anerkennung, ist etwas eitel, aber aufrichtig und warmherzig.

*Sonne/Himmelsmitte:* Ehrgeizig, kennt aber seine Grenzen. Zielbewußt, guter Planer, beruflich meist erfolgreich.

## ☽

*Mond/Merkur:* Rasche Auffassungsgabe, gesunder Menschenverstand, logisches Denken. Flüssig im Ausdruck. Meist gute Gesundheit.

*Mond/Venus:* Gute Auffassungsgabe. Schönheits- und kunstsinnig. Meist gutmütig, anmutig, strebt nach Harmonie und Zärtlichkeit.

*Mond/Mars:* Offen, aufrichtig, manchmal allzu sorglos. Bestimmtes Auftreten, rasche Reaktionen. Meist lebensfroh.

*Mond/Jupiter:* Freundlich bis herzlich, tolerant, meist gutmütig, verständnisvoll, gewissenhaft. Häufig recht geschäftstüchtig, beliebt. Tierliebend.

*Mond/Saturn:* Zurückhaltend, vorsichtig, konservativ, handelt überlegt. Gutes Organisationstalent. Verantwortungsbewußt. Verlangt nach Sicherheit in emotionellen Bindungen.

*Mond/Uranus:* Stark auf Freiheit und Unabhängigkeit bedacht, eigenwillig, oft ehrgeizig, plötzliche Stimmungsumschwünge möglich. Oft intuitive Einsichten.

*Mond/Neptun:* Sensibel, idealistisch, phantasievoll. Möchte gern Besonderes tun und sein.

*Mond/Pluto:* Entschlossen, klare Vorstellungen; Tendenz zu Gefühlsausbrüchen. Starke Mutterbindung möglich.

*Mond/Aszendent:* Extravertiert, aber feinfühlig gegenüber anderen. Traditionsverhaftet.

*Mond/Himmelsmitte:* Gut im Umgang mit Menschen, hilfsbereit.

## ☿

*Merkur/Venus:* Guter Geschmack, Schönheitssinn, gut im Ausdruck.

*Merkur/Mars:* Offen, gewandt, entschlußfreudig, rascher Denker, wagemutig; meist scharfes Gehör und Gesicht.

*Merkur/Jupiter:* Wißbegierig, reisefreudig, schlagfertig, meist umgänglich und beliebt.

*Merkur/Saturn:* Gründlich, logisch, zuverlässig.

*Merkur/Uranus:* Lebhaft bis rastlos, einfallsreich, wahrheitsliebend. Selbstsicher, gutes Gedächtnis.

*Merkur/Neptun:* Idealist, schöpferisch begabt, reiche Phantasie. Verwundbar, aber nicht nachtragend.

*Merkur/Pluto:* Verschwiegen, kann konzentriert denken. Plötzliche Meinungsänderungen möglich.

*Merkur/Aszendent:* Lebhaft, kann gut mit Kindern umgehen. Im 9. Haus: fremdsprachenbegabt.

*Merkur/Himmelsmitte:* Geistig sehr wendig, einfallsreich; braucht anregenden Beruf.

♀

*Venus/Mars:* Warmherzig, gefühlvoll, Tendenz zu vielen Liebesaffären. Kunstinteressiert.

*Venus/Jupiter:* Angenehm, umgänglich, meist sehr beliebt. Etwas extravagant, wenig mutig.

*Venus/Saturn:* Treu, opferbereit, sparsam; oft allzu praktisch veranlagt; Einsamkeit möglich.

*Venus/Uranus:* Neugierig, kontaktfreudig, meist originell, künstlerisch begabt. Auch romantisch.

*Venus/Neptun:* Kunstsinnig, empfindsam, oft etwas wirklichkeitsfremd, scheut Routinearbeit.

*Venus/Pluto:* Lebenslustig (Gefahr von Übergewicht), leidenschaftlich, meist treu.

*Venus/Aszendent:* Sehr umgänglich, beliebt. Kunstsinnig. Im 9. Haus: Heirat mit Ausländer möglich.

*Venus/Himmelsmitte:* Kann Gefühle gut ausdrücken. Reges, meist gutes Liebesleben. Kunstbegabung.

**12**

♂

*Mars/Jupiter:* Aktiv, unternehmungslustig, begeisterungsfähig; liebt Reisen und Abenteuer. Meist sportlich, manchmal kunstbegabt.

*Mars/Saturn:* Ehrgeizig, tüchtig, karrierebewußt, manchmal rücksichtslos; ausdauernd, Organisator.

*Mars/Uranus:* Selbstbewußt, entschlußfreudig, arbeitsam, freiheitsliebend bis aufsässig.

*Mars/Neptun:* Gefühlsstark, phantasiereich, karitativ, manchmal religiös sehr engagiert.

*Mars/Pluto:* Eigenwillig, in Gefahr todesmutig, sehr beherrscht, großer Krafteinsätze fähig.

*Mars/Aszendent:* Tatkräftig, entschlußfreudig, praktisch, meist sportlich, häufig egoistisch.

*Mars/Himmelsmitte:* Braucht selbständige Tätigkeit, die hohe Anforderungen stellt.

## ♃

*Jupiter/Saturn:* Geduldig, abwägend, gewissenhaft, kennt seine Grenzen. Erfolg wahrscheinlich.

*Jupiter/Uranus:* Optimistisch, freiheitsliebend, einfallsreich, Führungsqualitäten. Auf Horizonterweiterung bedacht.

*Jupiter/Neptun:* Gutmütig, großzügig, nicht nachtragend, meist religiös. Karitativ. Hilfsbedürftiger Partner möglich.

*Jupiter/Pluto:* Optimistisch, humorvoll, zuversichtlich, will Macht ausüben können. Wendig.

*Jupiter/Aszendent:* Großzügig, begeisterungsfähig, kontaktfreudig, reiselustig. Kinderfreundlich.

*Jupiter/Himmelsmitte:* Ehrgeizig, weitblickend, erfolgsorientiert. Positive Lebenseinstellung.

## ♄

*Saturn/Uranus:* Verantwortungsbewußt, ausdauernd, einfallsreich, Führungsqualitäten. Tatkräftig, aber stets überlegt.

*Saturn/Neptun:* Vernünftig, arbeitsam, Organisationstalent. Oft opferbereit, kann Ideale in die Wirklichkeit umsetzen.

*Saturn/Pluto:* Ausdauernd und zäh, kann sich durch Krisensituationen »hindurchbeißen«.

*Saturn/Aszendent:* Ernst, verantwortungsbewußt, zuverlässig, ehrlich. Ehrgeizig. Im 5. Haus: Probleme mit Kindern möglich, vielleicht wegen übertriebenem Ehrgeiz.

*Saturn/Himmelsmitte:* Beruflicher Ehrgeiz, der übermächtig werden kann; praktisch veranlagt.

12

## ♅

*Uranus/Neptun:* Freundlich, intuitiv, empfindsam, vielleicht am Okkulten interessiert.

*Uranus/Pluto:* Schöpferisch, weitblickend, manchmal revolutionär; sich selbst gegenüber fordernd und ehrlich.

*Uranus/Aszendent:* Individualist, originell, unberechenbar, Tendenz zum Ungewöhnlichen; Hang zu sexuellen Perversionen möglich.

*Uranus/Himmelsmitte:* Idealist, unabhängigkeitsliebend, will sich häufig im Beruf verwirklichen. Selbständiger Beruf ratsam.

## Ψ

*Neptun/Pluto:* Hängt an Idealen oder künstlerischer Berufung, materiell wenig interessiert.

*Neptun/Aszendent:* Empfindsam, hilfsbereit, neigt zur Flucht vor der Wirklichkeit. Meist kunstinteressiert oder künstlerisch begabt.

*Neptun/Himmelsmitte:* Idealist, kunstsinnig, weicht harter Arbeit nach Möglichkeit aus. Will den Menschen helfen.

## ♇

*Pluto/Aszendent:* Introspektiv. Kann sich gut auf Veränderungen einstellen. Kann notfalls Kräfte mobilisieren.

*Pluto/Himmelsmitte:* Organisationstalent. Intensive Identitätssuche. Energischer Neubeginn nach Fehlschlägen.

12

# Methoden der Prognose

Das Geburtshoroskop (Radix- oder Grundhoroskop) gibt Auskunft über die Gegebenheiten eines Menschen, seine Anlagen und Möglichkeiten, sein Wesen und seine Fähigkeiten. Da der Lebensweg eines Menschen wesentlich durch diese Gegebenheiten mitbestimmt wird, vermag das Horoskop auch darüber etwas auszusagen: Was sich später entfalten wird, ist in ihm bereits enthalten. Um das Wie und Wann dieser Entwicklungen, ihren Trend und ihre zeitliche Staffelung erkennen zu können, bedient man sich verschiedener Prognosemethoden.

Am wichtigsten sind die Direktionen (auch Progresse genannt) und die Transite. Erwähnt sei noch das Solarhoroskop, das auf den genauen Zeitpunkt ausgerichtet ist, an dem die Sonne alljährlich in die Position zurückkehrt, die sie am Tag der Geburt zur Geburtszeit innehatte. Die Ingresse, von denen häufiger die Rede ist, sind nichts anderes als Transite, die jedoch nicht auf das Geburtshoroskop, sondern auf das für den interessierenden Zeitraum aufgestellte Direktionshoroskop bezogen sind. Ihrer bedient sich z.B. die Astrometeorologie.

Grundlage einer jeden individuellen Prognose bleibt aber stets das Geburtshoroskop.

Zwischen Direktionen und Transiten besteht insofern eine enge Beziehung, als Direktionen etwas über grundsätzliche Entwicklungstendenzen in Zeiträumen von zwei bis drei Monaten (Monddirektionen) bis zu zwei Jahren (langsam umlaufende Planeten) aussagen, die dann »akut« werden, wenn innerhalb dieser Zeiträume gleichgerichtete Transite vorhanden sind. Anhand der Direktionen läßt sich der Lebenslauf also nur in großen Zügen zeichnen; sie lassen erkennen, wann die Tendenz zu Einschnitten und Veränderungen gegeben ist, wann Stärke- oder Schwächeperioden zu erwarten sind. Eine engere zeitliche Abgrenzung und eine Präzisierung der Prognose erlauben dann die Transite.

**13**

# Die Direktionen

Auf die sogenannten Primärdirektionen, die auf der Umdrehung der Erde um die eigene Achse beruhen, wollen wir hier nicht näher eingehen, weil sie nur dann als Grundlage für eine Prognose dienen können, wenn die Geburtszeit auf die Minute genau bekannt ist (was selten der Fall ist); eine Verschiebung um nur 4 Minuten würde in der Prognose eine Zeitverschiebung von einem ganzen Jahr bedeuten.

Für unsere Zwecke reichen die Sekundärdirektionen, die auf der Drehung der Erde um die Sonne beruhen, völlig aus. Grundlage dieser Prognosemethode ist die Annahme, daß zur zeitlichen Staffelung der Gegebenheiten des Horoskops die Anzahl der Tage nach der Geburt der Anzahl der Lebensjahre gleichzusetzen ist, daß sich also aus der Bezugsetzung der Gestirnsstände beispielsweise 20 Tage nach der Geburt zu den Gestirnsständen des Geburtshoroskops die wesentlichen Entwicklungen im 20. (oder 19.-21.) Lebensjahr erkennen lassen.

Will ich beispielsweise bei einem am 2. April 1961 geborenen Menschen die Entwicklungstendenzen im 20. Lebensjahr erkunden, so entnehme ich den Ephemeriden des Jahres 1961 die Gestirnsstände am 21. April. Da aber die Ephemeriden auf 12 oder 0 Uhr Weltzeit (Greenwich-Zeit) berechnet sind, würde die Prognose nur dann den ungefähren Zeitraum vom 2. 4. 1980 bis 2. 4. 1981 umfassen, wenn ich genau um 12 bzw. 0 Uhr WZ geboren wäre. In allen anderen Fällen muß ich zunächst den sogenannten Indextag berechnen, ab dem die Prognose ungefähr Gültigkeit erhält; dieser Indextag liegt, wenn die Ephemeriden auf 12 Uhr WZ berechnet sind, bei Geburten vor 12 Uhr WZ nach, bei Geburten nach 12 Uhr WZ vor dem Geburtstag, bei auf 0 Uhr WZ berechneten Ephemeriden und Geburten nach 0 Uhr stets vor dem Geburtstag.

**13** Das Berechnungsverfahren für 12-Uhr-WZ-Ephemeriden ist ziemlich einfach. Zunächst stelle ich den Abstand der Geburtszeit (in WZ!) zu 12 Uhr WZ fest und verwandle die Stunden und Minuten mit Hilfe der nachfolgenden Tabelle in Tage. Dann entnehme ich einem Kalender, der wievielte Tag des Jahres der Geburtstag war. Zu dieser Zahl zähle ich bei Geburten vor 12 Uhr WZ die aus der Tabelle ermittelte Zahl der Tage hinzu; bei Geburten nach 12 Uhr WZ ziehe ich sie ab. Die so erhaltene Zahl ist der Indextag.

| Stunden/Tage | | Minuten/Tage | |
|---|---|---|---|
| 1 | 15,2 | 1 | 0,2 |
| 2 | 30,4 | 2 | 0,5 |
| 3 | 45,6 | 3 | 0,7 |
| 4 | 60,8 | 4 | 1,0 |
| 5 | 76,0 | 5 | 1,3 |
| 6 | 91,2 | 6 | 1,5 |
| 7 | 106,5 | 7 | 1,8 |
| 8 | 121,6 | 8 | 2,0 |
| 9 | 136,8 | 9 | 2,3 |
| 10 | 152,1 | 10 | 2,5 |
| 11 | 167,3 | 15 | 3,8 |
| 12 | 182,5 | 20 | 5,1 |
| 13 | 197,7 | 25 | 6,3 |
| 14 | 212,9 | 30 | 7,6 |
| 15 | 228,1 | 35 | 8,9 |
| 16 | 243,3 | 40 | 10,1 |
| 17 | 258,5 | 45 | 11,4 |
| 18 | 273,7 | 50 | 12,7 |
| 19 | 288,9 | 55 | 13,9 |
| 20 | 304,2 | | |
| 21 | 319,4 | | |
| 22 | 334,6 | | |
| 23 | 349,8 | | |

Beispiel: Geburt am 2. April um 9.30 Uhr WZ. Differenz zu 12 Uhr WZ = 2 Stunden 30 Minuten.

$$
\begin{array}{rcl}
2 \text{ Stunden} &=& 30,4 \text{ Tage} \\
30 \text{ Minuten} &=& 7,6 \text{ Tage} \\
\hline
&& 38,0 \text{ Tage}
\end{array}
$$

Der 2. April ist der 92. Tag des Jahres. 92 + 38 = 130. Der 130. Tag des Jahres ist der 10. Mai. Das ist der Indextag.

Sollte die Subtraktion (bei Geburten nach 12 Uhr WZ) eine negative Zahl ergeben, so ist 365 hinzuzuzählen; die Gestirnsstände für das 20. Lebensjahr sind dann dem 21. Tag nach der Geburt zu entnehmen. Bei einem Ergebnis über 365 bei Geburten vor 12 Uhr WZ ist 365 abzuziehen; für das 20.

Lebensjahr gelten dann die Gestirnsstände des 19. Tages nach der Geburt.

Da die Monddirektionen infolge der schnellen Umlaufzeit nur etwa 2 Monate wirksam sind, kann man durch Berechnung der Mondpositionen im 2-Stunden-Abstand Hinweise für die einzelnen Monate des betreffenden Lebensjahres erhalten.

Bei auf 0 Uhr WZ berechneten Ephemeriden arbeiten wir mit der Stundendifferenz zwischen 0 Uhr WZ und der Geburtsstunde (in WZ).

Prognosen ergeben sich, wenn die dirigierten Gestirne zu den Gestirnen im Geburtshoroskop oder deren Aspekten in exaktem Bezug stehen. Stets sorfältig zu berücksichtigen sind bei der Deutung die Gegebenheiten des Geburtshoroskops, aber auch die Beziehungen der dirigierten Gestirne untereinander. Die bloße Aneinandereihung der Aussagen unserer Übersicht genügt nicht für eine schlüssige Prognose!

Die Symbole bedeuten: ☌ Konkunktion, △ Trigon, ✶ Sextil, ☍ Opposition, □ Quadrat.


## Deutung der Direktionen

*Sonne/Mond*

☌ Wichtiger, je nach Gesamtaspektierung glückbringender oder kritischer Lebensabschnitt mit tiefgreifenden Veränderungen oder Umstellungen.

△, ✶ Günstig für neue private und berufliche Unternehmungen und für die Gesundheit.

☍, □ Gesundheitliche und seelische Belastungen und Probleme, eine Zeit der Hindernisse.

*Sonne/Merkur*

☌ Ortsveränderungen (Reisen, Umzüge) möglich; waches Bewußtsein und Denken.

△, ✶ Günstig für neue Unternehmen, eine lebhafte und anregende Zeit.

□ Anstrengende, die Nerven strapazierende Periode. Vorsicht vor Fehlentscheidungen!

## Sonne/Venus

☌ Materielle und gesellschaftliche Förderung, gesteigerte Lebensfreude, günstig für das Liebesleben (neue Verbindungen oder Heirat möglich).

△, ✶ Materiell und persönlich sehr positiv (Verlobung oder Heirat möglich).

☐ Finanzielle und gesellschaftliche Belastungen wahrscheinlich.

## Sonne/Mars

☌ Ungewöhnlich aktive Zeit voll Unternehmungsgeist. Bei negativer Aspektierung viel oder schwere Arbeit, gesundheitliche Belastung, Unfallgefahr.

△, ✶ Ereignisreiche Periode mit guten Erfolgschancen.

☍, ☐ Beruflich anstrengend; Gefahr von Auseinandersetzungen mit Vorgesetzten. Oft starke gesundheitliche Belastungen (Verletzungen, entzündliche oder fiebrige Erkrankungen, Kreislauf).

## Sonne/Jupiter

☌ Förderliche Zeit, beruflich, privat und gesundheitlich günstig, aber Vorsicht vor Überheblichkeit und Unbedachtsamkeit!

△, ✶ Ähnlich wie Konjunktion; bei Trigon finanzielle und gesellschaftliche Erfolge möglich.

☍, ☐ Tendenz zu Fehlurteilen, Übermaß (auch im Essen; Leberschäden); Spannungen und Enttäuschungen durch Unbedachtsamkeit.

## Sonne/Saturn

☌ Kritische Zeit voller Hemmnisse und Schwierigkeiten; Belastung durch neue Verantwortungen, Probleme mit dem Kreislauf möglich.

△, ✶ Vorsicht ist geboten, aber Fleiß und Ausdauer können belohnt werden (vielleicht beruflicher Aufstieg).

☍, ☐ Stagnation und Probleme; finanzielle Risiken vermeiden! Schwierigkeiten mit der Gesundheit (auch Unfälle und Verletzungen) und in der Privatsphäre möglich.

## Sonne/Uranus

☌ Tiefreichende persönliche und (oder) berufliche Veränderungen wahrscheinlich, häufig mit negativen Folgen. Neue Partnerschaft oder Lösung einer Bindung.

△, ✳ Gesteigerte Dynamik, unverhoffte materielle Förderung möglich.

☌, ☐ Sehr kritische Zeit, vielleicht mit negativen Überraschungen. Unfallgefahr, Nervenanspannung, bei negativer Aspektierung bis zum Nervenzusammenbruch.

### Sonne/Neptun

☌ Eine Zeit neuer Einfälle und Inspirationen, gut für Künstler, aber Vorsicht vor verworrenem Denken und Wirklichkeitsflucht.

△, ✳ Ähnlich wie Konjunktion, aber allgemein positiv, kann Gewinne bringen.

☌, ☐ Spannungsvolle, aber oft kreative Zeit; häufig seelische Belastungen (vielleicht durch Todesfälle).

### Sonne/Pluto

☌ Ereignisreich, oft kritisch, aber nur langsame Auswirkungen. Vielleicht Neubeginn mit Schwierigkeiten; Verletzungsgefahr.

△, ✳ Ähnlich, aber weniger anstrengend; gesteckte Ziele können erreicht werden.

☌, ☐ Manche Pläne scheitern an unerwarteten Hindernissen. Tendenz zu Affekthandlungen.

### Sonne/Aszendent

☌ Glückliche Zeit beruflich und privat; Beförderung, Heirat oder Geburt eines Kindes möglich.

△, ✳ Für alle Lebensbereiche eine harmonische Periode; meist guter Gesundheitszustand.

☌, ☐ Häufig kritisch; Auseinandersetzungen oder Trennungen möglich.

### Sonne/Himmelsmitte

☌ Beruflicher und privater Höhepunkt, bei guter Aspektierung der Geburtssonne Anerkennung und weiterer Aufstieg wahrscheinlich.

△, ✳ Zeit des Glücks und der Harmonie, sehr gut für den Beruf, oft gute Gesundheit.

☌, ☐ Schwierigkeiten im beruflichen und häuslichen Bereich (mit den Kindern?), körperliche Schwächung.

## Mond/Sonne

☌ Persönlichkeitsentfaltung, positive Veränderungen wahrscheinlich. Aber Vorsicht vor fiebrigen Erkrankungen!

△, ✶ Eine Zeit vieler guter Möglichkeiten, neuer Kontakte und guter Gesundheit.

☍, ☐ Periode geschwächter Lebenskraft; Fehlschläge und Enttäuschungen sind wahrscheinlich.

## Mond/Merkur

☌ Eine lebhafte Zeit mit gesteigerter geistiger und seelischer Regsamkeit, günstig für Horizonterweiterung (Studien, Reisen).

△, ✶ Berufliche Erfolge wahrscheinlich. Günstig für Reisen und den Beginn langfristiger Unternehmungen.

☍, ☐ Probleme im häuslichen Bereich; geschäftliche Zurückhaltung ratsam. Ungünstig für Reisen und Umzüge. Nervliche und seelische Belastungen möglichst vermeiden!

## Mond/Venus

☌ Eine Zeit des Glücks; Möglichkeit der Knüpfung langdauernder Beziehungen (Verlobung oder Heirat möglich).

△, ✶ Wie Konjunktion, aber häufig auch materielle Erfolge und sehr gute Gesundheit.

☍, ☐ Enttäuschungen und Rückschläge im privaten Bereich (Lösung von Liebesbeziehungen möglich), auch finanziell ungünstig.

## Mond/Mars

☌ Eine Zeit des Tatendrangs, aber oft mit negativen Folgen (Unüberlegtheit, Affekthandlungen, Unfallgefahr); Möglichkeit entzündlicher oder fiebriger Krankheiten.

△, ✶ Gesteigerte Libido, viel Unternehmungslust, die Erfolge zeitigt. Gut für Reisen.

☍, ☐ Tendenz zu Risiken (Vorsicht beim Autofahren!). Extreme Spontanhandlungen mit negativen Folgen möglich. Gefahr nervöser Spannungen, Kopfschmerzen.

**13**

## Mond/Jupiter

☌ Viele Möglichkeiten mit sehr guten materiellen Erfolgsaussichten. Günstig für Beruf, Reisen.

△, ✳ Ähnlich wie Konjunktion; Erfolge können ohne große Mühen erreicht werden.

☌, ☐ Neigung zu maßlosem Handeln mit negativen Folgen. Vorsicht vor Fehlurteilen und Selbstüberschätzung!

### Mond/Saturn

☌ Persönliche und berufliche Hemmungen, geschwächte Vitalität. Zweifel und Depressionen möglich. Neue Pläne und Unternehmungen nicht forcieren!

△, ✳ Anerkennung geleisteter Arbeit (Beförderung) möglich; gutes Planungsvermögen für langfristige Unternehmungen.

☌, ☐ Finanzielle und gesundheitliche Probleme wahrscheinlich; Tendenz zu Unlustgefühlen und Depressionen.

### Mond/Uranus

☌ Überraschende Veränderungen positiver oder negativer Art wahrscheinlich; Möglichkeit neuer, aber oft wenig dauerhafter Kontakte und neuer Impulse.

△, ✳ Neubelebung, unverhoffte Erfolge und Gewinne möglich.

☌, ☐ Spannungsgeladene Zeit, Mißerfolge und Trennungen sehr wahrscheinlich. Gefahr starker seelischer Belastungen und körperlicher Überarbeitung.

### Mond/Neptun

☌ Je nach Aspektierung im Geburtshoroskop Tendenz zur Wirklichkeitsflucht, Rückfall in alte schlechte Gewohnheiten, bewegtes Seelenleben.

△, ✳ Ähnlich, aber harmonischer; günstig für Künstler. Denkwürdige Liebeserlebnisse möglich.

☌, ☐ Seltsame Erlebnisse möglich. Verworrenes Denken, Vergeßlichkeit; Gefahr des Getäuscht- und Betrogenwerdens.

### Mond/Pluto

☌ Hemmungen und Hindernisse; psychische Stauungen, die sich gewaltsam entladen können (Vorsicht vor Affekthandlungen!).

△, ✳ Bei guter Aspektierung günstig für Neuanfänge, neue geschäftliche Unternehmen.

☌, ☐ Verkrampfungen, Hindernisse und Enttäuschungen sehr wahrscheinlich; Gefahr unbedachter Spontanreaktionen.

*Mond/Aszendent*

♂ Fruchtbarer Neubeginn, im weiblichen Horoskop oft Heirat oder Geburt eines Kindes. Reisen.

△, ✳ Wie Konjunktion; auch günstig für die Gesundheit.

☍, □ Veränderungen der häuslichen Verhältnisse, bei Opposition günstig (Verlobung, Heirat, Liebesbeziehung), bei Quadrat Probleme auf Reisen, Unruhe, Trennungen, Gefahr gesundheitlicher Schäden.

*Mond/Himmelsmitte*

♂ Günstige, abwechslungsreiche Zeit, Steigerung des Selbstbewußtseins; im weiblichen Horoskop: Heirat oder Kindsgeburt möglich.

△, ✳ Viele erfreuliche Erlebnisse, neue Verbindungen, besonders gut für Künstler.

☍, □ Schwierigkeiten und aufgezwungene Veränderungen in Haus und Beruf möglich.

☿

*Merkur/Venus*

♂ Geistig und künstlerisch fördernd, materielle Erfolge und gesellschaftliche Anerkennung sind möglich.

△, ✳ Wie Konjunktion; gut für Erholungsreisen, Urlaub.

☍, □ Seelische Spannungen, gestörtes Gefühlsleben, aber wie alle Merkur-Venus-Aspekte meist nur schwach wirksam.

*Merkur/Mars*

♂ Gesteigerte Geisteskraft und Selbstsicherheit, aber Vorsicht bei mündlichen und schriftlichen Äußerungen geboten.

△, ✳ Aktiv und aufgeschlossen; günstig für Studien und die Verwirklichung langgehegter Pläne.

☍, □ Nervös, seelische Spannungen, Neigung zu schroffem, unbedachtem Verhalten, das sehr negative Folgen haben kann.

*Merkur/Jupiter*

♂ Günstig für Studien, Prüfungen, schriftliche Äußerungen, Reisen, auch materielle Erfolge möglich.

△, ✳ Klar im Denken, glückliche Hand im Finanziellen, dauerhafte neue Kontakte möglich.

♂, ☐ Fehleinschätzungen, Fehlverhalten, voreilige Versprechungen bringen Schwierigkeiten. Auch ungünstig für Reisen.

## Merkur/Saturn

♂ Periode mit wenig Fortschritten, ernst bis depressiv, materielle Sorgen und gesundheitliche Störungen (Nerven, Kreislauf) möglich.

△, ✶ Pläne werden gefördert. Gesteigerte Verantwortung bedingt erhöhte Vorsicht.

♂, ☐ Enttäuschungen, Schwierigkeiten; Trennungen oder materielle Verluste wahrscheinlich.

## Merkur/Uranus

♂ Originalität, aber auch nervöse Spannungen. Tiefgreifende Beeinflussung durch interessante neue Kontakte möglich.

△, ✶ Positive Überraschungen wahrscheinlich. Neue Ideen für Beruf und Privatleben, neue Kontakte.

♂, ☐ Unruhe, nervöse Spannungen, Tendenz zu unüberlegtem Tun (Gefahr von Verlusten und Trennungen), kritisch für Nerven.

## Merkur/Neptun

♂ Oft ungünstig, wirres Denken und Handeln, aber Einfluß meist nur schwach.

△, ✶ Tendenz zu Intuition und zum Irrationalen. Für Künstler günstig. Vorsicht vor Wunschdenken!

♂, ☐ Gefahr der Selbsttäuschung und Verwirrung, ungewöhnliche Ängste oder Leiden. Vorsicht vor Betrug und Täuschung!

## Merkur/Pluto

♂ Gesteigerte Aktivität, originelle Einfälle und Einsichten, Möglichkeit zu Pionierleistungen.

△, ✶ Wie Konjunktion, häufig mit guten Chancen für materielle Erfolge, finanzielle Gewinne.

♂, ☐ Innere und äußere Spannungen und Konflikte, Gefahr von Fehlhandlungen und nervlicher Überbelastung; unbedingt auf die Gesundheit achten!

## Merkur/Aszendent

♂ Günstig für Horizonterweiterung (Studien, Reisen).

△, ✶ Viele neue Kontakte, meist auch gute Gesundheit.

♂, □ Zeit der Unruhe und nervlichen Belastung, Gefahr leichtsinniger Äußerungen und Handlungen. Vorsicht vor Täuschungen und Verlusten durch Betrug. Ungünstige Periode für größere Reisen.

## Merkur/Himmelsmitte

✶ Viel Unternehmungslust und Leistungskraft. Günstig für Studien und Beruf.

△, ✶ Neue berufliche Chancen. Eine gute Zeit für den Beginn neuer Unternehmen.

♂, □ Zeit beruflicher und familiärer Schwierigkeiten und Konflikte; Zerwürfnisse möglich.

♀

## Venus/Mars

✶ Vorherrschen des Gefühlslebens, häufig mit negativen Folgen; Impulsivität, Voreiligkeit, dadurch oft auch materielle Probleme.

△, ✶ Meist eine glückliche Zeit, vorwiegend auf erotischer und Gefühlsebene.

♂, □ Konflikt-Periode; Trennungen von Liebesbeziehungen möglich; Gefahr finanzieller Verluste und gesundheitlicher Schädigungen.

## Venus/Jupiter

✶ Meist nur schwache Wirkung: Tendenz zu finanziellem und gesellschaftlichem Erfolg.

△, ✶ Bei sehr guter Aspektierung eine Zeit gesteigerter Lebensfreude mit finanziellem Erfolg, sonst nur wenig Aktivität und Leistung.

♂, □ Tendenz zu Unmäßigkeit und Verschwendung (auf Gewicht achten, Vorsicht mit Geld!), häufig Gefahr gesundheitlicher Störungen.

## Venus/Saturn

✶ Beziehung zu erheblich älterem Partner möglich. Oft gesellschaftliche Erfolge. Bei negativer Aspektierung Gefahr finanzieller Verluste, materieller Hindernisse.

△, ✶ Harmonische Zeit, gut für finanzielle Stabilisierung und dauerhafte Kontakte.

♂, □ Enttäuschungen und Kummer in Liebe und Freundschaft, materielle Sorgen, Depressionen, bei ungünstiger

Aspektierung im Geburtshoroskop Trennung (auch durch Todesfall) möglich.

## Venus/Uranus

☌ Plötzliche gefühlsbestimmte Kontakte oder Trennungen, allgemein überraschende Einflüsse von außen, viele Erlebnisse.

△, ✶ Neue nützliche Kontakte möglich. Häufig originelle, aber nur kurzlebige Erfahrungen.

☍, □ Probleme, Entfremdungen, Trennungen im persönlichen Bereich wahrscheinlich. Tendenz zu Extremen, außergewöhnlichen Liebesverbindungen. Vorsicht geboten!

## Venus/Neptun

☌ Nur schwach wirksam. Gesteigertes und verfeinertes Gefühlsleben.

△, ✶ Glückliche Zeit mit stabilen Gefühlsbindungen, wenn auch harmonische Mond- oder Jupiterdirektionen gegeben sind.

☍, □ Seelische Probleme, Tendenz zur Abkapselung und Wirklichkeitsflucht, psychosomatische Erkrankungen möglich.

## Venus/Pluto

☌ Meist sehr schwierige Zeit mit starken Spannungen in der Ehe oder Partnerschaft; im männlichen Horoskop ungünstig für Mutter oder Ehefrau (Partnerin).

△, ✶ Erotische Belebung, meist auch finanziell günstig, aber allgemein schwache Verzögerungen.

☍, □ Unvorhergesehene Widerstände und Fehlschläge, gereizte Stimmung, Gefahr materieller Verluste oder Trennung von einem geliebten Menschen.

## Venus/Aszendent

☌ Glückliche, erfolgreiche Zeit, materielle Gewinne, häufig neue Liebesverbindung oder Heirat, gute Gesundheit.

△, ✶ Wie Konjunktion, aber noch deutlicher positiv betont, viel Lebensfreude.

☍, □ Quadrat: Finanzielle Verluste durch Extravaganz und Konflikte oder Trennung in Liebesbeziehung möglich. Opposition: Günstig für den privaten und häuslichen Bereich.

*Venus/Himmelsmitte*

♂ Günstig im Berufsleben (Beförderung möglich), für gesellschaftliche und Liebesbeziehungen (Heirat häufig), förderlich für schöpferisch Begabte.

△, ✶ Wie Konjunktion; das Schöne und Erfreuliche kommt weitgehend ohne eigenes Bemühen.

♂, ☐ Möglichkeit kleinerer beruflicher und familiärer Dissonanzen.

♂

*Mars/Jupiter*

♂ Unternehmungslust, aber Gefahr von Übertreibungen mit negativen Auswirkungen.

△, ✶ Gesteigerte Initiative, die durch viele günstige Möglichkeiten Erfolge bringen kann.

♂, ☐ Tendenz zu voreiligen, unbedachten Urteilen und Taten, die zu Auseinandersetzungen und Verlusten führen. Auch seelische Spannungen; Gefahr entzündlicher oder psychosomatischer Erkrankungen.

*Mars/Saturn*

♂ Häufig innere Zerrissenheit, unerwartete Hindernisse bei tatkräftig begonnenen Unternehmen; labiler Gesundheitszustand.

△, ✶ Unternehmungsgeist im Verein mit gesundem Menschenverstand kann Erfolge bringen, doch ist fast stets Anstrengung nötig.

♂, ☐ Tendenz zu impulsiven Gefühlsausbrüchen oder Depressionen, mangelnde Selbstbeherrschung. Gefahr von Unfällen und akuten Erkrankungen.

*Mars/Uranus*

♂ Wahrscheinlich ereignisreiche Zeit mit folgereichen positiven oder negativen Überraschungen und starker nervlicher Anspannung. Vorsicht bei der Knüpfung neuer Kontakte ratsam. Unfalltendenz.

△, ✶ Harmonische Kontakte und günstige Beeinflussung wahrscheinlich. Gesteigerte Unternehmungslust und Klarsicht.

♂, □ Kritische, spannungsvolle Zeit, Gefahr durch impulsives, unsinniges Handeln mit langfristigen negativen Folgen. Unfallgefahr.

## Mars/Neptun

☌ Zwiespältiger Aspekt; im besten Fall Steigerung kreativer Fähigkeiten, im schlechtesten Fall Schädigung durch List, Betrug und Täuschung.

△, ✶ Ähnlich wie Konjunktion, jedoch vorwiegend positiv; kann sich geschäftlich und gesellschaftlich fördernd auswirken.

♂, □ Gefährliche Zeit mit teils rätselhaften Geschehnissen; übersteigertes Triebleben, seelische Spannungen, Gefahr der Gesundheitsschädigung durch Gifte, auch Drogen oder Alkohol.

## Mars/Pluto

☌ Mögliche Hindernisse, die nur durch geballten Krafteinsatz überwunden werden. Vielleicht plötzliche Einwirkungen von außen; Unfallgefahr.

△, ✶ Abschwächung des hemmenden Pluto-Einflusses; Neubeginne sind möglich.

♂, □ Starke innere Spannungen, vielleicht schwere Prüfungen. Tendenz zu Rachegefühlen, Überanstrengung. Erfolg nur durch konzentrierten Krafteinsatz.

## Mars/Aszendent

☌ Aktive, kämpferische Zeit mit Entscheidungszwängen, die vollen, überlegten Krafteinsatz erfordert. Gefahr von Überanstrengung, entzündlichen oder fiebrigen Erkrankungen, auch Operationen.

△, ✶ Wie Konjunktion, aber weniger anstrengend. Neue Liebesbeziehung oder Heirat möglich.

♂, □ Beruflich kritisch. Lösungen sollten nicht erzwungen werden. Konjunktion: Kritisch auch im persönlichen Bereich, Probleme mit dem Partner (auch akute Erkrankung möglich).

## Mars/Himmelsmitte

☌ Häufig eine Zeit starker Anstrengungen und heftiger Auseinandersetzungen, Aktivitäten ohne anhaltenden Erfolg.

△, ✶ Arbeits-, aber auch erfolgreiche Zeit, die durch Einfallsreichtum und Ausdauer Gewinn bringen kann.

☌, □ Quadrat: Schwierigkeiten im Berufsleben, Trennungen, Fehler durch Unbedachtsamkeit. Opposition: Kritisch im privaten Bereich, Trennungen und Todesfälle möglich.

## ♃

### Jupiter/Saturn

☌ Kommt erst in der zweiten Lebenshälfte zur Entfaltung. Förderlich für vertieftes Geistes- und Seelenleben.

△, ✶ Eine Zeit beruflicher und persönlicher Erfolge, in der Regel günstig für die Gesundheit, auch für die Genesung nach einer langwierigen Erkrankung.

☍, □ Seelische Spannungen und Konflikte mit der Umwelt, die zu Einbußen, Minderungen des Ansehens und Einflusses führen können. Gefahr von Stoffwechselerkrankungen.

### Jupiter/Uranus

☌ Plötzliche, vielleicht unerklärliche Geschehnisse können auf das Leben einwirken.

△, ✶ Ähnlich wie Konjunktion, aber weniger tiefgreifend. Geheime Wünsche können in Erfüllung gehen.

☍, □ Seelische Spannungen und Auseinandersetzungen, oft verstärkt durch belastende Einflüsse von außen, die völlig überraschend auftreten können.

### Jupiter/Neptun

☌ Schwacher, auf einen längeren Zeitraum verteilter Einfluß, durch den die Wirkkraft eines der beiden Planeten verstärkt werden kann.

△, ✶ Zeit ausgeglichener Ruhe, die innere Reifung und Selbsterkenntnis bringen kann, meist eine glückvolle Periode.

☍, □ Innere Spannungen, die aber nur bei sehr feinfühligen Menschen stärker in Erscheinung treten, können Entscheidungen nötig machen.

### Jupiter/Pluto

☌ Selbstüberschätzung, Gefahr der Arroganz, dadurch Gefahr von Konflikten und Schädigungen.

△, ✶ Meist harmonische Zeit, die Erfolge im persönlichen Bereich bringen kann.

☍, □ Kritischer Abschnitt, der unredliche Pläne und Unternehmen scheitern läßt.

*Jupiter/Aszendent*

☌ Erfolgreicher Lebensabschnitt, der auf vielen Gebieten Erfolg bringen kann.

△, ✳ Ähnlich wie Konjunktion; Erfolge ohne Mühe möglich.

☍, □ Bei gut aspektierter Opposition vorteilhaft, sonst Gefahr von Unmäßigkeit, Auseinandersetzuungen.

*Jupiter/Himmelsmitte*

☌ Glückliche Zeit, Erfolge je nach Richtung der Direktion.

△, ✳ Günstig für berufliche und geschäftliche Unternehmen; Aufstieg und Anerkennung wahrscheinlich.

☍, □ Berufliche Schwierigkeiten, Konflikte mit Vorgesetzten, Erfolge nur durch Kraftkonzentration. Trennungsgefahr im persönlichen Bereich.

♄

*Saturn/Uranus*

☌ Schöpferische Epoche; bei Aspektverletzung aber Spannungen oder Verlust der Freiheit.

△, ✳ Harmonische Zeit; Konzentration und Gründlichkeit bringen Erfolge.

☍, □ Zeit großer Widerstände und Hemmnisse mit unvorhergesehenen Geschehnissen, die zu Trennungen oder zur Zersplitterung führen können.

*Saturn/Neptun*

☌ Bei guter Aspektierung schöpferischer Lebensabschnitt mit großem Einfallsreichtum und Scharfsinnigkeit.

△, ✳ Harmonische Übereinstimmung von Wollen und Fühlen, Einklang von Verstandes- und Seelenkräften; Interesse für Philosophie, Psychologie oder Religion möglich.

☍, □ Innere Spannungen, Zweifel und Gefühlsverwirrungen, mangelnde Initiative und Aktivität; Leistungen müssen erzwungen werden.

*Saturn/Pluto*

☌ Lähmung auf sämtlichen Lebensgebieten, eine Zeit mangelnder Leistungsfähigkeit; nur durch positive andere Aspektierungen kommt Auftrieb.

△, ✳ Möglichkeit zur Überwindung oder Aufhebung von Hemmungen und zur Wiederfindung des Gleichgewichts.

♂, □ Gefahr einer tiefgreifenden oder langwierigen Krise, deren Natur sich aus der sonstigen Aspektierung der beiden Planeten ergibt.

*Saturn/Aszendent*

♂ Kritische Zeit, in der verschiedene Schwierigkeiten und Hemmnisse auftreten; starke Belastungen wahrscheinlich. Gefahr chronischer Erkrankungen.

△, ✶ Materiell günstige Zeit, Erfolge sind wahrscheinlich. Auch gut für die Gesundheit.

♂, □ Eine Zeitspanne voller Belastungen und Auseinandersetzungen. Gefahr von Verlusten und Trennungen, Gesundheit anfällig, Möglichkeit der Rufschädigung.

*Saturn/Himmelsmitte*

♂ Berufliche Schwierigkeiten wahrscheinlich, die nur langfristig überwunden werden können. Probleme im persönlichen und familiären Bereich, starke seelische Belastungen.

△, ✶ Günstig für die Stabilisierung erzielter Erfolge; Anerkennung und Belohnung von Bemühungen wahrscheinlich.

♂, □ Kritische Zeit für Beruf und Privatleben; Trennungen möglich. Finanziell und allgemein bei der Übernahme von Verpflichtungen ist Vorsicht geboten. Bei Opposition und Aspektverletzung: Todesfälle in der Verwandtschaft möglich. Da Uranus, Neptun und Pluto in den Wochen und Monaten nach der Geburt kaum aus ihren Grundaspekten heraustreten, können die Deutungen für sie entfallen.

# Die Transite

Während die Direktionen, denen ausschließlich das Geburtshoroskop zugrunde liegt, etwas über die Entwicklungsmöglichkeiten und -richtungen eines Menschen aussagen, sind die Transite gleichsam die »Auslöser«, die zeitliche Zustände zum Ereignis werden lassen können. Zwischen beiden besteht also eine enge Verbindung und Wechselwirkung. Der dritte Faktor, der stets berücksichtigt werden muß, ist das Grundhoroskop selbst, in dem sich die entscheidenden Aussagen über Wesen und Möglichkeiten des Menschen finden. Transite sind die Übergänge der »laufenden« Planeten über Gestirnsorte oder deren Aspekte im Geburtshoroskop. Sie können auf einfache Weise dadurch ermittelt werden, daß man den Ephemeriden die Gestirnsstände für den interessierenden Zeitraum oder Zeitpunkt entnimmt. Man trägt sie entweder auf dem Außenrand des Geburtshoroskops ein oder listet sie in der uns bereits bekannten Weise auf, um alle Beziehungen zum Geburtshoroskop rechnerisch zu erfassen. Wenn wir die Transite für den betreffenden Zeitpunkt festgestellt haben, ziehen wir die nachfolgende Deutungstabelle zu Rate. Aber jetzt wird es schwierig: Es wäre ebenso unzulässig wie unverantwortlich, aus einer bloßen Summierung der gegebenen Deutungen eine Prognose erstellen zu wollen. Vielmehr muß jede Aussage modifiziert werden:

1) entsprechend den Gegebenheiten des Geburtshoroskops: Wenn dieses stark disharmonische Tendenzen aufweist, kann man sich auch von einem glückverheißenden Transit nicht allzuviel versprechen, und umgekehrt wird sich ein ungünstiger Transit bei einem gut aspektierten Geburtsbild weit weniger negativ auswirken als bei einem schlecht aspektierten, während sich Aspektverletzungen im Radixhoroskop und negative Transite ebenso summieren, wie günstige Transite durch ein gut aspektiertes Geburtshoroskop verstärkt werden.

2) entsprechend den für den gleichen Zeitraum berechneten Direktionen: Wenn etwa sehr fördernde Transite, aber gleichzeitig kritische Direktionen vorliegen, werden zwar die ungünstigen Tendenzen nicht oder nur schwach ausgelöst werden, aber anderseits werden sich auch die Transite nur wenig auswirken, während gleich gerichtete Direktionen und Transite sich wiederum verstärken.

3) entsprechend den Wertigkeiten der Transite untereinander: Bei gleichzeitig auftretenden Transiten bestehen Wechselwirkungen, die zu berücksichtigen sind. Man kann die Transite mit einem Uhrwerk vergleichen, bei dem eine Vielzahl von Rädern ineinandergreift. Stets sind positive und negative Einflüsse verschiedenster Art gleichzeitig gegeben, und deshalb darf nie ein einzelner Transit für sich gedeutet werden. So kann ein günstiger Jupitertransit durch einen ungünstigen Saturntransit stark abgeschwächt, ein ungünstiger Transit wiederum durch einen günstigen aufgebessert oder gar aufgehoben werden.

Wir sehen also: Zwar lassen sich Transite mit Hilfe der Gestirnsstandsauszüge unschwer feststellen, aber damit ist es noch lange nicht getan. Um aus den Transiten eine Prognose ableiten zu können, muß eine Vielzahl von Gegebenheiten kombiniert, müssen Wirkkräfte in ihrer jeweiligen Intensität richtig erkannt und gegeneinander abgewogen werden. Dementsprechend sind die in den Deutungstabellen aufgeführten Grundaussagen zu modifizieren, derart in das Räderwerk der kosmischen Gegebenheiten des betreffenden Menschen einzuordnen, daß sich, wie beim Geburtshoroskop, wiederum ein geschlossenes Gesamtbild ergibt. Das bedeutet freilich keineswegs die Aufhebung jeglicher Gegensätze, die Abschleifung aller möglichen Widersprüche, denn schließlich sind in jedem Leben zu jeder Zeit gegensätzliche Kräfte, entgegengerichtete Einflüsse am Werk, schaffen das Spannungsfeld, in das unser Leben eingebettet ist.

Deutungstabellen allein genügen also für eine Prognose auf gar keinen Fall. Vielmehr bedarf es großer Erfahrung, um alle Faktoren aufeinander abstimmen zu können; erst wenn dies mit höchster Sorgfalt geschehen ist, kann man darangehen, eine Prognose zu erstellen. Und selbst dann sollte man eine Aussage niemals als absolut sicher, sondern nur als wahrscheinlich bezeichnen, denn wir unterliegen, wie schon im ersten Kapitel dargestellt wurde, ja nicht nur den Einflüssen und Wirkqualitäten, die astrologisch belegbar sind, sondern sind in eine Wirkwelt eingefügt, die wir noch längst nicht in der Gesamtheit ihrer Faktoren zu durchschauen vermögen.

Was nun die zeitliche Wirkungsbreite der Transite in bezug auf einen bestimmten Stichtag angeht, so wirken Mars, Uranus und Pluto bereits einige Zeit vor dem betreffenden Termin, Saturn und Neptun jedoch erst ab oder nach diesem Tag. »Exakt« sind Jupiter-Transite 4-5 Tage, Saturn-Transite etwa 10 Tage, Uranus-Transite rund drei Wochen, Pluto- und Neptun-Transite etwa einen Monat. Bei Rückläufigkeit der Planeten verlängert sich die Wirkungsdauer beträchtlich, bei Jupiter beispielsweise bis zu fünf Monaten, bei Pluto gar bis zu einem Jahr. Genauere Angaben finden sich in der folgenden Aufstellung der verschiedenen Transite.

Von Bedeutung sind in erster Linie die Transite der langsam laufenden Gestirne (Superiorplaneten) Jupiter, Saturn und Uranus, die deshalb in unserer Übersicht ausführlich behandelt werden, während die weniger stark wirksamen Transite von Sonne, Merkur, Venus und Mars sowie die in ihren Auswirkungen noch wenig erforschten Transite von Neptun und Pluto nur zusammenfassend dargestellt sind. Ihre Wirkungsdauer beträgt (von Neptun und Pluto abgesehen) lediglich ein bis zwei Tage; nur wenn Mars stationär wird, d.h. in den Ephemeriden einige Tage bis Wochen auf seinem Grad stehenbleibt, kann die Wirkung eines eventuell von ihm gebildeten Aspekts intensiver werden und auch länger anhalten.

13

## Deutung der Transite

An erster Stelle steht immer das umlaufende Gestirn, an zweiter Stelle der Planet bzw. Aspekt im Geburtshoroskop.

♃

*Jupiter/Sonne:* Wirkdauer etwa 20 Tage; bei guter Sonnen-aspektierung im Geburtshoroskop oder weiteren günstigen Transiten sehr stark. Erfolgverheißend im beruflichen, gesellschaftlichen und privaten Leben. Günstige Zeit für den Beginn neuer Unternehmen, für Verhandlungen, neue Part-nerschaften, größere Reisen, Geldanlagen, aber auch für Liebe und Ehe (Verlobung, Heirat, Geburt eines Kindes) mit Tendenz zur Stabilität. Steigerung des Wohlbefindens und der körperlichen Widerstandskraft, Heilungsförderung bei bestehenden Krankheiten.

*Jupiter/Sextil- und Trigonalaspekte der Sonne:* Ähnlich wie beim Übergang über den Sonnenort, aber schwächer. Allge-mein meist eine harmonische, unbeschwerte Zeit, in der sich bietende Chancen wahrgenommen werden sollten. Eine Ten-denz zur Leichtlebigkeit und Unbesonnenheit sollte unter-drückt werden.

*Jupiter/Quadratur- und Oppositionsaspekte der Sonne:* Wirkdauer etwa drei Wochen, ungünstig. Gefahr der Selbst-überschätzung, Übertreibung, Leichtfertigkeit, des falschen Einsatzes der Kräfte. Auseinandersetzungen und Rück-schläge sind möglich; es können berufliche und finanzielle Probleme und Schwierigkeiten in der Partnerschaft auftre-ten. Vorsicht vor Verschwendung und Maßlosigkeit (auch beim Essen), Störungen von Leber-, Gallen-, Herzfunktionen möglich (Diät angebracht).

*Jupiter/Jupiter oder sein Sextil oder Trigonal:* Wirkdauer etwa 20 Tage, meist stark. Auswirkung je nach Zeichen und Haus, in der Regel fördernd und erfolgbringend. Oft günstige Wendung in Leben und Beruf; Freude an Horizonterweite-rung (Lernen, Reisen, neue Kontakte), aber auch Neigung zu Vergnügungen und zu reichlichem Essen und Trinken. Gün-stig für die Gesundheit (Kuren, Erholungsreisen), besonders für Leber, Galle, Milz und Herz.

*Jupiter/Quadratur- und Oppositionsaspekte des Jupiter:* Negativ, Gefahr der Überheblichkeit, des falschen Ehrgeizes, der Rücksichtslosigkeit und Streitsucht. Nichts erzwingen wollen, allen Reibereien möglichst ausweichen, in finanzieller Hinsicht sehr vorsichtig sein! Unruhe und Zwist im familiären Bereich wahrscheinlich, auch Schädigung durch Freunde oder Partner. In Liebe und Ehe auf Harmonie bedacht sein, Mißverständnisse vermeiden, bei sich anbahnenden Mißhelligkeiten lieber nachgeben! Tendenz zu nervöser Überreizung, zu Leber- und Gallenbeschwerden, zu Unmäßigkeit in Essen und Trinken, Kreislaufstörungen.

*Jupiter/Saturn oder dessen Sextil- und Trigonalaspekte:* Wirkdauer etwa 10-14 Tage. Verlangsamung von Plänen und Entwicklungen, die sich jedoch auf längere Frist günstig auswirkt, dadurch vor allem berufliche und allgemein materielle Stabilisierung und Förderung möglich. Auch günstig für langfristige Geldanlagen, für Weiterbildung und Studien.

*Jupiter/Quadratur- und Oppositionsaspekte des Saturn:* Bei schlechter Aspektierung im Geburtshoroskop oft stark negative Auswirkung mit Hemmungen und der Gefahr von Rückschlägen. Vorsicht bei größeren Geldausgaben, Geschäftsabschlüssen, Verträgen! In Partnerschaften Enttäuschungen und Sorgen möglich; Trennungstendenz oder Gefahr durch unpassende oder unüberlegte Bindungen. Vorsicht vor körperlicher Überbeanspruchung und Unmäßigkeit! Verschlimmerung möglich bei Rheuma, Gicht, Ischias, Erkältungen, allgemein bei chronischen Erkrankungen.

*Jupiter/Uranus oder dessen Sextil- oder Trigonalaspekt:* Günstiger Transit, der Auftrieb verleiht, neue Kräfte und Ideen weckt. Im Beruf besondere Leistungen mit positiver Langzeitwirkung möglich. Gut für Geschäftsabschlüsse, neue Bekanntschaften, Beginn neuer Unternehmungen.

*Jupiter/Quadratur- oder Oppositionsaspekte des Uranus:* Gefahr der Sorglosigkeit, Unbedachtsamkeit, Verschwendung oder Übereilung. Chancen sind meist weniger vorteilhaft, als sie auf den ersten Blick erscheinen. Zurückhaltung finanziell, beruflich und privat geboten! Keine größeren Unternehmen starten; Vorsicht vor Versprechungen von Bekannten und Freunden! In Liebe und Ehe Mißverständnisse und Trennung möglich; keine Abenteuer eingehen!

*Jupiter/Neptun:* Bei Konjunktion und positiven Aspekten gute Einfälle, aber auch Tendenz zu Tagträumen; bei negativen Aspekten Entschlußlosigkeit, vielleicht Wirklichkeitsflucht, auch blinder Enthusiasmus möglich. Bei sehr günstiger Aspektierung (auch im Geburtshoroskop) sind unerwartete materielle Glücksfälle möglich.

*Jupitertransite über die schnellaufenden Planeten* (Mond, Merkur, Mars, Venus) sind nur dann von größerer Bedeutung, wenn der Jupiter schon im Geburtshoroskop zu einem dieser Planeten einen Aspekt bildet; die Einflüsse sind generell nur kurzfristig (ein bis zwei Tage).

*Jupiter/Mond:* Bei Konjunktion, Trigon oder Sextil schwach günstig, bei Quadrat oder Opposition schwach ungünstig für Partnerschaft, Liebe, Ehe und Reisen.

*Jupiter/Merkur:* Bei Konjunktion, Trigon oder Sextil geistig-intellektuelle Impulse, günstig für Studien, Reisen, auch Finanzen; bei Opposition oder Quadrat Möglichkeit von Konflikten, Unbedachtsamkeit, Fehlurteilen, Voreiligkeit.

*Jupiter/Venus:* Bei Konjunktion, Trigon oder Sextil Förderung des Liebeslebens, harmonische Freundschaften, auch materielle Gewinne möglich; bei Opposition oder Quadrat Tendenz zum Wohlleben, zu unbedachten Ausgaben für Vergnügungen, auch zu Ausschweifungen.

*Jupiter/Mars:* Konjunktion, Trigon oder Sextil bringen Energiesteigerung, Entschlußkraft und Tatfreude, Opposition und Quadrat jedoch Unrast und die Gefahr von Konflikten, Auseinandersetzungen und überstürzten Handlungen.

*Jupiter/Aszendent:* Bei Konjunktion und positiven Aspekten neue Anregungen, nützliche Kontakte, gute Chancen, bei negativen Aspekten Fehleinschätzungen, Konflikte aller Art, Schwierigkeiten mit Vorgesetzten oder Behörden.

*Jupiter/Himmelsmitte:* Bei Konjunktion und positiven Aspekten materielle Förderung, Stärkung der Persönlichkeitsgeltung, auch berufliche Glücksfälle und Aufstiegsmöglichkeiten. Bei negativen Aspekten enttäuschte Erwartungen, Selbstschädigung durch übersteigerten Geltungstrieb.

ħ

*Saturn/Sonne:* Je nach Aspektierung im Geburtshoroskop mehr oder minder starke Hemmungen, berufliche und finanzielle Rückschläge oder auch nur Verzögerungen; Erfolge können nur durch viel oder schwere Arbeit errungen werden. Bei Übergang über Trigon oder Sextil der Sonne nur schwache negative Auswirkung, häufig Beginn eines langsamen konstruktiven Aufbaus. Bei Übergang über Opposition oder Quadrat: Gesundheitliche Gefährdung durch Erkältungen; längere Erkrankung möglich. Tendenz zu Depressionen, Fehlhandlungen. Berufliche oder Rufschädigung möglich. Sorgen mit der Familie. In jedem Fall ist auch das Haus zu berücksichtigen, in dem der Übergang stattfindet.

*Saturn/Mond:* Bei Konjunktion seelische Labilität, Neigung zu Depressionen, häufig Probleme in Liebe und Ehe bis zur Trennung. Im weiblichen Horoskop Sorgen oder Ärger mit weiblichen Angehörigen, Freundinnen, Kolleginnen. Bei Opposition und Quadrat Verstärkung der Tendenz zu disharmonischen Ereignissen. Bei Trigon oder Sextil kaum Einfluß auf äußeres Geschehen; Stärkung der seelischen Kräfte, aber gleichzeitig Dämpfung der Schwungkraft. Bei bereits im Geburtshoroskop vorhandener Aspektverletzung zwischen Saturn und Mond Verstärkung der negativen körperlichen Auswirkungen.

*Saturn/Jupiter oder dessen Sextil- oder Trigonalaspekte:* Wenig wirksam, kann sich als zusätzliche Erschwernis oder materieller Rückschlag äußern. Bei gutem Jupiter-Saturn-Aspekt im Geburtshoroskop leicht stabilisierende Wirkung, Möglichkeit der Beilegung lang schwelender Konflikte, bei Aspektverletzung auch häusliche Probleme, Schwierigkeiten mit Wohnung oder Mietern möglich.

*Saturn/Oppositions- oder Quadraturaspekte des Jupiter:* Wenig auffällig; Tendenz zu beruflicher Erschwernis oder finanziellen Einbußen, Gefahr von Fehlhandlungen im Beruf.

*Saturn/Saturn oder dessen Quadratur- oder Oppositionsaspekte:* Stets langsam einsetzende und länger anhaltende negative Wirkung (besonders im Rücklauf). Äußere und innere Prüfungen, die je nach dem Menschen, den sie treffen, diesen läutern, zurückwerfen oder gar zerbrechen können.

*Saturn/Sextil- und Trigonalaspekte des Saturn:* Periode der Stabilisierung, geeignet für den Start langfristiger Unternehmungen; ein möglicher Erfolg wird aber nur zögernd erkennbar.

*Saturn/Uranus oder dessen Oppositions- oder Quadraturaspekte:* Gefahr plötzlich auftretender Widerstände, Krisen, gewaltsamer Eingriffe von außen, die bedeutsame Veränderungen bewirken können (Unfälle, Trennungen, folgenreiche Auseinandersetzungen, Lebenskrisen, Todesfälle). Im günstigsten Fall schweres Bemühen, das nur langfristig Erfolge zeitigt.

*Saturn/Trigonal- oder Sextilaspekt des Uranus:* Möglichkeit neuer Pläne und Ziele, die jedoch auf Widerstände treffen. Bei günstiger Aspektierung beider Planeten im Geburtshoroskop gute Erfolgsaussichten, falls mit großer Tatkraft und Ausdauer vorgegangen wird.

*Saturn/Neptun oder dessen Aspekte:* Bewirkt nur selten bedeutsamere äußere Ereignisse (Schädigung durch andere, Enttäuschungen mit Partnern, Fehlhandlungen), sondern meist seelische Veränderungen, die häufig aufwühlen und beunruhigen, aber auch (z.B. für Künstler) positive Folgen haben können.

*Saturn/Merkur oder dessen positive Aspekte:* Steigerung der Konzentrationskraft und Gedankentiefe, günstig für Wissenschaftler und Schriftsteller, aber ansonsten Verlangsamung des Geisteslebens, Verringerung der geistigen Wendigkeit.

*Saturn/Oppositions- oder Quadraturaspekt des Merkur:* Verminderte Anpassungsfähigkeit, Tendenz zu Depressionen, Schwierigkeiten oder Ärger durch Äußerungen anderer Menschen, vielleicht Probleme mit Freunden oder Verwandten.

*Saturn/Venus:* Auswirkungen auf das Gefühls- und Liebesleben wahrscheinlich: Vertiefung von Gefühlsbindungen, möglicherweise Bindung an älteren Partner oder Zweckbindung aus materiellen Motiven; bei Konjunktion, Quadrat oder Opposition auch Erkaltung der Gefühle, Trennung und Vereinsamung möglich.

*Saturn/Mars:* Auswirkungen hängen stark von den Aspektierungen des Geburtshoroskops ab. Tendenz zu Jähzorn, Affekthandlungen, materiellen Krisen, Hemmnissen verschiedener Art. Bei guter Aspektierung gesteigerter Unternehmungsgeist, aber Vorsicht vor Unbedachtsamkeiten! Negative Aspektierungen bringen erhöhte Unfall- und Verletzungsgefahr und die Möglichkeit akuter Erkrankungen. Insgesamt sind Zurückhaltung und Selbstbeherrschung ratsam.

*Saturn/Aszendent:* Lähmung der Initiative, Verringerung der Widerstandskraft, Hemmung der Geisteskräfte, seelischer Druck; Gefahr ernsthafter Erkrankungen je nach Zeichen des Aszendenten (besonders bei negativer Saturn-Aszendenten-Aspektierung im Geburtshoroskop). Hang zur Abkapselung, auch Möglichkeit von Trennungen oder Todesfällen älterer nahestehender Menschen.

*Saturn/Himmelsmitte:* Seelische Belastungen, materielle Schwierigkeiten, Hindernisse im Beruf oder Berufskrise; bei sehr guter Aspektierung im Geburtshoroskop Förderung auf lange Sicht, sonst Gefahr überraschender Rückschläge. Manchmal negative Familienereignisse (Krankheiten, Todesfall).

*Uranus/Sonne:* Meist starke, stets überraschende, auf Veränderungen zielende Wirkung. Bei Transiten über den Sonnenort, deren Quadrat- oder Oppositionsaspekt im Geburtshoroskop gesteigerte Erregung, Nervenanspannung, Zug zur Veränderung. Im männlichen Horoskop: Krisen im Beruf, mit Vorgesetzten, mit dem Vater; Trennungstendenz. Im weiblichen Horoskop: Spannungen in der Partnerschaft, Scheidungstendenz. Erhöhte (Verkehrs-)Unfallgefahr! Transite über Sextil- oder Trigonalaspekte der Sonne: Plötzliche Veränderungen wahrscheinlich, doch können sie günstiger Natur sein; aufregender, interessanter Lebensabschnitt.

*Uranus/Mond:* Meist eingeleitet von einer Phase seelischer Erregung, die besonders von sensiblen Menschen deutlich empfunden wird. Innere Spannungen und Unrast lassen merkwürdige Ideen und Pläne auftauchen. Im männlichen Horoskop: Tendenz zu Liebeabenteuern, Aufregungen in der Ehe bis zu Skandalaffären, je nach Grundhoroskop auch Aufregungen (Krankheiten, Trennung) mit Mutter oder nahen weiblichen Verwandten. Allgemein: seelische Spannungen und Gefahr plötzlicher Veränderungen.

*Uranus/Merkur:* Nur kurzfristig wirksam, aber deutlich spürbar. Bei guter Aspektierung (besonders Trigon): geistige Anregung, gesteigerte Aktivität, Tatkraft (besonders bei geistig tätigen Menschen), Kontakte zu außergewöhnlichen Menschen. Negative Aspekte: zunehmende Nervosität, Übereilung, mangelnde Konzentration; Gefahr von Auseinandersetzungen.

*Uranus/Venus:* Bei labilen Menschen gesteigerte Gefühle, Impulsivität, Tendenz zu plötzlichen Liebesbeziehungen (meist ohne Dauer), auch Vergnügungssucht, Gefahr der Nichtachtung konventioneller Schranken. Bei künstlerischen Menschen und guter Konstellation: äußere Erfolge, Popularität, Aufstieg.

*Uranus/Mars:* Sehr wirksam, aber Wirksamkeit je nach Geburtshoroskop. Meist kritisch: Aufregung, Gefahr von Nervosität, Impulshandlungen, Auseinandersetzungen, Gewalttätigkeiten; starke Unfallgefahr! Bei sehr guter Aspektierung: gesteigerte Tatkraft, Originalität, rasche Auffassungsgabe, ereignisreiche Zeit.

*Uranus/Jupiter:* Wenn beide Planeten im Geburtshoroskop beziehungslos, bei Trigon oder Sextil wenig Wirkung. Bei Opposition, Konjunktion oder Quadrat: Gefahr von Verlu-

13

sten aller Art; Selbstüberschätzung und Rechthaberei, die zu Auseinandersetzungen führen können.

*Uranus/Saturn:* Seelische Spannungen, Nervosität. Bei Aspektverletzung im Geburtshoroskop: Disharmonien, Gefahr negativer Eingriffe von außen, Sorge mit anderen Menschen, Schwierigkeiten im Beruf. Genauere Bestimmung nur aufgrund des Geburtshoroskops möglich.

*Uranus/Uranus:* Bei Transit über günstige Aspekte überraschende Chancen oder neue Ziele, die zu größeren Umstellungen führen können (Beruf, Privatleben, Gesellschaft). Über Quadrat oder Opposition: Innere Krisen mit materiellen Auswirkungen.

*Uranus/Neptun:* Transit über positive Aspekte wenig wahrnehmbar. Negative Aspekte: Gefahr von Enttäuschungen, Schädigungen (auch Selbstschädigung), Scheitern von Plänen und dadurch heraufbeschworenen seelischen Krisen.

*Uranus/Pluto:* Unruhige Zeit mit aufgezwungenen Neubeginnen, die mancherlei Schwierigkeiten bringt.

*Uranus/Aszendent:* Unruhe, überraschende Auseinandersetzung mit der Umwelt, manchmal Reisen, Umzüge; Unfalltendenz.

*Uranus/Himmelsmitte:* Neue Ideen und Ziele, Hang zum Wechsel, Sorgen im familiären Bereich oder in der Ehe möglich.

## Die Transite des Neptun

Nur bei Übergängen über starke Planetenaspekte deutlicher wirksam. Generelle Tendenz: Steigerung der seelischen Empfindsamkeit, aber auch der körperlichen Anfälligkeit, Sensibilisierung des Nervensystems, bei labilen Menschen und Aspektverletzung Launenhaftigkeit, wuchernde Phantasie, Unaufrichtigkeit, Haltlosigkeit.

## Die Transite des Pluto

Allgemeine Tendenz: Plötzliche Veränderungen, Gefühlserregungen, Gewalttätigkeit. Transite über Sonne, Mond, Aszendent (samt Aspekten): seelische Erschütterungen (Trennungstendenz in Liebe und Ehe), Überanstrengung, auch körperliche Störungen. Transite über Himmelsmitte oder Haus 10: Berufskrisen, Auseinandersetzungen.

## Die Transite der Sonne

Nur sehr kurzfristig wirksam (»gute« oder »schlechte Tage«). Bedeutung je nach Symbolwirkung der transitierten Planeten, wichtig auch der Sonnenstand im Geburtshoroskop. Generell ungünstig: Transite über Sonnenoppositionen und -quadrate (Erschwernisse, Hemmungen, Konfliktgefahr).

### Die Transite des Merkur

Dauer: ein bis zwei Tage; oft mehrere Transite innerhalb eines Monats. Günstig für kurze Reisen, Besuche, geselliges Leben, Aufarbeitung von Korrespondenz. Nur schwach wirksam.

### Die Transite der Venus

Dauer: etwa zwei Tage. Günstig für Einladungen, Partys, auch für das Liebesleben, in manchen Fällen auch für finanzielle Angelegenheiten. Die Wirkung ist verhältnismäßig schwach.

### Die Transite des Mars

Dauer: in der Regel nur wenige Tage, bei Rückläufigkeit auch Wochen, aber dann nur stärker wirksam, wenn ein Planetenaspekt zum Mars besteht. Generelle Wirkung: Energie- und Aktivitätssteigerung. Ob dies zu positiven oder negativen Resultaten führt, ergibt sich aus der Symbolbedeutung der transitierten Planeten oder Planetenaspekte. Im günstigen Fall: harmonischer Einsatz der Willenskräfte; im ungünstigen Fall: Unbedachtsamkeit und Voreiligkeit, die zu Auseinandersetzungen, Streitereien (besonders bei Übergang über den Mondort), Unfällen und Verletzungen (vor allem bei Übergang über Konjunktions- oder Oppositionsaspekt von Sonne und Aszendent) führen können.

13

# Lexikon der Fachbegriffe

Alle Fachbegriffe sind in den entsprechenden Kapiteln im Zusammenhang erklärt. Zur Ergänzung der dort gemachten Angaben und um Ihnen das Nachschlagen zu ersparen, sind hier die wichtigsten Begriffe in alphabetischer Reihenfolge zusammengestellt und durch prägnante Kurzdefinitionen erläutert.

### Absteigender Mondknoten

siehe Mondknoten

### Äquator

So bezeichnet man den zur Rotationsachse einer Kugel senkrechten Großkreis, der sie in zwei gleiche Hälften teilt. Der *Erdäquator* ist der größte Breitenkreis der Erdkugel und teilt sie in eine nördliche und eine südliche Halbkugel (Hemisphäre). Von ihm aus wird die geographische Breite eines Ortes gemessen. Der *Himmelsäquator* ist die Projektion des Erdäquators auf das scheinbare Himmelsgewölbe; er schneidet die → Ekliptik in einem Winkel von ca. 23$^1/_2$ Grad.

### Äquinoktialpunkte

Das sind die beiden Punkte des Himmelsäquators, in denen er am Frühlings- und Herbstbeginn von der Sonnenbahn geschnitten wird. An diesen beiden Tagen sind überall auf der Erde Tag und Nacht gleich lang. Man bezeichnet die Punkte auch als Frühlings-(Widder-) und Herbst-(Waage-) punkt.

### Aspekte

Planeten bilden Aspekte, wenn sie im Horoskop bestimmte Abstände (Winkelgrößen) aufweisen. Hauptaspekte sind: 0° = Konjunktion, 60° = Sextil, 90° = Quadrat, 120° = Trigon und 180° = Opposition. Nebenaspekte sind: 30° = Halbsextil, 45° = Halbquadrat, 135° = Anderthalbquadrat und 150° = Quinkunx. Als harmonische Hauptaspekte gelten Sextil und Trigon, als disharmonische Hauptaspekte Quadrat und

14

Opposition; eine Konjunktion kann je nach der Natur der aspektbildenden Planeten harmonisch oder disharmonisch sein. Gradgenaue Aspekte nennt man exakt, Aspekte innerhalb eines bestimmten Wirkungsumkreises (→ Orbis) plaktisch.

## Astrometeorologie

Die Wettervorhersage auf der Grundlage der Gestirnsstände war schon im Altertum eine wesentliche Aufgabe der Astrologie und auch im Mittelalter wichtiges Arbeitsgebiet der Sternkundigen (z.B. erstellte Kepler solche Prognosen). Ernsthafte Vorhersagen werden mit Hilfe der Ingresse erarbeitet; meteorologische Kenntnisse sind unerläßlich. Die Prognosen gelten nur für umgrenzte Gebiete. Großräumige Jahresprognosen sind hingegen wenig zuverlässig.

## Aszendent

So nennt man den Schnittpunkt von → Ekliptik und Osthorizont des Geburtsortes im Augenblick der Geburt (Ostpunkt); er bildet die Spitze des 1. Hauses im Horoskop. Das Tierkreiszeichen, in das der Aszendent fällt, aufsteigendes Zeichen genannt, ist neben dem Sonnenzeichen das wichtigste Element des Horoskops.

## Aufsteigender Mondknoten

siehe Mondknoten

## Aufsteigendes Zeichen

siehe Aszendent

## Breite

siehe geographische Breite, ekliptikale Breite und heliozentrische Breite.

## Deklination

Der Winkelabstand eines Gestirns vom Himmelsäquator, gemessen in Grad längs des → Stundenkreises, wird Deklination genannt. Ein über dem Himmelsäquator stehendes Gestirn hat eine positive, ein unter dem Himmelsäquator stehendes Gestirn eine negative Deklination.

## Deszendent

So heißt der Schnittpunkt von → Ekliptik und Westhorizont des Geburtsortes im Augenblick der Geburt (Westpunkt); er bildet die Spitze des 7. Hauses, das zu den Hauptfeldern (Eck-häusern) des Horoskops zählt.

## Direktionen

Die Prognosemethode der Direktionen beruht auf dem Geburtshoroskop und vermag Aufschlüsse über grundsätz-liche Entwicklungstendenzen in Zeiträumen von 3 Monaten bis 2 Jahren zu geben. Direktionen (auch Progresse genannt) werden durch gleichgerichtete → Transite im entsprechen-den Zeitraum »aktiviert«. Den Primärdirektionen liegt die tägliche Erdumdrehung zugrunde; sie können nur berechnet werden, wenn die genaue Geburtsminute bekannt ist. Meist arbeitet man mit Sekundärdirektionen, die auf dem Jah-resumlauf der Erde um die Sonne beruhen und bei denen ein Tag einem Lebensjahr gleichgesetzt wird. Für die Geltungs-dauer der Direktionen muß in der Regel ein von der Geburts-stunde abhängiger Indextag berechnet werden, der vor oder nach dem Geburtstag liegen kann.

## Dominante Planeten

Dominant (vorherrschend) sind Planeten in einem Haus dann, wenn sie an oder nahe der Häuserspitze stehen (Orbis etwa 5 Grad); auf diese Weise kann sich ihre Wirkung auch auf ein Haus erstrecken, in dem sie nicht ihre Position haben. Dominanz bedeutet, daß die Charakteristiken des betreffenden Hauses entsprechend dem Planetenprinzip besonders deutlich aktiviert werden.

## Domizil

Im Domizil befindet sich ein Planet, wenn er in einem Tier-kreiszeichen steht, dessen Charakteristiken seinem Prinzip entsprechen. Das Domizil der Sonne ist das Zeichen Löwe: In diesem Zeichen verstärken und ergänzen sich Wirkrichtung, Wirkweise und Wirkinhalt von Gestirn und Tierkreiszeichen.

## Drachenkopf, Drachenschwanz

siehe Mondknoten

## Eckhäuser

So nennt man die für die Horoskopdeutung besonders wich-tigen, durch ihre Charakteristiken hervorgehobenen Häuser 1, 4, 7 und 10, also die ersten Häuser der vier → Quadranten.

**14**

631

## Ekliptik

So heißt die scheinbare Bahn am Himmelsgewölbe (ein Großkreis), die die Sonne in einem Jahr durchwandert. Sie schneidet den Himmelsäquator in zwei gegenüberliegenden Punkten, dem Frühlings-(Widder-) und Herbst-(Waage-) punkt. Infolge der → Präzession der Erdachse verschieben sich die beiden Punkte im Tierkreis in ca. 2100 Jahren um je ein Sternbild. Die beiden vom Himmelsäquator am weitesten entfernten Punkte der Ekliptik heißen Solstitialpunkte (neulat.: solstitium = Sonnenwende), weil die Sonne sie an den Tagen der Sommer- und Wintersonnwende erreicht.

## Ekliptikale Breite

Dies ist der in Bogengraden gemessene Abstand eines Gestirns von der Ekliptik; sie wird auch astronomische Breite genannt. Für ein Gestirn nördlich der Ekliptik ist die ekliptikale Breite positiv, im anderen Fall negativ.

## Ekliptikale Länge

Dies ist der in Grad gemessene Abstand eines Gestirns vom Nullpunkt des ekliptischen Bezugssystems. Dieser Punkt ist der → Frühlingspunkt.

## Elemente

Die vier Elemente — Feuer, Erde, Luft und Wasser — bezeichnen im europäischen Raum schon seit alters die Grundwesenheiten des Stofflichen, aber auch des Seelischen (durch die Bezugsetzung mit den vier Temperamenten). In der Astrologie charakterisieren die Elemente die Wirkweise der Zeichen; die Zuordnung erfolgt entsprechend den Grundqualitäten der Zeichen. Feuerzeichen sind Widder, Löwe und Schütze, Erdzeichen Steinbock, Stier und Jungfrau, Luftzeichen Waage, Wassermann und Zwillinge, Wasserzeichen Krebs, Skorpion und Fische.

## Ephemeriden

So heißen die in Astronomie und Astrologie benutzten Gestirnstandstabellen mit exakt berechneten Zeiten und Örtern von Himmelskörpern, besonders von Sonne, Mond und Planeten. Die im 9. Kapitel zu findenden abgekürzten Ephemeriden reichen aus, um für jeden Tag, beim Mond auch für jede Stunde den genauen Stand der Gestirne zu berechnen.

14

## Erdäquator

siehe Äquator

## Erdzeichen

siehe Elemente

## Erhöhung

Wenn ein Planetenprinzip durch die Charakteristiken eines Tierkreiszeichens verstärkt wird, so befindet sich der Planet in diesem Zeichen »in Erhöhung« (z.B. Sonne im Zeichen Widder). Die teilweise verwandten Wirkprinzipien fördern sich gegenseitig, allerdings schwächer als im Domizil des Planeten (z.B. Sonne im Zeichen Löwe).

## Exakte Aspekte

siehe Aspekte

## Exil

Steht ein Planet in einem Tierkreiszeichen, dessen Prinzipien den seinen entgegengesetzt sind (z.B. Sonne im Zeichen Wassermann), so befindet er sich »im Exil«: Das Sonnenprinzip wird durch die Charakteristiken des Zeichens Wassermann so abgeschwächt, daß es nur wenig wirksam wird.

## Fall

Wenn die Charakteristiken eines Zeichens das Prinzip eines Planeten nur teilweise einschränken (z.B. Sonne im Zeichen Waage), so ist ein in diesem Zeichen stehender Planet »im Fall«. Die Beeinträchtigung ist weniger stark als im Exil (z.B. Sonne im Zeichen Wassermann).

## Felder

siehe Häuser

## Feuerzeichen

siehe Elemente

## Fixe Zeichen

siehe Qualitäten

14

## Fixsterne

So nennt man im Gegensatz zu den → Planeten die selbstleuchtenden Himmelskörper ohne sichtbare Eigenbewegung, die ihre Stellung gegenüber den umliegenden Sternen kurzzeitig nicht ändern, also scheinbar am Firmament fixiert (befestigt) sind. Zu den Fixsternen zählt, da ihre scheinbare Bewegung nur durch die Erdrotation hervorgerufen wird, auch unsere Sonne; die übrigen Gestirne unseres Sonnensystems sind (die Erde eingeschlossen) Planeten, die teilweise wie unsere Erde von Monden umkreist werden.

### Frühlingspunkt

Der Frühlingspunkt ist einer der beiden Punkte, in denen die Sonnenbahn den Himmelsäquator schneidet (→ Ekliptik), und zwar derjenige, in dem die Sonne von negativer zu positiver → Deklination wechselt. An dem Tag, an dem die Sonne diesen Punkt erreicht, ist Frühlingsbeginn; Tag und Nacht sind gleich lang. Vor einigen tausend Jahren lag dieser Punkt im Sternbild Widder; deswegen heißt er auch Widderpunkt. Infolge der → Präzession der Erdachse liegt der Frühlingspunkt heute im Sternbild Wassermann. Das vom Sternbild Widder strikt zu unterscheidende Tierkreiszeichen Widder hingegen verschiebt sich mit dem Frühlingspunkt bzw. umgekehrt, so daß der Frühlingspunkt im Tierkreis stets in 0° Widder liegt. Siehe auch Tierkreis und Weltzeitalter.

### Fußpunkt

siehe Nadir

### Geburtsherrscher

Als Geburtsherrscher bezeichnet man den »Regenten« des Tierkreiszeichens, in dem im Geburtshoroskop der Aszendent liegt (siehe das Stichwort Planetenherrscher). Er ist auch dann für die »Grundtönung« des Gesamthoroskops maßgebend, wenn er selbst nicht im entsprechenden Zeichen steht; seine Bedeutung steigert sich noch, wenn er in seinem Zeichen und gar im 1. Haus steht.

### Geburtsminute

Da der Aszendent und damit das ganze Bezugssystem der Häuser in je vier Minuten um 1 Grad im Tierkreis weiterwandern, wäre es für eine exakte Horoskopberechnung wichtig, die genaue Geburtsminute zu kennen, was freilich nur selten der Fall ist. Das Neugeborene beginnt sein selbständiges Leben nach der Austreibung des Körpers, wenn die Lungenatmung einsetzt; mit der ersten Ausatmung ertönt in der Regel der erste Schrei. Bei der normalen Geburt liegen zwischen Austreibung des Körpers und erstem Schrei ein bis zwei Minuten. Einige Minuten später endet die Pulsation der Nabelschnur. Als Beginn des Lebens, also als Geburtsminute, gilt das Einsetzen der Lungenatmung beim Neugeborenen. Die in diesem Augenblick gegebenen, im Horoskop festgehaltenen kosmischen Zustände entsprechen in ihren symbolhaft verschlüsselten Qualitäten und Wirkgehalten dem Sein und Werden des neu ins Leben getretenen Menschen.

### Geburts- oder Individualhoroskopie

Diese ist heute das Hauptarbeitsfeld der Astrologie: Auf der Grundlage des individuellen Geburtshoroskops werden Aussagen über Wesen und Schicksal eines Menschen erarbeitet. Eine zeitliche Staffelung der im Geburtshoroskop beschlossenen Anlagen und Tendenzen ermöglichen die Prognoseverfahren mit Hilfe der → Direktionen und → Transite.

### Geographische Breite

Dies ist der in Bogengraden längs seines → Meridians gemessene Abstand eines Ortes vom Äquator. Über dem Äquator liegende Orte haben nördliche, darunter liegende Orte südliche Breite.

### Geographische Länge

ist der in Grad gemessene Abstand zwischen dem → Meridian eines Ortes und dem Nullmeridian. Dieser verläuft durch das Observatorium von Greenwich bei London und teilt, ähnlich dem Äquator (den er senkrecht schneidet), die Erdkugel in zwei Hälften. Die östlich vom Nullmeridian liegenden Orte einer Halbkugel haben östliche Länge, die anderen westliche Länge.

### Geographische Position

Sie wird für jeden Punkt der Erdoberfläche durch den Abstand vom Nullmeridian (geographische Länge) und vom Äquator (geographische Breite) bestimmt. Bei der Erstellung eines Horoskops ist sie stets zu berücksichtigen, weil nur so die Gestirnspositionen und die Häuserspitzen exakt festgelegt werden können.

### Gestirnstandstabellen

siehe Ephemeriden

14

## Gestirnszeichen

Die üblichen Symbole, mit denen die für das Horoskop bedeutsamen Gestirne sowie Mondknoten, Aszendent und Himmelsmitte bzw. Himmelstiefe bezeichnet werden, entsprechen:

| | |
|---|---|
| ☉ | Sonne |
| ☽ | Mond |
| ☿ | Merkur |
| ♀ | Venus |
| ♂ | Mars |
| ♃ | Jupiter |
| ♄ | Saturn |
| ♅ | Uranus |
| ♆ | Neptun |
| ♇ | Pluto |
| ☊ | Mondknoten |
| A | Aszendent |
| MC | Himmelsmitte |
| IC | Himmelstiefe |

Prägen Sie sich außerdem die → Tierkreissymbole ein, damit Sie bei der Benutzung unserer Tabellen keine Fehler machen.

## Gewichtung

Die Elemente des Horoskops haben entsprechend ihrer Wirkrichtung, Wirkweise und Wirkintensität ein unterschiedliches Gewicht, was bei der Deutung zu berücksichtigen ist. Sie finden im 10. Kapitel ein zwar vereinfachtes, aber für unsere Zwecke ausreichendes Gewichtungsschema. Je nach Planetenbesetzung und Aspekten treten die Horoskopelemente bei der Deutung mehr oder weniger in den Vordergrund.

## Häuser

Dieses zweite Bezugssystem des Horoskops (das erste ist der →Tierkreis) beruht auf der täglichen Umdrehung der Erde um ihre eigene Achse, wodurch für jeden Punkt der Erde zu jeder Zeit ganz bestimmte astronomische Bezüge gegeben sind. Die Horizontachse des Häusersystems (Verbindungslinie zwischen den Spitzen von 1. und 7. Haus) teilt das Horoskop in eine Ich- und eine Du-Sphäre, die Meridianachse zwischen Himmelsmitte und Himmelstiefe grenzt die bewußte von der unbewußten Sphäre ab. Aus dieser Vierteilung und der Bezugsetzung der 12 Häuser zu den 12 Tier-

14

kreiszeichen ergeben sich die Charakteristiken der einzelnen Häuser, die vorwiegend auf Lebens- und Erlebnissphären des Menschen bezogen sind. Aktiviert werden die latenten Inhalte durch die Planetenbesetzung.

## Heliozentrische Breite

So bezeichnet man den Winkelabstand eines Planeten (oder Kometen) von der Ebene der Ekliptik, bezogen auf den Mittelpunkt der Sonne.

## Herbstpunkt

siehe Ekliptik

## Himmelsäquator

siehe Äquator

## Himmelsmitte

Der Kulminationspunkt der Gestirne für einen bestimmten Ort, der Punkt also, in dem sie auf ihrer scheinbaren täglichen Bahn sich am höchsten über den Horizont erheben, heißt Himmelsmitte. Dieser Punkt wird im Horoskop durch die Abkürzung MC (= Medium coeli) bezeichnet.

## Himmelstiefe

Der Himmelsmitte genau gegenüber liegt die Himmelstiefe, auch Mitternachtspunkt genannt. Es ist der Punkt, in dem die Gestirne, bezogen auf einen bestimmten Ort, ihren tiefsten Stand unter dem Horizont erreichen. Im Horoskop bezeichnet man die Himmelstiefe durch die Abkürzung IC (= Immum coeli).

## Horoskop

Als Horoskop (wörtlich »Stundenschau«) bezeichnet man die schematische Darstellung der Gestirnskonstellation zu einem bestimmten Zeitpunkt, bezogen auf einen bestimmten Ort der Erdoberfläche. Es zeigt die Positionen von Sonne, Mond und Planeten in den 12 Tierkreiszeichen (globales Bezugssystem) und in den 12 Häusern (individuelles Bezugssystem). Am wichtigsten ist das Geburtshoroskop (Radixhoroskop, Nativität), das die Gestirnsstände im Augenblick der Geburt und bezogen auf den Geburtsort festhält.

14

## Horizont

Wo sich, von einem bestimmten Punkt der Erdoberfläche aus gesehen, Erde und Himmelsgewölbe zu berühren scheinen, verläuft der wahre Horizont (Gesichtskreis). Der astronomische Horizont ist der Kreis, dessen Punkte alle 90 Grad Abstand zum Zenit des betreffenden Ortes haben; er liegt, besonders in gebirgigen Gegenden, oft erheblich unter dem wahren Horizont.

## Immum coeli

siehe Himmelstiefe

## Indextag

siehe Direktionen

## Individualhoroskopie

siehe Geburtshoroskopie

## Ingresse

siehe Transite, Astrometeorologie

## Jahresplaneten

Die im alten Babylon für die Zeitrechnung vorgenommene Zuordnung von Planeten zu Jahren ist astrologisch ohne jede Bedeutung. Weder prägt der Jahresplanet den Charakter eines im entsprechenden Jahr geborenen Menschen, noch bestimmt er den Großwetterablauf für das Jahr.

## Kardinale Zeichen

siehe Qualitäten

## Konjunktion

siehe Aspekte

## Kulmination

Ein Gestirn kulminiert, wenn es durch den → Meridian des Beobachtungsortes geht: Es erreicht in der Kulmination seine größte Höhe über dem Horizont. Im Horoskop befindet es sich dann an der Spitze des 10. Hauses (MC oder Himmelsmitte).

## Länge

siehe ekliptikale Länge und geographische Länge

## Lichter

So bezeichnet man in der Astrologie manchmal die Sonne und den Mond im Unterschied zu den Planeten. Im praktischen astrologischen Sprachgebrauch ist freilich eine solche Unterscheidung nicht notwendig; man kann ohne Mißverständnisse alle Gestirne unseres Sonnensystems, die, von der Erde aus gesehen, den Tierkreis durchlaufen, zusammenfassend als Planeten bezeichnen.

## Luftzeichen

siehe Elemente

## Medium coeli

siehe Himmelsmitte

## Meridian

Himmelsmeridian ist der Mittagskreis, der durch die beiden Himmelspole und Zenit und Nadir eines Ortes verläuft; in ihm erreichen alle Gestirne, von diesem Ort aus gesehen, ihre höchste und niedrigste Stellung. Dem Himmelsmeridian entsprechen auf der Erdoberfläche die → Längenkreise, die senkrecht zum Erdäquator verlaufen. Der Nullmeridian geht durch Greenwich (Großbritannien); von ihm aus werden die geographischen Längen auf der Erde bestimmt (bis 180° östlicher bzw. westlicher Länge).

## Mitternachtspunkt

siehe Himmelstiefe

## Monatssteine

Die Zuordnung von Schmucksteinen (Tierkreissteine) zu Tierkreiszeichen und Planeten aufgrund angenommener Prinzipienübereinstimmungen ist zwar uralt, aber für die seriöse Individualhoroskopie ohne Belang, da bislang keine einsehbaren Korrelationen nachgewiesen werden konnten. Überzeugender ist die Bezugsetzung zwischen der Prägung eines Menschen durch Zeichen und Planeten und seiner Vorliebe für bzw. Beeinflußbarkeit durch bestimmte Farben oder Farbkombinationen, doch bedarf dieses Spezialgebiet der Astrologie noch weiterer Erforschung.

## Mondknoten

Wie die Sonnenbahn den Himmelsäquator in zwei Punkten, dem Frühlings- und dem Herbstpunkt, schneidet, so schneidet die Mondbahn die Ekliptik in zwei Punkten, den Knoten. Der Punkt, in dem der Mond von Süden nach Norden über die Ekliptik aufsteigt, ist der aufsteigende Mondknoten (auch Drachenkopf), der Punkt, in dem der Mond von Norden her südwärts absteigt, der absteigende Mondknoten (Drachenschwanz). Beide Knoten liegen auf der Ekliptik 180 Grad entfernt. Jährlich laufen die Mondknoten in der Ekliptik um etwa 20 Grad zurück, brauchen also zum Durchwandern der ganzen Ekliptik etwas mehr als $18^{1}/_{2}$ Jahre.

## Mundanastrologie

In den frühen Hochkulturen war dies die einzige Aufgabe der Astrologie: Aus den Gestirnsständen sollten Voraussagen abgeleitet werden, die ein ganzes Land oder Volk oder auch das Herrscherhaus als dessen Verkörperung betrafen (Überschwemmungen, Dürrekatastrophen, Kriege, Bündnisse, Großbauten und ähnliches).

## Nadir

So nennt man den dem Zenit gegenüberliegenden Punkt des Himmelsgewölbes, der senkrecht unter dem Betrachter liegt und deshalb auch Fußpunkt heißt.

## Nativität

siehe Horoskop

## Nullmeridian

siehe Meridian

## Opposition

siehe Aspekte

## Orbis

Als Orbis oder Wirkungsumkreis bezeichnet man die zulässige Streuungsbreite von → Aspekten, innerhalb deren den Aspekten Wirkfähigkeit zugesprochen wird. Je nach Planet und Art des Aspekts kann die Streuungsbreite zwischen 3 und 15 Grad liegen. Gradgenaue Aspekte (exakte Aspekte) sind am wirkmächtigsten; ein Aspekt wirkt sich um so schwächer aus, je größer der Winkelabstand innerhalb des zulässigen Umfeldes ist (plaktische Aspekte).

## Ortszeit

So nennt man die für alle auf einem Meridian liegenden Orte geltende gleiche (wahre) Zeit. Der Tag beginnt mit der unteren Kulmination der mittleren Sonne, d.h. mit ihrem Durchgang durch die Himmelstiefe der Orte dieses Meridians. Da ein Längenabstand von 1 Grad einen Zeitunterschied von 4 Minuten bedingt, sah man sich aus praktischen Erwägungen mit dem zunehmenden Ausbau des Verkehrs- und Nachrichtenwesens gegen Ende des vergangenen Jahrhunderts veranlaßt, die Ortszeiten durch für größere Gebiete geltende Zonenzeiten zu ersetzen (Westeuropäische Zeit, Mitteleuropäische, Osteuropäische usw. Zeit), die auf die für den Nullmeridian (Meridian von Greenwich) geltende Weltzeit bezogen wurden: Die Zonenzeiten unterscheiden sich um halbe oder ganze Stunden von der Weltzeit. Um die auf Weltzeit berechneten Ephemeriden benutzen zu können, muß die Zonen- und Ortszeit in Welt- bzw. Sternzeit umgerechnet werden.

## Ostpunkt

siehe Aszendent

## Plaktische Aspekte

siehe Aspekte

## Planeten

Planeten oder Wandelsterne heißen die nicht selbstleuchtenden Himmelskörper, die sich um die Sonne drehen und von dieser beleuchtet werden. Man erkennt sie an ihrem verhältnismäßig »ruhigen« Licht und daran, daß sie ihre Positionen gegenüber dem Fixsternhimmel merklich verändern. Zu den seit alters bekannten Planeten Merkur, Venus, Mars, Jupiter und Saturn traten in neuer Zeit die Planeten Uranus, Neptun und Pluto. Auch unsere Erde ist ein Planet. Die Astrologie bezeichnet Sonne und Mond als Planeten, weil sie, von der Erde aus gesehen, wie die Wandelsterne durch den Tierkreis zu wandern scheinen. Die inneren Planeten (Merkur und Venus, in der Astrologensprache auch Mond und Sonne) liegen innerhalb der Erdbahn, die äußeren Planeten (Mars bis Pluto) umkreisen die Sonne auf Bahnen, die außerhalb der Erdbahn verlaufen.

14

## Planetenherrscher

Ein Planet »herrscht« in dem Zeichen oder Haus, dessen Charakteristiken mit seinem Prinzip am vollkommensten übereinstimmen. Das bedeutet, daß sich sein Wirkprinzip am stärksten äußert, wenn er im entsprechenden Zeichen oder Haus steht. Es herrschen:

Sonne in Löwe und 5. Haus;
Mond in Krebs und 4. Haus;
Merkur in Jungfrau und Zwillingen und 6. bzw. 3. Haus;
Venus in Waage und Stier und 7. bzw. 2. Haus;
Mars in Skorpion und Widder und 8. bzw. 1. Haus;
Jupiter in Schütze und Fischen und 9. bzw. 12. Haus;
Saturn in Steinbock und Wassermann und 10. bzw. 11. Haus.
Neuerdings ordnet man auch Wassermann bzw. 11. Haus dem Uranus, Fische bzw. 12. Haus dem Neptun und Skorpion bzw. 8. Haus dem Pluto zu.

## Planetenknoten

Die Schnittpunkte der Planetenbahnen mit der → Ekliptik wurden bisher in der astrologischen Praxis wegen ihrer geringfügigen Veränderung (in 100 Jahren nur wenige Bogenminuten) kaum beachtet, doch ist aufgrund neuerer Untersuchungen anzunehmen, daß sie dem erfahrenen Astrologen interessante zusätzliche Aufschlüsse geben könnten.

## Planetensymbole

siehe Gestirnszeichen

## Platonisches Jahr

siehe Weltzeitalter

## Polarität

Sie gibt die Wirkrichtung der Zeichen und Planeten an und wird durch ein Plus- oder Minuszeichen angegeben. Positive (aktive, männliche) Horoskopelemente wirken von innen nach außen, negative (passive, weibliche) Elemente von außen nach innen.

## Präzession

So nennt man die sehr langsame Kreiselbewegung der Erdachse, die in etwa 25800 Jahren eine Umdrehung ausführt. Bewirkt wird sie durch die Anziehung von Sonne, Mond und Planeten auf den Äquatorwulst der Erde. Dadurch ergibt sich eine rückläufige Bewegung des Frühlingspunktes, des Schnittpunktes von Ekliptik und Himmelsäquator: In rund 2100 Jahren wandert dieser Punkt im Tierkreis um je ein Sternbild zurück. Heute liegt der Frühlingspunkt im Sternbild Wassermann. Für die Astrologie hat dies keine Bedeutung, da sie ja nicht mit Sternbildern, sondern mit Tierkreiszeichen arbeitet: Im »tropischen« Tierkreis liegt der Frühlingspunkt unveränderlich in 0° Widder. Von astrologischem Belang ist die Präzession der Erdachse in Hinblick auf die → Weltzeitalter.

### Primärdirektionen

siehe Direktionen

### Prognosemethoden

siehe Direktionen und Transite

### Progresse

siehe Direktionen

### Promissoren

siehe Signifikatoren und Promissoren

### Quadranten

Durch die Horizontachse (zwischen Aszendent und Deszendent) und den Meridian (zwischen Himmelsmitte und Himmelstiefe) wird das Horoskop in vier Kreissegmente (Quadranten) geteilt, die vier Seins- und Erlebenssphären entsprechen: der bewußten Ich-Sphäre (1. Quadrant), der unbewußten Ich-Sphäre (2. Quadrant), der unbewußten Du-Sphäre (3. Quadrant) und der bewußten Du-Sphäre (4. Quadrant). Jeder Quadrant umfaßt drei Häuser.

### Quadrat

siehe Aspekte

### Qualitäten

bezeichnen die Wirkintensität der Tierkreiszeichen. Kardinale Zeichen (mit großer Intensität) sind Widder, Krebs, Waage und Steinbock, fixe Zeichen (mit mittlerer Intensität) sind Stier, Löwe, Skorpion und Wassermann, veränderliche Zeichen (mit schwacher Intensität) sind Zwillinge, Jungfrau, Schütze und Fische.

**14**

**Radixhoroskop**

siehe Horoskop

**Regent**

siehe Geburtsherrscher, Planetenherrscher

**Rückläufigkeit**

Infolge der ungleichen Umlaufzeiten von Planeten und Erde können die Planeten, von der Erde aus gesehen, scheinbar rückläufig sein, also am Himmel statt von Osten nach Westen von Westen nach Osten wandern. Astrologisch bedeutet die Rückläufigkeit eines Planeten (in den Ephemeriden durch R bezeichnet) eine Hemmung, vor allem zeitliche Verzögerung für die Auswirkung des Planetenprinzips. Der Buchstabe D in den Tabellen besagt, daß der Planet stationär ist und wieder in den direkten Lauf übergeht. Ganz aufgehoben ist die Hemmung aber erst, wenn der Planet wieder seine mittlere Geschwindigkeit erreicht hat. Überdurchschnittliche Geschwindigkeit beschleunigt die Wirkung des Planetenprinzips.

**Scheitelpunkt**

siehe Zenit

**Schicksalsaspekte**

So nennt man manchmal Oppositionskreuze im Horoskop, bei denen an einem der Kreuzbalken Saturn zu finden ist; durch das Kreuz sind gleichzeitig vier Quadrate gegeben. Ein solches Horoskop signalisiert schicksalhaftes Erleben, das schwere Lasten aufbürden kann. Freilich wirken die Krisentendenzen nicht zeitlebens, sondern nur dann, wenn sie durch gleichgerichtete Transite in ein akutes Stadium eintreten.

**Sekundärdirektionen**

siehe Direktionen

**14**

**Sextil**

siehe Aspekte

**Siderischer Tierkreis**

siehe Tierkreis

## Signifikatoren und Promissoren

Diese Begriffe werden häufig bei der Prognose verwendet. Als Signifikator (Bedeuter oder Anzeiger) bezeichnet man die dirigierten Planeten und Häuserspitzen des Geburtshoroskops (→ Direktionen), als Promissoren (Verheißer) die Planeten, Häuserspitzen und Aspektstellen des Geburtshoroskops. Wenn durch die Direktion Signifikatoren zu Promissoren geführt werden, werden die latenten Inhalte der Promissoren entsprechend den Charakteristiken der Signifikatoren wirksam.

## Solarhoroskop

Sonnenhoroskop oder Solarhoroskop nennt man ein → Direktionshoroskop, bei dem nicht alle Planeten dirigiert werden, sondern nur die Sonne. Den Winkelabstand zwischen der dirigierten Sonne und der Geburtssonne addiert man zu allen Planetenständen und untersucht auf dieser Grundlage die Progresse über Planeten- und Aspektstellen.

## Solstitialpunkte

siehe Ekliptik

## Sommerzeit

Die vielerorts (zur Energieersparnis) eingeführte Sommerzeit ist bei der Ermittlung von Welt- und Sternzeit zu berücksichtigen. Bei einfacher Sommerzeit ist von der Zonenzeit (bei uns MEZ) eine Stunde, bei doppelter Sommerzeit sind zwei Stunden abzuziehen. Unsere Übersicht im 8. Kapitel sagt Ihnen, wann im deutschsprachigen Raum Sommerzeit galt. In Deutschland, Österreich und der Schweiz war die Sommerzeit nur in Kriegs- und Nachkriegszeiten eingeführt.

## Sonnenhoroskop

siehe Solarhoroskop

## Sonnenzeichen

So nennt man das Tierkreiszeichen, in dem im Geburtshoroskop eines Menschen die Sonne steht. Es ist ein wichtiger Faktor der Horoskopdeutung, doch ebenso große Beachtung erfordert das Aszendentenzeichen, das vor allem die Beziehungen eines Menschen zu seiner Mit- und Umwelt charakterisiert. Wichtig sind im Horoskop obendrein alle durch Planetenballungen hervorgehobene Zeichen, aber auch die Aspektierungen.

14

## Sternbilder

Um sich am Himmelsgewölbe besser orientieren und vor allem die Planetenbewegungen einfacher errechnen zu können, faßte man schon im Altertum Fixsterne zu mit Namen belegten Gruppen zusammen. Am bekanntesten sind die Sternbilder des Tierkreises, die jedoch mit den für die Astrologie allein wichtigen → Tierkreiszeichen nicht verwechselt werden dürfen. Sternbilder und Zeichen des Tierkreises verschieben sich infolge der → Präzession der Erdachse gegeneinander. Den Sternbildern selbst (ausgenommen vielleicht einige außerhalb des Tierkreises liegende Bilder) wird von der seriösen Astrologie keine Wirksamkeit zugeschrieben.

## Sternzeit

Zwischen zwei Kulminationen eines Fixsterns liegen weniger als 24 Stunden; der Sterntag ist um 3 Minuten 56,6 Sekunden kürzer als der mittlere Sonnentag. Markiert wird der Beginn des Sterntags durch den Durchgang des Frühlingspunktes durch den Meridian. Unsere Sternzeittabelle im 8. Kapitel ermöglicht es, ohne langwierige Berechnungen die Geburtszeit in Sternzeit umzuwandeln. Die Sternzeit wird in der astrologischen Praxis hauptsächlich zur Fixierung der Häuserspitzen benötigt.

## Stundenastrologie

Dieser Zweig der Astrologie beantwortet spezifische Fragen auf der Grundlage eines Horoskops, das für den Zeitpunkt der Fragestellung errechnet wird.

## Stundenkreise

So nennt man die Kreise, die durch die beiden Himmelspole gehen und auf dem Himmelsäquator senkrecht stehen. Der Winkel zwischen dem Stundenkreis und dem Meridian wird als Stundenwinkel bezeichnet.

## Tagesplaneten

Die Zuordnung der sieben damals als Planeten betrachteten Himmelskörper Sonne, Mond, Merkur, Venus, Mars, Jupiter und Saturn zu den sieben Tagen der Woche erfolgte im 3. nachchristlichen Jahrhundert in Rom, um für die Wochentage eingängige Namen zu erhalten: Man benannte die Tage nach den Regenten der 1. Tagesstunde. Astrologisch hat diese Namengebung keine Bedeutung. Die Namen haben sich in mehr oder weniger abgewandelter Form im romanischen und germanischen Sprachkreis bis heute erhalten.

## Tierkreis, Tierkreiszeichen

Der Tierkreis (griech. Zodiak, Zodiakus) ist ein gedachter Gürtel beiderseits der → Ekliptik, in dem sich Sonne, Mond und Planeten über das Himmelsgewölbe zu bewegen scheinen. Er wird durch die Tierkreiszeichen in zwölf gleich große, je 30 Grad umfassende Abschnitte geteilt. Die Tierkreiszeichen sind also gleichsam eine Meßskala, die sich infolge der → Präzession der Erdachse heute nicht mehr mit den gleichnamigen Sternbildern deckt; diese sind übrigens von unterschiedlicher Ausdehnung und Helligkeit. Der *siderische Tierkreis* wird von den Sternbildern gebildet, während der durch die Zeichen gegliederte *tropische Tierkreis* nichts anderes darstellt als eine gleichmäßige, erdbezogene Gliederung des Jahreslaufes und daher auch ihre Bedeutung für die Astrologie bezieht. Der Tierkreis ist das erste Bezugssystem im Horoskop, das jeweils für viele Menschen gilt. Auf den Einzelfall bezogen ist hingegen das System der → Häuser.

## Tierkreissymbole

Für die Tierkreiszeichen verwendet man seit alters Symbole. Heute sind die folgenden Symbole gebräuchlich:

| | |
|---|---|
| ♈ | Widder |
| ♉ | Stier |
| ♊ | Zwillinge |
| ♋ | Krebs |
| ♌ | Löwe |
| ♍ | Jungfrau |
| ♎ | Waage |
| ♏ | Skorpion |
| ♐ | Schütze |
| ♑ | Steinbock |
| ♒ | Wassermann |
| ♓ | Fische |

## Transite

Darunter versteht man Übergänge »laufender« Planeten über Planeten- oder Aspektstellen im Geburtshoroskop. Die Stände der laufenden Planeten werden den Ephemeriden für den interessierenden Zeitraum entnommen. Von Bedeutung sind vor allem die Transite der langsamen Planeten, während die raschlaufenden Planeten lediglich eine für Stunden

**14**

oder wenige Tage gültige Wirksamkeit haben. Durch Transite werden für den gleichen Zeitraum durch Direktionen angezeigte Tendenzen gleichsam akut. Gleichgerichtete Transite und Direktionen verstärken sich, entgegengesetzte schwächen sich oder heben sich gar auf. Stets müssen aber auch die Gegebenheiten des Geburtshoroskops in Betracht gezogen werden; Transite können nichts auslösen, was nicht schon im Radixhoroskop enthalten ist. Transite, die sich auf ein Direktionshoroskop beziehen, nennt man Ingresse. Mit ihnen arbeitet beispielsweise die Astrometeorologie.

## Trigon

siehe Aspekte

## Tropischer Tierkreis

siehe Tierkreis, Tierkreiszeichen

## Veränderliche Zeichen

siehe Qualitäten

## Waagepunkt

siehe Ekliptik

## Wahlastrologie

Viele Menschen, die den günstigsten Zeitpunkt für ein wichtiges Vorhaben (Heirat, Geschäftsverbindung, Investitionen, Hausbau, Geschäftsgründung usw.) wissen möchten, wenden sich an Astrologen. Man bezeichnet den Zweig der Astrologie, der sich mit solchen Fragen beschäftigt, als Wahlastrologie.

## Wahrer Horizont

siehe Horizont

## Wandelsterne

siehe Planeten

## Wassermannzeitalter

siehe Weltzeitalter

## Wasserzeichen

siehe Elemente

## Weltzeit

So nennt man die mittlere Ortszeit des Nullmeridians von Greenwich, die benutzt wird, um astronomische Ereignisse nach einer für die ganze Welt verbindlichen Zeitskala festzulegen. Ephemeriden sind auf 0 oder 12 Uhr Weltzeit (WZ) berechnet. Nach der Weltzeit wurden auch für die ganze Erde die Zonenzeiten festgesetzt: Sie unterscheiden sich von ihr um halbe oder ganze Stunden. Um unsere Mitteleuropäische Zeit (MEZ) in Weltzeit umzuwandeln, muß man eine Stunde abziehen, in Zeitabschnitten, in denen die → Sommerzeit eingeführt war, auch zwei oder (bei doppelter Sommerzeit) drei Stunden.

## Weltzeitalter

Früh schon erkannte man die → Präzession der Erdachse und die dadurch bedingte Rückwärtswanderung des Frühlingspunktes durch den Tierkreis. Diesen weitschwingenden Rhythmus benutzte man zur Einteilung der Erdgeschichte. Eine Kreiselbewegung der Erdachse (ca. 25800 Jahre) entspricht einem Weltjahr (»Platonisches Jahr«), die Wanderung des Frühlingspunktes durch ein Bild des Tierkreises (rund 2100 Jahre) einem Weltmonat oder kleinen Weltjahr. Man nimmt an, daß die Grundtendenzen eines jeden Weltjahrs durch die Charakteristiken des jeweils durchlaufenen Tierkreisbildes geprägt werden. Heute liegt der Frühlingspunkt im Sternbild Wassermann (Wassermannzeitalter); die verflossenen zweitausend Jahre waren das Fische-Zeitalter.

## Widderpunkt

siehe Frühlingspunkt

## Zeit

siehe Ortszeit, Sternzeit, Weltzeit.

## Zenit

So heißt der senkrecht über dem Betrachter befindliche höchste Punkt (Scheitelpunkt) des Himmelsgewölbes. Gegensatz ist der Nadir (Fußpunkt), der senkrecht unter dem Betrachter liegt.

## Zodiak, Zodiakus

siehe Tierkreis

14

# Horoskopformulare und Hilfstabellen

Wenn Sie selbst Horoskope erstellen möchten, finden Sie auf den folgenden Seiten nicht nur Horoskopformulare, sondern auch alle für die Erfassung der Gestirnstände und Aspekte erforderlichen Hilfstabellen. Für die Positionseintragung sind zwei Spalten vorgesehen. In die erste Spalte tragen Sie die den Ephemeriden, Mondstands- und Häuserspitzentabellen entnommenen Werte ein (also beispielsweise 8 Grad Löwe), in die zweite Spalte die auf den Vollkreis von 360 Grad umgerechneten Werte (in unserem Beispiel 128 Grad), mit deren Hilfe Sie die Aspekte mühelos berechnen können. Um Ihnen die Eintragung und Bewertung der Horoskopelemente zu erleichtern, finden Sie auf den Seiten zwischen den Horoskopformularen Übersichten mit den Symbolen für die Tierkreiszeichen und Planeten sowie Tabellen mit den Grundqualitäten der Tierkreiszeichen und Häuser. Wollen Sie viel horoskopieren, empfiehlt es sich, einen kleinen Vorrat an Fotokopien der Seiten mit den Horoskopformularen und Hilfstabellen anzulegen. Wie das Horoskopformular auszufüllen ist, wird im 7. Kapitel ausführlich erläutert. Berechnung, Einzeichnung und Auflistung der Aspekte sind im 12. Kapitel erklärt.

15

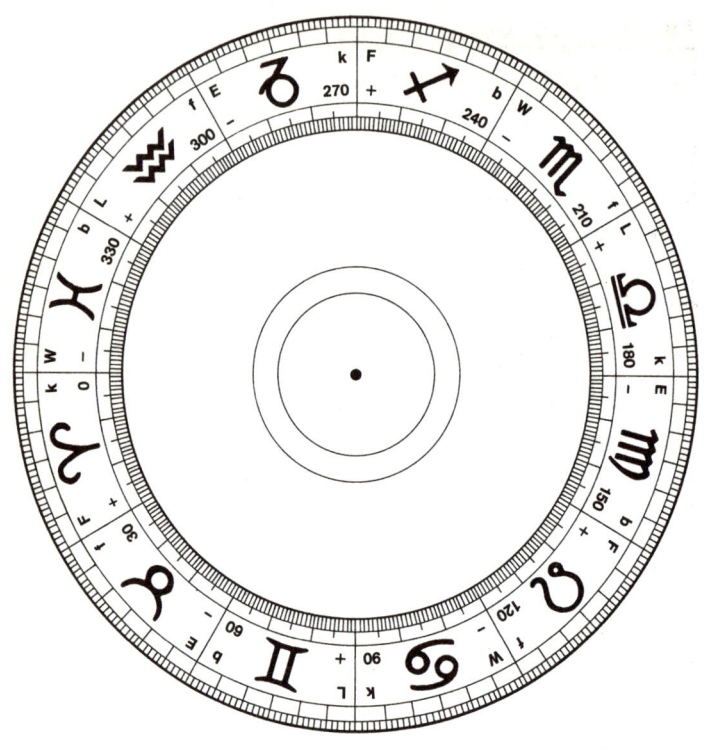

Name: ...............................................

geboren am: ............... in: ........................

geograph. Länge: ............... Breite: ...............

Geburtszeit: ...... MEZ, ...... OZ, ...... WZ, ...... SZ

## Planetenpositionen:

| ☉ | | |
|---|---|---|
| ☽ | | |
| ☿ | | |
| ♀ | | |
| ♂ | | |
| ♃ | | |
| ♄ | | |
| ♅ | | |
| ♆ | | |

| ♇ | | |
|---|---|---|
| ☊ | | |

## Häuserspitzen:

| 1.(A) | | |
|---|---|---|
| 2. | | |
| 3. | | |
| 10.(MC) | | |
| 11. | | |
| 12. | | |

15

**Planetenbesetzung:**

> . . . . . Zeichen mit Plus-, . . . . Zeichen mit Minuspolarität
>
> . . . . . kardinale, . . . . . fixe, . . . . . veränderliche Zeichen
>
> . . . . . Feuer-, . . . . . Erd-, . . . . . Luft-, . . . . . Wasserzeichen

**Aspekttabelle:**

| | Position | | ☉ | ☽ | ☿ | ♀ | ♂ | ♃ | ♄ | ⚷ | ♆ | ♇ |
|---|---|---|---|---|---|---|---|---|---|---|---|---|
| ☉ | | | | | | | | | | | | |
| ☽ | | | | | | | | | | | | |
| ☿ | | | | | | | | | | | | |
| ♀ | | | | | | | | | | | | |
| ♂ | | | | | | | | | | | | |
| ♃ | | | | | | | | | | | | |
| ♄ | | | | | | | | | | | | |
| ⚷ | | | | | | | | | | | | |
| ♆ | | | | | | | | | | | | |
| ♇ | | | | | | | | | | | | |
| A | | | | | | | | | | | | |
| MC | | | | | | | | | | | | |

**Gewichtung:**

| | ☉ | ☽ | ☿ | ♀ | ♂ | ♃ | ♄ | ⚷ | ♆ | ♇ | ☊ | A | MC |
|---|---|---|---|---|---|---|---|---|---|---|---|---|---|
| | ♌ | ♋ | ♊ ♍ | ♉ ♎ | ♈ | ♐ | ♑ | ≈ | ♓ | ♏ | | | |
| Grundwert | 3 | 3 | 2 | 2 | 2 | 2 | 2 | 1 | 1 | 1 | 1 | 3 | 2 |
| Zeichen | | | | | | | | | | | | | |
| Aspekte | | | | | | | | | | | | | |
| Summe | | | | | | | | | | | | | |

## Die Symbole der Tierkreiszeichen

| | |
|---|---|
| ♈ | Widder |
| ♉ | Stier |
| ♊ | Zwillinge |
| ♋ | Krebs |
| ♌ | Löwe |
| ♍ | Jungfrau |
| ♎ | Waage |
| ♏ | Skorpion |
| ♐ | Schütze |
| ♑ | Steinbock |
| ♒ | Wassermann |
| ♓ | Fische |

## Die Planetensymbole

| | |
|---|---|
| ☉ | Sonne |
| ☽ | Mond |
| ☿ | Merkur |
| ♀ | Venus |
| ♂ | Mars |
| ♃ | Jupiter |
| ♄ | Saturn |
| ♅ | Uranus |
| ♆ | Neptun |
| ♇ | Pluto |
| ☊ | Mondknoten |
| A | Aszendent |
| MC | Himmelsmitte |
| IC | Himmelstiefe |

## Polarität, Element und Qualität der Tierkreiszeichen

| | Polarität | Element | Qualität |
|---|---|---|---|
| ♈ | + | Feuer | kardinal |
| ♉ | − | Erde | fix |
| ♊ | + | Luft | veränderlich |
| ♋ | − | Wasser | kardinal |
| ♌ | + | Feuer | fix |
| ♍ | − | Erde | veränderlich |
| ♎ | + | Luft | kardinal |
| ♏ | − | Wasser | fix |
| ♐ | + | Feuer | veränderlich |
| ♑ | − | Erde | kardinal |
| ♒ | + | Luft | fix |
| ♓ | − | Wasser | veränderlich |

## Zuordnungen der Häuser

1. Haus = kardinales Feuer-Haus;
2. Haus = fixes Erd-Haus;
3. Haus = veränderliches Luft-Haus;
4. Haus = kardinales Wasser-Haus;
5. Haus = fixes Feuer-Haus;
6. Haus = veränderliches Erd-Haus;
7. Haus = kardinales Luft-Haus;
8. Haus = fixes Wasser-Haus;
9. Haus = veränderliches Feuer-Haus;
10. Haus = kardinales Erd-Haus;
11. Haus = fixes Luft-Haus;
12. Haus = veränderliches Wasser-Haus.

15

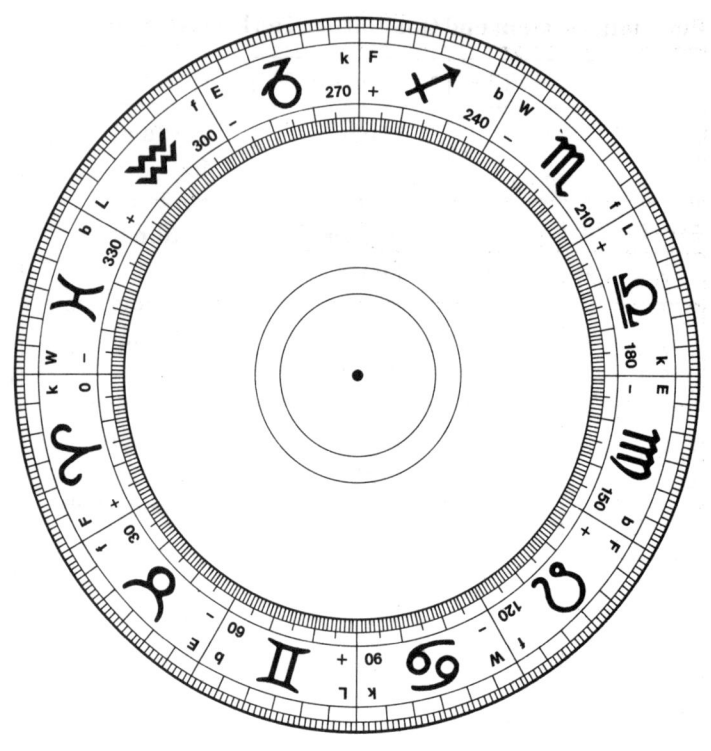

Name: . . . . . . . . . . . . . . . . . . . . . . . . . . . . . . . . . . . . . . . . .
geboren am: . . . . . . . . . . . . . . in: . . . . . . . . . . . . . . . . . . . . . . . .
geograph. Länge: . . . . . . . . . . . . . . Breite: . . . . . . . . . . . . . . .
Geburtszeit: . . . . . . . MEZ, . . . . . . OZ, . . . . . . WZ, . . . . . . SZ

**Planetenpositionen:**

| | | |
|---|---|---|
| ☉ | | |
| ☽ | | |
| ☿ | | |
| ♀ | | |
| ♂ | | |
| ♃ | | |
| ♄ | | |
| ♅ | | |
| ♆ | | |

| | | |
|---|---|---|
| ♇ | | |
| ☊ | | |

**Häuserspitzen:**

| | | |
|---|---|---|
| 1. (A) | | |
| 2. | | |
| 3. | | |
| 10. (MC) | | |
| 11. | | |
| 12. | | |

15

## Planetenbesetzung:

> . . . . . Zeichen mit Plus-, . . . . Zeichen mit Minuspolarität
>
> . . . . . kardinale, . . . . . fixe, . . . . . veränderliche Zeichen
>
> . . . . . Feuer-, . . . . . Erd-, . . . . . Luft-, . . . . . Wasserzeichen

## Aspekttabelle:

|     | Position | ☉ | ☽ | ☿ | ♀ | ♂ | ♃ | ♄ | ⚷ | ♆ | ♇ |
|-----|----------|---|---|---|---|---|---|---|---|---|---|
| ☉   |          |   |   |   |   |   |   |   |   |   |   |
| ☽   |          |   |   |   |   |   |   |   |   |   |   |
| ☿   |          |   |   |   |   |   |   |   |   |   |   |
| ♀   |          |   |   |   |   |   |   |   |   |   |   |
| ♂   |          |   |   |   |   |   |   |   |   |   |   |
| ♃   |          |   |   |   |   |   |   |   |   |   |   |
| ♄   |          |   |   |   |   |   |   |   |   |   |   |
| ⚷   |          |   |   |   |   |   |   |   |   |   |   |
| ♆   |          |   |   |   |   |   |   |   |   |   |   |
| ♇   |          |   |   |   |   |   |   |   |   |   |   |
| A   |          |   |   |   |   |   |   |   |   |   |   |
| MC  |          |   |   |   |   |   |   |   |   |   |   |

## Gewichtung:

|           | ☉ | ☽ | ☿ | ♀ | ♂ | ♃ | ♄ | ⚷ | ♆ | ♇ | ☊ | A | MC |
|-----------|---|---|---|---|---|---|---|---|---|---|---|---|----|
|           | ♌ | ♋ | ♊♍ | ♉♎ | ♈ | ♐ | ♑ | ♒ | ♓ | ♏ |   |   |    |
| Grundwert | 3 | 3 | 2 | 2 | 2 | 2 | 2 | 1 | 1 | 1 | 1 | 3 | 2  |
| Zeichen   |   |   |   |   |   |   |   |   |   |   |   |   |    |
| Aspekte   |   |   |   |   |   |   |   |   |   |   |   |   |    |
| Summe     |   |   |   |   |   |   |   |   |   |   |   |   |    |

15

## Die Symbole der Tierkreiszeichen

| | |
|---|---|
| ♈ | Widder |
| ♉ | Stier |
| ♊ | Zwillinge |
| ♋ | Krebs |
| ♌ | Löwe |
| ♍ | Jungfrau |
| ♎ | Waage |
| ♏ | Skorpion |
| ♐ | Schütze |
| ♑ | Steinbock |
| ♒ | Wassermann |
| ♓ | Fische |

## Die Planetensymbole

| | |
|---|---|
| ☉ | Sonne |
| ☽ | Mond |
| ☿ | Merkur |
| ♀ | Venus |
| ♂ | Mars |
| ♃ | Jupiter |
| ♄ | Saturn |
| ♅ | Uranus |
| ♆ | Neptun |
| ♇ | Pluto |
| ☊ | Mondknoten |
| A | Aszendent |
| MC | Himmelsmitte |
| IC | Himmelstiefe |

## Polarität, Element und Qualität der Tierkreiszeichen

|  | Polarität | Element | Qualität |
|---|---|---|---|
| ♈ | + | Feuer | kardinal |
| ♉ | — | Erde | fix |
| ♊ | + | Luft | veränderlich |
| ♋ | — | Wasser | kardinal |
| ♌ | + | Feuer | fix |
| ♍ | — | Erde | veränderlich |
| ♎ | + | Luft | kardinal |
| ♏ | — | Wasser | fix |
| ♐ | + | Feuer | veränderlich |
| ♑ | — | Erde | kardinal |
| ♒ | + | Luft | fix |
| ♓ | — | Wasser | veränderlich |

## Zuordnungen der Häuser

1. Haus = kardinales Feuer-Haus;
2. Haus = fixes Erd-Haus;
3. Haus = veränderliches Luft-Haus;
4. Haus = kardinales Wasser-Haus;
5. Haus = fixes Feuer-Haus;
6. Haus = veränderliches Erd-Haus;
7. Haus = kardinales Luft-Haus;
8. Haus = fixes Wasser-Haus;
9. Haus = veränderliches Feuer-Haus;
10. Haus = kardinales Erd-Haus;
11. Haus = fixes Luft-Haus;
12. Haus = veränderliches Wasser-Haus.

15

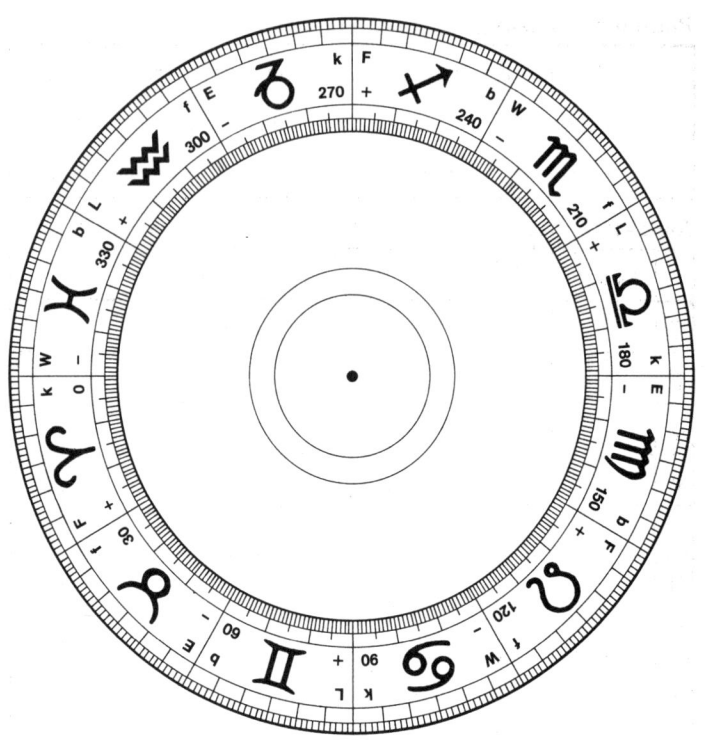

Name: ...............................................

geboren am: ............... in: ...........................

geograph. Länge: ............... Breite: ...............

Geburtszeit: ....... MEZ, ...... OZ, ...... WZ, ....... SZ

**Planetenpositionen:**

| ☉ | | |
|---|---|---|
| ☽ | | |
| ☿ | | |
| ♀ | | |
| ♂ | | |
| ♃ | | |
| ♄ | | |
| ♅ | | |
| ♆ | | |

| ♇ | | |
|---|---|---|
| ☊ | | |

**Häuserspitzen:**

| 1. (A) | | |
|---|---|---|
| 2. | | |
| 3. | | |
| 10. (MC) | | |
| 11. | | |
| 12. | | |

15

**Planetenbesetzung:**

..... Zeichen mit Plus-, .... Zeichen mit Minuspolarität

..... kardinale, ..... fixe, ..... veränderliche Zeichen

..... Feuer-, ..... Erd-, ..... Luft-, ..... Wasserzeichen

**Aspekttabelle:**

|  | Position | ☉ | ☽ | ☿ | ♀ | ♂ | ♃ | ♄ | ⚷ | ♆ | ♇ |
|---|---|---|---|---|---|---|---|---|---|---|---|
| ☉ |  |  |  |  |  |  |  |  |  |  |  |
| ☽ |  |  |  |  |  |  |  |  |  |  |  |
| ☿ |  |  |  |  |  |  |  |  |  |  |  |
| ♀ |  |  |  |  |  |  |  |  |  |  |  |
| ♂ |  |  |  |  |  |  |  |  |  |  |  |
| ♃ |  |  |  |  |  |  |  |  |  |  |  |
| ♄ |  |  |  |  |  |  |  |  |  |  |  |
| ⚷ |  |  |  |  |  |  |  |  |  |  |  |
| ♆ |  |  |  |  |  |  |  |  |  |  |  |
| ♇ |  |  |  |  |  |  |  |  |  |  |  |
| A |  |  |  |  |  |  |  |  |  |  |  |
| MC |  |  |  |  |  |  |  |  |  |  |  |

**Gewichtung:**

|  | ☉ | ☽ | ☿ | ♀ | ♂ | ♃ | ♄ | ⚷ | ♆ | ♇ | ☊ | A | MC |
|---|---|---|---|---|---|---|---|---|---|---|---|---|---|
|  | ♌ | ♋ | ♊♍ | ♉♎ | ♈ | ♐ | ♑ | ≈ | ♓ | ♏ |  |  |  |
| Grundwert | 3 | 3 | 2 | 2 | 2 | 2 | 2 | 1 | 1 | 1 | 1 | 3 | 2 |
| Zeichen |  |  |  |  |  |  |  |  |  |  |  |  |  |
| Aspekte |  |  |  |  |  |  |  |  |  |  |  |  |  |
| Summe |  |  |  |  |  |  |  |  |  |  |  |  |  |

## Die Symbole der Tierkreiszeichen

| | |
|---|---|
| ♈ | Widder |
| ♉ | Stier |
| ♊ | Zwillinge |
| ♋ | Krebs |
| ♌ | Löwe |
| ♍ | Jungfrau |
| ♎ | Waage |
| ♏ | Skorpion |
| ♐ | Schütze |
| ♑ | Steinbock |
| ♒ | Wassermann |
| ♓ | Fische |

## Die Planetensymbole

| | |
|---|---|
| ☉ | Sonne |
| ☽ | Mond |
| ☿ | Merkur |
| ♀ | Venus |
| ♂ | Mars |
| ♃ | Jupiter |
| ♄ | Saturn |
| ♅ | Uranus |
| ♆ | Neptun |
| ♇ | Pluto |
| ☊ | Mondknoten |
| A | Aszendent |
| MC | Himmelsmitte |
| IC | Himmelstiefe |

15

## Polarität, Element und Qualität der Tierkreiszeichen

|  | Polarität | Element | Qualität |
|---|---|---|---|
| ♈ | + | Feuer | kardinal |
| ♉ | − | Erde | fix |
| ♊ | + | Luft | veränderlich |
| ♋ | − | Wasser | kardinal |
| ♌ | + | Feuer | fix |
| ♍ | − | Erde | veränderlich |
| ♎ | + | Luft | kardinal |
| ♏ | − | Wasser | fix |
| ♐ | + | Feuer | veränderlich |
| ♑ | − | Erde | kardinal |
| ♒ | + | Luft | fix |
| ♓ | − | Wasser | veränderlich |

## Zuordnungen der Häuser

1. Haus = kardinales Feuer-Haus;
2. Haus = fixes Erd-Haus;
3. Haus = veränderliches Luft-Haus;
4. Haus = kardinales Wasser-Haus;
5. Haus = fixes Feuer-Haus;
6. Haus = veränderliches Erd-Haus;
7. Haus = kardinales Luft-Haus;
8. Haus = fixes Wasser-Haus;
9. Haus = veränderliches Feuer-Haus;
10. Haus = kardinales Erd-Haus;
11. Haus = fixes Luft-Haus;
12. Haus = veränderliches Wasser-Haus.

15

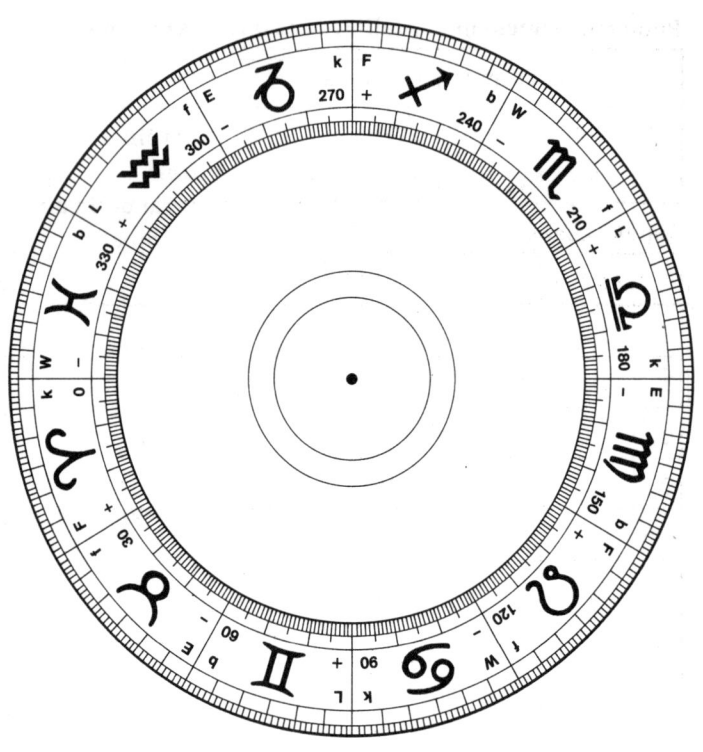

Name: . . . . . . . . . . . . . . . . . . . . . . . . . . . . . . . . . . . . . . . . . . . .

geboren am: . . . . . . . . . . . . . . . in: . . . . . . . . . . . . . . . . . . . . . . . .

geograph. Länge: . . . . . . . . . . . . . . . Breite: . . . . . . . . . . . . . . .

Geburtszeit: . . . . . . . MEZ, . . . . . . OZ, . . . . . . WZ, . . . . . . . SZ

**Planetenpositionen:**

| ☉ | | |
|---|---|---|
| ☽ | | |
| ☿ | | |
| ♀ | | |
| ♂ | | |
| ♃ | | |
| ♄ | | |
| ♅ | | |
| ♆ | | |

| ♇ | | |
|---|---|---|
| ☊ | | |

**Häuserspitzen:**

| 1. (A) | | |
|---|---|---|
| 2. | | |
| 3. | | |
| 10. (MC) | | |
| 11. | | |
| 12. | | |

**Planetenbesetzung:**

. . . . . Zeichen mit Plus-, . . . . Zeichen mit Minuspolarität

. . . . . kardinale, . . . . . fixe, . . . . . veränderliche Zeichen

. . . . . Feuer-, . . . . . Erd-, . . . . . Luft-, . . . . . Wasserzeichen

**Aspekttabelle:**

| | Position | | ☉ | ☽ | ☿ | ♀ | ♂ | ♃ | ♄ | ♅ | ♆ | ♇ |
|---|---|---|---|---|---|---|---|---|---|---|---|---|---|
| ☉ | | | | | | | | | | | | |
| ☽ | | | | | | | | | | | | |
| ☿ | | | | | | | | | | | | |
| ♀ | | | | | | | | | | | | |
| ♂ | | | | | | | | | | | | |
| ♃ | | | | | | | | | | | | |
| ♄ | | | | | | | | | | | | |
| ♅ | | | | | | | | | | | | |
| ♆ | | | | | | | | | | | | |
| ♇ | | | | | | | | | | | | |
| A | | | | | | | | | | | | |
| MC | | | | | | | | | | | | |

**Gewichtung:**

| | ☉ | ☽ | ☿ | ♀ | ♂ | ♃ | ♄ | ♅ | ♆ | ♇ | ☊ | A | MC |
|---|---|---|---|---|---|---|---|---|---|---|---|---|---|
| | ♌ | ♋ | ♊♍ | ♉♎ | ♈ | ♐ | ♑ | ♒ | ♓ | ♏ | | | |
| Grundwert | 3 | 3 | 2 | 2 | 2 | 2 | 2 | 1 | 1 | 1 | 1 | 3 | 2 |
| Zeichen | | | | | | | | | | | | | |
| Aspekte | | | | | | | | | | | | | |
| Summe | | | | | | | | | | | | | |

15

## Die Symbole der Tierkreiszeichen

♈ Widder
♉ Stier
♊ Zwillinge
♋ Krebs
♌ Löwe
♍ Jungfrau
♎ Waage
♏ Skorpion
♐ Schütze
♑ Steinbock
♒ Wassermann
♓ Fische

## Die Planetensymbole

☉ Sonne
☽ Mond
☿ Merkur
♀ Venus
♂ Mars
♃ Jupiter
♄ Saturn
♅ Uranus
♆ Neptun
♇ Pluto
☊ Mondknoten
A Aszendent
MC Himmelsmitte
IC Himmelstiefe

## Polarität, Element und Qualität der Tierkreiszeichen

|  | Polarität | Element | Qualität |
|---|---|---|---|
| ♈ | + | Feuer | kardinal |
| ♉ | − | Erde | fix |
| ♊ | + | Luft | veränderlich |
| ♋ | − | Wasser | kardinal |
| ♌ | + | Feuer | fix |
| ♍ | − | Erde | veränderlich |
| ♎ | + | Luft | kardinal |
| ♏ | − | Wasser | fix |
| ♐ | + | Feuer | veränderlich |
| ♑ | − | Erde | kardinal |
| ♒ | + | Luft | fix |
| ♓ | − | Wasser | veränderlich |

## Zuordnungen der Häuser

1. Haus = kardinales Feuer-Haus;
2. Haus = fixes Erd-Haus;
3. Haus = veränderliches Luft-Haus;
4. Haus = kardinales Wasser-Haus;
5. Haus = fixes Feuer-Haus;
6. Haus = veränderliches Erd-Haus;
7. Haus = kardinales Luft-Haus;
8. Haus = fixes Wasser-Haus;
9. Haus = veränderliches Feuer-Haus;
10. Haus = kardinales Erd-Haus;
11. Haus = fixes Luft-Haus;
12. Haus = veränderliches Wasser-Haus.

15

Name: .............................................

geboren am: .............. in: ........................

geograph. Länge: .............. Breite: ..............

Geburtszeit: ....... MEZ, ...... OZ, ...... WZ, ...... SZ

**Planetenpositionen:**

| | | |
|---|---|---|
| ☉ | | |
| ☽ | | |
| ☿ | | |
| ♀ | | |
| ♂ | | |
| ♃ | | |
| ♄ | | |
| ♅ | | |
| ♆ | | |

| | | |
|---|---|---|
| ♇ | | |
| ☊ | | |

**Häuserspitzen:**

| | | |
|---|---|---|
| 1.(A) | | |
| 2. | | |
| 3. | | |
| 10.(MC) | | |
| 11. | | |
| 12. | | |

15

**Planetenbesetzung:**

> . . . . Zeichen mit Plus-, . . . . Zeichen mit Minuspolarität
>
> . . . . . kardinale, . . . . . fixe, . . . . . veränderliche Zeichen
>
> . . . . . Feuer-, . . . . . Erd-, . . . . . Luft-, . . . . . Wasserzeichen

**Aspekttabelle:**

| | Position | ☉ | ☽ | ☿ | ♀ | ♂ | ♃ | ♄ | ♅ | ♆ | ♇ |
|---|---|---|---|---|---|---|---|---|---|---|---|
| ☉ | | | | | | | | | | | |
| ☽ | | | | | | | | | | | |
| ☿ | | | | | | | | | | | |
| ♀ | | | | | | | | | | | |
| ♂ | | | | | | | | | | | |
| ♃ | | | | | | | | | | | |
| ♄ | | | | | | | | | | | |
| ♅ | | | | | | | | | | | |
| ♆ | | | | | | | | | | | |
| ♇ | | | | | | | | | | | |
| A | | | | | | | | | | | |
| MC | | | | | | | | | | | |

**Gewichtung:**

| | ☉ | ☽ | ☿ | ♀ | ♂ | ♃ | ♄ | ♅ | ♆ | ♇ | ☊ | A | MC |
|---|---|---|---|---|---|---|---|---|---|---|---|---|---|
| | ♌ | ♋ | ♊♍ | ♉♎ | ♈ | ♐ | ♑ | ♒ | ♓ | ♏ | | | |
| Grundwert | 3 | 3 | 2 | 2 | 2 | 2 | 2 | 1 | 1 | 1 | 1 | 3 | 2 |
| Zeichen | | | | | | | | | | | | | |
| Aspekte | | | | | | | | | | | | | |
| Summe | | | | | | | | | | | | | |

15

## Die Symbole der Tierkreiszeichen

| | |
|---|---|
| ♈ | Widder |
| ♉ | Stier |
| ♊ | Zwillinge |
| ♋ | Krebs |
| ♌ | Löwe |
| ♍ | Jungfrau |
| ♎ | Waage |
| ♏ | Skorpion |
| ♐ | Schütze |
| ♑ | Steinbock |
| ♒ | Wassermann |
| ♓ | Fische |

## Die Planetensymbole

| | |
|---|---|
| ☉ | Sonne |
| ☽ | Mond |
| ☿ | Merkur |
| ♀ | Venus |
| ♂ | Mars |
| ♃ | Jupiter |
| ♄ | Saturn |
| ⛢ | Uranus |
| ♆ | Neptun |
| ♇ | Pluto |
| ☊ | Mondknoten |
| A | Aszendent |
| MC | Himmelsmitte |
| IC | Himmelstiefe |

## Polarität, Element und Qualität der Tierkreiszeichen

|  | Polarität | Element | Qualität |
|---|---|---|---|
| ♈ | + | Feuer | kardinal |
| ♉ | − | Erde | fix |
| ♊ | + | Luft | veränderlich |
| ♋ | − | Wasser | kardinal |
| ♌ | + | Feuer | fix |
| ♍ | − | Erde | veränderlich |
| ♎ | + | Luft | kardinal |
| ♏ | − | Wasser | fix |
| ♐ | + | Feuer | veränderlich |
| ♑ | − | Erde | kardinal |
| ♒ | + | Luft | fix |
| ♓ | − | Wasser | veränderlich |

## Zuordnungen der Häuser

1. Haus = kardinales Feuer-Haus;
2. Haus = fixes Erd-Haus;
3. Haus = veränderliches Luft-Haus;
4. Haus = kardinales Wasser-Haus;
5. Haus = fixes Feuer-Haus;
6. Haus = veränderliches Erd-Haus;
7. Haus = kardinales Luft-Haus;
8. Haus = fixes Wasser-Haus;
9. Haus = veränderliches Feuer-Haus;
10. Haus = kardinales Erd-Haus;
11. Haus = fixes Luft-Haus;
12. Haus = veränderliches Wasser-Haus.

15

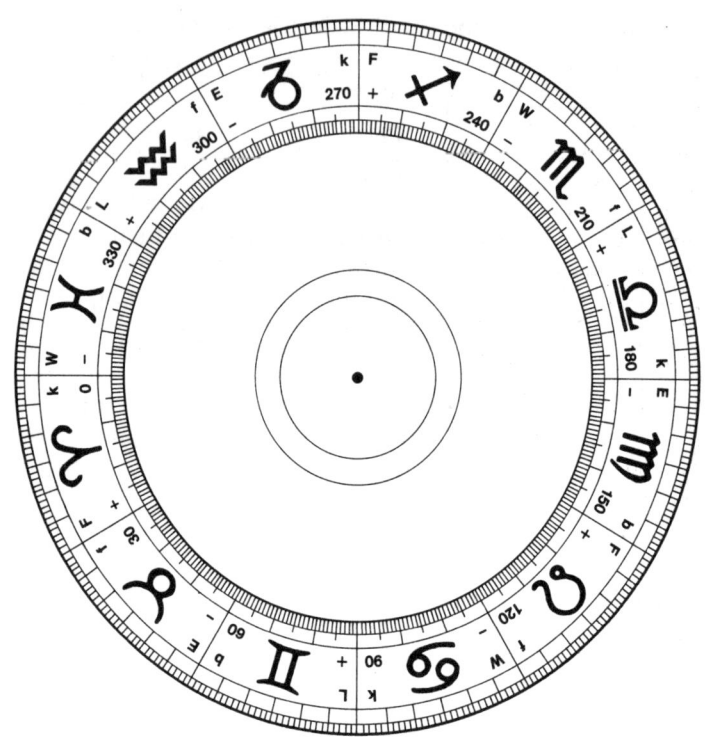

Name: .............................................

geboren am: ............... in: ..........................

geograph. Länge: ............... Breite: ...............

Geburtszeit: ....... MEZ, ...... OZ, ...... WZ, ...... SZ

**Planetenpositionen:**

| | | |
|---|---|---|
| ☉ | | |
| ☽ | | |
| ☿ | | |
| ♀ | | |
| ♂ | | |
| ♃ | | |
| ♄ | | |
| ♅ | | |
| ♆ | | |

| | | |
|---|---|---|
| ♇ | | |
| ☊ | | |

**Häuserspitzen:**

| | | |
|---|---|---|
| 1. (A) | | |
| 2. | | |
| 3. | | |
| 10. (MC) | | |
| 11. | | |
| 12. | | |

15

**Planetenbesetzung:**

> . . . . . Zeichen mit Plus-, . . . . Zeichen mit Minuspolarität
>
> . . . . . kardinale, . . . . . fixe, . . . . . veränderliche Zeichen
>
> . . . . . Feuer-, . . . . . Erd-, . . . . . Luft-, . . . . . Wasserzeichen

**Aspekttabelle:**

| | Position | | ☉ | ☽ | ☿ | ♀ | ♂ | ♃ | ♄ | ♅ | ♆ | ♇ |
|---|---|---|---|---|---|---|---|---|---|---|---|---|---|
| ☉ | | | | | | | | | | | | |
| ☽ | | | | | | | | | | | | |
| ☿ | | | | | | | | | | | | |
| ♀ | | | | | | | | | | | | |
| ♂ | | | | | | | | | | | | |
| ♃ | | | | | | | | | | | | |
| ♄ | | | | | | | | | | | | |
| ♅ | | | | | | | | | | | | |
| ♆ | | | | | | | | | | | | |
| ♇ | | | | | | | | | | | | |
| A | | | | | | | | | | | | |
| MC | | | | | | | | | | | | |

**Gewichtung:**

| | ☉ | ☽ | ☿ | ♀ | ♂ | ♃ | ♄ | ♅ | ♆ | ♇ | ☊ | A | MC |
|---|---|---|---|---|---|---|---|---|---|---|---|---|---|
| | ♌ | ♋ | ♊ ♍ | ♉ ♎ | ♈ | ♐ | ♑ | ♒ | ♓ | ♏ | | | |
| Grundwert | 3 | 3 | 2 | 2 | 2 | 2 | 2 | 1 | 1 | 1 | 1 | 3 | 2 |
| Zeichen | | | | | | | | | | | | | |
| Aspekte | | | | | | | | | | | | | |
| Summe | | | | | | | | | | | | | |

15

## Die Symbole der Tierkreiszeichen

| | |
|---|---|
| ♈ | Widder |
| ♉ | Stier |
| ♊ | Zwillinge |
| ♋ | Krebs |
| ♌ | Löwe |
| ♍ | Jungfrau |
| ♎ | Waage |
| ♏ | Skorpion |
| ♐ | Schütze |
| ♑ | Steinbock |
| ♒ | Wassermann |
| ♓ | Fische |

## Die Planetensymbole

| | |
|---|---|
| ☉ | Sonne |
| ☽ | Mond |
| ☿ | Merkur |
| ♀ | Venus |
| ♂ | Mars |
| ♃ | Jupiter |
| ♄ | Saturn |
| ♅ | Uranus |
| ♆ | Neptun |
| ♇ | Pluto |
| ☊ | Mondknoten |
| A | Aszendent |
| MC | Himmelsmitte |
| IC | Himmelstiefe |

# Polarität, Element und Qualität der Tierkreiszeichen

|  | Polarität | Element | Qualität |
|---|---|---|---|
| ♈ | + | Feuer | kardinal |
| ♉ | — | Erde | fix |
| ♊ | + | Luft | veränderlich |
| ♋ | — | Wasser | kardinal |
| ♌ | + | Feuer | fix |
| ♍ | — | Erde | veränderlich |
| ♎ | + | Luft | kardinal |
| ♏ | — | Wasser | fix |
| ♐ | + | Feuer | veränderlich |
| ♑ | — | Erde | kardinal |
| ♒ | + | Luft | fix |
| ♓ | — | Wasser | veränderlich |

## Zuordnungen der Häuser

1. Haus = kardinales Feuer-Haus;
2. Haus = fixes Erd-Haus;
3. Haus = veränderliches Luft-Haus;
4. Haus = kardinales Wasser-Haus;
5. Haus = fixes Feuer-Haus;
6. Haus = veränderliches Erd-Haus;
7. Haus = kardinales Luft-Haus;
8. Haus = fixes Wasser-Haus;
9. Haus = veränderliches Feuer-Haus;
10. Haus = kardinales Erd-Haus;
11. Haus = fixes Luft-Haus;
12. Haus = veränderliches Wasser-Haus.

15

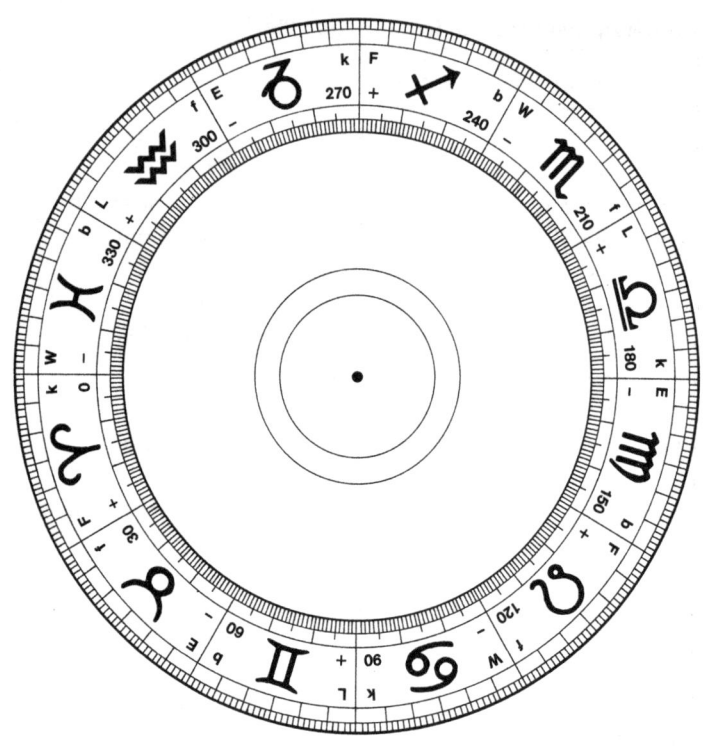

Name: . . . . . . . . . . . . . . . . . . . . . . . . . . . . . . . . . . . . . . . . .

geboren am: . . . . . . . . . . . . . . in: . . . . . . . . . . . . . . . . . . . . . . .

geograph. Länge: . . . . . . . . . . . . . . Breite: . . . . . . . . . . . . . . .

Geburtszeit: . . . . . . . MEZ, . . . . . . OZ, . . . . . . WZ, . . . . . . . SZ

**Planetenpositionen:**

| ⊙ | | |
|---|---|---|
| ☽ | | |
| ☿ | | |
| ♀ | | |
| ♂ | | |
| ♃ | | |
| ♄ | | |
| ⚷ | | |
| ♆ | | |

| ♇ | | |
|---|---|---|
| ☊ | | |

**Häuserspitzen:**

| 1. (A) | | |
|---|---|---|
| 2. | | |
| 3. | | |
| 10. (MC) | | |
| 11. | | |
| 12. | | |

15

## Planetenbesetzung:

> . . . . . Zeichen mit Plus-, . . . . Zeichen mit Minuspolarität
>
> . . . . . kardinale, . . . . . fixe, . . . . . veränderliche Zeichen
>
> . . . . . Feuer-, . . . . . Erd-, . . . . . Luft-, . . . . . Wasserzeichen

## Aspekttabelle:

| | Position | | ☉ | ☽ | ☿ | ♀ | ♂ | ♃ | ♄ | ♅ | ♆ | ♇ |
|---|---|---|---|---|---|---|---|---|---|---|---|---|
| ☉ | | | | | | | | | | | | |
| ☽ | | | | | | | | | | | | |
| ☿ | | | | | | | | | | | | |
| ♀ | | | | | | | | | | | | |
| ♂ | | | | | | | | | | | | |
| ♃ | | | | | | | | | | | | |
| ♄ | | | | | | | | | | | | |
| ♅ | | | | | | | | | | | | |
| ♆ | | | | | | | | | | | | |
| ♇ | | | | | | | | | | | | |
| A | | | | | | | | | | | | |
| MC | | | | | | | | | | | | |

## Gewichtung:

| | ☉ | ☽ | ☿ | ♀ | ♂ | ♃ | ♄ | ♅ | ♆ | ♇ | ☊ | A | MC |
|---|---|---|---|---|---|---|---|---|---|---|---|---|---|
| | ♌ | ♋ | ♊ ♍ | ♉ ♎ | ♈ | ♐ | ♑ | ♒ | ♓ | ♏ | | | |
| Grundwert | 3 | 3 | 2 | 2 | 2 | 2 | 2 | 1 | 1 | 1 | 1 | 3 | 2 |
| Zeichen | | | | | | | | | | | | | |
| Aspekte | | | | | | | | | | | | | |
| Summe | | | | | | | | | | | | | |

15

## Die Symbole der Tierkreiszeichen

| | |
|---|---|
| ♈ | Widder |
| ♉ | Stier |
| ♊ | Zwillinge |
| ♋ | Krebs |
| ♌ | Löwe |
| ♍ | Jungfrau |
| ♎ | Waage |
| ♏ | Skorpion |
| ♐ | Schütze |
| ♑ | Steinbock |
| ♒ | Wassermann |
| ♓ | Fische |

## Die Planetensymbole

| | |
|---|---|
| ☉ | Sonne |
| ☽ | Mond |
| ☿ | Merkur |
| ♀ | Venus |
| ♂ | Mars |
| ♃ | Jupiter |
| ♄ | Saturn |
| ♅ | Uranus |
| ♆ | Neptun |
| ♇ | Pluto |
| ☊ | Mondknoten |
| A | Aszendent |
| MC | Himmelsmitte |
| IC | Himmelstiefe |

15

## Polarität, Element und Qualität der Tierkreiszeichen

|  | Polarität | Element | Qualität |
|---|---|---|---|
| ♈ | + | Feuer | kardinal |
| ♉ | − | Erde | fix |
| ♊ | + | Luft | veränderlich |
| ♋ | − | Wasser | kardinal |
| ♌ | + | Feuer | fix |
| ♍ | − | Erde | veränderlich |
| ♎ | + | Luft | kardinal |
| ♏ | − | Wasser | fix |
| ♐ | + | Feuer | veränderlich |
| ♑ | − | Erde | kardinal |
| ♒ | + | Luft | fix |
| ♓ | − | Wasser | veränderlich |

## Zuordnungen der Häuser

1. Haus = kardinales Feuer-Haus;
2. Haus = fixes Erd-Haus;
3. Haus = veränderliches Luft-Haus;
4. Haus = kardinales Wasser-Haus;
5. Haus = fixes Feuer-Haus;
6. Haus = veränderliches Erd-Haus;
7. Haus = kardinales Luft-Haus;
8. Haus = fixes Wasser-Haus;
9. Haus = veränderliches Feuer-Haus;
10. Haus = kardinales Erd-Haus;
11. Haus = fixes Luft-Haus;
12. Haus = veränderliches Wasser-Haus.

15

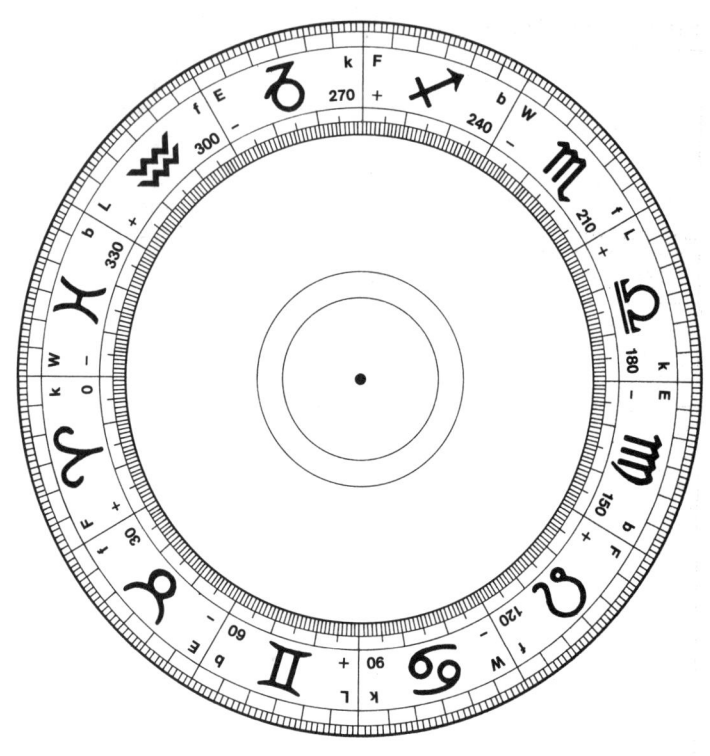

Name: . . . . . . . . . . . . . . . . . . . . . . . . . . . . . . . . . . . . . . . . . .

geboren am: . . . . . . . . . . . . . . in: . . . . . . . . . . . . . . . . . . . . . . .

geograph. Länge: . . . . . . . . . . . . . . Breite: . . . . . . . . . . . . . . . .

Geburtszeit: . . . . . . . MEZ, . . . . . . OZ, . . . . . . WZ, . . . . . . . SZ

**Planetenpositionen:**

| ☉ | | |
|---|---|---|
| ☽ | | |
| ☿ | | |
| ♀ | | |
| ♂ | | |
| ♃ | | |
| ♄ | | |
| ⚴ | | |
| ♆ | | |

| ♇ | | |
|---|---|---|
| ☊ | | |

**Häuserspitzen:**

| 1. (A) | | |
|---|---|---|
| 2. | | |
| 3. | | |
| 10. (MC) | | |
| 11. | | |
| 12. | | |

## Planetenbesetzung:

| |
|---|
| . . . . . Zeichen mit Plus-, . . . . Zeichen mit Minuspolarität |
| . . . . . kardinale, . . . . . fixe, . . . . . veränderliche Zeichen |
| . . . . . Feuer-, . . . . . Erd-, . . . . . Luft-, . . . . . Wasserzeichen |

## Aspekttabelle:

| | Position | ☉ | ☽ | ☿ | ♀ | ♂ | ♃ | ♄ | ♅ | ♆ | ♇ |
|---|---|---|---|---|---|---|---|---|---|---|---|
| ☉ | | | | | | | | | | | |
| ☽ | | | | | | | | | | | |
| ☿ | | | | | | | | | | | |
| ♀ | | | | | | | | | | | |
| ♂ | | | | | | | | | | | |
| ♃ | | | | | | | | | | | |
| ♄ | | | | | | | | | | | |
| ♅ | | | | | | | | | | | |
| ♆ | | | | | | | | | | | |
| ♇ | | | | | | | | | | | |
| A | | | | | | | | | | | |
| MC | | | | | | | | | | | |

## Gewichtung:

| | ☉ | ☽ | ☿ | ♀ | ♂ | ♃ | ♄ | ♅ | ♆ | ♇ | ☊ | A | MC |
|---|---|---|---|---|---|---|---|---|---|---|---|---|---|
| | ♌ | ♋ | ♊♍ | ♉♎ | ♈ | ♐ | ♑ | ♒ | ♓ | ♏ | | | |
| Grundwert | 3 | 3 | 2 | 2 | 2 | 2 | 2 | 1 | 1 | 1 | 1 | 3 | 2 |
| Zeichen | | | | | | | | | | | | | |
| Aspekte | | | | | | | | | | | | | |
| Summe | | | | | | | | | | | | | |

15

## Die Symbole der Tierkreiszeichen

| | |
|---|---|
| ♈ | Widder |
| ♉ | Stier |
| ♊ | Zwillinge |
| ♋ | Krebs |
| ♌ | Löwe |
| ♍ | Jungfrau |
| ♎ | Waage |
| ♏ | Skorpion |
| ♐ | Schütze |
| ♑ | Steinbock |
| ♒ | Wassermann |
| ♓ | Fische |

## Die Planetensymbole

| | |
|---|---|
| ☉ | Sonne |
| ☽ | Mond |
| ☿ | Merkur |
| ♀ | Venus |
| ♂ | Mars |
| ♃ | Jupiter |
| ♄ | Saturn |
| ♅ | Uranus |
| ♆ | Neptun |
| ♇ | Pluto |
| ☊ | Mondknoten |
| A | Aszendent |
| MC | Himmelsmitte |
| IC | Himmelstiefe |

## Polarität, Element und Qualität der Tierkreiszeichen

|  | Polarität | Element | Qualität |
|---|---|---|---|
| ♈ | + | Feuer | kardinal |
| ♉ | − | Erde | fix |
| ♊ | + | Luft | veränderlich |
| ♋ | − | Wasser | kardinal |
| ♌ | + | Feuer | fix |
| ♍ | − | Erde | veränderlich |
| ♎ | + | Luft | kardinal |
| ♏ | − | Wasser | fix |
| ♐ | + | Feuer | veränderlich |
| ♑ | − | Erde | kardinal |
| ♒ | + | Luft | fix |
| ♓ | − | Wasser | veränderlich |

## Zuordnungen der Häuser

1. Haus = kardinales Feuer-Haus;
2. Haus = fixes Erd-Haus;
3. Haus = veränderliches Luft-Haus;
4. Haus = kardinales Wasser-Haus;
5. Haus = fixes Feuer-Haus;
6. Haus = veränderliches Erd-Haus;
7. Haus = kardinales Luft-Haus;
8. Haus = fixes Wasser-Haus;
9. Haus = veränderliches Feuer-Haus;
10. Haus = kardinales Erd-Haus;
11. Haus = fixes Luft-Haus;
12. Haus = veränderliches Wasser-Haus.

15

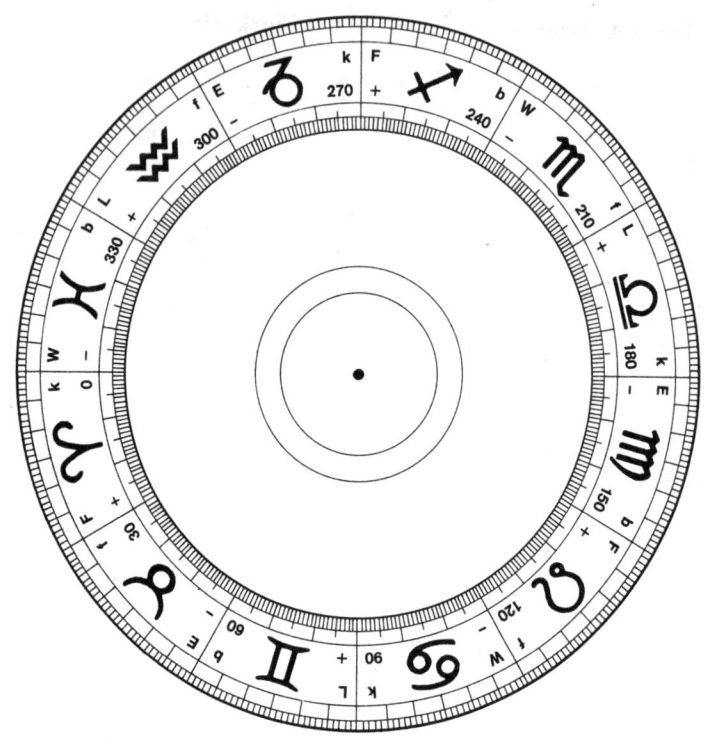

Name: ...............................................

geboren am: .............. in: ........................

geograph. Länge: .............. Breite: ..............

Geburtszeit: ...... MEZ, ...... OZ, ...... WZ, ...... SZ

**Planetenpositionen:**

| | | |
|---|---|---|
| ☉ | | |
| ☽ | | |
| ☿ | | |
| ♀ | | |
| ♂ | | |
| ♃ | | |
| ♄ | | |
| ♅ | | |
| ♆ | | |

| | | |
|---|---|---|
| ♇ | | |
| ☊ | | |

**Häuserspitzen:**

| | | |
|---|---|---|
| 1. (A) | | |
| 2. | | |
| 3. | | |
| 10. (MC) | | |
| 11. | | |
| 12. | | |

15

**Planetenbesetzung:**

. . . . . Zeichen mit Plus-, . . . . Zeichen mit Minuspolarität

. . . . . kardinale, . . . . . fixe, . . . . . veränderliche Zeichen

. . . . . Feuer-, . . . . . Erd-, . . . . . Luft-, . . . . . Wasserzeichen

**Aspekttabelle:**

|  | Position | ☉ | ☽ | ☿ | ♀ | ♂ | ♃ | ♄ | ♅ | ♆ | ♇ |
|---|---|---|---|---|---|---|---|---|---|---|---|
| ☉ |  |  |  |  |  |  |  |  |  |  |  |
| ☽ |  |  |  |  |  |  |  |  |  |  |  |
| ☿ |  |  |  |  |  |  |  |  |  |  |  |
| ♀ |  |  |  |  |  |  |  |  |  |  |  |
| ♂ |  |  |  |  |  |  |  |  |  |  |  |
| ♃ |  |  |  |  |  |  |  |  |  |  |  |
| ♄ |  |  |  |  |  |  |  |  |  |  |  |
| ♅ |  |  |  |  |  |  |  |  |  |  |  |
| ♆ |  |  |  |  |  |  |  |  |  |  |  |
| ♇ |  |  |  |  |  |  |  |  |  |  |  |
| A |  |  |  |  |  |  |  |  |  |  |  |
| MC |  |  |  |  |  |  |  |  |  |  |  |

**Gewichtung:**

|  | ☉ | ☽ | ☿ | ♀ | ♂ | ♃ | ♄ | ♅ | ♆ | ♇ | ☊ | A | MC |
|---|---|---|---|---|---|---|---|---|---|---|---|---|---|
|  | ♌ | ♋ | ♊ ♍ | ♉ ♎ | ♈ | ♐ | ♑ | ♒ | ♓ | ♏ |  |  |  |
| Grundwert | 3 | 3 | 2 | 2 | 2 | 2 | 2 | 1 | 1 | 1 | 1 | 3 | 2 |
| Zeichen |  |  |  |  |  |  |  |  |  |  |  |  |  |
| Aspekte |  |  |  |  |  |  |  |  |  |  |  |  |  |
| Summe |  |  |  |  |  |  |  |  |  |  |  |  |  |

15

## Die Symbole der Tierkreiszeichen

| | |
|---|---|
| ♈ | Widder |
| ♉ | Stier |
| ♊ | Zwillinge |
| ♋ | Krebs |
| ♌ | Löwe |
| ♍ | Jungfrau |
| ♎ | Waage |
| ♏ | Skorpion |
| ♐ | Schütze |
| ♑ | Steinbock |
| ♒ | Wassermann |
| ♓ | Fische |

## Die Planetensymbole

| | |
|---|---|
| ☉ | Sonne |
| ☽ | Mond |
| ☿ | Merkur |
| ♀ | Venus |
| ♂ | Mars |
| ♃ | Jupiter |
| ♄ | Saturn |
| ♅ | Uranus |
| ♆ | Neptun |
| ♇ | Pluto |
| ☊ | Mondknoten |
| A | Aszendent |
| MC | Himmelsmitte |
| IC | Himmelstiefe |

15

## Polarität, Element und Qualität der Tierkreiszeichen

|  | Polarität | Element | Qualität |
|---|---|---|---|
| ♈ | + | Feuer | kardinal |
| ♉ | − | Erde | fix |
| ♊ | + | Luft | veränderlich |
| ♋ | − | Wasser | kardinal |
| ♌ | + | Feuer | fix |
| ♍ | − | Erde | veränderlich |
| ♎ | + | Luft | kardinal |
| ♏ | − | Wasser | fix |
| ♐ | + | Feuer | veränderlich |
| ♑ | − | Erde | kardinal |
| ♒ | + | Luft | fix |
| ♓ | − | Wasser | veränderlich |

## Zuordnungen der Häuser

1. Haus = kardinales Feuer-Haus;
2. Haus = fixes Erd-Haus;
3. Haus = veränderliches Luft-Haus;
4. Haus = kardinales Wasser-Haus;
5. Haus = fixes Feuer-Haus;
6. Haus = veränderliches Erd-Haus;
7. Haus = kardinales Luft-Haus;
8. Haus = fixes Wasser-Haus;
9. Haus = veränderliches Feuer-Haus;
10. Haus = kardinales Erd-Haus;
11. Haus = fixes Luft-Haus;
12. Haus = veränderliches Wasser-Haus.

15

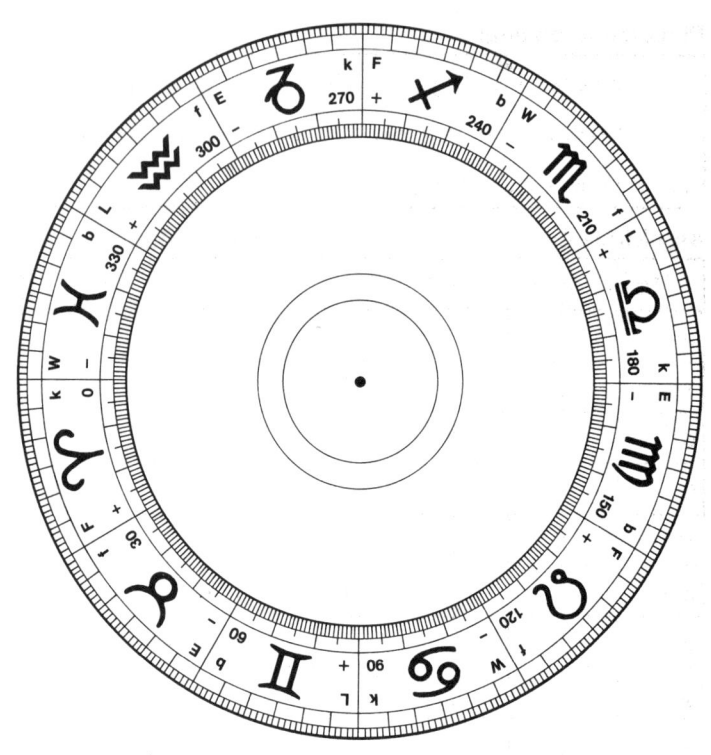

Name: . . . . . . . . . . . . . . . . . . . . . . . . . . . . . . . . . . . . . . . . . . . . . .

geboren am: . . . . . . . . . . . . . . in: . . . . . . . . . . . . . . . . . . . . . . . . .

geograph. Länge: . . . . . . . . . . . . . . . Breite: . . . . . . . . . . . . . . .

Geburtszeit: . . . . . . . MEZ, . . . . . . OZ, . . . . . . WZ, . . . . . . SZ

## Planetenpositionen:

| ☉ | | |
|---|---|---|
| ☽ | | |
| ☿ | | |
| ♀ | | |
| ♂ | | |
| ♃ | | |
| ♄ | | |
| ♅ | | |
| ♆ | | |

| ♇ | | |
|---|---|---|
| ☊ | | |

## Häuserspitzen:

| 1. (A) | | |
|---|---|---|
| 2. | | |
| 3. | | |
| 10. (MC) | | |
| 11. | | |
| 12. | | |

15

**Planetenbesetzung:**

| | |
|---|---|
| . . . . . Zeichen mit Plus-, . . . . Zeichen mit Minuspolarität | |
| . . . . . kardinale, . . . . . fixe, . . . . . veränderliche Zeichen | |
| . . . . . Feuer-, . . . . . Erd-, . . . . . Luft-, . . . . . Wasserzeichen | |

**Aspekttabelle:**

| | Position | ☉ | ☽ | ☿ | ♀ | ♂ | ♃ | ♄ | ⯛ | ♆ | ♇ |
|---|---|---|---|---|---|---|---|---|---|---|---|
| ☉ | | | | | | | | | | | |
| ☽ | | | | | | | | | | | |
| ☿ | | | | | | | | | | | |
| ♀ | | | | | | | | | | | |
| ♂ | | | | | | | | | | | |
| ♃ | | | | | | | | | | | |
| ♄ | | | | | | | | | | | |
| ⯛ | | | | | | | | | | | |
| ♆ | | | | | | | | | | | |
| ♇ | | | | | | | | | | | |
| A | | | | | | | | | | | |
| MC | | | | | | | | | | | |

**Gewichtung:**

| | ☉ | ☽ | ☿ | ♀ | ♂ | ♃ | ♄ | ⯛ | ♆ | ♇ | ☊ | A | MC |
|---|---|---|---|---|---|---|---|---|---|---|---|---|---|
| | ♌ | ♋ | ♊ ♍ | ♉ ♎ | ♈ | ♐ | ♑ | ♒ | ♓ | ♏ | | | |
| Grundwert | 3 | 3 | 2 | 2 | 2 | 2 | 2 | 1 | 1 | 1 | 1 | 3 | 2 |
| Zeichen | | | | | | | | | | | | | |
| Aspekte | | | | | | | | | | | | | |
| Summe | | | | | | | | | | | | | |

15

## Die Symbole der Tierkreiszeichen

| | |
|---|---|
| ♈ | Widder |
| ♉ | Stier |
| ♊ | Zwillinge |
| ♋ | Krebs |
| ♌ | Löwe |
| ♍ | Jungfrau |
| ♎ | Waage |
| ♏ | Skorpion |
| ♐ | Schütze |
| ♑ | Steinbock |
| ♒ | Wassermann |
| ♓ | Fische |

## Die Planetensymbole

| | |
|---|---|
| ☉ | Sonne |
| ☽ | Mond |
| ☿ | Merkur |
| ♀ | Venus |
| ♂ | Mars |
| ♃ | Jupiter |
| ♄ | Saturn |
| ♅ | Uranus |
| ♆ | Neptun |
| ♇ | Pluto |
| ☊ | Mondknoten |
| A | Aszendent |
| MC | Himmelsmitte |
| IC | Himmelstiefe |

15

## Polarität, Element und Qualität der Tierkreiszeichen

|  | Polarität | Element | Qualität |
|---|---|---|---|
| ♈ | + | Feuer | kardinal |
| ♉ | − | Erde | fix |
| ♊ | + | Luft | veränderlich |
| ♋ | − | Wasser | kardinal |
| ♌ | + | Feuer | fix |
| ♍ | − | Erde | veränderlich |
| ♎ | + | Luft | kardinal |
| ♏ | − | Wasser | fix |
| ♐ | + | Feuer | veränderlich |
| ♑ | − | Erde | kardinal |
| ♒ | + | Luft | fix |
| ♓ | − | Wasser | veränderlich |

## Zuordnungen der Häuser

1. Haus = kardinales Feuer-Haus;
2. Haus = fixes Erd-Haus;
3. Haus = veränderliches Luft-Haus;
4. Haus = kardinales Wasser-Haus;
5. Haus = fixes Feuer-Haus;
6. Haus = veränderliches Erd-Haus;
7. Haus = kardinales Luft-Haus;
8. Haus = fixes Wasser-Haus;
9. Haus = veränderliches Feuer-Haus;
10. Haus = kardinales Erd-Haus;
11. Haus = fixes Luft-Haus;
12. Haus = veränderliches Wasser-Haus.

15

# Inhalt

**Die Uhren des Kosmos 7**

1

Irdisches Leben im Spannungsfeld kosmischer Kräfte 7 — Kosmische Rhythmen als Steuerungsfaktoren 8 — Die Magnetosphäre der Erde und das menschliche Magnetfeld 8 — Kurze Geschichte der Astrologie 9 — Ein Meilenstein: die »Tetrabiblos« des Ptolemäus 11 — Der Beitrag der Araber 12 — Die Astrologie am Beginn der Neuzeit 13 — Der Niedergang der Astrologie 14 — Die Entwicklung im 19. und 20. Jahrhundert 14 — Tabellarische Übersicht 15 — Das Welt- und Menschenbild der modernen Astrologie 17 — Das Horoskop als Schaubild 18 — Charakter und Schicksal 19 — Die Möglichkeiten der Astrologie 21 — Allgemeine Lebensberatung 22 — Erziehungsberatung 23 — Astrologische Berufsberatung 23 — Partnerschafts- und Eheberatung 23 — Wege zur Astrologie: Zeitungs- und Zeitschriftenhoroskope 24 — Astrologische Literatur 25 — Das Studium der Astrologie 25 — Computer-Horoskope 25 — Die Fachastrologen 25

**Wer bin ich? 27**

2

Die Prägung durch das Sonnenzeichen 28 — Übersicht der Sonnenzeichen 28 — Sonnenzeichen Widder 29 — Sonnenzeichen Stier 32 — Sonnenzeichen Zwillinge 34 — Sonnenzeichen Krebs 37 — Sonnenzeichen Löwe 39 — Sonnenzeichen Jungfrau 42 — Sonnenzeichen Waage 45 — Sonnenzeichen Skorpion 47 — Sonnenzeichen Schütze 52 — Sonnenzeichen Wassermann 55 — Sonnenzeichen Fische 57

Die Persönlichkeit nach dem Aszendentenzeichen 60 — Tabelle zur Bestimmung des Aszendentenzeichens 62 — Berechnungsverfahren 64 — Aszendentenzeichen Widder 65 — Mischtyp Widder/Fische 68 — Mischtyp Widder/Stier 68 — Aszendentenzeichen Stier 69 — Mischtyp Stier/Widder 72 — Mischtyp Stier/Zwillinge 72 — Aszendentenzeichen Zwillinge 73 — Mischtyp Zwillinge/Stier 76 — Mischtyp Zwillinge/Krebs 76 — Aszendentenzeichen Krebs 77 — Mischtyp Krebs/Zwillinge 80 — Mischtyp Krebs/Löwe 80 — Aszendentenzeichen Löwe 81 — Mischtyp Löwe/Krebs 84 — Mischtyp Löwe/Jungfrau 84 — Aszendentenzeichen Jungfrau 85 — Mischtyp Jungfrau/Löwe 88 — Mischtyp Jungfrau/Waage 88 — Aszendentenzeichen Waage 88 — Mischtyp Waage/Jungfrau 92 — Mischtyp Waage/Skorpion 92 — Aszendentenzeichen Skorpion 92 — Mischtyp Skorpion/Waage 96 — Mischtyp Skorpion/Schütze 96 — Aszendentenzeichen Schütze 96 — Mischtyp Schütze/Skorpion 99 — Mischtyp Schütze/Steinbock 100 — Aszendentenzeichen Steinbock 100 — Mischtyp Steinbock/Schütze 103 — Mischtyp Steinbock/Wassermann 104 — Aszendentenzeichen Wassermann 104 — Mischtyp Wassermann/Steinbock 107 — Mischtyp Wassermann/Fische 108 — Aszendentenzeichen Fische 108 — Mischtyp Fische/Wassermann 111 — Mischtyp Fische/Widder 111

**3  Was kann ich?  113**

Aussagen nach Sonnenzeichen 114 — Sonnenzeichen Widder 114 — Sonnenzeichen Stier 117 — Sonnenzeichen Zwillinge 119 — Sonnenzeichen Krebs 122 — Sonnenzeichen Löwe 124 — Sonnenzeichen Jungfrau 127 — Sonnenzeichen Waage 129 — Sonnenzeichen Skorpion 132 — Sonnenzeichen Schütze 134 — Sonnenzeichen Steinbock 137 — Sonnenzeichen Wassermann 139 — Sonnenzeichen Fische 142
Der Meridian in den zwölf Zeichen des Tierkreises 144 — Meridian im Zeichen Widder 146 — Meridian im Zeichen Stier 146 — Meridian im Zeichen Zwillinge 147 — Meridian

im Zeichen Krebs 147 — Meridian im Zeichen Löwe 148 — Meridian im Zeichen Jungfrau 148 — Meridian im Zeichen Waage 148 — Meridian im Zeichen Skorpion 149 — Meridian im Zeichen Schütze 149 — Meridian im Zeichen Steinbock 150 — Meridian im Zeichen Wassermann 150 — Meridian im Zeichen Fische 150

Planetenbesetzung des 10. Hauses 151 — Sonne im 10. Haus 152 — Mond im 10. Haus 152 — Merkur im 10. Haus 153 — Venus im 10. Haus 153 — Mars im 10. Haus 154 — Jupiter im 10. Haus 154 — Saturn im 10. Haus 155 — Uranus im 10. Haus 155 — Neptun im 10. Haus 155 — Pluto im 10. Haus 156

**Wer mit wem? 157**

4

Der astrologische Partnerschaftsvergleich 157 — Verträglichkeitstabelle nach Sonnenzeichen 159 — Der Horoskopvergleich 159 — Freundschaft nach Sonnenzeichen 162 — Widder 162 — Stier 164 — Zwillinge 165 — Krebs 167 — Löwe 169 — Jungfrau 171 — Waage 172 — Skorpion 174 — Schütze 176 — Steinbock 177 — Wassermann 179 — Fische 181

Liebe und Ehe 182 — Widder 184 — Widder mit Widder 185 — Widder mit Stier 185 — Widder mit Zwilling 186 — Widder mit Krebs 186 — Widder mit Löwe 186 — Widder mit Jungfrau 187 — Widder mit Waage 187 — Widder mit Skorpion 188 — Widder mit Schütze 188 — Widder mit Steinbock 189 — Widder mit Wassermann 189 — Widder mit Fisch 189 — Stier 190 — Stier mit Widder 185 — Stier mit Stier 191 — Stier mit Zwilling 191 — Stier mit Krebs 192 — Stier mit Löwe 192 — Stier mit Jungfrau 193 — Stier mit Waage 193 — Stier mit Skorpion 194 — Stier mit Schütze 194 — Stier mit Steinbock 194 — Stier mit Wassermann 195 — Stier mit Fische 195 — Zwillinge 196 — Zwilling mit Widder 186 — Zwilling mit Stier 191 — Zwilling mit Zwilling 197 — Zwilling mit Krebs 197 — Zwilling mit Löwe 198 — Zwilling mit Waage 199 — Zwilling mit Skorpion 199 — Zwilling mit Schütze 199 — Zwilling mit Steinbock 200 — Zwilling mit Wassermann 200 — Zwilling mit Fisch 201 — Krebs 201 — Krebs mit Widder 186 — Krebs

mit Stier 192 — Krebs mit Zwilling 197 — Krebs mit
Krebs 203 — Krebs mit Löwe 203 — Krebs mit Jung-
frau 203 — Krebs mit Waage 204 — Krebs mit Skorpion 204
— Krebs mit Schütze 205 — Krebs mit Steinbock 205 —
Krebs mit Wassermann 206 — Krebs mit Fisch 206 —
Löwe 207 — Löwe mit Widder 186 — Löwe mit Stier 192 —
Löwe mit Zwilling 198 — Löwe mit Krebs 203 — Löwe mit
Löwe 208 — Löwe mit Jungfrau 208 — Löwe mit Waage 209
— Löwe mit Skorpion 209 — Löwe mit Steinbock 210 —
Löwe mit Wassermann 211 — Löwe mit Fisch 211 — Jung-
frau 211 — Jungfrau mit Widder 187 — Jungfrau mit
Stier 193 — Jungfrau mit Zwilling 198 — Jungfrau mit
Krebs 203 — Jungfrau mit Löwe 208 — Jungfrau mit Jung-
frau 213 — Jungfrau mit Waage 213 — Jungfrau mit Skor-
pion 214 — Jungfrau mit Schütze 214 — Jungfrau mit Stein-
bock 215 — Jungfrau mit Wassermann 215 — Jungfrau mit
Fisch 215 — Waage 216 — Waage mit Widder 187 — Waage
mit Stier 193 — Waage mit Zwilling 199 — Waage mit
Krebs 204 — Waage mit Löwe 209 — Waage mit Jungfrau 213 — Waage mit Waage 217 — Waage mit Skorpion 218 — Waage mit Schütze 218 — Waage mit Steinbock 219 — Waage mit Wassermann 219 — Waage mit
Fisch 220 — Skorpion 220 — Skorpion mit Widder 188 —
Skorpion mit Stier 194 — Skorpion mit Zwilling 199 —
Skorpion mit Krebs 204 — Skorpion mit Löwe 209 — Skor-
pion mit Jungfrau 214 — Skorpion mit Waage 218 — Skor-
pion mit Skorpion 222 — Skorpion mit Schütze 222 — Skor-
pion mit Steinbock 222 — Skorpion mit Wassermann 223 —
Skorpion mit Fisch 223 — Schütze 224 — Schütze mit Wid-
der 188 — Schütze mit Stier 194 — Schütze mit Zwil-
ling 199 — Schütze mit Krebs 204 — Schütze mit Löwe 209
— Schütze mit Jungfrau 214 — Schütze mit Waage 218 —
Schütze mit Skorpion 222 — Schütze mit Schütze 225 —
Schütze mit Steinbock 226 — Schütze mit Wassermann 226
— Schütze mit Fisch 226 — Steinbock 227 — Steinbock mit
Widder 189 — Steinbock mit Stier 194 — Steinbock mit
Zwilling 200 — Steinbock mit Krebs 205 — Steinbock mit
Löwe 210 — Steinbock mit Jungfrau 215 — Steinbock mit
Waage 219 — Steinbock mit Skorpion 222 — Steinbock mit
Schütze 226 — Steinbock mit Steinbock 228 — Steinbock
mit Wassermann 229 — Steinbock mit Fisch 229 — Wasser-
mann 230 — Wassermann mit Widder 189 — Wassermann
mit Stier 195 — Wassermann mit Zwilling 200 — Wasser-
mann mit Krebs 206 — Wassermann mit Löwe 211 — Wassermann mit Jungfrau 215 — Wassermann mit Waage 219

15

— Wassermann mit Skorpion 223 — Wassermann mit Schütze 226 — Wassermann mit Steinbock 229 — Wassermann mit Wassermann 231 — Wassermann mit Fisch 232 — Fische 232 — Fisch mit Widder 189 — Fisch mit Stier 195 — Fisch mit Zwilling 201 — Fisch mit Krebs 206 — Fisch mit Löwe 211 — Fisch mit Jungfrau 215 — Fisch mit Waage 220 — Fisch mit Skorpion 223 — Fisch mit Schütze 226 — Fisch mit Steinbock 229 — Fisch mit Wassermann 232 — Fisch mit Fisch 234

## Eltern und Kinder  235

Soziale Bezüge und Rollenverhalten 235 — Verhalten in der Elternrolle 236 — Widder 236 — Stier 237 — Zwillinge 238 — Krebs 240 — Löwe 241 — Jungfrau 242 — Waage 244 — Skorpion 245 — Schütze 246 — Steinbock 248 — Wassermann 249 — Fische 250 — Verhalten als Kind — Widder 252 — Stier 253 — Zwillinge 255 — Krebs 257 — Löwe 259 — Jungfrau 261 — Waage 262 — Skorpion 264 — Schütze 266 — Steinbock 268 — Wassermann 269 — Fische 271

## Wissenschaft oder Aberglaube?  275

Möglichkeiten und Grenzen der Vulgärastrologie 275 — Astrologie und Wissenschaft 276 — Was sind Weltzeitalter 277 — Zeitalter des Löwen 278 — Zeitalter des Krebses 279 — Zeitalter der Zwillinge 279 — Zeitalter des Stieres 279 — Zeitalter des Widders 279 — Zeitalter der Fische 279 — Das Wassermann-Zeitalter 280 — Die Jahresplaneten 281 — Astrometeorologie 283 — Astrometeorologische Grundtabellen 285 — Die Tagesplaneten 285 — Bezüge zu Farben, Steinen, Metallen 286 — Farben, Zeichen und Planeten 288 — Monatssteine und Metalle 289 — Astrologie und Medizin 292 — Die anatomischen Entsprechungen der Tierkreiszeichen 294 — Anatomische Entsprechungen der Horoskopgrade 297 — Die anatomischen Entsprechungen von Sonne, Mond, Planeten und Mondknoten 298 — Planetenpositionen und Aspekte 300 — Astromedizinische Prognosen 302


## 7  So erstellen Sie Ihr Horoskop 307

Was tun, wenn die Geburtsstunde nicht bekannt ist 307 — Normalzeit, Weltzeit, Ortszeit und Sternzeit 308 — Ermittlung der Häuserspitzen 309 — Ermittlung der Gestirnstände 311 — Sonne, Merkur, Venus, Mars, Jupiter 311 — Saturn, Uranus, Neptun, Pluto, Mondknoten 313 — Mondstandsberechnung 313 — Wann wechselt die Sonne in ein anderes Tierkreiszeichen 314 — Einzeichnung und Auflistung der Gestirnstände 314 — Die Horoskopdeutung 315 — Ein Beispielhoroskop 316 — Aspektschema 317 — Deutung des Beispielhoroskops 317 — Bewertung der Raumhälften und der Planetenpositionen in den Häusern 319 — Kurze Skizzierung des Lebenslaufes 320


## 8  Tabellen 323

Erläuterung zu den Tabellen 323 — I Geographische Positionen von 128 Städten des deutschsprachigen Raums 325 — II MEZ und Sommerzeit 328 — III Sternzeittabelle 329 — IV Tabellen zur Berechnung der Häuserspitzen, des Aszendenten und des Meridians 334 — V Sonneneintritt in Tierkreiszeichen 358


## 9  Ephemeriden und Mondstandstabellen 367

Erläuterungen zu den Ephemeriden 367 — Berechnungsverfahren für die Gestirnstände 367 — Erläuterungen zu den Mondstandstabellen 368 — Berechnungsverfahren für Mondstände 369 — Ein Beispiel 369 — Ephemeriden 1900-1999 372 — Mondstandstabellen 1900-1999 472

**Die Elemente des Horoskops 507**

**10**

Der Tierkreis 508 — Die Grundqualitäten der Tierkreiszeichen im Jahreslauf 510 — Die Entsprechungen der Tierkreiszeichen 514 — Die Polarität 514 — Die Elemente 514 — Die Qualitäten 515 — Die Charakteristiken der Tierkreiszeichen 516 — Die Häuser 518 — Verteilung und Inhalte der Häuser 518 — Färbung durch die Tierkreiszeichen 520 — Die Planeten 522 — Wirkintensität der Planeten 523 — Die Planetenherrscher 524 — Die Planetenprinzipien 525 — Wirkeigenschaften 526 — Die Aspekte 527 — Die Gewichtung der Elemente 528 — Kurzcharakteristiken der Tierkreiszeichen 530 — Kurzcharakteristiken der Häuser 534 — Kurzcharakteristiken der Planeten 536

**Die Planetenpositionen in den 12 Zeichen und Häusern 543**

**11**

Position und Wirkqualität 543 — Deutung der Gestirnstände im Geburtshoroskop: Die Sonne 544 — Der Mond 546 — Der Merkur 549 — Die Venus 551 — Der Mars 554 — Der Jupiter 556 — Der Saturn 558 — Der Uranus 561 — Der Neptun 563 — Der Pluto 564

**Aspekte und ihre Deutung 569**

**12**

Die verschiedenen Aspekte 569 — Haupt- und Nebenaspekte 569 — Exakte und plaktische Aspekte 570 — Erfassung der Aspekte 571 — Die Aspektzeichnung 572 — Die Natur der Aspekte: die Konjunktion 575 — Die Natur der Aspekte: das Sextil 576 — Die Natur der Aspekte: das Quadrat 576 — Die Natur der Aspekte: das Trigon 577 — Die Natur der Aspekte: die Opposition 578 — Orbis und Deutung 578 — Orbis: Konjunktion und Opposition 579 — Orbis: Quadrat und Trigon 579 — Orbis: Sextil 580 — Deutungen: Konjunktionen mit der Sonne 580 — Konjunktionen mit dem Mond 582 — Konjunktionen mit Merkur 583 — Konjunktionen mit Venus 585 — Konjunktionen mit Mars 586 — Konjunktionen mit Jupiter 587 — Konjunktionen mit Saturn 588 — Konjunktionen mit Uranus 588 — Konjunktionen mit Neptun 589 — Konjunktionen mit

Pluto 589 — Opposition und Quadrat mit der Sonne 589 — Opposition und Quadrat mit dem Mond 590 — Opposition und Quadrat mit Merkur 592 — Opposition und Quadrat mit Venus 593 — Opposition und Quadrat mit Mars 593 — Opposition und Quadrat mit Jupiter 594 — Opposition und Quadrat mit Saturn 595 — Opposition und Quadrat mit Uranus 595 — Opposition und Quadrat mit Neptun 596 — Opposition und Quadrat mit Pluto 596 — Trigon und Sextil mit der Sonne 596 — Trigon und Sextil mit dem Mond 597 — Trigon und Sextil mit Merkur 597 — Trigon und Sextil mit Venus 598 — Trigon und Sextil mit Mars 598 — Trigon und Sextil mit Jupiter 599 — Trigon und Sextil mit Saturn 599 — Trigon und Sextil mit Uranus 599 — Trigon und Sextil mit Neptun 600 — Trigon und Sextil mit Pluto 600

## Methoden der Prognose 601

Möglichkeiten der Voraussage 601 — Die Direktionen 602 — Der Indextag 602 — Tabellen zur Berechnung des Indextages 603 — Deutung der Direktionen 604 — Aspekte der dirigierten Sonne 604 — Aspekte des dirigierten Mondes 607 — Aspekte des dirigierten Merkur 609 — Aspekte des dirigierten Mars 613 — Aspekte des dirigierten Jupiter 615 — Aspekte des dirigierten Saturn 616 — Die Transite 617 — Ableitung von Prognosen aus den Gestirnständen 618 — Wirkungsbreite der Transite 619 — Deutung der Transite: Die Transite des Jupiter 620 — Die Transite des Saturn 622 — Die Transite des Uranus 625 — Die Transite des Neptun 626 — Die Transite des Pluto 626 — Die Transite der Sonne 626 — Die Transite des Merkur 627 — Die Transite des Mars 627

## Lexikon der Fachbegriffe 629

## Horoskopformulare und Hilfstabellen 651

Die Symbole für die Tierkreiszeichen und Planeten 654 — Die Grundqualitäten der Tierkreiszeichen und der Häuser 655

**Notizen**